진화심리학 핸드북

1

기초

THE HANDBOOK OF EVOLUTIONARY PSYCHOLOGY VOLUME 1 (2ND EDITION)

진화심리학 핸드북

1
기초

데이비드 M. 버스 편집 | 김한영 옮김

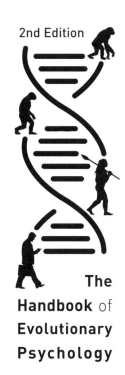

2nd Edition

The
Handbook of
Evolutionary
Psychology

아카넷

※『진화심리학 핸드북』1권의 주요 용어와 개념의 번역은 미주리 대학교 인류학과에서 박사과정을 밟고 있는 우상권 선생님의 도움을 받았습니다.

머리말

스티븐 핑커

심리학자가 되기로 마음을 정한 뒤 나는 여러 해 동안 내가 선택한 분야에 깊이 좌절했고, 내 삶을 심리학으로 이끈 어린 시절의 호기심이 충족될 날을 꿈에 그렸다. 많은 심리학과 학생들이 그렇듯 좌절은 첫 수업에서 시작되었다. 수업 시간에 강사는 심리학개론의 첫 수업에 어김없이 등장하는 그 유명한 의식을 거행했다. 어떤 주제에 매혹을 느껴 그 과목을 선택한 학생에게서 그에 대해 제대로 배울 수 있으리라는 기대를 무참히 앗아가는 의식. 사랑과 미움, 가족역동성,[1] 농담 및 농담과 무의식의 관계 따위는 깨끗이 잊어라, 그들은 이렇게 말했다. 심리학은 실험실에서 정량화할 수 있는 현상을 조사하는 엄밀 과학이고, 정신분석가의 소파에서 진행되는 자기 몰두, 낮시간대 토크쇼에서 다루는 음란한 주제와는 아무 상관이 없었다. 강좌에서 말하는 '지각'은 정신물리학을 의미하고, '학습'은 쥐, '뇌'는 뉴런, '기억'은 무의미 철자,[2] '지능'은 IQ 검증, '성격'은 성격 검증를 의미했다.

학년이 바뀌어 고급 강좌를 들었지만 실망만 깊어졌다. 심리학의 고전들은 삶과 무관한 현상들을 모아놓은 긴 목록이었다. 지각에 관한 강의는 베버의 법칙과 페히

---

1 가족 내 상호관계(옮긴이).
2 기억과정에 관한 연구에서 사용되는 의미 없는 철자의 나열(옮긴이).

너의 법칙으로 시작해서, 시리얼 박스를 읽은 사람이 익히 경험하는 착각과 그 영향 같은 것을 배우는 수업으로 이어졌다. 거기엔 의미랄 게 없었다. 다시 말해, 지각이 무엇인지 또는 지각이 무엇 때문에 존재하는지를 말해주는 개념이 빠져 있었다. 인지심리학 역시 계열/병렬, 단절/연속체, 상향식/하향식 같은 이분법에 의거해서 진기한 실험들을 분석하는 내용으로 이루어져 있었다(앨런 뉴웰Alan Newell의 유명한 하소연, "자연과 스무고개를 해서는 이길 사람이 없다"가 떠올랐다). 사회심리학은 오늘날까지도 인간이란 동물의 사회성을 체계적으로 탐구하기보다는, 사람들이 이상하게 행동하는 상황들을 그러모으는 일에 초점을 맞춘다.

하지만 가장 크게 좌절한 이유는 심리학에 제대로 된 **설명**이 없는 듯해서였다. 〈몬티 파이튼의 비행 서커스*Monty Python's Flying Circus*〉에 어느 게스트가 나와서 브론토사우루스(뇌룡) 이론이랍시고, "브론토사우루스는 한쪽 끝이 가늘고, 중간 부분이 두껍고, 반대쪽 끝이 가늘다"라고 설명하는 것처럼, 심리학자들도 어떤 현상을 재서술해서 그 현상을 '설명'하는 데 만족하고 있었다. 학생들은 번득이는 영감을 얻어 더 깊은 원리에 다가가고, 그래서 왜 어떤 것이 다른 방식으로 존재하는 것이 아니라 **하필이면** 그렇게 됐는지를 알 기회가 없었다.

내가 과학적 설명의 황금률을 설정하게 된 것은 대학원생일 때였다. 하지만 대학원에서 뭔가를 배워서가 아니라, 엉뚱하게도 내가 사는 낡은 아파트에 수도를 수리하러 온 배관공이 주둥이에서 물이 새는 이유를 설명해줄 때였다. 물은 뉴턴의 제2법칙을 따른다. 물은 밀도가 높다. 물은 압축되지 않는다. 수도꼭지를 잠그면, 압축되지 않은 채 빠르게 흐르던 다량의 물질이 순식간에 속도를 늦춘다. 그때 파이프에 큰 힘이 발생한다. 자동차가 벽을 들이받았을 때와 같다. 그러기를 반복하다 보면 결국 노브의 물막이 실이 헤져서 물이 샌다. 이 문제를 해결하기 위해 배관공들은 노브 근처에 끝이 막힌 수직관, '파이프 라이저'를 설치한다. 수도꼭지를 잠갔을 때 속도가 줄어든 물이 수직관 속의 공기 기둥을 압박하면 그 공기가 충격을 흡수해서 수도관의 이음매들을 보호한다. 하지만 유감스럽게도 이때 헨리의 법칙, 다시 말해 기체가 압력을 받으면 액체에 흡수된다는 법칙이 빛을 발한다. 시간이 지나면 수직관 속의 공기는 물속으로 용해되고, 물이 수직관 내부를 채워 그 기능이 쓸모없어진다. 그래서 이따금씩 배관공은 이 시스템에서 물을 빼내고 수직관에 공기를 다시 채위, 집주인들이 소홀히 한 보수 관리를 대신 한다. 나는 심리학도 이렇게 정확한 설명을 기준으로 정해서, 겉으로 변덕스러워 보이는 사건들이 어떻게 더 포괄적인 일반성에서 갈라져 나왔는지를 보여준다면 더할 나위 없이 좋겠다고 생각했다.

심리학자들이 그들의 과학적 발견을 그럴듯하게 설명하고자 노력하지 않은 것은 아니다. 하지만 그렇게 할 때 그들은 유사성, 빈도, 난이도, 현저성, 규칙성 같은 몇 안 되는 인자들을 재활용하곤 했다. 이 껍데기뿐인 설명들은 모두, 철학자 넬슨 굿맨Nelson Goodman이 말한 대로 "거짓말쟁이, 사기꾼, 돌팔이"의 언변에 불과하다. 유사성(뿐만 아니라 빈도와 난이도 같은 것들)이 보는 사람의 눈에 있다면, 심리학자들이 설명해야 할 것은 바로 보는 사람의 눈이 아닐까?

이 불만족에 떠밀려 나는 인지과학이라 불리는 더 넓은 다학제적 연구 분야로 나아갔고, 그곳에서 다른 학과들도 파계에 돌입하고 있는 것을 발견했다. 언어학에서 나는 적절한 언어 이론의 기준이 되어줄 노엄 촘스키Noam Chomsky의 이론을 만났다. 가장 낮은 수준에는 관찰의 타당성onservational adequacy, 즉 언어 행동을 설명하는 최소한의 능력이 있었다. 심리학은 대부분 이 수준에 머물러 있었다. 다음으로는 서술의 타당성description adequacy, 즉 행동을 구성하는 기초적인 심적 표상에 의거해서 행동을 설명하는 힘이 있었다. 가장 높은 수준으로는 설명의 타당성explanatory adequacy, 즉 이론을 통해 왜 다른 표상들이 아닌 그 심적 표상들이 마음에 뿌리를 내리는지를 보여주는 힘이 있었다. 촘스키는 이어, 언어학의 경우에 설명의 타당성은 언어 습득이라는 문제를 해명하는 이론의 힘, 다시 말해 아이들이 어떻게 부모가 말하는 유한한 문장 샘플을 가지고 무한한 언어를 배우는지를 설명하는 힘에서 나온다고 보았다. 어떤 설명적 이론이 마음의 선천적 구조의 일부분인 보편 문법의 성격을 서술해야만 한다. 이 능력의 힘으로 아이는 인간의 실제 언어들이 작동하는 방식과 일치하는 방식으로 말을 분석하게 된다. 이 능력이 없다면 아이는 논리적으로 가능한 무수히 많은 방식들 중 하나로(예를 들어, 모든 문장을 기억하거나 명사와 동사를 무차별하게 조합해서) 말을 분석할 텐데, 그렇게 하면 입력된 말은 막다른 길에 부딪혀서 결국 표현이 풍부한 언어 사용과 멀어지게 된다. 결과적으로 개인의 언어 지식은 단지 어떤 구태의연한 규칙의 집합이 아니라, 환경의 유한한 파편들로부터 무한한 언어를 능히 습득할 정도로 매우 강력한 알고리듬의 법칙들로 이루어져 있다.

인공지능 역시 설명의 기준이 높은데, 이 기준은 주로 시각과학자 데이비드 마 David Mar의 생각을 통해 형성되었다. 시각 이론은 세 차원에서 일어나는 시각정보 처리과정을 서술해야 한다고 마는 제안했다. 신경생리학 기제, 이 기제가 실행하는 알고리듬, 그리고 결정적으로, 그 영역의 '계산 이론'이 그것이다. 계산 이론이란, 세계가 작동하는 방식에 대해 몇 가지 가정이 주어진다면 원칙상 알고리듬이 바라는 결과를 계산할 수 있음을 나타낸 공식적 증명이다. 이때 그 바라던 결과는 시각계의 전반적인 '목표'에 의거해서 서술되어야 한다. 다시 말해, 망막에 안착한 2차원 배열의 강도와 파장값으로부터 이 세계에 대한 쓸모 있는 묘사를 계산해내야 하는 것이다. 예를 들어, 명암에 기초해서 형태 지각을 계산하는(예를 들어, 우리가 뺨의 윤곽이나 탁구공의 둥그스름함을 지각하는) 하부 체계는 표면에서 반사되는 빛의 세기가 광원, 표면, 관찰자의 상대적인 각도 그리고 그 표면의 물리적 속성에 따라 어떻게 달라지는지를 지배하는 물리학적 사실에 의존한다. 지각 알고리듬은 이 물리학적 사실을 이용해서 배열된 빛의 세기들에다가 지형 환경의 일반적인 광원과 표면에 관한 가정들을 묶어 역추론을 하고, 그렇게 해서 표면 위에 퍼져 있는 각 점들의 탄젠트 각도를 계산해낸다. 화장이 얼굴 모습을 바꾸는 방식에서부터 크레이터의 사진을 180도 돌리면 융기를 찍은 사진처럼 보이는 사실에 이르기까지 많은 지각 현상들이 명암으로 형태를 파악하는 이 기제의 부산물로 설명될 수 있다. 시각 기능이 시각 환경을 정확히 묘사해서 뇌의 다른 곳에 그 자료를 공급하는 일종의 신경 어플리케이션 시스템이라고 간주한다면, 지각을 착각, 잔효, 심리적 법칙의 잡동사니 주머니처럼 취급하는 전통적인 방법에서 성큼 한 발짝 전진할 수 있음을 대부분의 지각 과학자들은 즉시 깨달았다.

하지만 언어와 지각은 슬프게도 우리의 수많은 재능과 능력 중 단 둘에 불과했고, 눈과 귀를 뇌의 다른 부분에 있는 어떤 빈 공간에 정보를 흘려보내는 기관으로 간주하는 것도 성에 차지 않았다. 심리작용과 사회활동의 매력적인 현상들을 포괄하고, 나비 채집처럼 기이한 것들을 모으는 것이 아니라 자신의 주제를 체계적으로 다루고, 더 깊은 원리에 의거해서 그 현상들을 설명하는, 인지과학에 비견될 만하며 심리학의 나머지 분야를 포괄할 수 있는 어떤 기본 틀이 있을 순 없을까? 언어와 시각에서 그 설명은 두 능력의 기능에 호소했다. 언어학에서는 자신의 속한 공동체의 언어를 습득하는 기능, 시각에서는 가시적 세계를 정확히 묘사해내는 기능이었다. 둘 다 특별히 어려운 (인공지능 시스템으로는 아직도 해결할 수 없는) 계산 문제지만, 웬만한 아이들은 쉽게 수행하는 문제다. 또한 둘 다 어떤 비밀스러운 취미가 아니라, 우리 종의 구성원들에게 꼭 필요하고 그들의 안녕에 명백한 이점을 제공하는 불가결한 재능이다. 나는 궁금했다. 심리학의 다른 분야들도 인간의 마음 능력들이 해결하는 문제들을 이해한다면, 한 마디로 그 능력들이 무엇 때문에 존재하는지를 이해한다면 그로부터 이익을 얻게 되지 않을까?

나는 1980년대에 도널드 시먼스Donald Symons, 레다 코스미디스Leda Cosmides, 존 투비John Tooby의 글을 통해 진화심리학을 발견하고서 나의 기다림이 끝났음을 깨달았다. 진화심리학은 그때까지 심리과학이 놓치고 있던 조직화하는 틀─'설명적 타당성' 또는 '계산 이론'의 근원─이었다. 시각과 언어처럼 우리의 감정과 인지능력도 복잡하고, 유용하고, 우연치 않게 조직된 것들인데, 이는 그것이 복잡하고, 유용하고, 우연치 않은 조직화를 초래할 수 있는 단 하나의 물리적 과정, 즉 자연선택의 산물임을 의미한다. 마음 능력의 기능에 호소하는 마와 촘스키의 메타이론적 지침에는 이미 진화에 호소하는 경향이 함축되어 있으므로, 진화심리학은 단지 그 논리를 마음의 나머지 부분들에 어떻게 적용하는지를 보여주기만 하면 된다.

이에 못지않게 중요한 문제가 있다. 진화심리학에서 기능에 호소하는 것 자체가 그 분야에서 만들어진 원리가 아니라 외부의 원리들─진화생물학에서 나온 현대적인, 복제자 중심의 선택주의의 원리들─에 구속된다는 것이다. 특별히 오래된 목표는 자연선택이 빚은 체계의 기능, 즉 적응으로 볼 수 있다. 진화생물학은 다음과 같은 낡은 목표, 즉 종의 이익, 생태계의 조화, 아름다움 그 자체, 적응을 만들어낸 복제자가 아닌 다른 존재자에게 돌아가는 이득(예를 들어, 안장을 진화시키는 말), 번식에 득이 되지 않는 기능상의 복잡함(예를 들어, 파이 값을 계산하는 적응) 등을 지향하는 적응을 배제하고, 진화가 이루어진 환경이 아닌 다른 종류의 환경에서 유기체에게 득이 되는 시대착오적인 적응(예를 들어, 선천적인 읽기 능력, '기화기'나 '트롬본'의 선천적 개념)도 배제한다. 자연선택은 심리학적 발견에도 긍정적으로 작용한다. 심리학자로 하여금 과거에는 기능이 없는 듯 보였던 마음의 양상들의 기능성에 대해 새로운 가설들을 시험해보게 하는 것이다. 예를 들어, 사회적·도덕적 감정들(동정, 신뢰,

죄책감, 노여움, 감사)은 비제로섬 게임에서 상호성을 관리하기 위한 적응인 듯하고, 아름다움을 보는 눈은 잠재적 짝에게서 건강과 다산성을 간파해내기 위한 적응으로 보인다. 만일 심리학자들이 현대 생물학이 승인해 준 기능의 개념을 사용하지 않고 안일한 기능 개념(즉, 낮은 목표—옮긴이)에 안주했더라면 이런 연구는 단 하나도 가능하지 않았을 것이다.

진화심리학은 또한 진기한 실험에 몰두하는 일에서 심리학을 해방시키고 의욕적인 연구 과제를 부여한다. 어떤 감정이나 인지능력에 대한 설명적 가설은 그 능력이 조상의 환경에서 평균적으로 그 능력의 지참자에게 어떻게 번식 기회를 높여주었는지를 설명하는 이론에서 출발해야 한다. 이때 결정적인 것은, 번식상의 이점이 지금 추정하고 있는 적응의 독립된 동기에서 비롯한 인과적 결과임이 명백히 증명되어야 한다는 점이다. 다시 말해, 물리학이나 화학이나 공학이나 생리학의 법칙들 또는 다른 어떤 종류의 법칙들을 통해서든 그 형질이 번식과 관련된 어떤 목표 도달에 유용하다는 점을 충분히 증명해야 한다. 예를 들어, 어떤 알고리듬이 인접한 두 카메라에서 들어온 상들을 비교하고 두 상의 불일치를 통해 멀리 있는 그 물체의 깊이를 계산할 수 있다는 것을 사영기하학projective geometry을 통해서 증명하는 식이다. 이런 식으로 깊이를 계산하는 데 필요한 명세서—엔지니어들이 깊이를 봐야 하는 로봇을 제작할 때 명시해야 할 것들—를 작성한다면, 인간의 입체적인 깊이 지각을 조사할 수 있고 인간(그리고 그 밖의 다른 영장류 동물)이 그 명세에 따라 작동하는지 아닌지를 확인할 수 있다. 우리의 심리와 관련된 경험적 사실들이 잘 설계된 시스템의 공학 명세서에 가까울수록, 우리가 심리적 능력을 그 기능 면에서 잘 설명했는지에 대해 더 신뢰할 수 있다.

이와 비슷한 예가 인간을 비롯한 영장류가 뱀에게 보이는 경계심이다. 파충류학으로부터 우리는 인간이 진화하던 시기에 아프리카에 뱀이 널리 존재했고 뱀독이 지닌 화학 성분 때문에 뱀에게 물리면 해가 된다는 것을 알고 있다. 중요한 것은 이것이 심리학적 사실이 아니라는 점이다. 하지만 그 사실들은 심리학적 사실에 분명히 속하는 것, 즉 뱀에 대한 두려움이 하나의 적응으로서 그럴듯하다는 것을 입증하는 데 도움이 된다. 이와 마찬가지로 로봇공학은 운동 제어를, 게임이론은 공격성과 유화를, 경제학은 무임승차자에 대한 처벌을 설명할 수 있고, 포유동물 생리학은 (부모 투자의 진화생물학과 결합해서) 양성의 성 차이와 관련된 것을 예측한다. 각각의 경우에 '계산의 이론'은 우리가 설명하고자 하는 마음 일부분의 바깥에 있는 법칙들을 사용한 최적성 분석에서 나온다. 이런 이유로 우리는 마음의 그 일부분이 어떻게 작동하는지를 비순환적으로 설명했다고 자신하게 된다.

이와 대조적으로, 음악이나 종교는 그 적응적 기능이 무엇인지가 분명치 않다. 음악의 기능은 공동체를 하나로 묶어주는 것이라는 항간의 가설은 옳을 수는 있지만, 우리가 왜 음악을 좋아하는지에 대한 **설명**은 되지 못한다. 리듬과 화성을 이룬 연속된 음정들이 왜 집단을 하나로 묶어주는지를 증명하지 않은 채 그냥 당연하다고 가정하기 때문이다. 집단 결속이라는 문제에 연속된 소리의 생성과 감지는 독립된 동기에 기초한 해결책은 되지 못한다. 예를 들어, 공감의 감정이나 무임승차자 처벌이 그런 해결책에 속하는 것과는 분명히 다르다. 인간은 믿기 힘든 종교적 교의에서 위안을 느끼기 때문에—다시 말해 자비로운 목자, 범우주적 계획, 사후세계, 신의 응보 같은 교의가 인간 존재의 고통을 완화해주기 때문에—그런 교의를 믿는 경향을 갖고 있다는 '설명'도 그와 비슷한 문제를 안고 있다. 그런 제안들은 각자 진실의 요소를 갖곤 있지만, 정당한 적응주의적 설명이 되지는 못한다. 마음이 거짓임을 충분히 파악할 수 있는 그런 믿음에서 왜 위안을 발견하는 것인지를 증명하지 않은 채 당연하다고 가정하고 있기 때문이다. 이런 경우에 적응주의적 설명을 발견할 수 없다고 해서 어떤 설명도 나올 수 없다는 뜻은 아니다. 종교적 믿음은 **다른** 적응적 문제를 해결하는 데 명백히 쓸모가 있는 적응(예를 들어 정신화 능력[3]과 무임승차자 탐지 기제)의 부산물일 수도 있다.

진화심리학은 전통적인 심리학이 앓고 있는 마지막 한 문제—학생들에게 대단히 실망스럽게도 마음과 사회생활의 가장 매혹적인 양상들을 외면한다는 문제—의 치유책이다. 진화심리학은 아직 설명적 타당성의 기준을 심리학에 제공하지 못했지만도, 숙고할 줄 아는 사람들에겐 항상 매혹적이었지만 오랫동안 심리학 커리큘럼에 들지 못했던 인간 경험의 분야들에서 연구의 길을 터 자신의 가치를 입증했다. 비록 진화심리학의 초기 개념들이 항상 옳다고 입증된 것은 아니지만, 섹스, 매력, 질

---

3 남들의 생각을 이해하는 능력(옮긴이).

투, 사랑, 음식, 혐오, 지위, 지배성, 우정, 종교, 예술, 소설, 도덕성, 모성애, 부성애, 형제간 경쟁, 협동 같은 주제를 탐구하는 오늘날의 연구는 진화심리학에서 나온 생각들에 의해 길이 트이고 방향성을 갖췄다 해도 과언이 아니다. 그와 동시에 진화심리학은 전통적인 심리학 이론들의 외관을 변화시켜, 심리학의 하위 분과들이 우리가 삶에서 마주치는 진짜 사람들을 더 잘 서술하게 하고, 과학을 상식 및 동서고금의 지혜와 더욱 조화를 이루게 해왔다. 심리학에 진화적 사고가 출현하기 이전에 기억과 추론을 설명하는 이론들은 사람에 대한 생각과 바위나 집에 대한 생각을 구분하지 않았다. 감정을 설명하는 이론들은 두려움과 노여움, 질투 또는 사랑을 구별하지 않았다. 그리고 사회적 관계에 대한 이론들은 우리가 가족, 친구, 연인, 적, 낯선 사람을 다루는 방식들을 구분하지 않았다.

그러므로 많은 이유에서 이 핸드북 2판은 심리학의 중요한 이정표에 해당한다. 모든 장들이 확실히 보여주는 이론적 엄정함과 경험적 풍부함에는 진화심리학의 초기 약속을 성취한 것 이상이 담겨 있어서, 진화심리학이 사색적인 스토리텔링이라거나 보수 정치의 합리화에 빠져 허우적거린다는 나태한 비난들을 충분히 분쇄한다. 물론 이 책의 글들 속에 어떤 확고한 합의가 요약되어 있거나, 그 글이 다루는 분야의 최종 결론이 제시되어 있는 것은 아니다. 하지만 이 책 속의 글들은 육아에서 소설까지, 포식에서 종교까지 다양한 주제들을 통해 섬세하고 깊은 분석, 진정으로 새로운 개념들, 시야가 트이는 발견을 전할 것이다. 『진화심리학 핸드북』은 진화심리학의 최신 이론을 요약한 것보다 훨씬 더 깊고 풍부하다. 심리학이 인간 조건을 체계적이고 설명적으로 다루는 과학이 될 수 있다는 희망을 실현한 책이기 때문이다.

감사의 말

이 책은 주제의 범위를 제안해주고, 각 장을 검토해주고, 긴 여정에서 나를 도와준 친구와 동료들의 특별한 호의 덕분에 탄생했다. 『핸드북』 초판(2005)이 나올 때 도움을 준 고마운 분들로, 션 콘란Sean Conlan, 레다 코스미디스, 마틴 데일리Martin Daly, 토드 디케이Todd DeKay, 랜디 딜Randy Diehl, 다이애나 플라이시먼Diana Fleischman, 스티브 갱지스태드Steve Gangestad, 마티 해즐턴Martie Haselton, 새러 힐Sarah Hill, 전중환Joonghwan Jeon, 배리 X. 쿨Barry X. Kuhle, 스티븐 핑커, 데이비드 슈미트David Schmitt, 토드 새클퍼드Todd Shackelford, 돈 시먼스Don Symons, 존 투비, 제리 웨이크필드Jerry Wakefield, 마고 윌슨Margo Wilson이 있다. 이들의 기여는 여기, 2판으로까지 이어졌다.

크리스틴 레게어Cristine Legare는 『핸드북』 2판에 중요한 역할을 했다. 몇 장을 읽고 편견 없는 피드백을 준 것 외에도 그녀는 『핸드북』의 범위를 넓혀 문화적 진화, 사회집단 인식, 개체발생 과정에 걸친 학습, 종교를 포함시키도록 나를 설득하며 힘이 돼주었다. 모두 인간사에 대단히 중요한 주제들이다.

댄 콘로이-빔Dan Conroy-Beam은 특별히 깊고 큰 감사를 받아 마땅하다. 그는 3년에 걸친 출판 과정의 모든 단계에서 나를 이끌었으며, 나와 함께 주요 필진을 결정하고, 10여 개 장을 세밀히 검토하고, 각 장의 상태를 추적하고, 최종 편성에 관해 중요한 제안을 해주었다. 이 자리를 빌려 댄에게 깊은 감사를 표한다.

많은 학자들이 초고를 검토해주었다. 빌 본 히펠Bill von Hippel, 앤 캠벨Anne Campbell, 파스칼 보이어Pascal Boyer, 대니얼 네틀Daniel Nettle, 레이 헤임스Ray Hames, 조 헨릭Joe Henrich, 라이언 맥케이Ryan McKay, 코렌 애피셀라Coren Apicella, 앨리사 크리텐든Alyssa Crittenden, 윌렘 프랑켄휘스Willem Frankenhuis, 토드 셰클퍼드, H. 클라크 배릿Clark Barrett, 크리스티나 듀란트Kristina Durante, 데이비드 래키슨David Rakison, 엘리자베스 캐시던Elizabeth Cashdan, 스티브 갱지스태드, 데이브 슈미트Dave Schmitt, 크리스틴 레게어, 랜디 네스Randy Nesse, 조나단 갓셜Jonathan Gotschall, 조시 타이버Josh Tybur, 도미닉 존슨Dominic Johnson, 아론 셀Aaron Sell, 개드 사드Gad Saad, 로버트 커즈번Robert Kurzban, 제론 웨이크필드Jerone Wakefield, 켈리 아사오Kelly Asao, 레베커 버치Rebecca Burch가 그들이다. 모두에게 깊이 감사한다.

존와일리&선스의 편집자들보다 더 완벽한 팀은 없을 것이다. 『핸드북』을 향한 패트리시아 로시Patricia Rossi의 지칠 줄 모르는 열정은 이 프로젝트에 영감을 불어넣어 결실을 맺게 했고, 레이첼 리브시Rachel Livsey와 아만다 오렌스타인Amanda Orenstein은 최종 단계들에서 크나큰 도움을 제공했다.

머리말을 맡아준 스티븐 핑커, 짝짓기에 관한 절에 특별한 에세이를 써준 돈 시먼스, 육아와 친족에 관한 절에 서문을 써준 마틴 데일리, 후기를 맡아준 리처드 도킨스에게 특히 감사드린다. 하지만 가장 중요한 것은, 『핸드북』의 핵심을 이루는 52개 장을 제공해준 저자들에게 감사를 표하는 일이다. 저자들은 각자의 전문영역 안에서 다음 세대의 과학자들에게 빛과 길을 보여준다.

진화심리학의 출현과 성숙

데이비드 M. 버스

진화심리학은 넓게 보면 다윈에게로 거슬러 올라간다. 다윈은 기념비적인 저작, 『종의 기원*On the Origins of Species*』의 말미에 다음과 같은 과학적 통찰을 내놓았다. "먼 미래에는 더 중요한 연구 분야들이 열릴 것이다. 심리학은 새로운 토대, 인간의 마음 능력과 재능을 차근차근 알아갈 때 생겨날 토대 위에 놓일 것이다"(Darwin, 1859). 이 예언으로부터 156년 뒤에 나온 이 책『진화심리학 핸드북』(2판)은 다윈의 통찰에 기초해서 진화심리학이 출현했음을 상징한다.

진화심리학은 아직 젊은 과학 분야로, 멀고 흥미진진한 길이 그 앞에 놓여 있다. 이 분야의 개념적 토대를 이루고 있는 양상들은 여전히 논쟁을 부르는 주제로 남아 있는데, 예를 들어 적응의 성격과 특이성, 그리고 개인차의 중요성이 그러하다. 많은 현상들이 조사되지 않은 채로 남아서 진화심리학이 제공하는 개념의 도구를 가지고 인간의 마음을 새로이 답사할 탐험가들을 기다린다. 하지만 많은 개념적 토대가 어느덧 제자리를 잡고서 건축의 기초가 될 튼튼한 메타이론적 틀이 되어주고 있다. 심리와 행동의 많은 현상들이 경험적으로 기록되었는데, 진화심리학의 틀이 길잡이 역할을 하지 않았더라면 누구도 밝혀내지 못했을 현상들이다. 진화심리학은 이론과 경험의 값진 수확을 통해 여러 번 거듭 자신의 가치를 입증해왔다. 실행 가능한 진화심리학의 메타이론적 틀이 존재해서 인간 마음의 기원과 성격을 더욱 깊이 이해할 수 있게 되었지만, 아직 과학계에 그 전모를 드러내진 않았다. 초판 이후 10년 뒤에 나온 이 책『핸드북』2판은 진화심리학이라는 분야가 현재 어디까지 왔고, 어디로 가야 하는지를 찬찬히 살펴본다.

얼마 전까지만 해도 이 같은 범위를 가진 핸드북은 불가능했을 것이다. 진화심리학의 가설들을 검증하는 경험적 연구는 얼마 전까지만 해도 충분치 못했다. 이제 그 연구의 양이 급격히 늘어난 탓에 이 책이 적당한 크기를 유지하려면 무엇을 포함시켜야 할지를 결정하기가 쉽지 않았다. 일부 중요한 연구 분야는 안타깝게도 다루어지지 못했다. 장들의 대부분을 줄여야 했고, 가끔은 극적으로 덜어내야 했다. 하지만 이 책이 다루는 정보의 범위는 진화심리학이 심리학의 모든 분과를 이미 관통했음을 보여준다.

과거에 몇몇 분과의 심리학자들은 진화심리학을 부담 없이 무시할 수 있었다. 이제 진화적 가설들이 확고해지고 경험적 발견이 급속히 누적된 까닭에, 개념적으로 고립된 사람들 제외하고는 어떤 것도 진화적 연구를 무시할 수 없게 되었다. 인지심리학, 사회심리학, 발달심리학, 성격심리학, 신경과학, 임상심리학, 그리고 최근에 합류한 문화심리학의 과학자들은 진화심리학이 제공하는 통찰에서 눈을 돌릴 여유가 없다.

어떤 이들에게 진화심리학은 선택할 수 있는 하나의 관점, 즉 다른 대안이 바닥났을 때 비로소 받아들일 만한 마지막 설명 수단이다. 내가 보기에 이 입장은 천진난만하다. 진화심리학은 진정한 과학 혁명, 다시 말해 심리학 분야에서 일어나는 근본적인 패러다임의 변화를 의미한다. 인간의 마음은 더 이상 주류 심리학이 생각해 왔듯이 암묵적으로든 명시적으로든 부모, 교사, 문화가 글씨를 새기는 빈 서판[1]이나 영역—일반적인 학습 기계로, 또는 내용과 무관하게 정보를 처리하는 기제로, 또는 내용과 무관하게 가동하는 신경망이나 연결주의 망으로 볼 수가 없다. 대신에 인간의 마음은 어떤 프로그램들을 미리 갖추고 세상에 나온다. 우리 조상이 직면했던,

---

1 blank slate. 서판書板은 종이를 받치는 판을 말하기도 하지만, 종이가 나오기 전에 오랫동안 돌, 점토, 나무, 갈대 등 다양한 재료로 만들어 그 위에 직접 글을 새긴 판을 가리키기도 한다(옮긴이).

통계적으로 꾸준히 재발하는 수백 가지의 적응적 문제를 해결하기 위해 자연선택 및 성선택이 오랜 시간에 걸쳐 설계한 심리 기제의 발달 전담 프로그램들의 놀라운 배치가 인간의 마음에 미리 설치되어 있다. 이 기제들을 이해하려면 그와 함께 진화한 기능—선택이 이 기제를 설계한 목표, 선택이 하필 이 기제를 골라서 풀고자 한 적응적 문제들, 이 기제가 적합도를 높이는 특이적인 방식—을 이해해야 한다. 심장, 간, 콩팥의 기능을 알지 못하면 그 기관을 보는 의학 연구자의 통찰은 한심하리만치 불완전할 것이다. 마찬가지로 심리 기제에 대한 설명도 그 기능을 구체적으로 지정하지 못한다면 십중팔구 불완전할 것이다. 진화심리학은 더 이상 자유재량이나 필요에 따라 선택할 수 있는 이론이 아니다. 진화심리학은 본질적이며, 필수 불가결하고 없어서는 안 될 존재가 되었다.

심리학의 역사를 볼 때 현 시점에서 주류 분야는 다음과 같은 하위 분과들로 나뉜다. 인지심리학, 사회심리학, 성격심리학, 발달심리학, 임상심리학, 그리고 인지신경과학 같은 혼성 분야들. 진화심리학이 제공하는 메타이론적 토대는 사방으로 뻗어나간 심리학의 가지들을 통합하고, 인간의 마음이 하위 분과들의 논리대로 분해할 수 있는 것이 아님을 가리킨다. 심리적 적응의 후보인 "낯가림stranger anxiety"을 생각해보자. 낯가림의 기능은 유아로 하여금 위험할 수도 있는 사람에게서 물러나 보호자와 가까운 거리를 유지하게 하고, 그럼으로써 낯선 사람이 가할지 모르는 위험을 피하게 하는 것이다. 낯가림은 몇 가지 뚜렷한 설계 형질들을 갖고 있다. 우선, 지금까지 연구된 모든 문화의 모든 유아에게서 드러날 정도로 보편성을 보인다. 또한 개체발생 과정에서 생후 6개월경에 어김없이 나타나는데(예측 가능성), 유아가 어머니를 뒤로 하고 멀리 기어가서 낯선 사람과 마주치기 시작하는 시기와 일치하는 것이다. 그리고 역사적으로 유아의 건강에 낯선 남성이 더 위험했기 때문에, 낯가림은 낯선 여성보다는 낯선 남성에게 집중된다. 낯가림은 특이적인 기능을 하는 데 적합한 '있을 법하지 않은 설계'의 모든 특징을 보여준다.

그렇다면 낯가림은 심리학의 어느 하위 분과에 속할까? 우선 명백히 정보처리 과정에 포함되므로, 인지심리학에 속한다. 또한 개체발생 과정 중 예측 가능한 시기에 펼쳐지므로, 발달심리학에 들어간다. 낯가림은 타인과의 상호작용에 의해 작동하므로, 분명 사회심리학에 포함된다. 유아들은 저마다 낯가림의 정도가 다르므로, 성격

심리학의 범위 안에 들어간다. 낯가림 기제는 소수의 유아들에게서 기능장애를 보이므로, 임상심리학과 관련이 있다. 마지막으로 낯가림의 생물학적 기층은 뇌에 있으므로, 신경과학에 포함된다. 이렇듯 낯가림은 모든 분야에 속하는 동시에 어느 분야에도 속하지 않는다.

진화심리학은 이 전통적인 학과들의 경계를 무너뜨리고, 그런 구분에는 논리적·과학적 근거가 없음을 드러내준다. 적응적 문제와 그로부터 진화한 심리적 해결책들을 이론의 렌즈로 들여다볼 때, 진화심리학이야말로 마음을 그 자연의 이음매에 따라 조각하기에 적합한 단 하나의 비임의적 수단을 제공한다. 진화심리학은 현재 사실상 고립된 채 돌아가고 있는 심리학의 개별 분과들에 개념적 통합성을 부여한다. 또한 이론상으로 심리학을 다른 자연과학들과 결부시켜 하나의 통일된 인과적 틀 속에 통합시킨다.

『진화심리학 핸드북』(2판)에는 출중한 과학자들의 빛나는 생각들이 담겨 있으므로, 이 책의 편집자로 일하는 것은 큰 영예이자 특권이다. 『핸드북』 초판은 34개 장으로 이루어져 있는 반면에 이 2판은 52개 장(이에 더하여, 스티븐 핑커, 도널드 시먼스, 리처드 도킨스의 에세이)으로 이루어져 있다. 이는 진화심리학의 경험적 기초가 빠르게 확장되고 있다는 것과, 진화심리학이 음식, 문화, 공공정책적 의미 등 지금까지 알려져 있지 않은 새로운 영역들 속으로 침투하고 있다는 사실을 동시에 반영한다. 극적으로 넓어진 이 주제 범위 안에는 음식, 행동면역계, 근친상간 회피, 수렵채집인의 육아와 가족, 편견, 전쟁, 문화적 진화, 도덕성, 의례, 종교, 집단 선택, 리더십, 진화유전학, 진화내분비학, 진화정치심리학, 진화소비자심리학을 다룬 완전히 새로운 장이 포함되었다. 저자들은 심리학, 인류학, 생물학, 정치학, 경영대학원, 로스쿨, 인문학 등 다양한 학과에 속해 있다.

이 『핸드북』은 스티븐 핑커의 머리말로 시작한다. 여기서 그는 자신이 진화심리학에 이르게 된 지적 여정을 이해하기 쉽게 이야기하고, 심리과학에 왜 진화심리학이 필요한지 자신의 견해를 설명한다. 『핸드북』은 많은 지적 기여로 진화생물학에 큰 활력을 불어넣은 진화생물학자 도킨스의 후기로 마무리한다. 그 사이에 있는 52개 장은 총 9부로 나뉘어 있으며, 각 부에는 따로 서문이 있다.

제1부 「진화심리학의 기초」는 진화심리학의 논리, 사용된 방법들, 이 분야를 둘러

싼 뜨거운 쟁점들을 개설하는 다섯 개 장으로 이루어져 있다. 제2부 「생존」에는 물리적 환경과의 투쟁, 다른 종(포식자나 먹이)과의 투쟁, 다른 인간과의 투쟁을 다룬 다섯 개 장이 들어 있다. 제3부 「짝짓기」는 도널드 시먼스의 통찰력 있는 에세이로 시작하는데, 시먼스는 적응주의의 논리를 명료하게 밝히고, 구애거절 불안에 관한 새로운 가설을 펼친다. 그 뒤를 잇는 여덟 개 장은 매력에서부터 시합 경쟁에 이르기까지, 또 성적 강제에서부터 장기적 혼인의 사랑에 이르기까지 중요한 내용을 다루면서, 인간 짝짓기 분야를 이루고 있는 이론 및 조사의 넓이와 깊이를 여실히 보여준다. 제4부 「양육과 혈연관계」는 먼저 마틴 데일리의 훌륭한 서장으로 문을 연 뒤 친족 간의 협동과 갈등, 부모 투자, 부모−자식 갈등, 인간 가족의 진화와 호르몬, 인간의 사회성을 다룬다.

집단생활은 인간을 진화시킨 매우 중요한 배경이라고 모든 학자가 인정하는 주제로, 너무 중요해서 2부로 나누었다. 먼저, 제5부 「집단생활: 협력과 갈등」 편에서는 사회적 교환, 공격성, 편견, 사회적 배제social exclusion를 다루고, 전쟁의 리더십에 관한 새로운 장으로 마무리한다. 다음으로 제6부 「문화와 조정」에는 완전히 새로운 일곱 개 장이 담겨 있다. 이 장들은 문화적 진화, 도덕성, 지위 서열, 의례, 종교, 집단선택에 초점을 맞춘다. 모두 합치면 이 장들은 집단생활의 기념비적인 중요성을 다루는 이론적·경험적 연구가 급격히 늘어났으며, 의례, 종교, 도덕성, 문화 등 예전에는 소홀히 했던 집단생활의 양상들을 이해하고자 하는 관심이 급증해왔음을 반영한다.

제7부 「전통적인 심리학 분과들과의 접점들」 편에서는 여덟 개 장을 통해, 현재 심리학에 속해 있는 분야들의 개념적 기초가 진화심리학의 틀에 의해 어떤 도움을 받을 수 있는지를 살펴본다. 제8부 「전통적 학과와의 접점」은 완전히 새로운 네 개 장과 크게 수정한 한 개 장으로 이루어져 있다. 새로운 장들은 각각 진화인류학, 진화유전학, 진화심리학 및 내분비학, 진화정치심리학에 초점을 맞춘다. 수정된 장은 진화문학연구를 다룬다. 모두 합쳐서 이 중요한 장들은 진화 과학들이 생명과학 안에서 대단히 광범위한 학과들과 얼마나 깊이 통합되었는지를 반영한다.

제9부 「진화심리학의 현실적 응용」은 『핸드북』의 마무리에 해당한다. 그 장들은 공공정책, 소비자 행동, 조직 리더십, 법률문제에 진화적으로 접근한다.

개념상의 진전과 경험적 발견이 오랫동안 이어진 끝에 진화심리학이라는 탄탄한 분야가 탄생했다. 심리학이 새로운 토대 위에 놓일 거라는 다윈의 통찰력 있는 예언이 실현되고 있다. 또한 심리학을 넘어 인간 행동에 진화론적으로 접근하는 방식들이, 진화유전학에서부터 인간 문화에 대한 깊은 이해에 이르기까지 다윈이 미처 상상하지 못했을 분야들로 침투하고 있다. 찰스 다윈이 자신의 과학적 통찰이 예측한 지식의 만개를 볼 수 있다면 겸허해 하면서도 기뻐하고 심지어 경외심마저 느끼지 않을까 하고 즐겁게 생각해본다.

1부

진화심리학의 기초

데이비드 M. 버스

존 투비와 레다 코스미디스는 진화심리학의 개념적 토대를 탄생시킨 진정한 개척자로, 기본이 되는 이 첫 번째 장을 장식하기에 적합하다. 두 사람은 인지 혁명에서부터 진화적 게임이론에 이르기까지 인지심리학을 탄생시킨 지적 기원들을 한 바퀴 둘러볼 수 있는 매혹적인 일람을 제공한다. 투비와 코스미디스는 이 분야의 기초가 되는 전제들을 논한다. 즉, 유기체 설계의 원리들, 역설계의 논리, 특수 설계를 가리키는 증거의 성격을 설명하고, 좋은 설계 이론들이 심리과학자들에게 어떻게 강력한 휴리스틱이 되는지를 논한다. 그들은 진화심리학의 틀이 전통적인 심리학의 틀과 어떻게 다른지를 설명한다. 마지막으로 투비와 코스미디스는 인지, 동기, 감정의 기능적 설계구조를 개념화하는 흥미로운 새 틀을 제시한다. 지난 30년에 걸쳐 투비와 코스미디스가 발표한 이론적 논문들은 진화심리학 분야에서 진행되고 있는 거의 모든 연구에 생명력을 불어넣어 왔다. 이 장은 초판의 글을 크게 수정한 만큼, 진화심리학의 개념적 기초를 견고히 하고 확장한다.

마르코 델 주디체Marco Del Giudice, 스티븐 갱지스태드, 힐러드 카플란Hillard Kaplan은 생활사이론life history theory과 진화심리학의 통합을 옹호하면서, 적응은 전 생애에 걸쳐 예산을 배분하는 여러 가지 다른 균형 지점 사이에서의 맞거래trade-off들을 만들어 내려고 설계된 것이라고 제안한다. 그들은 먼저 생활사 이론의 원리들을 제시한

17

다. 유기체의 총 에너지 예산은 유한하고, 그래서 맞거래는 꼭 필요하다. 그들은 가장 중요한 맞거래들, 즉 현재의 번식과 미래의 번식, 자식의 양과 질, 짝짓기의 노력과 육아의 노력을 논한다. 그리고 식량 공급과 사망 위험 같은 생태학적 요인이 최적의 인생사 전략에 미치는 중요한 영향들을 밝힌다. 다음으로 델 주디체와 공저자들은 특별히 인간에게로 눈을 돌려서, 인생사 이론이 진화심리학에 무엇을 알려주고, 진화심리학과 어떻게 통합될 수 있는지를 보여준다. 가장 흥미로운 것은, 이 적응들이 최소한 두 가지 측면에서 서로 독립적일 수 없다고 주장한다는 점이다. 첫째, 한 가지 일에 분배하는 노력(예를 들어, 유부녀의 간통을 예방하는 것)은 다른 일에 분배하는 노력(예를 들어, 식량 수집)을 반드시 상쇄한다. 둘째, 인간에게는 예를 들어 장기적 짝짓기 기제와 대량투자 육아 기제의 결합처럼, 심리 기제들이 **공진화한 꾸러미**가 있어야 한다. 그럴 때에야 생활사 이론과 진화심리학의 통합은 예산배분의 중요한 맞거래를 하도록 설계된 심리적 적응들을 밝혀내는 수단을 제공한다는 이러한 논거를 저자들은 설득력 있게 주장한다. 이 접근법은 또한 선택압들에 대한 경제학적인 손익 분석을 통해, 각기 다른 심리 기제들이 어떻게 서로 연결되어 있는지를 밝힐 수 있다.

제프리 심슨Jeffrey Simpson과 론 캠벨Lorne Campbell은 우리가 진화심리학의 연구 프로그램을 방법론상 강화할 수 있고 또 강화해야 하며, 이를 위해 가상의 심리적 적응으로부터 추정할 수 있는 '특수 설계' 예측을 더 확실히 검증하도록, 보다 더 다양한 방법과 측정 기법들을 특이적으로 맞춤 제작해서 사용할 필요가 있다고 설득력 있게 주장한다. 두 사람은 복수의 연구 방법과 복수의 결과 측정이 적용된 동시에 그 측정의 타당성 문제에 더욱 관심을 기울인 믿음직한 사례를 제시하고, 그 과정에서 가설적인 심리적 적응이 갖고 있는 '특수 설계'의 성질들을 성공적으로 밝힌다. 결국 진화심리학은 경쟁상대인 오래된 "비진화적" 설명에 의거해서는 이해할 수 없는 경험적 발견들을 내놓아 잔존하는 회의론자들을 설득할 것이다. 이 챕터는 진화심리학에서의 경험적 연구를 수행하는, 그리고 수행하려는 누구에게든 유용한 정보와 통찰을 제공한다.

에드워드 헤이건Edward Hagen은 진화심리학을 둘러싸고 거듭 발생하는 논쟁들과, 완강하게 이어지고 있는 오해들을 통찰력 있게 분석한다. 그는 적응이야말로 보편적인 인간 본성의 중심이 되는 기둥이라고 강력히 주장한다. 헤이건은 진화심리학을 비판하는 사람들이 지칠 줄 모르고 거듭 제기하는 오해에 신랄하게 응수하는데, 진화적 적응 환경이라는 개념에 대한 오해가 대표적이다. (분명 그 환경은 특정한 시간이나 장소가 아닌데도, 이 오류는 바로잡으려는 시도를 완강히 거부하는 고집스러운 밈[meme. 유전자가 아니라 모방 등에 의해 다음 세대로 전달되는 비유전적 문화 요소-옮긴이]과도 같다.) 헤이건은 지난 1만 년 이내의 진화뿐 아니라 홍적세 이전의 진화도 탐구한다. 그는 진화심리학을 비판하는 사람들의 대부분이 기본적으로는 그 기본 전제들을 인정하고 있음을 지적하는 것으로 글을 마무리한다.

파스칼 보이어와 클라크 배릿은 영역 특이성domain specificity에 대한 논의를 확장하는데, 이때 그들은 직관적 존재론—각기 다른 정보 영역들을 위한 적응—을 사용해서 진화한 심리 기제의 신경, 발달, 행동적 요소들의 긴밀한 통합을 설명한다. 그들은 인지심리학과 신경과학으로부터 진화심리학의 중요한 기본 전제, 즉 인간에게는 그들의 표현대로 "진화한 능력들의 연합체"가 있다는 전제의 강력한 증거를 제시한다. 보이어와 배릿은 특이적인 추론 시스템들이 갖고 있는 특질들, 가령 의미론적 지식, 전문화된 학습 논리, 발달과정들을 전담하는 일련의 집합, 해결된 특수한 적응적 문제들 사이의 높은 일치성을 개략적으로 설명한다. 다음으로 그들은 타인의 마음을 읽는 능력(직관 심리학), 물리적 환경을 파악하는 능력 등 몇 가지 광범위한 진화 능력을 자세히 탐구한다. 두 저자는 진화한 능력들이 사실은 그 존재론적 범주들이 의미하는 것보다 더 섬세하다고 설득력 있게 주장한다. 뿐만 아니라 적응들은 이 존재론적 범주들의 경계를 넘나든다. 보이어와 배릿은 진화심리학이 진화한 심리 기제들을 조명할 때 발달, 인지, 신경과학의 증거를 집중적으로 사용함으로써 어떻게 전통적인 학과들의 경계를 해체하는지에 대한 훌륭한 사례를 제공한다.

1장

진화심리학의 이론적 기초

존 투비 · 레다 코스미디스

진화심리학의 출현: 무엇이 걸려 있는가

누구보다도 다윈이 먼저 알아봤듯이(Darwin, 1859) 자연선택에 의한 진화 이론은 인간의 마음과 뇌의 설계를 이해하려는 노력에 혁명적 의미를 갖고 있다. 실제로, 인간 종의 기능적 설계구조를 형성하는 인과관계의 망을 우리가 원리에 입각해서 이해한다면, 인류에 대한 연구를 정확하고 빠르게 발전하는 자연과학으로 변화시키는 것이 가능해진다. 하지만 『종의 기원』이 세상에 나온 지 한 세기 반이 넘게 흐른 지금도 심리학, 사회과학, 행동과학 등의 여러 학문 분야들이 진화론에 기반한 연구자들에게는 틀린 것으로 보이는 가정들에 버젓이 기초하고 있고, 나머지 학과들도 불과 몇 십 년 전에 들어서야 진화과학들, 정보이론, 컴퓨터과학, 물리학, 신경과학, 분자생물학과 세포생물학, 유전학, 행동생태학, 수렵채집인 연구, 생물인류학, 영장류학 등의 조사 결과와 자신들의 연구를 일치시키는 데 필요한 근본적인 개조 작업에 돌입했다(Pinker, 1997, 2002; Tooby & Cosmides, 1992). 진화심리학은 뒤죽박죽이고, 파편적이고, 서로 모순되는 인간에 대한 다양한 연구들을 조합하여 심리학, 사회과학, 행동과학 등의 학문 분야로 단일하고, 논리적으로 통합된 연구 틀을 짜 맞추려는, 오랜 방해에 시달려온 과학적 시도다. 그 연구 틀은 진화과학들과 정보이론

21

을 완전하고 평등하게 통합할 뿐 아니라 그런 종합에 요구되는, 기존의 믿음과 실제 연구상의 모든 교정을 체계적으로 완료했다(Tooby and Cosmides, 1992).

우리는 친애하는 스승이자 친구인 하버드대학 인류학과의 명예교수 고故 어빈 드 보어Irven DeVore에게 이 장을 바친다.

진화심리학이 장기적으로 추구하는 첫 번째 과학적 목표는 보편적인 인간 본성을 매핑(지도화)하는 것이다. 인간 본성을 지도화한다는 말은, 모두 합치면 보편적인 인간 본성이 되는 진화한 적응들을 조사해서, 경험적으로 확인한 고해상도 모델들(유전적 모델, 발달 모델, 해부학적 모델, 신경 모델, 정보처리 모델 등)을 점진적으로 구축하고 다듬는다는 것을 의미한다. 행동과학과 사회과학의 초점은 마음, 행동, 사회적 상호작용을 설명하는 데 있기 때문에, 초기의 강조점은 행동을 조절하는 적응에 있었다. 과학자들은 그것을 진화한 심리(마음, 인지) 프로그램, 신경계산 프로그램, 행동조절 프로그램, 적응적 전문화, '모듈,' 정보처리 기제 등으로 부르기도 한다. 하지만 인간 종의 설계구조는 모든 물리적·시간적 단계에서 일련의 기능적 상호작용을 하며 진화했으므로, 유전, 세포, 발달, 해부, 생리, 내분비, 인생사 과정들은 당연히 인간 본성의 일부분이며, 결국 진화심리학이 다뤄야 하는 진화한 상호관계 체계의 일부분으로 간주할 수 있다. 어느 한 조절 기제의 진화한 기능은—입력된 정보에 반응해서 (장기적, 단기적으로) 행동, 발달, 신체를 적응적으로 조절하기 위해—계산적이어야 하기 때문에 그런 모델은 결국은 신체의 구성과 연관되어야만 하는 방식으로 기제의 기능적 회로 논리나 정보처리 구조를 설명해야 한다(Cosmides & Tooby, 1992; Tooby & Cosmides, 1992). 이 모델들이 더 완벽해지려면, 환경과 상호작용하면서 생활사에 걸쳐 변화하는 유기체의 표현형을 구성하는 설계가 연이어 펼쳐지도록 이끄는 발달 프로그램의 조절 논리도 조만간 서술해야 한다(Tooby & Cosmides, 1992; Tooby, Cosmides, & Barret, 2003—이 책 2장, Del Giudice, Gangestad, & Kaplan의 에세이를 보라). 과학적 지식이 장기적으로 성장한다면, 이 모델들은 결국 이 기제들의 신경 및 유전적 구현에 대한 설명을 통합하게 될 것이다.

진화심리학자들과 그 동맹자들이 장기적으로 추구하고 있는 두 번째 과학적 목표는 자연과학에 기초한 정확한 인간 본성 모델이 가능하게 하고 또 요구하는 바에 따라 사회과학을 포괄적으로 재구축하는 것이다. 현재 사회과학은 서로 모순되는 주장을 뒤섞어놓은 스튜와 같아서 이론적 통일성이나 명확한 진행 방향이 없다. 사회과학의 주요 성분들은 너무 뒤죽박죽이라, (폴 디랙Paul Dirac의 표현을 빌리자면) 아예 틀렸다고 평할 수조차 없을 지경이다. 인간 본성을 구성하는 신경조절 프로그램의 회로 논리를 성실하고 자세하게 명기한다면, 새롭게 구성된 사회과학의 이론적 중심이 될 것이다. 그 이유는, 인간 본성의 진화한 성분(예를 들어, 인간의 언어능력)을 나타낸 각각의 모델은 그 회로가 생성하거나 조절하는 발달, 심리, 행동, 사회적 현상을 예측(그리고 설명)하기 때문이다(예를 들어, 인간언어의 존재 및 인간언어에서 발견되는 패턴들; Pinker, 1994; 근친상간 혐오와 혈연지향 이타주의의 존재 그리고 거기서 발견되는 패턴들; Lieberman, Tooby, & Cosmides, 2007). 그로 인해 사회과학에는 극적이고 광범위한 변화가 발생할 것이다. 사회과학과 행동과학의 전통적인 개념 틀—우리가 표준사회과학모델SSSM: Standard Social Science Model이라 불러온 것—은 인간의 심리 및 발달 설계구조의 성격에 대한 불완전한 가정들로 구축되어 있기 때문이다(표준사회과학모델을 분석한 사례로는 Pinker, 2002; Tooby & Cosmides, 1992를 보라). 그중에서도 가장 중요한 가정은 인간의 심리적 설계구조는 무엇보다 다목적(영역 일반적)이고, 내용이 없고, (부위들의) 잠재력이 동등한 학습과 추론의 기제들로 이루어져 있다는 가정이다(Pinker, 2002; Tooby & Cosmides, 1992). 즉, 이러한 가정에 따르면 마음은 빈 서판 같고, 거기에는 진화한 취지에 따라 입력된 정보에 다르게 반응하도록 자연선택이 설계한 전문 회로가 없다. 이 가정에 입각한 심리학은 핵심적이고 기본적인 어떤 주장(빈 서판론)을 정당화한다. 즉, 백지가 그 위에 새겨질 내용을 결정하는 데 어떤 인과적 역할도 하지 않듯이, 마음의 빈 서판 이론은 진화한 마음 조직이 인간의 사회 및 정신 생활의 내용을 형성하는 데 거의 어떤 인과적 역할도 하지 않는다는 믿음을 합리화하는 것이다. 학습 능력을 가진 마음은 학습의 내용과 체제를 거의 전적으로 외부의 원천에서 흡수한다. 그 과정은 비디오카메라의 작동과 유사해서, 녹화된 내용은 세계에서 나오고 녹화 기제는 그 자신의 어떤 내용도 테이프에 추가하지 못한다고들 생각한다. 토머스 아퀴나스Thomas Aquinas는 겉으로 자명해 보이는 이 견해를 다음과 같이 표현했다. "먼저 감각 속에 없었던 것은 마음속에도 없다." 그러므로 표준 모델에 따르면, 사회과학들이 연구하는 사회 및 문화적 현상들은 우리의 진화한 심리 기제에서 비롯되는 어떤 중요한 인과적 패턴화와도 무관하고 단절되어 있다. 조직은 사회세계의 과정들로부터 마음속으로 흘러들어온다(우리는 이를 뒤르켐의 인과적 화살이라 부른다). 더욱 중요한 점을 지적하자면, 내용이 개인의 마음속에 있는 진화한 조직에서 밖으로 흘러나가 문화나 사회세계를 조직하지 않는다는 생각을 사회과학자들은 부동의 진리로 간주해왔다(Geertz, 1973; Sahlins, 1976). 이제 과학자들은 이 가설을 경험적으로 시험하면서, 그 오류를 수시로 증명하고 있다(예를 들어, Buss, 1989; Lieberman, Tooby, & Cosmides, 2003, 2007; Peterson, Sznycer, Sell, Cosmides, & Tooby, 2013; Sell, Tooby, & Cosmides, 2009).

하지만 만일—진화심리학자들이 입증하고 있듯이—빈 서판 가설이 틀렸다면, 지난 세기의 사회과학 프로젝트는 틀렸을 뿐더러 근본적인 오해의 산물일 것이다. 빈 서판 가설은 사회 현상의 주요한 인과적 조직원인—진화한 심리 프로그램—을 사회 분석에서 제거해, 사회세계를 가동시키는 논리를 사회과학이 이해하지 못하게 한다. 진화심리학이 반사적으로 큰 반대를 불러일으키는 이유는 많은 사회과학자들, 행동과학자들, 인문학자들에게 걸려 있는 이해가 대단히 크기 때문이다. 진화심리학의 토대가 확고하다고 밝혀진다면, 사회 및 행동과학의 상부구조—표준사회과학 모델—는 폐지될 수밖에 없다. 심리 기제 모델들이 사회 이론의 필수 요소라는 것을 인정하는 새로운 사회과학적 틀이 그 자리를 대신할 것이다(Boyer, 2001; Sperber, 1994, 1996; Tooby & Cosmides, 1992).

그런 새로운 틀 안에서는 진화한 기제의 회로 논리가 그 기제와 대응하는 사회 현상이나 문화 현상을 설명하는 데 기여한다. 예를 들어, 양성이 주고받는 사회적 상호작용의 성격은 성행동, 배우자 선택, 매력, 성 내 경쟁, 이성 간 갈등, 배우자 관계 유지 등의 기초가 되는 진화한 프로그램의 설계 형질에 일부분 뿌리를 두고 있는데, 이 책의 여러 장에서 그 형질을 검토하고 있다(과거의 주목할 만한 연구로는, Buss, 1994, 2000; Daly & Wilson, 1988; Symons, 1979를 보라). 인간의 공격성, 육아, 성의 심리를 제어하는 진화한 프로그램은 패턴화된 폭력 발생을 일부분 설명하고(Campbell & Loving, 이 책 18장; Daly & Wilson, 1988), 맞거래의 기초는 사회적 교환을 위해 특화된 인지 기제에 있을 수 있으며(Cosmides & Tooby, 『핸드북』 2권, 25장; Cosmides & Tooby, 1992), 근친상간 회피와 가족 간 사랑은 혈연인식 때문에 진화한 기제에 뿌리내리고 있다(Lieberman et al., 2003, 2007). 이와 마찬가지로 인간의 동맹 심리에 토대가 되도록 진화하고 전문화된 기제는 인종차별, 연합, 도덕성, 사회적 제재, 집단 동역학 같은 현상을 설명할 수 있다(예를 들어, Delton, Cosmides, Guemo, Robertson, & Toony, 2012; Kursban, Tooby, & Cosmides, 2001; Pietraszewski, Cosmides, & Tooby, 2014; Tooby & Conmides, 2010; Tooby, Cosmides, & Price, 2006).

그런 모델이 증가하면 결국 사회과학을 불확실하고 특수주의적인(개별적 사례만을 설명하는) 서술 위주의 분야에서, 진정한 예측력과 설명의 힘을 가진 이론 중심의 학과로 변형시키는 촉매가 될 것이다. 진화심리학은 좁은 의미에서는 우리의 진화한 심리 및 발달 기제들을 지도화하는 과학 프로젝트이고, 넓은 의미에서는 진화한 인간 설계구조가 점차 지도화되고 있다는 견지에서 사회과학(그리고 신체의 적응들이 그 종합에 통합됨에 따라, 의학 역시)을 재편하고 확대하는 프로젝트까지 포괄한다. 이『핸드북』에는 지금까지 이 어린 패러다임에서 출현한 프로젝트와 발견의 보고서가 풍부히 담겨 있다. 이 분야는 아직 유아기임에도 진화심리학자들은 이미 인간 삶의 거의 모든 측면을 건드리는 대단히 광범위한 사례들을 확인했다. 빠르게 쌓이고 있는 결과에 비추어볼 때, 인류학, 사회학, 정치학, 사회심리학, 인지심리학 그리고 (상대적으로 약하지만) 경제학의 공허한 많은 믿음이 완전히 바뀌게 될 것이다. 미래에 진화심리학이 인간 및 비인간의 행동과학들을 점점 더 폭넓게 변형시킬 것이라고 예상되는 분야에서 우리는 아직 걸음마 단계에 있지만, 이 사업은 남은 21세기가 다 걸릴지 모를 만큼 그 규모가 엄청나며, 점점 더 많은 가닥들이 개념상 통합을 이룸에 따라 우리에게 놀라운 일들을 선사할 것이다.

여기서 넓은 의미의 진화심리학은 단지 개인의 설계에 관한 것만이 아니고, 현재의 심리학 분야의 개정에 그치는 것도 아님을 강조할 필요가 있다. 대신에 이 개정은 인문과학 전체를 남김없이 포함하고 통합한다. 그 이유는 인간 마음의 프로그램들은 조상의 사회, 인구, 정보 환경에서 진화했으며, 문화적 전통, 언어, 사회집단, 인구 통계학적 구조 같은 다양한 역학적 현상들 그리고 개체군 수준 및 집단 수준의 현상들까지도 이 환경에서 점진적으로 발생하고 개조되었기 때문이다. 그 결과 이 환경들은 선택압으로 작용해서, 개인적 수준을 넘어선 현상들과 관련된 기능을 작동하게 하는 우리의 진화한 프로그램들을 만들어냈다. 다시 말해, 이 프로그램들은 어떤 현상들을 기능적으로 생산하도록 진화했고(예를 들어, 동맹, 언어), 또한 이 현상들이 포함된 환경 안에서 기능적으로 작동하도록 진화했다(예를 들어, 동맹 탐지 기제가 유도하는 적합도 향상 행동, 언어능력이 가능하게 하는 의사소통). 따라서 이 프로그램들이 생산하는 확장된 표현형(Dawkins, 1982의 의미로)은 단지 개인의 형질(일반적인 의미로)이 아니라, 상호작용을 통해 복잡한 집단적 표현형을 생산하거나 이용하도록 설계된 것들이다(예를 들어, 언어, 문화적 요소, 전통, 교환 네트워크, 사회적 집단, 행위자 같은 연합체, 폭력적 군중, 전쟁, 소규모 위계구조, 몇몇 소규모 제도). 게다가 조상 대대로 설계된 그 사회적 기능의 확장된 표현형을 낳는 과정에서 우리의 진화한 프로그램들과 그 결과들은 또한 현대적이고 복잡한 집단 및 개체군 수준의 많은 현상들을 부산물로 낳았다(예를 들어, 세계적 교환 네트워크, 수요공급 곡선, 귀족 사회, 사회 계급, 복잡한 위계구조, 복잡한 제도, 종교, 상이한 언어 등).

이 모든 것이 사회과학자들에겐 연구의 대상이며, 우리의 진화한 프로그램들에 의해 패턴화된 것들이기 때문에 진화심리학은 사회과학에 통합적인 틀을 제공한다. 현대 세계에서 개인들이 모여 더 큰 사회구조를 이루는 방식을 강력하게 형성하며, 우리의 마음이 시간에 따라 역동적으로 구축하고 개조하는 문화적 산물들을 생산하는 것은 바로, 우리의 특이적인 적응에 내재한 의사결정 구조들이다.

표준사회과학모델은 기본적으로 인간의 마음에 담긴 모든 내용물은 형식이 없는 문화에서 개인의 마음으로 다운로드된다고 주장하기 때문에, 그 내용물의 기원 그리고 문화의 성격을 진화심리학이 얼마나 다르게 설명하는지를 깨닫는 것이 매우 중요하다. 진화심리학의 주장은 다음과 같다. 우리의 진화한 계산문제 해결사들은 조상들이 직면한 적응적 문제(식량 획득, 육아, 짝 획득)를 현실에서 해결하도록 선택에 의해 내용-특이적인 방식으로 풍부하게 구축되어야 했다. 즉, 우리의 해결사들은 과거에 철학하는 사람이라면 본유관념이나 선험적 개념이라 불렀을 것들(음식, 아이, 내 자식, 남성-여성, 내집단-외집단, 어머니, 친족, 사기꾼, 무임승차자, 뱀, 거미, 생물적 형질animacy, 수, 명사, 사물, 공격의 강력함, 친구, 적, 포식자, 지도자, 그 밖의 수천 가지 것들)이 우리에게 부여한 능력이다. 이 해결사들은 진화한 해석 양식들, 개념-동기 시스템들, 또는 진화한 직관 존재론 속에 구축되어 있고, 그 자리는 우리의 진화한 프로그램들이 경험을 어떻게 조직하는지를 나타낸 '다윈-칸트의 계산식 종합'일지 모른다. 이 새로운 접근법은 (과거에는 이해하지 못했던) 진화한 적응으로서 안정적으로 발생하는 인간의 보편 형질들(예를 들어, Brown, 1991을 보라), 그 부산물들, 그리고 그 상호작용으로부터 생긴 산물들을 설명하고 자주 예측도 한다. 또한 법칙이나 이론에 따라 비교문화적 변이를 예측하고 설명한다. 예를 들어, 적응은 관련된 국지적 조건들을 입력물로 받아들여 국지적 환경에 맞게 조정된 결과를 생산하도록 선택이 설계한 것이다(예를 들어, Gaulin & Schlegel, 1980; Schmitt, 2005; Sznycer et al., 2012). 이 접근법은 심지어 종-전형적으로 진화한 기제 특유의 활성화 패턴 같은, 완전히 개별적으로 보이는 문화 현상까지도 설명할 수 있다(예를 들어, Boyer, 2001).

따라서 내용에 따라 조절되는 마음의 적응들은 인간 문화의 특수한 내용 중 일부를 생성할 뿐더러 안정적으로 발달시키고, 그 밖의 문화적 요소들은 엄청나게 다양하고 끊임없이 변하는 조합의 결과들 속에서 발달적·사회적으로 고도화되어 마무리될 수 있도록 그 원재료를 만들어준다. 이렇게 생겨난 내용은 그 개체군의 다른 구성원들이 갖고 있는 진화한 프로그램들에 의해 채택 또는 수정되거나, 사회적 상호작용에 의해 구체화된다. 이로부터 역학적이고 역사적인 개체군 수준의 과정들이 발생하여 구체적인 생태, 경제, 인구통계, 집단 간의 사회적 맥락이나 환경 속에 놓이고, 이 맥락이나 환경은 독립적으로 개인 간·세대 간 동역학에 영향을 미친다. 이 관점에서 볼 때 문화는 집단을 이룬 개인들의 삶 속에 놓인 우리의 진화한 신경계산 프로그램들이 만들어낸 산물이다. 이 문화 이론이 전통적인 일반 학습 전달 접근법들과 얼마나 다른지를 광고하는 뜻에서 우리는 우리의 책『적응하는 마음*The Adapted Mind*』(Barkow, Cosmides, & Tooby, 1992)에「진화심리학과 문화의 발생」이란 부제를 붙였다. 인간의 마음에 다수의 진화한 프로그램이 담겨 있다고 인정할 때, 표준적인 생각과 또 한 번 결별하게 된다. 즉, 문화는 일원적인 것이 아니며, 진화한 심리 과정들과 결코 무관하지 않은 것이다. 대신에 '문화'는 우리의 진화한 프로그램들 안에 놓여 있고, 각기 다른 종류의 문화는 각기 다른 프로그램(그리고 이 프로그램들의 조합) 안에 위치해 있다. 각기 다른 유형의 정보는 독특한 계산 장소—즉, 각기 다른 마음 프로그램으로 구축된 장소—를 토착 환경으로 삼고 거주한다. 이 각기 다른 장소에 존재하는 계산 기제들이 각각의 데이터 구조에 의미를 부여하고, 내용에 의미 있는 구조를 부과하고, 내용에 일어날 수 있는 잠재적 변화의 규칙을 결정하고, 다른 프로그램들이 공급하는 원재료 중 어느 것을 받아들일지를 결정하며, 체내의 어느 장소에서 어떤 결과물을 내보낼지를 결정한다. '문화'와 '학습'은 진화심리학의 이론적 경쟁자가 아니라, 그 생산자인 진화한 신경 프로그램들의 설계(이에 더하여, 이 기제들이 공급하는 국지적 입력물에 대한 서술)를 참조하고 관련시켜서 설명할 현상들이다.

그래서 뱀을 두려워하는 문화(뱀공포증 시스템 '안에' 살아 있으며, 다른 사람에게 전해지는 공포 반응의 강도만큼 전달이 이루어진다), 문법 문화(언어능력 '안에' 살아 있다), 음식 관련 선호, 집단 정체성 문화, 혐오 문화, 경멸 문화, 나누기 문화, 공격 문화 등이 있다. 문화적 능력은 어떤 사실, 즉 잘 조정된 프로그램을 가진 다른 사람들이 풍부한 정보원이 될 수 있다는 사실이 제공하는 기회에 대응해서 발생했다. 어떤 프로그램이 효과적으로 쓴 시간은 모두 다른 뇌에 위치한 프로그램들을 샅샅이 조사해서 자신의 성능을 향상시키는 것에 쓴 것으로, 이때 선택은 그러한 일을 할 수 있도록 하는 추론 시스템의 진화를 선호할 것이다. 이 모든 독특한 효과들이 '문화'라는 하나의 이름 아래 혼란스럽게 모인 탓에, '문화'란 우리의 진화한 심리의 영향과 무관하게 일원론적인 원리에 따라 움직이는 균질한 것이라고 사람들은 그릇된 생각을 하게 되었다. 그 생각과는 달리, 사람들의 뇌는 각기 다른 기능을 수행하도록 구축되어 있고 인과적으로 다양한 경로에 의해 연결되어 있다. 각각의 뇌는 독립적인 많은 '튜브'로 가득 차 있으며, 이 튜브를 통해 다른 뇌들의 다양한 기제들과 여러 종류의 재료를 주고받고 퍼뜨린다. 바로 그 때문에 진화심리학은 문화나 사회역사적 배경과 고립된 채 발생하는 개인적 행동의 정적인 결정인자를 연구하는 일에 그치지 않는다. 오히려 바로 그 때문에 넓은 의미의 진화심리학은 사회과학들과 통합되고, 사회과학에 꼭 필요한 기본 틀을 제공한다(예를 들어, Boyer, 2001; Pinker, 2002; Sperber, 1996; Tooby, 2014; Tooby & Cosmides, 1992).

거의 한 세기 동안 학계는 표준사회과학을 고수하는 태도를 도덕적으로 강하게 옹호했고 그래서 그 주요한 측면들은 비판과 개혁에 면역이 되었다(Pinker, 2002; Tooby & Cosmides, 1992). 결과적으로 국제 학계에서는 어떤 연구의 궤적으로부터 표준사회과학모델의 신뢰성을 흔드는 결과가 나올 때마다, 기존의 믿음을 유지할지에 대한 기준이 당면한 주제의 과학적 성과에 있어야 함에도 그와 끔찍하게 멀어지는 경우가 허다했다. 그럼에도 최근 몇 십 년 사이에 전통 이론들과 충돌하는 증거가 계속 쌓이면서, 이것을 무시하고, 예외로 돌리고, 교묘한 설명으로 무마하려는 노력은 심각한 부담을 안게 되었다. 또한 표준사회과학모델의 도덕적 필요성에 찬성하는 주장들을 재검토해도 그 주장들이—기껏해야—잘못된 두려움의 산물이라는 것을 확인할 수 있다(Pinker, 2002; Tooby & Cosmides, 1992). 실제로 우리는 인간의 고통이 거대한 조수처럼 영원히 지속되도록 공모해왔을지 모른다. 과학계가 더욱 정확한 사회과학 및 행동과학을 늦추거나 외면하기로 결정하지 않았다면 예방하거나 완화할 수 있었던 그 모든 고통을.

진화심리학의 지적 기원들

20세기에 행동과학 및 사회과학 안에서 다윈주의는 주변부로 밀려났지만, 그 와중에도 소수의 다양한 사상가들은 다윈의 통찰이 행동에 어떻게 적용될 수 있을지를 깊이 고민했다. 이들의 노력으로 가치 있는 많은 접근법들이 탄생했다. 윌리엄 제임스William James와 윌리엄 맥두걸William Madougall이 본능심리 이론을 창안했고, 틴버겐, 로렌츠, 폰 프리시의 동물행동학은 자연환경에서 동물 행동을 주의 깊게 관찰해서 이를 적응의 의미와 생리학적 기초에 대한 조사들과 통합했으며, 리처드 알렉산더Richard Alexander, 윌리엄 해밀턴William Hamilton, 로버트 트리버스Robert Trivers, 에드워드 O. 윌슨Edward O. Wilson을 비롯한 여러 과학자들의 사회생물학은 적합도 결과에 의거해서 인간과 여타 생물종을 대상으로 사회적 행동의 패턴—보편성뿐 아니라 차이들까지—을 설명하고자 누차 시도했고, 촘스키(1959, 1965), 레네버그Lenneberg(1967) 그리고 여타 학자들이 개척한 선천론적인 언어 연구는 하나의 영역─일반적 학습 체계로 모든 학습을 설명할 수 있느냐는 질문에 큰 관심을 불러왔으며, 심지어 (표준사회과학모델과 관련하여 대단히 정통적인) 행동주의 심리학도 여러 종에게 적용할 수 있는 계통발생적 연속성이 학습의 법칙에 있는지를 찾아보았다. 이 접근법들은 저마다 가치가 있다고 판명되었지만, 각 프로그램에 내재한 개념상의 핸디캡이 적용 범위를 제한하고, 인간의 심리과학, 행동과학, 사회과학들을 쓸모 있게 재편할 힘을 깎아먹었다.

이 한계를 넘어서기 위해서는 물리학, 생물학, 정보이론의 교차점에서 핵심적 기초 개념을 분리해내거나 이끌어내고, 그 논리 및 인과의 상호관계를 설명한 뒤, 이를 토대 삼아 다시 쌓아올리는 작업이 필요했다. (대표적인 개념을 몇 개 소개하자면 다음과 같다. 기능, 조절, 정보, 계산의 설계구조, 적응, 조직화, 설계, 엔트로피, 선택, 복제, 선택압, 부산물, 진화적 적응 환경, 과업 환경) 그런 뒤 이 개념들을 사용해서, 이전에는 분리되어 있던 몇몇 과학 프로그램 사이에서 필연적인 상호연결을 추적할 수 있었고, 그렇게 해서 이전에는 독립적이었던 (그리고 종종 서로 맞지 않았던) 학문의 건축블록들이 단일한 틀로 통합될 수 있었다(이에 대한 논의로, Tooby & Cosmides, 1992를 보라). 진화심리학을 짜 맞춘 건축블록들은 다음과 같다. (a) 이론적 진화생물학에 일어난 현대 적응주의 혁명(Williams, 1966), (b) 정보이론과 계산과학의 발생(Shannon, 1948; Weiner, 1948), (c) 우리 조상이 살던 시기의 조건, 인류와 선행인류의 생활방식, 그리고 그것들이 우리 조상의 계통에 부과한 선택압을 재구성하고자 하는 진지한 시도의 출현(예를 들어, Cheney, Seyfarth, Smuts, & Wrangham, 1987; Isaac, 1989; Kapla & Hill, 1985; Lee & DeVore, 1968, 1976), (d) 환경론−선천론 논쟁에 대해 적응주의/계산주의가 내놓은 해결책(예를 들어, Cosmides & Tooby, 1987; Pinker, 1997; Tooby & Cosmides, 1990a, 1990b, 1992; Tooby, Cosmides, & Barrett, 2003).

진화심리학의 첫 번째 건축블록은 1950년대 말과 1960년대 초에 출현한 이론 진화심리학이었고, 그 출발점에는 특히 조지 윌리엄스George Williams(Williams & Williams, 1957; Williams, 1966), 윌리엄 D. 해밀턴(1964), 존 메이나드 스미스John Maynard Smith(1982)의 연구가 있었다. 복제자 동역학replicator dynamics이라는 더욱 엄격하고 정연한 기초 위에 놓이자 진화심리학은 이후 몇 십 년에 걸쳐 애매한 개념과 암묵적인 목적론이 지배하는 분야에서 벗어나 이론의 아름다움과 설명의 힘에서 물리학과 어깨를 나란히 하는, 원리에 입각한 학과로 변신했다. 이 변화의 한 국면에서 일련의 세련된 선택이론들이 나왔다. 이타주의, 혈연관계, 협동, 짝짓기, 식량 수집, 번식, 육아, 위험 감수, 공격성, 노화, 숙주−기생체 상호작용, 유전체 내 갈등, 생활사, 의사소통을 비롯해 삶의 여러 차원에 자연선택이 어떻게 작용하는지를 설명하는 이론들이었다. 생물학에서 진행된 연구(그리고 이 이론들에서 정보를 제공받은 인간 과학들)는 사회생물학, 행동생태학, 진화생태학, 또는 단지 진화생물학으로 불렸다. 진화유전학 외에도, 복제자 동역학에 대한 우리의 이해를 높여준 중요한 기초는 게임이론(von Neumann & Morgenstern, 1944)을 유전자 및 유기체 간 상호작용에 적용한 연구였고, 이 프로그램은 진화게임이론으로 급속히 발전했다(Maynard Smith, 1982). 우리는 이 과정이 계속됨에 따라 진화게임이론이 적응주의 게임이론이라 부를 수 있는 것으로 자연스럽게 바뀌리라고 생각한다(예를 들어, Delton, Krasnow, Cosmides, & Tooby, 2011; Krasnow, Delton, Cosmides, & Tooby, 2015).[1] 생물학에서 일어난 이 혁명의 또 한 국면은 현대적인 적응주의(Williams, 1966)—심지어 생물학에서도 여전히 자주 오해하고 있는 일련의 연역적 결론(Alcock, 2001; Thornhill, 1977; Tooby & Cosmides, 1992; Tooby, Cosmides, & Barrett, 2003)—이다. 적응주의의 기초는, 시간이 지남에 따라 물리시스템이 점점 무질서해지는 엔트로피 경향이 편재하고 이 경향이 세계를 끊임없이 공격하는 상황에서, 고도로 질서정연한 기능적 조

---

1 지금까지 진화게임이론에서 가치 있는 결과가 많이 나왔지만, 그렇지 않은 결과들이 널리 인용되고 영향력을 행사하고 있는데 사실 이런 결과들은 인간 같은 실제 종에게는 적용할 수가 없다. 적응주의적 게임이론의 목표는 표준적인 진화게임이론의 한계(예를 들어, 생물학적으로 대단히 불가능한 조건, 혹은 지나치게 제한된 전략 유형 등, 수학적으로 더 다루기 쉽게 하려는 이유로 또는 연구자의 선호나 연구 과정의 편의 같은 다른 이유로 채택한 것들)를 인정하고 생물학적으로 더 현실적인 결과를 얻기 위해 선택한 모델링 결정으로 대체하는 것이다. 이것을 가능하게 하는 방법은 다음과 같다. 분석에 기초한 접근법에서 행위자에 기초한 인구 시뮬레이션으로 이동하는 것. 시뮬레이션하는 세계에 더 그럴듯한 정보 생태계를 부여하는 것. 예를 들어 개인의 인식처럼, 인간이 실제로 갖고 있는 배경 능력이 포함된, 더 풍부하고 더 현실적인 전략—구체화된 심리—을 행위자들에게 부여하는 것. 관련된 의사결정 변수가 진화할 수 있게 하는 것(즉, 가능한 전략의 범위를 배반자와 협력자 같은 몇몇 불연속 유형으로 한정하지 말고, 말하자면 협력을 확률 범위에 두어 0에서 1 사이에서 지속적으로 변하도록 한다) 등. 예를 들어 예전에는 단발성 게임에서 협력을 고르는 것과 같이 인간은 비이성적으로 관대해서, 개인의 선택은 인간의 게임 수행 능력을 설명해줄 수 없다는 것이 일반적인 생각이었다. 상호작용은 단발성 게임이나 반복성 게임처럼 미리 유형화된 형태로 행위자에게 벌어지지 않고, 유기체는 불확실한 상태에서 판단해야 한다는 것을 알기만 하더라도, 시뮬레이션을 통해서 우리는 생물학적으로 그럴듯한 조건하에서 상호성이 자연발생적으로 진화해서, 실험에서 관찰된 (그래서 더 이상 신비롭지 않은) 관대함의 경향을 확실히 드러낸다는 것을 분명히 확인할 수 있다(Delton, Krasnow, Cosmides, & Tooby, 2011; 또한 Krasnow, Delton, Cosmides, & Tooby, 2013)을 보라.

직(적응)을 생물종의 설계 안에 구축할 수 있는 자연의 물리적 과정은 우리가 알기로 진화 하나뿐이라는 인식이다. 따라서 모든 것이 기능적이진 않을지라도, 생물종의 설계구조 안에서 기능적 조직이 발견될 때마다, 우리는 그 존재와 형태의 유래를 선택의 역사로 거슬러 추적할 수 있다. 게다가 어떤 선택압이 대립유전자를 밀어 올려 종-전형적인 설계 속에 통합하려면, 바로 그 선택적 인과관계가 넓은 지역에, 여러 세대에 걸쳐 재발해야 한다. 복잡한 적응은 현대의, 국지적, 일시적, 또는 개인적 조건이 아니라 유기체의 조상이 살았던 세계에 여러 세대에 걸쳐 오랫동안 지속되었던 구조가 존재했을 것을 요구한다. 이 때문에 적응주의의 분야로서 진화심리학은 행동이란 독특한 환경에 맞춰 적응하려는 개인들의 노력이라는 생각에 관심을 기울이기보다는, 되풀이해서 구축된 조상의 세계를 전제로 하고 기제의 기능적 설계에 관심을 기울인다(Symons, 1992; Tooby & Cosmides, 1990a).

결과적으로, 유기체 속에 있는 복잡하고 역엔트로피적인 기능 조직 시스템들(적응들)은 발견될 때마다 설명이 필요하고, 이때 정확한 설명은 조상의 환경에서 펼쳐진 특이적 선택의 역사를 반드시 수반한다. 그래서 한 생물종의 조상 환경에서 반복적으로 발생한 구조를 그때 작용한 선택압들과 결부시켜 분석한다면, 유기체의 기능적 설계구조를 훨씬 쉽게 예측하고 발견하고 지도화하고 이해할 수 있다. 심리(신경계산) 기제란 곧 진화한 적응이라는 인식을 기초에 놓는다면 진화생물학과 심리학을 최대한 강하게 연결시킬 수 있고, 적응 연구에 관한 우리의 모든 지식을 심리 기제 연구에 적용할 수 있다. 학계의 생태가 어떠하든 간에, 과학적으로 볼 때 심리학(이와 더불어 사회 및 행동 과학들)은 진화생물학의 하위 분야이며 그와 분리될 이유가 더이상 없다.

조지 윌리엄스의 1966년의 저서, 『적응과 자연선택*Adaptation and Natural Selection: A Critique of Some Current Evolutionary Thought*』은 적응주의 혁명과 선택주의 혁명 둘 다에 중심적이었다. 이 책에서 윌리엄스는 처음으로 선택과 적응 설계의 관계를 완전히 현대적으로 진술하고, 선택은 유전자 차원에서 작용한다는 것을 분명히 했으며, 어느 한 종의 표현형 중 어떤 양상들이 적응인지, 적응의 부산물인지, 또는 잡음인지를 판별하는 엄격한 증거상의 기준을 개발하고, 형질의 현재적 유용성(혹 있다면)과 그 형질이 진화한 기능을(혹 있다면) 유익하게 구분했다.[2] 진화심리학의 두 번째 건축 블록은 계산 과학이 출현해서 마음 현상의 진정한 형질을 알아보게 된 것이었다. 불 Boole(1848)과 프레게Frege(1879)는 논리를 형식화해서, 생명체의 해석이 개입된 지성이 없어도, 논리 연산이 각 단계마다 순전히 물리적인 인과관계를 통해서 기계적·자동적으로 수행될 수 있음을 보여주었다. 이로부터, 논리뿐 아니라 목표와 학습 같은 마음 현상들도 비활력론적 물리 과정들 속에 구현된 형식적 관계로 이루어져 있을 수 있다는, 피할 수 없는 이론적 가능성이 수면 위로 떠올랐다(Weiner, 1948). 정보이론이 부상하고(Shannon, 1948), 최초의 컴퓨터가 탄생하고(von Neumann, 1945), 사이버네틱스와 신경과학이 발전(Weiner, 1948)함에 따라 우리의 정신에서 일어나는 일들은 체계화된 정보 관계의 변형으로 이루어져 있고, 이 정보 관계는 뇌 속에 있는 조직화된 물리시스템의 양상들로 구현된다는 사실이 널리 알려지게 되었다. 인지 혁명은 이 같은 이해의 확산 과정이었다. 마음의 세계는 더 이상 신비하고 정의를 내릴 수 없는 영역이 아니라, 정확히 묘사할 수 있고 고도로 조직화된 인과 관계에 의거해서 물리적 세계 안에서의 위치를 확인할 수 있게 되었다. 이런 정보 관계가 유기체의 물리시스템에서 출현하는 이유는 무엇일까? 적합도를 향상시키는 쪽으로 행동을 조절하는 적응적 문제는 자연의 계산 시스템—유기체를 위해 자연에 의해 설계된 행동 조절 시스템—을 출현시키는 선택압으로 볼 수도 있다. 적응주의 사이버네틱스인 것이다.

따라서 진화심리학은 인지 혁명의 계산주의와, 윌리엄스의 진화생물학의 적응주의가 만들어낸 필연적인 교차점이라고 볼 수 있다. 마음의 현상은 생물 체계 안에

---

2 모든 형질이 적응은 아니고, 한 형질의 모든 유익한 효과가 그 형질의 기능은 아니라는 주장, 표현형은 부산물로 가득 차 있다는 주장, 그리고 시스템을 발생시키는 데에는 제약이 있다는 주장은 모두 진화생물학을 비판한 윌리엄스의 1966년 주장에서 중심적이었다. 따라서 13년 뒤에 스티븐 제이 굴드Stephen Jay Gould와 리처드 르윈틴Richard Lewontin(1979)이 원저자를 밝히지 않은 채 마치 그들이 처음으로 진화학계에 알리는 양 같은 비판을 되풀이하기 시작했을 때 우리는 모두 놀라움을 금치 못했다. 게다가 두 비판 사이에는 괄목할 만한 차이가 있는데, 윌리엄스가 개발한 엄격한 증거 기준은 적응과 비적응을 구분하는 데 쓰일 수 있으며 따라서 단지 사후 설명에만 쓰이는 것이 아니라 경험적 연구의 재료로서 적합하게 사용할 수 있기도 하다는 점이다.

있는 복잡한 기능 조직의 표현이고, 복잡한 유기적 기능성은 자연선택이 이러한 흐름에 따라 만든 결과물이기 때문에, 마음과 뇌의 과학은 적응주의 과학이고 심리 기제는 계산을 하는 적응인 것이 분명하다. 이렇게 해서 계산주의와 적응주의의 결합은 관념의 역사에서 큰 전환점이 되어, 근본적인 진보를 제한하던 지적 사슬을 해체하고 앞길을 활짝 열었다. 달톤Dalton의 주례하에 원자론과 화학이 부부가 되었듯이, 계산주의와 적응주의는 서로의 가장 깊은 문제를 해결해주고 과학적 가능성의 신대륙을 열었다(Cosmides & Tooby, 1987; Tooby & Cosmides, 1992; Tooby, Cosmides, & Barrett, 2003, 2005).

사회학적으로 말하자면, 진화를 행동에 적용하려는 새로운 노력을 지피는 데 가장 중요하고도 유일한 요인은 진화생물학의 선택주의 혁명으로, 결국 이것이 (일시적이었을 수도 있지만) 사회생물학이란 이름으로 알려지게 되었다(Wilson, 1975). 전 세계에서 생물학자들과 그들의 협력자들은 새로 부상하고 있는 선택주의적 이론들의 예측력과 설명력, 더불어 그 이론들이 얼마나 정밀하고 체계적으로 도출될 수 있는지를 보고 깜짝 놀랐다. 옥스퍼드, 케임브리지, 서식스, 미시건, 하버드, 캘리포니아, 그리고 여타 대학에서 활발하게 연구 집단이 형성되었다. 이들로부터 나온 경험적·이론적 연구 결과가 밀물처럼 쏟아져 나왔고 그 결과, 대부분의 이론적 생물학자들은 인간 이외의 동물 행동을 이해하기 위해 이러한 틀을 활용함에 따라 생물학저널들 안에서 적응주의/선택주의 혁명은 빠르게 자리를 잡아갔다. 행동 및 사회과학자들은 이 입장이 (종종 행동생태학이나 진화생태학 같은 다른 이름으로) 이렇게 주류의 입장에 위치하고 있음을 알고 놀라곤 한다.[3]

예를 들어, 하버드에서 어빈 드보어와 E. O. 윌슨의 후원 아래 대단히 유력하고

---

3 빈 서판을 고집한 지식인들은 새로운 생물학을 사뭇 권위적으로 거부해야 한다고 단호히 요구했다. 그 결과, 과학적 데이터를 거리낌 없이 무시하고 외면하는 몇 안 되는 생물학자들이 학계 전체의 눈에는 과학적 생물학을 대표하는 진정한 목소리로 보이게 되었다(예를 들어, Gould & Lewontin, 1979). 생물학 내부에서 데이터에 기반한 측의 패러다임이 완승을 거둔 사건—앨콕Alcock(2001)이 "사회생물학의 승리"라 부른 사건—은 생물학계 외부에는 지금도 거의 알려져 있지 않으며, 비생물학자들 대다수는 '진짜' 생물학자들이 사회생물학을 실질적으로 의심하고 있다는 그릇된 인상에 사로잡혀 있다.

활기찬 연구 집단이 결집하고 발전했다. 이 집단이 형광을 발한 곳은 드보어의 거실이었다. 1971년부터 1980년대 중반까지 하버드의 영장류 세미나Simian Seminar가 그곳에서 열렸다. 새로운 발견이 이어지는 이 분위기 속에서 개념과 성과들이 서로 불꽃을 점화하며 꼬리를 물고 탄생했다. 진화생물학, 행동생태학, 영장류학, 동물행동학 분야의 괄목할 만한 인물들이 줄지어 영장류 세미나에서 발표를 하고 때론 장기간 머무르면서 이 연쇄반응에 참여했다. 그중 일부의 이름은 다음과 같다. 조지 윌리엄스, 빌 해밀턴Bill Hamilton, 존 메이나드 스미스, 에른스트 마이어Ernst Mayr, 에드워드 O. 윌슨, 리처드 알렉산더, 리처드 도킨스, 팀 클러튼-브록Tim Clutton-Brock, 폴 하비Paul Harvey, 라이어넬 타이거Lionel Tiger, 로빈 폭스Robin Fox, 다이앤 포시Diane Fossey, 제인 구달Jane Goodall, 로버트 하인드Robert Hinde, 리처드 리키Richard Leaky, 조지프 셰퍼Joseph Shepher, 리처드 리Richard Lee, 스티븐 제이 굴드, 마틴 데일리, 마고 윌슨, 그리고 이 『핸드북』의 편집자인 데이비드 버스. 이 환경에서 드보어가 길러낸 학생 혹은 피보호자는 다음과 같다. 밥 베일리Bob Bailey, 피터 엘리슨Peter Ellison, 존 플리글John Fleagle, 스티브 굴린Steve Goulin, 헨리 하펜딩Henry Harpending, 폴 하비, 새러 블래퍼 허디Sarah Blaffer Hrdy, 멜빈 코너Melvin Konner, 제프 컬랜드Jeff Kurland, 짐 무어Jim Moore, 네이딘 피코크Nadine Peacock, 피터 로드먼Peter Rodman, 로버트 새폴스키Robert Sapolsky, 존 세거John Seger, 마요리 쇼스탁Marjorie Shostak, 바버라 스머츠Barbara Smuts, 캐런 스트라이어Karen Strier, 밥 트리버스Bob Trivers, 캐럴 워스먼Carol Worthman, 리처드 랭엄Richard Wrangham, 존 옐런John Yellen, 그리고 우리(존 투비와 레다 코스미디스). 윌슨의 기여는 그의 저서와 출판물을 통해 알려질 만큼 알려졌지만, 드보어의 지적 영향은 덜 알려져 있다. 이는 그의 생각들이 그의 제자와 동료들을 통해 구체화되었기 때문이다. 드보어는 인간의 기원에 깊은 관심을 갖고서 세 가지 주요한 연구 운동을 개척했다. 그는 자연 조건하에서 영장류의 사회적 행동을 살피는 체계적 연구를 창시하고 이 연구들을 지원했다(DeVore, 1962, 1965). 그러다보니 바로 그 과학적 틀 안에 수렵채집인을 통합하고 싶은 생각이 들었다. 드보어는 리를 비롯한 여러 명의 동료들과 함께 1963년에 칼라하리 연구프로젝트와 그 유명한 맨더헌터Man the Hunter 심포지엄을 통해 살아 있는 수렵채집인을 체계적, 경험적, 정량적으로 연구하기 시작했다(Lee & Devore, 1968, 1976). 그런 뒤 샤농, 아이언스, 여타 인류학자들과 함께 새로운 선택주의 생물학을 인류학적 질문에 적용해서 연구했다.

드보어와 그의 동료 리처드 리는 단 한 명이 고독한 시간을 보내며 한 부족의 그 문화를 기록하는 '고독한 인류학자' 모델(그리고 그 유형학적 방식)을 피했다. 대신에 그들은 다른 과학에서처럼 팀 위주의 접근법을 도입했다. (만일 한 물리학자가 전자를 연구하고 다른 물리학자가 뮤 중간자를 연구하고 세 번째 물리학자가 또 다른 것을 연구하는 방식이라면 물리학의 지금 상태가 어떨지를 상상해보라.) 그들은 칼라하리 산족 프로젝트에 여러 학과—인류학, 인구통계학, 의학, 언어학, 민속학, 심리학, 동물행동학, 고고학—의 과학자들과 학자들을 불러 모아, 보츠와나 칼라하리 사막에 사는 쿵산족의 행동, 건강, 삶을 지구상에서 수렵채집인들의 생활방식이 사라지기 전에 최대한 완전하게 기록하고자 했다. 산족을 연구하려는 그의 목표는 다른 수렵채집 부족들에서 얻은 자세한 데이터베이스들과 비교함으로써 수렵채집인들에게 작용해서 인간의 설계를 구체화한 선택압들을 밝혀내고, 이를 통해 더 확실한 추론을 뒷받침할 수 있는 새로운 데이터베이스를 제공하는 것이었다. 행동생태학자들은 식량 수집 패턴을 생태학적 조건과 매치해서 최적의 식량 수집 모델을 시험할 수 있었다. 고고학자들은 살아 있는 수렵채집인들이 사회생활을 하며 만든 모닥불의 패턴, 동물의 잔해, 도구 제작 파편, 패총을 살펴봄으로써, 조상의 유적들에서 발견되는 패턴들을 더 잘 해석할 수 있었다. 의학자들이 산업 사회의 음식 및 조건을, 인류가 진화한 조건과 더 비슷한 생활방식으로부터 나온 음식 및 건강저해 요인과 비교함으로써, 문명의 질병들을 꿰뚫어볼 수 있는 통찰을 얻을 수 있었다. 발달심리학자들은 식량 수집의 환경에서 아이와 어머니에게 주어지는 요구조건을 봄으로써, 모자간의 유대와 인간의 애착을 깊이 들여다볼 수 있었다. 인류학자들은 어떤 사회적 조건이 위험 분산과 식량 공유를 촉진하는지, 수렵채집인이 동물의 행동과 식물의 삶에 대해 어떤 종류의 지식을 갖고 있는지, 이 지식을 식량 수집에 어떻게 사용하는지, 서로 의존하는 대가족으로 이루어진 소규모 사회에서 사람들이 사회생활의 문제와 기회를 어떻게 헤쳐나가는지를 알 수 있었다(예를 들어, Lee & DeVore, 1976; Shostak, 1981을 보라). 이 생각들은 지금은 흔한 지식이 되었지만 당시로서는 획기적이었다. 결국, 인간의 마음이 기본적으로 일반적인 학습 능력으로 이루어져 있다면, 아득한 수렵채집 세계의 구체적인 특징들과 중신세Miocene 유인원으로서 우리의 전前 인류사는 우리의 설계에 어떤 흥미로운 각인도 남기지 않았을 것이다. 이와 반대로 만일 우리의 마음이—진화심리학자들이 주장하듯—조상의 세계가 내놓은 적응적 문제를 풀기 위해 설계된 기제의 집합이라면, 수렵채집 연구와 영장류학은 현대 인류의 본성을 이루고 있는 적응들이 무엇인지, 우리의 진화한 심리와 몸이 현대의 사회적, 문화적, 경제적 과정을 어떻게 조직화하는지를 말해주는 지식의 불가결한 원천이 된다. 자연선택의 작용을 수렵채집인과 비인간 영장류의 세부적인 생활환경 속에 놓아야 한다고 주장한 드보어야말로 진화과학을 인간에게도 적용하게 한 일등공신이었다.

이 진화적 연구 집단들에 속한 이들 중 많은 사람이 새로운 선택이론들이 그대로 인간에게 적용된다고 믿은 반면에, 어떤 사람들은 학습이 진화적 패턴화로부터 인간의 삶을 격리시켜왔다는 표준사회과학모델의 주장을 계속 받아들였다. 한편으로 인간의 행동은 선택주의에 따라 쉽게 해석할 수 있는 패턴을 많이 보여주었지만(예를 들어, 짝짓기 심리에서의 성 차이), 다른 한편으로 많은 현상들이 쉬운 해석을 거부했으며 인간이 아닌 동물들과의 명백한 유사성을 드러내지 않았다(예를 들어, 도덕성, 예술, 언어, 문화 등). 그 결과 진화가 인간사와 어떻게 관련되어 있는지에 대한 다양하고 모순된 생각들이 다원주의를 형성해서 지금까지도 우리를 에워싸고 있다.

이후에 출현하여 널리 받아들여진 견해는 적합도 목적론fitness teleology이라 불릴 만한 접근법이다. 목적론적 설명은 아리스토텔레스가 보여주었고(자연을 관찰하고 나서 그런 견해를 제시했다. 사실 그는 거의 생물학자였다), 인간의 마음속에 구축된 진화한 해석 양식을 구성한다고 할 만하다. 인간은 목적에 의거해서 대상을 설명하는 방식이 이해하기 쉽고 종종 충분하다고 느낀다(Baron-Cohen, 1995; Dennett, 1987; Leslie, 1987, 1994). 사회과학 이론들은 명백하게 혹은 암암리에 목적론적 사고에 의존해왔다. 예를 들어, 경제학은 선택 행동을 설명할 때 선행한 물리적 원인이나 계산적 원인에 의거하지 않고, 그 행동이 효용 극대화(가치가 부여된 목표를 미래에 추구하고 실현하는 일)에 얼마나 도움이 되는지에 의거한다. 물론 과학 혁명은 르네상스의 역학力學에서 시작했고, 궁극적으로는 전향성forward 물리적 인과율을 이용해서 모든 것을 설명하고자 한다(목적론이 설 자리가 없는, 매우 다른 설명 체계다). 다윈은 전향성 인과적 물리 과정—자연선택—이 생물학적 결과를 어떻게 산출하는지를 개괄적으로 설명했다(Darwin, 1859). 한때는 자연의 목적론으로 설명했던 그 과정들을 말이다. 자연선택론은 생물 체계가 자연히 발생한 일련의 속성들(적응들)을 가질 수 있었던 것은 그 형질이 제공한 기능 때문이었다고 설명한다. 윌리엄스(Williams, 1966)는 그럼에도 목적론이 (이 분야에서 아직도 다윈의 탈을 쓰고 존속하면서) 수많은 면에서 진화생물학을 오염시키고 있음을 체계적으로 분석하고 비판했다. 계산주의는 조절 시스템의 정보 구조물들이 전향성 인과적 방식으로 작동하면서도 목표를 (겉보기로나 실제로나) 지향할 수 있음을 증명함으로써, 외관상 우주의 목적론적 행동처럼 보이는 나머지 한 종류—생명체에게 있는 듯 보이는 목표 지향성—를 물리적 인과관계에 흡수시켰다(Weiner, 1948). 사물이 향해 가는 미래의 지점으로서 존재하는 듯 보이는 목적론적인 목표는 사실은 피드백이 가동하는 조절 과정—현재 유기체의 목표 상태에 대한 표상을, 꼭 필요로 하는 것은 아니지만 가끔씩 포함하기도 하는 조절 과정—이다. 현대 과학은, 과거 같으면 목적론적으로 설명했을 모든 사건을 적응주의와 계산주의가 연합해서 전향성 물리적 관계를 통해 설명할 수 있다고 주장할 것이다.

하지만 인간의 마음은 직관적인 목적론을 사용해서 간결하고 효과적으로 나타내고 예측할 수 있는 생물학적·심리적 현상들의 한가운데서 진화했기 때문에, 우리의 뇌는 자연의 인과적 포맷 중 하나로서 목적론적 표상을 진화시켰다. 즉, 우리 모두는 대상을 목적론적으로 설명하도록 암암리에 이끌린다. 따라서 다윈주의를 인간의 행동에 적용하려는 많은 시도의 근저에 있는 암묵적 또는 명시적 기층은 인간의 행동을 그 목적에 따라 설명하는 직관으로의 회귀였다. 다윈주의자에게 선택, 관습, 문화, 제도는 개인의 (또는 가끔 집단의) 번식에 기여한다고 해석할 수 있는 한에서만 설명이 된다는 말이 있었다. 다시 말해서, 개인의 행동은 자연히 현재와 미래의 번식을 극대화하는 목표를 향해 나아간다고 설명한 것이다. 이 이론—적합도 목적론으로 변질된 다윈주의—은 개인을 이기적인 효용 극대화의 주제로 보는 경제적 관점과 유사한데, 다른 점이 있다면 해밀턴의 포괄적합도 개념(Hamilton, 1964)이 경제학자의 효용 개념을 대신하고 있다는 것이다. 두 접근법 모두 무제한의 합리성이 가능하고, 마음은 어느 상황에서나 무엇이 장기간에 걸쳐 주어진 수량(효용성이든, 자식이든, 포괄적합도든 간에)을 극대화하게 될지를 계산할 수 있는 영역—일반적 컴퓨터라고 암암리에 가정한다. 실제로 표준사회과학모델 안에서 '학습' 개념은 무제한의 합리성을 발휘한다. 종종 '합리성'을, 고른 잠재 능력을 가진 영역—일반적인 마음이 성장—특정하지 않고 아직 우리가 발견하지 못한 어떤 계산 수단에 의해서—하는 경향으로 취급한다는 점에서다. 과업 환경에서 시간과 경험이 주어진다고 가정할 때 자신의 목적에 봉사하는 데 필요한 기능적 정보처리 능력이 무엇이든 상관없이 말이다.

진화심리학자는 적합성 목적론자, 비모듈 인지과학자, 빈 서판 학습 이론가, 전통적인 경제학자(신경경제학자나 행동경제학자는 제외하고)와는 다른 길을 걷는다. 진화심리학자는 인간 공학자든 진화든 그 무엇도 무제한으로 합리적인 이런 형식을 보여주는 계산 장치를 구축할 수는 없다고 주장한다. 그런 설계구조는 원리상으로도 불가능하다(Cosmides & Tooby, 1987; Symons, 1989, 1992; Tooby & Cosmides, 1990a, 1992). 어쨌든 지금까지 관찰한 인간 행동은 (경제적 합리성과 빈 서판 학습 능력의 예측들뿐 아니라) 일반화된 적합도 (향상) 노력에 기초한 사회생물학적 예측과는 극적으로 다르고 체계적으로 다르다. 간단한 대조 하나를 보자면, 많은 남자들이 피임을 할 것이라 믿고 기대하는 매춘부에게 돈을 내고 번식과 무관한 섹스를 하지만, 번식 가능성을 높이기 위해서는 오히려 돈을 받고 정자은행에 기증을 해야 한다. 더 일반적인 예로, 부유한 나라에서 자식을 더 많이 낳아 기를 수 있는 사람들이 자식을 더 적게 낳는 쪽을 선택하는데, 인간은 목적론적으로 번식이나 적합도를 극대화하고자 한다는 예측이 여지없이 깨지는 것이다(Vining, 1986). 인간의 삶에는 번식을 합리적으로 극대화하거나 친족 지원kin assistance 성향과 거리가 먼 계획적인 일탈 행위가 비일비재하다. 사람들은 후터파 사람들Hutterite[4]이나 치마네Tsimane족—가구당 자식이 평균 10명인 사람들—이야기에 홀리지 않는다.

선택압 이론들에서 적합노 목석론의 예측으로 직접 비약하고 싶어 하는 사람들에겐 인과관계와 설명의 한 차원이 빠져 있다. 정보적 적응 또는 계산적 적응이 그것이다. 다원주의를 인간에게 적용할 때 과학이 요구하는 엄밀성의 수준에 도달해 본 사람이라면 이 차원을 외면하지 못한다. 자연선택은 행동 그 자체에 작용하는 것

---

4 16세기 중반에 후터Hutter가 모라비아에서 창설한 공동주의 단체로, 현재 미국에도 있다 (옮긴이).

이 아니라, 체계적인 인과 과정을 거친 정보와 행동 사이의 관계에 작용한다. 달리기—하나의 행동—그 자체는 좋지도 나쁘지도 않다. 사자에게서 도망치는 것은 생존과 번식을 향상시켜주지만, 사자에게로 달려가는 것은 생존과 번식을 모두 단축시킨다. 적응적이기 위해서는 정보에 따라 행동이 조건에 따라 기능적이어야 할 필요가 있다. 살금살금 접근하는 사자가 보이면 달아나라가 그런 예다. 하지만 정보와 행동 반응의 체계적 관계는 어떤 유기적 기제가 믿음직하게 발달해서 원인이 되어주지 않는다면 결코 발생하지 않는다. 정보와 행동의 이 인과적 관계는 뇌 안에서 믿음직하게 발달하는 신경 회로들에 의해 생성되는데, 이 회로들이 정보를 처리하는 프로그램의 역할을 하는 덕분이다. 발달하는 신경 회로의 소자가 바뀔 때 돌연변이는 이 프로그램의 정보처리 속성을 변경해서 새로운 정보-행동 관계를 생성할 수 있다. 선택은 새로운 설계가 만들어내는 정보-행동 관계가 그 설계의 유전적 토대를 얼마나 잘 증식시키는지에 기초해서 그 종의 신경 설계구조로부터 새로운 회로 설계를 유지하거나 폐기해야 한다. 자체 증식을 촉진하는 회로 설계들은 존속하고 퍼져나가서 결국 종-전형적(또는 안정적으로 빈도-의존적)이 되고 결국 개체군 안에 안착한다. 행동의 진화적 인과관계가 엄격하고 가소성이 부족한 행동을 낳는다는 생각은 사실과 정반대다. 진화한 신경 설계구조는 정보 입력에 따라 풍부한 반응을 생성하는 대단히 자유로운 시스템의 목록이다.

선택이 정보-행동 관계에 작용한 결과로 인간의 뇌에는 정보와 행동의 복잡한 관계를 만들어내는 프로그램들이 빼곡히 들어차 있다고 예측할 수 있다. 가령 다음과 같은 것들이다. 기능적으로 전문화된 학습 시스템들, 전문화된 추론 법칙들, 경험에 따라 조정되는 초깃값 선호 시스템들, 복잡한 결정 법칙들, 우리의 경험과 지식 데이터베이스를 체계적으로 조직하는 개념들, 획득한 정보를 전문화된 기억 시스템들에 저장해놓은 방대한 정보 데이터베이스들—살면서 기억된 일화들, 식물의 삶과 동물 행동이 수록된 백과사전들, 남들의 성향과 기호를 저장한 정보은행들—등등. 우리는 이 모든 프로그램과 이 프로그램들이 만든 데이터베이스를 매번 다른 조합으로 불러내 다종다양한 행동 반응을 유도하게 한다. 이 반응은 그 자체로 정보이므로 바로 그 진화한 프로그램에 흡수되고, 이 끝없는 순환이 복잡한 소용돌이, 조류, 심지어 특이성을 개인, 사회, 문화 속에 빚어낸다. 연구자들이 인간 행동과 사회를 정말 단단히 붙잡으려면 진화한 프로그램 각각에 깔려 있는 설계구조를 이해해야 한다. 선택압을 아는 것으로는 부족하다. 우리의 행동은 선택압에 대한 직접적인 반응이 아니고 우리의 번식을 늘리려는 '투쟁'도 아니다.

따라서 인간 사회생물학에서 갈라져 나온 적합도 목적론 그리고 그와 비슷한 접근법들과 진화심리학이 확연히 다른 몇몇 이유 중 하나는 행동을 설명할 때 적합도 극대화를 거부한다는 점이다(Cosmides & Tooby, 1987; Daly & Wilson, 1988; Symons, 1987, 1989, 1992; Tooby & Cosmides, 1990a, 1992). 조상의 조건하에서 적합도가 상대적으로 얼마나 향상되었는지는 진화가 진행된 과거에 대안적 변이 설계들을 가려낸 설계 기준에 불과하다. (적합도가 현재에 하는 인과적 역할은 미래 세대들에게 돌아갈 대안 설계들의 상대적 빈도를 변화시키는 것이다.) 가끔 유기체는 유전자를 대리해서 적합도를 추구하는 것처럼 보이지만, 실상은 그 행동이 현재의 적합도 극대화에 해당하는지 아닌지와 무관하게 자신의 신경 프로그램 속에 구축돼 있는 진화한 회로 논리를 실행하는 셈이다. 유기체는 적응을 실행할 뿐, 적합도를 추구하진 않는다. 기제의 계산 설계구조를 지도화하면 행동을 정확히 예측하는 이론이 나오는 반면에 적합도 극대화에서 이끌어낸 예측에 의존한 연구는 대단히 무기력하고 믿을만 하지 않은 행동의 동역학에 대한 예측을 내놓을 뿐이다.

요약하자면, 진화심리학이 진화된 프로그램인 심리 기제에 초점을 맞추게 된 것은 여러 분야에서 이루어진 새로운 진전에 힘입어서였다.

진전 1: 인지 혁명이 일어나 인류 역사상 처음으로 마음의 기제들을 정보처리 프로그램으로 보고 묘사할 수 있는 정확한 언어를 제공하고 있었다. 역학적·물리적 관계를 정확히 표현할 수 있는 언어가 수학에서 나올 수 있다는 갈릴레오의 발견은 근대 물리학을 탄생시켰다. 이와 유사하게 심리 기제(그리고 그 발달 과정에 대한 조절)의 설계, 속성, 조절 설계구조, 그리고 그 운영을 정확히 묘사할 수 있는 언어가 정보의 형식성에서 나올 수 있다는 인지과학자들의 발견은 현대의 마음 과학(그리고 그 물리학적 토대)을 탄생시켰다. 계산 언어는 복잡한 동역학을 지닌 어떤 것을 모델화하기 위한 편의 장치가 아니다. 뇌의 진화한 기능은 태생적으로 그리고 근본적으로 계산적이고(몸과 행동을 조건에 적응하도록 조절하기 위해 정보를 이용한다), 따라서 계산 및 정보의 형식성은 본질적으로 행동을 조절하는 기능적 설계를 담아내기에 가장 적절하다.

진전 2: 고인류학, 수렵채집인 연구, 영장류학, 행동생태학에서 우리 조상들이 생존하고 번식하기 위해 해결해야 했던 적응적 문제들 그리고 그 환경을 가리키는 데이터가 나오고 있었다.

진전 3: 동물 행동 연구, 언어학, 신경심리학이 마음은 세계를 수동적으로 기록하는 빈 서판이 아님을 보여주고 있었다. 유기체는 세계에 관한 지식을 "이미 구비한 채로" 태어나고, 이 때문에 어떤 관계는 쉽게 배우고 다른 관계는 큰 노력을 들여야만 간신히 배우거나 아예 못 배운다. 주요한 학습 과정은 보상과 처벌이 지배하는 단 한 과정뿐이라는 스키너의 가설은 틀린 것이었다.

진전 4: 다음 두 요인이 진화심리학에 혁명을 일으켰다. (a) 진화심리학이 복제자 동역학이라는 더욱 엄밀한 형식적 토대 위에 놓이고(예를 들어, Hamilton, 1964; Maynard Smith, 1982; Williams, 1966) 그로부터 강력한 선택이론들이 다양하게 파생한 것. (b) 적응주의가 발전함에 따라 새로운 분석 도구를 사용해서 적응을 알아보고 부산물이나 확률적으로 발생한 진화적 잡음과 적응을 구별할 수 있게 된 것 (Williams, 1966). 지속적인 선택압(재발하는 적응적 문제들)은 진화의 시간에 걸쳐 지속적이고 규칙적인 환경 안에서 작용하면서 지속적인 적응적 문제를 푸는, 믿음직하게 발달하는 해결책(적응들)을 생물종 안에 구축하는 역할을 한다. 진화적 변화는 개체군 차원에서 유전자 빈도의 변화를 필요로 하며, 일시적이고 변덕스러운 환경 형질은 그 본성상 복잡한 기능상의 종−전형적 설계를 누적해서 생성할 만큼 충분히 오랫동안 유전자 빈도를 체계적으로 밀어올리지 못한다. 따라서 적응주의자는 복잡한 기능 설계를 설명할 때 지속적인 선택압과 규칙적인 환경 요소가 관통하는 종 특유의 역사를 필연적으로 강조한다(아래에 있는 진화적 적응 환경 또는 EEA[environment of evolutionary adaptedness]에 관한 논의를 보라). 적응의 기초인 대립유전자를 안정적인 빈도로 밀어올린 지속적 선택압들의 혼합체(진화적 적응 환경)는, 과거에 적응을 낳았고 그래서 그 존재와 설계를 설명해주는 바로 그 부분이다.

동물행동학은 진전 2, 3을 하나로 묶었고, 사회생물학은 진전 2와 4를 가끔 3과 연결했으며, 선천론적 인지과학은 진전 1과 3을 연결하면서도, 진전 2와 4를 경시하고 때론 몸을 사렸다. 표준적인 인지신경과학은 1과 3을 부분적이고 불규칙하게 받아들이면서도 2와 4는 빠뜨린다. 인지주의적 접근법을 제외한 심리학에는 진전 1의 많은 부분, 진전 3의 대부분이 없고, 진전 2와 4는 아예 없다. 진화인류학은 진전 2와 4는 인정하지만 1과 3은 무시한다. 사회인류학과 사회학에는 넷 다 없다. 이것이 현실이다. 만일 본성-양육 논쟁을 둘러싼 적응주의/계산주의 혁명을 또 하나의 중요한 진전으로 간주한다면 상황은 훨씬 더 암담해진다.

이 새로운 발전상들을 정성스럽게 이어 붙인 끝에 통합된 틀이 탄생했고 이 틀 덕분에 진화적 접근법과 비진화적 접근법 양쪽을 똑같이 괴롭혀온 난제들에 성공적으로 대처할 수 있게 되었다고 우리는 생각했다. 종합이 더 일찍 21세기 초에 출현하지 못한 이유는 중요한 개념들과 이론들(예를 들어 적응주의, 계산주의 등)이 제도적으로나 지적으로 서로 멀리 떨어져 있는 여러 분야에 흩어져 있었기 때문이다. 그 결과 전문 지식을 갖추고 필요한 연관성들을 한꺼번에 볼 수 있었던 행운은 비교적 적은 사람들만 누리고 있었다. 그로 인해 이 분야가 처음에는 호소력이 떨어져 보였다. 종합적인 시점에서는 자명해 보이는 것도 (연관성이 충분하지 않으면) 다른 시점에서는 비밀스럽거나 현학적이거나 광신적으로 (또는 부도덕하게) 보이기 때문이다. 그럼에도 이 방향으로 연구를 계속한 과학자들은, 네 가지 진전을 모두 합치면 심리학뿐 아니라 모든 사회과학 및 행동과학에 단일한 틀이 생겨서 진화과학들이 계산주의 혁명과 통합되리라는 확신을 잃지 않았다. 다른 접근법들과 차별을 두기 위해 이 분야는 스스로를 **진화심리학**으로 명명했다.[5] 진화심리학의 장기적 목표는 학과의 경계

---

5 우리는 사회생물학에 날아온 심한 정치적 압력을 피하고자 이름을 바꾸긴 했지만 때로는 진화심리학을 그냥 사회생물학으로 읽는다. 논쟁을 피하려는 꼼수라는 비판은 흥미롭게 들리기는 하지만(그 내용을 살펴볼 때), 그런 주장은 역사적으로나 실질적으로 하나같이 잘못되었다. 우선, 진화심리학자들은 대개 사회생물학(또는 행동생태학이나 진화생태학)을 칭찬하고 옹호한다. 사회생물학은 과거에나 지금에나 현대적인 진화생물학의 가장 유용하고 가장 세련된 분과로, 많은 진화심리학자들이 그 문헌에 다양하게 기여해왔다. 그럼에도 행동을 진화에 어떻게 적용해야 하는지를 둘러싸고 길고 격렬한 논쟁이 이어지다 보니, 이론적·경험적 프로젝트를 분명하게 이해하려면 조금이라도 반대되는 견해들이 두드러질 때 다른 표지를 붙일 필요가 있음이 점점 더 분명해졌다. 1980년대에 마틴 데일리, 마고

를 무너뜨리고 진화과학, 유전과학, 신경과학, 인지과학, 심리과학, 행동과학, 사회과학을 통합하는 것이다. 이들이 각기 다른 분야라는 생각은 이 학과들을 세울 당시에 부여된 고립된 관점들에 뿌리를 둔 사회학의 흔적 기관에 불과하다. 현실세계에는 그러한 경계가 없으며, 이러한 분야의 궁극적인 이론적 통합은 우리가 연구하는 경계 없이 이어진 현실세계의 본성을 반영할 수밖에 없다.

진화심리학

다른 인지과학자들처럼 진화심리학자도 마음the mind이라고 말할 때 일련의 정보처리 장치를 의미한다. 의식적이고 무의식적인 모든 심리 활동을 책임지고, 모든 행동을 발달시키고, 신체를 조절하는, 신경 조직에 체화된 장치 일습을 가리키는 것이다. 다른 심리학자들처럼 진화심리학자도 실험인지심리학과 사회심리학, 발달심리학, 실험경제학, 인지신경과학, 비교문화 현지 연구에서 나온 실험 방법들을 사용해서 이 계산 장치들의 설계에 관한 가설을 시험한다.

마음을 연구할 때 진화심리학자가 전통적인 심리학자들을 뛰어넘을 수 있는 주요한 방편은 그들이 한 가지 간과된 진실을 연구하고 그로부터 충분한 이점을 얻어낸다는 데서 나온다. 그 진실이란, 인간의 마음을 구성하는 프로그램들은 우리의 수렵채집인 조상들이 수시로 직면했던 적응적 문제들—짝을 찾는 문제, 남들과 협동하

월슨, 돈 시먼스, 존 투비, 레다 코스미디스, 데이비드 버스는 이 새로운 분야에 붙일 이름을 두고, 어떤 때는 캘리포니아주 팜데저트에서 캥거루쥐를 실지 조사하는 데일리와 월슨의 거처에서, 어떤 때는 산타바버라에서, 또 어떤 때는 행동과학 고등연구센터에서 논의를 거듭했다. 정치와 언론은 이 논의에 참여하지 않았고, 그래서 당연히 우리는 알맹이 없는 인신공격이 평생 우리를 따라다니리라고 (정확히) 예상했다. 우리가 **실제로** 논의한 내용은 이 새로운 분야는 심리/발달 설계구조에 해당하는 적응의 성격을 밝히는 데 초점을 맞추고 있다는 것이었다. 사회생물학은 그렇지 않았다. 사회생물학은 계산 차원을 고려하지 않고 심리 기제를 지도화하는 일에도 거의 관심을 기울이지 않은 채 주로 선택주의 이론들에 초점을 맞추고 있었다. 진화심리학의 주제와 이론직 관심은 둘 다 사회생물학과 크게 달랐다. 사회생물학이 앞선 생태학과 달랐고, 인지심리학이 행동주의 심리학과 달라서 새로운 이름이 필요했던 것처럼 말이다.

는 문제, 사냥, 수집, 자식 보호, 길 찾기, 포식자 피하기, 이용당하지 않기 등—을 풀 수 있도록 자연선택이 설계해줬다는 것이다. 이 진실을 아는 덕분에 진화심리학자는 마음을 공학자처럼 연구할 수 있다. 먼저 적응적 정보처리 문제 하나를 신중하게 명시하고, 그런 뒤 그 문제의 과제 분석을 해보라. 과제 분석이란 프로그램이 그 문제를 잘 풀려면 어떤 속성을 지녀야 하는지를 확인하는 일이다. 이렇게 접근하면 마음을 구성하는 프로그램들의 구조에 관한 가설을 구성할 수 있고, 나중에 이를 시험할 수도 있다. 실제로 심리학의 이론적 방향들 중에서 진화심리학은 인간 및 다른 생물들의 종-전형적 심리 구조가 갖고 있는 아직 알려지지 않은 측면들을 독립적인 이론들로부터 원리에 입각해서 예측해낼 수 있는 정도 면에서 독보적이다(예를 들어, Buss, 1999, Daly & Wilson, 1988; Gaulin, 1995; Symons, 1979).

이 관점에서 보면 앞에서 논의한 네 가지 발전상을 인간의 본성 및 사회를 생각하는 통일된 틀에 연결시켜주는 정밀한 인과적 접점들이 있다(Tooby & Cosmides, 1992).

• 신체의 각 기관은 어떤 기능을 하도록 진화했다. 장은 음식물을 소화하고, 심장은 혈액을 펌프질하고, 간은 독성을 제거한다. 뇌의 진화된 기능은 환경에서 정보를 추출하고, 그 정보를 이용해 행동을 생성하고 생리를 조절하는 것이다. 따라서 뇌는 컴퓨터를 닮은 것이 아니라, 컴퓨터—정보를 처리하도록 설계된 물리적 시스템—다(진전 1). 뇌의 프로그램은 공학자가 아니라 자연선택이 설계한 것이다. 자연선택은 과거의 환경에서 설계 특징들이 적응적 문제를 얼마나 잘 해결했는지에 기초해서 그 특징들을 유지하거나 폐기하는 인과적 과정이다(진전 4).

뇌가 정보를 처리한다는 사실은 어떤 신진대사 과정에서 우연히 떨어져나온 부산물이 아니다. 뇌는 자연선택에 의해 **컴퓨터로** 설계되었다. 따라서 만일 진화된 기능을 드러내는 식으로 뇌의 작동방식을 서술하고 싶다면, 뇌는 정보를 처리하는 프로그램들로 이루어져 있다고 생각할 필요가 있다. 그렇다면 다음과 같은 문제가 부상한다. 인간의 뇌에는 어떤 프로그램들이 있어야 할까? 한데 모여 인간의 마음을 구성하는, 믿을 만하게 발달하는 종-전형적인 프로그램은 어떤 것들일까?

• 이 진화된 컴퓨터가 체내외 환경(사회적 환경 포함)에서 추출한 정보에 대응해

서 개인의 행동을 만들어낸다(진전 1). 따라서 개인의 행동을 이해하려면 그 개인이 등록한 정보와 그/그녀의 행동을 생성한 프로그램의 구조를 **함께** 알아야 한다.

• 인간의 뇌를 구성하는 프로그램들은 우리의 선조인 수렵채집인이 경험한 조상의 환경과 선택압이 진화의 시간에 걸쳐 조각한 작품들이다(진전 2와 4). 각각의 진화된 프로그램이 존재하는 이유는 그로부터 만들어진 행동이 인류의 진화사에서 발생한 다른 프로그램들의 행동보다 우리 조상의 생존과 번식을 더 잘 향상시켰기 때문이다. 진화심리학자들이 수렵채집인을 강조하는 것은 진화의 과정이 느리기 때문이다(복잡성을 가진 프로그램을 구축하는 데에는 수백 세대가 걸린다). 산업혁명은 물론이고 심지어 농업혁명도 복잡성을 가진 새로운 신경계산 프로그램이 선택되기에는 기간이 너무 짧다.[6]

• 우리의 진화된 프로그램들이 생성하는 행동은 평균적으로 조상의 환경에서 적응적이었지만(번식 증진), 지금도 그러리라는 보장은 전혀 없다. 현대의 환경은 조상의 환경과 크게 다르고, 특히 사회적 행동과 관련해서는 더욱 다르다. 우리는 더 이상 얼굴을 마주하는 작은 사회, 대개 50명에서 150명으로 이루어져 있고 가까운 친척이 많으며 늘 이동하는 소규모 집단에서 살지 않는다. 하지만 우리의 인지 프로그램은 그런 사회에 맞게 설계되었다.

• 가장 중요한 것은, 뇌가 각기 다른 많은 프로그램으로 구성되어 있고, 그중 많은 (또는 모든) 프로그램이 각자에 상응하는 적응적 문제에 전문화되게끔 자연선택이 확실하게 작동했다는 사실이다. 다시 말해서 진화의 과정은 영역-일반적인 데다,

---

6 양적인 유전적 변이가 일으키는 단일 차원의 단순한 형질은(예를 들어, 장신과 단신), 더 짧은 시간 내에 조정될 수 있다(Tooby & Cosmides, 1990b를 보라). 게다가 질병(예를 들어, 말라리아)이나 새로운 음식원(가축의 우유)이 야기하는 것과 같은 강한 선택압은 수세기 만에 대립유전자의 빈도를 급격히 끌어올릴 수 있다. 예를 들어 모든 포유동물은 유아기 동안에 우유를 소화하다가 젖을 뗀 뒤에 그 소화력을 잃어버리는 적응을 갖고 있지만, 가축의 젖을 먹는 어떤 개체군들은 유당분해 효소를 생산하는 시스템이 조금 변한 덕분에 어렸을 때의 우유 소화 능력을 성년까지 유지한다. 이와 반대로 우리 주변에는 소화만 시킬 수 있었다면 그 모든 굶주림을 쉽게 막았을 설탕(셀룰로오스)의 숲이 빽빽하지만, 어떤 인간도 셀룰로오스가 소화되도록 베타아세탈 결합을 깨는 효소를 진화시키지 못했다. 복잡한 적응은 빨리 진화하기가 어렵다.

잠재 능력이 어디에나 고르고, 영역−일반적 성격을 지닌 설계구조 같은 건 생산하지 않는다(진전 3).

사실 이것은 어디에나 널려 있는 공학의 결과다. 반복되는 계산 문제들이 존재하면 기능에 따라 전문화된 응용 소프트웨어가 생겨난다. 예를 들어, 효과적인 단어처리와 좋은 디지털 음악 재생이 요구됐을 때 각 기능에 맞는 응용 프로그램이 따로 출현했다. 어떤 프로그램이 효과적인 단어처리 프로그램이게끔 하는 인과적 설계 형질은 어떤 프로그램이 좋은 디지털 음악 플레이어이게끔 하는 설계 형질과는 다르기 때문이다. 실제로, 기능에 따라 전문화된 프로그램(또는 서브루틴)이 당신의 컴퓨터에 많이 설치되어 있을수록 컴퓨터는 더 많은 일을 한다. 유기체도 똑같다. 이 통찰로 무장했을 때 우리는 인간의 마음에 있는 조직이 진화된 것일수록 마음의 반응이 덜 유연해진다는 신화를 잠재울 수 있다. 남들의 감정 표현을 해석하고, 아름다움을 보고, 언어를 배우고, 자식을 사랑하는 등의 마음 활동은 자연선택이 구축해준 전문화된 신경 프로그램들이 있을 때 더욱 향상된다.

수렵채집인으로서 안정적으로 생존하고 번식하기 위해서는 적응적인 정보처리 프로그램들을 다양하게, 많이 갖출 필요가 있었다. 그 범위는 포식자 경계와 먹이 추적에서부터 식물 수집, 짝 선택, 출산, 양육, 연합 맺기, 질병 회피에 이르기까지 다양했다. 예를 들어, 어떤 프로그램이 영양분 있는 음식을 잘 선택하게 하는 설계 형질은 다산하는 짝을 찾거나 무임승차자를 알아보는 일에는 부적합하다. 어떤 프로그램들은 차별화된 계산법이 필요했을 것이다.

이 차이가 가장 분명해질 때는, 진화적 게임이론과 조상 환경의 데이터(진전 2)에서 나온 결과를 사용해서 적응적 문제를 명확히 하고 그런 뒤 그 문제를 해결할 수 있는 프로그램의 계산상 필요조건을 주의 깊게 해부해볼 때다. 예를 들어, 게임이론으로 조건부 도움conditional helping을 분석해보면 논리적 추론을 하도록 설계된 프로그램은 사회적 교환 과정에서 사기꾼을 탐지하는 일에는 설계상 적합하지 않고, 그 역도 성립한다. 두 종류의 프로그램은 이렇게 계량 기준이 달라서 상호성과 교환 중 어느 한 기능을 전담한다(Cosmides & Tooby, 25장, 『핸드북』, 2권).

• 마지막으로, 우리의 진화된 기제의 계산 구조에 대한 서술이 있어야 문화적·사회적 현상을 체계적으로 이해할 수 있다. 마음은 자체의 내용 없이 세계를 수동

적으로만 기록하는 녹음기가 아니다. 영역−특이적 프로그램은 우리의 경험을 조직하고, 선호를 만들고, 반복 발달하는 개념과 동기를 정신세계에 주입하고, 우리에게 정념을 부여하고, 남들의 행동과 의도를 이해할 수 있도록 문화간 경계를 뛰어넘는 보편적인 의미 틀을 제공한다. 그런 프로그램 덕분에 우리는 특정한 생각의 종류들이 이끌리고, 특정한 생각과 감정과 반응이 합리적이고 흥미롭고 중요하다고 느낀다. 따라서 그 프로그램들은 어떤 생각과 관습이 한 마음에서 다른 마음으로 쉽게 퍼지고 어떤 것들이 그렇지 않은지를 결정하는 데 핵심적인 역할을 한다(Boyer, 2001; Sperber, 1994, 1996; Tooby & Cosmides, 1992). 즉, 그 프로그램들은 인간의 문화를 형성하는 데 결정적인 역할을 한다.

흔히 본능은 추론, 의사결정, 학습의 반대라고 생각한다. 하지만 진화심리학자들이 발견해내고 있는 추론, 의사결정, 학습 프로그램들은 (a) 어떤 적응적 문제를 해결하도록 복잡하게 전문화되었고, (b) 모든 정상적인 인간에게 믿음직하게 발달하고, (c) 의식적인 노력이나 공식적인 교육과 무관하게 발달하고, (d) 기초에 깔린 논리를 의식하지 않은 채 적용할 수 있고, (e) 정보를 처리하거나 영리하게 행동하는 더 일반적인 능력들과 구별된다. 다시 말해, 그 프로그램들은 우리가 대개 본능이라고 생각하는 것의 모든 특징을 갖고 있다(Pinker, 1994). 사실 이 특화된 회로들을 **추론 본능, 결정 본능, 학습 본능**으로 간주해도 무방하다. 그것들 덕분에 우리에게 어떤 종류의 추론과 결정은 개구리가 파리를 낚아채거나 두더지가 땅을 파는 것만큼이나 식은 죽 먹기고, 자연스럽다.

사이먼 배런−코언Simon Barron-Cohen(1995)의 연구에서 예를 하나 살펴보자. 정상적인 4세 아이는 성인들처럼 다른 사람의 시선을 쉽게 자동적으로 알아차린다. 예를 들어, 성인들처럼 4세 아동은 사탕이 나란히 있을 때 그걸 보는 사람은 당연히 먹고 싶은 것에 눈길을 준다고 추론한다. 자폐아는 그렇게 추론하지 않는다. 이 발달 장애를 가진 아이들도 시선을 정확히 계산할 줄 알지만, 그 정보를 이용해서 다른 사람이 원하는 것이 무엇인지를 추론하지는 못한다. 정상적인 개인은 정신적인 노력을 쓰지 않고 자연스럽게 그 사람이 먹고 싶어 하는 사탕은 지금 바라보고 있는 사탕이라는 것을 안다. 이는 우리에게 너무나 명백해서 추론할 필요조차 없는 듯 보인다.

그저 상식에 불과하다. 하지만 '상식'은 하늘에서 뚝 떨어지진 않는다. 상식은 신경 계산 기제의 산물이다. 시선에 관한 정보로부터 어떤 심리 상태(바람)를 추론하려면 계산이 필요하다. 이 추론을 생성하는 추론 회로—추론 본능—가 있다. 이 계산을 하는 회로가 망가지거나 발달하지 못하면 그 추론은 생성되지 않는다. 자폐증이 있는 사람은 종종 다른 방면으로 대단히 뛰어난 능력을 획득하기는 해도, 이 추론 본능이 없기 때문에 그렇게 추론하지 못한다. 만일 마음이 영역-일반의 지식 습득 체계로 구성되어 있다면 이런 유의 한정된 장애는 발생하지 않을 것이다.

추론 본능은 직관을 생성하지만 직관에 감지되진 않는다. 우리의 망막 세포나 선 탐지 능력처럼 추론 본능도 의식에 도달하진 못하지만, 세계에 대한 지각을 만들어 내는 데 있어 그에 못지않게 중요하다. 생물종으로서 우리가 이런 본능의 존재에 무감각한 것은 그런 본능이 없어서가 아니라, 너무 잘 작동하기 때문이다. 우리의 본 능들은 정보를 대단히 쉽게 자동적으로 처리하기 때문에 그 작동이 눈치 채이지 않고 배경에 묻히는 것이다. 게다가 그런 본능은 우리의 생각과 경험을 아주 강력히 조직화하는 탓에 우리는 그 산물을 외부 세계의 특질로 오해한다. 색, 아름다움, 지위, 우정, 매력 등 이 모든 것이 마음에 의해 계산된 다음 마치 우리가 가리키는 물체의 객관적 속성인 것처럼 경험된다. 이러한 기제들은 사람들이 흔히 내리는 마음의 결정에 관한 행동의 가능성에 대한 우리의 감각을 제한하고, 사람들이 어떤 행동을 할지 고르는 것이 얼마나 복잡하고 조절된 행동인지를 우리에게 보여주지 않는다. 더 나아가 이 기제들은 세상이 어떻게 지금과 달리 존재할 수 있는지를 상상하기 어렵게 만든다. 그 결과 우리는 정상적인 행동을 당연하게 여기고, 정상적인 행동도 설명될 필요가 있음을 깨닫지 못한다.

행동과학자로서 우리는 교정 렌즈를 끼고 우리의 본능적인 맹점을 극복해야 한다. 뇌는 터무니없이 복잡하고 온갖 프로그램들로 가득 차 있으며 그 대부분은 현재 과학적 지식의 바깥에 있다. 심리학자들에게 적응적 기능 이론은 교정 렌즈가 되어서 우리의 직관이 볼 수 없는 계산 문제를 보게 해준다. 주의 깊게 생각하면서 이 기능 이론들을 적용할 때 우리는 지금까지 누구도 짐작하지 못했던 프로그램들을 뇌속에서 찾아볼 수가 있다.

유기적 설계의 원리들

생물학은 유기체를 연구하고, 심리학은 (기본적으로) 생물학의 한 갈래다. 심리학은 유기체가 갖고 있는 행동 조절 기관들의 진화된 설계를 연구한다. 유능한 심리학자가 되려면 유기적 설계의 원리에 최소한만이라도 정통해야 한다.

자연선택은 유기적 기계를 설계하는 공학자다

다윈은 생물계에 기능 조직—시계, 안경, 마차 같은 인공물들과 같은 종류의 조직, 어떤 문제를 해결하기 위해 지적 설계자가 설계한 듯이 보이는 조직—이 존재하는 현상을 설명하고자 했다. 다윈은 유기체를 일종의 **자가 생산 기계**로 볼 수 있음을 깨달았다. 살아 있는 기계와 그렇지 않은 기계의 다른 점은 번식이다. 살아 있는 기계는 몸 안에 체계적으로 조직화된 구성요소들이 있어서 그 자신처럼 번식할 수 있는 새 기계를 생산할 수 있다. 살아 있는 기계가 집단을 이룰 때 이 형질—자기복제—은 양과 음의 피드백 체계—자연선택—를 가동시킨다. 유기체의 설계와 그들이 생존과 번식을 위해 해결해야 하는 문제 사이의 놀라운 조화는 이것으로 설명이 된다.

발명가가 설계한 인공의 기계와 달리 살아 있는 기계는 대단히 오랜 시간에 걸쳐, 자기 자신을 재생산한다는 바로 그 사실 덕분에 복잡한 기능 설계를 획득한다. 실제로 오늘날의 다윈주의는 생명을 정의하는 특징이 번식이라는 다윈의 통찰에서 논리적으로 발생한, 다음과 같은 정교한 추론 체계를 갖고 있다.

유기체가 번식을 할 때, 그 설계 형질을 발달시키는 유전자가 자식의 몸에 들어간다. 하지만 부모 기계의 설계를 복제하는 과정에서 가끔 오류가 발생한다. 그 결과 무작위로 바뀐 설계들(예를 들어, 돌연변이)이 번식자 집단에 들어온다. 살아 있는 기계는 정밀하게 조직되어 있으며 이러한 정밀함이 없다면 자식 기계를 조립해내는 있을 법하지 않은 결과물을 얻을 수 없기 때문에, 무작위의 수정이 발생하면 자기 복제를 하는 복잡한 연쇄 작용에 혼란이 일어난다. 새로 변경된 설계 중 결함이 있는 것은 대부분 개제군에서 사라진다. 부성적 피드백이 일어난 경우다.

하지만 우연하게도 이 무작위 설계 변경 중 약간의 수는 자기 복제 기계장치를 향상시킨다. 그렇게 향상된 설계(정의상)는 개체군 안에서 자신의 빈도를 높인다. 긍정적 피드백이 일어난 경우다.

이 방향으로 계속 증가하다 보면 (대개) 그렇게 수정된 설계가 대안 설계를 더 많이 낳아서 그 자리를 대신하고 새로운 종 표준적 (또는 개체군 표준적) 설계가 된다. 예를 들어, 새로운 망막 설계, 혈액 세포, 추론 회로, 음식 선호도 순서가 그렇다. 그런 사건이 있고 나면 번식하는 기계의 개체군은 조상의 개체군과 달라진다. 번식의 기능적 조직성이 "오르막" 계단을 하나 올라 전보다 조금 더 향상되는 것이다. 장기적으로 후손들의 세대에 이르면 이 피드백 순환은 상태공간을 통과할 때까지 새로운 설계를 밀어 더 잘 만들어진—갈수록 더 있을 법하지 않은—기능적 장치로 변화시킨다. 이 장치는 한 가지 특이적인 의미에서 **기능적**이다. 그 종이 진화한 환경에서 장치의 구성요소들이 자기 자신의 번식을 촉진하도록 조직화되는 것이다.

예를 들어, 가족 구성원끼리 성적으로 불쾌하게 느끼게 하는 돌연변이가 출현하면 근친상간으로 아이를 임신할 가능성이 낮아진다. 그들은 유전병이 적은 자식을 낳을 테고, 근친상간을 싫어하지 않는 아이들보다 더 많은 수가 성장해서 번식할 것이다. 그렇게 근친상간을 회피하는 설계는 세대를 거듭할 때마다 건강한 아이를 더 많이 낳는다. 근친상간 회피 회로는 그 소유자의 번식을 촉진함으로써 세대를 거듭할수록 그 자신의 확산을 촉진하고, 결국에는 구형 생식 회로를 밀어내고 그 종의 보편적인 설계 형질으로 올라선다(이 시스템의 설계 지도는, Lieberman et al., 2007을 보라). 이 자연발생적인 피드백 과정—자연선택—으로 인해 지적 설계자나 초자연적 힘이 개입하지 않고서도 기능적 조직이 자연스럽게 출현한다.

유전자와 설계 엔트로피를 이겨내고 세대에서 세대로 기능적 설계를 보존하는 적응이 없다면 자기복제 시스템은 존재하지 않을 것이다. 유전자는 기능적 설계 형질이 부모에게서 자식에게로 그 자신을 복제하는 수단이다. 유전자는 설계의 소립자나 마찬가지다. 이 요소들이 부모에게서 자식에게로 전해지고 그와 더불어 환경 형질이 안정적일 때 유기체는 어떤 설계 형질은 발달시키고 그 밖의 것들은 제외시킨다. 유전자는 자기 자신을 불리는 두 가지 방법을 알고 있다. 현 상황에서 유전자가 자리 잡고 있는 유기체가 자식을 낳을 수 있는 확률을 높여주는 것, 또는 똑같은 유전자를 가진 다른 개체들이 개체군 안에서 무작위의 구성원보다 많아지도록 그들의 번식을 늘리는 것이다.

개체의 유전적 친척은 최근에 공통 조상으로부터 똑같은 유전자를 물려받은 덕분에 같은 유전자를 어느 정도 지니고 있다. 따라서 개체의 어떤 유전자가 친족의 번식률을 촉진할 수 있다면, 그렇게 함으로써 개체군 내에서 자기 자신의 빈도를 끌어올리게 된다. 형제자매를 먹이도록 개체를 동기 부여하는 유전자는, 어느 정도 이상으로 음식에 대한 필요가 커지면 친족의 번식을 끌어올리는 대표적인 프로그램이 된다(그런 시스템의 설계에 관한 증거로는, Lieberman et at., 2007을 보라). 해밀턴(1964)이 지적했듯이, 직접적인 번식과 친족 번식을 함께 향상시키고 둘 사이의 맞거래를 효과적으로 하는 설계 형질은 그렇지 못한 설계 형질을 대체할 것이다(이 과정을 **혈연 선택**이라 한다).

번식과 기능　하나의 설계 형질이 직접적인 번식과 친족 번식을 얼마나 체계적으로 잘 향상시키는지는 그 설계 형질이 해당 종의 설계에 추가될지 폐기될지를 결정하는 기이하지만 실질적인 공학적 기준이다.

이제 우리는 **적응적 행동** 개념을 정확하게 정의할 수 있다. 진화론의 의미에서 적응적 행동은 (일반적인 경우에) 그 기초에 놓인 대립유전자의 빈도를 끌어올리는 행동이다. 대개 이는 개인의 순수한 일생 동안의 번식 그리고/또는 (적절한 맞거래를 통해) 유전적 친척의 번식을 체계적으로 향상시키는 행동을 의미한다. 자신의 기본 재료인 유전자의 복제를 향상시킴으로써 적응적 행동을—체계적으로 그리고 여러 세대에 걸쳐—일으키는 회로는 그 종의 신경 설계에 통합된다. 이와 반대로 개체나 그 개체의 유전적 친척의 번식에 저해가 되는 행동은 그 행동의 출처가 되는 회로를 종에서 제거한다. 그러한 행동은 부적응적maladaptive이다.

진화론자는 설계 형질이 그 (조상의 환경에서) 일생에 걸쳐 혈연의 번식에 기여하도록 어떻게 조직되어 있는지를 분석한다. 번식은 기능이 향상된 설계 형질이 자신의 빈도를 높여 결국 그 종의 표준적인 구성원 모두의 (또는 지속적으로 유지되는 일부 구성원의) 표준 장비가 될 수 있게 한 최후의 인과적 경로였기 때문이다.

적응적 문제가 적응을 선택한다　다윈이 식물과 동물을 자세히 연구한 덕분에, 생물의 복잡한 구조는 번식의 장애(예를 들어, 포식자의 존재)를 극복하거나 번식의 기회(암컷의 존재)를 이용하게끔 조직화된 듯 보이는 부분들로 구성되어 있음이 밝혀졌다. 번식의 기회나 장애를 만들어내는 세계 내의 지속적 조건들이 **적응적 문제**를 이룬다. 가령 병원체의 존재, 식량 공급의 가변성, 유아의 취약성, 사회집단 내의 가족의 존재 같은 문제들이다. 적응적 문제에는 두 가지 결정적 특징이 있다. 첫째, 적응적 문제는 개체군이나 종의 구성원들이 수시로 마주쳤고, 자연선택이 적응을 설계하기에 시간이 부족하지 않을 정도로 충분히 많은 세대에 걸쳐 재발했던 조건 또는 인과관계였다. 둘째, 적응적 문제는 원칙상 그 자신의 번식이나 친척의 번식을 높이기 위해 유기체의 자질이 이용할 수 있는 지속성 있는 관계들의 부분집합이다. 대안 설계가 적응적 문제를 얼마나 잘 해결하는지에 기초해서 자연선택은 그 설계를 유지하거나 폐기한다.

진화의 시간에 걸쳐서 점점 더 많은 설계 형질들이 누적되고 들어맞으면, 결국 특별한 적응적 문제를 해결하게끔 잘 설계된 구조나 장치(예를 들어, 망막, 발톱, 근친상간 회피 프로그램)가 완성된다. 그런 구조나 장치를 **적응**an adaptation이라 부른다. 사실 하나의 유기체는 기술적인 부산물과 진화적 잡음이 곁들인 적응의 모둠이나 마찬가지다. 귀, 손, 장, 자궁, 순환계 등의 기능적 하위 구성요소가 그런 예에 해당한다. 이런 적응들이 지금 인간의 설계에 존재하는 것은 과거 조상의 시간대에 자기 번식과 친족 번식의 과정에 기여했기 때문이다. 적응적 문제는 유일하게 자연선택이 어떤 장치를 설계해서 해결할 수 있는 종류의 문제다. 적응적 문제는 우리의 진화된 기능적 설계의 원천이자 설명이다.

진화적 적응 환경　마음의 기능적 설계구조를 이해하는 첫 번째 열쇠는 마음의 프로그램들이 현대인이 직면한 문제를 해결하기 때문에 선택된 것이 아님을 기억하는 것이다. 대신에 마음의 프로그램들은 우리의 수렵채집인 조상들 사이에서 적응적 문제를 잘 해결했기 때문에 형성되었다. 두 번째 열쇠는 성숙한 상태에 이른 프로그램들뿐 아니라 각 프로그램을 구성하고 있는 발달 과정들 역시 조상의 환경에 분명히 존재했던 정보와 조건을 이용하도록 진화했음을 이해하는 것이다. 모든 적응의 설계는 저마다 배경 조건이 있음을 가정하며, 그 조건과 만났을 때에만 성공적인 문제 해결사 역할을 한다. 진화적 적응 환경(EEA)은 수렵채집인이 해결해야 했던 문제들과 그들이 그 문제를 해결할 때의 조건들(그들의 발달 환경 포함)의 합을 가리킨다.

호미니드(hominin, 사람족族)는 아프리카의 탁 트인 삼림지대에서 발생한 것으로 보이지만, 진화적 적응 환경은 특정한 장소나 시간이 아니다. 어떤 적응의 진화적 적응 환경은, 그 적응의 기초가 되는 대립유전자의 빈도를 체계적으로 밀어올려서 결국 종-전형적이 되게 하거나 빈도-의존적 평형 상태에 이르게 한 지속적인 선택 압 또는 인과관계의 통계적 혼합이다(적응은 대부분 종-전형적이다. Hagen, 이 책의 4 장을 보라). 대립유전자들이 협응하여 여러 자리에 고착하기까지는 시간이 걸리기 때문에, 복잡한 적응에는 조상 세계의 지속적 특징들이 반영되어 있다. 적응은 진화적 적응 환경의 결과이므로, 적응의 구조는 진화적 적응 환경의 구조를 반영한다. 적응은 조상의 과업 환경에서 안정적인 특징과 상호작용할 때 그 상호작용으로 인해 적 합도가 체계적으로 높아지게끔 (예를 들어, 어떤 적응적 문제를 해결하게끔) 진화했다. 진화적 적응 환경 개념은 다윈주의에 필수 불가결하지만, 인간에 대한 진화적 분석 이 그 공식화를 유발한 것은 다른 대부분의 종들이 거주한 환경보다 인간의 환경이 더 극적으로 변해왔기 때문이다. 대부분의 생물학자들이 직면한 연구 문제와 관련해 서는 현대의 환경과 그 종의 조상이 거주했던 환경을 구분할 필요가 없었다. 적응들 은 각기 다른 시기에 진화해서 현대적인 형태를 취했고 각각의 설계에는 환경의 다 른 양상들이 관련되었기 때문에, 한 적응의 진화적 적응 환경은 다른 적응의 진화적 적응 환경과 약간 다를 수도 있다. 지구상의 조명은 척추동물의 눈이 진화적 적응 환경(의 일부)을 구성하는데, 수억 년 동안 비교적 일정하게 유지되었으며, 지금도 인공의 불빛을 모두 끄면 눈으로 관찰할 수 있다. 이와 대조적으로 남성이 (어떤 조건 하에서) 자식에게 먹을 것을 제공하고 보살피게 하는 신경 프로그램을 선택한 진화적 적응 환경(의 일부)을 만들어낸 사회적 조건과 수렵채집의 조건들은 틀림없이 200만 년이 채 안 된다.

어떤 프로그램이 그 설계를 선택한 조상의 조건들 바깥에서 작동하고 있을 때에 는 마치 서툴게 설계된 문제 해결사처럼 보일 수 있다. 예를 들어 효과적인 식량 수 집에는 좋은 확률적 판단이 필요하지만, 실험실에서 나온 데이터에 따르면 사람은 직관적으로 통계에 능하지 않아서 조건부 확률을 따지는 간단한 추론도 잘 못한다(Kahneman, Slovic, & Tversky, 1982). 새와 벌은 비슷한 문제를 쉽게 해결하는 것으로 보아 이러한 발견들이 어떤 문제를 가리킨다고 진화심리학자들은 생각했다. 확률 판단과 관련해서 진화적 적응 환경을 고려하면 역설이 증발한다. 행동생태학자들은 자신들의 연구에서 새와 벌에게는 생태와 맞는 형식의 정보를 제공한 반면에 사람을 연구한 심리학자들은 그렇게 하지 않았다.

진화적 적응 환경 개념에 주의해서 보면 조사의 설계 방식과 발견의 목표가 변한다. 사람들에게 절대 빈도의 형식—수렵채집인에게 생태학적으로 유효한 형식—으로 확률 정보를 주면 안정적인 베이지안 추론을 낳는 기제가 있음이 드러난다(Brase, Cosmides, & Tooby, 1998; Cosmides & Tooby, 1996a; Gigerenzer, 1991; Gigerenzer, Todd, & the ABC Group, 1999). 실제로 오늘날 진화적 적응 환경을 염두에 두고 불확실한 상황에서의 판단을 조사하는 연구자들은 인간의 마음에 "빠르고 간소한 휴리스틱fast-and-frugal heuristics[7]"의 연장통이 구비되어 있으며, 각각의 휴리스틱은 정보가 제한된 상황에서도 빠르게 정교한 판단을 내리도록 설계되어 있음을 확인하고 있다(Gigerenzer & Selten, 2002; Gigerenzer et al., 1999; Todd, Hertwig, & Hoffrage, Chapter 37. this *Handbook*, Volume 2). 이 절차는 **생태학적으로 합리적**ecologically rational이어서, 진화적 적응 환경 과업 환경에서 작동할 때에는 좋은 해결책이 되어 준다(Cosmides & Tooby, 1996b; Delton, Krasnow, Cosmides, & Tooby, 2011; Tooby, Cosmides, & Barrett, 2005; Tooby & Cosmides, 인쇄 중).

과거를 아는 것 행동은 화석으로 남지 않기 때문에 심리와 관련된 과거는 베일에 싸여 있을 수밖에 없다는 주장이 종종 나온다. 그래서 진화심리학 분야는 하나부터 열까지 불확실한 추측이나 짐작에 의존한다는 것이다. 하지만 우리는 인류의 조상과 그들이 살았던 세계의 수천 가지 중요한 사실들을 확실히 알고 있으며, 그중 많은 것이 심리학 연구에 쓸모 있는 지침이 되고 있다. 보는 각도에 따라 의미는 다를 수

---

7 어떤 사안 또는 상황에 대해 엄밀한 분석에 의하기보다 제한된 정보만으로 즉흥적·직관적으로 판단하거나 선택하는 의사결정 방식을 말한다(옮긴이).

있어도 어떤 사실들은 아주 명백하다. 예를 들어, 조상이 살았던 세계는 분명 일정한 물리 법칙들이 만물의 운동을 지배한 세계였으며, 그 사실들에 기초해서 세퍼드(1984, 1987)는 마음이 지각을 할 때나 상상을 할 때 물체의 운동을 어떻게 표시하는지를 밝혀낼 수 있었다. 또한 호미니드 역시 눈이 있어서 흥미로운 대상을 보았고, 보고 있는 대상의 정보를 얻으면서, 시선이 향하는 방향이라는 정보를 옆에서 보아서 알 수 있도록 했음이 분명하다. 이 사실들에 기초해서 배런-코언(1995)과 그 밖의 학자들은 마음 읽기의 인지적 기초, 즉 타인의 심리상태를 추론하는 능력에 대한 광범위한 연구 프로그램을 창안할 수 있었다. 다른 구세계 영장류들처럼 우리의 조상도 분명 아이에게 젖을 먹였고, 성이 둘로 나뉘어 있었고, 짝을 선택했고, 햇빛의 스펙트럼에 맞게 조정된 색각色覺이 있었고, 고양잇과 포식자, 독사, 거미가 우글거리는 생물 환경에서 살았고, 잡아먹혔고, 상처가 나면 피를 흘렸고, 다치면 능력을 잃었고, 온갖 기생체와 병원체에게 취약했고, 남매끼리 짝을 맺으면 해로운 열성 유전자가 근교약세近交弱勢[8]를 유발했다. 이 모든 조건(그리고 그 밖의 조건 수만 개)이 이미 알려져 있고, 모두가 적응적 문제와 관련된다. 신중하고 박식하고 영리한 연구자가 이 선택압들을 고려한다면 신빙성이 있고 검증할 수 있는 이론을 통해 그 선택압에 대응해서 생겨난 적응들을 설명할 수 있다. 선택이 구축한 인지 설계구조가 어떤 환경에서든 똑같은 능력을 발휘하는 잠재력을 가지고 있어서, 기능과 깊이 관련되어 있는 동시에 진화적으로 되풀이되어온 관계들에 아무 준비가 안 된 채 세계와 그저 우연히 조우해왔다는 말은 신빙성이 떨어진다. 그런 모델이 강한 지지를 받고 있다는 사실이 놀라울 뿐이다.

여러 학과의 연구들을 종합해보면 그렇지 않다는 다양한 추론에 확실히 도달할 수 있다. 진화심리학자, 행동생태학자, 진화생물학자들은 이미 근본적인 적응적 문제를 규정하는 선택압, 전략, 그리고 진화적 절충에 대해 엄청난 양의 정교한 모델 이론을 정립했다(진전 4). 학자들은 믿을만한 모델을 사용해서 인간이 아닌 동물들의 주의, 기억, 의사결정, 학습 같은 과정들을 연구한다. 구체적인 종에게 어느 모델이

---

8 근친상간을 지속한 결과로 크기, 내성, 다산성 등 생활력이 일반적으로 저하되는 현상(옮긴이).

56

적합한지는 몇 가지 중요한 생활사 매개변수에 달려 있다. 고인류학, 수렵채집인 고고학, 살아 있는 수렵채집인 연구로부터 나온 결과들로 중요한 변숫값들을 채워 넣자 인간이 이론적 전망 안에 놓이게 되었다(진전 2). 우리의 조상인 호미니드들은 땅 위에서 사는 영장류였고, 잡식성이라[9] 온갖 식물독과 고기에서 번식하는 박테리아 및 진균류에 노출되었으며, 성에 따른 노동 분업을 하며 사냥과 수집에 차등비율을 적용했다. 그들은 천천히 자라고 많은 돌봄을 필요로 하는 아이가 있고, 양친이 자식에게 오랫동안 투자하고, 남녀 간의 배우자 관계가 지속적이고, 여성이 임신과 수유에 장기간 투자하는 것이 생리학적으로 필수적인 포유동물이었다. 또한 남성의 번식성공률의 차이가 여성의 번식성공률 차이보다 높은 가운데, 오래 살고 생식력이 낮은 종이었다. 그들은 대개 친족을 중심으로 방랑 생활을 하는 20~50명의 작은 무리를 이루었으며, 한번에 1천 명 이상을 본 적이 거의 없었고, 미래에 대비해 식량을 저장할 기회가 드물었고, 사냥과 습격과 방어와 연합 공격을 위해 협력했고, 도구를 제작하고 암묵적으로나 명시적으로 다양한 물건을 교환하고, 음식을 나누고, 협력하고, 시간차를 두고 보답을 주고받았다. 이 매개변수들이 진화생물학과 행동생태학의 정연한 모델들과 결합할 때, 조상의 삶을 합리적으로 보여주는 그림이 출현한다(예를 들어, Tooby & DeVore, 1987). 이로부터 연구자들은 적응적 문제에 대한 이론을 정교화하고, 모델을 개발해서 계산상 필요조건을 찾고, 이 조건을 충족하는 설계 특징이 기제에 구비되어 있는지를 검증한다. 이 책의 장들 대부분은 이 과정을 구체적으로 보여준다.

진화게임이론evolutionary game theory을 사용하고/사용하거나(Cosmides & Tooby, 25장, 이 책 『핸드북』, 2권) 최적수집모델optimal foraging model을 사용하면 많은 적응적 문제를 더 자세히 해명할 수 있다. 예를 들어 식량 공급의 가변성은 식량 나누기를 통해 완충될 수 있는데, 위험에 공동으로 대처하는 이 수단은 그 가변성이 주로 노력보다는 운에 달려 있을 때에만 유효하다. 현대의 수렵채집인에 관한 연구 덕분에 우

---

9   화석 유적지에는 동물성 음식을 가공했던 유적이 광범위하게 존재한다. 동아프리카 삼림 지대의 대형 영장류들은 사냥을 하고 고기를 먹는다. 살아 있는 수렵채집인들도 사냥에서 음식의 큰 부분을 얻는 것으로 관찰되는데, 인간뿐 아니라 침팬지와 보노보 사이에서도 사냥은 남성(수컷)에게 편중된 활동이다.

리는 여러 종류의 음식을 성공적으로 찾아낼 때 각각의 가변성이 얼마인지를 양적으로 추정할 수 있다. 예를 들어, 파라과이의 아체족 사이에서 고기와 꿀은 능숙한 식량 수집자들에게도 가변성이 큰 음식인 반면에, 채소 수집은 가변성이 작고 운보다는 노력에 달려 있다. 식량 공급의 가변성과 관련된 적응적 문제들을 분석하면 예측할 수 있듯이, 수렵채집을 하는 아체족은 고기와 꿀을 무리 전체가 공유함으로써 위험을 공동으로 대처하는 반면에, 수집한 식물성 식품은 핵가족 내에서만 공유한다(Kaplan & Hill, 1985). 이 분석을 참조할 때, 우리의 마음에는 공유를 결정하는 규칙이 최소 두 개 이상 들어 있으며, 각각의 규칙은 무엇이 적절하거나 공평한지를 판단하는 다른 관념을 만들어내고, 각각은 서로 다른 경험 때문에 유발된 것임을 알 수 있다. 그리고 이로부터, 우리 인간에겐 가변성과 그 원인에 맞게 설계된 기제들이 있다고 성공적으로 예측하게 되었다(예를 들어, Rode, Cosmides, Hell, & Tooby, 1999; Wang, 2002). 실제로 우리는 카네만Kahneman과 트버스키Tvesky(1979)가 전망 이론에서 가정했던 '불합리한' 위험 회피를, 진화론에 맞게 수정된 전망 이론(Rode et al., 1999)으로 대체할 수 있다. 수정된 이론에 따르면 개인은 그들의 필요 수준과 그들이 마주치는 확률분포에 따라 적응적으로 위험을 추구하거나 적응적인 위험 회피를 한다.

조상의 삶, 조상의 조건, 조상의 적응적 문제에 대한 지식은 보물지도와 같아서, 이전에는 몰랐던 심리 기제와 발달 기제의 발견을 촉진한다. 행동과학자들은 아직 심리학 연구에 이용된 적이 없는 조상 세계의 수많은 사실을 확신할 수 있지만, 과거에 대한 확실성은 더 나은 가설을 세우는 데 필요하지 않다. 우리는 조상 세계의 확실한 특징들이 아니라 가능한 특징들로부터 가치 있는 실험적 가설을 이끌어낼 수 있다. 최악의 경우라 해도 그런 가설은 비진화적 연구자들이 전개하는 가설보다는 진실로 판명될 가능성이 높다. 그들은 가설을 이끌어낼 원칙의 공급처가 없기 때문에 이론이 없는 맹목적 경험주의에 기대 무작위 행보를 할 수밖에 없다. 조상 세계의 특징들 가운데 우리가 전혀 모르는 것도 분명 많을 것이다. 이런 특징들은 실험의 기초가 되지 못한다. 하지만 전통적인 연구 프로그램들은 기능에 대한 이론을 기초에 놓지 않고 맹목적 경험주의로 진행하거나, 완전히 틀린 기능 이론을 앞세워 진행한다. 이런 연구에서 타당한 논점을 찾아보기 어려운 것은 (a) 임의의 경험적 검사로는 복잡한 신경 프로그램 또는 발달 프로그램을 탐지하고 지도화할 수 있는 정확한 실험 절차에 도달할 수 없고, (b) 타당하지 않은 비진화적 이론은 생산성이 훨씬 낮기 때문이다. (엔트로피 물리학과 복제자 동역학에 따르면, 길들여지지 않은 종의 복잡한 기능 설계의 기원으로서 가능한 것은 오직 자연선택뿐이고, 따라서 올바른 기능 이론은 항상 진화적일 수밖에 없다.)

심리학은 역설계다

공학자로서 자연선택은 최상급이다. 자연선택이 만든 생물학적 기계—척추동물의 눈, 네 개의 방을 가진 심장, 간, 면역계—는 지금껏 인간이 만든 어느 기계보다 문제 해결 능력이 더 뛰어날 정도로 절묘하게 설계되어 있다. (기계 시각과 진화된 시각, 인간이 만든 심박 조절장치와 진화된 심박 조절 체계, 부정적 부작용을 일으키는 의약과 인체의 면역계 및 해독 체계의 질적 차이를 생각해보라.)

심리학자들—진화심리학자든 여타 심리학자든—은 역설계를 하는 공학자들이다. 뇌/마음은 복잡한 기능 체계로, 특이적인 적응적 문제를 해결하기 위해 자연선택이 설계한 프로그램들로 이루어져 있다. 우리 심리학자의 일은 인간의 뇌/마음을 역설계하는 것이다. 다시 말해, 그 계산 구조를 기능별로 분리되는 정보처리 단위들—프로그램들—로 해부하고 이 단위들이 계산적으로나 신체적으로나 어떻게 작동하는지를 확인해야 한다. 적절한 해석에 도달하기 위해서는 신경계산 및 발달의 설계구조를 적응적 문제를 해결하는 방식으로 상호작용하게끔 설계된 부품들의 집합으로 개념화해야 한다. 이 개념화에는 적응적 기능에 관한 이론—어떤 설계가 특정한 문제에 적합한지를 분석할 수 있는 설계 명세서—이 필요하다. 그렇게 할 때 설계 명세서는 또한 유기체의 어떤 성질이 설계 특징인지, 기능이 없는 부산물인지, 잡음인지를 판정할 수 있는 기준이 된다.

유기체의 속성 가운데 다수는 적응이 아니다　여러 세대에 걸쳐 반복적으로 나타나는 유기체의 설계는 다음과 같이 세 부류로 구분할 수 있다. (a) 적응, 선택되었기 때문에 현존한다. (b) 적응의 부산물, 선택의 목표는 아니었지만 그러한 선택의 목표인 형질과 인과적으로 결부되어 있거나 그러한 형질로부터 만들어졌기 때문에 존재한다. ⓒ 잡음, 진화의 확률적 구성요소에 의해 주입되었다. 예를 들어, 온전한 뇌를 가진 모든 사람은 뚜렷한 교육을 받지 않아도 주변 사회의 언어(수화 포함)를 배우는 반면에 읽기와 쓰기는 확실한 교육이 필요하고, 모든 개인이 숙달하지는 못하고, 어떤 문화에는 아예 존재하지도 않는다. 인간에게 말을 습득하고 사용할 수 있게 하는 신경 프로그램은 선택이 그 과제를 위해 전문화시킨 적응이다(Pinker, 1994; Pinker & Bloom, 1990). 하지만 일단 정보처리 기제가 생기고 나면, 그 기제는 원래의 기능과 무관한 활동에 배치될 수 있다. 우리는 언어 습득을 유발하는 학습 기제를 진화시켰기 때문에, 고된 공부와 교육을 통해 읽기와 쓰기를 배울 수 있다. 하지만 이 활동을 할 수 있게 하는 학습 프로그램은 읽기와 쓰기를 위해 선택된 것이 아니다. 읽고 쓰는 능력은 말을 위한 적응의 부산물이며, 음성 언어를 위한 적응의 인과적 구조 때문에 가능해졌다. 무작위의 진화적 잡음도 존재한다. 예를 들어, 난독증(읽기 학습 장애)을 유발하는 유전자 변형이 있다. 실제로 엔트로피는 어디에나 미치며 그래서 유기체의 설계는 돌연변이―선택 균형의 산물이다. 모든 유기체는 도태 과정에 있는 부정적 돌연변이를 많이 포함하고 있으며, 발달 환경의 변화는 발달의 교란을 유발하는 환경상의 '돌연변이'―변화―를 낳는다. 게다가 유기체는 최근에야 적응적 문제에 노출되었을지 모른다. 그래서 진화론에 기반한 연구자들은 최적을 기대하지 않으며, 최적이 아닌 것을 발견해도 당황하지 않는다. 그들이 기대하는 것은 단지 기능의 관점에서 볼 때 무작위보다 월등히 나은 설계공간의 영역에서 설계를 발견하는 것, 그리고 '최적의' 설계 또는 좋은 설계를 모델화하거나 고려하면 이러한 흔치 않은 영역들을 확인할 수 있다는 것뿐이다.

적응은 지나간 선택의 역사 때문에 존재한다. 적응은 아무리 진기하거나 현대적이라 해도 한 개인에게 더 많은 자식을 안겨주는 능력이나 형질이라고 정의되지 않는다. 예를 들어, 컴퓨터 프로그래머가 프로그램을 만들어 부자가 되고 그 부를 이용해서 자식을 많이 가졌다고 가정해보자. 그렇다 해도, 컴퓨터 프로그래밍은 아주 최근에 나온 문화적 발명품일 뿐 적응이 아니고, 또한 컴퓨터 프로그래밍을 하게 하는 인지 기제가 컴퓨터 프로그램을 제작하기 위해 설계된 적응이라는 것을 의미하지도 않는다. 프로그램을 쓰는 능력은 완전히 다른 문제를 해결하기 위해 출현해서 조

60

상 시대에 번식을 촉진했던 인지적 적응[10]의 유익한 부산물이다.

그러므로 선택은 기능성 조직을 창조하지만, 유기체의 모든 형질이 기능적인 것은 아니다. 사실 유기체의 '부품'이 대부분 기능적이 아닌 이유는 간단하다. 한 종의 표현형을 여러 부분으로 개념상 해부하는 방법은 대부분 기능적 구성요소를 포착하지 못한다.[11] 복잡계 안에 존재하는 조직을 볼 때 연구자는 그 조직의 기능적 요소와 부산물 및 잡음을 구분할 줄 알아야 한다.

어떤 적응적 문제를 잘 명시한 이론이 있다면 연구자는 유기체의 기능적 부분과 비기능적 부분을 확인할 수 있다. 세 종류의 속성 중 적응이 가장 중요하고 유의미한 것은 하나의 체계에 왜 일정한 부분들이 있는지, 왜 그 부분들이 공동의 인과적 관계에 참여하는지, 그리고 왜 지금과 같은 방식으로 세계와 상호작용을 하는지를 적응이 설명해주기 때문이다. 적응은 문제해결 장치로, 설계 증거를 이용해서 확인할 수 있다. 여기에는 일련의 설계 형질이 독립적으로 규정된 조상의 적응적 문제를 얼마나 계획적으로 해결하는지에 대한 확률 판단이 수반된다.

설계 증거

어떤 체계의 적응적 기능을 판정하려면 연구자는 그 설계와 제시된 기능의 적합도를 보여주는 증거를 이끌어내야 한다. 여기에는 공학의 기준을 적용할 필요가 있다. 비유를 위해 사람이 만든 물건의 설계와 기능의 관계를 생각해보자. 머그잔은 뜨거

---

10 컴퓨터 프로그래밍의 경우에 이 적응에는 식량 수집을 보장해주는 숫자 능력(Wynn, 1998), 상위 표상을 만들어내어 반복하기, 즉 기억을 만들어내는 회상(Leslie, 1987), 문법 기제(Pinker, 1994), 몇 가지 연역 기제(Rips, 1994) 등이 있다. 어느 적응이 컴퓨터 프로그래밍 능력을 보장해주는지를 확인하려면, 사람이 이 진화적으로 새로운 활동에 전념할 때 어느 정보처리 기제가 활성화되는지를 발견하는 인지 실험이 필요할 것이다. 프로그래밍을 하는 개인이 다르면 다른 기제의 조합이 활성화될 수 있다. 이는 자연선택이 특별히 이 목적을 위해 통합된 설계를 생산할 시간이 주어진 적이 없기 때문이다.

11 텔레비전을 들여다보면서 그 내부를 개념상 여러 부분들로 나누어본다고 상상해보라. 멋대로 분해해서는 전자기 복사를 화상의 컬러 비트맵(그 기능)으로 변환하는 기능 단위들을 분리하지 못할 것이다. 사실 텔레비전의 내부를 나누는 대부분의 방법은 어떤 기능적 요소도 포착하지 못할 테고, 그런 비기능적 '부분'들은 어떤 것이든 기능적 부분의 부산물일 것이다(Hagen, 4장, 이 책).

운 음료와 접촉할 때 용해되거나 녹지 않는 절연재로 이루어져 있고, 약 240mL의 액체를 안정적으로 담아 입으로 가져갈 수 있는 형태로 되어 있으며, 잔을 들 때 사람이 데지 않도록 열을 방산하는 손잡이가 달려 있다. 머그잔의 이 속성들은 **설계 특징**, 즉 손에 화상을 입지 않고 뜨거운 음료를 마시는 문제에 좋은 해결책이기 **때문에** 존재하는 속성이다.

이 속성들이 우연히 함께 발생할 가능성은 거의 없다. 게다가 머그잔의 다른 용도 (예를 들어, 종이를 누르는 문진, 연필꽂이)는 이 특징들을 예측하거나 설명하지 못한다 (문진은 무겁기만 하면 되고, 연필꽂이는 담는 형태로 되어 있어야 하지만 다른 많은 물건으로도 충분하다. 그 용기는 방수일 필요가 없고 손잡이가 달려 있을 필요도 없다). 머그잔에는 여러 가지 유익한 효과가 있지만 그중 하나만이 머그잔의 기능이다. 즉, 왜 그 물건이 그렇게 구성되어 있는지를 설명해주는 효과는 하나뿐이다. 머그잔의 설계와 제시된 기능의 일치를 분석해보면 어떤 설계 설명이 옳은지를 알 수 있다. 머그잔들은 뜨거운 음료 마시기라는 문제를 잘 해결하는 많은 속성들이 맞물려 있으며, 그 속성들은 기능에 대한 다른 이론들로는 제대로 설명되지 않고, 그렇게 해서 우리는 머그잔이 그 기능을 위해 설계되었음을 알게 된다. 설계구조가 복잡할수록 설계 증거는 더 강력할 수 있다. 예를 들어, 토스터에는 그 의도가 탈 것인지, 먹을 것인지, 싹슬이기인지, 지리학적 우연인지, 몍 감는 사람을 처형하는 장치인지, 식빵을 굽는 도구인지를 판정할 수 있는 설계 특징이 많이 있다(이에 대한 논의로는 Dawkins, 1996을 보라).

이와 마찬가지로 설계 증거는 무릎이든 심장이든 정보를 처리하는 신경 회로든 유기체의 어떤 속성이 적응이라고 주장할 수 있는 기준이다. 문제의 유기적 장치는 적응적 문제를 정확히, 믿을 만하게, 경제적으로 해결하게 해주는 속성들을 갖고 있는가? 만일 그렇지 않다면 당면한 문제를 해결하는 그 능력은 부수적인 것, 다시 말해 어떤 다른 적응적 기능을 수행하게끔 잘 설계된 체계의 부작용일 것이다(Williams, 1966). 예를 들어 동물학자들의 발견에 따르면, 야행성 박쥐는 인간이 설계한 음파 탐지나 레이더 시스템처럼 복잡하고 서로 맞물린 특징들이 많이 있는 음파 탐지 시스템을 갖고 있는데, 바로 이 특징들이 박쥐가 발산하는 음파를 야간에 곤충을 찾고 장애물을 피할 수 있는 좋은 설계로 만들어준다(예를 들어, 순항할 때보다 움직이는 작은 표적을 사냥할 때 맥박수가 높아지는 것). 그리고 박쥐가 발산하는 음파를 부작용으로 만들어내는 물리 법칙이나 일반적인 대사 과정은 존재하지 않는다.

어둠 속에서 충돌하지 않고 작은 곤충을 찾고 추적하는 일은 복잡한 계산 문제를 제기하며, 몇 가지 도구 배열로는 해결하기 어렵다. 박쥐의 음파 탐지는 이 문제를 잘 해결한다. 문제의 요구조건과 진화된 해결책의 적합도는 완벽하다. 우리가 밤에 곤충을 찾고 장애물을 피하는 일을 박쥐의 음파 탐지의 적응적 기능으로 인식하는 것은 바로 이 설계의 탁월함 덕택이다.

연구자들이 유기체의 신체, 발달, 또는 심리 구조의 양상—표현형—을 적응으로 판정할 수 있으려면 다음 세 가지를 입증해야 한다. (a) 조상의 적응적 문제를 해결하는 일에 믿을 수 없을 정도로 잘 어울리는 많은 설계 특징을 갖고 있다. (b) 이 표현형 속성들이 우연히 출현했을 가능성은 거의 없다. (c) 그 속성들이 어떤 다른 적응적 문제나 더 포괄적인 적응적 문제를 해결하도록 설계된 기제의 부산물일 가능성은 거의 없다. 생물종의 설계구조에서 믿을 만하게 발달하는 어떤 특징이 적응적 문제를 확실히, 정확히, 효율적으로, 경제적으로 해결한다는 사실의 발견은 적응이 거기에 있다는 명백한 증거다. 마치 이상하게 생긴 금속 조각이 현관문의 자물쇠를 쉽게 여는 것과 비슷하다. 그 금속 조각은 거의 틀림없이 문을 열도록 설계된 열쇠다. 무작위 형태의 쇳조각, 병따개나 촛대, 심지어 다른 문을 열도록 설계된 열쇠로는 문이 열리지 않기 때문이다.

이것이 부산물인지를 보여주려면 연구자는 먼저 다른 것이 적응임을 보이고(예를 들어, 산소운반 시스템인 혈액), 그런 뒤 그 특징이 그 적응의 부산물(예를 들어, 혈액의 붉은색은 산소를 운반하는 헤모글로빈에 철이 함유되어 있기 때문임)임을 보여야 한다. 기능상의 요구와 조화를 이루지 않는 특징은 진화적 잡음이다(예를 들어, 눈에 있는 다른 색의 반점들).

좋은 설계에 관한 이론은 발견을 위한 휴리스틱이다

설계 증거의 중요성이 유기체의 이미 알려진 속성들이 왜 그런 형태를 갖고 있는지(예를 들어, 눈의 수정체는 왜 불투명하지 않고 투명한지)를 설명하는 선에 그친다면, 그 심리학적 유용성은 제한될 것이다. 결국 인간 마음의 속성은 대부분 현재 알려져 있지 않다. 적응적 문제를 해결하는 좋은 설계라는 개념이 중요한 이유는 그 개념을 이용해서 연구자들이 인간의 마음에 있는 새로운 기제를 발견할 수 있기 때문이다. 적응적 기능 이론과 좋은 설계의 원칙을 이용해서 새로운 프로그램들을 발견할 수 있는 체계적인 방법이 하나 있다.

인간 조상이 마주친 적응적 문제로 시작해보자. 여기에는 어떤 정보가 그 문제를 해결할 수 있도록 과거의 환경에 존재할 수 있었는지가 포함된다(예를 들어, 그 문제의 정보 생태계). 적응적 문제의 모델로부터 연구자는 현재 생각하고 있는 적응적 기능을 감안했을 때 어떤 것이 잘 설계된 프로그램인지에 집중하면서 그 문제 해결에 필요한 계산에 대해 과제 분석을 실시한다. 이 과제 분석에 기초하면 어떤 종류의 프로그램이 실제로 진화할 수 있었는지에 대한 가설을 세울 수 있다. 그런 뒤 인지 심리학, 사회심리학, 발달심리학, 인지 신경과학/신경심리학, 실험경제학, 비교문화 연구의 방법들—가설화된 속성을 가진 프로그램을 밝히는 데 가장 적절한 방법이라면 무엇이든—을 사용해서 그런 프로그램의 존재를 실험적으로 검증할 수 있다. 만일 예측한 속성이 발견되면 그 프로그램에 대한 다른 가설로 그 속성을 더 잘 설명할 수 없는지를 검증를 통해 확인해볼 수 있다. 이 검증에는 그 이론이 예측한 대로 문제의 프로그램이 여러 문화에 분포되어 있는지를 확인하는 일이 포함된다(대개 적응은 종–전형적이라고 예측된다). 하지만 보편적인 프로그램이라 해도 다른 환경 조건이나 사회 조건이 종종 다르게 발현되거나 특이적인 상황의 차이로 지역적인 조정을 보일 수 있다.

인간의 혈연탐지 설계구조에 대한 연구는 이런 발견 과정이 어떻게 실행될 수 있는지를 구체적으로 보여준다(Lieberman et al., 2003, 2007). 근친 교배의 해로운 영향을 피하는 것은 우리의 호미니드 조상이 직면했던 중요한 적응적 문제였다. 근친 교배의 대가를 피하는 가장 좋은 방법은 유전적으로 가까운 친족과의 섹스를 피하는 것이다. 여기에는 유전적으로 가까운 친족과 그 밖의 사람들을 구분하는 시스템이 필요하다. 이 혈연탐지 시스템은 자신과 밀접하게 사는 각 사람에 대해 혈연적 거리를 추산한다. 유전적 근연도genetic relatedness를 직접 관찰할 수 없기 때문에, 혈연적 거리 계산과 관련된 어떤 정보를 수렵채집인 조상들이 사용할 수 있었는지를 고찰하는 것이 중요하다. 혈연적 거리 추정이 유용하려면, 우리의 조상이 살았던 사회적 조건 속에서 유전적 근연도를 믿을 만하게 예측할 수 있었던 단서에 기초해야 할 것이다. 우리는 조상의 매우 다양한 사회적 조건과 서식지에 안정적으로 존재했을 단서들을 찾고 있다. 예를 들어, 수렵채집인은 주로 핵가족 단위로 이합집산하면서 생활하고 식량을 수집했다. 부모가 자식과 함께 살고, 성인 형제들과 그 가족들이 약간 거리를 두고 친밀함을 유지하는 식이었다. 그렇다면 어린 시절에 공동으로 거주했던 누적 기간이 유전적 근친도의 단서로 작용할 것이다. 어머니가 어린 동생를 보살피는 것을 곁에서 목격하면(이른바 출생 이후 모계 관련성 인식maternal perinatal association) 이는 그 유아가 형제라는 더 직접적인 단서가 될 수 있다. 세 번째 단서는 조직적 합성복합체major histocompatibility complex[12]의 유사성을 가리키는 후각 표지다. 조상 세계의 안정적인 정보 구조에 기초해서 혈연 탐지 체계는 조상에게 유효했던 단서들을 추적하고, 그것을 이용해서 개인의 사회 세계 안에 있는 각 개인의 근연도 추정치(이른바 혈연관계 지수kinship index)를 계산하도록 진화했을 것이다. 혈연관계 지수는 자신에 대한 타인의 성적 가치를 계산하는 시스템에 입력 데이터로 작용한다. 다른 조건이 모두 똑같다면 유전적으로 가까운 친족은 친족이 아닌 사람보다 낮은 성적 가치를 배정받는다. 이 성적 가치의 추정치—또 다른 내적 조절 변수—는 성적인 이끌림을 생성하는 동기 체계를 조절한다. 혈연적 거리 추정치가 낮으면 성적인 이끌림을 상향 조절하고, 높으면 성적 이끌림을 하향 조절하는데, 그 과정은 아마 그 사람과의 섹스를 예상하면 혐오감이 이는 식이 될 것이다. 이와는 별도로 개인의 마음에 들어 있는 구체적인 타인에 대한 혈연관계 지수는 이타주의를 조절한다. 혈연관계 지수가 높을수록 그 친족을 위해 희생하고 싶은 마음이 커지는 것이다. 인간의 혈연탐지 시스템의 존재와 설계구조에 대해 이론적으로 도출한 이런 예측들은 이미 경험적으로 확인되었고, 그와 더불어 혈연지향 이타주의에 관한 예측들도 확인되었다. 예측된 두 가지 단서—출생 이후 모계 관련성 인식과 유년기 공동거주 기간—역시 유전적 친족에 대한 성적 혐오와 혈연지향 이타주의를 조절한다(Hamilton, 1964가 예측했듯이). 손위 형제가 손아래 형제를 탐지할 때 사용하는 단서

---

12 사람의 제6 염색체에 있는 50개 혹은 그 이상의 유전자 군으로, 세포 표면 단백질 합성에 관한 암호를 부여하며, 면역반응에 중대한 역할을 한다(이우주, 『의학사전』 참조, 옮긴이).

는 손아래 형제가 손위 형제를 탐지할 때 사용하는 단서와 다르다. 이상의 발견들은 (진화심리학을 무시하고서) 그런 결과들을 설명하는 다른 많은 이론들과 불일치한다 (예를 들어, Lieberman, Tooby, & Cosmides, 2003, 2007). 지금까지 발견된 바에 따르면 이러한 양상은 서로 다른 문화적 환경에서 발견되어 왔으며, 이는 혈연탐지 시스템이 모든 문화에서 발생하는 인간 마음의 보편적 기제라는 가설과 일치한다.

다음과 같은 사실에 주목해보자. 적응적 문제—근친상간 회피—로 시작해 이 문제를 해결하는 시스템에 필요한 계산 조건을 분석함으로써, 연구자들은 중요한 신경 계산 체계를 예측하고, 시험하고, 발견했다. 전통적인 심리학자들과 인지과학자들은 그런 체계를 몰랐고 조사한 적도 없었다.

얼핏 보면 그렇지 않을 수도 있지만 혈연 탐지 체계가 **학습 기제**란 점에 주목해보자. 그 기능은 개인의 환경 안에서 누가 친족이고 누가 친족이 아닌지를 아는 것이며, 설계 목적은 발달 과정에서 만나는 몇 가지 단서에 기초해서 친족을 분류하고 친족이 아닌 사람들은 무시하는 것이다. 예를 들어, 공동거주 기간을 제어하면 누가 형제인지에 대해 개인이 의식적으로 믿고 있는 생각으로는 성적 혐오를 예측하지 못한다(하지만 누가 형제인지에 대한 믿음을 제어하면 공동거주로는 성적 혐오를 예측하지 못한다. Lieberman et al., 2003, 2007). 하지만 혈연 탐지 체계는 **범용** 학습 기제가 아니다. 그 체계는 한정된 과제에 고도로 전문화되어 있으며, 고전적인 조작적 조건화의 기제, 학교에서 사실을 배우는 방식, 그 밖의 어떤 영역 일반적인 학습 방법과도 공통점이 전혀 없다.[13]

본성과 양육: 적응주의의 관점

설계 증거라는 개념을 충분히 이해하려면 진화심리학자들이 본성과 양육을 어떻게 생각하는지를 살펴볼 필요가 있다. 발달기 동안의 유전자와 환경의 상대적 기여(이는 잘못된 표현이다)는 지금도 심리학에서 가장 뜨거운 논쟁을 불러일으킨다. 이

---

13 아이들이 학교에서 사실들을 어떻게 배우는지에 대해서는 알려져 있지 않다. 어떤 범용의 학습 형태를 통해서라는 생각은 가정일 뿐이며, 증거로 뒷받침된 결과는 아니다. 실제로 학교 교육은 언어적 표상을 공급받는 기제 같은 영역—특이적 추론 기제들에 편승한다는 증거가 나오고 있다(예를 들어, Hirschfeld & Gelman, 1994).

논쟁의 근저에 깔려 있는 전제는 잘못되었지만 워낙 뿌리가 깊은 탓에 과학자와 일반인을 포함한 많은 사람들이 더 좋은 사고방식이 있음을 깨닫지 못하고 있다(초기에 이 문제를 훌륭하게 다룬 글로, Tinbergen, 1963을 보라).

사실 본성−양육의 쟁점은 하나가 아니라 독립된 여러 쟁점들이 존재한다. 하지만 애석하게도 그 쟁점들이 너무 얽히고설킨 바람에 심리학과 사회과학의 논의들 대부분이 절망적인 혼란에 빠져 있다. 우리는 가장 주요한 문제들을 하나하나 떼어서 보아야 한다. 어떤 혼란은 개념상의 혼란인 반면, 다른 혼란은 명확한 사고에만 의존하지 않고 조사에도 의존한다면 해결할 수 있는 진정한 과학적 문제들이다.

정반대의 믿음이 널리 퍼져 있지만 진화심리학은 본성−양육이라는 시계추의 왕복운동과 무관하다(Tooby & Cosmides, 1992). 진화심리학은 해묵은 논쟁의 어느 한 입장을 편든다기보다는, 종래의 틀과 낡은 범주들을 완전히 깨부순다. 실제로 진화심리학이라는 분야를 규정하는 한 특징은 일반적인 본성−양육의 이분법—본능 대 이성, 선천성 대 후천성, 생물학 대 문화, 선천론 대 환경론, 사회적 결정 대 유전적 결정 등—을 명확히 거부한다는 것이다. 그런 이분법들은 현실세계에서 구분할 필요가 있는 실질적 차이들과 일치하지 않기 때문이다. 진화심리학자들은 본성과 양육을 설명의 제로섬 관계로 보지 않는다. 비진화론적 연구자들은 대개 본성−양육 논쟁에는 스펙트럼이 있으며, 선천론의 극단(대부분이 '유전적으로 결정'된다)에서부터 환경론의 극단(대부분이 '환경적으로 결정'된다)에 이르는 여러 구역들이 그 위에 펼쳐져 있고, 이 스펙트럼 중 어디엔가 옳은 입장(논쟁의 주제)이 있다고 가정한다. 하지만 유기체의 속성은 모두 유전자−환경의 상호작용을 통해 발달한다. 적응주의가 발달을 이해하는 새로운 틀에 접근할 때 중심축으로 삼는 요점은 다음과 같은 인식이다. 뒤에서 자세히 살펴보겠지만, 한 종의 선택의 역사는 진화적 시간에 걸쳐 그 종의 적응들이 안정적으로 발달시키기 위해 유전자와 환경의 상호작용을 조직하고 조율하는 과정이며, 거꾸로 말하자면 적응의 프로그램 논리는 입력된 환경이 행동으로 출력되는 과정을 명시한다 (선택은 엔트로피의 역방향으로 작용하면서 유전자−환경 상호작용을 기능적으로 조율하는 반면에, 무작위의 유전적·환경적 변화—돌연변이—는 엔트로피의 방향으로 작용해서 믿을 만한 발달을 방해한다.)

선천성은 학습의 반대가 아니다　사람은 누구나 자신이 알든 모르든 선천론자다. 스키너에서부터 포스트모더니스트에 이르기까지 환경이 인간의 행동을 빚는다고 극단적으로 주장하는 사람들도 환경을 학습하거나 환경에 반응하는 진화된 신경 장치의 '선천적' 구조에 대해서는 선천론적 주장을 벗어나지 않는다. 유일한 차이는 이 구조를 명시적으로 주장하느냐 아니면 암묵적으로 남겨두어서 독자들에게 왜 사람이 그런 식으로 행동하는지에 대한 그들의 주장을 추론하게 하느냐다.

당신이 공학자인데 주어진 프로젝트가 학습하는 뇌를 만드는 것이라고 상상해보자. 학습을 할 수 있으려면 이 뇌는 어떤 구조를 가져야 할 것이다. 어쨌든 1.5킬로그램의 양배추는 학습을 못하고, 같은 무게의 뇌는 학습을 한다. 당신의 뇌에 학습을 시키려면 뉴런을 특별한 방식으로 배열해야 한다. 학습을 발생시키는 회로를 만들어야 한다. 요컨대, 뇌 안에 학습을 야기하는 프로그램을 장착해야 한다. 자연선택이 공학자일 때도 마찬가지다.

구체적인 학습을 야기하는 프로그램 자체가 배워서 얻은 것이라 해도, 그 학습을 야기하는 사전prior 프로그램 같은 것은 미리 존재해야만 했다. 논리적으로 생각할 때 우리는 발달의 인과적 사슬 중 어느 시점에 학습을 야기하지만 그 자체는 학습된 것이 아닌 프로그램이 있어야 한다고 결론짓게 된다. 이런 학습되지 않은 (선천적인) 프로그램이 뇌의 일부분인 것은 뇌의 진화된 설계구조에 속해 있기 때문이다. 이는 우리의 조상들이 살았던 정상 범위의 모든 환경에서 믿을 만하게 발생하는 프로그램이다.

환경론자든 선천론자든 모두—파블로프, 스키너, 촘스키 모두—이 점에 동의해야 한다. 학습을 야기하는 진화된 프로그램의 계산 구조에는 크게 불일치한다 해도, 진화된 학습 프로그램들의 존재 여부에는 동의할 것이다. 예를 들어, 고전적인 조작적 조건화는 인간과 동물의 가장 간단하고 일반적인 학습 형태라고 누구나 인정한다. 하지만 조작적 조건화조차도 그 결과물(보상)의 작용으로 어느 정도의 학습을 통해 (그리고 특별한 방정식에 따라) 어떤 행동의 확률을 변화시키는 진화된 기제의 존재를 가정한다. 또한 몇 가지 결과물—음식, 물, 통증—이 '본래' 강화의 효력을 갖고 있다고 가정한다(예를 들어, 이 결과물들이 후속 행동의 확률을 변화시킬 수 있다는 사실 자체가 뇌의 설계 특징이다). 고전적인 조건화는 다량의 선천적 장비가 존재한다고 가정한다. 동물은 부수적 사건을 계산하는 프로그램들 외에도 고기에 반응해서 침을 흘리는 것 같은 무조건적인—즉, **학습되지 않은**—반응들로 가득하다. 고기에 반응해서 침을 흘리는 것은 개의 진화된 설계구조의 일부분으로 보이는데, 진화된 학습 프로그램이 하는 일은 가령 벨소리 같은 임의적인 자극이 언제 고기의 출현을 예고하는지를 계산하는 일이다(Gallistel & Gibbon, 2000). 따라서 고전적인 조건화에서도 정보와 행동의 학습된 연결고리—벨소리에 침을 흘리는 것—는 진화된 학습 프로그램에 의해 발생하며, 이 진화된 학습 프로그램은 선천적인 자극-반응 짝(고기와 침 흘리기)과 외부 환경의 정보(벨소리와 고기 출현이라는 부수적 사건)를 함께 입력 데이터로 사용한다. 스키너 파와 촘스키 파의 실질적인 불일치는 학습을 야기하는 진화된 프로그램의 구조에 관한 것뿐이다.

결국 학습된 행동은 환경의 입력 데이터와 상호작용하는 '선천적' 장비의 합작품이고, 그래서 환경이 유기체에게 가하는 작용에만 책임을 돌릴 수 없다. 그러므로 선천적인innate은 학습learned의 반대가 아니다. 또한 **진화**를 학습의 반대로 생각하는 것도 잘못이다. 우리의 진화된 학습 프로그램은 어떤 것은 배우고 다른 것들은 무시하도록 진화가 조직했기 때문이다.

어떤 행동이 학습된다는 말은 그 행동을 진화가 조직했다는 주장을 조금도 훼손하지 않는다. 행동—만일 조금이라도 학습된 행동이라면—이 학습된 것은 진화된 기제의 매개를 통해서다. 만일 자연선택이 유기체의 내부에 다른 학습 기제를 구축했다면, 그 유기체는 같은 환경에 대응해서도 다른 행동을 학습할 것이다. 바로 이 진화된 기제가 환경의 입력 데이터와 행동으로 나타나는 출력 사이의 관계를 조직하고 그럼으로써 행동을 패턴화하는 것이다. 이런 이유로, 많은 연구자들의 가정과는 다르게 학습은 자연선택이 행동을 빚었다는 주장의 대안적 설명이 아니다. 문화도 마찬가지다. 문화적 개념이 학습, 추론, 상호작용—이 자체도 환경과의 상호작용 속에서 진화된 프로그램에 의해 발생한다—을 통해 흡수된다는 점을 감안할 때, 행동은 **문화적이고 학습된** 동시에 **진화된 것**일 수 있다(진화된 추론 기제가 어떻게 문화적 전달을 이루고 조직하는지를 훌륭하게 논의한 글로, Boyer, 2001; Sperber, 1996을 보라).

게다가 단 하나의 프로그램이 모든 영역의 학습을 야기하는 것 같지는 않다(혈연 탐지, 음식 회피, 뱀 공포증, 동맹 탐지, 문법 습득을 생각해보라). 학습은 여러 프로그램들에 의해 야기된다는 견해를 강하게 뒷받침하는 증거가 있다(Gallistel, 2000; Tooby & Cosmides, 1992). 어느 프로그램이 학습의 원인인지를 명시하지 않으면 (그래서 그 기능상의 설계구조를 알지 못하면) 행동의 설명으로서 학습에 호소해봤자 아무것도 설명되지 않는다. 어떤 것에 학습이란 표지를 붙인다고 해서 그 진화된 구조를 자세히 설명할 필요가 사라지지는 않으며, 단지 그 과정에 환경과의 상호작용이 참여했다는 무의미한 주장밖에는 되지 못한다(어쨌든 모든 해부학적, 행동적 표현형에서 이는 항상 사실이다). 요컨대 학습은 (문화처럼) 그 자체가 일종의 설명이라기보다는 설명을 요구하는 현상이다. 인간과 동물이 주어진 영역을 어떻게 학습하는지에 대한 일관된 설명에는 (a) 그 진화된 학습 프로그램이 어떻게 생겼는지(즉, 그 회로 논리, 암호, 프로그램 설계구조)에 대한 서술, (b) 어떤 선택압 및 진화적 영향으로 인해 그 프로그램이 진화적 시간에 걸쳐 지금과 같은 구조를 획득하게 되었는지, (c) 어떤 유전자-환경 상호작용들로 인해 그 프로그램이 유기체의 생활사 중 어느 특정한 시점에 그 구조를 발달시켰는지, (d) 그 진화된 프로그램을 실행하고 있는 유기체가 과거와 현재에 어떤 정보를 사용할 수 있는지 그리고 사용할 수 있었는지가 포함되어야 한다.

또한 우리는 누구나 자신이 알든 모르든 환경론자다. 아무리 철저한 선천론자라도 유기체가 학습을 한다는 사실, 더 광범위하게는 유기체의 진화된 기제가 환경에서 정보를 이끌어내고 그 정보를 처리해서 행동을 조절한다는 사실을 이해한다. 그러므로 환경은 행동을 조절하며, 진화된 기제의 존재가 이를 가능하게 한다. 실제로 뇌의 전체적인 기능은 뇌의 반응이 환경에서 오는 정보에 따라 민감하게 조율되게끔 하는 것이다.

그러므로 진화된 프로그램들—본능들—은 학습의 반대가 아니다. 진화된 프로그램은 학습을 발생시키는 엔진 혹은 프로그램이다. 우리는 본능—학습하고 추리하는 본능—을 통해서만 학습을 한다. 명금류(우는 새)에게는 노래를 배우는 본능, 거위에게는 누가 어미인지를 배우는 본능, 개미에게는 어떻게 집으로 돌아가는지를 배우는 본능, 인간에게는 언어를 배우거나 누가 유전적 혈연인지를 배우는 본능이 있다. 우리가 구비하는 전문화된 학습(또는 인지) 프로그램이 많으면 많을수록, 우리는 경험으로부터 더 많은 것을 배울 수 있다. 진화된 프로그램은 그 프로그램이 없다면 유기체가 가졌을 수도 있는 '유연성flextibility' 을 제한하지 않으며, 각각의 추가된 프로그램은 그 프로그램이 없었으면 가지지 못했을 능력을 유기체에게 하나씩 부여한다. 예를 들어보자. 진화된 언어능력은 인간의 행동 목록을 엄청나게 확대한다. 이 타고난 재능 때문에 인간은 세계의 복잡한 우발성에 반응할 수 있다. 바로 이 때문에 본성과 양육은 제로섬 관계가 아니라 포지티브섬 관계로 존재한다. 본성(진화된 조절 및 계산 체계)이 많으면 양육(세계에 대한 대단히 민감한 반응성)도 많아진다(Boyer, 2001; Tooby & Cosmides, 1992).

전문적인가 영역-일반적인가 이처럼 선천성 대 학습 논쟁이 무의미하다면, 깨달음을 주는 진짜 문제들이 수면 위로 부상한다. 이 진화된 학습 및 조절 프로그램들은 정확히 어떤 구조인가? 여러 개인가 아니면 몇 개뿐인가? 어느 것이 세계의 지속적 양상들에 관한 지식을 구현하고, 그 절차는 어떤 지식을 반영하는가? 하나의 프로그램은—학습을 지배하는지의 여부와 상관없이—당신이 관찰한 결과를 생산하도록 어느 선까지 기능적으로 전문화되어 있는가?

주어진 환경 인자가 유기체에게 어떤 영향을 미치는지는 진화된 신경계산 프로그램의 세부적인 설계가 결정적으로 좌우한다. 그래서 그 구조의 발견이 중요한 문제가 된다. 실제로 몇 안 되는 정말 중요한 본성-양육 문제들 중 하나는 각각의 진화한 프로그램이 주어진 결과를 생산하도록 얼마나 전문화되어 있는지다(Cosmides & Tooby, 1987; Symons, 1987; Tooby & Cosmides, 1992). 진화, 인지과학, 발달생물학을 더 많이 이해할 때 본성-양육 문제는 대부분 사라지지만, 이 문제는 사라지지 않는다.

따라서 구체적인 행동에 대한 중요한 질문은 "학습되는가?"가 아니라 "어떤 종류의 진화된 프로그램이 그 행동을 낳는가?"다. 더 구체적으로 표현하면 다음과 같다. "유기체가 이 특별한 행동을 학습하거나 이 지식을 얻거나 이 행동을 할 때 작동하는 진화된 인지 프로그램의 설계구조는 무엇인가?"

주어진 (기능상의) 결과에 대해 세 가지 대안적 가능성이 존재한다. (1) 그 결과는 영역-일반적 프로그램의 산물이다. (2) 그 결과를 낳도록 전문화된 인지 프로그램의 산물이다. (3) 다른 문제를 해결하도록 전문화된 인지 프로그램의 부산물이다.

언어 습득 논쟁은 1959년에 노엄 촘스키가 B. F. 스키너의 책 『언어 행동』을 평할 때 시작된 뒤로 이 문제를 집중 조명했다. 사실 촘스키와 스키너는 바로 이 문제에서 의견이 엇갈렸다(Chomsky, 1959; Skinner, 1957). 이어진 논쟁에서 전체적인 흐름상 양측은 인간의 마음에 선천적인 학습 프로그램이 있다는 점에는 동의한다. 하지만 다음과 같은 문제를 답할 때 두 진영은 차이를 보인다. 아이들은 단 하나의 영역-일반적 인지 프로그램을 통해 모든 것을 배우고, 언어는 그에 속하는 예일 뿐인가? 아니면 언어 학습은 부분적으로든 전체적으로든 그 과제를 수행하도록 전문화된 프로그램들, 촘스키가 언어 습득 장치language acquisition device라고 명명한 것들에 의해 발생하는가?

기능적 전문화에 대한 문제들은 이론이나 논리만 따져 섣불리 답해서는 안 된다. 학습 기제—영역-일반적이든 전문화된 것이든—의 계산적 설계구조에 대한 각각의 가설은 그 통일성, 설명의 경제성과 힘, 알려진 기존 현상들과의 일치성, 새로운 예측을 성공적으로 하는 능력에 기초해서 평가해야 한다. 필요한 이론적 도구와 경험적 연구는 그 주장이 언어 학습에 관한 것인지 또는 마음(심리) 상태 추론, 성 역할 습득, 친구 사귀기, 질투 유발 중 무엇에 관한 것인지에 따라 달라진다. 언어의 경우에 논쟁은 여전히 뜨겁지만 55년에 걸친 연구가 지지하는 쪽은, 인간에게는 언어 습득의 다양한 양상들에 맞게 진화한 전문 프로그램들이 있다는 가설이다(Pinker, 1994). 진화심리학이 출현하고, 생물학의 여러 분야에서 다양하게 전문화한 적응적 문제들을 아주 많이 발견한 덕분에 적응적 전문화에 관한 논쟁은 이제 인간의 모든 능력을 포함할 정도로 확대되었다.

태어날 때부터 존재한다? 어떤 프로그램이 우리의 진화한 설계구조의 일부분임을 보이려면 그것이 태어날 때부터 존재한다는 것을 입증해야 한다고 생각하는 사람들이 있다. 그렇지 않으면 그 행동은 '학습된' 것이라 한다(그들은 암암리에 영역-일반적인 과정에 의한 학습이라는 뜻으로 이 말을 사용한다). 하지만 이 생각에는 성숙 발달을 야기하는 진화한 프로그램은 모두 출생 전에 작동하고, 출생 후에 작동하는 프로그램은 없다는 전제가 깔려 있다.

이 전제는 분명히 잘못되었다. 치아와 젖을 먹이는 젖가슴은 우리의 진화한 설계구조의 틀림없는 표준 부품이지만 둘 다 출생 후에 발달하고 젖가슴의 경우에는 여러 해가 지난 후에 발달한다. 갓난아기는 이가 없지만, 그렇다고 해서 갓난아기와 걸음마하는 아기들이 학습을 통해 유치를 획득한다고 할 수 있을까? 아기들이 문화적 압력 때문에 젖니를 잃고 영구치를 갖게 되는가?

신체 기관과 설계 특징은 생활사의 어느 시점에라도 성숙할 수 있으며, 이 사실은 신체의 특징에 적용되는 것과 똑같이 뇌 속의 적응에도 적용된다. 따라서 행동이 출생 후에 나타난다는 사실은 행동이 후천적인지 또는 왜 그렇게 조직되었는지에 대해 거의 어떤 것도 말해주지 않는다. 또한 신체 기관은 예정표에 따라 해체되기도 한다. 태반, 탯줄, 태아의 헤모글로빈을 생각해보라. 진화론자들이 예상하고 증거가 뒷받침하는 사실은, 조상의 조건하에서 인생의 각 단계에 부딪히는 문제를 해결해야 할 시기가 적힌 조건—특이적 또는 생활사 관련 시간표에 따라 많은 기제가 출현하기도 하고 사라지기도 한다는 것이다. 유아에게는 빨기 반사가 필요하며, 성적 욕구가 필요한 것이 아니다. 싹슬이년은 정반대다. 조건—특이적 적응의 예로 입덧을 생각해보자. 입덧은 발달 예정표상 명백한 것이 아니라 어떤 조건에 의해 촉발된다. 임신 첫 3개월(즉, 태아의 기관 형성기)의 여성은 선천성 결손을 일으킬 수 있는 물질의 섭취를 저지하는 기준이 임신하지 않았을 때와 달라질 필요가 있고, 그래서 역겨움의 역치가 임신이라는 조건에 맞게 조정된다(Profet, 1992).

태어날 때부터 존재한다는 것은 태어날 때 필요한 어떤 것의 한 기능일 뿐, 어떤 것이 진화한 설계구조의 일부분인지 아닌지를 판별하는 지표는 되지 못한다. 따라서 성인의 마음에 존재하는 많은 것들이 개인이 경험한 사건과 무관하게 진화에 의해 거기에 놓였고 신경 성숙을 통해 활성화되었을 것이다. 예를 들어, 기어 다닐 수 없는 아기는 고소공포가 필요 없는 반면에 기어 다닐 수 있는 아기는 그것이 필요하다. 하지만 고소공포는 시행착오로 학습되지 않는다는 사실이 실험을 통해 입증되었다. 사실 아기가 절대로 낙하를 경험할 수 없는 환경을 연구자들이 고안한다고 해도 고소공포는 아기가 제힘으로 움직이기 시작할 때 촉발되는 진화된 능력이다 (Campos, Bertenthal, & Kermoian, 1992).

물론 우리의 진화한 설계에 대한 대안적 가설들을 평가할 때 일찍 나타나는 형질들이 완전히 무의미한 것은 아니다. 예를 들어, 개인을 둘러싼 사회가 작용했다고 볼 만한 시기 이전에 어떤 능력이 일찍 출현한다면 이는 특별한 사회 구성주의적 가설이 틀렸거나 기초가 부실하다는 증거가 된다. 그러나 어떤 능력이 초기에 부재한 것 자체가 그것이 우리의 진화된 설계의 일부분이라는 주장을 조금도 약화시키지 않는다. 모든 사람은 단세포의 접합자로 시작하고, 따라서 모든 것은 발달 과정을 거친다.

유전자 결정론과 환경 결정론의 쌍둥이 오류들   전통적인 연구자들은 많은 사람들이 인정하고 대단히 이성적으로 들리는 믿음들을 갖고 있다. 하지만 애석하게도 그 믿음들은 발달이 어떻게 이루어지는지에 대한 잘못된 생각에 기초해 있다. 첫 번째 믿음은 어떤 행동은 유전자가 결정하는 반면에 다른 행동들은 환경이 결정한다는 것이다. 두 번째 믿음은 진화심리학은 유전적으로 결정되는 행동만 취급하고 환경적으로 결정되는 훨씬 더 많은 행동은 취급하지 않는다는 것이다. 이 믿음들이 틀린 이유는 많지만(Tooby & Cosmides, 1990b, 1992; Tooby et al., 2003), 여기에서는 두 가지만 언급하고자 한다(또한 Hagen, 4장, 이 책을 보라).

첫째, 유전자는 환경이 유기체를 구축하기 위해 사용하는 조절 요소다. 따라서 이미 논의했듯이, 유기체의 단일한 구성요소들은 모두 유전자와 환경의 상호작용에 의해 결정된다. 게다가 어떤 구성요소들은 환경의 정보에 기초해서 행동을 생성하도록 설계된 계산 기제다. 이렇게 볼 때 혈연탐지, 언어습득, 또는 뱀 공포증을 야기하는 것이 유전자인지 환경인지를 따지는 것은 무의미하다. 이 현상들을 야기하는 것은 환경의 정보에 개별적으로 반응하는 진화한 기제이며, 이 진화한 기제 자체도 유전자와 환경의 상호작용으로 구축된 것들이다.

둘째, 진화심리학은 '유전적' 행동(이런 행동은 존재하지 않는다)만 취급한다는 견해는 환경적 인과관계는 비진화적이라고 가정한다. 환경적 인과관계도 유전자처럼 하나에서 열까지 '진화된' 것임을 이해하기 위해서는 '환경'(세계의 모든 속성이란 의미에서)과 주어진 종의 발달과 관련된 환경을 구분하는 것이 바람직하다. **발달과 관련된 환경**이란 진화에 의해 어떤 종이 가진 적응의 발달과 관련을 갖게 된 세계 내 속성의 부분집합이란 뜻이다.

진화는 다른 유전자가 아닌 어떤 유전자를 선택하는 것으로 제 역할을 하지만, 그렇게 할 때 유전자와 환경의 관계에 작용을 가하고, 진화한 설계가 발생하도록 그 상호관계의 춤을 안무한다. 유전자는 물려받거나 선택되거나 제거되는 이른바 선택의 단위이며, 그래서 실제로 진화하는 것은 유전자다. 하지만 다른 유전자가 아닌 어떤 유전자를 선택할 때마다 어떤 발달 프로그램의 한 설계가 함께 선택된다. (우리는 모두 뇌, 팔다리, 내장을 가지지 않은 단세포에서 출발한다. 모든 세포와 기관계는 나중에 그 세포로부터 발생해서 엔트로피의 무차별 공격에도 불구하고 특정한 조직 형태를 향해 비무작위로 기어오른다. 확실한 조직이 출현하려면 이 일이 발생하도록 자연이 선택한 과정, 즉 발달 프로그램이 있어야 한다.)

그 설계 덕분에 발달 프로그램은 세계의 어떤 부분을 발달과 관련시키고 그 밖의 부분들은 발달과 무관하게 한다. 진화의 시간에 걸쳐 발달 프로그램의 유전적 변이(유리한 변이들의 선택적 유지)는 환경의 속성들을 탐험하고, 그러면서 발달 및 행동 조절 과제에 유용한 정보가 되는 속성을 찾아낸다. 선택은 발달과 관련된 환경의 면면과 체계적으로 상호작용해서 고도로 질서 있고 기능적인 표현형을 생산하도록 발달 프로그램을 재단한다. 또한 선택은 환경의 특징 가운데 신뢰할 수 없거나 파괴적인 것들을 발달과 무관하게 하는 작용도 한다. 자연선택은 그 종의 (가능한 돌연변이들 가운데에서 고른) 유전체를 차근차근 구축하면서 세계의 지속적인 속성들 가운데 어떤 것들이 발달에 관계할지를 유전체와 협력하여 선택한다. 이렇게 한 종의 발달과 관련된 환경―접합자와 그 이후에 발달하는 유기체가 의존하거나, 상호작용하거나, 입력물로 이용하는 세계의 특징들―은 유전자 못지않게 큰 힘으로 진화적 과정을 창조하는 힘이다. 따라서 자연선택은 발달에 필요한 정보를 환경과 유전자 양쪽에 저장한다고 말할 수 있다. 인간의 경우 환경에 저장된 정보의 양이 유전 정보의 양보다 훨씬 많기 때문에 우리는 접합자, 그 유전체, 그리고 부모가 공급하는 세포 및 자궁의 환경을 컴퓨터의 기본 입출력 시스템(바이오스BIOS)―단세포를 예비명령에 의해 자동적으로 구동시켜서 (생활사의 특정한 시점에 발현되어) 고도로 조직화된 적응들로 구현되게끔 하는 자동풀림 핵심들self-extracting kernels―으로 볼 수 있다. 우리가 진화한 종-전형적(또는 개체군에 맞게 조정된) 설계를 명확히 하는 이유는 유전자가 표현형에 영향을 미치는 유일한 인자이기 때문이 아니라, 선택이 유전자를 통해 유전자-환경의 상호작용을 조직화하기 때문이다.

따라서 발달과 관련된 환경은 어떤 면에서 상속의 유전자 시스템에 필적하는 제2

의 상속 시스템이라 할 수 있다. 어떤 환경 속에서 접합자는 유전적 결정인자들(세포기관 포함)을 물려받은 동시에 환경적 결정인자들도 물려받은 것으로 볼 수 있다. 환경적 결정인자는 독특한 방식으로 전달된다. 즉, 여러 세대에 걸쳐 접합자들이 줄지어 출현하는 구역 안에 물리적 배열로 지속되기만 하면 된다. 환경적 결정인자들은 자신과 상호작용을 하면서 매 세대의 종-전형적 기능 설계를 믿을 만하게 발달시키는 발달 프로그램을 선택할 수 있을 정도로 일정하게 반복해서 나타나야 한다. 유기체의 어느 하부 요소의 관점에서든 그 유기체의 다른 부분들은 당연하게도 그 환경의 안정적인 특징이고, 그래서 신체의 부분들 사이에는 고도의 기능적 상호관계성과 발달상의 상호의존성이 누적된다. 게다가 유기체 바깥에 있는 환경의 어떤 양상들 역시 그 유기체의 설계와 믿을 만하게 상호작용했던 조상 세계의 지속적 특징들이고, 그래서 그 유기체의 하부 요소들은 대개 그 특징들과의 높은 기능적 상호관계성을 드러낼 뿐 아니라(예를 들어, 날개와 공기, 눈과 빛, 소화 효소와 손이 넣을 수 있는 음식), 발달상의 상호의존적 관계도 명확히 보여준다(예를 들어, 발달과정 동안의 폐의 크기와 고도). 어떤 환경적 결정인자들은 여러 세대에 걸쳐 완벽하게 복제되고(예를 들어, 공간의 3차원적 성격, 빛의 속성, 화합물의 속성, 양성의 존재, 생존한 유아들을 보살피는 보호자의 존재), 다른 환경적 결정인자들은 불완전하지만 믿을 만하게 복제된다(예를 들어, 유아의 미소에 반응하는 어머니의 미소, 유년기의 아버지의 존재, 유년기 공동거주와 유전적 혈연의 상관관계). 어디에나 퍼져 있으면서 무질서도를 증가시키는 엔트로피의 존재에도 불구하고 유기체의 설계는 자신의 유전적·환경적 유산이 서로 기능상 조화롭게 협응하는 정도에 기초해서 종-전형적 기능 설계(그리고 그 지역에 맞는 발현들)를 성공적으로 발달시키는데, 이 기능적 조화는 진화의 시간에 걸쳐 두 유산이 상호작용을 하면서 적응적 표현형을 낳도록 조정한 선택의 산물이다. 유전자-유기체-환경의 망은 세대를 거치며 실험적으로 검증 받았고, 부적응 발달을 낳는 상호작용은 선택에 의해 폐기되었다. 이렇게 유전체와 환경이 진화적으로 협응한 덕분에 유기체는 생명의 존재를 불가능하게 할 수도 있는 엔트로피 과정을 능히 극복한다(Tooby, Cosmides, & Barrett, 2003). 두 상속 중 어느 한쪽이 변하면 (유전변이 때문에 또는 발달과 관련된 환경의 변화 때문에) 협응은 와해되고, 변화가 크거나 빠를수록, 불완전이 상존하는 실제의 표현형에서 그 와해는 더 크게 일어난다.

발달을 이렇게 보는 견해는 유전자 중심적이거나 '유전자 결정론'이 아니다. 이 말을 유전자가 환경의 영향에 면역성을 보이면서 모든 것을 결정한다거나 유전자가 환경보다 '더 많이' 결정한다는 의미로 해석하는 한 분명히 아니다. 그러나 유전자 중심적이지는 않다 해도 이 견해는 대단히 자연선택 중심적이다. 다른 유전자가 아닌 어떤 유전자를 선택하고, 그렇게 해서 두 가지 상속의 상호작용을 지휘해서 눈, 혈연지향 이타주의, 언어, 모성애 같은 고도의 반복되는 기능적 질서를 낳고 존속시키는 것이 바로 자연선택이기 때문이다.

게다가 이 견해는 믿을 만한 발달이 어떻게 일어날 수 있고 또 일어나고 있는지를 설명해준다. 다시 말해서, 확실한 종-전형적 설계가 왜 거의 모든 개체에게서 출현하는지를 설명해준다(예를 들어, 『그레이 해부학*Gray's Anatomy*』[Gray, 1918]에서 볼 수 있는 것). 유전체의 종-전형적 특징들은 진화적으로 오래 지속되는 종-전형적 환경의 특징들과 상호작용을 해서, 유기체에서 볼 수 있는 종-전형적 설계를 낳는다. 믿을 만한 발달이 실패하는 것은 유전자의 변화 때문이거나, 환경의 변화 때문이거나, 혹은 둘 다 때문이다.

생물학적 또는 유전적으로 결정되는 형질 대 환경적 또는 사회적으로 결정되는 형질이라는 잘못된 구분에 그나마 가장 가까워지는 경우는 다음과 같은 실질적인 구분에서다. 어떤 신경 프로그램은 환경의 입력 정보를 많이 받아들이도록 자연선택에 의해 설계된 반면에(예를 들어, 언어 습득 장치) 다른 신경 프로그램은 정보를 적게 받고 덜 조건적으로 발현하도록 설계되었다(예를 들어, 분노 감정의 얼굴 표현; Sell, Cosmides, & Tooby, 2014). 하지만 모든 경우에 존재하는 기본적인 조절 또는 신경 프로그램은 자연선택이 그 프로그램의 믿을 만한 발달에 필요한 환경적 질서들과 손잡고 설계한 것이다. 뒤에서 논의하겠지만, 본성과 양육은 제로섬 관계가 아니다. 본성이 많아지면 (진화된 내용 특이성이 많을수록) 양육도 많아진다(개체발생과 관련된 상세한 데이터와 장소에 맞는 부수적 행동의 창고가 풍성해진다). 예를 들어 고도로 조직화된 언어 습득 장치는 놀라울 정도로 풍부하고 변화무쌍한 언어 표현을 가능하게 한다(Pinker, 1994).

이 관점에서 볼 때 성공적인 발달은 두 가지 일을 해내야 한다(Tooby & Cosmides, 2001). 첫째, 유기체의 생활사 중 (성별에 따른) 각 시점에 요구되는 (대개 종-전형적인) 적응들을 믿을 만하게 구축해야 한다. 둘째, 유기체의 상황을 감안하여 각각의 적응이 필요할 때 그 진화된 기능을 수행할 수 있도록 준비 상태로 만들어야 한다. 따라서 적응은 서로 다른 두 가지 모드로 작동한다고 개념화할 수 있다(Cosmides & Tooby, 2000a; Tooby & Cosmides, 2001). 첫째는 그 기능 모드로, 적응이 자신의 진화한 기능을 수행하고 있을 때에 해당한다(예를 들어, 가까운 친족과의 섹스를 예상하면 혐오감이 일게 하는 근친상간-회피 시스템). 이 모드는 우리가 흔히 생각하는 적응의 양상이다. 둘째는 조직화 모드다. 이 작동 양식은 적응을 구축하게끔 설계된 것으로, 그 일을 할 때 정보, 신경내분비 경로, 정확한 결정 변수 가능, 절차, 때가 되었을 때 적응적으로 행동하는 데 필요한 표상을 제공한다. 일반적으로 적응의 조직화 모드가 하려는 목표는 적응으로 하여금 자신의 기능을 더 잘 수행하는 조직을 발달하게 해서, 가동할 때가 되었을 때 그 기능을 잘 실행하게 하는 것이다(예를 들어, 지역적 환경에 있는 단서들을 처리해서 유전적 친족들의 혈연 지도를 만드는 근친상간 회피 시스템이 혈연탐지라는 외관을 통해 나타나는 것).

연구자들의 자연스러운 첫 걸음은 기능 모드로 작동하는 적응들을 지도화하는 것이지만, 일단 조립된 적응을 가동하는 것보다는 정확한 조립과 조정의 문제를 해결하는 것이 유기체에게는 훨씬 더 어려운 과제다(엔트로피를 감안할 때). 가령 재잘거림, 단어 학습, 지역의 통사론 습득, 장난이 본래 가지는 유희적인 성질 등은 모두 조직화 모드로 작동하는 언어 시스템으로 보이고, 그래서 개인이 말을 하거나 이해할 필요가 있을 때 기초에 있는 그 적응들은 자신의 기능을 수행할 준비를 한다. 거친 신체놀이도 싸움과 방어를 위해 조직화 모드로 작동하는 적응이다(Symons, 1978). 하나의 적응 또는 적응 집합의 조직화 모드는 개인의 고유한 경험이나 개체발생의 궤적에 따라 개개인의 마음에 각기 다른 조직을 발생시킨다(예를 들어, 지식 체계, 습관, 신경내분비 미세조정, 두려움 민감성 등). 이는 우리의 종-전형적 설계를 구성하는 진화한 적응이 기능 면에서 이해할 수 있는 수많은 개인차를 낳으면서도, 이 결과가 인간의 심리와 행동을 바라보는 적응주의의 관점과 긴장 상태를 이루지 않을 수 있는 가장 기본적인 방식이다(Cosmides & Tooby, 2000a; Tooby & Cosmides, 2001).

보편적 구조 설계 대 유전적 차이 (보편적인 인간 본성을 포함하여) 보편적이고 종–전형적인 설계가 있다는 주장과, 개인적 차이 특히 사람들의 유전적 차이로 인한 개인적 차이가 존재한다는 사실을 우리는 어떻게 화해시킬 수 있을까?

추상적인 수준에서 모든 종은 저마다 보편적이고 종–전형적으로 진화한 설계구조를 갖고 있다. 예를 들어 우리 인간에게는 모두 심장이 하나, 허파가 둘, 위장이 하나씩 있다. 그렇다고 해서 특히 양적인 특징들에 생화학적 개별성이 없다는 말은 아니다. 예를 들어, 위장은 크기, 모양, 분비되는 염산의 양이 사람마다 다르다. 하지만 모든 위장은 기본적으로 똑같은 **기능적** 설계를 갖는다. 다시 말해, 모든 위장은 한쪽 끝이 식도와 붙어 있고 다른 쪽 끝이 소장과 붙어 있으며, 소화에 필요한 화학물질들을 똑같이 분비하고, 똑같은 세포형으로 이루어져 있다. 사실, 복잡한 적응의 관점에서 인간을 묘사할 때 차이는 금세 사라지고 보편적인 설계구조가 부상한다. 이 보편성은 이론상으로 예측할 수 있을 뿐 아니라 경험적으로도 입증된다(예를 들어, 『그레이 해부학』은 이 설계구조를 아주 상세히 묘사한다). 이 표현형의 보편성은 또한 충분히 보편적이고 종–전형적인 유전자 설계구조(인간의 유전체)를 통해 유전자 차원에도 반영될 것이다.

그 논리는 다음과 같다(더 완전한 설명과, 개인차를 보편 설계와 연결 짓는 방법에 관한 논의가 궁금하다면, Tooby, 1982와 Tooby & Cosmides, 1990b를 보라).

1. 복잡한 적응은 복잡한 기계다. 복잡한 구조의 기능적 요소인 적응은 유전자 수준에서 복잡한 명세서를 필요로 한다. 다시 말해, 적응은 협응(조정)된 유전자 발현을 필요로 하는데, 여기에는 종종 발달을 조절하는 수백 또는 수천 개의 유전자가 동원된다.

2. 모든 복잡한 기계처럼, 복잡한 적응이 제 기능을 발휘하려면 그 부품들이 모두 존재하고 정확히 들어맞아야 한다. 복잡한 적응의 부품들은 기능상 상호의존적이다. 각각의 구성 부분을 짓고 정확히 조립하는 데 필요한 모든 유전자가 개인의 몸속에서 믿을 만하게 결합해야 한다. 새로운 유전자 조합이 명시한 부품들을 짜 맞추는 일은 무성생식을 하는 유기체가 해결해야 할 문제는 아니지만 유성생식을 하는 유기체의 프로그램은 해결해야 할 문제이다.

3. 인간은 모두 유성생식으로 태어난다. 어머니의 유전자 중 무작위로 선택된 절반의 유전자가 아버지의 유전자 중 무작위로 선택된 절반의 유전자와 재결합한다. 배우자(gamete, 配偶子, 생식세포)와 접합자가 형성될 동안에 유성생식이 기존의 유전자 집합을 분해하고, 사람마다 다른 좌위loci(염색체상의 자리)에 새로운 조합을 발생시킨다. 어머니와 아버지가 모든 좌위에서 유전적으로 완전히 동일하다면 이것이 문제가 되지 않을지도 모른다. 하지만 복잡한 적응의 근저에 있는 좌위에서 부모의 유전자가 다르다면 이는 문제가 된다.

4. 따라서 새로운 개인의 몸속에서 복잡한 적응이 문제없이 조립되려면, 비록 두 배우자가 각기 무작위로 발생하고 각 부모의 DNA 중 절반으로만 구성되어 있을지라도, 그 적응에 필요한 모든 유전자가 나와야 한다. 만일 개체군 가운데 일부만 복잡한 적응(그리고 필요한 모든 구성요소를 지정하는 유전자 모둠)을 갖고 있다면 조립은 성공하지 못한다. 한 세대 안에서 개인들이 서로 다른 복잡한 적응을 갖고 있고, 각각의 적응이 각기 다른 유전자 모둠으로 부호화되어 있다면, 다음 세대를 위해 배우자가 형성되는 동안 부모 유전자의 부분집합이 무작위로 추출되고 각각의 모둠이 분해될 것이다. 접합자가 형성되는 동안 양립할 수 없는 적응의 불완전한 명세들이 뒤섞일 것이다. 그 결과 자식 세대는 기능이 충돌하는 적응의 파편들이 뒤범벅되어 장애를 양산할 것이다. 복잡한 적응과 유성생식이 기능적으로 양립하려면 기능적 변이의 성격과 분포에 강한 구속이 동시에 있어야 한다.

5. 구체적으로 말하면, 각 세대가 복잡한 적응의 유전적 명세서를 제공받을 수 있는 유일한 방법은 복잡한 적응 하나하나를 부호화하는 데 필요한 유전자 모둠 전체가 사실상 보편화되어 있고 그래서 어느 유전자가 임의로 추출되어도 각 부모에게서 믿을 만하게 공급되는 것이다. 비유하자면, 만일 자동차 두 대에서 무작위로 부품을 뽑아내서 새로운 엔진을 만들려고 할 때 한쪽이 토요타이고 한쪽이 재규어라면 성공하지 못할 것이다. 부품들이 잘 들어맞는 새 엔진을 만들려면 제조사와 모델이 같은 부모로부터 부품을 구해 와야 한다.

6. 이와 마찬가지로 유성생식을 하는 유기체의 인구는 이 돌연변이가 복잡한 적응 조직에 충격을 가하지 않는 한에서만 유전변이를 묵인한다. 자동차 엔진의 예에서, 부품의 색은 차의 작동과 기능상 무관하고 그래서 동일한 제조사와 모델 안에서 얼

마든지 바뀌어도 된다. 하지만 부품의 모양은 기능 발휘에 결정적이어서, 자식의 설계가 제 기능을 하려면 바뀌어서는 안 된다.

7. 기능의 보편성이라는 제약 조건은 유전적 기초가 복잡한 적응에만, 즉 유전적 기초가 따로 독립된 복수의 좌위들과 관련이 있을 때에만 적용된다. 선택압은 독립된 두 좌위가 있을 때 시작되고, 좌위가 새로 추가될 때마다 조합적으로 더 강해진다. 반면에 적응이 단일 유전자에 의해 부호화될 수 있어서 다른 좌위의 유전자들로부터 영향을 받지 않는다면, 성적 재조합이 그 유전자를 분해하지 않고 개인은 국지적이나 지역적으로 차이를 보일 것이다. 이와 마찬가지로 양적인 유전변이(예를 들어, 신장, 팔 길이, 쉽게 화를 내는 정도)도 유성생식과 기능적 양립성에 구속되지 않고 그래서 국지적이나 지역적으로 차이를 보일 것이다. 양적인 유전변이는 표현형을 양적으로 변화시키는 유전변이로, 기능적 양립성이 요구하는 경계를 넘지 않는다.

8. 어떤 진화한 결과들은 빈도−의존적 선택의 결과물이다. 즉, 개체군은 가령 암수처럼 대안 설계가 둘 또는 그 이상이면 중간 빈도에서 안정화된다. 번식에 있어 어느 한쪽의 상대적 이점이 빈도 증가에 따라 감소하기 때문이다(Fischer, 1930). 만일 적응이 단 하나의 좌위와 관련되어 있다면 둘 이상의 대안 설계는 그 종에서 무한정 지속될 수 있다.

9. 마지막으로 복잡한 적응에서 유전적 보편성이 선택되어도 일부 개인들에게만 복잡한 적응이 발현하고 다른 개인들에게는 그렇지 않을 가능성은 배제되지 않는다(예를 들어, 두 개의 성과 생활사의 차이는 태반, 태아의 헤모글로빈, 치아, 번식기에 성숙하는 자궁 및 고환 등의 존재와 충돌하지 않는다). 하지만 그런 발현은 대체로 보편적이며, 환경 자극에 의해서 또는 단일한 좌위 같은 단순한 유전자 스위치에 의해서 간단히 활성화되는 유전적 설계구조에 기초해야 한다(예를 들어, Y염색체상의 재조합하지 않는 부위들). 예를 들어 여성에게는 남성과 다른 복잡한 생식 기관들이 발현되지만, 난소와 자궁을 부호화하는 데 필요한 유전자가 남성에게 없어서가 아니다. 남성과 여성이 성별에 따른 적응의 복잡한 유전자 명세가 없기 때문에 다르다면, 자식을 생산할 때 중간 성의 비생식적 개체를 낳을 것이다. 다시 말해서, 설계구조의 **기능적** 양상들은 유전자 수준에서는 보편화되는 경향이 있지만, 그 발현은 일반적으로 특별한 성이나 나이에 국한되거나, 유발 조건에 달려 있거나(예를 들어, 임신 적응들), 재조합하

지 않는 단일한 DNA 구간에서만 일어난다(예를 들어, 인간의 생물학적 성).

10. 생물계가 속성들을 공유하는 유기체들의 집합—종—으로 뚜렷이 군집을 이루는 까닭은 유성생식자들 간에 기능적 양립성이 요구되기 때문이다. 실제로 생물종들이 복잡하고, (개체들이) 함께 공유하고, 즉시 알아볼 수 있는 설계(자동차 모델처럼)의 특징을 이루는 정도는 인상적이다. 그렇지만 한 생물종 안에서 기능 변이가 어느 선까지 묶인될 수 있는지는 번식력, 이주율, 개체군 밀도 같은 변수들에 좌우된다. 성공한 부모가 많은 자식을 낳고 번식률이 높으며 개체군 간의 이주율이 낮은 종이라면, 국지적 짝짓기로 인해 기능적으로 양립할 수 있는 유전자형을 공유할 가능성이 더 높기 때문에 개체군에 따라 일부 복잡한 적응이 다를 수 있다. 하지만 다른 대부분의 종들과 비교할 때 인간의 조상은 번식력이 매우 낮고, 번식 구조가 열려 있고, 상당한 거리를 이주했다. 이런 이유로 인간은 다른 많은 종들보다 종-전형성의 경향이 크다고 예상할 수 있으며, 실제로 그렇게 관찰된다.

이렇게 인간은 피상적이고 비기능적인 형질에서는 유전적으로 다를 수 있는 반면에, 진화한 복잡한 기능적 설계구조를 위해 충분히 보편적인 유전자 설계를 공유하게끔 자연선택이 구속했다. 심지어 비교적 단순한 적응 프로그램도 상호의존적인 처리 단계를 많이 포함해야 해서, 그 프로그램의 본래 기능을 위반하지 않고 존재할 수 있는 변이의 성격을 제한한다. 인류의 심리적 통일성—즉, 보편적이고 동일한 인간 본성—은 필연적으로 우리의 심리가 복잡한 적응의 집합인 정도까지 그리고 그런 차원들에만 부과된다. 요컨대 선택은 성적 재조합과 상호작용하면서, 유전자 수준에서 우리의 복잡한 신경계산 구조의 잠재적 기능 설계에 균일성을 부과하고, 성과 나이에 따라 설계구조를 대단히 균일하게 발현시킨다.

진화심리학과 행동유전학은 다른 질문을 던진다 이상의 논의는 보편 설계와 유전적 차이에 대해 생각하는 기본 틀을 제공한다. 쌍둥이 연구, 특히 혈연이 함께 기른 쌍둥이와 따로 자란 쌍둥이의 비교 연구 등을 통해서 행동유전학자는 개인 간 **차이**가 유전자의 **차이**를 어느 정도까지 설명해주는지를 연구한다. 이 차이는 유전율 통계—$h = Vg / Vg + Ve + Vge$[14]—로 표현할 수 있는데, 이 수치는 유전자의 차이로 인한 개체군의 분산 비율(모든 원인에 대해. 즉 환경, 유전자, 그리고 양자의 상호작용에 기인하는 분산에 대해)을 말해준다. 이와 대조적으로 진화심리학자는 기본적으로 우리 모두가 인간이기 때문에 보편적으로 공유하는 진화한 심리 및 신경 구조의 설계를 탐구한다.

진화심리학자는 대개 임의의 유전적 차이 때문에 달라지는 인간의 형질에는 관심을 적게 기울인다. 그런 차이는 인간 본성에 중심이 되는 진화한 적응일 가능성이 별로 없기 때문이다. 유기체의 설계에서 발견되는 세 종류의 형질—적응, 부산물, 잡음—중 유전적 변이로 인한 형질은 대개(일부 예외를 두고) 적응의 중요성이 거의 없는 진화적 잡음이고, 반면에 복잡한 적응은 한 종에 보편적이다.

왜 일반적으로 균일성은 기능성과 연결되고 변이성은 기능의 부재와 연결될까? 첫 번째 이유는 앞에서 설명했듯이, 성적 재조합이 유기적 설계에 부과한 제한과 관련이 있다. 둘째, 같은 좌위(인간 유전체의 동일한 자리)의 대안적 유전자들은 그 종의 상대적 빈도를 놓고 제로섬 경쟁을 벌인다. 한 대립유전자가 빈발하면 할수록 다른 것들은 설 자리를 잃는다. 두 개의 대안적 대립유전자가 번식을 촉진하는 능력에 차이를 보이면 그때마다 자연선택은 유전적 차이를 제거하는 경향을 보인다(빈도-의존적 선택의 경우를 제외하고). 일반적으로 더 기능이 좋은 유전자는 빈도가 증가하고 기능이 떨어지는 유전적 변이를 몰아내서 결국 종에서 사라지게 한다. 이럴 때 그 좌위에 유전적 변이성은 더 이상 존재하지 않고, 자연선택은 그 자리에 유전적 균일성을 만들어낸다. 유전자의 기능이 중요할수록 더 큰 자연선택이 유전적 균일성을 강제한다. 따라서 우리의 중요한 기능 장치는 유전자 수준에서 보편적인 경향이 있고, 그 장치와 관련된 유전율 통계치는 제로에 가까워진다(유전자가 유발하는 개인적 변이가 거의 없기 때문이다). 이와 대조적으로 돌연변이가 기능적 차이로 이어지지 않으면 그때마다 선택은 작용하지 않고, 그런 작은 유전적 변이들이 그 자리에 쌓이다 보면

---

14 h: heritability(유전 가능성), Vg: Total genetic variance(총 유전적 분산), Ve: Environmental variance(환경적 분산), VGE: Variance due to interaction between genes and environment(유전자와 환경의 상호작용으로 인한 분산)(옮긴이).

결국 그 형질의 유전적 변이성이 상당해지고 유전율 통계치가 높아질 것이다(개인들 사이에 그 형질의 변이는 대부분 유전자의 변이로 야기되기 때문에). 이런 이유로 유전적 변이성은 대체로 비적응적 또는 부적응적 진화적 잡음—중립적이거나 거의 중립적인 변이, 제거되고 있는 부정적 돌연변이 등—이다. 물론 그런 변이들이 의학적으로나 개인적으로 또는 실제적으로 가장 중요하다.할 때가 있는데, 그 가운데에는 정신분열증, 우울증, 자폐증의 유전적 원인을 찾거나 중립적이었던 변이가 달라진 약물 대사를 야기하는 것을 발견하는 경우 등이 있다. 하지만 우리의 요점은, 의학적 취약성이나 성격 차이를 야기하는 유전적 변이는 일반적으로 그런 결과를 야기하도록 설계된 적응이 아니라는 것이다. 어떤 것이 고도로 기능적이라면 선택은 그 유전적 기초를 종 전체에 퍼뜨리는 역할을 한다. 본질적으로 선택은 표현형 설계에서 엔트로피를 감소시키는 반면에 돌연변이는 엔트로피를 증가시키는 역할을 한다. 엔트로피 때문에 유전체는 완벽한 상태가 아닌, 돌연변이와 선택의 균형이다.

그럼에도 생물종 안에서 유전적 변이성은 상당히 높고, 그래서 유전적 균일성의 기능적 이점과 긴장을 일으킨다. 돌연변이와 중립적 변이 외에도 이 유전적 다양성을 떠받치는 이유가 하나 더 있다. 가령 ABO식 혈액형 같은 유전적 변이성이 종 안에 보존되는 것은 유전자에 기초한 생화학적 개별성이 숙주에서 숙주로 전염병이 퍼지는 것을 방해하기 때문이다(Tooby, 1982). 현재의 숙주에서 발견되는 단백질을 이용하거나 그 단백질에 의존하는 질병이 다음 숙주에 갈아타려 할 때 그 개체가 다른 단백질을 가지고 있다면 옮겨갈 수 없다. 따라서 자연선택은 작동되는 적응에 대해서는 대략 비슷한 기능적 속성을 가지지만 질병 유기체의 관점에서는 다르게 느껴지는 유전적 변이들을 체로 걸러내듯 가려낸다. 우리는 접촉하는 사람들—가족, 이웃, 고장 사람들—로부터 병에 걸리기 때문에 선택은 지역 단위에서 유전자에 기초한 단백질 다양성을 극대화하기를 좋아하며, 그러기 위해서는 그 종의 어디에서나 발견되는 유전적 변이를 최대한 많이 모든 지역 주민에게 들여보낼 필요가 있다. 바로 이 때문에 개인들은 유전적으로 상당히 다른 반면에, 개체군들은 놀라우리만치 유전적으로 비슷하다.

유전적 차이들의 이 거대한 집적 현상은 우리의 보편적 설계에 작은 유전적 교란들을 끼워넣는다. 그 결과 정상적인 모든 사람에게는 보편적 인간 설계가 발현되지만, 그와 동시에 개인들은 성격, 구조, 기질, 건강, 해부학, 외모가 저마다 조금씩 다르다. 본래 이 차이는 양적이지만—이것이 조금 많고, 저것이 조금 적은 식으로—전체적인 기능상의 설계구조는 동일하다.

또 하나의 범주는, 유전자에 기초한 대안 설계들이 빈도-의존적 선택을 통해 지속될 가능성이다. 암수—두 가지 대안 설계—의 존재는 그런 빈도-의존적 평형이 인간에게 가능할 뿐 아니라 실제로 존재한다는 것을 보여준다. 게다가 종종 이론적 모델들에서 복수의 행동 전략이 빈도-의존적 선택을 통해 출현한다(예를 들어, 협동과 무임승차자). 그럼에도 유성생식이 부과하는 제한 조건들 때문에 실제의 종 안에서 그런 체계의 출현은 강하게 제한된다(심지어 양성 시스템도 거의 전적으로 유전적 균일성에 기초해 있다). 실제로 양성의 경우에서 볼 수 있듯이, 대안적 표현형 전략은 대안적 적응을 부호화하는 유전적 차이보다는 실질적인 유전적 균일성과 대안적 발달 경로에 더 쉽게 기초할 수 있다. 인간이 어느 정도까지 대립유전자에 기초하고 빈도에 의존하는 행동 전략을 보여줄지는 아직 불확실하며, 지금까지 양성을 제외하고 확실히 입증된 사례는 전무하다. 도전의 경우에 대부분, 전략 선택은 막상 도전에 직면했을 때 가장 유리한 쪽으로 이루어지므로, 전략은 눈앞의 도전에 맞춰진다. 이 때문에 유전자가 전략에 기여하는 경우는 거의 없는 듯하고, 대개 불리한 결과를 초래한다. 하지만 미래의 적응적 문제에 대한 좋은 표현형을 발생시키는 일에 더 오랜 기간이 걸릴수록(포유동물의 암수 표현형을 설계한 경우처럼), 미래의 조건이 어떨지를 더 모르는 상태에서 그 일에 착수하므로 일찍 참여하는 것이 더 유리할 것이다. 유전자 스위치의 참여(예를 들어, XY 성 결정)는 극단적인 경우로, 전략 실행이 임신 중에 무작위로 일어난다. 세대를 통해 이어지는 성격 요소의 유전적 변이에 대한 체계가 왜 있어야 하는지의 문제는 후성유전학 그리고 매개변수로 조정되는 협응적 적응을 다룬 절에서 살펴볼 것이다.

진화심리학의 접근법과 전통 심리학의 접근법은 어떻게 다른가

만일 모든 심리학자가 역설계를 하는 공학자이고, 모든 심리학자의 목표가 인간 마음의 설계를 발견하는 것이라면, 진화심리학은 전통 심리학과 어떻게 다를까?

전통 심리학의 접근법은 마음이 무엇을 하도록 설계되었는지에 관하여 어떠한 특이적인 이론도 따르지 않는다. 동물의 한 종으로서 인간은 놀라운 능력들을 갖고 있다. 레몬 시풀 파이를 만드는 능력에서부터 와카(일본 시의 한 장르)를 쓰는 능력 그리고 타이탄[15]에 탐사용 로켓을 보내는 능력에 이르기까지 우리는 어떤 수렵채집인도 해결할 필요가 없었던 (그리고 어떤 다른 동물도 해결하지 못하는) 난해한 문제들을 해결할 줄 안다. 그러므로 우리의 마음이 구체적으로 어떤 일을 하게끔 설계되진 않았다는 생각이 명백해보였으며, 오히려 우리의 마음은 추론하고 학습하도록 설계되어 있으며 이는 기능이 아주 일반적이어서 인간 활동의 어떤 영역에든 적용할 수 있는 기제 덕분이라고 생각해왔다. 추론과 학습은 보조 과정을 필요로 한다. 학습하거나 추론한 것을 보유하는 기억력, 감각 데이터를 학습 및 추론 기제로 가져오는 지각 체계, 더 세밀한 분석을 위해 지각의 어떤 양상들을 집중 조명하는 주의력이 그것이다. 하지만 사람들은 이 보조 과정들 역시 영역-일반적domain-general이라고 생각했다. 갤리스텔(2000, p. 1179)은 심리학과 생물학의 가정들이 단절된 것에 주목하면서 인간의 학습에 대한 연구의 방식을 다음과 같이 평했다.

> 생물학적 기제는 위계상으로 포개진 적응적 전문화이며, 각각의 기제는 특수한 문제를 전담하는 특수한 해결책이다… 어느 누구도 귀로 볼 수 없고 눈으로 들을 수 없는 것처럼, 헤모글로빈 분자를 빛에너지 변환의 첫 단계로 사용할 수 없고 로돕신 분자를 산소 운반 물질로 사용할 수 없다. 기제의 적응적 전문화는 생물학의 모든 분석 단계와 모든 기능에 두루 존재하고 너무나 명백해서, 어느 누구도 그것이 생물학적 기제의 일반 원리임을 강조할 필요가 있다고 생각하지 않는다. 이러한 관점에서 보자면 기묘하지만 틀림없는 사실은, 과거와 현재의 학습 이론들이 학습 기제를 볼 때 그것이 특수한 문제를 해결하기 위해 적응적으로 전문화된 기관이라고 가정하지 않는다는 것이다. 대부분의 이론은 뇌에 일반 목적의 학습 과정, 즉 단지 학습이라는 문제를 해결하는 일에 적응적인 어떤 과정이 있다고 가정한다. 학습이라는 문제가 무엇인지를 공식화하고 그럼으로써 학습을 실제로 단일하거나 균일한 문제로 볼 수 있는지 아닌지를 결정하려는 시도는 단 한 번도 없었다. 생물학의 관점에서 이 가정은, 일반적

---

15 토성의 위성(옮긴이).

목적의 감각 기관이 있고 그 기관이 감각이라는 문제를 해결한다는 가정과 동일하다.

이 구절은 추론, 기억, 또는 주의력에도 그대로 쓰일 수 있었다. 마음의 기능은—(대략) 옳은 정보를 얻기 위해—일반적이고, 그러기 위해서는 영역에 상관없이 모든 내용을 처리할 수 있는 일반적인 프로그램이 필요하다는 가정이 지배적이었다. 따라서 추론 연구는 내용이 빠진 절차에 집중해왔다. 예를 들어, 논리적 절차(전제의 주제와 상관없이 참인 전제에서 참인 결론을 이끌어내도록 설계된 절차), 베이즈의 정리나 다중 회귀 같은 수학적 절차(어떤 것이든 양적으로 계산한다), 유사성(대표성 휴리스틱)이나 빈도(이용가능성 휴리스틱)나 최초의 것(고정과 수정) 같은 매우 일반적인 원리를 사용하는 판단의 휴리스틱이 그런 것들이었다(Kahneman, Slovic, & Tversky, 1982; Rips, 1994; 하지만 다음을 보라. Cosmides & Tooby, 1996a; Gigerenzer et al., 1999). 기억은 단일한 체계로 여겨졌다. 어쨌든 삶의 모든 영역의 정보를 저장하고 인출할 수 있는 장치였다. 복수의 기억 체계 이론이 나왔을 때 그 체계들은 주로 정보의 내용이 아니라 정보의 양식이나 원천(지각 표상? 운동 기술? 일반 지식? 의 저장 시스템)에 따라 구별되었다(Schacter & Tulving, 1994; 하지만 다음을 보라. Caramazza & Shelton, 1998; Kiein, Cosmides, Tooby, & Chance, 2002; Sherry & Schacter, 1987). 주의력은 기본적으로 내용과 무관하게 추후 처리를 위해 약간의 정보를 선택하는 기제라고 생각했다. 그것이 사실이라면—주의력에 영역-전문화된 선택 절차가 없다면—주의력을 연구할 때에는 제어를 통해 쉽게 수정하고 조작할 수 있는 인위적 자극을 사용하는 편이 안전할 것이다(Posner, 1978; Triesman, 2005). 그것이 사실이라면 인공적 자극과 관련된 실험에서 도출한 원리들이 자연의 장면과 자극으로 쉽게 일반화되어야 하지만, 실제로는 그렇게 되지 않는다(Braun, 2003; Li, Van Rullen, Koch, & Perona, 2002; New, Cosmides, & Tooby, 2007).

전통의 관점에서 마음을 바라보는 견해는 진화심리학으로부터 나온 견해와 근본적으로 대립된다. 진화심리학자는 조상의 문제를 해결하도록 영역-특이적이고 내용이 풍부한 프로그램들로 마음이 꽉 채워져 있을 것이라고 기대한다. 예를 들어 진화심리학자에게 **주의력**은 단일한 기제가 아니라 어떤 장면으로부터 각기 다른 처리 목적으로, 각기 다른 정보를 선택하도록 설계된 기제들의 **모둠**을 가리키는 포괄적인 용어다. 그중 어떤 기제들은 상대적으로 영역—일반적이어서 과제와 관련된 것이면 장면 속의 어느 요소에나 의지 체계를 통해 동원될 수 있는데, 실제로 인공적인 자극을 사용했을 때 가장 많이 연구되었던 주의 기제들이다. 기존 연구자들의 실수는 이런 기제가 존재한다고 생각하는 것이 아니라 그런 **기제들만** 존재한다고 생각한 것이다(Braun, 2003). 예를 들어 변화 탐지 및 주의력 깜빡임 패러다임attentional blink paradigm을 적용한 연구는 대단히 영역—특이적이고 구체적인 과제가 주어지지 않았을 때에도 동원되는 주의 시스템들을 발견하고 있다. 한 체계는 사람의 얼굴에 대한 주목을 선호한다(Ro, Russell, & Lavie, 2001). 어떤 체계는 한 쌍의 눈이 응시하고 있는 곳에 민첩하게 주목한다(Friesen & Kingstone, 2003). 또 다른 체계는 대상의 상태와 위치 변화로 동물을 탐지한다. 우리는 건물, 식물, 도구—심지어 차량—에 일어난 변화보다 동물에게 일어난 변화를 더 빠르고 확실하게 탐지한다(New, Cosmides, & Tooby, 2007). 차량보다 동물의 변화를 더 잘 탐지하는 것이 중요한 까닭은 그것이 현대의 속성이 아니라 조상 시대의 속성에 맞춰진 감시 체계를 보여주기 때문이다. 고속도로를 달리는 차들의 상태와 위치를 재빨리 파악하는 능력은 생사를 가르는 결과를 낳고, 21세기의 미국에서 고도로 훈련된 능력으로, 그에 대한 연구도 많이 이루어졌다. 하지만 우리는 동물의 심리 상태와 위치의 변화를 더 잘 탐지한다. 이 능력이 있어 우리의 조상들은 식량을 수집하거나 때로는 고기를 구할 수 있었지만, 현대의 도시와 교외에서는 주의를 산만하게 할 뿐이다. 적응주의 접근법을 적용하면 시각적 관심의 새로운 원리들을 쉽게 예측하고 발견할 수 있다. 대표적인 예가 진화된 생물체 편향이며, 이러한 경향은 뇌가 기본적으로 영역—일반적인 과정들로 이루어져 있다고 보는 메타이론으로는 절대 발견하지 못했을 것이다(New, Cosmides, & Tooby, 2007).

우리의 요점은 주의력이 여러 개의 영역—전문화된 기제로 구성되어 있을 뿐 아니라, 각각의 영역—전문화된 주의력 기제들이 수직으로 통합되어 있으며 이 통합 체계가 주목받은 물체를 영역—전문화된 추론, 학습, 기억 체계와 연결시킨다는 것이다. 사실 동물은 위협(예를 들어 포식자)이 되거나 사냥의 기회(먹잇감)가 되기 때문에 주의 깊게 감시할 필요가 있지만, 일단 탐지하고 나면 다른 전문화된 처리가 필요해진다. 배릿이 연구한 바에 따르면, 포식자—먹이 추론 체계는 관련된 경험과 상관없이 이른 나이에 발달한다. 아이들은 3~4세가 되면 베를린 시내에서 살든 재규어와 악어가 득실대는 아마존의 슈아르 사람들의 마을에서 아버지가 사냥해서 죽인 동물을 먹고 살든 간에 포식자-먹이의 상호작용을 정교하게 이해한다(Barrett, 이 책 9장; Barrett, Tooby, & Cosmides, 인쇄 중). 스틴과 오웬스(2001)는 걸음마 아이들과 취학 전 아동들의 추적 놀이에는 포식자 피하기를 연습하고 개선하는 시스템으로서 특수 설계의 특징들이 있음을 발견했다(또한 Marks, 1987을 보라).

　동물에 대한 학습 역시 전문화된 능력이다. 맨들러와 맥도너(1998)의 연구에 따르면, 아기들은 7개월 무렵에 동물과 차량을 구분하고 11~14개월 무렵에는 동물과 차량을 다르게 추론한다. 사냥에 성공하려면 동물 행동에 관한 상세한 지식이 필요한데(Blurton Jones & Konner, 1976; Walker, Hill, Kaplan, & McMillan, 2002). 성인은 물론이고 취학 전 아이들도 동물의 속성을 귀납적으로 추론하게끔 전문화된 체계를 갖추고 있다(Keil, 1994; Markman, 1989; Springer, 1992; 또한 Boyer, 2001에 있는 이에 관한 논의; Boyer & Barrett, 이 책 5장; Barrett, Cosmides, & Tooby, 인쇄 중). 애트런과 동료들(Atran, 1998; Lopez, Atran, Coley, Medin, & Smith, 1997)이 제시한 비교문화적 증거에 따르면, 위계적으로 조직되고 상호 배타적인 분류학적 범주들로 생물을 분류하게끔 전문화된 체계가 여러 문화에 있으며, 이 범주에 따라 귀납적 추론이 이루어진다. 즉, 이 분류 체계 안에서 두 종이 가까울수록 사람들은 한 종의 형질이 다른 종에게도 있다고 더 쉽게 추측한다. 배릿, 코스미디스, 투비(인쇄 중)는 포식자의 역할을 사용해서 추론을 하는 유사한 귀납 체계를 하나 더 발견했다. 이 체계는 한 종이 포식자이고 다른 종이 초식동물일 때보다 둘 다 포식자일 때 두 종이 어떤 형질을 공유할 가능성이 높다고 가정한다. 이 체계는 해당 종의 자연사와 관련된 여러 사실들 사이에 흩어져 있는 먹이에 대한 최소한의 정보에 기초해서 어떤 동물이 포식자인지 아닌지를 분류한다. 다시 말해, **포식자**라는 범주가 '동물을 먹는다'는 정보를 촉발해서 귀납적 학습을 유도하고, 형질 추론에 강한—분류법의 영향보다 두 배로 큰—영향을 미친다(Barrett, 이 책 9장; Barrett, Cosmides, & Tooby, 인쇄 중). 동물에 대해 전문화된 기억 체계도 존재하는 것으로 보인다. 예를 들어 카라마차가 제공한 신경심리학적 증거에 따르면, 동물에 관한 정보는 범주-특이적 기억 체계에 저장되어, 기능 및 신경 면에서 인공물에 관한 정보를 저장하는 기억 체계와 분리된다

(Caramazza, 2000; Caramazza & Shelton, 1998). 전통의 심리학적 관점에서 볼 때 동물과 관련하여 내용이 미치는 영향은 아주 사소해서, 문의 손잡이, 마룻바닥, 또는 케찰코아틀[16]과 운율이 맞는 단어가 미칠 수 있는 가설에서 상정할 만한 영향보다 더 중요할 것이 없다. 하지만 진화론의 관점에서 볼 때 동물은 아주 오랫동안 매우 중요한 선택의 동인이었으며, 만일 우리의 뇌가 다른 생물종들과 수억 년 동안 주고받은 상호작용으로부터 별다른 영향을 받지 않고 형성되었다면 그것이 오히려 놀라울 것이다.

지금 우리는 중요한 요점을 밝히기 위해 동물에 관한 정보처리의 내용—전문화된 성격을 강조하고 있다. 동물 관찰을 위해 전문화된 주의 체계는 그 출력 정보가 동물의 심리상태를 추론해서 이 정보로 동물의 가능한 행동을 예측하는 추론 체계로 공급된다면 더욱 유익할 것이다. 심리상태 체계가 생성한 추론과 예측이 도피가 필요한지 아닌지를 결정하는 결정 규칙으로 믿을 만하게 공급된다면 그 유용성은 더욱 커진다. 관찰 체계는 또한 동물의 속성에 관한 정보를 부차적으로 획득하는 학습 기제에 정보를 공급해야 하며, 이 기제는 관찰된 동물의 정보를 **포식자, 분류학적 친척** 등의 생태학적 범주에 따라 부호화하고 저장하고 인출하게끔 설계된 기억 체계로 정보를 공급해야 한다. 동물에 특화된 주의 체계, 추론 체계, 행동 체계, 학습 체계, 기억 체계는 **기능이 서로 통합**되어서 단일한 범주—기반 **체계**를 이루어야 한다. 다른 내용 영역들도 마찬가지다. 내용을 기반으로 하는 정보처리 체계들이 독립적으로 존재해야 하고, 이 체계들은 한 분야의 적응적 문제를 해결하기 위한 계산상의 요구조건이 다른 분야들과 기능상 양립할 수 없을 정도로 독립성을 지녀야 한다(Sherry & Shacter, 1987; Tooby & Cosmides, 1992; Tooby et al., 2005).

이 관점에서 본다면 심리학의 일반적인 범주들은 해체된다. 교과서에 주의에 관한 장, 기억에 관한 장, 학습과 추론에 관한 장이 따로 있다고 해서 인간의 마음을 적절하게 분할할 수 있는 것이 아니다. 진화심리학자는 동물을 취급하는 영역—전문화된 체계가 존재하는데, 이 체계는 서로 통합되어 함께 일하도록 설계된 주의, 추론, 행동, 학습, 기억 회로와 연결되어 있다고 생각한다.

---

16 아즈텍 신화에 등장하는 뱀신(옮긴이).

이 전문화된 체계들의 조직에서는 포더(1983, 2000)의 '파이프라인' 같은 것은 보기 어려울 것이다(이에 대한 논의로는 다음을 보라. Barret, 2005, 2015; Boyer & Barrett, 이 책 5장). 동물에 대해 추론하는 체계의 어떤 성분들은 식물과 그 밖의 생물에도 활성화된다(예를 들어, 분류학적 편제[Atran, 1990] 또는 부분들이 기능을 갖고 있다는 추론[Keil, 1994]). 동물 체계의 다른 성분들은 동물—더 정확히 말하자면, 그 체계가 동물을 탐지할 때 사용하는 정신물리학적 속성, 가령 조건적인 반응성이나 자체 추진력을 가진 운동을 보이는 것들—에만 반응해서 활성화한다. 그것이 미어캣인지, 로봇인지, 만화영화인지는 상관없다. 동물 체계들의 성분 중 많은 것들이 동물에 특이적인 적응적 문제들을 해결하도록 기능이 전문화되어 있기 때문에, 그 성분들을 구성하는 표상과 절차는 식물, 인공물, 또는 사람들의 협동에 대해 추론하는 체계의 표상 및 절차와는 공통점이 거의 없을 것이다(Boyer & Barrett, 이 책 5장). 그리고 범주-기반 체계들 간의 경계는 명확하지 않을 것이다. 동물 탐지 체계는 사람을 주목하지만, 사회적 제스처를 탐지하는 체계도 사람을 주목할 것이다. 성장과 신체적 기능을 추론하는 체계는 사람을 동물로 처리하지만, 사회 행동을 추론하는 체계는 그렇지 않을 것이다. 전문화된 체계들의 조직은 복잡하고 위계적이지만, 생존과 번식이라는 조상의 문제를 훌륭하게 해결했기 때문에 생겨난 어떤 기능적 논리를 갖고 있다.

심리학의 낡은 범주들은 인간의 마음의 확고한 모델을 낳지 못했다. 본성을 그 범주들이 만나는 지점에 따라 조각하지 못하기 때문이다. 내용 전문화는 예외가 아니라 원칙이다. 학습, 추론, 주의, 또는 기억상실의 영역—일반적 모델을 가장 쉽게 만드는 방법은 각기 다른 적응적 영역들에서 뽑아낸 자극을 적용하는 것이다(예를 들어, Anderson & Phelps, 2001; Boyer & Barrett, 이 책 5장; Braun, 2003; Cosmides & Tooby, 이 책 2권 25장; Gallistel, 2000). 더 심사숙고한 연구 전략은 먼저 구체적인 적응적 문제를 형식적으로(또는 비형식적으로라도) 분석한 뒤 이것을 연구의 지침으로 삼는 것이다. 만일 일반적인 체계나 원리가 발견된다면, 그 체계나 원리는 결국 각각의 내용-전문화한 체계가 어떻게 기능하는지를 명확히 이해할 때 출현할 것이다(이 예로는, Leslie, German, & Polizzi, 2005를 보라).

생물학은 진화심리학과 비진화심리학으로 나뉘지 않으며, 생물학은 전체가 진화의 원리들에 의해 구성된다. 언젠가는 인간에 대한 연구를 자연계의 나머지와 격리하는 것은 말이 안 된다는 이유만으로, 심리학이 모두 진화심리학이 될 것이다. 그렇게 될 때 심리학 교과서들은 더 이상 주의, 기억, 추론, 학습 같은 민간심리학folk psychology의 범주에 따라 편성되지 않을 것이다. 교과서의 장 제목들은 진화생물학과 행동생태학 교과서의 제목들과 비슷해져서, 동물이 생존하고 번식하기 위해 해결해야 하는 다음과 같은 적응적 문제들에 맞춰질 것이다. 식량 수집(사냥, 수집), 혈연, 포식자 방어, 자원 경쟁, 협동, 공격성, 자식 보살피기, 지배성과 지위, 근친상간 회피, 구애, 연인관계 유지, 짝짓기 노력과 양육 노력 사이에서 균형을 찾기, 짝짓기 체계, 성적 갈등, 부성 불확실성과 성적 질투, 신호와 소통, 길찾기, 서식지 선택 등(예를 들어, Buss, 1999를 보라). 미래의 심리학 교과서는 동물학적으로 유별난 인간 행동의 양상들, 즉 언어 습득, 연합 형성, 깊은 유대감을 나누는 우정, 반사실적 (조건법적) 추론, 상위표상(상상), 자서전적 기억. 하지만 이 유별난 능력들을 가능하게 하는 계산 기제 이론에는 매우 다양한 적응적 전문화들이 그 능력들과 어떻게 상호작용하고 어떻게 그 능력들을 지원하는지가 포함될 것이다(예를 들어, Boyer, 2001; Cosmides & Tooby, 2000a; Klein, German, Cosmides, & Gabriel, 2004; Leslie et al., 2005; Sperber, 1994; Sperber & Wilson, 1995; Tooby & Cosmides, 1996).

동기와 감정에 접근하는 계산주의적 적응주의 방법

원칙상 현대의 모든 행동과학자는 정보를 처리하는 기제에는 반드시 계산적 서술 computational description이 있어야 한다는 점을 이해할 것이다. 이러한 계산적 서술은 동기를 제공하는 원인이 되는 심리적 기제를 포함해야 한다. 예를 들어 두려움, 감사, 가까운 친척에 대한 성적 반감, 낭만적 사랑, 죄책감, 화, 성적 질투, 성적 이끌림, 미 지각, 또는 역겨움을 야기하는 기제는 모두 계산적 용어로 서술될 수 있어야 한다. 즉, 관련된 입력 정보, 표상, 표상에 작용하는 절차, 조절성(조절하는 힘을 가진) 출력 정보가 계산적 용어로 명시되어야 한다. 하지만 최근까지도 예를 들어 대부분의 인지과학자들은 이 주제들이 그들의 연구 영역 안에 있다는 것조차 알지 못했다.

인지과학자들조차도 자신들의 시야를 자의적으로 제한하는 한 가지 이유는 한쪽에 포진한 지식 습득과 반대쪽에 포진한 동기, 감정, 느낌, 선호를 구분하는 민간심리학 때문이다. 이렇게 구분하는 사람들은 인지를 지식 습득에 관한 연구로 보고 동기, 감정, 행동을 다른 과학자들에게 떠미는데, 이 관행에는 지식과 동기가 표상과 행동의 통합된 체계에 속한 공진화한 양상들이라기보다는 서로 분리할 수 있다는 전제가 깔려 있다(예를 들어, 포더, 2000을 보라).

내용 없는 설계구조의 약점

어떤 사람에게는 우리의 종-전형적인 심리 구조가 기본적으로 일반 목적의 강력한 문제 해결사들로 이루어져 있으며 이 추론 엔진들이 수학과 논리의 내용 없는 규범 이론들을 구현한다는 사실이 진화적 관점에 의해 지지를 받을 것으로 보일지 모른다. 어쨌든 좁은 문제들보다는 더 일반적인 종류의 문제를 해결할 수 있다면 그 유기체는 장비와 적응력 면에서 더 뛰어나지 않겠는가? 또한 수학 및 논리 추론 엔진들은 참인 지식을 낳고, 그럼으로써 가장 적응적인 행동 방향을 선택할 수 있도록 안정된 기초를 제공하지 않는가? 이 직관의 난점은, 문제 해결의 전략이 더 일반적일수록 더 약하고 비기능적이 된다는 것이다. 문제 해결 전략이 더 일반적일수록 더 광범위한 문제들에 적용될 수 있어야 하고, 이를 위해서는 어떤 부분집합에서는 정답을 낳고 다른 부분집합에서는 오답을 낳는 전략들이 탈락해야 한다. 영역-특이적이거나 내용에 민감한 설계구조는 이 제약에서 자유롭다. 만일 설계구조가 문제들 가운데 구체적인 부분집합(예를 들어, 혈연탐지)을 해결하도록 진화한 어떤 프로그램을 옳게 적용하고 다른 프로그램들은 다른 문제 유형들(최적의 식량 수집, 언어 습득)에 적용할 수 있다면, 내용과 무관한 일반적인 전략 하나를 사용하는 것보다 더 폭넓게 많은 문제를 해결할 수 있다. 그래서 우리의 뇌는 선제적 특이성preemptive specificity의 원리를 사용해야 한다. 내용에 맞게 전문화된 프로그램이 있으면 그것을 사용하고, 그런 프로그램이 없으면 더 포괄적인 문제 유형에 작용하는 전략으로 후퇴하는 것이다.

가설상의 영역-일반적인 신경계산 설계구조가 마음의 작동 방식을 신빙성 있게 보여주는 모델이 되려면, 조상의 시대에 생존과 번식에 필요했던 모든 문제에 믿을 만한 해결책을 내놓아야 한다. 인간을 비롯한 대부분의 생물종들에게 이 일은 놀라울 정도로 다양하고, 고도로 조직적이고, 대단히 복잡한 문제 덩어리다. 만일 인간이 이렇게까지 번식하기 위해서는 반드시 해결해야만 했던 중요한 적응적 문제들이 있고 영역-일반적인 기제들로는 그 문제들을 해결할 수 없음을 입증할 수 있다면, 마음이 단지 또는 기본적으로 영역-일반적인 프로그램들로 이루어져 있다는 견해는 설득력을 잃을 것이다. 실제로 그런 문제들이 아주 많은 것으로 보이는데, 적어도 동기와 관련된 정보처리 문제는 확실하고, 그 밖의 다른 문제들도 거의 확실하다. 이에 기초해서 추론해볼 때, 인간의 인지 구조에는 개별적인 적응적 문제들을 해결하기 위한 영역-특이적이고 내용-의존적인 전문화된 정보처리 기제가 많이 담겨 있을 것이다(Cosmides, 1985; Cosmides & Tooby, 1987, 1994a, 1994b; Tooby, 1985; Tooby & Cosmides, 1990a, 1992; Tooby et al., 2005).

내용 없음은 내용 빈약함이다 어떤 추론은 어떤 영역에는 쓸모 있게 적용되지만 다른 영역에는 그렇지 못하다. 예를 들어 사람의 행동을 예측할 때에는 그 사람에게 **믿음과 욕구**가 있다고 가정하는 것이 유용하다. 추론할 수 있지만 관찰할 수는 없는, 보이지 않는 심리 상태가 있다고 말이다. 언덕 아래로 구르는 바위의 움직임을 예측할 때에는 바위의 믿음과 욕구를 계산해봤자 소용이 없다. 따라서 인간의 심리 구조는 다음의 두 영역에 별개의 추론 체계를 진화시켰다. 사람의 심리 상태를 추론하는, 마음을 읽는 체계(자폐증이 선택적으로 손상시킬 수 있다; Baron-Cohen, 1995; Leslie & Thaiss, 1992)와 무생물체의 상호작용을 이해하기 위한 물체 동역학 체계(Leslie, 1994; Spelke, 1990). 이 체계들은 적용 가능한 영역이 제한되어 있기 때문에, 한 영역에 맞게 전문화된 추론을 해도 그로 인해 다른 영역에서 불합리한 추론이 발생하지 않는다. 이 형질 덕분에 영역-특이적 체계는 풍부하고 내용이 알찬 추론 법칙들을 포함할 수 있다. 예를 들어 내용이 없는 논리에서, "만일 P라면 Q이다"는 "만일 Q라면 P이다"를 의미하지 않는다. 부조리한 추론으로 이어질 수 있기 때문이다("만일 당신이 말을 봤다면 당신은 동물을 본 것이다"는 "만일 당신이 동물을 봤다면 당신은 말을 본 것이다"를 의미하지 않는다). 하지만 사회적 교환이 일어나는 상황에 한정되어서 보다 더 내용-제한적인 표상에 쓰이는 '논리'(예를 들어 이익, 권리의식, 의리 등)는 다음과 같이 쓸모 있게 명시할 수 있다. "만약 당신이 그 이익을 취한다면 그 필요조건을 충족해야 한다"는 "만일 당신이 그 필요조건을 충족한다면 당신은 그 이익을 취할 자격이 있다"를 의미하는데, 이 추론은 내용이 없는 어떤 논리에도 들어맞지 않는다 (Cosmides & Tooby, 이 책 2권 25장을 보라). 영역—특이적 체계에는 내용이 제한된 전문화된 추론 법칙이 있기 때문에, 그런 체계는 더 일반적인 법칙들이 절대로 내릴 수 없는 올바른 결론에 도달할 수 있다. 결과적으로 입력 정보가 적으면 귀납이나 연역이 많이 나올 수 있다.

하지만 이 추론 체계들이 아무리 강력하고 알차더라도 정말로 내용—일반적인 체계에는 사용될 수 없다는 점에 주목하자. 일반적인 체계가 영역 일반성을 유지하려면 모든 영역—사람, 바위, 식물, 도구, 인간을 제외한 동물 등—에 대해 타당하게 추론하는 법칙들만 구비해야 한다. 그런 체계는 한 영역에는 유용한데 다른 영역에 적용하면 실수를 낳는 추론법칙은 절대로 사용할 수 없다. 또한 마음 읽기 체계, 물체 동역학 체계, 포식자—먹이 추론 체계, 도구 사용에 전문화된 체계도 가질 수 없다(예를 들어, Defeyter & German, 2003; German & Barrett, 2005). 그렇다면 내용이 없는 추론 법칙, 예를 들어 논리와 수학의 법칙들만 남는다. 영역—일반적 체계는 이 제약 때문에 작동이 제한된다.

조합적 폭발　얼마간이라도 영역—일반적인 체계라면 실제 세계를 만났을 때 조합적 폭발 때문에 마비된다. 특별히 우월한 가설이 전혀 없는 상태에서 당신이 무엇 때문에 토했는지를 귀납해서 추론한다고 상상해보자. 당신의 전 생애가 그 구토에 선행했으므로, 어떤 의견에도 치우침이 없는 그 체계는 구토의 가능한 원인으로 모든 행동, 생각, 광경, 냄새, 맛, 소리, 그리고 그것들의 조합을 고려해야 한다. 대응 방법을 결정할 때에는 가능한 모든 행동을 하나씩 그리고 조합적으로 고려해야 한다. 최근에 먹은 음식이 원인이라는 가설에 특별한 우월성을 부여할 근거, 그리고 구토나 미래에 그 음식을 회피하는 것에 행동적 반응이라는 특권을 부여할 근거가 전혀 없을 것이다.

문제 공간[17]에 새로운 차원이 추가되거나 의사결정 나무[18]에 새로운 분기점이 더해져서 체계의 일반성이 증가하면, 계산의 부담이 쓰나미처럼 불어난다. 내용이 없고 전문화가 없는 설계구조는 관련성, 절차에 관한 지식, 상대적으로 우월한 지위의 가설 등에 관한 규칙을 포함하지 못하고, 결국 유기체에게 주어진 시간 안에 일상의 복잡함을 지닌 어떤 생물학적 문제도 해결하지 못한다(더 자세한 논의로는 다음을 보라. Carruthers, 2006; Gallistel, Brown, Carey, Gelman, & Keil, 1991; Gigerenzer & Selten, 2002; Keil, 1989; Markman, 1989; Tooby & Cosmides, 1992).

학습에 몇 가지 '제약'이 필요하다는 것을 인정한다고 해서 이 문제가 해결되진 않는다. 갤리스텔(2000, p. 1180)은 다음과 같이 말한다.

> 학습에 대한 적응적 전문화의 역할에 초점을 맞춘 초기의 연구는… 생물학적 문제가 학습 과정 **일반**에 부과한 제약… 또는 경계에 의거해서 문제를 공식화하는 경향이 있었다… [이와 대조되는 주장은] 학습 과정 **일반** 같은 것은 없으며, 서로 다른 많은 학습 과정들이 존재한다는 것이다. 이 과정들의 구조가 학습의 결과를 흥미로운 방식으로 제약하는 것은 사실이지만, 더 중요한 점은 이 과정들의 문제에 특이적인 구조가 학습을 가능하게 한다는 것이다.

문제에 특이적인 학습 전문화가 필요한 것은 단 하나의 일반적인 학습 과정에 몇 가지 제약을 부여한다고 해서 조합적 폭발이라는 문제가 해결되지는 않기 때문이다. 심리학자는 "일반적 목적의 체계에 얼마나 많은 전문화가 필요한가?"라고 묻는 대신에, "하나의 체계—심지어 전문화되고 목표가 뚜렷한 체계—가 어느 정도까지 자유를 **용인**하면서 실제 세계에서 유용한 시간 안에 의사결정을 계산할 수 있는가?"를 물어야 한다. 순열조합은 실제의 체계들이 자유를 조금밖에 용인하지 못한다는 것을 보증한다. 영역-전문화된 학습 기제가 없으면 그 어떤 것도 학습할 수 없다. 우리의

---

17 문제에 대해 한 해결방법을 찾으려고 방황하는 일종의 심리적 미로(옮긴이).
18 불확실성이 존재할 때 전략·방법 등을 나뭇가지 모양으로 그려서 가능한 옵션들을 평가하는 도식화 및 계산 기법(옮긴이).

조상들이 해결해야 했던 문제들은 논리적으로 가능한 모든 정보 관계의 무작위 표본이 아니었기 때문에, 실제의 적응적 문제들 속에 얽혀 있는 복잡한 관계들은 많은 (어쩌면 모든) 사례를 통해 문제 유형에 맞는 맞춤식 전략들을 더해가면서 효율적으로 전문화된 체계들의 망을 선택했을 것이다.

단서 없는 환경　동물은 정보로 살아간다. 번식을 결정적으로 제한하는 단 하나의 원인은 음식이나 안전이나 짝 만나기가 아니라 그걸 가능하게 하는 것, 즉 적응적 행동을 고르는 데 필요한 정보다. 하지만 세계의 중요한 특징들은 대개 직접 지각되지 않는다. 내용이 없는 설계구조로는 일반적인 과정이 지각 정보에서 이끌어낼 수 있는 것밖에는 알지 못하고, 그래서 해결할 수 있는 문제의 범위가 심각하게 제한된다. 환경에 실마리가 없으면 기제가 실마리를 찾지 못한다.

영역─특이적 기제는 이런 제한을 받지 않는다. 지각 증거가 부족하거나 획득하기 어려울 때 영역─특이적 기제는 단서(지각할 수 있는 상태나 환경)를 통해 지각할 수 없는 중요한 조건들을 추론해서 공백을 채운다. 진화적 시간에 걸쳐 그 단서와 보이지 않는 상태 사이에 예측할 수 있는 확률적 관계가 존재했다는 조건에서 말이다. 예를 들어 형제와의 섹스로 장애아가 태어날 가능성이 더 크다는 것을 경험으로 알기는 어렵거나 불가능하다. 많은 태아가 자궁에서 사라지고, 그런 관계로 태어난 아이들이 겪는 문제는 거의 다 과거의 수많은 사건에서 비롯한 것일 수 있다. 반면에 영역─전문화된 체계는 형제와의 섹스를 예상하기만 해도 역겨움이 일게 해서, 근친상간의 가능성을 극적으로 줄여준다. 이 과정은 개인들이 의식적으로나 무의식적으로 근친상간의 함정을 알지 못해도 잘 작동한다. 근친상간이 그저 역겹고 잘못된 것으로 느껴지는 것이다(Haidt, 2001; Lieberman et al., 2003, 2007). 이와 마찬가지로 호미니드 조상은 다른 사람의 유전자를 직접 보고 그들이 유전적 형제인지 아닌지를 알 방도가 없었다. 하지만 영역─특이적 혈연 탐지 체계를 구비한 마음은 출생 이후 모계 관련성 인식이나 유년기 공동거주 같은, 조상 시대에 유전적 근연도와 상관관계가 있었던 단서들에 기초해서 혈연을 추정한다. 개인으로서는 이 체계가 사용한 단서들, 사용된 계산 과정, 심지어 유전적 친족의 개념을 몰라도 된다.

적응적 행동이라고 간주되는 것은 영역에 따라 현저하게 다르다 내용이 없는 기제들로만 채워진 설계구조는 모든 적응적 문제에 똑같은 절차를 적용해서 생존과 번식에 성공해야 한다. 하지만 성패를 나누는 어떤 영역─일반적 기준도 적합도와는 상관성이 없다(이에 대한 논의로는 Cosmides & Tooby, 1987을 보라). 예를 들어, '좋은' 짝으로 간주되는 것은 '좋은' 점심, '좋은' 형제, 공격하기 '좋은' 사람, 야영을 하기 '좋은' 장소와는 공통점이 거의 없다. 음식을 선택할 때 친절함에 기초하거나, 친구를 선택할 때 그들의 맛 그리고 그들의 고기를 소화해서 얻을 수 있는 총 칼로리에 기초하는 계산 프로그램을 설계한다면, 인간의 활동들을 각각의 동기적 영역으로 자연스럽게 분류하는 기능적 불일치성functional incompatibility 문제에 부딪힌다. 잘못된 행동으로 간주되는 것이 문제 유형마다 다르기 때문에, 영역들이 성공적인 행동 결과를 다르게 정의한다면 영역─특이적인 하부 체계는 그 숫자만큼 있어야 한다.

동기적 영역은 기능에 따라 전문화된 절차들에 의해 평가를 받게끔 진화가 설계해 놓은, 표상화된 입력, 내용, 목표, 결과, 또는 행동의 집합이다(예를 들어, 음식, 오염물질, 동물의 위험, 경쟁할 사람, 도발에 대한 잠재적 보복 등의 표상). 한 종에게 존재하는 동기적 영역들은 어느 하나도 다른 것으로 환원되지 않으며, 하나의 동기적 영역 안에서 작동하는 영역─특이적 기준이나 가치배정 절차 역시 단 하나도 다른 것으로 환원되지 않는다. 예를 들어, 인간의 **음식**이란 영역에서 기준과 가치배정 연산에는 다음의 인자들이 포함된다. 소금, 단맛, 쓴맛, 신맛, 풍미, 지방의 공급 여부, 썩는 냄새 회피, 혐오 습득 체계를 가동한 이전의 역사,[19] 특정한 음식이 건강에 미친

---

19 인간을 포함한 잡식성 동물은 효능 있는 약초를 따서 병을 치료하고, 느리게─그리고 당연히, 빠르게─작용하는 독소들을 피하고, 영양분이 서로 보완되는 음식들을 찾아내고, 식품에서 효과적으로 영양소를 방출하거나 독성을 제거하는 처리하는 방법을 알아내고, 명확한 냄새 단서가 없어도 자신들에게 부족한 영양소를 함유한 음식을 가려내는 등의 놀라운 능력을 갖고 있다. 이 사실들을 설명하기 위해 우리는 다음과 같은 적응들을 가정한다. (a) 이질적인 단백질을 알아보는 면역계의 능력을 이용해서 섭취한 물질의 소화된 산물에 관해서 인지 프로파일을 구축하는 적응. (b) 이 인지 프로파일을, 면역계가 단백질 분해 산물에 노출된 시점과 가까운 시간에 섭취한 음식의 감각적 속성과 결부시켜 서술하는 적응. (c) 건강의 다양한 구성요소(과부하된 해독 경로, 필수 영양소 프로파일, 면역성 분류, 그 밖의 장단기적 건강 결과들)를 알아보는 적응. (d) 확인된 음식의 면역 데이터베이스 위에, 섭취 물질에 따른 건강 결과의 시간적 프로파일에 역행귀납법을 적용한 행

영향을 면역계가 시간에 따라 추적해온 결과, 임신 단계(태아 기관형성이 화학적 혼란에 취약하기 때문), 각 기관계가 고려하는 기관의 경계와 속성, (어쩌면) 구더기가 끓는 음식 회피, 그 외 수많은 인자들. 한 영역(가령, 음식) 안에서 필요한 가치 배정이 공동의 신경계산 절차에서 모두 나올 수 없을 때에는 그 데이터를 설명할 수 있을 때까지 동기적 요소가 늘어나야만 한다.

그러므로 진화한 설계에 따라 내용 영역들은 그 영역에 맞게 진화한 각기 다른 가치 기준을 활성화시켜야 하며, 그에 따라 대안적 기준들 간의 다른 절충점들이 나타난다. 동기적 불일치를 보이는 체계는 많을 뿐더러 적응적 문제를 신중하게 분석하면 쉽게 확인할 수 있다. 다음은 독립적이고 기준이 다른 진화한 동기 원리를 갖고 있는 영역의 사례들이다. 음식, 성적 이끌림, 짝 취득, 양육, 혈연관계, 근친상간 회피, 연합, 질병 회피, 우정, 포식자, 도발, 뱀, 거미, 서식지, 안전, 경쟁자, 관찰 당함, 아플 때의 행동, 운동 기술 획득, 도덕적 일탈의 몇몇 범주, 그 밖의 수십 종에 달하는 존재, 조건, 행위, 관계.

지난 세기에는 동기적 영역의 목록을 구축하려는 움직임이 거의 없었다. 증거는 물론이고 비공식적인 주장도 없는 상태에서 심리학자들은 대부분의 가치 기준이 환경에 있다고 가정하면서 환경적 조건과 한 줌밖에 안 되는 강화 인자(음식, 물, 섹스, 통증; Herrnstein, 1977) 간의 우발성을 계산했다. 심리학 전체가 주어진 어떤 동기도 이차적으로 습득된 것이라고 암시하는 야바위 놀이에 빠져, 진화된 동기 부여라는 주제를 짐짓 무시하고 방법과 출처를 계산적으로 명시할 의무를 방기했다. 하지만 이런 종류의 체계가 과연 타당한지를 의심할 강력한 이유들이 있었다(Cosmides & Tooby, 1987; Tooby et al., 2005).

가치와 행동은 환경에서만 나올 수가 없다. 어떤 환경 자극이 어떤 반응이나 반응의 가치 위계를 본질적으로 명령하는 경우는 없다. 다윈이 『종의 기원』 말미에서 훌륭하게 고찰한 공진화한 유기체들의 뒤엉킨 강둑에서, 자연선택된 뇌의 차이들로 인

렬대수를 실행하는 적응(틀림없이 갤리스텔 식의 시계열time-series 조건화 분석 성분을 이용할 것이다). (e) 이 분석의 계산 출력치를 그 음식이 유기체에게 얼마나 좋은지 나쁜지를 재평가한 값과 함께 감각적 음식 인식의 기본 틀에 다시 서술하는 적응.

해 서로 다른 생물체들은 대상을 제각기 다른 방식으로 다룬다. 아기는 한 유기체에게는 세심한 주의의 대상이지만, 어떤 유기체에게는 포식이라는 야망의 표적이고 다른 유기체에게는 체외 기생의 서식지이며 또 다른 유기체에게는 힘들게 경로를 바꿔야 하는 장애물이다. 인과적 흐름 속에 행동조절 가치 평가를 끌어들이는 것은 이 유기체들의 뇌이고, 뇌 속에 가치 평가를 수행하는 신경 하부 체계들을 끌어들인 것은 자연선택이다. 자극 자체만으로는 자극이 유발하는 선호성과 행동의 차이를 설명할 수 없다.

심지어 같은 종의 일원들에게도 가치는 외부 세계에 존재하지 않는다. 같은 종의 일원들이라 해도 같은 대상을 다르게 본다. 같은 대상이 어떤 사람에겐 아내이고 다른 사람에겐 어머니다. 한쪽에게는 성적 선호의 대상이고 다른 쪽에게는 성적 혐오의 대상인 것이다. 게다가 진화한 유기체는 저마다 설계상 그 자신의 독특한, 평가자를 중심으로 하는 가치 평가 망의 중심이기 때문에 진화된 가치는 본래 객관적 성격을 가질 수 없다(Cosmides & Tooby, 1981; Hamilton, 1964). 자연선택의 구조 때문에 사회적 유기체들은 수시로 사회적 충돌을 일으키고, 그래서 어떤 유기체들이 선호하는 객관적인 세계 상태가 다른 유기체에게는 혐오스럽거나 중립적이다(예를 들어, 경쟁했던 음식, 짝짓기 기회, 영토, 부모의 노력, 지위, 털고르기 등을 이 개체가 차지하고 다른 개체는 차지하지 못한 것). 이 구조가 유기체의 가치에 지수index로서의 성격을 부여한다. 적합도 "이자interests"—가치 계산이 진화하면서 따라온 유전자 빈도의 인과적 피드백 조건—는 개체라는 높은 수준의 존재에게 배당되는 것이 아니라, 같은 조건하에서 복제를 하는 경향에 따라 규정된 유전체 안의 유전자 집합들에게 지수 방식으로 배당된다(Cosmides & Tooby, 1981). 감각 데이터와 내용 없는 연산으로 얻을 수 있는 것이 무엇이든 간에 가치 또는 가치처럼 조절을 위한 기준을 제공하는 것은 우리의 진화한 설계구조가 매겨야 한다.

가치와 지식 이제 우리는 왜 지식 습득이 동기 부여, 가치 평가, 선호도와 계산상 분리될 수 없는지를 이야기할 수 있다.

적응적으로 행동하기 위해서는 값이 낮은 선택지보다는 값이 높은 선택지를 추구하도록 조직된 동기 체계를 통해 어떤 행동, 존재, 상황이 다른 것보다 높게 평가되어야 한다. 그렇게 가치를 배당하는 계산은 대개 개념 구조의 요소 중에서 인지 과학이 전통적으로 다뤄온 것들과 동일한 요소들을 많이 수반한다(개인, 음식, 물체, 동물, 행동, 사건의 표상). 이렇게 동기적 요소들의 진화는 환원 불가능한 개념 요소들의 진화를 함께 명한다. 그 이유는 무엇일까? 가치 평가는 **무엇을 평가하는지**에 대한 어떤 명세를 포함하지 않으면 무의미하거나, 인과적으로 유효한 행동 조절을 못하기 때문이다.

예를 들어, 자연선택이 뱀과의 근접성보다는 뱀과의 안전한 거리를 선호하게 하려면, 우리의 신경계산 구조 안에 뱀 같은 존재자에 대한 인지를 구축해야 한다. 이 인지와 표지붙이기의 연산 체계는 몇 가지 목적과 관련해서는 (비록 골격만 명시된 것이라 해도) 뱀 **개념**을 갖고 있는 것과 동등하다. 증거에 따르면, 인간과 그 친척인 종들은 실제로 뱀에 반응하도록 전문화된 가치 평가 체계를 갖고 있다(예를 들어, Marks, 1987; Mineka & Cook, 1993; Mineka, Davidson, Cook, & Keir, 1984; Yerkes & Yerkes, 1936). 이 점만 고려하더라도 우리는 공간, 시간, 인과관계로 구성된 칸트의 삼위일체에 제4 '본유 관념'을 추가해야 한다. 침팬지에게 진화한 뱀 공포가 있다는 여키스의 발견은 경험에 기초한 철학적 진보이자 지식에 관한 인지과학—(포더에게는 미안하지만) 진화적 기능 이론에서 파생한—의 진일보로 간주된다.

이 주장은 진화된 동기적 요소들의 필요성을 입증할 뿐 아니라, 인지적 설계구조 안에는 세계에 대한 지식을 구체화하는 동시에 진화된 단서 인식 체계에 의해 유발되는 '본유 관념', 즉 진화된 개념적 절차가 필요하다는 주장을 부활시킨다. 진화된 단서 인식 체계란 (아무리 추상적으로 서술된 것이라 해도) 단서를 지닌 자극에 특이적으로 반응하도록 진화한 체계를 말한다. 동기와 관련된 기능의 집합과 관련해서 개념을 낱낱이 구별하는 것(예를 들어, **소중한**[아이들], **경계하는**[뱀])은 개별적인 가치평가 절차(가까울수록 부정적이다)와 결합하는 특이성specificity이다.

예를 들어, 뱀 회피 체계를 구축하는 데 필요한 개념적 요소들의 상호작용을 생각해보자. 이 체계에는 정신물리학적 외관이 되는 앞면이 필요하다. 체계의 하부 요소 중 하나가 시각적·생체역학적 운동 단서를 통해 진화된 마음 안에 있는 **뱀 표지**를 실제 세계에 있는 어떤 존재의 지각 표상에 배당한다. 또 다른 하부 요소는 매개변수, 즉 **뱀**과 평가 대상(예를 들어, **자신**이나 **아이**) 간의 **거리**를 확인한다. 거리를 나타내는 이 요소는 여러 체계에 사용된다. 하지만 거리뿐만 아니라 거리에 따라 특이적 평가의 강도를 다르게 배정하고 최신화하는 요소가 따로 있어야 한다(그러나 이러한 거리 탐지 요소가 음식이나 다른 동기 영역들의 가치평가에 사용되어서는 안 된다). 뱀의 경우에는 가까운 것보다 멀리 있는 것이 더 좋다. 뱀 회피 체계에서 구체적인 나쁜 사건(예를 들어, 뱀에게 물리는 가상의 경우)은 부정적 목표 상태로서 따로 표상될 필요가 없으며, 역행귀납과 수단-목적 분석을 통해 거리가 그 중요성을 획득한다. 거리-두려움 관계는 회피를 자극하는 동기를 제공하는 유사한 사본들(가까울수록 불쾌하다)로 공간 표상을 채워 넣을 수 있다. 하지만 그러한 행동을 유도하는 능력은 표상된 목표 상태로서 계산상 완전히 똑같지는 않다.

거리에 대비한 평가 규준(그리고 그 최신화 규칙)은 뱀에 제한되어 있지만, 거기서 산출되는 출력 매개변수는 다른 체계들도 접근 가능한 것이어야 한다(가령, 돌돌 말린 비단뱀의 몸에서 아이를 구해내기 위해 가까이 다가가는 등의 다른 이익과 비교하여 뱀과의 거리가 가진 가치 평가에 순위를 매겨 평가할 수 있도록). 이 간단한 체계가 가동하기 위해서는 뱀, 거리, 사람, 그리고 거리(사람, 뱀) 평가 규준이 반드시 다 함께 작용해야 한다. 뱀, 보호할 대상, 거리는 하나의 계산 과정에 배당될 수 없고, 평가는 또 다른 과정에 배당되어야 한다. 이렇게 간단한 예에서도 개념 기능과 평가 기능은 서로 구분할 수 없이 맞물려 있으며, 같은 구조 안에 그 표상들이 필연적으로 공존한다.

학습은 인지적 성격이 뚜렷한 또 다른 주제로 그 역시 뱀 혐오와 관련되어 있지만, 그 학습 과정은 영역 특이적이다. 뱀 회피 체계는 개인의 경험에 기초해서 재조정되는데, 부정적 경험이나 관찰이 없으면 서서히 습관화되고 뱀을 만나 부상을 당하면 급격히 증가하는 것으로 보인다. 이 체계는 또한 사회적 환경에서 입력되는 데이터를 한정적으로—(토끼나 꽃 같은 다른 자극과는 달리) 뱀에 대해서만 표현되는 두려움—수용하고, 이 정보를 사용해서 개인의 뱀 평가를 재조정한다(Mineka & Cook, 1993; Mineka et al., 1984). 필시 동종 관찰로부터의 재조정이 진화한 이유는 사람들에게서 볼 수 있는 두려움의 강도가 지역에 따라 다르게 나타나는 것을 반영하여 두려움을 상향조정하거나 하향조정함으로써 기능적으로 더 잘 작동하기 때문인데, 그 배분은 해당 지역에서 독사와 마주치는 비율과 어느 정도 관련이 있다(그러므로 뱀 공포의 정도는 '문화적'이라는 점을 지적하는 것도 의미가 있다. 영장류 사회에서 상호작용이 일어날 때 뱀 공포의 가중치가 서로 조정되는 것이다).

우리의 요점은 심지어 이렇게 단순하고 기능이 하나뿐인 동기 체계도 뱀, 거리, 동종을 포함한 일련의 진화된 내용−특이적 개념 요소들을 수반한다는 것, 두려움을 나타내는 얼굴 표정들은 실제 세계에서 특이적인 지시대상을 갖고 있다는 것, 뱀은 두려움을 나타내는 얼굴 표정의 특별한 가중치를 가지는 지시대상이라는 것, 그리고 두려움 자체의 출력이라는 것이다. 이 모든 요소가 뱀 체계에 고유한 것이 아니라(예를 들어, 뱀 인식은 고유한 반면에 자신과의 거리, 두려운 얼굴 표정, 두려움의 출력은 그렇지 않다), 동기 체계들 간의 분포 패턴은 수평적 위계에 있으며, 내용−독립적인 과정이 아무것도 거치지 않고 직접 경험에 작용해서 나올 수 있는 것이 아니다.

이러한 분석을 인간이 수행하는 다른 과제들에 적용할 때 인지과학은 본래 동기를 수반하고 동기의 과학은 본래 인지를 수반한다는 일반적 결론을 피하기는 불가능하다고 생각한다. 뇌는 제어 시스템으로 진화했고(Weiner, 1948), 행동을 산출하도록 설계되었다. 이 관점에서 볼 때, 언어, 직관 물리학, 수 등의 지식에 관한 인지과학만 존재하는 것이 아니라, 양육, 먹기, 혈연, 우정, 동맹, 집단, 짝짓기, 지위, 싸움, 도구, 마음, 식량 수집, 위협, 집단행동, 자연사, 그 밖의 수많은 오래된 인간행동 영역들에 대한 인지과학이 존재한다. 지식 습득을 동기와 분리해버린 결과 동기에 관한 연구는 인지적 어둠에 묻히고 인지과학자들은 개념 구조, 동기, 행동을 통합된 체계들로 보고(불가피하게 통합된 체계임이 밝혀질 것이다) 연구할 수 있는 길에서 멀어졌다. 그런 관점은 우리의 진화한 설계구조가 표상들—참된 믿음을 구축하려는 이성적인 설계구조의 효율적인 결과라고는 볼 수 없는 결과물들—에 기초하여 제작하고, 저장하고, 전달하고, 작동하도록 설계되었음을 보여주는 수많은 인과적 경로를 무시한다(Gigerenzer & Murray, 1987; Haselton & Buss, 2000; Tooby & Cosmides, 1990a, 인쇄중). 동기와 관련된 계산을 위해 진화한 체계는 목표를 달성하기 위해 개념 구조를 사용하며, 따라서 동기와 관련된 계산과 지식 계산은 분리된 체계로 분리할 수 없으며 함께 진화한다(추가적인 논의에 대해서는 Tooby et al., 2005 참조). 실제로, 진화한 많은 개념들이 분명히 존재하며, 그렇다면 우리에게는 그 개념들과 관련된 기능상의 동기가 있을 것이다(예를 들어, 음식, 무임승차자, 어머니, 아이, 포식자, 뱀, 불결함, 성적 이끌림).

감정은 기제 조정의 문제를 단기적으로 해결하는 방책이다

전술한 논의를 통해 우리는 마음을 진화한 영역—특이적 프로그램들이 꽉 찬 망으로 보게 되었다. 각 프로그램은 호미니드가 진화하는 과정에서 얼굴 인식, 식량 수집, 짝 선택, 심박 조절, 수면 관리, 포식자 경계 같은 적응적 문제를 해결하기 위해 저마다 기능적으로 전문화된 것들이며, 환경으로부터 오는 각기 다른 단서에 의해 활성화된다. 하지만 이 모든 마이크로프로그램의 존재는 그 자체로 적응적 문제를 일으킨다. 특수한 적응적 문제를 해결하도록 따로따로 설계된 프로그램들이므로 동시에 활성화되면 서로 충돌하는 출력물을 만들어내서 서로의 기능적 산물을 방해하거나 무산시킬 수도 있다(예를 들어, 음식을 소화하는 것 대 위험에서 탈출하는 심폐기관과 근육으로 혈액을 최대한 많이 보내는 것). 또한 한정된 계산의 자원을 차지하려고 서로 충돌하기도 한다. 주의는 어떤 것을 다른 것보다 먼저 처리할 수 있도록 선택된 기능이며, 그 자체가 이와 같은 갈등을 입증한다. 예를 들어, 수면과 포식자로부터의 도망은 상충하는 행동, 계산, 생리적 상태를 요구한다. 심장과 마음이 두려움으로 쿵쾅거릴 때에는 잠을 자기가 어려우며, 이는 우연이 아니다. 살금살금 접근하는 사자를 보고 포식자 회피를 위해 설계된 프로그램이 활성화되었을 때 고유수용성[20] 단서가 수면 프로그램을 활성화한다면 재앙을 피하기 어려울 것이다. 그런 결과를 피하기 위해 마음은 어떤 프로그램이 활성화되었을 때 다른 프로그램을 무효화시키는 상위 프로그램을 구비하고 있어야만 한다(예를 들어, 포식자 회피 하위작업 처리과정이 활성화되었을 때 수면 프로그램을 잠재우는 프로그램). 게다가 신경계산 설계구조는 각각의 요소가 몇 가지 대안적 상태 중 하나를 담당하는 방식이기 때문에, 적응적 문제들은 대개 여러 신경계산의 설계구조의 **구성요소**가 동시에 활성화될 때 가장 잘 해결된다(예를 들어, 포식자 회피는 심박과 청각 예민성이 동시에 변하는 것을 필요로 한다). 이때에도 이 요소들을 조정하는 상위의 프로그램이 필요하다. 가능성 있는 여러 가지 적합도 결과에 따라 우선순위가 매겨진 일련의 도전을 고려하면서 적당한 때에 적당한 형태가 되도록 각각의 요소를 재빨리 조율하는 것이다.

---

20 자신의 몸에서 나오는 자극에 감응하는(옮긴이)

우리는 감정이 그런 프로그램이라고 주장해왔다(Tooby, 1985; Tooby & Cosmides, 1990a, 2008). 진화적 기준에 따라 기능적으로 행동하려면 마음의 하위 프로그램들은 불협화음을 일으키면서 자멸하기보다는, 어느 때라도 그들의 공동 산물이 가장 안전하고 확실한 반응을 생산하도록 기능적으로 조화롭게 협응하도록 조정되어야 한다. 일련의 상위 프로그램, 즉 감정들이 이 조정을 수행한다. 이렇게 볼 때 감정은 기제의 오케스트레이션이라는 적응적 문제에 대응해서 나타난 적응들이다. 이 견해가 암시하는 바는, (a) 조상 환경(진화적 적응 환경)의 통계적 구조를 탐구하고 (b) 기능상으로 전문화된 마음 프로그램들과 감정의 관계를 탐구하는 것이 감정을 지도화하는 데 가장 중요하다는 것이다. 어느 순간에든 마음 프로그램들의 가장 유용한(또는 가장 덜 해로운) 전개는 대면하고 있는 직접적인 상황의 정확한 성격에 결정적으로 달려 있기 때문이다.

감정은 그 독특한 구조들을 어떻게 발생시키고 갖추게 되었을까? 싸우기, 사랑에 빠지기, 누군가의 부당한 대우에 응수하기, 포식자 피하기, 성적 기회나 짝을 구할 수 있는 기회 보기, 성적 배신에 직면하기, 실패로 인한 지위 하락을 경험하기, 가족의 죽음에 대응하기 등은 호미니드의 진화적 역사에서 무수히 되풀이되었던 조건, 우발적 사태, 상황, 또는 사건의 유형과 각각 뒤얽혀 있었다. 이런 상황과의 반복된 만남이 그 개별적인 종류의 상황을 특징짓는 조건, 요구되는 것, 우발적 사태를 통해 적응들을 선택했고, 이 적응들이 정보처리, 행동, 신체를 적응적일 수 있도록 이끈 것이다. 이 기능들은 상위 프로그램의 가동과 함께 수행될 수 있는데, 각각의 상위 프로그램은 서로 연합해서 심리적 설계구조의 다른 프로그램들을 각기 특수하게 구성해서 동원한다. 이렇게 구성된 부분집합들은 계산 및 생리 기제들을 특별한 방식으로 전개하게끔 선택되는데, 그 특별한 방식이란 개인들이나 여러 세대의 평균을 냈을 때 그런 유형의 조상 환경에서 평생 동안 적합도를 가장 많이 끌어올렸을 것을 것이라고 이후에 계산될 수 있다. 들판의 대형 포식자를 봤을 때 그 아름다움을 더 잘 감상하려고 접근하게 하는 설계는 도태될 것이다. 회피를 자극하지만 심박과 호흡을 빠르게 하지 않는 설계 역시 선택에서 배제되고, 심박과 호흡을 끌어올려 가급적 빠르게 피신시키는(그리고 소화, 장기적인 신체 회복, 급박하지 않은 경쟁에 대한 주의를 유예시키는) 설계가 그 자리를 대신할 것이다. 더 완벽하게 반응을 조정해내는 설계 변이들이 차근차근 종의 설계에 통합된다.

　감정이라는 말을 쓸 때 사람들은 이 진화한 프로그램들을 진화적으로 단기간에 또는 어느 정도의 오랜 기간에 걸쳐 지속하며 재발한 상황들(어려운 문제든 좋은 기회든)과 연결시킨다. 이런 상황들은 그 구조를 종결시키거나(예를 들어, 구조자가 나타나 포식자를 죽인다), 그 구조를 점차 사라지게 하거나(포식자가 당신의 우거진 피난처에서 다른 곳으로 옮겨 가서 포식자 위험도가 기준치로 되돌아간다), 혹은 새로운 감정을 유발하는 다른 상황으로 대체될 것이다(당신의 아이가 발을 잘못 디뎌 나무에서 추락하지 않으려고 버둥대고 있다). 더 나아가, 재발하는 상황의 추상적 구조가 있을 뿐더러(우리의 조직화된 반응은 이 구조에 맞게 진화했다), 그 재발하는 상황의 추상적 구조 안에 재발하는 변이의 차원들이 있고, 이 차원들이 반응을 조정하는 데 사용되었을 것이다. 즉, 포식자−위협뿐 아니라, 속도, 기습, 수, 안전한 거리, 동맹자의 수 등에 따라 포식자−위협이 달라질 것이다(Cosmides & Tooby, 2000b). 따라서 개인은 개체발생 과정에 걸쳐 마주치는 상황들에 반응할 때 상황의 장기적인 추상적 구조에 의거해서 반응할 것이다. 이 추상적 구조는 그 설계구조가 알아볼 수 있고 적절히 전개할 수 있는 방식으로 그 직접적인 상황을 의미 있게 구별해주는 심리적 변수들에 의해 표시되어 있을 것이다.

　게다가 세계는 단기적 조건과 장기적 조건으로 깔끔하게 양분되지 않는다. 편의상 우리는 단기적 조건에 대한 반응을 조정하는 프로그램을 감정이라 부르고, 중기적 조건에 맞게 조정되어 있으며 결정 변수들을 재조정하는 반응을 조정성 적응calibrational adaptations 또는 (예전부터 알아온 감정을 가리키는 경우에는) 기분mood이라 부르고, 영속적인 조건에 맞춰 조정된 반응을 매개변수 협응적 적응parametric coordinative adaptations이라 부른다. 뒤에서 논의하겠지만 성격 변이(연구자들이 가끔 기질이라 부르는 것을 포함하여)의 주된 차원들은 다양한 매개변수 조정적 적응들로 구축되어 있을 것이다.

　기제들(감정들)의 협응적 조정과 동조는 전체적인 신경생리적 구조를 위해 연산 모드의 역할을 하는 동시에, 개별 감정 상태를 정확히 계산하고 기능을 규정하는 기초로 작용한다. 각각의 감정은 다른 적응 프로그램들을 다양하게 끌어들이고(어떤 것들은 끄고, 다른 것들은 켜고, 또 다른 것들은 수정할 수 있는 매개변수들을 조정하고), 그 결과 개인이 어떤 유발 조건이나 상황에 직면해 있을 때에도 전체적인 체계는 조화롭고 유효하게 작동한다. 감정과 관련된 조건이나 상황은 (a) 조상 시대에 재발했고, (b) 상위 차원에서 프로그램 조정이 없으면 협상이 이루어질 수 없고(즉, 프로그램이 독립적으로 운영되어 아무 갈등도 일으키지 않은 상황은 감정 프로그램으로 선택되지 않았을 것이고, 감정상 중립의 마음 상태를 낳을 것이다). (c) 풍부하고 믿을만한 반복성 구조를 가졌으며, (d) 그 조건의 존재를 알리는 인식 가능한 단서나 상황–표상이 있었고,[21] (e) 오류가 생기면 치료 이익보다 더 큰 적합도 비용을 청구했을 것이다. 진화적으로 인식 가능한 종류의 조건이나 상황이 감지될 때에는 감정 프로그램에서 신호가 발생하는데, 그 신호는 (a) 그 상황에 자주 들어 있는 적응적 문제 유형을 해결하기 위해 특이적인 하위 프로그램 팀을 활성화시키고, (b) 그 유형의 적응적 문제 해결에 방해가 될 수 있는 프로그램을 비활성화시킨다. 활성을 유지하도록 지시받은 프로그램들은 그 감정 모드에 특이적인 하위작업 처리과정들을 시작하라는 신호를 받을 수 있다. 이들은 촉발되는 상황에 고유한 문제들을 특별히 효율적으로 해결하도록 자연선택이 맞춤 제작한 하위작업 처리과정들이다.

이 이론적 틀에 따르면 감정은 상위 프로그램이고, 그 기능은 다음과 같은 사항들을 지배하는 많은 하위 프로그램들의 활성과 상호작용을 지시하는 것이다. 지각, 주의, 추론, 학습, 기억, 운동 계획, 목표 고르기, 동기 우선순위, 범주화 및 개념 틀, 생리 반응(예를 들어, 심박, 내분비 기능, 면역 기능, 생식세포 방출), 반사운동, 행동 결정 규칙, 운동 체계, 의사소통과정, 에너지 레벨 및 노력 분배, 사건과 자극에 대한 정동적[22] 채색, 그리고 확률 추산, 상황 평가, 가치, 조절 변수(예를 들어, 자존감, 상대적 위압성 평가, 대안적 목표 상태의 상대적 가치, 효율 환산률)의 재조정. 감정은 생리('각성'), 행동 성향, 상황 해석('평가'), 표정, 또는 의식적으로 접근할 수 있는 기분 상태에 미치는 효과의 어느 한 범주로는 결코 환원되지 않는다. 감정은 그 모든 것들을 함께 움직이는 명령들 뿐 아니라 인간의 심리적·신체적 설계구조 곳곳에 분포된 다

---

21 반복되는 구조나 반복되는 구조의 존재를 알리는 단서가 없다면 선택은 그 상황에 대응하는 적응을 구축하지 못한다.

22 affective. 다른 사람에 의해 객관적으로 관찰 가능한 감정 상태(옮긴이)

른 기제들까지 움직이는 명령들과 관련되어 있기 때문이다.

예를 들어, 어떤 감정 연구자들은 기본적인 감정은 확인할 수 있는 감정 표현을 통해 명확히 드러난다고 보고, 여섯 내지 일곱 종류(행복, 슬픔, 분노, 두려움, 놀람, 역겨움, 그리고 경멸)에 초점을 맞춘다. 진화계산주의의 접근법에 따르면 감정은 훨씬 더 많은 것이 분명하지만, 개인의 감정 상태를 남들에게 알렸을 때 (지금까지 확인된) 이 일곱 가지에 대해서만 반응이 돌아왔다(Tooby & Cosmides, 2008). 우리는 이 목록에 혼란을 추가하고자 하는데(얼굴에 나타나기 때문이며), 혼란은 일종의 연산 모드라고 생각하기 때문이다.[23] 사람들은 가끔 모든 심리 프로그램이—이 종류의 상위 프로그램까지도—'호문쿨루스,' 즉 '자유 의지'를 부여받은 존재라고 착각한다. 호문쿨루스는 환경을 조사해서 성공적인 행동을 자유롭게 선택하지만, 그 방식은 체계적이지 않아서 프로그램에 사용될 수 없다. 계산적으로 불가능한 그런 존재자를 암암리에 가정하는 이론 대신에, 더 많은 매개변수로 정보를 처리하는 설계구조로서 실행될 수 있는 이론을 세우는 것이 인지심리학자의 일이다. 감정 프로그램은 예를 들어, 어떤 상황의 존재를 믿을 만하게 알려준 단서(그 단서가 현대 세계에 그 상황이 여전히 존재한다는 것을 믿을 만하게 알려주든 그렇지 못하든 상관없이)를 탐지하도록 설계

---

23 진화적으로 재발하는 상황은 극한까지 추상적일 수 있다. 설계구조의 배치 중에 이 추상적인 상황을 탐지할 경우 수행을 향상시키는 배치가 있다면 말이다. '상황'이 얼마나 이상하리만큼 추상적일 수 있는지를 잠깐 엿보기 위해, 마음 상태로서의 혼란이 흔히 생각하듯 정보처리의 실패가 아니라 그 자체로 적응일 수 있다는 가설을 생각해보자. 실제로 인간은 혼란을 위한 적응을 갖고 있는 듯하다. 즉, 탐지된 상황으로서의 혼란이 그 때문에 야기된 문제의 해결을 향상하는 연산 모드(혼란)를 선택했을지 모른다. 혼란(연산 모드)이 대응하는 재발성 상황은 무엇일까? 혼란은 최선의 대응책을 선택하는 일과 관련하여 유기체의 환경을 하나의 통일된 표상으로 결정할 수 있을 만큼 정보가 충분하지 않은 것으로 정의할 수 있다. 행동의 피드백이 예상과 크게 어긋나는 경우, 불일치하는 조건들을 가리키는 불일치하는 단서들 또는 모순된 반응을 요구하는 상황에 노출된 경우가 그와 관련이 있을 것이다. 혼란 상황에 맞게 진화된 최고의 반응은 다음과 같은 계산상 조정일 것이다. 현재의 행동을 멈추는 것, 주의력의 초점을 현재의 목표 추구 너머로 넓히는 것, 애매하지 않은 단서를 더 찾는 것, 다른 데이터 해석들을 재빨리 오가면서 어느 것이 최적인지를 보는 것, 결정과 관련된 변수들에 불확실성 가중치를 높이는 것, 더 넓은 조건에 대해 긍정적인 회답을 산출하는 더 보수적인 계산 전략이나 행동 전략이 나오게끔 해석과 반응의 사다리를 낮추는 것.

된 외양을 갖고 있으며, 촉발되었을 때에는 이 프로그램이 특이적인 하위 프로그램 틈—조상의 환경에서 어떤 상황이 야기한 문제를 해결하기에 가장 유용한 것으로서 자연선택이 골랐던 하위 프로그램들—을 끌어들인다. 컴퓨터가 프로그램들의 위계 구조를 갖고 그중 어떤 것은 다른 프로그램들의 활성화를 제어하듯이, 인간의 마음 도 그렇게 할 수 있다. 이 프로그램들은 체내의 자유로운 행위자이기는커녕, 현대인 의 필요나 상황과도 무관하게 그들의 진화한 암호를 실행한다. 상태(분노)를 만들어 내고 조상의 상황에서 효과가 있었던 행동(예를 들어, 힘이 약한 경쟁자를 죽이는 것)을 실행하도록 설계되었을 뿐이다. 현대에 그 결과(예를 들어, 교도소)가 어떻든 간에 말 이다.

두려움(사례)

조상 시대에 반복되었던 상황은 밤에 혼자인 것이고, 상황-탐지 회로는 사람이나 동물 포식자가 존재할 수 있음을 가리키는 단서를 감지한다. 감정 모드는 추적당하 고 있다는 두려움이다. (이렇게 감정을 개념화할 때에는, **두려움**이라는 통속적인 범주에 하나로 묶이지만 동원된 프로그램들의 구성에 따라 계산적으로나 경험적으로 구분할 수 있는 감정 양태가 몇 가지 있을 수 있다.) 개인이 '추적과 매복 가능성'의 상황에 들어섰음을 상황 탐지기가 알려줄 때, 다음과 같은 종류의 마음 프로그램들이 동원되거나 수정 된다.

- 지각과 주의력이 변한다. 추적당하고 있다는 가정에 영향을 미치는 소리들이 갑자기 훨씬 더 분명하게 들린다. 평소 같으면 지각하지 못하거나 주의를 기울이지 않았을 삐걱대는 소리나 바스락거리는 소리 같은 것들이다. 삐걱대는 소리는 발소리 일까? 바스락거리는 소리는 어떤 것이 수풀 뒤에서 몰래 움직이는 신호일까? 신호 탐지의 역치가 변한다. 증거가 더 적어도 마치 위협이 있는 듯 반응하고, 잘못된 경 보의 비율이 높아지는 대가를 치르지만 정탐(정상을 정상으로 판별함)을 더 많이 지각 하게 된다.
- 목표와 동기 가중치가 변한다. 안전의 우선순위가 크게 올라간다. 다른 목표들 과 그것을 보조하는 계산 체계들은 비활성화된다. 더 이상 배가 고프지 않거나, 잠

재적인 짝을 어떻게 사로잡을지에 대한 고민이 사라지거나, 새로운 기술을 연습해 봤자 보람이 없을 것처럼 느껴진다. 계획의 초점이 현재에 맞춰지고, 어제와 내일에 대한 근심이 일시적으로 사라진다. 배고픔, 갈증, 통증이 억제된다.

• 정보 수집 프로그램들이 재가동된다. 내 아기는 어디 있지? 나를 지켜줄 수 있는 사람들은 어디에 있지? 현재의 상황을 더 잘 보고 들을 수 있는 장소가 어디에 있고, 내가 그리 갈 수 있을까?

• 개념의 틀이 변한다. 위험이나 **안전** 같은 범주들이 자동으로 실행된다. 평소에는 마음 편한 익숙한 길을 걷는 것에 이제는 위험하다는 표지가 붙을 수 있다. 평소에는 가지 않던 이상한 장소—복도의 벽장, 나뭇가지 사이—가 갑자기 안전이나 **숨을 곳** 같은 범주의 사례로 떠오를 수 있다.

• 기억 과정이 새로운 인출 과제로 방향을 돌린다. 내가 전에 올랐던 나무가 어디에 있었지? 내 적과 그의 친구가 지난번에 내가 그들을 봤을 때 나를 몰래 살피고 있었나?

• 의사소통과정이 변한다. 당면한 상황에 따라 당신은 결정 규칙이 정한대로 비명을 지르거나 아무 말도 하지 못하고 얼어붙는다. 얼굴에 자동적으로 종—전형적인 두려움 표정이 떠오를 수 있다.

• 전문화된 추론 체계가 활성화된다. 사자의 궤적이나 눈의 방향에 관한 정보가 시스템에 들어와 사자가 당신을 봤는지를 추론한다. 만일 그렇다는 결과가 나오면 사자가 당신의 위치를 안다고 어떤 프로그램이 자동적으로 추론한다. 만일 아니라면 사자는 당신의 위치를 모른다(Baron-Cohen, 1995는 '보는 것이 아는 것' 회로를 확인했고, 자폐증 환자들은 이 회로가 비활성인 것을 발견했다). 이 변수는 당신이 그 자리에 얼어붙을지 냅다 달아날지를 자동으로 지배한다(Barrett, 이 책 9장). 사자의 행동에 녀석이 얼마 전에 식사를 했고 그래서 당장에는 사냥할 가능성이 없다는 단서가 있는가? (얼룩말과 누[영양의 일종] 같은 사바나 유제동물은 일반적으로 이런 판단을 한다; Marks, 1987).

• 두려움 조건화를 실험한 많은 논문이 말하듯이(예를 들어, LeDoux, 1995; Mineka & Cook, 1993; Ohman & Mineka, 2001; Pitman & Orr, 1995), 전문화된 학습 체계가 활성화된다. 위협이 사실이어서 포식자가 매복 공격을 하면, 희생자는 편도

체amygdala가 중재하는 재조정을 겪고(외상 후 스트레스 장애에서처럼), 그 재조정은 평생 동안 지속될 수 있다(Pitman & Orr, 1995).

• 생리 기능이 변하고 면역계가 조정된다. 소화관에서 혈액이 빠져나가 위점막이 하얗게 변하고(동기 우선성이 음식 섭취에서 안전으로 변하는 데 동반하는 현상), 아드레날린이 치솟고, 심박이 올라가거나 내려가고(현재 상황이 도망을 요구하는지 부동 상태를 요구하는지에 따라), 혈액이 말초신경에 쏠리고(Cannon, 1929; Tomaka, Blascovich, Kibler, & Ernst, 1997), 근육조직(얼굴 및 기타 조직)에 명령이 하달된다(Ekman, 1982). 실제로 생리 반응의 성격은 위협의 성격과 고를 수 있는 최선의 반응에 따라 세부적으로 달라질 수 있다(Marks, 1987).

• 행동 결정 규칙이 활성화된다. 잠재적 위협의 성격에 따라 다른 행동 방침이 가능할 것이다. 숨기, 도망, 자기 방어, 긴장성 부동화(사람을 비롯한 동물에서 실제 공격에 대한 공통된 반응이다) 등.[24] 어떤 반응은 자동으로 또는 무심결에 경험된다.

위험을 피하는 관점에서 볼 때 이 계산의 변화들은 결정적으로 중요하다. 그 변화 덕분에 어떤 적응적 문제가 진화의 시간에 걸쳐 평균적으로 높은 확률로 해결될 수 있었다. 어떤 경우에는 실패할 수도 있다. 조상의 요약된 결과에 기초해서 진화적으로 계산된 최상의 방책일 뿐이고, 영원히 도달할 수 없는 완벽한 지식에 기초한 불확실한 방책이기 때문이다.

---

24 마크스(1987)는 몇몇 종류의 두려움에 행동과 생리의 양상들이 얼마나 많이 수반되는지를 생생하게 전한다. "극도의 두려움 속에서 인간은 '겁에 질려 몸이 굳거나' '두려워서 얼어붙는다.' 마비된 의식 상태의 갑작스러운 발증과 종료는 야생동물의 공격에서 살아남은 사람, 포격 쇼크를 받은 군인, 강간 피해자들의 절반 이상이 보고하는 증상이다(Suarez & Gallup, 1979). 수아레즈와 갤럽은 긴장성 부동화와 강간이 유발하는 마비의 유사성을 다음과 같이 열거했다(강간 피해자들이 보고한 특징은 괄호 안에 있다). (1) 심한 운동 억제(움직일 수 없음), (2) 파킨슨병 같은 진전(몸의 떨림), (3) 침묵(사람을 부르거나 비명을 지를 수가 없음), (4) 부동 상태에서 얻게 된 조건화된 반응을 기억하고 어떤 의식상실도 보고하지 않음(공격을 세세하게 기억함), (5) 명백한 통각상실(저림과 통증 무감각), (6) 심부체온 감소(춥다는 느낌), (7) 갑작스러운 발증과 종료(갑자기 시작되고 완화되는 마비), (8) 종료 시의 공격적 반응(마비에서 회복한 뒤 성폭행범을 공격). (9) 포식자의 경우 공격성의 빈번한 억제…" (pp. 68-69).

개인이 두려웠던 경험을 의식적으로 보고하느냐 못하느냐는 그 기제들이 (이 이론에 따르자면) 두려운 감정 상태를 정의하는 특징적 배치를 이뤘느냐와 별개의 문제다. 사람들은 자주 마치 감정에 잡혀 있는 듯 행동하면서도 그 감정을 느끼고 있다는 것을 부인한다. 분명 사람들은 자신의 감정 상태를 알아보지 못할 때가 있는데, 이 때문에 주관적인 경험은 감정의 필수 조건에 속하지 못한다. 현재로서는 의식적 인지 기능과, 감정 상태 및 그 밖의 마음 프로그램에 대한 의식적 접근을 조절하는 원리는 둘 다 해결되지 않은 복잡한 문제다. 감정 프로그램의 설계 특징을 지도화하는 일은 적어도 당분간은 그 해답과 무관하게 계속될 수 있다. 또한 이 계산주의 접근법 덕분에 감정 프로그램이 여러 문화에 존재하는지도 시험할 수 있다. 그 문화의 언어에 감정 상태를 가리키는 말이 있든 없든 간에 감정 양태의 설계 특징이 있어야 하고 실험적으로 확인되어야 한다(러츠, 1988에게는 실례지만).

진화적으로 요약된 목표 상황과 어울리도록 진화한 감정 프로그램의 기능적 구조

이 틀에 따르면 전문화된 인간의 환경을 통계적으로 정의한 구조와 상호작용을 통해 일련의 인간의 감정 프로그램들이 그 진화된 설계를 가지게 되었다. 각각의 감정 프로그램을 구축한 것은 진화적으로 반복된 개별적 상황이 부과한 선택적 체제selective regime—사건, 조건, 행위, 결정에 따른 결과물 간의 반복된 확률적 관계들—였다. 이 관계들은 (a) 충분히 오랜 진화적 시간에 걸쳐 (그리고 종의 범위의 충분히 많은 부분에서) 지속하면서 마음의 설계에 선택의 결과를 남겼으며, (b) 인간이 탐지할 수 있는 단서들과 확률적으로 연관된 것이어야 한다. 상황이 그런 구조를 드러낸다면 선택은 그 통계적 속성을 이용해서 감정 프로그램을 만들었을 테고, 이렇게 만들어진 프로그램은 그러한 상황이 반복될 때 선택이 선호한 설계 특징을 갖고 있을 것이다. 다시 말해서 감정 프로그램의 설계구조는 반복되는 상황의 구조와 유리한 보완성을 드러내야 하고, 그 결과 양자의 상호작용은 그 프로그램이 없을 때 나왔을 결과보다 (조상의 조건에서) 더 좋은 결과를 만들어왔을 것이다.

되풀이되는 통계적·인과적 구조의 특징들이 개체발생 과정에서 뚜렷이 지각되지 않더라도 감정 프로그램은 그 특징을 고려하도록 진화했다. 이 맞춤 제작은 선택이 완성했다. 선택이 진화적 시간 동안에 작용하면서, 그 상황과 확률적으로 연관된 속성의 목록에 개개의 항목과 꼭 들어맞는 프로그램 구성요소를 차별적으로 통합시킨 것이다. 따라서 감정 양태 속에는 되풀이되는 구조에 의해 의미를 갖게 된 매개 변수에 의거해서 세계를 해석하고, 전형적으로 존재했던 인과적 연결(관찰할 수 없는 연결까지도)을 형성하고, 자극을 받으면 조상의 시대에 확률적으로 연관된 요소들과 관련된 행동을 하는 방식이 깊이 새겨져 있다. 예를 들어, 조상 시대에 한 장소에 새 집단이 들어오는 사건이 결국 제로섬의 싸움, 경쟁, 기존의 자원기반 밖으로 쫓겨남의 통계적 전조가 되었다면, 인간은 집단 간의 두려움, 적대감, 경쟁심을 더 많이 겪도록 설계되어 있어야 한다. 이와 마찬가지로, 만일 분노가 이해관계가 충돌했을 때 협상 행동을 조직하도록 진화한 감정 프로그램이고 상대방에게 더 강하게 지각될수록 자신의 교섭력이 커진다면(Sell, Tooby, & Cosmides, 2009), 진화는 화난 얼굴 표정에 강해 보이는 요소들을 통합시켰을 것이다(Sell et al., 2014에 통합된 것처럼).

예를 들어, 당신에게 짝이 있다는 조건과 그 짝이 다른 사람과 성교를 한다는 조건을 합치면 성적 부정의 상황이 형성된다. 모든 개인에게 일어나진 않아도 진화의 시간에 걸쳐 꾸준히 재발한 상황이다. 이 상황과 관련지어진 것이,'상황 탐지기'가 진화할 수 있을 만큼 충분히 믿을만한 단서들이었다(예를 들어, 성행동, 바람난 행동, 심지어 의심스러운 연인들이 자주 함께 사라지는 것을 목격하는 것은 성적 부정의 상황으로 분류하게끔 유발하는 단서들이다). 더욱 중요한 점은, 필연적으로나 확률적으로 연관된 많은 요소들이 우리의 수렵채집인 조상들이 마주친 성적 부정의 상황 속에 존재하는 경향이 있었다는 것이다. 그래서 다음과 같은 요소들이 추가된다. (a) 사회적 행동과 폭력을 동원할 능력이 있는 성적 경쟁자 및 그의 동맹자들, (b) 당신의 짝이 성적 경쟁자의 아이를 임신했을 불연속 확률, (c) 짝짓기 관계에 계속 투자하는 노력에서 오는 번식상의 보상이 생애 기간 중에 변하는 것, (d) 부정한 짝의 기제가 성적 부정을 당한 피해자에게 매기는 가치의 감소 가능성(대안적인 짝이 존재하면 교체 비용이 낮아진다), (e) 성적 부정의 피해자가 과거의 사건들에 대해 속아왔고 그래서 자신의 기억이 거짓 정보로 가득 차 있을 가능성. (f) 자신의 이익을 전체적으로 잘 지켜서 얻게 된 피해자의 명성과 지위가 급락한 결과 다른 분야에서까지 문제가 발생하는 것. 확률적 연관 요소의 긴 목록에서 이는 극히 일부분에 불과하며, 이런 요소들이 모여 성적 부정이라는 **상황**의 진화적으로 되풀이된 구조를 구성한다. 성적 질투의 감정은 세계의 이 속성들―이 상황―에 대응하여 진화했으며, 그렇다면 그 계산 설계 안에는 이에 대한 증거가 있어야 한다(Buss, 2000; Daly, Wilson, & Weghorst, 1982).

예를 들어, 조상의 성적 부정 상황에서 폭력과 마주칠 확률이 평상시보다 훨씬 높았다면, 성적 질투 프로그램은 그런 사건들에서 추출된 핵심을 반영했을 테고, 조상 시대의 높은 확률에 비례해서 질투 하위작업 처리과정들이 폭력에 대비하게끔(예를 들어, 심박 증가로) 조정되어 있을 것이다. (자연선택은 행동이 너무 굼떠서 수렵채집 이후의 조건에 대해서는 마음을 최신화하지 못했다.) 이 하부 요소들과 하부 요소들에 필요한 적응적 회로들이 더해진다면 성적 질투의 일반 이론이 탄생한다(예를 들어, Buss., 2000).

성적 질투의 감정은 특이적으로 설계된 조직적 연산 모드로, 그것이 전개하는 프로그램들은 저마다 각각의 심리 기제를 지배하면서 성적 부정이 드러났을 경우에 대비한다. 우선 생리적 과정들이 폭력, 정자 경쟁, 투자의 철회 같은 일들에 준비가 되고, 경쟁자를 제지하거나 다치게 하거나 살해하겠다는 목표가 떠오르고, 짝을 응징하거나 제지하거나 버리겠다는 목표가 생기고, 대안적인 짝들에게 더 매력적으로 보이고 싶은 경쟁심이 발동하고, 과거를 재분석할 수 있게 기억이 활성화되고, 과거에 대한 자신 있는 평가가 의심으로 바뀌고, 상대방(혹은 사실상 모든 사람)의 신뢰도에 대한 전반적 평가가 하락할 수도 있고, 연관된 치욕 프로그램이 커져서 공공연하게 폭력이나 응징의 행위를 과시할 수 있는 상황을 추구하기도 한다. 그런 행위를 통해 그를 약자로 보는 사회적 인식(그의 상상이든 실제든)을 깨려는 것이다.

감정 연구자에게 이 접근법이 대단히 유용할 수 있는 것은, 조상 조건의 요약된 구체적 내용과 거기서 유래한 감정 프로그램의 세부적 구조 간의 관계 때문이다. 기능적으로 구별되는 각각의 감정 상태―포식자에 대한 두려움, 감사, 죄책감, 성적 질투, 분노, 슬픔 등―는 통합된 연산 모드에 해당하며, 이 연산 모드는 반복되는 상황 또는 그 감정에 상응하는 유발 조건의 개별 구조를 이용해서 적응적 문제를 해결하도록 설계되어 있다. 이 접근법을 적용하면 다음의 세 단계를 통해 각 감정에 대한 이론을 만들어낼 수 있다. (a) 조상 상황의 속성들을 재구성하고, (b) 인간 마음의 설계구조 안에 있다고 알려져 있거나 짐작되는 심리 기제들이 조상의 조건 또는 조건들의 집합을 취급하려면 어떻게 설계되어야 하는지를 공학적으로 분석하고 그 기제들을 통합해서 감정 프로그램의 모델을 만들고, (c) 실험과 그 밖의 연구를 구성하거나 실행해서 그 감정 프로그램 모델을 검증하고 교정한다.

진화적으로 반복되는 상황들은 그 상황을 규정하는 확률적 연관 요소들이 얼마나 풍부한지 또는 빈약한지에 따라 스펙트럼처럼 배열된다. 예를 들어 간통이나 포식자 매복처럼 풍부하게 구축된 상황은 조상의 많은 관련된 특징에 대응하므로 기초가 풍부한 감정 프로그램을 뒷받침할 것이다. 많은 세부 조정이 연산 모드를 위한 명령으로서 많은 심리 기제에 가해질 수 있다. 이와 반대로 어떤 반복되는 상황들은 구조가 빈약해서(즉, 공통된 속성이 적어서), 감정 양태가 고도로 전문화된 조정을 적게 겪고, 전문화된 만큼 더 강력해지는 해석과 행동 성향을 더 적게 부과한다. 예를 들어, 갑작스러운 행복감이나 기쁨은 예상치 못한 긍정적 사건과 마주치게 되는 반복되는 상황에 대응하도록 진화한 감정 프로그램이다. '예상치 못한 긍정적' 사건은 극히 광범위하고 일반적이며, 공통의 속성을 몇 개밖에 추가할 수 없고, 차별적인 반응을 선택한다(예를 들면, 행동을 하기 위한 최저 금액을 높이거나 낮추고, 그래서 기쁨이 사람을 더 활기차게 하고 슬픔이 행동을 억제하게 된다). 이 스펙트럼에서 가장 일반적이고 내용이 빈약한 말단에 위치한 감정 프로그램들은 우리가 흔히 기분이라 부르는 것들에 해당한다(행복, 슬픔, 흥분, 불안, 쾌활함, 향수병 등).

동기 체계, 내적 조절 변수, 재조정 감정

동기에 관한 전통의 이론들은 주로 일반–목적을 말하거나 극히 단순했지만(예를 들어, 동기는 목표 추구라고 보거나, 동기는 일반–목적의 조작적 조건화 체계에 의해 움직이는데 이 체계는 강화의 역사가 만들고 음식, 물, 섹스 같은 몇 안 되는 충동이나 강화물과 연결되어 있다고 본다), 진화론에 기초한 연구는 전통적 심리학의 동기 이론들에 부합하지 않는 적응적 문제들을 점점 더 많이 확인하고 있다(예를 들어, 혈연지향 이타주의, 근친상간 회피, 타 집단과의 결혼 교환, 힘에 기초한 협상, 서식지 선택, 파트너의 배신 성적 부정 예방, 오염 회피, 자식 돌보기, 지위 추구, 연합 가치에 따른 협력, 응징을 통한 무임승차 방지, 연합체들의 경쟁에서 우리 연합체의 이익 증대 등). 이 문제들은 자유롭게 선택한 목표와 무관하고, 현존하는 욕구감소 이론으로는 잘 설명되지도 않는 듯하다. 이 적응적 문제들은 서로 매우 달라서 해결하려면 저마다 독특한 적응적 전문화가 필요하다(이 의붓형제에게 성적 혐오를 얼마나 느껴야 하는가-근친상간 회피, 자원을 얻기 위해 이 적과 싸우려면 얼마나 많은 희생이 따를까-노여움, 예상보다 더 많이 나를 도와준 사람과 더 높은 수준의 상호협력 관계를 강화하려면 그를 돕는 성향을 얼마나 재조정해야 하는가-감사, 무임승차자를 응징하려면 얼마나 단호해야 할까-처벌, 가능한 비용을 고려할 때 소속 집단을 위해 얼마나 노력해야 하는가-충성).

추상적으로, 동기와 관련한 적응적 문제는 유기체가 이용할 수 있는 상황 정보를 감안하여 가능한 행동방침들의 적합도 이익이 얼마나 될지를 평가해서 가장 확실하고 안전한 반응을 결정하는 정보처리 문제다. 조상 시대에 결정을 내려야 하는 반복된 상황들(예를 들어, 그가 당신의 형제일 수 있다는 단서를 감안할 때 이 사람과 섹스를 해야 하는가? 무임승차를 응징해야 할까, 무시해야 할까?)은 통계적으로 되풀이되는 특징, 단서, 보이지 않는 부수물, 결과, 이익 분포가 제각기 다른 집합 또는 덩어리로 분류할 수 있다. 그러면 동기 문제 유형의 특별한 속성들에 맞춤 제작된 개개의 동기 하부 체계(근친상간 회피, 자식 돌보기, 연합을 위한 희생, 연인관계 유지, 공격을 통해 이득을 얻을 기회의 이용, 호기심 충족)에 대한 선택으로 이어진다. 각각의 하부 체계가 가동하면 전용 해석 체계와 연결되는데, 이 해석 체계는 예를 들어 **무임승차자** 같은 믿을만하게 발달하는 개념적 원형과 연관되며(Delton, Cosmides, Guerno, Robertson, & Tooby, 2012), 이러한 발달을 통해 처벌하려는 감정과 같은 동기가 기능적인 목표(즉, 위반을 저지른 바로 그 사람)를 제대로 향하게 된다(마찬가지로 Price, Cosmides, & Tooby 2002 참조). 편리하게도 진화심리학자들은 몇 가지 적응적 문제의 모델—즉, 특이적인 영역들(예를 들어, 혈연 선택, 근친상간 억제, 성선택, 비대칭 소모전)에서 선택이 어떻게 작용하는가—을 개발했다. 이 모델들을 이용하면 특이적 동기 하부 체계들이 각자의 적응적 문제를 해결하기 위해 갖춰야 할 계산 설계구조의 모델을 개발할 수 있다.

이 새로운 범위의 사례들을 통합할 수 있는 이론 틀을 구축하기 위해서는 현재까지 인지과학이나 전통적인 동기 이론 또는 민간심리학folk psychology에는 존재하지 않는 새로운 종류의 계산 요소들을 도입해야 한다. 다시 말해, 그 요소는 흔히들 설명하는 생각이나 느낌이나 욕구가 아니다. 단순함을 위해 우리는 이 계산 요소를 **내적 조절 변수**internal regulatory variables라고 부른다(Tooby & Cosmides, 2008; Tooby,

Cosmides, Sell, Lieberman, & Sznycer, 2008). 내적 조절 변수가 필요한 이유는 다음과 같다. 하나의 행동 방침을 고려할 때 사람, 행위, 상황의 속성을 등록해서 특별한 종류의 결과에 딸린 가치와 확률을 명시적으로 또는 암묵적으로 계산하기 위해. 세계의 요소들을 종류별로 분리해서 동기와 관련된 의미가 배정될 수 있도록 하기 위해 (예를 들어, 내 자식, 성적 기회, 또는 잠재적 친구), 또는 당면한 상황에서 의사 결정을 할 때 적합도를 향상시키는 행동과 적합도를 감소시키는 행동을 가르는 역치를 저장하기 위해(예를 들어, 이익 조정 균형, 즉 자신의 이익과 비교하여 타인이 가지는 중요성에 대한 가중값). 내적 조절 변수는 전문화된 다음 단계의 입력 계산(예를 들어, 이 사람이 유전적으로 얼마나 가까운지를 평가하는 혈연관계 지수의 최신화)에 필요한 선구 정보 (예를 들어, 근연도 계산에 입력될 공동거주)를 부호화할 뿐 아니라, 가치 자체도 부호화한다(혈연 지수가 높게 나오면 이 특정한 친족은 이 값에 해당한다는 계산으로 이어질 수 있다). 그리고 이 변수는 의사결정 회로에 값(매개변수)을 제공하는 데에(예를 들어, 자신대 타인의 이익에 영향을 미치는 선택을 할 때 그 사람의 이익에 높은 가중치를 부여하는 데)사용될 수 있다.

이 견해에 따르면 내적 조절 변수는 신체, 사회적 환경, 물리적 환경의 속성들 중 좁게 겨냥된 속성들을 탐지하도록 진화했으며, 진화한 의사결정 프로그램들은 그 속성들을 계산해서 나온 입력 정보를 활용해서 선택 및 행동과 관련된 동기를 산출한다. 가장 단순한 차원에서 내적 조절 변수는 불연속의 매개변수 값을 갖거나(예를 들어, 대상 인물이 남성인지 여성인지로 표시됨), 연속적인 크기를 갖는다(대상 인물이 0과 진화적으로 설정된 상한선 사이의 혈연관계 지수로 표시됨). 다양한 결과 값에 대한 각기 다른 동기 체계들의 최종 출력물은 공동의 신경 통화로도 표현될 필요가 있다. 그래야 맞거래와 기회비용이 상호 배타적인 선택지에 대한 선택 행동에 통합된다. 다시 말해, 결국 당신은 가젤의 허리고기를 당신의 부족에게 갖고 갈지 이웃 마을에 사는 병든 형제에게 갖고 갈지를 선택한다.

그러므로 우리는 인간 마음의 설계구조는 진화된 변수들로 가득 차 있고, 진화한 변수들은 진화된 회로들 속에 내장된 채 존재하며, 진화된 회로들의 기능은 가치평가, 선택 행동, 미래의 선택 상황을 위한 계산상의 준비에 쓸모 있는 전용 매개변수를 저장하는 것이라고 예상한다. 내적 조절 변수는 명시적인 개념, 표상, 또는 목표

상태가 아니라, 설계구조 안의 장소에 따라 의미를 갖게 되는 등록값이나 지수에 가깝다. 예를 들자면, 거기에 공급되는 상황적 단서들(예를 들어, 공동거주, 출생 이후 모계 관련성 인식)과 다시 그 단서들을 공급받는 진화한 행동조절 및 계산제어 절차(예를 들어, 자신과 개인 i 간의 산정된 혈연관계 지수가 결국 가족 구성원인 i와의 섹스를 예상할 때 혐오감이 일게 함)로부터 의미가 발생하는 것이다. 그런 조절 변수에는 다음과 같은 기준이 포함될지 모른다. 저 사람에겐 짝, 아이, 당신의 인생 등이 얼마나 소중한가, 저 서식지의 식료품 생산성은 얼마나 안정적 또는 변덕스러운가, 서식지 안의 조건-독립적인 사망의 분포, 한 개인과 얼마나 오래 공동 거주했는가, 당신이 예상하는 기대 수명이나 유효 기간, 어떤 사람이 지금까지 당신에게 얼마나 좋은 친구였는가, 당신이 받고 있는 사회적 지지의 정도, 당신의 사회적 파트너 관계는 얼마나 탄탄한가, 당신이 갖고 있는 남들과의 연합 가치, 당신과 남들의 복수 능력—공격의 강력함, 당신의 성적 매력, 당신의 지위 또는 자존감, 당신이 속한 연합체의 지위, 현재의 에너지 비축량, 현재의 건강, 당신의 신체 상태와 상황을 감안할 때 임신이 얼마나 유익할까, 먹을 것을 구하기 위해 집단적 행동에 의존하는 정도 등.

동기와 관련된 하부 체계와 그와 연관된 감정 프로그램을 선택하는 진화적으로 되풀이되는 상황과 의사 결정의 상황은 대부분 정보의 지속적 발견을 통해 하나 혹은 그 이상의 이 변수들을 재계산하는 것을 허락하고 요구한다. 그러므로 재조정은 감정 프로그램들 대부분의 주된 기능적 구성요소다. 재조정 프로그램recalibrational program은 죄책감, 감사, 슬픔, 우울, 연민, 치욕 같은 감정 프로그램의 성분으로, 이 프로그램들의 기능은 특별한 단기적 행동 반응을 조율한다기보다는, 내적 조절 변수를 재계산하는 것이다(Cosmides & Tooby, 2013; Tooby & Cosmides, 1990a, 2008; Tooby et al., 2008). 예를 들어, 질투는 몇몇 재조정을 수반한다(예를 들어, 짝의 가치 산정가의 감소, 짝에 대한 신뢰의 감소, 친부 확신의 감소, 경쟁자 제거 이익의 증가).

그러나 내적 조절 변수와 관련된 정보는 시간상의 모든 지점과 모든 상황에 골고루 퍼져 있는 게 아니다. 어떤 상황은 정보의 밀도가 높고, 이 변수들의 올바른 값을 더 정확히 조정하게 해주는(예를 들어, 당신의 아이가 죽었거나, 사랑이 돌아왔거나, 지금까지 남편이 바람을 피웠거나, 당신의 진짜 아버지가 누구라거나, 아는 사람이 당신을 위해 큰 희생을 감수했음을 깨달을 수 있는) 유익하고 안정적인 단서가 가득하다. 잘 만들어진 설계구조라면 이 정보 밀도가 높은 상황을 이용해서 체계 내의 매개변수들을 최신화할 것이다. 이것이 특히 사실인 것은 이 매개변수들이 논리상으로 상호 관계된 망으로 존재하기 때문이다. 이 망들이 존재하는 것은 다른 무엇보다도, 미시경제학자가 보면 가격책정 문제라 부를 만한 것—매우 다양한 생산 요인들이 각기 다른 비용(예를 들어, 가능한 행동 방침들이 서로 구속한다), 다수의 가능한 결과(성과들이 다르면서도 상호작용한다)를 수반할 때 생기는 계산 문제들—을 내부에서 해결하기 위해서다. 이 요인들이 외부로부터 변화되려면 동기 체계를 통한 광범위한 재계산이 필요하다. 다시 말해서 기회, 생산 요인, 이득, 불확실성과 관련된 새로운 정보가 매일 개인의 수천 가지 결정을 지배하는 체계 속으로 잔가지들을 뻗어야 한다. 당신이 저녁식사를 우연히 바닥에 흘렸을 땐 순간적인 짜증이나 실망만 최신화해도 된다. 이와 정반대로 남편의 죽음을 발견했을 땐 설계구조 전체에 퍼져 있는 수만 개의 결정변수, 맞거래(계산의 균형), 습관 요소를 크게 변화시킬 필요가 있다. 그가 살아 있다는 가정에 맞춰 과거에 조정된 것들이기 때문이다(곤경에 처했을 때 누구에게 기대야 하나? 누구와 음식을 나누어 먹어야 하나? 밤에 얼마나 경계를 해야 하나? 누가 아이들 양육을 도와줄까? 내일 식량을 얼마나 수집해야 할까?). 이론상 불분명한 이유 때문에 우리의 뇌는 특이하게 조직되어 있어서, 이 재조정 과정들은 종종 의식적 주의력을 동원해서 연관된 변수들을 적절히 재평가하는 것처럼 보이며, 인간 경험의 주요한 차원하나를 이루는 풍부하고 독특한 정서적 느낌 상태들과 연관되어 있다. 이 감정들이 기능의 관점에서 종종 혼란스러운 이유는 그 감정에서 비롯된 느낌이 개인에게 단기적으로 실리를 가져다주는 행동을 방해하기 때문이다. 예를 들어 사람들은 슬픔, 우울, 죄책감, 낭만적 사랑의 시작 등을 느끼기 위해 자발적으로든 무의식적으로든 식량 수집, 식사, 수면 같은 명백히 생산적인 활동의 시간을 줄인다. 내 말은, 어떤 환경에서 생산적이었던 습관적 행동과 저장된 성향들은 갑자기 전망이 바뀔 땐 더 이상 이득이 되지 않고, 사람이 느끼는 동기가 줄어든다는 것이다. 실제로 슬픔이나 우울에 빠진 사람들은 뇌 활성의 수치들이 높게 나타나며, 외부에 주의를 기울이지 않고 혼자 있기를 원한다. 뇌가 조절 및 결정 변수의 거대한 망을 수정해야 하는 것이다. 인지과학은 뜨거운 인지보다는 차가운 인지—지각, 범주화, 언어 처리, 사물인식—에 훨씬 더 주목해왔다. 하지만 우리는 뇌의 훨씬 더 많은 부분이 느낌, 가치

매기기, 동기, 감정 등—뜨거운 인지—의 계산을 실행하도록 조직되어 있다고 생각한다. 세계를 아는 것('객관적' 지식)은 대개 손쉬운 계산 문제다. 어떻게 해야 할지, 각각의 행동 방침을 어떻게 평가해야 할지를 아는 것(적합도를 높이는 "주관적" 가치 평가)은 훨씬 더 어렵다.

진화적 적응의 환경은 사물, 사건, 사람, 조절 변수의 기능상 의미와 속성에 관한 믿을 만한 정보를 심리적 설계구조에 알려준 사건 관계(예를 들어, 어머니가 죽었다)와 정신물리학적 규칙성(예를 들어, 피는 다쳤음을 가리킨다)으로 가득 차 있었다. 예를 들어, 어떤 신체 비율과 동작들은 미숙함과 부족을 가리켜서, '귀여움'을 발산하는 것에 대한 반응으로 양육을 하고 싶게 하는 감정 프로그램을 활성화시켰다(Eibl-Eibesfeldg, 1970을 보라). 어떤 비율과 동작들은 성적 매력을 가리켰다(Buss, 1994; Symons, 1979). 감사하고 싶은 마음이 들 때, 집에 돌아와 기쁠 때, 절박하게 간청하는 사람을 볼 때, 갓난아기를 처음으로 품에 안을 때, 가족 중의 누군가가 긴 여행에 나서는 것을 볼 때, 몹시 굶주린 사람과 마주칠 때, 당신의 아기가 고통스럽게 우는 소리를 들을 때, 바깥에서 폭풍우가 몰아치는 날 따뜻하게 있을 때… 이 모든 것이 우리에게 무엇인가를 의미한다. 이 일은 어떻게 일어날까?

두려움, 분노, 질투 같은 주된 감정 프로그램과 연결된 상황 탐지 알고리듬 외에도 인간에게는 우리가 **재조정 시동 기관**recalibrational releasing engine이라 부르는 진화한 전문화 체계가 훨씬 더 많이 있다. 이 기관들은 진화적으로 인식 가능한 상황에 부딪혔을 때 상황 탐지 알고리듬을 수반하면서, 내적 조절 변수에 입력물을 공급하고 적절한 재조정을 유발하는 기능을 한다. 예를 들어 정서적 재조정affective recalibration 같은 것이다. 이런 마이크로프로그램들이 광범위하게 존재하면서 우리의 세계 중 큰 부분을 구축하지만, 이 적응들에 대한 연구는 겨우 첫 걸음을 내딛고 있다.

이익 조정 균형 기능과 재조정 감정

다른 종의 구성원들처럼 사람도 끊임없이 선택지를 고르는 상황에 직면한다. 자기 자신의 이익을 증진하기 위해 남의 이익을 희생할지(이기적 선택) 남의 이익을 증진하기 위해 가지 자신의 이익을 단념할지(이타적 선택)를 고르는 것이다. 진화생물학자들은 (명시된 조건하에서) 선택이 특정한 타인을 위해 당사자가 눈앞의 이익을 포기하는 것에 더 높은 점수를 주는 선택압들을 확인했다. 다음과 같은 것들이 그 예다. 혈연 선택kin selection(Hamilton, 1964; 인간의 적응을 보여주는 증거로는, Lieberman, et al., 2007을 보라), 상호성이나 교환(Trivers, 1971; 인간의 적응에 대해서는, Cosmides & Tooby, 이 책 24장을 보라; Krasnow, Cosmides, Pedersen, & Tooby, 2012), 비대칭 소모전(Hammerstein & Parker, 1982; 인간의 적응에 대해서는, Sell et al., 2009를 보라), 외부효과 관리와 파트너 고르기(Tooby & Cosmides, 1996; 또한 Noë & Hammerstein, 1994를 보라).

인간의 마음이 주어진 조건에서 자신의 이익과 타인의 이익 사이에서 균형을 찾아서(맞거래해서) 적합도를 끌어올리게끔 자극하는 적응적 문제를 해결하기 위해서는 적응이 있어야 하는데, 이 적응은 관련된 결정 매개변수와 대응하는 조절 변수를 계산하도록 설계되어야 한다(이 사람과의 유전적 근연도—혈연관계 지수; 이 사람이 전에 상호성을 했는가?; 다른 사람이 이 혜택을 얼마나 필요로 하는가?; 이 사람의 위압성 지수—이 사람이 나를 얼마나 다치게 할 수 있을까?; 이 사람의 연합 가치 등). 우리는 동료들과 함께 다음과 같이 생각한다. 이 적응들은 인간에게 보편적으로 존재하는 동기적 하부 체계를 통해 형성되었는데, 동기적 하부 체계는 마음속에서 이익 조정 균형 기능을 계산하며, 이익 조정 균형 기능은 각각의 친한 사람에 대해서 당사자가 그 개인을 위해 하고자 하는 희생과 하기 싫어하는 희생을 가르는 역치(이익 조정 균형 역치)를 설정한다(Tooby & Cosmides, 2008; Tooby et al., 2008). 해당 체계가 조상의 조건 하에서 잘 설계되고 운용되었다면, 이 역치는 적합도를 향상시키는 희생과 감소시키는 희생에 적절하게 대응해야 한다. 또한 이 체계는 그 행동이나 대응이 자신에게뿐 아니라 상대방에게도 어느 정도의 가치가 있는지를 추산해야 한다.

사회적 상호작용을 설명하는 각각의 진화 이론은 주어진 이익 조정 균형 역치가 대상 i에서 j에 이르기까지 적합도를 얼마나 향상시키는지를 정할 수 있게 해주는 변수를 포함한다(혈연관계 지수, 교환 파트너가 얼마나 믿을만한지, 저 사람들이 당신을 얼마나 높게 평가하는지, 저 사람들이 이익을 얼마나 베풀거나 아낄 것 같은지). 이 이익 조정 균형 역치WTT: welfare trade-off threshold는 준안정적quasi-stable 변수여야 한다. 이 말은 체계가 새로운 정보를 받을 때까지 안정적이라는 뜻이다. 이 변수와 관련된 새로운 정보가 들어오면, 이익 조정 균형 역치는 새 조건하에서 적합도 향상의 크기를 재조정해야 한다.

동기 문제를 해결하는 데 필요한 체계 조절 변수와 관련하여 동기 문제를 분석할 때 우리를 즐겁게 하는 발견이 있다. 각기 다른 적응적 기능을 가진 다수의 동기 체계가 많은 가설적인 조절성 변수를 공유하고 있다는 사실이다. 예를 들어, 친척 i 에게 얼마나 이타적이어야 할지를 결정하는 독립된 적응적 문제와 친척 i를 성적으로 얼마나 혐오스럽게 느껴야 할지를 결정하는 독립된 적응적 문제는 둘 다 똑같이 동일한 조절 변수—나 자신과 I의 혈연관계지수—를 필요로 한다(Lieberman et al., 2007). 같은 조절 변수—이익 조정 균형 역치—가 넓고 다양한 독립된 적응적 문제들에 계속 다시 나타나는 것이다. 예를 들어, 그 조절 변수는 혈연 지향 이타주의, 교환과 상호성, 연인관계와 양육, 이익에 기초한 협상, 외부효과를 사회적 관계에 통합하기, 사회적 가치 평가 관리 등과 관련되어 있다.

더 나아가 이익 조정 균형 역치와 그 재조정은 일련의 감정 프로그램들의 설계 속에 깊이 내장된 것으로 보인다. 대표적인 예로, 감사, 분노, 죄책감, 연민, 수치, 경멸 등이다. **분노**는 자신의 이익에 타인이 너무 낮은 값을 매길 때 발생하는 것으로 보인다. 이익 조정 맞거래 역치의 암묵적인 기대치를 감안하고, 또한 이익을 베풀거나 아끼는 능력 혹은 위해를 가하거나 참는 능력을 감안할 때 상대방이 나에게 표현한 WTT가 너무 낮았던 것이다(Sell et al., 2009). 즉, 분노의 기능은 자신에 대한 WTT를 높여달라고 상대방과 거래하는 것(또는 상대방의 WTT는 맞았지만 당신이 그 서비스나 자원을 어떻게 평가하는지를 그들이 알지 못한다면, 그들을 재교육하는 것)이다. 협력하는 관계에서 화난 사람이 상대방에게 유인화incentivization를 제공하면 그에 대한 WTT가 감소할 수도 있다는 위협이 된다. 상대방은 화난 사람에 대한 이익 조정 균형 역치를 인정할 만한 수준으로 높이지 않으면 더 이상 그에게 같은 수준의 희생을 기대하지 못할 것이다. 죄책감은 당신이 과거에 특정한 타인에게 부여한(행동상으로 표현된) 이익 가중치가 너무 낮았거나, 그의 서비스나 재화를 너무 낮게 평가했음을—그들이 그렇게 신경을 썼는지 미처 몰랐음을—새로운 정보로 알게 되었을 때 그에 대한 이익 조정 균형 기능을 재조정하는 역할을 담당한다(Tooby & Cosmides, 1990a, 2008). 수치는 당신에 관한 부정적인 정보가 남들의 마음에 도달해서 그들이 당신의 가치를 평가 절하할지 모른다는 우려 또는 실제 상황을 처리하도록 설계된 재조정 감정이다. 이때 당신이 직면한 적응상의 위협은, 당신에 관한 새로운 (부정적) 정보에 반응해서 다른 사람들이 당신에 대한 이익 조정 균형 역치를 재조정할 가능성이다(Sznycer et al., 2012).

그에 따라서, 감사는 (1) 타인에 대한 자신의 이익 조정 균형 역치를 높이기 위해 (2) 자신에 대한 상대방의 연합 가치가 과거에 추산했던 것보다 더 크다는 새로운 정보를 발견했을 때, 활성화되는 재조정 감정 프로그램이다. 예를 들어, 감사는 상대편이 당신의 이익과 그들의 이익을 당신의 예상보다 훨씬 높은 수준으로 맞거래할 때 유발된다. 당신이 과거에 그들을 대우했던 방식과 비교해서는 설명하기 힘들 정도로 예상치 못하게 당신에게 친절했던 것이다. 좋은 협력 관계는 드물고, 그래서 서로에 대한 이익 조정 균형 역치가 높아진다면(다른 조건들이 동일할 때) 공동의 이익은 그만큼 더 효과적으로 증진될 것이다. 이 높은 상호부조의 가능성을 안정화하려면, 당신이 그 행동을 인지했고, 누구의 행동인지 정확히 알았으며, 고맙게 여겼고, 결국 당신이 그의 이익에 매기는 가중치가 높아졌음을 보여주는 것이 중요하다. 그래서 감정 프로그램은 소통의 욕구를 불러일으키고, 상대방에 대한 이익 조정 균형 역치를 상향 조정한다. 그 결과 이 협력 모델을 안정화하는 두 가지 요인이 부상한다. 만일 상대방에 대한 당신의 WTT가 너무 낮다면 상대방의 이익 조정 균형 역치가 (분노 프로그램을 통해) 하향 조정될 수 있다는 우려, 그리고 만일 당신에 대한 상대방의 이익 조정 균형 역치가 당신이 생각하는 정당한 수준보다 높으면 (감사 프로그램을 통해) 상대방에 대한 당신의 WTT가 상향 조정되는 경우다(Lim et al., 근간). 감사의 두 번째 종류는 교환이 아니라 연합 가치와 외부효과에 기초한다(Tooby & Cosmides, 1996). 감사는 상대편에 대한 높은 가치 평가에 의해 유발되기도 한다. 개인은 매우 소중한 사람의 이익을 위해 희생함으로써 이익을 얻을 수가 있으며, 또한 그 사람을 소중히 여기는 느낌을 감사라고 여길 때가 종종 있다(즉, 아이가 살아 있어서 감사하다; 당신의 은총에 감사합니다). 셋째, 파트너 선택은 잠재적 파트너가 발산하는 긍정적인 외부효과의 크기에 기초할 수 있다.

환경 및 유기체 변이의 반복적인 차원들은 매개변수 협응적 적응을 선택한다

앞에서 행동유전학과 인간의 보편 설계의 관계를 논할 때 우리는 질문 하나를 뒤로 미뤘다. 유기체들의 개체 간 차이 중 어떤 부류는 왜 몇 가지 다른 차원의 변이로 조직되어야 하는가? 진화의 시간에 걸쳐 세계의 많은 양상들(환경, 유기체, 유기체-환경 상호작용 포함)은 진화적으로 반복되는 공변화하는 구조 안에서 변화했다. 즉, 세계에 안정된 규칙성들(예를 들어, 중력, 빛의 속성, 대기 중의 산소 비율)이 있고 조건과 표현형이 달라지는 차원들에 안정된 규칙성들이 있을 뿐 아니라, 조건과 표현형에도 고차원의 공변(더불어 변하는) 관계들이 있다. 예를 들어 지역의 온도는 변할 수 있지만 온도가 올라가면 습도가 함께 올라가는 식이다. 게다가 환경의 양상과 종 내부의 조직도 유기적으로 공변화한다. 예를 들어 환경은 때로는 종의 크기 증가를 선택하고 때로는 크기 감소를 선택한다. 기능적으로 작동하는 크기를 가진 유기체가 건강을 유지하기 위해서는, (예를 들어) 머리 크기가 증가하면 척추가 더 커져야 하고, 목과 상체 근육도 더 커져야 한다. 유기체 크기의 모든 차원이 유전적 제어를 따로따로 받는다면, 종이 커지거나 줄어들기 위해서는 유기체 몸 곳곳에 기능상 상호 연결되어 있는 모든 형질에 독립적으로 선택이 일어날 것이며 그 계통이 대응할 수 있는 속도가 늦춰질 것이다. 한 형질에 변이가 발생해도 다른 형질들에 변이가 없으면 아무 소용이 없다. 선택에 대응해서 크기를 변화시키는 계통의 능력은 상당한 지장을 겪을 것이다. 따라서 크기 변화를 위한 또 다른 선택은 전에는 독립적이었던 다양한 형질들의 성장을 합쳐서 훨씬 적은 수의 발달 성장 차원으로 만드는 선택이기도 해야 한다. 이 방식이 선호될 수 있는 이유는 그때 유기체의 형질들이 기능상의 상호 관계를 유지하고 상대성장을 하면서 방향성 선택을 견딜 수 있기 때문이다. 말하자면, 반복해서 변하는 특별한 환경 차원에 대응하여 전에는 독립적이었던 형질들을 발달의 수준에서 서로 연결시키는 돌연변이가 선호될 것이다. 형질들 간의 유전적 상관성은 흔히 생각하듯 어떤 주어진 결과가 아니라, 그 상관성 자체가 진화의 결과다. 그런 유전적·발달적 적응을 갖는다면 발현된 표현형은 훨씬 덜 지체된 시간에 반복해서 변하는 환경을 따라잡고, 최적 적합도에 조금 더 가깝게 머물 것이다. 조건들의 공변화 구조와 발달 체계의 공변화 구조는 진화의 시간에 걸쳐 상호 보완하면서 진화할 것이다.

　상대성장의 경우에 (예를 들어) 성장 분야의 수는 선택이 따로따로 조율할 때 이득이 되는 표현형 차원의 수로 축소되어야 한다. 이 차원들을 따라 설계를 이동시키는 양적인 유전변이는 누적되어온 것일 가능성이 크다. 양적 형질의 그 결정에 수많은 자리를 추가해서 변이의 손실을 늦추기 때문이다. 그 계통은 방향성 선택의 과정에서 발생하는 반전에 더 빠르게 대응하는 능력을 유지한다. 이 때문에 방향성 선택이 다시 역전될 때 천장이나 바닥에 고착될 위험이 줄어든다. (놀랍게도 굴드와 르원틴(1979)은 관찰된 상대성장 관계들이 그 자체로 적응이 아니라 발달을 '구속'하고 그래서 적응 설계 자체를 구속한다고 보았다. 이렇게 비례성을 띠는 많은 관계들의 기능상의 성격은 간단한 역학으로 입증될 뿐 아니라, 선택도 이 상대성장의 관계를 적극적으로 유지시키는 것이 분명하다. 개체군과 종 안에는 이 관계에서 벗어나는 이단아가 항상 존재하지만 선택의 영향력 안에 있기 때문이다. 그런 이단아 때문에 동족의 종이라도 서로에게서 멀어진다.)

　물론 발현된 표현형에게 유기체가 성숙하는 구체적 환경의 요구와 일치하도록 형질 발현을 조건에 따라 탄력적으로 조절하는 발달 적응이 있다면 그것이 더 좋은 설계일 것이다(표현형이 물려받은 유전적 차이에 의해 결정된 것이라는 가정하에서, 세대 간에 지체를 부르는 양적인 유전자 배분보다는). 실제로 개체 간 차이 중 많은 것들이 재조정하는 적응의 작용 때문인 것으로 보인다(근육 증가는 증가된 운동 때문이고, 굳은살이 생긴 것은 마찰에 대응해서고, 지방 비축량이 증가한 것은 칼로리 유출량의 변동에 대응해서). 표현형이 조건적으로 조정되는지 아니면 대립유전자에 의해 결정되는지와 무관하게, 변이의 차원들은 선택의 결과일 것이다. 국지적 요구에 맞추는 발달 적응의 경우에, 변이의 차원들과 개체의 결과 조절은 적응 체계의 표현일 것이다. 말하자면, 적응은 환경 조건이나 유기체의 조건을 입력물로 취하고, 조건에 탄력적으로 조정된 표현형의 결과를 낳을 것이다. 이와 대조적으로 양적인 유전변이가 직접 야기하는 개인차의 체계의 경우에 그 체계는 선택의 산물이지만, 각 개체에 개별적으로 돌아가는 결과는 무작위이면서도 유리한 쪽으로 치우치는 결과일 것이다. 세 번째 (그리고 가능하다고 생각되는) 가능성은 체계 전체에 유전적 잡음이 있다고 가정할 때 종-전형적인 적응이 기능적으로 반응할 수 있는 표현형의 차이(예를 들어, 힘의 차이)가 있다는 것인데, 우리는 이것을 반응성 유전 가능성reactive heritability이라 부른다(Tooby & Cosmides, 1990b). 분노, 힘 그리고 힘의 차이를 낳는 유전성 인자에 관한 아래의 논의를 보라. 더 일반적으로 볼 때, 진화의 시간에 걸쳐 환경이 유기체에게 가하는 독립적인 적응적 요구들(이 책에서는 **선택 체제**selective regime)에 공변이 covariation가 있고, 일련의 독립된 형질들이 매개변수 값의 변동을 통해 이 요구에 가장 잘 대응한다면, 우리는 전에 독립적이었던 이 적응들의 발달 발현에 매개변수로 표시되는 공변이 차원들이 진화적으로 발생한다는 것을 예상하게 된다. 표현형 안에서 비례로 함께 움직이는 일련의 속성에는 논리적 통일성이나 기능적 필연성이 없어도 된다. 환경 변수(또는 변수들의 공변 집합)가 함께 움직이는 동안 이 속성들이 함께 증가하거나 감소할 때 유기체가 이익을 보았다면 그것으로 족하다.

성격 변이의 차원이 이런 종류의 적응주의적 설명에 어울릴 만한 후보다. 개인차는 인간의 신경계산 설계구조에 퍼져 있는 유전적 잡음 때문이기도 하지만, 그보다 훨씬 더 적은 수의 확고한 차원들이 성격에 꾸준히 출현(몇 가지 개인차들)한다는 사실은 성격의 5요인 모델 또는 HEXACO 모델(6요인 모델) 같은 패턴이 선택 체제의 공변화 구조에 대한 적응들의 산물일 수 있다는 간접적인 증거다(Ashton et al., 2004). 이 가설을 탐구할 때에는 단순히 사후에 설명을 구성하기보다는 이론적 동기가 분명한 적응기능 이론에서 출발하는 것이 항상 바람직하다.

예를 들어, 인간의 분노 프로그램이 이해 갈등 속에서 개인이 갈등을 유리하게 해결하기 위해 자신의 거래 행동을 조율하도록 진화한 종-전형적 적응이라는 가설을 살펴보자(Sell et al., 2009). 거래를 할 때 힘은 이익을 베풀거나 아끼는 능력과, 해를 가하거나 억제하는 능력에서 나온다. 이 이론이 예측하는 바에 따르면, 해를 가하는 능력(예를 들어, 상체의 근력)과 이익을 베풀거나 억제하는 능력(예를 들어, 매력)의 개인차는 개인이 이 장점을 이용해서 더 좋은 대우를 얼마나 효과적으로 이끌어내는지를 조정할 것이다. 따라서 상체의 근력과 매력은 개인이 얼마나 쉽게 화를 내는지, 좋은 대우를 받을 자격이 얼마나 된다고 느끼는지, 이해 갈등을 얼마나 유리하게 푸는지, (신체의 힘의 경우) 분쟁을 해결하는 데 힘이 얼마나 유용하다고 생각하는지 등을 조정한다고 예측되었다(이 예측들은 모두 입증되었다. Sell et al., 2009). 이로부터 몇몇 개인차에 대해 이론에 기초하고 경험적으로 입증된 적응주의 이론의 사례 연구가 가능해진다. 즉, 종-전형적인 협상 체계에 개인차(힘, 매력, 남성성, 여성성)를 입력해서 유리하게 조정된 행동과 동기 설정이 출력되는지를 보는 것이다. 이 종-전형적 적응은 어떤 개인차들의 크기와 다른 개인차들의 크기 사이에 규칙적인 그리고 적응적으로 조정된 기능 관계를 만들어낸다. 동시에 이 관계는 (예를 들어) 분노 성향과 권리의식의 높은 유전 가능성과 일치한다. 우월한 신체적 힘과 아름다움을 낳는 인자들에 유전변이가 있을 가능성이 있기 때문이다(예를 들어, 반응성 유전 가능성; Tooby & Cosmides, 1990b). 유기체가 이 과정을 처리할 때에는 마치 환경 때문에 개인차가 생기는 것처럼 보인다. 하지만 어떻게 야기되었든 간에 유기체는 그 자신의 조건에 적응적으로 반응해야 한다. 그러므로 인간 보편의 적응(분노 프로그램)은 유전적 입력물(유전자의 개인차에 의해 야기된 힘의 개인차)을 받아들여서 기능적으로 조정된 개인차를 분노 성향에 만들어낸다.

이 결과는 진화한 거래 체계가 개인차에 미치는 잠재적 영향을 살짝 들여다본 것에 지나지 않는다. 더 강하고 더 매력적인 사람은 덜 친숙한 사람이 더 많은 곳에서도 상호작용을 덜 두려워하고, 사회적 시장의 성격으로 인해 더 많은 이득을 취한다. 이에 근거하여 예측해보자면, 힘과 매력 그리고 외향성-내향성 차원 사이에는 기능적 조정 관계가 있어야 한다. 루카체브스키와 로니(2001)는 두 차례의 훌륭한 연구를 통해 이 가설을 시험하고 그와 동시에 특정한 유전적 다형성genetic polymoiphism[25](AR CAG 반복 다형성)이 외향성에 기여하는 것을 조사했다. 그들은 힘과 매력 그리고 외향성의 관계가 예측한 대로 높다(그리고 예측한 방향대로 성에 따라 다르다)는 것을 발견했다. 또한 AR CAG 다형성이 외향성의 분산을 어느 정도 설명한다는 사실도 발견했다.

그래서 성격 변이의 차원 중 최소한 몇몇은 감정 상태와 비슷하면서도 그보다 더 느리게 변하는(예를 들어 힘은 길에서 뱀이 나타나는 것보다 훨씬 오래 지속된다) 매개변수 협응적 적응의 산물임을 우리는 알고 있다. (앞서 본 바와 같이) 감정 프로그램들은 진화적으로 되풀이되는 단기적인 적응적 문제가 제기하는 적응 요구들에 대해 설계

---

25 동종 집단 가운데에서 두 개 이상의 대립 형질이 뚜렷이 구별되는 것. 사람의 ABO식 혈액형 등(옮긴이).

구조 안에서 반응을 적응적으로 조정하는 기제들이다. 이와 마찬가지로 성격 요인(그리고 특히 하위 요인) 표현형은 진화적으로 되풀이되는 장기적 선택 체제에 대해 매개변수로 반응을 조정하는 협응적 적응이라 할 수 있다. 즉, 성격 인자 표현형은 환경과 개인 자신의 조건이 제기하는 적응 요구들의 공변 구조 안에서 개인의 위치가 어디인지를 발달적 적응들이 파악한 정보를 감안하여, 심리적 구조와 몸 안에서 기제들을 가장 안전하고 확실하게 배치한 상태라고 가정할 수 있다. 이 조건들은 일생에 걸쳐 사라질 수도 있지만(예를 들어, 힘의 손실), 몇 세대까지 지속될 수도 있다(예를 들어, 전쟁 같은 사회적 생태 환경).

생물·사회 생태환경의 차원들을 생각해보자. 어떤 환경은 약탈의 비율이 높고, 어떤 환경은 집단 간 싸움이나 전쟁의 비율 그리고/혹은 집단 내 착취의 비율이 높다. 어떤 생물·사회 생태환경은 개인 및 집단들에게 제로섬 관계를 부과한다(일부의 자원 채취가 다른 일부의 자원 채취를 본래적으로 감소시키는 환경. 또한 어떤 환경은 덜 풍요롭거나 주기적으로 기근을 겪고, 어떤 환경은 질병 발생률이 높으며, 어떤 개인들이 더 약하거나 덜 매력적이거나 친족의 수가 적은 경우도 있다). 불안할 때의 최적 환경, 두려움, 위험이나 방해에 부딪혔을 때 지레 포기하는(즉, 실망이나 우울을 느끼는) 역치들, 성별에 따른 취약성, 만족을 뒤로 늦추는 성향, 신뢰하는 성향, 경쟁심, 분노 등은 모두 자기 자신, 사회 생태적, 생물 생태적으로 예상할 수 있는 특징들에 따라 바뀔 것이다. 이 요인들은 신경과민 성향의 차원에, 그리고 친화성이나 HEXACO의 정직-겸손 같은 하위 요인에 직접적인 기능상의 해석을 제공할 것이다.

이는 성격을 조사하는 완전히 다른 틀을 가리킨다. 알려지지 않은 기능적 중요성과 알려지지 않은 생태적 타당도의 경험적 관계에서 시작하는 대신에, (1) 적응 모델을 만들거나 채택하고, (2) 조상의 환경과 개인의 조건이 가지는 적응적으로 두드러지는 차원에 따라 (적응적 기능을 수행하기 위해) 위치를 입력물로 받아들이고, (3) 그 차원들에서의 움직임에 대응해서 어느 적응들이 조건발현적으로 변화하는지를 확인한다면 유용할 것이다. 특이적인 적응과 적응적 문제로 시작해서, 개인의 조건과 생태에 따라 그 집합들이 어떻게 함께 변하는지를 검토한다면, 성격 변이를 원칙에 입각해서 경험적으로 타당하게 설명할 수 있는 일련의 이론이 나올 것이다. 그렇다면 구체적인 적응적 문제와 그와 연관된 하위 척도에서부터, 생태적 분산이나 표현형 분산과 더 약한 연관성을 갖고 반응하는 더 많은 적응들에 이르기까지 상향식으로 연구할 수 있다.

더 나아가, 성격 변이의 차원들을 통계상 독립적으로 해야 할 이유도 없다. 오히려 정반대로 성격의 차원들은, 환경에 있는 변이의 구조가, 조정된 적응적 반응에 필요한 요구들을 어떻게 몰아가는지로부터 이끌어올 수 있다는 점을 기본 원리로부터 기대할 수 있다. 이 변이의 차원들이 모두 서로 직교할 것이라고 기대할 이유도 전혀 없다(예를 들어, 사회적 생태환경에서 사회적 상호작용의 높은 포지티브섬 경향은 친화성과 정직–겸손성에는 영향을 미치고 신경과민에는 영향을 적게 미칠 것이다). 또한 연구자들은 과거에는 알려지지 않았던 중요한 성격 차원들의 발견에 마음을 열어야 한다. 기존의 차원들은 조상의 세계를 특징지었던 적합도 체제들을 광범위하게 조사하기보다는, 주로 선진국의 대중 사회와 풍부한 환경에서 경험적으로 이끌어낸 것들이었기 때문이다.

예를 들어, 조상의 시대에 개인들 또는 개인 집단들의 적합도는 역의 상관관계를 가졌거나, 무관하였거나, 양의 상관관계를 가졌을 수도 있다. (사회의 지향성, 감정 조정, 사건을 해석하는 방식, 포지티브섬의 협조적인 사회 생태에서 형성된 동기를 특징으로 하는) 합리성에 대한 우리의 정상적이고 직관적인 예상은 포식자의 약탈적 합리성이라 부를 수 있는 것을 포함하여 대단히 다른 합리성들을 만들어낼 수 있는 협응적 적응 체계의 한 매개변수화에 불과하다고 우리는 생각한다. 사회적 상호작용을 하는 사람들이 대개 극심한 네거티브섬이나 제로섬 관계에 빠져 있는 적응 체제에서(경쟁이 집중된 곳이라서) 윈–윈 전략은 최고의 대응으로 여겨지지 않고, 힘과 공격적 위압성이 높은 점수를 받고 장려되며, 약자를 괴롭히는 것에 제약이 없고, 협력을 지향하는 사람보다 약탈적인 마음을 가진 사람에게 대담하게 약탈적인 공격과 적들에 대해 몰살이나 굴욕을 안기는 사람들이 더욱 매력적으로 다가가며, 협력, 편집증, 관대함, 복수 성향, 시기, 적합도 차이와 지위 차이의 단서에 대한 민감성, 착취 경향 등이 모두 놀라울 정도로 다른 수준에 맞춰져 있다(Sznycer et al., 근간; Tooby et al., 근간).

협응적 조정 가운데 왜 어떤 것은 개체발생의 입력에 의해, 어떤 것은 양적인 유전에 의해, 어떤 것은 유전된 후성적 정보에 의해 매개변수화되는가

이 세계의 양상들 때문에 상황 분포의 분산이 작은 곳(예를 들어, 빛의 기하학과 물리학)에서는 단일한 설계가 일정하게 발달해서(예를 들어, 시각계) 그 종의 구성원들의 행동 결과를 믿을 만하게 향상시킬 수 있다. 이와 대조적으로 상황 분포의 분산이 큰 곳에서는 일정하게 발현되는 표현형이 최상의 해결책이기는 좀처럼 어렵다. 그럴 경우에 적합도는 다음과 같은 조건에서만 높아진다. 조절력을 가진 설계가 자신의 표현형 결과(예를 들어, 일찍 성숙하는 것, 더 큰 근육조직에 투자하는 것, 협력 관계를 추구할 때 신용거래를 덜 하는 것)를 실제 조건의 요구(예를 들어, 더 높은 외인성 사망률, 경쟁이 심한 사회 생태, 협력의 이득이 더 낮은 사회 생태)에 일치시킬 때. 이 경우에 적응의 기본적인 일정성은 발현된 표현형을 앞으로 맞이하게 될 상황에 맞춰 매개변수화하는 조절성 장치를 설계하느냐에 달려 있다.

중요한 것은 원리에 입각한 유도 체계가 자신의 진화한 설계구조를 통해 그 종이 전형적으로 직면하는 상황들의 전 범위에 걸쳐서 필요한 표현형(주어진 상황에서)과 실현된 표현형 사이의 간극을 정확히 좁히는 그 목표한 표현형 수정을 결정하고 그런 뒤 그것을 실행해야 한다는 것이다(Tooby & Cosmides, 1992). 표현형을 주위 환경에 매치시키는 게임에서 다음의 세 조건이 갖춰지지 않는다면 그 설계구조는 성공하지 못한다. (1) 유기체가 어떤 환경에 직면하게 될지를 체계적으로 (계산을 통해) 예측한 정보, (2) 유기체가 그 환경에 잘 대응하는 데 필요한 표현형 수정을 부호화하는 표현형 대안들의 목록, (3) 환경에 관한 정보를 가장 안전하고 확실한 표현형 후보에 대응시키는 기능이 존재해야 한다. 유기체로서는 다행스럽게도, 이 문제를 성공적으로 해결하는 발달적 또는 조건발현적 적응을 구축하기 위해 자연선택이 활용해온 그런 규칙적 관계는 넘치게 존재한다(예를 들어, 강한 햇빛에 대응하여 피부가 짙어진 것)[26].

두 가지 중요한 문제가 이런 체계들이 어떻게 진화하는지를 지배한다(Tooby,

---

26 자외선을 막기 위해(옮긴이).

1976; Tooby & Cosmides, 2003; Tooby, Cosmides, & Barrett, 2003).

1. 가장 안전하고 확실한 표현형을 결정하는 데 필요한 정보는 언제 이용 가능해지는가? 그리고,
2. 제때에 제 기능을 실행할 수 있도록 유기체가 가장 안전하고 확실한 표현형을 만들거나 구축하기까지는 시작부터 완결까지의 시간이 얼마나 필요한가?

놀람반사의 예로, 눈을 보호하는 데 필요한 정보는 충격이 가해지기 백만분의 몇 초 전에야 이용이 가능해지지만, 놀람반사 체계는 약 백만분의 50초 전에 반응을 시작한다. 움찔함은 급박한 출현과 관련이 있는 것이다(만일 급박하게 출현하는 것이 그보다 더 빠르다면, 당신은 불운한 셈이 된다). 움찔할 시간을 몇 분, 몇 시간, 며칠, 또는 몇 년 미리 결정한다는 것은 말이 되지 않는다. 움찔함이 필요할 때는 미리 정확하게 알 수가 없다. 따라서 최상의 설계는 (가능하다면) 비용 대비 효율을 고려해서 환경의 요구를 (예를 들어, 지각을 통해서) 아주 믿을 만하게 평가할 수 있을 때까지 반응 선택을 연기하고, 얼마 뒤에 표현형 반응을 선택하고 실행하는 설계다. 더 흥미로운 예로, 어떤 물고기 종들은 자신의 상대적 크기와 그 지역을 지배하는 수컷의 죽음에 기초해서 성을 바꾼다(Warner, 1988). 이와 대조적으로 인간을 비롯한 포유동물은 유전자로 성을 결정하는 체계를 사용한다. 두 표현형의 적응을 차별화하는 발달이 아주 일찍 시작되면, 즉 성숙한 개체들의 성비가 어떤지를 알려주는 유용한 정보가 출현하기 오래전에 시작된다면 더 좋은 암컷이나 수컷을 만들 수 있기 때문이다. 우리는 정보를 얻기 전에 (그래서 유전적 성 결정이 동전을 던지기 전에) 성에 내기를 걸어야 한다. 큰 조직의 분화, 복잡한 배선, 그리고/또는 장기적인 영양분 유동을 수반하는 (암컷이 되는지 수컷이 되는지와 같은) 체계들을 위해서는 공사를 일찍 시작할 필요가 있다. 이와 마찬가지로 어린 인간은 복잡하게 패턴화된 다량의 정보 데이터베이스 (성적 노동 분업에 따른 기술의 습득 같은)를 습득하려고 너무 오래 기다릴 여유가 없을 것이다. 이른 시기에 자기 자신과 세계의 견본을 뽑아서 성인의 적합도 체제에 관해 예측성 추론을 하고 그런 뒤 이 예측을 사용해서 생활사를 조정하는 발달 적응들이 존재하는 것으로 보인다(예를 들어, Griskevicius at al., 2011을 보라). 하지만 많은 형

질의 경우, 나중에 가장 안전하고 확실한 것이 무엇인지를 이른 시기에 예측하긴 어렵다. 상관성이 너무 낮거나, 견본이 너무 간략하고 대표성이 없어서 유용하지 않기 때문이다.

그렇다면 뭐란 말인가? 어떤 측면들에서 인접한 세대 사이에 조건의 상관성이 있는 것은 종종 분명한 사실이다(예를 들어, 어머니가 특히 경쟁이 심하거나, 약탈이 심하거나, 음식이 제한된 환경에 직면한다면 자식도 그럴 확률이 높고, 그 후대들도 감쇠 함수의 경향을 보이면서 그런 환경에 직면할 것이다). 만일 이 정보가 존재한다면, 발달이 시작되기 훨씬 전에 이용할 수 있다. 이런 사례들은 조절성 신호를 한두 세대에서 다음 세대들로 전달할 수 있는, DNA에 기초하지 않은 유전 체계를 선택할 것이다. 우리는 이런 체계를 수십 년 전부터 생각하거나 알고 있었지만(Cosmides & Tooby, 1981; Tooby, 1976; Tooby et al., 2003), 최근에야 비로소 관심을 집중하기 시작했다(이에 대한 개관으로는, Jablonka & Lamb, 2005을 보라).

세대를 가로지르는 후성적 효과는 단지 우연한 부산물이 아니라, 기능을 가진 진화된 적응이라고 우리는 확신한다. 가장 일반적으로 말하자면, 이 신호의 기능은 개체의 발달을 매개변수화해서 일생 동안 부딪힐 가망이 높은 조건들과 더 잘 어울리는 경로로 갈 수 있게끔 하는 것이다. 그런 체계의 작동을 감안할 때, 표현형으로 나타난 개인 간 차이 중 일부는 개체발생 중에 환경의 단서로부터 조정되고(시간상 더 가까운 조건들은 진단의 성격이 더 강해야 한다), 일부는 후성적으로 유전될 것이다(말하자면, 여러 세대에 걸쳐 요약된 사건의 빈도는 예측의 타당성을 개선하는 독립적 수단이 될 것이다). 이 체계들은 DNA 염기서열의 차이에 기인하지 않는 방식으로 부모-자식 표현형의 높은 유사성을 야기해야 한다. 실제로 이 특별한 유전 체계들이 DNA에 기초하지 않는 기제를 이용하도록 선택되는 것은, DNA 염기서열의 전달은 재생도가 너무 높아서 세대 간의 빠른 변화를 따라잡는 데에는 유용하지 않기 때문이다.

가설적인 사례를 들어보자. 만일 맹수들이 우글거리는 환경에서 어머니가 포식자들에게 노출되어 지속적으로 두려움을 느낀다면, 자궁 안이나 양육 초기에 자식에게 포식자 경계 표현형을 발달시키는 신호를 메틸화로 전달하고, 이를 통해 현지 포식자들의 공격을 미리 경험하게 할 수 있다. 환경 변화의 시간적 구조에 의존해서 이 체계는 다세대에 걸쳐 감쇠 함수의 경향을 보이며 후대에게 신호를 전달하도록 설계

될 것이다. 다시 말해, 가뭄 빈도에 관한 정보를 (가령) 3세대 동안 누적해서 포함시키면 그 체계는 한 세대의 정보만 사용할 경우보다 더 정확하게 예측할 수 있다. 이와 마찬가지로 부모(그리고/또는 그 밖의 가까운 조상들)가 음식이 부족했고 그런 조건이 여러 세대에 걸쳐 자주 지속되었다면, 자식으로서는 더 검소한 신진대사를 발달시키는 편이 유리하고, 그 결과 여러 세대에 걸쳐 신진대사와 생활사를 조절하는 유전 체계가 선택될 것이다. 세 번째 예로, 만일 부모가 경쟁이 유독 심한 환경에 있다면, 자식에게는 더 공격적이고, 영역 방어적이고, 더 경쟁적인 표현형이 발달하고 이와 함께 더 잘 이동하는 경향, 늦게 성숙하는 경향, 자궁 내 성비가 더 뿔뿔이 흩어지는 성[27] 쪽으로 치우치는 경향이 발달하는 편이 유익할 것이다. 이런 경험적 관계들은 지금까지 많이 관찰되었을 뿐 아니라(Clark & Galef, 1995; Clark, Karpiuk, & Galef, 1993; Francis, Diorio, Liu, & Meaney, 1999), 기능 발달에 관한 진화심리학 이론에도 정밀하게 들어맞는다.

이 이론적 견해로 볼 때 여러 세대에 걸친 유전 효과는 사소한 것이 아니며, 그 가치가 다음 세 가지 조건에 달려 있는 형질들과 관련이 있다고 예측할 수 있다. (a) 두 세대 이상에 걸쳐 자주 지속되는 조건, 또는 (b) 최근의 여러 세대에 걸친 상황의 발생을 사용하여 다가올 세대에게 발생할 확률을 더 잘 추정할 수 있는 조건, 그리고 (c) 여러 세대에 걸쳐 변이의 차원들에 반복적으로 순환하는 조건(Tooby, 1976; Tooby et al., 2003). 그런 유전 체계들은 생활사 중 이른 시기에 사용되기 시작하는 형질들(예를 들어, 검소한 신진대사, 포식자 회피 전술, 현지 조건에 조율된 생리 활동, 연합에 친화하는 성향, 포지티브섬 대 제로섬/네거티브섬 상호작용의 생태적 발생률), 또는 유기체가 앞으로 직면할 조건을 직접 탐지하기 전에 발달시키기 시작하면 비용이 적게 들거나 더 효과적인 형질들(예를 들어, 생활사 궤적, 경쟁 능력, 음식 섭취의 중단을 더 잘 견디기 위한 크기 감소와 지방 저장량 증가)을 조절할 때 특히 두드러진다고 우리는 예측한다. 또한 더 적게 흩어지는 성이 후성 유전을 더 많이 하도록 선택된다고

---

27 자원경쟁RC: resource competition 모델(Clark 1978; Silk 1983)에 따르면, 이는 자식과의 생태적 경쟁을 피하기 위해서이며, 포유동물의 경우에 '흩어지는 성the dispersing sex'은 대부분 수컷이다(옮긴이).

예측할 수 있는데, 부모의 환경과 자식의 환경의 상관성이 더 높기 때문이다(Tooby, 1976).

요약하자면 이 체계들은 다음과 같은 경우에 발달을 여러 세대에 걸쳐 진화시키고 조절할 것이다. (1) 그들이 탐지하는 차원 공변이 시간상 한 세대보다 더 오래 자기상관성autocorrelated을 유지할 때, 즉 조건들이 그 환경 안에(또는 그 계통 안에) 충분히 오래 지속될 때, (2) 최적의 발달 협응적 반응이나 전략이 변이의 차원들에 퍼져 있는 체계의 위치에 관한 정보의 매개변수화에 의존할 때, (3) 발달을 일찍(또는 적어도 대비해야 하는 과업 환경이 직접 지각되기 전에) 시작할 필요가 있는 생리적 조정이나 전문성 획득 같은 발달 과정을 위해. 환경의 물리적 형질(예를 들어, 기후)만 이 기준에 맞지는 않는다는 것을 아는 것이 중요하다. 현지의 사회적 생태(협동 사냥, 전쟁, 개인적 경쟁의 강도)와 생물 생태(질병, 식량의 풍족도, 포식)도 이 기준에 들어맞는다. 힘, 반사 능력, 유전 장애 같은 개인의 신체적 유전성 특징도 마찬가지다.

마지막으로 주목할 만한 사실이 있다. 행동유전학자들이 사용한 방법은 후성적으로 조절되는 행동의 개인차를 유전적 차이의 탓으로 잘못 보곤 했다. 그들이 고수하는 유전자처럼 후성적 상태epigenetic state들도 부모에게서 자식에게로 전해지고, 남들보다는 가족 구성원들을 더 비슷하게 만들어준다. 유전자는 행동유전학자들이 유전 가능성을 계산하기 위해 사용하는 데이터의 원천이기 때문에, DNA 염기서열 탓으로 보였던 개인적 행동(및 신체) 표현형의 분산 중에 큰 부분이 실제로는 후성적 체계 때문일 수가 있다. 이것은 매개변수화된 협응적 적응의 산물인 것이 당연한 성격 변이의 차원적 체계들에 특히 타당하다. 그리고 왜 관찰된 행동의 차이를 설명하기 위해 제시된 수많은 DNA 염기서열을 추적하고 확인하는 것이 그렇게 어려웠는지를 설명해준다. 만일 선택이 양적인 유전변이에 작용하는 것보다 후성적 체계가 정보를 더 빨리 처리할 수 있다면(실제로 그렇게 할 수 있다), 그리고 만일 협응적 적응을 효율적으로 매개변수화해서 표현형이 개체발생의 조건과 더 잘 매치될 수 있다면(그럴 가능성이 충분하다), 행동유전학의 발견들은 대부분 행동후성유전학의 발견일 것이다. 여러 가족의 경로들에 대해서 미묘하게 다른 경험적 유전가능성 모델들로 조사해본 다면 더 빠르게 변이하는 후성적 전달에 더 잘 들어맞을지 모른다. 양적인 유전변이가 결정한다고 판명될 만한 형질들이 사실은 몇 세대에 걸친 표본 추출로는 연속적인 환경들의 시간적 구조를 더 잘 예측할 수 없는(즉, 환경의 자동상관성이 너무 낮아서 유용하지 않은) 형질들이라고 예측하는 것이 가능하며, 그럴 때 할 수 있는 최선의 방법은 더 넓은 인구에서 무작위로 양적인 유전변이를 견본으로 조사하는 것이다.

이것으로 어떻게 성격 변이의 차원들을 이해할 수 있을까? 우선, 선택이 독립된 형질들을 상대성장의 영역에 합쳐놓아서 해당 종이나 개체군이 선택에 더 빨리 대응할 수 있게 한 것처럼, 함께 조정되면 이득을 볼 심리적 적응들의 양적인 환경에도 선택이 같은 일을 했으리라고 예측할 수 있다. 만일 여러 세대에 걸쳐 주기적으로 생태가 수컷들의 경쟁이 더 치열한 조건으로 바뀐다면, 수컷 경쟁에서 성적을 향상시키는 심리적 적응의 모든 매개변수화들이 함께 연결되어 다이얼 하나로 높이거나 내릴 수 있게 될 것이다(예를 들어, 치욕-명예 체계의 매개변수화처럼 될 것이다). 처음에는 이 상황이 그런 차원의 양적 유전변이 체계들을 선택할 것이다. 이와 마찬가지로 외인성 사망률이 높은 곳에서는 두려움-불안 민감도가 만족지연의 낮은 경향과 연결될 것이다(예를 들어, 성격심리학에서 정신신경증으로 드러나는 성향). 둘째, 발달기에 믿을 만한 정보가 존재하는 경우에는 단서들이 적응들의 공동활성화를 기능적으로 매개변수화할 것이다. 셋째, 매개변수화 방책이 앞선 세대들에게서 전해 받은 정보 때문에 향상될 수 있는 경우에, 후성적 체계들은 자연선택이 구축할 수 있는 하나의 적응적 조정성 체계가 될 것이다. 그래서 성격 변이는 심리적 적응의 프로그램 설계구조가 낳는 기능적 산물이 되고, 그 조정은 발달 중에 다음과 같은 단서에 의해 이루어질 것이다. (1) 이 적응(예를 들어, 교섭력, 분노)이 기능상 대응하고 있는 유기체의 다른 부분들(예를 들어, 힘)에서의 유전되는 차이들, (2) 앞선 세대들이 보내는 후성적 신호, 적응을 유기체에게 가장 좋게 매개변수화하도록 발달 체계의 능력을 향상시키는 후성적 신호, (3) 또는 그 실패, 즉 개체군에 대한 최근의 선택에 천천히 대응하는 양적인 유전적 변이의 감퇴.

진화심리학의 미래와 통합 사회과학

진화한 체계들에서 발견되는 놀라우리만치 수준 높은 기능상의 질서는 너무나 복잡해서 처음에 생명의 기계는 분명 전지전능하고 솜씨가 좋은 신의 작품으로 여겨졌다. 정돈된 체계를 무너뜨리는 엔트로피의 물리적 경향에 맞서 맹목적인 인과관계가 어떻게 복제하는 체계들을 떠받쳐 지탱하는지를 다윈이 발견한 이래로 자연과학은 미시적 인과관계를 빠르게 이해해왔지만, 우리는 현재 생명체에 대한 우리의 이해를 시작할 수 있는 앙상한 틀을 확보한 것에 그치고 있다. 하지만 유기체의 모든 수준과 단계에서 생물학적 체계의 구조는 너무나 복잡하고 정교한 탓에, 우리가 지금 이해하고 있는 것은 보이지도 않고 지도에도 없는 진화한 유기체, 그 광대한 우주의 끝자락에 불과하다.

그러므로 우리는 특별한 발견의 시대가 열리는 첫 단계에서, 우리 지식의 증가와 놀라운 변화에 마음을 열어야 한다. 그 체계들(가령, 시각계)로 판단하건대 우리는 어느 한도 내에서, 자연선택이 극도로 미묘하고 세련된 기능적 복잡성을 낳았으며 그 복잡한 기능은 우리가 존재하기 전에 수백만 년 동안 지구 밖에서 발전해온 첨단기술에 비유할 만하다. 우리의 핵심 개념은 다음과 같이 요약된다. 자연선택은 세계의 지속적인 구조, 그 구조가 공급하는 정보 생태학으로부터, 그리고 생물학적 구조가 압박을 받을 때마다 틀림없이 제공하는 계산력이나 조절력을 통해 섬세한 적응들을 만드는 경향이 있다. 그래서 우리는 이 적응들이 어떻게 기능적으로 함께 짜여 있는지를 예상치 못한 곳에서 예상치 못한 크기로 자주 발견하리라 예측할 수 있다. 예를 들어, 개개의 세포 안에 있는 DNA와 RNA 장치는 하나의 세포가 튜링 기계들의 모둠처럼 기능할 수 있도록 필요한 모든 요소를 공급한다. 뉴런들 사이에서뿐 아니라 그 안에서 엄청난 계산이 발생하고 있는데 이 방대한 계산력을 선택이 이용하지 않았을 리 없다. 그래서 우리는 뉴런이—단순히 켜고 끄는 스위치로 간주한다면—결국에는 하나의 통합된 회로와 굉장히 비슷한 어떤 것으로 밝혀지리라고 기대한다. 이와 마찬가지로, 통상적인 발달의 세포 분화를 뒷받침하는 후성적 장치 역시 생식세포를 비롯해서 부모가 자식에게 공급해주는 활동적인 생물학적 분자들을 통해 세대 간에 정보를 전달하고 처리하도록 잡아와서 사용했을 것이라고 우리는 예측한다. 또한 면역계도 엄청나게 많은 단백질을 알아볼 수 있는 동시에 건강의 다양한 성분들을 모니터할 수 있으므로, 그 역시 지각과 음식 조절의 강력한 기관으로 징발된 것이라고 볼 수 있다.

마지막으로 앞에서 살펴본 질문으로 잠시 되돌아가보자. 위에서 전통적 심리학 대 진화론적 심리학을 논하기 시작할 때 우리는 다음과 같이 지적했다. 인간은 그들의 진화사에 속하지 않았던 문제들을 광범위하게 해결할 줄 아는데, 이 관찰로 인해 마음을 일반−목적의 기계로 보는 견해가 호소력을 갖게 되었다고 말이다. 하지만 이 시각은 해결된 문제를 그것을 해결한 설계구조와 혼동한 처사다. 일반적 목적의 설계구조(명시된 내용이 없는, 가설의, 분명 일관성이 없는 존재자)가 있다면 여유가 생길 수 있지만, 그 대신에 저마다 다른 종류의 문제를 해결할 줄 아는 전문화된 기관들을 점점 더 많이 발견해서 함께 묶는다면 이 역시 풍족한 여유를 허락한다. 더 나아가 수많은 전문화 체계에다가 추가적인 성분들—모든 체계들의 정보를 통합해서 새로운 문제를 공략하고 이를 위해 융통성 있게 전개할 수 있는 도구 일습을 제작하는 성분들—까지도 포함하는 진화한 설계구조의 가능성을 열어놓는다(Boyer, 2001; Cosmides & Tooby, 2000a, 2001; Sperber, 1994; Tooby & Cosmides, 2001).

요컨대, 기존의 과학 프로그램은 인간의 심리 구조를 구성하는 기제들이 누가 봐도 일반 목적적이고, 내용−독립적이고, (모든 부위의) 잠재력이 동등하다는 견해에 기초했지만 한 세기가 지나도록 인간의 행동을 제대로 설명하지 못했다. 더 나아가 일반 목적의 학습, 이성, 또는 지능의 계산 구조가 어떻게 생겼는지를 설득력 있게 설명하는 모델을 개발하지 못했고, 어떠한 중요한 인간적 활동도 설명하지 못했다. 이와 반대로 진화 이론은 계산주의 접근법과 결합할 때, 인간의 심리적 설계구조에는 틀림없이 수많은 적응적 전문화 기관이 포함되어 있을 것이라는 결론에 도달한다. 진화심리학과 여타 분야의 학자들은 진화를 통해 전문화된 계산 적응의 모델에서 정밀한 연역적 예측을 다양하게 이끌어내고 그 예측들을 경험적으로 자세히 증명했다.

따라서 앞으로 40~50년 내에 과학계가 대규모 공동 프로그램을 통해 인간 본성을 더 이상 막연한 개념으로 남겨두지 않고 우리의 진화된 계산식 설계구조에 기초한 정밀한 고해상도 모델—유전자, 세포, 발달, 생리, 신경의 측면에서 정확한 결산이 가능한 모델—을 적용할 수 있으리라고 우리는 생각한다. 다음으로 그런 연구는 사회적 상호작용과 문화의 모델에 활기를 불어넣고, 더 엄밀하고 더 잘 통합된 사회과학의 든든한 기초가 될 것이다. 우리가 인간에 대한 진정한 자연과학을 구축한다면 이는 우리 인류의 중요한 진전이 될 것이다.

참고문헌

Alcock, J. (2001). *The triumph of sociobiology*. Oxford, England: Oxford University Press.

Anderson, A., & Phelps, E. (2001). Lesions of the human amygdala impair enhanced perception of emotionally salient events. *Nature, 411*, 305–309.

Ashton, M. C., Lee, K., Perugini, M., Szarota, P., de Vries, R. E., Di Blas, L., . . . De Raad, B. (2004). A sixfactor structure of personality-descriptive adjectives: Solutions from psycholexical studies in seven languages. *Journal of Personality and Social Psychology, 86*(2), 356–366.

Atran, S. (1990). *Cognitive foundations of natural history*. Cambridge, England: Cambridge University Press.

Atran, S. (1998). Folk biology and the anthropology of science: Cognitive universals and cultural particulars. *Behavioral and Brain Sciences, 21*, 547–611.

Barkow, J. H., Cosmides,L.,&Tooby, J. (Eds.). (1992). *The adapted mind*.Oxford, England:Oxford University Press.

Baron-Cohen, S. (1995). *Mindblindness: An essay on autism and theory of mind*. Cambridge, MA: MIT Press.

Barrett, H. C. (1999). *From predator-prey adaptations to a general theory of understanding behavior* (Doctoral dissertation, Department of Anthropology, University of California, Santa Barbara).

Barrett, H. C. (2005). Enzymatic computation and cognitive modularity. *Mind and Language, 20*(3), 259–287.

Barrett, H. C. (2015). *The shape of thought: How mental adaptations evolve* (*Evolution and cognition*) New York, NY: Oxford University Press.

Barrett, H. C., Cosmides, L., & Tooby, J. (in press). *By descent or by design? Evidence for two modes of biological reasoning*.

Barrett, H. C., Tooby, J., & Cosmides, L. (in press). *Children's understanding of predator-prey interactions: Cultural dissociations as tests of the impact of experience on evolved inference systems.*

Blurton Jones, N. G., & Konner, M. (1976). !Kung knowledge of animal behavior (or The proper study of mankind is animals) In R. Lee & I. Devore (Eds.), *Kalahari hunter-gatherers: Studies of the !Kung San and their neighbors* (pp. 325−348). Cambridge, MA: Harvard University Press.

Boole, G. (1848). The calculus of logic. *Cambridge and Dublin Mathematical Journal, III*, 183−98.

Boyer, P. (2001). *Religion explained: The evolutionary roots of religious thought.* New York, NY: Basic Books.

Brase, G., Cosmides, L., & Tooby, J. (1998). Individuation, counting, and statistical inference: The role of frequency and whole object representations in judgment under uncertainty. *Journal of Experimental Psychology: General, 127*, 1−19.

Braun, J. (2003). Natural scenes upset the visual applecart. *Trends in Cognitive Sciences, 7*(1), 7−9.

Brown, D. (1991). *Human universals.* New York, NY: McGraw-Hill.

Buss, D. (1989). Sex differences in human mate preferences: Evolutionary hypotheses tested in 37 cultures. *Behavioral and Brain Sciences, 12*, 1−49. doi:10.1017/ S0140525X00023992

Buss, D. M. (1994). *The evolution of desire.* New York, NY: Basic Books.

Buss, D. (1999). *Evolutionary psychology: The new science of the mind.* Boston, MA: Allyn & Bacon.

Buss, D. M. (2000). *The dangerous passion.* London, England: Bloomsbury.

Campos, J., Bertenthal, B., & Kermoian, R. (1992). Early experience and emotional development: The emergence of wariness of heights. *Psychological Science, 3*, 61− 64.

Cannon, W. (1929). *Bodily changes in pain, hunger, fear and rage.* Researches into the function of emotional excitement. New York, NY: Harper & Row.

Caramazza, A. (2000). The organization of conceptual knowledge in the brain. In M. S. Gazzaniga (Ed.), *The new cognitive neurosciences* (2nd ed., pp. 1037−1046). Cambridge, MA: MIT Press.

Caramazza, A., & Shelton, J. (1998). Domain-specific knowledge systems in the brain: The animateinanimate distinction. *Journal of Cognitive Neuroscience, 10*, 1−34.

Carruthers, P. (2006). The case for massively modular models of mind. In R. Stainton (Ed.), *Contemporary debates in cognitive science* (pp. 3−21). Oxford, England: Blackwell.

Cheney, D., Seyfarth, R., Smuts, R., & Wrangham, R. (Eds.). (1987). *Primate societies.*

Chicago, IL: University of Chicago Press.

Chomsky, N. (1959). A review of B. F. Skinner's *Verbal Behavior. Language, 35*(1), 26–58.

Chomsky, N. (1965). *Aspects of a theory of syntax.* Cambridge, MA: MIT Press.

Clark, M. M., & Galef, B. G., Jr. (1995). Prenatal influences on reproductive life-history strategies. *Trends in Ecology and Evolution, 10,* 151–153.

Clark, M. M., Karpiuk, P., & Galef, B. G., Jr. (1993). Hormonally mediated inheritance of acquired characteristics in Mongolian gerbils. *Nature, 364,* 712.

Cosmides, L. (1985). *Deduction or Darwinian algorithms? An explanation of the "elusive" content effect on the Wason selection task* (Doctoral dissertation, Harvard University). (UMI No. #86–02206)

Cosmides, L., & Tooby, J. (1981). Cytoplasmic inheritance and intragenomic conflict. *Journal of Theoretical Biology, 89,* 83–129.

Cosmides, L., & Tooby, J. (1987). From evolution to behavior: Evolutionary psychology as the missing link. In J. Dupre (Ed.), *The latest on the best: Essays on evolution and optimality.* Cambridge, MA: MIT Press.

Cosmides, L., & Tooby, J. (1992). Cognitive adaptations for social exchange. In J. H. Barkow, L. Cosmides, & L. Tooby (Eds.), *The adapted mind: Evolutionary psychology and the generation of culture* (pp. 163–228). New York, NY: Oxford University Press.

Cosmides, L., & Tooby, J. (1994a). Beyond intuition and instinct blindness: The case for an evolutionarily rigorous cognitive science. *Cognition, 50,* 41–77.

Cosmides, L., & Tooby, J. (1994b). Origins of domain-specificity: The evolution of functional organization. In L. Hirschfeld& S. Gelman (Eds.), *Mapping the mind: Domain-specificity in cognition and culture* (pp. 85–116). New York, NY: Cambridge University Press.

Cosmides, L., & Tooby, J. (1996a). Are humans good intuitive statisticians after all? Rethinking some conclusions of the literature on judgment under uncertainty. *Cognition, 58,* 1–73.

Cosmides, L., & Tooby, J. (1996b). A logical design for the mind? (Review of *The psychology of proof*, by Lance J. Rips, 1994 MIT Press.) *Contemporary Psychology, 41,* 448–450.

Cosmides, L., & Tooby, J. (2000a). Consider the source: The evolution of adaptations for decoupling and metarepresentation. In D. Sperber (Ed.), *Metarepresentations: A multidisciplinary perspective* (pp. 53–115). New York, NY: Oxford University Press.

Cosmides, L.,& Tooby, J. (2000b). Evolutionary psychology and the emotions. In M.

Lewis& J. M. Haviland-Jones (Eds.), *Handbook of emotions* (2nd ed., pp. 91–115). New York, NY: Guilford Press.

Cosmides, L., & Tooby, J. (2001). Unraveling the enigma of human intelligence: Evolutionary psychology and the multimodular mind. In R. J. Sternberg & J. C. Kaufman (Eds.), *The evolution of intelligence* (pp. 145–198). Hillsdale, NJ: Erlbaum.

Cosmides, L., & Tooby, J. (2013). Evolutionary psychology: New perspectives on cognition and motivation. *Annual Review of Psychology, 64,* 201–229.

Daly, M., & Wilson, M. (1988). *Homicide.* New York, NY: Aldine.

Daly, M., Wilson, M., & Weghorst, S. J. (1982). Male sexual jealousy. *Ethology and Sociobiology, 3,* 11–27.

Darwin, C. (1859). *On the origin of species.* London, England: John Murray.

Dawkins, R. (1982). *The extended phenotype: The long reach of the gene.* New York, NY: Oxford University Press.

Dawkins, R. (1986). *The blind watchmaker.* New York, NY: Norton.

Dawkins, R. (1996). *Climbing Mount Improbable.* New York, NY: Norton.

Defeyter, M. A., & German, T. (2003). Acquiring an understanding of design: Evidence from children's insight problem solving. *Cognition, 89,* 133–155.

Delton, A. W., Cosmides, L., Guemo, M., Robertson, T. E., & Tooby, J. (2012). The psychosemantics of free riding: Dissecting the architecture of a moral concept. *Journal of Personality and Social Psychology, 102,* 1252–1270. doi:10.1037/a0027026

Delton, A., Krasnow, M., Cosmides, L., & Tooby, J. (2011). The evolution of direct reciprocity under uncertainty can explain human generosity in one-shot encounters. *Proceedings of the National Academy of Sciences, USA, 108*(32), 13335–13340. doi:10.1073/pnas.1102131108

Dennett, D. (1987). *The intentional stance.* Cambridge, MA: MIT Press/Bradford.

DeVore, I. (1962). *The social behavior and organization of baboon troops.* Doctoral dissertation, University of Chicago.

DeVore, I. (1965). *Primate behavior: Field studies of monkeys and apes.* New York, NY: Holt, Rinehart& Winston.

Eaton, S. B., Shostak, M.,&Konner, M. (1988). *The Paleolithic prescription: A program of diet, exercise and a design for living.* New York, NY: Harper & Row.

Eibl-Eibesfeldt, I. (1970). *Ethology: The biology of behavior.* New York, NY: Holt, Reinhart & Winston.

Ekman, P. (Ed.). (1982). *Emotion in the human face* (2nd ed.). Cambridge, England: Cambridge University Press.

Fiddick, L., Cosmides, L., & Tooby, J. (2000). No interpretation without representation:

The role of domainspecific representations and inferences in the Wason selection task. *Cognition, 77,* 1–79.

Fisher, R. A. (1930). *The genetical theory of natural selection.* Oxford, England: Clarendon Press.

Fodor, J. (1983). *The modularity of mind.* Cambridge, MA: MIT Press.

Fodor, J. (2000). *The mind doesn't work that way.* Cambridge, MA: MIT Press.

Francis, D., Diorio, J., Liu, D., & Meaney, M. J. (1999). Nongenomic transmission across generations of maternal behavior and stress responses in the rat. *Science, 286*(5442), 1155–1158.

Frege, G. (1879). *Begriffsschrift ("Concept Notation"), eine der arithmetischen nachgebildete Formelsprache des reinen Denkens.* Halle a. S.

Friesen, C., & Kingstone, A. (2003). Abrupt onsets and gaze direction cues trigger independent reflexive attentional effects. *Cognition, 87,* B1–B10.

Gallistel, C. R. (2000). The replacement of general-purpose learning models with adaptively specialized learning modules. In M. S. Gazzaniga (Ed.), *The new cognitive neurosciences* (pp. 1179–1191). Cambridge, MA: MIT Press.

Gallistel, C. R., & Gibbon, J. (2000). Time, rate and conditioning. *Psychological Review, 107,* 289–344.

Gallistel, C. R., Brown, A., Carey, S., Gelman, R., &Keil, F. (1991). Lessons from animal learning for the study of cognitive development. In S. Carey& R. Gelman (Eds.), *The epigenesis of mind* (pp. 3–36). Hillsdale, NJ: Erlbaum.

Gaulin, S. (1995). Does evolutionary theory predict sex differences in the brain? In M. S. Gazzaniga (Ed.), *The cognitive neurosciences* (pp. 1211–1225). Cambridge, MA: MIT Press.

Gaulin, S., & Schlegel, A. (1980). Paternal confidence and paternal investment: A cross cultural test of a sociobiological hypothesis. *Ethology and Sociobiology, 1,* 301–309.

Geertz, C. (1973). *The interpretation of cultures.* New York, NY: Basic Books.

German, T. P., & Barrett, H. C. (2005). Functional fixedness in a technologically sparse culture. *Psychological Science, 16*(1), 1–5.

Gigerenzer, G. (1991). How to make cognitive illusions disappear: Beyond heuristics and biases. *European Review of Social Psychology, 2,* 83–115.

Gigerenzer, G., & Murray, D. (1987). *Cognition as intuitive statistics.* Hillsdale, NJ: Erlbaum.

Gigerenzer, G., & Selten, R. (Eds.). (2002). *Bounded rationality: The adaptive toolbox.* Cambridge, MA: MIT Press.

Gigerenzer, G., Todd, P., and the ABC Research Group. (1999). *Simple heuristics that make us smart*. New York, NY: Oxford University Press.

Gould, S. J., & Lewontin, R. C. (1979). The Spandrels of San Marco and the Panglossian Paradigm: A critique of the adaptationist programme. *Proceedings of the Royal Society B: Biological Sciences, 205*, 581−598.

Gray, H. (1918). *Gray's anatomy, twentieth edition*. W. Lewis (Ed.). Philadelphia, PA: Lea & Febiger.

Griskevicius, V., Delton, A. W., & Robertson, T. E., Tybur, J. M. (2011). Environmental contingency in lifehistory strategies: Influence of mortality and socioeconomic status on reproductive timing. *Journal of Personality and Social Psychology, 100*, 241−254.

Haidt, J. (2001). The emotional dog and its rational tail: A social intuitionist approach to moral judgment. *Psychological Review, 108*(4), 814−834.

Hamilton, W. D. (1964). The genetical evolution of social behavior. I. II. *Journal of Theoretical Biology, 7*, 1−52.

Hammerstein, P., & Parker, G. A. (1982). The asymmetric war of attrition. *Journal of Theoretical Biology, 96*(4), 647−682.

Haselton, M. G., & Buss, D. M. (2000). Error management theory: A new perspective on biases in cross-sex mind reading. *Journal of Personality and Social Psychology, 78*, 81−91.

Herrnstein, R. J. (1977). The evolution of behaviorism. *American Psychologist, 32*, 593−603.

Hirschfeld, L. A., & Gelman, S. A. (Eds.). (1994). *Mapping the mind: Domain specificity in cognition and culture*. Cambridge, England: Cambridge University Press.

Isaac, G. (1989). *The archaeology of human origins: Papers by Glynn Isaac* (Barbara Isaac, Ed.). Cambridge, England: Cambridge University Press.

Jablonka, E., & Lamb, M. J. (2005). *Evolution in four dimensions*. Cambridge, MA: MIT Press.

Kahneman, D., Slovic, P., & Tversky, A. (Eds.). (1982). *Judgment under uncertainty: Heuristics and biases*. Cambridge, England: Cambridge University Press.

Kahneman, D., & Tversky, A. (1979). Prospect theory: An analysis of decision under risk. *Econometrica, 47*(2), 263.

Kaplan, H., & Hill, K. (1985). Food sharing among Ache Foragers: Tests of explanatory hypotheses. *Current Anthropology, 26*(2), 223−246.

Keil, F. (1989). *Concepts, kinds, and cognitive development*. Cambridge, MA: MIT Press.

Keil, F. C. (1994). The birth and nurturance of concepts by domains: The origins of concepts of living things. In L. A. Hirschfeld & S. A. Gelman (Eds.), *Mapping the mind: Domain specificity in cognition and culture*. Cambridge, England: Cambridge

University Press.

Klein, S. (2005). The cognitive neuroscience of knowing one's self. In M. S. Gazzaniga (Ed.), *The cognitive neurosciences, III* (pp. 1077–1089). Cambridge, MA: MIT Press.

Klein, S., Cosmides, L., Tooby, J., & Chance, S. (2002). Decisions and the evolution of memory: Multiple systems, multiple functions. *Psychological Review, 109*, 306–329.

Klein, S., German, T., Cosmides, L., & Gabriel, R. (2004). A theory of autobiolographical memory: Necessary components and disorders resulting from their loss. *Social Cognition, 22*(5), 460–490.

Krasnow, M., Cosmides, L., Pedersen, E., & Tooby, J. (2012). What are punishment and reputation for? *PLoS ONE, 7*(9), e45662 (pp. 1–9).

Krasnow, M. M., Delton, A. W., Cosmides, L., & Tooby, J. (2013). Meeting now suggests we will meet again: Implications for debates on the evolution of cooperation. *Nature Scientific Reports, 3*, 1747. doi:10.1038/srep1747

Krasnow, M. M., Delton, A. W., Cosmides, L., & Tooby, J. (2015). Group cooperation without group selection: Modest punishment can recruit much cooperation. *PLoS ONE, 10*(4), e0124561. doi:10.1371/journal.pone.0124561

Kurzban, R., Tooby, J., & Cosmides, L. (2001). Can race be erased?: Coalitional computation and social categorization. *Proceedings of the National Academy of Sciences, USA, 98*(26), 15387–15392.

LeDoux, J. (1995). In search of an emotional system in the brain: Leaping from fear to emotion to consciousness. In M. S. Gazzaniga (Ed.), *The cognitive neurosciences* (pp. 1049–1061). Cambridge, MA: MIT Press.

Lee, R., & DeVore, I. (Eds.). (1968). *Man the hunter.* Chicago, IL: Aldine.

Lee, R., & DeVore, I. (Eds.). (1976). *Kalahari hunter-gatherers: Studies of the !Kung San and their neighbors.* Cambridge, MA: Harvard University Press.

Lenneberg, E. (1967). *Biological foundations of language.* New York, NY: Wiley.

Leslie, A. (1987). Pretense andrepresentation:The origins of "theory ofmind." *PsychologicalReview, 94*, 412–426.

Leslie, A. M. (1994). ToMM, ToBy, and agency: Core architecture and domain specificity. In L. A. Hirschfeld& S. A. Gelman (Eds.), *Mapping the mind: Domain specificity in cognition and culture* (pp. 119–148). Cambridge, England: Cambridge University Press.

Leslie, A. M., & Thaiss, L. (1992). Domain specificity in conceptual development: Neuropsychological evidence from autism. *Cognition, 43*, 225–251.

Leslie, A. M., German, T. P., & Polizzi, P. (2005). Belief-desire reasoning as a process of selection. *Cognitive Psychology, 50*, 45–85.

Li, F. F., Van Rullen, R., Koch, C., & Perona, P. (2002). Rapid natural scene categorization in the near absence of attention. *Proceedings of the National Academy of Sciences, USA, 99*, 9596−9601.

Lieberman, D., Tooby, J., & Cosmides, L. (2003). Does morality have a biological basis? An empirical test of the factors governing moral sentiments relating to incest. *Proceedings of the Royal Society B: Biological Sciences, 270*(1517), 819−826.

Lieberman, D., Tooby, J., & Cosmides, L. (2007). The architecture of human kin detection. *Nature, 445*(7129), 727−731. doi:10.1038/nature05510

López, A., Atran, S., Coley, J., Medin, D., & Smith, E. (1997). The tree of life: Universals of folkbiological taxonomies and inductions. *Cognitive Psychology, 32*, 251−295.

Lutz, C. A. (1988). *Unnatural emotions: Everyday sentiments on a Micronesian Atoll and their challenge to western theory.* Chicago, IL: University of Chicago Press.

Lukaszewski, A. W., & Roney, J. R. (2011). The origins of extraversion: Joint effects of facultative calibration and genetic polymorphism. *Personality and Social Psychology Bulletin, 37*(3), 409−421.

Mandler, J., &McDonough, L. (1998). Studies in inductive inference in infancy. *Cognitive Psychology, 37*(1), 60−96.

Markman, E. (1989). *Categorization and naming in children.* Cambridge, MA: MIT Press.

Marks, I. (1987). *Fears, phobias, and rituals.* New York, NY: Oxford University Press.

Maynard Smith, J. (1982). *Evolution and the theory of games.* Cambridge, England: Cambridge University Press.

Mineka, S., & Cook, M. (1993). Mechanisms involved in the observational conditioning of fear. *Journal of Experimental Psychology: General, 122*, 23−38.

Mineka, S., Davidson, M., Cook, M., & Keir, R. (1984). Observational conditioning of snake fear in rhesus monkeys. *Journal of Abnormal Psychology, 93*, 355−372.

New, J., Cosmides, L., & Tooby, J. (2007). Category-specific attention to animals reflects ancestral priorities, not expertise. *Proceedings of the National Academy of Sciences, USA, 104*(42), 16598−16603. doi:10.1073/pnas.0703913104

Noë, R., & Hammerstein, P. (1994). Biological markets: supply and demand determine the effect of partner choice in cooperation, mutualism and mating. *Behavioral Ecology and Sociobiology, 35*(1), 1−11.

Öhman, A., & Mineka, S. (2001). Fear, phobias and preparedness: Toward an evolved module of fear and fear learning. *Psychological Review, 108*, 483−522.

Petersen, M. B., Sznycer, D., Sell, A., Cosmides, L., & Tooby, J. (2013). The ancestral logic of politics: Upperbody strength regulates men's assertion of self-interest over economic redistribution. *Psychological Science*. doi:10.1177/0956797612466415

Pietraszewski, D., Cosmides, L., & Tooby, J. (2014). The content of our cooperation, not the color of our skin: Alliance detection regulates categorization by coalition and race, but not sex. *PLoS ONE*, *9*(2), e88534. doi:10.1371/journal.pone.0088534

Pinker, S. (1994). *The language instinct*. New York, NY: Morrow.

Pinker, S. (1997). *How the mind works*. New York, NY: Norton.

Pinker, S., & Bloom, P. (1990). Natural language and natural selection. *Behavioral and Brain Sciences*, *13*(4), 707–784.

Pinker, S. (2002). *The blank slate*. New York, NY: Viking Press.

Pitman, R., & Orr, S. (1995). Psychophysiology of emotional and memory networks in posttraumatic stress disorder. In J. McGaugh,N. Weinberger, & G. Lynch (Eds.), *Brain and memory: Modulation and mediation of neuroplasticity* (pp. 75–83). New York, NY: Oxford University Press.

Posner, M. (1978). *Chronometric explorations of mind*. New York, NY: Oxford University Press.

Price, M. E., Cosmides, L., & Tooby, J. (2002). Punitive sentiment as an anti-free rider psychological device. *Evolution and Human Behavior*, *23*, 203–231.

Profet, M. (1992). Pregnancy sickness as adaptation: A deterrent to maternal ingestion of teratogens. In J. H. Barkow, L. Cosmides, & J. Tooby. *The adapted mind: Evolutionary psychology and the generation of culture* (pp. 327–366). New York, NY: Oxford University Press.

Rips, L. (1994). *The psychology of proof*. Cambridge, MA: MIT Press.

Ro, T., Russell, C., & Lavie, N. (2001). Changing faces: A detection advantage in the flicker paradigm. *Psychological Science*, *12*(1), 94–99.

Rode, C., Cosmides, L., Hell, W., & Tooby, J. (1999). When and why do people avoid unknown probabilities in decisions under uncertainty? Testing some predictions from optimal foraging theory. *Cognition*, *72*, 269–304.

Sahlins, M. (1976). *The use and abuse of biology: An anthropological critique of sociobiology*. Ann Arbor: University of Michigan Press.

Schacter, D., & Tulving, E. (Eds.). (1994). *Memory systems 1994*. Cambridge, MA: MIT Press.

Schmitt, D. P. (2005). Sociosexuality from Argentina to Zimbabwe: A 48-nation study of sex, culture, and strategies of human mating. *Behavioral and Brain Sciences*, *28*, 247–275.

Sell, A., Tooby, J., & Cosmides, L. (2009). Formidability and the logic of human anger.

Proceedings of the National Academy of Sciences, USA, 106(35), 15073−15078. doi:10.1073/pnas.0904312106

Sell, A., Cosmides, L., & Tooby, J. (2014). The human anger face evolved to enhance cues of strength. *Evolution & Human Behavior.* doi:10.1016/j.evolhumbehav.2014.05.008

Shannon, C. E. (1948). A mathematical theory of communication. *Bell System Technical Journal, 27*, 379−423 & 623−656.

Shepard, R. N. (1984). Ecological constraints on internal representation: Resonant kinematics of perceiving, imagining, thinking, and dreaming. *Psychological Review, 91*, 417−447.

Shepard, R. N. (1987). Evolution of a mesh between principles of the mind and regularities of the world. In J. Dupre (Ed.), *The latest on the best: Essays on evolution and optimality* (pp. 251−275). Cambridge, MA: MIT Press.

Sherry, D., & Schacter, D. (1987). The evolution of multiple memory systems. *Psychological Review, 94*, 439−454.

Shostak, M. (1981). *Nisa: The life and words of a !Kung woman.* Cambridge, MA: Harvard University Press.

Skinner, B. F. (1957). *Verbal behavior.* New York, NY: Appleton-Century-Crofts.

Spelke, E. S. (1990). Principles of object perception. *Cognitive Science, 14*, 29−56.

Sperber, D. (1994). The modularity of thought and the epidemiology of representations. In L. A. Hirschfeld & S. A. Gelman (Eds.), *Mapping the mind: Domain specificity in cognition and culture.* Cambridge, England: Cambridge University Press.

Sperber, D. (1996). *Explaining culture: A naturalistic approach.* Oxford, England: Blackwell.

Sperber, D., & Wilson, D. (1995). *Relevance: Communication and cognition* (2nd ed.). Oxford, England: Blackwell.

Springer, K. (1992). Children's awareness of the implications of biological kinship. *Child Development, 63*, 950−959.

Steen, F., & Owens, S. (2001). Evolution's pedagogy: An adaptationist model of pretense and entertainment. *Journal of Cognition and Culture, 1*(4), 289−321.

Suarez, S. D., & Gallup, G. G. (1979). Tonic immobility as a response to rage in humans: A theoretical note. *Psychological Record, 29*, 315−320.

Symons, D. (1978). *Play and aggression: A study of rhesus monkeys.* New York, NY: Columbia University Press.

Symons, D. (1979). *The evolution of human sexuality.* New York, NY: Oxford University Press.

Symons, D. (1987). If we're all Darwinians, what's the fuss about? In C. B. Crawford, M. F. Smith, & D. L. Krebs (Eds.), *Sociobiology and psychology* (pp. 121–146). Hillsdale, NJ: Erlbaum.

Symons, D. (1989). A critique of Darwinian anthropology. *Ethology and Sociobiology, 10*, 131–144.

Symons, D. (1992). On the use and misuse of Darwinism in the study of human behavior. In J. Barkow, L. Cosmides, & J. Tooby (Eds.), *The adapted mind: Evolutionary psychology and the generation of culture* (pp. 137–159). New York, NY: Oxford University Press.

Sznycer, D., Takemura, K., Delton, A. W., Sato, K., Robertson, T., Cosmides, L., & Tooby, J. (2012). Crosscultural differences and similarities in proneness to shame: An adaptationist and ecological approach. *Evolutionary Psychology, 10*(2), 352–370.

Tinbergen, N. (1963). On aims and methods of ethology. *Zeitschrift für Tierpsychologie, 20*, 410–433.

Thornhill, R. (1997). The concept of an evolved adaptation. In G. Bock & G. Cardew (Eds.), *Characterizing human psychological adaptations* (pp. 4–13). London, England: CIBA Foundation.

Tomaka, J., Blascovich, J., Kibler, J., & Ernst, J. (1997). Cognitive and physiological antecedents of threat and challenge appraisal. *Journal of Personality and Social Psychology, 73*, 63–72.

Tooby, J. (1976). The evolution by natural selection of systems of adaptive multigenerational nongenetic inheritance for parameterizing development: Not your father's Lamarck. *Institute for Evolutionary Studies Technical Report 76*(1).

Tooby, J. (1982). Pathogens, polymorphism, and the evolution of sex. *Journal of Theoretical Biology, 97*, 557–576.

Tooby, J. (1985). The emergence of evolutionary psychology. In D. Pines (Ed.), *Emerging syntheses in science* (pp. 124–137). Santa Fe, NM: The Santa Fe Institute.

Tooby, J. (2014). Learning and culture: Scientific ideas ripe for retirement. Contribution to Edge Annual Question: What scientific ideas are ready for retirement? Retrieved from https://edge.org/response-detail/25343

Tooby, J., & Cosmides, L. (1990a). The past explains the present: Emotional adaptations and the structure of ancestral environments. *Ethology and Sociobiology, 11*, 375–424.

Tooby, J., &Cosmides, L. (1990b). On the universality of human nature and the uniqueness of the individual: The role of genetics and adaptation. *Journal of Personality, 58*, 17–67.

Tooby, J., & Cosmides, L. (1992). The psychological foundations of culture. In

J. Barkow, L. Cosmides, & J. Tooby (Eds.), *The adapted mind: Evolutionary psychology and the generation of culture* (pp. 19-136). New York, NY: Oxford University Press.

Tooby, J., & Cosmides, L. (1996). Friendship and the banker's paradox: Other pathways to the evolution of adaptations for altruism. *Proceedings of the British Academy, 88*, 119-143.

Tooby, J., & Cosmides, L. (2001). Does beauty build adapted minds? Toward an evolutionary theory of aesthetics, fiction and the arts. *SubStance, 94/95*(1), 6-27.

Tooby, J., & Cosmides, L. (2003). *Elements of a Darwinian theory of Lamarckian inheritance.* Paper presented at the annual meeting of the Human Behavior and Evolution Society, Lincoln, NE.

Tooby, J., & Cosmides, L. (2008). The evolutionary psychology of the emotions and their relationship to internal regulatory variables. In M. Lewis, J. M. Haviland-Jones, & L. Feldman Barrett (Eds.), *Handbook of emotions* (3rd ed.). New York, NY: Guilford Press.

Tooby, J., & Cosmides, L. (2010). Groups in mind: Coalitional psychology and the roots of war and morality. In H. Høgh-Olesen (Ed.), *Human morality and sociality: Evolutionary and comparative perspectives* (pp. 191-234). New York: Palgrave Macmillan.

Tooby, J., & Cosmides, L. (in press). Ecological rationality in a multimodular mind. In *Evolutionary psychology: Foundational papers.* Cambridge, MA: MIT Press.

Tooby, J., Cosmides, L., & Barrett, H. C. (2003). The second law of thermodynamics is the first law of psychology: Evolutionary developmental psychology and the theory of tandem, coordinated inheritances. *Psychological Bulletin, 129*(6), 858-865.

Tooby, J., Cosmides, L., &Barrett, H. C. (2005). Resolving the debate on innate ideas: Learnability constraints and the evolved interpenetration of motivational and conceptual functions. In P. Carruthers, S. Laurence, & S. Stich (Eds.), *The innate mind: Structure and content.* New York, NY: Oxford University Press.

Tooby, J., Cosmides, L., Sell, A., Lieberman, D., & Sznycer, D. (2008). Internal regulatory variables and the design of human motivation: A computational and evolutionary approach. In Andrew J. Elliot (Ed.), *Handbook of approach and avoidance motivation* (pp. 251-271). Mahwah, NJ: Erlbaum.

Tooby, J., Cosmides, L., & Price, M. (2006). Cognitive adaptations for n-person exchange: The evolutionary roots of organizational behavior. *Managerial and Decision Economics, 27*, 103-129. doi:10.1002/mde.1287

Tooby, J., & DeVore, I. (1987). The reconstruction of hominid behavioral evolution through strategic modeling. In W. Kinzey (Ed.), *Primate models of hominid behavior* (pp. 183–237). New York, NY: SUNY Press.

Trivers, R. L. (1971). The evolution of reciprocal altruism. *Quarterly Review of Biology, 46*, 35–57.

Triesman, A. (2005). Psychological issues in selective attention. In M. S. Gazzaniga (Ed.), *The cognitive neurosciences III* (pp. 529–544). Cambridge, MA: MIT Press.

Vining, D.R. (1986). Social versus reproductive success: The central theoretical problem of human sociobiology. *Behavioral and Brain Sciences, 9*, 167–216.

von Neumann, J. (1945). First draft of a report on the EDVAC. Contract between the United States Army Ordnance Department and the University of Pennsylvania.

von Neumann, J., & Morgenstern, O. (1944). *Theory of games and economic behavior.* Princeton, NJ: Princeton University Press.

Walker, R., Hill, K., Kaplan, H., & McMillan, G. (2002). Age dependency of hunting ability among the Ache of eastern Paraguay. *Journal of Human Evolution, 42*, 639–657.

Wang, X. T. (2002). Risk as reproductive variance. *Evolution and Human Behavior, 23*, 35–57.

Warner, R. R. (1988). Sex change in fishes: Hypotheses, evidence, and objections. *Environmental Biology of Fishes, 22*(2), 81–90.

Weiner, N. (1948). *Cybernetics or control and communication in the animal and the machine.* Cambridge, MA: MIT Press.

Williams, G. C. (1966). *Adaptation and natural selection: A critique of some current evolutionary thought.* Princeton, NJ: Princeton University Press.

Williams, G. C., & Williams, D. C. (1957). Natural selection of individually harmful social adaptations among sibs with special reference to social incests. *Evolution, 11*, 32–39.

Wilson, E. O. (1975). *Sociobiology: The new synthesis.* Cambridge, MA: Belknap Press.

Wynn, K. (1998). Psychological foundations of number: Numerical competence in human infants. *Trends in Cognitive Sciences, 2*, 296–303.

Yerkes, R. M., & Yerkes, A. W. (1936). Nature and conditions of avoidance (fear) response in chimpanzee. *Journal of Comparative Psychology, 21*, 53–66.

2장

생활사 이론과 진화심리학

마르코 델 주디체 · 스티븐 W. 갱지스태드 · 힐러드 S. 카플란

생명의 진화는 변이형들이 환경으로부터 에너지를 수확해서 자신의 복제물로 전환하려고 경쟁하는 과정의 산물이다. 개체들은 환경에서 에너지를 '포획'하고(가령, 식량 수집, 사냥, 경작을 통해) 획득한 에너지를 번식과 생존–향상 활동에 '분배'한다. 선택이 선호하는 개체는 에너지를 효율적으로 획득하고 자신의 생태적소 안에서 적합도를 향상하기 위해 획득한 에너지를 효율적으로 분배하는 개체다.

에너지는 거저 오지 않는다. 개체가 에너지를 대가 없이 무제한 쓸 수 있다면 원칙상 아주 빠르게 성장 · 발육해서 출생 직후부터 번식을 시작하고, 자식을 아주 많이 낳고, 그러면서도 언제까지나 늙지 않는 존재로 남을 것이다. 하지만 생물학적 현실에서 개체는 (에너지와 시간을 지출해가며 직접 벌어들인) 유한한 에너지 '예산'에 맞춰 살아야 하고, 손에 넣을 수 있는 것 이상은 절대로 쓸 수가 없다. 유한한 예산의 분배는 맞거래trade-off를 수반하고, 그래서 가능한 용처들의 상대적 가치를 결정하게 한다. 비싼 품목 하나를 얻으려면 다른 것들을 포기해야 하고, 오늘 많이 소비하면 내일은 아껴 써야 한다.

선택이 선호하는 유기체의 전략은 다음과 같은 원칙에 기초해서 에너지 예산을 분배한다. 평균적으로 최대 포괄적합도를 낳도록 에너지를 분배하는 전략(West & Gardner, 2013)이 최후의 승자가 된다는 원칙이다. 이 점에서 선택은 적합도–극대

화 또는 '최적' 전략으로 귀착한다. 물론 그 전략이 최적이라는 것은 제한된 의미, 즉 에너지 분배 간의 맞거래가 부과하는 제약들 아래에서다(Parker & Maynard Smith, 1990).

중요한 것은, 최적의 분배는 개체와 그 환경의 특징들에 달려 있다는 것이다. 갓 난아기가 에너지를 최적으로 분배하는 방식은 어른과 다르고, 건강한 사람이 최적으로 분배하는 방식은 병든 사람과 다르고, 개인이 안정된 환경에서 최적으로 분배하는 방식은 미래를 예측할 수 없는 사람과 다르다.

생활사 이론LHT: life history theory은 여러 절충점들 사이에서의 직면한 유기체가 다양한 과제를 해결하고 여러 가지 형질을 가지도록 시간과 에너지를 어떻게 분배해야 적합도를 극대화할 수 있는지를 중점적으로 다룬다. 생활사의 맞거래는 근본적인 파급 효과가 있어서 유기체의 발달과 행동의 거의 모든 측면에 영향을 미친다. 생활사 이론은 진화심리학 안에서 꾸준히 입지를 다져왔고 현재 이 분야의 핵심 수단을 제공하고 있지만 새로운 통합과 미지의 탐구에도 얼마든지 열려 있다.

우리는 먼저 생활사 이론 이론을 개관하고자 한다. 그런 뒤 분배 결정을 시행하는 근접 가제proximate mechanism들, 즉 호르몬 체계와 인지적 적응 등을 살펴볼 것이다. 마지막으로, 현재 심리학에서 생활사 이론을 어떻게 적용하고 있는지를 살펴보고, 생활사 이론을 진화심리학에 더 긴밀히 통합하기 위한 방안들을 제안할 것이다.

생활사 이론: 개관

생활사 이론의 기본적인 맞거래들

개체가 적합도를 높일 수 있는 방법은 기본적으로 두 가지다. 첫째, 일생에 걸쳐 나이에 따른 일정에 따라 생존에 영향을 미치는 형질에 투자하거나 둘째, 번식력의 일생스케줄에 영향을 미치는 형질에 투자하는 것이다(이 장에서 번식력이란 임신 능력보다는 자식의 수를 가리킨다). 궁극적으로 형질이 포괄적합도에 미치는 영향은 생존력의 변화, 번식력의 변화 또는 그 둘 모두의 변화를 통해 중재되기 때문이다(개체 자신뿐 아니라 근연 관계에 있는 개체—예를 들어, 자식들—의 생존력 그리고/또는 번식력을 향상해서 그렇게 하지만 말이다). 분배 맞거래 때문에 대부분은 아니더라도 많은 형질들이 동일한 적합도의 요소들에 대해 다른 시간적 지점에서 생존력과 번식력에 상반된 영향을 미치거나, 혹은 자신의 적합도 요소(예를 들어, 자신의 번식력)와 근연 관계에 있는 개체의 적합도 요소(예를 들어, 자식의 생존 그리고/또는 번식력)에 대해 생존력과 번식력에 상반된 영향을 미친다. 예를 들어, 짝짓기 빈도(예를 들어, 짝짓기 과시행동)를 높여서 번식력을 높이는 형질은 면역 기능을 떨어뜨려서 생존력을 약하게 하고, 성장에 에너지를 분배하면 젊은 시절에 번식력이 떨어지는 대신 나중에 번식력이 올라갈 수 있고, 자식의 생존 가능성에 부모 투자를 분배하면 자기 자신의 생존력이나 미래의 번식력은 감소할 수 있다.

두 가지 형질의 맞거래가 반드시 부정적 상관관계에 있는 것은 아니다. 습득하는 능력이나 자원을 효율적으로 활용하는 능력에 큰 개인차가 있으면 형질들이 긍정적으로 공변한다. 예를 들어, 많은 자원을 가진 개체는 번식력과 자식 돌보기 모두에 남들보다 더 많이 투자할 수 있다. 이 긍정적 공변이가 맞거래 때문에 생겨난 부정적 공변이를 누를 것이다(Reznick, Nunney, & Tessier, 2000을 보라).

분배 문제는 여러 세부 차원에서 개념적으로 설명할 수 있다(Roff, 2002를 보라). 우리는 광범위하고 근본적인 맞거래 세 가지에 초점을 맞춘다. 현재 대 미래의 번식, 자식의 질 대 양, 짝짓기 대 양육 노력.

현재 대 미래 번식 간의 맞거래　어느 시점에나 유기체는 가용 에너지를 다양한 활동에 돌릴 수 있다. 어떤 개체는 지금 번식을 한다(예를 들어 성교, 임신). 다른 개체는 생명을 연장하고 그렇게 해서 나중에 번식할 기회를 마련한다(예를 들어, 추가적인 에너지 수확, 성장, 포식자 회피, 조직 수리 등). 미래의 기회에 에너지를 분배하면 지금 번식하는 노력에 쓸 수 없고, 그 반대의 경우도 성립한다. 이 맞거래를 처음 현대적인 생활사 이론으로 설명한 저자는 갓길과 보서트(1970)다. 유기체는 환경에서 에너지(자원)를 포획한다. 그들의 포획률(또는 수입)이 그들의 에너지 예산을 결정한다. 시간이 지나는 동안 유기체는 세 가지 활동에 수입을 '소비한다.' 성장을 통해 유기체는 미래의 에너지 포획률을 높이고, 그렇게 해서 미래의 번식력을 높인다. 관리를 통해 유기체는 체조직을 수리하고, 에너지를 면역 기능에 분배하고, 추가적인 에너지 생산에 전념한다. 번식을 통해 유기체는 유전자를 복제한다. 유기체가 이러한 에너지의 절충점 찾기와 다양한 전략 사이의 맞거래 문제를 어떻게 해결하는지에 따라 그들의 생활사를 형성한다. 유기체는 대개 번식력이 제로인 유년 시절을 보내고 그런 뒤 성장을 멈춘다. 이때는 성장보다 번식에 치중해야 적합도가 높아진다. 관리와 성장은 미래의 번식에 미치는 영향을 통해 적합도를 좌우하기 때문에, 3자간 맞거래는 현재와 미래 번식의 맞거래로 압축된다(Bell & Koufopanou, 1986; Hill, 1993; Lessells, 1991; Sterns, 1992). 현재의 번식에 에너지를 쏟느라 미래의 생존력, 에너지 포획, 번식을 잃는 것을 번식의 비용cost of reproduction이라고 한다(Williams, 1966).

현재-미래 번식에 대한 절충의 노화, 즉 번식하는 성년기 이후에 신체 기능이 점차 악화되고 사망률이 증가하는 양상을 설명하는 데 사용되어왔다(Jones at al., 2014; Williams, 1957). 마모설disposable soma theory에 따르면 노화는 최적의 분배 설계에서 떨어져 나온 부산물이다(Kirkwood, 1990). 체조직을 완벽하게 관리한다면 노화는 제로가 되고 체내의 노후화로 인한 사망률도 제로가 될 것이다. 하지만 그래도 유기체는 외부요인 때문에 죽을 수 있기 때문에, 약간의 자원을 관리에서 떼어내 현재의 번식에 투자하는 것이 최적이다. 따라서 유기체는 노화를 피하는 데 들어가야 할 것보다 더 적은 양을 관리에 투자하고, 그렇게 해서 체세포는 제로가 아닌 속도로 쇠퇴한다. 카플란과 롭슨(2009)은 수명 전체에 걸쳐 노화율의 차이를 설명하는 모델을 제시한다. 성장하는 동안 관리할 조직의 양이 증가하면 그에 비례해서 관리 비용도 증가하기 때문에, 관리에 분배하는 최적의 방법은 사는 동안 점차 줄여나가는 것이다. 초기의 성장, 신체의 질적 쇠퇴, 번식의 맞거래를 종합하면 사망률은 생애 초기에 감소하고 나중에 계속 올라가는 U자 형태가 된다(Kaplan & Robson, 2009).

자식의 질과 양의 맞거래 두 번째로 중요한 생활사 맞거래는 랙Lack(1954, 1968)이 가장 먼저 다룬 주제로, 현재의 번식에 분배되는 자원을 어떻게 나누는지에 대한 것이다. 바로 자식의 질을 높이는 분배 대 자식의 양을 높이는 분배의 맞거래다. 이 맞거래가 발생하는 이유는 번식에 투자할 부모의 자원이 한정돼 있고, 그래서 자식을 더 낳으면 자식 돌보기, 자원 공급 등의 면에서 자식당 돌아가는 평균 투자액을 줄여야 하기 때문이다. 질-양 맞거래 모델들은 대개 자식의 생존율을 질의 조건으로 삼는다(예를 들어, Fischer, Taborsky, & Kokko, 2011; Harpending, Draper, & Pennington, 1990; Smith & Fretwell, 1974). 더 복잡한 다세대 모델들은 자식 생존율과 함께 자식의 성년기 번식률을 함께 고려한다. 이 번식률이 신체 크기, 건강, 기술, 지위 등 부모의 투자가 불러온 이익에 따라 변할 수 있기 때문이다(예를 들어, Kaplan, 1996).

질-양 맞거래의 기초가 되는 기본 원리는 다음과 같다. 적합도의 투자 수익률이 동등한 자원을 번식에 투자할 경우(즉, 새로 자식을 낳는 경우)의 수익률과 같아질 때까지는 기존 자식의 질에 투자를 늘리는 것이 적응적이다. 이 최적의 투자 수준은 자식의 질을 최대치로 보장할 만한 수준보다는 보통 낮다(Harpending et al., 1990; Pennington & Harpending, 1998). 질-양 맞거래의 구체적인 해결책은 부모의 투자를 자식의 질적 향상을 이끌어내는 기능들의 형성에 따라 결정적으로 달라지며, 특히 그 기능들이 수확체감을 보이느냐(투자가 늘어나도 자식에게 돌아가는 이익이 달라지지 않는다), 수확체증을 보이느냐(투자가 늘어날수록 자식의 이익이 급격히 늘어난다; Kaplan, 1996을 보라)의 여부에 달려 있다.

짝짓기와 양육 노력의 맞거래　생활사 분배에 복잡성을 한 겹 더 입히는 것이 유성생식이다. 번식을 하려면 개체는 짝이 될 상대를 찾고, 짝을 고르거나 고름을 받아야 하며, 성교를 해야 한다. 이 모든 활동이 시간이 들고, 상당한 에너지를 써야 할지 모르고(예를 들어, 과시행동 혹은 신체적 특질, 라이벌과의 경쟁), 위험에 노출될 수도 있다(예를 들어, 포식 위험의 증가). 이미 자식이 있는 개체 역시 자식의 생존력과 질을 높이는 데 시간과 에너지를 투자할 수 있다. 짝짓기 노력과 부모 투자가 시간과 자원을 두고 경쟁을 할 때, 새로운 짝짓기 기회를 얻으려면 기존 자식의 적합도를 떨어뜨리게 되므로 맞거래가 발생한다(Trivers, 1972). 유성생식을 하는 많은 유기체에게 짝짓기-양육 맞거래는 질-양 맞거래와 분명히 겹치지만, 그 겹치는 영역은 일부분이다. 자식의 수는 짝짓기 빈도 외에도 여러 수단들—예를 들어 산란수, 자연유산, 심지어 영아 살해—로 조절될 수 있다.

짝짓기-양육 맞거래는 짝짓기 경쟁과 자식 돌보기의 양상에 성 차이를 진화시킨 중요한 요인이다(Kokko & Jennions, 2008). 짝짓기와 양육이 충돌할 때, 더 강한 성

선택과 더 높은 사망률에 부닥치는 성이 짝짓기 경쟁에 더 많이 투자하는 반면에 그렇지 않은 성은 자식 돌보기을 더 많이 하고 짝 고르기는 더 까다롭게 선택한다. 게다가 부성[1]의 불확실성은 수컷의 양육을 배제하는 경향을 낳는다(Kokko & Jennions, 2008). 두 부모 모두의 양육의 가치가 클 때 암컷은 양육에 투자할 의향을 보고 수컷을 고르고, 그 결과 짝짓기와 양육의 분배와 관련된 성 차이가 줄어들고 암수의 상호 선택이 진화하기에 유리하다(Edward & Chapman, 2011). 여러 모델에 따르면, 암컷이 자상한 수컷을 강하게 선호하면 부성 불확실성의 효과가 사라지고, 아버지일 확률이 낮은 경우에도 수컷의 양육 수준이 높아질 수 있다. 이와 반대로 짝짓기 노력에 가혹한 분배를 해야 한다면 양육에 투자할 힘이 줄어들고(예를 들어, 경쟁에 도움이 되는 형질에 신체를 투자해야 하므로), 한쪽 성(주로 수컷) 안에서 다른 번식 전략들이 진화해서 어떤 개체들은 양육 노력에 크게 투자하는 반면에 다른 개체들은 양육 투자를 거의 하지 않는 짝짓기 전략으로 전문화한다(Stiver & Alonzo, 2009; Taborsky & Brockmann, 2010을 보라).

체화된 자본　성장과 발달은 체화된 자본에 투자하는 것으로 볼 수 있다. 미래의 번식으로 전환하기 위해 자기 자신에게 투자하는 것이다. 신체의 측면에서 체화된 자본이란 조직화된 신체 조직(근육, 소화기관, 뇌 등)이다. 기능의 측면에서 체화된 자본이란 힘, 빠르기, 기술, 지식, 그 밖의 능력이다(Hill & Kaplan, 1999). 관리에 분배하면 체화된 자본금이 평가 절하되는 것을 저지할 수 있기 때문에 그 역시 체화된 자본에 투자하는 것으로 볼 수 있다(Kaplan & Robson, 2009). 이 관점에서 현재-미래 번식의 맞거래는 자신의 체화된 자본에 대한 투자 대 번식의 맞거래인 반면에, 질-양의 맞거래는 자식의 체화된 자본에 대한 투자 대 자식의 수의 맞거래다(Kaplan, 1996).

　생활사 이론을 체화된 자본의 틀로 번역해서 연장하면 표준 이론으로는 명확히 개념화되지 않는 가능성들을 고려할 수 있게 된다. 표준 모델들은 미래에 투자하는 것을 대개 신체적 성장으로 처리한다. 하지만 뇌 발달의 경우로 알 수 있듯이 성장은

1　paternity. 유전적 아버지가 누구인가(옮긴이).

그런 투자의 한 형식에 불과하다. 뇌는 현재의 경험을 미래의 성과로 바꾸는 능력을 갖고 있다. 대형 영장류들의 뇌 확장은 이 능력에 더 많이 투자했음을 의미한다(Fleagle, 2013; van Schaik, Isler, & Burkart, 2012). 하지만 이 투자는 신경조직의 성장에만 그치지 않는다. 유기체는 상당한 에너지와 시간을 들여 유용한 경험들을 만나고 그러면서 신경 조직의 변화를 통해 이익을 실현한다. 즉, 미래에 투자하는 것이다.

선택이 이 투자에 어떤 영향을 미치는지는 유기체의 일생에 걸친 비용과 이익에 달려 있다. 신경조직을 키우고 관리하는 일에는 상당한 에너지 소비가 따르고(Kuzawa et al., 2014), '사전에 프로그램화된' 행동 루틴이 줄어서 생애 초기에 성과가 떨어진다(예를 들어, 인간 유아의 서툰 운동 능력을 생각해보라). 따라서 학습의 **순편익**은 유기체가 나이를 먹을 때 비로소 충분히 나타난다. 배울 것이 없는 생태적소에서는 이익이 결코 초기 비용을 상쇄하지 못하므로 선택은 작은 뇌를 선호한다. 생태적소가 더 어려울 때 생애 초기에는 작은 뇌가 더 좋겠지만 나이가 들면 훨씬 더 불리해지고, 그에 따라 선택은 큰 뇌를 선호한다. 뇌와 마찬가지로 다른 체계들도 시간이 지날수록 더 기능적이 된다. 예를 들어, 면역계는 항원과 맞닥뜨려야 제 기능을 십분 발휘한다. 체화된 자본이라는 개념은 시간이 지나야 수익이 나는 자본금에 자원을 투자하는 모든 형태의 진화를 설명한다.

생활사 전략

종합하자면, 생활사 맞거래에 대응하는 분배 결정들이 유기체의 **생활사 전략**이 된다. 생활사의 진화에 접근하는 일반적인 방법에서는 (연령 구조적) 개체군성장[2]이라는 인류학적 모델을 사용한다(Charlesworth, 1994). 이 모델의 틀에서 볼 때 생활사 전략은 결국 기본적인 또는 '직접적인 적합도' 특징 세 가지로 규정할 수 있다(Roff, 2002). 성년기 연령, 연령별 번식력, 연령별 생존율(동일한 말로, 연령별 사망률)이다. 이 세 가지 특징이면 개체군 성장률과 주어진 전략을 연결시켜 그 전략의 적합도를

---

2 개체군의 개체수가 시간과 더불어 증가하는 일을 일컫는 말로, 개체군의 개체수는 공간과 먹이공급량의 제한이 없을 때 지수함수적으로 증가한다(옮긴이).

충분히 결정할 수 있다. 세 가지 특징은 또한 유기체의 수명과 생애 번식력을 결정한다. 생활사 이론이 일반적으로 조사해온 그 밖의 특징으로는 태어날 때의 크기, 신체의 성장 속도, 성년기의 크기, 자식의 수(stearns, 1992)가 있으며, 이와 함께 신체 크기가 표현형의 질적 대리자로 종종 사용되어왔다. 연령이 기초한 접근법은 현재-미래의 번식 맞거래(더 좁은 많은 맞거래뿐 아니라, Roff, 2002를 보라)를 모델화하기에는 충분하지만, 질-양 맞거래를 조사하려면 연령과 더불어 개인의 상태를 추적할 필요가 있다(McNamara & Houston, 1996). 개체의 질은 체화된 자본으로 바뀌어 있을 수 있으며, 그로 인해 생활사 이론의 논리가 건강, 기술, 지위 같은 형질으로 확장된다(예를 들어, Kaplan, 1996). 넓은 관점에서 볼 때 생활사 전략은 상호 적응한 **형태적, 생리적, 행동적** 형질의 상호 상승적인 조합이라고 말할 수 있다(Braendle, Heyland, & Flatt, 2011). 예를 들어 많은 유기체에게 번식의 지위를 높이는 일은 성적 수용성과 경쟁의 시작, 육아를 뒷받침하는 행동 체계(예를 들어 보금자리 짓기, 자식 보호)의 활성화 등과 같은 동기 및 행동상의 변화를 필요로 한다. 번식을 뒤로 미루는 생활사 전략을 채택하면 행동 미성숙의 기간이 길어지고 번식과 관련된 행동 체계들이 억제된다. 게다가 지연된 번식은 위험 회피와 보통 연관되어야 하며, 이를 통해 성숙기에 이르기 전에 죽을 가능성을 최소화한다.

요컨대 생활사 전략은 위험 감수, 자기 조절, 공격성, 탐험, 짝짓기, 부양 같은 많은 영역의 행동을 조직화한다(Del Giudice, 2014A; Réale et al., 2010; Stamps, 2007; Wolf van Doorn, Leimar, & Weissing, 2007). 복잡한 사회생활을 하는 종에서 생활사 전략은 미래의 보상을 위한 행동—가령 장기적 협동과 상호성—뿐 아니라 자식의 질에 대한 투자에 영향을 미치는 행동—짝 결속, 여러 세대에 걸친, 지식과 자원의 상속—과도 깊은 관계가 있다. 게다가 생활사 전략이 달라지면 학습, 기억, 의사결정과 관련된 인지 형질도 달라지고 그에 따라 그런 형질에서 나올 수 있는 이익도 달라진다(Réale et al., 2010; Sih & Del Giudice, 2012).

개체군 수준에서 진화하는 생활사 전략 생태 요인(예를 들어, 식량 공급, 사망 위험)이 변한다는 것은 최적의 분배 전략이 달라지고 그로 인해 생활사에 종 사이 및 종 내부의 변화가 일어난다는 것을 의미한다. 이에 대한 고려를 통해 생활사 전략의 진화를 예측하기 위한 수학적 모델을 개발할 수 있다. 표준적인 접근법은 외인성 사망—포식, 사고, 전염병 등 피하기 어려운 원인으로 발생하는 사망 위험—의 연령별 비율에 대한 함수관계로서 생활사의 결과들을 놓고 보는 것이다(Charlesworth, 1994; Roff, 2002를 보라). 외인성 유병률—사망률이라는 더 넓은 개념(Ellis, Figueredo, Brumbach & Scholomer, 2009)에는 신체 능력 저하와 상실(예를 들어 치명적이지 않은 부상과 질병의 장기적 결과)과 같은 어쩔 수 없는 원인이 유기체의 번식 잠재력을 제한하는 경우가 포함된다. 또 다른 중요한 요인은 환경 조건들이 어느 정도로 예측할 수 없는 차이를 보이는지다(예를 들어, 예측할 수 없는 사망률). 마지막으로, 자원의 가용성은 모든 분배 문제에 기준선이 된다.

일반적으로 성체의 외인성 사망률이 높으면 이른 성숙과 번식, 이른 노화(Kirkwood & Rose, 1991)가 선택되고, 짧은 기간에 번식의 노력을 집중하는 것이 선택된다. 초기 생애 사망률이 높은 것도 이른 성숙을 선호하지만, 번식의 노력을 긴 시간대에 걸쳐놓는 생활사 전략을 부추긴다(Charlesworth, 1994; Roff, 2002). 예측할 수 없는 시간적 차이들의 효과는 더 복잡하다. 사망률이 높을 때와 마찬가지로 성인 사망률 사이에 큰 차이가 있으면, 번식의 노력에 집중하는 것 그리고 특히 (이른 시기의 번식에 집중하는 선택이 여러 시기의 위험들 사이의 상관관계의 양상에 따라 달려 있기는 하지만) 이른 시기의 번식이 선택된다.(Murphy, 1968). 반면에 초기 생애 사망률의 예측할 수 없는 차이들은 성숙을 미루고 번식 스케줄을 연장하는 전략을 선호한다(Charlesworth, 1994). 일반적으로 예측할 수 없는 변화가 번식 노력의 분포에 미치는 영향은 평균적인 외인성 사망의 영향보다 작다(Roff, 2002).

초기 생애 생존율/번식력의 예측할 수 없는 차이에 대한 적응적인 또 하나의 전략이 분산투자bet-hedging다(Roff, 2002; Ellis et al., 2009). 분산투자는 단기적으로는 자식의 적합도 평균을 떨어뜨리지만 장기적으로는 여러 세대에 걸쳐 적합도 분산을 줄여줌으로써 그 유전적 계통의 번식 성공을 향상시킨다(Starrfelt & Kokko, 2012). 분산투자는 자식들 사이에 생활사 형질의 확률론적 변이를 만들어내고 이를 통해 표현형의 다양성을 높임으로서 번식 성공을 향상시킨다. 보수적conservative 분산투자는 광범위한 환경에서 상대적으로 잘 통하고 그렇게 해서 예측할 수 없는 적합도 변동에 덜 취약한 '제너럴리스트' 표현형을 낳는다(Ellis et al., 2009; Starrfelt & Kokko, 2012). 시간이나 공간 환경의 변화를 확실한 단서로 이용하여 예상할 수 있을 때 선택은 종종 생활사 전략에 가소성을 선호한다(예를 들어, Roff, 2002). 예측은 대개 불완전하기 때문에 가소성과 분산투자는 서로 충돌하지 않고 한 종이나 개체군 안에 공존할 수 있다(예를 들어, Donaldson-Matasci, Bergstrom, & Lachmann, 2013).

질-양 맞거래 모델에서 초기 생애와 성체기의 외인성 사망률이 모두 높으면 신체 자본에 적게 투자하는 전략이 선호된다(Harpending et al., 1990; Kaplan, 1996). 게다가 가용 투자 예산을 나눠 자식당 최적으로 투자해야 최적의 번식이 된다(Kaplan, 1996; Smith & Fretwell, 1974). 따라서 다른 모든 조건이 동등하다면 자원 가용도가 높아질수록 최적의 자식 수가 올라가는 반면에, 사망률이 낮아지면 최적의 자식 수가 떨어지는 경향을 보인다.

유성생식을 하는 종에서 암수는 성선택 때문에 대개 다른 맞거래에 직면하고, 그 결과 양성에 각기 다른 생활사 전략이 진화한다. 예를 들어 수컷끼리의 경쟁이 짝에 접근할 수 있는 수컷의 권한을 결정할 때, 수컷은 경쟁력을 갖추기 위해 암컷보다 늦게 성숙하는 경향이 있다(Roff, 2002). 더 일반적으로 보자면 성선택과 경쟁의 종-전형적인 패턴에 따라, 번식 시기, 짝짓기와 육아에 대한 분배, 연령별 사망률, 체화된 자본의 다른 요소에 대한 투자 등에서 나타나는 성차가 체계적으로 결정된다(예를 들어, McDonald, 1993; Promislow, 1990).

개체 수준에서의 생활사 전략 발달　생활사 전략의 개인차는 종과 개체군 안에서 흔히 발견된다. 개인의 전략에는 유전자형의 영향, 환경에서 입력되는 정보에 대한 가소성, 확률론적 과정의 조합이 반영되어 있다. 생활사에서 유전자형 변이는 다음과 같은 다양한 과정들에 따라 결정된다. 돌연변이-선택 균형(Roff, 2002), 빈도-의존적 선택(예를 들어, 육아를 지향하는 전략의 적합도는 짝짓기를 중시하는 전략가들이 개체군 안에서 어떤 빈도를 보이는지에 달려 있다. Sinervo, Clobert, Miles, McAdam, & Lancaster, 2008), 시공간상의 환경 변이로 인한 최적 선택지 변경(예를 들어, Del Giudic, 2012).

환경 상태와 개체의 조건에 대응하는 생활사 형질의 가소성plasticity은 광범위하다. 가소성이 있는 유기체에게는 반응 규준reaction norms이 있고, 이것이 상황에 따른 표현형 발현을 반영한다. 반응 규준이 적응적이려면, 환경의 미래 상태를 예측하는 데 사용되는 단서들이 충분히 믿을 만해야 하고, 표현형을 환경에 맞추는 이익이 가소성의 비용(예를 들어, 관련된 생리적 장치를 관리하는 비용, 에너지 비용)을 초과해야 한다. 생활사 형질 및 분배에서 일어난 반응 규준의 진화는 명확히 모델화된다(가령, Fischer et al., 2011). 예를 들어 베리건과 쾰러(1994)는 간단한 발달 모델을 이용해서, 높은 초기 생애 사망률에 대응하는 최적 전략은 이른 성숙이고 에너지 결핍에 반응하는 최적 전략은 늦은 성숙임을 보여주었다. 더 일반적으로 말하자면 환경 특징의 반복된 변화에 대한 발달상의 대응은 그 특징에 대한 진화적 대응과 종종 비슷하다고 볼 수 있다. 따라서 개체군 수준의 모델을 개발하는 논리는 생활사 형질의 발달적 가소성에 대한 예측에 유용한 정보를 제공한다(Ellis et al., 2009; West-Eberhard, 2003).

개체의 반응 규준이 유전자형 요인의 영향을 받기도 한다. 두 개체가 비슷한 정도의 가소성을 보여도 그 형질의 평균치가 다를 수 있다. 반대로 한 개체의 표현형이 환경 변이에 더 잘 대응해서 다른 개체보다 가소성이 높을 수도 있다. 암수는 일반적으로 반응 규준이 달라서 똑같은 환경 단서에도 다르게 대응한다. 예를 들어 암컷이 자식에게 많이 투자할 때에는 일시적 에너지 부족에 대응하기 위해 번식을 (예를 들어, 산란을 억제해서) 늦출 가능성이 수컷보다 높다(Beehner & Lu, 2013; Wasser & Barash, 1983; 인간에 대해서는 Ellison, 2001, 2003을 보라).

우연은 생활사 발달에 다양한 방식으로 영향을 미친다. 생활사 사건의 확률적 성격은 필연적으로 수명이나 일생에 걸친 번식과 같이 직접적인 적합도 형질에 큰 확률론적 변이들을 낳는다(Steiner & Tuljapurkar, 2012). 그와 동시에 예측할 수 없는 돌발적 사건에 대응하는 분산투자 전략은 적응적인 방향으로 자식의 다양성을 높일 수 있다. 특히 유성 생식을 하는 유기체는 자식을 더 많이 낳거나 다수의 파트너와 짝짓기를 하는 것만으로도 자식의 다양성을 높일 수 있다. 자식의 양을 늘리고 문란한 짝짓기를 하는 것은 초기 생애 생존율의 예상할 수 없는 변화에 대응하는 적응적인 분산투자가 될 수 있다(예를 들어, Fox & Rauter, 2003; Ellis et al., 2009를 보라).

빠름-느림 연속체Fast-Slow Continuum   생활사 형질은 따로따로 진화하지 않는다. 종 내부에서 그리고 여러 종에 걸쳐 다양한 형질이 무리를 이루고서 공변화한다. 가장 넓은 수준에서 분석해보면, 다양한 종들의 생활사 전략이 '빠른'(이른 성숙과 번식, 빠른 성장, 작은 체구, 높은 번식력, 짧은 수명, 자식의 질에 대한 낮은 투자)에서부터 '느린'(낮은 성숙과 번식, 느린 성장, 큰 체구, 낮은 번식력, 긴 수명, 자식에 대한 높은 투자)에 이르는 연속체 상에 배열된다(Promislow & Harvey, 1990; Saether, 1987). 종 내부의 변이가 이 연속체 위에 놓이는 경우도 많다(Réale et al., 2010).

빠름-느림 연속체의 이 패턴은 r-K 선택 모델이 처음 설명했다(MacArthur & Wilson, 1967; Pianka, 1970). 이 모델은 생활사의 진화가 밀도-의존성에 달려 있다고 밀도가 높은 가정했다. 안정적이고 인구가 조밀한 생태환경에서는 'K-선택'(늦은 성장, 늦은 번식, 낮은 번식력)이, 변동이 심하고 밀도가 높은 생태환경에서는 'r-선택'(빠른 성장, 이른 번식, 높은 번식력)이 작동한다는 것이다. 그 이후로 이 주장은 대개 거부당하거나 수정되어왔다. 회피의 비용이 높은 사망 위험과 그 예측불가능성 같은 요인들이 생활사 변이의 더 중요한 동력으로 간주되었기 때문이다(Ellis et at., 2009; Jeschke, Gabriel, & Kokko, 2008). 그럼에도 빠름-느림 연속체의 존재는 경험적으로 확실하다고 입증되었다.

신체의 크기를 통제할 때, 빠름-느림 연속체는 독립된 두 차원으로 분리되거나(Bielby et al., 2007) 확연히 다른 생활사 형질들로 갈라진다고(Jeschke & Kokko, 2009) 주장되어왔다. 하지만 같은 데이터를 재분석하면, 분류군들 사이에 유의미한 차이가 있음에도 불구하고(예를 들어, 높은 번식력은 물고기에서는 '느린' 형질이지만 새와 포유동물에서는 그렇지 않다) 빠름-느림 연속체는 신체의 크기 차이를 통제하더라도 생활사 변이의 안정적 차원임이 드러난다(Appendix in Del Giudice, 2014b). 그럼에도 빠름-느림 연속체로는 생활사 변이를 충분히 설명하지 못한다. 비교 자료에 따르면 변이의 다른 유의미한 축들이 항상 존재하기 때문이다. 예를 들어, 시블리와 브라운(2007)이 확인한 '생활방식' 차원이나, 비엘비 등(2007. 또한 Del Giudice, 2014b를 보라)이 확인한 번식 시기(현대 대 미래)와 번식의 결과(질 대 양)라는 두 차원이 존재한다.

어느 정도는 빠름-느림 연속체는 사망률과 성숙 연령의 관계에 대한 근본적인 제약들 때문에 발생한다(예를 들어, Roff, 2002. 또한 대사율에 대한 제약에 관해서는 Brown et al., 2004를 보라). 하지만 형질 환경의 동일한 특징에 적응적으로 반응하기 때문에 생활사 형질 역시 공진화할 수 있다. 예를 들어, 외인성 질병 사망의 높은 수준은 대

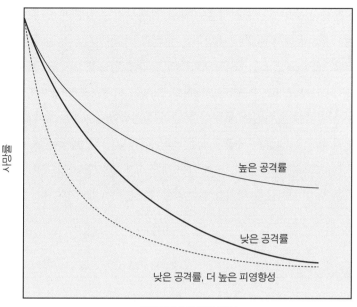

그림 2.1 사망률과 투자의 함수관계

체로 이른 성숙과 번식, 높은 번식력, 자식의 질에 대한 낮은 투자, 그리고 종종 짝짓기 노력에 대한 추가적인 투자를 선호한다.

표준 생활사 이론의 한계 앞서 언급했듯이 생활사 이론의 표준 접근법은 외인성 사망 요소가 선택에서 제외된 것으로 가정하고, 그런 뒤 다른 생활사 형질들의 변이를 선택으로 설명한다. 궁극적으로 이 접근법은 이론상 불충분하다. 따지고 보면 유기체는 사망의 거의 모든 원인을 억제하려고 노력한다(예를 들어, 포식자를 피하려고 이동 패턴을 바꾸거나, 면역 기능에 투자를 해서). 사망의 일부 구성요소를 설명하기보다는 미리 가정하기 때문에 이 접근법은 사망률이 어떻게 진화하는지를 충분히 설명하지 못한다. 더 완전한 접근법이 되려면 생태 요인들이 사망률에 직접 관여하기보다는, 사망률과 그것을 줄이기 위해 분배한 노력 사이의 기능적 **관계**에 영향을 미친다고 가정해야 한다(그림 2.1). 생태 요인들은 적어도 부분적으로는 특수한 '공격' 유형과 비율을 유기체에게 가해서 그런 영향을 미친다. 예를 들어 따뜻하고 습한 기후는 병원체의 진화를 선호하고, 그 결과 유기체를 감염시키는 질병의 공격 비율과 다양성을 높이며, 그렇게 해서 질병에 대항하는 노력과 사망률 감소의 관계에 영향을 미친다. 다음으로 사망률 감소는 다른 노력들의 결과에 영향을 미친다. 예를 들어, 동적 최적화 모델(Frankenhuis, Panchanathan, & Barrett, 2013을 보라)에 따르면, 점점 더 커지는 뇌는 사망률을 줄이려는 노력의 분배와 공진화한다(Robson & Kaplan, 2003). 이와 관련해서 표준 모델들은 사망의 모든 원인을 단일한 사망률로 묶는다. 사실 신체 자본의 다른 요소들(예를 들어, 면역 기능 대 포식자 대항 방어)에 분배하는 경우에 주목하면 다른 사망 원인들을 세밀하게 추적할 수 있다(Kaplan, 1996을 보라).

생활사 분배 기제

지금까지 우리는 생활사의 진화를 이끈 선택의 힘들을 살펴보았다. 이제 생활사의 결정을 시행하도록 진화한 근접 기제proximate mechanism로 눈을 돌려보자.

내분비계

일반적으로 자원의 적응적인 분배는 여러 심리 체계와 행동 체계의 조화로운 협응을 필요로 한다. 예를 들어 번식에 많이 분배하려면 그에 맞춰서 성장에 적게 분배해야 한다. 감염에 대응해서 면역 기능을 높이려는 노력은 전반적인 지출의 감소와 일치하는 것이 가장 좋다. 그런 적응적 협응이 이루어지려면 대개 다양한 신체의 체계에 두루 분포한 소통 및 제어 체계들이 필요하다. 그런 역할은 대개 내분비계가 한다(Finch & Rose, 1995; Lancaster & Sinervo, 2011). 실제로, 내분비계의 발달과 그 특이적인 초기 형태를 갖춘 이후 주된 기능은 맞거래에 직면해서 에너지 및 기타 자원을 적응력 있고 조화롭게 분배하는 것이다.

내분비계는 체내의 소통 장치다. 한 곳(예를 들어, 생식샘, 부신피질)에 호르몬이 방출되면 다른 여러 장소(예를 들어, 뇌 구조물)의 수용기가 '알아채고,' 이에 따라서 각기 나뉘어진 모듈이 작동하는 방식으로 영향을 준다. 따라서 호르몬 신호는 각기 다른 많은 특질을 조절하는 동시에, 단기적 조정에서부터 생활사의 단계들 사이에서 주요한 이행에 이르기까지 다양한 범위의 시간적 단계에서 많은 분배 결정들을 조정한다. 예를 들어 인간 사춘기의 생식 호르몬을 생각해보자. 여성의 경우에 에너지 균형을 조절하는 기제는 지방 저장과 규칙적인 월경주기를 결정한다. 증가된 에너지는 에스트로겐과 기타 호르몬의 중재로 이차 성징을 비롯한 번식적 형질과 기능에 분배된다. 남성은 상당량의 안드로겐을 생산하기 시작하고, 그로 인해 사회적 경쟁과 신체 행동을 비롯한 짝짓기 노력에 근육 조직과 투자를 늘리게 된다. 동시에 다른 투자들(예를 들어, 몇몇 면역 기능)이 감소한다. 양성 모두에게 협응된 대응의 기반에는 심리 과정들(예를 들어, 욕구, 동기, 상황—특이적 대응)의 조절이 필수적이다(Ellis, 2013; Ellison, 2001을 보라).

생식 호르몬은 또한 단기적으로 투자를 차별화하게끔 조절한다. 예를 들어, 남성이 연애 관계(예를 들어, 결혼)에 빠지면 테스토스테론 수치가 감소해서, 번식의 노력을 짝짓기에서 육아로 돌리기 쉬워진다(예를 들어, Burnham et al., 2003; Gettler, McDade, Agustin, Feranil, & Kuzawa, 2013). 또한 호르몬 생산의 시기와 양의 개인차는 생활사 전략의 개인차가 발달하는 과정을 부분적으로 중재한다. 예를 들어, 남성의 테스토스테론 수치는 높은 지위를 지향하는 경쟁적인 성향 그리고 평생의 성 파트너 수와 강한 연관을 보인다.(예를 들어, Eisenegger, Haushofer, & Fehr, 2011; Pollet, van der Meji, Cobey, & Buunk, 2011).

생활사 단계들의 종—특이적 이행을 중재하는 바로 이 발달 기제가 **발달 스위치** 역할을 해서 개인의 가소성을 중재할 수 있다(West-Eberhard, 2003). 발달 스위치란 발달의 특정 시점에 활성화되는 조절 기제다. 발달 스위치는 유기체의 체외 환경과 유기체 자신의 상태에 관한 입력에 기초해서 대안적 경로들의 스펙트럼을 따라 개체를 변화시키고, 궁극적으로는 대안적 표현형을 만들어낸다. 인간의 사춘기는 두 가지 주요한 전이점과 관련이 있다. **부신피질 성증발생**adrenarche(부신이 안드로겐 생산을 개시하는 것)과 **생식샘 기능시작**gonadarche(난소와 정소가 안드로겐/에스트로겐 생산을 개시하는 것)인데, 둘 다 생활사 전략의 발달에 잠재적으로 중요한 스위치다(Del Giudice, 2014C; Ellis, 2013).

생활사 분배에 관여하는 내분비계는 종이 달라도 대단히 일정하다. 척추동물 수컷에서 테스토스테론은 대개 짝짓기, 육아, 생존 간의 맞거래를 조절한다(Hau &

Wingfield, 2011). 척추동물과 무척추동물 모두에서 인슐린 유사 성장인자 1(IGF-1)가 생존과 성장/번식의 맞거래에 관여한다(Gerish & Antebi, 2011; Swanson & Dantzer, 2014). 척추동물의 주요한 생활사 조절자로는 시상하부-뇌하수체-부신(시상하부-뇌하수체-부신축) 축, 시상하부-뇌하수체-생식샘(HPG) 축, 시상하부-뇌하수체-갑상샘(HPT) 축, 인슐린/인슐린 유사 성장인자 1(IGF-1) 신호전달 체계, 그리고 프롤락틴, 옥시토신, 바소프레신/바소토신, 면역 시토카인의 경로들이 있다(Lancaster & Sinervo, 2011).

이 체계들은 폭넓게 상호 작용하고 서로 조절하는 것이 특징이다. 그 체계들로 이루어진 더 넓은 망 안에서 어떤 노드들은 여러 출처에서 정보를 흡수하고 다른 체계로 재분배함으로써 의사결정과정에 중요한 역할을 한다. 척추동물에서 시상하부-뇌하수체-부신축 축은 생활사 발달에 매우 중심적인 역할을 하는 것으로 보인다. 사회적 · 비사회적 환경의 여러 특징(예를 들어, 위험, 예측할 수 있는/예측할 수 없는 사건, 과밀 등)에 관한 중대한 정보를 부호화하고 통합하기 때문이다(Crespi, Williams, Jessop, & Delehanty, 2013; Lancaster & Sinervo, 2011). 스트레스 반응 체계의 역할은 인간 생활사 전략의 발달과정에서 스트레스 반응도에 대한 적응적 조정 모델로 탐구한 바 있다(Del Giudice, Ellis, & Shirtcliff, 2011; Ellis & Del Giudice, 2014).

심리적 과정

내분비계는 조화로운 분배 결정을 조율하는 데 매우 중요한 역할을 한다. 적응적인 분배는 종종 상황에 따라 조건적이기 때문에, 내분비 과정이 중재하든 안 하든, 결국 심리적 과정—지각, 해석, 생활환경—이 분배 결정을 이끈다.

예를 들어, 현재의 위협이나 임박한 위협에 코르티솔이 어떻게 반응하는지를 생각해보자. 생활사 이론이 가정하듯 선택에 의해 형성된 체계의 일부로서 코르티솔의 순환은 에너지 운용과 분배에 변화를 일으킨다. 하지만 코르티솔이 나오기 전에 매우 많은 일련의 과정이 발생한다. 먼저 사건을 지각하고, 평가하고, 위협으로 판단해야 한다. 뇌의 다양한 코르티솔 부위가 위협의 성격에 따라 이러한 정보를 받아들이고 또한 그 출력을 여러 부분으로 보내도록 지시하는 편도체는 그 사건을 위협으로 해석하고 시상하부-뇌하수체-부신축 반응을 개시하는 데 특별한 역할을 한다

(Gunnar & Quevedo, 2007). 이후에 심리적 과정은 코르티솔과 관련된 에너지 재분배를 개시한다. 코르티코트로핀 방출호르몬(corticotropin-releasing hormone, CRH)과 코르티솔이 위협을 평가하고 감정하는 뇌 부위로 피드백을 보내고, 이를 통해 다양한 수준의 제어들이 연쇄적으로 서로 영향을 주고받는다. 한 마디로 이 체계는 심리신경내분비적이다.

정소에서 테스토스테론을 생산하고 분비하는 시상하부–뇌하수체–생식샘HPG 체계의 변화에도 같은 추론을 적용할 수 있다. 남성이 연애 관계에 돌입할 때 생식샘에서 분비하는 테스토스테론이 감소하는 것은(예를 들어, Gettler et al., 2013) 뇌에서 시작해서 몇 단계를 거치는 과정의 최종 결과다. 정밀한 인접 기제를 완전히 이해하지는 못했지만, 연애 관계는 장기적 헌신과 상대적 배타성에 대한 평가를 이끌어내는 듯하다(예를 들어, McIntyre et al., 2006). 의식적으로 경험하든 무의식적으로 경험하든 이러한 평가는 궁극적으로 시상하보–뇌하수체–생식샘축의 하향 조절—뇌의 옥시토신 생산이 중재하는 것으로 보이는 과정—로 이어진다(Weisman, Zagoory-Sharon, & Feldman, 2014).

심리적 과정은 생활사 분배를 다방면으로 조절할 수 있다. 여성이 첫 출산을 하기에 좋은 최적 연령을 생각해보자. 네틀(2011a)은 번식을 개시하는 결정(의식적이든 무의식적이든)에 수반되는 몇몇 심리 과정을 조사했다. 먼저 아동기 초기에 어머니의 보살핌이나 안정적인 가정을 경험하지 못했다면 이 경험이 발달 유도 과정(뒤에서 자세히 살펴볼 것이다)을 통해 초경 시기에 영향을 미칠 수 있다. 둘째, 사회적 학습 과정이 결정에 영향을 미칠 수 있다. 예를 들어 다수의 개인들이 집단적으로 가지고 있는 생각, 이를테면 사망률과 같은 대상이 한 명의 개인이 가진 느낌보다 더 타당할 때에는 가까운 사회적 타인을 따라 하는 것이 적응적일 수 있다. 셋째, 사망률 단서 같은 맥락 요인이 비교적 간단한 (그리고 종종 무의식적인) 휴리스틱 형태로 된 적응적인 영역–특이적 반응을 촉발할 수 있다. 예를 들어, 죽음을 유발하는 치명적인(가령, 허리케인)이 일어난 뒤에 그 지역의 출생률이 올라간다거나(Cohan & Cole, 2002), 죽음을 생각하는 것만으로도 아이를 낳고 싶은 욕구가 증가(예를 들어, Wisman & Goldenberg, 2005)하는 등의 사례가 연구되었다. 마지막으로 여성이 의식적으로 계획하고, 삶의 상황을 판단하고, 서로 다른 선택지들의 비용과 이익을 숙고

할 수 있다. 이 수준에서는 문화적으로 전달된 지식과 가치가 특별히 중요하다. 물론 의식적인 의사결정과 관련된 목표, 비용, 이익에 대한 주관적 인식도 그 자체로 뇌/몸에서 일어나는 무의식적인 평가 과정으로부터 영향을 받는다.

내적 조절 변수internal regulatory variable라는 개념을 사용하면 생활사 맞거래를 중재하는 심리적 과정을 유용하게 개념화할 수 있다. 투비와 코스미디스는 동료들과 함께, 동기 및 감정의 과정들을 어떻게 실증할 수 있는지를 설명하는 수단으로 이 용어를 도입했다(예를 들어, Lieverman, Tooby, & Cosmides, 2007; Tooby, Cosmides, Sell, Lieverman, & Sznycer, 2008). 투비 등이 개념화한 바에 따르면, 내적 조절 변수란 "가치 계산이 행동 조절에 통합될 수 있게 하는 크기(또는 매개변수)를 요약하여 저장하는 역할을 하는 진화한 변수"다(Tooby et al., 2008, p. 253). 달리 표현하자면, 선택은 조상의 역사에서 반복되는 상황에 따라 행동을 적응적으로 지휘하는 인지 체계들을 만들어냈을 것이다. 내적 조절 변수는 적응적 행동을 좌우하는 환경 지수의 역할을 한다.

심리적 과정이 생활사 분배에 어떻게 영향을 미치는지를 이해할 수 있는 다음 단계는 관련된 내적 조절 변수를 가정하는 것이다. 마음은 적절한 결정에 영향을 미치는 특별한 약식의 저장된 경험들을 어떻게 계산할까? 예를 들어, 사망률을 알려주는 축적된 환경의 가혹함을 마음은 어떻게 등록하고 표상화할까? 사망 위험을 나타내는 단기적 지표 중 어떤 종류가 표상화되고, 어떤 과정을 통해 결정에 영향을 미칠까? 이 개인적 경험에 타인의 행동에 관한 정보가 어떻게 합쳐질까? 이 분야의 연구에서는 환경의 인지된 제어가능성(Mittal & Griskevicius, 2014), 기대 수명의 주관적 추산(Chjisholm, 1999) 같은 전도유망한 심리적 변수들을 이미 확인했다. 하지만 지금까지는 이 변수들을 어떻게 계산하는지 또는 어떻게 행동 및 심리 과정을 조절하는 데 사용하는지를 명확히 보여주는 모델은 아직 존재하지 않는다.

지금까지 우리는 최초 번식의 연령을 예로 삼아 심리적 과정이 생활사 분배를 어떻게 조절할 수 있는지를 설명했다. 하지만 근접한 심리적 수준의 설명을 요구하는 결정은 무수히 많다. 수많은 예 중에 몇 개를 들어보자. 면역 기능에 에너지를 분배하는 문제, 보상에 대한 함수관계로서 자식의 질을 향상시키기 위한 노력의 분배, 용도에 따라 기술 습득에 투자하는 문제, 투자시간에 비추어 각각의 사회적 관계를 만들고 강화하는 일에 전념하는 문제, 친족을 돕는 투자 대 자기 자신을 향상시키는 투자의 상대적 수익에 따른 친족 돕기 노력에 분배하는 문제, 사망률에 대한 함수관계에 따라 아내가 간통했을 위험이 있는 가운데 부성을 지키려는 수컷의 노력. 과학자들이 사용하고 있는 생활사 이론 모델은 이 예들에서 최적의 의사결정에 상황이 영향을 미치는 방식에 선택이 어떻게 작용하는지를 명시한다(예를 들어, 직관적으로 뻔해 보이는 방식이 아니라 생활사 모델을 통해 이해 가능한 방법으로 친자식이 아닌 자식—간통—에 대한 수컷의 투자 허용도가 사망률로부터 어떻게 영향을 받는지를 분석한다. Mauck, Marschall, & Parker, 1999를 보라). 하지만 대개의 경우 우리는 이 결정들과 관련된 심리적 과정을 거의 모른다. 더 일반적으로 말하자면, 적응들은 생활사 이론으로 확인된 주요한 맞거래 문제들을 푸는 수단이지만 그 정확한 성격에 대해서는 알려진 바가 거의 없다. 우리가 보기에 미래의 진화심리학이 풀어야 할 일차적 과제는 이 적응들의 성격을 자세히 밝히는 것이다.

심리학적 응용

이제 우리는 생활사 이론을 심리학 연구에 적용한 몇몇 분야를 검토하고자 한다. 부분적으로 겹치는 네 가지 주제, 종–전형적 성장 및 발달 패턴, 발달 궤적의 개인차, 성격, 정신질환리로 이루어져 있다.

성장 및 발달 패턴

인간의 생활사와 인간의 적응 복잡계　　인간에겐 몇 가지 뚜렷한 생활사 특징이 있다(Kaplan, Hill, Lancaster, & Hurtado, 2000). 번식을 늦게 시작하는 것, 유아기와 아동기에 취약성과 의존성이 오래가는 것, 번식 후의 삶(폐경기)이 오래 지속되는 긴 수명. 영장류의 생활사에 비해 인간은 대부분의 측면에서 분명 빠름–느림 연속체의 느린 쪽 끝에 위치한다. 그와 동시에, 인구학적 변천을 겪지 않은 개체군은 가까운 영장류 친척에 비해 높은 번식력과 짧은 출산 간격을 보인다.

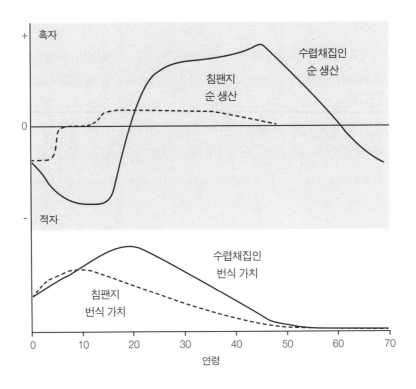

그림 2.2 침팬지와 수렵채집인의 순 에너지 생산과 번식 가치(일정한 연령에 미래의 번식을 예상한 가치). Kaplan과 Gengestad(2005), Gurven et al.(2012)의 허가를 받아 각색함.

이런 형질의 조합은 인간 적응 복잡계—인간의 사회생태적 적소를 규정하는 공진화한 형질들—의 맥락맥락에서 이해할 수 있다(Kaplan, Gurven, & Lancaster, 2007). 침팬지에 비해 인간은 고기, 뿌리, 견과처럼 영양 밀도가 높고 반면에 반면에 추출하기가 어려운 음식을 소비한다(Kaplan et al., 2000). 음식을 획득하고 처리(사냥과 낚시 포함)하는 데 사용되는 기술은 학습 집약적이고 기술 집약이며, 종종 혈연과 비혈연을 망라한 개인들이 폭넓은 협동을 하는 가운데 짝 결속을 통해 결합한 (결혼한) 두 사람이 특별한 역할을 한다. 식량을 효과적으로 수집하는 기술과 협동과 노동 분업에서 비롯하는 복잡한 사회적 게임의 기술을 습득하기 위해서는 체화된 자본—크고 유연한 뇌 포함—에 엄청난 투자를 해야 하며 길고 더딘 학습과 의존의 단계를 거쳐야 한다. 이러한 추론이 가정하듯이 개인이 집단을 고르고 협동적으로 위험을 감수하러 나서는데 참여할 수 있는 사회적 능력이 식량 수집의 효율성을 크게 좌우

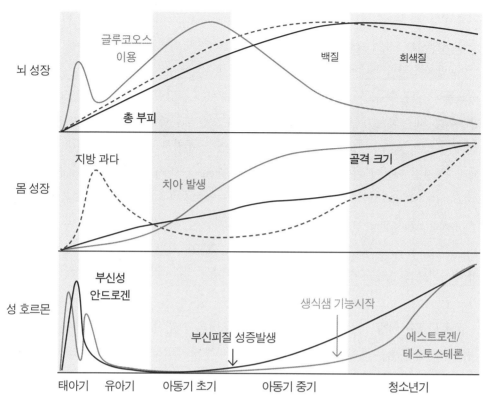

그림 2.3 인간 성장과 성 호르몬 생산의 발달 경로, 임신에서 사춘기까지. 델 주디체Del Giudice의 허가를 받아 2014c를 개조함.

한다면, 생태·사회 지능이 공진화하면서 뇌에 대량 투자를 하도록 이끌었을 것이다(Kaplan et al., 2007: Sterelny, 2007). 이는 고품질 음식(생태적 지능을 우선시하는 학자들이 강조한다)과 사회집단의 크기(사회 지능, 특히 가까운 사회적 유대와 관련된 지능을 우선시하는 학자들이 강조한다. 예를 들어, Dunbar & Shultz, 2007)가 둘 다 영장류의 큰 뇌와 느린 발달을 예측한다고 입증하는 데이터(예를 들어, Walker, Burger, Wagner, & von Rueden, 2006)와 양립한다.

인간의 경우에 지연된 성숙과 집중적인 학습은 부모, 조부모, 증조부모 등으로부터 자원을 다음 세대로 전하기 때문에 에너지의 측면에서 지속 가능하다. 아이들은 자기 혼자 살아가지 못한다. 수렵채집 사회에서 아이들은 칼로리 적자를 누적하다가 대략 20세가 돼서야 밥값을 하고, 그런 뒤 많은 잉여 칼로리를 생산하기 시작해서

40세 무렵에 정점을 찍고 70대까지 이를 유지한다(Kaplan et al., 2000). 이와 비교하자면 침팬지는 5세에 자신이 진 칼로리 빚을 갚고, 잉여 칼로리를 거의 생산하지 않으며, 번식이 활발할 때에만 잉여를 생산한다(그림 2.2).

고품질 식량 수집, 지연된 발달, 큰 에너지 채무는 상당한 위험을 수반한다. 사냥과 낚시의 수익은 대단히 변덕스럽고, 불리한 조건 때문에 식량의 가용성이 떨어질 수 있으며, 성숙하기도 전에 부모가 죽을 수 있다. 복잡한 협동 전략과 세대 내 · 세대 간 자원 이동이 위험을 흡수한다(Gurven, Stieglitz, Hooper, Gomes, & Kaplan, 2012). 긴 자녀양육의 비용은 어머니와 타인들(조부모와 나이 많은 형제)이 공유한다(cooperative breeding; Hrdy, 2007을 보라). 아동은 가사 활동과 소규모 식량 수집을 돕는 데 일상적으로 동원되고, 덕분에 부모는 고품질의 식량 수집, 수유 등에 시간과 에너지를 추가로 쓰지 않는다(Kramer, 2011).

발달 단계와 이행　이 분석은 신체 및 심리 발달의 통합 모델을 제시하고자 하는 생활사 이론의 틀을 통해 인간의 발달 단계와 이행을 개념화할 수 있는 배경을 제공한다. 예를 들어, 아동초기(~2–6세)의 중심적 특징인 포괄적인 뇌 성장이 유지된다. 뇌가 소비하는 글루코오스 비율은 4세에 정점에 도달한다. 안정 시 대사율의 약 65%를 소비하는 것이다(Kuzawa et al., 2014). 이 분배 때문에 영아기에 축적한 지방이 소진되고, 신체 성장이 느려진다(Kuzawa et al., 2014; 그림 2.3).

덕분에 뇌가 발달해서 언어 습득이 가능해지는데 5세 무렵에 그 토대가 완성된다. 언어는 분명 인간이 수행하는 과정 중 계산이 가장 복잡한 부류에 속하기 때문에 가끔은 이런 의문이 든다. 왜 아이들은 매끄럽게 달릴 수 있는 협응에 도달하기도 전에 무한수에 가까운 발화를 이해하고 생산하는 능력을 획득할까? 생활사 이론의 틀은 그런 질문에 대답할 수 있는 기본 원칙을 제시한다. 즉, 언어는 아이들이 세계를 배워나가는 속도를 크게 높여주고—그 이익은 일단 획득을 한 뒤에는 빠르게 이자가 붙는다—그래서 계산적으로 볼 때 덜 힘든 다른 습득을 지연하더라도 그 습득은 초기에 배치된다. 기본적인 마음 읽기 능력의 발달도 이와 비슷하게 생각해볼 수 있다(Bjorklund, 2011).

아동중기(인간의 아동기, 대략 6세-11세)는 집중적인 학습이 특징이다. 전통 사회에서 아이들은 식량을 수집하는 기술뿐 아니라 사회적 역할을 연습하기 시작한다 (Bogin, 1997). 이 시기로의 이행을 보여주는 표시가 부신피질 성증발생이다. 부신성 안드로겐은 에너지 분배를 뇌에서 몸으로 돌리고, 성적 성숙을 대비해서 근육과 지방의 축적을 유발한다(Campbell, 2011; 그림 2.3을 보라). 일련의 인지 및 동기적 변화들이 이 변화에 수반한다. 예를 들어, 자기조절, 기억, 문제해결, 성적/연애의 매력 개화, 여러 영역에 걸친 성적 차이의 발생과 강화(놀이, 공격성 등. Del Giudice, 2014c를 보라) 등이다. 아동기 초기에 언어 발달은 통사론과 어휘에 집중되는 반면에, 아동중기에 들면 못살게 굴기, 뒷말하기, 농담하기, 입씨름 같은 실용적 기술이 대폭 증가한다(Locke & Bogin, 2006). 이 놀라운 신체, 인지, 동기의 변화들은 체화된 자본의 유형들 사이에 분배의 우선순위가 바뀌는 것으로 이해할 수 있다. 신체적인 노력에 배타적으로 투자하는 것으로부터 사회적 경쟁을 통한 짝짓기 노력에 투자를 개시하는 쪽으로 이동하는 것이다(Del Giudice, 2014c). 사춘기로 이행하면서 짝짓기 노력과 성선택이 무대 중앙을 차지하고, 그에 따른 협응적 신체·심리의 변화들이 수반된다(Ellis, 2013; Hochberg & Belsky, 2013).

발달 궤적의 개인차

벨스키Belsky, 스타인버그Steinberg, 드레이퍼Draper(1991)의 창의적인 연구에서 싹을 틔운 뒤로 생활사 이론은 신체·심리의 발달에서 나타나는 개인차를 설명하는 일에 점점 더 많이 활용되어왔다. 벨스키 등의 "심리사회적 가속" 이론에서 가혹하고 무신경한 육아는 생태적 스트레스의 단서처럼 작용해서, 빠른 생활사 전략의 발달을 촉진한다. 예를 들어, 더 이른 사춘기, 더 이른 성적 활동의 시작, 단기적 짝짓기 노력에 대한 더 많은 투자, 남성에게서는 공격성/불순응 행동으로 여성에게서는 불안/우울로 나타나는 기회주의적-착취적 대인관계 성향 등이다. 그들은 애착 안정성이 육아의 효과를 중재한다는 가설을 세웠다. 이후에 치좀(1993, 1999)이 국지적 사망률 (외인성 사망률의 대리물)의 이론적 중요성을 강조하고, 시간 선호—작고 즉각적인 보상 선호 대 크고 지연된 보상 선호—가 심리 수준에서 생활사 발달을 강하게 중재한다고 주장했다(Kruger, Reischl, & Zimmerman, 2008).

지금까지의 연구들은 이 이론의 중심적 예측이 대부분 옳음을 입증했으며, 또한 이론적 정교함을 다듬고 수정하도록 이끌었다. 양성 모두에서 가족 및 생태 스트레스가 일찍 나타날 때 더 이른 성적 활동의 시작과 더 큰 짝짓기 노력을 예측할 수 있다. 그와 동시에 사춘기 시기를 일찍 경험하는 효과는 주로 여성에게 특이적으로 나타난다(Belsky, 2012; James & Ellis, 2013). 여성의 최초 잠재적 번식은 번식능력 그 자체에 특히 강한 영향을 미친다. 게다가 여성의 번식 시간대는 남성보다 짧고, 임신과 젖 분비에 필요한 조건이 여성의 번식력에 특별한 시간적 제약을 부과한다. 반면에 남성의 사춘기 시기는 짝의 질(건강, 매력도, 인기)에 대한 지각, 경제적 자원의 가용성(James & Ellis, 2013. 또한 Copping, Campbell, & Muncer, 2014를 보라)의 영향을 더 강하게 받는다. 생활사 이론은 불안정한 애착 유형에서 나타나는 체계적인 성 차이를 통합할 정도로 확대되었다. 나아가 환경의 가혹함과 예측불가능성의 고유한 효과를 조사해서 이른 스트레스의 구성요소를 밝히는 것을 목표로 삼아왔다(예를 들어, Belsky, Schlomer, & Ellis, 2012). 관련된 연구에서는 아동기 질병, 이른 성적 활동의 시작, 불안정한 애착을, 단기적 짝짓기의 단서를 가진 반대 성의 얼굴과 잠재적 파트너에게서 보이는 과장된 성-전형적 특징을 선호하는 성향과 연결 지어왔다(예를 들어, Cornwell et al., 2006; de Barra et al., 2013; Kruger & Fisher, 2008).

이 분야에서 생활사 이론이 낳은 연구는 주로 발달의 가소성에 초점을 맞추고 환경 단서의 원천으로 가족에 초점을 맞춰왔다. 하지만 다른 요인들도 중요한 역할을 한다. 사춘기 시기와 짝짓기 행동을 포함한 발달 궤적에는 유전적 요인이 뚜렷한 영향을 미친다(Belsky, 2012를 보라). 어떤 효과는 상황에 따라 적응적으로 발달한 결과일 가능성이 높다. 예를 들어, 앞에서 언급했듯이 매력과 건강에 영향을 미치는 유전적 요인이 결국 생활사의 결과에 영향을 미칠 수 있다. 유전자-환경 상호작용도 가능하다. 예를 들어 어떤 환경에서는 매력이 특히 중요하고(예를 들어, Gangestad, Haselton, & Buss, 2006), 어떤 유전자 변이는 개인의 환경 민감도를 증폭시켜서 생활사 가소성을 높이기도 한다(Belsky, Pluess, & Widaman, 2013; Ellis, Boyce, Belsky, Bakersman-Kranenburg, & van Ijzendoorn, 2011).

가족 스트레스는 사망률과 폭력 발생률 같은 더 광범위한 생태 요인의 효과를 충분히 중재한다고 보기 어렵다. 다른 유망한 기제로는 사회적 학습(예를 들어 어머니의 행동을 보방함)과 사망 단서의 직접적 관찰(Copping, Campbell, & Muncer, 2013; Nettle, 2011a)이 있다. 최근에 리커드, 프랑켄휘스, 네틀(2014)은 이런 스트레스가 생활사 전략의 속도를 높이는 이유는 위험한 미래 환경을 예측('외재적 예측')하기 때문이 아니라, 스트레스 자체 및 그와 관련된 신체적 손상으로 인한 유병률−사망률의 증가를 예측('내재적 예측')하기 때문이라는 흥미로운 가설을 내놓았다. 외재적 예측이 실패할 때에도 내재적 예측은 적응에 도움이 될 수 있다. 성공적인 외재적 예측에 필요한 안정성의 정도는 논쟁거리로 남아 있다(Nettle, Frankenhuis, & Richard, 2013, 2014; Del Giudice, 2014d). 게다가 이 모델들은 체화된 자본 이론에서 명시적으로 도출된 예측에 대해서는 시험을 거치지 않았다. 예를 들어, 체화된 자본에 투자해서 나온 소득, 특히 교육은 초기의 사건들 그리고 공동체 수준의 사망률과 상관성이 있을 것이다. 초기의 사건들이 심리를 결정하는가, 또는 발달기에 걸쳐 실현된 비용과 이익이, 미래의 생활에 의거해서 임신을 지연시키는 소득에 비용을 들일 가치가 있는지를 결정하는가의 문제는 아직 미해결로 남아 있다.

위협에 대한 상황적 반응

얼마 전에 과학자들은 사망과 결핍의 미묘한 위협에 대한 상황적 반응에 초기의 경험이 미치는 영향을 조사하기 시작했다(예를 들어, Griskevicius, Delton, Robertson, & Tybur, 2011; Griskevicius et al., 2013; Mittal & Griskevicius, 2014; White, Li, Griskevicius, Neuberg, & Kenrick, 2013). 실험자들은 참가자들에게 유년기의 사회경제적 지위(SES)를 물은 뒤, 사망이나 자원 결핍의 위협을 암시하는 자극(즉, 살인률 상승이나 임박한 불경기에 대한 뉴스)을 가한다. 실험자들의 가설은 SES가 낮은 환경에서 자란 사람들은 더 빠른 생활사 전략을 갖고 있으며 잠재적 위협을 회피/통제할수 없는(즉, 더 '외재적인') 것으로 평가하는 경향이 있는 반면에, SES가 높은 환경에서 자란 사람들은 더 느린 생활사 전략을 갖고 있으며 미래의 위협을 회피/통제할수 있는('내재적인') 것으로 지각하는 경향이 있다는 것이다.

낮은−SES 유년기를 보낸 사람들은 사망 위협에 반응할 때 자신의 교육이나 경력의 발전이 늦춰지더라도 일찍 아이를 낳고 싶다는 바람을 표현하는 반면에, 높은−SES 유년기를 보낸 사람들은 반대 방향을 선호하는 쪽으로 반응한다(Griskevicius at al., 2011). 사망 위협에 대해서 낮은-SES 유년기의 참가자들은 더 안전하고 덜 다양한 옵션보다는 더 위험하면서도 다양성이 높은 옵션을 더 많이 선택한다(예를 들어, 다른 주식 패키지. White et al., 2013). 낮은-SES 유년기를 보낸 참가자들은 결핍 위협에 높은 위험 감수와 단기간 선호(즉, 지금 더 많이 쓰고 미래를 위해 더 적게 저축함)로 반응하는 반면에, 높은-SES 유년기를 보낸 참가자들은 높은 위험 회피와 장기간 선호를 보인다. 개인적 통제감이 결핍 위협의 심리적 효과를 중재할 수 있다(Griskevicius et al., 2013; Mittal & Griskevicius, 2014). 흥미롭게도 두 그룹의 행동 차이는 위협 조건에서만 나타난다. 위협이 없을 때는 사회경제적 배경이 달라도 참가자들은 비슷한 선택을 하고 비슷한 선호도를 표현한다.

종합하자면, 이 연구들은 환경 변화에 행동을 실시간으로 조정해서 생활사 분배를 중재하는 인간의 심리 기제를 여실히 보여준다. 또한 낮은-SES 환경에서의 충동성과 위험 감수가 의사결정이 서투르거나 대응 전략이 부족한 결과라고 보는 표준적인 견해에 흥미로운 적응주의적 대안이 되기도 한다(Frankenhuis & de Weerth, 2013). 낮은-SES 양육의 어떤 양상들이 위협-상황적 전략을 발생시키는지는 여전히 불확실하다. 영양 스트레스, 가혹하거나 무관심한 육아, 가정 불안정, 폭력 노출, 감염원 노출을 포함한(그 이상일 수도 있는) 폭넓은 생활사 관련 경험에는 낮은 수입도 관련되기 때문이다. 게다가 SES와 위협-상황적 전략의 관계는 초기 경험에 의해 유발된다기보다는 유전적 요인에 의해 부분적으로 중재될 수도 있다.

성격

안정적인 성격 형질에는 생활사 전략의 개인차가 일부 반영되어 있다는 생각이 생물학과 심리학에서 기반을 다지고 있다. 레알레 등(2010)은 인간이 아닌 동물의 성격 변이를 이해하는 그들의 틀 안에서, 빠른 전략은 주로 높은 대담성, 활동성, 공격성, 낮은 사회성, 피상적(철저한의 반대) 탐구와 관련이 있다고 주장했다. 이 목록을 확장해서 충동성, 위험 감수, 네오필리아neophilia[3]를 포함시킬 수 있다(Giudice, 2014a; Sih & Del Giudice, 2012; Wolf et al., 2007). 다른 종에서는 이 특징들이 다르게 표현될 수

---

3 새롭고 신기한 것을 좋아하는 것(옮긴이).

있다.

인간의 경우에 친화성, 성실성, 정직-겸손성 같은 성격 형질은 낮은 사망률, 부모의 노력을 예보하는 예측변수에 대한 높은 투자(예를 들어, 관계 안정성), 짝짓기 노력에 대한 낮은 투자(예를 들어, 절제된 성사회성[성적 개방성]과 적은 수의 파트너), 친사회/협동 행동과 일관된 관련성을 보인다. 이와 반대로 충동성 그리고 외향성과 경험 개방성의 몇몇 측면(예를 들어, 지배성[주도성], 감각 추구, 상상)은 높은 사망률, 관계 불안정, 무절제한 성사회성, 많은 수의 파트너, 착취적/반사회적 행동을 예측하게 한다(Del Giudice, 2012, 2014a). 정서 안정성(낮은 신경성)이 생활사 전략에 어떻게 기여하는지는 그보다 덜 분명하다. 불안과 걱정이 육아를 통해 여성의 질-양 맞거래에 영향을 미친다는 최초의 증거가 나왔다(Alvergne, Jokela, & Lummaa, 2010). 식량 수집과 원예로 생활하는 치마네족에 관한 최근 연구가 입증한 바에 따르면, 이 개체군의 개체 변이는 표준적인 '빅 파이브'보다는 두 가지 성격 차원(친사회성과 근면성)으로 가장 잘 설명할 수 있다고 한다(Gurven, von Rueden, Massenkoff, Kaplan, & Lero Vie, 2013). 흥미롭게도 이 두 차원은 대체로 성실성, 친화성, 그리고 외향성 양상들의 조합을 반영하는데, 기본적인 행동 맞거래에는 이 형질들이 나타난다는 생각과 일치한다.

'성격의 일반 요인GFP: general factor of personality'의 존재의 의미는 문헌상으로 여전히 논란거리지만, GFP—본질상 정서 안정성, 외향성, 성실성, 친화성, 개방성 간의 공변이에서 나오는 사회적으로 바람직한 성격 차원—는 느린 전략과 연관성이 있다고 일부 학자들은 주장해왔다(Figueredo, Woodley, & Jacobs, 이 책 2권 40장). 또한 성격과 인지능력의 프로파일은 그 스펙트럼의 느린 끝을 향해 갈수록 차별화하는 것으로 보이는데, 이는 행동이 느린 전략으로 전문화할 때 발생하는 이점을 반영하는 듯하다(Figueredo et al., 이 책 2권 40장).

모든 성격 형질은 적어도 어느 정도는 유전된다(Ebstein, Israel, Chew, Zhong, & Knafo, 2010). 성격 형질과 생활사 맞거래의 연관성이 밝혀진다고 해도 어떤 진화적 과정들이 유전자형 변이를 관리해왔는지의 문제는 미해결로 남는다. 성격 형질은 방향성 선택(특성의 높거나 낮은 수준의 최대 적합도)이나 안정화 선택(특성의 중간값과 관련된 최대 적합도)을 겪을지 모른다. 둘 중 어느 시나리오에서든 유전적 변이는 돌연변이-선택의 균형을 통해 관리된다. 유전적 변이는 또한 평형 선택에 의해 관리되며, 그에 의해 선택압은 공간적, 시간적, 성별, 또는 인구 내에서의 표현형 빈도에 따라 변한다(Gangestad, 2011; Nettle, 2011b). 치마네족의 경우에는 성격 형질이 지역에 따라 성별로 질서 있게 달라지는 적합도를 예측하게 한다(Gruven, von Rueden, Stieglitz, Kaplan, & Rodriguez, 2014). 성격에 대한 평형 선택의 또 다른 잠재적 원천은 지역 성비의 시간적 변동이다. 짝짓기 풀을 이루고 있는 남녀의 상대적 비율이 짝짓기 노력과 육아 노력 같은 생활사 분배의 비용과 이익을 조절하는 것이다(Del Giudice, 2012).

정신병리

여러 영역에 걸쳐 생리와 행동을 조절함으로써 생활사 전략은 정신질환의 위험 증가 또는 감소에도 기여한다. 몇 가지 추정상의 질환은 사회적으로나 개인적으로 바람직하지 않은 결과를 낳음에도, 적응적 행동 전략으로 볼 때 가장 잘 이해될 수도 있다. 몇몇 저자는 정신질환질, 반사회적 성격장애, 행동장애 같은 외현화장애가 빠른 생활사 전략이 (남성-전형적인) 행동으로 표출된 결과라고 주장해왔다(예를 들어, Barr & Quinsey, 2004; Belsky et al., 1991; Mealey, 1995). 어쩌면 경계성 성격장애도 빠른 생활사 전략의 (여성-전형적) 표출일 수 있다(Brüne, 2014; Brüne, Ghiassi, & Ribbert, 2010). 하지만 다른 많은 장애의 경우에는 각각의 장애를 어느 정도까지 적응적 전략, 부적응 표현형의 극단 또는 적응적 기제의 조절장애로 볼 수 있는지가 훨씬 덜 분명하다. 그럼에도 생활사의 개인차가 그 발생에 일정한 역할을 하는 듯하다. 예를 들어 섭식장애의 스펙트럼은 여성의 치열한 성적 경쟁 및 빠른 생활사 지표와 공변화하는 것으로 보인다(Salmon, Figueredo, & Woodburn, 2009). 주의력결핍 과잉행동장애와, 출생시의 낮은 체중 및 무절제한 성사회성 등의 빠른 생활사 지표와의 관련성도 보고된 바 있다(Frederick, 2012).

델 주디체(2014a, 1024b)는 생활사 이론이 초래하는 정신질환리를 이해할 수 있는 포괄적인 틀을 제시했다. 그 틀은 생활사 전략에서 정신질환리에 이르는 네 가지 경로를 확인했다. 첫째, 생활사와 관련된 적응적 형질이 증상으로 간주될 수 있다. 둘째, 생활사 관련 형질이 부적응적인 수준으로 표출될 수 있다(예를 들어, 동종결혼의 형질이 높은 개인들이 서로 혼인을 하는 결과로서). 셋째, 적응적 전략이 개인들에게 부적응 결과를 낳을 수 있다(예를 들어, 방어 기제가 '오발'되어 파국으로 이어질 수 있다). 마지막으로, 생활사 관련 형질이 기능장애에 대한 취약성을 높일 수 있다(예를 들어, 상향 조절된 방어 기제가 해로운 돌연변이나 환경 손상에 더 약할 수 있다).

델 주디체(2014a)는 동기, 자기조절, 성격, 성 성숙, 환경 예측변수 같은 영역들에서의 연관성에 따라 많은 정신질환을 **빠른 스펙트럼**과 **느린 스펙트럼**으로 분류할 수 있다고 주장했다. 추정상의 **빠른** 스펙트럼 질환에는 외현화장애들, 경계성 성격장애, 조현병 스펙트럼, 양극성 인격장애(이질적인 범주로 구성되었을 수 있다), 섭식 장애 가운데 특이적인 하위 유형, 강박장애, 주의결핍/과잉행동이 있다. 추정상의 **느린** 스펙트럼 질환에는 자폐 스펙트럼(이질적인 범주로 구성되었을 수 있다), 강박장애, 섭식 장애 가운데 특이적인 하위 유형이 있다(Del Giudice, 2014a, 2014b). 우울증은 대단히 이질적인 범주로 보이며, **빠른** 생활사 전략이 높은 수준의 신체적(스트레스와 관련된) 증상을 동반한 우울장애들을 특별히 조장한다는 징후가 몇 가지 있다(Del Giudice, 2014a).

이 주장은 이론상 분명치 않아서 그 적용 가능성을 충분히 구체화하기까지는 많은 연구가 필요하다. 질병에 대한 취약성을 높이는 몇몇 요인(예를 들어, 유해한 돌연변이)은 생활사 전략과 직접 관련되어 있지 않은 경로를 통해 그런 작용을 할 가능성이 있다(예를 들어, 온전한 신경조직이 손상되어 조현병이나 그 밖의 신경발달장애에 걸리는 경우. Yeo, Pommy, & Padilla, 2014를 보라). 이런 이유로 생활사 전략이 채택한 적응적 **기능**이란 영역은 **기능성**의 영역에 통합되어야 하며, 이는 심리학적·신경생물학적 과정의 능률과 온전함을 통해 자세히 예시된 바 있다(Del Giudice, 2014b). 동기, 자기조절 등에 기초해서 질병을 분류하는 일은 행동 형질들의 중층결정 때문에 복잡해지는데, 행동 형질은 생활사 전략을 부분적으로만 반영한다(Gangestad, 2014). 하지만 이 틀의 장점 하나는 이론에 기초를 둔 경험적 일반성이다. 정신질환리에 생활사 이론을 적용하는 일은 정신질환의 구조와 의미를 밝히는 유용한 통찰을 앞으로도 계속 생산할 것이다.

현재의 한계와 미래의 방향

이론적 과제 생활사 이론은 현대 진화생물학의 이론적 토대로, 유기체의 행동과 발달 방식에 선택이 어떻게 작용하는지를 대단히 폭넓게 이야기한다. 진화심리학 안에서 지금까지 나온 그 주요 개념들은 생활사의 빠름-느림 연속체와 관계가 있으며, 특히 발달 궤적과 개인차에 대한 이해를 높여준다. 이 연속체는 생물학에서 중요한 주제지만, 생활사 이론 이론의 한 측면에 불과하다. 생활사 이론은 범위가 훨씬 더 넓고, 설명적 틀로서 훨씬 더 야심차다. 생활사 이론은 여러 에너지 유형의 분배 맞거래를 다루며, 일생에 걸쳐 적합도 효과들을 통합하면, 유기체가 맞거래를 실행하도록 선택이 어떻게 고안했는지를 이해할 수 있다고 주장한다. 포괄적인 차원에서 맞거래는 몇 개 유형에 불과할지 모른다(예를 들어, 현재의 번식 대 미래의 번식, 자식의 질 대 양). 하지만 구체적으로 들어가면 수많은 맞거래가 존재한다. 유기체는 대단히 폭넓은 적합도 향상 특질과 활동에 자신의 에너지를 분배하고 있을 것이다(예를 들어, 다양한 생존 효과와 짝에게 접근하는 효과를 가진 신체적 특질, 뇌 구조물, 면역 기능을 하는 다수의 요소들, 신체 회복, 음식 찾기, 짝 찾기, 짝 유지, 친족 돕기 등. 이것들은 단지 시작에 불과하다). 진화심리학 안에서 생활사 이론을 빠름-느림 연속체와 강하게 동일시한다면 생활사 이론의 풍부함을 충분히 이해하지 못하고 생활사 이론의 근본적인 성격을 너무 단순하게 이해하는 선에 머물 것이다.

생활사 이론은 수학적 모델로 표현되어왔다. 생활사의 진화와 인간의 발달을 공식에 기반한 다루는 모델이 발전한다면 진화심리학의 연구도 그로부터 이익을 얻을 것이다. 예를 들어 벨스키 등(1991)이 시작한 발달 궤적 연구법은 아이들이 생후 5~7년 동안에 받은 단서에 기초해서 미래의 조건을 믿을 만하게 예측할 수 있다고 가정한다. 하지만 이 가정을 수학 모델로 형식화한 것은 얼마 전(Nettle et al., 2013)이었다. 이후 그 가정을 신빙성 있게 만드는 조건과 그 유효성을 검증할 수 있는 실증적 데이터를 분명히 하기 위한 논쟁(Del Giudice, 2014b)이 시도되었다. 미래의 연구는 생활사 분배에 수반된 심리적 과정뿐 아니라 관련된 내적 조절 변수의 발생과 성격을 더 잘 이해할 수 있도록 진화와 인지 모델링을 결합해야 한다. 이 분야의 연구는 휴리스틱과 의사결정에 관한 문헌들뿐 아니라, 적응적 기능과 행동 기제의 통합을 다룬 팽창하고 있는 생물학 문헌들과 접속한다면 분명 이익을 얻을 것이다(McNamara & Houston, 2009).

경험적 과제 한 종의 생활사를 이해하는 데 관심이 있는 생물학자들은 행동, 형태, 생리를 묶어 유기체를 하나의 전체로 보고 접근하는 방법을 종종 채택한다. 대개는 행동의 요소가 주요 관심사지만, 과학자들은 이 요소들을 성장, 신진대사, 면역 기능 등과 결합해서 이해해야 한다. 심리학자들은 생활사 분배의 다른 차원들을 제외한 채 행동에만 초점을 맞추는 경향이 있다. 그러한 이유로 심리학 연구는 종종 행동 및 심리 형질을 측정하는 질문지의 내용이 생활사를 규정하는 분배에 가깝게 관련되어 있다고 가정하고 가정하고서 이 변수들을 설문지로만 측정해서 생활사 전략을 평가해왔다. 개체 행동은 대개 여러 수준에서 결정되기 때문에, 생활사의 다른 차원들과 결부시키는 것이 적절하다(또한 Copping et at., 2014를 보라). 면역 기능의 매개변수, 번식 및 대사 호르몬, 에너지 활용, 성장 궤적, 산화 스트레스, 그 밖의 신체 저하 지표 등의 매개변수들을 폭넓게 적용하면 더 좋은 결과를 얻을 것이다. 일반적인 번식 및 스트레스 호르몬과 함께 갑상선 호르몬과 IGF-1(인슐린 유사 성장인자 1) 같은 대사 조절자를 조사해야 한다.

빠름-느림 연속체에 초점을 맞추고 번식 이전의 성장에서 번식 단계로의 이행을 강조한 탓에, 심리학에서 생활사 연구는 사춘기와 성년초기에 크게 주목해왔다. 다른 단계―부모 시기, 영유아기, 아동초기, 번식 후 단계, 그리고 더 일반적으로는 노화 과정까지―에 내려지는 분배 결정에는 그보다 훨씬 무관심했다(Del Giudice & Belsky, 2011). 생활사 맞거래와 결정에 관한 현재의 관점을 넓히는 것은, 선택이 초기 생존에 집중적으로 작용하는 힘(Jones, 2009) 그리고 유아기와 아동기에 뇌 성장에 관여하는 가혹한 대사 맞거래를 생각할 때 특히 중요할 것이다(Kuzawa, et al., 2014). 또한 노화에 따른 인지 저하율 그리고 진화적 생활사 모델에서 노년에 나타나는 내분비계의 윤곽 변화에도 거의 관심을 기울이지 않았다. 인지능력의 노화가 심장혈관 노화나 면역계 노화와 같은 속도로 진행한다고 예상할 수 있는가? 나이에 따라 내분비계의 윤곽이 변하는 것은 내분비 체계의 기능장애를 반영하는가 아니면 표현형 상태의 노후화에 대한 적응적 대응인가? 이런 문제에 답하기 위해 연구를 설계하면 매우 생산적일 것이다.

생활사 이론으로 고무된 개념과 통찰이 갈수록 진화심리학 분야에 퍼지고 있으며, 이 현상은 특히 개인차와 그 발달 궤적과 관련하여 가속화되고 있다. 우리는 진화심리학이라는 학과가 생활사 접근법을 최대한 풍부하게 수용할 준비가 되어 있다고 믿으며, 이 통합의 이론적·경험적 결실을 기쁘고 들뜬 마음으로 고대한다.

참고문헌

Alonzo, S. H. (2012). Sexual selection favours male parental care, when females can choose. *Proceedings of the Royal Society B: Biological Sciences*, *279*, 1784–1790.

Alvergne, A., Jokela, M., & Lummaa, V. (2010). Personality and reproductive success in a high-fertility human population. *Proceedings of the National Academy of Sciences, USA*, *107*, 11745–11750.

Barr, K. N., & Quinsey, V. L. (2004). Is psychopathy pathology or a life strategy? Implications for social policy. In C. Crawford& C. Salmon (Eds.), *Evolutionary psychology, public policy and personal decisions* (pp. 293–317). Mahwah, NJ: Erlbaum.

Beehner, J. C., & Lu, A. (2013). Reproductive suppression in female primates: A review. *Evolutionary Anthropology*, *22*, 226–238.

Bell, G., & Koufopanou, V. (1986). The cost of reproduction. *Oxford Surveys in Evolutionary Biology*, *3*, 83–131.

Belsky, J. (2012). The development of human reproductive strategies: Progress and prospects. *Current Directions in Psychological Science*, *21*, 310–316.

Belsky, J., Pluess, M.,&Widaman, K. F. (2013). Confirmatory and competitive evaluation of alternative geneenvironment interaction hypotheses. *Journal of Child Psychology and Psychiatry*, *54*, 1135–1143.

Belsky, J., Schlomer, G. L., & Ellis, B. J. (2012). Beyond cumulative risk: Distinguishing harshness and unpredictability as determinants of parenting and early life history strategy. *Developmental Psychology*, *48*, 662–673.

Belsky, J., Steinberg, L., & Draper, P. (1991). Childhood experience, interpersonal development, and reproductive strategy: An evolutionary theory of socialization. *Child Development*, *62*, 647–670.

Berrigan, D., & Koella, J. C. (1994). The evolution of reaction norms: Simple models for age and size at maturity. *Journal of Evolutionary Biology, 7,* 549−566.

Bielby, J., Mace, G. M., Bininda-Emonds, O. R. P., Cardillo, M., Gittleman, J. L., Jones, K. E., . . . Purvis, A. (2007). The fast-slow continuum in mammalian life history: An empirical reevaluation. *The American Naturalist, 169,* 748−757.

Bjorklund, D. F. (2011). *Children's thinking: Cognitive development and individual differences* (5th ed.) Belmont, CA: Cengage.

Bogin, B. (1997). Evolutionary hypotheses for human childhood. *Yearbook of Physical Anthropology, 40,* 63−89.

Braendle, C., Heyland, F., & Flatt, T. (2011). Integrating mechanistic and evolutionary analysis of life history variation. In T. Flatt & F. Heyland (Eds.), *Mechanisms of life history evolution. The genetics and physiology of life history traits and trade-offs* (pp. 3−10). New York, NY: Oxford University Press.

Brown, J. H., Gillooly, J. F., Allen, A. P., Savage, V. M., & West, G. B. (2004). Toward a metabolic theory of ecology. *Ecology, 85,* 1771−1789.

Brüne, M. (2014). Life history theory as organizing principle of psychiatric disorders: Implications and prospects exemplified by borderline personality disorder. *Psychological Inquiry, 25,* 311−321.

Brüne, M., Ghiassi, V., & Ribbert, H. (2010). Does borderline personality reflect the pathological extreme of an adaptive reproductive strategy? Insights and hypotheses from evolutionary life-history theory. *Clinical Neuropsychiatry, 7,* 3−9.

Burnham, T. C., Chapman, J. F., Gray, P. B., McIntyre, M. H., Lipson, S. F., & Ellison, P. T. (2003). Men in committed, romantic relationships have lower testosterone. *Hormones and Behavior, 44,* 119−122.

Campbell, B. C. (2011). Adrenarche and middle childhood. *Human Nature, 22,* 327−349.

Charlesworth, B. (1994). *Evolution in age-structured populations* (2nd ed.) New York, NY: Cambridge University Press.

Chisholm, J. S. (1993). Death, hope, and sex: Life-history theory and the development of reproductive strategies. *Current Anthropology, 34,* 1−24.

Chisholm, J. S. (1999). Attachment and time preference: Relations between early stress and sexual behavior in a sample of American university women. *Human Nature, 10,* 51−83.

Cohan, C. L., & Cole, S. W. (2002). Life course transitions and natural disaster: Marriage, birth and divorce following Hurricane Hugo. *Journal of Family Psychology, 16,* 14−25.

Copping, L. T., Campbell, A., & Muncer, S. (2013). Violence, teenage pregnancy, and life history: Ecological factors and their impact on strategy-driven behavior. *Human Nature, 24,* 137–157.

Copping, L. T., Campbell, A., & Muncer, S. (2014). Psychometrics and life history strategy: The structure and validity of the high K strategy scale. *Evolutionary Psychology, 12,* 200–222.

Cornwell, R. E., Law Smith, M. J., Boothroyd, L. G., Moore, F. R., Davis, H. P., Stirrat, M., . . . Perrett, D. I. (2006). Reproductive strategy, sexual development and attraction to facial characteristics. *Philosophical Transactions of the Royal Society B: Biological Sciences, 361,* 2143–2154.

Crespi, E. J., Williams, T. D., Jessop, T. S., & Delehanty, B. (2013). Life history and the ecology of stress: How do glucocorticoid hormones influence life-history variation in animals? *Functional Ecology, 27,* 93–106.

de Barra, M., DeBruine, L. M., Jones, B. C., Hayat Mahmud, Z., & Curtis, V. (2013). Illness in childhood predicts face preferences in adulthood. *Evolution and Human Behavior, 34,* 384–389.

Del Giudice, M. (2009). Sex, attachment, and the development of reproductive strategies. *Behavioral and Brain Sciences, 32,* 1–21.

Del Giudice, M. (2012). Sex ratio dynamics and fluctuating selection on personality. *Journal of Theoretical Biology, 297,* 48–60.

Del Giudice, M. (2014a). An evolutionary life history framework for psychopathology. *Psychological Inquiry, 25,* 261–300.

Del Giudice, M. (2014b). A tower unto Heaven: Toward an expanded framework for psychopathology. *Psychological Inquiry, 25,* 394–413.

Del Giudice, M. (2014c). Middle childhood: An evolutionary-developmental synthesis. *Child Development Perspectives, 8*(4), 193–200.

Del Giudice, M. (2014d). Life history plasticity in humans: The predictive value of early cues depends on the temporal structure of the environment. *Proceedings of the Royal Society B: Biological Sciences, 281,* 20132222.

Del Giudice, M., & Belsky, J. (2011). The development of life history strategies: Toward a multi-stage theory. In D. M. Buss & P. H. Hawley (Eds.), *The evolution of personality and individual differences* (pp. 154–176). New York, NY: Oxford University Press.

Del Giudice, M., Ellis, B. J., & Shirtcliff, E. A. (2011). The Adaptive Calibration Model of stress responsivity. *Neuroscience & Biobehavioral Reviews, 35,* 1562–1592.

Donaldson-Matasci, M. C., Bergstrom, C. T., &Lachmann, M. (2013). When unreliable cues are good enough. *The American Naturalist, 182,* 313–327.

Dunbar, R. I. M., & Shultz, S. (2007). Evolution in the social brain. *Science, 317,* 1344–1347.

Ebstein, R. P., Israel, S., Chew, S. H., Zhong, S., & Knafo, A. (2010). Genetics of human social behavior. *Neuron, 65,* 831–844.

Edward, D. A., & Chapman, T. (2011). The evolution and significance of male mate choice. *Trends in Ecology and Evolution, 26,* 647–654.

Eisenegger, C., Haushofer, J., & Fehr, E. (2011). The role of testosterone in social interaction. *Trends in Cognitive Sciences, 15,* 263–271.

Ellis, B. J. (2013). The hypothalamic-pituitary-gonadal axis: A switch-controlled, condition-sensitive system in the regulation of life history strategies. *Hormones and Behavior, 64,* 215–225.

Ellis, B. J., Boyce, W. T., Belsky, J., Bakermans-Kranenburg, M. J.,&van IJzendoorn, M. H. (2011). Differential susceptibility to the environment: An evolutionary-neurodevelopmental theory. *Development and Psychopathology, 23,* 7–28.

Ellis, B. J., & Del Giudice, M. (2014). Beyond allostatic load: Rethinking the role of stress in regulating human development. *Development and Psychopathology, 26,* 1–20.

Ellis, B. J., Figueredo, A. J., Brumbach, B. H., & Schlomer, G. L. (2009). The impact of harsh versus unpredictable environments on the evolution and development of life history strategies. *Human Nature, 20,* 204–268.

Ellison, P. T. (2001). *On fertile ground: A natural history of human reproduction.* Cambridge, MA: Harvard University Press.

Ellison, P. T. (2003). Energetics and reproductive effort. *American Journal of Human Biology, 15,* 342–351.

Finch, C. E., & Rose, M. R. (1995). Hormones and the physiological architecture of life history evolution. *Quarterly Review of Biology, 70,* 1–52.

Fischer, B., Taborsky, B., & Kokko, H. (2011). How to balance the offspring quality-quantity tradeoff when environmental cues are unreliable. *Oikos, 120,* 258–270.

Fleagle, J. G. (2013). *Primate adaptation and evolution* (3rd ed.) New York, NY: Academic Press.

Fox, C. W., & Rauter, C. M. (2003). Bet-hedging and the evolution of multiple mating. *Evolutionary Ecology Research, 5,* 273–286.

Frankenhuis, W. E., & de Weerth, C. (2013). Does early-life exposure to stress shape or impair cognition? *Current Directions in Psychological Science, 22,* 407–412.

Frankenhuis, W. E., Panchanathan, K., & Barrett, H. C. (2013). Bridging developmental systems theory and evolutionary psychology using dynamic optimization.

Developmental Science, 16, 584–598.

Frederick, M. J. (2012). Birth weight predicts scores on the ADHD self-report scale and attitudes towards casual sex in college men: A short-term life history strategy? *Evolutionary Psychology, 10,* 342–351.

Gadgil, M.,&Bossert, W. H. (1970). Life historical consequences of natural selection. *American Naturalist, 104,* 1–24.

Gangestad, S. W. (2011). Evolutionary processes explaining the genetic variance in personality: An exploration of scenarios. In D. M. Buss & P. H. Hawley (Eds.), *The evolution of personality and individual differences* (pp. 338–375). New York, NY: Oxford University Press.

Gangestad, S. W. (2014). On challenges facing an ambitious life history framework for understanding psychopathology. *Psychological Inquiry, 25,* 330–333.

Gangestad, S. W., Haselton, M. G., & Buss, D. M. (2006). Evolutionary foundations of cultural variation: Evoked culture and mate preferences. *Psychological Inquiry, 17,* 75–95.

Gerish, B., & Antebi, A. (2011). Molecular basis of life history regulation in *C. elegans* and other organisms. In T. Flatt& F. Heyland (Eds.), *Mechanisms of life history evolution. The genetics and physiology of life history traits and trade-offs* (pp. 284–298). New York, NY: Oxford University Press.

Gettler, L. T., McDade, T. W., Agustin, S. S., Feranil, A. B., & Kuzawa, C. W. (2013). Do testosterone declines during the transition to marriage and fatherhood relate to men's sexual behavior? Evidence from the Philippines. *Hormones and Behavior, 64,* 755–763.

Griskevicius, V., Ackerman, J. M., Cantú, S. M., Delton, A. W., Robertson, T. E., Simpson, J. A., . . . Tybur, J. M. (2013). When the economy falters, do people spend or save? Responses to resource scarcity depend on childhood environments. *Psychological Science, 24,* 197–205.

Griskevicius, V., Delton, A. W., Robertson, T. E., & Tybur, J. M. (2011). Environmental contingency in life history strategies: The influence of mortality and socioeconomic status on reproductive timing. *Journal of Personality and Social Psychology, 100,* 241–254.

Gunnar, M., & Quevedo, K. (2007). The neurobiology of stress and development. *Annual Review of Psychology, 58,* 145–173.

Gurven, M., Stieglitz, J., Hooper, P. L., Gomes, C., & Kaplan, H. (2012). From the womb to the tomb: The role of transfers in shaping the evolved human life history. *Experimental Gerontology, 47,* 807–813.

Gurven, M., von Rueden, C., Massenkoff, M., Kaplan, H., & Lero Vie, M. (2013). How universal is the Big Five? Testing the five-factor model of personality variation among forager-farmers in the Bolivian Amazon. *Journal of Personality and Social Psychology, 104*, 354−370.

Gurven, M., von Rueden, C., Stieglitz, J., Kaplan, H., & Rodriguez, D. E. (2014). The evolutionary fitness of personality traits in a small-scale subsistence society. *Evolution and Human Behavior, 35*, 17−25.

Harpending, H. C., Draper, P., & Pennington, R. (1990). Cultural evolution, parental care, and mortality. In A. C. Swedlund & G. J. Armelagos (Eds.), *Disease in populations in transition* (pp. 251−65). New York, NY: Bergin & Garvey.

Hau, M., & Wingfield, J. C. (2011). Hormonally regulated trade-offs: Evolutionary variability and phenotypic plasticity in testosterone signaling pathways. In T. Flatt & F. Heyland (Eds.), *Mechanisms of life history evolution. The genetics and physiology of life history traits and trade-offs* (pp. 349−362). New York, NY: Oxford University Press.

Hill, K. (1993). Life history theory and evolutionary anthropology. *Evolutionary Anthropology, 2*, 78−88.

Hill, K., & Kaplan, H. (1999). Life history traits in humans: Theory and empirical studies. *Annual Review of Anthropology, 28*, 397−430.

Hochberg, Z., & Belsky, J. (2013). Evo-devo of human adolescence: Beyond disease models of early puberty. *BMC Medicine, 11*, 113.

Hrdy, S. B. (2007). Evolutionary context of human development: The cooperative breeding model. *Family Relations, 31*, 29−69.

James, J., & Ellis, B. J. (2013). The development of human reproductive strategies: Toward an integration of life history and sexual selection models. In J. A. Simpson & L. Campbell (Eds.), *The Oxford handbook of close relationships* (pp. 771−794). New York, NY: Oxford University Press.

Jeschke, J. M., Gabriel, W., & Kokko, H. (2008). r-Strategist/K-Strategists. In S. E. Jørgensen & B. D. Fath (Eds.), *Encyclopedia of ecology* (Vol. 4, pp. 3113−3122). Oxford, England: Elsevier.

Jeschke, J. M., & Kokko, H. (2009). The roles of body size and phylogeny in fast and slow life histories. *Evolutionary Ecology, 23*, 867−878.

Jones, J. H. (2009). The force of selection on the human life cycle. *Evolution and Human Behavior, 30*, 305−314.

Jones, O. R., Scheuerlein, A., Salguero-Gómez, R., Camarda, C. G., Schaible, R., Casper, B. B., . . . Vaupel, J. W. (2014). Diversity of ageing across the tree of life.

Nature, 505, 169−173.

Kaplan, H. S. (1996).Atheory of fertility and parental investment in traditional and modern human societies. *Yearbook of Physical Anthropology, 39,* 91−135.

Kaplan, H. S., & Gangestad, S. W. (2005). Life history theory and evolutionary psychology. In D. M. Buss (Ed.), *The handbook of evolutionary psychology* (pp. 69−95). Hoboken, NJ: Wiley.

Kaplan, H. S., Gurven, M., & Lancaster, J. B. (2007). Brain evolution and the human adaptive complex: An ecological and social theory. In S. W. Gangestad & J. A. Simpson (Eds.), *The evolution of mind: Fundamental questions and controversies* (pp. 269−279). New York, NY: Guilford Press.

Kaplan, H. S., Hill, K., Lancaster, J. B., & Hurtado, A. M. (2000). A theory of human life history evolution: Diet, intelligence, and longevity. *Evolutionary Anthropology, 9,* 156−185.

Kaplan, H. S., & Robson, A. J. (2009). We age because we grow. *Proceedings of the Royal Society B: Biological Sciences, 276,* 1837−1844.

Kirkwood, T. B. L. (1990). The disposable soma theory of aging. In D. E. Harrison (Ed.), *Genetic effects on aging II* (pp. 9−19). Caldwell, NJ: Telford.

Kirkwood, T. B. L., & Rose, M. R. (1991). Evolution of senescence: Late survival sacrificed for reproduction. In P. H. Harvey, L. Partridge, & T. R. E. Southwood (Eds.), *The evolution of reproductive strategies* (pp. 15−24). Cambridge, England: Cambridge University Press.

Kokko, H., & Jennions, M. D. (2008). Parental investment, sexual selection and sex ratios. *Journal of Evolutionary Biology, 21,* 919−948.

Kramer, K. L. (2011). The evolution of human parental care and recruitment of juvenile help. *Trends in Ecology and Evolution, 26,* 533−540.

Kruger, D. J.,&Fisher, M. L. (2008). Women's life history attributes are associated with preferences in mating relationships. *Evolutionary Psychology, 6,* 289−302.

Kruger, D. J., Reischl, T., & Zimmerman, M. A. (2008). Time perspective as a mechanism for functional developmental adaptation. *Journal of Social, Evolutionary, and Cultural Psychology, 2,* 1−22.

Kuzawa, C. W., Chugani, H. T., Grossman, L. I., Lipovich, L., Muzik, O., Hof, P. R., . . . Lange, N. (2014). Metabolic costs and evolutionary implications of human brain development. *Proceedings of the National Academy of Sciences, USA, 111,* 13010−13015.

Lack, D. (1954). *The natural regulation of animal numbers.* Oxford, England: Oxford University Press.

Lack, D. (1968). *Ecological adaptations for breeding in birds*. London, England: Methuen.

Lancaster, L. T., & Sinervo, B. (2011). Epistatic social and endocrine networks and the evolution of life history trade-offs and plasticity. In T. Flatt&F. Heyland (Eds.), *Mechanisms of life history evolution. The genetics and physiology of life history traits and trade-offs* (pp. 329–348). New York, NY: Oxford University Press.

Lessells, C. M. (1991). The evolution of life histories. In J. R. Krebs & N. B. Davies (Eds.), *Behavioural ecology: An evolutionary approach* (pp. 32–65). Oxford, England: Blackwell.

Lieberman, D., Tooby, J., & Cosmides, L. (2007). The architecture of human kin detection. *Nature, 445*, 727–731.

Locke, J. L., & Bogin, B. (2006). Language and life history: A new perspective on the development and evolution of human language. *Behavioral and Brain Sciences, 29*, 259–280.

MacArthur, R. H.,&Wilson, E. O. (1967). *The theory of island biogeography*. Princeton, NJ: Princeton University Press.

Mauck, R. A., Marschall, E. A., & Parker, P. G. (1999). Adult survival and imperfect assessment of parentage: Effects on male parenting decisions. *American Naturalist, 154*, 99–109.

McDonald, D. B. (1993). Demographic consequences of sexual selection in the long-tailed manakin. *Behavioral Ecology, 4*, 297–309.

McIntyre, M., Gangestad, S. W., Gray, P. B., Chapman, J. F., Burnham, T. C., O'Rourke, M. T., & Thornhill, R. (2006). Romantic involvement often reduces men's testosterone levels—but not always: The moderating role of extrapair sexual interest. *Journal of Personality and Social Psychology, 91*, 642–651.

McNamara, J. M., & Houston, A. I. (1996). State-dependent life histories. *Nature, 380*, 215–221.

McNamara, J. M., & Houston, A. I. (2009). Integrating function and mechanism. *Trends in Ecology and Evolution, 24*, 670–675.

Mealey, L. (1995). The sociobiology of sociopathy: An integrated evolutionary model. *Behavioral and Brain Sciences, 18*, 523–541.

Mittal, C., & Griskevicius, V. (2014). Sense of control under uncertainty depends on people's childhood environment: A life history theory approach. *Journal of Personality and Social Psychology, 107*(4), 621–637.

Murphy, G. I. (1968). Pattern in life history and the environment. *The American Naturalist, 102*, 391–403.

Nettle, D. (2011a). Flexibility in reproductive timing in human females: Integrating ultimate and proximate explanations. *Philosophical Transactions of the Royal Society B: Biological Sciences, 366*, 357–365.

Nettle, D. (2011b). Evolutionary perspectives on the five-factor model of personality. In D. M. Buss & P. H. Hawley (Eds.), *The evolution of personality and individual differences* (pp. 5–28). New York, NY: Oxford University Press.

Nettle, D., Frankenhuis, W. E., & Rickard, I. J. (2013). The evolution of predictive adaptive responses in human life history. *Proceedings of the Royal Society B: Biological Sciences, 280*, 20131343.

Nettle, D., Frankenhuis, W. E., & Rickard, I. J. (2014). The evolution of predictive adaptive responses in humans: Response. *Proceedings of the Royal Society B: Biological Sciences, 281*, 20132822.

Parker, G. A., & Maynard Smith, J. (1990) Optimality theory in evolutionary biology. *Nature, 348*, 27–33.

Pennington, R., & Harpending, H. (1988). Fitness and fertility among Kalahari !Kung. *American Journal of Physical Anthropology, 77*, 303–319.

Pianka, E. R. (1970). On r-and K-selection. *American Naturalist, 104*, 592–596.

Pollet, T. V., van der Meij, L., Cobey, K. D., & Buunk, A. P. (2011). Testosterone levels and their associations with lifetime number of opposite sex partners and remarriage in a large sample of American elderly men and women. *Hormones and Behavior, 60*, 72–77.

Promislow, D. E. L. (1990). Costs of sexual selection in natural populations of mammals. *Proceedings of the Royal Society B: Biological Sciences, 247*, 230–210.

Promislow, D. E. L., & Harvey, P. H. (1990). Living fast and dying young: A comparative analysis of lifehistory variation among mammals. *Journal of Zoology: Proceedings of the Zoological Society of London, 220*, 417–437.

Réale, D., Garant, D., Humphries, M. M., Bergeron, P., Careau, V., & Montiglio, P.-O. (2010). Personality and the emergence of the pace-of-life syndrome concept at the population level. *Philosophical Transactions of the Royal Society B: Biological Sciences, 365*, 4051–4063.

Reznick, D., Nunney, L., & Tessier, A. (2000). Big houses, big cars, superfleas and the costs of reproduction. *Trends in Ecology and Evolution, 15*, 421–425.

Rickard, I. J., Frankenhuis, W. E., & Nettle, D. (2014). Why are childhood family factors associated with timing of maturation? A role for internal state. *Perspectives on Psychological Science, 9*, 3–15.

Robson, A., & Kaplan, H. (2003). The evolution of human life expectancy and intelligence in hunter-gatherer economies. *American Economic Review, 93*, 150−169.

Roff, D. A. (2002). *Life history evolution*. Sunderland, MA: Sinauer.

Sæther, B. -E. (1987). The influence of body weight on the covariation between reproductive traits in European birds. *Oikos, 48*, 79−88.

Salmon, C., Figueredo, A. J., & Woodburn, L. (2009). Life history strategy and disordered eating behavior. *Evolutionary Psychology, 7*, 585−600.

Sibly, R. M., & Brown, J. H. (2007). Effects of body size and lifestyle on evolution of mammal life histories. *Proceedings of the National Academy of Sciences, USA, 104*, 17707−17712.

Sih, A., & Del Giudice, M. (2012). Linking behavioural syndromes and cognition: A behavioural ecology perspective. *Philosophical Transactions of the Royal Society B: Biological Sciences, 367*, 2762−2772.

Sinervo, B., Clobert, J., Miles, D. B., McAdam, A., & Lancaster, L. T. (2008). The role of pleiotropy vs signaller-receiver gene epistasis in life history trade-offs: Dissecting the genomic architecture of organismal design in social systems. *Heredity, 101*, 197−211.

Smith, C. C., & Fretwell, S. D. (1974). The optimal balance between size and number of offspring. *American Naturalist, 108*, 499−506.

Stamps, J. A. (2007). Growth-mortality tradeoffs and "personality traits" in animals. *Ecology Letters, 10*, 355−363.

Starrfelt, J., & Kokko, H. (2012). Bet-hedging—a triple trade-off between means, variances and correlations. *Biological Reviews, 87*, 742−755.

Stearns, S. C. (1992). *The evolution of life histories*. Oxford, England: Oxford University Press.

Steiner, U. K., & Tuljapurkar, S. (2012). Neutral theory for life histories and individual variability in fitness components. *Proceedings of the National Academy of Sciences, USA, 109*, 4684−4689.

Sterelny, K. (2007). Social intelligence, human intelligence and niche construction. *Philosophical Transactions of the Royal Society B: Biological Sciences, 362*, 719−730.

Stiver, K. A., & Alonzo, S. H. (2009). Parental and mating effort: Is there necessarily a trade-off? *Ethology, 115*, 1101−1126.

Swanson, E. M., & Dantzer, B. (2014). Insulin-like growth factor−1 is associated with life-history variation across Mammalia. *Proceedings of the Royal Society B: Biological Sciences, 281*, 20132458.

Taborsky, M., & Brockmann, H. J. (2010). Alternative reproductive tactics and life history phenotypes. In P. Kappeler (Ed.), *Animal behaviour: Evolution and mechanisms* (pp. 537−586). New York, NY: Springer.

Tooby, J., Cosmides, L., Sell, A., Lieberman, D., & Sznycer, D. (2008). Internal regulatory variables and the design of human motivation: A computational and evolutionary approach. In Elliot, A. J. (Ed.), *Handbook of approach and avoidance motivation* (pp. 252−271). New York, NY: Taylor & Francis.

Trivers, R. L. (1972). Parental investment and sexual selection. In B. Campbell (Ed.), *Sexual selection and the descent of man 1871–1971* (pp. 136−179). Chicago, IL: Aldine.

van Schaik, C. P., Isler, K., & Burkart, J. M. (2012). Explaining brain size variation: From social to cultural brain. *Trends in Cognitive Science, 16,* 277−284.

Walker, R., Burger, O., Wagner, J., &von Rueden, C. R. (2006). Evolution of brain size and juvenile periods in primates. *Journal of Human Evolution, 51,* 480−489.

Wasser, S. K., & Barash, D. P. (1983). Reproductive suppression among female mammals: Implications for biomedicine and sexual selection theory. *Quarterly Review of Biology, 58,* 513−538.

Weisman, O., Zagoory-Sharon, O., & Feldman, R. (2014). Oxytocin administration, salivary testosterone, and father-infant social behavior. *Progress in Neuro-Psychopharmacology and Biological Psychiatry, 49,* 47−52.

West-Eberhard, M. J. (2003). *Developmental plasticity and evolution.* Oxford, NY: Oxford University Press.

West, S. A., & Gardner, A. (2013). Adaptation and inclusive fitness. *Current Biology, 23,* R578.

White, A. E., Li, Y. J., Griskevicius, V., Neuberg, S. L., & Kenrick, D. T. (2013). Putting all your eggs in one basket: Life-history strategies, bet hedging, and diversification. *Psychological Science, 24,* 715−722.

Williams, G. C. (1957). Pleiotropy, natural selection and the evolution of senescence. *Evolution, 11,* 398−411.

Williams, G. C. (1966). Natural selection, the costs of reproduction, and a refinement of Lack's principle. *The American Naturalist, 100,* 687−690.

Wisman, A., & Goldenberg, J. L. (2005). From the grave to the cradle: Evidence that mortality salience engenders a desire for offspring. *Journal of Personality and Social Psychology, 89,* 46−61.

Wolf, M., van Doorn, G. S., Leimar, O.,& Weissing, F. J. (2007). Life-history trade-offs favour the evolution of animal personalities. *Nature, 447,* 581−585.

Yeo, R. A., Pommy, J., & Padilla, E. A. (2014). Strategic choices versus maladaptive development. *Psychological Inquiry, 25,* 389−393.

3장

진화 과학의 방법

제프리 A. 심슨 · 론 캠벨

진화심리학의 방법

　찰스 다윈(1859)은 자연선택에 의한 진화 이론을 공식화하기 시작한 뒤로 거의 20년이 지나 『종의 기원』을 발표했다. 다윈이 이 경천동지할 만한 저서의 출판을 미룬 주된 원인 중 하나는 자신의 이론을 뒷받침할 증거가 충분하지 않아서였다(Desmond & Moore, 1991). 자연선택에 의한 진화 이론을 검증하는 것은 대단히 크고 복잡한 과제라 다윈은 몇 가지 다른 방법을 이용해서 증거를 나열했다. 예를 들어 그는 동물 육종가들을 만나 인공선택을 배웠다. 어느 순간 그는 가축화된 형질의 유전성 변이가 육종가의 기호에 따라 만들어지는데 이는 자연이 형질을 선택하는 과정과 비슷하다는 것을 깨달았다. 그는 또한 자연 환경에서 사는 수많은 종에 관한 기존의 과학 문헌을 조사하고, 종 내부와 여러 종 사이에 모두 존재하는 엄청난 양의 변이를 꼼꼼히 묘사하고 분류했다. 그리고 씨앗들을 다양한 조건에 노출한 뒤 어느 조건에서 발아하는지를 결정하는 실험을 하면서 무수한 날을 보냈다. 그 모든 관찰, 현지 연구, 실험에서 막대한 정보를 갖춘 덕분에 다윈은 결국 자연선택에 의한 진화 이론의 기초 원리들을 처음부터 충분한 증거로 뒷받침할 수 있었다. 과학계가 결국 그의 이론을 인정한 것은 어느 정도는 다윈이 혹독하리만치 끈질기게 여러 원천에서 데이터를 모으고 분석한 덕분이었다.

진화의 이론과 과학은 둘 다 1859년 이후 지금까지 괄목할 만큼 발전해왔다. 실제로 자신의 진화론이 심리학 연구의 토대가 될 것이라는 다윈의 선견은 점점 더 많은 학과에서 결실을 맺고 있다. 진화 과학에 대단히 흥미로운 시대가 온 것이다. 하지만 심리적 적응을 연구할 때 더 많은 연구자들이 다윈을 모방해서 다각도의 접근법을 채택할 필요가 있다. 이를 위해 연구자들은 현재 이용할 수 있는 많은 조사 방법을 최대한 활용해야 한다.

그 과정을 돕기 위해 이 장에서는 수십 년 동안 사회과학과 행동과학의 조사 방법을 고착시켜온 기본 원리와 개념을 되돌아보고자 한다. 우리의 바람은 그것이 현재 진화심리학자들이 사용할 수 있는 다양한 조사 방법을 일목요연하게 진열할 뿐더러, 다양한 조사 방법, 측정 수단, 통계 기법을 **어떻게** 활용해야 진화에 기초한 예측을 더 분명하고 더 강력하고 더 정확하게 시험할 수 있는지를 분명히 함으로써 방법론적 이슈에 더 큰 관심을 점화(또는 재점화)하는 것이다.

이 장의 주제는 크게 세 가지다. 첫째, 이론을 더 타당하고 명확하게 검증하기 위해서는 복수의 조사방법과 측정수단을 사용해서 현재 진행 중인 진화 연구 프로그램 안에서 대안이 될 수 있는 모델을 검증해야 한다. 주요한 조사방법(예를 들어, 시험실 실험, 설문 조사, 컴퓨터 시뮬레이션)과 측정수단(예를 들어, 자기 보고, 동료 평가, 행동 평가)에는 제각기 장점과 한계가 있다. 어떤 단 하나의 방법이나 측정도 모든 조사 환경에 최적일 수 없다. 방법, 측정, 기법이 달라질 때마다 내적 타당도, 외적 타당도, 발견의 일반화가능성 극대화를 서로 맞거래할 필요가 발생하기 때문이다. 조사 프로그램 내부의 방법론적 삼각측량(즉, 효과를 검증할 때 다방법/다측정을 채택하는 것)과 대안 모델의 검증 양쪽 모두 강력하고 분명한 추론을 필요로 한다.

두 번째 주제는 진화 과학 내부의 어떤 영역들에서 특정한 조사 방법(예를 들어, 상관관계 접근법)과 특정한 측정(예를 들어, 자기 보고법)에 일반적으로 과다 의존하는 경향이 있어왔다는 것이다. 어떤 경우에는 이 단일방법/단일측정에 초점을 두는 경향 초점 때문에 진화에 기초한 현상을 엄격히 검증하지 못하기도 했다. 다른 경우에는 진화 이론으로 예측한 결과가 경쟁하는 대안 이론보다 관측된 데이터와 더 잘 맞는지를 연구자들이 확인할 수 없었다. 이 문제는 다중적인 조사방법과 다양한 패러다임이 제공할 수 있는 수많은 강점과 이점을 더 많이 알고 이해함으로써 해결되었다.

세 번째 중심 주제는 심리적 적응의 '특수 설계' 속성을 뒷받침하는 더 확실한 증거를 시험하고 제공할 필요가 있다는 것이다. 어떤 상황에서, 다방법/다측정 접근법에 힘입어 연구자는 진화했다고 추정하는 인간의 형질들, 행동들 또는 인간적 형질들의 '특수 설계' 특징을 더 풍부하고 강력한 증거로 뒷받침할 수 있다. 선택과 적응의 숨길 수 없는 징후는 특이적인 자극(유발성 있는 사건)이 여러 수준의 측정에 걸쳐(분자 차원에서부터 거시적 차원에 이르기까지) 구체적인 결과(반응)를 낳을 때 가장 명백할 것이다. 잘 수행된 다방법/다측정 연구의 결과가 수렴성 패턴을 보인다면, '특수하게 설계된' 이 적응이 진화의 신물이라는 우리의 신뢰는 그에 따라 더 증가될 것이다. 우리는 이제 이 장의 첫 번째 주제인 이론의 검증, 특수한 설계, 그리고 "강한" 연구 방법에 대해 다루어 보겠다.

이론 검증, 특수 설계, 유력한 조사 방법

많은 진화 이론들이 그 기초에 깔려 있는 메타이론의 절대적인 복잡성 때문에―그리고 때로는 그 부정확성 때문에―상대적으로 높은 평가 기준을 마주체게 된다.

보통 진화 이론은 다른 이론들보다 복잡한데, 예를 들어 사회구조주의 이론처럼 진화론에 기초하지 않은 역사기원론은 진화 이론보다 단순하다(예를 들어, Eagly, 1987). 그 이유 중 하나는 생물학에 기초한 적응과 현재의 심리 과정이 작동하는 방식 사이의 아무리 단순한 연관성을 추론하는 일이라도, 문화 또는 사회 구조적 요인과 현 심리 과정 사이의 연관성을 추론하는 일보다 더 복잡하기 때문이다. 이론이 복잡할수록 대개 '내재적인' 대안적 설명의 수가 늘어나고, 그로 인해 이 형질이나 행동이 과연 적응적이었는지 그리고 어떻게 조상 시대에 적응적이었는지(또는 적응적이었어야 하는지)를 단도직입적으로 예측하기가 더 어려워진다(Caporael & Brewer, 2000; Dawkins, 1989).

이 문제는 다음 두 사항에 상대적으로 주목하지 않은 탓에 더욱 확대되어왔다. (a) 서로 다른 중간 수준의 진화 이론들이 어떻게 연관되어 있거나 연관되어 있지 않은

지를 해명하는 일. (b) 서로 다른 이론에서 구체적인 결과에 대해 비슷한 예측 대 다른 예측이 나오게 되는 조건을 명시하는 일(Simpson & Belsky, 2008). 진화 이론은 위계적으로 조직되어 있고, 그래서 광범위한 메타이론적 가정에서부터 영역과 관련된 중간 수준의 원리, 구체적인 가설, 구체적인 예측에 이르기까지 몇몇 설명의 차원으로 나뉜다(Buss, 1995; Ketelaar & Ellis, 2000). 중간 수준의 진화 이론(가령 부모 투자, 애착, 부모−자식 갈등, 상호 이타주의)은 대부분 메타이론의 핵심 가정을 연장해서, 개인이 자식에게 투자하거나, 자식과 유대를 맺거나, 자식과 갈등하거나, 생물학적으로 무관한 남을 돕게 되는 조건과 연결 짓는다. 어떤 경우에 중간 수준의 이론들은 경쟁하는 가설과 예측을 낳는다. 예를 들어, 남자가 자기와 결혼하지 않은 여자의 생물학적으로 무관한 어린 자식에게 언제 투자하는지에 대해서 부모 투자 이론과 상호이타주의 이론은 다르게 예측한다(Ketelaar & Ellis, 2000을 보라). 다른 경우에 중간 수준의 이론들은 비진화 이론과 경쟁하는 가설을 낳는다(예를 들어, '가족' 내에서 살인이 왜 그렇게 만연하는지에 관한 논쟁. Daly & Wilson, 1988을 보라). 경쟁하는 이론이나 모델—진화론에 기초하든 아니든—이 논리상 어떤 결과를 예상하는지에 대해서는 대체로 거의 주목하지 않는다. 가능할 때마다, 경쟁하는 모델들에서 논리적으로 나온 예측들을 비교 시험하는 과정이 진화 연구 프로그램 안에 구축되어야 한다.

가끔 진화 연구자들은 한 차원의 설명(가령, 중간 수준 이론의 기초 원리)을 인접한 차원(가령, 구체적인 가설)과 연결 짓는 연역 논리를 충분히 설명하지 않는다. 그 이유 중 하나는 진화 가설들이 다음과 같은 범위를 가진 '신뢰의 연속체' 상에 존재하기 때문이다. (a) 중간 수준의 이론에서 명료하게 직접 이끌어낸 확실하고 안정된 가설. (b) 어떤 이론에서 논리적으로 이끌어냈지만 다른 가정으로 보조하지 않고서는 나올 수 없는, 예측에 기초한 가설. (c) 우연하거나 직관적인 예감에 기초한 모험적 가설.

어떻게 하면 더 강력한 증거를 얻을 수 있는가

진화 과학은 이런 한계들을 어떻게 극복할 수 있을까? 우선 연구자들은 진화한 형질이나 속성을 낳았어야만 하는 역사적 사건의 모델을 더 분명하고, 더 구체적이고, 더 상세하게 밝혀야 한다(Conway & Schaller, 2002). 또한 광범위한 학과(예를 들어, 인류학, 동물학, 유전학, 진화생물학)에서 보완이 되는 증거를 모아서, 제시한 역사적 이론이나 모델의 '시작 가정'을 정당화하고, 다른 이론이나 모델보다 왜 이것이 더 그럴듯한지를 설명해야 한다. 이를 위해 진화 과학자들은 적응 각각의 진화사와 관련하여 비용—이익 분석을 더 정밀하게 수행해야 한다(Cronin, 1991). 특히 가정하고 있는 적응과 관련된 추정상의 이익을 다른 비용, 제약, 한계—사회적, 신체적, 행동적, 생리학적 등등의—가 상쇄했을 가능성에 더 큰 관심을 기울여야 한다(Eastwick, 2009를 보라). 이 분석을 했다면 이제 연구자는 왜 어떤 적응은 진화와 관련된 구체적인 문제에 다른 가능한 적응보다 더 좋은 해결책을 낳았는지를 명확히 밝혀야 한다. 그리고 대안적 모델들을 충분히 검증하는 것이 좋다.

위에서 살펴본 한계를 바로잡을 수 있는 또 다른 방법은, 특이적인 심리 과정이나 기제의 발현, 작동, 종료와 관련하여 특이적인 진화 이론이나 모델이 제시하는 예측을 중심으로 연구자가 자신의 조사를 더 쌓아올리는 것이다. 그렇게 할 때 연구자는 역사적(진화적) 사건의 모델과 현재 조사하고 있는 심리적 사건이나 과정의 개념적 차이를 분명하게 유지해야 한다(Tinbergen, 1963). 이 일을 해낼 수 있는 방법은 진화한 심리 기제에 대한 버스(1995, pp. 5–6)의 예리한 정의를 중심으로 조사할 문제를 조직화하는 것이다.

> 진화한 심리 기제란 유기체 내부에서 일어나는 일단의 과정들로, (1) 그 기제(또는 그것을 믿을 만하게 낳는 다른 기제들)가 인간의 진화사에 걸쳐 개인의 생존이나 번식의 특이적인 문제를 반복해서 해결했기 때문에 지금과 같은 형태로 존재하고, (2) 특정한 종류의 정보나 입력만을 취할 수 있는데, 그 입력은 (a) 외적이거나 내적일 수 있고, (b) 환경에서 적극적으로 추출하거나 수동적으로 받을 수 있으며, (c) 지금 맞닥뜨리고 있는 구체적인 적응적 문제를 유기체에게 명시하고, (3) 어떤 절차(예를 들어, 결정 규칙)를 통해 그 정보를 출력으로 변환하는데, 이때 그 출력은 (a) 생리 활동을 조절하거나, 다른 심리 기제들에 정보를 제공하거나, 분명한 활동을 낳고, (b) 개별적인 적응적 문제를 해결한다.

그러므로 어떤 이론의 연역 논리를 전개하고 검증할 때 진화 과학자는 (a) 특이적인 선택압이 왜 그리고 어떻게 그 심리적 기제나 과정을 빚어냈는지를 명확히 표현하고, (b) 관련된 조상의 환경에서 그 과정을 활성화했을 특이적인 환경 단서를 확인하고, (c) 특수한 사회적 상황에서 그 과정이 생각, 감정, 행동을 어떻게 이끌었는지를 설명하고, (d) 그 심리적 과정이나 기제를 종결시켰을 단서나 결과를 명시해야 한다. 이 접근법을 더 넓게 채택하면 몇 가지 이익을 볼 수 있다. 첫째, 진화 이론이나 모델의 근처에 있는 연역적 논리를 명확히 하거나 더 엄밀히 검증할 때 연구자는 자신의 이론이 왜 그리고 어떻게 구체적인 심리 과정이나 기제를 임시방편이나 후향성 사고로 설명하기보다는 미래를 보는 전향성 사고forward-thinking로 설명하는지를 더 유리한 입장에서 명확히 밝힐 수 있다. 둘째, 서로 다른 이론적 차원들의 미묘한 관계를 더욱 자세히 설명할 수 있기 때문에 현재 검증하고 있는 이론이나 모델의 설명적 통일성이 더 높아진다. 셋째, 연역 논리가 더 견고하고 폭이 넓으면 연구자는 새로운 예측을 더 많이 끌어낼 수 있다. 강력한 이론은 대안 이론들에서는 쉽게 나올 수 없는 새롭고 놀라운 예측들을 낳는다. 새로운 가설은 대개 매우 특이적인 환경 입력이 특정한 심리 기제를 활성화하거나 종결시킨 통계적 상호작용을 포함할 것이다. 그리고 이론이 맥락–의존적인 통계적 상호작용을 예측한다면, 그것을 대체할 수 있는 설명은 거의 없을 것이다.

적응, 적응주의, 증거의 기준

개념의 수준에서 많은 진화심리학자들이 적응주의라고 알려진 일반적인 조사 방침을 채택한다. 이 접근법을 사용하는 연구자는 조상의 시대에 특정한 형질이나 특성의 진화를 빚은 특이적인 선택압을 확인하고자 노력한다(Thornhill, 1997; Williams, 1966). 이 접근법은 다음과 같이 묻는다. "이 특별한 구조, 기관 또는 형질의 기능 또는 목적은 무엇일까?" 그런 질문에 대한 답들이 과학의 여러 분야에서 빠르고 의미 있는 진전을 낳았다. 인간의 진화와 관련해서 어떤 적응주의자 프로그램들은 최적화 모델(예를 들어, 진화적 적응 환경[EEA]에서 가능한 선택압들에 대한 여러 형식 수학적 이론을 검증함. Parker & Maynard Smith, 1990)을 사용해서, 인간의 몇몇 적응을 뒷받침하는 증거를 얻어냈다. 하지만 대부분의 프로그램은 주어진 특징이나 형질이 어떻게 진화해서 특이적인 진화적 문제를 해결했는지에 대해서 그럴듯한, 직관적인 주장을 전개하는 선에 머물러왔다(Williams, 1966, 1992).

굴드와 르원틴(1979)은 일반적인 적응주의 접근법을 비판하면서, 적응주의 접근법에서 적응을 확인하기 위해 사용하는 증거의 기준이 대개 부실하거나 부적절하다고 주장한다. 적응주의적 연구가 대개 경쟁하는 대안적 설명을 충분히 조사하지 않은 채 특정한 결과가 이론상의 예측과 일치한다는 것을 증명하는 데 그쳤다는 것이다. 또한 굴드(1984)의 주장에 따르면, 적응주의적 연구가 대개 선택압의 중요성을 지나치게 강조하고 선택의 힘에 대한 여러 제약을 과소평가한 나머지 일부 적응주의자들은 엄밀한 증거가 부족한데도 적응이 존재한다고 가정했다고 한다. 굴드와 르원틴(1979)은 진화의 시간에 걸쳐 선택압이 표현형 형질과 형질 대부분에 가한 영향을 많은 제약들—유전적, 신체적, 발달적—이 반대하거나 방해했을 것이라고 주장한다. 그 결과 굴절적응/이중적응exaptation(즉, 새로운 선택압이 영향을 미치지 않는 상태에서 유익한 새 효과를 발휘하는, 이전부터 존재한 형질)이 무수히 많은 탓에, 주어진 형질이나 형질의 선택의 역사를 재현하기는 거의 불가능하다고 그들은 주장한다. 사실 적응은 대부분 이전의 적응, 굴절적응, 스팬드럴spandrel(즉, 우연히 적응된 형질이 된 부산물) 위에 지어진 것이다. 그러므로 진화 과학은 구체적인 적응을 더 직접적으로 기록할 수 있는 방법론을 사용해야 한다(Mayr, 1973; 또한 Buss, Haselton, Shackelford, Bleske, & Wakefield, 1998을 보라).

어떤 형질이나 심리적 속성이 적응인지 아닌지를 검증할 수 있는 어떤 종류의 증거를 모아 왔을까? 앤드류스, 갱지스태드, 매튜스(2003)는 그런 증거의 기준을 여섯 가지로 정리한다. (1) 비교 기준comparative standards은 적응으로 보이는 하나의 형질을 여러 종에 걸쳐 계통발생적으로 자세히 비교한다. (2) 적합도 극대화 기준fitness maximization standards은 현재의 환경을 포함한 구체적인 환경들에서 적합도 수익을 극대화하는 구체적인 형질들을 확인한다. (3) 유익 효과 기준beneficial effects standards은 적응적이라고 가정하는 형질이 조상의 환경에서 생산했을 적합도 이익에 초점을 맞춘다. (4) 최적 설계 기준optimal design standards은 여러 선택압들이 어떻게 진화한 특징들의 맞거래를 형성했으며, 여러 형질들 중 한 형질이 선택되어 어떻게 적합도가 높아질 수 있었는지에 대해서 형식수학적 시뮬레이션으로 검증한다. (5) 엄격한 적합도 기준tight-fit standards은 적응적이라고 가정하는 형질의 자질들이 주요한 진화적 문제와 얼마나 잘 맞고 그것을 효과적으로 해결하는지를 조사한다. (6) 특수 설계 기준

special design standards은 적응적이라고 가정하는 형질의 고유한 기능적 속성들을 확인하고 시험한다.

처음의 다섯 기준은 주어진 형질이 적응인지를 간접적으로 증명한다. 여섯 번째 기준—특수 설계 기준—은 훨씬 더 엄밀한 증거를 제공한다(Andrews et al., 2003). 따라서 진화적 연구 프로그램은 적응 후보의 특수설계 속성들을 더 확실하게 직접적으로 뒷받침하는 증거를 중심으로 전개, 조직, 구축되어야 한다. 적응적이라고 가정하는 습성의 특수 설계 특질을 더 많이 기록하고, 각각의 특질이 특이적인 기능에 기여하면 할수록, 그 적응은 실제로 그 기능을 위해 진화했을 가능성이 높아진다. 가장 엄밀한, 최고의 진화 연구 프로그램이라면 특수 설계의 특질을 언제나 검증할 것이다(또한 Schmitt & Pilcher, 2004를 보라).

특수 설계 증거

유기체는 살아 있는 역사 기록이다(Williams, 1992). 따라서 적응은 자신을 빚은 선택의 힘의 자취를 드러낸다. 하지만 한 형질을 적응으로 분류하기 전에 먼저 그 형질의 주요한 진화적 기능이나 목적을 확인해야 한다(Mayr, 1983; Thornhill, 1997). 이를 위해서는 어떤 특이적인 선택압이 그 형질의 기능상의 설계를 낳고 빚었을 가능성이 가장 높은지를 추론해야 한다. 기능적으로 설계된 형질은 "순전한 우연을 적절한 설명에서 배제할 만큼 충분히 정밀하고, 경제적이고, 효율적으로" 어떤 목적을 수행하는 경향이 있다(Williams, 1966, p. 10). 우연한 요인으로는 계통발생의 유산, 유전적 부동浮動drift, 부산물 효과, 돌연변이 같은 과정들이 있는데, 이 중 어느 것이든 특정한 형질의 발달을 야기할 수 있다.

몇몇 다른 요인이 있어서 특정한 형질이 적응인지를 결정하기가 어려워진다. 그 예로 역사적으로 선재한 적응들의 혼재 효과(예를 들어, 더 나중에 '이차 적응'을 형성시킨 기초), 상호작용하는 적응들 간의 맞거래(예를 들어, 포식자를 따돌리는 위장술의 선택 대 짝을 유혹하는 화려한 장식의 선택), 그리고 대항적응(예를 들어, 한 종의 양성 사이에 출현하는 길항성 짝짓기 전술)이 있다. 문제를 더욱 복잡하게 만드는 것이 있다. 형질이 다르면 그 특수 설계 속성을 입증하는 증거의 유형도 달라야 한다는 것이다. 예를 들어, 형태적 형질들(예를 들어, 사람의 눈, 신체 기관)의 특수 설계 특징은 대개 그 형질이 복잡한 설계로 되어 있으며, 대단히 정밀하고 경제적이고 효율적으로 특이적인 기능을 수행한다는 것을 보여주기만 하면 입증되었다. 하지만 연구자가 적응이라고 믿는 복잡한 행동 및 인지 형질은 더 많은 증거를 필요로 한다. 영역-일반적 학습 과정(가령 굴절적응된 학습 기제)도 상당한 특이성, 능숙성, 복잡성을 가진 형질을 낳을 수 있기 때문이다(Andrews et al., 2003을 보라). 이 '복잡한 형질들'은 종종 그 특수 설계 속성의 증거를 더 많이 요구한다.

다행스럽게도 몇몇 증거의 원천들에 의존하면 어떤 형질이 '특수 설계'된 것이라는 확신을 높일 수 있다(Andrew et al., 2003). 첫째, 어떤 형질이 특별한 발달 기제나 학습 기제의 편향된 결과임을 보인다면 그것이 복잡한 적응임을 입증할 수 있다(Cummins & Cummins, 1999). 그런 형질은 아주 쉽고 빠르고 믿을 만하게 발달하거나 학습되며, 동일한 기제에서 나올 수 있는 다른 형질들보다 훨씬 더 능숙하게 특수한 적응적 문제를 해결한다. 그 예로, 특정한 대상을 두려워하는 강한 반사적 성향(예를 들어, 뱀. Öhman & Mineka, 2001), 문법과 언어를 발달시키는 능력(Pinker, 1994), 처벌과 관련된 환경 특이적 조건화(Carcia, Hankins, & Rusiniak, 1974), 어린 영아의 지각적 예측과 선호도(Spelke, 1990)가 있다. 둘째, 어떤 형질의 특수하게 설계된 특징들이 조상의 환경에서는 중요한 문제를 해결했을 테지만 오늘날의 환경에서는 잘 듣지 않거나 해로운 경향이 있음을 보인다면 복잡한 적응을 증명할 수 있다. 그 예로 사람들은 대부분—특히 어린아이들은—지방과 당분이 높은 음식을 대단히 좋아한다(Drewnowski, 1997). 셋째, 대안적 이론이나 과정이 어떤 결과를 예측하거나 설명하지 못한다는 것을 밝히면 복잡한 적응을 입증할 수 있다(예를 들어, 여성의 우월한 공간적 위치 기억력, Silverman & Eals, 1992; 양성의 뛰어난 사기꾼 탐지 능력, Cosmides, 1989). 마지막으로, 몇 가지 형질이 모두 하나의 기본 기능에 봉사할 때 그 형질의 적응적 지위에 대한 확신이 높아진다(예를 들어, 번식 주기(혹은 월경주기)에 걸쳐 여성의 짝 선호가 변하는 것을 지배하는 요인들. Thornhill & Gangestad, 2008을 보라).

물론 적응을 위한 증거에 대한 단 하나의 기준으로서 특수 설계를 사용하는 것에 대한 문제점들이 있다. 예를 들어 특정한 적응의 특수 설계 특질에 대한 명백한 증거를 제공하기 어려울 수도 있다. 이러한 가능성을 뒷받침하기 위해서는 특이적인 형질의 특수 설계 특질을 위한 검증을 해야 할 뿐만 아니라 다른 기준을 위한 몇 가지 증거들 역시 제공해야 한다. 반면에 여러 복잡한 형질의 설계가 뒤섞여 있어서 적응을 확인하기가 어려울 때도 있다(예를 들어, 여성의 오르가슴, 신피질의 발달. Andrews et al., 2003을 보라). 예를 들어 어떤 형질이 애초에 한 가지 효과를 위한 적응으로 진화한 뒤 다른 목적에 맞게 굴절되었다면, 그 형질은 다른—어쩌면 서로 충돌할지 모를—선택압들이 빚은 복수의 기능을 가질 수 있다. 그로 인해 그 형질의 특수 설계 특징이 가려질 수 있다.

타당도 문제

일반적으로 타당도는 '명제의 진위에 최대한 접근함'으로 정의되고(Cook & Campbell, 1979, p. 37), 따라서 경험적 조사에서 나온 진술이나 추론, 결론과 관련된 진실의 정도를 반영한다. 조사 프로그램들은 각기 다른 임무를 갖고 있기 때문에 주어진 연구의 타당성은 주어진 조사 프로그램의 더 넓은 동기, 목표, 목적의 맥락에서 평가해야 한다.

타당도 과정 모델
어떤 구성개념의 조작화나 측정의 타당성을 입증하는 절차는 과학 이론을 전개, 시험, 확증하는 절차와 비슷하다(Loevinger, 1957). 어느 한 연구에 사용된 계획과 측정은 그것이 설계되어 평가하고자 하는 이론적 구성을 완전무결하게 표현할 수 없기 때문에, 이론 검증는 구성개념을 반영해서 연구계획을 세우고, 구성개념을 수정하고, 다시 새롭게 향상된 계획을 제안하는, 계속 순환하는 과정이다.

타당도를 어떻게 정의하고 개념화할 것인지에 두 가지 방법론적 전통이 영향을 미쳐왔다. 한 전통은 실험 및 유사실험 연구에 기초한 것으로, 독립변수, 특히 독립변수의 개념화, 독립변수의 조작화, 그리고 독립변수가 참가자에게 지각되는 방식의 타당성에 초점을 맞춰왔다(Cook & Campbell, 1979). 두 번째 전통은 비실험적 성격 연구와 임상심리학에서 파생된 것으로, 종속변수와 심리척도에 초점을 맞춰왔다

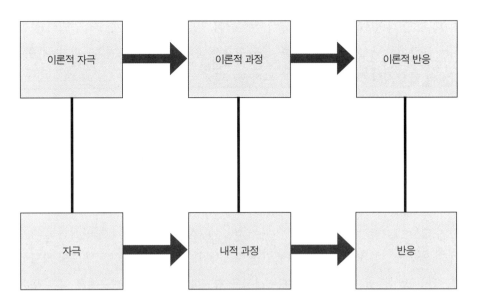

그림 3.1 구성개념과 조작화. 수직선은 관찰된 측정치와 그 기초적인 이론적 과정/구성개념을 연결시키는 가설을 나타낸다. Brewer(2000)의 허락을 받아 각색함.

(Cronbach & Meehl, 1955; Loevinger, 1957).

브루어(2000)는 이 두 전통을 연결지어서, 가정하고 있는 이론적 구성개념들이 다음 세 가지 측정과 개념적으로 어떻게 연결되는지를 보여주는 3단계 과정 모델을 제안했다. (1) 관찰 가능한 자극(독립변수), (2) 사이에서 중재하는 심리 또는 인지 과정(개인의 몸 안에서 일어나는 과정들), (3) 관찰 가능한 반응(종속변수 또는 결과변수). 그림 3.1에서 보듯이, 연구를 계획하고 실행할 때에는 이 셋을 추론으로 연결할 필요가 있다.

독립변수의 측면에서 연구자는 먼저 자신의 이론이 열거하지만 아직 수면 아래에 있는 원인적 개념들을 어떻게 조작적으로 정의하고 독립변수로 나타낼지와 관련하여 중요한 가정, 추론, 결정을 해야 한다. 만일 본질주의적 인과관계에 관심이 있다면 연구자는 또한 자신의 이론이 예측하는 중재 과정과, 가능한 매개변수라고 확인된 측정치 사이에 확고한 추론적 연결을 만들어야 한다. 종속변수의 측면에서 연구자는 자신의 이론으로 예상되는 효과와 측정된 반응(결과) 사이에 분명한 추론적 관계를 도출해야 한다. 매 단계마다 수많은 문제가 타당한 추론을 뒤흔들 수 있다. 옆친 데 덮친 격으로 진화 과학의 많은 분야들이 관심 있는 잠재 개념에 긴밀히 상응하는 표준화된 측정, 운영, 절차를 갖고 있지 못하다. 이 때문에 진화과학자는 종종 각각의 연계 사이에서 상당히 큰 추론적 도약을 감행해야 한다.

이런 어려움에서 방법론상 곤란한 문제들이 발생할 수 있다. 예를 들어, 자극이나 반응 측정의 타당성은 주어진 연구의 변이(조작의 차원이든 측정의 차원이든)가 그 자극이나 반응으로 평가하고자 하는 이론적 상태의 전형적인 변이 차원을 그대로 반영하지 않으면, 그 자극이나 측정의 타당성이 의문시될 수 있다. 게다가 특정한 독립변수가 특정한 결과 측정에 인과적 영향을 미쳐야 하는(혹은 미치지 말아야 하는) 정확한 수준을 예측하기가 어려울 수 있다. 그리고 특정한 독립변수가 특이적인 결과에 가장 강력한 영향을 미쳐야 하는 범위를 예상하기도 어려울 수 있다. 연구의 타당성을 끌어내릴 수 있는 방법이 많다는 사실을 감안할 때, 단일한 연구에서 나온 무위 결과가 그 이론이 실패했기 때문인지, 브루어(2000)의 세 단계 중 하나 또는 그 이상의 단계에서 조작화가 실패했기 때문인지, 그리고/또는 사용된 측정 수단이 실패했기 때문인지를 결정하기가 종종 어렵다.

실험 및 유사실험 연구의 타당도

실험 및 유사실험 연구에는 기본적으로 네 종류의 타당도가 있다(Cook & Campbell). (1) 내적 타당도, (2) 통계적 결론 타당도, (3) 외적 타당도, (4) 구성 타당도.

내적 타당도는 조작된 변수(X)가 측정 결과(Y)에 인과적으로 영향을 미친다고 연구자가 확신할 수 있는 정도를 말한다. Y의 변이가 X의 수준이나 강도를 변화시킨 조작으로 생겨났다고 자신 있게 결론지을 수 있을 때(즉, 다른 가능한 인과적 요인들과 독립해서, 독립변수가 종속변수에 인과적 영향을 미쳤을 때) 그 연구는 내적 타당도가 높은 것이다. 만일 제3의 변수가 X와 상관되어 있다면, 이 혼동으로 인해 거짓 효과가 발생할 수 있다. 다행스럽게도, 진짜 실험은 참가자를 무작위로 실험 조건에 배정하고, 독립변수를 신중하게 조작화하고 취급해서 제3의 변수가 끼칠 수 있는 해로운 영향을 통제한다.

하지만 변수를 조절하고 중재하는 과정 때문에 인과적 영향이 복잡해질 수 있다

(Preacher & Hayes, 2008). 독립변수(X)와 종속변수(Y) 사이에 진짜 인과적 연관성이 있지만, 어떤 제3의 변수(C)의 다른 수준에서 그 관계가 변할 때에는 조절 효과가 존재한다. 예를 들어 진화과학자들은 높은 신체적 위협 대 낮은 신체적 위협을 실험에서 조작하면 가장 큰 위협을 받은 개인들이 일어나서 자신을 방어할 것이라고 가정할지 모른다. 하지만 이 연결을 성이 조절할 수가 있다. 높은 위협하에서 여자보다 남자가 '일어나서 방어하는' 반응을 채택할 확률이 더 높다.

X와 Y 사이에 인과적 과정(경로)을 완성하는 데 제3의 변수(C)가 필요할 때 조절 효과가 발생한다. 다시 말해서, 독립변수(X)의 체계적 변화는 매개변수(C)의 변화를 예보하고, 이 변화는 종속변수(Y)의 변화를 예보하며, 이것이 통계적으로 X를 통제한다. 우리의 예로 돌아가서, 진화과학자들은 또한 신체적 위협의 수준이 높으면 대부분의 남자들은 일어나서 방어할 준비를 하게끔 하는 '도전'이라는 생리 반응을 경험한다고 가정할지 모른다. 하지만 그런 위협이 닥쳐도 여자들은 대부분 '위협'이라는 생리 반응을 경험해서 다른 전술에 돌입할 수 있다.

두 번째 주요한 타당도인 **통계적 결론 타당도**는 명시된 유의도 수준(알파 수준)과 관찰된 분산을 감안해서 두 변수가 믿을 만하게 공변화한다고 연구자가 추론할 수 있는 정도를 말한다. 통계적 결론 타당도는 특수한 형태의 내적 타당도로, 체계적 오류의 효과가 아닌 무작위 오류의 효과와 통계 검정의 적절한 사용을 다룬다. 이 타당도를 잠식하는 경우는 다음과 같다. 통계적 검증력이 불충분할 때(제2종 통계적 오류로 이어짐), 통계 검정의 중요한 가정을 위반할 때(예를 들어, 오류가 실제로 상관성이 있음에도 상관성 없음uncorelated이 될 때), 오류율이 실험 방향으로 부풀려질 때(p값을 수행된 시험 수에 맞추지 않고서 다수의 통계적 검정을 수행할 때 발생), 측정의 신뢰도가 낮을 때. 다음과 같은 경우들도 통계적 결론 타당도를 위험한다. 처리 또는 조건 구현을 신뢰할 수 없이 관리할 때, 실험 도중에 무작위 사건이 발생할 때, 응답자들이 처리, 독립변수, 결과 측정의 의미를 서로 다르게 해석할 때.

주요한 타당도의 세 번째 형태인 **외적 타당도**는 연구자가 자신의 연구로부터 (a) 구체적인 표적 인물들이나 배경들에 대해 일반화할 수 있는지, 또는 (b) 다른 여러 개인들, 배경들, 그리고 시기들에 대해서 두루 일반화될 수 있는지의 정도를 가리킨다. 어떤 연구의 외적 타당도는 통계적 상호관계(즉, 한 효과가 다른 여러 개인들, 배경들 또는 시기들에 두루 유효한지)를 검증해서 평가할 수 있고, 동질의 연구를 몇 번 시행함으로써 향상시킬 수 있다. 외적 타당도를 위협하는 경우는 다음과 같다. 선택과 처리 사이에 통계적 상호관계가 존재할 때(즉, 리크루트 요인 때문에 일부 사람들이 특별한 처리나 조건에 더 쉽게 들어가는가?), 배경과 처리 사이에 통계적 상호관계가 존재할 때(즉, 서로 다른 조사 환경들에 걸쳐 비슷한 처리 효과나 조건 효과가 나타나는가?), 역사와 처리 사이에 통계적 상호관계가 존재할 때(즉, 서로 다른 시기들에 걸쳐 효과가 일반화될 때).

브루어(2000)는 외적 타당도를 세 가지 형태로 나눈다. 생태적 타당도, 관련성 relevance, 강건성robustness이다. **생태적 타당도**는 주어진 개체군에게 '전형적' 또는 '일반적'인 조건 하에서 어떤 효과가 발생하는 정도를 말한다. 관련성은 사회적 문제를 해결하거나 삶의 질을 향상시키는 데에 조사 결과가 유용한 정도 또는 적용 가능한 정도를 반영한다. 안정성(때로는 '일반화 가능도'라 부른다)은 진화 연구에 가장 중요한 의미를 내포한다. 조사 결과가 서로 다른 배경, 사람, 역사적 상황에 두루 적용될 수 있는 정도를 반영하기 때문이다.

어떤 효과의 안정성을 평가하려면 이론가는 그 효과를 일반화할 수 있는(그리고 일반화할 수 없는) 개체군과 배경을 분명하게 규정해야 한다. 진화 과학 안에서 가장 일반적인 외적 타당도 문제 중 하나는, 다른 시기의 개체군들(예를 들어 조상의 시대에 살던 전형적인 수렵채집인)을 표적으로 삼아서 한 시기의 어느 한 본보기 개체군(예를 들어, 현재의 환경에 사는 서양화된 대학생)에서 이끌어낸 일반화 가능성이다. 심리학의 다른 분야들에서도 비슷한 근심거리가 대두했다(Arnett, 2008을 보라). 진화과학자는 오늘날의 참가자 집단이 연구의 '표적'인 전통적인 수렵채집인 개체군과 어떤 주요한 면에서 다를 수 있는지 그리고 그 차이가 진화적 조사 결과의 해석을 어떻게 제한하는지를 명확히 할 필요가 있다.

네 번째 유형의 타당도인 **구성 타당도**는 형태가 가장 포괄적이다. 구성 타당도는 주어진 인과적 구성 **또는** 효과 구성effect construct을 표현할 의도로 행한 조작이 다른 구성개념들을 통해 설명될 수 있는 정도를 나타낸다(Cronbach & Meehl, 1955). 인과적 구성의 경우, 구성 타당도는 다음과 같은 질문을 다룬다. "이 조사 결과는 변수 X와 변수 Y, 혹은 변수 Z와 (변수 X와 역시 상관관계를 가질 수도 있는) 변수 Y 혹은 다른 결과변수들 사이의 인과적 관계를 드러내는가?" 가령 결과 측정 같은 효과 구성의 경우에 구성 타당도는 다음과 같은 질문을 다룬다. "이론의 관점에서, 이 측정/척도는 공변화하는 측정들과 상관성이 있는가(수렴성), 그리고 상관성이 없는 측정들과 상관성이 없는가(판별성)?"

독립변수는 대부분 복수의 그리고 가끔은 상관성이 있는 변수들의 복잡한 꾸러미다. 예를 들어, 실험자가 참가자들에게 사회적 고립감을 유발하고자 할 때 실험자의 조작이 가령 불안 고조, 우울 증상, 또는 부정적 기분 같은 예상치 못한 상태를 낳을 수 있다. 그러므로 구체적인 연구에서 독립변수를 어떻게 조작할지(또는 조작해야 할지) 그리고 독립변수가 참가자에게 어떻게 지각될지를 중심으로 구성 타당도에 대한 여러 가지 근심이 떠돈다. 실험 조작은 또한 동일한 개인에게 복수의 가설적 상태를 유발할 수 있어서, 한 연구에서 효력을 발하는 원인을 구체적으로 확인하기가 거의 불가능하다. 쿡과 캠벨(1979)은 인과적 구성의 구성 타당도를 가장 심각하게 위협하는 것은 단일조작 경향—단일한 방법이나 패러다임을 반복 사용해서 이론적 구성을 평가하는 것—이라고 주장한다. 구성 타당도를 충분히 입증하기 위해서는 동일한 구성의 다른 조작화들을 수반하는 개념적 재현이 필수적이다.

다형질-다방법 접근법

어떤 형질이나 척도의 구성 타당도를 뒷받침하는 증거를 모을 때에는 그 수렴타당도 및 판별타당도 속성을 시험할 필요가 있다. 다특성–다방법 행렬표(Campbell & Fiske, 1959)를 이용하면 그런 속성을 시험할 수 있다. 측정에는 세 가지 분산의 원인이 있다. (1) 구성이 평가하고자 한 분산(수렴 타당도 성분들), (2) 구성이 평가하고자 의도하지 않은 분산(체계적 오류 분산), (3) 측정의 비신뢰성에 기인하는 무작위 오류. 모든 연구는 다음 네 범주 중 하나에 속한다. (1) 단일특성–단일방법(하나의 조사 방법을 사용해서 단일한 형질/척도를 연구할 때), (2) 단일특성–이질방법(다른 방법들을 사용해서 단일한 형질/척도를 연구할 때), (3) 이질특성–단일방법(하나의 방법을 사용해서 복수의 형질/척도를 연구할 때), (4) 이질특성–이질방법(복수의 방법을 사용해서 복수의 형질/척도를 연구할 때). 이중에 이질특성–이질방법 접근법이 바람직한 것은 연구자가 형질/척도의 수렴성 및 판별성 타당도 속성을 모두 검증할 수 있기 때문이다.

수렴 타당도의 강력한 증거는 어떤 형질/척도가 심지어 다른 방법을 사용해서 그 형질/척도를 측정할 때에도 이론상 비슷한 구성을 사용하는 측정과 상관성이 있을 때 존재한다. 판별타당도의 강력한 증거가 존재하는 것은 어떤 형질/척도가 심지어 같은 방법을 사용할 때에도 이론상 독립적이거나 무관한 구성을 사용하는 측정과 상관성이 없을 때 존재한다.

통계적 검증력

연구를 설계할 때 매우 중요한 또 다른 문제가 있다. 통계적 검증력은 최근에 다시 논의의 최전선으로 복귀한 주제다(예를 들어, Schimmack, 2012). 통계적 검증력은 영가설이 틀렸을 때 그것을 기각할 확률이지만(Cohen, 1988), 만일 어떤 효과가 실제로 존재한다면 그것을 탐지하는 능력으로서 더 자주 거론된다. 따라서 적절한 통계적 검증력(대략 .80 또는 80%)은 가설을 검증할 때 필수적이며, 특히 배란이 여성의 짝 선호에 미치는 영향처럼 새롭거나 직관에 반하는 진화 모델에서 나온 가설을 검증할 때 필수 불가결하다.

다양한 분야에서 가장 많이 발표된 연구들의 평균적인 검증력은 걱정스러우리만치 보잘것없다. 코언(1988)은 심리학에서 가장 많이 발표된 조사의 검증력이 낮은 것을 개탄하고, 연구의 검증력을 높여야 한다고 강하게 주장했다. 이 명쾌한 종소리에도 불구하고 그 뒤로 한동안 검증력은 거의 개선되지 않았다. 최근에 바커, 반 다이커, 위헤르츠(2012)는 심리학 연구들의 평균 검증력을 35%로 산정했고, 버튼 등(2013)은 신경과학 연구의 평균 검증력을 그보다도 더 낮은 21%로 산정했다. 발표된 모든 연구의 90% 이상이 통계상 유의미한(영가설을 기각하는) 결과를 보고하고 있다는 사실(Sterling, Rosenbaum, & Weinkam, 1995)에 대다수 연구의 낮은 검증력이 결합할 때, 발표된 결과 중 상당수는 위양성인 것이 분명하다(Ioannidis, 2005).

낮은 검증력이 어떻게 연구에 부정적 영향을 미치는지를 알아보기 위해 버튼 등(2013)은 낮은 통계적 검증력의 문제 세 가지를 확인했다. 첫째, 검증력이 낮으면 진짜 효과를 발견할 확률이 낮고, 따라서 위음성의 수준이 높다. 연구자가 어떤 효과의 존재를 확실히 믿을 때(특히 아직 입증되지 않았다면), 검증력이 높은 연구를 설계하는 것이 합당하다. 그렇지 않으면 진짜 효과를 발견하지 못하고 조사 과정은 쓸모없어서 관련자 모두에게(연구자들, 윤리이사회 평가자들, 연구 조수들, 실험 참가자들에게) 시간 낭비가 된다.

둘째, 어떤 효과의 사전 확률이 p<.05에서 참일 때 여기에 낮은 검증력이 더해지면, 발견된 효과가 실제로 참일 확률인 양성예측도(positive predictive value, PPV)가 낮게 나올 수 있다(Ioannidis, 2005). 검증력이 낮을 때 일단의 효과들이 진짜 효과일 확률은 감소한다. 다시 말해 검증력이 낮으면 진짜 효과를 발견하기 어려워지고(부정오류), 그와 동시에 참이 아닌 효과를 발견하게 된다(긍정오류).

셋째, 검증력이 낮으면 진짜 효과를 발견했을 때 효과의 크기를 부풀려서 추산할 수 있다. 이 현상을 '승자의 저주'라 부른다(Ioannidis, 2008). 검증력이 낮은 연구는 큰 효과만 탐지할 수 있기 때문에, 진짜 효과가 썩 크지 않은데 결과가 통계적으로 유의미한 역치를 우연히 넘었을 때 검증력이 낮은 연구는 그 효과의 크기를 과대평가하기(즉, 작은 표본에 들어 있는 우연에 편승하기) 쉽다. 나중에 같은 수의 참가자를 이용해서 연구를 재현하면 그 효과를 탐지하지 못할 가능성이 높다. 효과가 존재한다면 그 존재를 탐지하기 위해서는 일반적으로 원래의 표본보다 최소 2.5배 더 큰 표본으로 연구를 재현하는 것이 필요하다(Simonsohn, 2013). 또한 검증력이 높은 연구로 그 효과를 탐지했을 때, 검증력이 낮은 원래의 연구에서 탐지한 크기보다 훨씬 작을 가능성이 높다.

시맥(2012)은 복수의 연구를 보고할 때 낮은 검증력에서 발생할 수 있는 문제를 하나 더 확인했다. 즉, 검증력이 낮은 일련의 연구들에서 일관되게 영가설이 기각된다면, 복수의 연구에 걸쳐 그런 긍정적 효과의 패턴을 얻을 확률이 낮다는 점을 감안할 때 그 효과(또는 효과들)가 정말 존재한다고 결론지을 수 있는 능력이 부실해진다. 연구의 검증력이 **낮을수록** 일련의 긍정적 효과를 얻는 대신에 그 검증들 중 일부에서 무의미한 효과를 발견할 가능성이 실제로 더 **높다**. 수는 적지만 더 충분한 검증력을 가진 연구들이 더 설득력 있고 통계적으로 안정되게 가설을 뒷받침한다고 시맥은 주장한다.

분석의 수준과 계통발생 접근법

추정상의 진화한 형질이나 행동을 뒷받침하는 정말 강력하고 완전한 증거를 제시하기 위해서는, 네 가지 독립된 분석의 수준을 확실히 구분할 필요가 있다. 적응적 기능, 개체발생적 발달, 근접한 결정인자, 진화적 역사가 그것이다(Tinbergen, 1963). 적응적 기능(궁극적) 설명은 주어진 형질이나 행동의 진화한 적응 목적과 관계가 있다. 예를 들어, 어떤 적응적 기능 설명은 침팬지 같은 종의 암수를 대상으로 지배성과 번식 성공의 연관성에 초점을 맞출 것이다. 발달 (개체발생) 설명은 유기체가 환경의 특별한 단서들에 민감하게끔 만드는 생애기간-특이적 입력을 다룬다. 예를 들어, 어떤 발달 설명은 성숙기에 접어든 침팬지 수컷이 사춘기 동안에 호르몬 변화를 겪고, 그래서 암컷보다 지배성 관련 행동을 더 많이 하게 된다는 사실을 다룰 것이다. 근접 설명은 입력, 정보처리 절차, 출력 등 주어진 형질/행동의 직접적 계기에 초점을 맞춘다. 예를 들어, 어떤 근접 설명은 수컷의 지배성 과시는 대개 다른 수컷의 위협으로 유발되고, 다른 수컷의 과시행동에 대한 반응은 체내의 테스토스테론 수치가 높을수록 더 강하다는 것을 보여줄 수 있다. 마지막으로 역사적(계통발생적) 설명은 주어진 형질이나 행동의 역사적 뿌리를 다른 종들과 관련해서 고찰한다. 이 접근법을 채택한 연구자는 예를 들어, 침팬지의 지배성에 존재하는 성 차이를 다른 영장류나 다른 사회적 포유동물(즉, 갈수록 더 먼 친척들)과 비교하고, 대부분의 포유동물에서 수컷이 더 크고 더 경쟁적이라는 사실을 주시할 것이다. 계통발생 차원의 질문을 다루는 비교 방법은 다른 방법보다 적게 활용되지만, 어떤 종의 주어진 형질 및 행동의 진화적 역사를 중요한 측면에서 명확하고 포괄적으로 이해하게 해준다(Eastwick, 2009를 보라).

계통발생적 방법은 그림 3.2에 있는 원형모형에서 주로 섹션 I(현장 연구)에 속한다. 어떤 형질들이나 행동들은 기능상 또는 비기능상의 이유 때문에 종 내부 또는 종 간에 상호 관련되어 있을 수 있다(Harvey & Pagel, 1991). 따라서 두 가지 형질이나 행동의 상관성을 입증한다고 해서 그것들이 진화의 시기에 다른 종들에서 함께 진화했다고 볼 수는 없다. 형질이나 행동 사이의 공변화가 가진 적응적인 본질을 완전히 평가하기 위해서는 시간에 걸쳐 특이적인 종 사이의 계통발생적 관계를 모델화

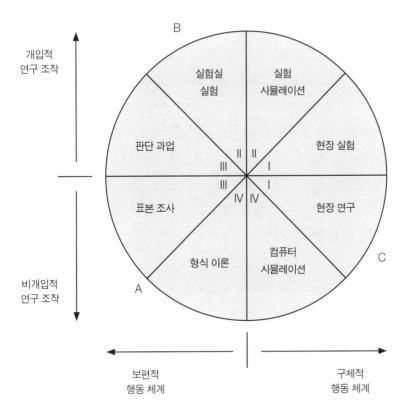

그림 3.2 A=행위자들의 일반성에 최대 관심을 둠, B=측정의 정확성에 최대 관심을 둠, C=배경의 사실성에 최대 관심을 둠. 출처: Research on Human Behavior: A Systematic Guide to Method(Figure 4-1, p. 85), by P. J. Runkel and J. E. McGrath, 1972, New York, NY: Holt, Rinehart, & Winston.

해야만 한다. 계통발생적 관계는 기나긴 진화의 시간에 걸쳐 발생한 유전과 혈통의 독특한 패턴이며, 이를 요약하면 계통수가 된다.

계통발생적 관계는 비교 연구의 검증과 기록에 중요하다. 계통발생적으로 더 가까운(즉, 계통수에서 서로 더 가까운) 종들은 대개 많은 형질과 행동이 비슷하기 때문이다(Blomberg, Garland, & Ives, 2003). 종들이 비슷한 형태와 행동을 공유하는 것은 공통의 조상에서 진화했거나, 비슷한 선택압이 그 형질/행동을 **독립적으로** 진화시켰기 때문이다. 다시 말해서 종 간의 유사성은 **상동**homology(조상의 공유)이나 **상사**analogy(각각의 종 안에서 형질/행동이 독립적으로 진화함, 수렴 진화라고도 한다)에 기인한다.

예를 하나 살펴보자. 형질 X(예를 들어, 자식에 대한 높은 부모 투자)는 형질 Y(예를 들어, 짝 결속)와 항상 함께 나타나고, 형질 X의 부재는 형질 Y의 부재와 항상 함께 나타날 정도로 이 두 가지 형질은 현존하는 둘 이상의 종에서 고도로, 더 나아가 완벽하게 상호 관련되어 있는 경우가 있다. 만일 X는 있는데 Y는 없는(또는 그 반대의) 종이 하나도 없다면, 두 형질은 상동일 것이다. 과거의 한 조상 종으로부터 현재의 종들이 진화했기 때문에 종들이 두 형질을 모두 공유하고 있을(또는 공유하지 않을) 것이다. 따라서 두 형질은 필시 기능상의 이유로 같은 시기에 출현했으며, 각각의 종 안에서 따로따로 공진화하지 않았다.

하지만 만일 두 형질이 진화의 역사 중 여러 번에 걸쳐 다른 시점에 함께 진화했다면, 한 형질(예를 들어, 부모 투자)이 다른 형질(예를 들어, 부부 결속)과 결부되어 변한 경우가 여러 번일 것이다. 현재의 종 안에서 두 형질이 고도로, 더 나아가 완벽하게 상호 관련되어 있다 해도, 그것들은 서로 다른 계통 안에서 독립적으로 진화했고, 두 형질의 변화는 단지 우연히 연관되어 있는 것이다. 다시 말해서 여러 종들 걸친 두 형질의 상관관계는 단지 반복적이고 독립적인 공진화를 반영한다(Harvey & Pagel, 1991).

비교 계통발생 방법은 진화한 형질/행동의 진화적 역사에 관한 중요하고 새로운 질문들에 답을 한다. 예를 들어, 프레일리, 브룸바, 마크스(2005)는 이 방법으로 여러 종에 걸친 짝 유대의 패턴을 조사했다. 그 과정에서 그들은 먹이를 제공하는 자식 돌보기와 짝 결속의 관계는 수렴 진화 때문일 가능성이 큰 반면에 유형성숙 neoteny[1]과 부부 결속의 관계는 상동(조상 공유) 때문일 가능성이 크다는 사실을 밝혀냈다. 이스트윅(2009)은, 진화과학자들은 인간과 우리의 호미니드 및 사람과(科) 친척(살아 있는 친척과 멸종한 친척 모두)의 계통발생적 관계를 더욱 직접적으로 조사해서 이론화해야 한다고 제안했다. 그리고 만일 진화적 사건의 구체적 시기를 진화적 제약과 함께 고찰한다면 계통발생적 접근법은 인간 짝짓기의 패턴에 대해 새로운 예

---

1 neoteny, 幼形成熟. 동물이 유형 상태에서 성장을 멈추고 생식기만 성숙하여 번식하는 현상(옮긴이).

측을 내놓을 수 있으며, 적응적 차선책 같은 기존의 발견을 새롭게 설명할 수 있다고 주장한다. 적응적 차선책이란 한 종 안에서 선재하는 진화적 제약의 부적응 요소를 '관리'하는, 나중에 진화한 적응을 말한다.

심리적 적응의 확실한 증거를 제공하는 연구 프로그램들

각기 다른 형질이나 행동들이 특수설계 속성을 드러내려면 다른 유형의 증거가 필요하겠지만, 몇몇 방법론적 전략을 채택하면 특수설계의 증명이 용이해질 수 있다. 특이적인 형질의 특수설계 특징은 다음과 같은 조사로 드러날 수 있다. (a) 다방법과 다측정을 사용해서 주요한 구성개념들을 평가하고 삼각측량을 하는 조사, (b) 어떤 형질의 고유한 기능적 특징에 대한 대안적 설명을 검증하고 체계적으로 논박하는 조사, (c) 다양한 측정 수준(신경 기제에서부터, 정보처리의 맥락–특이적 양식, 감정 반응, 전체적molar 행동 반응에 이르기까지. Wilson, 1998을 보라)에서 특수 설계의 발자국을 밝혀내는 조사. 몇몇 연구 프로그램들은 심리적 적응일 것이라고 가정된 형질들의 특수설계 속성을 증명했다. 그 예로, 아버지의 부재/아버지의 돌보기가 딸의 사춘기 발달에 미치는 영향에 관한 조사(Ellis, McFadyen-Ketchum, Dodge, Pettit, & Bates, 1999), 생물학적 아버지 가정 대 의붓아버지 가정에서 발생하는 살인 패턴에 관한 조사(Daly & Wilson, 1988), 임신 중 임산부–태아 갈등 관한 조사(Haig, 1993)가 있다. 특히 높은 평가를 받은 연구 프로그램 두 개를 아래에 소개하고자 한다.

뱀 그리고 진화한 두려움 모듈

외만과 미네카는 동료들과 함께 인간과 인간의 영장류 친척들에게 파충류를 무서워하는 진화한 '두려움 모듈'이 있음을 증명하기 위해 강력하고 계획적이고 흥미진진한 증거를 제시했다(Öhman, Mineka, 2001). 이 연구 프로그램이 특히 모범적인 것은 이 추정된 적응의 특수설계 특징을 뒷받침하려고 연구자들이 정성껏 모은 증거의 성격, 질, 유형 때문이다. 이 증거를 강화하고자 그들은 복수의 조사 방법(예를 들어, 비교 방법, 인터뷰, 현장 관측, 실험실 연구)을 사용해서 신중하게 이끌어낸 예측을 검증하고, 대안적 이론과 설명을 체계적으로 시험해서 배제하고, 측정의 여러 단계(신경 메커니즘에서부터 일반적인 인지 예측과 행동 반응에 이르기까지)에서 특수 설계의 독특한 발자국들을 기록했다.

서로 맞물린 몇 가지 결과가 고등한 영장류에게는 진화한 두려움 모듈이 있음을 분명히 보여준다(개괄을 위해서는, Öhman, Mineka, 2001을 보라). 인간을 대상으로 한 인터뷰(Agras, Sylvester, & Oliveau, 1969), 다양한 영장류를 비교한 현장 데이터(King, 1997), 감금된 영장류 대 야생의 영장류 관찰(Mineka, Keir, & Price, 1980)에 기초해서 연구자들은 인간을 비롯한 고등한 영장류에게는 오래전에 진화한 민감한 뱀 공포증이 있음을 확인했다. 또한 잘 설계된 실험을 통해 연구자들은 실험실에서 자란 원숭이 역시 다른 원숭이에게서 두려운 표정을 보는 것만으로도 아주 빨리 뱀에 대한 두려움을 학습하고(Cook & Mineka, 1990), 실험실에서 자란 원숭이들이 파충류 장난감에는 선택적 조건 형성을 보이지만 토끼 장난감 같은 무해한 자극물에는 그렇지 않으며(Cook & Mineka, 1991), 뱀을 만나 놀란 사람은 꽃 같은 비혐오성 자극물을 만나 놀란 사람보다 조건화 반응을 더 길고, 더 강하고, 질적으로 다르게 한다는 것을(Öhman, Mineka, 2001) 입증했다. 이 모든 연구 결과는 다음과 같은 사실을 가리킨다. 뱀과 혐오스러운 무조건적 자극물 사이의 강한 관련성은 문화가 중재하는 조건화 과정이라기보다는 영장류의 진화사에 그 뿌리가 있다.

추가로 수행한 실험실 실험들을 통해, 인간은 뱀과 혐오스러운 자극 사이에 착각성 연관성을 자동적으로 추론한다는 사실이 밝혀졌다. 예를 들어, 사람들은 충격과 다양한 자극물 쌍들 사이에 실제로 아무 연관성이 없을 때에도 무섭지 않은 다른 자극물보다는 무서운 자극물(뱀)이 괴로운 경험(충격)과 함께 나타난다고 파악하는 경향이 더 강하다(Tomarken, Sutton, & Mineka, 1995). 사람들은 또한 뱀과 망가진 전기 장치 같은 위험한 자극물에 노출되면 충격을 경험할 가능성이 크다고 믿지만, 일련의 무작위적인 자극/충격 시험에 노출되고 나면 뱀과 충격 사이에서만 착각성 상관관계가 나타난다(Kennedy, Rapee, & Mazurski, 1997). 시각 탐지 지연을 평가하는 실험들에서는 사람들에게 자극물 사진을 여러 장 보여주면 주의를 빼앗는 다른 자극물이 얼마나 많든 간에 뱀 사진이 자동적으로 시각 주의력을 사로잡는다는 것을 확인했다(Öhman, Flykt, & Esteves, 2001). 이 결과들로부터, 인간은 뱀에 관한 정보와 혐오 결과의 연관성을 체계적으로 편향되게 지각하고 처리할 '준비'가 되어 있음을 알 수 있다.

실험자들은 또한 뇌에 '두려움 회로'가 있을 만한 장소를 알아냈다. 외만과 소아레스(1994, 1998)는 의식적으로 알아챌 수 없는 자극을 주는 역행 차폐backward masking 기법을 사용해서, 역행 차폐로 뱀 이미지가 고차원의 피질 처리에 도달하지 못할 때에도 두려움 반응을 학습하고 활성화할 수 있음을 발견했다. 이로부터, 두려움 반응은 신피질이 충분히 발달하기 오래전에 진화한 오래된 신경회로 안에 존재한다는 것을 알 수 있다.

요컨대 이 모든 증거는 인간과 고등한 영장류에게는 위험하고 치명적일 수 있는 동물 때문에 반복적으로 발생하는 위협을 줄이도록 진화한 두려움 모듈이 있음을 가리킨다. 이 모듈은 특별한 종류의 자극에 민감한 동시에 그로부터 자동적으로 활성화하고, 신피질보다 먼저 진화한 뇌의 특별한 영역(편도체)에서 가동되며, 상당히 전문화된 신경 회로를 갖고 있다. 이 혁신적인 조사 프로그램은 서로 다른 조사 방법들—실험실 및 현장 실험, 현장 관찰, 비교 방법—을 어떻게 사용할 때, 분석과 측정의 여러 수준에 발자국을 남긴 여러 종에 걸친 특이적인 심리적 적응의 증거를 강력하고 흥미롭게 제시할 수 있는지를 멋지게 보여준다.

번식 주기에 따른 여성의 짝 선호도

정교한 개념화를 통해서 신중하게 설계한 몇몇 연구들이 배란기 변화 가설을 시험했다(Thornhill & Gangestad, 2008). 여성은 기본적으로 배란기에 '좋은 유전자'를 가진 남자와 함께 아이를 임신할 수 있을 때, 그런 남자를 단기적인 짝으로 선호하게끔 유도하는 진화한 심리적 적응을 갖고 있다는 가설이다. 이 연구 프로그램이 훌륭한 이유는, 좋은 유전자 성선택 모델뿐 아니라 여러 종의 비교 자료에서도 신중하게 예측을 이끌어내고, (특이적인 통계적 상호작용의 양상을 수반하면서) 매우 특이적이고, 그 예측과 연구 결과가 경쟁하는 이론/모델들에서는 나오기 어려우며, 수많은 대안적 설명을 적절히 논박했기 때문이다.

전략적 다원주의 짝짓기 모델(Gangestad & Simpson, 2000)에 따르면, 여성은 잠재적인 짝으로 남성을 평가할 때 두 종류의 자질을 맞거래하도록 진화했다. 남성의 건강/생존 능력(남성의 '좋은 유전자')의 정도 그리고 관계와 태어날 자식에 대한 헌신/투자의 수준이 그것이다. 변동비대칭FA: fluctuating asymmetry(개인이 몸의 여러 장소에서 좌우대칭을 이루는 정도)은 건강/생존 능력의 좋은 지표다(Thornhill & Gangestad, 2008). 그렇다면 단기적인 짝짓기 상황에서 특히 배란 중일 때(그리고 이 남자의 '좋은 유전자'를 자식에게 물려줄 수 있다고 생각될 때), 여자는 더 균형 잡힌 남자를 매력적으로 느껴야 한다. 그 결과 이 모델은 다른 관점에서는 예측할 수 없고 쉽게 설명할 수도 없는 통계적 상호작용의 양상을 아주 구체적으로 예측했다.

연구자들은 다양한 조사 방법과 기법을 사용해서 배란기 변화 가설을 검증했다(Gildersleeve, Haselton, & Fales, 2014, for a review). 자기보고 설문 연구에서는 더 대칭적인 남자들이 짝외extra-pair 섹스를 할 가능성이 높고, 여자들에게 짝외 파트너로 더 잘 선택된다는 것을 입증했다(예를 들어, Gangestad & Thornhill, 1997). 자기 보고와 인터뷰 연구에서는 여자들이 배란 중일 때 짝외 섹스를 할 가능성이 더 높은 동시에, 배란기 동안에 현재의 낭만적 파트너와 섹스를 하는 경향이 반드시 더 높은 것은 아니라는 사실을 밝혀냈다. 게다가 여자들은 배란 중일 때 현재의 낭만적 파트너가 아닌 다른 남자에게 성적 매력과 환상을 더 강하게 품는다고 보고하는데(Gangestad, Thornholl, & Garver, 2002), 현재의 파트너가 '좋은 유전자' 특징을 갖고 있지 않은 경우에는 현재의 파트너에 대해서 이 같은 패턴이 나타나지 않는다(예를 들어, Haselton & Gangestad, 2006).

남자의 변동비대칭과 여자의 배란기 변화의 후각 표지에 관한 예측을 시험하기 위해 갱지스태드와 손힐(1998)은 여자들에게 각기 다른 남자가 입었던 티셔츠들의 냄새를 맡게 했다. 연구 중에 배란 중인 여자들은 덜 대칭적인 남자들보다 더 대칭적인 남자들의 냄새를 더 매력적으로 평가했지만, 예측한 대로 이 상호작용의 효과는 배란 중이지 않은 여자들에게서는 나타나지 않았다. 이 효과의 차별적 타당도 증거를 제시하는 과정에서 손힐 등(2003)은 또한, 여자들이 남자들의 이형접합적 주조직적합성MHC 대립유전자의 냄새를 더 좋아하긴 해도(기본적인 파트너의 냄새를 평가한다. 파트너의 주조직적합성복합 대립유전자가 더 다양할수록 가족 내부에 감염병이 줄어들기 때문이다), 여자들이 배란 중일 때에는 HMC 선호도가 올라가지 않는다는 사실을 발견했다.

실험실 행동 관찰 연구에서 심슨, 갱지스태드, 크리스텐슨, 렉(1999)은 다음과 같은 사실을 발견했다. 매력적인 여성이 인터뷰하는 상황에서 '점심 데이트'를 따내기 위해 다른 남자들과 경쟁을 할 때, 덜 대칭적인 남자들보다 더 대칭적인 남자들이 사회적 실재감[2]을 더 많이 드러내고 남성 사이의 경쟁전술을 더 직접적으로 구사했다. 다른 그룹의 여성들이 녹화된 인터뷰를 보면서 단기적 짝과 장기적 짝으로서 남자들의 매력도를 평가했을 때, 배란 중인 여자들은 단기적인 짝짓기 상황에서는 사회적 실재감과 직접적 성 내 경쟁—더 대칭적인 남자들이 보인 전술—을 더 많이 드러낸 남자들에게 유의미하게 더 많이 끌렸지만 장기적 짝짓기 상황에서는 그렇지 않았다(Gangestad, Simpson, Cousins, Garver-Apgar, & Christensen, 2004). 이 결과들을 종합하면, 여성의 짝 선호도는 매우 구체적이고 이론상 일관되게 번식 주기에 걸쳐 변화하는 것을 확인하게 된다.

요약과 결론

진화 과학에서 현재의 연구 프로그램들은 방법론의 관점에서 몇 가지 방식으로 강화될 수 있다. 첫째, 가능하다면 연구자들은 현재 진행 중인 프로그램에 더 폭넓은 조사 방법을 사용해야 하며, 특히 실험 방법과 기법을 더 늘려야 한다. 둘째, 더 폭넓은 측정과 통계 기법을 사용해야 한다. 셋째, 주요한 조작, 척도, 개인-항목 측정의 타당도와 관련하여 더 확실한 증거를 제시한 뒤에 그것을 광범위한 주제(예를 들어, '사회적 지위'에 대한 실험적 조작, '짝 가치'에 대한 자기 보고식 측정)에 적용해야 한다. 넷째, 진화한 적응이라고 믿는 진화적 기제의 특징을 연역하고 모델화하고 검증하는 일에 더 큰 관심을 기울여야 한다. 다섯째, 다른 진화 이론으로 예측한 결과가 다른 자료에 얼마나 잘 들어맞는지, 특히 경쟁하는 비진화적 이론이나 모델과 어떻게 비교되는지를 더 확실하고 풍부한 증거로 검증하고 판정할 필요가 있다. 가능하

---

2 커뮤니케이션 상호작용에 참여한다는 느낌. 예를 들어, 응시, 고개 끄덕임, 눈 움직임, 반응, 제스처, 공간적 근접성, 비언어적 요소(표정) 등(옮긴이).

다면 항상 대안적 구성과 설명을 신중하게 이끌어내고 측정해서, 경쟁하는 구성이나 모델들을 검증하고 판정해야 한다. 여섯째, 추정되는 적응의 특수 설계 특징은 여러 다른 수준의 분석과 측정들을 통해 직접 특이적으로 서술하고 검증되어야 한다. 일곱째, 가능한 적응들의 증거를 복수의 증거 기준으로 확보해야 한다. 여덟째, 특정한 가설의 경험적 증거를 여러 문화, 특히 우리의 조상이 진화한 환경과 더 비슷한 문화들에서 수집해야 한다. 마지막으로, 새로운 예측, 특히 경쟁하는 이론으로는 도출하거나 설명할 수 없는 예측을 만들어내고 검증하는 일에 더 큰 노력을 기울여야 한다.

결론적으로 진화 과학자는 찰스 다윈의 방법론적인 폭과 창의성을 열심히 모방할 필요가 있다. 이를 위해서는 더 폭넓은 조사 방법과 통계 기법을 활용하는 것이 도움이 된다. 실제로 많은 방법과 기법들이 인간 마음의 진화한 설계구조를 훨씬 더 정밀하게 지도화하고 이해할 수 있게 해준다. 더 넓은 과학계에게 진화적 접근법의 예측력, 설명력, 통합력과 함께 그 가치를 납득시키기 위해서는 역사적 기원을 다루지 않는 이론들과 비교해서 진화 이론 및 모델들을 더 신중하게 개발하고, 더 정밀하게 도출하고, 더 철저하게 검증해야 한다. 진화 이론의 엄청난 설명력과 통합력으로 인해서 어떤 진화 이론들은 충분한 경험적 증거 없이 특히 인간을 주제로 설명을 전개했다. 최근에 조사 방법과 통계 방법이 발전해서 이 간극을 메우고 있다. 하지만 진화 연구자들은 앞으로도 계속 이론적 모델의 연역 논리를 다듬고, 중간 수준의 이론들에 퍼져 있는 수상하거나 충돌하는 주의主義들을 수정 및 변경하고, 문제가 되는 가설을 버리거나 개조하고, 추정하는 적응의 특수설계 속성을 분명하게 검증하는 구체적인 가설을 더 많이 만들어내야 한다. 이 목표들을 성취한다면 진화 과학자는 앞으로도 계속 이론과 경험 모두에서 빠르고 분명한 발전을 이룰 것이다.

참고문헌

Agras, S., Sylvester, D., & Oliveau, D. (1969). The epidemiology of common fears and phobias. *Comprehensive Psychiatry*, *10*, 151–156.
Andrews, P. W., Gangestad, S. W., & Matthews, D. (2003). Adaptationism—how to

carry out an exaptationist program. *Behavioral and Brain Sciences, 25*, 489−504.

Arnett, J. (2008). The neglected 95%: Why American psychology needs to become less American. *American Psychologist, 63*, 602−614.

Bakker, M., van Dijk, A., & Wicherts, J. M. (2012). The rules of the game called psychological science. *Perspectives on Psychological Science, 7*, 543−554.

Blomberg, S. P., Garland, T., Jr., & Ives, A. R. (2003). Testing for phylogenetic signal in comparative data: Behavioral traits are more labile. *Evolution, 57*, 717−745.

Brewer, M. B. (2000). Research design and issues of validity. In H. T. Reis & C. M. Judd (Eds.), *Handbook of research methods in social psychology* (pp. 3−16). New York, NY: Cambridge University Press.

Buss, D. M. (1995). Evolutionary psychology: A new paradigm for psychological science. *Psychological Inquiry, 6*, 1−30.

Buss, D. M., Haselton, M. G., Shackelford, T. K., Bleske, A. L., & Wakefield, J. C. (1998). Adaptations, exaptations, and spandrels. *American Psychologist, 53*, 533−548.

Button, K. S., Ioannidis, J. P. A., Mokrysz, C., Nosek, B. A., Flint, J., Robinson, E. S. J., & Munafo, M. R. (2013). Power failure: Why small sample size undermines the reliability of neuroscience. *Nature Reviews Neuroscience, 14*, 365−376.

Campbell, D. T., & Fiske, D. W. (1959). Convergent and discriminant validation by the multitraitmultimethod matrix. *Psychological Bulletin, 56*, 81−105.

Caporael, L. R., & Brewer, M. B. (2000). Metatheories, evolution, and psychology: Once more with feeling. *Psychological Inquiry, 11*, 23−26.

Cohen, J. (1988). *Statistical power analysis for the behavioral sciences*. Mahwah, NJ: Erlbaum.

Conway, L. G., & Schaller, M. (2002). On the verifiability of evolutionary psychological theories: An analysis of the psychology of scientific persuasion. *Personality and Social Psychology Review, 6*, 152−166.

Cook, M., & Mineka, S. (1990). Selective associations in the observational conditioning of fear in rhesus monkeys. *Journal of Experimental Psychology: Animal Behavior Processes, 16*, 372−389.

Cook, M., & Mineka, S. (1991). Selective associations in the origins of phobic fears and their implications for behavior therapy. In P. Martin (Ed.), *Handbook of behavior therapy and psychological science: An integrative approach* (pp. 413−434). Oxford, England: Pergamon Press.

Cook, T. D.,& Campbell, D. T. (1979). *Quasi-experimentation: Design and analysis issues for field settings*. Boston, MA: Houghton Mifflin.

Cosmides, L. (1989). The logic of social exchange: Has natural selection shaped how humans reason? *Cognition, 31,* 187–276.

Cronbach, L. J., & Meehl, P. E. (1955). Construct validity in psychological tests. *Psychological Bulletin, 52,* 281–302.

Cronin, H. (1991). *The ant and the peacock: Altruism and sexual selection from Darwin to today.* New York, NY: Cambridge University Press.

Cummins, D. D., & Cummins, R. (1999). Biological preparedness and evolutionary explanation. *Cognition, 73,* B37–B53.

Daly, M., & Wilson, M. (1988). *Homicide.* New York, NY: Aldine de Gruyter.

Darwin, C. (1859). *On the origin of species by means of natural selection, or, preservation of favoured races in the struggle for life.* London, England: Murray.

Dawkins, R. (1989). *The selfish gene.* New York, NY: Oxford University Press.

Desmond, A., & Moore, J. (1991). *The life of a tormented evolutionist.* New York, NY: Norton.

Drewnowski, A. (1997). Taste preferences and food intake. *Annual Review of Nutrition, 17,* 237–253.

Eagly, A. H. (1987). *Sex differences in social behavior: A social-role interpretation.* Hillsdale, NJ: Erlbaum.

Eastwick, P. W. (2009). Beyond the Pleistocene: Using phylogeny and constraint to inform the evolutionary psychology of human mating. *Psychological Bulletin, 135,* 794–821.

Ellis, B. J., McFadyen-Ketchum, S., Dodge, K. A., Pettit, G., & Bates, J. (1999). Quality of early family relationships and individual differences in the timing of pubertal maturation in girls: A longitudinal test of an evolutionary model. *Journal of Personality and Social Psychology, 77,* 387–401.

Fraley, R. C., Brumbaugh, C. C., & Marks, M. J. (2005). The evolution and function of adult attachment: A comparative and phylogenetic analysis. *Journal of Personality and Social Psychology, 89,* 731–746.

Gangestad, S. W., & Simpson, J. A. (2000). The evolution of human mating: Trade-offs and strategic pluralism. *Behavior and Brain Sciences, 23,* 573–587.

Gangestad, S. W., Simpson, J. A., Cousins, A. J., Garver-Apgar, C. E., & Christensen, P. N. (2004). Women's preferences for male behavioral displays change across the menstrual cycle. *Psychological Science, 15,* 203–207.

Gangestad, S. W., & Thornhill, R. (1997). The evolutionary psychology of extra-pair sex: The role of fluctuating asymmetry. *Evolution and Human Behavior, 18,* 69–88.

Gangestad, S. W., & Thornhill, R. (1998). Menstrual cycle variation in women's preferences for the scent of symmetrical men. *Proceedings of the Royal Society B: Biological Sciences, 265,* 727-733.

Gangestad, S. W., Thornhill, R., & Garver, C. E. (2002). Changes in women's sexual interest and their partners' mate retention tactics across the menstrual cycle: Evidence for shifting conflicts of interest. *Proceedings of the Royal Society B: Biological Sciences, 269,* 975-982.

Garcia, J., Hankins, W. G., & Rusiniak, K. W. (1974). Behavior regulation of the milieu interne in man and rat. *Science, 185,* 824-831.

Gildersleeve, K., Haselton, M. G., & Fales, M. R. (2014). Do women's mate preferences change across the ovulatory cycle? A meta-analytic review. *Psychological Bulletin, 140*(5), 1205-1259.

Gould, S. J. (1984). Only his wings remained. *Natural History, 93,* 10-18.

Gould, S. J., & Lewontin, R. C. (1979). The spandrels of San Marco and the Panglossian paradigm: A critique of the adaptationist programme. *Proceedings of the Royal Society B: Biological Sciences, 205,* 581-598.

Haig, D. (1993). Genetic conflicts in human pregnancy. *Quarterly Review of Biology, 68,* 495-532.

Harvey, P. H., & Pagel, M. D. (1991). *The comparative method in evolutionary biology.* Oxford, England: Oxford University Press.

Haselton, M. G., & Gangestad, S. W. (2006). Conditional expression of women's sexual desires and male mate retention efforts across the ovulatory cycle. *Hormones and Behavior, 49,* 509-518.

Ioannidis, J. P. A. (2005). Why most published research findings are false. *PLoS Medicine 2,* e124. doi:10.1371/journal.pmed.0020124

Ioannidis, J. P. A. (2008). Why most discovered true associations are inflated. *Epidemiology, 19,* 640-648.

Kennedy, S. J., Rapee, R. M., & Mazurski, E. J. (1997). Covariation bias for phylogenetic versus ontogenetic fear-relevant stimuli. *Behaviour Research and Therapy, 35,* 415-422.

Ketelaar, T., & Ellis, B. J. (2000). Are evolutionary explanations unfalsifiable? Evolutionary psychology and the Lakatosian philosophy of science. *Psychological Inquiry, 11,* 1-21.

King, G. E. (1997). *The attentional bias for primate responses to snakes.* Paper presented at the annual meeting of the American Society of Primatologists, San Diego, CA.

Loevinger, J. (1957). Objective tests as instruments of psychological theory. *Psychological Reports, 3,* 635-694.

Mayr, E. (1983). *Toward a new philosophy of biology: Observations of an evolutionist.* Cambridge, MA: Harvard University Press.

Mineka, S., Keir, R., & Price, V. (1980). Fear of snakes in wild- and laboratory-reared rhesus monkeys (Macaca mulatta). *Animal Learning and Behavior, 8,* 653−663.

Öhman, A., Flykt, A., & Esteves, F. (2001). Emotion drives attention: Detecting the snake in the grass. *Journal of Experimental Psychology: General, 131,* 466−478.

Öhman, A., & Mineka, S. (2001). Fear, phobias and preparedness: Toward an evolved module of fear and fear learning. *Psychological Review, 108,* 483−522.

Öhman, A., & Soares, J. J. F. (1994). "Unconscious anxiety": Phobic responses to masked stimuli. *Journal of Abnormal Psychology, 103,* 231−240.

Öhman, A., & Soares, J. J. F. (1998). Emotional conditioning to masked stimuli: Expectancies for aversive outcomes following nonrecognized fear-irrelevant stimuli. *Journal of Experimental Psychology: General, 127,* 69−82.

Parker, G. A., & Maynard Smith, J. (1990). Optimality theory in evolutionary biology. *Nature, 348,* 27−33.

Pinker, S. (1994). *The language instinct.* New York, NY: Morrow.

Preacher, K. J., & Hayes, A. F. (2008). Asymptotic and resampling strategies for assessing and comparing indirect effects in multiple mediator models. *Behavioral Research Methods, 40,* 879−891.

Runkel, P. J., & McGrath, J. E. (1972). *Research on human behavior: A systematic guide to method.* New York, NY: Holt, Rinehart, & Winston.

Schimmack, U. (2012). The ironic effect of significant results on the credibility of multiple-study articles. *Psychological Methods, 17,* 551−566.

Schmitt, D. P., & Pilcher, J. J. (2004). Evaluating evidence of psychological adaptation: How do we know one when we see one? *Psychological Science, 15,* 643−649.

Silverman, I., & Eals, M. (1992). Sex differences in spatial abilities: Evolutionary theory and data. In J. H. Barkow, L. Cosmides, & J. Tooby (Eds.), *The adapted mind: Evolutionary psychology and the generation of culture* (pp. 487−503). New York, NY: Oxford University Press.

Simonsohn, U. (2013, December 10). *Small telescopes: Detectability and the evaluation of replication results.* Retrieved from http://ssrn.com/abstract=2259879

Simpson, J. A., & Belsky, J. (2008). Attachment theory within a modern evolutionary framework. In J. Cassidy & P. R. Shaver (Eds.), *Handbook of attachment: Theory, research, and clinical applications* (2nd ed., pp. 131−157). New York, NY: Guilford Press.

Simpson, J. A., Gangestad, S. W., Christensen, P. N., & Leck, K. (1999). Fluctuating asymmetry, sociosexuality, and intrasexual competitive tactics. *Journal of Personality and Social Psychology, 76*, 159−172.

Spelke, E. S. (1990). Principles of object perception. *Cognitive Science, 14*, 25−56.

Sterling, T. D., Rosenbaum, W., & Weinkam, J. (1995). Publication decisions revisited: The effect of the outcome of statistical tests on the decision to publish and vice versa. *American Statistician*, 108−112.

Thornhill, R. (1997). The concept of an evolved adaptation. In M. Daly (Ed.), *Characterizing human psychological adaptations* (pp. 4−22). London, England: CIBA Foundation.

Thornhill, R., & Gangestad, S. W. (2008). *The evolutionary biology of human female sexuality*. New York, NY: Oxford University Press.

Thornhill, R., Gangestad, S. W., Miller, R., Scheyd, G., McCullough, J. K., & Franklin, M. (2003). Major histocompatibility complex genes, symmetry, and body scent attractiveness in men and women. *Behavioral Ecology, 14*, 668−678.

Tinbergen, N. (1963). On the aims and methods of ethology. *Zeitschrift für Tierpsychologie, 20*, 410−433.

Tomarken, A. J., Sutton, S. K., & Mineka, S. (1995). Fear-relevant illusory correlations: What types of associations promote judgmental bias? *Journal of Abnormal Psychology, 104*, 312−326.

Williams, G. C. (1966). *Adaptation and natural selection*. Princeton, NJ: Princeton University Press.

Williams, G. C. (1992). *Natural selection: Domains, levels and challenges*. Oxford, England: Oxford University Press.

Wilson, E. O. (1998). *Consilence: The unity of knowledge*. New York, NY: Knopf.

4장

진화심리학과 그 위기

에드워드 H. 헤이건

진화적 과정의 성격을 고려할 때 모든 인간이 기본적으로 똑같을 가능성은 극히 낮지만, 설령 똑같다 해도 그것이 왜 문제가 되는지 모르겠다.

— 데이비드 헐David Hull (1986, p. 4)

물리학의 과정은 물리적 현상에 대한 분석을 두 부분으로 나누는 능력에 달려 있다. 첫째, 임의적이고 복잡하고 예측할 수 없는 초기 초건들이 있다. 다음으로 초기 조건과 무관한 규칙성들을 요약하는 자연의 법칙이 있다. 이 법칙은 발견하기가 어렵다. 불규칙한 초기 조건이나, 중력-마찰력 반작용, 열적 요동 같은 통제할 수 없는 요인의 영향이 가리고 있을 수 있기 때문이다.

— 데이비드 그로스David Gross (1966, p. 14256).

불변자invariants

모든 시공간 척도에서 우주는 변한다. 이 모든 변화가 (a) 불변자 몇 개, 특히 물리 법칙에 따르는 몇몇 기본적인 힘을 통해 상호작용을 하는 소립자 몇 개와 (b) 이입자들의 변화무쌍한 초기 상태—예를 들어 위치와 운동량—에 의거해서 설명할 수 있다는 것은 놀랍기만 하다.

물리학 같은 과학 분야들은 대부분 그들이 연구하는 체계들을 불변하는 또는 거의 불변하는 부분과 변하는 부분으로 분할하고자 노력한다. 예를 들어, 화학에서는 비교적 적은 수의 불변 요소들이 결합해서 무수히 많은 분자를 만들어내고, 생물학에서는 불변의 유전 암호들이 단 네 가지 기호와 함께 무수히 많은 유전자 서열의 기초를 이룬다.

진화심리학(EP)는 대담한 주장을 해왔다. 인간의 뇌는 대단히 많은 복잡한 심리 메커니즘으로 이루어져 있으며, 그 메커니즘의 설계는 종 안에서 불변적, 다시 말해 보편적이다. 이 설계는 조상의 환경에서 인간의 번식과 관련된 불변의 속성들에 대응해서 자연선택이 진화시킨 것으로, 진화심리학에서는 그런 속성을 진화적 적응 환경(EEA)이라 부른다. 설계는 모든 인간이 갖고 있는 불변의 DNA에 기초한다. 반면에 개인들은 불변의 복잡 설계에 소량의 유전적 잡음이 더해진 저마다 독특한 상태들이다(예를 들어, Hagen & Hammerstein, 2005; Tooby & Cosmides, 1990a).

불변의 복잡 설계를 가진 심리 메커니즘의 예로 물체 인식을 꼽을 수 있다. 물체 인식은 계산이 어렵다. 구체적인 물체가 저마다 위치, 각도, 거리, 조명, 함께 있는 시각적 간섭clutter(예를 들어, 배경, 다른 물체)의 변화 때문에 망막 위에 무한히 많은 상을 만들어낼 수 있고, 그 결과 한 물체를 여러 번 본다 해도 정확히 똑같은 이미지를 두 번 보기가 불가능하다. 하지만 거의 모든 사람은 300밀리세컨드 안에 몇 만 개의 가능성 중에서 쉽게 물체를 확인하고 분류한다. 이 글을 쓰고 있는 현 시점에서 이는 어떠한 컴퓨터의 능력보다도 뛰어난 능력이다(DiCarlo, Zoccolan, & Rust, 2012).

진화심리학에 따르면 인간의 인지는 대부분이 그처럼 복잡하고 보편적이며, 이 명제는 인간이라는 유기체는 심장, 폐, 신장처럼 그 설계가 종 안에서 불변으로 고정되어 있는 진화한 복잡 메커니즘의 집합이라는 주장을 특히 뇌에 적용한 더 일반적이고 훨씬 더 널리 인정받는 버전이다.

불변의 설계 주장은 복잡한 기제(생리적이거나 심리적), 즉 유전체에 걸친 여러 자리

─────

값진 소견과 제안으로 많은 도움을 준 클라크 배럿, 댄 콘로이-봄, 데이비드 버스에게 감사드린다.

의 협응성 상호작용을 통해 발달하는 기제에 국한된다(Tooby & Cosmides, 1990a). 가령 피부색처럼 유전자 한 개나 몇 개에 기초한 단순한 기제는 개체군에 따라 변하는 경우가 많지만, 반면에 복잡한 기제는 대개 일정한데, 이 주제는 나중에 다룰 것이다.

대담한 주장은 당연히 비판적 관심을 부른다. 어떤 비판은 스티븐 J. 굴드와 리처드 르원틴 같은 생물학자에게서 나왔고, 또 어떤 비판은 폴리Foley(1995), 랠런드Laland와 브라운(2011) 같은 행동생태학자에게서 나왔다. 하지만 대부분은 과학철학자에게서 나왔고, 그들 중 많은 사람이 진화심리학은 '근본적 결함이 있는 사업'이라고 결론지었다(Downes, 2014).

이 장의 첫 부분에서 나는 불변의 진화한 심리 설계에 대한 비판들과 맞싸우고자 한다. 그 비판들은 생명을 연구하는 분야에서 '설계,' '기능,' '적응'의 역할과 중요성에 의문을 제기한다. 이 장의 두 번째 부분에서 나는 진화적 적응 환경 개념에 대한 비판과 맞싸울 것이다. 나는 진화심리학에서는 평범하고 적응주의자들 사이에서는 더 일반적이지만 이 비판가들은 좀처럼 인정하지 않는 관점을 강조할 것이다.

설계

우주는 기계다. 유기체는 기계다. 뇌는 기계다. 만일 **기계**의 의미가 그 성질과 역학이 물리와 화학의 법칙에 따르는 체계라면 (나는 이 견해를 **기계론**이라 부를 것이다), 위의 진술은 오늘날 거의 모든 과학자가 인정하는 말이다. 이와 반대로, 그 의미가 설계나 목적을 보여주는 체계라면(나는 이 견해를 **목적론**이라 부를 것이다), 앞서 얘기한 각각의 진술은 서양식 사고가 출현하고부터 현재까지 열렬한 지지자들과 비방자들을 거느려온 생각이다. 예를 들어 계몽운동의 시기까지, 행성들의 시계 같은 운동은 자연에 설계나 목적이 있다는 증거였고, 그에 따라 설계자(신)의 존재를 의미했다(Ariew, 2002).

무생물의 세계를 목적론으로 설명하는 이야기들은 순수한 기계론으로 무생물의 세계를 설명하는 능력이 누적됨에 따라 차례로 몰락해갔다. 예를 들어, 행성의 궤도는 중력의 법칙으로 설명이 되고, 물리적 객체는 원자로 이루어져 있으며, 빛, 전기,

자기의 성질들은 맥스웰의 방정식으로 설명이 된다. 이 설명 중 어느 것도 기능이나 목적을 포함하지 않는다.

우주 및 그 밖의 모든 무생물 체계와는 대조적으로 유기체와 그 기관들에는 설계나 목적이 있다는 생각(나는 이 견해를 **생물학적 목적론**이라 부른다)은 아주 다른 운명을 겪어왔다. 동물의 기관, 즉 심장, 폐, 동맥, 신경 등은 고대 이후로 유기체를 위해 중요한 기능이나 목적에 봉사하는 것으로 여겨져 왔고, 이 견해는 지금도 현대 의학의 기초로 남아 있다.

아리스토텔레스, 갈레노스, 페일리를 비롯한 많은 사람들이 믿었던 생물학적 목적론과 현대 생물학 교과서에 실려 있는 생물학적 목적론에는 큰 차이가 있다. 바로 설계나 목적의 기원에 관한 설명이다. 다윈 이전에는 많은 사람들이 천체의 정확한 운동처럼 유기체의 복잡한 설계도 신의 증거로 간주했다. 다윈 이후에는 유기체의 설계를 자연선택의 산물로 보았다.

진화심리학을 둘러싼 논쟁은 대개 생물학적 목적론에 명료하고 열정적으로 기초한 견해와 관련이 있다. 뇌는 유용한 부분들로 구성되어 있으며, 그 유용성이 그 부분들의 존재 이유를 설명한다는 것이다. 인간의 인지는 설계의 모든 특징을 보여준다. 물체를 확인하고 알아보고, 2차원의 자극물에서 이 세계의 3차원 모델을 정교하게 구축하는 능력, 수십 년 동안 엄청나게 많은 정보를 기억하는 능력, 언어를 비롯한 수많은 기술을 배우는 능력, 인상적인 도구를 만들어내는 능력, 전술한 모든 능력을 이용해서 세계로 나아가는 능력이 그런 놀라운 특징이다. 반세기가 넘도록 자금과 노력을 쏟아부었음에도 그 대부분을 인공 시스템으로 복제하지 못했다는 점에 비추어볼 때 이 능력들은 한층 더 인상적이다.

몸의 다른 기관들도 유용하고 그 기원이 자연선택이라는 것은 비교적 잠잠하다는 사실을 고려할 때, 왜 진화심리학은 논쟁에 휩싸여 있을까(예를 들어, Hagen 2005)? 진화심리학을 비판하는 많은 사람들이 철학자이고, 철학에서 목적론은 파란만장한 과거를 자랑한다. 철학자 펄먼(2004, pp. 3-4)은 아래와 같이 설명한다.

아리스토텔레스까지 거슬러 올라가서 철학자들은 물체, 유기체, 그들의 상호작용을 묘사할 때 기능을 후하게 사용하고, 심지어 윤리와 형이상학의 기초로까지 사용했다.

하지만 계몽운동 이후로 세계를 기계론적으로 보는 모델이 낡은 아리스토텔레스의 모델을 대체함에 따라 자연물의 기능, 즉 목적론적 기능을 말하면 의심의 눈초리를 받기 시작했다. 종교적 관점에서 자연계의 물체가 어떻게 본래의 기능을 가질 수 있는지를 알기는 어렵지 않았다. 신이 세계를 창조할 때 설계를 해서 기능을 불어넣었다는 설명이 통했기 때문이다. 하지만 철학자들은 갈수록(그리고 현명하게) 신에 의존해서 그 모든 어려운 철학적 문제를 풀려고 하지 않았고, 그런 종교적이고 목적론적인 설명에 만족하려 하지 않았다. 인간이 만든 인공물에는 인간 설계자의 의도에서 나온 기능이 있을 수 있다는 것은 쉽게 이해할 수 있지만, 신이 없을 때 목적론이 자연에 들어올 자리가 있다고는 믿기 어려웠다.

20세기 무렵에 분석철학자들은 목적론이나 목적론적 기능에 대한 언급만 나와도 질색을 했다.

철학자들의 생각도 일리는 있다. 만일 유기체가 인간의 행위능력과 완전히 무관한 구조로 되어 있는 심리화학적 체계이고, 그런 체계의 속성이 물리학과 화학으로 완전히 설명된다면, 그 부분들의 기능이나 목적은 어디에서 나올까? 기능과 목적에는 의도가 필요한 듯한데, 신이 없다면 이 용어들은 편리한 비유에 불과하지 않을까?

하지만 기능적 설명은 생물학에 깊은 뿌리를 내리고 있는 탓에 철학자들은 1970년대에 다시 목적론을 진지하게 생각하기 시작했다(Griffiths, 2011). 거의 같은 시기에 생물학에서 행동, 특히 인간의 행동을 목적론적으로, 다시 말해 적응주의적으로 설명한 견해를 두고 논쟁이 발발했다.

이 논쟁에 가장 크게 기여한 책이 『산마르코의 스팬드럴*The Spandrels of San Marco*』(Gould & Lewontin, 1979)일 것이다. 유기체는 베니스에 있는 산마르코 대성당의 돔 지붕과 같다고 굴드와 르원틴은 주장했다. 돔 바로 아래에 네 개의 아치가 있다. 돔의 스팬드럴—둥근 아치들이 직각으로 만나는 곳에 자연스럽게 생긴 삼각형의 공간—은 네 아치 위에 돔을 올린 결과로 발생한 필수적 부산물이라고 그들은 주장했다.[1] 스팬드럴은 장식이 되어 있으며

---

1 스팬드럴 논문은 많은 비판을 받아왔는데 그중 다음과 같은 비판이 있다. 건축에서 그 특

그 설계는 대단히 정교하고 조화롭고 의도적이어서 우리는 그것을 분석의 시발점으로, 그것을 둘러싼 건축의 어떤 의미에 원인을 제공하는 것으로 삼고 싶어진다. 하지만 그렇게 하면 적절한 분석 방향을 거스르게 된다. 그 시스템은 건축의 제약에서 비롯한다. 네 개의 스팬드럴(삼각소간)과 점점 가늘어지는 삼각형은 필연의 산물이다. (Gould & Lewontin, 1979, p. 582)

굴드와 르원틴은 다음과 같이 비난한다. 진화를 연구하는 학자들은 "자연선택이 대단히 막강하고 그에 대한 제약이 거의 없어서, 그 작용을 통해 나온 적응의 직접적 산물은 거의 모든 유기적 형태, 기능, 행동의 일차적 원인이 된다"고 간주한다는 것이다. 대신에, 건물처럼 유기체에도 제약과 부산물이 많다는 점을 그들은 적절하게 주장한다. 그들에 따르면, 적응주의 프로그램은 유기체를 형질들로 세분화하고, 각각의 형질을 적응으로 가정하며, 부산물, 제약, 기타 적응의 대안은 거의 고려하지 않는다는 것이다. 굴드(1997a)가 보기에 진화심리학은 그가 스팬드럴 논문에서 밝힌 몇 가지 죄를 저질렀다.

또한 나는 이른바 '진화심리학"의 방법론을 우려한다. 이 분야는 요즘 급진적 다원주의의 설명을 교의처럼 전파할 수 있는 시장으로 각광받고 있다. 내가 보기에 진화심리학이 비옥한 과학이 될 수 있는 길은 지금처럼 편협하고 때론 무익한 공론으로 흐르는 경향을 포기하고 그 대신 진화론과 지위가 똑같으면서 실제로 발생할 가능성이 더 높은 대안들을 존중하고 그럼으로써 진화론적 설명을 통해 반드시 자연선택이 낳은 적응임을 확인해야 한다는 옹졸한 견해에서 벗어나는 것이다.

징은 사실은 **삼각궁륭**pendentive이고, 삼각궁륭은 아치와 돔을 함께 지탱하는 중요한 구조적 역할을 하며, 다른 설계가 아닌 이 설계를 선택한 이유는 기독교 도상학을 드러내는 것, 즉 산마르코 성당의 **존재이유**raison d'être에 더 적절하기 때문이다. 따라서 산마르코의 스팬드럴은 실제로는 기능적이며, 스팬드럴이란 용어는 적응의 부산물을 가리키는 용어로 부적절한 선택이다. 예를 들어, Dennett(1995); Mark(1996); Houston(2009); cf. Gould(1997b)를 보라.

스팬드럴 논문은 생물철학자들에게 큰 충격을 안겼고 그 후로 그들은 적응주의가 무엇인지 그리고 진화생물학에서 적응주의의 역할이 무엇인지를 판별해왔다. 따지고 보면 진화생물학도 유전적 부동浮動과 제약을 연구하는 분야다. 적응주의에 관한 논쟁을 진척시키려는 시도로 철학자 고드프리─스미스Godfrey-Smith(1999, p. 186)는 가능한 유형 세 가지를 확인했다.

경험적 적응주의: 자연선택은 강력하고 도처에 있는 힘으로, 그 연료인 생물학적 변이를 제약하는 것이 거의 없다. 일반적으로, 선택이 행한 역할에 주목하기만 하면 진화적 과정의 결과를 예측하고 설명할 수 있다. 다른 어떤 진화의 요인도 인과적으로 이렇게 중요하지 않다.

설명적 적응주의: 유기체의 명백한 설계, 그리고 유기체와 그 환경의 적응적 관계는 생물학의 중대한 문제이자 경이로운 사실이다. 이 현상을 설명하는 것이야말로 진화론의 가장 중심이 되는 지적 사명이다. 자연선택은 이 문제를 푸는 열쇠이며, 결국 선택이 중대한 해답이다. 선택은 가장 큰 질문에 답하기 때문에, 진화의 요인들 중에서 유일무이한 설명적 중요성을 갖는다.

방법론적 적응주의: 과학자가 생명체에 접근하는 가장 좋은 방법은 적응과 좋은 설계의 특징을 들여다보는 것이다.

경험적 적응주의는 굴드와 르원틴이 적응을 보는 견해와 비슷하다. 진화생물학자와 생물철학자 중에서도 일부가 그들의 견해에 동조하고(Orzack & Sober, 1994), 진화생물학 바깥에서는 많은 학자들이 두 사람의 시각에 동조한다. 그들이 적응주의를 의심하는 이유는 이 때문일 것이다.

하지만 고드프리─스미스는 다음과 같이 유형을 분류해서, 그가 적응주의자인 리처드 도킨스의 것으로 인정한 설명적 적응주의에 이목을 집중시켰다. 선택은 모든 분자 차원의 유전자 변화 중 단 1%밖에 설명하지 못하지만 도킨스와 그 밖의 많은 적응주의자들은 그 1%가 중요하다고 말한다(Godfrey-Smith, 2001). 다운스(2014)에 따르면 진화심리학은 설명적 유형의 적응주의를 채택한다. 나도 대체로 동의한다(하지만 방법론적 적응주의의 호소력에 대해서는, Tooby & Cosmides, 1997을 보라).

그렇다면 설명적 적응주의의 **과학적 지위**는 어떠한가? 고드프리−스미스는 단지 도킨스와 진화심리학이 이 질문을 가장 중요하게 생각한다는 이유로 모든 생물학자가 그래야 하는 것은 아니라고 주장한다. 불러(2005, p. 472)도 이에 동의한다.

> 진화심리학이 적응주의적인 것은 우리의 심리에서 적응이 다른 심리적 형질보다 더 중심적 위치에 있다고 생각한다는 점에서다. 실제로 적응은 우리의 본성을 이루는 유일한 심리 형질일 정도로 중심적이다.
> 하지만 이런 식으로 특권을 주고 적응을 다른 형질과는 달리 '자연적'이라고 보는 견해는 진화론에서 나온 것이 아니다.

고드프리−스미스에 따르면 설명적 적응을 옹호하는 한 방법은 자연선택이 단지 생물학뿐 아니라 과학 전체에 미치는 영향에 호소하는 것이라 한다. 목적론적 논증 Argument from Design을 타파함으로써 자연선택은 과학적/계몽적 세계관을 하나로 묶는 필수적인 끈이 되었다. 하지만 이것은 "설명적 적응주의 사고의 뿌리가 생물학적 데이터에 닿아 있는 만큼이나, 과학과 문화 전체에서 생물학이 차지하는 위치에 관한 [철학적] 견해에도 닿아 있음"을 의미한다(Godfrey-Smith, 2001, p. 15). 만일 그렇다면,

> 설명적 적응주의를 바라보는 또 하나의 시각이 가능한데, 이 관점은 현재의 지식에 비추어볼 때 명백한 설계와 관련된 전통적인 문제가 제기 방식과 동기가 적절한 질문이라는 생각 자체를 거부한다. 설계와 적응의 '문제'는 신학적인 관점과 자연주의적인 관점 모두에서 눈에 보이고 도전할 만한 것으로 판명된 문제라기보다는 애초에 신학적 세계관의 산물이다. 이렇게 볼 때 설명적 적응주의는 신학적 세계관이 좋아하는 논쟁의 용어를 받아들이는 잘못을 범하고 있다. 설명적 적응주의는 여전히 **계속되고 있는 자연 신학의 전통**이다. (Godfrey-Smith, 1999, p. 190; 강조는 원저자의 것이다).

불러(2005, p. 475)도 아래와 같이 동의한다(원저자의 강조).

복잡 설계 문제는 사실 페일리의 문제Paley's problem였다. 19세기 신학이 생명의 기원과 복잡성에 대한 자연주의적 설명에 응수하고자 사용한 것이었고, 그 문제를 선택한 이유는 자연주의 이론으로는 해결하기가 불가능하다고 생각했기 때문이다. **세계의 본성**에는 복잡 설계 문제가 지구상의 생명을 이해하는 데 핵심적이어야 한다고 명령하는 어떤 것도 존재하지 않는다.

다운스(2014) 역시 진화심리학의 적응주의는 자연 신학, 창조론, 지적 설계에 지나지 않는다고 생각한다.

설명적 적응주의에 대한 설명

유기체는 물리 법칙, 특히 열역학 법칙에 따라야 하는 물리적 체계다. 하지만 열역학 법칙은 유기체의 존재를 배제하는 것처럼 보인다. 양자역학의 개척자에 속하는 어윈 슈뢰딩거(1944)는 명저인 『생명이란 무엇인가?*What Is Life?*』에서 다음과 같이 설명한다.

생명을 잃은 체계가 일정한 환경에 고립되거나 놓일 때에는 모든 운동이 보통 다양한 마찰력의 결과로 금방 정지하게 된다. 전기적 화학적 전위의 차이는 평준화되고, 화합물을 구성하는 물질들도 평준화되는 경향을 보이며, 온도는 열전도로 균일해진다. 그런 뒤 체계 전체가 서서히 비활성의 죽은 물질 덩어리가 된다. 영구 상태가 되어 눈에 보이는 어떤 사건도 일어나지 않는다. 물리학자는 이 상태를 열역학적 평형 또는 '최대 엔트로피'라 부른다… 유기체가 그토록 수수께끼처럼 보이는 것은 비활성의 '평형' 상태로 급속히 쇠하는 것을 피하기 때문이다. 실제로 예전의 사고방식으로는 너무 수수께끼 같아서, 어떤 특별한 비물리적 또는 초자연적 힘(생기*vis viva*, 활력*entelechy*)이 유기체를 움직인다고 보았고, 일각에서는 아직도 그렇게 주장한다. (Schrödinger, 1944, pp. 69-70)

슈뢰딩거의 물리학자가 예측하기로, 고도로 조직화된 유기체가 비활성의 물질 덩어리로 급속히 쇠락하는 이유는 에너지와 구성을 유지시키고 그래서 물리적으로 가능한 상태인 유기체의 상태 중 대다수가 그 유기체의 생명을 지탱하는 거시적인 구조를 보전하지 못하게 되기 때문이다. 따라서 유기체라는 입자 시스템은 유기체 기능성이 쇠락한 상태에 진입할 가능성이 높을 것이다. 예를 들어, 심장의 입자들이 흩어져서 폐로 들어가고 그 반대가 되기도 해서 결국 심장도 폐도 계속 제 기능을 수행하지 못할 수 있다.[2]

적응주의와 진화심리학을 비판하는 많은 사람들이 놓치고 있는 관점은 작동하는 유기체와 그런 유기체가 잠시라도 존속하는 것은 도무지 있을 법하지 않은 상태라는 것이다(예를 들어, Schrödinger, 1944; Tooby, Cosmides, & Barret, 2003). 굴드와 르원틴(1979)의 스팬드럴 논문과 거기서 고취된 많은 비판은 사태를 거꾸로 본다. 문제는 '유기체의 구조에서 잡음과 제약이 중요한 역할을 하는가?'가 아니다. 문제는 '왜 잡음과 제약이 유기체의 구조를 **지배하지 못하는가?**'다.

가령 건강한 5세 여자아이처럼 잘 작동하는 유기체 안에서도 작은 혼란이 일어나면 순식간에 슈뢰딩거의 '비활성의 죽은 물질 덩어리'가 될 수 있다. 음식으로 전염되는 세균의 생산물인 보툴리눔 독소 0.00000002그램이면(Gill, 1982) 2만 그램의 물리적 체계인 여자아이를 번식기에 다다를 궤적에서 이탈시켜 그와 판이하게 다른 죽음이라는 결과로 몰아넣기에 충분하다.

---

2 널리 알려져 있다시피, 유기체는 고립된 체계가 아니기 때문에 열역학의 법칙을 위반하지 않는다. 슈뢰딩거(1944)가 네트로피negative entropy라 부른 것의 외적 원천(예를 들어, 태양)에 의존함으로써, 유기체 같은 고도로 체계화된 시스템은 외부 환경의 무질서를 증가시키면서 자체의 질서를 유지할 수 있다. 열역학적 평형 상태에 있는(또는 가까이에 있는) 체계들의 물리학은 잘 알려져 있다. 하지만 평형과 거리가 먼 체계들에 대해서는 완성된 이론이 없는데, 생명이 그런 체계에 속한다. 친Quin(2007)이 말했듯이, "기본적인 물리화학조차 아직 확보되지 않은 상태에서, 유전자 조절과 신호 변환 같은 세포 과정의 수학적 모델을 개발하는 것이 어떻게 가능하겠는가?"

반면에 스토츠와 그리피스(2003)는 무엇보다도 "네트로피를 기능적 설계(!)로 재정의했다"면서 진화심리학을 비판한다. 하지만 진화심리학은 그런 적이 없다. 대부분의 진화생물학자들과 더불어 진화심리학은 단지 자연선택이 없으면 **기능적** 조직은 생겨나지 않을 것이라고 주장해왔다. 많은 무생물 체계가 질서(하지만 기능적 질서가 아니다!)를 보이는 것은 흔한 일이며, 진화심리학은 이를 문제 삼지 않는다. 이와 반대로 진화적 적응 환경 개념에는 무생물 세계의 질서가 필수적이다. 이에 대해서는 진화적 적응 환경이라는 제목의 절에서 논할 것이다.

인간의 진화 과정에서 그런 결과는 예외가 아니었다. 인간을 포함한 대부분의 종에서 대부분의 개체는 번식기에 이르기 전에 죽는다. 현대적인 산아제한이 없는 개체군에서 여성은 대개 다섯 내지 여섯 번 출산하지만, 장기적인 관점에서 번식기까지 생존하는 평균수는 대략 두 명뿐(도태율)—맬더스의 이 유명한 발견이 다윈에게 큰 영감을 줬다—이다. 근대 이전에는 태어난 모든 인간 중 높은 비율이 아동기에 사망했다. 심지어 오늘날에도 모든 아이 중 약 5~6%가 5세 이전에 사망하고, 저개발 국가 48개국에서는 약 13%가 15세 이전에 사망한다(유엔, 2011).

한 순간에서 다음 순간으로 생존의 희망을 이어주는 것이 바로 적응이라는 특별한 기제다. 흥미롭게도 페일리가 (신은 생명을 불행한 상태가 아니라 시험적 상태로 설계했다고 주장하는 설교에서) 그와 비슷한 생각을 표현했다.

> 우리의 몸 안에서 말이죠, 우리가 한 시간 동안 편안하게 지내려면 얼마나 많은 일들이 제대로 돌아가야 하는지를 생각해보세요. 그런데 매 시간 수많은 일들이 그렇게 돌아가고 있고, 그러는 중에도 우리는 그것이 얼마나 위대한 일인지를 느끼지 못합니다. 생명을 지탱하는 수많은 기관 중 어느 하나, 또는 그 수많은 기관 중 어느 한 부분에서 과민함이나 행동이 너무 크거나 작으면 극도로 고통스러워지거나 긴 병환에 시달리게 됩니다. 햇살 속의 원자 하나보다 더 작은 소립자가 엉뚱한 위치로 가면 그로 인해 팔다리, 감각, 생명을 잃을 수 있습니다. 하지만 위험과 무질서에 언제라도 굴복당할 수 있는 이 위태로운 상황에서도 우리는 온전한 모습을 보전합니다. 그러므로 이 상태가 불행한 상태로 설계되었을 가능성은 없다는 것입니다. 우주가 보여주는 수많은 설계에는 그런 상태를 무마하고, 방해하고, 억제하는 강한 경향이 있기 때문이지요(Paley & Paley, 1825, p. 43).

표류와 제약은 유기체가 생존하고 번식할 경우에만 작동하는데, 적응은 바로 이 문제—구체적인 물리, 생물, 사회 환경에서의 생존과 번식—를 해결하고자 하는 것이다.

그렇다면 도킨스, 진화심리학, 그 밖의 적응주의자들이 적응과 자연선택에 초점을 두는 것은 개인적 선호 때문도 아니고 과학적 세계관을 지탱하는 자연선택의 역할로도 설명되지 않는다. 사실 유기체에게 불리한 영향을 미치는 모든 물리적 과정에도 불구하고 유기체의 번식을 가능하게 하거나 허락하는 것이 바로 적응이라는 사실로 설명이 된다.[3]

그렇게 이해할 때 과연 설명적 적응주의는 '계속되는 자연 신학의 전통'일까? 자연 신학 역시 우주론적 목적론을 강조했다. 코페르니쿠스, 케플러, 뉴턴 등 근대 과학의 수많은 창시자들이 예를 들어 천체의 정밀한 운동에 관한 자신들의 작품을 초월적인 설계자의 증거라고 보았다(Brooke, 2002). 길스피(1951, p. 6)는 다음과 같이 주장했다.

> 자연 철학과 종교는 물론 같은 영역이 아니라, 신의 증거를 우주에서 찾는 일에 관심을 쏟으며 비슷한 방향으로 나아간 과학과 신학이었다. 그들은 우주가 영원히 신성하고, 갈수록 명료해지고, 인간이 물리적 현상을 더 잘 이해하는 만큼 그의 운명을 개선할 수 있게끔 설계되어 있다고 가정했다.

만일 적응주의와 진화심리학이 계속되는 자연 신학의 전통이라면, 과학 역시 많은 부분이 그 전통에 속한다.

그럼에도 자연 신학의 전통에 몸담은 학자들이 어떻게 원자의 진실과 생리학의 진실을 무수히 발견해내는지는 깊이 생각해볼 만하다. 이 문제에서 두각을 나타냈던 사람은 18세기 영국의 신학자 페일리가 아니라 2세기 로마의 의사 겸 철학자인 갈레노스였다. 갈레노스는 1,500년 동안 서양 의학을 지배한 가르침의 저자일 뿐 아니라, 셀 수 없이 많은 해부와 실험을 견해의 기초로 삼은 흠잡을 데 없는 경험론자였다. 그는 예를 들어 돼지의 후두회귀신경을 자르면 소리 내는 능력이 사라진다는 것을 입증함으로써, 뇌가 행동을 조절한다는 최초의 실험적 증거를 내놓았다(Gross, 1998). 갈레노스 연구는 많은 가르침이 오늘날에도 교과서에 수록되어 있거나 후세에 베살리우스, 하비를 비롯한 많은 과학자들이 발전할 수 있는 토대가 될 정도로 (Pasipoularides, 2014) 수준이 높았다.

───

3 어떤 적응은 번식에 꼭 필요하고, 또 어떤 적응은 번식 확률을 높여주기만 한다.

갈레노스는 신체 구조를 플라톤의 조물주Demiurge가 지적으로 설계한 결과이자 증거로 보았다. 하지만 스토아학파처럼 각각의 유기체가 신이 정해준 외부의 목적에 봉사한다고—풀의 목적은 양에게 먹히는 것이고, 그와 마찬가지로 양의 목적은 사람에게 먹히는 것이라고—주장하지는 않았다. 대신에 갈레노스는 내적 목적론을 믿었다. 유기체의 신체 기관들은 그 유기체의 생존과 번식에 봉사할 뿐, 유기체 바깥의 어떤 목적에도 봉사하지 않는다는 것이다(Schiefsky, 2007). 이 차이는 결정적이다.

> 외적 목적론의 체계에 속하는 기관들의 기능은 그 체계를 설계한 목적에 달려 있는 반면에, 내적 목적론의 체계에 속한 기관들의 기능은 우리가 설계자—혹 설계자가 있다면—의 의도와 무관하게 이해할 수 있다. 그 기관들은 기능을 갖고 있으며, 지적인 행위자가 그 체계를 설계했는지 아닌지와 상관없이 기관들의 기능은 그 체계가 계속 존재하는 데 기여하는 것으로 이해된다(Schiefsky, 2007, pp. 396-397).

갈레노스는 경험론과 내적 목적론—현대 해부학과 생리학의 견해 그리고 다윈주의에 기초한 견해와 매우 유사한 개념—을 고수한 덕분에 몸의 기능 구조를 매우 정확하게 추론할 수 있었다.[4]

복잡 설계의 불변성

진화심리학은 인간 본성 이론이다. 유명한 일이지만 철학자 데이비드 헐은 그런 것은 없으며, 특히 모든 인간 그리고 오직 인간에게만 있는 특징은 존재하지 않는다고 주장했다(Hull, 1978. 또한 Ghiselin, 1997을 보라). 예를 들어 모든 인간에게는

---

4 갈레노스의 기능과 진화생물학의 적응 사이에는 겹치는 부분이 분명히 있지만, 다른 점도 적지 않다. 예를 들어, 갈레노스는 아리스토텔레스처럼 어떤 기관은 단지 생명을 가능하게 하기 위해서가 아니라 생명을 더 좋게 만들기 위해—행복이나 최상의 삶에 봉사하기 위해—존재한다고 생각했다(Schiefsky, 2007). 적응에는 그런 기능이 없다. 오히려 정반대로, 적응 중에는 갈레노스와 페일리로서는 받아들이기 힘든 속성, 즉 생존과 번식을 맞바꾸는 속성이 있을 수 있다.

심장이 있지만, 심장은 다른 동물들에게도 있다. 어떤 동물도 언어를 모르지만, 어떤 사람들은 언어능력이 발달하지 않아도 여전히 인간이다. 헐은 다음과 같이 말한다.

> 특수한 유기체들이 그 특수한 종에 속하는 것은 어떤 본질적 형질을 소유했기 때문이 아니라 그 계통적 연쇄의 일부이기 때문이다. 어떤 종도 그런 의미의 본질을 갖고 있지 않다. 그러므로 인간 본성 같은 것은 존재하지 않는다(Hull, 1978, p. 358).

불러는 책 한 권 분량으로 헐의 주장을 되풀이하며 진화심리학을 비판했다(진화심리학과 더 친화적인 철학적 인간본성론에 대해서는 다음의 예를 보라, Machery, 2008; Samuels, 2012).

헐의 주장 중 절반은 진화심리학과 별로 상관이 없다. 진화심리학은 **오로지** 인간의 심리 기제만 다루지는 않기 때문이다. 정반대로, 예를 들어 인간의 영장류 친척들에게 뱀에 대한 두려움을 학습하는 심리 기제가 있다면, 이는 인간에게도 그런 기제가 있다는 가설을 뒷받침할 것이다(그리고 진화심리학은 그 기제를 인간 본성의 일부로 간주할 것이다).

하지만 헐의 주장 중 나머지 절반은 진화심리학의 핵심을 강타한다. 다수의 복잡 기제가 어떤 사람에겐 있고 어떤 사람에겐 없다는 것이다. 예를 들어, 신생아는 두 발로 걷지 못하고 남자는 난소가 없지만 그래도 둘 다 인간이다. 원칙상으로는 심지어 성이 없는 형태도 있을 수 있으며, 어떤 종은 실제로 그렇다. 예를 들어 옆줄무늬 도마뱀은 목구멍이 세 가지 색 중 하나인데 색에 따라 각기 다른 생리적 행동 패턴을 보인다(Wilson, 1994). 이에 대해 헐(1986)과 불러(2005)는 광범위한 유전적 다형성 genetic polymorphism도 강조한다.

불변의 복잡 설계에서 벗어난 것처럼 보이는 이 예외들은 사실 예외가 아니며 오히려 그 개념을 명료하게 해준다. 첫째, 서로 무관하게 변하는 자리에서 일어나는 다형 현상은 진화심리학이 보기에 반드시 불변일 필요가 없는 동시에 물체 인식처럼 인간 인지의 복잡한 능력을 설명해주지도 못하는 단순한 차이들에 불과하다. 둘째, 유아에게도 분명 두 발 보행에 필요한 복잡한 유전자 설계가 있지만, 완전히 발달하지 않았을 뿐이다.

셋째, 난소와 정소를 포함한 중요하고 복잡한 성 차이는 상염색체(또는 X염색체) 상에 존재하는데 이 염색체는 여러 세대에 걸쳐 남성의 몸과 여성의 몸에서 시간을 절반씩 보낸다.[5] 그래서 남성과 수컷도 난소의 설계를 갖고 있고(단, 발현되지는 않는다), 여성과 암컷도 정소의 설계 중 많은 부분을 갖고 있다(발현되지는 않는다). 차이는 유전자 스위치인 Y염색체가 있느냐 없느냐다.[6] 이와 마찬가지로 다형성을 가지는 여러 종에서, 모든 형morph의 유전자 대부분이 모든 개체에 있는 것으로 보인다. 성적 이형sexual morph처럼 이 설계도 모두가 공유한다. 다른 점은 어느 설계를 발현시킬지를 결정하는 유전적 또는 환경적 스위치가 있느냐 없느냐다.[7]

동일 종의 변이형들에 있는 복잡한 기능 차이가 각각의 변이형에 고유한, 상호작용하는 대립유전자들에 있지 않고 대신에 유전자 스위치에 주로 기초해 있는 이유는 전자의 유전적 설계구조가 불안정하기 때문이다. 다시 말해서, 유성생식과 재조합이 여러 자리에 있는 대립유전자들의 연결을 빠르게 잠식하고, 심지어 소규모 이주도 개체군 간의 유전적 차이를 빠르게 잠식한다.[8]

따라서 진화심리학과 그 밖의 진화생물학자들은 개체발생 기간에 복잡한 표현형을 낳는, DNA에 부호화된 발달 프로그램에 불변의 설계가 있다고 본다(예를 들어, Hagen & Hammerstein, 2005; Tooby & Cosmides, 1990a).

---

5 X염색체는 진화의 역사를 기준으로 남성의 몸에서 3분의 1을 보낸다.

6 Y염색체는 크기가 작으며, 그 위에 있는 단일유전자 SRY가 수컷의 성 분화를 개시하기 때문에, 두 유전자 설계 중 하나를 활성화한다고 생각되지만 유전자 설계는 둘 다 양성 모두에게 존재한다. 하지만 최근에 Y염색체상에서 수컷만의 유전자들이 더 발견되었다. 이 수컷만의 유전자 부위는 대개 정소에서 발현되는 유전자와 관련이 있는 듯하다(예를 들어, Hughes et al., 2010).

7 내가 말하는 유전자 스위치란 여러 자리의 발현을 조절하는 단일 자리 또는 극소수의 자리를 가리킨다. 이 스위치 자리에 있는 대립유전자가 복잡한 변형의 발달을 둘 중 하나로 결정하는 것이다.

8 어떤 종에게는 스위치 외에도 복잡한 다형성의 기초가 될 수 있는 유전적 기제가 있다. 만일 이런 기제들이 인간에게 존재한다면 불변의 진화한 복잡 설계에 대한 진화심리학의 주장에 대해 진정한 예외가 될 것이다. 자세한 내용은, Mckinnon and Pierotti(2010)를 보라.

개체는 불변 설계의 독특한 구현체다

복잡한 심리 기제의 설계—기제의 기초가 되는 발달 프로그램—는 불변이지만 그로부터 발생하는 신경 기제는 반드시 불변은 아니다. 불변의 발달 프로그램은 대개 환경 입력을 읽도록 진화했고, 그래서 이 환경 입력이 원칙에 따라 기제의 조립을 변경할 수 있다. 예를 들어 중국어 사용자의 언어 회로는 영어 사용자의 회로와 다르다(예를 들어, Geary & Bjorklund, 2000; Hagen & Hammerstein, 2005; Tooby & Cosmides, 1990a).

따라서 개체들 간의 복잡한 기능 차이는 설계의 차이(즉, 어떤 개체에는 있고 다른 개체에는 없는 상호작용하는 대립유전자들) 때문이 아니라, 발달하는 동안 공통의 설계가 연령별, 성별 차이에 따라, 환경이나 유기체의 조건의 차이에 따라, 유전적·후성적 스위치의 차이에 따라(예를 들어, Haig, 2007), 또는 돌연변이나 발달 장애로 인한 교란에 따라 다르게 발현되기 때문이다.

심지어 개인 간에 기능 차이가 없을 때에도 진화한 기제들은 대개 복수의 상태를 갖고 있기 때문에 불변의 설계는 엄청나게 많은 개인 간 차이를 발생시킨다. 심리 기제의 존재 이유는 환경 입력을 읽고 그에 반응하는 것이다. 어떤 두 개인도 동일한 환경에서 살지 않거나 동일한 경험들을 동일한 순서로 하지 않고, 개인은 저마다 독특한 유전적 잡음을 갖고 있기 때문에, 개인의 심리 기제들이 서로 뒤섞여 만들어내는 공동의 **상태**는 유일무이하다. 예를 들어, 각각의 개인은 사는 동안 부분적으로만 겹치고 완전히 똑같지는 않은 사물들에 노출되고, 그래서 구체적인 물체들을 알아보는 능력도 저마다 독특하다. 불변의 기억 기제, 감정 기제, 배고픔 기제 등의 상태는 모두 개인의 경험과 환경 나름이다. 어느 가상의 뇌에 불변의 독립된 기제가 30개밖에 없고 각각의 기제에 단 두 가지의 상태만 있다 해도 그 뇌가 가질 수 있는 상태는 총 2의 30제곱, 약 10억 개가 된다. 진화심리학에 따르면 인간의 뇌는 수백 가지 혹은 수천 가지의 진화한 기제로 이루어져 있고, 그 대부분은 발달기의 조건과 현재의 환경 조건에 따라 복수의 상태에 있을 수 있다. 설계는 불변이지만 표현형의 상태가 개인마다 독특할 수 있다는 것은 명백하다(Tooby and Cosmides, 1990a; Buss, 2009).

헤이건과 해머스테인(2005)은 이 관점을 전략적인 용어로 재구성했다. 유전체에는 해당 종의 모든 구성원이 공유하는 전략 하나가 부호화되어 있다. 발달기에 개인은 환경 상황이나 유전적·후성적 스위치의 유전정보에 따라 저마다 다른 '조처'를 취한다. 암컷, 수컷 그리고 다른 종 내 형태들이 그런 '조처'이고, 그러므로 표현형은 현재의 진행 상황이다.

진화적 적응 환경EEA

새로운 대립유전자가 개체군 안에서 빈도를 높이려면, 어떤 구체적인 효과를 야기해서 그 유기체의 번식을 (평균적으로) 끌어올려야 하고, 대개 수백 혹은 수천 세대에 걸쳐 그렇게 해야 한다. 대립 유전자가 그런 효과를 꾸준히 야기할 수 있으려면, 대립유전자와 상호작용을 하고 유기체 자신도 포함될 수 있는 환경에 일관된 속성이 있어야 한다. 그렇다고 해서 표적 환경이 변하지 않아야 한다는 뜻이 아니라, 변화가 불변의 법칙이나 통계적 패턴에 지배되어야 한다는 것이다. 다시 말해서, 변화하는 세계가 더 깊은, 불변하는 구조의 결과여야 한다.

이 불변의 구조에는 산술적 규칙과 같은 수학적 속성, 광학 법칙과 에너지 보존 법칙과 같은 물리적·화학적 법칙, 그리고 거미와 뱀에게는 종종 독이 있다는 것 같은 더 느슨한 통계적 규칙성 등이 포함된다. 불변의 설계는 변덕스러운 환경의 기초가 되는 불변 구조를 이용해서 그 환경을 믿을 만한 수준으로 대처할 수 있게끔 진화한다.

심지어 연합 학습associative learning도 환경의 규칙성에 의존한다. 오늘 어떤 자극을 음식과 결부시켜도 내일 그 자극이 음식을 예보하지 않으면 그 연합 학습은 무의미하다. 세계가 단기적 연관성으로 충만하다는 사실 자체가 연합 학습 기제를 진화시킨 불변자다.

진화심리학은 진화적 적응 환경이라는 말을 두 가지 의미로 사용한다. 첫째, 인간의 진화와 관련된 환경적 규칙성 전체를 가리키고, 둘째, 위에서 짧게 거론했듯이 적응에 한정된 규칙성을 가리킨다. 진화심리학 특유의 연구 프로그램에 기초가 되는 것은 후자의 의미다.

진화심리학은 넓은 의미로 인간의 진화적 적응 환경을 홍적세와 동일시한다. 홍적세는 260만 년 전에 시작해서[9] 1만 년 전에 끝났다. 이 결정은 네 가지 사실에 근거했다. 최초의 인간속(호모 속)이 홍적세 초의 아프리카 화석 기록에 나타난다는 것, 홍적세에 복잡한 적응들이 새롭게 진화할 시간이 충분했다는 것, 홍적세가 끝날 무렵에 현생인류가 아프리카를 벗어나 지구 전체로 완전히 팽창해서 농업 생활로 넘어가기 시작했고 그로 인해 특히 식사, 질병, 주거 패턴에 근본적인 변화가 발생했다는 것, 지난 1만 년 동안 새로운 복잡 적응이 진화할 수 없었을 것이라는 사실이다.

다음으로 진화적 적응 환경에 대한 네 가지 일반적인 비판을 살펴보자. 이는 진화심리학에서 가장 논쟁적인 개념들이다.

진화적 적응 환경은 알 수 없는가

다양한 목적을 위해 과거 환경을 모델로 삼아 현재의 환경을 연구하는 것은 과거를 들여다보는 가장 좋은 창이다. 이는 빛의 속성에서부터 화학 법칙과 기생체의 존재에 이르기까지 엄청나게 많은 요인들이 안정적으로 존속해왔기 때문이다. (Tooby & Cosmides, 1990b, p. 390).

많은 비판가들이 주장하기를, 우리는 홍적세에 우리의 조상이 어떻게 살았는지를 모를 뿐 아니라 아마 앞으로도 알 수 없기 때문에 진화적 적응 환경 개념은 기껏해야 정보 가치가 없고 최악의 경우에는 공허한 추측과 스토리텔링을 유발한다는 것이다. 예를 들어, 굴드(1997a)는 다음과 같이 썼다. 진화심리학자들은 "그들의 핵심 가정을 과학의 기초적인 정의 바깥에 놓음으로써 자신들의 사업을 한층 더 공허하게 만들고 말았다. 진화적 적응 환경에 관한 주장들은 원칙상 검증할 수 없을 뿐더러

---

9 얼마 전까지만 해도 홍적세의 시작을 180만 년 전으로 봤다. 하지만 과학자들은 빙하기 규모의 기후 냉각화를 뒷받침하는 최초의 증거와 일치시켜야 한다고 오래전에 합의했으며, 그 냉각화는 약 260만 년 전에 파나마 지협이 닫혀서 발생한 것으로 알려져 있다(Cohen and Gibbard, 2010).

추측에 쉽게 지배되기 때문이다." 아이러니하게도 굴드는 그 자신이 먼 과거에 대한 주장들을 검증하고 연구하는 고생물학자였다. 또 다른 비판가인 불러(2005, p. 93)는 이렇게 말한다. "우리는 우리의 조상들이 직면했던 적응적 문제를 정확히 명시할 수 없고 그래서 어떤 종류의 심리 기제가 그 문제들을 해결하도록 진화했는지 알 수가 없다." 랠런드와 브라운(2011, p. 177)도 비슷하게 말한다. "인간의 진화적 적응 환경을 구체적인 시간과 장소로 보는 개념이 왜 잘못인가? 문제는 홍적세 내내 우리 조상이 어떻게 살았는지가 거의 밝혀지지 않았다는 것이다. 그 결과 진화적 적응 환경 개념은 거의 어떤 속성이라도 지나간 석기시대의 적응으로 간주할 수 있는 미숙한 추측과 스토리텔링을 양산해왔다." 리처드슨(2007, p. 41)은 이렇게 말한다. "조상의 환경, 변이, 사회 구조, 그 밖의 관련 특징과 관련된 직접적인 증거를 이용할 수 없는 경우가 훨씬 더 많다."

우리가 인간의 진화적 적응 환경을 모르거나 알 수 없다는 비판은 인간 유기체의 인지 기능을 포함하여 그 진화론적 분석의 기초를 흔드는 강력한 주장이다. 적응은 환경적 측면들에 대처하기 위해 진화했다. 그 환경이 알려져 있지 않다면, 적응을 제대로 이해하기는 어렵거나 어쩌면 불가능할지 모른다. 진화심리학의 비판가 중 많은 이들이 유기체의 기능적 속성이 자연선택에 의해 진화했음을 인정하기 때문에, 인간의 진화적 적응 환경이 대부분 알려져 있지 않고 종종 알아낼 수도 없다는 그들의 주장은 뇌를 비롯한 신체의 진화한 기능이 대부분 앞으로도 미지의 상태로 남으리라는 것을 의미한다. 여기에는 진화한 모든 세포 기능(신경 기능을 포함하여), 면역계, 장기, 뼈 등이 포함된다. 이 결론은 터무니없어 보인다. 만일 그렇다면 비판가들은 상대적으로 규모가 작은 진화심리학자들보다는 이 모든 기능을 밝히고자 하는 연구에 매년 수십억 달러를 쓰는 정책을 훨씬 더 심각하게 걱정해야 한다(Hagen, 2005).

과연 인간의 진화적 적응 환경이 그토록 불가사의할까? 진화적 적응 환경이 완전히 미지의 대상이라면 우리는 그것이 어떤 가능한 환경과도 비슷했을 것이라고 생각할 수 있다. 인간은 은하의 먼지구름에서 진화했는가? 가령 목성 같은 거대한 가스 행성 위에서 진화했는가? 소행성대에서 또는 화성이나 금성 같은 행성 위에서 진화했는가? 지구의 대양 속에서, 석탄기의 거대한 잠자리처럼 생긴 곤충들 사이에서,

또는 공룡의 시대에 진화했는가?

아니다. 인간속은 진화의 시간상 비교적 최근에 해당하는 200만 년 전부터 아프리카와 유라시아의 육상 환경에서 진화했다. 석탄기의 거대한 곤충은 사라졌고, 공룡도 사라졌다. 충적세(홀로세)의 동식물군은 대부분 지금 존재하는 동식물군과 비슷하다. 물리와 화학도 비슷했다. 예를 들어, 대기의 굴절률이 오늘날처럼 1에 가까웠다. 지질도 똑같았다. 생태도 대부분 우리 앞에 펼쳐져 있는 것과 비슷했다. 우리의 몸도 거의 똑같았다. 심지어 사회 환경도 크게 다르지 않았다. 다양한 나이와 양성의 사람들이 집단을 이뤄 살았고, 집단 속에는 건강한 사람과 병든 사람, 가깝거나 먼 친척 등이 있었다.

어떤 비판가들은 인간이 진화한 환경의 양상들이 이미 알려져 있다고 인정하면서도, 인간의 인지에 작용을 한 선택압은 충분히 이해하기가 불가능하다고 주장한다. 이 부류 중에서 스티렐니와 그리피스(1999)는 '결grain' 문제를 제기했고 불러도 같은 맥락에서 다음과 같이 말한다. "유성생식을 하는 거의 모든 종이 번식적 가치가 높은 짝을 선택하고 실제의 짝이 될 수 있는 잠재적 짝을 유인해야 하는 적응적 문제에 직면한다는 것은 우리가 항상 확신할 수 있는 사실이다. 그러나 적응적 문제에 관한 이 묘사는 결이 너무 거칠어서 생물종에 영향을 미치는 선택압을 아는 데에는 전혀 도움이 되지 않는다."(Buller, 2005, p. 97).

불러는 이 문제를 다음과 같이 예증한다. 모든 수컷 새는 짝을 유혹해야 하지만, 그 방식은 종에 따라 다르다. 예를 들어, 수컷 바우어새는 정원을 잘 꾸며야 하는 반면에 풀쇠개개비는 폭넓은 레퍼토리로 노래를 불러야 한다. 따라서 거친 결을 보면 두 종의 수컷은 똑같은 문제에 직면하지만, 고운 결을 볼 때 수컷들은 매우 다른 문제—정원 가꾸기 대 노래하기—에 직면하고, 따라서 다른 선택압이 인지의 진화에 작용한다. 불러는 다음과 같이 결론짓는다. "단지 홍적세의 인간이 짝을 유혹해야 했다는 것을 안다고 해서 홍적세 인간의 적응적 문제를 성립시킨 하위 문제를 아는 것은 아니다. 그런데 적응이 진화해서 해결하고자 했던 문제는 더 구체적인 그 하위 문제들이다. 하지만 하위 문제를 결이 더 곱고 더 자세하게 묘사하려면, 조상의 생활방식을 더 자세히 알 필요가 있다. 바로 그 지식이 우리에게 없는 것이다."(Buller, 2005, p. 98).

그렇다면 불러는 어떻게 바우어새와 풀쇠개개비 수컷의 진화한 전략에 대해서, 조상의 생활환경과 관련된 덜 직접적인 증거가 누구의 것인지에 대해서 자신 있게 쓸 수 있을까(예를 들어, Naish, 2014)? 불러는 물론 살아 있는 새들의 전략을 보고 그로부터 조상의 새들이 짝을 유혹하기 위해 썼던 전략을 추론하고 있지만, 그것을 인간에게로 확장시킬 마음은 없는 듯하다.

그 외에도 스티렐니와 그리피스(1999) 그리고 불러(2005)는, 인간의 인지 진화는 사회적 군비경쟁이 주도했기 때문에(그들의 주장이다), 적응해야 할 안정된 진화적 적응 환경이 없었다고 주장했다.

> [마키아벨리의] 가설에 따르면 우리의 정신 능력은 개체군들의 '군비경쟁' 속에서 진화했다… 만일 인지 진화에 중요한 선택압이 집단 내부의 상호작용에서 나온다면, 선택하는 환경과 적응하는 반응은 함께 변한다. 계통이 적응하는 불변의 환경은 존재하지 않는다(Sterelny & Griffiths, 1999, p. 328).

군비경쟁이란 개념으로 진화적 적응 환경 개념에 맞불을 놓다니 당혹스럽다(Machery & Barrett, 2006). 첫째로, 군비경쟁은 지금까지 과학에 알려진 적응의 사례 중 대단히 화려하고 확실한 예들을 생산했다. 바로, 치타와 가젤의 속도, 나뭇잎벌레의 기가 막힌 위장술, 면역계와 그걸 피하는 병원체의 정교한 맞대응 등이다. 둘째, 그런 예들이 분명히 보여주듯이 군비경쟁은 (항상은 아니지만) 종종 강한 방향성 선택directional selection을 만들어낸다. 빠른 가젤은 더 빠른 치타를 선택하고, 그것은 더 빠른 가젤을 선택하는 식이다. 이런 예들에서 진화적 적응 환경은 특히 더 의미가 명확하게 정의된다. 셋째, 사회적 군비경쟁이란 개념은 진화심리학의 핵심 전제가 아니다. 대신에 그 개념은 인간의 진화적 적응 환경과 관련된 매우 특이적인 경험적 주장이며, 그런 이유로 인간의 진화적 적응 환경에 관한 주장들을 전개해온 진화심리학자들(예를 들어, Flinn, Geary, & Ward; 2005; Miller, 2001)은 그 이론과 경험을 보강하는 일에 상당한 노력을 투자해왔다. 그들의 주된 명제는 사회적 군비경쟁은 인간의 지능에 강한 방향성 선택을 만들어냈으며 이것으로 인간의 뇌의 특별한 크기와 그에 걸맞은 인지능력의 진화를 설명할 수 있다는 것이다. 궁극적인 수준에서 볼 때, 진화적 적응 환경이 사실은 사회적 군비경쟁이라는 주장의 근거로서 우리가 인간의 진화적 적응 환경을 제대로 알 수 없다거나 안정된 진화적 적응 환경이 존재하지 않았다는 주장을 내어 놓는 것은 모순으로 보인다.

진화심리학을 비판하는 철학자들이 적응은 자연선택에 의해 진화하고 선택은 환경과의 상호작용을 수반한다고 인정한다는 점을 고려할 때, 정확히 왜 그들은 우리가 그 (과거의) 환경을 연구할 수 있다는 것을 믿지 못할까? 자연선택에 의한 진화를 인정하는 그들의 태도는 단지 형식의pro forma 차원일까?

철학자들은 두 종류의 추론을 걱정한다. 첫 번째는 이미 거론한 바와 같으며, 매커리(2011)는 이것을 '전향주시forward-looking 휴리스틱'이라 부른다. 이 추론은 먼저 진화적 적응 환경 안에서 적응적 문제 하나를 확인하고(예를 들어, 짝 유혹), 그런 뒤 해결책(예를 들어, 짝−유혹 전략)을 상정한다. 결 및 군비경쟁 문제는 이 종류를 겨냥한다.

두 번째 종류의 추론은 흔히 역설계 또는 후향주시backward-looking 휴리스틱이라 묘사하는 것으로, 먼저 설계의 증거를 보이는 어떤 유기체 형질로 시작한 뒤, 그 형질이 진화해서 해결하고자 하는 적응적 문제를 추론해본다(예를 들어, 남성에게는 불필요한 위험을 감수하는 성향이 있으며, 이 성향은 여성에게 좋은 유전자를 드러내 보이는 기능을 했을 것이다). 역설계 또한 문제가 있다. 예를 들어, 시조새의 발은 움켜잡기에 맞는 설계를 보이지만 실은 나뭇가지를 잡도록(즉, 나무 위에 올라앉도록) 진화했다면 이는 시조새가 비행에 잘 적응했다는 가설을 뒷받침할 테고, 먹잇감을 움켜쥐도록 진화했다면 시조새가 육상의 포식자였다는 다른 가설을 뒷받침하지 않겠는가(Richardson, 2007)?

이 두 종류의 추론을 따로따로 사용할 때에는 각자 한계를 보인다. 하지만 두 종류를 함께 그리고 잘 검증한 진화심리학 이론들과 조합해서 사용하면, 인간의 진화를 이해하는 데 정말 도움이 된다. 매커리(2011)는 다음과 같이 지적한다. 진화심리학은 전향주시 휴리스틱이 유용하다고 주장하지만 그것이 필수라고는 주장하지는 않고, 진화심리학은 후향주시 휴리스틱이 서로 경쟁하는 몇 가지 가설(예를 들어, 복수의 가능한 짝짓기 전략)을 가정하며, 진화심리학은 몇몇 지식 체계에 의존해서 가설을 제약한다. 게다가 후향주시 휴리스틱은 전향주시 휴리스틱을 뒷받침한다. 즉, 현대 여성의 짝짓기 선호가 보이는 보편적 양상은 조상 여성의 짝 선호를 가설화할 때 버젓한 재료가 된다. 살아있는 바우어새의 짝짓기 선호가 조상 바우어새의 짝짓기 선호를 비춰주듯이 말이다. 이 가설화된 조상 여성과 암컷의 선호도는 각각 남성과 수컷 바우어새가 개발한 짝짓기 전략의 진화적 적응 환경에 필수 성분이 된다. 매커리는 이렇게 맺는다. "틀리기 쉬운 건 분명하지만, 진화심리학자가 사용하는 발견의 휴리스틱과 확인 전략은 탄탄한 기초 위에 있다." (또한 Machery and Barrett(2006); Machery and Cohen(2011)을 보라.)

요컨대 지난 200만 년의 환경은 대단히 체계적으로 구성되어 있으며 많은 규칙성을 보이고 있으며 진화심리학이 앞으로도 오랫동안 바쁘게 일하기에 충분한 근거를 제공한다.

진화적 적응 환경은 단수인가 복수인가

환경은 항상 변하고, 홍적세라고 예외는 아니었기 때문에 단일한 진화적 적응 환경은 없다고 많은 비판가들이 이의를 제기한다. 진화적 적응 환경이 있다 해도 복수였다는 것이다(예를 들어, Foley, 1995; Laland & Brown, 2011; Smith, Borgerhoff Mulder, & Hill, 2001). 이는 대개 환경의 변하는 상태와 그 불변의 속성을 구분하지 못한 결과다.

게다가 진화적 적응 환경 개념에는 적응에 특이적인 또는 적응과 관련된 더 좁은 의미가 있다(Tooby & Cosmides, 1990b, pp. 388-390). 이 환경 속성들은 어느 한 적응의 발달과 작용에는 중요하지만 다른 적응들과는 무관할 수 있다. 아이언스(1998)도 비슷한 개념을 제시하고 **적응 관련 환경**ARE: adaptively relevant environment이라는 비슷한 이름을 붙인 적이 있다.

예를 들어보자. 망막에 빛을 모으려면 각막과 수정체는 약 1에 해당하는 대기의 굴절률에 의존할 수 있도록 아주 특수한 형태를 취해야 한다. 이 굴절률에서 크게 벗어났다면 인간의 눈은 지금처럼 잘 보지 못할 것이다. 실제로 굴절률이 1.3인 물속에서는 사물을 잘 보지 못한다. 따라서 인간의 각막과 수정체의 적응 관련 진화적 적응 환경에는 대기의 굴절률이 포함된다. 하지만 중력은 포함되지 않는다. 중력은 예를 들어 인간의 운동 적응에는 필수지만 빛의 굴절률과는 무관하다.

눈과 물체의 거리 또한 조상의 환경을 이루는 '적응과 관련된' 양상이었다. 하지만 대기의 굴절률과는 달리 눈과 물체의 거리는 끊임없이 변한다. 그럼에도 고정된 광학의 법칙들이 있다. 그 덕분에 수정체의 굴곡이 몇 센티미터에서부터 무한의 거리에 위치한 물체에 초점을 맞출 수 있는 메커니즘이 진화했다.

따라서 생물종에게는 각각의 적응에 별개의 진화적 적응 환경이 있으며, 인간의 경우에는 그 수가 수천 개에 해당한다. 게다가 적응과 관련된 속성의 변화에도 대개 기본적인 규칙성이 있기 때문에 메커니즘은 그에 대응하도록 진화할 수 있다.

홍적세 이전의 진화

인간의 많은 적응이 홍적세보다 훨씬 더 이전에 진화했기 때문에 인간의 진화적 적응 환경은 홍적세에서 시작할 수 없었다고 비판가들은 지적한다. 예를 들어, 다운스(2009, p. 250)는 이렇게 말한다. "[인간 마음의 진화에 관한] 이 설명의 구성요소들은 우리의 진화사에서 홍적세를 포함하지만 또한 홍적세 이전과 이후에 놓인 길고 다양한 시기들에서 비롯한다… 우리의 마음이 홍적세의 산물이라는 테제에 집착함으로써 진화심리학은 인간의 진화에 대한 이해에 폭넓게 기여하지 못하고 있다. 실제로 이 테제를 유지하기보다는 거부할 때 더 많은 결이 살아난다." 랠런드와 브라운(2011, p. 179)도 비슷한 말을 한다. "동물의 능력을 비교 분석해보면 인간의 많은 행동 및 심리 형질의 역사가 오래되었음을 알 수 있다. 예를 들어 어머니의 자녀 보살피기나 학습 능력 같은 인간의 어떤 행동 습성은 심지어 우리의 무척추 조상에게서 진화한 듯하다. 많은 지각적 선호들도 계통발생상 아주 오래되었을 것이다."

진화심리학도 동의한다.

진화적 적응 환경의 개념에 애매함이 있다면 그것은 전적으로 그 문제의 시간 차원 때문이다. 진화하는 모든 계통은 역사가 수십억 년을 거슬러 생명의 기원에 닿기 때문에, 조상의 조건을 밝히려면 시간을 구조화한 접근법을 사용해서 구체적인 통계 환경의 규칙성들을, 진화에 의한 설계 변경의 구체적인 사례들과 비교해야 한다 (Tooby & Cosmides, 1990b, pp. 387-388).

각막과 수정체를 예로 삼아 '시간을 구조화한 접근법time-structured approach'을 설명해보자. 척추동물의 눈은 약 5억만 년 전에 해양 환경에서 진화했다. 그 환경에서 물의 굴절률 1.3은 적응과 관련된 불변의 속성으로, 물고기의 구면 수정체를 진화시켰다. 약 400만 년 전에 육상 동물이 진화했을 때에는 대기의 굴절률 1이 결정적이었고, 그에 따라 훨씬 더 납작한 수정체가 진화했다. 두 연대는 인간의 다른 적응들이 진화한 진화적 적응 환경과 엄청나게 다르다. 호미니드의 신체 형태인 골반, 무릎, 발은 대략 300~600만 년 전에 진화해서 두발 보행을 가능하게 했다.

만일 왜 현생인류가 수정체처럼 동물 조상에게서 물려받은 적응을 보유하고 있는지를 이해하는 것이 분석의 목적이라면, 그 진화적 적응 환경은—비판가들은 대부분 이 점을 놓치고 있다—가장 최근에 그 적응을 정착시킨 **안정화 선택**stabilizing selection의 기간이 된다.

> 적응이 안정화 선택하에서 평형 설계를 갖춘 한에서, 안정화 선택의 기간이 진화적 적응 환경의 주요 부분이 된다(Tooby & Cosmides, 1990b, pp. 387-388).

보다 더 정교한 추정을 하자면, 인간 유기체의 복잡한 설계는 홍적세 이전의 조상으로부터 거의 그대로 물려받은 많은 적응처럼 홍적세 기간에 선택에 의해 안정화되었거나, 아니면 언어를 비롯한 인간 고유의 적응처럼 홍적세에 새롭게 진화했다.

최근의 인간 진화

진화심리학에 대한 지속적인 비판 가운데에는 이러한 논리도 있다. 인간의 진화는 진화적 적응 환경 개념이 의미하는 것처럼 1만 년 전 홍적세가 끝날 때 멈추지 않았다는 것이다. 폴리는 다음과 같이 말한다. "진화적 적응 환경이 과거에 모든 인간이 적응한 똑같은 배경이라면, 이 개념은 반드시 오늘날에도 작동하는 선택의 범위를 크게 제한하게 된다. 진화적 적응 환경은 진화 과정들을 과거의 울타리에 단단히 가두는 역할을 한다"(Foley, 1995, p. 194). 불러는 "따라서 홍적세 이후에 철저하게 변한 환경이 심리의 진화에 유리한 강한 선택압들을 창조했다고 결론짓는 편이 안전하다"라고 주장하고(Buller 2005, p. 110), 다음과 같이 덧붙였다. "홍적세가 끝난 이후로 거의 4백 세대가 살았다면 이 시간은 선택이 인간의 심리적 형질을 진화시키기에 충분하다. 따라서 홍적세가 끝난 이후로 어떤 적응적 심리 진화가 있었고, 그 결과 현대인의 심리는 홍적세의 조상과 다를 가능성이 매우 높다"(Buller, 2005, pp. 111–112). 랠런드와 브라운(2011, p. 181) 역시 '인간에 대한 자연선택이 끝났다는 그 어떤 가정'에도 의문을 제기한다.

두 가지 중요한 요인이 적응적 진화의 속도에 영향을 미치고 그 결과 최근에 인간의 인지 진화에까지 영향을 미쳤다고 볼 수 있다. 바로, 환경 변화와 개체군의 크기다. 만일 환경이 크게 변했다면, 개체군 안에 이미 존재하지만 이제 적응력이 떨어지는 대립유전자들에 비해 적응력이 높은 새 돌연변이들이 특별히 강하게 선택될 것이다. 개체군이 더 크면(다른 모든 조건이 동일하다면) 세대당 돌연변이의 절대 숫자가 더 크고, 그래서 선택이 작용할 수 있는 적응적인 돌연변이가 더 많을 것이다. 두 요인 모두 인간에게 적용된다.

호모사피엔스의 개체군은 약 5만 년 전(50 kya)[10] 홍적세 말에 커지기 시작했고, 이 성장세는 충적세 초인 약 1만 년 전에 농업의 도래와 함께 가속화했다. 농업으로의 이행은 그 자체가 빙하기의 끝을 가리키는 환경 변화의 결과로(Richerson, Boyd, & Buttinger, 2001), 음식, 인구밀도, 주거 패턴, 질병에 새로운 변화를 야기했다. 현대인의 유전적 변이를 분석하면 실제로 최근에 양성 선택positive selection이 가속화했음을 암시하는 특징들이 드러난다(Cochran & Harpending, 2009; Hawks, Wang, Cochran, Harpending, & Moyzis, 2007). 인간은 홍적세 말 이후에도 계속 진화해왔다.

진화심리학은 홍적세 말 이후에 중요한 환경 변화와 인구 증가가 있었음을 분명히 인정한다. 나아가 이 두 요인은 진화적 적응 환경이 대체로 홍적세와 일치한다는 진화심리학의 주장의 토대가 된다. 진화심리학은 또한 최근에 양성 선택이 일어나 유당분해효소 지속성과 말라리아 내성의 진화를 조장하고 있다는 생각에도 동의한다(Tooby & Cosmides, 1990a). 충적세에 일어난 적응 진화의 대표적인 예다. 그런데 어떻게 진화심리학이 최근에 일어난 인지의 적응 진화를 경시한다는 것일까?

---

10 Kya = thousand years ago. cf) Mya = million years ago.

인종차별과 대량학살　1975년에 E. O. 윌슨은 여러 진화생물학자들이 사회적 진화에 대해 쓴 최신 글들을 요약해서 『사회생물학: 새로운 종합*Sociobiology: The New Synthesis*』을 발표했다. 그리고 그 이론들이 인간 행동을 이해하는 데 도움이 될 수 있다고 간략하게 말했다. 이에 대응해서 스티븐 J. 굴드와 리처드 르원틴을 비롯한 몇몇 학자들은 《뉴욕서평》에 편지를 보내 다음과 같이 말했다(Allen et al., 1975).

> 이러한 이론들은 1910년과 1930년에 미국에서 제정한 단종법과 이민제한법 그리고 나치 독일에 가스실을 끌어들인 우생학 정책의 중요한 기초였습니다.
>
> 가장 최근에 이 지긋지긋한 이론을 되살리려는 시도가 새로운 학문분야인 사회생물학을 창시하려는 것으로 보이는 움직임으로 드러나고 있습니다.

이 구절은 1970년대와 1980년대 사회생물학 논쟁의 신호탄이었고, 주된 동인은 사회생물학이 인간에게 적용되면 인종차별과 우생학을 정당화할 것이라는 두려움이었다. 그 논쟁으로 사회생물학―현재 행동생태학으로 개명했다―은 주로 동물 연구에 국한되었다. 진화심리학은 사회생물학에 대한 그 판결을 거부하면서도, 동일한 운명을 겪고 싶지 않았다.

인종차별주의자와 우생학 추진론자들이 차별(그리고 더 끔찍한 일들)을 정당화할 때에는 한 개체군이 다른 개체군보다 생물학적으로 우월하다는 주장을 내세우기 때문에, 진화심리학은 홍적세에 해당하는 약 2,600만 년 동안 안정화 선택에 의해 진화했거나 유지되었던 보편적 인간 본성의 이론 및 증거로 기초를 다지기 위해 심혈을 기울였다. 만일 진화심리학이 옳다면 개체군들 사이에 생물학적 우월성은 물론이고 근본적인 생물학적 차이도 없을 것이다.

불행하게도 홍적세 말에 인간의 이주로 개체군 간의 차이가 진화할 수 있는 조건이 발생했다. 여기에는 잠재적 인지 차이가 포함되었는데, 이것이 차별을 정당화하는 데 쓰일 수 있었다. 약 6만 년 전에 인간은 아프리카에서 나와 유럽, 아시아, 오세아니아, 남북아메리카에 지리학·유전학상 고립된 수많은 개체군으로 흩어졌고, 각각의 환경은 독특한 조건을 갖고 있었다. 이들 인구 집단 구조에, 지난 1만 년 동안 급격하고 꾸준한 인구 증가가 합쳐져서 선택이 개체군들을 유전적으로 분기할 수 있게 되었다. 그렇다면 인간에게 최근의 진화는 대체로 **개체군—특이적** 진화와 함께했을 것이다.

인간 종의 유전변이   인간의 유전체에는 약 30억 개의 염기가 있다. 그중 약 1%가 단백질을 부호화하고, 3~15%는 선택의 영향을 받아 유전자 조절 같은 다양한 기능에 봉사한다(최근의 추산치는 8.2%다. Rands et al., 2014).[11] 따라서 DNA의 대부분은 기능이 없다. 개놈에서 기능하는 부분도 매우 적게 알려져 있고, 개놈에서 어느 서열들이 기능하는지도 완전히 밝혀지지 않았다.

게놈 전체를 볼 때 누구든 사람은 평균적으로 염기 1천개당 998개 이상이 일치한다(Barbujani & Colonna, 2010). 단백질 암호화와 그 밖의 기능성 부위에서는 염기 1천개당 998개 이상이 일치한다(Tennessen et al., 2012; Ward & Kellis, 2012). 인간의 유전적 변이는 다른 영장류 종들보다 상당히 낮은데, 이는 아마 조상의 인구 크기가 특히 작아서였을 것이다(Marques-Bonet, Ryder, & Eichler, 2009).

변이하는 염기 중에서는 희귀 변이가 일반 변이보다 월등히 많다. 희귀 변이는 대부분 중립적이거나 약하게 해롭고 정화 선택purifying selection에 의해 아직 제거되지 않은 최근의 돌연변이들이다(Tennessen et al., 2012). 유전체의 대부분은 비기능적이기 때문에 개인 간의 유전적 차이는 대부분 비기능적 차이들이다.

인간 유전체 전체에서 유전적 변이의 수치는 낮고, 기능 부위에서는 수치가 훨씬 더 낮으며 이 변이는 희귀 대립유전자에 집중되고, 희귀 대립유전자는 대부분 중립적이거나 해로운데, 이 모든 사실이 다음과 같은 진화심리학의 견해를 뒷받침한다. 인간의 복잡한 심리 및 생리 적응이 있으며 그 적응의 기초는 자연선택이 진화시킨 보편적인 유전자 설계다.

최근의 진화와 유전적 다양화   하지만 이 보편적인 유전자 설계구조의 중요한 양

---

11   어느 대규모 컨소시엄의 주장에 따르면 유전체의 80%에 생물학적 기능을 배정했다고 한다(ENCODE 프로젝트 컨소시엄, 2012). 많은 학자들이 이 주장을 비판했다(Rands et al., 2014와 거기에 있는 참고 문헌들).

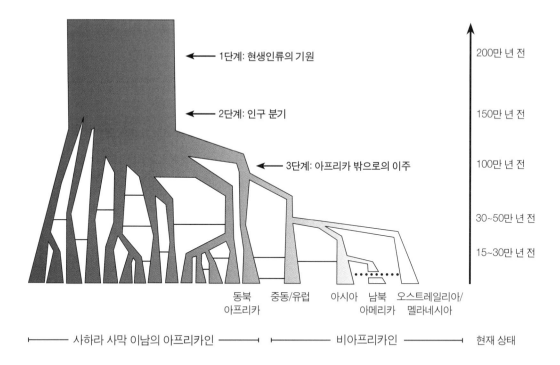

1단계: 현생인류의 기원

2단계: 인구 분기

3단계: 아프리카 밖으로의 이주

200만 년 전

150만 년 전

100만 년 전

30~50만 년 전

15~30만 년 전

| 동북 | 중동/유럽 | 아시아 | 남북 | 오스트레일리아/ |
| 아프리카 | | | 아메리카 | 멜라네시아 |

사하라 사막 이남의 아프리카인   비아프리카인   현재 상태

그림 4.1 개체군들이 아프리카에서 동쪽으로 이동함에 따라 발생한 유전적 다양성의 손실이 감소하는 명암으로 나타나 있다. 연속된 수평선은 조상 개체군들 사이의 유전자 흐름을 나타내고, 점선으로 된 수평선은 최근에 아시아와 오스트레일리아/멜라네시아 개체군 사이에 일어난 유전자 흐름을 나타낸다. 출처: Campbell and Tishkoff(2010).

상들이 지난 1만 년 동안에 진화했을지 모른다. 그리고 지금 존재하는 기능 변이가 개체군 간의 적응적 인지 차이에 기여하고 있을지 모른다.

사회과학자들은 오래전부터, 개체군 사이보다는 그 내부에 있는 유전적 변이가 더 크기 때문에 개체군 사이의 유전적 차이는 그리 대수롭지 않다는 르원틴의 주장을 받아들이고 있다(Lewontin, 1982).[12] 그러나 대립유전자는 자리를 오가며 독립적으로 변이한다. 여러 자리에 걸친 대립유전자의 상호관계를 고려할 때, 개인들을 계

---

12 아이러니하게도 적응주의를 심하게 비판하는 르원틴과 진화심리학이 아주 다른 추론을 통해 똑같은 결론에 이르렀다. 진화심리학에게 개체군의 유전적 차이가 중요하지 않은 이유는, 지난 2,00만 년에 걸쳐 아프리카 개체군 내에서 진화했거나 안정화된 보편적이고, 복잡하고, 유전적으로 명시된 설계를 모든 인간이 공유하기 때문이다.

통에 기초한 집단으로 분류할 수가 있다(Edwards, 2003). 그와 동시에 집단 간의 경계는 뚜렷하지도 않고 모든 연구에서 완전히 일치하지도 않으며, 어떤 변이는 클러스터(cluster, 형질의 다발)보다는 클라인(cline, 지리적 연속변이)으로 더 잘 설명이 된다(Barbujani & Colonna, 2010).

현대의 개체군 내에 있는 유전적 변이를 분석하고 여기에 고고학적 증거를 결합하면 다음과 같은 시나리오가 나온다. 현생인류는 약 20만 년 전에 아프리카에서 진화했다. 20만 년 전에서 10만 년 전 사이에 현생인류는 아프리카 안에서 뒤섞이긴 했지만 여러 하위 집단으로 나뉘었다. 유효한 인구의 크기는 약 7,000-15,000명이었을 것이다. 10만 년 전과 5만 년 전 사이의 어느 시점에 1,000명 정도 되는 소그룹 하나 이상이 아프리카 밖으로 이주했다. 이 이주민들은 아프리카 인구에 있는 유전적 다양성을 모두 갖고 있지 않았다. 사실 그들은 하나 또는 몇몇 아프리카 소집단 출신이었다. 이주 집단은 중동으로 퍼지면서 현지의 고개체군과 이종교배를 했고(예를 들어, 유라시아 유전체에는 1~4%로 추산되는 네안데르탈인 DNA가 들어 있다), 그런 뒤 유럽, 아시아, 오세아니아, 남북아메리카로 이주했다. 새로 이주할 때마다 유전적 다양성이 손실되었는데, 아마 창시자 효과[13] 때문일 것이다. 홍적세 말에는 모든 대륙(남극을 제외하고)에 사람이 살았고, 각각의 비아프리카 개체군은 아프리카에서 발견되는 일반 유전자 변이의 부분집합을 보였다(Barbujani & Colonna, 2010; Campbell & Tishkoff, 2010; Henn, Cavalli-Sforza, & Feldman, 2012). 그림 4.1을 보라.

현재 지구상에 거주하는 개체군은 충적세 사이에 폭발적으로 늘어났는데, 농업으로 이행한 탓임이 분명하다. 이 폭발로 앞서 언급한 많은 희귀 변이가 생겨났는데, 그 대부분은 최근에(5,000~10,000년 전) 발생한 것이고, 주요한 대륙 인구들에 얼마간 한정되어 있다. 따라서 대륙 개체군 간의 유전적 분기는 최근이었지만, 이 변이의 대부분—아마도 95%—은 중립적이거나 약하게 유해하다(Fu et al., 2013; Fumagalli et al., 2011; Tennessen et al., 2012).

---

13 founder effect. 소수의 개체가 이전의 집단에서 격리되어 증식하는 시기에 새로운 소집단에는 이전 집단의 유전적 변이가 극히 일부밖에 존재하지 않는 것(옮긴이).

최근의 양성 선택 전술한 내용에도 불구하고 인간 종이 최근에 적어도 약간의 적응 진화를 겪었다는 증거가 반세기에 걸쳐 누적되어왔다. 하지만 인간 종에게 균일하게 작용했다기보다는, 주요한 대륙 개체군들 사이에 유전적 분기를 추진한 것으로 보인다(현재까지의 결과에는 방법론적인 한계가 반영되어 있지만. Lachance & Tishkoff, 2013).

인간이 겪은 최근의 양성 선택에 대한 연구는 대부분 확실한 싹슬이hard sweep—새로운 돌연변이가 나타나서 싹쓸이를 통해 고정fixation되는—였지만, 최근의 양성 선택은 대부분 정체된standing 변이들—새로운 선택압이 있기 전에 일반적이었던 대립유전자들 또는 복수의 유전자위loci에 동시에 선택이 작동되는—이었음을 이론과 증거가 가리킨다(Hernandez et al., 2011; Tennessen & Akey, 2011).

최근에 양성 선택을 경험한 것이 확실한 유전체의 부위들에는 복수의 유전자와 수많은 뉴클리오티드가 종종 포함되어 있어서 선택의 표적을 확인하기가 어렵지만, 여러 연구들은 가능성이 높은 선택압으로 기후, 생존, 성선택, 그리고 특히 병원체를 일관되게 가리켜왔다(Fu & Akey, 2013; Fumagalli et al., 2011; Lachance & Tishkoff, 2013). 하지만 매우 드문 경우에, 가령 높은 고도 적응, 유당분해효소 지속성, 말라리아 내성은 선택된 변이, 표현형, 선택압을 세 가지 모두를 정확하게 지시하고 자세하게 보여준다.

최근의 인지 진화와 관련하여 황 등(2013)은 인간 유전체 전반의 양성 선택을 다룬 연구 27건을 메타 분석한 결과, 중추신경계에서 높은 발현을 보이는 유전자들이 최근의 양성 선택 중에 풍부해졌음을 발견했다. 양성 선택 연구에 위양성이 흔하다는 것을 염두에 둘 때, 신경 기능 위에 분기한 양성 선택의 가능한 예로는 다음과 같은 것들이 있다. 오피오이드 시스-조절 대립유전자들opioid cis-regulatory alleles(Rockman et al., 2005), 축삭돌기의 성장 방향을 결정하고 결국 신경세포망의 발달에 영향을 미치는 축삭돌기 유도경로와 관련된 유전자위(Tennessen & Akey, 2011). 신경계, 심장, 여타 조직들의 발달과 관련되어 있는 비아프리카 개체군의 뉴레귤린neuregulin ERBB4 신호 경로,(Pickrell et al., 2009). 유럽에서는 발견되지만 동아시아나 아프리카에서는 발견되지 않는 언어능력과 관련된 FOXP2의 하류 유전자 표적의 선택. (하지만 선택된 하류 유전자는 선경조직과 비신경조직에서 복수의 기능을 한다)(Ayub et al., 2013). 아슈케나지Ashkenazi 유대인의 유전자 중 이형접합체에서는 지능을 높여주지만 동형접합체에서는 심각한 병을 야기한다고 주장된 대립유전자(Cochran & Harpending, 2009).

이 중 어느 예에서도 우리는 표현형과 선택압을 충분히 이해하지 못하고 있다. 표현형의 비신경 부분들에 선택이 이루어졌을 가능성이 매우 높다(즉, 다형질발현). 또한 수렴 진화 때문에 신경로의 기초가 되는 유전자들의 인구 집단의 분기가 신경/심리 기능의 분기로는 거의 이어지지 않았을 가능성이 있다. 게다가 신경 기능에 영향을 미치는 대립 유전자 빈도의 인구별 차이가 창시자 효과와 부동 때문일 수도 있다. 도파민 D4 대립유전자의 경우가 그렇다고 생각된다(Kidd, Pakstis, & Yun, 2013).[14] 마지막으로 식물, 균류, 병원체, 환경의 신경독에 노출되는 경우가 개체군에 따라 다르기 때문에, 어떤 분기성 신경 진화는 신경수용체와 그 밖의 신경 기능의 보호 성격의 변화를 의미할 수 있다.

그러나 현재까지 강력한 증거는 없지만 인지와 행동에 일어난 최근의 양성 선택 때문에, 몇몇 신경/심리 기능에 제한적인 인구 분기가 있었다 해도 놀라운 일이 아니다.

최근의 양성 선택과 복잡 설계 신경 기능의 분기 가능성을 고려하건대, 만일 인간의 진화한 보편적 심리 설계에 대한 진화심리학의 주장이 인종차별을 걱정하는 도덕적·정치적 관심에 기초해 있고 과학에는 거의 기초하지 않았다면, 적어도 불만족스럽다고 말할 수는 있다 하지만 2,000여 년에 걸친 해부학과 생리학 연구, 100여 년 동안 진행된 세포생물학 연구, 반세기 넘게 계속된 분자생물학 연구—신경해부학, 신경생리학, 신경생물학 등 그 모든 신경학 형태들을 포함하여—들은 인간 종뿐 아니라 여러 종의 진화한 기능에서 근본적으로 유사한 점이 많다는 사실을 반복해서 확인해 왔다. 인간 유기체를 규정하는 복잡 설계는 거의 틀림없이 종 보편적이다.

알려진 대로 최근에 진화한 인구별 생리학적 차이는 이 보편 설계 중 단 하나의 뉴클리오티드의 변화와 관련이 있는 비교적 단순한 변화에 한정된다. 예를 들어 몇

---

14 또한 이 유전자위에는 평형 선택이 있는 듯하다(Ding et al., 2002).

몇 개체군을 말라리아로부터 보호하는 겸상적혈구세포 형질은 헤모글로빈 유전자에 있는 점돌연변이point mutation다(이 보호 기제는 아직 불확실하다). 몇몇 개체군의 유당 분해효소 지속성은 유당효소의 조절 부위에 있는 점돌연변이다. 피부색의 인구에 따른 차이는 기본적으로 피부 멜라닌 세포가 멜라닌 색소를 다르게 생성하기 때문이다 (우리는 이 유전적 기제를 아직 충분히 이해하지 못하고 있다).

유전적 고립에도 불구하고(하지만 Mellenthan et al., 2014를 보라) 대륙별 개체군들 사이에 복잡한 적응 차이가 없는 이유는 단지 그런 차이가 진화할 시간이 부족해서였다. 물리학자 그레그 코크런Greg Cochran과 인구유전학자 헨리 하펜딩Henry Harpending은 개체군들에서 최근에 발생한 적응 분기의 중요성을 주장하면서도 (Cochran & Harpending, 2009; Hawks et al., 2007), 다음과 같이 시인한다.

> 존 투비와 레다 코스미디스(현대 진화심리학을 창시한 학자 중 2인)는 이렇게 말했다. "인간의 한 세대 시간이 길고, 농업은 인간속의 진화사 중 1%에도 해당하지 않는다는 사실을 감안할 때, 우리가 농업(또는 산업)의 생활방식에 맞춰 어떤 복잡한 적응을 진화시켰을 가능성은 희박하다." 복잡한 적응은 많은 유전자의 협응적 행동과 관련이 있는 번식 적합도에 기여하는 형질이다. 다시 말해서 인간은 그 시간대에 날개, 세 번째 눈 또는 새롭고 정말 복잡한 어떤 적응적 행동도 진화시켰을리 만무하다. 투비와 코스미디스는 다른 글에서, 개체군들 간의 깊은 정신적 차이는 존재하지 않는다고 주장했다.
> 우리는 복잡한 적응의 진화와 관련된 이 주장이 옳긴 하지만, 하나 또는 몇몇 유전자의 변화와 관련된 단순한 적응의 중요성을 과소평가하고 있다고 생각한다(Cochran & Harpending, 2009, pp. 9-10).

코크런과 하펜딩에게 '중요성'은 설계상의 근본적인 변화를 의미하기보다는, 가령 인도유럽조어 사용자들의 확산(그들이 유당분해효소 지속증의 시조다) 같은 인간의 역사와 선사 시대에 미친 근본적인 영향을 의미한다.

요약하자면, 지금까지의 유전적 증거는 인간의 심리 기제들의 진화한 설계는 (a) 보편적이거나, (b) 보편 설계가 미세하게 수정된 형태이거나, (c) 새롭고, 매우 단순하고, 개체군에 특이적이다.

맺음말

진화심리학을 비판하는 사람들도 진화심리학의 주요한 교의를 대부분 인정한다. 즉, 빈 서판은 지지할 수 없고, 기능은 자연선택에 의해 진화하며, 인간의 뇌 기능을 이해하는 데에는 진화론의 관점이 결국 중요할 거라고 말이다. 또한 비판가들 대부분은 진화심리학은 과학이며 궁극적으로 경험적 증거에 따라 성공하거나 실패할 것이라는 사실을 알고 있다. 『아, 가엾은 다윈: 진화심리학 반대론*Alas, Poor Darwin: Arguments against Evolutionary Psychology*』의 서평에서 철학자 데이비드 헐은 진화심리학을 비판하는 사람인데도 다음과 같이 결론짓는다.

> 로즈와 로즈는 "나쁜 이론은 비판에 의해서만은 쫓겨나지 않는다"라고 말한다. 그게 사실이라면 진화심리학을 비판하는 사람들은 아무리 복잡해질지라도 대체 이론을 전개하는 것이 시간을 더 잘 활용할 방편일 것이다. 너무 익숙한 방식으로 진화심리학과 사회생물학을 거듭 비판해봤자 큰 효과를 거두기는 어렵다. 그들의 미숙함과 조야함에도 불구하고 진화심리학자들은 대중과 전문가 모두를 위해 책과 논문을 쏟아내고 있다. 그들은 사이드라인 바깥쪽에 서서 투덜거리는 것에 만족하지 않는다. (Hull, 2000, p. 125)

이 『핸드북』이 증명하듯이, 정말 우리는 그러지 않는다.

참고문헌

Allen, E., Beckwith, B., Beckwith, J., Chorover, S., Culver, D., Duncan, M., . . . The Science for the People Study Group on Sociobiology. (1975, November 13). Against "sociobiology." *New York Review of Books*, pp. 182–186.

Ariew, A. (2002). Platonic and Aristotelian roots of teleological arguments. In A. Ariew,

R. Cummins, & M. Perlman (Eds.), *Functions: New readings in the philosophy of psychology and biology* (pp. 7–32). Oxford, England: Oxford University Press.

Ayub, Q., Yngvadottir, B., Chen, Y., Xue, Y., Hu, M., Vernes, S. C., . . . Tyler-Smith, C. (2013). FOXP2 targets show evidence of positive selection in European populations. *The American Journal of Human Genetics, 92*(5), 696–706.

Barbujani, G. & Colonna, V. (2010). Human genome diversity: Frequently asked questions. *Trends in Genetics, 26*(7), 285–295.

Brooke, J. H. (2002). Natural theology. In G. B. Ferngren (Ed.), *Science and religion: A historical introduction* (pp. 163–175). Baltimore, MD: Johns Hopkins University Press.

Buller, D. J. (2005). *Adapting minds: Evolutionary psychology and the persistent quest for human nature.* Cambridge, MA: MIT Press.

Buss, D. M. (2009). How can evolutionary psychology successfully explain personality and individual differences? *Perspectives on Psychological Science, 4*(4), 359–366.

Campbell, M. C.,&Tishkoff, S. A. (2010). The evolution of human genetic and phenotypic variation in Africa. *Current Biology, 20*(4), R166–R173.

Cochran, G., & Harpending, H. (2009). *The 10,000 year explosion: How civilization accelerated human evolution.* New York, NY: Basic Books.

Cohen, K. M., & Gibbard, P. L. (2010). *Global chronostratigraphical correlation table for the last 2.7 million years.* Cambridge, England: Subcommission on Quaternary Stratigraphy. Available at http://quaternary. stratigraphy.org/correlation/ POSTERSTRAT_v2011.pdf.20110222–162627

Dennett, D. C. (1995). *Darwin's dangerous idea: Evolution and the meanings of life.* New York, NY: Simon & Schuster.

DiCarlo, J. J., Zoccolan, D., & Rust, N. C. (2012). How does the brain solve visual object recognition? *Neuron, 73*(3), 415–434.

Ding, Y.-C., Chi, H.-C., Grady, D. L., Morishima, A., Kidd, J. R., Kidd, K. K., . . . Moyzis, R. K. (2002). Evidence of positive selection acting at the human dopamine receptor D4 gene locus. *Proceedings of the National Academy of Sciences, USA, 99*(1), 309–314.

Downes, S. M. (2009). The basic components of the human mind were not solidified during the Pleistocene epoch. In F. J. Ayala&R. Arp (Eds.), *Contemporary debates in philosophy of biology* (pp. 243–252). Hoboken, NJ: Wiley.

Downes, S. M. (2014, Summer). Evolutionary psychology. In E. N. Zalta (Ed.), *The Stanford encyclopedia of philosophy.* Available at http://plato.stanford.edu/archives/ sum2014/entries/evolutionary-psychology/

Edwards, A. (2003). Human genetic diversity: Lewontin's fallacy. *BioEssays, 25*(8), 798–801.

Flinn, M. V., Geary, D. C., & Ward, C. V. (2005). Ecological dominance, social competition, and coalitionary arms races. *Evolution and Human Behavior, 26*(1), 10–46.

Foley, R. (1995). The adaptive legacy of human evolution: A search for the environment of evolutionary adaptedness. *Evolutionary Anthropology: Issues, News, and Reviews, 4*(6), 194–203.

Fu, W., & Akey, J. M. (2013). Selection and adaptation in the human genome. *Annual Review of Genomics and Human Genetics, 14*(1), 467–489.

Fu, W., O'Connor, T. D., Jun, G., Kang, H. M., Abecasis, G., Leal, S. M., . . . Akey, J. M. (2013). Analysis of 6,515 exomes reveals the recent origin of most human protein-coding variants. *Nature, 493*(7431), 216–220.

Fumagalli, M., Sironi, M., Pozzoli, U., Ferrer-Admettla, A., Pattini, L., & Nielsen, R. (2011). Signatures of environmental genetic adaptation pinpoint pathogens as the main selective pressure through human evolution. *PLoS Genetics, 7*(11), e1002355.

Geary, D. C., & Bjorklund, D. F. (2000). Evolutionary developmental psychology. *Child Development, 71*, 57–65.

Ghiselin, M. T. (1997). *Metaphysics and the origin of species*. Albany: State University of New York Press.

Gill, D. M. (1982). Bacterial toxins: A table of lethal amounts. *Microbiological Reviews, 46*(1), 86–94.

Gillispie, C. C. (1951). *Genesis and geology: A study in the relations of scientific thought, natural theology, and social opinion in Great Britain, 1790–1850*. Cambridge, MA: Harvard University Press.

Godfrey-Smith, P. (1999). Adaptationism and the power of selection. *Biology and Philosophy, 14*(2), 181–194.

Godfrey-Smith, P. (2001). Three kinds of adaptationism. In S. H. Orzack, & E. Sober (Eds.), *Adaptationism and optimality* (pp. 335–357). New York, NY: Cambridge University Press.

Gould, S. J. (1997a). Evolution: The pleasures of pluralism. *New York Review of Books, 44*, 47–52.

Gould, S. J. (1997b). The exaptive excellence of spandrels as a term and prototype. *Proceedings of the National Academy of Sciences, USA, 94*(20), 10750–10755.

Gould, S. J., & Lewontin, R. C. (1979). The spandrels of San Marco and the Panglossian paradigm: A critique of the adaptationist programme. *Proceedings of the Royal*

Society B: Biological Sciences, 205(1161), 581−598.

Griffiths, P. (2011, Summer). Philosophy of biology. In E. N. Zalta (Ed.), *The Stanford encyclopedia of philosophy*. Available at http://plato.stanford.edu/archives/sum2011/entries/biology-philosophy/

Gross, C. G. (1998). Galen and the squealing pig. *The Neuroscientist, 4*(3), 216−221.

Gross, D. J. (1996). The role of symmetry in fundamental physics. *Proceedings of the National Academy of Sciences, USA, 93*(25), 14256−14259.

Hagen, E. H. (2005). Controversial issues in evolutionary psychology. In D. Buss (Ed.), *The handbook of evolutionary psychology* (pp. 145−173). Hoboken, NJ: Wiley.

Hagen, E. H., & Hammerstein, P. (2005). Evolutionary biology and the strategic view of ontogeny: Genetic strategies provide robustness and flexibility in the life course. *Research in Human Development, 2* (1−2), 83−97.

Haig, D. (2007). Weismann rules! OK? Epigenetics and the Lamarckian temptation. *Biology & Philosophy, 22*, 415−428.

Hawks, J., Wang, E. T., Cochran, G. M., Harpending, H. C., & Moyzis, R. K. (2007). Recent acceleration of human adaptive evolution. *Proceedings of the National Academy of Sciences, USA, 104*(52), 20753−20758.

Hellenthal, G., Busby, G. B. J., Band, G., Wilson, J. F., Capelli, C., Falush, D., & Myers, S. (2014). A genetic atlas of human admixture history. *Science, 343*(6172), 747−751.

Henn, B. M., Cavalli-Sforza, L. L., & Feldman, M. W. (2012). The great human expansion. *Proceedings of the National Academy of Sciences, USA, 109*(44), 17758−17764.

Hernandez, R. D., Kelley, J. L., Elyashiv, E., Melton, S. C., Auton, A., McVean, G., . . . Przeworski,M. (2011). Classic selective sweeps were rare in recent human evolution. *Science, 331*(6019), 920−924.

Houston, A. I. (2009). San Marco and evolutionary biology. *Biology & Philosophy, 24*(2), 215−230.

Huang, Y., Xie, C., Ye, A. Y., Li, C. -Y., Gao, G., & Wei, L. (2013). Recent adaptive events in human brain revealed by meta-analysis of positively selected genes. *PLoS ONE, 8*(4), e61280.

Hughes, J. F., Skaletsky, H., Pyntikova, T., Graves, T. A., van Daalen, S. K. M., Minx, P. J., . . . Page, D. C. (2010). Chimpanzee and human Y chromosomes are remarkably divergent in structure and gene content. *Nature, 463*(7280), 536−539.

Hull, D. L. (1978). A matter of individuality. *Philosophy of Science, 45*(3), 335−360.

Hull, D. L. (1986). On human nature. *PSA: Proceedings of the Biennial Meeting of the*

Philosophy of Science Association, 1986, 3–13.

Hull, D. L. (2000). Genes, free will and intracranial musings. *Nature, 406*(6792), 124–125.

Irons, W. (1998). Adaptively relevant environments versus the environment of evolutionary adaptedness. *Evolutionary Anthropology, 6*(6), 194–204.

Kidd, K. K., Pakstis, A. J., & Yun, L. (2013). An historical perspective on "The world-wide distribution of allele frequencies at the human dopamine D4 receptor locus." *Human Genetics, 133*(4), 431–433.

Lachance, J., & Tishkoff, S. A. (2013). Population genomics of human adaptation. *Annual Review of Ecology, Evolution, and Systematics, 44*(1), 123–143.

Laland, K. N., & Brown, G. (2011). *Sense and nonsense: Evolutionary perspectives on human behaviour* (2nd ed.). Oxford, England: Oxford University Press.

Lewontin, R. C. (1972). The apportionment of human diversity. In T. Dobzhansky, M. K. Hecht, & W. C. Steere (Eds.), *Evolutionary biology* (pp. 381–398. New York, NY: Appleton-Century-Crofts.

Machery, E. (2008). A plea for human nature. *Philosophical Psychology, 21*(3), 321–329.

Machery, E. (2011). Discovery and confirmation in evolutionary psychology. In J. Prinz (Ed.), *The Oxford handbook of philosophy of psychology*. Oxford, England: Oxford University Press.

Machery, E., & Barrett, H. C. (2006). Essay review: Debunking *Adapting Minds*. *Philosophy of Science, 73*(2), 232–246.

Machery, E., & Cohen, K. (2011). An evidence-based study of the evolutionary behavioral sciences. *The British Journal for the Philosophy of Science, 63*(1), 177–226.

Mark, R. (1996). Architecture and evolution. *American Scientist, 84*(4), 383–389.

Marques-Bonet, T., Ryder, O. A., & Eichler, E. E. (2009). Sequencing primate genomes: What have we learned? *Annual Review of Genomics and Human Genetics, 10*(1), 355–386.

Mckinnon, J. S., & Pierotti, M. E. R. (2010). Colour polymorphism and correlated characters: Genetic mechanisms and evolution. *Molecular Ecology, 19*(23), 5101–5125.

Miller, G. (2001). *The mating mind: How sexual choice shaped the evolution of human nature*. New York, NY: Random House.

Naish, D. (2014). The fossil record of bird behaviour. *Journal of Zoology, 292*(4), 268–280.

Orzack, S. H., & Sober, E. (1994). Optimality models and the test of adaptationism. *The*

American Naturalist, 143(3), 361-380.

Paley, W., & Paley, E. (1825). *The Works of William Paley, DD: Sermons*, Volume 6. London, England: C. and J. Rivington.

Pasipoularides, A. (2014). Galen, father of systematic medicine. An essay on the evolution of modern medicine and cardiology. *International Journal of Cardiology, 172*(1), 47-58.

Perlman, M. (2004). The modern philosophical resurrection of teleology. *The Monist, 87*(1), 3-51.

Pickrell, J. K., Coop, G., Novembre, J., Kudaravalli, S., Li, J. Z., Absher, D., . . . Pritchard, J. K. (2009). Signals of recent positive selection in a worldwide sample of human populations. *Genome Research, 19*(5), 826-837.

Qian, H. (2007). Phosphorylation energy hypothesis: Open chemical systems and their biological functions. *Annual Review of Physical Chemistry, 58*(1), 113-142.

Rands, C. M., Meader, S., Ponting, C. P., & Lunter, G. (2014). 8.2% of the human genome is constrained: Variation in rates of turnover across functional element classes in the human lineage. *PLoS Genetics, 10*(7), e1004525.

Richardson, R. C. (2007). *Evolutionary psychology as maladapted psychology.* Cambridge, MA: MIT Press.

Richerson, P. J., Boyd, R., & Bettinger, R. L. (2001). Was agriculture impossible during the Pleistocene but mandatory during the Holocene? A climate change hypothesis. *American Antiquity, 66*(3), 387-411.

Rockman, M. V., Hahn, M. W., Soranzo, N., Zimprich, F., Goldstein, D. B., & Wray, G. A. (2005). Ancient and recent positive selection transformed opioid cis-regulation in humans. *PLoS Biology, 3*(12), e387.

Samuels, R. (2012). Science and human nature. *Royal Institute of Philosophy Supplement, 70*, 1-28.

Schiefsky, M. (2007). Galen's teleology and functional explanation. In D. Sedley (Ed.), *Oxford studies in ancient philosophy 33* (pp. 369-400). Oxford, England: Oxford University Press.

Schrödinger, E. (1944). *What is life?* Cambridge, England: Cambridge University Press.

Smith, E. A., Borgerhoff Mulder, M., & Hill, K. (2001). Controversies in the evolutionary social sciences: A guide for the perplexed. *Trends in Ecology & Evolution, 16*, 128-135.

Sterelny, K., &Griffiths, P. (1999). *Sex and death: an introduction to philosophy of biology.* Chicago, IL: University of Chicago Press.

Stotz, K. C., & Griffiths, P. E. (2003). Dancing in the dark. In S J. Scher& F. Rauscher

(Eds.), *Evolutionary psychology: Alternative approaches* (pp. 135–160). New York, NY: Springer.

Tennessen, J. A., & Akey, J. M. (2011). Parallel adaptive divergence among geographically diverse human populations. *PLoS Genetics, 7*(6), e1002127.

Tennessen, J. A., Bigham, A. W., O'Connor, T. D., Fu, W., Kenny, E. E., Gravel, S., . . . NHLBI Exome Sequencing Project. (2012). Evolution and functional impact of rare coding variation from deep sequencing of human exomes. *Science, 337*(6090), 64–69.

The ENCODE Project Consortium (2012). An integrated encyclopedia of DNA elements in the human genome. *Nature, 489*(7414), 57–74.

Tooby, J., & Cosmides, L. (1990a). On the universality of human nature and the uniqueness of the individual: The role of genetics and adaptation. *Journal of Personality, 58*(1), 17–67.

Tooby, J., & Cosmides, L. (1990b). The past explains the present: Emotional adaptations and the structure of ancestral environments. *Ethology and Sociobiology, 11*(4), 375–424.

Tooby, J.,&Cosmides, L. (1997). Letters to the Editor of the *New York Review of Books*:On Stephen Jay Gould's "Darwinian fundamentalism," June 12; and on "Evolution: The pleasures of pluralism," June 26.

Tooby, J., Cosmides, L., & Barrett, H. C. (2003). The second law of thermodynamics is the first law of psychology: Evolutionary developmental psychology and the theory of tandem, coordinated inheritances: Comment on Lickliter and Honeycutt (2003). *Psychological Bulletin, 129*(6), 858–865.

United Nations. (2011). World mortality 2011 wall chart. Department of Economic and Social Affairs, Population Division. (United Nations publication, Sales No. E.11. XIII.9)

Ward, L. D., & Kellis, M. (2012). Evidence of abundant purifying selection in humans for recently acquired regulatory functions. *Science, 337*(6102), 1675–1678.

Wilson, D. S. (1994). Adaptive genetic variation and human evolutionary psychology. *Ethology and Sociobiology, 15*(4), 219–235.

5장

직관 존재론과 영역 특이성

파스칼 보이어 · H. 클라크 배릿

  마음이 다수의 전문화된 능력으로 이루어져 있다는 생각은 진화심리학을 대표하는 특징이다. 지각 체계와 운동 체계 같은 이른바 마음의 '주변 장치'로 전문화된 기관이 있다는 생각이 심리학에서 널리 인정받고 있는 것이다. 하지만 고차원의 생각—지식, 추론 등—에 전문화기관이 있다는 생각은 아직도 논란의 여지가 있다.

  이 장에서 우리는 세계에 관한 인간의 전문성—지각 수준뿐 아니라 인지 수준에서도—이 독립되고 전문화된 여러 능력들로 이루어져 있다고 볼 때 가장 잘 이해될 수 있다고 말하는 이론과 증거를 검토하고자 한다. 이 전문화된 능력들은 여러 면에서 기능상 독립적인 재발성 적응적 과제를 중심으로 조직되어서 결국 기능상 전문화된 설계구조를 형성한다. 이 능력들은 원자적이고 나눌 수 없는 일원적 존재들이 아니며, 구체적인 추론 원칙과 기능상의 목표에 따라 다양한 신경 구조물들을 조율하는 과정을 필요로 한다. 이 능력들의 조직에는 각각의 영역에 관한 몇 가지 암묵적인 가정이 반영되어 있다. 이런 의미에서 그 능력들은 **직관 존재론**intuitive ontology들을 구체화한다. 직관 존재론이란 세계가 어떻게 조직되어 있는지에 관한 암묵적인 가정이며 우리는 이 가정을 사용해서 지식, 추론, 의사 결정을 조직한다.

  이 장의 전략은 이중이다. 첫째, 우리는 직관 존재론의 몇 가지 예를 제시하고, 독자들이 주변에서 일어나는 경험적 현상을 이해할 수 있도록 영역 특이성의 증거를 요약할 것이다. 다음으로, 우리는 이 예들을 이용해서 직관 존재론이 무엇이고 어떻게 진화하고, 발달하고, 조직화되는지에 관한 몇 가지 일반적이고 이론적인 요점을 이끌어낼 것이다. 우리는 먼저 발달심리학 초기에 나온 영역 특이성 개념들을 역사적으로 훑어보고, 다음으로 사례 연구를 통해 영역 특이성의 비교적 단순한 견해들이 어떻게 수정되어야 했는지를 보여주고, 끝으로 인지적 영역 특이성의 현재 상황을 요약하는 것으로 장을 마무리할 것이다.

영역 특이성: 초기 모델과 그 한계

영역 특이성은 직관 존재론이다

의미론 지식이 각기 다른 원칙에서 정보를 얻는 영역들의 모둠이라는 개념은 발달 심리학자들이 맨 처음 대중화했다(R. Gelman, 1978; R. Gelman & Baillargeon, 1983). 그들은 물리-기계적 능력, 생물학적 능력, 사회적 능력, 수리 능력의 차이가 각기 다른 학습 원리에서 비롯한다고 주장했다(Hirschfeld & Gelman, 1994). 이 초기의 연구는 인지 구조의 두 가지 중요한 양상을 강조했다. (1) 생애 초기의 인지 발달은 세계에 관해서 사전에 풍부한 내용을 갖춘 예측과 원리에 기초하고, (2) 이 예측과 원리는 가령 단단한 물체, 살아 있는 것, 의도를 가진 행위자 같은 주요한 존재론의 영역마다 각기 다르다는 것이다.

첫 번째 요점을 훌륭하게 보여주는 예가 흔히 '직관 물리학'이라 부르는 추론상의 물리적 원리가 조기에 어떻게 발달하는지를 조사한 것이다(Kaiser, Jonides, & Alexander, 1986). 영아 연구(Baillargeon, Kotovsky, & Needham, 1995; Spelke, 1988; Spelke & Van de Walle, 1993)는 신체 능력이 발달한 뒤에 물리적 직관이 발달한다고 본 피아제의 고전적 가정에 도전했다. 그들은 인과적 사건에서 행위자와 피행위자의 역할을 구분하고 먼 거리에 있는 행위자와 피행위자 사이에서 물리법칙을 어기고 일어나기 때문에 도드라지는 명백한 행위에 놀랄 뿐 아니라, 단단함(물체는 충돌하고, 서로를 통과하지 못한다), 연속성(하나의 물체는 연속적이고, 시공간상에서 존재가 단절되지 않는다), 지지(지탱되지 않은 물체는 떨어진다)에 의거한 체계적인 예측이 조기에 나타난다는 것을 입증했다(Leslie, 1984; Spelke, 1990).

두 번째 양상은 진정한 의미의 영역 특이성으로, 생물체와 인공물의 차이를 조기에 탐색하는 행동을 통해 가장 잘 설명이 된다. 아이들은 종 특이적인 '인과적 본질'에 의거해서—다시 말해서 정해져 있는 것은 아니지만 인과적으로 관련이 있는 각 종의 특유한 성질에 의거해서—동물 종을 직관적으로 해석한다(Atran, 1998). 고양이가 고양이인 것은 이런저런 외적 특징이 있어서가 아니라(우리는 고양이를 그렇게 알아보지만) 고양이로 태어나야 획득할 수 있는 본래적이고 정해져 있지 않은 성질을 갖고 있어서다. 이와 대조적으로 인공물은 영아기부터 원칙상 그 기능에 의거해서 해석된다(Keil, 1986). 그래서 어떤 물체를 살아 있는지 인간이 만든 것인지를 확인한다는 사실은 (a) 그 물체의 여러 양상에 주의를 기울이는 것, (b) 비슷한 입력에서 다른 추론을 만들어내는 것, (c) 특수한 내적 구조를 지닌 범주들을 만들어내는 것(눈에 보이는 특징들이 어떤 본질을 갖고 있는지[동물] 아니면, 인간의 의도가 들어 있는지[인공물]를 지시한다)을 수반한다.

이렇게 일찍부터 그와 같은 인지적 능력을 갖추게 되면서, 심리학의 영역 특이성 개념은 인간의 마음이 **직관 존재론**, 즉 일련의 핵심 범주들(예를 들어, 사람, 물체, 생물, 인공물 등), 범주와 관련된 예측과 학습 원리로 이루어져 있음(Boyer, 2000)을 의미하는 것으로 받아들여졌으며, 이 범주들은 지식의 핵심 원리나 핵심 영역의 형태로 초기에 발달한다고 여겨졌다(Keil, 1989; Spelke, 1994, 2000).

영역-특이적 체계는 오래전의 적응적 문제에 대한 대응이다

이러한 연구들의 초기에는 경험적 증거들이, 영역 특이성에 대한 존재론적 해석이 그 중심적 가정을 둘 다 너무 단순하게 생각하고 있었다고 생각했다. 영역-특이적 지식은 유아기에 일찍 발생할 필요가 없고, 마음 안에서 추론 체계들이 조직화되는 방식은 철학자나 과학자가 예를 들어 물리학, 생물학, 심리학의 영역으로 공들여 나누는 방식과 일치할 필요가 없기 때문이다.

진화의 관점에서 보면 적응에 매우 중요한 능력들이라 해도 모두나 대부분이 태어나자마자 또는 영아초기에 발달한다고 예상할 이유가 없다. 그 대신, 진화의 산물은 선천적이어야 한다는 생각이 더 오래된 철학 전통들에서 이 문헌으로 들어와서, 선천성에 관한 긴 (그리고 우리가 보기에 대체로 내용이 빈약한) 논쟁을 일으켰다. 그 용어를 둘러싼 논쟁은 대개 인간의 유전적 본성은 초기(되도록이면 신생아기)의 능력들 속에 뚜렷이 나타나는 반면에 일생에 걸친 그 변화는 주로 (비유전적인) 학습의 문제라는 가정에서 출발했다(Elman, Bates, Johnson, & Karmiloff-Smith, 1996). 이는 대단히 잘못된 가정이다. 진화론적 사고는 오히려 그 반대를 예측한다. 계산 능력은 비싸기 때문에 유기체는 아직 그런 능력이 필요하지 않은 생애시기에는 좀처럼 발달시키지 않는다(그리고 어떤 능력은 다른 능력보다 발달에 더 많은 시간이 든다). 이런 이유로, 예를 들어 인간은 성적 동기나 짝 선택 능력을 사춘기 이전에 발달시키지 않는다. "선천성"의 가정과 반대로, 적합도에 중요한 다수의 특수한 능력들은 유아의 인지에서 비롯되지 않는다. 그 능력들은 유전자가 통제하는 이후의 발달을 통해 서서히 펼쳐진다.

이와 마찬가지로 인지 체계들이 실재의 주요 영역과 일치하리라고 기대할 수 있는 진화적 이유는 전무하다. 예를 들어, 마음의 한 덩어리는 살아 있는 물체(생물학)를 전담하고, 다른 한 덩어리는 사회적 행동(심리학)을 전담한다고 기대하긴 어렵다. 그보다는 특이적인 인지 체계들이 사물 자체의 범주보다는 구별되는 각각의 적응적 과제를 전담한다고 기대할 수 있다. 예를 들어, 인간에겐 위험의 근원이 식물이든 동물이든 다른 인간이든 간에 병원체의 위협에 대처하는 체계가 있을 테고, 그런 체계는 철학자가 규정할 만한 존재론적 범주(예를 들어, '사회적' 대 '비사회적')에 들어맞지 않을 것이다. 반대로 인간의 번식능력은 잠재적 배우자가 존재할 때 활성화되고 잠재적 배우자 이외의 다른 인간과 마주칠 때 꺼지며, 그런 식으로 전담 체계들은 필요할 때 한 존재론적 범주의 부분집합에 초점을 맞춘다고 예상할 수 있다.

다음으로 전문화된 인지 체계의 사례 연구 몇 건을 소개하고 이를 통해 위의 요점들을 예증하고 뇌 속에 전문화된 지식이 어떻게 조직되어 있는지를 생물학적 사실에 입각해서 설명하고자 한다. 그 다음에 우리는 이러한 사례 연구들을 이용해서 우리의 마음 안에 있는 전문화된, 영역-특수적 체계의 본성이 가진 몇 가지 일반적인 사실들을 이끌어내려 한다.

268

직관 심리학: '마음 이론'에서부터 전문화된 탐지 체계까지

여러 전문화된 체계들의 상호작용으로 구축된 직관 존재론의 좋은 예가 바로 다른 행위자들의 행동을 이해하고 그에 대응하는 능력으로, 때로는 마음 읽기, 직관 심리학, 마음 이론으로 불린다(Povinelli & Preuss, 1995). 남들의 행동에 반응할 때 작동하는 기제는 여러 분류군에 널리 분포해 있는데, 인간의 마음 읽기 능력은 더 새롭고 인간에게만 있을 것으로 추정되는 기제와 계통발생상 더 오래된 기제의 상호작용을 수반하며, 그중 가장 정교한 기제는 남들의 행동을 가령 의도와 믿음 같은 보이지 않는 내적 상태들의 산물로 모형화하는 기제다(Dennett, 1987). 마음 읽기는 영역—특이적 능력에 관해 위에서 소개한 두 가지 일반 요점을 예증한다. 즉, 원자적이고 단일한 기술이 아니라 더 전문화된 능력들의 뒤범벅이며, 그 능력들은 경계가 혼란스럽고 각각의 발달 궤적도 이질적이다.

초기에 직관 심리학 연구는 하나의 통일된 체계가 대개 아이나 성인의 마음 이론이라고 서술되는 통일된 이론적 원리에 기초해서 마음 읽기를 처리한다고 가정했다(Gopnik & Wellmann, 1994). 대부분의 연구는 한 가지 실험 프로토콜, 즉 틀린 믿음 과제false-belief task에 기초해 있었다. 또한 일반적 병리인 자폐증을 마음 읽기의 일반적 결함으로 보았다. 그러나 거듭된 연구를 통해 틀린 믿음 과제는 대단히 제한적이고 결함이 있는 프로토콜이고(Bloom & German, 2000; Leslie, Friedman, & German, 2004), 자폐증은 틀린 믿음 처리의 결손이라기보다는 더 다양하고 복잡한 증상임이(Chevallier, Kohls, Troiani, Brodkin, & Schultz, 2012; U. Frith, 2001; Nielsen, Slaughter, & Dissanayake, 2013) 밝혀졌다. 결국 직관 심리학은 여러 추론 능력들의 모둠이며 그 능력들의 매끄러운 조정이 마음 읽기를 낳는다는 사실을 이해하게 되었다(Samson & Apperly, 2010).

핵심적인 체계 중 하나는 **살아있는 생물의 운동**animate motion을 탐지하는 일에 맞춰져 있다. 이 체계는 입력을 특별한 운동 패턴으로 간주하고, 출력으로 그것이 생물의 운동이라는 해석을 자동적으로 내놓는다. 이 체계는 영아기에 일찍 발달하는 것으로 보이고(Baldwin, Baird, Saylor, & Clark, 2001; Rochat, Morgan, & Carpenter, 1997), 특이적인 회로의 활성화를 조절한다(Gao, Newman, & Scholl, 2009). 유아기부터 생물을 탐지하는 다른 방식이 있는데, 원거리 반응성distant reactivity을 추적하는 것이다(Johnson, Slaughter, & Carey, 1998). 반응성 탐지는 특수한 신경 활성을 조정하므로, 의도 및 믿음 해석과 관련된 활성과는 거리가 멀다(Clouard, Meltzoff, & Decety, 2003).

이와 관련된 능력이 **목표 부여하기**goal ascription다. 생물은 구체적인 물체 및 상태와 원칙이 있게 관련된 방식으로 행동한다. 예를 들어 생물의 궤적은 관심이 가는 구체적인 물체에 도달하고 관련성이 없는 장애물을 피한다는 원칙에 의거할 때 이해가 되는데, 영아들의 예측은 이 원칙을 반영한다(Csibra, Gergely, Biró, Koós, & Brockbank, 1999). 목표 부여하기는 살아있는 생물의 움직임과는 구별되는 능력으로, 특이적인 신경 회로를 조정한다.(Gao, Scholl, & McCarthy, 2012; Gobbini et al., 2011; Reid, Csibra, Belsky, & Johnson, 2007; Skewes, Roepstorff, & Frith, 2011).

사람들과의 협조가 성공하려면 여러 행위자들의 주의가 일치해야 한다. 바로 이 때문에 같은 대상에 집중해서 주의를 기울이는 **공동 주의**joint-attention 능력이 인간에게 특히 정교하고(Carpenter, Nagell, & Tomasello, 1998; Tomasello & Carpenter, 2007), 영아기에 일찍 발달한다(Butterworth, 2001; Wu, Pan, Su, & Gros-Louis, 2013). 평범한 성인이 시선을 따라가서 타인의 관심의 초점에 주목하는 것은 자동적이고 준반사적인 과정으로(Friesen & Kingstone, 2003), 자폐증 영아들에게는 불완전하게 발달하는(Pelphrey, Morris, & McCarthy, 2005) 전담 신경회로들을 활성화한다(Hooker et al., 2003; Redcay, Kleiner, & Saxe, 2012).

얼굴 단서를 감정 상태와 관련시키는 능력도 이른 나이에 발달하고 여러 문화에서 비슷한 성인 능력에 도달한다(Ekman, 1999; Keltner et al., 2003). 5개월 생 영아는 익숙한 얼굴에 다른 감정이 드러나면 다르게 반응한다(D'Entremont & Muir, 1997). 특이적인 감정 유형들을 탐지하고 인식하는 일은 얼굴 동일성을 처리하는 일반적인 과정과는 별개인 특이적인 신경 회로를 동원한다(Kesler-West et al., 2001). 이 망들은 감정 그 자체에 의해 활성화되는 망들과 부분적으로 겹친다.

마지막으로, **믿음 부여하기**belief-ascription 추론은 방금 묘사한 체계들이 공급하는 정보를 입력으로 삼아서, 복잡한 행동에 대한 설명과 예측을 의식적으로 사용할 수 있는 형태로 산출한다. 초기에 이 과정을 연구한 과학자들은 내측전두엽의 특수한 부위들이 마음 이론의 과제에 특별히 관여하는 것을 확인했다(Happé et al., 1996). 또한 우반구의 이 부위에 손상을 입으면 그 능력이 선택적으로 손상된다는 것을 보여주는 신경심리학 증거도 있다(Happé, Brownell, & Winner, 1999). 두 경우 모두에서 실험 프로토콜은 틀린 믿음 과제, 즉 다른 행위자의 믿음에 대한 **명시적** 서술이었음에 주목할 필요가 있다. 다시 말해, 그런 과제에서 분리해낸 기능적 능력은 직관심리학이 아니라, 단지 언어로 명시된 최종 결과일 뿐이다.

이 조사는 분명 철저하지는 않아도, 우리의 직관적, 정신적 행동 이해를 매끄럽게 작동시키는 다양한 체계들이 있으며, 이 체계들이 모든 평범한 인간들의 내면에서 놀라울 정도로 비슷하게 작동한다는 것을 가리킨다(Avis & Harris, 1991; Yazdi, German, Defeyter, & Siegal, 2006). 진화의 관점에서 볼 때 개별 능력들이 복수인 것은 놀라운 일이 아니다. 마음 읽기를 하는 뇌 구조물들은 각기 다른 진화적 역사를 갖고 있으며 어떤 것은 사회적 생활 이전에 발생했고(예를 들어, 눈과 움직임을 추적하는 것은 포식자−피식자 상호관계에서 대단히 중요하다) 어떤 것은 더 최신이다(예를 들어, 공동 주의는 협조하는 환경에 도움이 된다). 공동으로 마음 읽기를 지원하는 신경 체계들은 아마도 몇 갈래 독립된 진화 경로의 산물일 것이다.

생물 대 인공물: 존재론적 범주에서부터 목표-특이적 체계까지

생물과 인공물이라는 광범위한 영역의 구별은 영역 특이성의 초기 모델들, 특히 발달심리학 연구의 주요 주제였다. 하지만 진화를 고려할 때, 의미 지식의 특수성은 각기 다른 적합도 결과를 낳는 상황과 대응하는 더 구체적인 수준에서 발견되어야 한다. 짝, 포식자, 병원체, 음식 같은 다양한 생물들이 각자 아주 다른 이유로 우리에게 중요하기 때문이다. 또한 진화에 의거할 때 우리는 사물의 범주뿐 아니라, 유기체의 적합도에 영향을 미칠 상호작용의 종류도 고려해야 한다. 예를 들어, 도구와 건물은 기술적으로 따지면 인공물이지만 우리가 도구와 상호작용하는 방식은 건물 같은 물리적 공간과 상호작용하는 방식과 다르다. 우리는 영역−특이적 추론 체계들의 입력 포맷과 활성화 단서가 이 결이 고운 특수성을 반영하리라고 예측한다. 실제로 결이 고운 체계에 대한 이 가설은 행동, 발달, 뇌영상, 신경심리학의 증거로부터 얼마간 지지를 받고 있다.

행동과 관련지을 때, 동물(그 대부분)과의 상호작용은 앞서 묘사한 생물animacy-탐지 체계와 목표-탐지 체계의 활성화를 촉발한다. 이 체계들은 식물종으로는 절대 활성화되지 않는다. 또한 동물과 식물의 사례는 분류학이라는 독특한 범주화 체계를 활성화한다. 범주들(예를 들어, 뱀)은 더 추상적인 다른 범주들(파충류)에 포함되는 동시에 더 구체적인 범주들(독사)을 포함하고, 분류학의 높은 노드에서 낮은 노드로 속성이 인계되어 구체적인 사례의 속성을 추론할 수 있게 하며, 각자 상호 배타적이고 모두 합치면 완벽한데, (분류학 이외의) 다른 영역에서는 볼 수 없는 일이다(Atran, 1981). 동식물 분류는 문화에 따라 다르지만 위계 구조(예를 들어 변종, 속, 과 등)는 모든 민간생물학 체계에서 발견되며, 몸 체제體制, 생리, 행동에 관한 위계에 따른 예측을 담고 있다(Astuti, Solomon, Carey, Ingold, & Miller, 2004; Atran, 1998; Lopez, Atran, Coley, & Medin, 1997; Medin & Atran, 1999; Taverna, Waxman, Medin, & Peralta, 2012).

발달에서도 우리는 원칙에 따르고, 초기에 출현하는 영역-특이적 원리들(「영역 특이성: 초기 모델과 그 한계」라는 절에서 이미 언급한 원리들 외에도)을 보게 된다. 예를 들어, 취학 전 아동은 물론 동물의 종류를 확인하는 기준으로는 '외부'만 사용하지만, '내부'를 동물의 정체성을 구성하는 중요한 특징으로 간주한다(S. A. Gelman & Wellman, 1991). 아이들은 새로운 이름을 모양이 같은 동물과 기능이 같은 인공물에 확장하기는 해도, 같은 기능이 있는 동물이나 같은 모양을 가진 인공물에 새로운 이름을 확장하지는 않는다(Graham, Welder, Mernfield, & Berman, 2010). 어른들처럼 아이들도 도구보다는 동물에 대해 귀납적 일반화를 더 많이 한다(Brandone & Gelman, 2009). 도구와 동물에 대한 내적 특질과 외적 특질에 대한 정보를 습득하는 발달 단계의 시기도 다르게 나타난다(Diesendruck & & Peretz, 2013). 어린 아이들은 이른 시기부터 직접적인 관찰을 통해서 얻은 정보 뿐만 아니라 사회적으로 전달된 정보를 사용해서도 도구의 개념과 특유의 용도를 분명하게 연관시킨다(Casler & Kelemen, 2005; Phillips, Seston, & Kelemen, 2012). 아이들은 하나의 도구 개념과 주로 이용되는 의도에 따른 쓰임을 연결 짓는데, 그 용도는 처음 인증된 용도일 수도 있고 원래 만든 사람이 의도한 용도일 수도 있지만(Matan & Carey, 2001) 어쨌든 아이들의 포괄적인 목적론과 일치한다(Kelemen, 1999). 인공물 영역에 한정하여, 그런 용도는 실제로 관찰이 가능하고 기능과 관련이 있는 행동유도성affordances과 일치한다(Asher & Nelson, 2008). 이 발달 연구들에서 밝혀진 무언의 원리들은 '생물'과 '인공물' 같은 넓은 범주가 아니라, 언제나 중간 크기의 동물(서서히 그리고 단지 부분적으로만 곤충과 식물로 확대된다)과 물체에 가해진 효과를 직접 관찰할 수 있는 조작 가능한 도구다(집, 다리, 가로등 같은 인공물은 아니다)에 대한 구분 능력을 밝혀내었다. 실제로 증거에 따르면, 생물 범주는 확실히 너무 넓은 반면에(Waxman, 2005), 인공물 범주는 그런 제약을 받지 않는다(S. A. Gelman, 2013).

초기의 많은 뇌영상 연구는 PET(양전자 단층촬영)과 fMRI(기능적 자기공명영상)을 사용하고 언어 혹은 영상인식 및 영상생성에 의존해서, 생물과 인공물이 상당히 다른 피질 활성화를 유발한다고 주장했다. 하지만 그 결과들은 직접적이지 않았고, 심지어 일관되지도 않았다(Perani et al., 1995). 이는 초기에 서로 다른 의미 범주에 대한 신경 국지화의 예측들이 잘못된 것임을 가리킨다. 얼굴 처리는 기능상으로 특이적인 **동시에** 신경이 특정 부위에 몰려 있는(국지화) 덕분에, 예외적인 사례로 보인다. 또한 뇌의 존재론이 잘 체계화되어 있다는 가정에 기초해서 이 연구들은 '생물'과 '인공물'을 조사할 때 예를 들어, 식량과 그 밖의 자연물, 식물과 동물, 도구와 그 밖의 인공물 사이의 중요한 진화적 차이를 무시하고 애매한 자극물들을 종종 사용했다.

혹자는 어떤 신경인지 차원의 차이가 있어서 동물과 도구를 대상으로 관찰된 행동 차이, 예를 들어 주제 관련 지식인출 대 기능 관련 지식인출에 소요되는 시간의 차이 같은 관찰된 행동 차이를 뒷받침할 것이라 예상할 수도 있다(Kalenine, Mirman, Middleton, & Buxbaum, 2012). 최근의 뇌영상 연구는 대부분 낮은 차원의 회로들을 공유한 상태에서 조율이 달라질 때 그런 차이가 발생한다고 입증한다(Zannino et al., 2010). 범주 역시 처음에 기대했던 것보다 더 특이적이다. 예를 들어, 중간 크기의 동물과 곤충에는 별개의 활성화 패턴이 있다(Connolly et al., 2012). 전문화된 체계들의 이 좁은 시야는 인공물의 영역에서 더 철저하다. 그 영역에 해당하는 특수한 활성화를 찾는 연구들은 또한 그 효과가, 물체가 친숙한지 아닌지와는 상관없이 **조작할 수 있는** 물체에만 적용되고(Anzellotti, Mahon, Schwarzbach, & Caramazza, 2011;

Mecklinger, Gruenewald, Besson, Magnie, & Von Cramon, 2002; Moore & Price, 1999), 몇몇 영역 특히 쥐는 동작을 통제하는 영역에 전운동premotor 활성화가 뚜렷이 나타난다고(Chouinard & Goodale, 2012) 보고한다. 드문드문 나오는 신경심리학의 증거도 이 결론에 호응한다(Pillon & d'Honincthun, 2011; Sacchett & Humphreys, 1992; Sartori, Coltheart, Miozzo, & Job, 1994).

이 몇 갈래 증거들은 놀라운 수렴성을 보이는데, 이는 마음 체계들이 엄밀한 존재론적 영역('생물' 대 '인공물')을 중심으로 조직되어 있는 것이 아니라 목표와 관련된 범주들—예를 들어 '다른 물체를 변경하는 데 사용할 수 있는 조작 가능한 물체'나 '포식자/피식자 상호작용 관계를 이룰 수도 있는 동물' 같이—목표와 관련된 범주를 중심으로 조직되어 있음을 가리킨다. 이것으로 볼 때, 그런 체계들의 설계구조는 지각할 수 있거나 추론된 범주 차이라기보다는 적합도와 관련된 대상의 측면들과 긴밀하게 들어맞음을 알 수 있다.

영역-특이적 체계와 문화적 지식: 숫자

우리의 마지막 예는 숫자와 관계가 있는 심리 능력이다. 숫자가 유용한 예인 것은 숫자를 다룰 때는 어떤 전문화된 심리적 기술들이 필요하지만 그럼에도 숫자는 전통적인 영역 몇 개를 가로지르기 때문이다. 인간은 집합의 크기나 많고 적음의 연속성을 추산할 줄 알고(예를 들어, 당분이 적은 것보다 많은 것을 더 좋아한다), 셀 수 있는 물체의 상대량을 어림할 줄 알고(이 구슬 더미가 저것보다 '더 커' 보인다), 물체를 셀 줄 알고(언어적 셈법을 숫자 표지 및 재귀성 규칙과 함께 적용해서 집합의 다수성을 평가한다), 숫자 추론을 하고(예를 들어, 숫자 두 개를 더한다), 저장된 수적인 사실을 인출한다(예를 들어, 2×6=12). 숫자와 다수성의 존재론으로 설명하는 것도 일리는 있지만, 이 능력은 별도의 기능, 진화의 역사, 발달 궤적을 가진 여러 체계들의 상호작용을 수반하는 것이 거의 분명하다.

최소의 사회적 지원으로도 모든 인간에게서 믿을 만하게 발달하는 숫자 능력과 지속적이고 힘들게 습득해야 하는 숫자 능력은 극명하게 대조된다. 인류사에 출현한 사회는 대부분 '하나, 한 쌍, 세 개 한 벌, 몇몇, 많음' 같은 기초적인 숫자열을 편의에 맞춰 사용하고(Crump, 1990; Frank, Everett, Fedorenko, & Gibson, 2008), 정신사전의 다른 부분들과 마찬가지로 어렵지 않게 습득했다. 어떤 수라도 언어로 지칭할 수 있는 더 정교하고 재귀적인 조합 체계는 다른 집단으로 쉽게 퍼지고 특히 교역이 발달하면서 더욱 활발히 전파되지만, 훨씬 더 드물게 발생한다. 이상이 우리가 익히 알고 있는 숫자 체계다. 마지막으로 문해력과 인지 전문화가 가세하면 추상적인 수학 지식이 출현한다.

행동이 다양한 만큼 다양한 기초적 과정이 반영된다. 숫자 능력이 하나의 통합된 능력이라는 간소하지만 틀린 예상과는 반대로, 행동, 발달, 신경심리, 뇌영상 연구에서 나온 많은 결과들은 숫자 표상이 다양하고 숫자 추론을 담당하는 과정 역시 다양하다는 쪽으로 모아진다(Dehaene, Spelke, Pinel, Stanescu, & Tsivkin, 1999). 특히, 한편으로 아날로그적인 크기와 정도에 대한 표상과, 다른 한편으로 디지털 숫자 표상 및 그와 관련된 숫자 사실과 원리를 구분해야 한다(Gallistell & Gelman, 1992). 아날로그적 크기 체계는 '수직선'—즉, 아날로그적이고 점증적인 크기 표상—의 다른 지점에서 각기 다른 다수성을 부호화한다. 그 체계는 어림셈 과제와 비교를 담당하고, 양측 하두정엽 피질inferior parietal cortex이 활성화된다. 디지털 체계는 정확한 계산 과제에서 활성화되고, 하전전두 피질(주로 왼쪽 반구의 영역에서)과 함께 주로 언어 과제에서 활성화되는 부위들이 활성화된다. 숫자 추산에서 두정엽 망이 작동한다는 것은 크기의 공간 표상을 가리키는데, 공간무시 장애(spatial neglect)의 증상이 있는 피험자는 크기 추산을 제대로 하지 못한다는 사실이 이를 뒷받침한다. 또한 각회angular gyrus에 두개경유 자기자극술(transcranial magnetic stimulation)을 시행하면 이 두정엽 망에 기능문제가 올 수 있다(Zorzi, Priftis, & Umilta, 2002). 두개경유 자기자극술 결과가 두정 공간망과 숫자 사이의 이 관계를 뒷받침하는 이유는, 각회를 자극하면 근사 크기 어림셈이 방해를 받기 때문이다(Gobel, Walsh, & Rushworth, 2001).

체계들 간의 차이는 그 영역의 발달하고도 관련이 있다. 숫자 추론을 위해 아이들은 두 개의 다른 체계에서 전달되는 표상을 통합할 필요가 있다. 첫째는 크기 어림셈이 공급하는 다수성의 표상이고, 둘째는 물체 동일성의 표상이다. 물체를 개별화하면 (1−1=0)이나 (2−1≠2) 같은 추론이 가능해지는데, 이 행동은 탈습관화 연구에서 유아에게서 관찰할 수 있다(Wynn, 1992, 2002). 이러한 능력을 습득하기 위해서는 한 무더기 안의 대상들에 대한 구별 가능한 두 표상들을 체계적으로 위치시키고 대응시키는 것이 필요하다(Ansari, 2011; R. Gelman & Meck, 1992).

크기 어림셈, 즉 상대적인 양을 판단하거나 하나의 묶음을 내면의 어떤 기준과 비교하는 능력, 그리고 언어의 형태로 숫자 세기는 각기 다른 진화사를 갖고 있는 듯하다. 실험에서 나온 증거를 비교해보면, 크기 어림셈은 다양한 동물에 존재하는데, (a) 사건이 발생할 때마다 특정한 생리적 사건을 유발할 수 있고(사건의 지속시간과 반드시 결부되지는 않는다), (b) 사건의 결과를 누적적으로 등록해서 필요할 때마다 비교할 수 있게 하는 어떤 체계의 지원이 필요하다(Meck, 1997). 인간과 동물 연구의 증거에서 나타나는 바에 따르면, 이 누적되는 계산 능력은 다루어야 하는 차이들이 표상의 크기와 함께 늘어나는 아날로그적 표상을 제공하였을 것이다(Gallistel & Gemlan, 1992). 인간의 경우에 정밀한 크기 어림셈과 비교가 선택된 역사는 오래되었을 것이다. 이 능력은 수렵채집인이 행한 정교한 식량 수집에 반드시 필요하기 때문이다(Mithen, 1990). 반면에 언어의 형태로 숫자 세기는 인간에게 고유할 뿐 아니라 실제로 특정한 문화들에만 존재하는데, 어떤 수라도 표현할 수 있는 수 체계는 주로 현대에 속하는 몇몇 사회에서만 발생했다. 수 체계는 대단히 '전염성이 높은' 문화적 체계로, 대개 지속적인 교역에 의해 촉발된다. 따라서 수 체계는 구체적 행동(세기, 숫자 적기)에 노출되는 방식의 문화적 전파를 필요로 한다. 하지만 문화적 재료는 하나 또는 몇몇 진화한 추론 체계의 입력 형식과 '일치'하는 한에서 전파가 된다. 그래서 수 체계는 문해력처럼 문화적 창조물로 보는 것이 타당할 수 있다. 기존의 인지 성향을 '납치'해서 그 추론 체계의 입력 형식을 흉내 내는 것이다. 체계적인 언어의 형태로 숫자 세기에는 수치 개별화numerical individuation라는 정교한 감각, 즉 한 물체가 다른 물체와 완벽하게 비슷하지만 다른 사례일 수 있다는 직관이 필요하다. 이 직관은 유아기에 일찍 발달하는 듯하고(Xu & Carey, 1996), 숫자 개념을 처음 습득할 때 사용된다(Carey, 2009).

직관적 영역-특이적 추론 체계의 일반 특징들

마음에 있는 영역─특이적 추론 체계의 이 예들을 가지고 이제 이 체계들에 어떤 공통의 특질이 있는지, 그리고 진화 및 조직과 관련하여 우리가 몇 가지 일반 원리를 추출해서 그것을 더 일반적인 영역 특이적 추론 체계로 확장할 수 있는지를 살펴보고자 한다. 우리는 영역─특이적 추론 체계의 비교적 일반적인 특징 여덟 가지를 제시하지만, 이 목록이 완전하다고 보지 않으며, 심리가 다양한 만큼 이 모든 항목이 모든 진화한 체계에 똑같이 잘 적용되지도 않을 것으로 생각한다.

전문화된 추론 체계는 반복되는 적응적 과제에 초점을 맞춘다

의심할 여지없이 방금 묘사한 체계들은 저마다 매우 특이적인 적응적 과제와 관련된 정보를 취급한다. 예를 들어, 유기체는 특이적인 행동을 행위자의 의도 및 여타 표상과 빠르게 연결할 줄 알아야 한다. 도구를 만들고 사용하는 유기체는 행동유도성과 기능의 관계에 쉽게 접근할 수 있어야 한다. 수많은 동식물로부터 영양분을 얻은 뒤 복잡한 과정을 거쳐 처리해야 하는 유기체는 그 동식물종의 특유한 속성으로 효과적인 데이터베이스를 구축해야 한다. 방금 나열한 문장들에서 '해야 한다'는 말은 해당 영역의 능력이 최소한도라도 있어야 문제의 행동이 가능하다는 것을 의미하지만, 또한 그 능력의 효율성이 증가할수록 적합도 이익이 함께 높아진다는 것을 암시한다.

여기에 함축된 의미는, 철학자나 과학자가 사용하는 영역들과는 달리 뇌가 사용하는 영역들은 현실이 규정하는 것이 아니라 인지가 범위를 정한다는 것이다. 앞서 보았듯이 동물이나 인공물 같은 존재론적 범주와 직접 연결되는 인지 체계는 없다. 또한 많은 영역─특이적 체계가 초점을 맞추는 곳은 그 종의 특수한 진화사를 고려할 때에만 특수성을 띠는 현실의 양상들이다. 예를 들어 인간이 만든 도구는 다른 종들에게는 환경의 일부일 뿐, 같은 방식으로 개념화되진 않는다.

여기에 함축된 또 다른 의미는, 한 체계의 고유 영역 또는 진화적 영역과 실제의 운용 범위는 다르다는 것이다(Sperber, 1994). 어떤 인지 체계가 영역 D에 전문화되었다는 사실은 그 체계가 항상 또는 배타적으로 D를 취급한다는 뜻도 아니고, 그 전문화가 진화적으로 새로운 활동을 위해 채택될 수 없다는 뜻도 아니다. 인간이 설계한 물건에 비유하자면, 어떤 물건이 빵을 자르기 위해서 설계되었고 그 일에 전문화된 특징들을 갖고 있다는 이유만으로, 그것이 항상 그 용도로만 쓰여야 한다거나 다른 용도에는 맞지 않는다고 할 수는 없다. 예를 들어, 다양한 증거가 가리키는 바에 따르면, 인간이 만든 문자 체계가 사용하는 뇌의 영역은 표기된 단어와 철자를 물리적 대상으로 취급하는 뇌의 물체인식 영역일 가능성이 있다(Dehaene, 2005). 글자는 비교적 늦게 발생했기 때문에, 표기된 단어는 그 자체로 글자를 체계적으로 취급하기 위해 발달한 시각단어형태 부위 및 그 밖의 고유 영역이 아니라, 실제의 영역에 속한다고 결론지을 수 있다. 표기된 단어가 그 영역의 입력 조건을 충족하는데 이는 3차원 물체와 비슷하다는 것을 나타내기 때문이다. 고유 영역과 실제 영역은 몇 가지 측면에서 거의 항상 다르다. 흉내와 위장은 이 불일치를 이용한다. 독이 없는 나비는 독이 있는 나비처럼 화려한 색을 진화시켜 새들의 포식을 피할 수 있다. 화려한 벌레 회피 시스템에 해당하는 새의 고유한(진화한) 영역은 독벌레들의 영역이고, 실제 영역은 그렇게 생긴 모든 곤충의 영역이다(Sperber, 1994).

전문화는 해부학적이 아니라 기능적이다

얼굴 인식은 우리가 신경 구조물과 그 기능적 전문화에 대해 알고 있는 지식이 영역 특이성을 이해하는 데 결정적으로 중요하다는 것을 보여주는 사례다. 하지만 기능의 전문화로부터 신경의 전문화로 직접 일대일 대응을 할 수 있다는 뜻은 아니다. 실제로 인지 영역들은 대부분 적합도와 관련하여 반복되는 상황 또는 문제(예를 들어, 포식자, 경쟁자, 도구, 식량 수집 기술, 짝 선택, 사회적 교환, 친족과의 상호작용 등)와 일치한다. 그렇다면 그중 한 영역에 해당하는 정보에 의해 특이적으로 활성화되는 신경 구조물을 찾을 수 있을까? 경험적·이론적 이유들은 그보다 더 복잡한 그림을 예상하게 한다. 첫째, 신경의 특이성을 쉽게 추적할 수 있는 해부학적 국소화와 혼동해서는 안 된다. 국소적 활성화의 차이들은 뇌영상 기술의 (말 그대로) 괄목할 만한 발전 덕분에 선명해지긴 했지만, 그럼에도 신경 전문화의 유일한 지표가 아니다. 뇌 기능들의 결정적 차이는 (ERP로 관찰할 수 있는) 시간적 처리의 차이, 신경전달물질 조절, 그리고 fMRI로는 포착되지 않는 활동 전위의 시간적 순서 패턴spike-train patterns에서 나온다. 둘째, 뇌신경섬유지도tractography 같은 새로운 뇌 매핑 기술 덕분에 상호작용하는 부위들의 전체적인 속성들이 밝혀지고 있는데, 이 정보는 복잡한 인지가 계산의 노동 분업을 통해 어떻게 이루어지는지를 이해하는 데 결정적으로 중요하다. 인지가 분산망에 있다는 이 개념을 혹자는 마음을 모듈로 또는 이 글에서처럼 영역–특이적으로 보는 견해와는 대립한다고 보지만, 뇌의 모듈성과 전문화가 무슨 뜻인지를 생물학적으로 적절하게 보는 한에서 양자는 완전히 일치한다.

영역 특이성과 기능적 전문화 개념을 중심으로 지금까지 많은 혼란이 발생한 이유는 심리학에서 **모듈성**modularity을 바라보는 고전적인 견해 때문이다. 심리학은 모듈을 엄밀하고, 편협하고, 선천적이고, 반사운동 같은 인지 메커니즘으로 본다. 이 개념을 진화한 전문화 개념과 동일시하는 것은 잘못이지만, 복잡한 인지가 전문화된 과정들의 조화로운 상호작용을 통해 이루어진다는 개념을 버리는 것 또한 잘못이다(H. C. Barrett & Kurzban, 2006). 실제로 뇌 신경망에 관한 데이터는 강한 모듈성 개념과 일치하는 동시에 강한 상호작용성 및 가소성과도 일치한다(Bullmore & Sporns, 2009). 양쪽은 대립하지 않고 오히려 서로 협조한다. 게다가 우리가 볼 수 있는 기능상 전문화된 과정은 단독 행동을 하는 단일한 뇌 부위들이 아니라 분산망을 통해 발생한다.

복잡한 인지가 유연하고, 조건적이고, 여러 전문화된 부분의 병렬적 상호작용을 통해 이루어질 수 있는지를 은유하는 예가 있는데, 바로 효소 계산이다(H. C. Barrett, 2005). 효소는 반응을 촉진하는 입출력 계산 장치다. 모든 효소는 저마다 기능적으로 전문화되어 있지만, 그 활성은 계획된 협력에 따르고, 모듈 신호를 통해 효소가 종종 직렬식으로 전후관계에 따라 조절되는 과정을 수반한다. 어떤 측면에서 직관 존재론 체계들이 정보를 처리하는 과정은 촉매 또는 이런 의미에서 정보의 소화와 비슷한데, 각기 다른 기제들이 당면한 문제의 다른 부분들을 공략해서 유기체에 유용한 새로운 표상을 구성한다. 이 일은 단독으로 작동하는 단일한 기제들이 아니라, 종종 병렬적이고 위계적으로 작동하는 여러 기제들의 조율된 모둠과 망을 필요로 한다. 설명을 예로 들어보자. 의미 있는 고차원의 표상은 부분들로 조금씩 구축되는데, 부품들이 계산의 사슬을 타고 올라갈수록 복잡성이 증가한다(Ullman, 2007). 이같은 사정은 예를 들어 사람, 인공물 등을 인지하는 과정에도 그대로 적용될 가능성이 높다. 앞서 언급했듯이, 마음 읽기 같은 사회적 인지 과정을 신경심리학적으로 밝히는 이야기들은 단일한 과정처럼 보이는 것이 실제로는 여러 하부 체계들의 조율된 상호작용을 통해 이루어진다는 견해로 수렴한다(C. Frith & Frith, 2007).

영역-특이적 체계는 표상과 동기를 결합시킨다

직관 존재론의 주요 기능 중 하나는 의미론 또는 의미와 관계가 있다. 유기체가 판단하고, 결정하고, 행동할 수 있도록 세계를 분석하고 해석하는 일이다. 하지만 그런 체계들이 오로지 의미론적이나 개념적이라고 가정하는 것은 옳지 못하다. 결정과 행동에 정보를 공급하기 위해서는 동기적 구성요소가 있어야 하기 때문이다(Tooby, Cosmides, Barrett, 2005). 최소한, 직관 존재론의 기초가 되는 의미론적 과정들이 감정 및 동기적 과정들과 협력해야 한다. 하지만 뇌에서 정보가 어떻게 처리되는지를 설명하는 적어도 몇몇 견해에 따르면, 인지 과정과 감정 과정의 분리는 과거에 생각했던 것처럼 간단하지 않으며, 경계를 나누기가 아예 불가능할지도 모른다. 다시 말해서, 유기체를 위해 세계를 해석하는 바로 그 과정이 적어도 부분적으로는 유기체를 행동하도록 자극하는 과정일 수 있다.

예를 들어 진화 미학을 생각해보자. 어떤 물체를 매력적으로, 맛있게, 또는 역겨워 보이게 하는 과정은 어떤 의미에서 그 물체와 관련된 동기를 산출하는 과정과 동일하다. 빵 굽는 냄새를 좋은 것으로 만드는 과정은 일반적으로 지각에 관련되어 있다고 하지만, 그 지각 표상은 행동을 자극하는 방식으로 가치를 지니고 있다. 이와 마찬가지로, 통증 자극은 팔이 뜨거운 난로에서 멀어지게 한다. 뇌가 손상된 불행한 환자들은 이렇게 자극에 가치를 부여하는 체계가 손상되면 행동할 동기가 사라지는 것을 보여준다. 통증을 지각하지 못하는 사람들은 상처를 입다가 결국 보통 사람들보다 훨씬 더 일찍 사망하는데, 이 예는 지각—동기 연계의 적합도 가치를 적나라하게 보여준다(Nagasako, Oaklander, & Dworkin, 2003). 이 관계는 더 복잡한 자극에도 적용된다. 예를 들어, 신체의 매력뿐 아니라 심리적인 매력을 포함해서 짝의 매력을 구성하는 많은 측면들은 우리를 자석처럼 끌어당기는데, 진화의 관점에서 이 미적 평가 체계가 행동을 유발하지 않으면 어디에도 쓸모가 없을 것이다. 이와 마찬가지로 우리의 도덕적 판단 체계는 행동을 옳거나 그르다고 해석해줄 뿐 아니라 그와 관련된 특별한 감정을 불러일으킨다. 사람들이 도덕적 비행을 종종 불쾌하거나 역겹다고 묘사하는 것도 우연한 일이 아니다(Greene & Haidt, 2002; Tybur, Lieberman, Kurzban, & DeScioli, 2013). 이 사실은 인지 전체는 아니더라도 직관 존재론에 대해서는 일반적인 특징일 것이다. 세계를 표상하는 체계가 진화하는 이유는 바로 결정과 행동을 유발하기 때문이다.

유기체가 더 많이 배우기 위해서는 더 많이 알아야 한다

선천성에 관한 세간의 논의에서 사람들은 흔히, 외부 환경에서 엄청나게 많은 정보를 얻는 유기체는 그렇지 못한 유기체보다 유전적으로 통제되는 구조가 더 적게 필요하다고 가정한다. 하지만 이종 간 비교를 해보면 유전적 정보와 환경 정보를 제로섬 게임으로 보는 이 생각에는 근본적으로 잘못된 점이 있음을 알게 된다. 짚신벌레는 바퀴벌레보다 적게 알고, 쥐는 침팬지보다 적게 아는데, 각각의 비교 지점에서 더 복잡한 정보처리 구조를 갖고 있는 유기체가 더 많은 외부 정보를 이끌어낼 수 있다(그리고 그래야만 한다). 계산 논리 역시 이 가정을 뒷받침한다. 복잡한 유기체가 발달하려면 특별한 종류의 정보에는 각별히 주의를 기울이고 무의미한 정보는 체계적으로 무시할 필요가 있다. 인간의 능력은 이 원칙을 뚜렷이 보여준다. 예를 들어, 자연 언어의 정신사전(기재된 항목이 1만 개에서 10만 개 사이이다)은 언어 습득기에 다른 화자들의 말에서 나온다. 이것은 유전적 전달이 얼마나 경제적인지를 말해준다. 유전체에 저장된 어휘 항목이 하나도 없는 상태에서 완전히 유창하게 사용할 수 있기 때문이다. 그러나 이 외부적 데이터베이스는 복잡한 언어적 소질을 가진 마음만이 사용할 수 있다(Jackendoff, 2002; Pinker & Bloom, 1990).

발달은 정상적인 환경과 꾸준한 유전적 통제를 필요로 한다

학습과 선천성에 관한 종래의 혼란은 진화한 능력이 종–전형적으로 발달하려면 대단히 특이적인 환경에 의존해야 한다는 사실에서 발생하는 경우가 많다. 개인이 다른 얼굴을 접할 수 없는 상황에서 자란다면 얼굴 인식 능력이 발달하지 못할 것이다. 언어 습득을 위해서는 아이와 사람들이 아주 평범한 방식으로 상호작용을 해야 한다. 도구 만들기 능력은 기능적으로 전문화된 인공물이 널려 있는 세계에서 발달한다. 이런 면에서 추론 체계는 치아와 위장 또는 뇌의 시각 피질과 비슷하다. 치아와 위장이 정상으로 발달하는 데에는 정맥주사가 아니라 소화할 수 있는 음식이 필요하고, 시각 피질은 망막을 통한 자극의 입력이 필요하다. 환경의 정상적인 특징에서 정상적이라는 것은 피할 수 없거나 일반적이라는 것이 아니라(미래에는 알약과 정맥주사로 공급되는 음식이 흔해질지 모른다), 진화의 환경에 믿을 만하게 존재했던 것을 말한다. 1만 년 전에 아이들은 자연 언어의 사용자, 인간이 만든 도구, 성 역할, 포식자, 중력, 씹을 수 있는 음식 등 안정적인 요인들이 포함된 환경에서 태어났다. 그 요인들이 특정한 마음의 소질을 그 환경 특징에 대응하는 유용한 적응으로 만들었다.

이와 관련해서 선천성에 관한 논의들은 뇌 구조에 대한 유전적 영향이 **탄도학**의 과정(가령, 공을 차는 것)과 유사하다고 종종 암시한다. 공을 차는 사람이 최초의 조건(예를 들어, 날아가는 방향과 에너지)에는 영향을 미치지만, 그 영향은 거기서 끝나고 다음부터 공의 운동은 외부요인들(가령, 마찰)의 영향만 받는다. 만일 뇌 발달이 그런 탄도학적 체계라면, 유전체은 출생까지는 특별한 구조를 가진 뇌와 비슷하고, 출생 후에는 말하자면 작동을 멈출 것이다. 기관형성이 끝난 뒤부터 기능상 의미 있는 뇌 변화는 오로지 외부 정보와의 상호작용에 의해서만 발생할 것이다. 하지만 이것은 명백히 사실이 아니다. 비유전적인 환경의 영향은 태어나기 전에도 존재하고, 역으로 뇌 기능을 포함하여 유전자가 유기체 구조에 미치는 영향은 일생 전체에 퍼져 있다.

각각의 영역-특이적 체계에는 고유한 학습 논리가 있다

진화는 특수한 성인기 능력들을 야기할 뿐 아니라 특수한 발달 경로들을 낳는다(Gallistel, 1990; R. Gelman, 1998; Spelke, 1998). 또한 체계들은 각기 다른 발달 스케줄을 갖고 있는데, 가령 발달의 '창문window' 이 열리기 이전이나 이후에는 특별한 종류의 학습을 쉽게 하지 못한다(Keil, 1990). 학습 특수성은 많은 영역에서 아이들이 성인기 능력으로 가기 위해 밟는 우회 경로에서 두드러진다. 예를 들어 어린 아이들은 단순함에서 복잡함에 이르는 방식으로, 즉 짧은 문장으로 시작해서 점차 요소를 더해나가는 방식으로 통사론 능력을 쌓아가지 않는다. 아이들은 한 단어 단계를 거친 뒤 두 단어 단계로 나아가고, 그 다음에는 그 구조를 폐기하고 모국어의 구 문법을 채택한다(Pinker, 1984). 다른 많은 영역들이 이런 과정을 밟는다. 직관 생물학, 직관 심리학, 숫자 인식의 영역은 각각 독립적인 경로를 거친 뒤 발달한다. 이 경험적 결과에 기초해서 발달심리학자들은 다양한 영역의 인지 발달을 지배하는 영역-일반적인 '학습 논리'라는 개념(만일 그런 개념이 논리적 일관성을 가질 수 있다면)을 의심해왔다(Tooby et al., 2005).

영역-특이적 체계는 반사적 표상이 아닌 직관적인 표상을 낳는다

지금까지 검토한 영역-특이적 추론 체계들이 공급하는 정보는 무의식으로 남거나, 아니면 내적 성찰을 하더라도 그 정보를 보유하게 만든 경로에는 도달할 수는 없지만, 직관의 형태, 즉 행위자의 예측과 행동을 지시하는 표상 형태를 띠어 의식적 조사가 가능한 상태로 남는다. 이 차이를 비교하기 위해 다음과 같은 상황을 생각해보자. 인간은 단단한 물체가 충돌 경로에서 단단한 표면과 부딪히면 거기에 달라붙지 않고 되튀어 나온다고 예측하지만, 또한 힘, 관성, 속도 등에 의거해서 테니스공의 궤적을 설명한다(McCloskey, 1983). 사람들이 누군가의 얼굴 표정이 변한 뒤 다시 오던 길로 되돌아가는 것을 볼 때, 그녀가 어떤 정보를 기억해서 목표가 바뀌었다고 자동적으로 추론하지만, 또한 '마음'에 대해서 이야기를 하거나 기억이 어떻게 이미지를 저장하고 욕구가 우리를 특별한 방식으로 행동하게 하는지를 설명하기도 한다(Malle & Knobe, 1997). 사람들은 소수 집단의 얼굴에 순간적으로 노출되면 도구 사진을 무기 사진으로 오인하는 경향을 보이는 반면에, 같은 인종의 남성 얼굴에 노출되면 그와 반대로 무기를 도구로 오인하기도 하며, 또한 특정한 인종 집단이 게으르고, 공격적이고, 무책임하다는 등의 표상을 의도적으로 만들기도 한다(Payne, Lambert, & Jacoby, 2002). 이상의 세 영역에서 각각 직관적 표상은 의식적인 심리 사건일 수도 있고 아닐 수도 있지만, 어쨌든 그 기원에는 접근할 수가 없다. 그 표상들은 관련된 자극이 주어질 때 대개 자동적이고 빠른 결과로서, 말하자면, 툭 튀어 나온다. 정반대로 반성적인 심리 사건은 시간이 더 들고, 대개 접근이 가능하며, 일반적으로 인지의 통제를 받는다(Baumard & Boyer, 2013; Evans, 2003; Lieberman, 2000).

영역-특이적 직관은 사회적으로 전달되는 지식을 지탱(그리고 제약)한다

영역-특이적 심리 체계들에 관한 경험적 증거 덕분에 우리는 인간의 능력을 자연적 정보와 문화적 정보 두 영역으로 완전히 무의미하게 구분하는 전통의 방식을 피할 수 있다. 전통적인 구분법은 항상 문제를 일으켰다. 문화 전달을 통해 동일종으로부터 정보를 얻는 행동은 인간 본성의 대표적 특징인 진화한 적응이기 때문이다(Tooby & DeVore, 1987). 그 밖에도 인간의 문화적 정보, 즉 인간 집단 내에서 전파되고 소통되는 정보는 절대 임의적인 것이 아니며, 그 안에는 수많은 보편성 또는 보편적 원리의 변형들이 분명히 포함되어 있다(Brown, 1991). 그 이유는 예측이 일반적일 때보다 특수할 때 특정한 문화적 정보가 훨씬 더 잘 습득, 저장, 소통될 수 있기 때문이다(Sperber, 1985; Tooby & Cosmides, 1992). 지난 몇 십 년 동안 인지인류학의 연구 결과가 입증한 바에 따르면, 직관적인 영역-특이적 예측은 다음과 같이 다양한 영역에서 문화적으로 반복되는 주제들을 설명한다. 혈연(Jones, 2003), 사회적 범주화(Hirschfeld, 1994), 서사적 허구(Boyd, 2010), 민간생물학의 지식(Atran & Medin, 1999), 의례(Lienard & Boyer, 2006), 종교(J. L. Barrett, 2000; Boyer, 1994), 기타 등등(Sperber & Herschfeld, 2004).

맺음말

분명 위에서 설명한 다양한 진화한 영역-특이적 체계들이 환경에 대응하는 방법은 과학적 존재론과 확연히 다를 뿐더러 종종 양립할 수 없을 정도로 차이를 보인다. 앞서 보았듯이 과학이나 상식이 보는 세계와, 뇌 체계가 구분하는 세계의 대상들 사이에는 많은 불일치가 존재한다. 인지적 특수성을 보이는 많은 전문화된 체계들이 영역 특이성의 고전적 영역들(예를 들어, 직관 심리학, 직관 물리학)과 일치하지 않는 것은 분명하다.

실제로 위에서 묘사한 영역-특이적 체계들은 표준적 의미에서의 존재론, 즉 관련된 원칙과 예측이 딸려 있고 상호 배타적이지만 합치면 완벽해지는 범주 목록을 이루지 않는다(Keil, 1979; Sommers, 1959). 사실 영역-특이적 체계는 사물들을 여러 범주로 분류하지 않는다. 그 체계들은 물체의 특수한 **양상**과 관련된 정보에 의해 활성화되고, 그 양상에 관한 정보만을 취급한다. 예를 들어, 생물적 특성의 단서를 취급하면서도 생물의 범주는 취급하지 않는 체계가 있다. 실제로 기하학 형태에서부터 인간, 동물, (가끔) 기계에 이르는 어떤 물체라도 생물적 특성 탐지 체계와 목표-추론 체계를 활성화할 수 있다. 그 움직임이 필요한 입력조건에 맞기만 하면 된다. 심지어 물체의 이 양상들은 상식이나 과학이 예측하는 방식으로 처리되지도 않는다. 예를 들어, 수 개념은 집합들의 단순한 속성이 아니라, 별개의 신경인지 체계들이 처리하는 각기 다른 양상들(다수성, 대상의 기록, 수 표지)의 병렬 형태로 취급된다. 무엇보다 중요한 것은, 영역-특이적 인지 체계들은 '이다is'와 '해야 한다ought'가 조합되면서 표준적인 존재론에서 벗어난다는 점이다. 특정한 짝에게 구애하도록 동물을 자극하는 정보는 잠재적-짝 범주를 구성하는 정보와 동일하다. 적응한 마음이, 말하자면 "철학적으로 옳은" 것은 아니다.

참고문헌

Ansari, D. (2011). Introduction to the special issue: Toward a developmental cognitive neuroscience of numerical and mathematical cognition. *Developmental Neuropsychology, 36*(6), 645–650. doi:10.1080/87565641.2011.587736

Anzellotti, S., Mahon, B. Z., Schwarzbach, J., & Caramazza, A. (2011). Differential activity for animals and manipulable objects in the anterior temporal lobes. *Journal of Cognitive Neuroscience, 23*(8), 2059–2067. doi: 10.1162/jocn.2010.21567

Asher, Y. M., & Nelson, D. G. K. (2008). Was it designed to do that? Children's focus on intended function in their conceptualization of artifacts. *Cognition, 106*(1), 474–483. doi:10.1016/j.cognition.2007.01.007

Astuti, R., Solomon, G. E. A., Carey, S., Ingold, T., & Miller, P. H. (2004). Constraints on conceptual development: A case study of the acquisition of folkbiological and folksociological knowledge in Madagascar. *Monographs of the Society for Research in Child Development, 69*(3), 1–135.

Atran, S. A. (1981). Natural classification. *Social Science Information, 20*(1), 37–91.

Atran, S. A. (1998). Folk biology and the anthropology of science: Cognitive universals and cultural particulars. *Behavioral and Brain Sciences, 21*(04), 547–569.

Atran, S. A., & Medin, D. L. (Eds.). (1999). *Folkbiology*. Cambridge, MA: MIT Press.

Avis, M., & Harris, P. L. (1991). Belief-desire reasoning among Baka children: Evidence for a universal conception of mind. *Child Development, 62,* 460–467.

Baillargeon, R., Kotovsky, L., & Needham, A. (1995). The acquisition of physical knowledge in infancy. In D. Sperber, D. Premack & A. James-Premack (Eds.), *Causal cognition. A multidisciplinary debate* (pp. 79–115). Oxford, England: Clarendon Press.

Baldwin, D. A., Baird, J. A., Saylor, M. M., & Clark, M. A. (2001). Infants parse dynamic action. *Child Development, 72*(3), 708–717.

Barrett, H. C. (2005). Enzymatic computation and cognitive modularity. *Mind & Language, 20*(3), 259–287.

Barrett, H. C., & Kurzban, R. (2006). Modularity in cognition: Framing the debate. *Psychological review, 113*(3), 628–647.

Barrett, J. L. (2000). Exploring the natural foundations of religion. *Trends in Cognitive Sciences, 4*(1), 29–34.

Baumard, N., & Boyer, P. (2013). Religious beliefs as reflective elaborations on intuitions: A modified dualprocess model. *Current Directions in Psychological Science, 22*(4), 295–300.

Blakemore, S. -J., Boyer, P., Pachot-Clouard, M., Meltzoff, A. N., & Decety, J. (2003). Detection of contingency and animacy in the human brain. *Cerebral Cortex, 13,* 837–844.

Bloom, P., & German, T. P. (2000). Two reasons to abandon the false belief task as a test of theory of mind. *Cognition, 77*(1), B25–31.

Boyd, B. (2010). *On the origin of stories—Evolution, cognition, and fiction*. Cambridge, MA: Harvard University Press.

Boyer, P. (1994). Cognitive constraints on cultural representations: Natural ontologies and religious ideas. In L. A. Hirschfeld& S. Gelman (Eds.), *Mapping the mind: Domain-specificity in culture and cognition* (pp. 391–411). New York, NY: Cambridge University Press.

Boyer, P. (2000). Natural epistemology or evolved metaphysics? Developmental evidence for earlydeveloped, intuitive, category-specific, incomplete, and stubborn metaphysical presumptions. *Philosophical Psychology, 13*(3), 277–297.

Brandone, A. C., & Gelman, S. A. (2009). Differences in preschoolers' and adults' use of generics about novel animals and artifacts: A window onto a conceptual divide. *Cognition, 110*(1), 1–22. doi:10.1016/j.cognition.2008.08.005

Brown, D. E. (1991). *Human universals*. New York, NY: McGraw-Hill.

Bullmore, E., & Sporns, O. (2009). Complex brain networks: Graph theoretical analysis of structural and functional systems. *Nature Reviews Neuroscience, 10*(3), 186–198.

Butterworth, G. (2001). Joint visual attention in infancy. In G. Bremner & A. Fogel (Eds.), *Blackwell handbook of infant development* (pp. 213–240). Malden, MA: Blackwell.

Carey, S. (2009). *The origin of concepts.* New York, NY: Oxford University Press.

Carpenter, M., Nagell, K., & Tomasello, M. (1998). Social cognition, joint attention, and communicative competence from 9 to 15 months of age. *Monographs of the Society for Research in Child Development, 63*(4), i–vi, 1–143.

Casler, K., & Kelemen, D. (2005). Young children's rapid learning about artifacts. *Developmental Science, 8*(6), 472–480. doi:10.1111/j.1467-7687.2005.00438.x

Chevallier, C., Kohls, G., Troiani, V., Brodkin, E. S., & Schultz, R. T. (2012). The social motivation theory of autism. *Trends in Cognitive Sciences, 16*(4), 231–239. doi:10.1016/j.tics.2012.02.007

Chouinard, P. A., & Goodale, M. A. (2012). FMRI-adaptation to highly-rendered color photographs of animals and manipulable artifacts during a classification task. *NeuroImage, 59*(3), 2941–2951. doi:10.1016/j.neuroimage.2011.09.073

Connolly, A. C., Guntupalli, J. S., Gors, J., Hanke, M., Halchenko, Y. O., Wu, Y. -C., . . . Haxby, J. V. (2012). The representation of biological classes in the human brain. *The Journal of Neuroscience, 32*(8), 2608–2618. doi:10.1523/jneurosci.5547-11.2012

Crump, T. (1990). *The anthropology of numbers.* Cambridge, England: Cambridge University Press.

Csibra, G., Gergely, G., Biró, S., Koós, O., & Brockbank, M. (1999). Goal attribution without agency cues: The perception of "pure reason" in infancy. *Cognition, 72*(3), 237–267.

Dehaene, S. (2005). Evolution of human cortical circuits for reading and arithmetic: The "neuronal recycling" hypothesis. In S. Dehaene, J.-R. Duhamel, M. D. Hauser, & G. Rizzolatti (Eds.), *From monkey brain to human brain* (pp. 133–158). Cambridge, MA: MIT Press.

Dehaene, S., Spelke, E. S., Pinel, P., Stanescu, R., & Tsivkin, S. (1999). Sources of mathematical thinking: Behavioral and brain-imaging evidence. *Science, 284*(5416), 970–974.

Dennett, D. C. (1987). *The intentional stance.* Cambridge, MA: MIT Press.

D'Entremont, B., & Muir, D. W. (1997). Five-month-olds' attention and affective responses to still-faced emotional expressions. *Infant Behavior & Development, 20*(4), 563–568.

Diesendruck, G., & Peretz, S. (2013).Domain differences in the weights of perceptual and conceptual information in children's categorization. *Developmental Psychology*, *49*(12), 2383–2395. doi:10.1037/a0032049

Ekman, P. (1999). Facial expressions. In T. Dalgleish& M. J. Power (Eds.), *Handbook of cognition and emotion* (pp. 301–320). New York, NY: Wiley.

Elman, J. L., Bates, E. A., Johnson, M. H., & Karmiloff-Smith, A. (1996). *Rethinking innateness: A connectionist perspective on development*. Cambridge, MA: MIT Press.

Evans, J. S. B. T. (2003). In two minds: Dual-process accounts of reasoning. *Trends in Cognitive Sciences*, *7*(10), 454–459.

Frank, M. C., Everett, D. L., Fedorenko, E., & Gibson, E. (2008). Number as a cognitive technology: Evidence from Pirahã language and cognition. *Cognition*, *108*(3), 819–824. doi:10.1016/j.cognition.2008.04.007

Friesen, C. K., & Kingstone, A. (2003). Abrupt onsets and gaze direction cues trigger independent reflexive attentional effects. *Cognition*, *87*(1), B1–B10.

Frith, C., & Frith, U. (2007). Social cognition in humans. *Current Biology*, *17*(16), R724–R732.

Frith, U. (2001). Mind blindness and the brain in autism. *Neuron*, *32*(6), 969–979.

Gallistel, C. R. (1990). *The organization of learning*. Cambridge, MA: MIT Press.

Gallistel, C. R., & Gelman, R. (1992). Preverbal and verbal counting and computation. *Cognition*, *44*(1–2), 43–74.

Gao, T., Newman, G. E.,&Scholl, B. J. (2009). The psychophysics of chasing:Acase study in the perception of animacy. *Cognitive Psychology*, *59*(2), 154–179. doi:10.1016/j.cogpsych.2009.03.001

Gao, T., Scholl, B. J., & McCarthy, G. (2012). Dissociating the detection of intentionality from animacy in the right posterior superior temporal sulcus. *The Journal of Neuroscience*, *32*(41), 14276–14280. doi:10.1523/jneurosci.0562–12.2012

Gelman, R. (1978). Cognitive development. *Annual Review of Psychology*, *29*, 297–332.

Gelman, R. (1998). Domain specificity in cognitive development: Universals and nonuniversals. In M. Sabourin, F. Craik, & M. Robert (Eds.), *Advances in psychological science: Vol. 2. Biological and cognitive aspects* (pp. 557–579). Hove, England: Psychology Press.

Gelman, R., & Baillargeon, R. (1983). A revision of some Piagetian concepts. In P. H. Mussen (Series Ed.) & J. H. Flavell & E. M. Markman (Vol. Eds.), *Handbook of child psychology: Vol. 3. Cognitive development* (4th ed., pp. 121–143). New York, NY: Wiley.

Gelman, R., & Meck, B. (1992). Early principles aid initial but not later conceptions of number. In J. Bideaud & C. Meljac (Eds.), *Pathways to number: Children's developing numerical abilities* (pp. 171−189). Hillsdale, NJ: Erlbaum.

Gelman, S. A. (2013). Artifacts and essentialism. *Review of Philosophy and Psychology, 4*(3), 449−463. doi:10.1007/s13164−013−0142−7

Gelman, S. A., & Wellman, H. M. (1991). Insides and essence: Early understandings of the non-obvious. *Cognition, 38*(3), 213−244.

Gobbini, M. I., Gentili, C., Ricciardi, E., Bellucci, C., Salvini, P., Laschi, C., . . . Pietrini, P. (2011). Distinct neural systems involved in agency and animacy detection. *Journal of Cognitive Neuroscience, 23*(8), 1911−1920. doi:10.1162/jocn.2010.21574

Gobel, S., Walsh, V., & Rushworth, M. F. (2001). The mental number line and the human angular gyrus. *NeuroImage, 14*(6), 1278−1289.

Gopnik, A., & Wellmann, H. (1994). The theory theory. In L. A. Hirschfeld & S. A. Gelman (Eds.), *Mapping the mind: Domain-specificity in cognition and culture* (pp. 257−293). New York, NY: Cambridge University Press.

Graham, S. A., Welder, A. N., Mernfield, B. A., & Berman, J. M. J. (2010). Preschoolers' extension of novel words to animals and artifacts. *Journal of Child Language, 37*(4), 913−927. doi:10.1017/s030500090999002x

Greene, J., & Haidt, J. (2002). How (and where) does moral judgment work? *Trends in Cognitive Sciences, 6*(12), 517−523.

Happé, F., Brownell, H., & Winner, E. (1999). Acquired "theory of mind" impairments following stroke. *Cognition, 70*(3), 211−240.

Happé, F., Ehlers, S., Fletcher, P., Frith, U., Johansson, M., Gillberg, C., . . . Frith, C. (1996). "Theory of mind" in the brain. Evidence from a PET scan study of Asperger syndrome. *Neuroreport: An International Journal for the Rapid Communication of Research in Neuroscience, 8*(197−201).

Hirschfeld, L. A. (1994). The acquisition of social categories. In L. A. Hirschfeld & S. A. Gelman (Ed.), *Mapping The mind: Domain-specificity in culture and cognition* (pp. 201−233). New York, NY: Cambridge University Press.

Hirschfeld, L. A., & Gelman, S. A. (Eds.). (1994). *Mapping the mind: Domain-specificity in culture and cognition.* New York, NY: Cambridge University Press.

Hooker, C. I., Paller, K. A., Gitelman, D. R., Parrish, T. B., Mesulam, M. M., & Reber, P. J. (2003). Brain networks for analyzing eye gaze. *Cognitive Brain Research, 17*(2), 406−418.

Jackendoff, R. (2002). *Foundations of language. Brain, meaning, grammar, evolution.* Oxford, England: Oxford University Press.

Johnson, S., Slaughter, V., & Carey, S. (1998). Whose gaze will infants follow? The elicitation of gazefollowing in 12-month-olds. *Developmental Science*, *1*(2), 233–238.

Jones, D. (2003). The generative psychology of kinship: Part 1. Cognitive universals and evolutionary psychology. *Evolution & Human Behavior*, *24*(5), 303–319.

Kaiser, M. K., Jonides, J., & Alexander, J. (1986). Intuitive reasoning about abstract and familiar physics problems. *Memory and Cognition*, *14*, 308–312.

Kalénine, S., Mirman, D., Middleton, E. L., & Buxbaum, L. J. (2012). Temporal dynamics of activation of thematic and functional knowledge during conceptual processing of manipulable artifacts. *Journal of Experimental Psychology: Learning, Memory, and Cognition*, *38*(5), 1274–1295. doi:10.1037/a0027626

Keil, F. C. (1979). *Semantic and conceptual development*. Cambridge, MA: Harvard University Press.

Keil, F. C. (1986). The acquisition of natural kind and artefact terms. In A. W. D. Marrar (Ed.), *Conceptual change* (pp. 73–86). Norwood, NJ: Ablex.

Keil, F. C. (1989). *Concepts, kinds and conceptual development*. Cambridge, MA: MIT Press.

Keil, F. C. (1990). Constraints on constraints: Surveying the epigenetic landscape. *Cognitive Science*, *14*, 135–168.

Kelemen, D. (1999). The scope of teleological thinking in preschool children. *Cognition*, *70*(3), 241–272.

Keltner, D., Ekman, P., Gonzaga, G. C., Beer, J., Scherer, K. R., Johnstone, T., . . . Seibert, L. (2003). Part IV: Expression of emotion. In R. J. Davidson& K. R. Scherer (Eds.), *Handbook of affective sciences* (pp. 411–559). London, England: Oxford University Press.

Kesler-West, M. L., Andersen, A. H., Smith, C. D., Avison, M. J., Davis, C. E., Kryscio, R. J., & Blonder, L. X. (2001). Neural substrates of facial emotion processing using fMRI. *Brain Research: Cognitive Brain Research*, *11*(2), 213–226.

Leslie, A. M. (1984). Spatiotemporal continuity and the perception of causality in infants. *Perception*, *13*(3), 287–305.

Leslie, A. M., Friedman, O., & German, T. P. (2004). Core mechanisms in "theory of mind." *Trends in Cognitive Sciences*, *8*(12), 529–533.

Lieberman, M. D. (2000). Intuition: A social cognitive neuroscience approach. *Psychological Bulletin*, *126*(1), 109–137. doi:10.1037/0033-2909.126.1.109

Lienard, P., & Boyer, P. (2006). Whence collective rituals? A cultural selection model of ritualized behavior. *American Anthropologist*, *108*(4), 814–827.

López, A., Atran, S. A., Coley, J. D., & Medin, D. L. (1997). The tree of life: Universal and cultural features of folkbiological taxonomies and inductions. *Cognitive Psychology, 32*(3), 251–295.

Malle, B. F., & Knobe, J. (1997). The folk concept of intentionality. *Journal of Experimental Social Psychology, 33*(2), 101–121.

Matan, A., & Carey, S. (2001). Developmental changes within the core of artifact concepts. *Cognition, 78*(1), 1–26. doi:10.1016/s0010–0277(00)00094–9

McCloskey, M. (1983). Intuitive physics: The straight-down belief and its origin. *Journal of Experimental Psychology: Learning, Memory, and Cognition, 9*(4), 636–649.

Meck, W. H. (1997). Application of a mode-control model of temporal integration to counting and timing behaviour. In C. M. Bradshaw & E. Szabadi (Eds.), *Time and behaviour: Psychological and neurobehavioural analyses* (pp. 133–184). Amsterdam, The Netherlands: North-Holland/Elsevier Science.

Mecklinger, A., Gruenewald, C., Besson, M., Magnie, M.-N., & Von Cramon, Y. (2002). Separable neuronal circuitries for manipulable and non-manipulable objects in working memory. *Cerebral Cortex, 12*, 1115–1123.

Medin, D. L., & Atran, S. A. (Eds.). (1999). *Folkbiology.* Cambridge, MA: MIT Press.

Mithen, S. J. (1990). *Thoughtful foragers. A study of prehistoric decision-making.* Cambridge, England: Cambridge University Press.

Moore, C. J., & Price, C. J. (1999). A functional neuroimaging study of the variables that generate category specific object processing differences. *Brain: A Journal of Neurology, 122*(5), 943–962.

Nagasako, E. M., Oaklander, A. L., & Dworkin, R. H. (2003). Congenital insensitivity to pain: An update. *Pain, 101*(3), 213–219.

Nielsen, M., Slaughter, V., & Dissanayake,C. (2013).Object-directed imitation in childrenwith high-functioning autism: Testing the social motivation hypothesis. *Autism Research, 6*(1), 23–32. doi:10.1002/aur.1261

Payne, B. K., Lambert, A. J., & Jacoby, L. L. (2002). Best laid plans: Effects of goals on accessibility bias and cognitive control in race-based misperceptions of weapons. *Journal of Experimental Social Psychology, 38*(4), 384–396. doi:10.1016/s0022–1031(02)00006–9

Pelphrey, K. A., Morris, J. P., & McCarthy, G. (2005). Neural basis of eye gaze processing deficits in autism.*Brain: A Journal of Neurology, 128*(5), 1038–1048.

Perani, D., Cappa, S. F., Bettinardi, V., Bressi, S., Gorno-Tempini, M., Matarrese, M., & Fazio, F. (1995). Different neural systems for the recognition of animals and man-made tools. *Society for Neuroscience Abstracts, 21*(1–3), 1498.

Phillips, B., Seston, R., & Kelemen, D. (2012). Learning about tool categories via eavesdropping. *Child Development*, *83*(6), 2057−2072. doi:10.1111/j.1467−8624.2012.01827.x

Pillon, A., & d'Honincthun, P. (2011). A common processing system for the concepts of artifacts and actions? Evidence from a case of a disproportionate conceptual impairment for living things. *Cognitive Neuropsychology*, *28*(1), 1−43. doi:10.1080/02643294.2011.615828

Pinker, S. (1984). *Language learnability and language development*. Cambridge, MA: Harvard University Press.

Pinker, S., & Bloom, P. (1990). Natural language and natural selection. *Behavioral & Brain Sciences*, *13*(4), 707−784.

Povinelli, D. J., & Preuss, T. M. (1995). Theory of mind: Evolutionary history of a cognitive specialization. *Trends in Neurosciences*, *18*(9), 418−424.

Redcay, E., Kleiner, M., & Saxe, R. (2012). Look at this: The neural correlates of initiating and responding to bids for joint attention. *Frontiers in Human Neuroscience*, *6*, 169. doi:10.3389/fnhum.2012.00169

Reid, V. M., Csibra, G., Belsky, J., & Johnson, M. H. (2007). Neural correlates of the perception of goaldirected action in infants. *Acta Psychologica*, *124*(1), 129−138. doi:10.1016/j.actpsy.2006.09.010

Rochat, P., Morgan, R., & Carpenter, M. (1997). Young infants' sensitivity to movement information specifying social causality. *Cognitive Development*, *12*(4), 441−465.

Sacchett, C., & Humphreys, G. W. (1992). Calling a squirrel a squirrel but a canoe a wigwam: A category specific deficit for artefactual objects and body parts. *Cognitive Neuropsychology*, *9*, 73−86.

Samson, D., & Apperly, I. A. (2010). There is more to mind reading than having theory of mind concepts: New directions in theory of mind research. *Infant and Child Development*, *19*(5), 443−454.

Sartori, G., Coltheart, M., Miozzo, M., & Job, R. (1994). Category specificity and informational specificity in neuropsychological impairment of semantic memory. In C. Umilta &M. Moscovitch (Eds.), *Attention and performance 15: Conscious and nonconscious information processing* (pp. 537−550). Cambridge, MA: MIT Press.

Skewes, J. C., Roepstorff, A., & Frith, C. D. (2011). How do illusions constrain goal-directed movement: Perceptual and visuomotor influences on speed/accuracy trade-off. *Experimental Brain Research*, *209*(2), 247−255. doi:10.1007/s00221−011−2542−1

Sommers, F. (1959). The ordinary language tree. *Mind*, *68*, 160−185.

Spelke, E. S. (1988). The origins of physical knowledge. In L. Weizkrantz (Ed.), *Thought without language* (pp. 168–184). Oxford, England: Oxford University Press.

Spelke, E. S. (1990). Principles of object perception. *Cognitive Science, 14,* 29–56.

Spelke, E. S. (1994). Initial knowledge: Six suggestions. *Cognition, 50,* 431–445.

Spelke, E. S. (1998). Nativism, empiricism, and the origins of knowledge. *Infant Behavior and Development, 21,* 181–200.

Spelke, E. S. (2000). Core knowledge. *American Psychologist, 55*(11), 1233–1243.

Spelke, E. S., & Van de Walle, G. A. (1993). Perceiving and reasoning about objects: Insights from infants. In N. Eilan & R. A. McCarthy (Eds.), *Spatial representation: Problems in philosophy and psychology* (pp. 132–161). Malden, MA: Blackwell.

Sperber, D. (1985). Anthropology and psychology: Towards an epidemiology of representations. *Man, 20*(1), 73–89.

Sperber, D. (1994). The modularity of thought and the epidemiology of representations. In L. A. Hirschfeld&

S. A. Gelman (Eds.), *Mapping the mind: Domain-specificity in cognition and culture* (pp. 39–67). New York, NY: Cambridge University Press.

Sperber, D., & Hirschfeld, L. A. (2004). The cognitive foundations of cultural stability and diversity. *Trends in Cognitive Sciences, 8*(1), 40–46.

Taverna, A. S., Waxman, S. R., Medin, D. L., & Peralta, O. A. (2012). Core folkbiological concepts: New evidence from Wichí children and adults. *Journal of Cognition and Culture, 12*(3–4), 339–358.

Tomasello, M., & Carpenter, M. (2007). Shared intentionality. *Developmental Science, 10*(1), 121–125.

Tooby, J., & Cosmides, L. (1992). The psychological foundations of culture. In J. H. Barkow, L. Cosmides, & J. Tooby (Eds.), *The adapted mind: Evolutionary psychology and the generation of culture* (pp. 19–136). New York, NY: Oxford University Press.

Tooby, J., Cosmides, L.,&Barrett, H. C. (2005). Resolving the debate on innate ideas: Learnability constraints and the evolved interpenetration of motivational and conceptual functions. In P. Carruthers, S. Laurence,&S. Stich (Eds.), *The innate mind: Structure and contents* (pp. 305–337). New York, NY: Oxford University Press.

Tooby, J., & DeVore, I. (1987). The reconstruction of hominid behavioral evolution through strategic modeling. In W. Kinzey (Ed.), *Primate models of hominid behavior* (pp. 183–237). Albany: SUNY Press.

Tybur, J. M., Lieberman, D., Kurzban, R., & DeScioli, P. (2013). Disgust: Evolved function and structure. *Psychological Review, 120*(1), 65–72.

Ullman, S. (2007). Object recognition and segmentation by a fragment-based hierarchy. *Trends in Cognitive Sciences, 11*(2), 58–64.

Waxman, S. (2005). Why is the concept "living thing" so elusive? Concepts, languages, and the development of folkbiology. In W. K. Ahn, R. L. Goldstone, B. C. Love, A. B. Markman, & P. Wolff (Eds.), *Categorization inside and outside the laboratory: Essays in honor of Douglas L. Medin* (pp. 49–67). Washington, DC: American Psychological Association.

Wu, Z., Pan, J., Su, Y.,&Gros-Louis, J. (2013).Howjoint attention relates to cooperation in 1-and 2-year-olds. *International Journal of Behavioral Development, 37*(6), 542–548.

Wynn, K. (1992). Addition and subtraction by human infants. *Nature, 358*(6389), 749–750.

Wynn, K. (2002). Do infants have numerical expectations or just perceptual preferences? Comment. *Developmental Science, 5*(2), 207–209.

Xu, F., & Carey, S. (1996). Infants' metaphysics: The case of numerical identity. *Cognitive Psychology, 30*(2), 111–153.

Yazdi, A. A., German, T. P., Defeyter, M. A., & Siegal, M. (2006). Competence and performance in beliefdesire reasoning across two cultures: The truth, the whole truth and nothing but the truth about false belief? *Cognition, 100*(2), 343–368.

Zannino, G. D., Buccione, I., Perri, R., Macaluso, E., Lo Gerfo, E., Caltagirone, C., & Carlesimo, G. A. (2010). Visual and semantic processing of living things and artifacts: An fMRI study. *Journal of Cognitive Neuroscience, 22*(3), 554–570. doi:10.1162/jocn.2009.21197

Zorzi, M., Priftis, K.,&Umilta, C. (2002). Brain damage: Neglect disrupts the mental number line. *Nature, 417*(6885), 138–139.

2부

생존

데이비드 M. 버스

    찰스 다윈은 유기체의 생존을 방해하는 자연력을 묘사하기 위해 "자연의 적대적인 힘들"이라는 적절한 표현을 만들었다. 그는 적대적인 힘들을 크게 세 종류로 나눠 묘사했다. 첫 번째는 극한적인 기후와 날씨, 위험한 높이에서 추락하거나, 산사태나 쓰나미에 휩쓸리는 등과 같은 **물리적 환경과 투쟁**을 하게 하는 힘이다. 두 번째는 포식자, 기생체, 피식자 같은 **다른 종과의 투쟁**을 수반한다. 세 번째는 **동종과의 투쟁**을 수반한다. 적응적 문제는 분명 이 세 종류를 가로지르기 때문에 이 삼분법은 지나치게 과장된 면이 있다. 그럼에도 다윈이 말한 "자연의 적대적인 힘들"은 인간이 반복해서 직면했던 생존 문제를 살펴보고자 할 때 자연스러운 출발점이 된다.

    6장에서 폴 로진Paul Rozin과 피터 토드Peter Todd는 **음식**과 **음식 선택**의 진화심리학을 주제로 완전히 새로운 장 하나를 완성했다. 현대인은 음식의 풍족함을 당연히 여기지만, 인간의 조상은 식량을 손에 넣고 가공처리 하는 데 상당한 시간을 들였다. 식량은 곧 목숨이었다. 로진과 토드는 인간이 식량원이 될 만한 것을 어떻게 찾아내고 이용하는지, 먹을 수 있는 것을 어떻게 결정하는지에 대해 우리가 알고 있는 것을 살펴보고, 새것 혐오증neophobia과 새것 좋아하기neophilia를 적응으로 설명하고, 단것과 기름진 음식을 원하는 진화한 선호의 결과를 탐구하고, 옥수수와 카사바 같은 식량을 가공처리 하는 문화적 적응을 탐구하고, 유전자-문화 공진화의 고전적 사례인 우유 및 낙농 식품의 흥미로운 기원을 설명하고, 필수 영양원이자 세균의 매개체로서 고기의 중요성을 강조하고, 마지막으로 식량의 미래와 현대의 문화 환경에서 진화한 적응이 어떤 역할을 하는지에 대해 이야기한다.

마크 샬러Mark Schaller는 **행동면역계**를 주제로 완전히 새로운 장을 펼쳐 보인다(7장). 사람들은 대체로 생리적 면역 체계에는 익숙하지만, 그와 비슷한 행동면역계가 있으며 그 체계의 핵심 요소가 **혐오**의 감정임을 아는 사람은 훨씬 적다. 샬러의 주장에 따르면 인간은 행동면역계 덕분에 감염을 피하는데 그 방식은 병원체가 침투한 뒤에 나타나는 반응성 방어가 아닌 선제방어의 형식이다. 그 의미는 단지 위험한 음식을 피하는 데 그치지 않고 사회적 현상으로까지 확대된다. 질병의 매개에는 다른 사람이 포함되기 때문이다. 따라서 행동면역계는 개인 간 매력과 혐오, 사회적 낙인과 편견, 동조conformity(순응)뿐 아니라 심지어 문화와도 근본적으로 관련되어 있다. 이 장은 10년 전에는 거의 존재하지도 않았던 한 영역에서 진화심리학 연구가 화산처럼 분화했음을 여실히 보여준다.

어빈 실버맨Irvin Silverman과 진 최Jean Choi가 쓴 8장은 인간의 공간적 길찾기와 풍경 선호에 관한 이론과 연구를 소개한다. 인간 진화심리학의 이 특징은 수많은 적응적 문제 해결에 대단히 중요하다. 대표적인 적응적 과제로, 위험한 자연력을 피할 수 있는 은신처 찾기, 수원水原의 위치 알아내기, 수집하거나 사냥할 수 있는 음식 찾기가 있다. 실버맨과 최는 공간 능력에 관한 중요한 연구 결과들을 소개한다. 예를 들어, 공간 위치 기억은 여성이 우월한데, 진화심리학이라는 렌즈가 없었던 이전 세대의 심리학으로는 절대 접근할 수 없는 현상이었다.

클라크 배릿의 9장은 두 부류의 종—포식자와 피식자—과 인간의 상호작용을 주제로 한 획기적인 이론 분석과 경험적 연구를 소개한다. 배릿은 예를 들어 자가 추진 운동, 형태학, 우발성, 시선 주목 같은 전문화된 심리적 적응들이 포식자와 피식자의 독특한 설계에 맞춰져 있다는 증거를 제시한다. 이 종류의 연구는 비교적 새롭지만 배릿은 기존의 결과들뿐 아니라 앞으로 출현할 많은 발견들을 명료하게 설명한다.

조수아 던틀리Joshua Duntley는 '자연의 적대적인 힘들' 중 가장 중요한 부류에 속하는 타인이라는 주제에 10장을 전부 할애한다. 던틀리는 인간의 싸움이 되풀이해서 벌어지는 무대들을 묘사하고, 인간은 타인에게 희생을 부과하는 적응과 자신에게 희생이 가해지는 것을 막는 적응을 모두 갖고 있다고 주장한다. 그런 뒤에는 새롭고 흥미로운 공진화 이론을 통해 살인과 살인 방어의 진화심리학—적합도 결과가 가장 극적으로 나타나는 싸움 행위—을 밝힌다.

현대의 심리학 개론서는 생존의 문제에 관심이 없는 것으로 유명하다. 개론서들이 인간의 생존과 관련된 적응을 자세히 다루지 않는 이유는 아마도 진화론을 필수가 아닌 선택으로 보기 때문일 것이다. 요컨대 2부의 다섯 장은 자연의 적대적인 힘들에 적응한 우리의 적응들에 관해서 과학이 얻어낸 성과들을 분명히 보여주고, 앞으로 더 많은 성과가 나올 수 있다는 흥미로운 약속을 제시한다.

6장

음식 섭취와 선택의 진화심리학

폴 로진 · 피터 M. 토드

서론

이 장의 저자와 모든 독자는 필시 척추동물아문, 포유강으로 분류될 것이다. 이 강은 척추동물의 주요 갈래로, 심리학을 연구하는 모든 사람에게 가장 관심이 가는 동물들이 여기에 속해 있다. 이 강을 명명하고 정의할 때에는 유아를 먹이는 방식에 따른다. 포유강 중 주요한 두 목인 식육목과 식충목은 먹는 습관에 따라 명명된다. 비포유동물의 여러 중요한 분류군들도 먹는 습관으로 분류할 수 있다. 진화심리학자들의 일반적인 주장에 따르면, 어떤 미지의 동물이 나타났을 때 가장 중요한 세 가지 정보는 분류학상의 위치, 먹는 습관, 그 동물이 사는 생태학적 환경이다. 이 셋은 긴밀히 관련되어 있는데 특히 생태와 음식은 더욱 긴밀하다. 음식 선택과 생태는 거의 틀림없이 동물의 진화를 이끄는 주요한 힘이다. 또한 동물을 정의하는 특징은 바깥 세계에서 살아 있는 유기체로부터 음식을 얻어야 한다는 것이다.

음식(물 포함)은 생물학과 심리학에서 특별한 위치를 차지한다. 음식 획득은 행동을 촉구하는 여섯 가지 기본적인 생물의 기능—호흡, 배설, 수면, 보호(위험 회피), 짝짓기, 먹기—에 속한다. 호흡과 배설이 심리학에서 중요한 역할을 하지 않는 이유는(프로이트에게는 실례지만), 빈번한 행동이긴 해도 매우 기본적이고, 인간과 동물이 별로 다르지 않으며, 개인들 간에 흥미로운 차이가 없기 때문이다. 수면은 물론 지루한 행동이긴 해도 심리학자들의 마음을 사로잡아서, 심리학 개론서의 한 챕터를 종종 차지한다. 보호(포식자 피하기, 보금자리 짓기, 안전하게 잘 장소 찾기, 기생체 피하기)는 관심을 거의 받지 못하지만, 이 행동들은 (다음을 보라. Barrett, 9장, 이 책; Duntley, 10장 이 책; Schaller, 7장 이 책; Silverman & Choi, 8장, 이 책) 특히 기생체 회피는 최근에 혐오가 새로 주목을 받으면서 심리학자들의 관심을 끌게 되었는데, 진화심리학자들(예를 들어, Curtis, 2013; Tybur, Lieberman, Kurzban, DeScioli, 2013)의 연구가 이 현상에 크게 기여했다. 유일하진 않아도 분명 주요하다고 볼 수 있는 기생체의 감염 경로는 섭취, 즉 음식과 식사다.

식사는 다른 대부분의 활동보다 시간과 생각을 더 많이 차지하고, 생물학적·문화적 진화에 중요한 역할을 한다. 하지만 식사와 음식 선택은 그와 관련된 이상행동(비만, 식사 장애)과 음식 섭취의 조절(허기, 갈증)과 달리 심리학 개론서들의 주목을 거의 또는 전혀 받지 못하고 있다.

음식 선택은 인간을 비롯한 동물이 자주 하는 행동이지만, 종 사이는 물론이고 우리가 특별히 좋아하는 호모사피엔스 안에서도 큰 편차를 보인다. 생존과 정교화의 관점에서 음식 선택은 아마 생물의 가장 중요한 심리적 기능일 것이다. 심리학자들은 음식 선택에 거의 관심을 보이지 않지만, 20세기 중반에 미국 심리학을 지배한 행동주의 연구의 핵심이 바로 음식과 물이었다. 다른 이유는 없었고, 단지 편의 때문이었다. 동물은 하루에도 수백 번씩 소량의 음식과 물로 강화 반응을 연구할 수 있다.

음식 선택과 그에 수반하는 환경의 변화는 대개 동시에 나타나는 현상으로, 인간의 생물학적·문화적 진화에 가장 중요한 영향을 미치는 힘이라고 흔히들 언급한다. 숲에서 살던 호미니드가 사바나 환경에 침입한 것은 인간과 인간의 큰 뇌가 진화할 수 있었던 커다란 계기였다. 생물학적·문화적 진화를 통해 현생인류의 삶을 대단히 정교하게 만든 근본적인 변화와 발전 중에는 고기를 소비하고 사냥한 것, 불을 발견하고 요리에 사용한 것(Wangham, 2009), 식물과 동물을 가축화한 것(Diamond, 1997)이 있다. 이 모두가 음식과 관련이 있다.

인간을 이렇게 특별하게 만든 것은 음식 선택에서 일어난 변화들의 조합(P. Rozin,

1976)과 그에 수반한 사회성의 변화(Humphrey, 1976)라고 우리는 주장한다. 인간이 진화와 뇌 확장 중에 직면한 가장 큰 문제 두 가지는 무수히 많은 선택지 중에서 무엇이 독이 있고 무엇이 영양분이 있는지—잡식동물의 딜레마—그리고 잡식동물의 음식선택 패턴에 필요한 조건을 충족하기 위해 다수 개인의 활동을 어떻게 조정해야 할지를 풀어내는 일이었다.

진화생물학과 진화심리학 양쪽 모두의 사업에는 설명해야 할 두 가지 요소가 있다(P. Rosin & Schull, 1988). 하나는 지금의 행동이 진화했던 조상의 환경에 의거해서 그 행동의 적응가치를 결정하는 것이다. 다른 하나는 어떤 것이 어떻게 인간 종에게 출현했는지를 시간을 가로질러 실제로 추적하는 것이다. 골격과 달리 행동은 화석화된 흔적을 남기지 않기 때문에 이 일은 진화심리학자들에게 특히 어렵다.

전前적응(또한 포섭과 굴절적응으로 불린다. Buss, Haselton, Shackelford, Bleske, & Wakefield, 1998; Gould, 1991) 개념은 현대인의 음식 세계를 그 진화사 및 문화사에 의거해서 설명하려는 노력에 중심적인 역할을 한다. 마이어(1960)는, 진화적 '새로움'을 낳는 주된 원천은 새로운 기능을 위해 기존의 체계를 포섭하는 것, 즉 전적응이라 주장했다. 전적응은 원래의 기능을 대체하기도 하고 기존 체계에 새로운 기능을 더하기도 한다. 음식과 관련된 예가 인간의 입이다. 치아와 혀는 음식을 다루기 위해 진화했다. 하지만 전적응 과정을 통해 이제는 언어 표현 체계도 치아와 혀를 공유한다. 치아와 혀는 발음에 대단히 중요하지만, 이 목적 때문에 진화하지는 않았다. 우리는 개체 발달과 문화적 진화 양쪽에서 전적응과 비슷한 처리과정을 볼 수 있다. 발달에서 전적응은 더 광범위한 활동, 기능, 또는 유도인자elicitors를 위해 전에는 접근할 수 없었던 체계에 접근하는 과정이라고 묘사할 수 있는 반면에(P. Rozin, 1976), 문화적 진화에서는 유전적 변화를 기다릴 필요 없이 새로운 발견을 새로운 용처에 즉시 투입할 수 있다.

음식은 영양분을 공급하는 원래의 기능에 더해 다른 많은 기능—심미적, 사회적, 도덕적 기능—에 봉사하게 되었다(Kass, 1994; P. Rozin, 2007). 음식 어휘는 확장되어서 은유적 기능을 하게 되었는데 이번에도 전적응 처리과정을 통해서였다. **취미**taste와 **불쾌감**distaste은 일반적인 미적 판단을 가리킨다. 힌두교를 믿는 인도에서 음식과 식사는 대단히 사회적이고 도덕적인 활동이다(Appadurai, 1981).

음식 주기

음식 주기란 대개 음식의 소비로 종료되는 일련의 활동을 말한다. 대부분의 동물에게 음식 주기는 각성, 즉 적당한 먹을거리를 찾아 나서게 하는 동기로 시작한다. 음식 주기의 단계 중 각성에 대해서는 심리학자들이 두 가지 동기 체계—허기와 갈증—에 가장 큰 관심을 기울여왔다. 허기는 기본적으로 에너지 부족(또는 부족의 예상)에 의해 활성화된다. 갈증은 가장 기본적인 영양소인 물의 부족으로 활성화된다. 세 번째 체계의 후보인 나트륨 부족은 쥐와 몇몇 동물에게 존재하고(Schulkin, 1991) 사람에게도 존재하는 듯하다.

음식 주기의 두 번째 단계는 **탐색**이다. 탐색에는 매우 중요한 두 가지 심리적 요소가 있다. 하나는 무엇을 찾아야 하는가, 즉 섭취하기 좋은 후보를 확인하는 것이다. 이 요소는 인간 같은 제너럴리스트(잡식성) 동물에게 특히 중요하다. 두 번째는 **탐색 패턴**—에너지 지출에 비해 에너지 입력을 최대화하기 위해서는 어디를 찾아야 하고, 한 수집 장소에서 다른 장소로 언제 이동해야 하는가—이다. 최적 식량 수집 이론이라는 틀로 동물 행동을 연구한 분야에서 이 행동 양상을 잘 연구해왔다.

식량 주기의 세 번째 단계는 일단 확인한 음식을 **포획**하는 것이다. 풀을 뜯는 가축에게는 이 일이 아무것도 아니겠지만, 그렇지 않은 동물에게 식물 식량은 기린을 보면 알 수 있듯이 접근하기 어렵고 그래서 특별한 적응이 필요하다. 다른 동물을 소비하고 살아가는 동물(육식동물과 잡식동물)에게 포획은 음식 주기에서 가장 어려운 단계일 수 있다. 늑대 무리가 영양을 포획하려면 사회적 기술을 포함해서 힘들게 갈고닦은 기술들을 발휘해야 한다. 치타의 속도는 분명 재빠른 먹이감을 포획하기 위한 적응이고, 어떤 박쥐종들이 곤충을 탐지하고 포획하는 데 사용하는 음파 탐지 시스템도 마찬가지다. '군비경쟁'의 가장 적절하고 흥미로운 예들은 공진화 영역에 몰려 있다. 박쥐의 포식 능력(예를 들어, 음파 탐지)과 방어를 위한 나방의 포식자 탐지 능력(Roeder, 1998)이 공진화의 대표적인 예다.

네 번째는 포획한 뒤 음식을 소비할 수 있도록 **준비**하는 단계다. 이 단계 역시 풀을 뜯는 동물이나 곤충을 먹는 동물에게는 아예 없거나 거의 볼 수 없지만, 어떤 동물에게는 접근이 결정적인 문제로 대두한다. 굴을 먹는 고둥은 안쪽에 있는 고기를 얻기 위해 굴 껍질을 뚫어야 하고, 많은 포유동물과 몇몇 새는 견과류나 껍질을 깨야 한다. 식량 저장도 이 단계의 일부분이다. 준비는 현대인과 음식의 관계에서도 중요한 양상이 된다.

다섯 번째 단계인 소비는 절대적으로 중요하지만 마땅한 관심을 못 받고 있다. 물론 인간에게 식사는 대단히 정교하고 사회적인 소비 활동이다.

음식 세계에 대한 동물의 적응은 식량의 유형에 따라 음식 주기의 단계를 다르게 조정한다. 스페셜리스트, 즉 비교적 좁게 한 종류의 음식을 먹는 동물은 음식 확인(예를 들어, 판다에게 대나무 잎)을 선천적으로 하고 준비와 소비 역시 간단하다. 육식동물은 더 넓은 범위의 음식을 먹지만, 먹을 수 있는 음식들이 종종 간단한 방식으로 부호화될 수 있어서 음식의 탐지는 문제가 되지 않는다. 개구리 몇몇 종에게 크기가 작고 움직이는 것이면 그게 음식이다. 적응에는 먹이를 포획하는 데 필요한 습성(가령, 치타의 속도), 취약한 먹이를 알아보는 데 필요한 습성, 식량을 어디서 수집할지를 결정하는 데 필요한 습성이 있다. 가령 한 종류의 잎이나 과일처럼 한정된 음식을 먹는 다른 동물에게도 이 사항들은 똑같이 적용된다.

제너럴리스트는 넓은 범위로 다양한 음식을 먹는다. 제너럴리스트의 부분집합인 잡식동물은 동물과 식물을 모두 소비한다. 제너럴리스트에게는 엄청나게 많은 가능성으로부터 먹을 수 있는 것과 없는 것 또는 독이 있는 것을 미리 명시할 방법이 없다. 그래서 학습이 필요하지만, 학습에도 어떤 생물학적 성향이 작동한다. 식물 제너럴리스트와 달리 잡식동물은 두 가지 문제에 직면한다. 첫째, 대개 동물 식량을 찾고 포획하기가 더 어렵다. 둘째, 동물 식량은 위험한 병원체를 감추고 있을 가능성이 더 크고, 그래서 잡식동물은 식물 독뿐 아니라 동물의 고기에 들어 있는 해로운 미생물을 피해야 한다. 해로운 미생물은 현생인류에게도 특별한 문제다. 지금까지 약 8천 년 동안 가축을 곁에 두고 살았기 때문이다. 하지만 육식동물이나 잡식동물이 누리는 큰 이점이 하나 있다. 입으로 들어가는 동물이 생화학적으로 그들 자신과 훨씬 더 가깝다는 것이다. 그 결과, 고기가 많이 포함된 식사는 영양 면에서 완전하다. 식물 제너럴리스트는 필요한 모든 양분을 따로따로가 아니라 종합적으로 충족시켜줄 음식 목록을 짜야 하는 특별한 문제에 직면한다. 마이어는 짝 선택을 닫힌 체계로 분류했다. 표적이 유전자 프로그램에 상당히 많이 명시되어 있다는 뜻이다. 제너럴리스트에게 음식 선택은 열린 체계다. 음식의 범주가 제대로 명시되어 있지 않고 그래서 많은 학습이 필요하다는 뜻이다.

따라서 심리적으로 가장 큰 음식 문제에 직면하는 것은 잡식동물이다. 그 보상은 거의 어디서나 거주할 수 있는 능력으로 돌아온다. 큰 잡식동물 세 종류인 인간, 쥐, 바퀴벌레가 전 세계에 득실대는 것도 우연이 아니다. 잡식동물(그리고 제너럴리스트)의 음식 확인에 필요한 조건은 더 까다로우며, 이 조건 때문에 더 크고 더 정교하게 계산하는 뇌를 선호하는 선택압이 자리 잡았다.

스페셜리스트는 음식 부족을 가리키는 한 체계와 특정한 음식을 확인하는 또 한 체계를 갖고 있다. 인간을 비롯한 제너럴리스트는 최소한 두 가지 동기 체계, 허기와 갈증을 갖고 있지만, 둘 다 필요를 충족시키는 존재물을 확인하고 선천적으로 명시하기가 어렵다는 큰 문제를 안고 있다. 따라서 제너럴리스트는 미리 배선된 전문가 체계를 약간이라도 갖고 있어야 한다. 다시 말해서, 특수한 각성과 동기 체계(예를 들어, 갈증), 그리고 그 동기를 충족시킬 수 있는 표적 존재물(예를 들어, 물)이 비교적 정확하게 규정된 하부 체계가 필요하다.

식량원 후보 찾기

인간을 비롯한 이동하는 종에게 음식 찾기는 기본적으로 두 단계로 이루어져 있다. 새로운 식량원을 찾아 나서거나 과거에 만났던 식량원으로 되돌아가는 단계와, 그 자원에서 떠나기로 (또는 다른 자원을 이용하려고 다시 돌아가기로) 결정할 때까지 이용하는(소비하거나 수확하는) 단계다. 충분한 에너지와 영양분을 섭취하는 문제를 다른 동물들이 어떻게 해결하는지에 대해서는 최적 식량 수집 이론(Stephens & Krebs, 1986)을 비롯한 행동생태학에서 광범위하게 조사해왔다. 예를 들어, 홍합을 먹고 사는 게들은 순수 에너지 이득이 가장 높을 수 있는 홍합을 즐겨 까먹을 것이다. 큰 홍합은 고기가 많은 반면에 까기까지 시간이 더 걸린다(Elner & Hughes, 1978). 인간 행동생태학 분야에서는 이와 똑같은 이론적 접근법에다 민족지학과 고고학의 연구수단을 결합해서 인간의 식량 수집 행동을 연구했다(Hawkes, O'Connell, & Rogers, 1997; Winterhalder & Smith, 2000). 최적 식량 수집을 연구하는 중요한 방향은 두 갈래인데, 식량 수집 행동의 효율성과 그 행동을 가능하게 하는 메커니즘이다. 인간을 포함한 많은 동물종들에게서 식량 수집이 에너지 및 영양분의 소모량과 얼마나 정확히 맞춰져 있는지를 보여주는 데이터는 참으로 인상적이다. 세밀하게 조율된 행동을 설명해주는 메커니즘에 대해서는 그보다 적게 알려져 있는데, 여기에는 미세조정을 위해 환경에서 습득한 입력정보를 사용하는 생물학적으로 진화한 조율 체계들이 포함된다.

탐사와 복귀 음식을 찾을 때 유기체는 먼저 식량원 후보를 발견할 때까지 수색하고 그런 뒤 그 자원을 평가해서 그것이 식용에 적합하고 또한 먹거나 수집할 가치가 있는지를 결정하는데, 긍정적인 결정이 나올 때까지 이 처리과정을 되풀이할 수 있다. 그렇게 새로운 자원을 찾을 때는 과거에 봤던 장소를 다시 방문하지 않고도 지역을 둘러볼 수 있는 경로를 이용한다(Bell, 1991). 또한 그런 자원의 존재를 멀리서 알아볼 수 있는 단서도 함께 이용할 것이다. 인간이 사용하는 단서는 기본적으로 시각적인데, 대표적인 예로 똑같은 자원을 찾는 다른 종들의 존재나 자원 주변에 모인 사람의 수로 그 자원이 얼마나 풍부한지를 짐작거나(Goldstone & Ashpole, 2004), 무리를 이뤄 사회적으로 식량을 수집할 때에는 동종 구성원의 소통 신호를 이용한다. 실버맨과 일스Eals(1992)는 남녀에겐 홍적세에 식량을 수집할 때 성 차이로 인해 다르게 진화한 탐사 능력이 있을 것이라 주장했다. 남자는 넓은 지역을 돌아다니는 먹이를 추적하고 집으로 가져오기에 적합하도록 방위에 더 기초한 길찾기를 사용하고, 여자는 식물에서 나는 식량을 찾거나 다시 방문하기에 적합하도록 지형지물에 더 기초한 탐사를 사용한다. 공간 능력의 차이를 수렵채집인의 성 차이로 설명하는 이 이론은 대체로 생태 타당성이 낮은 실험실 연구에서 나왔음에도(하지만 현장 연구에 대해서는 Pacheco-Cobos, Rosetti, Cuatianquiz, & Hudson, 2010을 보라), 다양한 증거원이 그 설명을 뒷받침한다(Silverman, Choi, & Peters, 2007). 남자는 또한 식량 수집 여행을 마친 뒤 민활하게 귀가할 수 있는(예를 들어, 포획한 먹이를 빠르게 운반할 수 있는) 길을 더 잘 찾는다고 예측할 수 있는데, 실버맨 등(2000)이 숲에 탐사 과제를 설정해놓고 발견했듯이, 이때 관건은 여행 거리를 최소화하는 것이다.

만일 개인이 예전에 재생 가능한 자원(또는 그곳을 떠났을 때 완전히 고갈되지 않은 자원)을 만난 적이 있다면, 손에 쥔 선택지에 따라 그곳으로 되돌아가는 것이 유리할 것이다. 이 경우에 자원의 장소를 기억한다면 큰 도움이 된다. 방금 언급했듯이 식량 수집에 진화한 성 차이가 있다는 가정하에서 뉴New, 크래스노Krasnow, 트럭소Truxaw, 골린Gaulin(2007)은 식물에서 나는 식량의 공간적 위치는 남자보다 여자가 더 잘 기억할 것으로 예측했다. 그들은 이 예측을 시험하기 위해 사람들을 농산물 시장으로 데려가서 판매대 여러 곳의 식품을 조사하게 한 뒤 느닷없이 기억 과제를 시행해서 그들이 시식한 식품 각각의 판매대 방향을 가리켜보게 했다. 실제로 여자가 남자보다 평균 7도 더 정확했다. 하지만 남녀 모두 칼로리가 적은 식품(가령 상추, 오이)보다 칼로리가 많은 식품(아몬드, 올리브유)의 위치를 더 잘 기억했다. 이는 수집 행동이 가장 이득이 되는 식량원으로 되돌아가게끔 설계되었음을 가리킨다.

탐사와 떠나기 일단 식량원을 찾으면 식량 수집자는 그 자원을 얼마나 오래 이용할지(예를 들어, 그것을 소비할지 수확할지)를 결정할 수 있다. 만일 자원이 단일 품목이면, 얼마나 많이 소비할지(예를 들어, 식사 중에) 또는 남들과 어떻게 나눌지(예를 들어, 동물을 사냥했을 때)를 결정한다. 전자의 경우는 연구를 통해 잘 확인된 포만 메커니즘이 부분적으로 조절한다. 이 기제는 하향으로 시각을 자극하는 단서에 의해 강한 영향을 받을 수 있다(사람들이 '바닥이 없는 그릇'으로 먹을 때 모든 수프가 사라질 때까지 먹으려고 하는 것[Wansink, Painter, & North, 2005]과, '어두운 레스토랑'에서 먹을 때 먹는 양을 잘 조절하지 못하는 것[Scheibehenne, Tood, & Wansink, 2010]에서 볼 수 있다). 최근에 먹은 양에 대한 기억도 포만을 결정할 수 있다. 기억상실 환자는 문화적으로 적당한 식사량을 방금 먹었다는 사실을 기억하지 못해서 점심을 연달아 두세 번 먹는다(P. Rozin, Dow, Moscovitch, & Rajaram, 1998). 식사량은 또한 소비의 사회적 규범(가령, 집단을 이룰 때 더 많이 먹는다—de Castro & de Castro, 1989), 긍정적 평가를 받는 모범적인 사람과 같은 양을 먹고자 하는 심리(하지만 비만 같은 부정적 평가의 모델을 모방하지는 않는다—McFerran, Dahl, Fitzsimons, & Morales, 2010), 문화적으로 널리 퍼진 환경 단서(예를 들어, 그릇이나 부엌 세간의 크기—Wansink, 2006을 보라)에서도 강한 영향을 받는다. 음식 나누기는 복수의 선택의 힘이 작용한 결과로(Winterhalder & Smith, 2000), 예를 들어 가족의 칼로리가 부족해질 위험을 최소화하기 위해 또는 지위나 짝짓기 기회를 높이고자 사냥 기술을 과시하기 위해 불안정한 대형 먹이 자원을 교환할 수도 있고, 가공처리 기술이 들어가는 뿌리 음식처럼 더 꾸준한 식량원을 친족에게 공급할 수도 있다(폐경기가 지난 여성의 수명을 설명하는 할머니 가설—Hawkes, O'Connell, Blurton Jones, Alvarez, & Charnov, 1998).

식량 자원은 좁은 지역에 집중되어 있는 개별 품목들의 구역에 해당하기도 한다. 수풀 속의 딸기나 연못 속의 물고기가 그런 예다. 이럴 경우에 식량 수집자는 그 구역을 얼마나 오래 이용할지—이 구역에서 언제 음식을 그만 찾고 다른 구역을 탐사하거나 다른 활동을 하기 위해 떠나야 할지—를 결정해야 한다. 대개 한 구역을 이용하다 보면 거둬들일 식량이 줄어들기 때문에 시간이 지남에 따라 수익률이 떨어지고 어느 순간에는 그 구역에 머물면서 식량을 찾기보다는 떠나는 것이 더 효율적이 된다. 최적 식량 수집 이론에서 그런 구역 떠나기 결정을 연구한 결과, 최적의 전략은 (몇 가지 전제하에서) 환경 안에 있는 모든 구역을 최적으로 탐사하고 이용할 때의 평균 수익률 밑으로 현재의 수익률이 떨어질 때 그 구역을 떠나는 것임이 밝혀졌다(마진 가치margin value 정리—Charnov, 1976). 이동 비용을 포함해서 다른 곳으로 가는 것이 더 유리할 때 식량 수집자는 현재의 구역을 떠난다. 많은 종들이 식량 수집을 하는 동안 마진 가치 정리의 예측과 비슷하게 행동하고(Stephens & Krebs, 1986), 대체로 최적 전략에 근접하는 간단한 구역−떠나기 휴리스틱을 사용한다(Bell, 1991).

인간도 일반적으로 일정한 구역이나 수풀에 자원이 있을 것이라 예측을 하며(Wilke & Barrett, 2009), 언제 떠날지를 결정할 때 심리 기제를 사용하는 것으로 보인다. 이 기제를 연구한 실험실 과제로, 일련의 연못(구역)에서 낚시를 하면서 참가자들이 각각의 연못에서 식량을 수집한 뒤 언제 다음 연못으로 이동할지를 결정하는 과제(Hutchinson, Wilke, & Todd, 2008), 참가자들이 여러 구역에서 익은 딸기를 찾는 시각 탐색 과제(Wolfe, 2013) 등이 있었다. 사람들은 이동하는 시간이 늘어날수록 구역에 더 오래 머물렀으며, 그들이 사용한 구역−떠나기 메커니즘(식품과 식품 사이에 경과한 시간을 포함하여)은 전형적인 환경에서 자원−찾기 속도를 최적에 가깝게 이끌었다.

무엇을 먹을지 결정하기

음식이 될 수 있는 재료를 만났을 때 사람은 그것을 먹을지의 여부를 결정해야 한다. 다양하게 진화한 기제들 덕분에 개인은 식용에 적합한지를 평가하고, 적합한 음식에 대해 개인적으로나 사회적으로 학습을 할 수 있다.

음식을 확인하는 선천적 성향 몇몇 감각적 경향이 내장되어 있어서 음식 확인을 용이하게 한다. 인간(그리고 쥐)은 태어날 때부터 단맛이 나는 액체를 즉시 받아들이는 성향을 보인다(Steiner, 1979). 단맛은 환경에서 영양분의 주요 원천인 과일과 관계가 있기 때문에 이 성향은 적응에 큰 도움이 된다. 유아는 또한 쓴맛과 신맛을 선천적으로 싫어한다(Steiner, 1979). 식물 독은 대개 쓰기 때문에 쓴맛 회피도 적응에 분명히 도움이 된다. 소금은 많은 환경에서 공급이 부족한 필수 영양소이기 때문에 적당한 수준의 나트륨을 선호하는 성향도 유전적으로 프로그램되어 있지만, 출생 후 한참 뒤에 나타난다(Beauchamp, Cowart, & Moran, 1986). 마지막으로, 신생아로부터 나온 확실한 데이터는 없지만 기름진 감촉(세 가지 다량영양소 중 하나인 지방의 존재)에 긍정적으로 반응하는 성향, 칠리처럼 입을 자극하는 음식을 싫어하는 성향도 유전적으로 프로그램되어 있다. 이 모든 진화한 맛 경향이 쥐(라투스 노레페기쿠스)와 다양한 영장류에게 있음이 입증되었다. 그 뒤에 인간을 포함한 일부 포유동물을 대상으로 한 조사에서 제5의 기본 맛인 감칠맛의 존재가 입증되었다. 이 맛은 여러 가지 아미노산이 유발하므로 일종의 단백질 탐지기라 볼 수 있다. 농도가 적당하면 인간을 포함한 많은 포유동물종의 입맛을 사로잡는다(Galindo, Schneider, Stähler, Töle, & Meyerhof, 2012). 유전적으로 프로그램된 성향들이 날 때부터 존재하거나 유아기에 성숙하면 젖을 뗄 무렵에 유아는 맛 선호와 혐오를 한 모둠 갖추고서 앞으로 경험하게 될 복잡한 음식의 세계와 타협하기 시작한다.

새것 혐오와 새것 선호 새로운 음식이 들어오며 식단이 풍성해질 수 있지만 한편으로는 유독할 수도 있다. 기본적으로 쥐를 대상으로 한 연구에서 밝혀지듯이, 새로운 음식을 시식하는 일은 분명한 갈등을 동반한다. 새로운 음식 앞에서 쥐들은 적은 양을 먹고, 아무도 없는 곳에서 그 음식의 효과를 평가한다(P. Rozin, 1969). 인간은 새로운 음식에 대단히 상반된 태도를 보이다가 결국 시식하거나 회피하는 경향이 있다. 회피 경향의 개인차는 새것 혐오neophonia라 불리고, 네오포비아 표준척도로 측정한다(Pliner & Hobden, 1992). 반대로 새것 선호neophilia는 새로운 음식에 접근하는 성향이다. 새것 혐오(그리고 새것 선호)의 정도가 개인마다 크게 다른 이유는 밝혀지지 않았지만, 유전 가능성이 유의미한 정도다(음식 다양성 추구라는 관련된 행동도 마찬가지다. Scheibehenne et al., 2014).

먹을 수 있는 것과 없는 것 학습하기　음식의 효과를 학습하는 데에는 큰 문제가 하나 있다. 섭취 사건이 결과보다 몇 시간 일찍 일어나지만, 기본적인 파블로프 조건화로는 그렇게 간격이 긴 조건화를 입증할 수 없었다. 1960년대에 음식과 그 효과를 학습하는 적응적 전문화를 발견한 것은 학습 심리학의 일대 사건이었는데, 진화─적응 접근법을 세상에 알리고 진화심리학이 번성할 무대 하나를 마련한 큰 걸음이었다. 특이적 허기[1]에 관한 연구는 특수한 학습 기제를 가리켰지만(P. Rozin & Kalat, 1971), 필요한 적응 학습 기제들은 1966년에 존 가르시아John Garcia와 동료들의 고전적인 실험 두 건을 통해 극적으로 입증되었다(Garcia, Hankins, & Rusiniak, 1974에 요약되어 있다). 이 연구와 후속 연구들은 한 묶음의 학습 법칙이 다양한 상황에서 작동한다는 믿음의 헤게모니를 깨뜨렸다. 긴─지연 학습 그리고 준비된 연합(연상)을 자극해서 부정적인 위장胃腸 효과를 일으키는 '의미 있는' 자극(맛)의 여과를 통해 연구자들은 쥐들이 보이는 효과적인 독성 회피 성향을 설명하고 이어 특이적 허기를 설명했다. 후속 연구(예를 들어, Scalafani, 1999; Yeomans, 2010)는 가령 음식을 먹은 뒤 한동안 에너지 가용성이 증가하는 등의 긍정적 사건을 동물이 긴─지연 학습을 통해 어떻게 배우는지를 입증했다. 이 연구는 음식 경험과 그 효과 사이의 지연이 어떻게 음식과 관련된 특별한 학습 기제들(광경과 소리처럼 생물학적으로 무관한 자극을 걸러내는 기제를 포함하여)로 메워지는지를 보여주었다. 쥐와 인간 모두에게 상부위장계 사건, 특히 메스꺼움은 맛 혐오의 학습으로 이어지는 중요한 결과로 보인다(Pelchat & Rozin, 1982). 음식 섭취에 이은 역겨움은 잠시 지연된 뒤에 일어도 관련된 음식에 대한 혐오로 이어지는 반면에, 섭취에 이어 발생하는 그 밖의 부정적인 내장 사건들(가령 통증이나 알레르기 증상)은 혐오로 이어지지 않으며 그 대신 이성적

1　specific hungers. 유기체가 특수한 영양적 욕구를 만족시키는 음식을 찾도록 도와주는, 유전적으로 프로그램된 맛 선호(옮긴이).

으로 되불러내는 유용한 음식 회피로 이어진다.

변하는 음식 환경에 적응할 줄 아는 음식 제네럴리스트로서 인간은 또한 자신의 구체적인 장소에서 먹기에 적합한 것을 배워야 한다. 이 학습은 어느 정도 개인적인 탐사의 결과인데, 어떤 경우에는 명백히 유용한 선천적 경향이 그런 탐사의 안내자가 된다. 성인과 아이들(그리고 짧은꼬리원숭이)은 새로운 음식을 학습한 뒤 색, 촉감, 맛, 냄새 같은 본유적 형질에 기초해서 그 지식을 일반화하는 반면에, 유용한 인공물을 학습하고 일반화할 때에는 형태 단서를 사용한다. 하지만 유아에게는 이 차이가 없다는 증거가 있고, 그래서 어떤 사람들은 음식의 지위가 지식의 핵심 영역이라는 생각을 의문시한다(Shutts, Condry, Santos, & Spelke, 2009). 젖을 뗀 뒤에는 필요할 때에만 접속되는 영역일 수 있다는 것이다.

음식 학습의 대부분은 남들이 이미 잘 먹고 있는 선례를 따른다(Todd & Minard, 2014). 이 행동은 유아기에 시작되는데, 12개월 된 아기들은 그들 문화에 속한 어른들이 먹는 흉내를 내면서 긍정적인 감정을 보이면 그 음식을 더 좋아한다(Shutts, Kinzler, McKee, & Spelke, 2009). 워츠Wertz와 윈Wynn(2014)은 18개월 된 아기들이 남들이 먹고 있는 음식을 학습할 때 인공물 원천보다는 식물 원천에 더 치중해서 학습한다는 것을 알아냈다. 이는 식물을 잠재적 음식으로 보는 전문화된 반응을 암시한다. 지역 환경을 잘 아는 연장자를 모방하는 것이 이롭다는 생각과 일치하는 결과가 있다. 버치Birch(1980)는 어린아이들(3~5세경)이 (평균적으로 나이가 더 많은) 또래 아이들의 음식 선택을 모방하는 경우가 유의미하게 많다는 것을 발견했고, 아데시Addessi, 갤로웨이Galloway, 비살베르기Visalberghi, 버치(2005)는 어린아이들이 친숙한 어른들의 특수한 새 음식 선택을 나중에 모방한다는 것을 보여주었다(하지만 부모 영향의 한계에 대해서는, P. Rozin, 1991를 참조하라).

쥐처럼 인간도 일회 시도 후 음식을 회피하는 형태로 개인 학습을 한다. 대개 한 번 먹어보고 병이 난 음식은 평생 멀리한다(P. Rozin & Kalat, 1971). 쥐는 사회적으로 배우는 음식 선호가 다지만(Galef, 2012), 인간은 또한 사회적으로 전달된 메스꺼움의 단서에 기초해서 회피해야 할 것을 배운다. 다른 사람이 어떤 음식에 대해서 역겨운 표정을 짓는 것을 보면 그 음식을 먹어보려고 하지 않는다(Baeyens, Kaes, Eelen, & Silverans, 1996).

결정하기 진화와 관련된 이 모든 단서—감각적 양상들, 메스꺼움, 학습된 혐오, 친숙함, 취급 시간, 문화 규범, 가족 배경, 남들이 먹고 있는 것 등—가 무엇을 먹을지를 결정하는 데 작용할 수 있음을 인정할 때, 결정은 최종적으로 어떻게 이루어질까? 어떤 요인들(문화, 메스꺼움, 혐오)은 심지어 먹는 것을 고려해볼 음식의 범위를 좁히는 작용을 한다. 그렇게 남겨진 음식 중에서 고를 때, 인간은 현재의 모든 선택지에 대해 쓸 수 있는 모든 정보를 저울질하고 결합하기보다는 재빠른 휴리스틱 방법으로 처리된 몇몇 단서에 기초해서 선택을 한다는 증거가 있다(Scheibehenne, Miesler, & Todd, 2007; Schulte-Mecklenbeck, Sohn, De Bellis, Martin, Hertwig, 2013; Todd, Hertwig, & Hoffrage, 37장, 이 책 2권). 서양의 음식 선택을 조사한 연구자들이 발견한 가장 사랑받는 단서는 좋은 맛과 건강에 좋음(음식의 에너지와 영양소 함량을 반영함) 그리고 가격과 편의성(기회비용과 취급 시간을 반영함)이다.

인간과 음식의 기본적이고 풍부하고 복잡한 관계

인간이 음식을 다루는 방식에는 몇 가지 보편성이 있다. 예를 들어 식사, 음식을 둘러싼 사회적 모임, 몇 가지 방식으로 음식을 가공처리 하기, 문화별 특유의 요리법 발달이 그것이다. 요리법은 주식, 조미료, 요리 방법으로 설명이 되고(E. Rozin, 1982), 음식을 누가 누구와 함께 먹고 어떻게 먹는지에 관한 다양한 규칙이 추가될 수 있다. 음식을 가령 사교계와 사회적 지위, 유대 활동으로서의 음식 나누기, 음식의 도덕성 출현 같은 삶의 다른 영역들과 연결짓기도 한다. 이 모든 것을 전적응 개념으로 설명할 수 있다. 음식과 먹기는 유별하게 인간적인 활동으로 변형되었고, 인류 문명과 인간의 지위를 상징하고 표현하게 되었다. 우리는 예절을 지키고, 도구를 쓰고, 음식을 입으로 가져와서 먹는다(입을 음식으로 가져가는 동물의 방식과 정반대다). 레온 카스Leon Kass(1994)는 『배고픈 영혼*The Hungry Soul*』에서 이 점을 다음과 같이 우아하게 묘사했다. "우리는 마치 먹지 않아도 되는 것처럼 먹고, 발레리나가 중력을 이용하듯이 동물적 숙명을 이용한다."(p. 158)

인간은 음식과 관련된 적응을 발달시켰는데, 그중 다수가 가축화로 생겨난 붐비는 생활과 노동 분업의 산물이다(Wolfe, Dunavan, & Diamond, 2007). 쓴맛 회피나 단맛 선호 같은 어떤 습성들은 진화에 분명한 뿌리가 있다. 요리와 그 밖의 음식 살균법들은 문화적으로 습득되는 것이 분명하지만, 그것을 받아들이는 과정에는 기생체 회피 같은 생물학적으로 진화한 동기가 작동한다. 가령 메조아메리카[2]에서 아미노산을 골고루 충분하게 공급하는 옥수수와 콩 주식, 또는 마늘을 비롯한 몇몇 향신료의 항균 성분 같은 요리 관행의 적응가치를 이해하는 것은 중요하지만(Belling & Sherman, 1998), 그런 연결 자체가 거기에 유전적 요소가 있음을 말해주지는 않는다. 진화심리학의 과제는 이와 같은 많은 음식 영역들에서 진화한 힘과 문화적 힘이 어떻게 상호 작용하는지를 명확히 규정짓는 것이다.

진화적 힘들이 현대인이 먹는 음식에 영향을 미치는 방식은 크게 두 가지다. 첫 번째 경로는 우회적으로만 심리와 연결된다. 인간의 내장과 치아는 동식물이 혼합된 식사에 적응해 있다. 인간은 셀룰로오스(섬유소)를 소화하지 못하는 탓에 먹을 수 있는 식물의 종류가 크게 제한되는 것이다. 둘째, 인간의 큰 뇌는 그 자체로 잡식성 식사와 그로 인해 가능해진 사회성의 과제들을 해결하는 역할도 하지만, 예를 들어, 밀크초콜릿의 발명, 식품 방부제, 전 세계 요리의 대부분을 특징짓는 조미료의 다양한 조합 같은 음식 세계의 정교화와 깊은 관계가 있다. 이제부터는 인간의 음식과 식성에서 볼 수 있는 생물학적 진화와 문화적 진화의 특유한 연결고리에 더 초점을 맞추고자 한다.

단맛과 기름진 촉감을 좋아하는 선천적 선호의 결과들

쥐와 영장류 동물에게 단것과 지방 선호가 있고, 인간이 태어날 때부터 단것(그리고 지방)을 좋아하며, 어머니의 젖이 기름진 동시에 달다는 사실은 인간에게 단것/지방 선호가 생물학적으로 진화했음을 강하게 뒷받침한다. 에너지 함량의 이 두 지표가 사람들이 추구하는 즐거운 맛으로 진화했다는 것은 누가 봐도 분명하다. 이 선천적인 선호만으로도 인간에게 잘 익은 음식 선호(단것)와 고기(지방) 선호가 있다는 자명한 사실을 설명할 수 있다. 하지만 그것이 현대인의 음식세계에 미치는 영향은 그

---

2 마야 문명의 영역(옮긴이).

보다 훨씬 더 막대하다.

단것 선호만 살펴봐도 충분하다(P. Rozin, 1982). 식물 재배와 함께 인간은 과일, 사탕무, 사탕수수 등의 단 음식을 경작하기 시작했다. 갈수록 더 단 맛을 추구하는 욕구에 떠밀려 일련의 기술 진보를 통해 단맛의 원천인 당분까지 추출하게 되었다. 진화한 욕구가 문화 혁신을 유도한 것이다. 당분이 손에 들어오고 풍족해지자(Mintz, 1985) 감미료가 쉽게 구입할 수 있고 흔해졌다. 사탕수수 설탕이 꿀보다 훨씬 저렴해진 것이다. 그 영향으로 인간이 특히 좋아하는 두 가지 음식, 초콜릿과 커피가 널리 유행하게 되었는데 특히 커피는 설탕을 넣지 않으면 종종 불쾌하리만치 쓰게 느껴진다. (초콜릿은 단맛과 기름진 맛을 원하는 인간의 두 욕망을 완벽하게 결합시킨 음식이다. 초콜릿의 단맛과 입안에서 녹는 기름진 촉감은 정교한 가공 기술을 통해 생겨난다.) 서양 유럽인들이 열대 아메리카를 식민지화한 이유 중에는 그 땅에서 사탕수수를 재배하려는 목적이 있었다. 지난 반세기 동안 선진국에서 칼로리가 과다해지고 비만 문제가 커지는 상황에서 단것과 지방을 향한 우리의 욕구와 이 동기 때문에 자꾸 섭취하게 되는 과다 칼로리 간의 정면 대결이 수면에 떠오르고 있다. 우리의 진화한 심리(그리고 생리)와 우리의 현재 환경 간의 진화적 부조화를 꼽으라 하면 이 사례가 대표적일 것이다(Nesse & Williams, 1995; Cordain et al., 2005). 그러나 단맛에 대한 우리의 진화한 욕구에 편승해서 우리에게 가축화와 당분 추출을 하게 한 큰 뇌가 이제 우리에게 인공 감미료를 선사했다. 이 음식으로 단맛과 칼로리 섭취의 연결이 깨질 듯하다(그로 인해 발생할 수 있는 행동적 결과와 함께—Wang & Dvorak, 2010을 보라).

선천적 혐오의 반전

인간은 쓴맛과 자극적인 구강 경험을 선천적으로 기피한다. 현대인의 식사를 인과적으로 조사한 결과로 알 수 있듯이 우리는 그 선천적 혐오를 종종 극복해낸다. 고추, 후추, 생강은 모두 우리가 선천적으로 기피하는 구강 자극을 주지만 그럼에도 세계에서 가장 인기 있는 향신료에 속한다. 고추만 해도 매일 20억 명 이상이 소비한다(Rozin, 1990). 자극적인 속성은 포유동물의 섭취를 막으려는 식물의 적응일 것이다. 새들은 이 식물들의 씨앗을 유효하게 퍼뜨리는 덕에 자극에 대한 혐오를 보이지 않는다.

인간의 요리 현장에는 매우 인기 있는 쓴 음식이 많이 있는데, 나열하자면 알코올 (에탄올), 담배, 초콜릿, 커피, 다양한 채소가 있다. 일반적으로 쓰고 자극적인 물질은 우리가 좋아하기 때문에 소비된다. 이 물질들은 선천적인 선호의 전도, 즉 쾌락의 역전을 예증한다. 마치 현대의 요리 세계에 반진화적 선회가 일어난 듯한데, 그 시작은 요리의 역사상 수천 년 전으로 거슬러 올라간다. 이 역전의 일부를 설명하는 조상의 적응 이야기들이 있다. 예를 들어, 몇몇 향신료에는 항균 성분이 있고, 인도 같은 열대 기후에서는 고기 요리에 세균이 잠복해 있을 가능성이 높기 때문에 향신료를 더 많이 친다는 증거가 있다(Billing & Sherman, 1998). 향신료 사용에 대한 이 설명과, 쉰내를 막아주기 때문이라는 그 밖의 적응 이유들은 현재 논쟁 중이다 (McGee, 1998; Rozin, 1990).

요리 관행과 영양분 강화 사이에는 상관관계가 많지만, 그런 관계는 진화적 기원을 암시하는 데 그친다. 특히 고추는 영양과 요리의 이점을 많이 갖고 있다(Rozin, 1990). 비타민A 결핍을 완화하는 등의 효과는 미묘하고 느리게 나타나는 반면에, 침이 나오게 해서 뻑뻑한 음식을 씹기 쉽게 하는 등의 효과는 즉시 알 수 있고 쉽게 학습된다. 하지만 고추 섭취의 이 적응적/선택적 효과는 어느 것도 사람들이 고추를 비롯한 자극적인 물질의 매운 맛을 왜 좋아하게 되는지를 설명해주지 못한다. 좋아한다는 것은 그것이 '약효'가 있기 때문에 그냥 더 많이 소비하는 것과 다르다.

인간의 식사에 널리 퍼져 있는 이 특징이 어떻게 작동하는지를 제대로 설명하는 이론은 아직은 없다. 물론 노출은 필수고, 소비의 사회적 맥락, 특히 문제의 음식을 이미 즐기고 있는 사람들의 존재가 결정적일 것이다. 두 가지 이론이 있는데 둘 다 흥미롭게도 인간 진화의 어떤 특징에 호소한다(Rozin, 1990). 하나는, 보통의 적응성을 갖고 생물학적으로 프로그램된 대립 과정이 있어서 부정적인 자극에 보완적으로 반응하게 한다는 생각이다(Solomon & Corbit, 1974). 만일 이 과정이 보통 문화적 힘들이 만들어냈을 때보다(예를 들어, 아이들이 대개 싫어하면서도 어른들을 모방해서 고추를 먹거나 담배를 피울 때보다) 더 멀리 나가게 된다면, 그 감각을 중화하는 데 필요한 양보다 보상이 더 커질 테고 결국 통증이 쾌감으로 바뀔 것이다.

쾌락의 역전에 관한 두 번째 이론은 진화한 큰 뇌의 특징을 원인으로 추정한다. '친절한 마조히즘'(Rozin, 1990; Rozin, Guillot, Fincher, Rozin, & Tsukayama, 2013)이

라고도 부를 수 있는 이 이론은 몸이 분명 위험 신호를 발하고 있는데 사실은 위험에 처해 있지 않다는 것을 인지할 때 인간은 쾌감을 느낀다고 주장한다. 이것은 몸에 반하는 마음의 쾌감으로, 이렇게 음식에서 쾌감의 역전을 느끼는 경우만 있는 것이 아니라 롤러코스터나 공포영화가 주는 두려움을 즐기고 영화와 연극, 슬픈 그림, 음악 같은 가공의 초상이 주는 슬픔을 즐기는 경우도 여기에 해당한다. 쾌락의 역전은 인간에 특유하다(대립 이론의 예측과는 다르다. 대립 이론은 적어도 포유동물 사이에 널리 퍼져 있는 기제를 가정한다). 특히 멕시코 돼지와 개는 고추 양념이 들어간 멕시코 음식의 찌꺼기를 매일 먹는데도 고추를 바라는 선호가 발달하지 않는다. 반면에 똑같은 성분을 먹고 사는 5세 이상의 모든 아동에게는 반드시 존재한다(Rozin, 1990에서 검토된 내용).

물론 쾌락의 역전에는 선천적인 경향을 역전시킬 만큼 강력한 문화적 힘들이 필요하지만, 이 역전에 관한 이야기들은 생물학적으로 진화한 체계들의 작동을 가리킨다. 현재로서는 고추가 처음 인간의 식단에 실제로 어떻게 채택되었는지를 알지 못한다. 하지만 현대 세계에서 해마다 수천만 명이 고추 예찬론자가 되고 있다는 사실은 분명히 알고 있다.

옥수수와 카사바, 식품 가공 기술의 채택을 설명하는 다른 문제들

콜럼버스가 도착하기 이전의 관행 때문에 메조아메리카에서는 작고 수확이 불확실한 테오신트 식물이 선택에 의해 옥수수로 개량되었고, 영양가 높은 이 탄수화물 주식은 당시 아메리카인들의 식사에 초석이 되었다. 옥수수의 꽃대는 테오신트보다 훨씬 크고, 옥수수속에 붙은 씨앗은 훨씬 크고 훨씬 많으며 테오신트 씨앗과 달리 속에 계속 붙어 있어서 수확하기도 편리하다. 한참 뒤에 녹색혁명과 유전공학의 결과로 옥수수는 단위면적당 칼로리 생산 면에서 가장 효율적인 작물로 떠올라, 아메리카뿐 아니라 아프리카의 여러 지역에서도 인간의 주식이 되고, 동물의 주요 사료가 되었다.

옥수수를 요리하는 멕시코 전통의 요리법은 토르티야다. 옥수수를 빻은 뒤 조개껍질을 태워서 곱게 간 '칼'(수산화칼슘)과 물을 섞어 토르티야 반죽을 만든다. 코르테스와 그의 일행도 토르티야를 먹었다. 이 토르티야 기술은 영양 면에서 많은 적응가치를 지니고 있다(Katz, Hediger, & Valleroy, 1974). 칼은 메조아메리카 식단에서 부족하기 쉬운 무기물인 칼슘을 보충해주고, 옥수수 안에 결합되어 있어서 이용할 수 없는 상태로 존재하는 필수아미노산들과 니아신이라는 중요한 비타민을 이용할 수 있게 해준다. 토르티야는 영양의 질을 최적화하도록 요리를 적용한 고전적인 예로, 카츠(1982)는 이런 적용을 생문화적 진화라 부른다.

하지만 토르티야의 영양상 이점이 어떻게 발견되었을까? 영양의 결과는 대개 섭취하자마자 나타나지 않고, 기본적으로 며칠이나 몇 주에 걸쳐 효과가 발휘된다. 무엇 때문에 사람들은 조개껍질 같은 것을 옥수수에 추가하는 실험을 하고, 일단 도입된 뒤에 어떤 결과가 나와서 그런 모험심을 계속 부추겼을까? 토르티야 기술을 적용하면 반죽을 밀어서 펴는 일이 훨씬 더 쉬워지는데(P. Rozin, 1982), 이것이 그 기술의 초기 발전을 뒷받침하는 직접적 요인이었을 것이다. 유럽인들이 옥수수를 받아들이지 못한 이유는 실제로 간단할지 모른다. 코르테스와 이후에 탐험가들이 옥수수는 유럽에 갖고 왔지만 토르티야 기술은 두고 왔기 때문이다. 멕시코 여자들만 토르티야를 만들 줄 알았는데 탐험가 일행에는 스페인 여자가 없었다(P. Rozin, 1982).

또 다른 전분 식품인 카사바가 아메리카(브라질)에서 주로 아프리카로 수입된 경우는 요리 기술의 채택 과정이 더 분명하다. 카사바는 해충을 잘 견디고 재배하기 쉬운 반면에 몇몇 이종은 시안화물(청산가리)이라는 치명적인 독성을 함유하고 있다(P. Rozin, 1982). 브라질 전통에서는 카사바를 빻은 뒤 수용성 시안화물이 빠져나갈 때까지 가루를 물에 헹군다. 이 절차가 어떻게 발명되었는지는 정확히 알 수 없지만, 시안화물의 효과가 빠르고 종종 치명적이라는 사실을 감안할 때 이 절차의 효과는 매우 두드러졌고, 음식을 물로 헹구는 관습이 그 이전부터 확립되어 있었으리라고 쉽게 상상할 수 있다. 옥수수의 경우와는 달리 브라질의 요리(해독) 절차는 카사바에 매달려 아프리카로 들어왔다.

우유: 대사 적응과 문화 진보의 생물학적 · 문화적 공진화

우유는 갓 태어난 모든 포유동물이 가장 먼저 먹는 음식으로, 갓난아기들은 어머니에게 생물학적으로 적응해 있는 것처럼 우유에도 적응해 있다(Simoons, 1982; Rozin & Pelchat, 1988에서 검토된 내용; Durham, 1991). 유아의 장에는 락토오스가 있는데, 이 분해효소는 락토오스라는 독특한 젖당을, 영양이 풍부하고 소화가 잘 되는 두 요소, 글루코오스와 갈락토오스로 분해한다. 우유는 아기 때에만 먹을 수 있다. 젖을 떼는 과정이 시작되면 어머니가 생산을 중단하기 때문이다. 이유기가 특히 중요한 것은, 젖이라는 슈퍼푸드를 떠나서 그 대안이 될 수 있는 풍부한 음식의 세계를 만나는 시기이기 때문이다. 다시는 맛볼 수 없는 음식인 젖을 쉽게 떼게 하는 적응은 세 가지다. 첫 번째는 새로운 많은 음식에 친숙하게 이끌리는 습성으로, (a) 모유 속에 존재하는 음식의 잔여물(예를 들어, 마늘 향)이 이유기에 그 음식을 받아들이기 쉽게 하고(인간의 경우는, Mennella & Trabulsi, 2012를 보라; 쥐의 경우는 Galef, 2012를 보라), (b) 어머니가 소비한 음식이 어머니의 피부 냄새와 어머니의 날숨에 있는 이황화탄소의 협력을 통해 아기에게 노출되기(Galef, 2012, 쥐 연구에 기초함) 때문이다. 둘째, 유당분해효소 결핍증이 발달해서 젖떼기를 부추긴다. 수유기 후반에 다량의 우유를 먹으면 위가 불편해진다(Rozin & Palchat, 1988). 셋째, 당분 중 락토오스는 비교적 단맛이 약하다. 아이 입장에서 젖은 어차피 떼야 하고 이유할 때 강하게 당기지 않는다면, 단맛이 덜한 액체에서 멀어지기는 더 쉬워진다(Rozin & Pelchat, 1988).

우유는 조달할 수 있다면 성인에게도 영양가 높은 음식이다. 하지만 락토오스는 생물학적 프로그램에 따라 이유기 즈음에 장에서 점차 사라진다. 정상적인 포유동물 성체는 락토오스를 소화할 수 없고, 후장에 락토오스가 있으면 설사와 복부팽창이 일어나는데 장내 가스로 인한 통증이 여기에 포함된다(Simoons, 1970, 1982; Rozin & Pelchat, 1988). 그렇다면 어떻게 해서 세계의 많은 성인이 유제품을 소비하고 인도, 덴마크, 캐나다처럼 확연히 다른 문화들에서 유제품이 식품의 큰 부분을 차지하고 있을까? 동물을 가축화한 뒤로 두 가지 중요한 사건이 일어나 우유 소비가 가능해졌다. 하나는 문화적 사건이고 다른 하나는 생물학적 사건이다(Durham, 1991; P. Rozin, 1982; P. Rozin & Pelchat, 1988; Simoons, 1970, 1982).

문화적인 면에서 인간은 우유를 '교화'하는 법, 즉 발효법을 발견했다. 일반적인 상황에서 발효의 주된 효과는 박테리아가 우유의 락토오스를 분해해서 소화할 수 있는 성분으로 만드는 것인데 여기서 결국 요거트와 치즈 같은 친숙한 식품이 탄생했다. 이런 음식에도 락토오스가 있긴 하지만 그 양이 생우유보다 확실히 낮고, 저장하기도 생우유보다 훨씬 더 편리하고 쉽다. 지중해와 남아시아에서는 이렇게 개화된 유제품을 오늘날에도 주식으로 소비한다.

하지만 몇몇 문화에서는 괄목할 만한 생물학적 적응이 출현했다(Simoons, 1970, 1982). 그 목축 부족은 주로 북유럽에 있지만 아프리카에도 있다. 단일 유전자 돌연변이가 이유기에 락토오스 유전자 프로그램이 지워지는 것을 막는 경우가 드물지 않게 일어난다. 그 돌연변이 유전자를 갖고 있는 사람은 성인이 돼서도 우유를 소비할 수 있는 특별한 이점을 누린다. 현재 북유럽인과 일부 아프리카 목축민 사이에 널리 퍼져 있는 것으로 봐서, 바로 이 이점이 이 유전자를 확산시키는 선택의 힘으로 작용한 것이 분명하다. 인간의 가축화 활동이라는 문화적 사건이 생물학적 선택압을 만들어내고 그로 인해 이 그룹에 유전자 변화가 일어났지만, 지구상에 사는 사람의 대다수는 다른 포유동물들처럼 원래와 같이 유당분해효소 결핍증을 안고 산다. 우리의 현재 지식으로는 발효된 우유나 생우유가 실제로 어떻게 인간의 식단에 들어왔는지까지는 설명하지 못한다.

고기: 인간에게 위대한 식품이지만 기생체의 원천이자 양가감정의 핵

인간이라는 잡식동물에게 고기는 자연식품이다(Fiddes, 1991; Rozin, 2004). 고기는 영양상 완전하고 칼로리가 풍부한 음식이라 대부분의 현대인에게 대단히 매력적인 음식이다. 하지만 고기가 인간의 이상적인 식품이라는 이야기에는 두 가지 오점이 있다. 첫째, 고기는 구하기 어렵다. 그 원천인 동물은 이동하기 때문에 포획 단계가 어렵고 상당한 에너지 비용과 사회적 협동을 필요로 한다. 둘째, 동물성 식품은 생화학적으로 인간의 구성과 아주 비슷해서, 동물의 몸에서 살 수 있는 기생 유기체는 인간의 몸에서도 살고 번식할 수 있다(Curtis, 2013).

인간은 고기가 안고 있는 두 가지 중요한 문제를 상당히 효과적으로 해결했다. 역사적 시기는 여전히 논쟁거리지만(Wrangham, 2009), 인간은 불을 사용하는 법과 동물성 식품을 불로 요리하는 법을 알게 되었다. 요리는 사실상 모든 기생체를 죽인다. 물론 요리한 뒤 먹지 않고 남겨둔 음식은 다시 감염될 수 있지만 말이다. 가축화는 동물성 식품을 얻을 때 필요한 기술과 에너지 지출을 줄여주었지만, 그와 동시에 기생체에 감염될 위험을 높였다. 가축화 이후에 인간이 대형 동물과 전보다 훨씬 더 가까워졌기 때문이다. 현대 문화에서 우리는 고기 소비의 커다란 이점과 상당한 위험성을 동시에 이야기한다. 고기는 인간이 좋아하는 음식인 동시에 가장 금기시되는 음식이다(Fessler & Navarette, 2003). 어떤 동물 금기는 아주 철저해서 한 집단의 모든 구성원에게 적용되지만(예를 들어, 유대인의 음식 규율), 대개는 조건적으로, 어떤 부류의 사람들이나 어떤 때에 어떤 고기는 먹어서는 안 된다고 말한다. 조건적 금기는 고기의 우월한 지위를 명확히 설명해준다. 조건적 금기는 대개 사람들이 좋아하는 부위(대개 근육)를 전통 문화에서 가장 힘 있는 부류인 성인 남성에게만 제한적으로 허용하기 때문이다.

인간의 문화가 진화해온 지난 수천 년에 걸쳐 고기에 대한 복잡한 반응, 특히 반응의 부정적인 측면을 강화한 것이 있다. 바로 인간의 본성, 기원, 운명을 다루는 종교와 사상의 발달이다. 영혼에 관한 사상은 영혼을 인간과 동물의 영적인 연결고리로 간주하면서 고기에 대한 인간의 반응을 조정한다. 게다가 가축화 이후에 사냥이 쇠퇴하고 사람들이 목축이나 도축 같은 새로운 역할로 전문화하면서(Diamond, 1997), 사람과 동물성 식품의 원천 사이에 거리가 증가했다. 그 결과 현대 세계에서 고기를 먹는 사람들에게 동물 살해에 관한 관심이 희박해졌다. 또한 음식에 접근할 수 있는 기회가 커지면서 인간은 어떤 동물을 먹을지를 더 까다롭게 선택하기 시작했다(미국의 성인들은 주로 수천 종의 포유동물 중에서 단 세 종의 근육만 먹는다). 많은 사람이 종교와 동정심에 이끌려 모든 동물성 식품을 거부하게 되었다(예를 들어, 많은 힌두교도들이 불살생不殺生의 교의인 '아힘사'를 따른다). 환생에 관한 믿음을 포함해서 조상과 후손에 대한 깊은 감수성은 동물에게 상징적 가치를 부여했다(예를 들어, Fiddes, 1991; Twigg, 1983). 오늘날의 관심은 동물 살상이나 동물 학대에 그치지 않고 사육과 소비에 드는 높은 환경적 비용까지 넓어졌는데, 이는 식물과 뚜렷이 대조된다. 오늘날 선진국의 많은 성인에게, 자유주의적인 정서와 장기적인 건강에 대한 관심이 늘어나 과거에 고기 소비를 억지하던 기생체 회피를 대체했다. 하지만 생물학적 위험성과 상징적·정서적 관심에도 불구하고 고기와 동물의 산물[3]은 여전히 생물학적 호소력이 강력하다.

---

3 동물의 지방, 피, 계란 등(옮긴이).

역겨움

인간의 음식인 고기와 역겨운 감정까지는 한 발짝이다. 지난 10년 동안에 진화심리학자들은 역겨움에 많은 관심을 집중해왔다. 역겨움에서 인상적인 것은 사람들이 역겹다고 느끼는 음식이 거의 다 동물성이라는 점이다(Angyal, 1941; P. Rozin & Fallon, 1987). 인간이 음식 앞에서 보이는 가장 강력한 부정적 반응이 가장 좋아하는 식품군에 집중돼 있는 것이다! 고기에 대한 양면감정이 다시 한번 모습을 드러낸다.

역겨움이 음식 거부 체계인 것은 거의 분명하다. 영어에서 dis-gust는 나쁜 맛을 의미하고, 프랑스어의 역겨움도 그와 비슷하다. 역겨움과 관련해서 가장 자주 나타나는 얼굴 표정은 두 가지인데 그중 하나가 입을 크게 벌리고 혀를 길게 내미는 것이다. 둘 다 입에서 물질을 뱉어내는 역할을 한다. 무엇보다도, 역겨움의 생리학적 징후는 메스꺼움으로, 이 기분은 섭취를 억제하고 종종 음식 거부의 최종 행위인 구토로 이어진다. 근본적인 질문은 무엇이 음식 거부성 역겨움(많은 진화심리학자들이 이를 병원체 회피성 역겨움이라 부른다)을 촉발하는가다.

역겨움에 대한 다윈(1872/1965)의 고전적인 연구에 이어 엥겔Angyal(1941)은 역겨움을 "불쾌한 대상이 구강과 하나가 될 것으로 예상될 때 드는 혐오"로 정의했다. 안얄은 신체 노폐물을 역겨움의 진원으로 보았다. P. 로진과 폴런Fallon(1982, p. 23)은 안얄의 정의에 다음과 같이 덧붙였다. "불쾌한 대상은 오염물질이다. 오염물질이 먹을 수 있는 음식에 잠깐이라도 접촉하면, 그 음식은 대개 먹을 수 없는 것이 된다." 본래의 유도인자로 볼 수 있는 신체 노폐물과 몇몇 음식이 일으키는 역겨움을 "핵심core" 역겨움이라 부르기도 한다. 핵심 역겨움의 유도인자가 신체 생성물을 포함한 동물의 산물이라는 점과 이 유도인자에 대한 반응의 특징이 오염 민감성이라는 점을 감안할 때, 기생체 회피가 핵심 역겨움의 기본 동기라고 가정해도 무방하다. 처음에는 역겨움의 질병 회피 모델(Matchett & Davey, 1991)이라 불린 이 견해는 기생체 회피 해석과 일치하는 많은 특징들을 확인한 연구(Curtis, Aunger, & Rabie, 2004; Oaten, Stevenson, & Case, 2009; Tybur et al., 2013) 덕분에 급격히 발전했다. 두 종류의 주장이 이 견해를 가장 강력하게 지지한다. (1) 인간에게는 오염 민감성이 있다. 이 민감성은 세균 감염으로만 설명할 수 있는 음식 거부의 일부분으로, 세균은 (독과 다르게) 소량이 들어와도 몸에서 증식할 수 있기 때문이다. (2) 핵심 역겨움 유도인자는 해로운 세균의 매개가 될 수 있는 잠재적 음식, 즉 고기와 동물의 산물에 초점을 맞춘다.

'역겨움이 기생체 회피 체계인가(강력한 증거가 있다)?'라는 질문과, 기생체 회피 기능을 전제로 한 또 다른 질문, '기생체 회피 역겨움은 생물학적으로 진화했는가 아니면 학습되는가?'라는 질문은 반드시 구분할 필요가 있다. 요리, 항생물질 투여, 물 정화 같은 다른 행동들 역시 인간 특유의 매우 효과적인 기생체 방지책이지만, 생물학적 진화가 아닌 문화적 학습으로 명백하게 설명된다. 풍부한 증거(예를 들어, Curtis, 2013; Hart, 2011)에 따르면 기생체 회피는 포유동물과 기타 생물종에게 근본적인 문제로, 감염 위험을 줄이기 위한 광범위한 행동(예를 들어, 그루밍)을 야기한다 (Schaller, 이 책 7장을 보라). 그렇다면 역겨움은 다른 진화한 기생체 회피 행동과 잘 들어맞는 유전적 체계('감정')인가? 지금까지는 주로 그렇다고 봤지만, 역겨움은 다른 동물에서는 발견되지 않고 인간도 태어났을 때에는 그 감정을 보이지 않기 때문에, 유전적 발생을 뒷받침하는 가장 설득력 있는 논거 중 이 두 가지는 아직 공백으로 남아있다. 다른 한편으로 인간의 역겨움(그리고 오염 민감성)은 4~5세경부터 문화적 보편성을 띤다(Hejmadi, Rozin, & Siegal, 2004). 지금 시점에서 기생체 회피 역겨움을 가장 조리 있게 설명하는 견해는 생물학적 진화의 산물로 보는 견해다.

또 다른 근본적인 질문은 광범위한 역겨움을 낳은 역사적 사건들을 겨냥한다. 즉, 음식과 관련된 감정이 어떻게 해서 죽음이나 낯선 사람과의 접촉, 다양한 성행위(예를 들어, 근친상간), 몇몇 도덕적 위반 같은 광범위한 존재물과 상황들에까지 적용되었을까? 그 과정은 거의 틀림없이 전적응을 끌어들였을 것이다. 핵심 역겨움의 표정에서 볼 수 있는 입 크게 벌리기는 쓴맛에 대한 유전적 반응에 속한다(Grill & Norgren, 1978; Steiner, 1979). 그 표정은 인간에게는 날 때부터 존재하고 쥐, 영장류 및 여타 포유동물에게도 존재한다. 쓴 표정은 기능상 음식을 거부하고 이 거부를 알리는데, 상하거나 기생체에 감염된 음식을 거부하는 새로운 기능의 전적응이었음이 거의 분명하다. 하지만 이 새로운 기능이 왜 또는 어떻게 출현했는지는 불확실하다. 켈리Kelly(2011)는 역겨움 분석에서 이 문제를 집중 조명했다. 그는 역겨움을 선천적인 독(쓴맛) 거부와 선천적인 기생체 회피 체계의 (전적응에 의한) 조합으로 가정했다 (그의 '얽힘 가설').

역겨움은 음식 체계가 그 속성을 공유하는 다른 체계의 토대 역할을 어떻게 하는지를 보여주는 전형적인 예일 것이다. 역겨움의 확장에 관한 최초의 이론(P. Rozin, Haidt, & McCauley, 2008)에서는 역사적 단계를 넷으로 구분했다. 핵심(음식-관련) 역겨움으로 시작해서, 인간의 여타 동물적 속성(예를 들어 섹스, 내장, 그리고 무엇보다, 죽음)으로, 개인 간 접촉의 부분집합으로 확장되고, 마지막으로 신성 위반으로 묘사되는 도덕적 위반의 부분집합으로까지 확장되었다는 것이다(P. Rozin, Lowery, Imada, & Haidt, 1999. Shweder, Much, Mahapatra, & Park, 1997의 분류법을 사용함). 연구자들은 전적응을 확장을 위한 메커니즘으로 명시하고, 핵심 역겨움이 생물학적으로 진화했다는 가능성을 열어둔 상태에서 문화적 진화를 강조한다. 어떤 연구자들은 동물 상기reminder 단계가 인간만이 직면하는 큰 문제이자 위협인 죽음 상기 회피에 집중되었다고 가정한다(Becker, 1973; Goldenberg et al., 2001). 타이버Tybur 등(2013)은 죽음, 기형, 내장 노출은 모두 감염의 증세이기 때문에 기생체 회피가 그 자체로 동물-상기 혐오를 포함할 수 있다고 주장한다. 또한 낯선 사람은 위험한 병원체를 퍼뜨릴 가능성이 더 높기 때문에 개인 간 역겨움도 기생체 회피에 포함될 수 있다고 주장한다. 이어 그들은 역겨움의 다른 두 영역인 성적 역겨움과 도덕적 역겨움을 가정했다. 결정적으로, 두 견해 모두(그리고 Kelly, 2011의 견해도) 도덕적 역겨움의 기원이 음식 관련 체계라는 관점을 기초로 삼는다.

음식 선호의 유전

우리는 종을 아우르는 경향의 유전적 기초와 문제의 형질에서 나타나는 개인차의 유전적 기초를 확실히 구분해야 한다. 예를 들어, 읽기/쓰기는 문화적 발명품이지만 읽기 능력의 차이에는 상당한 유전 가능성이 있다. 반면에 음식의 영역에서 단맛을 바라는 기본적인 선호는 유전학에 분명히 기초해 있지만, 현재 우리가 알고 있는 한에서 그 선호의 표출에 존재하는 개인차는 문화나 개인적 경험 때문에 발생한다.

음식 선호의 개인차를 구성하는 것으로 보이는 생물학적 요인 하나는 유전자에 기초한 감각의 차이다. 쓴맛 수용체는 여러 가지가 있는데, 연구자들은 유전자 분석을 통해 그중 많은 수용체들의 유전자 염기를 구체적으로 확인했다. 그 자리 중 하나는 페닐티오요소(PTC)나 이것과 동족 관계에 있는 화학적 프로필티오우라실(PROP)의

쓴맛 평가로 측정된다(Bartoshuk, Duffy, & Miller, 1994; Tepper, 1998). PROP 민감도가 더 큰 사람들 사이에서 쓴 성분이 있는 음식(예를 들어, 커피, 맥주, 여러 가지 채소들)의 선호가 더 낮다는 것을 보여주는 소박한 증거가 있다. 미각 유전학이 발전한다면 맛과 선호의 뇌 지도를 조사할 기회가 더 많아질 것이다.

현재 음식 선호의 유전에 초점을 맞춘 쌍둥이 연구는 그 건수에 걸맞게 소박하고 들쭉날쭉한 결과를 내놓고 있다. 구체적인 음식 선호의 유전 가능성은 그리 높지 않지만, 고지방 음식이나 과일 같은 몇몇 범주의 유전 가능성은 그보다 높게 나온다(Reed, Bachmanov, Beauchamp, Tordoff, & Price, 1997). 하지만 문화 안에서 음식 선호의 변이가 상당히 큰 것에 유전자가 기여하는 주된 역할은 음식 선호의 가족 유사성을 보여주는 데이터의 도전에 직면한다. 가족 유사성은 보통 성인 자녀(대학생)와 부모의 선호 또는 선호 패턴의 유사성으로 측정하기 때문에 유전학과 부모의 영향을 구분하지 못한다. 따라서 가족 유사성 상관관계는 유전적 기여의 상한선만을 입증해 준다. 음식(그리고 음악) 선호의 가족 유사성에 관한 문헌은 r = 0.15라는 놀라우리만치 낮은 상관성을 보고한다(P. Rozin, 1991).

진화의 배경에 특별히 관심이 가는 문제가 있다. 일생에 걸쳐 음식 선호에 믿음직하게 일어나는 변화들이다. 임신 첫 3개월에 여성의 음식 선택이 단기적으로 변하는 것은 취약한 태아의 상태와 여성의 면역 억제와 관련이 있는 듯하다(Fessler, Eng, & Navarette, 2005). 벌의 경우에 일벌은 일생에 걸쳐 꽃가루 수집에서 과즙 수집으로 또는 그 반대로 이동할 수가 있다. 이 이동은 어느 한 벌이 알을 보살피는지(꽃가루 선호), 벌집에 에너지를 공급하는지(과즙 선호)에 달려 있고, 후성적으로 조절되는 것으로 보인다(Amdam, Norberg, Fondrk, & Page, 2004). 후성학과 장내 세균총이 일생에 걸쳐 하는 역할 그리고 음식 선호의 진화적 변화는 아직은 미개척지로 남아 있다(Alcock, Maley, & Aktipis, 2014).

미래

음식이 너무 오랫동안 진화심리학의 식탁에 오르지 못했다. 인간의 삶에서 큰 부분을 차지하는 이 주제는 동물의 진화와 결정적으로 연결되어 있고 또 거기에 영향을 미치는 만큼 훨씬 더 많은 관심을 기울일 필요가 있다. 우리는 진화의 선택의 힘과 더불어 문화도 음식 선택, 식사 습관, 음식의 의미를 결정하는 데 중요한 역할을 해왔음을 인정해야 한다. 동물의 행동에 관한 가장 유익한 정보가 동물의 먹이에서 나올 수 있듯이, 개인의 문화에 관한 유익한 단서도 그가 먹는 것일 수 있다. 이 장 전체에서 보았듯이 생물학과 문화, 이 두 요인은 뗄 수 없이 맞물려 있다. 문화적 전통은 인간의 전반적인 신진대사 능력, 행동/인지 능력, 선천적 경향에서 영향을 받는 동시에, 미각의 유전과 신진대사 능력의 문화적 차이는 변화하는 문화와 함께 공진화해왔다. 지금이야말로 음식 행동 안에서 진화와 문화의 상호관계를 연구하기에 특히 중요하고 흥미진진한 시점이다. 인류 역사상 처음으로 수십억 인간이 전 세계의 문화에서 주식과 특식의 견본이 되어줄 수 있다. 세계 음식이 균질화되어 환경적 변이가 감소한 탓에 음식 선택에서 유전적 요인으로 돌릴 수 있는 개인차의 비율이 대폭 올라갈 수 있다. 무엇보다도 갈수록 넓어지는 선진국 세계에서, 환경오염, 음식 찌꺼기, 물 사용을 줄이고, 지구상에 오염되지 않은 채 남아 있는 땅을 구하고, 동물의 권리를 보호하고, 식품유전자공학을 통해 인간이 자연에 '간섭'하는 가운데, 이런 사업에 대한 지구적 관점이 인간의 음식 선택에 새로운 차원을 더하고 있다. 이 모든 것이 인간의 음식 선택과 식사 행동에 대한 진화적 연구에 닥칠 엄청난 미래에 속해 있다.

이 분야를 압박하는 또 다른 연구 과제는 음식 관련 건강에 관심이 높아지고 변하는 현상을 조사하는 것이다. 아이러니하게도 조상의 환경에서 적응을 도와줬던 두 가지 중요한 유전적 형질, 단맛 선호와 기름진 촉감 선호가 현대 문화에서는 비만이라는 부적응 결과의 주범이 되었다(Nesse & Williams, 1995; Speakman, 2013). 개화된 문명 탓에 인간의 진화 초기에 중요했던 기초적인 선택압이 거꾸로 뒤집힌 듯하다. 음식 부족에서 음식 풍년으로, 저칼로리 음식에서 초고밀도 칼로리 음식으로, 음식의 독성과 세균은 이해할 수 있는 단기적 결과에서 퇴행성 질환을 야기하는 음식의 훨씬 더 미묘하고 장기적이고 부정적인 결과로 바뀐 것이다. 게다가 현대의 선진 세계에서 부적절한 음식 선택과 비만에 가해지는 선택압은 대체로 낮거나(예를 들어, 오늘날 포식의 위험성은 대부분의 환경에서 중요하지 않다), 조상의 환경에서는 거의 도달하지 못했던 연령대에서 일어난다(예를 들어, 퇴행성 질환). 오늘날 비만을 비롯해서 음식과 관련된 건강 문제가 증가하고 있다면 다양한 관점에서 문제를 연구할 필요가 있다. 진화와 깊이 연결되어 있는 두 가지 새로운 접근법, 후성학과 인간의 장내 세균총 분석이 대표적인 예다.

동물의 생활사 전반에 걸쳐 음식 취득 행위가 기본이었다는 점을 고려할 때, 그 토대가 되는 기제 중 일부는 진화의 과정에서 다른 기능으로 전용되고 목적이 수정되었을지 모른다고(전적응이나 굴절적응처럼) 생각하는 것도 충분히 합리적이다. 힐스 Hills(2006)의 주장에 따르면, 도파민이 가동하는 식량탐색 메커니즘들이 다른 자원의 탐색을 통제하는 메커니즘들의 진화적 기초를 형성했는데, 여기에는 외부 환경에서 정보를 탐색하는 주의 통제(예를 들어, 시각적 탐색; Wolfe, 2013)와 내적 목표가 가동하는 인지 실행 통제(개관으로는, Todd, Hills, & Robbins, 2012를 보라)가 포함된다. 예를 들어, 사람들이 기억 속에 있는 개념들을 떠올릴 때(예를 들어, "생각나는 동물을 모두 대시오"라고 했을 때), 동물 개념의 구획을 건너뛰는 방식(예를 들어, 가축에서 애완동물로, 곤충으로)은 최적 식량 수집 이론의 마진 가치 정리에 따라 자신의 성공을 극대화하는 바로 그 방식이다(Hills, Jones, & Todd, 2012). 이와 마찬가지로 사람들이 웹을 검색할 때 사용하는 '정보 (식량)수집' 전략은 구역별로 나뉘어 있는 식량원에 적합한 전략과 비슷하다(Pirolli, 2007). 앞에서 살펴봤듯이, 전적응은 심미의 영역(오트 퀴진),[4] 도덕의 세계(예를 들어, 음식을 생도덕 물질로 보는 인도의 힌두교; Appadurai, 1981), 그리고 우리가 "린다는 상냥해sweet"라거나 "이 주장의 골자meat로 넘어갑시다"라고 말할 때처럼 언어와 은유의 영역(Chan, Tong, Tan, & Koh, 2013)으로 음식 체계를 확대했다.

마지막으로 레온 카스의 『배고픈 영혼』(1994)에서 예를 하나 인용해보자. 구체적인 주장을 위해 약간 편집을 하겠다. 현대 세계에서 먹는 행동은 동물이 아닌 개화

---

4 haute cuisine. 세팅까지 완벽하게 준비된 음식(옮긴이).

된 존재의 진술이라고 설명하면서(그 책의 주제다) 카스는 서양의 선진국에서 식사하는 장면을 상상해보라고 우리에게 요구한다. 성인 두 명이 마주 앉아 저녁을 먹고 있다. 두 사람은 포크에 음식을 꿰서 입으로 가져 나른 뒤 씹어 삼킨다. 먹는 행위는 끝까지 우아하고 대단히 능숙하다. 포크나 입에서 음식이 떨어지지 않는다. 입안에 들어간 음식 덩어리는 역겹다. 침과 섞여서 축축하고, 병균을 옮길 수도 있다. 식사하는 사람은 분쇄하고 있는 내용물이 조금이라도 내보이지 않도록 잘도 씹는다. 이 사실이 특히 놀라운 것은 식사 중의 대화가 전부 음식을 섞고 있는 바로 그 구멍(입)에서 나오는 소리로 조음되고 있기 때문이다. 영양분 획득이라는 철저히 생물학적인 행위가 생애 초기부터 연습을 통해 습득한 기술로 수행된다. 우리는 식사라는 기본적인 생물학적 필요를 충족하기 위해, 생물학적 동기인 허기에 기초해서, 식사라는 진화한 생물학적 행위를 하는데, 거기에는 생물학적 뿌리를 가진 역겨움이라는 감정이 뒤얽혀 있지만 또한 고도로 학습된 문화적 기술이 가득 스며 있어서 아무것도 모르는 존재가 그 상황을 본다면 두 사람이 기본적으로 영양분을 섭취하고 있다고는 생각하지 못할 것이다. 그런데 현대의 호모사피엔스 사이에서는 이 복잡한 경험이 매일 수백억 번씩 발생하고 있다. 좋든 싫든 우리는 동물이며, 진화한 생물학적 힘들을 문명화된 식사를 통해 용케 수면 바로 아래에 감추고 있지만, 그럼에도 우리는 단것과 기름진 음식을 좋아한다.

참고문헌

Addessi, E., Galloway, A. T., Visalberghi, E.,& Birch, L. L. (2005). Specific social influences on the acceptance of novel foods in 2−5-year-old children. *Appetite, 45,* 264−271.

Alcock, J., Maley, C. C., & Aktipis, C. A. (2014). Is eating behavior manipulated by the gastrointestinal microbiota? Evolutionary pressures and potential mechanisms. *Bioessays, 36,* 940−949.

Amdam, G. V., Norberg, K., Fondrk, M. K., & Page, R. E., Jr. (2004). Reproductive ground plan may mediate colony-level selection effects on individual foraging behavior in honey bees. *Proceedings of the National Academy of Sciences, USA, 101,*

11350-11355.

Angyal, A. (1941). Disgust and related aversions. *Journal of Abnormal and Social Psychology, 36*, 393-412.

Appadurai, A. (1981). Gastro-politics in Hindu South Asia. *American Ethnologist, 8*, 494-511.

Baeyens, F., Kaes, B., Eelen, P., & Silverans, P. (1996). Observational evaluative conditioning of an embedded stimulus element. *European Journal of Social Psychology, 26*, 15-28.

Bartoshuk, L. M., Duffy, V. B., & Miller, I. J. (1994). PTC/PROP tasting: Anatomy, psychophysics, and sex effects. *Physiology and Behavior, 56*, 1165-1171.

Beauchamp, G. K., Cowart, B. J., & Moran, M. (1986). Developmental changes in salt acceptability in human infants. *Developmental Psychobiology, 19*, 17-25.

Becker, E. (1973). *The denial of death.* New York, NY: Free Press.

Bell, W. J. (1991). *Searching behaviour: The behavioural ecology of finding resources.* New York, NY: Chapman and Hall.

Billing, J., & Sherman, P. W. (1998). Antimicrobial functions of spices: Why some like it hot. *Quarterly Review of Biology, 73*, 3-49.

Birch, L. L. (1980). Effects of peer models' food choices and eating behaviors on preschoolers' food preferences. *Child Development, 51*, 489-496.

Buss, D., Haselton,M. G., Shackelford, T. K., Bleske, A. L.,&Wakefield, J. C. (1998). Adaptations, exaptations and spandrels. *American Psychologist, 53*, 533-548.

Chan, K. Q., Tong, E. M. W., Tan, D. H., & Koh, A. H. Q. (2013). What do love and jealousy taste like? *Emotion, 13*, 1142-1149.

Charnov, E. L. (1976). Optimal foraging: The marginal value theorem. *Theoretical Population Biology, 9*, 129-136.

Cordain, L., Eaton, S. B., Sebastian, A., Mann, N., Lindeberg, S., Watkins, B. A., . . . Brand-Miller, J. (2005). Origins and evolution of the Western diet: Health implications for the 21st century. *American Journal of Clinical Nutrition, 81*, 341-354.

Curtis, V. 2013. *Don't look, don't touch, don't eat. The science behind revulsion.* Chicago, IL: University of Chicago Press.

Curtis, V., Aunger, R., & Rabie, T. (2004). Evidence that disgust evolved to protect from risk of disease. *Proceedings of the Royal Society B: Biological Sciences, 271* (Suppl.), S131-S133.

Darwin, C. R. (1965). *The expression of the emotions in man and animals.* Chicago, IL: University of Chicago Press. (Original work published 1872).

de Castro, J. M., & de Castro, E. S. (1989). Spontaneous meal patterns of humans: Influence of the presence of other people. *American Journal of Clinical Nutrition, 50,* 237–247.

Diamond, J. (1997). *Guns, germs, and steel. The fates of human societies* New York, NY: Norton.

Durham, W. H. (1991). *Coevolution: Genes, culture and human diversity.* Stanford, CA: Stanford University Press.

Elner, R. W., & Hughes, R. N. (1978). Energy maximization in the diet of the shore crab, Carcinus maenus. *Journal of Animal Ecology, 47,* 103–116.

Fessler, D. M. T., Eng, S. J., & Navarrete, C. D. (2005). Elevated disgust sensitivity in the first trimester of pregnancy: Evidence supporting the compensatory prophylaxis hypothesis. *Evolution and Human Behavior, 26,* 344–351.

Fessler, D. M. T., & Navarrete, C. D. (2003). Meat is good to taboo: Dietary proscriptions as a product of the interaction of psychological mechanisms and social processes. *Journal of Cognition and Culture, 3,* 1–40.

Fiddes, N. (1991). *Meat. A natural symbol.* London, England: Routledge.

Galef, B. G. (2012). A case study in behavioural analysis, synthesis and attention to detail: Social learning of food preferences. *Behavioural Brain Research, 231,* 266–271.

Galindo, M. M., Schneider, N. Y., Stähler, F., Töle, J., & Meyerhof, W. (2012). Taste preferences. In C. Bouchard & J. M. Ordovas (Eds.), *Progress in molecular biology and translational science: Recent advances in nutrigenetics and nutrigenomics* (pp. 383–426). London, England: Academic Press.

Garcia, J., Hankins, W. G., & Rusiniak, K. W. (1974). Behavioral regulation of the milieu interne in man and rat. *Science, 185,* 824–831.

Goldenberg, J. L., Pyszczynski, T., Greenberg, J., Solomon, S., Kluck, B., & Cornwell, R. (2001). I am *not* an animal: Mortality salience, disgust, and the denial of human creatureliness. *Journal of Experimental Psychology: General, 130,* 427–435.

Goldstone, R. L., & Ashpole, B. C. (2004). Human foraging behavior in a virtual environment. *Psychonomic Bulletin & Review, 11,* 508–514.

Gould, S. J. (1991). Exaptation: A crucial tool for evolutionary psychology. *Journal of Social Issues, 47,* 43–65.

Grill, H. J., & Norgren, R. (1978). The taste-reactivity test. I. Oro-facial responses to gustatory stimuli in neurologically normal rats. *Brain Research, 143,* 263–279.

Hart, B. L. (2011). Behavioural defences in animals against pathogens and parasites: Parallels with the pillars of medicine in humans. *Philosophical Transactions of the*

Royal Society: Series B: Biological Sciences, 366, 3406–3417.

Hawkes, K., O'Connell, J. F., Blurton Jones, N. G., Alvarez, H., & Charnov, E. L. (1998). Grandmothering, menopause, and the evolution of human life histories. *Proceedings of the National Academy of Sciences, USA, 95*, 1336–1339.

Hawkes, K., O'Connell, J. F., & Rogers, L. (1997). The behavioral ecology of modern hunter-gatherers, and human evolution. *Trends in Ecology and Evolution, 12*, 29–32.

Hejmadi, A., Rozin, P., & Siegal, M. (2004). Once in contact, always in contact: Contagious essence and conceptions of purification in American and Hindu Indian children. *Developmental Psychology, 40*, 467–476.

Hills, T. T. (2006). Animal foraging and the evolution of goal-directed cognition. *Cognitive Science, 30*, 3–41.

Hills, T. T., Jones, M. N., & Todd, P. M. (2012). Optimal foraging in semantic memory. *Psychological Review, 119*, 431–440.

Humphrey, N. K. (1976). The social function of intellect. In P. P. G. Bateson & R. A. Hinde (Eds.), *Growing points in ethology* (pp. 303–317). Cambridge, England: Cambridge University Press.

Hutchinson, J., Wilke, A., & Todd, P. M. (2008). Patch leaving in humans: Can a generalist adapt its rules to dispersal of items across patches? *Animal Behaviour, 75*, 1331–1349.

Kass, L. (1994). *The hungry soul*. New York, NY: Free Press.

Katz, S. H. (1982). Food, behavior and biocultural evolution. In L. M. Barker (Ed.), *The psychobiology of human food selection* (pp. 171–188). Westport, CT: AVI.

Katz, S. H., Hediger, M. L., & Valleroy, L. A. (1974). Traditional maize processing techniques in the New World. *Science, 184*, 765–773.

Kelly, D. (2011). *Yuck! The nature and moral significance of disgust*. Cambridge, MA: MIT Press.

Matchett, G., & Davey, G. C. L. (1991). A test of a disease-avoidance model of animal phobias. *Behaviour Research and Therapy, 29*, 91–94.

Mayr, E. (1960). The emergence of evolutionary novelties. In S. Tax (Ed.), *Evolution after Darwin: Vol. 1. The evolution of life* (pp. 349–380). Chicago, IL: University of Chicago Press.

Mayr, E. (1974). Behavior programs and evolutionary strategies. *American Scientist, 62*, 650–659.

McFerran, B., Dahl, D. W., Fitzsimons, G. J., & Morales, A. C. (2010). I'll have what she's having: Effects of social influence and body type on the food choices of others. *Journal of Consumer Research, 36,* 915–929.

McGee, H. (1998). In victu veritas. *Nature, 392,* 649–650.

Mennella, J. A., & Trabulsi, J. C. (2012). Complementary foods and flavor experiences: Setting the foundation. *Annals of Nutrition and Metabolism, 60* (Suppl. 2), 40–50.

Milton, K. (1981). Distribution patterns of tropical plant foods as an evolutionary stimulus to primate mental development. *American Anthropologist, 83,* 534–548.

Mintz, S. W. (1985). *Sweetness and power.* New York, NY: Viking.

Nesse, R. M., & Williams, G. C. (1995). *Why we get sick: The new science of Darwinian medicine.* New York, NY: Times Books.

New, J., Krasnow, M. M., Truxaw, D.,&Gaulin, S. J. C. (2007). Spatial adaptations for plant foraging: Women excel and calories count. *Proceedings of the Royal Society B: Biological Sciences, 274,* 2679–2684.

Oaten, M., Stevenson, R., & Case, T. I. (2009). Disgust as a disease-avoidance mechanism. *Psychological Bulletin, 105,* 303–321.

Pacheco-Cobos, L., Rosetti, M., Cuatianquiz, C., & Hudson, R. (2010). Sex differences in mushroom gathering: Men expend more energy to obtain equivalent benefits. *Evolution & Human Behavior, 31,* 289–297.

Pelchat, M. L., & Rozin, P. (1982). The special role of nausea in the acquisition of food dislikes by humans. *Appetite, 3,* 341–351.

Pirolli, P. (2007). *Information foraging theory: Adaptive interaction with information.* Oxford, England: Oxford University Press.

Pliner, P., & Hobden, K. (1992). Development of a scale to measure the trait of food neophobia in humans. *Appetite, 19,* 105–120.

Reed, D. R., Bachmanov, A. A., Beauchamp, G. K., Tordoff, M. G.,&Price, R. A. (1997). Heritable variation in food preferences and their contribution to obesity. *Behavioral Genetics, 27,* 373–387.

Roeder, K. (1998). *Nerve cells and insect behavior.* Cambridge, MA: Harvard University Press.

Rozin, E. (1982). The structure of cuisine. In L. M. Barker (Ed.), *The psychobiology of human food selection* (pp. 189–203). Westport, CT: AVI.

Rozin, P. (1969). Adaptive food sampling patterns in vitamin deficient rats. *Journal of Comparative and Physiological Psychology, 69,* 126–132.

Rozin, P. (1976). The selection of foods by rats, humans, and other animals. In J. Rosenblatt, R. A. Hinde, C. Beer, & E. Shaw (Eds.), *Advances in the study of behavior* (Vol. 6, pp. 21–76). New York, NY: Academic Press.

Rozin, P. (1982). Human food selection: The interaction of biology, culture and individual experience. In L. M. Barker (Ed.), *The psychobiology of human food selection* (pp. 225−254). Westport, CT: AVI.

Rozin, P. (1990). Getting to like the burn of chili pepper: Biological, psychological and cultural perspectives. In B. G. Green, J. R. Mason, &M. R. Kare (Eds.), *Chemical senses: Vol. 2. Irritation* (pp. 231−269). New York, NY: Dekker.

Rozin, P. (1991). Family resemblance in food and other domains: The family paradox and the role of parental congruence. *Appetite, 16*, 93−102.

Rozin, P. (2004). Meat. In S. Katz (Ed.), *Encyclopedia of food* (pp. 666−671). New York, NY: Scribner.

Rozin, P. (2007). Food and eating. In S. Kitayama & D. Cohen (Eds.), *Handbook of cultural psychology* (pp. 391−416). New York, NY: Guilford Press.

Rozin, P., Dow, S., Moscovitch, M., & Rajaram, S. (1998). The role of memory for recent eating experiences in onset and cessation of meals. Evidence from the amnesic syndrome. *Psychological Science, 9*, 392−396.

Rozin, P., & Fallon, A. E. (1987). A perspective on disgust. *Psychological Review, 94*, 23−41.

Rozin, P., Guillot, L., Fincher, K., Rozin, A., & Tsukayama, E. (2013). Glad to be sad and other examples of benign masochism. *Judgment and Decision Making, 8*, 439−447.

Rozin, P., Haidt, J., & McCauley, C. R. (2008). Disgust. In M. Lewis & J. Haviland (Eds.), *Handbook of emotions* (3rd ed., pp. 757−776). New York, NY: Guilford Press.

Rozin, P., & Kalat, J. W. (1971). Specific hungers and poison avoidance as adaptive specializations of learning. *Psychological Review, 78*, 459−486.

Rozin, P., Lowery, L., Imada, S., & Haidt, J. (1999). The CAD triad hypothesis: A mapping between three moral emotions (contempt, anger, disgust) and three moral codes (community, autonomy, divinity). *Journal of Personality and Social Psychology, 76*, 574−586.

Rozin, P., & Pelchat, M. L. (1988). Memories of mammaries: Adaptations to weaning from milk in mammals. In A. N. Epstein & A. Morrison (Eds.), *Advances in psychobiology* (Vol. 13, pp. 1−29). New York, NY: Academic Press.

Rozin, P., & Schull, J. (1988). The adaptive-evolutionary point of view in experimental psychology. In R. C. Atkinson, R. J. Herrnstein, G. Lindzey, & R. D. Luce (Eds.), *Handbook of experimental psychology* (pp. 503−546). New York, NY: Wiley-Interscience.

Scheibehenne, B., Miesler, L., & Todd, P. M. (2007). Fast and frugal food choices: Uncovering individual decision heuristics. *Appetite, 49*, 578−589.

Scheibehenne, B., Todd, P. M., van den Berg, S. M., Hatemi, P. K., Eaves, L. J., & Vogler, C. (2014). Genetic influences on dietary variety: Results from a twin study. *Appetite, 77,* 131–138.

Scheibehenne, B., Todd, P. M., & Wansink, B. (2010). Dining in the dark: The importance of visual cues for food consumption and satiety. *Appetite, 55,* 710–713.

Schulkin, J. (1991). *Sodium hunger: The search for a salty taste.* Cambridge, England: Cambridge University Press.

Schulte-Mecklenbeck, M., Sohn, M., De Bellis, E., Martin, N., & Hertwig, R. (2013). A lack of appetite for information and computation. Simple heuristics in food choice. *Appetite, 71,* 242–251.

Sclafani, A. (1999). Macronutrient-conditioned flavor preferences. In H.-R. Berthoud & R. J. Seeley (Eds.), *Neural control of macronutrient selection* (pp. 93–106). Boca Raton, FL: CRC Press.

Shutts, K., Condry, K. F., Santos, L. R., & Spelke, E. S. (2009). Core knowledge and its limits: The domain of ood. *Cognition, 112,* 120–140.

Shutts, K., Kinzler, K. D., McKee, C. B., & Spelke, E. S. (2009). Social information guides infants' selection of foods. *Journal of Cognition and Development, 10,* 1–17.

Shweder, R. A., Much, N. C., Mahapatra, M., & Park, L. (1997). The "big three" of morality (autonomy, community, and divinity), and the "big three" explanations of suffering. In A. Brandt & P. Rozin (Eds.), *Morality and health* (pp. 119–169). New York, NY: Routledge.

Silverman, I., Choi, J., MacKewn, A., Fisher, M., Moro, J., & Olshansky, E. (2000). Evolved mechanisms underlying wayfinding: Further studies on the hunter-gatherer theory of spatial sex differences. *Evolution and Human Behavior, 21,* 201–213.

Silverman, I., Choi, J., & Peters, M. (2007). The hunter-gatherer theory of sex differences in spatial abilities: Data from 40 countries. *Archives of Sexual Behavior, 36,* 261–268.

Silverman, I., & Eals, M. (1992). Sex differences in spatial abilities: Evolutionary theory and data. In J. H. Barkow, L. Cosmides, & J. Tooby (Eds.), *The adapted mind: Evolutionary psychology and the generation of culture* (pp. 531–549). New York, NY: Oxford University Press.

Simoons, F. J. (1970). Primary adult lactose intolerance and the milk drinking habit: A problem in biological and cultural interrelations: II. A cultural-historical hypothesis. *American Journal of Digestive Diseases, 15,* 695–710.

Simoons, F. J. (1982). Geography and genetics as factors in the psychobiology of human food selection. In L. M. Barker (Eds.), *The psychobiology of human food selection* (pp.

205−224). Westport, CT: AVI.

Solomon, R. L., & Corbit, J. D. (1974). An opponent-process theory of motivation: I. Temporal dynamics of affect. *Psychological Review, 81,* 119−145.

Speakman, J. R. (2013). Evolutionary perspectives on the obesity epidemic: Adaptive, maladaptive, and neutral viewpoints. *Annual Review of Nutrition, 33,* 289−317.

Steiner, J. E. (1979). Human facial expressions in response to taste and smell timulation. In H. W. Reese & L. P. Lipsitt (Eds.), *Advances in child development and behavior* (Vol. 13, pp. 257−295). New York, NY: Academic Press.

Stephens, D. W., & Krebs, J. R. (1986). *Foraging theory.* Princeton, NJ: Princeton University Press.

Tepper, B. J. (1998). 6−n-Propylthiouracil: A genetic marker for taste, with implications for food preference and dietary habits. *American Journal of Human Genetics, 63,* 271−276.

Todd, P. M., Hills, T. T., & Robbins, T. W. (Eds.). (2012). *Cognitive search: Evolution, algorithms, and the brain* (Strüngmann Forum Reports, Vol. 9). Cambridge, MA: MIT Press.

Todd, P. M., & Minard, S. L. (2014). Simple heuristics for deciding what to eat. In S. D. Preston, M. L.

Kringelbach, & B. Knutson (Eds.), *The interdisciplinary science of consumption* (pp. 97−110). Cambridge, MA: MIT Press.

Twigg, J. (1983). Vegetarianism and the meanings of meat. In A. Murcott (Ed.), *The sociology of food and eating. Essays on the sociological significance of food* (pp. 18−30). London, England: Gower.

Tybur, J. M., Lieberman, D., Kurzban, R., & DeScioli, P. (2013). Disgust: Evolved function and structure. *Psychological Review, 120,* 65−84.

Wang, X. T., & Dvorak, R. D. (2010). Sweet future: Fluctuating blood glucose levels affect future discounting. *Psychological Science, 21,* 183−188.

Wansink, B. (2006). *Mindless eating: Why we eat more than we think.* New York, NY: Bantam Books.

Wansink, B., Painter, J. E., & North, J. (2005). Bottomless bowls: Why visual cues of portion size may influence intake. *Obesity Research, 13,* 93−100.

Wertz, A. E., & Wynn, K. (2014). Selective social learning of plant edibility in 6-and 18-month-old infants. *Psychological Science, 25,* 874−882.

Wilke, A., &Barrett, H. C. (2009). The hot hand phenomenon as a cognitive adaptation to clumped resources. *Evolution and Human Behavior, 30,* 161−169.

Winterhalder, B., &Smith, E. A. (2000). Analyzing adaptive strategies: Human behavioral ecology at twentyfive. *Evolutionary Anthropology, 9,* 51−72.

Wolfe, J. M. (2013). When is it time to move to the next raspberry bush? Foraging rules in human visual search. *Journal of Vision, 13,* 1−17.

Wolfe, N. D., Dunavan, C. P., & Diamond, J. (2007). Origins of major human infectious diseases. *Nature, 447,* 279−283.

Wrangham, R. (2009). *Catching fire: How cooking made us human.* New York, NY: Basic Books.

Yeomans, M. R. (2010). Development of human learned flavor likes and dislikes. In L. Dubé, A. Bechara A. Dagher, A. Drewnowski, J. Lebel, P. James, & R. Y. Yada (Eds.), *Obesity prevention: The role of brain and society on individual behavior* (pp. 161−178). San Diego, CA: Academic Press.

7장

행동면역계

마크 샬러

많은 동물이 병원체에 노출될 가능성을 줄여주는 온갖 행동을 열심히 수행한다. 개미는 송진과 나란하게 둥지를 짓는다. 송진이 진균류와 세균의 성장을 억제해주기 때문이다(Chapuisat, Oppliger, Magliano, & Christe, 2007). 쥐는 기생성 원생동물에 감염된 다른 쥐와는 짝짓기를 하지 않는다(Kavaliers & Colwell, 1995). 많은 종류의 동물이—생리 기능이 원시적인 선충류에서부터 신경학적으로 세련된 침팬지에 이르기까지—피상적인 감각 단서에 기초해서 감염 위험이 있어 보이는 구체적인 물건들(동종의 개체 포함)과 접촉하는 것을 전략적으로 회피한다(Goodall, 1986; Kiesecker, Skelly, Beard, & Preisser, 1999; Schulenburg & Müller, 2004).

인간 역시 병원체 감염의 예방책이 되는 다양한 행동을 열심히 한다. 어떤 예방책—예를 들어, 콘돔 사용과 예방접종—은 나중에 진화한 신피질 처리과정들의 현대적인 작품으로, 사람들에게 여러 가지 합리적인 의사결정을 할 수 있게 한다. 그밖의 많은 행동들—명백한 행동과 그렇지 않은 행동이 뒤섞여 있다—은 더 오래됐고 기능이 일정한 자극-반응 기제들이 지배하는 듯한데, 전부 합치면 일종의 '행동면역계'가 된다(Schaller, 2011; Schaller & Park, 2011). 이 장에서는 행동면역계 연구의 12가지 요점을 강조하고 상세히 설명해서 그 분야를 전체적으로 살펴보고자 한다.

행동면역계는 기능상 독특한 적합도 문제에 적응한 체계다

행동면역계의 **어떻게**와 **무엇**에 대해(행동면역계가 어떻게 작동하고, 심리 현상에 미치는 영향은 무엇인가) 우리가 알고 있는 것들을 논하기에 앞서 먼저 왜라는 기본적인 질문을 살펴보는 것이 중요하다. 행동적 감염 예방을 전담하는 심리 기제들이 진화했다는 생각이 왜 그럴 듯하게 들릴까? 라는 질문이다.

행동면역계의 진화를 지지하는 개념적 주장은 전염병이 조상의 개체군들에 선택압을 가했다는 가정으로 시작한다. 이 가정의 진실성은 의심의 여지가 없다. 수백만 년에 걸쳐 인간과 전前인간의 생태환경에는 병원체가 존재해왔다(Ewald, 1993; Wolfe, Dunavon, & Diamond, 2007). 병원체는 무자비했다. 지금까지 전염병으로 인한 사망자 수는 다른 모든 원인을 합친 것보다 많았다고 추산된다(Inhorn & Brown, 1990). 전염병이 부과한 선택압은 아주 강력해서, 유전적 돌연변이가 출현해서 구체적인 질병에 저항하는 힘을 낳으면 그 돌연변이는 유난히 빠르게 퍼져나간다(Barreiro & Quintana-Murci, 2010). 인간의 진화사에 걸쳐 이 선택압들이 인간 본성에 기초가 되는 적응을 많이 탄생시켰다.

면역계의 존재가 전염병이 부과한 선택압을 증언한다면, **행동적** 면역 체계라는 것이 진화의 산물인지를 고찰할 때 살펴봐야 할 중요한 문제가 드러난다. 어떤 것도 공짜로 진화하지 않는다. 전염병과 관련된 선택압이 아무리 세다고 해도, 어떤 이익을 한 움큼 집어다 주지 않는다면 방어기제는 십중팔구 진화하지 않을 것이다. 면역학적 방어가 있는데도, 감염에 대한 **행동적** 방어를 가능하게 하는 심리 기제가 추가로 진화했다는 말이 과연 그럴듯한가?

그럴듯하고, 그 이유는 면역 메커니즘에 딸려 있는 몇 가지 단점에서 나온다. 첫째, 면역 반응은 비용이 많이 든다. 예를 들어보자. 세균 감염에 대한 면역 반응은 대개 체온 상승(국소 염증, 전신 발열)을 수반하는데 이 반응은 물질대사 자원을 꽤 많이 소비한다. (어느 추산에 따르면, 사람의 체온을 단 1도만 높여도 물질대사 활동이 13%나 증가한다고 한다. Dantzer, Kent, Bluthe, & Kelley, 1991). 둘째, 면역 반응은 몸을 일시적으로 쇠약하게 한다. 발열이나 피로 같은 감염의 많은 증상이 병원체 자체의 침입으로 직접 발생하는 것이 아니라 면역계가 감염과 싸우는 방식의 결과물이다. 이 증상들은 대개 다른 형태의 다양한 적합도 증진 활동(짝짓기, 자식 돌보기 등)을 가로막는다. 셋째, 면역 방어체계는 단지 반응적이다. 병원체가 몸속에 침입해서 이미 해를 끼치기 시작한 뒤에야 가동하는 것이다. 면역 방어체계가 안고 있는 비용과 한계 때문에 선제방어—감염을 우선적으로 막는 예방 행동—가 특유의 적응 이득을 갖게 된다.

하지만 이렇게 한발 더 나아간 고찰도 질병 회피 문제를 전담하는 심리 기제의 진화에 충분한 이유를 제공하지 못한다. 다시 한번 말하지만, 어떤 것도 공짜로 진화하지 않는다. 만일 조상의 생태환경 안에서 똑같이 효과적인 예방법이 다른 (기능상 덜 특별한) 심리 기제를 통해 손쉽게 가동될 수 있다면, 이렇게 기능상 독특한 행동 면역계는 진화하지 않았을 것이다. 질병을 일으키는 병원체는 '작은 포식자'란 이름이 적당하고(Kurzban & Leary, 2001, p. 197), 그래서 우리는 일반적인 포식을 막는 오래된 심리 기제들이 병원체 회피 행동을 관리해왔다고 생각해야 한다(Barrett, 2005). 두려움에 기초한 이 포식—회피 체계가 광범위한 신체적 위협(산불이나 홍수처럼 객관적으로 포식자가 아닌 것들까지 포함해서)에 대한 반응을 지배하는 것이다. 감염에 대한 행동적 방어를 가능하게 하도록 **특별히** 설계된 심리 기제들이 실제로 진화했다는 생각은 과연 그럴듯한가?

그럴듯하고, 그 이유는 다음과 같다. 질병을 일으키는 병원체가 논리적으로는 작은 포식자일 수 있지만, 기능 면에서는 다른 포식 위협들과 엄연히 다르다(Tybur, Lieberman, Kurzban, & DeScioli, 2013). 이 기능의 차이는 병원체가 그냥 작은 게 아니라는 사실에서 나온다. 병원체는 지독히 작고, 지각할 수 없을 만큼 미세하다. 인간의 건강과 안녕을 위협하는 다른 요인들(불과 홍수 같은 위협들뿐 아니라 으르렁거리는 짐승이나 무기를 가진 인간처럼 실제로 포식할 가능성이 높은 위협을 포함해서)은 크기, 장소, 움직임, 가끔은 의도를 가리키는 감각적 단서에 기초해서 즉시 위협으로 평가할 수 있다. 반면에 전염병을 일으키는 유기체(세균, 바이러스, 기생체 따위)는 깨알보다 작아서 인간의 감각으로는 지각되지 않는다. 잘 해봤자 그들의 존재는 가끔씩, 간접적으로만(예를 들어, 세균이 먹어치운 유기물의 냄새, 감염으로 고생하고 있는 사람의 외모) 진단할 수 있다. 병원체의 미세함은 탐지에 독특한 영향을 미칠 뿐 아니라, 그 위협을 누그러뜨리는 행동에도 독특한 영향을 미친다. 종이 다른 병원체는 다른 방식으로 감염되며, 인류 역사상 얼마 전까지만 해도 감염의 방식은 인간이 이해할 수 있는 영역 바깥에 있었다. (사실, 현대 의학과 보건이 출현하기 전까지 전염병은 아주 신비했을뿐더러 심지어 잔인무도했다. 가장 기본적인 생물학적 욕구를 충족하는 많은 가치 있는 행동들—먹기, 마시기, 성교—이 위험한 병원체에 노출될 수 있는 두려운 기회였다.) 다른 위협에 노출될 위험을 완화할 때 효과가 있던 행동 전략들이 전염병 예방에는 쓸모없거나 오히려 해가 되었다. 예를 들어, 한데 모이는 행동은 포식자의 공격을 막는 데는 효과적이지만, 질병을 일으키는 기생체의 전염을 촉진한다. 결론을 내리자면, 다른 위협들에 대한 적응적 행동 반응을 쉽게 하는 심리 기제는 병원체 예방에는 별 효과가 없었을 것이다. 고유한 적응 이득을 가진 기제들이 새롭게 출현해서 이른바 행동면역계를 구축했을 것이다.

적응면역계의 활성화는 역겨움으로 연결된다

행동면역계가 특별한 기능의 행동 반응을 돕는 수단으로 진화했다면, 심리적으로 독특한 동기 체계라고 볼 수 있다(Aunger & Curtis, 2013; Bernard, 2012; Neuberg, Jenrick, & Schaller, 2011). 개개의 동기 체계는 독특한 감정 경험—갈증, 허기, 두려움, 질투 등—과 관련되어 있다. 행동면역계와 연결되어 있는 감정 경험은 역겨움이다.

연구자들은 해로운—병원체뿐 아니라 독에도 오염되어 있을지 모르는—음식이 유기체의 구강으로 들어가는 것을 떨쳐내는 기능을 하는 더 원시적인 감정 반응에서 역겨움이 진화했다고 주장해왔다(Rozin, Haidt, & McCauley, 2008). 오늘날의 개체군 내에서 역겨움은 오염된 음식의 맛으로도 유발되지만, 인류가 진화해온 긴 여정에서 병원체의 존재를 진단하게 해준 갖가지 자극물을 (전 범위의 감각 기관과 추론 기관을 통해) 지각하기만 해도 역겨움이 인다. 역겨움 유도인자 중 확실한 예를 들자면, 일반적으로 병원체를 함유하고 있는 신체 생성물(예를 들어, 배설물), 병원체를 전파할 수 있는 매개 동물(예를 들어, 쥐), 이미 감염된 사람이 드러내는 신체 증상(예를 들어, 종기에서 분비물이 나오는 모습, 재채기 소리)이 있다.

바로 이런 자극에 대한 감정 반응이 경험적 증거의 핵심이 되어 역겨움이 행동면 역계에서 필수 역할을 한다는 것을 입증한다(Curtis, de Barra, & Aunger, 2011; Oaten, Stevenson, & Case, 2009). 세 가지 종류의 증거가 특히 강력하다. 첫째, 지각적으로 비슷하지만 감염의 위험성을 약하게 암시하는 자극보다는 이 자극들이 역겨움을 더 강하게 유인한다. 예를 들어, 사람들은 파란 액체보다는 색만 노랗고 나머지 조건은 동일한 액체—고름을 닮을 누런 신체 생성물—에 더 역겨워한다(Curtis, Aunger, & Rabie, 2004). 둘째, 병원체를 암시하는 자극물은 높은 수준의 역겨움을 유발하고 그밖의 다른 부정적 감정들은 강하게 유발하지 않는 반면에, 기능상 다른 형태의 위협—가령 포식자의 위협—은 거꾸로 두려움을 비롯한 다른 부정적 감정들을 높은 수준으로 유발하고 역겨움은 강하게 유발하지 않는다(Bradley, Codispotti, Sabatinelli, & Lang, 2011). 이 결과는 역겨움과 병원체 감염 위협의 특수한 기능적 관계를 가리킨다. 셋째, 병원체를 암시하는 자극물이 역겨움을 유도하는 경향은 가령 개인이 감염에 특히 취약할 때처럼 병원체 회피의 기능적 이익이 큰 상황에서 크게 부풀려진다. 예를 들어, 임신 초기에는 면역 방어체계가 약해진다(임산부와 발달 중인 태아 모두 병원체에 감염됐을 때 드는 적합도 비용에 더 취약하다). 이 자연발생적인 취약성과 일치해서 임신 초기 단계에 있는 여성은 병원체를 암시하는 자극물에 더 강한 역겨움을 드러낸다(Fessler, Eng, & Navarette, 2005).

병원체의 직접적 존재를 명백히 암시하는 물체들만 역겨움을 유발하는 것은 아니다. 특별한 형태의 사회적 행동도 역겨움을 유발한다. 이상한 성행위와 도덕적 규약을 위반하는 행동들이 여기에 포함된다(Haidt, McCauley, & Rozin, 1994; Tybur et al., 2013). 짝짓기 영역과 도덕성 영역 특유의 기능들을 고려할 필요는 있지만(Tybur et al., 2013), 성행동과 도덕적 행동은 둘 다 병원체 감염과 관련이 있다. 성적 접촉은 당사자들을 감염의 위험에 노출시키고, 그래서 역사적으로 볼 때 표면상 안전한 성 행위와 위험한 성 행위를 (불완전하게) 구분하는 문화적 규범이 성 행동을 지배해 왔다. 따라서 문화적 학습 과정의 결과로서 사람들은 문화적 환경 안에서 규범에 어긋나 보이는 성 행동은 병원체에 감염될 위험이 높다고 직관적으로 판단할 수가 있다. 사실 종류를 막론하고 모든 규범 위반은 이 직관적 암시를 의미할지 모른다. 산업 이전의 사회에서 "물질과 사회적 행동에 속하는 인습은 대부분 질병을 회피하는 규정과 같은 역할을 하며, 거의 모든 규칙이 건강과 관련이 있다."(Fabrega, 1997, p. 36). 결론적으로 다른 많은 행동 영역에 속하는 표준 규약의 위반도 대개 높은 감염 위험과 직관적으로 연결되는 듯하다. 병원체를 암시하는 자극이 불러일으키는 역겨움 반응처럼, 성과 도덕의 영역에 속하는 (그보다 덜 명백한) 역겨움 반응도 행동면역계의 간접적인 표출일 것이다.

행동면역계는 감염 위험이 없는 것들에 대한 반응에도 영향을 미친다

행동면역계는 감염 위험이 높다는 것을 확실히 지각할 수 있는 물체와 행동에 나타나는 반응만이 아니라 객관적으로 전혀 위협이 안 되는 물체와 행동에 대한 반응도 지배한다. 이 과잉일반화의 이유 중 하나는 진화한 인지 기제가 일반적으로 적합도-관련 지각적 입력의 '고유한 영역'보다 더 넓은 '현실적 영역'의 자극에 반응하려 하기 때문이다(Sperber & Hirschfeld, 2004). 하지만 또 다른 이유가 있다. 과잉일반화는 또한 오류관리 이론에서 분명히 입증된 적응 원리들의 당연한 결과다(Haselton & Buss, 2000; Haselton, Nettle, & Andrews, 2005). 잠재적 감염 위험을 암시하는 지각 단서는 실제의 감염 위험을 불완전하게만 알려주기 때문에, 위험도 평가는 불가피하게 오류를 낳는다. 두 종류의 오류가 발생할 수 있다. 위양성(위험이 없는데 감염 위험을 추론하는 경우)와 위음성(실제로 위험이 존재하는데 감염 위험을 추론하지 못하는 경우)다. 논리적으로 엄밀히 따질 때 두 유형은 똑같이 잘못이지만 행동으로 나타나는 결과는 다르고, 조상의 개체군 내에서 이 다른 행동 결과는 건강과 번식 적합도에 다른 영향을 미칠 것이다. 위양성가 발생하면 무해한 물체를 (객관적으로 불필요하게) 회피하는 결과에 이르는 반면에, 위음성가 발생하면 전염성 물체와 접촉하게 되는 (때로는 치명적인) 결과에 이를 것이다. 진화의 결과로 행동면역계를 촉발하는 평가 기제는 비용이 높은 위음성를 피하는 쪽으로 조정될 것이다. 대신에 이 적응적 인지 경향은 어쩔 수 없이 위양성를 많이 생산한다.

따라서 지각하는 사람의 주관적 관점에서 볼 때 감염 위험은 병원체 감염을 실제로 알려주는 신체 생성물의 부분집합(예를 들어, 배설물, 고름)이 암시할 뿐 아니라,

객관적으로 무해한 신체 생성물(예를 들어, 소변)도 암시할 수 있다. 감염 위험은 감염된 사람이 나타내는 실제의 신체적 증상들뿐 아니라, 객관적으로 감염 상태와 무관한 형태상·행동상 기형이 암시할 수 있다. 또한 병원체 감염과 가장 깊이 관련된 행동 영역(음식, 위생, 짝짓기 등)에서 규범을 위반하는 경우뿐 아니라 더 일반적인 규범 위반도 감염 위험을 암시할 수 있다. 이 위양성은 기능상 즉각적인 혜택을 제공하지는 않지만(심지어 비용도 많이 들지만), 조상의 생태환경에서 실질적 비용이 훨씬 더 드는 오류를 피할 수 있도록 진화한 기초적인 인지 경향의 표출 형태다.

행동면역계의 효과는 유연하고 맥락-의존적이다

기능상 이득이 되는 기제라고 비용이 안 드는 건 아니다. 어떤 신체 기관이라도 발달하고 후에 전개될 때는 자원을 소비한다(자원을 소비하고 나면 다른 발달이나 전개에는 쓸 수가 없다). 이 비용—이익 맞거래를 적응적으로 관리하는 한 방법이 바로 발달 가소성이다. 유기체가 발달하는 과정에서 유전자는 국지적 생태환경에서 들어오는 정보에 따라 표현형 결과를 다르게 생산한다. 그 결과 그 생태환경 안에서 기능상 더 이익이 되는 메커니즘이 더 충분히 발달하게 되고 그 대가로 직접적 관련성이 낮은 기제는 희생된다. 면역 방어체계는 발달 가소성이 특징이다(Curno, Behnke, McElligott, Reader, & Barnard, 2009). 이와 유사하게 행동면역계의 발달 역시 국지적인 생태환경에서 만성적인 감염 위험을 가리키는 정보 입력에 반응하는 경향이 있으며, 이 때문에 개인들의 만성적 차이가 발생한다.

이 발달 과정은 비용—이익 문제를 해결하는 수단으로 비교적 무딘 편이다. 영장류와 기타 큰 뇌를 가진 동물들 사이에서 비용—이익 문제는 신경인지 및 행동 가소성에 의해서도 상당 부분이 해결된다(van Schaik, 2013). 자극에 대한 심리 반응의 세기는 구체적인 상황에서 그 반응의 기능상 이익이 비용을 얼마나 초과하는지를 전해주는 추가 정보에 따라 매순간 달라진다. 예를 들어, 포식 위협의 존재를 암시하는 단서는 지각의 주체가 추가적인 맥락 정보에 기초해서 포식에 더 취약하다고 느낄 때 더 큰 두려움을 유발하고, 위험—암시 인지를 더 강하게 활성화한다(Grillon,

Pellowski, Merikangas, & Davis, 1997; Schaller, Park, & Mueller, 2003). 행동면역계에도 똑같은 원리를 적용할 수 있다. 맥락-특이적 정보를 통해 자신의 감염 위험성이 심리적으로 현저해진 조건하에서 사람들은 지각적으로 위험할 수도 있고 아닐 수도 있는 자극이 감염 위험을 의미한다고 평가하는 경향이 더 강하고(Miller & Maner, 2012), 그 감염-암시 자극에 감정, 인지, 행동 반응을 더 분명하게 나타낸다.

이 기능적 가소성functional flexibility 법칙(Schaller & Park, 2011)은 행동면역계가 인지 및 행동에 미치는 영향을 조사하는 많은 연구에 유익한 정보를 제공해왔다. 이 법칙은 질병을 회피하는 심리 반응이 상황에 따라 변할 수 있다는 (직관적으로 명백한) 관찰 결과에서만 빛을 발하진 않는다. 오히려 그 가치는 과학적 추론과 발견에서 특별히 빛을 발한다. 실험에서 전염병에 대한 개인적 취약의 현저성salience을 조작하고 그런 뒤 몇 가지 구체적인 인지 결과나 행동 결과를 측정하면, 지각된 취약성이 결과에 미치는 인과적 영향의 크기를 파악할 수 있다. 만일 그런 영향이 정말 있고 그 효과가 감염 취약성에 한정된 것이라면 (똑같이 위험하지만 그렇지 않다고 생각되는 위협에 취약하다는 느낌을 불러일으키는 대조군 조건들과 비교할 때) 이는 행동면역계가 그 결과에 심리상으로 어떤 독특한 영향을 미친다는 뜻이 된다.

연구자들은 수많은 심리학 실험을 수행하면서 이 기본적인 논리 법칙을 다양한 심리 현상에 적용해왔다. 이어지는 네 개의 절에서는 실험적 증거를 통해 행동면역계의 독특한 영향이 입증된 네 가지 주요한 현상의 영역들을 소개하고자 한다.

행동면역계는 개인 간 매력에 독특한 영향을 미친다

많은 전염병이 얼굴의 표정으로 증상을 호소한다. 표정이 대칭성을 잃거나 전형에서 멀어지는 것이다. 위험 회피와 과잉 일반화된 평가로 흐르는 적응적 경향을 감안할 때, 증상과 무관해도 얼굴 대칭이나 전형성이 조금이라도 흐트러지면 지각하는 사람은 직관적으로 그것을 감염 위험으로 해석할 수 있다. 이 해석은 매력에 대한 주관적 판단에서 자주 드러나며, 사람들이 왜 대칭성과 전형성이 떨어지는 얼굴을 덜 매력적이라고 판단하는지를 설명해준다(Rhodes, 2006). 만일 그렇다면―만일 얼굴 매력도에 대한 주관적 평가가 감염원을 확인하고 피하는 기본적인 수단을 반영한다면―지각하는 사람이 일시적으로 자기가 감염에 더 취약하다고 느낄 때 비대칭적이고 비전형적인 얼굴의 매력도는 훨씬 더 낮아질 것이다.

정확히 이 효과를 보고한 연구자들이 영Young, 사코Sacco, 허겐버그Hugenberg(2011)였다. 세 사람은 병원체 감염 위험이 일시적으로 현저해지거나 아니면 (대조군 조건으로) 다른 위협이 현저해지도록 실험 조건을 조작했다. 그런 뒤 좌우 대칭이 다른 얼굴들에 대한 주관적 선호와 함께 좌우 대칭이 다른 (비사회적인) 물체들에 대한 선호를 평가했다. 실험 결과, 감염의 위협이 현저할 때 대칭적인 얼굴 선호가 대폭 증가했다. 다른 종류의 대칭적인 물체 선호는 대폭 증가하지 않았다. 그 효과는 지각하는 사람에게 감염 위험성을 느끼게 하는 상황에 특정하고, 얼굴 지각에 특정했다.

영 등(2011)의 조사 결과는 동성의 얼굴과 이성의 얼굴 양쪽 모두를 평가한 수치에 근거했다. 비슷한 방법을 사용한 다른 조사에서는 그 효과가 이성의 얼굴을 지각할 때 특히 두드러진다는 사실이 밝혀졌다(Little, DeBruine, & Jones, 2011). 이 결과로 미루어볼 때 대칭적인 얼굴(그리고 주관적으로 매력적인 얼굴)에 대한 과장된 선호는 짝짓기 상황에서 발생할 가능성이 특히 높을 것이다. 가능한 이유는 여러 가지다(Tybur & Gangestad, 2011). 어떤 이유는 감염에 대한 행동 예방책의 기능적 논리에서 직접 나온다. 성 행동을 하는 개인은 다른 개인과 친밀하게 (가끔은 특별히 오래) 신체를 접촉하기 때문에, 짝짓기는 개인이 감염 가능성을 가리키는 단서에 특히 주의하고 그런 단서를 지각할 때 유난히 차별적으로 반응할 수 있는 영역이다. 다른 이유들은 단순한 성 접촉 회피를 넘어서, 성 접촉에서 나올 수 있는 자식의 유전자 적합도 문제와 관계가 있다. 예를 들어 좌우 대칭을 비롯한 주관적인 매력의 특징들은 개인의 현재 건강을 알려줄 뿐 아니라 그의 유전자가 효과적인 면역 방어체계를 구축해서 감염을 잘 막아내고 있다는 것을 알려주기도 한다. 그런 유전자가 자식에게 유전되면 자식은 더 나은 면역 방어체계와 번식에 더 높은 적합도를 가질 수 있다.

행동면역계가 매력에 미치는 영향은 짝짓기 상황에서 특히 강하게 나타나지만, 매력에 대한 영향은 짝짓기 상황에만 국한하지 않는다. 몇몇 실험이 보여준 바에 따르면, 자기가 다른 종류의 위협에 취약하다고 느끼는 조건에 비해 일시적으로 감염에 취약하다고 느낄 때 사람들은 신체적 매력이 있는 정치적 후보를 더 강하게 선호하고, 집단의 지도자를 뽑을 때에도 신체적인 매력을 더 높은 순위에 둔다고 한다(White, Kenrick, & Neuberg, 2013). 후자의 효과는 지도자를 선택하는 경우에만 특정했으며, 더 일반적으로 집단 구성원을 대상으로 한 선호에서는 나타나지 않았다.

종합하자면, 행동면역계는 매력적인 사람의 주관적 호소력에 독특한 영향을 미치고, 그런 결과는 개인 자신의 즉각적인 결과나 장기적인 결과에 특히 큰 영향을 미치는 행동 영역(예를 들어, 짝 선택과 지도자 선출)에서 특히 강하게 활성화되는 것으로 보인다.

행동면역계는 사회적 낙인과 편견에 독특한 영향을 미친다

많은 증거에 따르면 행동면역계는 다른 부류의 사람에 대한 낙인찍기 및 편견과 관련이 있다(Kurzban & Leary, 2001; Oaten, Stevenson, & Case, 2011; Schaller & Neuberg, 2012). 가장 뚜렷한 영향은 실제로 전염병에 걸린 사람에 대한 편견에서 볼 수 있다. 하지만 가장 놀라운 영향—(앞에서 언급한) 오류관리 이론에서 도출한 결론—은 객관적으로 남들에게 병을 감염시킬 위험성이 전혀 없는 사람들에게 편파적으로 반응하는 경우에서 발견된다.

이 편견의 표적에는 외모에 얼굴 모반 같은 외견상의 형태 기형이 있는 사람들이 포함된다(Ryan, Oaten, Steveson, & Case, 2012). 한 연구에서는 문제의 결함이 단지 외견상의 모반이고 그 사람이 건강하다는 것을 알 때에도 얼굴의 흠을 지각하면 의미론적 개념인 '질병'이 암암리에 활성화되어 작업 기억 속으로 들어온다는 것을 밝혀냈다(Schaller & Duncan, 2007). 실제로 '질병'은 전염병에 걸렸다고 알려져 있지만 겉으로는 평범해 보이는 사람보다는 외견상 흠이 있는 사람과 더 강하게 연결되었다.

이 암묵적인 편견 반응은 다른 방식으로 형태적 이형으로 보이는 사람을 지각할 때도 나온다. 기능적 가소성의 논리에 따라 이런 편견은 지각하는 사람이 자기가 감염에 더 취약하다고 느끼는 조건일 때 가장 강하게 튀어나온다. 다른 위협이 현저한 대조군 조건과 비교할 때 전염병의 위협이 일시적으로 현저하면 사람들은 신체장애자, 노인, 뚱뚱한 사람에게 암묵적 편견을 더 강하게 드러낸다(Duncan & Schaller, 2009; Park, Faulkner, & Schaller, 2003; Par, Schaller, & Crandall, 2007). 뚱뚱한 사람에 대한 편견이 특히 눈길을 끈다. 비만은 행동면역계가 진화한 조상의 개체군에서는 유행하지 않았고, 심지어 오늘날의 생태환경에서도 비만은 병원체 감염을 객관적으로 알려주지 않는다(오히려 감염은 체중 증가보다 체중 감소를 더 많이 야기한다). 따라서 이 결과는 오류관리 이론의 논리적 영향을 강하게 가리킨다(Haselton et al., 2005). 다시 말해서, 행동면역계는 새롭고 객관적으로 관련이 없는 자극에 속을 수 있으며, 그에 맞게 편견을 만들어낸다.

행동면역계는 외국인 혐오에도 영향을 미치는 듯하다. 외국인 혐오에는 개념상 구분이 되는 여러 가지 심리적 원인이 있는데, 그중 일부는 외집단 연합의 구성원들이 암암리에 연상시키는 다른 위협들(경제적 자원에 대한 위협, 개인 간 폭력의 위협 등)과 결부되어 있다(예를 들어, Esses, Dovidio, Jackson, & Armstrong, 2002; Schaller et al., 2003). 그런 위협들 외에도 외집단 구성원들―특히 주관적으로 '외국인'처럼 지각되는 사람들―이 감염 위험을 직관적으로 연상시키는 이유가 몇 가지 있다. 어떤 이민족들은 주관적으로 이형이라고 평가할 수 있는 외모를 갖고 있고, 그래서 뚱뚱한 사람들의 경우와 똑같은 이유로 행동면역계를 촉발한다. 두 번째 가능성은 이민족이 이국의 병원체를 퍼뜨릴 수 있다는 것이다(개인을 넘어 개체군에 전파되면 특히나 치명적이다). 세 번째 이유는 덜 명확할지는 몰라도 진화적으로 더 중요할 수 있다. 국외자는 지역의 문화적 규범에 무지하거나, 동조하려는 노력을 개인적으로 적게 들이고, 그래서 그 규범을 위반할 가능성이 높은 사람이다. 역사상 많은 지역적 규범이 병원체의 전파를 막는 장벽으로 기능했기 때문에, 지역사회 안에 국외자가 있다면 그 사회의 모든 사람에게 감염 위험이 높아졌을 것이다. 그 결과 주관적으로 어떤 사람이 외국인으로 지각될 때에는 행동면역계와 연결되어 있는 심리적으로 독특한 편견이 작동할 수 있다. 지각하는 사람이 감염에 특별히 취약할 때―또는 단지 자기가 취약하다고 느낄 때―에는 그럴 가능성이 부쩍 높아진다. 이 가설에 부합하게도 (면역 방어체계가 일시적으로 억눌려 있는) 임신 첫 3개월의 여성들은 자민족 중심주의와 외국인 혐오를 과도하게 드러낸다(Navarette, Fessler, & Eng, 2007). 또한 다른 위협이 현저한 대조군 조건에 비해, 감염의 위협이 일시적으로 현저할 때 사람들은 주관적으로 낯선 나라 출신의 이주민에 대해서 더 과도한 편견을 드러낸다(Faulkner, Schaller, Park, & Duncan, 2004).

이 발견은 개념상 특유한 영향을 미치기도 하지만 편견을 줄일 수 있는 중재 전략을 설계할 때 실용적 효용을 발휘하기도 한다(Schaller & Neuberg, 2012). 일련의 실험을 통해 밝혀진 바에 따르면, 자기가 병원체 감염에 만성적으로 취약하다고 느끼는 사람들도 중재를 통해 취약하다는 지각을 구체적으로 지목하고 면역성이 있거나 강하다는 느낌을 보강해주면 편견이 줄어든다는 것이다(Huang, Sedlovskaya, Ackerman, & Bargh, 2011).

행동면역계는 동조 그리고 반항에 대한 반응에 독특한 영향을 미친다

인류 역사에서 문화적 의례, 전통, 규범이 병원체 전파를 억제하는 기능을 했다면(Fabrega, 1997), 행동면역계가 활성화되고부터 사람들은 규범을 특히 잘 준수하고, 규범을 위반한 사람에게 특히 가혹하게 대응했을 것이다. 이 효과는 동조, 정치적 보수주의, 도덕적 판단을 비롯한 다양하고 구체적인 심리 현상에서 명확히 드러난다.

복수의 측정과 복수의 문화 환경에 걸쳐 일관된 결과를 보여준 최근의 실험들이 행동면역계가 복종에 미치는 영향을 증명했다. 다른 형태의 위협이 현저한 대조군 조건에 비해 전염병의 위협에 일시적으로 취약하다고 지각하는 조건에서 사람들은 동조하는 형질을 가진 사람들에게 더 큰 호감을 표시하고, 더 동조적인 태도에 찬성하고, 다수 의견에 동조하는 행동을 더 자주 보인다(Murray & Schaller, 2012; Wu & Chang, 2012). 따라서 다른 자기보호 동기들도 동조를 높이지만(Griskevicius, Goldstein, Mortensen, Cialdini, & Kenrick, 2006) 행동면역계는 동조에 독보적으로 강한 영향을 미치는 듯하다.

이 논리적 근거는 보수적인 정치관과도 관련이 있다(대표적인 특징은 장구한 문화 전통을 방어하는 태도, 그 전통에서 벗어나는 개인들에게 편협하게 반응하는 것이다). 많은 연구들이 상관성 및 실험적 방법을 사용하고 보수주의의 직간접 지표들을 모두 이용해서 도달한 결과에 따르면, 행동면역계가 더 강하게 활성화될 때 사람들이 더 보수적이 된다고 한다(Terrizzi, Shook, & McDaniel, 2013). 이를 예증하는 한 실험에서 헬처Helzer와 피사로Pizarro(2011)는 사람들에게 공공건물의 복도에서 정치적 태도 측정지를 완성하라고 요구했다. 한 조건에서 사람들은 세균을 제거하는 손 소독기 옆에 서서 측정지를 완성했다. 소독기는 감염 위협을 일시적으로 현저하게 만드는 지각적 단서였다. 그 조건에서 (대조군 조건에 비해) 사람들은 보수적인 정치관에 더 많이 찬성했다.

이 개념 틀은 왜 역겨움이 도덕적 판단으로 이월해서 영향을 미치는지를 설명할 수 있다(예를 들어, Erskine, Kacinik, & Prinz, 2011; Horberg, Oveis, Keltner, & Cohen, 2009; Schnall, Haidt, Clore, & Jordan, 2008; Wheatley & Haidt, 2005). 감염 위험성에 대한 평가가 종종 역겨움을 유발한다는 점을 감안할 때 역겨운 감정의 경험은 병원체 감염의 취약성을 가리키는 신호가 될 수 있다. 그때 사람들은 문화적 행동 규범과 그 밖의 사회적 규범을 위반하는 행동을 도덕적으로 비난할 가능성이 높아진다.

행동면역계는 더 포괄적으로 행동 성향에 영향을 미친다

몇몇 연구는 대개 성격 형질이란 이름으로 측정되는 일반적인 행동 경향에 행동면역계가 영향을 미칠 수 있다고 말한다. 예를 들어, 성 행동 영역에서 사람들은 제한된 짝짓기 전략 대 제한 없는 짝짓기 전략을 채택하는 두 방향으로 갈라진다(Jackson & Kirk-patrick, 2007; Simpson & Gangestad, 1991). 한 연구 결과에서 밝힌 바로는, 자기가 감염에 더 만성적으로 취약하다고 지각하는 여성(남성은 아님)은 더 제한된 짝짓기의 성향을 보고하고, 전염병 위협이 일시적으로 현저한 조건에서도 이 효과는 기본적으로 나타난다고 한다(Murray, Jones, & Schaller, 2013). 왜 여성에게만 이 효과가 나타났을까? 남성보다는 여성이 짝짓기 영역에서 위험을 더 혐오하는 적응 성향을 갖고 있어서다(Haselton & Buss, 2000). 결과적으로 여성은 제한 없는 짝짓기 전략과 관련된 비용—전염병에 걸릴 위험을 포함해서—에 특히 민감할 수가 있다.

남녀 모두에게 사회적 상호작용은 종류를 막론하고 병원체 감염을 촉진할 수 있다. 그 결과 사회적 교제를 많이 하는 사람은 전염병에 걸리기가 쉽다(Nettle, 2005). 따라서 행동면역계를 활성화시키면 사회적 교제 성향이 억제될 것으로 예측할 수 있다. 약간의 증거가 이 가설을 지지한다. 감염의 위협이 일시적으로 현저할 때 사람들은 외향성과 친화성의 경향을 낮게 보고했으며, 이 효과가 가장 강하게 나타난 그룹은 자기가 감염에 만성적으로 가장 취약하다고 느끼는 사람들이었다(Mortensen, Becker, Ackerman, Neubert, & Kenrick, 2010).

사회적 상호작용의 영역을 벗어나서도, 다가가길 좋아하거나 위험을 무서워하지 않거나 탐험을 좋아하는 행동 스타일은 자연 환경 안에서 병원체와 접촉할 위험이 높고, 그래서 행동면역계가 활성화되면 그런 스타일이 억제될 것이다. 모르텐센Mortensen 등(2010)이 이 가설을 뒷받침하는 증거를 보고했다. 감염 위협이 일시적으로 현저할 때 사람들은 '경험 개방성' 형질에서 낮은 수준을 보고했으며, 이 효과 역시 자기가 감염에 만성적으로 가장 취약하다고 느끼는 사람들에게서 기본적으로 나타났다.

앞에서 검토한 다른 종류의 연구와 비교할 때 성향적 형질에 관한 이 결과들을 해석할 때에는 신중을 기할 필요가 있다. 모르텐센 등이 사용한 실험 설계는 다른 종류의 위협들을 현저하게 만든 대조군 조건을 포함하지 않았고, 그래서 그 효과가 지각된 감염 위협에 한정된다고 자신 있게 결론짓기가 어렵다. 머리Murray 등(2013)의 결과와 더불어 이 결과 역시 실험적 조작과 만성적인 개인차가 혼재해 있다는 문제가 있다. 그럼에도 이 단서조건을 염두에 둔다면 위의 연구 결과는 행동면역계가 일반적으로 위험혐오 행동성향들로 이어질 수 있다는 잠정적 증거가 되기에 부족함이 없다.

행동면역계는 문화 간 차이를 설명해준다

행동면역계를 정의하는 기능적으로 유연한 심리 기제들의 영향은 개인의 느낌, 인지, 행동에서 가장 즉각적으로 표출된다. 따라서 추론에 가장 많이 의존하는 조사는 개인 차원의 심리 결과에 집중되어 있다. 하지만 이 개인 차원의 심리 현상들은 개체군 전체의 차원에도 영향을 미칠 수 있다. 만일 특정한 개체군의 개인들에게서 행동면역계가 특히 빈번하거나 특히 강하게 활성화한다면, 평균적으로 그 개인들은 다른 개체군의 개인들에 비해서 약간 다른 심리적 경향을 보일 것이다. 행동면역계가 활성화되는 정도에 개체군 수준의 변이성이 있다면 그 요인은 무엇일까? 질병을 일으키는 병원체가 실제로 유행하는 데에 기여하는 생태적 변이성이 그것이다. 이는 전 세계의 문화 간 차이가 병원체 유행과 관련된 생태적 차이에 얼마간 기인한다는 것을 의미한다.

개체군 수준에서 병원체 유행의 상관관계를 밝힌 선구적인 조사(Gangestad & Buss, 1993; Low, 1990)가 토대가 되어준 덕에 이제는 전 세계 개체군들의 병원체 유행과 심리적 윤곽(프로파일)의 관계를 보고하는 증거가 든든하게 쌓이고 있다. 그 대부분은 국가 간 비교에 초점을 맞춘 것이며, 그중 많은 결과가 앞에서 살펴본 심리 실험의 결과와 개념상 동일하다. 병원체 유행의 빈도가 높은 나라에 사는 사람들은 신체적 매력에 높은 가치를 부여하고, 인종적 외집단에 대해 외국인 혐오를 더 강하게 드러낸다(Gangestad, Haselton, & Buss, 2006; Schaller & Murray, 2010). 또한 다수 의견에 더 강하게 동조하고, 남들에게 동조 압력을 더 강하게 가하고, 권위주의적인 태도를 더 많이 표출하고, 집단 충성과 순수성에 속하는 도덕적 가치에 더 강하게 찬성하고, 집단주의적 문화 가치에 더 강하게 찬성한다(Fincher, Thornhill, Murray, & Schaller, 2008; Murray, Schaller, & Suedfeld, 2013; Murray, Trudeau, & Schaller, 2011; Van Leeuwen, Park, Koenig, & Graham, 2012). 성격 형질을 측정해보면 그들은 외향성과 경험 개방성 양쪽 다에서 낮은 점수를 기록하고, 여자들은 더 제한된 짝짓기 전략을 보고한다(Schaller & Murray, 2008).

병원체 유행의 생태적 변이는 또한 개인 차원의 태도 및 행위의 돌발적 결과일 수 있는 또 다른 사회적 결과들을 예측하게 한다. 병원체가 자주 유행하는 지역에서는 인종 갈등이 더 빈번하고, 정부가 더 권위주의적으로 정치를 하고, 과학 및 기술 혁신의 수준이 더 낮다(Letendre, Fincher, & Thornhill, 2010; Murry, 2014; Thornhill, Fincher, & Aran, 2009). 이 결과와 그 밖의 개념상 관련이 있는 결과들(예를 들어, Fincher & Thornhill, 2012)은 행동면역계의 기능상 유연한 영향들이 전 세계의 문화

간 차이를 많이 설명해줄 수 있다고 암시한다.

이 결과들은 도발적이다. 하지만 기본적인 방법에 딸려 있는 추론의 한계 때문에 결론을 이끌어낼 때는 신중을 기해야 한다(Pollet, Tybur, Frankenhuis, & Richard, 2014; Schaller & Murray, 2011). 이 방법들은 어쩔 수 없이 상관적이고, 병원체 유행은 당연히 문화적 규범에 개념상 따로따로 영향을 미칠 수 있는 다른 변수들─인간의 안녕을 위협하는 다른 요인들뿐 아니라 그 위협을 완화하는 사회 구조들─과도 상관관계가 있다(예를 들어, Hruschka & Henrich, 2013; Van de Vliert, 2013). 추론상 가장 흥미로운 결과는, 그런 변수들을 통계학적으로 통제할 때에도 병원체 유행이 문화 간 차이의 유일한 예측 인자로 남는 결과들이다. 실제로 국가 간 결과 중 일부는 더 엄격한 이 증거 기준을 충족한다. 예를 들어, 그럴듯해 보이지만 혼재된 인구통계학적·경제적 요인들과 그 밖의 위협들을 통제할 때에도, 병원체 유행의 생태적 변이가 여전히 외향성, 개방성, 동조, 집산주의의 문화 간 차이를 예측하게 한다(Fincher et al., 2008; Murray et al., 2011; Schaller & Murray, 2008).

가시처럼 성가신 추론 문제가 하나 더 있는데, 현대의 지리적 실체를 분석의 단위로 취급하는 어떤 분석도 이 문제를 피하지 못한다. 나라는 개념상 문화와 동등하지 않고, 한 나라에서 관찰한 사회 구조와 대중적 규범이 다른 나라들의 규범과 따로 떨어져 있는 경우도 드물다(Nettle, 2009). 병원체 유행과 문화적 차이의 관계는 오늘날의 지정학적 실체를 분석하면서 관찰할 때만이 아니라 개개의 문화적 실체들에 더 근접하는 소규모 사회를 분석하면서 관찰할 때 더 강력해진다. 몇몇 조사가 이런 결과를 반복 시험했으며, 나아가 집산주의적 태도와 권위주의적 통치에 존재하는 문화적 차이를 병원체 유행과 연결짓는 가설들을 뒷받침한다. 여기에는 표현형 가소성으로 나타나는 발달 과정, 심리학적 분석의 수준을 완전히 초월하는 또 다른 개체군 차원의 과정(유전적 진화를 포함하여)이 포함된다(이 다른 과정들에 대한 더 자세한 논의로는, Schaller & Murray, 2011을 보라).

행동면역계는 건강에 명백한 영향과 은밀한 영향을 미친다

행동면역계는 감염 위험의 감소에 영향을 미쳤기 때문에 틀림없이 인간이 진화한 역사의 큰 부분 동안 인간의 건강에 긍정적인 영향을 미쳤을 것이다. 이 건강상의 이익 중 일부는 현대인의 환경에서도 지속될 가능성이 크다. 그 체계에 속하는 심리 기제들을 겨냥해서 개입을 한다면 그 감염 완충 이익은 더욱 충분히 실현될 것이다. 합리적 의사결정과정에 초점을 맞춘 교육적 개입은 예방 행동을 변화시키는 수단으로써 미미한 성공에 그친다고 밝혀져 왔다. 반면에 세이프섹스 습관과 손 씻기 등의 감염 줄이기 행동을 장려하는 데는 행동면역계를 활성화시키는 개입이 더 효과적이다(Porzig-Drummond, Stevenson, Case, & Oaten, 2009; Tybur, Bryan, Magnan, & Caldwell Hooper, 2011).

개인 차원에서 나타나는 행동면역계의 표출이 개체군 수준의 역학에 의미가 있을지 모른다. 개체군 안에서 유행병이 도는 속도와 범위는 거기에 속한 개인들의 행동 경향으로부터 영향을 받는다. 난교, 사회적 교제, 위생 규범에 대한 동조 등이 그런 행동 경향이다. 흥미로운 점 하나는 현대의 문화적 개체군들은 이 행동 성향이 각기 다르기 때문에 유행병의 동역학도 문화에 따라 다르다고 예측할 수 있다는 점이다.

아이러니하게도 행동면역계의 어떤 행동상의 결과는 간접적으로 건강에 **부정적**인 영향을 미칠 수가 있다(특히 장수가 특징인 현대 사회에서). 만일 어떤 증거가 암시하듯이 행동면역계의 활성화가 외향성을 억제한다면, 만성적인 활성화는 사회적 관계의 발생과 유지를 억제할 것이다. 그러면 사람들은 고독과 불충분한 사회적 지원에 더 많이 노출되고, 이는 장기적인 건강의 악화로 이어진다(Cacioppo, Hawkley, & Berntson, 2003; Cohen, 2004). 전염병이 건강을 실질적으로 위협하는 환경에서 이 장기적 비용—그런 비용이 발생한다면—은 감염 위험을 낮출 때 발생하는 건강의 이득보다 가벼이 평가될 것이다. 하지만 전염병의 위협이 극히 적거나 기술 혁신을 통해 잘 관리되는 현대 사회에서는 그런 장기적 비용이 더 곤란한 문제일 수 있다.

정신질환에 미치는 영향도 간과해서는 안 된다. 강박 장애의 한 유형과 그 밖의 구체적인 공포증은 행동면역계와 관련된 평가 기제나 반응 기제의 비정상적 항진에 일부 기인한다(Cisler, Olatunji, & Lohr, 2009; Marks & Nesse, 1994). 그렇다면 행동면역계를 조사해서 그 정신질환의 원인을 밝히고 효과적인 치료에 실제로 도움이 되는 것도 가능하다.

또 다른 영향 하나가 우리의 눈길을 특별히 사로잡는다. 사람들이 감염 위험을 평가할 때 사용하는(그리고 감염에 대한 예방 행동을 가능하게 하는) 지각 기제는 실제 면역 반응에도 영향을 미칠 것이다. 최근의 실험 결과에 따르면 역겨움을 유도하는 자극에 노출될 때 구강 면역 기능이 동시에 활성화된다(Stevenson, Hodgson, Oaten, Barouei, & Case, 2011). 물론 수많은 종류의 심리적 스트레스 경험이 면역 반응에 영향을 미칠 수 있으므로, 그런 효과가 과연 감염 위험을 지각적으로 평가하는 데에 한정되는지를 시험하는 것이 중요하다. 한 실험 결과가 그것을 시험했다(Schaller, Miller, Gervais, Yager, & Chen, 2010). 실험자들은 병원체 감염과 (대조군 조건에서) 개인 간 폭력 중 하나를 나타내는 시각 이미지에 사람들을 노출시키면서, 세균 자극에 반응하는 전염증성 사이토카인의 백혈구 생산량을 측정했다. 그 결과, 대조군과 비교했을 때조차 감염 위험을 지각하면 더 공격적인 면역 반응을 나타낸다는 것이 밝혀졌다.

우리는 아직 행동면역계를 잘 모른다

행동면역계는 아직 우리가 모르는 것 투성이다. 예를 들어, 사람들이 전염에 대해 갖고 있는 직관 이론의 발달과 내용에 행동면역계가 어디까지 관여하는지를 더 깊이 탐구하는 것도 해볼 만한 일이다(Rozin, Millman, & Nemeroff, 1986). 자가 치료에 관한 문헌에도 주목할 만한 관련성이 있을 것이다. 인간과 기타 영장류를 포함해서 많은 동물종이 영양분이 없는 식물을 전략적으로 섭취한다. 항균 방어체계에 도움이 되기 때문이다(Huffman, 2003). 이 연구는 대개 이미 일어났던 감염을 통제하는 이익에 초점을 맞추지만, 어떤 자가 치료는 예방 기능에도 기여한다. 다른 동물종들을 자세히 조사해보면 잠재적 관련성이 더 나올 수 있다. 예를 들어 침팬지가 병이 든 동종에게 공격적으로 행동하는 것을 관찰한 적이 있다(Goodall, 1986). 공격을 할 때에는 대개 개체 간에 밀접한 접촉이 일어나므로 그런 행동은 직관에 반하고 적응에도 반한다고 보일 수 있다. 하지만 공격으로 희생자를 고립시킨다면(또는 죽인다면) 장기적인 적응 이익이 단기적 위험을 추월하고, 공격 당사자만이 아니라 다른 개체들에게도 그 이익이 돌아간다.

또한 행동면역계에 특유한 감정, 인지, 행동 반응의 상호관계를 더 자세히 들여다보는 것도 중요하다. 구체적인 인지 반응과 행동 반응에 관한 연구가 역겨움에 관한 연구와 무관하게 이루어지거나 그 반대로 진행되는 경우가 지금까지 빈번했다. 행동면역계가 다양한 인지와 행동으로 표출될 때 역겨움이 정확히 어떤 역할을 하는지, 또는 역겨움 반응이 없는 경우에도 그런 표출이 부차적으로 발생하는지는 아직 불분명하다. 몇 종류의 인지 반응 그리고/또는 행동 반응(예를 들어, 외국인 혐오 반응)에 역겨움이 어느 정도 수반되는 것은 가능해 보이지만, 역겨움은 꼭 필요한 인과적 선행항이기보다는 이 반응의 부수물에 불과할 수도 있다. 반면에 몇 가지 예방 행동들—가령, 동조나 반항에 대한 도덕적 비난—에는 즉각적인 역겨움이 동반하지 않지만, 그렇다고 해서 역겨움이 그 행동에 인과적 영향을 전혀 안 미친다는 뜻은 아니다. 사실, 기억, 태도 형성, 개인 간 의사소통에 미치는 영향 때문에 어느 순간에든 역겨운 경험을 하면 예방 행동 전략의 장기적인 전개에 큰 인과적 영향이 가해질 수 있다(Schaller, 2014).

감염 위험의 **평가**에 대해서도 알아야 할 것이 많다. 감염 위험이라고 직관적으로 평가한 자극에 사람들이 어떻게 반응하는지를 조사한 연구는 넘쳐나는 반면에, 평가 과정 자체를 조사한 연구는 매우 드물다. 행동면역계를 촉발하는 많은 추론적 입력물이 실은 따로 진화했으며 감각 신호라는 더 넓은 영역에서 작용하는 평가 체계의 출력일 수 있다(Woody & Szechtman, 2011). 하지만 또한 병원체 단서 확인이라는 구체적인 기능을 하도록 진화한 독특한 평가 기제들이 있을지 모른다. 만일 그렇다면 그런 기제는 특수한 감각 양식(예를 들어, 후각)으로만 작동할 것이다(Kavaliers, Choleris, & Pfaff, 2005; Olsson et al., 2014).

마지막으로 행동면역계의 생물학적 기층을 아는 것도 유용하다. 감정 경험의 심리적 상관관계를 조사해보면 (병원체를 의미하는 자극물에 반응해서 생겨난) 역겨움은 자율신경계를 비롯한 신경계의 독특한 활성 패턴과 관계가 있다(Kreibig, 2010; Vytal & Hamann, 2010). 하지만 해부학적 구조, 신경화학적 처리과정, (행동면역계의 표출 형태인) 다양한 인지 및 행동 현상의 기능 관계에 대해서는 알려진 것이 많지 않다. 유전적 기층에 대해서는 알려진 것이 더욱 적다. 역겨움 민감도 및 잠재적 관련이 있는 변수들이 행동면역계와 유전적으로 어떤 상관관계가 있는지를 기록하는 연구가 출범했지만(예를 들어, Kang, Kim, Namkoong, & An, 2010; Kavalier et al, 2005; MacMurray, Comins, & Napolioni, 2014), 그 체계의 유전적 기초에 대해서는 아직 알려진 바가 무에 가깝다. 심리 현상에 관한 사실을 발견하고자 할 때에는 그런 것까지 알 필요가 없다. 하지만 심리 현상을 인간 진화의 맥락 속에 단단히 위치시키고자 한다면, (조상의 개체군 안에서) 구체적으로 어떤 유전 정보가 전염병이라는 독특한 선택압에 대응하여 진화했으며 (개체의 몸속에서) 면역 회피 행동을 촉진하는 독특한 생리 요소들을 구축하는지에 대해서 더 많이 알 필요가 있다.

행동면역계는 진화심리학의 성공 스토리다

행동면역계 연구는 심리학적 질문에 진화적으로 접근하면 얼마나 가치 있는 과학적 이익이 나올 수 있는지를 모범적으로 보여준다. 심리과학자들은 대부분 내적 성향이나 외부의 자극 때문에 지금 여기에 걸려 있는 주제를 연구할 수밖에 없다. 또한 심리과학자들에게 '지금 여기'에는 병원체 감염을 현대적으로 해결하는 명백한 인지 및 기술 혁신이 포함된다. 이런 사정 때문에 전염병이 제기하는 역사적으로 중요한 문제를 무시하고, 과거의 생태환경에서 문제를 잘 해결했던 행동적 수단을 간과하고, 심리 현상에 영속적으로 미치는 영향을 못 보고 넘어가기가 쉽다. 이런 유의 과학적 근시를 해결하는 데 때로는 전문화된 도구가 필요하다. 진화심리학의 논리적 원칙들이 그런 도구가 되어준다.

인간의 동기를 조사해온 역사는 장구하지만, 최근 들어서야 행동과학자들은 진화심리학의 논리적 원칙으로 단단히 무장하고서 병원체 감염 회피 행동을 가능하게 하는 심리학적으로 독특한 동기 체계를 확인했다(Aunger & Curtis, 2013; Bernard, 2012; Neubert et al., 2011). 이와 마찬가지로 심리학자들은 외국인 혐오, 동조, 개인 간 매력을 따로따로 수십 년 동안 연구해왔지만, 몇 년 전에야 비로소 (진화심리학의 도움으로) 질병 회피의 동기심리학을 그런 심리 현상에 큰 영향을 미치는 요소로 보고 연구에 끌어들이기 시작했다.

진화심리학은 행동면역계의 존재 가능성을 추론하는 데 필요한 논리적 기초를 제공할뿐더러, 그 작동방식을 밝히고 구체적 결과를 예측할 수 있는 논리적 도구도 제공한다. 진화상의 비용/이익을 분석한 것이 특히 유용하다(여기서 심리 반응의 비용과 이익이란 번식 적합도에 돌아가는 간접적 영향을 말한다). 이 비용/이익 분석은 행동면역계의 반응을 이끌어내는 자극 그리고 그 반응의 발생 가능성이 특별히 높거나 낮은 환경과 관련된 추론 법칙의 논리적 기초가 되어준다. 이 논리적 법칙은 실제로 많은 가설을 낳았으며, 이 가설들은 경험적 데이터로 검증이 되는 동시에 새로운 발견을 많이 이끌어냈다. 진화심리학과 관련된 분석 도구가 없었다면 그런 개념적 통찰과 경험적 결과가 나올 수 없었으리라는 주장은 옳지 않다. 하지만 그런 통찰과 결과가 (진화심리학의 분석 도구가 없을 때는) 거의 나오지 않았다는 말은 틀린 말이 아니다. 어떤 이론적 관점의 과학적 가치는 새로운 가설과 경험적 발견을 산출하는 유효성이 입증되는 만큼 인정을 받는다면, 행동면역계 연구는 진화심리학의 성공을 든든하게 입증한다.

참고문헌

Aunger, R., & Curtis, V. (2013). The anatomy of motivation: An evolutionary ecological approach. *Biological Theory*, 8, 49–63.

Barreiro, L. B., & Quintana-Murci, L. (2010). From evolutionary genetics to human immunology: How selection shapes host defence genes. *Nature Reviews Genetics*, 11, 17–30.

Barrett, H. C. (2005). Adaptations to predators and prey. In D. M. Buss (Ed.), *The handbook of evolutionary psychology* (pp. 200–223). Hoboken, NJ: Wiley.

Bernard, L. C. (2012). Evolved individual differences in human motivation. In R. M. Ryan (Ed.), *The Oxford handbook of human motivation* (pp. 381–407). Oxford, England: Oxford University Press.

Bradley, M. M., Codispotti, M., Sabatinelli, D., & Lang, P. J. (2001). Emotion and motivation II: Sex differences in picture processing. *Emotion, 1,* 300−319.

Cacioppo, J. T., Hawkley, L. C., & Berntson, G. G. (2003). The anatomy of loneliness. *Current Directions in Psychological Science, 12,* 71−74.

Cashdan, E., & Steele, M. (2013). Pathogen prevalence, group bias, and collectivism in the standard crosscultural sample. *Human Nature, 24,* 59−75.

Chapuisat, M., Oppliger, A., Magliano, P., & Christe, P. (2007). Wood ants use resin to protect themselves against pathogens. *Proceedings of the Royal Society B: Biological Sciences, 274,* 2013−2017.

Cisler, J. M., Olatunji, B. O., & Lohr, J. M. (2009). Disgust, fear, and the anxiety disorders: A critical review. *Clinical Psychology Review, 29,* 34−46.

Cohen, S. (2004). Social relationships and health. *American Psychologist, 59,* 676−684.

Curno, O., Behnke, J. M., McElligott, A. G., Reader, T., & Barnard, C. J. (2009). Mothers produce less aggressive sons with altered immunity when there is a threat of disease during pregnancy. *Proceedings of the Royal Society B: Biological Sciences, 276,* 1047−1054.

Curtis, V., Aunger, R., & Rabie, T. (2004). Evidence that disgust evolved to protect from risk of disease. *Proceedings of the Royal Society B: Biological Sciences, 271,* S131−S133.

Curtis, V., de Barra, M.,&Aunger, R. (2011). Disgust as an adaptive system for disease avoidance behaviour. *Philosophical Transactions of the Royal Society B: Biological Sciences, 366,* 389−401.

Dantzer, R., Kent, S., Bluthe, R. M., & Kelley, K. W. (1991). Cytokines and sickness behaviour. *European Neuropsychopharmacology, 1,* 377−379.

Duncan, L. A., & Schaller, M. (2009). Prejudicial attitudes toward older adults may be exaggerated when people feel vulnerable to infectious disease: Evidence and implications. *Analyses of Social Issues and Public Policy, 9,* 97−115.

Erskine, K. J., Kacinik, N. A., & Prinz, J. J. (2011). A bad taste in the mouth: Gustatory disgust influences moral judgment. *Psychological Science, 22,* 295−299.

Esses, V. M., Dovidio, J. F., Jackson, L. M., & Armstrong, T. L. (2002). The immigration dilemma: The role of perceived group competition, ethnic prejudice, and national identity. *Journal of Social Issues, 57,* 389−412.

Ewald, P. W. (1993). *Evolution of infectious disease.* New York, NY: Oxford University Press.

Fabrega, H. (1997). Earliest phases in the evolution of sickness and healing. *Medical Anthropology Quarterly, 11,* 26−55.

Faulkner, J., Schaller, M., Park, J. H., & Duncan, L. A. (2004). Evolved disease-avoidance mechanisms and contemporary xenophobic attitudes. *Group Processes and Intergroup Behavior, 7,* 333-353.

Fessler, D. M. T., Eng, S. J., & Navarrete, C. D. (2005). Elevated disgust sensitivity in the first trimester of pregnancy: Evidence supporting the compensatory prophylaxis hypothesis. *Evolution and Human Behavior, 26,* 344-351.

Fincher, C.L., & Thornhill, R. (2012). Parasite-stress promotes in-group assortative sociality: The cases of strong family ties and heightened religiosity. *Behavioral and Brain Sciences, 35,* 61-79.

Fincher, C. L., Thornhill, R., Murray, D. R., & Schaller, M. (2008). Pathogen prevalence predicts human crosscultural variability in individualism/collectivism. *Proceedings of the Royal Society B: Biological Sciences, 275,* 1279-1285.

Gangestad, S. W., & Buss, D. M. (1993). Pathogen prevalence and human mate preferences. *Ethology and Sociobiology, 14,* 89-96.

Gangestad, S. W., Haselton, M. G., & Buss, D. M. (2006). Evolutionary foundations of cultural variation: Evoked culture and mate preferences. *Psychological Inquiry, 17,* 75-95.

Goodall, J. (1986). Social rejection, exclusion, and shunning among the Gombe chimpanzees. *Ethology and Sociobiology, 7,* 227-239.

Grillon, C., Pellowski, M., Merikangas, K. R., & Davis, M. (1997). Darkness facilitates acoustic startle reflex in humans. *Biological Psychiatry, 42,* 453-460.

Griskevicius, V., Goldstein, N. J., Mortensen, C. R., Cialdini, R. B., & Kenrick, D. T. (2006). Going along versus going alone: When fundamental motives facilitate strategic nonconformity. *Journal of Personality and Social Psychology, 91,* 281-294.

Haidt, J., McCauley, C., & Rozin, P. (1994). Individual differences in sensitivity to disgust: A scale sampling seven domains of disgust elicitors. *Personality and Individual Differences, 5,* 701-713.

Haselton, M. G., & Buss, D. M. (2000). Error management theory: A new perspective on biases in cross-sex mind reading. *Journal of Personality and Social Psychology, 78,* 81-91.

Haselton, M. G., Nettle, D., & Andrews, P. W. (2005). The evolution of cognitive bias. In D. M. Buss (Ed.), *The handbook of evolutionary psychology* (pp. 724-746). Hoboken, NJ: Wiley.Helzer, E. G., & Pizarro, D. A. (2011). Dirty liberals! Reminders of physical cleanliness influence moral and political attitudes. *Psychological Science, 22,* 517-522.

Horberg, E. J., Oveis, C., Keltner, D., & Cohen, A. B. (2009). Disgust and the moralization of purity. *Journal of Personality and Social Psychology, 97,* 963-976.

Hruschka, D. J., & Henrich, J. (2013). Institutions, parasites and the persistence of in-group preferences. *PLoS ONE 8*(5), e63642.

Huang, J. Y., Sedlovskaya, A., Ackerman, J. M., & Bargh, J. A. (2011). Immunizing against prejudice: Effects of disease protection on outgroup attitudes. *Psychological Science, 22,* 1550–1556.

Huffman, M. A. (2003). Animal self-medication and ethno-medicine: Exploration and exploitation of the medicinal properties of plants. *Proceedings of the Nutrition Society, 62,* 371–381.

Inhorn, M. C., & Brown, P. J. (1990). The anthropology of infectious disease. *Annual Review of Anthropology, 19,* 89–117.

Jackson, J. J., & Kirkpatrick, L. A. (2007). The structure and measurement of human mating strategies: Toward a multidimensional model of sociosexuality. *Evolution and Human Behavior, 28,* 382–391.

Kang, J. I., Kim, S. J., Namkoong, K., & An, S. K. (2010). Assocation of DRD4 and COMT polymorphisms with disgust sensitivity in healthy volunteers. *Neurophysiology, 61,* 105–112.

Kavaliers, M., & Colwell, D. D. (1995). Discrimination by female mice between the odours of parasitized and non-parasitized males. *Proceedings of the Royal Society B: Biological Sciences, 261,* 31–35.

Kavaliers, M., Choleris, E., & Pfaff, D.W. (2005). Recognition and avoidance of the odors of parasitized conspecifics and predators: differential genomic correlates. *Neuroscience and Biobehavioral Reviews, 29,* 1347–1359.

Kiesecker, J. M., Skelly, D. K., Beard, K. H., & Preisser, E. (1999). Behavioral reduction of infection risk. *Proceedings of the National Academy of Sciences, USA, 96,* 9165–9168.

Kreibig, S. D. (2010). Autonomic nervous system activity in emotion: A review. *Biological Psychology, 34,* 394–421.

Kurzban, R., & Leary, M. R. (2001). Evolutionary origins of stigmatization: The functions of social exclusion. *Psychological Bulletin, 127,* 187–208.

Letendre, K., Fincher, C. L., & Thornhill, R. (2010). Does infectious disease cause global variation in the frequency of intrastate armed conflict and civil war? *Biological Reviews, 85,* 669–683.

Little, A. C., DeBruine, L. M., & Jones, B. C. (2011). Exposure to visual cues of pathogen contagion changes preferences for masculinity and symmetry in opposite-sex faces. *Proceedings of the Royal Society B: Biological Sciences, 278,* 2032–2039.

Low, B. S. (1990). Marriage systems and pathogen stress in human societies. *American*

Zoologist, 30, 325−339.

MacMurray, J., Comings, D. E., & Napolioni, V. (2014). The gene-immune-behavioral pathway: Gammainterferon (IFN-γ) simultaneously coordinates susceptibility to infectious disease and harm-avoidance behaviors. *Brain, Behavior, and Immunity, 35,* 169−175.

Marks, I. M., & Nesse, R. M. (1994). Fear and fitness: An evolutionary analysis of anxiety disorders. *Ethology and Sociobiology, 15,* 247−261.

Miller, S. L., & Maner, J. K. (2012). Overperceiving disease cues: The basic cognition of the behavioral immune system. *Journal of Personality and Social Psychology, 102,* 1198−1213.

Mortensen, C. R., Becker, D. V., Ackerman, J. M., Neuberg, S. L., & Kenrick, D. T. (2010). Infection breeds reticence: The effects of disease salience on self-perceptions of personality and behavioral avoidance tendencies. *Psychological Science, 21,* 440−447.

Murray, D. R. (2014). Direct and indirect implications of pathogen prevalence for scientific and technological innovation. *Journal of Cross-Cultural Psychology, 45,* 971−985.

Murray, D. R., Jones, D. L., & Schaller, M. (2013). Perceived threat of infectious disease and its implications for sexual attitudes. *Personality and Individual Differences, 54,* 103−108.

Murray, D. R., & Schaller, M. (2012). Threat(s) and conformity deconstructed: Perceived threat of infectious disease and its implications for conformist attitudes and behavior. *European Journal of Social Psychology, 42,* 180−188.

Murray, D. R., Schaller, M., & Suedfeld, P. (2013). Pathogens and politics: Further evidence that parasite prevalence predicts authoritarianism. *PLoS ONE, 8*(5), e62275.

Murray, D. R., Trudeau, R., & Schaller, M. (2011). On the origins of cultural differences in conformity: Four tests of the pathogen prevalence hypothesis. *Personality and Social Psychology Bulletin, 37,* 318−329.

Navarrete, C. D., Fessler, D. M. T., & Eng, S. J. (2007). Elevated ethnocentrism in the first trimester of pregnancy. *Evolution and Human Behavior, 28,* 60−65.

Nettle, D. (2005). An evolutionary approach to the extraversion continuum. *Evolution and Human Behavior, 26,* 363−373.

Nettle, D. (2009). Ecological influences on human behavioral diversity: A review of recent findings. *Trends in Ecology and Evolution, 24,* 618−624.

Neuberg, S. L., Kenrick, D. T.,& Schaller, M. (2011). Human threat management systems: Self-protection and disease avoidance. *Neuroscience and Biobehavioral*

Reviews, 35, 1042−1051.

Oaten, M., Stevenson, R. J., & Case, T. I. (2009). Disgust as a disease-avoidance mechanism. *Psychological Bulletin, 135,* 303−321.

Oaten, M., Stevenson, R. J., & Case, T. I. (2011). Disease avoidance as a functional basis for stigmatization. *Philosophical Transactions of the Royal Society B: Biological Sciences, 366,* 3433−3452.

Olsson, M. J., Lundström, J. N., Kimball, B. A., Gordon, A. R., Karshikoff, B., Hosseini, N., . . . Lekander, M. (2014). The scent of disease: Human body odor contains an early chemosensory cue of sickness. *Psychological Science, 25,* 817−823.

Park, J. H., Faulkner, J., & Schaller, M. (2003). Evolved disease-avoidance processes and contemporary antisocial behavior: Prejudicial attitudes and avoidance of people with physical disabilities. *Journal of Nonverbal Behavior, 27,* 65−87.

Park, J. H., Schaller, M., & Crandall, C. S. (2007). Pathogen-avoidance mechanisms and the stigmatization of obese people. *Evolution and Human Behavior, 28,* 410−414.

Pollet, T. V., Tybur, J. M., Frankenhuis, W. E., & Rickard, I. J. (2014). What can cross-cultural correlations teach us about human nature? *Human Nature, 25*(3), 410−429.

Porzig-Drummond, R., Stevenson, R., Case, T., & Oaten, M. (2009). Can the emotion of disgust be harnessed to promote hand hygiene? Experimental and field-based tests. *Social Science and Medicine, 68,* 1006−1012.

Rhodes, G. (2006). The evolutionary psychology of facial beauty. *Annual Review of Psychology, 57,* 199−226.

Rozin, P., Haidt, J., & McCauley, C. R. (2008). Disgust. In M. Lewis, J. M. Haviland-Jones, & L. F. Barrett (Eds), *Handbook of emotions* (3rd ed., pp. 757−776). New York, NY: Guilford Press.

Rozin, P., Millman, L., & Nemeroff, C. (1986). Operation of the laws of sympathetic magic in disgust and other domains. *Journal of Personality and Social Psychology, 50,* 703−712.

Ryan, S., Oaten, M., Stevenson, R. J., & Case, T. I. (2012). Facial disfigurement is treated like an infectious disease. *Evolution and Human Behavior, 33,* 639−646.

Schaller, M. (2011). The behavioural immune system and the psychology of human sociality. *Philosophical Transactions of the Royal Society B: Biological Sciences, 366,* 3418−3426.

Schaller, M. (2014). When and how disgust is and is not implicated in the behavioral immune system. *Evolutionary Behavioral Sciences, 8,* 251−256.

Schaller, M., & Duncan, L. A. (2007). The behavioral immune system: Its evolution and social psychological implications. In J. P. Forgas, M. G. Haselton, & W. von Hippel (Eds.), *Evolution and the social mind: Evolutionary psychology and social cognition* (pp. 293−307). New York, NY: Psychology Press.

Schaller, M., Miller, G. E., Gervais, W. M., Yager, S., & Chen, E. (2010). Mere visual perception of other people's disease symptoms facilitates a more aggressive immune response. *Psychological Science, 21,* 649−652.

Schaller, M., & Murray, D. R. (2008). Pathogens, personality, and culture: Disease prevalence predicts worldwide variability in sociosexuality, extraversion, and openness to experience. *Journal of Personality and Social Psychology, 95,* 212−221.

Schaller, M., & Murray, D. R. (2010). Infectious diseases and the evolution of cross-cultural differences. In M. Schaller, A. Norenzayan, S. J. Heine, T. Yamagishi, & T. Kameda (Eds.), *Evolution, culture, and the human mind* (pp. 243−256). New York, NY: Psychology Press.

Schaller, M., & Murray, D. R. (2011). Infectious disease and the creation of culture. In M. Gelfand, C. -y. Chiu, & Y. -y. Hong (Eds.), *Advances in culture and psychology* (Vol. 1, pp. 99−151). New York, NY: Oxford University Press.

Schaller, M.,& Neuberg, S. L. (2012). Danger, disease, and the nature of prejudice(s). *Advances in Experimental Social Psychology, 46,* 1−55.

Schaller, M., & Park, J. H. (2011). The behavioral immune system (and why it matters). *Current Directions in Psychological Science, 20,* 99−103.

Schaller, M., Park, J. H., & Mueller, A. (2003). Fear of the dark: Interactive effects of beliefs about danger and ambient darkness on ethnic stereotypes. *Personality and Social Psychology Bulletin, 29,* 637−649.

Schnall, S., Haidt, J., Clore, G. L., & Jordan, A. (2008). Disgust as embodied moral judgment. *Personality and Social Psychology Bulletin, 34,* 1096−1109.

Schulenburg, H., & Müller, S. (2004). Natural variation in the response of *Caenorhabditis elegans* towards *Bacillus thuringiensis. Parasitology, 128,* 433−443.

Simpson, J. A., & Gangestad, S. W. (1991). Individual differences in sociosexuality: Evidence for convergent and discriminant validity. *Journal of Personality and Social Psychology, 67,* 870−883.

Sperber, D., & Hirschfeld, L. A. (2004). The cognitive foundations of cultural stability and diversity. *Trends in Cognitive Science, 8,* 40−46.

Stevenson, R. J., Hodgson, D., Oaten, M. J., Barouei, J., & Case, T. I. (2011). The effect of digust on oral immune function. *Psychophysiology, 48,* 900−907.

Stevenson, R. J., Hodgson, D., Oaten, M. J., Moussavi, M., Langberg, R., Case, T. I., & Barouei, J. (2012). Disgust elevates core body temperature and up-regulates certain oral immune markers. *Brain, Behavior, and Immunity*, *26*, 1160–1168.

Terrizzi, J. A., Shook, N. J., & McDaniel, M. A. (2013). The behavioral immune system and social conservatism: A meta-analysis. *Evolution and Human Behavior*, *34*, 99–108.

Thornhill, R., Fincher, C. L., & Aran, D. (2009). Parasites, democratization, and the liberalization of values across contemporary countries. *Biological Reviews*, *84*, 113–131.

Tybur, J. M., Bryan, A. D., Magnan, R. E., & Hooper, A. E. C. (2011). Smells like safe sex: Olfactory pathogen primes increase intentions to use condoms. *Psychological Science*, *22*, 478–480.

Tybur, J. M., & Gangestad, S. W. (2011). Mate preferences and infectious disease: Theoretical consideration and evidence in humans. *Philosophical Transactions of the Royal Society B: Biological Sciences*, *366*, 3375–3388.

Tybur, J. M., Lieberman, D., Kurzban, R., & DeScioli, P. (2013). Disgust: Evolved function and structure. *Psychological Review*, *120*, 65–84.

Van de Vliert, E. (2013). Climato-economic habitats support patterns of human needs, stresses, and freedoms. *Behavioral and Brain Sciences*, *36*, 465–480.

Van Leeuwen, F., Park, J. H., Koenig, B. L., & Graham, J. (2012). Regional variation in pathogen prevalence predicts endorsement of group-focused moral concerns. *Evolution and Human Behavior*, *33*, 429–437.

van Schaik, C. P. (2013). The costs and benefits of flexibility as an expression of behavioural plasticity: A primate perspective. *Philosophical Transactions of the Royal Society B: Biological Sciences*, *368*, 20120339.

Vytal, K., & Hamann, S. (2010). Neuroimaging support for discrete neural correlates of basic emotions: A voxel-based meta-analysis. *Journal of Cognitive Neuroscience*, *22*, 2864–2885.

Wheatley, T., & Haidt, J. (2005). Hypnotic disgust makes moral judgments more severe. *Psychological Science*, *16*, 780–784.

White, A. E., Kenrick, D. T., & Neuberg, S. L. (2013). Beauty at the ballot box: Disease threats predict preferences physically attractive leaders. *Psychological Science*, *24*, 2429–2436.

Wolfe, N. D., Dunavan, C. P., & Diamond, J. (2007). Origins of major human infectious diseases. *Nature*, *447*, 279–283.

Woody, E., & Szechtman, H. (2011). Adaptation to potential threat: the evolution, neurobiology, and psychopathology of the security motivation system. *Neuroscience and Biobehavioral Reviews*, *35*, 1019–1033.

Wu, B., & Chang, L. (2012). The social impact of pathogen threat: How disease salience influences conformity. *Personality and Individual Differences, 53,* 50−54.

Young, S. G., Sacco, D. F., & Hugenberg, K. (2011). Vulnerability to disease is associated with a domain specific preference for symmetrical faces relative to symmetrical non-face stimuli. *European Journal of Social Psychology, 41,* 558−563.

8장

공간적 길찾기와 풍경 선호

어윈 실버맨 · 진 최

공간 문제는 유기체의 적응적 행동을 이루는 거의 모든 양상—음식 찾기, 물, 주거지, 포식자 회피, 사회 구조, 육아—에 강한 영향을 미친다. 이 장에서는 인간과 그 밖의 동물에게서 볼 수 있는 공간 행동의 두 가지 양상을 진화의 관점에서 집중 분석 하고자 한다. 첫째는 길찾기다. 길찾기는 개인이 한 장소에서 다른 장소로 이동하는 체계적인 방법을 말한다. 둘째는 풍경 선호다. 풍경 선호는 개인이 주거지나 방문지로 선택하는 장소의 종류를 말한다.

길찾기

개가 울타리를 아슬아슬하게 뛰어넘거나, 아이가 목표한 지점까지 공을 완벽하게 포물선으로 던지거나, 꿀벌이 여기저기 돌아다니면서 먹이를 찾은 뒤 벌통으로 직행하는 것을 보라. 이 모든 능력에 내재한 공간과 운동의 물리 법칙을 생각해보라. 누구도 그 법칙을 알지 못하고 그로부터 일반화할 줄도 모르지만 그런 행동을 쉽게 해낸다.

위의 이야기는 진화심리학의 주요한 패러다임을 잘 설명해주는데, 진화심리학자들은 마음이 본래 일반 목적의 학습 기제들로 이루어졌다고 보는 낡은 사회과학모델을 이 패러다임으로 대체하려고 노력하고 있다. 진화에 기초한 관점에서 볼 때 마음은 기능상 독립적이거나 반+독립적인 **영역-특이적 인지 기제들**로 이루어져 있으며(Cosmides & Tooby, 1992), 모두 유기체의 진화사에서 적응과 생존에 필요한 특수한 문제들에 대응해서 진화한 것들이다.

공간 지각과 행동 분야는 이 모델의 탁월한 보기들을 제공한다. 꿀벌은 그 길찾기 기술 덕분에 비교적 넓은 지역에서 식량을 수집한다. 개는 울타리를 뛰어넘는 능력 덕분에 쉽게 사냥을 하고 포식자를 따돌린다. 투사체를 정확히 던지는 인간의 능력도 사냥을 하거나 적대적인 동종과 마주칠 때 큰 도움이 되었다.

갤리스텔의 영역 일반적 관점

영역 특이성 개념이 종국에는 마음을 보는 우리의 관점에 혁명을 일으킬 테지만 현대의 인지심리학 이론은 대체로 영역 일반성에 머물러 있다.

공간적 길찾기 문헌에 자주 등장하는 갤리스텔(1990)의 모델이 좋은 예다. 갤리스텔은 성인의 학습과 문제 해결의 기초로 추정되는 표상 및 계산 법칙이 모든 동물종의 모든 인지 기능에 적용된다고 주장한다. 공간적 길찾기의 맥락에서 그는 다음과 같이 말한다.

무제한적인 경로를 대상으로 한 추측항법[1] 계산은 대단히 복잡해서 과거에 인간들은 길을 찾을 때 이동하는 경로를 상당히 제약했다. 이 사실은 개미 같은 동물의 신경계가 그런 계산을 일상적으로 정확하게 해낸다는 가설에 반대하는 직관적 논거로 보인다. 내가 이 문제를 제기한 것은 그런 직관에 명확히 반대하기 위해서다. 지금까지 그런 직관이 장애가 돼서 뇌 기능에 대한 계산-표상 이론이 폭넓게 받아들여지지 못했다. 복잡하고, 학습하기 어렵고, 인간이 수행하기 어려워 보이는 상징 조작이 물리적

---

1 dead reckoning. 데드(dead)라는 말은 신호를 받지 못하고 있는 상태를 말하며 레커닝(reckoning)은 추산한다는 의미로, 신호가 없는 상태에서 바람의 방향과 속도를 측정하고 지면에 대한 속도를 산출하여 추정 위치를 구하면서 길을 찾는 항법(옮긴이).

으로 간단히 실현되는 경우가 종종 있다. 시간과 관련된 변수를 통합하는 문제는 대단한 연산을 해야 하는 것처럼 들리지만, 흐르는 물 한 양동이를 받으면 시간적 흐름이 통합된다. 양동이 채우기는 간단한 물리적 연산으로 여겨진다. 반면에 추측항법 계산에 들어가는 삼각측량과 통합 연산의 상징적 (수학적) 표상들을 생각하면 겁이 더럭 난다. 하지만 배에 있는 추측항법 장치는 복잡하지 않다. 그 장치가 수행하는 삼각측량과 분해 연산은 믿을 만한 신경 회로로 쉽게 모방할 수 있다(1990, pp. 38-39).

두 모델의 본질적 차이는 무엇일까?

진화심리학의 영역-특이성 접근법은 길찾기 기술이든 무엇이든 간에 주어진 종의 주어진 속성을 설명할 수 있는 생태적 요구에 초점을 맞춘다. 이 접근법의 목표는 그 행동을 중재하는 진화한 인지 기제를, 최선의 설명 방법이 무엇이든, 우선은 찾아내는 데 있다. 이와 대조적으로 갤리스텔(1990)의 접근법은 인지심리학자들을 다른 방향으로 끌고 간다. 상황과 종을 포괄하여 길찾기 행동을 위한 표상 및 계산의 일반 법칙이 어떻게 구체적으로 표현되는지를 탐구하는 쪽이다.

이런 면에서 표상/계산 법칙이란 개념은 동등잠재력equipotentiality[2]을 연상시킨다. 모든 강화인자(자극)가 모든 종의 모든 행동에 동등하게 작용한다고 주장하는 행동주의의 핵심 원리 말이다. 가르시아와 동료들(Garcia, Ervin, & Koelling, 1966; Garcia & Koelling, 1966)은 쥐의 미각 회피에 관한 일련의 연구를 통해 그 원리의 신빙성에 균열을 내고 영역 특이성이란 개념을 출현시켰다. 유기체는 진화적 적응의 방식으로, 즉 특정한 종의 특정한 행동이 특정한 강화인자에만 조건화되게끔 유전자가 프로그램되어 있다는 것을 그들은 입증했다. 쥐는 본래 싹슬이동물로, 메스꺼움을 유도하는 부정적 강화인자를 통해서만 특정한 맛을 피하게 조건화시킬 수 있었다.

모든 종의 길찾기 행동에 똑같은 법칙들을 적용하려는 모델은 독특한 종-특이적 기제 때문에도 혼란을 빚는다. 벌과 그 밖의 몇몇 곤충은 태양을 나침반 삼아 길을 찾는 듯 보이지만 사실은 편광면을 감지한다(von Frisch, 1967). 이동하는 메뚜기는

___

2 equipotentiality. 또는 잠재력 균등성(옮긴이).

개체가 무리 내에서 각기 다른 방향으로 나는 것처럼 보인다는 점에서 표상/계산 분석을 거스르는 듯 보이지만, 이것은 바람이 변동해도 무리를 예정 방향으로 나아가게 하는 메뚜기들의 방법이다(Rainey, 1962).

마지막으로 동물과 인간의 길찾기 능력이 처음 진화했을 때에는 표상/계산 분석으로 서술한 것보다 더 간단한 기제로 출발했다. 그렇다 해도 우주로 나갔다가 되돌아올 정도로 길찾기 능력을 향상시킨 인간 특유의 고차원 추상화가 고려대상에서 제외되지 않는다. 그런 길찾기 능력은 새로 부상한 일반적인 분석 능력의 기능으로서 진화의 역사 중 비교적 최근에 나왔다. 물론 그런 이유로 이 분석이 선사시대부터 효과적으로 작동한 어떤 기제에 뿌리를 두고 있다고 결론지어서는 안 된다.

동물 운동의 최적화

길찾기는 동물이 가용 단서를 이용해서 미리 결정한 장소까지 이동하는 과정이다. 하지만 여행의 성격과 범위는 종에 따라 큰 차이를 보인다. 어떤 종은 평생토록 비교적 짧은 거리를 여행하는 반면에 어떤 종은 지구 반 바퀴를 이동한다. 적합도 필요에 의거해서 이 차이를 설명하려는 시도는 대개 **최적화**라는 영역 일반적 원리에 머물렀다. 다시 말해서 진화한 행동 형질은 동물 적합도에 미치는 비용과 이익의 최적화된 맞거래를 반영한다는 가정에 매여 있었다.

하지만 앨콕(1984, pp. 199-203)은 최적화 이론에 본질적인 문제가 있다고 지적했다. 진화의 비용과 이익을 같은 단위로 측정하기가 불가능하다는 것이다. 예를 들어, 이동의 이익은 식량원을 더 많이 이용할 수 있고 번식을 쉽게 할 수 있는 것이지만, 비용은 가는 동안에 에너지가 들고 포식자에게 잡아먹힐 위험이 있다는 것이다. 따라서 이익의 플러스 값이 비용의 마이너스 값을 초과한다고 결론지을 수 있는 유일한 방법은 이동 행동이 그 동물을 위해 선택되었다는 사실을 통해서뿐이다. 물론 이는 교과서적인 순환논법이다.

사실 앨콕은 장기적 이동에 관한 비용-이익 설명에 회의를 표현하고(pp. 241-144), 이 현상을 미래의 이론적 과제로 본다. 전체적으로 볼 때 앨콕은 진화 분석에 '질적으로' 접근하는 방법을 선호한다. 구체적인 종의 구체적인 행동 형질과 구체적인 적응 양상을 일치시키는 방법이다. 코스미디스와 투비(1992)의 영역-특이성 모델에서는 이것을 특수한 인지 기제의 **설계 특징**과 특수한 적응적 문제의 **과업 요구**의 일치라고 표현할 수 있다.

앨콕은 최적화에 기초한 양적 분석이 더 제한된 행동 영역에서는 유용할 수 있다고 인정한다. 그런 데서는 비용과 이익을 같은 통화—예를 들어, 식량 수집 전략을 통해 소모하고 획득한 칼로리—로 측정할 수 있다. 그러나 잰슨Janson(2000)은 식량 수집 행동의 최적화를 수량에 기초해서 연구실에서 조사하면, 제약이 발생해서 자연의 행동으로 일반화시키기가 힘들다고 주장하고 그런 제약 몇 가지를 지적한다. 그는 연구실 실험에서는 대개 동물이 밀집해 있는 식량터들에 제한된 시간만 방문할 수 있고, 그래서 그 동물이 할 수 있는 적응 반응이라고는 모든 식량터에서 먹고 식량터 사이의 이동 거리를 최소화하는 것밖에 없음을 지적한다. 잰슨(1998)이 직접 연구한 갈색꼬리감기원숭이가 원래의 서식지에서 보여준 행동은 완전히 달랐다. 야생의 꼬리감기원숭이는 전체적으로 최단 거리를 여행하면서 하루에 정해진 필요량을 소비하는 장기적인 목표하에서 다양한 식량 수집 전략을 구사한다. 게다가 식량원의 분포가 변하면 그에 맞춰서 전략을 수정하고, 하루 중에 소화할 수 없는 양을 소비하지 않는다. 잰슨에 따르면, 꼬리감기원숭이를 비롯한 많은 종들이 소화시킬 수 있는 속도보다 더 빠르게 음식을 찾고 섭취할 수 있다고 한다. 따라서 제한된 시간 안에 소화할 수 있는 양보다 더 많은 음식을 섭취하는 순간부터 적합도 수익은 점점 줄어든다.

잰슨(1998)은 동물의 식량 수집 방법을 예측하는 모델을 고안하려면 먼저 그 동물이 환경에 대해 알고 있는 것을 결정해야 한다고 결론지었다. 연구자들은 대부분 그 양이 아주 작다고 암묵적으로 가정하지만 식량을 저장하는 몇몇 새들은 씨앗을 숨겨둔 장소 수백 곳을 기억하는 것처럼 보이고(Balda & Kamil, 1988; Hilton & Krebs, 1990), 많은 영장류 종들도 구체적인 자원을 정확히 기억한다(Janson, 1998; Menzel, 1991). 잰슨은 또한, 진화적 가설이 해당 동물의 고유한 속성과 필요조건의 맥락에서 개념화되어야 한다고 결론짓는데, 이는 앨콕의 접근법과 영역 특이성 관점 양쪽 모두와 양립한다.

지도와 나침반

자주 언급되는 사실이지만 길을 찾기 위해서는 지도와 나침반이 있어야 한다. 손 안에 있든 머릿속에 있든 간에 지도는 지금 있는 곳과 목표 지점의 관계를 가리키고, 나침반은 목적지에 도달하기 위해 사용할 단서들을 비유적으로 가리키는 말이다. 일반적으로 말해서 우리는 지도보다 나침반에 대해 더 많이 안다. 다시 말해서, 동물이 목적지에 도달하기 위해 사용하는 단서에 관해서는 데이터가 많지만, 목적지가 어디인지를 결정하는 데 쓸 데이터는 그보다 적다.

길찾기 단서는 두 가지 범주로 나뉜다. 우리는 두 범주를 **정위**orientation 대 **지표** landmark 단서라 부르지만, 또한 **유클리드/기하학** 대 **지형** 단서, **추측항법** 대 **일화** 단서, **타인중심** 대 **자기중심** 단서라 부르기도 한다. 정위 전략은 장거리 여행을 할 때 가장 효과적인 전략이지만 자신의 위치와 지구상에 있는 다양한 표지의 관계를 계속 알아야 한다. 그런 표지로는 태양, 별, 풍향, 지구의 자기장과 기압의 변화가 있으며, 보통 개체의 고유수용성 신체 단서와 생체시계를 필요로 한다. 정위 전략으로 실내에서 길을 찾을 때 실험대상자는 건물의 형태를 이용한다. 반면에 지표 전략은 길을 따라 나열된 시각적 지표와 그 지표들의 상호관계를 익히고 기억할 필요가 있다. 물체, 전향점, 세부 지형이 그런 지표에 해당한다.

많은 종들이 두 가지 전략을 모두 사용할 줄 알지만, 어느 것이 가장 잘 발달해서 자주 사용되는지는 그 동물의 생태 조건에 달려 있다(Alcock, 1984; Drickamer & Vessey, 1986). 이동하고 귀소하는 동물은 기본적으로 정위 전략을 쓰고, 집 주변에 머무르는 동물은 대개 지표 전략을 쓴다. 전략은 또한 지표나 지구상의 단서를 얼마나 많이 사용할 수 있는지에 따른다. 열대우림에 사는 개미 대 사막에 사는 개미는 다른 길찾기 과정을 보인다. 열대우림 개미는 식량을 수집할 때 지표 전략을 사용하고 그에 따라 숲 지붕(임관林冠)의 표지를 학습하고 따라간다. 사막 개미는 태양을 계속 느끼면서 태양의 위치에서 나침반 정보를 이끌어낸다. 이 종들이 이런 전략을 사용하고 있음을 알게 된 것은 연구자들이 실험을 통해 다음과 같은 사실을 보여주었기 때문이다. 열대우림 개미를 난생 처음인 곳에 옮겨놓으면 돌아가는 길을 쉽게 찾지 못하는 반면에 사막 개미는 정확한 경로로 직행한다(Holldobbler, 1980).

정위 전략을 기본으로 사용하는 동물은 두 개 이상의 방법을 마음대로 사용하고 적응에 유리하도록 교체해가면서 사용하는 경우가 많다. 꿀벌과 귀소성이 있는 비둘기들은 태양이 보일 때는 태양을 기준으로 방향을 잡지만 흐린 날이나 야간에는 지구의 자기장을 활용하는 방법으로 전환한다. 철새들은 대개 태양에 기초한 정위 전략을 써서 여행을 하지만, 목적지에 가까워지면 지표 전략으로 돌아간다. 그런 동물에게 정위 전략은 예를 들어 바다를 건널 때처럼 지표에 의존할 수 없는 장거리 여행이나, 지표가 너무 많아서 기억하기 힘든 길을 찾을 수 있게 해준다. 지표 전략은 여행이 끝나갈 즈음에 정확한 목적지를 찾아갈 수 있게 해준다.

인간은 역사시대와 선사시대에 식량을 수집하고, 사냥을 하고, 정착지를 건설한 종이다. 그에 따라 우리는 단기, 중기, 장기적으로 여행을 하고, 그 과정에서 정위 전략과 지표 전략을 모두 사용한다.

이것을 직접 확인해볼 방법이 있다. 지금 있는 곳에서 멀리 떨어진 다른 나라를 가리켜보라. 다음으로 동네에서 마트나 친구의 집처럼 당신이 자주 가는 장소를 가리켜보라. 아마 첫 번째 과제에서는 정위 전략을 사용해서, 당신의 장소와 목표한 장소가 포함된 지도를 마음속에 그리고 현재의 나침반을 통해 목적지와의 관계를 추산할 것이다. 반면에 두 번째 과제에서는 틀림없이 지표 전략에 기초해서, 당신이 평소에 잘 다니는 경로상의 지표들에 기초할 것이다(Thorndike and Hayes-Roth, 1980에서 수정 인용함).

길찾기 전략의 유전적, 신경학적, 발달적 기초

모든 연구와 측정에서, 길찾기에 직접 관여하는 능력을 비롯한 공간 능력의 유전 가능성은 대략 0.50에 이른다(Bouchard, Segal, & Lykken, 1990; Defries et al., 1976; Plomin, Pederson, Lichtenstein, & McClearn, 1994; Tambs, Sundet, & Magnus, 1984; Vandenburg, 1969).

신경 메커니즘에 관한 인간 연구(예를 들어, Maguire et al., 1998; Matuire, Frackowiak, & Frith, 1996; Maguire, Woollett, & Spiers, 2006), 원숭이 연구(Ono & Nishijo, 1999; Rolls, Robertson, & Georges-Francois, 1997), 쥐 연구(예를 들어, Eichenbaum, Stewart, & Morrisa, 1990; Thinus Blanc, Save, Pucet, & Buhot, 1991)에서 과학자들은 길찾기 과정들이 일반적으로 해마체의 기능과 관련되어 있음을 보여

주었다. 해마체는 측두엽의 가장 안쪽(중앙) 지역에 있는 해마와 그에 인접한 피질을 가리킨다. 다른 연구들은 해마 안에서 정위 전략과 지표 전략의 과제를 처리할 때 신경학적 과정이 다르게 나타나는 것을 보여주는데, 이는 두 전략이 영역 특이적으로 진화했다는 생각을 지지한다. 오키프Okeefe와 네이들Nadel(1978)은 환경이 울타리로만 이루어져 있고 그래서 정위 전략이 필요할 때 쥐의 길찾기는 지표에 기초한 과제에 관여하는 뉴런과는 다른 유형의 뉴런을 활성화한다는 것을 최초로 입증했다. 장소세포라 불리는 전자의 유형에는 환경의 기하학적 속성과 관련해서 동물의 위치와 구체적인 신체 운동을 부호화하는 뉴런들이 포함된다(Muller, Bostock, Taube, & Kubie, 1994; Taube 1995, 1998; Taube, Muller, & Ranck, 1990).

피자미글리오Pizzamiglio, 과리글리아Guariglia, 코센티노Cosentino(1998)가 제시한 인간의 임상 데이터 역시 정위 전략과 지표 전략에 일치하는 이중의 신경학적 기초를 증명했다. 우반구에 손상을 입은 피험자 두 명은 사용할 수 있는 정보가 구내의 형태뿐일 때 그곳에 잘 적응하지 못했지만, 시각 물체를 단서로 추가하자 상당히 개선되었다. 이 두 명과 우반구의 다른 부위가 손상된 다른 피험자 두 명은 구내의 형태만 이용해서도 잘 적응했다. 하지만 우뇌에 손상이 없는 대조군과 달리 이 피험자들은 위와 같은 단서를 추가해도 수행이 나아지지 않았다.

두 길찾기 전략이 출현하는 발달 단계의 차이에서도 영역 특이성을 추론할 수 있다. 아이들은 2세 무렵부터 지표 전략을 사용하는 반면에 8세 무렵이 되어서야 기초적인 정위 전략을 선보인다(Anooshian & Young, 1981; Blades & Medlicott, 1992; Scholnick, Fein, & Campbell, 1990). 그러나 랜도Landau와 글라이트만Gleitman(1985)은 31개월 된 선천적 시각장애 여자아이를 연구했다. 아이는 연구자의 인도를 받으면서 매번 방 안의 출발점에서 다양한 지표에 이른 뒤 다시 되돌아왔고, 그런 뒤 혼자서 지표와 지표를 이동했다. 갤리스텔(1990, pp. 99-100)은 아이가 지표들의 관계를 볼 수 없음에도 길찾기에 성공한 것은 아주 어린 아이에게도 정위 행동이 있음을 보여주는 증거라고 해석했다. 하지만 앞에서 정의했듯이 지표 전략은 시각과 표지의 접촉을 꼭 필요로 하지는 않는다. 표지들의 상대적 위치를 미리 알면 되는데, 그런 지식은 지도나 가상 여행에서 나올 수도 있고 분명 안내자가 있는 촉각 여행에서도 나온다.

공간과 성 차이

진화 이론들은 기본적으로 보편성에 관심을 두지만 보편성의 첫 단서가 집단 간 차이에서 나오는 경우가 종종 있다. 다윈의 자연선택 진화론도 갈라파고스 제도에 사는 조류 및 양서류 개체군의 하위 집단 간 차이를 관찰한 데에서 시작했다.

일반적으로 그 초점은 종간 차이에 모아지만 자연선택에 의한 설명을 뒷받침하는 집단 간 차이가 널리 존재한다면 어느 것이나 유의미할 수 있다. 인간을 비롯한 동물종 안에서 수컷이 공간과 관련된 과제를 더 잘 해결하는 전반적 경향은 결국 인간 길찾기의 성격을 진화적으로 설명하는 이론과 데이터를 낳았다.

인간의 공간적 성 차이에 관한 연구는 다양한 측정—예를 들어, 장 의존성, 심상 회전, 잠입 도형, 지도 읽기, 미로 학습, 움직이는 물체의 속도 추산 등—을 통해 남성이 우월하다는 것을 보여주었다. 성 차이의 크기는 측정 영역에 따라 다른데, 2차원 과제보다 3차원 과제에서 차이가 더 크게 나왔고, 3차원 심상회전 검사에서 가장 크고 안정적인 차이가 나왔다(Halpern, 1992; Linn and Peterson, 1985; McGee, 1979; Phillips and Silverman, 1997; Rahman and Koerting, 2008; Saucier et al., 2002; Saucier, Lisoway, Green, & Elias, 2007). 메타분석(Voyer, Voyer, & Bryden, 1995)이 보여준 바에 따르면, 수십 건의 연구를 통해 3차원 심상 회전에서 나온 평균 성 차이는 코헨의 카파값[3] 0.94에 이른다. 남성의 평균 성적이 여성보다 표준편차 1 가까이 높은 것이다.

공간 과제를 더 잘 해결하는 남성의 능력은 인간의 지리학적 개체군들을 대단히 일관되게 관통한다. 비록 대부분의 연구가 북미에서 수행됐지만 연구자들은 다양한 검사에서 확인된 성 차이를 일본(Mann, Sasanuma, Sakuma, & Masaki, 1990; Silverman, Phillips, & Silverman, 1996), 영국(Lynn, 1992), 스코틀랜드(Berry, 1966; Jahoda, 1980), 가나(Johoda, 1980), 시에라리온(Berry, 1966), 인도, 남아프리카공화국, 호주(Porteus, 1965)에서 복제했다. 최근에 연구자들은 수십 종류의 다른 문화를 대상으로 성 차이의 보편성을 입증했는데, 위의 한 절에서 소개할 것이다.

성 차이는 취학 전 아동에게도 있다고 보고된 바 있지만(McGuinness & Morley,

---

3 Cohen's D. 집단 평균값들 간의 차이를 표준편차로 나눈 것(옮긴이).

1991) 여러 과제에 걸쳐 안정적으로 나타나는 시기는 사춘기 초기라는 것이 일치된 생각으로, 대개 호르몬의 차이를 성 차이의 원인으로 본다(Burstein, Bank, & Jarvick, 1980; Johnson & Meade, 1987). 한 연구(Willis & Schaie, 1988)에서는 이 나이부터 차이의 크기가 평생 꾸준히 유지되는 경향이 있음을 보여주었다.

성 차이는 문화만이 아니라 종의 경계도 뛰어넘는다. 야생 설치류 실험과 실험실 설치류 연구는, 수컷이 미로 학습 과제를 암컷보다 일관되게 잘 한다는 것을 입증했다(Barrett & Ray, 1970; Binnie-Dawson & Cheung, 1982; Gaulin & FitzGerald, 1986; Joseph, Hess, & Birecree, 1978; Williams & Meck, 1991). 에스트로겐 수치가 증가함에 따라 공간 능력이 감소한다는 것도 연구를 통해 밝혀졌는데, 이 사실은 성 차이의 방향과 일치한다. 그러나 테스토스테론의 증가에 따라 공간 수행이 증가하는 현상은 여성에게는 안정적으로 발생하는 반면, 남성에게서는 나타나지 않는다. 남성은 연구에 따라 직접 효과, 역효과, 무효과를 보였다. 뉘보르Nyborg(1983)는 혈장 테스토스테론이 어떤 상황에서 뇌 에스트로겐으로 바뀐다는 사실에 의거해서 이 역설을 설명했다. 실버맨 등(1999)은 사용된 과제의 난이도에 의거해서 결과의 차이를 설명했다. 퍼츠Puts 등(2010)은 호르몬이 남성에게 미치는 영향은 몸의 기관에 국한된다고 결론지었다.

공간적 성 차이를 설명하는 진화 이론들

진화론에 기초해서 체계적으로 공간적 성 차이를 가장 먼저 설명한 사람은 골린Gaulin과 피츠제럴드FitzGerald(1986)였다. 이론의 핵심은 이러했다. 일부다처의 종들에서 공간 능력은 암컷보다는 수컷의 능력으로 선택되었는데, 그 이유는 일부다처의 수컷들에게는 넓은 행동권(동물이 규칙적으로 자유롭게 돌아다니는 지역)을 관리하면서 잠재적인 짝이나 짝을 매료시킬 자원을 찾아 길을 찾는 기술이 필요하기 때문이다.

연구자들은 들쥐류 두 종을 대상으로 그들의 이론을 시험했다. 한 종은 일부다처인 초원들쥐고, 다른 한 종은 개방적이고 난잡한 스타일의 소나무들쥐였다. 결과는 예측과 일치했다. 수컷의 행동권이 넓고 미로 학습 능력이 뛰어난 초원들쥐에게만 성 차이가 나타났다. 제이콥스Jacobs, 골린, 셰리Sherry, 호프먼Hoffman(1990)은 두 종의 해마 크기에 성 차이가 있는지를 비교했다. 이번에도 예상한 대로 해마의 성 차이는 초원들쥐에게만 나타나고 소나무들쥐에게는 나타나지 않았다.

골린과 피츠제럴드의 짝짓기 전략 이론은 인간에게도 적용될까? 인간 종은 적당한 일부다처가 특징인데(Symons, 1979), 행동권 크기의 성 차이에 관한 비교문화 문헌을 검토한 결과 걸음마 단계에서부터 시작되는 남성 편향이 거의 보편적으로 드러났다(Gaulin & Hoffman, 1988). 또 다른 증거가 에퀴에-댑Ecuyer-Dab과 로버트Robert(2004a)의 연구에서 나왔다. 두 사람은 장기간에 걸쳐 여기저기 돌아다닌 회고담과 직접 진술로 권역을 측정한 결과 남자가 대체로 여자보다 행동권이 넓다는 것을 발견했다. 에퀴예-댑과 로버트는 또한, 골린과 피츠제럴드 모델로 추론할 수 있듯이 공간 능력과 행동권 크기에 '기능적 관계'가 여자에겐 없고 남자에게만 있다면, 두 변수의 상관관계는 남성에게만 나타나야 한다고 가정했다. 그들의 연구와 아프리카 어린이를 대상으로 한 이전의 연구들(Munroe & Munroe, 1971; Nerlove, Munroe & Munroe, 1971)이 이 가정을 입증했다.

그러나 실버맨과 일스(1992)는 행동권 크기와 번식 성공의 관계를 인간에게 적용할 수 있는지에 의문을 제기했다. 이 문제에 관한 유일한 데이터는 여성이 남성보다 출생지 확산natal dispersal(개인이 태어난 장소에서 첫 번째 번식 장소까지 이동한 거리)이 크다는 것을 보여주었다(Koenig, 1989). 이 결과는 골린과 피츠제럴드의 이론과 모순된다.

실버맨과 일스(1992; Eals & Silverman, 1994)는 새로운 이론을 내놓았다. 인간의 공간적 성 차이를 선택한 결정적 인자는 홍적세의 노동 분업이라는 것이다. 인간의 진화에 가장 중요했다고 여겨지는 그 시기에 남성은 기본적으로 사냥을 한 반면, 여성은 식물 식량을 수집하고, 거주지를 관리하고, 아이를 보살폈다(Tooby & Devore, 1987).

실버맨과 일스는 남성 편향이 가장 강하게 나타나는 다양한 공간 검사들(예를 들어, 장 의존성, 심상 회전, 미로 학습)이 정위 길찾기를 가능하게 하는 속성과 일치한다는 점에 주목했다. 그런 일치는 성공적인 사냥이 필수적일 것이다. 사냥을 할 때는 낯선 영토에서 동물을 추적하고 직선에 가까운 경로로 돌아오는 능력이 필요하기 때문이다. 두 사람은 더 나아가, 만일 사냥과 관련된 공간 능력이 남성에게 진화했다면, 노동 분업에서 여성의 역할을 부추긴 공간적 전문화 능력이 여성에게 진화했을 가능성 또한 다분했다.

식량 수집에 성공하기 위해서는 초목이 다양하게 배치되어 있는 구역 안에서 먹을 수 있는 식물을 찾고 계절이 바뀔 때 다시 그 장소를 찾아낼 줄 알아야 한다. 다시 말해, 어떤 장소에 배열되어 있는 물체들의 내용과 그 배열 안에서 물건들이 이루고 있는 관계를 재빨리 학습하고 기억하는 능력이 필요하다. 식량 수집의 성공률을 높이는 또 다른 요인은 물체와 그 장소에 대한 주변 지각과 우연 기억이다. 이것은 다른 문제에 주의를 기울이는 동안에 그런 정보를 우연히 부수적으로 흡수한다는 뜻이다. 부수적인 물체위치 기억은 거주지를 관리하고 자식을 돌볼 때도 유용할 것이다.

이 분석을 뒷받침하는 물리적 증거가 있다. 여성은 남성보다 시야가 넓다. 즉, 여성은 중심점에 고정한 상태에서 주변부를 더 넓게 본다(Burg, 1968). 여성은 또한 스캐닝, 즉 다양한 지각속도 검사에서 남성보다 뛰어나다(Kimura, 1999, pp. 87-88).

실버맨과 일스(1992; Eals & Silverman, 1994)는 몇 가지 방법을 개발해서 물체의 공간적 배치 형태를 학습하는 양성의 능력을 비교한 끝에, 가정한 바와 같이 모든 배치에서 여성이 우월하다는 결론에 이르렀다. 복수의 연구소에서 다양한 조사 설계를 통해 이 결과의 일부 또는 전부를 복제했다(예를 들어, Choi & Silverman, 1996; Dabbs, Chang, Strong, & Milun, 1998; Eals & Silverman, 1994; Gaulin, Silverman, Phillips, & Reiber, 1997; Hassan & Rahman, 2007; James & Kimura, 1997; McBurney, Gualin, Devineni, & Adams, 1997; McGivern et al., 1997; Neave, Hamilton, Hutton, Tildesley, & Pickering, 2005; Spiers, Sakamoto, Elliot, & Bauman, 2008). 가장 일관된 차이는 부수적 위치 기억에서 나타났다.

공간의 성 차이에 관한 두 이론과 비교할 때 골린과 피츠제럴드(1986)의 이론은 인간과 동물 양쪽에 적용할 수 있다는 장점이 있다. 하지만 실버맨과 일스(1992)의 이론은 여성의 전문화를 설명하는 검증 가능한 가설을 제공한다. 실버맨과 일스는 주어진 종이나 하위 종에서 공간 행동과 관련된 양성의 선택압의 차이가 이형성二形性의 진화로 이어질 수 있다고 가정한다면 두 이론이 화해할 수도 있다고 말했다. 그러나 에퀴예-댑과 로버트(2004b)는 두 이론을 통합하는 더 정밀한 수단을 제시했다. 뒤의 한 절에서 그 수단을 설명할 것이다.

길찾기 전략에서 나타나는 성적 이형성

남성은 길찾기 과제에서 주로 정위 전략을 사용하고 여성은 지표 전략을 사용한다는 것이 수많은 연구를 통해 밝혀졌다(예를 들어, Bever, 1992; Choi & Silverman, 1996, 2003; Dabbs et al., 1998; Galea & Kimura, 1993; Holding & Holding, 1989; Joshi, MacLean & Carter, 1999, Lawton, 1994, 1996, 2001; Lawton & Kallai, 2003; McGuinness & Sparks, 1983; Miller & Santoni, 1986; Moffat, Hampson, & Hatzipantelis, 1998; Schmitz, 1997; Ward, Newcombe, & Overton, 1986). 특히 남성은 거리와 기본 방향, 즉 동서남북을 사용하는 반면에 여성은 지표와 상대적 방향, 즉 전후좌우를 사용한다. 이 차이는 다양한 수단을 통해 입증되었는데, 그 예로는 지도나 사진을 보고 경로 학습하기, 미로 통과하기, 가상의 미로에서 컴퓨터로 시뮬레이션한 길을 되돌아가기, 지도 그리기, 길 알려주기, 낯선 실내나 실외의 경로로 인도된 뒤 그 길을 찾아 되돌아가기 등이 있었다.

진화한 기제 확인하기

이론이 형성되는 초기 단계인 지금, 진화한 메커니즘은 상당히 넓게 정의된 상태에 머물러 있고, 정확한 정의가 나오기까지는 이론을 다듬고 데이터를 모으는 장기적이고 꾸준한 과정이 필요하다. 그러나 최근에 몇몇 저자들과 동료들이 수행한 연구에서 처음으로 정위 길찾기에 필요한 진화한 기제 같은 것이 밝혀질 듯하다.

실버맨 등(2000)은 한 연구에서 피험자들을 한 명씩 데리고 구불구불한 길을 따라 나무가 우거진 숲을 통과했다. 걷는 동안 피험자들은 주기적으로 멈춰 서서 출발 지점 쪽으로 화살표를 설치했다. 마지막으로 피험자들은 가장 똑바른 경로로 실험자를 데리고 출발점으로 되돌아갔다. 그 모든 측정에서 남성의 성적이 여성보다 높았으며, 전체 성적은 성의 구분 없이 3차원 심상 회전의 점수와 관련이 있고, 비회전 공간 능력이나 일반 지능과는 관계가 없었다. 뿐만 아니라 성을 선행 변수로 포함시킨 몇 번의 회귀 분석에서 심상 회전 점수가 유일하게 유의미한 예측변수로 떠올랐고, 이것으로 봐서 성과 관련된 정위 능력의 분산은 전적으로 심상 회전 능력 때문인 것 같았다.

심상 회전 검사로 측정된 무엇이 정위 길찾기를 뒷받침하는 진화한 기제로 기능할 수 있을까? 연구자들에 따르면, 심상 회전과 정위 길찾기는 둘 다 개인이 한 공간에 다양한 관점으로 노출되면서도 공간의 전체 모습을 계속 유지해야 가능하다. 몇몇 연구(Cochran & Wheatley, 1989; Freedman & Rovagno, 1981; Schulz, 1991)가 밝혀낸 바에 따르면, 심상 회전 문제를 조금이라도 유효하게 해결하는 유일한 방법은 3차원의 공간에서 물체의 회전을 마음속에 그리면서 그 물체를 다른 물체와 계속 비교하는 것이라 한다. 이 방법으로 피험자는 다양한 관점에서 물체의 외면을 마음으로 음미하고 그러면서 그 전체의 심적 표상을 유지한다. 실버맨 등(2000)은 관여된 과정의 측면에서 볼 때 이것은 먹잇감을 찾거나 좇으면서 자신이 다니는 경로의 범위를 심적 표상으로 만들어 계속 유지하는 것과 동등하다고 말했다.

이 설명에 기초해서 실버맨 등(2000)은 심적 표상과 정위 길찾기의 관계에 핵심이 되는 진화한 기제는 **공간 항상성**space constancy이라고 간주했다. "눈에 지각되는 조건이 변해도 물체의 속성들이 의식 속에 계속 남아 있는 경향"을 말한다(Coren & Ward, 1989, p. 406). (또한 Bisiach, Pattini, Rusconi, Ricci, & Bernardini, 1997; Niemann & Hofmann, 1997; Probst, Brandt, & Degner, 1986을 보라).

정위 길찾기에서 공간 항상성이 하는 역할은 지각 및 신경심리학 연구를 통해 더 자세히 밝혀질 것이다. 그러나 이 진화한 기제를 완전히 이해하기 위해서는, 선천성에 기초를 둔 행동은 언제나 환경의 맥락 속에서 표출되므로, 환경과의 상호작용을 함께 고려해야 한다. 이런 맥락에서, 초기의 결정적 시기에 선과 각도에 노출되는 것이 형태 항상성의 발달에 두드러진 역할을 한다는 증거가 있다(Allport & Pettigrew, 1957).

문제의 기제는 하나일까 둘일까

남녀의 다른 길찾기 전략은 한 기제의 표현인지, 두 기제의 표현인지 의문이 고개를 든다. 여성이 지표 전략을 사용하는 것은 덜 발달한 정위 능력의 보완책일까, 아니면 물체의 위치를 더 능숙하게 기억하는 능력에 기초가 되는 독립적으로 진화한 기제의 기능일까? 여성이 표지를 더 많이 사용하는 것과 기본적인 방향보다 상대적인 방향을 더 많이 사용하는 것 둘 다에 적용할 수 있는 견해는 후자다. 상대적인 방향은 비교적 좁은 공간 안에서 물체들의 위치를 서로의 관계에 따라 기억하고 묘사하는 일에 더 효과적이고, 반면에 기본 방향은 거리가 더 긴 벡터를 처리하고 묘사하는 일에 더 적합하다.

많은 연구자들이 보완책 해석을 받아들인다(예를 들어, Galea & Kimura, 1993; Lawton, 1994; Miller & Santoni, 1986; Moffat et al., 1998). 그러나 실버맨과 일스의 수렵채집인 이론은 이원 기제를 가리킨다. (앞서 언급한) 정위 전략과 표지 전략의 기초에 다른 신경 과정이 놓여 있음을 입증한 신경생리학 연구도 마찬가지다. 또한 거르 Gur 등(2000)도 같은 공간 과제를 수행하는 남녀 사이에 활성화되는 뇌 부위가 다르다는 것을 밝혀냈다.

그 밖에도 최와 실버맨(1996)이 발견한 바에 따르면, 남녀가 똑같이 잘하는 경로학습 과제에서 지표와 상대적 방향의 선호로 성공을 예측할 수 있는 경우는 여성뿐이고, 거리와 기본 방향으로 성공을 예측할 수 있는 경우는 남성뿐이었다. 마찬가지로, 소시어Saucier 등(2002)도 연구소와 현장에서, 참가자들이 정위 전략과 지표 전략 중 실험자가 지시한 것을 사용해서 길찾기 과제를 해결하게 하는 실험을 했다. 남녀 참가자들의 성적에 차이는 없었지만, 남성은 정위 전략을 사용할 때 성적이 좋았고 여성은 지표 전략을 사용할 때 더 좋은 점수를 기록했다. 이 두 연구 모두에서 남녀 참가자는 자신이 선택한 전략을 사용할 때 과제를 더 잘 해결했는데, 이는 지표 사용이 일종의 포기 전략이 아니라 그 자체로 잘 발달된 기제의 표현임을 가리킨다.

여성 특유의 공간적 자질을 중재하는 진화한 기제의 성격은 무엇일까? 실버맨과 필립스(1998, p. 603)는 "더 포괄적인 주의 스타일"을 수반한다고 말한 반면에 키무라 Kimura(1999. p. 5)는 "유능한 지각 분별"이란 용어를 사용한다. 하지만 주의나 지각이 아니라 심상에 주목하는 견해가 있다. 일스와 실버맨(1994)은 낯선 것들이라서 말로 지칭할 수 없는 물체들이 배열된 가운데서 물체의 위치를 기억하는 능력이 여성에게 현저히 높게 나타나는 것을 발견했다. 이 발견을 통해, 직관적 심상과 비슷한 처리과정으로 전체 장면을 상세하게 부호화하고 기억하는 능력이 여성에게 있다고 짐작할 수 있다. 골턴Galton(1883)이 여성의 '시각화 능력'이 더 뛰어나다는 것을 보여주려고 데이터를 처음 발표한 지 1백여 년 만에 그와 비슷한 보고가 세상에 나왔다 (예를 들어, Anastasi, 1958; Sheehan, 1967).

남성의 길찾기 기제는 직접 본 적이 없는 넓은 공간의 정신 지도를 만들 수 있게 하고, 그에 상응하는 여성의 기제는 더 작고 관찰한 적이 있는 공간의 세부 지도를 마음으로 구축하고 재현할 수 있게 한다. 이 생각은 수렵채집인의 진화에 고도로 적응적인 이형성을 대표하고 실버맨과 일스의 이론을 뒷받침하지만, 혼란스러운 문제가 하나 있다. 쥐는 수렵채집 동물이 아닌데도 길찾기 전략에서 성 차이를 드러낸다. 방사상 팔이 달린 미로에서 길을 찾을 때 수컷은 그 방의 형태 같은 원위_{遠位}단서를 사용할 줄 아는 반면에 암컷은 지표가 필요하다(Williams, Barnett, & Meck, 1990; Williams & Meck, 1991).

에퀴예-댑과 로버트(2004b)는 뒤집힌 이론을 제시했다. 골린-피츠제럴드의 이론과 실버맨-일스의 이론 양쪽에서 나온 이 이론은 종간 유사성들을 설명해줄 수도 있다. 두 사람은 공간적 이형성의 기초에 **이중의 선택 과정**이 있다고 주장했다. 남성의 경우에 결정적인 선택 인자는 남-남 번식 경쟁으로, 이 번식 경쟁은 일부다처 사회일수록 더 치열하며, 정위형 길찾기 전략과 효과적인 투사물 사용에 필요한 공간 능력의 진화를 촉진했을 것이다. 이 기술이 있다면 사냥으로 짝과 자식에게 자원을 공급할 수 있고, 번식 기회를 놓고 경쟁하는 남자들이 만나 경쟁할 때에도 유리했을 것이다.

한편, 여성의 경우에 지표 전략의 진화를 촉진한 주요한 선택 인자는 그들 자신과 자식의 신체적 안전이다. 주변 환경을 자세히 알고 기억하는 능력은 지표 전략의 기초인데, 이 능력이 크면 비교적 좁은 행동권에서 더 쉽게 길을 찾고, 포식자를 비롯한 위험의 존재를 가리키는 단서를 더 예민하게 알아차렸을 것이다. 그런 속성은 또한 임신했을 때나 어린아이를 돌볼 때 특히 중요한 은신처나 탈출로를 찾고 기억하는 데 도움이 됐을 것이다. 이 모델에서 여성의 식량 수집 능력이 큰 것은 공간 전문화의 진화에 꼭 필요한 선택 인자라기보다는 부산물이 된다.

에퀴예-댑과 로버트는 다양한 동물종에서 이 목적을 위해 작동하는 듯 보이는 성별 공간 전략의 예를 제시하고, 그 관찰 결과가 대부분의 포유동물에게로 일반화될 수 있다고 말한다. 이렇게 두 사람이 제시한 이론은 골린-피츠제럴드 이론과 실버맨-일스의 이론 양쪽의 결과를 모두 수용할 수 있으며, 후속 연구에 가장 생산적인 토양을 마련해주는 것처럼 보인다.

성에 따른 공간적 전문화의 보편성

인간 형질의 진화적 기원을 가리키는 첫 번째 지표는 국가와 문화를 포괄하는 보편성이다. 2005년에 BBC는 한 다큐멘터리의 정보를 모으는 과정에서, 전 세계 226개 나라의 참가자 25만여 명을 대상으로 인터넷을 통해 일련의 심리 검사를 시행했다. 검사에는 3차원 심상 회전을 측정하는 간단한 표준 시험과 실버맨과 일스(1992)가 물체 위치 기억을 집단 실시 방법으로 조사하기 위해 개발한 시험이 들어 있었다. 전자의 시험에서는 남성의 장점이 가장 강하고 안정적으로 나타났고, 후자의 시험은 시종일관 여성에게 높은 점수를 줬다. 후자의 시험에서 개인은 정해진 시간 동안 물체의 배치도를 봤고, 그런 뒤 똑같은 물체들이 담겨 있지만 그중 절반은 다른 위치에 그려진 그림을 보면서 이동한 물체에 동그라미를 쳤다.

BBC 연구의 참가자들은 각자의 성과 제시된 일곱 개의 범주에서 자신의 인종 집단을 확인했다. 따라서 전 세계 나라 및 인종 집단을 통틀어 공간적 성 차이가 수렵채집인 이론으로 설명되는지를 평가할 수 있는 기회였다.

실버맨, 최, 피터스(2007)는 40개 나라의 데이터를 사용해서 이 연구를 수행했다. 두 번의 검사에 남녀 각각 100명 이상이 참가했다. 심상 회전에서는 7개 인종 집단과 40개 나라 모두에서 남성 쪽에 높은 유의차($p < .05$)가 나타났다. 물체 위치 기억에서는 7개 인종 집단과 40개 중 35개 나라에서 여성 쪽에 높은 유의차가 나타났다. 나머지 다섯 나라는 예측한 방향의 추세를 보였고, 한 나라는 $p = .07$로 유의값에 근접했다.

사회화의 효과: 역설

진화심리학은 사회화가 행동발달에서 하는 역할을 피하지 않고, 유전적 효과는 항상 환경의 맥락 속에서 드러난다고 인정한다. 리파Lippa, 콜리어Collaer, 피터스(2010)는 심상 회전과 선각 판단line angle judgment(남성의 우세를 보여주는 또 다른 시각공간 검사)에 대해 53개국에서 모은 데이터를 사용해서, 공간적 성 차이가 고정관념화된 성 역할에 최소한 일부라도 기인하는지를 탐구했다. 고정관념화된 성 역할은 유엔 성 관련 발달 지수를 근거로 판단했다. 유엔의 지수는 세 개 차원—건강과 장수, 생활 수준, 지식과 교육—의 성 평등 지수로 각 나라를 평가한다.

모든 나라에서 두 검사 모두에 대해 남성의 점수가 상당히 높았다. 하지만 성 평등의 효과를 살펴보니 결과는 가설과 정반대 방향이었다. 평등 평점이 높은 나라에서 오히려 성 차이가 유의미하게 컸다.

저자들은 성 평등주의를 지향하는 선진국의 여성들이 공간적 성 차이의 증거에 더 많이 노출되고 그래서 성 차이의 효과를 감소시킬 수 있는 전형이 더 넓게 퍼져 있어서 그 같은 결과가 나올 수 있다고 보았다. 하지만 다른 각도에서 보면, 저개발국의 불충분한 교육 시스템이 적응적이고 성–특이적인 공간 전문화가 발달하는 데 필요한 환경을 양성에게 적절히 지원하지 못한 결과로 설명할 수도 있다.

풍경 선호

지금까지 길찾기의 기제를 살펴봤으므로 이제 그와 관련된 주제로 넘어가보자. 어디로 가야 할지를 선택하는 문제다. 풍경 선호에 관한 질문들은 예로부터 미학 연구에서 나왔지만, 진화에 기초한 이론과 데이터는 풍경 선호가 인간과 동물 모두에게 생존의 결정적 양상이었음을 가리킨다.

서식지 선택

북미에서 흔히 볼 수 있는 흰발생쥐라는 설치류는 서식지가 초원인지 숲인지에 따라 두 종류로 나뉜다. 웨커Wecker(1963)는 초원의 환경과 숲의 환경이 절반씩 포함된 부지에 울타리를 세웠다. 그리곤 부지 중심부에 초원흰발생쥐 두 집단을 표본으로 풀었다. 한 표본은 야생에서 잡은 집단이고 또 한 표본은 연구소에서 자란 집단이었다. 웨커는 각 집단이 어느 환경을 더 좋아하는지 살펴보았다. 양쪽 다 초원 환경을 강하게 선호했다.

이 결과뿐 아니라 그와 비슷한 다른 연구들(Klopfer, 1963; Thorpe, 1945)도 풍경 선호가 종의 서식지 선택의 표출이며, 그 선택은 음식과 물 이용도, 주거지, 날씨, 포식자 방어 같은 생태 조건에 달려 있음을 보여준다.

이 분석은 우리 인간 종으로 확대될 수 있다. 긍정적이든 부정적이든 풍경에 대한 인간의 반응은 즉각적이고 명료하고 감정적인데, 이런 반응 패턴으로 봐서 우리의 조상이 잠재적인 서식지의 이익 대 위험을 신속하게 결정할 필요가 있었기 때문에 진화한 것이라고 추정할 수 있다(Orians & Heerwagen, 1992). 좋아하는 풍경이 긍정적인 감정을 불러일으키는 것은 사회적 통념으로 익히 인정하는 사실이자 연구를 통해 충분히 입증된 사실이다. 예를 들어 자연이 담긴 비디오테이프를 보는 동안에는 심박수가 감소하지만 도시 풍경을 보는 동안에는 그런 효과가 나타나지 않는다(Laumann, Garling, & Stormark, 2003). 회복실에 기분 좋은 자연의 전망이 딸려 있으면 수술을 받은 환자는 더 빠르고 완전하게 회복한다(Ulich, 1984). 이 밖에도 수많은 연구들이 환자가 자연 풍경에 노출될 때 심리적·생리적 회복이 빨라진다는 것을 증명한다(예를 들어, Fuller, Irvine, Devine-Wright, Warren, & Gaston, 2007; Grahn & Stigsdotter, 2003; Kaplan, 1995; Parsons, Tassinary, Ulrich, Hebl, & Grossman-Alexander, 1998; Rappe & Kivelä, 2005; Ulrich, 1983).

인간의 풍경 선호: 사바나 이론

흰발생쥐를 비롯한 동물종의 서식지와 그에 따른 풍경 선호는 비교적 간단히 확인할 수 있지만, 인간은 다양한 환경에 정착하는 능력이 타의 추종을 불허한다. 오리언스Orians(1980)가 보여주듯이 이 문제에 접근하는 한 방법은 인간 종이 처음 출현한 것으로 보이는 서식지에서 인간의 풍경 선호가 진화했다고 가정하는 것이다. 사바나 생물군계는 풀이 무성한 넓은 평원 위에 아카시아나무 수풀이 흩어져 있는 것이 특징이다. 인간 거주자에게 이곳은 채집인이 고품질의 음식, 특히 아카시아 과일을 얻을 수 있는 데다, 어디서나 쉽게 확인하고 쉽게 접근할 수 있는 장소였을 것이다. 나무는 피식자와 포식자를 모두 감시할 수 있고, 포식자에게서 도망칠 수 있는 장소가 된다. 또한 태양을 가려주는 역할도 한다. 게다가 평원은 풀 뜯는 동물에게 적합해서 사냥꾼에게 기회를 제공한다(Orians & Heerwagon, 1992).

오리언스와 히어웨건Heerwagon(1992)은 미국, 아르헨티나, 호주에서 피험자를 대상으로 아카시아나무의 몸통 높이, 가지 패턴, 임관의 밀도 및 형태를 달리 해가며 아카시아나무의 매력도를 평가하게 했다. 모든 항목에서 매력 평점이 가장 높은 아카시아나무는 인간에게 전체적으로 **고품질**의 적응가치가 있다고 여겨지는 사바나 지역의 아카시아였다. 그 특징은 적당히 **빽빽한** 임관과 지면 가까이에서 두 갈래로 나뉘는 몸통이었는데, 덕분에 쉽게 오르고 몸을 숨기기에 좋았다.

오리언스와 히어웨건은 또한 풍경화에 열대 사바나가 주제로 자주 등장한다고 지적했다. 두 사람은 19세기 풍경 건축의 개척자, 험프리 렙턴Humphrey Repton(1907, p. 105)의 말을 인용했다. "우리가 숲의 경치를 볼 때 감탄하며 즐거워하는 나무들의 조합은 지그재그의 나무들이거나, 적어도 서로 가까이 있어서 가지들이 뒤엉켜 있는 나무들이라는 것을 자주 발견하게 된다."

볼링Balling과 포크Falk(1982)는 애매한 면이 없지 않지만 사바나 가설을 뒷받침하는 데이터를 추가로 내놓았다. 그들은 다섯 종의 생물군계, 즉 사바나, 사막, 낙엽수림, 열대우림, 침엽수림을 슬라이드 20장에 담아 실험에 사용했다. 8세에서 70세까지로 구성된 피험자 그룹들은 살 장소와 방문할 장소로 슬라이드 속의 풍경이 얼마나 마음에 드는지를 평가했다. 전체적으로 사바나의 슬라이드가 두 기준 모두에서 유의미하게 높은 평점을 받았지만, 15세부터는 낙엽수림과 침엽수림 풍경이 공동으로 가장 높은 선호를 기록했다. 볼링과 포크는 그들의 데이터가 선천적인 사바나 선호를 뒷받침하지만, 이 성향은 생애 기간 중의 경험 때문에 바뀔 수 있다고 해석했다.

조망-피신 이론

에플턴Appleton(1975)은 풍경 선호의 적응주의적 기초에 대해 다른 이론을 제시했다. 애플턴은 풍경화를 분석한 뒤 그에 기초해서, 높은 매력 가치를 지닌 풍경에는 **조망**과 **피신**이라는 두 가지 특징의 조화가 포함되어 있다고 결론지었다. 높은 지형 같은 조망 특징은 풍경을 전체적으로 보여주고, 음식, 물, 먹이 탐색을 쉽게 해준다. 모여 있는 나무 같은 피신 특징은 들키지 않고 볼 수 있게 해주므로 주로 안전에 기여한다. 이 이론에서 서식지의 가장 중요한 양상은 환경 속성들, 즉 지형, 나무, 트인 공간, 물의 공간적 배열인데, 이 배치에 따라 조명과 피신의 기회를 효과적으로 이용할 수 있는지가 결정되는 한에서다.

풍경을 비교 판단하는 방법으로 애플턴의 이론을 시험하려는 시도들은 애매한 결과(예를 들어, Clamp & Powell, 1982; Heyligers, 1981)를 낳았는데, 그런 결과는 아마 조망과 피신 특징의 공간적 배열에 존재하는 변이 때문일 것이다(Appleton, 1988).

그러나 밀리Mealey와 타이스Theis(1995)는 그 이론을 뒷받침하는 데이터를 얻었다. 그 기초는 조망과 피신의 상대적인 매력 가치는 개인의 기분에 따라 변한다는 그들의 주장이었다. 두 사람에 따르면 긍정적인 기분은 탐구욕을 유발하고 미래의 이익을 위해 모험을 감수하게 하며 그렇게 해서 조망과 연결이 된다. 반대로 부정적인 기분은 안전과 휴식의 욕구를 자극하고 그럼으로써 피신과 연결이 된다. 예측한 대로 긍정적인 기분을 보고한 피험자들은 널찍하고 전체가 보이는 풍경을 선호했고, 반면에 불쾌감을 보고한 피험자들은 둘러싸여 있고 안전해 보이는 공간이 있는 풍경을 선호했다.

신비와 복잡성

카플란과 카플란(1982)의 개념들은 앞서 묘사한 이론들이 안전과 단순성을 강조한 것과 대조를 이룬다. 경치의 구성을 가리키는 **통일성**coherence과 묘사된 풍경 안에서 얼마나 쉽게 길을 찾을 수 있는지를 뜻하는 **명료성**legibility 외에도 두 저자는 인간의 풍경 선호에서 진화에 기초한 핵심적인 매력 요소에 **신비**mystery와 **복잡성**complexity을 포함시켰다. 그들의 이론은 인간 종에게 호기심이 적응적이라는 생각에 기초해 있으며, 특히 신비감을 조장하는 환경에서 새로운 정보를 찾고자 하는 성향과 복잡한 설계 안에서 새로운 정보를 찾을 가능성에 끌리는 성향에 주목했다.

몇몇 이론은 카플란과 카플란의 개념에 기초해서 구불구불한 숲길이나 어두컴컴한 후미 같은 데를 좋아하는 '신비' 선호가 있음을 밝혔다(Herzog, 1988; Kaplan, 1992). 복잡성의 경우에는 중간 수준이 가장 높은 선호를 환기하는 것으로 보인다(Ulrich, 1983을 보라).

미래의 방향

공간적 길찾기의 경우에서처럼 풍경 선호에 관한 진화 이론의 궁극적 주제는 그 선호를 나타내는 진화한 인지 기제를 어떻게 개념화하는 것이 최선인가 하는 것이다. 모든 이론이 동물행동학의 구성개념인 **선천적 도식**innate schemata과 비슷한 기제를 가리킨다. 선천적 도식이란 판단의 기준 역할을 하는 이상적 풍경의 심상을 말한다. 그러나 이론들은 이 상의 내용에서 갈라진다. 오리언스는 인간이 진화한 구체적 풍경의 사본이라고 주장하는 반면에, 애플턴과 카플란과 카플란은 적합도와 관련된 기회를 나타내는 특징이 담겨 있다면 어떤 유형의 풍경이라도 될 수 있다고 암시한다. 뇌 부위 활성화를 측정하는 오늘날의 기술을 이용한다면 풍경에 대한 감정적 반응을 비교하고 그렇게 해서 이 문제를 해결하는 데 일조할 수 있는 보다 정밀한 방법론이 나올 것이다.

또한 방법론에 내재해 있는 일반적인 차원의 문제 하나를 해결할 필요가 있다. 윌슨Wilson, 로버트슨Robertson, 댈리Daly, 윌슨Wilson(1995)은 경치에 포함된 구체적인 특징들의 선호값을 비교하려 할 때마다 골치 아픈 문제가 쉽게 끼여든다고 지적한다. 애플턴의 이론과 카플란과 카플란의 이론에서 파생된 가설들을 검증할 때에는 지금까지 관습적인 방법을 사용했다. 그 결과 예를 들어 실험자는 어떤 경치가 대단히 신비하다고 간주하지만, 단지 밝기의 정도가 더 낮고 그래서 더 쾌적한 경치에 불과할 수 있다.

윌슨 등(1995)이 제시한 방법론에서는 한 번에 한 가지 특징만 변경할 수 있도록 같은 경치를 조작하고, 그렇게 해서 잠재적 혼동을 더 확실히 통제할 수 있다. 이 방법으로 그들은 풍경 속에서 물을 가리키는 작고 미묘한 단서들이 매력값을 눈에 띄게 좌우한다는 것을 입증할 수 있었다.

마지막으로 도시 풍경을 포함시킨 풍경 선호 연구들(Kaplan, Laplan, & Wendt, 1972; Laumann et al., 2003; Parsons et al., 1998; Purcell, Lamb, Peron, & Fachero, 1994; Ulrich, 1981, 1983)을 통해서, 도시 거주자와 시골 거주자 모두가 종류를 막론하고 시골 풍경을 강하게 선호한다는 사실이 광범위하게 확인되었다. 울리히(1983)는 평범한 시골 경치와 특별히 그림 같은 도시 경치를 비교할 때에도 양쪽 경치에 대한 선호 평점의 분포는 거의 겹치지 않는다고 결론지었다.

이 연구 결과는 생애 경험과 직접 비교할 때에도 선사의 기원이 근본적으로 작용한다는 것을 암시한다는 점에서 풍경 미학에 관한 진화적 관점을 폭넓게 뒷받침한다. 또한 인구밀도가 높은 도심의 '비자연적' 환경에서 살 때 발생할 수 있는 역효과를 가리킨다. 앞에서 살펴봤듯이 풍경 노출이 심리와 신체에 미치는 영향을 가리키는 데이터에 비추어볼 때 그 효과는 더욱 분명하다.

요약

인간 길찾기와 풍경 선호에 진화 모델을 적용하는 것은 행동과학에서 비교적 최근에 출현한 움직임이지만, 이 장에서 검토한 초기 이론과 데이터는 그 타당성을 분명히 입증한다. 이 개관에서는 그 추세의 두 가지 주요 양상도 집중 조명했다. 하나는 동물행동학의 접근법이 현저하다는 것으로, 지금까지 이 접근법은 인간과 동물의 적응에 관여하는 유사한 처리과정들을 효과적으로 간파해왔다. 두 번째 양상은 마음을 진화한 영역–특이적 기제의 집합으로 설명하는 진화심리학 모델이 개념상 유용하다는 점을 입증했다는 것이다.

참고문헌

Alcock, J. A. (1984). *Animal behavior: An evolutionary approach* (3rd ed.) Sunderland, MA: Sinauer.

Allport, G. W., & Pettigrew, T. F. (1957). Cultural influence on the perception of movement: The trapezoidal illusion among Zulus. *Journal of Abnormal and Social Psychology, 55*, 104–113.

Anastasi, A. (1958). *Differential psychology* (3rd ed.). New York, NY: Macmillan.

Anooshian, L. J., & Young, D. (1981). Developmental changes in cognitive maps of a familiar neighborhood. *Child Development, 52*, 341–348.

Appleton, J. (1975). *The experience of landscapes*. London, England: William Clowes and Sons.

Appleton, J. (1988). Prospects and refuges revisited. In J. L. Nasar (Ed.), *Environmental aesthetics: Theory, research and applications* (pp. 27–44). Cambridge, England: Cambridge University Press.

Balda, R. P., & Kamil, A. C. (1988). The spatial memory of Clark's nutcrackers, Nucifraga Columbiana in an analogue of the radial arm maze. *Animal Learning and Behavior, 16*, 116–122.

Balling, J. D., & Falk, J. H. (1982). Development of visual preference for natural environments. *Environment and Behaviour, 14*, 5–28.

Barrett, R. J., & Ray, O. S. (1970). Behavior in the open field, Lashley III maze, shuttle box and Sidman avoidance as a function of strain, sex, and age. *Developmental Psychology, 3*, 73−77.

Berry, J. W. (1966). Temme and Eskimo perceptual skills. *International Journal of Psychology, 1*, 207−229.

Bever, T. (1992). The logical and extrinsic sources of modularity. In M. Gunnar and M. Maratsos (Eds.), *Minnesota Symposia on Child Psychology: Vol. 25. Modularity and constraints in language and cognition* (pp. 179−212). Hillsdale, NJ: Erlbaum.

Binnie-Dawson, J. L. M., & Cheung, Y. M. (1982). The effects of different types of neonatal feminization and environmental stimulation on changes in sex associated activity/spatial learning skills. *Biological Psychology, 15*, 109−140.

Bisiach, E., Pattini, P., Rusconi, M.L., Ricci, R.,&Bernardini, B. (1997). Unilateral neglect and space constancy during passive locomotion. *Cortex, 33*, 313−322.

Blades, M., & Medlicott, L. (1992). Developmental differences in the ability to give route directions from a map. *Environmental Psychology, 12*, 175−185.

Bouchard, T. J., Jr., Segal, N. L., & Lykken, D. T. (1990). Genetic and environmental influences on special mental abilities in a sample of twins reared apart. *Acta Geneticae Medica Gemellologiae, 39*, 193−206.

Burg, A. (1968). Lateral visual field as related to age and sex. *Journal of Applied Psychology, 52*, 10−15.

Burstein, B., Bank, L., & Jarvick, L. F. (1980). Sex differences in cognitive functioning: Evidence, determinants, implications. *Human Development, 23*, 299−313.

Choi, J., & Silverman, I. (1996). Sexual dimorphism in spatial behaviours: Applications to route learning. *Evolution & Cognition, 2*, 165−171.

Choi, J., & Silverman, I. (2002). The relationship between testosterone and route-learning strategies in humans. *Brain and Cognition, 50*, 116−120.

Choi, J., & Silverman, I. (2003). Processes underlying sex differences in route-learning strategies in children and adolescents. *Personality and Individual Differences, 34*, 1153−1166.

Clamp, P., & Powell, M. (1982). Prospect-refuge theory under test. *Landscape Research, 7*, 7−8.

Cocharan, K. F., & Wheatley, G. H. (1989). Ability and sex-related differences in cognitive strategies on spatial tasks. *Journal of General Psychology, 116*, 43−55.

Coren, S., & Ward, L. M. (1989). *Sensation and perception* (3rd ed.). Toronto, Canada: Harcourt Brace Jovanovich.

Cosmides, L., & Tooby, J. (1992). Cognitive adaptations for social exchange. In J. H. Barkow, L. Cosmides, & L. Tooby (Eds.), *The adapted mind: Evolutionary psychology and the generation of culture* (pp. 163−228). New York, NY: Oxford University Press.

Dabbs, J. M., Chang, E. L., Strong, R. A., & Milun, R. (1998). Spatial ability, navigation strategy, and geographic knowledge among men and women. *Evolution and Human Behavior, 19*, 89−98.

Defries, J. C., Ashton, G. C., Johnson, R. C., Kuse, A. R., McClearn, G. E., Mi, M. P., . . . Wilson, J. R. (1976). Parent offspring resemblance for specific cognitive abilities in two ethnic groups. *Nature, 261*, 131−133.

Drickamer, L. C.,& Vessey, S. H. (1986). *Animal behavior: Concepts, processes and methods*. Boston, MA: Prindle, Weber and Schmidt.

Eals, M., & Silverman, I. (1994) The hunter-gatherer theory of spatial sex differences: Proximate factors mediating the female advantage in recall of object arrays. *Ethology and Sociobiology, 15*, 95−105.

Ecuyer-Dab, I., & Robert, M. (2004a). Spatial ability and home range size: Examining the relationships in Western men and women. *Journal of Comparative Psychology. 118*, 217−231.

Ecuyer-Dab, I., & Robert, M. (2004b). Have sex differences in spatial ability evolved from male competition for mating and female concern for survival? *Cognition, 91*, 221−257.

Eichenbaum, H., Stewart, C., & Morrisa, R. G. M. (1990). Hippocampal representation in place learning. *Journal of Neuroscience, 10*, 3531−3542.

Freedman, R. J., & Rovagno, L. (1981). Ocular dominance, cognitive strategy, and sex differences in spatial ability. *Perceptual and Motor Skills, 52*, 651−654.

Fuller, R. A., Irvine, K. N., Devine-Wright, P., Warren, P. H., & Gaston, K. J. (2007). Psychological benefits of green space increase with biodiversity. *Biology Letters, 3*, 390−394.

Galea, L. A. M., & Kimura, D. (1993). Sex differences in route-learning. *Personality and Individual Differences, 14*, 53−65.

Gallistel, C. R. (1990). *The organization of learning*. Cambridge, MA: MIT Press.

Galton, F. (1883). *Inquiries into human faculty and its development*. London, England: Macmillan.

Garcia, J., Ervin, F. R., & Koelling, R. A. (1966). Learning with prolonged delay in reinforcement. *Psychonomic Science, 5*, 121−122.

Garcia, J.,& Koelling, R. A. (1966). Relation of cue to consequence in avoidance learning. *Psychonomic Science, 4*, 123−124.

Gaulin, S. J. C., & FitzGerald, R. W. (1986). Sex differences in spatial ability: An evolutionary hypothesis and test. *The American Naturalist, 127*, 74−88.

Gaulin, S. J. C., & Hoffman, H. A. (1988). Evolution and development of sex differences in spatial ability. In L. Betzig, M. B. Mulder, & P. Turke (Eds.), *Human reproductive behavior: A Darwinian perspective* (pp. 129−152). Cambridge, England: Cambridge University Press.

Gaulin, S. J. C., Silverman, I., Phillips, K., & Reiber, C. (1997). Activational hormone influences on abilities and attitudes: Implications for evolutionary theory. *Evolution and Cognition, 3*, 191−199.

Gouchie, C.,& Kimura, D. (1991). The relationship between testosterone levels and cognitive ability patterns. *Psychoneuroendocrinology, 16*, 323−324.

Grahn, P., & Stigsdotter, U. A. (2003). Landscape planning and stress. *Urban Forestry and Urban Greening, 1*, 1−18.

Gur, R. C., Alsop, D., Giahn, D., Petty, R., Swanson, C. L., Maldjian, J. A., & Gur, R.E. (2000). An fMRI study of sex differences in regional activation to a verbal and a spatial task. *Brain and Language, 74*, 157−170.

Halpern, D. F. (1992). *Sex differences in cognitive abilities* (2nd ed.). Hillsdale, NJ: Erlbaum.

Hampson, E., & Kimura, D. (1992). Sex differences and hormonal influences on cognitive function in humans. In J. B. Becker, S. M. Breedlove, & D. Crews (Eds.), *Behavioural endocrinology* (pp. 357−398). Cambridge MA: MIT Press.

Hassan, B., & Rahman, Q. (2007). Selective sexual orientation-related differences on object location memory. *Behavioral Neuroscience, 121*, 625−633.

Herzog, T. (1988). Danger, mystery and environmental preference. *Environment and Behavior, 20*, 320−344.

Heyligers, P. C. (1981). Prospect-refuge symbolism in dune landscapes. *Landscape Research, 6*, 7−11.

Hilton, S. C., & Krebs, J. R. (1990). Spatial memory of four species of *Parus*: Performance in an open-field analogue of a radial maze. *Quarterly Journal of Experimental Psychology, 42*, 345−368.

Holding, C. S., & Holding, D. H. (1989). Acquisition of route network knowledge by males and females. *The Journal of General Psychology, 116*, 29−41.

Holldobbler, B. (1980). Canopy orientation: A new kind of orientation in ants. *Science, 210*, 86−88.

Jacobs, L. F., Gaulin, S. J. C., Sherry, D., & Hoffman, G. E. (1990). Evolution of spatial cognition: Sex-specific patterns of spatial behavior predict hippocampal size. *Proceedings of the National Academy of Sciences, USA, 87*, 6349−6352.

Jahoda, G. (1980). Sex and ethnic differences on a spatial-perceptual task: Some hypotheses tested. *British Journal of Psychology*, *71*, 425–431.

James, T. W., & Kimura, D. (1997). Sex differences in remembering the locations of objects in an array: Location-shift versus location-exchanges. *Evolution and Human Behavior*, *18*, 155–163.

Janowsky, J. S., Oviatt, S. K., & Orwoll, E. S. (1994). Testosterone influences spatial cognition in older men. *Behavioral Neuroscience*, *108*, 325–332.

Janson, C. H. (1998). Experimental evidence for spatial memory in foraging wild capuchin monkeys, *Cebus apella*. *Animal Behavior*, *55*, 1129–1143.

Janson, C. H. (2000). Spatial movement strategies: Theory, evidence and challenges. In S. Boinski & P. A. Garber (Eds.), *On the move: How and why animals travel in groups* (pp. 165–203). Chicago, IL: University of Chicago Press.

Johnson, E. S., & Meade, A. C. (1987). Developmental patterns of spatial ability: An early sex difference. *Child Development*, *58*, 725–740.

Joseph, R., Hess, S.,& Birecree, E. (1978). Effects of hormone manipulation and exploration on sex differences in maze learning. *Behavioral Biology*, *24*, 364–377.

Joshi, M. S., MacLean, M., & Carter, W. (1999). Children's journey to school: Spatial skills, knowledge and perceptions of the environment. *British Journal of Developmental Psychology*, *17*, 125–139.

Kaplan, S. (1992). Environmental preference in a knowledge-seeking, knowledge-using organism. In J. H. Barkow, L. Cosmides, & J. Tooby (Eds.), *The adapted mind: Evolutionary psychology and the generation of culture* (pp. 581–598). New York, NY: Oxford University Press.

Kaplan, S., & Kaplan, R. (1982). *Cognition and environment: Functioning in an uncertain world*. New York, NY: Praeger.

Kaplan, S. (1995). The restorative benefits of nature: Toward an integrative framework. *Journal of Environmental Psychology*, *15*, 169–182.

Kaplan, S., Kaplan, R. & Wendt, J.S. (1972). Rated preference and complexity for natural and urban visual material. *Perception and Psychophysics*, *12*, 354–356.

Kimura, D. (1999). *Sex and cognition*. Cambridge, MA: MIT Press.

Kimura, D., & Hampson, E. (1993). Neural and hormonal mechanisms mediating sex differences in cognition. In P. A. Vernon (Ed.), *Biological approaches to the study of human intelligence* (pp. 375–397). Norwood, NJ: Ablex.

Klopfer, P. H. (1963). Behavioral aspects of habitat selection: The role of early experience. *Wilson Bulletin*, *75*, 15–22.

Koenig, W. D. (1989). Sex biased dispersal in the contemporary United States. *Ethology and Sociobiology, 10,* 263–278.

Landau, B., & Gleitman, L. R. (1985). *Language and experience: Evidence from the blind child.* Cambridge, MA: Harvard University Press.

Laumann, K., Garling, T., & Stormark, K. M. (2003). Selective attention and heart rate responses to natural and urban environments. *Journal of Environmental Psychology, 23,* 125–134.

Lawton, C. A. (1994). Gender differences in way-finding strategies: Relationship to spatial ability and spatial anxiety. *Sex Roles, 30,* 765–779.

Lawton, C. A. (1996). Strategies for indoor wayfinding: The role of orientation. *Journal of Environmental Psychology, 16,* 137–145.

Lawton, C. A. (2001). Gender and regional differences in spatial referents used in direction giving. *Sex Roles, 44,* 321–337.

Lawton, A. C., & Kallai, J. (2002). Gender differences in wayfinding strategies and anxiety about wayfinding: A cross cultural comparison. *Sex Roles, 47,* 389–401.

Linn, M. C., & Peterson, A. C. (1985). Emergence and characterization of sex differences in spatial ability: A meta-analysis. *Child Development, 56,* 1479–1498.

Lippa, R. A., Collaer, M. L., & Peters, M. (2010). Sex differences in mental rotation are positively associated with gender equality and economic development across 53 nations. *Archives of Sexual Behavior, 39,* 990–997.

Lynn, R. (1992). Sex differences on the differential aptitude test in British and American adolescents. *Educational Psychology, 12,* 101–106.

Maguire, E. A., Frackowiak, R. S. J., & Frith, C. D. (1996). Learning to find your way: A role for the human hippocampal formation. *Proceedings of the Royal Society B: Biological Sciences, 263,* 1745–1750.

Maguire, E. A., Burgess, N., Donnett, J. G., Frackowiak, R. S. J., Frith, C. D., & O'Keefe, J. (1998). Knowing where and getting there: A human navigation network. *Science, 280,* 921–924.

Maguire, E. A., Woollett, K., & Spiers, H. J. (2006). London taxi drivers and bus drivers:A structural MRI and neuropsychological analysis. *Hippocampus, 16,* 1091–1101.

Mann, V. A., Sasanuma, S., Sakuma, N., & Masaki, S. (1990). Sex differences in cognitive abilities: A crosscultural perspective. *Neuropsychologia, 28,* 1063–1077.

McBurney, D. H., Gaulin, S. J. C., Devineni, T., & Adams, C. (1997). Superior spatial memory of women: Stronger evidence for the gathering hypothesis. *Evolution and Human Behavior, 18,* 165–174.

McGee, M. G. (1979). Human spatial abilities: Psychometric studies and environmental, genetic, hormonal and neurological influences. *Psychological Bulletin, 80,* 889–918.

McGivern, R. F., Huston, J. P., Byrd, D., King, T., Siegle, G. J., & Reilly, J. (1997). Sex related differences in attention in adults and children. *Brain and Cognition, 34,* 323–336.

McGuinness, D., & Morley, C. (1991). Sex differences in the development of visuo-spatial abilities in preschool children. *Journal of Mental Imagery, 15,* 143–150.

McGuinness, D., & Sparks, J. (1983). Cognitive style and cognitive maps: Sex differences in representations of a familiar terrain. *Journal of Mental Imagery, 7,* 91–100.

Mealey, L., & Theis, P. (1995). The relationship between mood and preferences among natural landscapes: An evolutionary perspective. *Ethology and Sociobiology, 16,* 247–256.

Menzel, C. R. (1991). Cognitive aspects of foraging in Japanese monkeys. *Animal Behavior, 41,* 397–402.

Miller, L. K., & Santoni, V. (1986). Sex differences in spatial abilities: Strategic and experiential correlates. *Acta Psychologica, 62,* 225–235.

Moffat, S. D., Hampson, E., & Hatzipantelis, M. (1998). Navigation in a "virtual" maze: Sex differences and correlation with psychometric measures of spatial ability in humans. *Evolution and Human Behavior, 19,* 73–87.

Muller, R. U., Bostock, E. M. Taube, J. S., & Kubie, J. L. (1994). On the directional firing properties of hippocampal place cells. *Journal of Neuroscience, 4,* 7235–7251.

Munroe, R. L., & Munroe, R. H. (1971). Effect of environmental experience on spatial ability in an East African society. *Journal of Social Psychology, 83,* 15–22.

Neave, N., Hamilton, C., Hutton, L., Tildesley, T., & Pickering, A. T. (2005). Some evidence of a female advantage in object location memory using ecologically valid stimuli. *Human Nature, 16,* 146–163.

Nerlove, S. B., Munroe, R. H., & Munroe, R. L. (1971). Effects of environmental experience on spatial ability: A replication. *Journal of Social Psychology, 84,* 3–10.

Niemann, T., & Hoffmann, K. P. (1997). Motion processing for saccadic eye movements during the visually induced sensation of ego-motion in humans. *Vision Research, 37,* 3163–3170.

Nyborg, H. (1983). Spatial ability in men and women: Review and new theory. *Advances in Behaviour Research and Theory, 5,* 89–140.

Nyborg, H. (1984). Performances and intelligence in hormonally different groups. In G. J. DeVries, J. DeBruin, H. Uylings, & M. Cormer (Eds.), *Progress in brain research,* (Vol. 61, pp. 491–508). Amsterdam, The Netherlands: Elsevier Science.

O'Keefe, J., & Nadel, L. (1978). *The hippocampus as a cognitive map.* Oxford, England:

Clarendon.

Ono, T., & Nishijo, H. (1999). Active spatial information processing in the septo-hippocampal system. *Hippocampus, 9,* 458–466.

Orians, G. H. (1980). Habitat selection: General theory and applications to human behaviour. In J. S. Lockard (Ed.), *The evolution of human social behaviour* (pp. 49–66). New York, NY: Elsevier North Holland.

Orians, G. H., & Heerwagen, J. H. (1992). Evolved responses to landscapes. In J. H. Barkow, L. Cosmides, & J. Tooby (Ed.), *The adapted mind: Evolutionary psychology and the generation of culture* (pp. 555–579). New York, NY: Oxford University Press.

Parsons, R., Tassinary, L. G., Ulrich, R. S., Hebl, M. R., & Grossman-Alexander, M. (1998). The view from the road: Implication for stress recovery and immunization. *Journal of Environmental Psychology, 18,* 113–139.

Phillips, K., & Silverman, I. (1997). Differences in the relationship of menstrual cycle phase to spatial performance on two-and three-dimensional tasks. *Hormones and Behavior, 32,* 167–175.

Pizzamiglio, L., Guariglia, C., & Cosentino, T. (1998). Evidence for separate allocentric and egocentric space processing in neglect patients. *Cortex, 34,* 719–730.

Plomin, R., Pederson, N. L., Lichtenstein, P., & McClearn, G. E. (1994). Variability and stability in cognitive abilities are largely genetic later in life. *Behavior Genetics, 24,* 207–215.

Porteus, S. D. (1965). *Porteus maze test: Fifty years application.* Palo Alto, CA: Pacific Books.

Probst, T., Brandt, T., & Degner, D. (1986). Object motion detection affected by concurrent self-motion perception. *Behavioural and Brain Research, 22,* 1–11.

Purcell, A. T., Lamb, R. J., Peron, E. M., & Falchero, S. (1994). Preference or preferences for landscape? *Environmental Psychology, 14,* 195–209.

Puts, D. A., Cardenas, R. A., Bailey, D. H., Burriss, R. P., Jordan, C. I., & Breedlove, S. M. (2010). Salivary testosterone does not predict mantal rotation performance in men or women. *Hormones and Behavior, 58,* 282–289.

Rainey, R. C. (1962). The mechanisms of desert locust swarm movements and the migration of insects. *Proceedings of the XVth International Congress of Entomology, 3,* 47–49.

Rahman, Q., & Koerting, J. (2008). Sexual orientation-related differences in allocentric spatial memory tasks. *Hippocampus, 18,* 55–63.

Rappe, E., & Kivelä, S. L. (2005) Effects of garden visits on long-term care residents as related to depression. *HortTechnology, 15,* 298-303.

Reinish, J., Ziemba-Davis, M., & Saunders, S. (1991). Hormonal contributions to sexually dimorphic behavioral development in humans. *Psychoneuroendocrinology, 16,* 213-278.

Repton, H. (1907). *The art of landscape gardening.* Boston, MA: Houghton-Mifflin.

Rolls, E. T., Robertson, R. G., & Georges-Francois, P. (1997). Spatial view cells in the primate hippocampus. *European Journal of Neuroscience, 9,* 1789-1794.

Saucier, D. M., Green, S. M., Leason, J., MacFadden, A., Bell., S., & Elias, L. J. (2002). Are sex differences in navigation caused by sexually dimorphic strategies or by differences in the ability to use the strategies? *Behavioral Neuroscience, 116,* 403-410.

Saucier, D. M., Lisoway, A., Green, S., & Elias, I. (2007). Female advantage for object location memory in peripheral but not in peripersonal but extrapersonal space. *Journal of the International Neuropsychological Society, 13,* 683-686.

Schmitz, S. (1997). Gender-related strategies in environmental development: Effects of anxiety on wayfinding in and representation of a three-dimensional maze. *Journal of Environmental Psychology, 17,* 215-228.

Scholnick, E. K., Fein, G. G., & Campbell, P. F. (1990). Changing predictors of map use in wayfinding. *Developmental Psychology, 26,* 188-193.

Schulz, K. (1991). The contribution of solution strategy to spatial performance. *Canadian Journal of Psychology, 45,* 474-491.

Sheehan, P. Q. (1967). A shortened form of Betts' questionnaire upon mental imagery. *Journal of Clinical Psychology, 23,* 386-389.

Silverman, I., Choi, J., & Peters, M. (2007). The hunter-gatherer theory of sex differences in spatial abilities: Data from 40 countries. *Archives of Sexual Behaviour, 36,* 261-268.

Silverman, I., Choi, J., MacKewn, A., Fisher, M., Moro, J., & Olshansky, E. (2000). Evolved mechanisms underlying wayfinding: Further studies on the hunter-gatherer theory of spatial sex differences. *Evolution and Human Behavior, 21,* 201-213.

Silverman, I., & Eals, M. (1992). Sex differences in spatial abilities: Evolutionary theory and data. In J. H. Barkow, L. Cosmides, & J. Tooby (Eds.), *The adapted mind: Evolutionary psychology and the generation of culture* (pp. 531-549). New York, NY: Oxford University Press.

Silverman, I., Kastuk, D., Choi, J., & Phillips, K. (1999). Testosterone levels and spatial ability in men. *Psychoneuroendocrinology, 24,* 813-822.

Silverman, I., & Phillips, K. (1993). Effects of estrogen changes during the menstrual cycle on spatial performance. *Ethology and Sociobiology, 14,* 250−270.

Silverman, I., & Phillips, K. (1998). The evolutionary psychology of spatial sex differences. In C. Crawford & D. L. Krebs (Eds.), *Handbook of evolutionary psychology: Ideas, issues and applications* (pp. 595−611) Mahwah, NJ: Erlbaum.

Silverman, I., Phillips, K., & Silverman, L. K. (1996). Homogeniety of effect sizes for sex across spatial tests and cultures: Implications for hormonal theories. *Brain and Cognition, 31,* 90−94.

Spiers, M. V., Sakamoto, M., Elliot, R. J., & Bauman, S. (2008). Sex differences in spatial object location memory in the virtual grocery store. *Cyberpsychology and Behavior, 11,* 471−473.

Symons, D. (1979). *The evolution of human sexuality.* Oxford, England: Oxford University Press.

Tambs, K., Sundet, J. M., & Magnus, P. (1984). Heritability analysis of the WAIS subtests: A study of twins. *Intelligence, 8,* 283−293.

Taube, J. S. (1995). Head direction cells recorded in the anterior thalamic nuclei in freely moving rats. *Journal of Neurosciences, 15,* 70−86.

Taube, J. S. (1998). Head directional cells and the neurophysiological basis for a sense of direction. *Progress in Neurobiology, 3,* 225−256.

Taube, J. S., Muller, R. U., & Ranck, J. B. (1990). Head direction cells recorded from the postsubiculum in freely moving rats. Description and qualitative analysis. *Journal of Neurosciences, 10,* 420−435.

Thinus-Blanc, C., Save, E. Pucet, B., & Buhot, M. C. (1991). The effects of reversible inactivations of the hippocampus on exploratory activity and spatial memory. *Hippocampus, 1,* 365−371.

Thorndike, P. W., & Hayes-Roth, B. (1980). Differences in spatial knowledge acquired from maps and navigation. *A Rand Note.* Santa Monica, CA: Rand.

Thorpe, W. H. (1945). The evolutionary significance of habitat selection. *Journal of Animal Ecology, 14,* 67−70.

Tooby, J., & DeVore, I. (1987). The reconstruction of hominid behavioral evolution through strategic modeling. In W. G. Kinzey (Ed.), *The evolution of human behavior: Primate models.* Albany: SUNY Press.

Ulrich, R. S. (1981). Natural vs. urban scenes: Some psychophysiological effects. *Environment and Behavior, 13,* 523−556.

Ulrich, R. S. (1983). Aesthetic and affective response to natural environment. In I. Altman & J. F. Wohlwill (Eds.), *Human behaviour and environment: Advances in theory and research* (pp. 85−125). New York, NY: Plenum Press.

Ulrich, R. S. (1984). View through a window may influence recovery from surgery. *Science, 224*, 420−421.

Vandenburg, S. G. (1969). A twin study of spatial ability. *Multivariate Behavioral Research*, 273−294.

Von Frisch, K. (1967). *The dance language and orientation of bees*. Cambridge, MA: Harvard University Press.

Voyer, D., Voyer, S., & Bryden, M. P. (1995). Magnitude of sex differences in spatial abilities:A meta-analysis and consideration of critical variables. *Psychological Bulletin, 117*, 250−270.

Ward, S. L., Newcombe, N., & Overton, W. F. (1986). Turn left at the church, or three miles north: A study of direction giving and sex differences. *Environment and Behaviour, 18*, 192−213.

Wecker, S. C. (1963). The role of early experience in habitat selection by the prairie deermouse, *Peromyscus maniculatus bairdi. Ecological Monographs, 33*, 307−325.

Williams, C. L., Barnett, A. M., & Meck, W. H. (1990). Organizational effects of early gonadal secretions on sexual differentiation of spatial memory. *Behavioral Neuroscience, 104*, 84−97.

Williams, C. L., & Meck, W. H. (1991). The organizational effects of gonadal steroids on sexually dimorphic spatial ability. *Psychoneuroendocrinology, 16*, 155−176.

Willis, S. L., & Schaie, K. W. (1988). Gender differences in spatial ability in old age: Longitudinal and intervention findings. *Sex Roles, 18*, 189−203.

Wilson, M. I., Robertson, L. D., Daly, M., & Wilson, S. A. (1995). Effects of visual cues on water assessment of water quality. *Journal of Environmental Psychology, 15*, 53−63.

9장

포식자와 피식자에 대한 적응

H. 클라크 배릿

포식자 및 피식자와의 상호작용은 인류의 진화에 어떤 작용을 했을까? 그 상호작용이 과거의 한 시점에 그런 작용을 했다는 생각은 꽤 그럴듯해 보인다. 어쨌든 도시와 교외 환경의 안락함과 안전은 비교적 최근에 출현한 현상이기 때문이다. 거의 모든 사람은 이제 포식자가 아니며, 우리가 먹는 고기는 진공 포장돼서 우리에게 배달된다. 한편 우리는 피식자도 아니다. 세계의 몇몇 지역에서 맹수의 공격으로 사망하는 사건이 가끔 발생하지만 사소한 위험으로 여기고 넘어간다. 하지만 우리 모두 알고 있듯이 우리가 진화해온 역사의 대부분 동안 그런 안락은 존재하지 않았다. 우리의 조상은 인간이 되기 훨씬 전부터 포식자의 위협에 직면했으며, 그런 사정은 인류의 조상이 포유동물이었던 아주 먼 과거로 거슬러 올라간다. 먹잇감 추적 역시 가장 초기의 식충 영장류로 거슬러 올라가고, 호미니드 계통의 큰 동물 사냥에서 점점 뚜렷해졌다. 포식자-피식자 상호작용보다 더 다윈주의적인 것은 거의 없고, 그래서 그런 마주침이 우리의 진화에 어떤 작용을 하지 않았다고 상상하기도 어렵다.

하지만 우리는 대개 포식자-피식자 상호관계가 진화의 긴 세월 동안 끊임없이 되풀이되면서 지금 우리의 모습을 얼마나 결정적으로 빚어왔는지를 모른다. 실제로 포식자-피식자 상호관계가 우리의 몸과 마음에 여러 가지로 영향을 미쳤다는 증거가 충분하지만, 우리는 여전히 그 영향의 전모를 알지 못한다(앞으로도 알지 못할 것이다). 예를 들어, 인간 본성의 가장 근본적인 특징 중 어떤 것—큰 뇌, 사회성, 긴 수명, 사회적 학습과 문화 전달에 크게 의존하는 것—은 부분적으로 포식을 피하는 데 이익이 됐기 때문에, 그리고 호미니드 조상이 갈수록 사냥에 의존했기 때문에 선택되었을 것이다. 만일 포식자-피식자 상호작용이 일부 원인이 돼서 우리가 지금과 같은 상태로 진화의 길을 걷게 되었다면 그 상호작용이 인간의 심리와 생리에 미친 영향은 우리의 생각보다 훨씬 더 넓고 깊을 것이다.

이 장에서 나는 포식자와 피식자가 우리의 모습을 실제로 빚었거나 빚었을지 모를 다양한 방식을 개관하고자 한다. 나는 심리적 적응에 초점을 맞추겠지만, 우리의 생태환경과 몸의 변화를 이해하지 않고서 그런 적응을 이해하기는 불가능하다. 우리의 심리 기제는 세계와의 상호작용을 통해서 진화하기 때문이다. 따라서 가능할 때마다 나는 포식자-피식자 상호작용이 상호작용하는 두 체계인 인간의 몸과 마음을 어떤 모양으로 빚었는지를 강조할 것이다.

포식자와 피식자 - 선택의 행위자

진화 과정은 경로에 의존한다. 자연선택이 어느 때나 작용할 수 있는 개체군 내에서 변이가 일어난다면 그 변이는 그 시점까지 그 안에서 일어난 모든 사건과 변화의 산물이다. 우리의 조상이 되는 진화적 계통 안에서 포식자와의 상호작용은 시작일이 없기 때문에, 포식자들이 우리의 진화에 미친 영향은 까마득하고 그 영향으로 빚어진 많은 형질들의 진화 방식은 지금 관점에서는 명확히 알 수가 없다. 예를 들어, 시각—많은 사람들이 영역-일반적 능력의 대표적 사례로 간주하는 능력—은 본래 포식자-피식자 상호작용 때문에 가동되었을 가능성이 있다. 그런 상호작용이 보는 동시에 보이지 않기 위한 군비경쟁에 불을 지피고, 약 10억 년 전인 캄브리아기에 동물종의 다양화를 촉진했을 것이다(Parker, 2003). 최근에는 많은 고생물학자들이 우리 포유동물이 성공한 것은 백악기 말인 6,500만 년 전에 공룡이 멸종한 덕분이라고 믿는다. 우리의 조상을 나무 위에 거주하는 야행성 생태적소에 묶어두었던 포식자와 경쟁자들이 제거된 것이다(Meredith et al., 2011).

포식자 및 피식자와의 상호관계가 만들어내는 다종다양한 적응적 문제는 생활사에서부터 형태, 생리, 인지에 이르기까지 유기체가 갖고 있는 거의 모든 기능과 설계에 영향을 미칠 수 있다. 환경의 다른 양상들은 정지되어 있거나 거기에 서식하는 종과 무관하게 변하지만 포식자와 피식자는 군비경쟁과 유사한 진화의 피드백을 통해 서로 공진화한다(Van Valen, 1973). 바로 이 피드백이 관련된 분류군에 계단식 폭포 같은 영향을 미치면서 복잡한 진화의 동역학을 만들어낸다.

최초의 영장류 또는 그 이전으로까지 거슬러 올라가는 우리 계통에서 포식자 회피와 먹이 포획은 아주 오래된 적응적 문제다. 최초의 영장류는 벌레를 먹는 식충동물이었다. 과일을 상식으로 하고 나무에 사는 생활방식과 함께 벌레 포식 또한 시각과 운동 기술을 포함해서 우리 분기군의 기초가 되는 특징들을 빚어냈을 것이다(Cartmill, 1992). 하지만 인간이 택한 포식의 종류—곤충 외에도 포유동물과 조류 같은 큰 먹잇감을 사냥한 것—는 나중의 사건으로, 원숭이 분기군에서 발생한 뒤 우리 호모 속屬에 들어와서 강화되었을 것이다. 사냥 의존도 증가와 함께 우리의 모습이 근본적으로 변해서, 협동, 사회적 학습, 긴 수명, 큰 뇌, 사냥 및 식량 수집과 관련된 인지 기제들에 더욱 의존하게 되었을 것이다(Kaplan, Hill, Lancaster, & Hurtado, 2000). 게다가 우리가 장거리 달리기에 특별한 능력을 갖게 된 것도 사냥 덕분일 것이다(Bramble & Lieberman, 2004; Carrier, 1984).

한편 포식자도 우리를 포함한 영장류의 생물학과 행동에 근본적인 영향을 미쳤다. 포식 위협은 사회성에 힘을 실어주는 일차적 요인 중 하나(유일한 요인은 아니지만)라고 영장류학자들은 오래전부터 생각했다(Hart & Sussman, 2005; Isbell, 1994; Kappeler & Van Schaik, 2002; Van Schaik & Van Hooff, 1983). 최근에는 호미니드 계통 안에서 발생한 진화에 포식자가 특별한 영향을 미쳤을지 모른다는 생각이 나왔는데, 특히 호미니드가 진화하는 동안에 살았던 곳이 비교적 개방됐고 포식자가 조밀한 거주지였다는 점을 고려할 때 그 가능성은 더욱 짙어진다(Brian, 1981; Hart & Sussman, 2005; Kruuk, 2002).

먼저 나는 포식과 사냥이 부과한 선택압의 일반적 특징, 그리고 그 선택압이 몸과 마음의 기제들을 어떻게 구체화할 수 있는지를 살펴볼 것이다. 다음으로는 포식자–피식자 상호작용으로 구체화된 인간 심리의 특수한 양상들로 넘어갈 것이다.

포식자에 의한 선택

우리가 인간이 되기 훨씬 이전부터 위험한 동물은 우리 조상들과 공존해왔다. 고고학 기록을 통해 연구자들은 시공간상 여러 시점에 조상의 환경을 구성했던 포식자들의 배치를 재현했다(Blumenschine, 1987; Rose & Marshall, 1996). 이 배치에는 고양잇과와 하이에나과 같은 빠른 포유동물 포식자가 포함될뿐더러, 과거의 환경에서는 포식자가 오늘날보다 훨씬 더 다양했다. 인간과 포식자의 조우는 몇몇 맥락에서 발생했는데 포식자가 인간을 사냥할 때도 있고, 인간과 포식자가 사냥감을 두고 경쟁을 하며 상호작용 할 때도 있었다(Brain, 1981; Brantingham, 1998; Rose & Marshall, 1996; Stanford & Bunn, 2001). 오늘날처럼 인간과 고양잇과 같은 포식자의 범위가 겹치고 사냥 및 식량 수집 같은 활동 때문에 인간이 포식자와 근접해진 환경에서 공격은 수시로 발생한다(Kruuk, 2002; Treves & Naughton-Treves, 1999). 요컨대 이 데이터로 볼 때, 포식자 탐지와 회피에 관여하는 인지 기제들은 우리의 계통 안에서 호모 사피엔스가 발생하기 전과 후에 선택의 압력 아래에 있었음을 알 수 있다.

포식자와의 조우는 우리 계통 안에서 침팬지−인간의 공통조상과 갈라져 나오기 이전과 이후에 다양한 형질을 선택했을 것이다. 포식은 영장류들의 사회성을 선택한 주요인으로 보이기 때문에 사회적 인지의 많은 양상들—특히 비혈연과의 관계를 지탱하는 기제들—을 선택한 것은 애초에 포식이었다. 포식 위험이 감소해서 생긴 이득은 가령 경쟁과 병원체 노출의 증가 같은 사회생활의 다양한 비용을 초과했을 것이다. 하지만 이 이득이 생기기 위해서는 또 다른 적응적 문제들도 해결해야 했을 것이다. 타인의 존재를 묵인하고자 할 때 발생하는 온갖 문제들 말이다. 협동 문제는 포식자 회피와는 별개의 '영역'인 듯하지만—실제로 많은 협동 기제들이 포식자 그 자체의 정보를 처리하진 않을 것이다—그 발생은 최소한 일부분이라도 선택의 동력인 포식자 때문일 수 있다.

우리의 진화에 포식자가 한 역할은 우리의 첫 번째 영장류 조상에서부터 가장 최근의 호미니드 조상에 이르는 동안 다양하게 변했을 것이다. 사망의 원인으로서 포식은 빠른 성장과 이른 번식을 선택하는 등으로 생활사를 구체화하는 요인이다 (Reznick & Endler, 1982). 포식은 또한 위험에 대한 의사결정 등을 구체화한다(Coss, 1999; Lima, 1998; Stankowich & Blumstein, 2005). 하지만 우리 계통 안에서 사회성이 증가하자 이 선택압이 완화되어 수명이 길어지고 의사결정의 시간적 범위가 넓어졌을 것이다. 그럼에도 포식 위험도가 높았던 환경에서 추론과 의사결정을 했던 다양한 기제들이 여전히 남아 있을 것이다. 그 예로, 포식자 탐지 기제와 포식자 행동 예측 기제(Barrett, 1999; Barrett, Todd, Miller, & Blythe, 2005; Coss & Goldthwaite, 1995; Frankenhuis & Barrett, 2013; Frankenhuis, House, Barrett, & Johnson, 2013; Gao, McCarthy, & Scholl, 2010; New, Cosmides, & Tooby, 2007; Thorpe, Gegenfurtner, le Fabre-Thorpe, &Bulthoff, 2001), 위험 및 생존과 관련된 전문화된 학습처리와 기억처리(Barrett & Broesch, 2012; Nairne, Thompson, & Pandeirada, 2007), 가령 불안과 두려움처럼 포식 위험도에 비추어 행동을 수정하는 감정 및 동기 기제들(LoBue, Rakison, & DeLoache, 2010; Öhman & Mineka, 2001; Stankowich & Blumstein, 2005). 이에 대해서는 뒤에서 자세히 논의할 것이다.

이 밖에도 인간은 오랫동안 전쟁과 그보다 작은 종내種內 투쟁을 치러왔다. 어느 정도는 종내 투쟁도 원래 포식자-피식자 상황에 관여했던 기제를 차용했을 것이다. 하지만 인간-인간 공격성을 위해 진화한 기제와 그에 대항하는 방어기제가 있는 듯하다(Duntley & Buss, 2005).

피식자에 의한 선택

인간은 피식자 역할 외에도 포식자 역할을 할 수 있다. 사냥은 호미니드 계통의 발생보다 오래된 듯하다. 인간과 가장 가까운 친척인 침팬지도 사냥을 하기 때문이다. 게다가 고고학 기록을 보면 고기가 수백만 년 동안 인간의 식단에 중요한 부분이었음을 알 수 있다. 모험적이고 분산(변동)이 큰 식량원인 고기의 의존도가 높아진 것은 인간의 사회성과 사회적 인지의 진화에 중요한 역할을 했을 것이다(Stanford, 1999). 우연한 육식과 반대되는 상시적인 육식의 증거는 약 200만 년 전으로 거슬러 올라간다(Ferraro et al., 2013). 사냥은 예나 지금이나 위험한 활동이다. 피식자 동물 자체가 위험할 수도 있거니와 다른 육식동물과의 경쟁에 직면할 수 있기 때문이다. 인간은 도구나 그 밖의 수단으로 다른 동물을 죽일 수 있었고 실제로 죽이기도 했고, 크고 빠른 유제동물에서부터 작은 토끼와 조류에 이르기까지 매우 다양한 피식자를 사냥하며 살았음을 많은 고고학적 증거원이 확인시켜준다. 다양한 전략과 함께 피식자 행동을 직관적으로 아는 지식이 필요했을 것이다(Mithen, 1996; Potts, 1989; Stanford & Bunn, 2001).

사냥은 우리 계통의 모습을 여러 면에서 구체화했을 것이다. 사냥에 의존한 것이 우리의 몸과 마음을 구체화했을 방식 중 많은 측면은 직관적으로 명확해 보이지 않는다. 예를 들어 카플란과 동료들에 따르면 인간 계통에서 사냥 의존성의 가속화는 우리의 생활사, 사회 조직, 인지에 몇 갈래로 계단식 영향을 미쳤다고 한다(Kaplan et al., 2000). 영양가가 높고 가공하기 어려운 다른 식량원들과 함께 특히 고기로의 이동이 스스로를 강화하는 계단식의 공진화 과정을 창조했다고 그들은 암시한다. 고기를 식량원으로 삼은 덕분에 인간은 큰 뇌를 성장시켰고 결국 사냥뿐 아니라 협동의 능력도 개선할 수 있었다. 기술 습득과 함께, 영장류 사이에서는 흔치 않은 3세대에 걸쳐 자원을 이전하는 덕분에 갈수록 긴 생활사가 선택되었다. 카플란 등(2000)에 따르면 사냥은 유년기 연장과 성인의 수명 증가, 사회성, 사회적으로 전달되는 정보와 기술에 대한 의존성, 그리고 무엇보다 지능을 선택했다. 따라서 포식의 경우와 마찬가지로 사냥 역시 사냥과 직접 관계가 없어 보이는 생리 및 인지의 많은 양상에 큰 요인이 되었을 것이다. 지능, 협동, 사회 학습, 부모 투자 같은 양상이 대표적이다.

산업화 이전 사회에서 쓰는 사냥 기술을 조사해보면 사냥이 우리의 인지를 형성한 몇 가지 방식을 알게 된다. 사냥 성공에 필요한 지식은 믿을 수 없으리만치 복잡하고, 성년기 말까지 계속 증가한다. 기술로서의 사냥은 예를 들어 마라톤을 달리는 것보다는 수학이나 공학에 여러모로 더 가깝다(마라톤을 할 때도 있지만 말이다. Bramble & Lieberman, 2004). 카플란과 동료들의 보고에 따르면 아체족과 히위족 사이에서 남성의 사냥 수익률은 40세 이후에 정점에 도달한다고 한다. 만일 사냥을 좌우하는 것이 지식보다 힘과 정력이라면 사냥 수익률은 그보다 이른 나이에 정점에 도달할 것이다. 하지만 사냥은 분명 지식에 의존하는 기술이라서 나이 많은 사람이 젊은 사람보다 나을 수 있다. 인류학자들은 전통 사회에서 성인들이 알고 있는 정교하고 세밀한 사냥 지식을 기록했다(Blurton Jones & Konner, 1976; Kruuk, 2002; Liebenberg, 1990).

사냥과 관련된 인지 기술은 다양한 인지 영역에 걸쳐 있다. 사실 사냥의 이득이 그런 인지 기술의 진화를 형성한 주요인이었을 것이다. 예를 들어 거의 모든 사냥은 도구 사용을 수반하고, 인간의 진화에서 비교적 최근까지도 인간이 제작한 도구의 대부분은 사냥과 생존을 위한 것이었다. 이 말은 뇌 안에서 도구 사용과 관련된 영역-특이적 기술은 결국 사냥과 식량 수집을 위한 선택에서 비롯된 것임을 뜻한다(Johnson-Frey, 2004). 게다가 사회 학습과 가르치기, 즉 교육과 관련된 기제들이 처음 진화한 것도 기본적으로 도구에 관한 정보를 전달하기 위해서였을 것이다(Csibra & Gergely, 2009). 나중에는 식량 수집이 다음과 같이 다양한 기제를 선택했을 것이다. 공간 인지 기제, 자원 분포와 관련된 의사결정 기제, 탐색 기제, 뇌에서 도파민이 조절하는 위험-보상 체계(Hills, 2006; Hills, Todd, & Goldstone, 2008; Hutchinson, wilke, & Todd, 2008; Wilke & Barrett, 2009).

마지막으로 포식자는 물론이고 피식자와의 직접적인 상호작용은 살아 있는 행위자를 탐지하는 기제와 그 행동을 예측하는 추론 기제를 형성했을 것이다. '마음읽기' 또는 '마음 이론'의 기제들 말이다. 예를 들어, 다른 많은 동물들처럼 유아기의 인간은 추적과 추격의 상호작용에 맞춰져 있는데, 이런 상호작용은 주의력을 붙잡고 목표와 결과에 관한 강한 직관을 만들어낸다(Csibra, Bíró, Koós, & Gergely, 2003; Frankenhuis et al., 2013; Rochat, Striano, &Morgan, 2004). 실제로 포식자-피식자 상호관계는 마음 읽기의 기제들을 선택한 중요한 비사회적 원천이었을 가능성이 있다(Van Schaik & Van Hooff, 1983). 척추동물 안에서 자식 돌보기나 협동 같은 인간의 사회적 상호작용이 발생한 시기보다 포식자-피식자 상호관계가 먼저 발생했음을 감안할 때, 포식은 마음 읽기 능력을 선택한 가장 오래된 원천 중 하나일지 모른다.

다음 절에서는 포식자와 피식자의 상호관계를 형성했으리라 짐작되는 인간의 다양한 심리 기제를 살펴보고자 한다. 지각, 학습, 추론, 동기, 의사결정의 기제가 대표적이다. 그런 뒤 포식자와 피식자가 이 기제들을 어떤 모습으로 설계했는지를 세밀하게 들여다볼 것이다.

지각

포식자와 피식자는 다양한 지각 기제를 다양한 방식으로 형성했을 것이다. 실제로 시지각 자체는 부분적으로나마 위험을 탐지하고 음식을 발견하는 이득 때문에 발생한 듯하다(Parker, 2003). 다른 감각들, 즉 후각과 청각 역시 음식을 찾고 포식자를 피하는 데에 주된 역할이 있다. 어떤 면에서 모든 감각이 포식자 및 피식자와의 상호관계에 의해 형성되었을 가능성이 높다.

포식자와 피식자 양쪽에게 가장 중요한 특징은 아마도 그들이 행위자—목표 지향적인 운동을 할 수 있는 살아 있는 대상—라는 사실일 것이다. 행위자의 핵심 특징은 행위다. 행위자는 목표를 위해서(먹잇감 포획, 탈출) 움직인다. 모든 감각 양식이 그렇지만 특히 시각과 청각에서 운동의 탐지와 해석은 지각 설계의 근본을 이룬다.

시각을 보자면 운동 탐지와 처리는 계통발생상 광범위하며, 거기에 사용되는 계산 원리들은 단일 뉴런의 차원에서 신경망 전체에 이르기까지 조직의 여러 차원에서 공통적으로 발견된다. 예를 들어, 신경계는 시차를 두고 전체를 형성하는 망의 여러 부분에서 일어나는 신경 활성의 상관관계에 기초해서 운동을 탐지할 때가 많다(Borst & Egelhaaf, 1989). 이 설계 특징은 우리와 촌수가 먼 비사회적 동물의 신경계에도 존재하기 때문에, 사회성의 진화적 기원보다 앞섰다고 생각할 수 있다. 운동을 탐지하는 인간 능력—거의 모든 사회적 지각과 인지의 기초—의 원래 영역은 포식자—피식자 상호작용이고, 이 오래된 기제들 위에서 사회적 행동의 처리가 진화했다는 생각은 설득력이 있다.

운동 자체를 탐지하는 기제 외에도 특별한 운동 단서를 사용해서 행위자와 그 목표를 탐지하고 분류하는 기제들이 있다. 계산의 관점에서 볼 때 행위자와 비행위자를 구분하고 그 종류를 식별하는 문제는 엄청나게 까다롭다. 작성해야 할 컴퓨터 프로그램이 인간이 맞닥뜨리는 광범위한 환경과 조건에서 우리의 눈과 귀에 도달하는 어지러운 정보를 통해 동물을 믿을 만하게 찾아내고 식별해야 한다면, 처리과정이 얼마나 까다로울지를 생각해보라. 거기에 속도를 더하고 정보가 극도로 부족할 가능성(주변 시야에 잠깐 포착된 움직임, 풀밭의 잔물결, 나뭇잎 틈새로 설핏 보이는 어떤 것)까지 더하면, 이 과제는 극히 어려운 동시에 생존에 극도로 중요해진다. 하지만 선택이 바로 그런 종류의 기제를 만들었다는 증거가 있다.

운동은 행동하는 대상(행위자)을 확인하는 동시에 그 행동에 따라 행위자의 유형을 식별하는 데 사용될 수 있다. 행위자를 탐지하는 동시에 행동을 추론하기 위해 운동 단서를 사용하는 능력에 대해서는 많은 문헌이 존재한다(Johnson, 2000; Rakison & Poulin-Dubois, 2001; Scholl & Tremoulet, 2000). 행위를 암시하는 단서 중에는 자율운동과 궤적의 변화 같은 단서가 중요한데, 아주 단순한 단서들, 예를 들어 좌우가 대칭인 물체의 운동 방향 같은 것도 앞끝의 외양과 함께 행위자를 분류하는 데 사용될 수 있다(Hernik, Fearon, & Csibra, 2014; Tremoulet & Feldman, 2000). 단순한 자동추진 외에도 다양한 단서들이 가령 추적 같은 목표-지향적 운동을 탐지하는 데 사용된다. 게르겔리Gergely와 치브라Csibra는 동료들과 함께, 생후 9개월 된 아기에게도 목표 지향적인 것처럼 보이는 운동—예를 들어, 어떤 물체를 쫓고 있는 다른 물체—이 지향적 태도와 그 물체가 어떻게 행동하는지에 대한 구체적인 예측을 유발한다고 입증했다(Csibra, Gergely, Bíró, Koós, & Brockbank, 1999; Csibra et al., 2003; Gergely, Nádasdy, Csibra, & Bíró, 1995; Rochat et al., 2004). 추적과 도피의 운동 징후는 행위 체계를 촉발하는 데 쓰일뿐더러, 포식을 다른 행동적 상호작용과 구별하고 포식자-피식자를 전담하는 추론 체계 및 절차를 활성화하는 데에도 쓰인다. 몇몇 연구가 입증한 바에 따르면 사람은 추적과 회피를 다른 종류의 운동과 잘 구별한다고 한다(Abell, Happé, & Frith, 2000; Barrett et al., 2005; Castelli, Happé, Frith, & Frith, 2000). 이 사실은 양자 상호작용뿐 아니라 다자간 상호작용에도 해당한다. 예를 들어, 가오Gao 등(2010)은 지각에 일종의 '이리떼 효과'가 있음을 입증했다. 복수의 행위자가 동시에 당신을 향하면 당신은 즉시 알아차리고 도피 반응을 하게 된다.

포식자와 피식자 탐지에 들어가는 비용-이익의 불균형 때문에 오류관리 논리가 적용되는 것이다(Haselton & Buss, 2000). 포식자와 피식자를 탐지하지 못하면 오경보보다 더 값비싼 비용을 치르기 때문에 탐지 역치는 위양성를 선호하는 편향이 있지만, 다른 한편으로 과도한 경계의 비용이 탐지 역치를 누그러뜨린다. 빠르게 접근하는 물체에 반응할 때 그런 편향이 발생하는 듯하다. 시각적 떠오름visual looming이라 알려진 현상에서, 빠르게 팽창하는 원형의 그림자는(빠르게 줄어드는 그림자와는 달리) 붉은털원숭이들에게서 머리를 홱 숙이며 움찔하거나 경고음을 내는 등의 방어 행동을 유발했다(Schiff, Caviness & Gibson, 1962). 물고기와 개구리에서부터 인간 유아에 이르기까지 다양한 종이 이런 반응을 보였고, 떠오르는 시각적 물체와의 접촉 예상시간을 계산하는 전문화된 신경 회로도 발견되었다(Sun & Frost, 1998). 청각에도 청각적 떠오름이라는 비슷한 현상이 있다. 같은 거리에서 나더라도 멀어지는 소리보다는 접근하는 소리가 더 가까운 데서 시작하고 멈추는 것처럼 지각되는데, 이역시 일종의 조기경보 편향일 것이다(Neuhoff, 2001).

시각계는 몸 전체의 운동 외에도 신체의 일부가 움직이는 방식에 민감하며, 그런 단서들을 이용해서 동물의 유형, 행동의 유형, 크기나 위압성 같은 그 밖의 특징들을 판별한다. 다양한 연구가 입증해온 바에 따르면 사람들은 동물과 비동물을 구별할 줄 알고 심지어는 팔다리나 관절에 전구를 붙이고 나머지 부분은 어둡게 한 디스플레이를 보고도 동물의 종류(인간, 개, 말 등)를 식별하는데 위아래가 뒤집혀 있을 때는 이 효과가 사라진다(Johansson, 1973; Mather & West, 1993). 그런 '생물성 운동' 지각은 유아 초기부터 존재하고, 아기들은 똑바로 된 전구 디스플레이를 더 좋아한다(Simion, Regolin, & Bulf, 2008). 흥미롭게도 생물성 운동 지각은 닭에게도 존재하는 것으로 봐서 영장류의 사회성이 발생한 시기보다 앞선 것으로 추정된다(Vallortigara, Regolin, & Marconato, 2005).

때로는 운동 단서가 아닌 정지된 단서를 통해서도 포식자를 탐지한다. 대표적인 예가 사인곡선처럼 생긴 뱀 형태와 눈의 특징이 담긴 모습이다. 다양한 연구를 통해, 예를 들어 지각적 배열 중에서 뱀이 '튀어나온다'는 것이 입증됐다. 외만Öhman, 플리크트Flykt, 에스테베스Esteves(2001)는 피험자들이 두려움과 무관한 물체들(꽃들과 버섯들) 속에서는 뱀과 거미 사진을 빠르게 골라내지만 반대의 과제에서는 훨씬 느리다는 것을 발견했다. 이는 뱀을 탐지하는 과정이 꽃을 처리하는 계열 탐색과 달리 전문화된 탐지기를 사용하는 병렬 처리임을 가리킨다. 마찬가지로 감시당하고 있음을 가리키는 단서로서 눈의 지각적 중요성은 계통발생의 차원에서 광범위하게 확인되는데, 눈에 대한 행동 반응과 안점의 보편성이 그 사실을 증명한다.

물떼새의 부러진 날개 쇼—반反포식자 반응임이 분명하다—는 눈에 의해 촉발된다(Ristau, 1991). 감금한 닭에게 눈 자극물을 보여주면 긴장성 무운동 반응—궁지에서 포식자의 포획에 대응하는 비상조치 행동—이 강해진다(Gallup, 1998). 인간은 시선에 극도로 민감하다고 알려져 있다(Baron-Cohen, 1995). 반포식자 기제를 촉발하는 자극물로서 시선은 인간을 대상으로만 해서 조사되진 않았지만, 인간에게 각성을 불러일으키고 반포식자 반응까지도 활성화시킬 수도 있다고 알려져 있다(Coss 7 Goldthwaite, 1995).

마지막으로 지각 탐지 실험들은 시각계가 포식자, 피식자, 그 밖의 동물을 탐지하고 감시하기 위해 사용하는 단서가 더 있을 수도 있음을 가리킨다. 소프Thorpe 등(2001)은 피험자들이 먼 주변 시야에 자극물이 들어올 때 다른 자극물보다 동물을 더 잘 탐지한다는 사실을 밝혀냈다. 뉴New, 코스미디스, 투비(2007)는 변화맹시[1] 보기를 사용해서 피험자들의 그런 능력을 발견했다. 즉, 어떤 장면의 변화를 탐지할 때 피험자들은 그 변화된 물체가 동물보다 훨씬 더 큰 건물 같은 것인 경우에도 동물의 변화를 더 잘 탐지했다. 이는 동물 모니터링 가설을 뒷받침하는 증거가 된다. 즉, 실제 세계에서 동물 외에는 움직일 수가 없기 때문에 시각적 장면 속에서 무생물이 아닌 동물의 위치를 추적하고 갱신하는 일을 전담하는 기제가 존재한다는 가설이다.

식량 수집

포식자 회피의 진화적 뿌리와 마찬가지로 식량 수집의 진화적 뿌리도 오래되었다. 동물 피식자가 모든 식량 수집의 대상은 아니지만, 영장류 안에서는 적어도 그 일부를 차지한다. 우리가 알고 있는 사냥—인간이 만든 도구를 써서 비교적 큰 짐승을 사냥하는 것—은 상대적으로 최근에 발생했지만 피식자 탐색 및 포획은 적어도 최초의 식충 영장류로, 혹은 그 이전으로 거슬러 올라갈 만큼 오래되었다.

그에 따라 식량 수집이 우리의 신경계에 미친 어떤 영향은 아주 오래되었을 것이다. 우리 뇌의 '보상' 체계인 도파민성 체계는 '지역 한정 탐색,' 또는 '환경 안에 자원이 우거져 있거나 군데군데 퍼져 있는 모습에 기초한 탐색'이라 불리기도 하는 일

---

1 change blindness. 연속으로 제시되는 장면들에서 어느 한 부분의 변화가 있음에도 이 변화를 잘 탐지하지 못하는 현상(옮긴이).

을 하도록 설계되었다는 증거를 갖고 있다. 바로 이 설계 때문에 우리는 좋은 것을 탐지했을 때 이상행동을 되풀이하고 수익률이 하락하면 관심을 다른 데로 돌린다(Hills, 2006). 실제로 과도한 목표 집착 같은 몇몇 병상은 이 체계에 혼란이 일어난 탓인 듯하다.

피식자 동물이나 그 밖의 식량 수집 자원은 환경 안에 고루 퍼져 있지 않고 무리 지어 있는 것이 보통이다. 우리의 탐색 및 보상 심리학은 이 가변성을 기본적으로 예상하게끔 조직되어 있는 것으로 보인다(Hills, 2006; Hills et al., 2008; Hutchinson et al., 2008; Scheibehenne, Wilke, & Todd, 2011; Wilke & Barrett, 2009). 윌크wilke와 배릿(2009)은 다음과 같은 생각을 제시했다. 자원이 실제로는 무작위로 퍼져 있는데도 피험자들에게는 덩어리져 분포해 있다고 과잉지각 되는 '뜨거운 손[2]'이라는 현상은 조상의 자원이 무리지어 존재하는 것에 대한 적응을 반영한다는 것이다. 최근의 한 연구에서는 습관적인 노름꾼이 뜨거운 손 착각에 희생될 가능성이 더 크다는 증거를 발견했는데, 이는 우리의 식량 수집 체계에 담긴 진화한 설계가 현실세계에서 상당히 중요할 수 있음을 암시한다(Wilke, Scheibehenne, Gaissmaier, McCanney, & Barrett, 2014).

식량 수집에 도파민성 체계가 중요하다는 사실은 인지와 동기의 진화적 연결고리가 얼마나 깊고 강한지를 드러내준다. 심리학 문헌에서는 가끔 이 체계를 별도로 취급하지만 그 인지의 기능은 (결국) 행동이며 행동은 동기가 없으면 발생하지 않는다(Tooby, Cosmides, & Barrett, 2005). 동기는 인지의 모든 단계에 관여하면서 우리가 무엇에 주목하는지, 어떻게 반응하는지, 그로부터 무엇을 배우는지를 구체화한다. 식량 수집의 경우에 허기와 '발견'의 만족 같은 동기가 큰 역할을 하며, 이 주관적인 기분이 사냥감을 찾을 때와 장소, 방법을 결정하는 일과 관련하여 우리의 학습과 미래의 행동을 구체화한다.

---

2 hot hand. 농구에서 이전 슛을 성공시킨 선수가 다음 슛도 성공시키리라고 믿는 인지적 편향(옮긴이).

두려움

두려움과 불안이 오로지 포식과 관련된 것은 아니지만—예를 들어, 사회적 두려움과 불안도 있다—지각 체계와 마찬가지로 계통발생상 가장 먼저 두려움 체계를 형성시킨 선택압은 포식이었을 것이다(Cosmides & Tooby, 2000; LeDoux, 1996; Öhman & Mineka, 2001). 두려움은 위험에 대한 도피와 회피 반응을 조직할 뿐 아니라 몇몇 인지 처리과정(가령, 짝 탐색)을 비활성화하고 다른 처리과정(가령, 포식자−피식자 습관)을 활성화하며, 많은 체계의 민감성 역치를 수정한다. 적응적 문제로서 포식자 회피에는 낭떠러지나 날카로운 물체를 피하는 등의 다른 위험 회피 문제와 공통된 특징들이 있을 뿐 아니라 저만의 특유한 특징들이 있다. 예를 들어, 위험 회피 감정으로 역겨움을 유발하는 상한 음식 같은 다른 위해 요인들과는 달리, 포식자는 위험을 발생시키고자 하는 움직이는 행위자다.

두려움과 두려움 학습을 다룬 심리학 문헌은 엄청나게 많고, 그래서 모든 문헌을 다루기에는 지면이 부족하다(개관으로는, LoBue, Rakison, et al., 2010; Öhman & Mineka, 2001을 보라). 이 문헌에는 두려움 학습이 얼마나 '특이'한지—즉, 학습이 뱀, 포식자, 위험한 동종, 인공물 같은 구체적인 목표물에 얼마나 맞춰져 있는지—에 대한 논쟁과 두려움을 습득하게 하는 학습 메커니즘의 성격에 관한 논쟁이 있다. 많은 연구자들이 조건화에서 두려움이 하는 역할을 조사하면서, 어떤 물체와 상황에 대한 두려움은 다른 두려움보다 더 쉽게 발달하고 더 어렵게 소멸한다는 것을 보여주었다. 두려움 학습에 그런 '내용 효과'나 '편향'이 있음을 많은 연구가 입증해왔다.

예를 들어, 연구자들은 다양한 실험으로 뱀과 거미 같은 자극을 집, 꽃, 버섯 등 두려움과 무관한 대조군 자극과 비교했다. 실험을 통해 그들은 사진의 내용과 역겨운 자극(예를 들어, 충격) 간의 조건화된 연합이 위험하지 않은 사진보다는 위험한 사진일 때 더 천천히 사라지고, 두려움도 조상 대대로 위험했던 자극(가령, 뱀)이 주어질 때 사람들이 더 쉽게 습득한다는 것을 입증했다(Hugdahl & Öhman, 1977; Mineka, Davidson, Cook, & Keir, 1984; Öhman & Mineka, 2001). 흥미롭게도 래키슨 Rakison(2009)은 뱀, 거미와 두려워하는 얼굴 간의 연합에 성 차이가 있는데, 이 연합이 11개월 된 여자아이에게는 있고 남자아이에게는 없다는 것을 발견했다. 또한 다양한 연구에서 밝혀진 바에 따르면, 선택적으로 주의하고 학습하는 위험 자극은 위험한 동물이나(예를 들어, 성난 얼굴이 포함될 수 있다) 조상 시대의 자극에 국한되지 않는다(주사기와 총 같은 자극이 포함될 수 있다)(Blanchette, 2006; LoBue, 2010). 다시 말해서, 현재의 위험과 관련된 경험이 두려움 학습 체계를 어느 정도 조정한다는 뜻이다.

두려움 학습의 기초가 되는 기제에 관한 이론들은 기제의 유형과 특이성의 정도, 그리고 정보를 처리하는 뇌 부위를 다양하게 설명한다. 외만과 미네카(2001)는 두려움 학습 체계를 모듈로 보면서 그 모듈이 네 가지 특징을 처리한다고 말한다. (1) 자극 특이성. (2) 뱀, 거미, 떨어지는 물체처럼 진화가 대비해놓은 위험 자극에 우선적으로 활성화된다. (3) 자동적인 촉발, 즉 의식적 통제가 불가능하다. (4) 편도체 중심의 신경 회로가 전담한다. 진화상으로 가장 오래된 두려움 체계인 지각 위험 탐지기는 위험에서 멀어지게 해주는 운동 반사와 직접 연결되었고, 이 과정을 조정하는 제어 체계는 비록 인간에게서는 고차의 과정에서 처리되지만 그럼에도 포식자 회피 전략을 중재할 수 있다고 연구자들은 말한다.

루뷰LoBue, 래스킨, 들로아슈DeLoache(2010)는 더 야담한 설계를 제시한다. 이들의 설계는 뱀, 거미, 인간의 위협 같은 위험한 자극에 주목하는 지각적 편향에 기초해 있다. 이 관점에서 볼 때, 학습의 내용 효과는 연합 및 통계학습 기제 같은 더 일반적인 용도의 학습 기제들과 지각적 편향의 상호작용에서 발생한다.

학습

뱀을 비롯한 몇몇 위험한 동물의 경우에는 진화한 지각적 주형鑄型 또는 사인곡선 형태나 빠른 떠오름 같은 '준비된' 단서가 존재해서 학습을 거치지 않아도 그 위협에 반응할 수 있는 것으로 보인다. 하지만 포식자 및 피식자 반응을 형성할 때 학습은 분명히 중요하며, 학습이 중요하다고 생각되는 이유는 그만큼 유용한 적응 도구이기 때문이다.

고전적 조건화 같은 가장 일반적인 용도의 학습 형태가 포식자 학습에 딱 들어

맞지 않는다고 생각하는 데는 다음과 같은 이유가 있다. 우선, 포식자와 관련된 단서의 정보를 우선시하지 않고 잠재력이 균일하게 분포되어 있는 학습 체계는 '준비된' 학습 체계처럼 효과적으로 학습하지 못한다(Öhman & Mineka, 2001; Seligman, 1971). 개인의 경험을 통해서만 위험을 학습하는 방식에는 훨씬 더 큰 문제가 있다. 가장 교육적인 학습 기회가 부상이나 죽음으로 이어질 수 있는 것이다.

이런 이유로 배릿과 브로시Broesch(2012; Barrett, 2005)는 인간은 위험한 동물을 학습하도록 준비된 사회학습 체계를 갖고 있을지 모른다고 말했다. 미네카와 동료들(1984)은 연구소에서 자란 탓에 뱀을 경험해본 적이 없는 어린 히말라야원숭이들이 동종의 성체가 뱀을 보고 두려워하는 얼굴을 보게 되면 단번에 뱀 두려움을 습득한다는 것을 보였다. 이때 준비된 사회학습의 논리가 타당한 것은 개인 학습의 비용(예를 들어, 뱀에게 물리기)이 총명한 동종에게서 배우는 비용(예를 들어, 위양성의 가능성)을 월등히 초과하고 그래서 사회학습의 이득이 클 수 있기 때문이다. 배릿과 브로시는 인간에게도 비슷한 기제가 있고, 이 기제는 히말라야원숭이의 기제와 상동인 것 같지만 인간의 경우에는 두려운 표정뿐 아니라 두려운 진술을 수용할 수 있도록 변형되었을 것이라고 말했다. 그들은 위험 학습 체계의 특징을 다음과 같이 몇 가지로 가정했다. 다른 유형의 동물 정보와는 다르게 위험을 선별적으로 학습하는 영역−특이적 선호, 피드백 없이 한 번의 시도로 이루어지는 학습, 위험 정보를 장기기억에 보존하는 과정, 문화 간의 비슷한 기억 효과. 미국과 슈아르족[3] 어린이에게 기억 과제를 시행한 결과 연구자들은 이 모든 가설의 증거를 발견했다(Barrett & Broesch, 2012). 후속 연구도 피지 사람의 생활 과정 전반에서 그와 비슷한 학습 편향을 발견했다(Broesch, Henrick, & Barrett, 2014).

네언Nairne과 동료들은 포식자 및 피식자와의 상호작용과 일부 관련이 있는 적응 기억의 측면을 하나 더 입증했다. '생존 과정'이 그것이다(Nairne et al., 2007; Nairne, Pandeirada, Gregory, & Van Arsdall, 2009). 생존 과정 가설은, 정보의 저장 여부와 저장 방식을 결정하는 것은 정보의 '내용'뿐 아니라 그 정보가 어떻게 처리되는지, 즉 피험자가 해당 정보의 생존 가치를 부호화되어 있는 대로 처리하는지 아닌지의 여

---

3 아마존 지역의 부족(옮긴이).

부라고 가정한다. 연구자들은 피험자들에게 항목들의 생존 관련성(예를 들어, 식량 확보, 물, 포식자 회피)을 평가하라고 했을 뿐인데도 나중에 깜짝 검증를 해보니, 다른 차원(예를 들어, 유쾌함)에서 평가하게 한 경우보다 그 항목들을 더 잘 알아보고 기억했다.

포식자−피식자 상호관계와 관련된 학습 현상은 이 밖에도 많을 수 있다. 대표적인 예로, 질병 전파의 원천인 동물 생성물이 강하게 촉발하는 역겨움 학습(Fessler, 2002), 사냥을 위한 도구 제작과 사용에 가장 오래된 뿌리가 있다고 생각되는 도구 사용 학습(Csibra & Gergely, 2009)이 있다.

추론

환경에서 포식자−피식자와 그 밖의 다른 장애 또는 문제의 가장 중요한 차이점은 그것이 의도를 가진 행위자라는 사실일 것이다. 포식자와 피식자는 살아 있고 지각력이 있는 존재로, 그들만의 구체적인 목표를 성취하게끔 훌륭하게 적응되어 있으며, 인간이 피식자일 때든 사냥꾼일 때든 간에 인간의 목표와 정반대가 되는 그 구체적인 목표를 달성하기 위해 정보를 처리하고 행동한다. 다시 말해서, 포식자와 피식자는 단지 피하거나 찾아내기만 하면 되는 수동적이고 정적인 환경 요소가 아니다. 포식자와 관련해서 가장 큰 문제는, 가령 낭떠러지나 독소 같은 다른 위험과는 달리 포식자는 당신을 찾아 돌아다니고 또 그 일을 잘하도록 훌륭하게 설계되어 있다는 것이다. 피식자와 관련해서 가장 큰 문제는, 괴경[4]이나 딸기류와는 달리 피식자들은 이동을 하고, 포획을 피하겠다는 목표를 갖고 있으며, 이 목표 성취에 도움이 되는 섬세한 감각계와 위장 전술 등의 적응을 갖고 있다는 것이다.

이 점을 고려할 때, 포식자 회피와 피식자 포획은 환경 안에 행위자가 존재하는지를 탐지하는 기제에서부터 심리 상태를 추론하는 마음 이론 기제에 이르기까지 행위를 이해하는 데 쓰이는 기제들을 한껏 사용한다고 볼 수 있다(Baron-Cohen, 1995;

---

4 감자, 돼지감자 등 덩이줄기 식물(옮긴이).

Leslie, 1994). 인간 역시 의도를 가진 행위자이기 때문에, 사회적 상호작용에 관여하는 기제들(예를 들어, 시선방향 탐지 기제) 중 많은 것이 포식자-피식자 조우에도 관여할 것이다. 하지만 포식자-피식자 상호작용에는 인간의 사회적 상호작용과 유사하지 않은 중요한 요소들이 있다. 포식자와 피식자의 목표는 분명히 반사회적(이기적)이기 때문이다. 배릿(1999, 2005)에 따르면, 인간에게는 믿을 만하게 발달하는 '포식자-피식자 도식', 즉 포식자와 피식자의 행동을 예측할 수 있는 법칙들이 있으며, 이 도식은 마음 읽기 체계 속에 내장되어 있다고(상호작용한다고) 한다(Barrett, 1999, 2005). 이것을 마음 읽기라는 큰 영역 안에 떠 있는 '능력의 섬'으로 보기도 한다(Frankenhuis & Barrett, 2013). 단일하고 일률적이고 무차별적으로 보이는 마음 읽기 같은 영역에도 실제로는 내적 구조가 있을지 모른다. 어떤 종류의 상호작용은 다른 종류보다 더 쉽게 개념화될 뿐 아니라 심지어 더 일찍 발달하는 것으로 보인다. 그런 상호작용은, 이해하기만 하면 생애 초기에 생존 이익을 얻을 수 있는 오래된 형태의 상호작용들과 지도상 일치한다. (가령 친족과 지배성 상호작용 같은 몇몇 다른 상호작용 외에도) 포식자-피식자 상호작용은 가장 오래되고, 되풀이해서 발생하고, 적합도와 관련된 상호작용 형태에 속할지 모르고, 그래서 마음 읽기 영역 안에 있는 특별히 중요한 능력의 섬일지 모른다.

　이 생각과 일치하는 증거가 있다. 어린 유아들은 추적과 회피의 상호작용에 특히 예민하고, 예측성 추론을 할 줄 안다. 추적에 주의하고 추론하는 능력은 모든 문화에서 비슷하게(Barrett et al., 2005), 유아초기에 발달한다(Csibra et al., 2003; Frankenhuis et al., 2013; Rochat, Morgan, & Carpenter, 1997). 치브라 등(2003)은 탈습관화 검사표를 사용해서, 12개월 된 유아에게 컴퓨터 화면으로 움직이는 물체들을 보여주고 추적-회피 시나리오와 관련된 예측을 검증했다. 이 연구에 따르면 유아들은 추적자와 도망자의 목표(각각 포획과 도피)를 부호화할 뿐 아니라 각각의 행위자가 어떻게 하면 그 목표를 가장 효과적으로 이룰 수 있는지를 예측한다. 예를 들어, 피식자 동물은 포식자가 통과하기에는 너무 작은 굴로 도망칠 테고, 포식자는 도주로를 예상하고 그 구멍의 반대쪽으로 돌아가서 피식자를 잡으려 한다고 예측한다. 이 연구는 포식자-피식자 추론 체계가 적어도 일부분이나마 생후 12개월에 존재한다는 사실을 가리킨다.

몇 건의 다른 연구 역시 진화한 포식자-피식자 도식의 개념을 뒷받침한다. 예를 들어 로샤Rochat(1997)의 설명에 따르면, 성인뿐 아니라 3~6개월 된 유아들도 유관한 추적과 무관한 추적을 나란히 보여주면 양쪽의 속성이 비슷해도 유관한 추적에 눈길을 준다고 한다. 프랑켄휘스Frankenhuis 등(2013)은 후에 반복실험을 했고 시각 자료를 낱낱의 단서로 분해해서, 속도를 높이면 유아들이 특별히 주목한다는 것을 보여주었다. 로샤 등(2004)은 원래의 연구에 이은 후속 연구에서 8~10개월 된 유아들이 추적자와 도망자에게 다른 역할을 부여하는데, 갑자기 그 역할이 뒤바뀌었을 때 놀라는 것이 그 증거임을 보여주었다. 이는 초기에 발달하는 피식자-포식자의 도식 안에 각각의 역할을 위한 플레이스홀더가 따로 있음을 가리킨다. 더 높은 나이(3~5세)에서 배릿(1999)은 슈아르족과 독일 어린이 모두 포식자와 피식자가 마주칠 때 일어나는 일을 현실적으로 예측하는 능력이 있음을 보여주었다. 이는 추적과 살해를 중심으로 구성된 도식이 사자를 비롯한 포식자들을 친절하게 묘사한 만화 속의 정보로 오염되지 않았음을 암시한다. 배릿 등(2005)이 보고한 비교문화 연구에서는 구애와 유희를 비롯한 몇몇 도식과 마찬가지로 추적 도식도 모든 문화에 믿을만 하게 나타나고, 지각 범주 과제를 시행하면 (그런 도식들과) 비슷한 수준의 차별성을 드러낸다는 사실을 밝혀냈다.

흥미로운 점은, 이 기본적인 상호작용 도식이 (로샤와 동료들이 발견한 역할 전환이 암시하듯) 다른 목표를 추정하는 것과 관계가 있지, 다른 믿음을 추정하는 것과 관련되어 있지는 않다는 것이다. 카스텔리Castelli, 프리스Frith, 하페Happé, 프리스Frith(2002)는 자폐가 있는 피험자들이 추적과 회피에 내재한 목표 지향적인 연쇄 상황은 알아보지만 믿음을 꿰뚫어봐야 하는 연쇄 상황은 알아보지 못한다는 것을 발견했다. 따라서 포식자-피식자 또는 추적 도식은 목표 귀속을 필요로 하고 초기에 발달하는 능력의 섬이지, 지식과 믿음 상태를 파악해야 하는 능력은 아닌 듯하다. 자폐환자의 경우 그런 능력은 다른 능력들과 함께 손상되는 것으로 보이기 때문이다(Baron-Cohen, 1995). 그렇다고 해서 믿음과 지식의 계산이 포식자-피식자 상호작용과 완전히 무관하다는 말은 아니다. 단지 최소한 어떤 행위 예측은 믿음 귀속 체계와 무관하게 이루어질 수 있음을 의미한다. 키넌Keenan, 엘리스Ellis, 동료들(Ellis et al., 2014; Keenan & Ellis, 2003)은 일련의 연구를 통해서, 그릇된 믿음 과제를 수정해서 시행했을 때 포식자-피식자 시나리오가 아이들의 판단에 영향을 미친다는 사실을 보여주었다. 과제에 대한 올바른 답이 숨어 있는 포식자의 손에 피식자 동물을 죽음으로 몰아갈 때 아이들은 틀리게 답하는 경우가 더 많았다.

포식자-피식자 상호관계의 중요한 결과는 단연 죽음이다. 피식자로서 우리는 포식자 때문에 죽을 수 있는 가능성에 직면한다. 포식자로서 우리는 피식자 동물을 죽인다. 발달을 연구한 문헌에서는 일반적으로 아이들이 죽음을 잘 이해하지 못한다고 보지만, 배릿과 베네Behne(2005)는 아이들이 죽음 이해의 포괄적인 영역—특히 죽음을 행위의 정지로 이해하는 영역—에 포함되고 초기에 발달하는 또 다른 능력의 섬을 갖고 있을지 모른다고 생각했다. 동물이 죽을 때 아이들은 추론 문제에 직면한다. 다시 말해, 그 물체—이제 죽어버린 고깃덩어리—에서 행위 표지를 떼어버리지 않으면, 아이들은 예를 들어 그 동물을 건드리면 반응이 나올 것이라는 등의 추론을 계속할 것이다. 배릿과 베네는 이 실수의 비용 때문에 어떤 죽음의 단서가 주어질 때 행위자에게서 행위 표지를 떼어내서 변화에 주목하기를 중단하고 접근하거나 먹기를 두려워하지 않게 하는 기제가 선택될지 모른다고 생각했다. 3~5세 아동을 대상으로 한 비교문화 연구에서는 4세 무렵에 아이들이 잠을 자는 동물과 비교할 때 죽은 동물에게서 행위 속성을 지워내는 경우가 우연한 확률보다 훨씬 높다는 것을 발견했다.

결론

인간의 진화에 포식자와 피식자가 중요하다는 점을 고려할 때, 마음에 담겨 있는 피식자-포식자 적응의 전모는 이제 막 밝혀지기 시작했을 뿐이다. 만일 우리가 견해를 확대해서 포식자-피식자 상호작용이 계통발생상 오래전부터 광범위하게 생물을 구체화한 그 모든 방식을 포함시킨다면, 우리의 몸과 마음에는 포식자를 피하고 식량을 얻어야 할 필요성 때문에 어떤 면으로든 영향을 받지 않은 양상이 거의 없을 것이다. 이 생각은 다른 유인원에게서 갈라져 나온 뒤로 인간에게 독특하게 진화한 특징들로만 인간 본성을 좁게 규정하는 견해에 도전한다. 또한 '영역들'을 깔끔하게 분리할 수 있다고, 적어도 선택의 원천이라고 보는 견해에 도전한다. 우리의 사회인지 중 많은 측면이 (앞에서 묘사한 바와 같이) 애초에 협동이 사냥과 포식자 회피에 가져온 이익 때문에 선택되었기 때문이다. 우리의 생각은 마음이 기능상 전문화된 많은 기제들로 이루어져 있다는 견해와 모순되지 않으며, 위계적인 전문화 개념과도 일치한다. 마음의 영역들과 기제들이 조직화 및 설계의 어떤 차원들과는 부분적으로 겹치고, 다른 차원들과는 갈라지기 때문이다(Barrett, 2012).

얼마 전까지도 포식자의 공격은 일상생활을 구성하는 현실이자 지속적 가능성이었다. 이 동물들, 그 생각, 계획, 의도를 알고 이 지식을 전략적으로 이용하는 지능이 있다면 강력한 힘을 발휘했을 것이다. 여기서 우리는 공상과학적으로 생각할 필요가 있다. 인간의 마음이 절묘하게 설계된 컴퓨터라고 상상해보자. 첨단의 센서, 추적기, 탐지기, 추론 장치가 있고 모두 포식자를 막고 피할 목적으로 만들어졌다. 그건 어떻게 생겼을까? 의심할 여지 없이 군사과학이 설계한 최고의 장비 중에도 그런 것은 없다. 그런데도 심리학과 신경과학 전반을 둘러봐도 인간 마음의 설계를 비춰줄 수 있는 적응적 문제로서 포식자 탐지와 회피에 관심을 기울이는 흐름은 거의 없는 편이다.

동전에 뒷면이 있듯이 인간은 본래 포식자다. 우리는 수백만 년 동안 다른 동물을 사냥해왔다. 인간이 진화하는 동안 동물을 추적하고 죽이는 데 필요한 기술의 선택은 시간이 지날수록 약해지기는커녕 사냥이 인간의 생존에 갈수록 중요한 역할을 함에 따라 꾸준히 가속화되었다. 사냥을 해본 적이 없는 사람들에게는 사냥의 어려움이 별것 아닌 것처럼 보이기 쉽다. 도킨스(1976)는 한 편의 포식 드라마에서 나올 수 있는 두 가지 결과가 포식자와 피식자에게 주는 적합도 이익의 불균형을 가리키는 말로 '목숨—식사 원리'라는 용어를 만들었다. 포식이 성공하면 포식자는 식사를 얻지만 피식자는 목숨을 잃고, 실패하면 그 반대가 된다. 또 다른 불균형이 있는데, '여기 말고 어디든anywhere but here' 원리라 부를 만하다. 포식자가 성공하려면 피식자와 정확히 같은 시간 같은 장소에 있어야 하는 반면에 피식자가 성공하려면 다른 어딘가에만 있으면 된다는 뜻이다. 물론 전자보다 후자의 조건을 충족시키기가 훨씬 쉽다. 피식자는 포식을 피하고자 할 때 은신, 은폐, 굴이나 나무에서 생활하기 등 온갖 '벙어리' 전술을 사용할 수 있지만 피식자는 이 세계에서 매우 드물고 결코 무작위적이지 않은 물리적 상태를 만들어야 하기 때문이다. 도구를 사용하는 포식자에게는 복잡한 문제가 하나 더 있다. 우리는 우리의 위치를 피식자의 위치와 일치시키거나, 포물체 또는 덫의 위치를 그렇게 만들어야 한다. 그 때문에 다른 적응적 문제들, 즉 포물체를 정확히 조준하는 지각 및 운동 문제들이 발생한다. 이렇게 포식은 특별한 지능들을 선택하고, 우리가 사냥꾼으로서 물려받은 유산도 우리 마음의 진화에 중요한 역할을 했을 것이다. 우리 지능의 몇몇 측면—마음읽기, 도구 사용, 전략적 협동 등—은 우리가 사냥꾼의 후손인 탓으로 돌릴 순 없지만 적어도 부분적으로는 그 때문에 존재할 것이다. 게다가 인간의 마음은 탐지하고 추적하고 행동을 예측하는 기제로 가득한 듯한데 우리는 그에 대해 충분히 알지 못한다.

포식을 비롯해서 진화와 관련된 문제 영역을 조사하는 일은 현대의 인지 및 발달 심리학자들에게 외면당하고 있지만, 생각의 영역들이 어떻게 조직되어 있는지를 근본적으로 재고찰하는 계기가 될 수 있다. 사회 인지와 마음 이론 같은 포괄적인 영역들을 생각해봤자 소용없을지 모른다. 마음은 큰 문제 몇 개를 중심으로 조직되어 있는 것이 아니라, 가령 행위 탐지, 물체 추적, 운동으로 의도 추론하기 같은 작은 문제들을 중심으로 조직되어 있는 듯하며, 이런 문제들은 현대 심리학의 직관적 범주들과 매끄럽게 맞아떨어지지 않을 것이다.

기제들이 상당히 구체적인 적응적 과제들을 중심으로 조직되어 있다고 보는 이 '마이크로 모듈' 개념은 마음의 영역이 심리학, 수학, 물리학 같은 대학의 학과와 유사하다는 견해보다는, 최근에 인지 신경학이 발견한 결과들과 여러 면에서 더 잘 일치한다(Boyer & Barrett, 이 책 5장을 보라). 실제로 인지는 여러 뇌 체계에 많이 '분포해' 있는 동시에 작은 하부 체계들의 대규모 협동을 수반한다고 보는 견해가 뇌 영상 연구들을 통해 점점 더 강한 지지를 받고 있다(Bullmore & Sporns, 2009). 이 견해는 또한 위계적 모듈의 개념과 일치한다. '마음 이론'이나 '사회인지' 같은 대규모의 능력은 큰 집합 속에 들어 있는 작은 기제들이 유연한 짜맞추기 방식으로 작동한 산물이라고 보는 것이다(Barrett, 2012). 얼마 전부터 진화심리학자들은 인간 마음의 진짜 영역 지도는 심리학 교과서들이 그려 보이는 영역들과 같지 않을 거라고 주장하지만, 마음의 진짜 이음매들을 발견하기까지는 많은 연구가 남아 있다. 포식자—피식자 적응은 그 연구가 어떻게 이루어질 수 있는지를 보여주는 유용한 사례다. 우리 마음에 깔끔하게 규정된 포식자—피식자 영역은 없고 그 대신 포식자들과 피식자들이 제각기 독특한 방식으로 만들어낸 체계들—어떤 것들은 전용이고, 어떤 것들은 전용이 아닌 체계들—이 무리지어 있을 것이다. 다른 잠재적 인지 영역들—감염, 협동, 섹스—에 대해서 우리는 기초에 놓은 기제들이 어떻게 조직되어 있는지 더 폭넓게 설명하는 모델들을 고려할지 모르고, 여기에는 다양한 기제들의 상호작용을 수반하는 위계적이고 폭넓게 분포한 모델(어떤 것들은 그 영역에만 특수하고, 또 어떤 것들은 그렇지 않은)이 포함될 것이다.

참고문헌

Abell, F., Happé, F., & Frith, U. (2000). Do triangles play tricks? Attribution of mental states to animated shapes in normal and abnormal development. *Journal of Cognitive Development, 15*, 1–20.

Baron-Cohen, S. (1995). *Mindblindness: An essay on autism and theory of mind.* Cambridge, MA: MIT Press.

Barrett, H. C. (1999). Human cognitive adaptations to predators and prey (PhD dissertation, University of California at Santa Barbara).

Barrett, H. C. (2005). Adaptations to predators and prey. In D. M. Buss (Ed.), *The handbook of evolutionary psychology* (pp. 200–223). Hoboken, NJ: Wiley.

Barrett, H. C., Todd, P. M., Miller, G. F., & Blythe, P. W. (2005). Accurate judgments of intention from motion cues alone: A cross-cultural study. *Evolution and Human Behavior, 26*, 313–331.

Barrett, H. C. (2012). A hierarchical model of the evolution of human brain specializations. *Proceedings of the National Academy of Sciences, USA, 109*, 10733–10740.

Barrett, H. C., & Broesch, J. (2012). Prepared social learning about dangerous animals in children. *Evolution and Human Behavior, 33*, 499–508.

Barrett, H. C., & Behne, T. (2005). Children's understanding of death as the cessation of agency: A test using sleep versus death. *Cognition, 96*, 93–108.

Blanchette, I. (2006). Snakes, spiders, guns, and syringes: How specific are evolutionary constraints on the detection of threatening stimuli? *The Quarterly Journal of Experimental Psychology, 59*, 1484–1504.

Blumenschine, R. J. (1987). Characteristics of an early hominid scavenging niche. *Current Anthropology*, *28*, 383–407.

Blurton Jones, N. G., & Konner, M. J. (1976). Kung knowledge of animal behavior. In R. B. Lee & I. Devore (Eds.), *Kalahari hunter gatherers* (pp. 325–348). Cambridge, MA: Harvard University Press.

Borst, A., & Egelhaaf, M. (1989). Principles of visual motion detection. *Trends in Neurosciences*, *12*, 297–306.

Brain, C. K. (1981). *The hunters or the hunted? An introduction to African cave taphonomy*. Chicago, IL: University of Chicago Press.

Bramble, D. M., & Lieberman, D. E. (2004). Endurance running and the evolution of Homo. *Nature*, *432*, 345–352.

Brantingham, P. J. (1998). Hominid-carnivore coevolution and invasion of the predatory guild. *Journal of Anthropological Archaeology*, *17*, 327–353.

Broesch, J., Henrich, J., & Barrett, H. C. (2014). Adaptive content biases in learning about animals across the lifecourse. *Human Nature*, *25*, 181–199.

Bullmore, E., & Sporns, O. (2009). Complex brain networks: Graph theoretical analysis of structural and functional systems. *Nature Reviews Neuroscience*, *10*, 186–198.

Carrier, D. R. (1984). The energetic paradox of human running and hominid evolution. *Current Anthropology*, *25*, 483–495.

Cartmill, M. (1992). New views on primate origins. *Evolutionary Anthropology*, *1*, 105–111.

Castelli, F., Frith, C.D., Happé, F., & Frith, U. (2002). Autism, Asperger syndrome and brain mechanisms for the attribution of mental states to animated shapes. *Brain 125*, 1839–1849.

Castelli, F., Happé, F., Frith, U., & Frith, C. (2000). Movement and mind: A functional imaging study of perception and interpretation of complex intentional movement patterns. *Neuroimage*, *12*, 314–325.

Cosmides, L., & Tooby, J. (2000). Evolutionary psychology and the emotions. In M. Lewis & J.M. Haviland-Jones (Eds.), *Handbook of emotions* (2nd ed., pp. 91–115). New York, NY: Guilford Press.

Coss, R. G. (1999). Effects of relaxed natural selection on the evolution of behavior. In S. A. Foster & J. A. Endler (Eds.), *Geographic variation in behavior: perspectives on evolutionary mechanisms* (pp. 180–208). Oxford, England: Oxford University Press.

Coss, R. G., & Goldthwaite, R. O. 1995. The persistence of old designs for perception. *Perspectives in Ethology*, *11*, 83–148.

Csibra, G., & Gergely, G. (2009). Natural pedagogy. *Trends in Cognitive Sciences*, *13*,

148−153.

Csibra, G., Bíró, S., Koós, O., & Gergely, G. (2003). One-year-old infants use teleological representations of actions productively. *Cognitive Psychology*, *27*, 111−133.

Csibra, G., Gergely, G., Bíró, S., Koós, O., & Brockbank, M. (1999). Goal attribution without agency cues: The perception of "pure reason" in infancy. *Cognition*, *72*, 237−267.

Dawkins, R. (1976). *The selfish gene*. New York, NY: Oxford University Press.

DeLoache, J., & LoBue, V. (2009). The narrow fellow in the grass: Human infants associate snakes and fear. *Developmental Science*, *12*, 201−207.

Duntley, J. D., & Buss, D. M. (2005). The plausibility of adaptations for homicide. In P. Carruthers, S. Laurence, & S. Stich (Eds.), *The innate mind: Structure and contents* (pp. 291−304). New York, NY: Oxford University Press.

Ellis, B. J., Jordan, A. C., Grotuss, J., Csinady, A., Keenan, T., & Bjorklund, D. F. (2014). The predatoravoidance effect: An evolved constraint on emerging theory of mind. *Evolution and Human Behavior*, *35*, 245−256.

Ferraro, J. V., Plummer, T. W., Pobiner, B. L., Oliver, J. S., Bishop, L. C., Braun, D. R., . . . Potts, R. (2013). Earliest archaeological evidence of persistent hominin carnivory. *PloS ONE*, *8*(4), e62174.

Fessler, D. T. (2002). Reproductive immunosuppression and diet. *Current Anthropology*, *43*, 19−61.

Frankenhuis, W. E., House, B., Barrett, H. C., & Johnson, S. P. (2013). Infants' perception of chasing. *Cognition*, *126*, 224−233.

Frankenhuis, W. E., & Barrett, H. C. (2013). Design for learning: The case of chasing. In M. D. Rutherford & V. A. Kuhlmeier (Eds.), *Social perception* (pp. 171−196). Cambridge, MA: MIT Press.

Gallup, G. G. (1998). Tonic immobility. In G. Greenberg & M. M. Haraway (Eds.), *Comparative psychology: A handbook* (pp. 777−782). New York, NY: Garland.

Gao, T., McCarthy, G.,& Scholl, B. J. (2010). The wolfpack effect: Perception of animacy irresistibly influences interactive behavior. *Psychological Science*, *21*, 1845−1853.

Gergely, G., Nádasdy, Z., Csibra, G., & Bíró, S. (1995). Taking the intentional stance at 12 months of age. *Cognition*, *56*, 165−193.

Hart, D., & Sussman, R. W. (2005). *Man the hunted: Primates, predators, and human evolution*. New York, NY: Basic Books.

Haselton, M. G., & Buss, D. M. (2000). Error management theory: A new perspective on biases in cross-sex mind reading. *Journal of Personality and Social Psychology*, *78*, 81–91.

Hernik, M., Fearon, P., & Csibra, G. (2014). Action anticipation in human infants reveals assumptions about anteroposterior body-structure and action. *Proceedings of the Royal Society B: Biological Sciences*, *281*, 20133205.

Hills, T. T. (2006). Animal foraging and the evolution of goal-directed cognition. *Cognitive Science*, *30*, 3–41.

Hills, T. T., Todd, P. M., & Goldstone, R. L. (2008). Search in external and internal spaces evidence for generalized cognitive search processes. *Psychological Science*, *19*, 802–808.

Hugdahl, K., & Öhman, A. (1977). Effects of instruction on acquisition and extinction of electrodermal responses to fear-relevant stimuli. *Journal of Experimental Psychology: Human Learning and Memory*, *3*, 608–618.

Hutchinson, J., Wilke, A., & Todd, P. M. (2008). Patch leaving in humans: Can a generalist adapt its rules to dispersal of items across patches? *Animal Behaviour*, *75*, 1331–1349.

Isbell, L. A. (1994). Predation on primates: Ecological patterns and evolutionary consequences. *Evolutionary Anthropology*, *3*, 61–71.

Johansson, G. (1973). Visual perception of biological motion and a model for its analysis. *Perception and Psychophysics*, *14*, 201–211.

Johnson, S. C. (2000). The recognition of mentalistic agents in infancy. *Trends in Cognitive Science*, *4*(1), 22–28.

Johnson-Frey, S. H. (2004). The neural bases of complex tool use in humans. *Trends in Cognitive Sciences*, *8*, 71–78.

Kaplan, H., Hill, K., Lancaster, J., & Hurtado, A. M. (2000). A theory of human life history evolution: Diet, intelligence, and longevity. *Evolutionary Anthropology*, *9*, 156–185.

Kappeler, P. M., & van Schaik, C. P. (2002). Evolution of primate social systems. *International Journal of Primatology*, *23*, 707–740.

Keenan, T., & Ellis, B. J. (2003). Children's performance on a false-belief task is impaired by activation of an evolutionarily-canalized response system. *Journal of Experimental Child Psychology*, *85*, 236–256.

Kruuk, H. (2002). *Hunter and hunted: Relationships between carnivores and people*. Cambridge, England: Cambridge University. Press.

LeDoux, J. E. (1996). *The emotional brain*. New York, NY: Simon & Schuster.

Leslie, A. M. (1994). ToMM, ToBy, and agency: Core architecture and domain specificity. In L. A. Hirschfeld & S. A. Gelman (Eds.), *Mapping the mind: Domain specificity in cognition and culture* (pp. 119–148). Cambridge, England: Cambridge University Press.

Liebenberg, L. W. (1990). *The art of tracking: The origin of science.* Cape Town, South Africa: David Philip.

Lima, S. L. (1998). Stress and decision-making under the risk of predation: Recent developments from behavioral, reproductive, and ecological perspectives. *Advances in the Study of Behaviour, 27,* 215–290.

LoBue, V. (2010). What's so scary about needles and knives? Examining the role of experience in threat detection. *Cognition and Emotion, 24,* 80–87.

LoBue, V., & DeLoache, J. S. (2008). Detecting the snake in the grass: Attention to fear-relevant stimuli by adults and young children. *Psychological Science, 19,* 284–289.

LoBue, V., & DeLoache, J. S. (2010). Superior detection of threat-relevant stimuli in infancy. *Developmental Science, 13,* 221–228.

LoBue, V., Rakison, D. H., & DeLoache, J. S. (2010). Threat perception across the life span: Evidence for multiple converging pathways. *Current Directions in Psychological Science, 19*(6), 375–379.

Mather, G., & West, S. (1993). Recognition of animal locomotion from dynamic point-light displays. *Perception, 22,* 759–766.

Meredith, R. W., Janečka, J. E., Gatesy, J., Ryder, O. A., Fisher, C. A., Teeling, E. C., . . Murphy,W. J., (2011). Impacts of the cretaceous terrestrial revolution and KPg extinction on mammal diversification. *Science, 334,* 521–524.

Mineka, S., Davidson, M., Cook, M., & Keir, R. (1984). Observational conditioning of snake fear in rhesus monkeys. *Journal of Abnormal Psychology, 93,* 355–372.

Mithen, S. J. (1996). *The prehistory of the mind: The cognitive origins of art, religion and science.* Cambridge, MA: Cambridge University Press.

Nairne, J. S., Pandeirada, J. N. S., Gregory, K. J., & Van Arsdall, J. E. (2009). Adaptive memory: Fitness relevance and the hunter-gatherer mind. *Psychological Science, 20,* 740–746.

Nairne, J. S., Thompson, S. R., & Pandeirada, J. N. (2007). Adaptive memory: Survival processing enhances retention. *Journal of Experimental Psychology: Learning, Memory, and Cognition, 33,* 263.

Neuhoff, J. G. (2001) An adaptive bias in the perception of looming auditory motion. *Ecological Psychology, 13,* 87–110.

New, J., Cosmides, L., & Tooby, J. (2007). Category-specific attention for animals reflects ancestral priorities, not expertise. *Proceedings of the National Academy of*

Sciences, USA, 104, 16598−16603.

Öhman, A., Flykt, A., & Esteves, F. (2001). Emotion drives attention: Detecting the snake in the grass. *Journal of Experimental Psychology: General, 130*, 466−478.

Öhman, A., & Mineka, S. (2001). Fear, phobias and preparedness: Toward an evolved module of fear and fear learning. *Psychological Review, 108*, 483−522.

Parker, A. (2003). *In the blink of an eye: How vision sparked the big bang of evolution.* New York, NY: Basic Books.

Potts, R. (1989). *Early hominid activities at Olduvai.* Chicago, IL: Aldine de Gruyter.

Rakison, D. H. (2009). Does women's greater fear of snakes and spiders originate in infancy? *Evolution and Human Behavior, 30*, 438−444.

Rakison, D. H., & Derringer, J. L. (2008). Do infants possess an evolved spider-detection mechanism? *Cognition, 107*, 381−393.

Rakison, D. H., & Poulin-Dubois, D. (2001). Developmental origin of the animate-inanimate distinction. *Psychological Bulletin. 127*, 209−228.

Reznick, D., & Endler, J. A. (1982). The impact of predation on life history evolution in Trinidadian guppies (Poecilia reticulata). *Evolution, 36*, 160−177.

Ristau, C. (1991). Aspects of the cognitive ethology of an injury-feigning bird, the piping plover. In C. Ristau (Ed.), *Cognitive ethology: The minds of other animals.* Hillsdale, NJ: Erlbaum.

Rochat, P., Morgan, R., & Carpenter, M. (1997). Young infants' sensitivity to movement information specifying social causality. *Cognitive Development, 12*, 537−561.

Rochat, P., Striano, T., & Morgan, R. (2004). Who is doing what to whom? Young infants' developing sense of social causality in animated displays. *Perception, 33*, 355.

Rose, L., & Marshall, F. (1996). Meat eating, hominid sociality, and home bases revisited. *Current Anthropology, 37*(2), 307−338.

Scheibehenne, B., Wilke, A., & Todd, P. M. (2011). Expectations of clumpy resources influence predictions of sequential events. *Evolution and Human Behavior, 32*, 326−333.

Schiff, W., Caviness, J. A., & Gibson, J. J. (1962). Persistent fear responses in rhesus monkeys to the optical stimulus of "looming." *Science, 136*, 982−983.

Scholl, B., & Tremoulet, P. (2000). Perceptual causality and animacy. *Trends in Cognitive Sciences, 4*, 299−308.

Seligman, M.E.P. (1971). Phobias and preparedness. *Behavior Therapy, 2*, 307−320.

Simion, F., Regolin, L., & Bulf, H. (2008). A predisposition for biological motion in the newborn baby. *Proceedings of the National Academy of Sciences, USA, 105*, 809−

813.

Stanford, C.B. (1999). *The hunting apes: Meat eating and the origins of human behavior.* Princeton, NJ: Princeton University Press.

Stanford, C. B., & Bunn, H. T. (Eds.). (2001). *Meat-eating and human evolution.* New York, NY: Oxford University Press.

Stankowich, T., & Blumstein, D. T. (2005). Fear in animals: A meta-analysis and review of risk assessment. *Proceedings of the Royal Society B: Biological Sciences, 272,* 2627−2634.

Sun, H., & Frost, B. J. (1998). Computation of different optical variables of looming objects in pigeon nucleus rotundus neurons. *Nature Neuroscience, 4,* 296−303.

Thorpe, S. J., Gegenfurtner, K. R., le Fabre-Thorpe, M., & Bulthoff, H. H. (2001). Detection of animals in natural images using far peripheral vision. *European Journal of Neuroscience, 14,* 869−876.

Tooby, J., Cosmides, L.,& Barrett, H. C. (2005). Resolving the debate on innate ideas: Learnability constraints and the evolved interpenetration of motivational and conceptual functions. In P. Carruthers, S. Laurence, & S. Stich (Eds.), *The innate mind: Structure and content* (pp. 305−337). New York, NY: Oxford University Press.

Tremoulet, P., & Feldman, J. (2000) Perception of animacy from the motion of a single object. *Perception, 29,* 943−951.

Treves A., & Naughton-Treves, L. (1999). Risk and opportunity for humans coexisting with large carnivores. *Journal of Human Evolution, 36,* 275−282.

Vallortigara, G., Regolin, L., & Marconato, F. (2005). Visually inexperienced chicks exhibit spontaneous preference for biological motion patterns. *PLoS ONE Biology, 3,* e208.

Van Schaik, C. P., & Van Hooff, J. A. R. A. M. (1983). On the ultimate causes of primate social systems. *Behaviour, 85,* 91−117.

Van Valen, L. (1973). A new evolutionary law. *Evolutionary Theory, 1,* 1−30.

Wilke, A., & Barrett, H. C. (2009). The hot hand phenomenon as a cognitive adaptation to clumped resources. *Evolution and Human Behavior, 30,* 161−169.

Wilke, A., Scheibehenne, B., Gaissmaier, W., McCanney, P., & Barrett, H. C. (2014). Illusionary pattern detection in habitual gamblers. *Evolution and Human Behavior, 35,* 291−297.

10장

인간으로부터의 위험에 적응하는 습성

조슈아 D. 던틀리

범죄자보다 공격의 희생자가 더 많긴 해도 연구자들과 대중은 주로 폭력적인 인간에게 관심을 기울여왔다. 이 장에서는 인간으로부터의 위험을 막는 적응의 진화적 논리와 증거를 탐구하고자 한다.

위험의 다른 차원들

타인으로부터의 위험이 무엇인지는 분석 단위에 달려 있다. 직관적 차원에서, 생존의 위험을 생각할 때 사람들은 대개 분석의 단위로 개인에게 초점을 맞춘다. 맞거나 찔리거나 강간당하거나 살해당하는 것은 개인이다. 이 관점에서 볼 때 타인으로부터의 위험은 개인의 생존과 몸의 건강을 위협하는 행동에 국한된다.

유전자를 분석의 단위로 사용할 때는 인간으로부터의 위험을 더 폭넓게 고려해야 한다. 유전자의 생존은 한 번의 수명이나 한 명의 개인으로 끝나지 않는다. 유전자는 여러 사람의 몸속에 동시에 존재하고, 수천 세대에 걸쳐 존속한다. 유전자에는 유전 적합도에 얼마나 기여하는지가 성공의 적절한 지표다. 타인의 행동이 유전자의 복제를 불리하게 한다면 그 행동은 곧 위험으로 간주된다. 내 아이를 물리적으로 공격하거나, 배우자가 바람을 피우거나, 경쟁자가 굴욕을 주는 것은 모두 유전자의 번식 성공을 위협하는 행동이다. 하지만 어떤 것도 개인의 생존이나 몸의 건강을 위협하지는 않는다. 인간의 심리는 유전적 적합도를 위협하는 이런저런 위험을 마치 개인의 생사가 달린 엄청난 위협인 양 느끼고 반응하는데, 이 사실은 우리의 심리가 궁극적으로 유전자의 복제 성공을 보장하게끔 되어 있음을 가리킨다.

유전적 부정, 평판의 손상, 자식의 번식가치 상실은 유전자에게는 정말 생사가 걸린 상황이다. 개인의 생존은 유전 적합도를 보장하기에 충분조건은 아니지만 필요한 조건이다. 이 장에서는 유전 적합도의 이 필요 요소를 위협하는 것들, 즉 타인이 개인의 생존과 몸의 건강에 가할 수 있는 위험들에 초점을 맞출 것이다.

얼마나 위험한가

인간이 위험하다는 것은 자명한 사실이다. 동물 가운데 해마다 가장 많은 인간을 죽이는 동물이 모기이고 그다음이 인간이다(GatesNotes, 2014). 해마다 전 세계에서 580만 명이 상해로 사망하는데 그중 7분의 1이 살인이나 전쟁으로 죽는다(세계보건기구[WHO], 2008). 번식과 관련된 자원을 놓고 가장 치열한 경쟁을 벌이는 15세-29세 사이에서(Buss, 2003), 교통사고, HIV/AIDS, 결핵에 이어 살인이 네 번째로 강력한 사망 요인이다. 이 연령대에서 복지는 9번째 사망 요인이다. 전 연령대에 걸쳐 여자보다 남자가 거의 두 배 많이 상해나 폭력으로 사망한다.

위험한 적응들

가령 대형동물 사냥 같은 조상의 상황에서 사냥 기여도가 나중에 돌아오는 이익에 비례했다고 할 때 협동은 사냥꾼 개개인에게 가장 큰 포괄적합도 이익을 안겼을 것이다. 하지만 다른 상황에서 포괄적합도를 높이는 개인의 행동은 곧 타인의 적합도를 떨어뜨리고 그래서 당사자들 사이에 갈등을 끌어들였을 것이다(Buss, 1989). 충분한 적합도 이익이 선택이라는 엔진을 가동시킨 상황에서 자연은 어떤 형질이든 선호했을 수 있다. 서로에게 위험이 되는 형질까지 포함해서 말이다.

인간의 활동 중 인간을 가장 위험한 존재로 만드는 많은 것들이 심리적 적응의 결과라고 연구자들은 주장한다. 증거에 따르면 심리적 적응은 배우자 폭력(Buss & Shackelford, 1997a), 공격성(Buss & Shackelford, 1997b; Campbell, 1993; Daly & Wilson, 1988; Wilson, Daly, & Pound, 2002), 강간(Thornhill & Palmer, 2000; 1988)의 요인이다(이 위험을 비롯한 여러 위험의 역사적 흐름을 포괄적으로 개관한 글로는, Pinker, 2011을 보라). 이 적응들을 만들어낸 선택압의 핵심에는 제한된 자원과 사회적 관계 때문에 벌어지는 갈등과 경쟁이 있다.

다른 행동에 비해서 폭력은 다양한 적응적 문제를 해결할 수 있다. 예를 들어, 자원을 얻기 위해 두 가지 전략, 즉 폭력과 은밀한 도둑질을 사용한다고 생각해보자. 도둑질은 자원을 얻으려 할 때 효과적일 수 있는 반면에 폭력은 도둑질을 보조하고, 잠재적인 짝에게 신체적 역량을 과시하고, 경쟁자를 협박하는 수단이 될 수 있다.

가해자는 가해 전략을 통해 많은 것을 얻을 수 있지만, 피해자는 진화상의 목표와 관련된 전략이 방해받는 것에서부터 죽음에 이르기까지 다양한 비용을 치른다. 평균적으로 피해자가 직면하는 가장 값비싼 결과는 죽음이다. 선택은 희생의 비용을 막거나 줄이는 일에 신경 쓰지 않았다는 말은 그럴듯하다.

가해와 방어의 공진화

군비경쟁에 비유되곤 하는 적대적인 공진화는 모든 종은 아니어도 대부분의 진화사에서 한 자리를 차지한다. 군비경쟁은 포식자와 피식자의 경우처럼 종간에서도 발생하고, 종내 경쟁자 사이에서도 발생한다. 군비경쟁은 진화를 신속하게 변화시킬 정도로 엄청난 선택압을 만들어낸다(Pillips, Brown, & Shine, 2004). 동종 사이에서 되풀이되는 갈등 상황은 언제라도 경쟁자를 앞지르고 도전을 막아내기 위한 적대적 전략들의 공진화 온상이 될 수 있다.

비용을 부과하는 적응이 진화할 때 선택압이 발생해서 그것을 막는 대항적응이 공진화한다. 선택압의 양은 진화적 시간에 걸쳐 발생하는 비용의 크기와 빈도에 해당한다. 위해를 방어하는 적응이 진화할 때에도 선택압이 발생해서 가해 목적으로 설계된 적응이 개선되거나 그 용도의 새로운 적응이 출현한다. 이렇게 개선된 가해용 적응은 다시 새로운 선택압을 만들어내서 적응을 개선하고 비용을 예방한다. 계속 변하는 적응과 대항적응의 새로운 조합은 비용을 부과하는 적응과 비용을 방어하는 적응의 적대적인 공진화 군비경쟁을 영속화한다. 그 갈등과 경쟁의 원인이 해결되거나 제거되지 않는 한에서 말이다.

경쟁자의 비용 부과 전략에 대항하도록 설계된 적응이 존재한다는 것은 그 경쟁자의 위해 전략이 적응의 산물임을 보여주는 증거원이다. 적응의 부산물이나 잡음보다는 대항적응이 진화의 과정에서 되풀이되고 상황을 예측할 수 있는 행동을 더 잘 만들어낸다. 게다가 방어적인 대항적응은 경쟁자의 비용발생 행동을 너무 비싸게 만들고(예를 들어, 성폭행범을 죽이는 것) 그로부터 비용발생 전략을 억지하는 선택압이 발생한다. 그 비용에도 불구하고 진화의 시간에 걸쳐 비용발생 전략이 계속 존재한다는 것은 그 전략이 구체적인 상황에서 평균적으로 순이익을 내는 기능을 하고 있다는 뜻이다. 그런 기능성의 증거는 적응에 필요한 증거이지, 충분한 증거는 아니다. 또한 진화한 방어 전략의 설계 형질이 복잡하고 특수한지의 여부 그리고 이 설계 형질이 가설에 올라 있는 적응의 설계 형질과 잘 매치되는지의 여부에서 추가적인 증거가 나올 수 있다. 비용을 부과하는 기제와 그에 대항하는 복잡하고 특수한 방어기제의 대단히 기능적인 설계 특징들은 양쪽이 다 적응이라는 사실의 또 다른 증거라 할 수 있다.

피해자 방어기제의 세 가지 시간적 맥락

피해자 방어의 형식 및 기능들 사이에는 그 활성화의 시기별로 중요한 차이가 있다. 피해자는 위험한 인간이 부과하는 비용에 맞서 자기 자신을 방어할 수 있는데, 그 시기는 (1) 희생당하기 전, (2) 비용발생 사건이 일어나고 있는 동안, (3) 희생당한 후로 나뉜다. 선택압이 각각의 시간적 맥락에 대처해서 적응을 빚을 때 그 압력의 세기는 가해지는 비용의 성격에 따라 달라진다. 예를 들어, 강간에 대응하는 피해자 적응은 세 종류의 시간적 맥락 모두에서 선택압을 받을 것이다. 여성에게는 희생을 피하는 적응, 희생 도중에 비용을 최소화하는 적응, 강간을 당한 뒤 미래의 희생을 예방 조처하는 적응이 있을 것이다. 하지만 살해당한 사람의 적응에는 세 종류의 모든 시간적 맥락에서 선택압이 작용하진 않을 것이다. 살인의 일차적 피해자는 죽은 뒤부터는 사건에 직접 영향을 미칠 수가 없다.

희생 전 적응

희생에 대처하는 최선의 방어책은 희생자가 되지 않는 것이다. 예측할 수 있는 맥락에서 예측할 수 있는 동종 개체가 비용발생 전략을 구사했다면, 거기서 발생한 선택압으로 그 전략을 피하는 방어용 적응이 진화했을 것이다. 개인이 비용을 발생시킬 가능성이 높은 상황과 경쟁자를 알아보고 사전에 피하는 심리 기제를 갖고 있다면, 그런 기제가 없는 개인보다 적합도 이점이 더 컸을 것이다. 밤중에 어두운 골목길을 걸어갈 때 '미심쩍어 보이는' 사람이 두렵거나 유아들이 낯을 가리는 것이 타인의 비용발생 전략에 희생되지 않기 위한 적응의 예일 것이다.

희생 중 적응

선택은 사건이 발생하는 중에 희생의 비용을 최소화하는 적응도 만들었다. 방어 자세, 언어를 이용한 조종, 탈출 기회를 모색하거나 만들고자 하는 시도가 희생의 비용을 낮춰주기 때문에 선택되었을 만한 방어 전략들이다. 태아의 자세로 몸을 움츠리면 공격자의 가격이 피해자의 머리와 체내 장기에 도달하기 어렵다. 공격자의 공감이나 감정이입을 자극하는 언어는 비용발생의 지속시간과 격렬함을 줄이는 효과가 있다. 공격자를 혼란하게 하거나 잠시 무기력하게 하는 사건을 만들거나 기다리면 탈출하거나 몸을 숨겨 자신을 보호할 기회를 얻을 수 있다. 희생자가 입을 수 있는 비용의 크기를 줄여주기만 한다면 선택은 어떤 적응이라도 기꺼이 지지했을 것이다.

희생 후 적응

비용발생 사건이 일어난 뒤에 활성화되어 희생의 충격을 최소화하거나 미래의 희생을 막아주는 희생자 적합도도 선택의 환영을 받았을 것이다. 예를 들어 싸우는 중에 입은 부상이 실제만큼 치명적이지 않은 것처럼 행동하거나, '주목이 솜방망이 같군'이라는 언어 공격으로 타격의 효과를 비난하는 행동은 신체적 싸움에서 가격을 당한 후에 발생하는 체면 손상을 줄여준다.

미래에 희생을 예방하는 방법은 무수히 많다. 그 하나가 위험 단서를 학습하는 것이다. 위험한 상황과 개인을 알아보고 피한다면 피해자는 미래에 그들 때문에 치를 비용을 줄일 수 있다. 예를 들어 도시의 한 구역에서 피해를 당하면 차후에 그곳은 피하고 싶을 것이다. 희생자는 공격자와 앞으로는 상호작용을 하지 않을 것이다. 또한 앞으로는 동종의 공격에 대한 방어를 강화해서 공격을 선제적으로 회피할 수도 있다. 예를 들어 호신용 무기를 지닌다면 미래의 대면에서 심각한 비용을 떠안을 가능성이 줄어들 것이다.

미래의 희생을 예방하는 또 다른 방법은 공격자에게 복수하는 것이다. 확실한 보복 능력을 과시하면 가해자나 그 밖의 사람들에게 앞으로는 공격이나 착취에 복수하겠다는 메시지를 주게 되므로 미래에 희생당할 가능성이 줄어든다. 복수는 자연선택이 우리의 심리에 구축한 기제라고 연구자들은 말해왔다(Buss & Duntley, 2006). 자기공명영상MRI 연구에서 입증된 바에 따르면, 남성은 자신을 위해했다고 확신하는 사람에게 복수를 할 때 뇌에 있는 쾌감중추들이 활성화된다고 한다(Singer et al., 2006). 이 연구를 통해 우리는 남성의 경우 복수를 추구하는 동기가 진화에 기초해 있으며, 사회적 경쟁에서 지위를 유지하는 것이 조상의 환경에서 남성들의 포괄적합도에 중요했다는 주장에 근거가 있음을 알 수 있다.

희생자 적응에 가해지는 선택압은 시간적 범주에 따라 달랐을 것이다. 조상의 환경에서는 희생을 완전히 피하는 것이 희생의 비용을 최소화하는 길이었기 때문에, 희생 중이나 후에 작동하는 희생자 적응보다는 희생 전의 적응을 진화시킨 선택압이 더 컸을 것이다. 그 결과, 다른 시간 범주들에 속하는 적응보다 희생 전 적응이 더 많을 것으로 추측할 수 있다.

희생자 방어의 설계 특징을 탐구할 목적으로 그 시간 범주를 세 가지로 개념화하는 것은 유용하지만 어떤 방어 전략이 둘 이상의 시간 범주를 연결해서, 가령 희생의 정보를 기억에 저장하고 그 기억을 이용해서 미래의 희생을 막는 것도 가능하다.

요컨대 희생자 적응의 시간 범주를 셋으로 나눠 고찰하는 것은 유용하다. 희생을 피하기 위한 적응, 희생을 당하는 동안 그 비용을 최소화하는 적응, 희생이 발생한 후 그 비용을 최소화하고 재발을 방지해주는 적응. 각각의 맥락에서 적응에 가해지는 선택압의 정도는 희생의 성격에 따라 결정된다.

인간으로부터의 위험과 그 방어책의 공진화

타인에게 비용을 부과할 목적으로 사용할 수 있는 전략은 너무 광범위하고 많아서 이 장에서 제대로 다루기는 불가능하다. 가장 큰 비용을 부과하는 행동이 그에 대한 방어책에 가장 큰 선택압을 만들어낸다. 비용을 부과하는 전략과 그 방어책의 공진화를 가장 명확히 설명할 수 있도록 다음의 절에서는 희생자에게 가장 큰 비용을 초래하는 세 가지 상황인 폭력, 강간, 살인에 초점을 맞추고자 한다.

폭력

경쟁자를 물리적으로 위해하면 그들에게 분명한 심리적 비용을 부과하게 된다. 폭력의 사용은 또한 효과적인 경쟁 전술이 되기도 한다. 건강한 개인은 상처를 입은 경쟁자보다 더 효과적으로 경쟁할 수 있다. 경쟁자는 과거에 자신을 다치게 했던 개인과의 경쟁을 피하거나 포기할 가능성이 더 높다. 싸움에서 자신이 입은 상처보다 더 큰 상처를 입히는 개인은 쉽게 이용당하지 않는 사람이라는 평판을 획득하기도 한다(Buss, 2011). 이 평판은 폭력으로부터 당사자를 보호해주고, 경쟁자의 저항을 적게 받으면서 자원에 더 쉽게 접근할 수 있다.

폭력을 방지하는 효과적인 전략은 폭력적 대결을 완전히 피하는 것이다. 집단보다는 개인을 공격하기가 더 쉽기 때문에 동맹을 맺으려는 인간의 적응은 폭력적인 경쟁자들을 억지하는 수단이 될 수 있다(Tooby & Cosmides, 2010). 개인이 폭력의 표적이 될 수 있는 상황을 회피하게 하는 적응도 동종에게 가해당하는 것을 예방하는 또 하나의 보호책이 될 수 있다. 인간은 또한 공격자의 폭력 행동이 득보다 실이 된다고 주장하거나, 어떤 다른 갈등 해결책을 제시하거나, 자신을 보호하기 위해 폭력을 쓰겠다고 위협하는 등으로 공격자를 설득해보는 적응을 갖고 있는 듯하다. 만일 공격을 피할 수 없으면 개인은 폭력의 희생자가 되지 않으려고 공격성에 의존하거나 살인을 하기도 한다(Daly & Wilson, 1988).

얼굴 뼈의 구조를 분석해보면 남성이 싸움을 위해 진화했음을 알 수 있다. 다른 남자에게 가격을 당했을 때 부상을 최소화하도록 특별한 구조로 되어 있는 것이다(Carrier & Morgan, 2014). 뼈의 구조가 경쟁자의 가격을 완화해준다는 사실은 폭력에 대한 생리적 적응을 잘 보여주는 예다.

강간

강간은 번식과 직접 관련된 비용발생 전략이다. 강간범은 다른 방법으로는 거머쥘 수 없는 번식의 이익을 취득한다. 강간은 여성에게 감정적 비용(Block, 1990; Burgess & Holmstrom, 1974; Jerin & Moriarty, 2010)과 신체적 비용(Geist, 1988)뿐 아니라 여성의 짝 선택과 번식 시기의 선택을 무시함으로써 적합도 비용을 안긴다(Buss, 2011; 또한 비용의 범위에 관한 논의로는, Perilloux, Duntley, & Buss, 2012를 보라). 남성에게 강간의 적응이 있다고 확정할 증거는 부족하다는 것이 학자들의 결론이지만(Buss, 2003, 2011, 2014; Symons, 1979), 민족지학자들과 역사 기록에 따르면 강간은 모든 문화에서 발생하고 인간의 진화사에 걸쳐 계속 되풀이되었다(Buss, 2003, 2011; McKibbin & Shackelford, 2011).

수많은 연구자들이 강간에 대항하는 적응이 존재한다고 본다. 안전을 위해 남성 및 다른 여성과 동맹 관계를 형성하는 것도 강간범의 전술을 물리치는 진화한 대항 전략이라 한다(Smuts, 1992). '보디가드 가설'에서는 여성이 신체적으로 강하고 사회적 지배성이 높은 짝을 선호하는 것이 어느 정도는 강간을 예방하기 위한 적응이라고 설명한다(Wilson & Mesnick, 1997). 이미 언급했듯이 남성의 얼굴 뼈 구조는 다른 남자들과의 주먹 싸움에 특별히 잘 적응해 있다고 캐리어Carrier와 모건Morgan(2014)은 주장한다. 턱뼈가 크고 넓은 데다가 광대뼈가 두껍고 코와 눈 주위의 뼈가 두드러진 이 구조는 남성에게만 존재한다. 여성의 얼굴 뼈는 남성이 갖고 있는 그런 두

께와 강도에 크게 못 미친다. 그러나 조사에 의하면 여성은 평소에는 물론이고 특히 배란을 할 때 더 남자다운 얼굴을 가진 남성을 짝으로 선호한다(Gildersleeve, Haselton, & Fales, 2014). 특히 생식능력이 최고조일 때 남자다운 얼굴에 더 끌리는 여성의 선호는 강간범으로부터 자신을 가장 잘 지켜줄 남자와 교제하는 데 도움이 된다. 이렇게 남자다운 얼굴 특징에 끌리는 여성의 진화한 적응은 성선택을 통해 남성의 생리에 그에 상응하는 적응을 만들어낸다. 즉, 여성의 선호를 받으려면 다른 남성들의 공격으로부터 여성 파트너를 더 잘 보호해줄 것 같은 적응을 지녀야 한다.

연구자들은 여성에게는 조상 시대에 강간의 발생 가능성이 높다고 예측되는 상황을 피하게 하는 전문화된 두려움이 있어서 강간을 선제적으로 피하는 데 유용했다는 연구 결과를 제시해왔다. 강간으로 인한 임신을 피하기 위해 여성은 배란 중에 위험한 활동을 피한다(Bröder & Hohmann, 2003; Chavanne & Gallup, 1998). 강간이 유발하는 생리적 통증은 여성에게 미래에 더 경계하는 동기를 준다(Thornhill & Palmer, 2000).

여성은 남들이 그들을 비난하는 것보다 더 심하게 자신을 비난하는데(Perilloux, Duntley, & Buss, 2014), 아마 개인적 책임감을 끌어올려서 미래에 희생을 더 잘 피할 수 있는 행동 패턴으로 바꾸기 위해서일 것이다. 게다가 강간이 발생한 뒤에 그 비용을 최소화하는 적응전략도 갖고 있는 듯하다. 강간과 관련해서 평판이 나빠지는 것을 막기 위해 또는 낭만적 파트너를 잃지 않기 위해 여성은 그 시련을 비밀로 남기고 싶어 한다. 성폭력을 당한 뒤에 몸을 씻고 싶은 충동을 강하게 느끼는 것은 낭만적 파트너를 비롯한 남들에게 탐지되는 것을 막기 위해 물리적 증거를 없애려는 것일 수 있다. 여성은 자신의 남자 친척과 동맹자를 불러모아서 공격자에게 복수를 하려 하기도 한다. 자연 유산, 조산, 영아 살해도 강간범의 자식에게 투자하지 않기 위한 여성의 방어 전략일 수 있다(자세한 검토를 위해서는, McKibbin & Shackelford, 2011을 보라).

살인을 낳는 적응들

살인은 타인과의 갈등을 해결하거나 해결에 일조할 수 있는 전략이다(Buss & Duntley, 1998, 1999, 2003, 2004, 집필 중; Duntley & Buss, 1998, 1999, 2000, 2001,

2002, 2011). 살인 적응 이론에 따르면 개인 간 경쟁을 완전히 끝내기 때문에 비치명적인 해결책들과는 판이하다. 살아 있는 것과 죽은 것은 행동의 결과로서 근본적으로 달라서, 행동을 비치명적인 결과로 이끄는 인지 알고리듬과 치명적인 결과로 이끄는 인지 알고리듬이 따로 진화하게끔 선택압을 두 방향으로 행사한다. 경쟁자와의 갈등을 해결하고자 할 때 그들을 살려두는 전략을 채택하면 미래에도 똑같은 문제가 발생할 수 있다. 일단 죽은 사람은 더는 명성을 깎아내리거나 자원을 훔치거나 연애를 방해하거나 남의 짝을 가로챌 수가 없다. 따라서 만일 선택이 치명적인 결과와 비치명적인 결과로 이끄는 인지 알고리듬을 차별하지 않는다면 그 점이 더 놀라울 것이다.

비치명적인 행동과 치명적인 행동의 결과가 근본적으로 다르다는 사실에서 살인은 진화한 심리 기제의 설계된 출력물이라는 가설이 나온다. 경쟁자에게 치명적 상해를 가하는 것은 진화한 살인 적응의 기능이다. 조상의 시대에 동종을 죽이면 다음과 같은 다양한 문제를 해결할 수 있었다(Duntley & Buss, 2008, 2011). (a) 다른 동종이 현재와 미래에 자신, 친족, 짝, 동맹자를 착취하거나 해치거나 강간하거나 살해하는 것을 막을 수 있다. (b) 쉽게 착취당하나 해치거나 강간하거나 죽일 수 있다고 다른 동종에게 지각되는 것을 막고 평판을 유지할 수 있다. (c) 자원, 영토, 주거지, 음식을 경쟁자로부터 보호할 수 있다. (d) 유전적으로 무관하면서도 자원을 축내거나 많이 소비하는 개인(예를 들어, 의붓자식)을 제거할 수 있다. (e) 자원을 유전 적합도(즉, 자식의 수)에 돌릴 수 있도록 새롭게 투자하는 것을 방해하는 친족(예를 들어, 기형아, 만성적 병약자)을 제거할 수 있다.

감염을 비롯해서 건강을 점진적으로 쇠하게 하는 방법을 통해 희생자에게 회복할 수 없는 상해를 가해서 천천히 죽이는 것도 희생자를 즉시 죽게 하는 것만큼 효과적일 수 있지만, 즉각적인 살해보다는 미묘한 탓에 희생자의 친족과 사회적 동맹자들에게 더 약한 복수심을 불러일으킨다. 시간, 나이, 굶주림, 병원체, 기생체 그리고 부적절한 상처 치유를 통해 살인자는 경쟁자 제거라는 진화한 목표를 달성하면서도 살해 의도를 계속 그럴듯하게 부인할 수 있다.

살해당한 사람의 적합도 비용

동종 살해는 인간의 진화사에서 끝없이 되풀이된 특징이었다(Chagnon, 1988; Keeley, 1996; Trinkaus & Shipman, 1993). 희생자의 죽음은 몸속에 거주하는 유전자 소실에 그치지 않고 그의 포괄적합도에 훨씬 더 많은 영향을 미친다. 타인의 손에 죽었을 때 발생하는 포괄적합도 비용은 희생자의 자녀들, 배우자, 친족에게로 흘러 넘칠 수 있다. 구체적으로 다음과 같은 비용이 발생한다.

미래 번식의 상실　살인의 희생자는 현재의 짝이나 다른 잠재적 짝과 더이상 번식을 할 수 없으며, 나이가 어릴수록 그 비용은 커진다.

현존하는 자식에게 돌아가는 피해　부모를 잃은 아이는 자원을 더 적게 받고 착취를 더 쉽게 당하며 사회적 지위를 끌어올리거나 짝짓기 관계를 협상할 때 더 큰 어려움을 겪는다. 한 부모를 잃은 아이는 살아남은 부모가 새로운 짝짓기 관계와 그로부터 태어난 아이에게로 투자를 돌리는 것을 보게 될 수도 있다. 한 부모는 두 부모보다 투자 여력이 적기 때문에 자식을 미래의 더 나은 짝짓기 가망에 내맡길 수 있다. 또한 부모를 잃은 아이는 의붓자식이 될 위험이 있는데, 그럴 때 유전적 부모와 함께 사는 아이들보다 신체적 학대와 살인을 당할 확률이 40~100배 높아진다(Daly & Wilson, 1988).

혈연 집단에 돌아가는 피해　살인의 희생자는 친족을 보호하거나 그들에게 투자할 수가 없다. 가족 구성원이 살해당하면 그로 인해 모든 친족이 착취에 취약하다는 평판에 시달릴 수 있다. 살인의 희생자는 가족 구성원의 출세나 짝짓기 관계에 영향을 줄 수 없다. 또한 희생자가 연합체의 위계조직에 남긴 빈자리는 살아남은 가족 구성원들 사이에 권력 투쟁을 일으킬 수 있다.

살인 희생자의 적합도 상실은 경쟁자들에게 적합도 이득으로 바뀔 수 있다. 살인자는 희생자의 살아 있는 짝에게 남아 있는 번식 가치와 양육 가치를 취득할 수 있고, 이를 위해 때로는 희생자와 그 짝의 자식을 희생시킨다. 살인자는 희생자가 위계조직에 남긴 빈자리를 차지할 수 있다. 살인자의 자식은 유전적 한 부모의 투자, 보호, 영향을 박탈당한 희생자의 자식보다 더 크게 성공할 수 있다. 희생자가 살해당하지 않았다면 계속 생존했을 가족 구성원들 중 다수가 번식 연령에 도달하기 전에 죽는다. 그 가정에서 태어났을 많은 아이들이 세상을 보지 못한다.

경쟁자에게 돌아가는 적합도 이익의 크기는 집단의 규모와 강력한 경쟁자의 존재 여부에 따라 크게 달라진다. 집단이 작고 경쟁자가 적은 상황에서는 살인이 발생한 뒤 자원이나 짝이 국지적으로 조금만 증가해도 살인자는 상당한 이익을 볼 수 있다. 반대로 집단이 크고 경쟁자가 많은 상황에서는 새로 쓸 수 있게 된 자원을 통제하기가 어렵기 때문에 적합도 이익이 희석될 수 있다.

살인이 일어날 수 있는 상황을 피하는 전략

연구자들이 살인 회피 기제의 설계 특징으로 가정하는 것 중 하나는 위험성이 높은 상황에 대한 민감도다. 그런 상황의 존재를 가리키는 단서는 다음과 같다.

누가 영토를 지배하는가   개인이 점유하고 있는 영토를 누가 지배하는지는 조상 시대에 적대적인 동종에게 살해당할 가능성과 확실하게 연관되어 있는 중요한 단서였다. 개인은 고향 땅에서 멀리 떨어져 있을 때 공격에 더 취약하다. 경쟁자의 영토나 심지어 중립적인 영토에 있다는 것은 공격당할 위험이 높다는 것을 가리킨다. 샤농Chagnon(1996)의 보고에 따르면 야노마뫼 부족은 가끔 경쟁자 부족의 구성원들을 영토 안으로 유인해서 성대한 식사를 같이 한 뒤 그들의 경계가 약해지면 매복 공격을 했다고 한다. 사람은 남들이 지배하는 영토에 있음을 가리키는 단서가 있을 때 살해당할 두려움을 더 크게 느낀다.

주변 환경의 특징   경쟁자는 밝은 곳보다 그늘진 곳에 더 잘 숨는다. 사람은 시각적 탐지가 쉬운 지역보다는 시각적 방해물이 있는 곳에서 매복공격을 당할 가능성이 더 높다. 사람은 벽을 등지고 있을 때보다 방 한가운데 있을 때 공격에 더 취약하다. 또한 자신이 취약하다는 것을 가리키는 단서가 있으면 살해에 대한 두려움을 더 크게 느끼고 목숨이 위태롭다는 상상을 더 많이 한다. 카플란(1992)도 이와 비슷한 생각을 제시했다. 풍경의 매력도를 평가하는 처리과정에는 경계할 장소, 숨을 장소, 포식자에게서 도피할 장소, 탈출할 수 있는 경로를 고려하는 과정이 포함된다고 주장한 것이다.

경쟁자의 특징 우리 인간의 진화사에서 경쟁자의 살인 가능성은 그의 성격 및 생활사의 어떤 특징들과 누차 연결지어져 왔다. 강한 자기중심주의, 반사회적 성격, 높은 충동성, 낮은 성실성, 높은 적개심, 남에게 폭력이나 살해 행위를 저지른 전력이 그런 특징이다. 폭력 행동의 역사는 미래의 폭력을 비춰주는 가장 확실한 예측인자다(Douglas & Webster, 1999). 살인 가능성이 높은 동종을 확인할 때 경쟁자의 평판이 중요하다는 것은 절대 과소평가할 수 없는 사실이다. 최근의 연구에 따르면 독립된 뇌 부위들이 타인의 성격 형질에 관한 정보를 처리하며, 그 정보가 합쳐져서 탄생한 성격 모델이 타인의 행동을 예측하는 데 쓰인다고 한다(Hassabis et al., 2014). 민족지학자들의 연구에서도 수렴하는 증거를 볼 수 있다. 어떤 남자들은 자객보다는 살인자로서 명성을 드높인다. 이런 남자들과 한 공동체에서 사는 사람들은 그들에게 넓은 거처를 주고 그들에게 반감을 살 만한 행동을 최대한 삼간다(Chagnon, 1983, 1996; Ghiglieri, 1999).

상황의 특징 어떤 적응들은 살해당할 가능성을 가리키는 상황에 민감하도록 특별히 진화했다. 그런 상황은 조상의 시대에 살인으로 해결될 수 있었던 다음과 같은 적응적 문제들과 일치한다. 경쟁자, 그의 친족, 그의 짝, 그의 동맹자에게 상해, 강간, 살인, 그 밖의 비용을 부과하는 원인제공자가 되는 상황. 경쟁자의 평판을 손상시켜 사람들이 그 경쟁자나 그의 유전적 친족을 쉽게 착취하거나 해치거나 강간하거나 죽일 수 있는 먹잇감으로 보게 하는 상황. 경쟁자의 것인 자원, 짝, 영토, 거처, 식량을 가로채는 상황. 비유전적 친척(예를 들어, 의붓자식)의 자원을 빼앗는 상황. 부모나 친족이 생존 능력이 있는 적합도 매체(예를 들어, 기형아, 만성 병약자)에게 투자하는 것을 방해하는 상황.

살인을 가장 효과적으로 막는 방책은 살인의 희생자가 될 위험한 상황들을 완전히 피하는 것이다. 그중 두려움이란 감정도 그런 상황을 피할 수 있게 해주는 적응적 기제일 것이다. 개빈 드 베커Gavin De Becker는 『두려움의 선물The Gift of Fear』(1997)이란 책에서, 두려움은 우리의 생존을 돕기 위해 존재하는 일종의 신호로, 폭력적인 상황에서 우리를 보호해준다고 주장한다. 두려움이 일 때 그 두려움을 경험하는 것이 적응적이다. 그 덕에 개인은 자신이 직면한 위험에 효과적으로 대응할 수 있다. 드 베커에 따르면 순수한 두려움은 "위험이 존재할 때 발생하고, 고통이나 죽음과 매번 쉽게 연결된다."고 한다(p. 285).

두려움과 불안이 우리를 보호하는 방식은 기본적으로 네 가지라고 마크스 Marks(1987)는 주장했다. 첫째, 두려움과 불안은 개인을 움직일 수 없게 만들어서 포식자나 적대적인 동종으로부터 개인을 감춰주고, 상황을 평가할 수 있게 하고, 운이 따른다면 공격을 피할 수 있게 해준다. 발각됐는지가 불확실하거나 위협의 정확한 위치를 결정할 수 없을 때 가치 있는 전략이다. 둘째, 두려움은 개인을 자극해서 현재의 환경에서 위험을 모면하거나 회피하게 해준다. 셋째, 개인은 자기방어로 공격 전략을 채택할 수 있다. 넷째, 개인은 항복 전략을 채택해서 적대 행위의 원천을 달랠 수 있는데, 인간을 포함한 사회적 포유동물 사이에서 흔한 전술이다(Buss, 2014).

살인이 몰고 올 적합도 결과는 유일무이하기 때문에 살해당할 수 있다는 두려움은 자기방어 용도의 특수한 결정 법칙을 수반하는 매우 특별한 감정 상태일 것이다. 살해당할 수 있다는 두려움은 단일하고 일관된 감정 경험이 아니라 일단의 개별 상태로 표현된다는 설명이 있다. 희생자는 방어책으로서 다양한 두려움을 경험할 수 있는데 그 유형은 다음과 같다. 멀리 낯선 사람들이 무리지어 있을 때 드는 가벼운 불안감. 공격자에게 맞서서 쓰러지고 머리가 발에 차이고 있을 때 태아형 자세로 몸을 웅크리게 하는 공포. 공격하는 무리의 위협이 눈앞에 여전할 때 웬만한 상처는 무시하게 하는 전투 무감각. 출혈이나 감염을 일으킬 수도 있는 날카로운 투척무기가 다가올 때 드는 특별한 혐오감.

현대의 환경에서 사람들이 진화상 두려워해야 할 경험에 자발적으로 노출되는 것은 흥미로운 현상이다. 닐슨 시청률의 주간 순위에서 (프로미식축구 플레이오프 기간이 아닐 때) 맨 윗자리를 차지하는 프로그램의 절반 이상이 살인 드라마나 다큐멘터리다. 살인 사건을 다룬 추리 소설, 괴물 영화, TV 범죄 시리즈, 유령의 집, 핼러윈 가면은 모두 희생자 심리를 활성화시킨다. 사람들, 특히 10대와 젊은이들이 혐오스러워 보이는 자극을 자발적으로 경험하는 이유는 희생자 방어기제의 조정과 실행에 있을 것이다.

살인하려는 사람을 저지하는 전략

살인에 대비한 또 다른 방어책은 타인의 공격을 막아내는 것이다. 이 전략에는 기본적으로 세 가지 형태가 있다.

1. 살인이 일어날 수 있는 조우에서 벗어나는 전략 자신을 죽이려 했던 사람에게서 성공적으로 도망친 사람은 차후에는 살해당할 가능성이 줄어들도록 상황을 변화시키려 할 것이다. 살해 의도를 가진 사람과 함께 점유하고 있는 곳을 떠나는 것이 그런 전략이 될 수 있다. 인간이 아프리카에서 유럽, 아시아 그리고 남북 아메리카로 이주한 것도 동종과의 적대적인 대결을 피하기 위해서라는 설명이 있다(Diamond, 1997; Richerson & Boyd, 1998). 치명적인 경쟁자에게서 도망치는 전략은 희생의 표적이 된 사람이 그들의 손아귀에서 벗어날 수 있다면 효과적이지만 일시적인 해결책에 그칠 수도 있다. 둘 사이의 갈등 상황이 변하지 않으면, 살해 의도를 가진 사람은 희생의 대상을 다시 살해하고자 할 것이다.

2. 살인의 이익은 낮아지고 비용은 높아지도록 상황을 조작하는 전략 자신이 살해당할 수도 있다고 믿는 사람은 살인 전략의 비용이 높아지고 이익이 낮아지도록 상황을 변화시켜 살인의 매력을 떨어뜨릴 수 있다. 다음 예들이 그런 방법에 해당한다. 힘 있는 동종과 동맹을 맺는다. 자신을 경호해줄 수 있는 동맹자들 근처에 머문다. 집단의 구성원들을 변화시켜서 자신을 죽이려 하는 사람과 적대하게 한다. 그 동종과의 갈등을 해소한다(예를 들어, 모종의 지불을 통해서). 경쟁자가 자신의 평판을

구제하거나 복구하도록 돕는다. 목숨을 거래하거나 구걸한다. 친족이나 동맹자가 보복할 것이라고 위협한다. 살해하려는 사람, 그의 친족, 동맹자에게 살인적일 수도 있는 선제공격을 감행한다.

이 중 어떤 전략은 살해 행동이 희생자에게 가해지는 순간까지만 사용할 수 있다. 이 방어 전략들을 사용해도 살해 전략을 비치명적인 대안 쪽으로 돌리기에 부족할 수도 있다. 그럴 경우에 살해의 표적이 된 사람은 치명적인 공격에 맞서 폭력적으로 방어하는 것밖에 다른 방도가 없을 것이다.

3. **살인 공격에 대한 방어** 경쟁자가 치명적인 행동을 감행하는 시점이 되면 살인 전략을 피하거나 무마시키기에 너무 늦을 것이다. 그렇게 살인자와 직접 대면했을 때 선택할 수 있는 방안은 효과적으로 방어하거나 죽는 것이다. 이때 자기방어 전략은 두 가지다. 도움을 구하거나 예비 살해자를 신체적으로 무능력하게 만들어서 탈출 기회를 만드는 것이다. 도움을 청하는 비명은 다른 도움의 요청과 확연히 구별된다. 선택이 희생자에게 부여한 구조 요청의 비명은 죽느냐 사느냐의 기로에서 나오는 독특하고 솔직한 신호라서 구조자에게 적합도 이익이 돌아갈 때 다른 사람들의 도움을 강하게 자극한다. 그 소리를 듣고 구조하러 달려가는 사람은 희생자의 친족이거나, 희생의 대상이나 그의 친족과 상호적 교환을 하면 이익을 볼 수 있는 동맹자일 것이다. 부모나 성인 친족이 놀이터에서 아이가 비명 지르는 것을 자주 들어봤다면 멀리서 도움을 청하는 외침이 즉시 행동을 해야 하는 포괄적합도 위협 때문이라는 것을 쉽게 인지할 것이다. '죽음의 절규'나 공포에 질린 비명(Buss, 개인적 교신)은 도움을 구하거나, 희생자가 죽을 때 친족과 짝에게 위험한 살인자가 있음을 알리는 경보가 될 수 있다. 비명은 친구와 가족에게 도움과 보호를 요청하거나, 아니면 도망치라고 경고할 수 있다. 또한 그 소리 때문에 살인하려는 사람이 살인에 성공하기 전에 도망칠 수도 있다. 죽음의 절규는 비용이 많이 들고 위조하기 어렵고 신뢰할 수 있는 도움의 요청으로 해석된다. '소름끼치는 비명'과 '공포의 절규'라는 말은 자신을 죽이려 하는 경쟁자를 어떻게든 물리치려는 사람이 그렇게 특이하고 확실한 외침으로 도움을 청하고 있음을 뜻한다.

살인자를 신체적으로 무력하게 만드는 것도 희생자가 자기를 방어할 때 쓸 수 있는 전략이다. 희생자는 직접 맞서 싸우거나 충견의 도움을 받는다. 우리 조상들이 개를 길들인 이유 중 하나는 적대적인 동종에 맞서 경비견이나 경호견 역할을 하게끔 하는 것이었다(Clutton-Brock, 1999; Shipman, 2010). 예외 없이 무력화 전략은 살인하려는 사람에 대한 물리적 공격을 수반한다. 최소한 희생의 표적은 도망을 치거나 구조자가 도착할 시간을 벌 정도로 공격자를 무력화해야 한다. 때때로 자기방어로 살인자를 죽이는 것이 가장 실용적인 전략일 수도 있다. 자기방어 살인은 다음과 같은 상황적 특징에 영향을 받을 것이다. 도와줄 친족이나 동맹자가 근처에 없을 때, 공격자를 무력화하거나 그의 치명적 행동을 중단시키려는 비치명적 전략이 실패했을 때, 달리 선택할 대안이 없을 때.

적대적인 대결에서 살인하려는 사람과 희생자의 중요한 차이 중 하나는, 희생자가 살해당하지 않기 위해 미리 준비하고 있는 경우보다 살인자가 살해 전략을 실행하기 위해 미리 준비한 경우가 더 많다는 것이다. 선택은 희생자를 혼자 그리고 불시에 습격해서 살인의 예상 비용(예를 들어, 희생자나 희생자의 친족에게 상해를 입거나 살해되는 경우)을 줄여주는 적응 설계를 선호했을 것이다. 살인 희생자의 유전적 친척은 적합도 비용을 감수해야 하기 때문에 살인을 막는 적응은 희생자의 친족에게도 있을 것이다.

유전적 친척에게 돌아가는 살해 비용의 완화

적응 중에는 가족 구성원의 희생으로 발생한 부정적 결과를 줄여주는 것이 있는데, 이런 적응이 친족에게 선택된 것은 적어도 두 가지 효과 때문으로 보인다. 첫째, 살인자에게 응당한 비용을 부과하면 희생자의 가족이 겪은 평판의 추락을 만회할 수 있다. 희생자의 가족이 살인자에게 반격을 할 수 있다면 차후에는 누구도 그들을 이용할 수 없음을 과시할 수 있다. 둘째, 살인자가 계속 살아 있으면 지속적인 위협이 될 것이다. 가족 구성원의 죽음에 죽음으로 복수를 하면 다시 발생할 적합도 비용의 원인을 제거할 수 있다.

살인 방어용 적응은 살인자에게 높은 비용을 물린다. 살인에 대항하는 적응이 진화하면 선택압이 발생해서 그 진화한 방어 전략을 우회할 수 있는 정교한 살해용 적응을 진화시켰을 것이다. 정교한 살해용 적응의 존재는 거꾸로 더 정교한 방어용 적응을 선택했을 테고, 이렇게 해서 살해용 적응과 살해 방어용 적응의 군비경쟁이라는 적대적인 공진화가 성립되었을 것이다.

살인 적응과 살인 방어 적응의 증거

몇 가지 증거원은 동종 살해를 전담하는 기제가 진화했을 가능성을 가리킨다. 첫 번째 증거원은 비교 연구다. 일부 곤충과 절지동물에게는 짝 살해와 동종포식을 통해 자식의 수나 생존력을 높이는 습성이 있다(사마귀, 검정과부거미, 전갈 등). 수컷은 암컷에게 조심스럽게 접근해서 짝짓기를 하고, 재빨리 퇴각한다. 이성을 동종포식하는 종의 수컷은 교미 중에 잡아먹힐 가능성을 줄이기 위해 다양한 전략을 사용한다(Elgar & Crespi, 1992). 전갈 수컷은 정포를 부착시킨 뒤에 가끔 암컷을 찌르고(Polis & Farley, 1979), 검정과부거미(Gould, 1984)와 게거미(Bristowe, 1958) 수컷은 교미하기 전에 거미줄로 암컷을 묶는다. 살해를 예방하는 기제뿐 아니라 동종 살해도 곤충과 절지동물에게 흔한 듯하다.

약 5천4백 종에 달하는 포유동물 중에서도 많은 종이 동종 살해 패턴을 확실히 드러낸다. 호랑이, 사자, 늑대, 하이에나, 쿠거, 치타의 수컷이 경쟁자 수컷의 어린 자식을 죽여서(Ghiglieri, 1999) 어미의 발정을 앞당기는데, 그 어미는 종종 살해자와 짝짓기를 한다. 영장류 사이에서도 동종 살해가 충분히 입증되었다. 랑구르원숭이(Hrdy, 1977), 차크마개코원숭이(Busse & Hamilton, 1981), 붉은고함원숭이(Crockett & Sekulic, 1984), 사바나개코원숭이(Collins, Busse, & Goodall, 1984), 마운틴고릴라(Fossey, 1984), 침팬지(Bygott, 1972; Suzuki, 1971), 푸른원숭이(Butynski 1982), 그 밖의 종들(Hausfater & Hrdy, 1984)이 동종을 살해한다. 침팬지(Wilson et al., 2014)와 마운틴고릴라(Fossey, 1984)는 동종의 수컷 경쟁자를 살해하기도 한다. 다른 동물에게도 선택이 동종 살해를 허락했다면 필시 인간에게도 허락했을 것이다.

인간이 다른 인간과 상호작용을 하는 곳이면 어디나 살인이 발생할 수 있다. 이는 적대국들의 이야기만이 아니라 어머니와 자녀, 심지어 임신한 어머니와 태아의 이야기이기도 하다. 여자에게는 그 태아가 마지막 번식 기회는 아닐 것이다. 여자는 심지어 자궁 안에서도 번식의 이익을 더 많이 산출할 자식에게 더 많이 투자하도록 선택되었다. 태아가 생존력이 없으면 산모가 투자를 중단하고 다음 임신에 투자하는 것이 적합도의 관점에서 합리적이다. 수정란은 대부분 임신 중에 명을 다한다. 착상에 실패하거나 자연유산 되는 비율이 78%에 이르는 것이다(Nesse & Williams, 1994). 대개 이런 결과는 어머니가 태아에게서 염색체 이상이나 발달 이상을 탐지하기 때문에 발생한다. 그런 이상을 탐지하는 어머니의 능력은 어려서 죽을 가능성이 높은 자식에게 투자하지 않게끔 유도하는 적응에서 나온다. 유산은 대부분 임신 후 첫 12주 안에 발생하는데(Haig, 1993), 어머니가 비용이 많이 드는 임신에 아직 본격적으로 투자를 하지 않았고 자연유산 된 태아가 감염을 일으킬 확률이 낮은 시점이다 (Saraiya et al., 1999). 하지만 어머니의 진화한 번식 전략에 태아는 수동적이지 않다. 태아는 살 기회가 한 번뿐이다. 태아는 인간 융모성 고나도트로핀(hCG)을 생산해서 어머니의 혈류에 방출한다. 이 신호는 보통 태아의 생존력을 정직하게 알리는 기능을 하기 때문에 자연유산에 대응하는 태아의 적응으로 볼 수 있다. 이 호르몬이 어머니의 월경을 막아서 태아의 착상을 유지시킨다. 어머니의 생리는 발달 중인 태아가 hCG를 생산하면 생존력이 있다는 신호로 받아들이고 반응한다(Haig, 1993). 아이가 태어난 후에는 다른 인간들이 위협을 잇는다. 부모와 부모 대리자의 자식살해를 조사하면 증거가 쏟아져나온다.

신생아에게는 어른들의 살해 공격에서 자신을 방어하기 위해 선택할 방안이 거의 없다. 어머니의 영아 살해를 막기 위해 신생아가 사용하는 최고의 전략은 자신에게 투자할 가치가 있음을 알리는 단서를 드러내는 것이다. 세상에 나온 직후에 유아는 자신이 건강하고 원기 왕성하다는 단서를 드러낸다. 이 단서는 이 유아에 투자할 때 적합도 이득의 확률이 높은지 낮은지를 판단하게끔 진화한 어머니의 적응을 충족시킨다(Soltis, 2004). 출생 후 1시간 안에 젖을 먹는 신생아는 산모의 옥시토신 수치를 급상승시켜 모아의 유대를 강하게 한다. 수유하는 어머니는 우선순위가 바뀐다. 어머니들은 짝을 매혹하기 위해 자신을 꾸미고자 하는 충동이 약해지고 아이를 손질하고자 하는 충동이 강해진다(Insel, 1992). 이와 반대로 수유를 하지 않는 산모는 산후 우울증에 더 잘 걸린다(Papinczak & Turner, 2000; Taveras et al., 2003). 그런 산모들은 영아 살해율이 높고(Hagen, 1999; Knopps, 1993; spinelli, 2004) 아기를 해치겠다는 생각을 하는 비율도 높다(jennings, Ross, Popper, & Elmore, 1999; Kendall-Tackett, 1994). 활동적인 아기는 죽을 가능성이 더 낮고(Chong & Karlberg, 2004; Morales & Vazquez, 1994), 그래서 덜 활동적인 신생아보다 더 현명한 투자대상이 된다. 선택은 어머니의 영아 살해를 막는 전략으로 신생아에게 이른 젖빨기, 큰 울음소리, 강건한 움직임을 허락한 듯하다.

발달기에 신생아는 갈수록 혼자 주변을 잘 돌아다닌다. 그 결과 아기들은 보호자의 울타리 밖에서 위험에 직면할 가능성이 점점 더 높아진다. 환경 안에서 잠재적 위험을 알아보는 능력이 아기에게 있다면 그런 능력이 없는 아기에 비해 큰 이점이 될 것이다. 선택은 아기들이 특별한 위험들을 두렵게 느껴서 생존을 위협하는 것에서 멀어지게 한 듯하다. 선택이 그런 두려움을 부여했다는 사실은 두려움이 출현하는 발달 시기로 입증된다. 예를 들어 높은 곳에 대한 두려움은 아이들이 기어 다니기 시작해서 추락할 위험이 커지는 시기에 출현한다. 낯선 사람에 대한 두려움도 거의 같은 시기에 출현하는데(Scarr & Salapatek, 1970), 적대적인 동종과 마주칠 위험이 더 커지는 시기와 일치한다. 낯가림 덕분에 아기들은 잘 모르는 사람에게 접근하지 않고 부모의 보호를 찾게 된다. 과테말라에서 잠비아, 콩족에서 호피족 인디언에 이르기까지 많은 나라와 문화에서 그런 습성이 관찰되었다(Smith, 1979). 친척이 아닌 동종의 영아살해는 비인간 영장류(Ghiglieri, 1999; Hrdy, 1977; Wrangham & Peterson, 1996)와 인간(Daly & Wilson, 1988; Hrdy, 1999)에 대해서도 보고된 바 있다. 아이들은 낯선 여자보다 낯선 남자를 더 두려워하는데, 진화사 전반에 친척이 아닌 남성이 더 위협적이었다는 사실과 일치한다(Heerwagen & Orians, 2002). 만일 낯선 사람에 대한 두려움 덕분에 먼 과거에 아이들이 조금이라도 적게 죽었다면, 선택은 낯가림의 손을 들어줬을 것이다.

낯선 사람은 아이들의 생명을 위협하는 것에 그치지 않는다. 의붓부모와 한집에 사는 아이들은 유전적 부모 밑에서 크는 아이들보다 살해당하는 비율이 40배에서 100배에 이른다(Daly & Wilson, 1988). 조상의 환경에서 재혼가정은 자주 되풀이

된 현상이었을 것이다. 현대 의학이 없던 시절에는 많은 성인이 질병으로 사망했다. 전투나 사냥에서 아버지가 돌아오지 않기도 했다. 어머니들은 가끔 출산 중에 사망했다. 파트너가 죽은 뒤에 남은 부모는 대개 새로운 짝을 찾았다. 새로운 장기적 관계는 한부모에게 이익이 되지만 자식에게는 큰 비용을 안길 수 있다. 기존의 자식이 살해당할 위험이 높아진 상황은 한부모의 짝 선호와 재혼 결정에 영향을 미칠 수 있다. 한부모의 재혼 상대 선호에는 자식의 살해를 막는 진화한 방어기제가 반영되어 있을 수 있다(Buss, 2005).

의붓부모의 살해 가능성을 막는 적응은 의붓자식에게도 있을 것이다. 대표적인 예로, 의붓부모가 살인을 하거나 그 밖의 비용을 부과할 가능성을 예측하는 능력이 있다. 아이들에겐 의붓부모가 될 사람에 대한 진화한 직관이 있어서 친부모의 짝 선택에 영향을 미치고 그렇게 해서 살해 위험성을 줄인다. 유전적 부모의 입장에서도 아이의 선호에 주목하는 편이 좋다. 이미 태어난 아이를 새로운 장기적 관계에 끌어들이는 것은 배우자 살해의 예측 인자이기도 하기 때문이다(Campbell, Glass, Sharps, Laughon, & Bloom, 2007).

또한 선택이 촉진한 적응에 따라 의붓자식은 자세를 낮추고 자원을 최대한 적게 요구해서 의붓부모에게 발생하는 비용을 최소화하려 할 것이다. 또한 의붓부모에게 자신의 존재가치를 높일 수 있는 기회를 포착해서, 가령 유전적 부모와 의붓부모 사이에서 새로 태어난 이복형제를 보살피려 할 것이다. 목숨이 위태롭다고 느끼는 의붓자식이 쓸 수 있는 전략 하나는 의붓부모에게 비용을 초래하거나 자기 자신에게 비용을 초래해서 유전적 부모의 장기적 관계를 파괴하는 것이다. 의붓부모를 쫓아내거나 유전적 부모의 투자를 새로운 관계에서 자식의 생존 쪽으로 되돌릴 수 있어서다. 비행, 자해, 섭식 장애, 약물 사용, 자살 기도가 유전적 부모의 투자를 되돌리기 위해 아이가 사용할 수 있는 전략이다. 친부모와 함께 사는 아이에 비해 재혼가정에서 사는 아이는 싹슬이년 비행을 저지를 위험도가 두 배 이상이다(Coughlin & Vuchinich, 1996; Zill, 1994).

의붓부모가 있다는 것은 살해당할 위험이 매우 높아서 의붓자식과 친족에게 그 예방 전략이 충분히 선택되었을 법한 재발성 상황의 좋은 예다. 이 적응은 의붓자식에게 활성화되지만 친부모와 사는 아이들에게도 잠복해 있다. 연구자들은 살해당할 위험이 되풀이되어 출현하는 모든 상황 영역에 전문화된 방어용 적응이 존재한다고 말한다. 하지만 개인이 살인에 희생될 확률 정보를 완벽하게 제공하는 상황은 그리 많지 않다. 살해당하면 막대한 비용이 발생하기 때문에 선택이 적응적으로 선택한 편향은 불확실한 조건에서 살해당할 가능성을 과대평가하도록 체계적으로 패턴화되어 있을 것이다.

살인을 피하는 오류관리

자신이 살인자의 표적이 될지를 따지는 추론은 불확실할 때가 많기 때문에 살인의 상황은 오류관리 이론의 논리에 비견되기도 한다(Haselton, 2003; Haselton & Buss, 2000). 불확실한 상황에서 타인의 의도를 잘못 추론하게 되면 높은 적합도 비용을 치를 수 있다. 조상 시대에 살인이 예측되는 상황에서는 경쟁자가 실제로는 당신을 죽이려 하는데 죽이려 하지 않는다고 추론하는 것보다는, 실제로는 당신을 죽이려 하지 않는데 죽이려 한다고 추론하는 것이 평균적으로 더 유익하다. 이렇게 하면 두 오류 중 높은 비용이 발생하는 오류를 피할 것이다. 연구자들이 추정하는 살인회피 심리학의 설계 특징은 한때 살인으로 해결될 수 있었던 적응적 문제의 단서가 존재할 때 사람들이 살해 의도를 과대평가하게끔 만드는 인지적 편향이다.

높은 비용이 들어갈 수 있는 상황에 불확실성이 있는 경우 불확실성의 양도 영향을 미칠 수 있다. 타인의 정체가 불확실할 때, 사회적 상황이 불확실할 때, 반대를 가리키는 정보가 없을 때는 동종의 적대적 의도를 과대평가하는 것이 더 안전한 오류일 것이다. 사실 가장 안전한 오류는 그 사람이 당신을 죽이려 한다고 가정하는 것이다. 선택은 높은 비용이 따를 수 있는 동종과의 만남에 즉시 반응하는 민감한 결정 규칙을 편애했을 것이다. 환경 단서의 불확실성과 마주할 때 선택이 빚은 심리 설계는 최악일 수 있는 적합도 사건이 일어날 테고 그래서 그 심각한 비용을 피하는 것이 상책이라고 가정하는 설계일 것이다. 살인을 방어하기 위해 사람들이 사용하는 전략(예를 들어, 그 상황을 피하는 것, 도망치는 것, 공격자를 죽이는 것)은 비치명적인 가해 전략을 막는 방어책도 된다. 그 결과 살인을 막을 수 있는 전략은 다른 위험한 상황들을 막는 데도 도움이 된다.

요컨대 개인의 정체성이나 이력의 불확실성 같은 상황의 불확실성이 선택압을 만들었고 이 압력이 인간의 오류관리 심리를 형성시켰다. 오류의 비용을 최소화하는 적응은 타인이 나에게 비용을 부과하고자 하는지를 평가할 때 그 개인과 상황을 둘러싼 불확실성에 비례해서 그 가능성을 과대평가하는 인지적 편향의 형태로 진화했다. 그 개인과 상황에 대한 불확실성이 높을수록, 편향은 그가 비용을 부과하려 한다고 추론하는 쪽으로 더 치우칠 것이다. 그렇다고 해서 오류관리 편향이 여러 개인에게 똑같이 적용된다는 뜻은 아니다. 이 편향은 조상 시대에 위협을 가했던 개인에 따라 달라진다. 젊은 남성과 성인 남성처럼 가장 큰 위협을 가했던 개인들에게는 특히 강하게 편향이 발동하고, 그 밖의 개인들(예를 들어, 유아, 어린이, 노인)에게는 편향이 약하게 발동하거나 아예 발동하지 않을 것이다.

사람들의 지각은 오류관리 이론이 예측하는 방향으로 편향을 보인다는 증거가 있다(Haselton & Buss, 2001). 도식화된 얼굴 자극을 사용한 실험이 입증한 바에 따르면 다른 표정은 다른 방식으로 처리된다고 한다(Öhman, Lundqvist, & Esteves, 2001). 피험자들은 다양한 표정의 디스트렉터[1] 사이에서 행복한 얼굴보다 위협적인 얼굴을 더 빨리 알아본다. 게다가 눈썹이 역 V자로 표현된 얼굴(친절한 얼굴)보다 성이 난 듯 V자로 표현된 얼굴을 더 빠르고 정확하게 알아보았다. 이 결과는 적의를 품고 있을지 모를 동종의 존재에 특별히 민감한 지각적 편향을 보여주고 그래서 오류관리 이론으로도 예측이 가능하다. 자연선택은 친절한 얼굴보다는 성난 얼굴을 더 민감하게 알아보는 쪽을 지지했을 것이다. 적의를 가진 사람, 특히 외집단 구성원이 일으키는 적응적 문제는 즉시 행동을 취해서 엄청난 잠재 비용을 피해야만 하는 문제였다(Ackerman et al., 2006).

위험한 인간에 대한 민감성에도 불구하고 아직도 많은 사람들이 살해당할 수 있는 상황에 뛰어든다. 사람들은 혼외정사를 하고, 경쟁자를 비난하고, 남들의 자원과 짝을 가로챈다. 무엇 때문에 그들은 그러고도 무사하리라고 생각하는 걸까?

---

1 distracter(s). 정답 이외의 선택지(옮긴이).

살인의 방어 전략, 비밀

 살해당하지 않기 위한 방어책으로 비밀을 사용하는 것에 답이 있을지 모른다. 사람들은 자신이 부당한 취급을 당하고 있음을 아는 것만으로도 살인을 할 수 있다. 당사자가 모른다면 그들의 등 뒤에서 은밀한 짓을 하는 사람들은 살해로부터 어느 정도 자신을 보호할 수 있다. 예를 들어 배우자 몰래 벌어지는 성관계에서 남자는 새로운 자식의 형태로 이득을 볼 수 있고, 여자는 더 우수하거나 새로운 유전자에 접근할 기회 또는 은밀한 파트너에게서 자원을 얻을 기회의 형태로 이득을 볼 수 있다(Greiling & Buss, 2000). 선택은 부정이 탄로났을 때 질투에 사로잡힌 짝이나 경쟁자에게 살해당하는 등의 비용 발생을 막을 목적으로 비밀 엄수를 사용하는 것에 손을 들어주었을 것이다. 불륜의 경우, 살해당할 위험에 뚜렷한 패턴이 하나 있다. 여자보다 남자가 불륜 때문에 자신의 배우자를 죽일 가능성이 높다는 것이다(Serran & Firestone, 2004; Wilson & Daly, 1992). 결과적으로 부정을 저지르기 위해 은밀한 전술을 채택하게 만드는 선택압은 남자보다 여자에게 더 강하게 작용했을 것이다. 이 논리는 왜 자신의 배우자가 불륜을 저지르고 있는지에 대한 질문에 여자보다 남자가 더 큰 불확실성을 나타내는지를 설명해준다(Buss, 2000). 남자들은 배우자의 불륜을 암시하는 단서를 여자들보다 적게 알아챈다. 하지만 은밀한 전략이 항상 성공하는 것은 아니다. 남자가 배우자의 불륜을 알아챌 때도 있다. 살인 통계가 입증하듯이(Buss, 2005; Daly & Wilson, 1988; Ghigliery, 1999) 여자가 일생에 걸쳐 마주치게 되는 가장 위험한 인간은 자신의 배우자다.

자기방어 살인 - 살해당하는 것을 막기 위한 선제 살인

 펜실베이니아에서 구타당한 여성이 남성 배우자를 살해한 사건의 항소심 223건의 판결을 조사해보니 75%가 여성이 남성 배우자에게 폭행당하고 있는 도중에 살인이 일어났다(Maguigan, 1991). 1991년부터 1993년까지 노스캐롤라이나에서 발생한 배우자 살인을 연구한 결과, 여성이 자신의 배우자를 죽인 사건의 75%가 남자의 폭행에 이어 일어났음이 밝혀졌다. 이와 대조적으로 남성이 살인하기 전에 여성이 폭력을 행사한 증거는 전무하다(Smith, Moracco, & Butts, 1998). 배우자를 살해한 여성의 대다수가 자기방어로 또는 자식이나 그 밖의 친족을 보호하기 위해 살인을 저지른 것으로 볼 수 있다(Serran & Firestone, 2004). 여성의 배우자 살해는 살인을 막기 위한 최후의 방어책―공격자에게 살해당하기 전에 공격자를 살해하는 것―일 것이다.

조상의 시대에 살해당하면 그에 따른 비용이 워낙 컸기 때문에 위험한 동종을 살해해서 그들의 위협을 제거하는 적응이 충분히 선택되었을 법하다. 살해당하는 것을 막기 위해 누군가를 죽이는 것은 비치명적 폭력의 전략들과는 확연히 다른 진화상의 이점을 갖고 있었을 것이다. 살해 의도를 가진 동종을 죽이면 그 사람이 앞으로 가할 수 있는 위협이 완전히 제거된다. 부상당한 경쟁자는 회복한 뒤에 또다시 당신을 죽이려 하겠지만 죽은 경쟁자는 그러기가 불가능하다. 당신을 죽이려 하는 사람을 살해한다면 또한 한 생명을 끝내는 의지와 능력을 과시해서, 당신의 목숨을 빼앗고자 하면 누구든 치명적인 대가를 치르게 된다는 강력한 신호를 사람들에게 보낼 수 있다.

인간의 법률제도에서는 대체로 자기방어 살인을 다른 살인과 다르게 취급한다. 법 차원에서, 만일 살인자가 "자기를 심각하게 해치거나 죽게 할 수 있는 물리적 공격에 대응하는 방법이 죽이는 것뿐이라고 합리적으로 믿을 때" 자기방어 살인은 일종의 정당방위 살인이 된다(Costanzo, 2004, p. 83). 하지만 선제적 살인을 하는 적응이 진화하는 동안 불확실한 조건에서 이루어지는 오류관리가 개인의 합리적 믿음을 결정하는 데 매우 중요한 역할을 했을 것이다. 과거에 자신이나 친족의 목숨이 위험하다고 너무 예민하게 느낀 나머지 선제적으로 살인을 한 사람은 그 반대쪽으로 오류를 범한 사람보다 더 큰 이익을 얻었을 것이다. 이 과대평가는 살인을 저지르지 않았을 사람을 지레 죽이는 결과를 낳을 수 있다. 하지만 선택의 계산법에서는 죽는 것보다 안전하게 살아남는 것이 더 좋다.

살인을 진화한 다른 기제들의 부산물로 보는 견해

모든 살인 행동이 살인을 위한 적응에서 나오는 것은 아니다. 일부 적응의 기능이 살인을 하게 하는 것인지가 불확실할 때 댈리와 윌슨(1988, 1990; 또한 Daly, 이 책 2권 26장을 보라)은 살인은 비치명적인 결과를 위해 선택된 심리 기제의 부산물일 수 있다고 주장한다. 예를 들어, 짝의 변절을 막기 위해 비치명적인 폭력을 하게 하는 적응이 지나치게 발동해서 실수로 과도한 폭력 행동을 낳고 그것이 배우자 살인으로 이어지는 것이다. 이 논리에 따르면 방치로 인해 아이가 죽는 것은 부모의 염려를 만들어내는 적응이 활성화되지 않거나 참여하지 않아서 생긴 우연한 부산물일 것이다.

살인적응 이론은 어떤 살인이 다른 기제의 활성화나 단순한 실수의 부산물일 가능성을 배제하지 않는다(Duntley & Buss, 2011). 하지만 살인이 심리적 적응의 설계된 결과라는 이론이 과학적 증거로 입증될 수 있는지에 대해서는 의견이 엇갈린다(Buss, 2005; Duntley & Buss, 2008). 증거의 원천 하나는 살인을 어떻게 보는지에 대해 사람들이 보고하는 의식적인 생각이다(예를 들어, Kenrick & Sheets, 1993). 댈리(이 책, 2권 26장)는 살인 환상, 살인 의도, 살인 의지에 관한 연구에서 나온 증거를 일축한다. 사람들은 살인을 하는 환상보다는 비디오게임을 하는 환상을 더 많이 경험하고, (가령 TV 시청처럼) 조상 시대에 선택이 목표하지 않았던 많은 일들을 계획하기 때문이다.

첫째, 살인적응 이론은 모든 의식적인 생각이나 의도를 일반적으로 설명한다고 주장하지 않으며, 비디오게임을 하는 환상의 빈도나 조상 시대에 선택의 목표가 아니었던 일을 하고자 하는 의도의 빈도를 설명하고자 하는 이론도 아니다. (그렇긴 해도 1인칭 총잡이의 비디오게임이 지난 10년 중 7년 동안 가장 많이 팔렸고[TheCHIVE, 2014], 가장 인기 있는 TV 프로그램 중 여섯 개가 살인의 미스터리를 다룬 것[TV Guide, 2014]이라는 사실이 흥미롭긴 하다.) 대신에 치명적인 공격을 낳는 심리적 설계 특징 중 어떤 것은 살인에 대한 사람들의 생각을 조사해서 탐구할 수 있다고 던틀리와 버스(2011)는 제언하는데, 이는 성행동에 영향을 미치는 심리적 적응을 더 잘 이해하기 위해 성적 판타지를 조사하는 전략(Ellis & Symons, 1990)과 동일하다. 둘째, 어떤 주제에 대한 생각의 상대적 빈도나 지속시간은 그 생각이 적응의 기능적 결과인지를 결정하는 증거가 되지 못한다. 사람들은 섹스보다는 음식, 수면, 개인위생, 사회적 접촉, 쉬는 시간, 커피, TV 시청, 이메일 체크, 그 밖의 소셜미디어 사용을 더 자주 생각한다(Hofmann, Vohs, & Baumeister, 2012). 그러나 섹스에 관한 생각이 다른 주제에 관한 생각보다 빈도가 낮기 때문에 적응의 산물이 아니라고 주장하는 것은 다른 이야기다. 자주 하는 생각이라도 어떤 것은 적응적으로 딱히 중요하지 않기 때문이다.

살인의 적합도 영향을 보여주는 증거원으로 무엇을 사용해서 살인 적응 이론을 평가해야 하는지에 대해서도 의견이 엇갈린다. 댈리(이 책 2권 26장)의 주장에 따르면 그가 관찰한 인간 집단들에서 살인은 개인의 적합도를 끌어올리지 않았다고 한다. 하지만 몇 세대에 걸쳐 제한된 수의 개인을 관찰한 것에 기초해서 살인의 적합도 영향에 관한 결론을 이끌어내기는 어려운 일이다. 선택은 수천수만 세대에 걸쳐 개체군의 유전적 변이성에 그 효과를 드러낸다. 진화의 시간에 걸쳐 어떤 형질의 평균 적합도 이익이 단 1%에 그쳐도 선택의 지지를 받을 수 있다(Nilsson & Pelger, 1994). 동종을 죽인 적합도 결과를 평가할 때 단일한 증거원에 의존하기보다는 다른 증거원들을 추가로 고려해야 한다(Duntley & Buss, 2008, 2011).

예를 들어 Y-염색체 변이가 역사적으로 어떻게 전달되었는지를 추적한 증거는 살인이 적합도를 끌어올리고 있었음을 보여준다. 한 연구에 따르면 전 세계 인구의 0.5%가 칭기즈칸의 후손일 수 있다고 한다. 한때 몽골 제국이었던 곳의 남성 1천6백만 명 정도가 칸의 Y-염색체를 갖고 있는 것이다(Zerjal et al., 2003). 칸이 번식을 지배한 것은 압도적인 군사력의 결과이며, 그 덕분에 칸은 동성의 경쟁자 수천 명을 죽이고 그 여자들의 번식 가치를 지배하게 되었다.

어떤 단일한 증거원도 부산물 가설보다 살인적응 이론이 더 옳다고 명백히 지지하진 않지만, 갈수록 늘어나는 증거의 무게는 우리가 갖고 있는 어떤 심리적 적응들의 기능은 동종을 죽이는 행동을 낳는 것이라는 생각에 힘을 실어준다(Duntley & Buss, 2008, 2011). 살인이 적응의 기능적 결과든 아니든 간에 치명적인 공격성은 인간이 진화하는 동안 내내 강력한 선택의 힘이었다.

결론

비용을 부과하는 적응이 진화하면 선택압이 발생해서 비용 부담을 피하거나 막게 해주는 적응이 희생자에게 공진화한다. 이렇게 희생자 적응이 공진화하면 다시 선택압이 발생해서 비용을 부과하는 적응이 정교해지거나 새로운 적응이 진화하게 되고, 이렇게 해서 비용 부과 전략과 비용 방어 전략의 군비경쟁이라는 적대적인 공진화가 성립된다. 공진화하는 군비경쟁은 극도로 강력할 수 있다. 군비경쟁은 수많은 심리 및 생리 체계에 동시에 선택압을 가할 수 있고, 그로 인해 적응 설계에 신속한 변화와 큰 복잡성이 발생한다. 살인을 위한 적응과 살인에 방어하는 적응은 군비경쟁과도 같은 바로 그런 적대적인 공진화의 결과라고 연구자들은 주장해왔다. 살해당했을 때의 비용은 개인이 동종에게 입을 수 있는 가장 큰 비용에 속한다. 이 엄청난 비용이 특별하고도 강력한 선택압을 발생시켜서 살인을 막는 적응을 진화시킨 것이다.

참고문헌

Ackerman, J. M., Shapiro, J. R., Neuberg, S. L., Kenrick, D. T., Becker, D. V., & Griskevicius, V. (2006). They all look the same to me (unless they're angry): From out-group homogeneity to out-group heterogeneity. *Psychological Science, 17,* 836–840.

Block, A. P. (1990). Rape trauma syndrome as scientific expert testimony. *Archives of Sexual Behavior, 19,* 309–323.

Bristowe, W. S. (1958). *The world of spiders.* London, England: Collins.

Bröder, A., & Hohmann, N. (2003). Variations in risk taking behavior over the menstrual cycle: An improved replication. *Evolution and Human Behavior, 24,* 391–398.

Burgess, A. W., & Holmstrom, L. L. (1974). Rape trauma syndrome. *American Journal of Psychiatry, 131,* 981–986.

Buss, D. M. (1989). Conflict between the sexes: Strategic interference and the evocation of anger and upset. *Journal of Personality and Social Psychology, 56,* 735–747.

Buss, D. M. (2000). *The dangerous passion: Why jealousy is as necessary as love and sex.* New York, NY: Free Press.

Buss, D. M. (2003). *The evolution of desire: Strategies of human mating* (Rev. ed.). New

York, NY: Free Press.

Buss, D. M. (2005). *The murderer next door: Why the mind is designed to kill.* New York, NY: Penguin.

Buss, D. M. (2011). *Evolutionary psychology: The new science of the mind* (4th ed.). Boston, MA: Allyn & Bacon.

Buss, D. M. (2014). *Evolutionary psychology: The new science of the mind* (5th ed.). Boston, MA: Allyn & Bacon.

Buss, D. M., & Duntley, J. D. (1998, July). *Evolved homicide modules.* Paper presented to the annual meeting of the Human Behavior and Evolution Society, Davis, CA.

Buss, D. M., & Duntley, J. D. (1999, June). *Killer psychology: The evolution of intrasexual homicide.* Paper presented to the annual meeting of the Human Behavior and Evolution Society, Salt Lake City, UT.

Buss, D. M., & Duntley, J. D. (2003). Homicide: An evolutionary perspective and implications for public policy. In N. Dess (Ed.), *Violence and public policy* (pp. 115−128). Westport, CT: Greenwood.

Buss, D. M.,&Duntley, J. D. (2004). The evolution of gender differences in aggression. In S. Fein (Ed.), *Gender and aggression* (pp. 66−84). New York, NY: Guilford Press.

Buss, D. M., & Duntley, J. D. (2006). The evolution of aggression. In M. Schaller, J. A. Simpson, & D. T.
Kenrick (Eds.), *Evolution and social psychology* (pp. 263−286). New York, NY: Psychology Press.

Buss, D. M., & Duntley, J. D. (In progress). Homicide adaptation theory. Manuscript invited revise and resubmit.

Buss, D. M., & Duntley, J. D. (2006). The evolution of aggression. In M. Schaller, J. A. Simpson, & D. T. Kenrick (Eds.), *Evolution and social psychology* (pp. 263−286). New York, NY: Psychology Press.

Buss, D. M., & Shackelford, T. K. (1997a). From vigilance to violence: Mate retention tactics in married couples. *Journal of Personality and Social Psychology, 72,* 346−361.

Buss, D. M., & Shackelford, T. K. (1997b). Human aggression in evolutionary psychological perspective. *Clinical Psychology Review, 17,* 605−619.

Busse, C., & Hamilton, W. J., III. (1981). Infant carrying by adult male chacma baboons. *Science, 212,* 1281−1283.

Butynski, T. M. (1982). Harem male replacement and infanticide in the blue monkey (*Cercopithecus mitis Stuhlmann*) in the Kibale Forest, *Uganda. American Journal of*

Primatology, 3, 1–22.

Bygott, J. D. (1972). Cannibalism among wild chimpanzees. *Nature, 238,* 410–411.

Campbell, A. (1993). *Men, women, and aggression.* New York, NY: Basic Books.

Campbell, J. C., Glass, N., Sharps, P. W., Laughon, K., & Bloom, T. (2007). Intimate partner homicide—Review and implications of research and policy. *Trauma Violence & Abuse, 8,* 246–269.

Carrier, D. R., & Morgan, M. H. (2014). Protective buttressing of the hominin face. *Biological Reviews, 90* (1), 330–346.

Chagnon, N. (1983). *Yanomamö: The fierce people* (3rd ed.). New York, NY: Holt, Rinehart & Winston.

Chagnon, N. (1988). Life histories, blood revenge, and warfare in a tribal population. *Science, 239,* 985–992.

Chagnon, N. (1996). *The Yanomamo.* New York, NY: Cengage.

Chavanne, T. J., & Gallup, G. G., Jr. (1998). Variation in risk taking behavior among female college students as a function of the menstrual cycle. *Evolution and Human Behavior, 19,* 27–32.

TheCHIVE (2014). *The top selling video games of each of the past 30 years.* Retrieved from http://thechive.com/2014/03/29/the-top-selling-video-games-of-each-of-the-past-30-years-photos/

Chong, D. S., & Karlberg, J. (2004). Refining the Apgar score cut-off point for newborns at risk. *Acta Paediatrica, 93,* 53–59.

Clutton-Brock, J. (1999). *A natural history of domesticated animals.* New York, NY: Cambridge University Press.

Collins, D. A., Busse, C. D., & Goodall, J. (1984). Infanticide in two populations of savanna baboons. In G. Hausfater & S. B. Hrdy (Eds.), *Infanticide: Comparative and evolutionary perspectives* (pp. 193–216). New York, NY: Aldine.

Costanzo, M. (2004). *Psychology applied to law.* New York, NY: ThomsonWadsworth.

Coughlin, C., & Vuchinich, S. (1996). Family experience in preadolescence and the development of male delinquency. *Journal of Marriage and the Family, 58,* 491–501.

Crockett, C. M., & Sekulic, R. (1984). Infanticide in red howler monkeys. In G. Hausfater & S. B. Hrdy (Eds.), *Infanticide: Comparative and evolutionary perspectives* (pp. 173–192). New York, NY: Aldine.

Daly, M., & Wilson, M. I. (1988). *Homicide.* Hawthorne, NY: Aldine.

Daly, M., & Wilson, M. I. (1990). Killing the competition. *Human Nature, 1,* 83–109.

De Becker, G. (1997). *The gift of fear.* New York, NY: Little, Brown.

Diamond, J. (1997). *Guns, germs, and steel: The fate of human societies*. New York, NY: Norton.

Douglas, K. S., & Webster, C. D. (1999). Predicting violence in mentally and personality disordered individuals. In R. Roesch, S. D. Hart, & J. R. P. Oglof (Eds.), *Psychology and law: The state of the discipline* (pp. 175−239). New York, NY: Kluwer/Plenum Press.

Duntley, J. D., & Buss, D. M. (1998, July). *Evolved anti-homicide modules*. Paper presented to the annual meeting of the Human Behavior and Evolution Society, Davis, CA.

Duntley, J. D., & Buss, D. M. (1999, June). *Killer psychology: The evolution of mate homicide*. Paper presented to the annual meeting of the Human Behavior and Evolution Society, Salt Lake City, UT.

Duntley, J. D., & Buss, D. M. (2000, June). *The killers among us: A co-evolutionary theory of homicide*. Invited paper presented at a special symposium organized by the Society for Evolution and the Law at the annual meeting of the Human Behavior and Evolution Society, Amherst, MA.

Duntley, J. D., & Buss, D. M. (2001, June). *Anti-homicide design: Adaptations to prevent homicide victimization*. Paper presented to the annual meeting of the Human Behavior and Evolution Society, London, England.

Duntley, J. D., & Buss, D. M. (2002, July). *Homicide by design: On the plausibility of psychological adaptations for homicide*. Invited presentation for the First Annual AHRB Conference on Innateness and the Structure of the Mind, University of Sheffield, England.

Duntley, J. D., & Buss, D. M. (2008). The origins of homicide. In J. D. Duntley & T. K. Shackelford (Eds.), *Evolutionary forensic psychology* (pp. 41−64). New York, NY: Oxford University Press.

Duntley, J. D., & Buss, D. M. (2011). Homicide adaptations. *Aggression and Violent Behavior, 16*, 399−410.

Elgar, M. A., & Crespi, B. J. (1992). Ecology and evolution of cannibalism. InM. A. Elgar & B. J. Crespi (Eds.), *Cannibalism: Ecology and evolution among eiverse taxa* (pp. 1−12). Oxford, England: Oxford University Press.

Ellis, B. J., & Symons (1990). Sex differences in sexual fantasy: An evolutionary psychological approach. *Journal of Sex Research, 27*, 527−555.

Fossey, D. (1984). *Gorillas in the mist*. Boston, MA: Houghton Mifflin.

GatesNotes. (2014). *The deadliest animal in the world*. Retrieved from http://www.gatesnotes.com/Health/Most-Lethal-Animal-Mosquito-Week

Geist, R. F. (1988). Sexually related trauma. *Emergency Medical Clinics of North America, 6,* 439–466.

Ghiglieri, M. P. (1999). *The dark side of man: Tracing the origins of violence.* Reading, MA: Perseus Books.

Gildersleeve, K., Haselton, M. G., & Fales, M. R. (2014). Do women's mate preferences change across the ovulatory cycle? A meta-analytic review. *Psychological Bulletin, 140,* 1205–1259.

Gould, S. J. (1984). Only his wings remained. *Natural History, 93,* 10–18.

Greiling, H., & Buss, D. M. (2000). Women's sexual strategies: The hidden dimension of extra pair mating. *Personality and Individual Differences, 28,* 929–963.

Hagen, E. H. (1999). The functions of postpartum depression. *Evolution and Human Behavior, 20,* 325–359.

Haig, D. (1993). Genetic conflicts in human pregnancy. *Quarterly Review of Biology, 4,* 495–532.

Haselton,M. G. (2003). The sexual overperception bias: Evidence of systematic bias in men from a survey of naturally occurring events. *Journal of Research on Personality, 37,* 34–47.

Haselton, M. G., & Buss, D. M. (2000). Error management theory: A new perspective on biases in cross-sex mind reading. *Journal of Personality and Social Psychology, 78,* 81–91.

Haselton, M. G., & Buss, D. M. (2001). The affective shift hypothesis: The functions of emotional changes following sexual intercourse. *Personal Relationships, 8,* 357–369.

Hassabis, D., Spreng, R. N., Rusu, A. A., Robbins, C. A., Mar, R. A., & Schacter, D. L. (2014). Imagine all the people: How the brain creates and uses personality models to predict behavior. *Cerebral Cortex, 24,* 1979–1987.

Hausfater, G., & Hrdy, S. B. (Eds.). (1984). *Infanticide: Comparative and evolutionary perspectives.* New York, NY: Aldine.

Heerwagen, J. H., & Orians, G. H. (2002). The ecological world of children. In P. H. Kahn, Jr. & S. R. Kellert (Eds.), *Children and nature: Psychological, socialcultural, and evolutionary investigations* (pp. 29–64). Cambridge, MA: MIT Press.

Hofmann, W., Vohs, K.D., & Baumeister, R.F. (2012). What people desire, feel conflicted about, and try to resist in everyday life. *Psychological Science, 23,* 582–588.

Hrdy, S. B. (1977). Infanticide as a primate reproductive strategy. *American Scientist, 65,* 40–49.

Hrdy, S. B. (1999). *Mother Nature: A history of mothers, infants, and natural selection.*

New York, NY: Pantheon Books.

Insel, T. R. (1992). Oxytocin-A neuropeptide for affiliation: Evidence from behavioral, receptor autoradiographic, and comparative studies. *Psychoneuroendocrinology, 17*, 3-35.

Jennings, K. D., Ross, S., Popper, S., & Elmore, M. (1999). Thoughts of harming infants in depressed and nondepressed mothers. *Journal of Affective Disorders, 54*, 21-28.

Jerin, R.A., & Moriarty, L. J. (2010). *The victims of crime*. Upper Saddle River, NJ: Pearson.

Kaplan, S. (1992). Environmental preference in a knowledge-seeking, knowledge-using organism. In J. Barkow, L. Cosmides, & J. Tooby (Eds.), *The adapted mind* (pp. 581-598). New York, NY: Oxford University Press.

Keeley, L. H. (1996). *War before civilization: The myth of the peaceful savage*. New York, NY: Oxford University Press.

Kendall-Tackett, K. A. (1994). Postpartum depression. *Illness, Crisis, and Loss, 4*, 80-86.

Kenrick, D. T., & Sheets, V. (1993). Homicidal fantasies. *Ethology and Sociobiology, 14*, 231-246.

Knopps, G. (1993). Postpartum mood disorders: A startling contrast to the joy of birth. *Postgraduate Medicine Journal, 103*, 103-116.

Maguigan, H. (1991). Myths and misconceptions in current reform proposals. *University of Pennsylvania Law Review, 140*, 379-486.

Marks, I. (1987). *Fears, phobias, and rituals: Panic, anxiety, and their disorders*. New York, NY: Oxford University Press.

McKibbin,W. F.,& Shackelford, T. K. (2011). Women's avoidance or rape. *Aggression and Violent Behavior, 16*, 437-443.

Morales, V. Z., & Vazquez, C. (1994). Apgar score and infant mortality in Puerto Rico. *Puerto Rico Health Science Journal, 13*, 175-181.

Nesse, R. M., & Williams, G. C. (1994). *Why we get sick*. New York, NY: Times Books Random House.

Nilsson, D. E., & Pelger, S. (1994).A pessimistic estimate of the time required for an eye to evolve. *Proceedings of the Royal Society B: Biological Sciences, 2556*, 53-58.

Öhman, A., Lundqvist, D., & Esteves, F. (2001). The face in the crowd revisited: A threat advantage with schematic stimuli. *Journal of Personality and Social Psychology, 80*, 381-396.

Papinczak, T. A., & Turner, C. T. (2000). An analysis of personal and social factors influencing initiation and duration of breastfeeding in a large Queensland maternity hospital. *Breastfeeding Review, 8*, 25-33.

Perilloux, C., Duntley, J. D., & Buss, D. M. (2012). The costs of rape. *Archives of Sexual Behavior, 41*, 1099–1106.

Perilloux, C., Duntley, J. D., & Buss, D. M. (2014). Blame attribution in sexual victimization. *Personality and Individual Differences, 63*, 81–86.

Phillips, B., Brown, G. P., & Shine, R. (2004). Assessing the potential for an evolutionary response to rapid environmental change: Invasive toads and an Australian snake. *Evolutionary Ecology Research, 6*, 799–811.

Pinker, S. (2011). *The better angels of our nature: Why violence has declined.* New York, NY: Penguin.

Polis, G. A., & Farley, R. D. (1979). Behavior and ecology of mating in the cannibalistic scorpion *Paruroctonus mesaensis* Stahnke (Scorpionida: Vaejovidae). *Journal of Arachnology, 7*, 33–46.

Richerson, P. J., & Boyd, R. (1998). The evolution of human ultra-sociality. In I. Eibl-Eibesfeldt & F. K. Salter (Eds.), *Indoctrinability, warfare, and ideology* (pp. 71–95). New York, NY: Berghahn Books.

Saraiya, M., Green, C. A., Berg, G. J., Hopkins, F. W., Koonin, L. M., & Atrash, H. K. (1999). Spontaneous abortion-related deaths among women in the United States, 1981–1991. *Obstetrical & Gynecological Survey, 54*, 172–176.

Scarr, S., & Salapatek, F. (1970). Patterns of fear development during infancy. *Merrill-Palmer Quarterly, 16*, 53–90.

Serran, G., & Firestone, P. (2004). Intimate partner homicide: A review of the male proprietariness and the self-defense theories. *Aggression and Violent Behavior, 9*, 1–15.

Shipman, P. (2010). The animal connection and human evolution. *Current Anthropology, 51*, 519–538.

Singer, T., Seymour, B., O'Doherty, J., Stephan, K. E., Dolan, R. J., & Frith, C. D. (2006). Empathic neural responses are modulated by the perceived fairness of others. *Nature, 439*, 466–469.

Smith, P. H., Moracco, K. E., & Butts, J. D. (1998). Partner homicide in context: A population-based perspective. *Homicide Studies, 2*, 400–421.

Smith, P. K. (1979). The ontogeny of fear in children. In W. Sluckin (Ed.), *Fear in animals and man* (pp. 164–168). London, England: Van Nostrand.

Smuts, B. B. (1992). Men's aggression against women. *Human Nature, 6*, 1–32.

Soltis, J. (2004). The signal functions of early infant crying. *Behavioral and Brain Sciences, 27*, 443–490.

Spinelli, M. G. (2004). Maternal infanticide associated with mental illness: Prevention and the promise of saved lives. *American Journal of Psychiatry, 161,* 1548−1557.

Suzuki, A. (1971). Carnivority and cannibalism observed in forest-living chimpanzees. *Journal of the Anthropological Society of Nippon, 74,* 30−48.

Symons, D. (1979). *The evolution of human sexuality.* New York, NY: Oxford University Press.

Taveras, E. M., Capra, A. M., Braveman, P. A., Jensvold, N. G., Escobar, G. J., & Lieu, T. A. (2003). Clinician support and psychosocial risk factors associated with breastfeeding discontinuation. *Pediatrics, 112,* 108−115.

Thornhill, R., & Palmer, C. (2000). *A natural history of rape: Biological bases of sexual coercion.* Cambridge, MA: MIT Press.

Tooby, J., & Cosmides, L. (1988). *The evolution of war and its cognitive foundations.* Institute for Evolutionary Studies, Technical Report 88−1.

Tooby, J.,& Cosmides, L. (2010). Groups in mind: The coalitional roots of war and morality. In Henrik Høgh-Olesen (Ed.), *Human morality & sociality: Evolutionary & comparative perspectives* (pp. 91−234). New York, NY: Palgrave MacMillan.

Trinkaus, E., & Shipman, P. (1993). *The Neandertals: Changing the image of mankind.* New York: Knopf.

TV Guide. (2014). *TV Guide most popular TV shows.* Retrieved from http://www.tvguide.com/top-tv-shows

Wilson, M., & Daly, M. (1992). Who kills whom in spouse killings? On the exceptional sex ratio of spousal homicides in the United States. *Criminology, 30,* 189−216.

Wilson, M., Daly, M., & Pound, N. (2002). An evolutionary psychological perspective on the modulation of competitive confrontation and risk taking. In D. W. Pfaff, A. P. Arnold, S. E. Fahrbach, A. M. Etgen, & R. T. Rubin (Eds.), *Hormones, brain and behavior* (Vol. 5, pp. 381−408). San Diego, CA: Academic Press.

Wilson, M., & Mesnick, S. L. (1997). An empirical test of the bodyguard hypothesis. In P. A. Gowaty (Ed.), *Feminism and evolutionary biology: Boundaries, intersection, and frontiers.* New York, NY: Chapman & Hall.

Wilson,M. L., Boesch, C., Fruth, B., Furuichi, T., Gilby, I. C.,Hashimoto, C.,&Wrangham, R. W. (2014). Lethal aggression in *Pan* is better explained by adaptive strategies than human impacts. *Nature, 513,* 414−417.

World Health Organization. (2008). *World Health Statistics 2008.* Geneva, Switzerland: Author.

Wrangham, R. W., & Peterson, D. (1996). *Demonic males.* Boston, MA: Houghton Mifflin.

Zerjal, T., Xue, Y., Bertorelle, G., Wells, R. S., Bao, W., Zhu, S., & Tyler-Smith, C.

(2003). The genetic legacy of the Mongols. *American Journal of Human Genetics*, *72*, 717−721.

Zill, N. (1994). Understanding why children in stepfamilies have more learning and behavior problems than children in nuclear families. In A. Booth, J. Dunn, & J. F. Dunn (Eds.), *Stepfamilies: Who benefits? Who does not?* (pp. 97−106). New York, NY: Routledge.

3부

짝짓기

짝짓기의 과제들

데이비드 M. 버스

인간의 짝짓기 전략에 관한 연구는 진화심리학에서 나온 최초의 경험적 성공 사례로 봐야 한다. 인간 짝짓기의 개념적 기초는 다윈의 기념비적인 성선택 이론에서 시작한다. 이 이론은 짝짓기 적응이 진화할 때 성 내 경쟁과 차별적인 짝 고르기가 중요한 과정임을 확인했다(Darwin, 1871). 성선택 이론은 수십 년 동안 주로 생물학자들에게 홀대를 받긴 했지만, 한 세기 후인 1972년에 로버트 트리버스Robert Trivers가 획기적인 연구논문 「부모 투자와 성선택」을 발표하면서 새롭게 주목을 받았다. 트리버스는 상대적인 부모 투자가 성선택 과정의 두 가지 요소를 움직이는 추진력임을 확인했다.

이어서 1979년에 도널드 시먼스Donald Symons의 명저 『섹슈얼리티의 진화』가 발간되면서 인간의 짝짓기 전략에 관한 연구는 중요한 분수령을 맞이했다. 3부에서 언급되는 짝짓기 전략의 토대는 대부분 도널드 시먼스의 업적에서 나온 것이다. 그는 남성과 여성의 짝짓기 심리에 철저한 적응주의적 관점을 적용해서 이론적 토대를 명시한 최초의 인물로, 짝짓기 심리가 남녀의 신체 못지않게 동종이형이라고 주장했다. 또한 그는 조지 C. 윌리엄스George C. Williams(1966)의 연구를 진지하게 다룬 최초의 사회과학자로, 엄격한 잣대를 적용해가며 적응이라는 번거로운 개념을 고집했다. 사실 진화심리학자들은 "과도한 적응주의자"라는 비난을 사곤 한다. 하지만 시먼스는 인간의 성에서 나타나는 어떤 면모들은 적응의 조건에 맞지 않으며, 그러한 양상은 부차적 결과일 가능성이 높다고 강력히 주장했다. 시먼스가 1979년에 출간한 이 저서는 진화심리학을 다룬 최초의 주요 학술서로서 적응이라는 심리 기제를 중점적으로 강조하고, 인간의 성을 정교한 수단으로 삼아 더 일반적인 논의를 전개하고자 했다고 평가받기도 한다. 그러므로 시먼스가 '짝짓기 불안'이라는 매혹적인 현상을 사례로 들어 적응주의와 인간의 짝짓기 심리에 대해서 쓴 원문을 읽어 보면 예기치 않은 지적 즐거움을 경험하게 된다.

데이비드 슈미트David Schmitt(11장)는 인간의 짝짓기 전략의 기초를 전반적으로 통찰력 있게 개관한다. 슈미트는 진화한 짝짓기 전략의 메뉴판을 두루 살펴보고, 그런 전략들을 진화시킨 성선택의 진화 과정을 개괄적으로 다룬다. 이어서 성 전략 이론(Buss & Schmitt, 1993)에서 주장했듯이, 인간의 짝짓기 전략이 성별에 따라 극명한 차이를 보이고 맥락에 아주 민감하다는 점을 자세히 설명하고, 특히 단기적 짝짓기와 장기적 짝짓기와 같이 시간적 차원에 따라 달라지는 양상들을 들여다본다. 또한 그는 성 내 짝짓기 전략이 개인별로 차이가 난다고 말한다. 마지막으로는 자신이 몸담았던 방대한 비교문화 연구와 여타 연구자들이 과거에 수행한 연구에 입각해서, 보편적인 메뉴판에서 나온 인간의 짝짓기 전략이 활성화되는 데에는 문화와 환경이 분명히 영향을 미친다고 주장한다.

로렌스 스기야마Lawrence Sugiyama(12장)는 매력의 진화심리학을 다룬 원래의 장(초판)을 포괄적이고 현대적이고 통찰력 있게 업데이트해서 2판에 제공했다. 개념상으로, 배우자 가치,[1] 연대 가치, 혈연 가치 등 관계 가치라는 더 폭넓은 기반으로 매력을 연구한 것이다. 스기야마는 짝짓기 관계를 비롯해 모든 사회적 관계에서 매력이 중요한 이유를 설명하기 위해 지금까지 나온 이론 중 가장 설득력 있는 논거를 제시한다. 건강 상태의 단서 같은 어떤 요소들은 모든 유형의 관계에서 사회적 가치의 중요한 구성요소다. 다른 요소들은 배우자 가치에 한정되고, 이 중 어떤 요소는 남녀 간에 차이가 있다. 스기야마는 피부 상태, 머리카락, 대칭, 허리−엉덩이 비율 등

---

1 mate value. 배우자는 대개 혼인 관계(장기적 짝짓기)를 전제로 하지만, 진화심리학에서는 혼외정사를 비롯한 단기적 관계의 짝까지 포괄하는 의미로 쓰인다(옮긴이).

매력의 기준이 되는 속성들에 대한 방대한 경험적 증거를 요약해서 보여준다.

데이비드 퍼츠David Puts(13장)는 완전히 새로운 장으로 겨루기 경쟁(콘테스트 경쟁)이라는 중요한 주제를 다뤄서 『핸드북』 초판의 중요한 결함을 보완한다. 논리에 입각해서 퍼츠는 인간이 겨루기 경쟁을 하게끔 **특별히 설계**되었음을 경험적 증거로 입증한다. 여기에는 신체(예를 들어, 크기, 힘, 근섬유의 성질, 시각적 청각적 신호)와 인간 마음(예를 들어, 행동과 심리)의 설계가 포함되는데, 그가 제시한 모든 설계가 인간은 대립하기도 하고 연합을 맺기도 하는 겨루기 경쟁을 하면서 오랫동안 진화해왔음을 가리킨다. 이 장은 성선택 이론을 인간에게 적용했을 때 나타나는 문제점을 상당히 보완해준다. 역사적으로 인간의 성선택을 다룬 이론은 주로 짝 고르기 선호에만 중점을 두고 있지만, 사실은 두 가지 성분(즉, 짝 선호와 겨루기 경쟁)이 모두 중요하다.

스티븐 갱지스태드와 랜디 손힐, 크리스틴 가버 압가르Christine Garver-Apgar(14장)는 배란에 관한 적응—오랫동안 무시되었으나, 현재 이론적, 경험적 연구 분야로 급부상한 분야—을 논한다. 갱지스태드와 공저자들은 성별에 따라 상반되는 공진화sexually antagonistic coevolution라는 보다 넓은 이론적 맥락에서 배란에 관한 적응을 짚어본다. 이들은 여성의 상대적으로 은밀한 배란과 장기적인 성적 수용성을 월경주기 전반에 걸쳐 이론과 경험적 증거를 통해 분석하고 이를 통해 이해충돌, 여성 불륜의 진화, 여성에게서 드러나는 짝에 대한 선호 및 성적 관심의 주기적 변화를 설명하는 토대를 마련한다. 그간 주목받지 못했던 여성의 배란 주기에 역점을 둔 이 장은, 짝짓기 전략의 진화에 대한 여러 학자의 사고방식에 큰 변화를 일으킨다. 그와 더불어 진화 가설에 담긴 휴리스틱의 뛰어난 가치를 보여주기도 하는데, 이는 진화심리학의 틀이 아니었다면 전혀 알 수 없었을 현상들을 많은 연구자들에게 비춰주는 등대 역할을 한다. 마지막으로는 주류 비진화심리학자들에게 진지하게 이의를 제기한다. 현재 심리학의 주류를 이루는 비진화적 이론들은 왜 남성과 여성 모두에게 배란에 관한 적응이 그토록 잘 설계되어 있는지를 설명하지 못한다.

토드 셰클퍼드Todd Shackelford와 아론 거츠Aaron Goetz, 크레이그 라무농Craig LaMunyon, 마이클 팸Michael Pham, 니콜라스 파운드Nicholas Pound(15장)는 정자 경쟁의 진화심리학에 대해 언급한다. 정자 경쟁은 성교 이후에 나타나는 일종의 성선택이다. 저자들은 먼저 동물의 정자 경쟁에 대한 문헌을 개관하는 것으로 시작해서, 정자 경쟁이 인간에게서도 되풀이되는 현상임을 입증하는 강력한 증거들을 짜 맞춘다. 그리고 남성의 정자 경쟁 적응을 뒷받침하는 생리학적, 해부학적, 심리학적 증거들을 거론한다. 이어서 성교 전 여성의 선택과 여성이 오르가슴을 느끼는 시기 등을 포함하여 여성의 정자 경쟁 적응에 관한 가설을 세운다. 마지막으로 저자들은 인간의 성선택 적응에서 정자 경쟁이 중요한 역할을 해왔음에도 상대적으로 주목받지 못했다고 말한다. 이 훌륭한 장에서는 진화 과정을 무시하는 심리학 이론에서 전적으로 간과해온 현상들을 진화론의 관점에서 사유하게 하는 휴리스틱의 가치를 강조한다.

데브라 리버만Debra Lieberman(16장)의 새롭고 흥미로운 장은 돌이켜 생각해보면 알기 쉬운 사실임에도 이상하게 등한시했던 주제인 근친상간 회피에 관한 적응에 초점을 맞춘다. 먼저 리버만은 이 적응의 두 가지 선택의 힘, 즉 질병을 일으키는 유기체를 피하는 선택의 힘과 유해한 열성 유전자들의 동형접합으로 인한 결함을 방지하는 선택의 힘을 강조한다. 그리고 근친상간 회피라는 적응이 한결같은 것이 아니라 생식력(수정 능력)의 상태, 배우자 가치, 기회비용에 따라 민감하게 달라진다고 말하는 여러 주장과 증거를 살펴본다. 리버만은 근친상간 회피의 정보처리 (설계)구조를 새로운 시각으로 제시하고, 특히 왜 제3자가 근친상간에 반대해야 하는지를 흥미롭게 탐구한다.

마크 허핀Mark Huppin과 닐 맬러머스Neil Malamuth(17장)는 이성 갈등의 또 다른 영역인 남성의 성적 강제를 다룬다. 두 저자는 대립하는 강간 가설들을 신중하게 분석한다. 강제적인 섹스를 하려고 특별히 설계된 적응이 강간의 원인으로 작용하는지 아니면 다양한 목적(예를 들어, 자원 훔치기)을 달성하려고 힘을 행사하는, 보다 일반적인 적응의 부산물로서 강간이 발생하는지를 따져본다. 그런 다음 강간 적응의 설계 형질로 유력해 보이는 한 가지 사실에 초점을 둔다. 바로 남성은 성적 흥분 때문에 여성에게 원치 않는 섹스를 강요한다는 것이다. 특히 두 저자는 강제로 섹스를 하려는 남성의 성적 흥분 현상이 개인마다 차이가 있으며, 어떤 사람은 섹스를 할 때 강제력을 행사하고, 어떤 사람은 그런 행동을 하지 않게 하는 변수가 무엇인지 알아본다. 현재로서는 강간의 개념적 지위를 확실하게 단정 지을 수는 없지만, 두 저자는 심리적 기제가 작용할 가능성이 있다고 넌지시 밝히면서 최근에 등장한 경험적 증거들을 설명한다.

론 캠벨Lorne Campbell과 팀 러빙Tim Loving(18장)은 3부를 마무리하는 장에서 흥미로운 주제인 사랑, 헌신/책임, 짝 유지를 다룬다. 그들은 남녀가 장기적으로 짝을 이루는 관계를 형성할 때 각자 얻게 되는 적응적 이점이 다르다고 강조하며, 그러한 관계의 토대를 이루는 기본적인 동기 기제와 감정 기제를 탐구한다. 또한 주류 학자들(꼭 진화연구자가 아니더라도)이 내세우는 이론 및 연구를 장기적 짝짓기에 대한 기능 분석과 잘 연결지어 설명한다. 저자들은 '사랑'에 빠졌을 때의 심리 체계가 관계를 형성하는 동기로 작용한다고 지적하는 한편, 분노와 마음의 동요가 짝과의 관계를 '전략적으로 간섭당하고 있다'는 신호를 감지하기 위해 설계된 동기 메커니즘이라고 주장한다. 캠벨과 러빙은 장기적 짝짓기의 진화심리학이 얼마나 복잡한지를 분명히 보여준다. 장기적 관계는 사랑부터 분노에 이르기까지 여러 감정에 따라 형성되고 유지된다.

지금까지 소개한 장들은 짝짓기 연구의 현재 상태를 보여주고 있지만, 한 걸음 물러서서 이 분야가 얼마나 발전했는지 살펴보는 것도 가치 있는 일이다. 1980년대 중반에는 학계 지도에서 짝짓기 분야를 거의 찾아볼 수 없었다. 사회심리학자들이 매력에 관해 몇 가지 알아내긴 했지만, 짝짓기 이론은 너무나도 단순했다. 주로 하나의 변수만 들어서 짝 선택을 설명했는데, 이를테면 유사성, 근접성, 형평성 같은 것이었다. 이론가들은 대부분 짝짓기가 모두 장기적이라고 여겼다. 단기적 짝짓기는 대체로 무시되었고, 짝 선택이나 짝 유인 과정에 대해서도 거의 알려진 것이 없었다. 배우자 가치, 짝 유지, 성적 갈등, 배란과 관련된 적응, 성별에 따라 상반되는 공진화, 겨루기 경쟁, 짝 가로채기 등의 개념들은 존재하지도 않았다.

1980년대 중반과 말부터 인간 짝짓기에 대한 경험적 연구가 처음으로 쏟아져 나오기 시작했고, 1990년대에는 인간 짝짓기에 대한 진화심리학 연구가 우후죽순처럼 늘어나 진화심리학 분야에서 가장 많은 부분을 차지하게 되었다. 가설로 제기된 인간 짝짓기의 적응을 지금까지 축적된 여러 과학적 증거가 뒷받침하고 있지만, 여전히 이 분야는 새로운 것들을 발견하고 있다. 짝짓기는 진화의 재생산 엔진이라 할 수 있기 때문에 선택은 풍부한 심리적 적응을 만들어서 짝짓기에서 발생하는 복잡하고 반복되는 적응적 문제를 해결해왔다. 3부에 실린 장들은 인간의 짝짓기에 대해 현재까지 밝혀진 사실들을 살펴보는 동시에, 아직 발견되지 않은 짝짓기 적응이 무궁무진하다는 사실을 가리켜준다.

참고문헌

Buss, D. M.,&Schmitt, D. P. (1993). Sexual strategies theory: An evolutionary perspective on human mating. *Psychological Review, 100,* 204−232.

Darwin, C. R. (1871). *The descent of man and selection in relation to sex.* London, England: Murray.

Symons, D. (1979). *The evolution of human sexuality.* New York, NY: Oxford University Press.

Trivers, R. (1972). Parental investment and sexual selection. In B. Campbell (Ed.), *Sexual selection and the descent of man: 1871–1971* (pp. 136−179). Chicago, IL: Aldine.

Williams, George C. (1966). *Adaptation and natural selection: A critique of some current evolutionary thought.* Princeton, NJ: Princeton University Press.

적응주의와 인간의 짝짓기 심리

도널드 시먼스

내가 뒷 베란다에서 기르는 난초(학명 트리코세로스 안테니퍼Trichoceros Antennifer)는 인간의 짝짓기 심리를 공부하는 학생들에게 많은 가르침을 준다. 우리 집에 방문해서 처음으로 T. 안테니퍼를 본 순진한 학생은 대체로 잠깐 혼란스러워하지만, 이내 자신이 보고 있는 것이 무엇인지 깨닫고 함박웃음을 터뜨린다. 대부분의 난초는 먹이를 제공함으로써 꽃가루 매개자를 유인하지만, T. 안테니퍼의 경우에는 에콰도르 파리 수컷이 난초꽃에 교미를 시도하려고 할 때 수분이 된다. 수컷들이 이런 행동을 하는 이유는 난초가 암컷과 놀라울 정도로 그럴싸하게 닮아서다. (난초꽃이 인간의 눈으로 봐도 사실적이라면, 자연선택에 의해 헷갈리게끔 설계된 수컷의 눈에는 얼마나 사실적으로 보일까?)

T. 안테니퍼의 수분 과정에서 내가 첫째로 알게 된 점은 난초꽃의 의태가 보여주는 복잡성과 정확성에 놀라워해서는 안 된다는 것이었다. 정확히는 생물의 일반적인 적응이 보여주는 복잡성과 정확성보다 더 놀라워해서는 안 된다. T. 안테니퍼의 의태가 이상하리만치 뛰어나게 보이는 것은 그것이 우리 마음의 눈에 최적의 설계 이미지(이 사례에서는, 파리 이미지)를 즉각 그려주는 드문 경우고, 그래서 우리가 그 기준에 실제의 적응 형태(난초꽃)를 즉시, 직관적으로 비교해볼 수 있기 때문이다. 그렇지만 생물학적 적응은 최적의 설계 이미지가 마음의 눈에 그려지지 않는 경우가

대부분이어서 최적의 상태와 얼마나 비슷한지 신속하게 혹은 직감적으로 평가할 수가 없다.

인간의 심리적 짝짓기 적응은 겉으로 드러나 있기보다 깊이 감춰져 있지만, T. 안테니퍼와 동일한 진화 과정을 거쳐 설계되었다. 그러므로 인간의 적응이 제 목적에 부합하는 정도가 난초꽃보다 정교하지 못하다고 생각할 이유는 없다. 이와 같은 적응주의적 사고방식은 인간 짝짓기 심리를 연구하는 다윈주의 학자들에게 과학적 상상력을 불어넣었다. 그 결과(다음 장에 소개된다), 명쾌하고 의식적인 다윈주의가 없었다면 누구도 상상하거나 수행하지 못했을 연구가 쏟아져 나왔다. 다윈주의에 무관심한 연구자들은 학습, 문화, 유전자-환경의 상호작용, 분석의 수준, 오랜 시간에 걸쳐 전개된 그 모든 것의 복잡성 등을 늘어놓으면서도, 다음과 같은 간단한 질문은 제기하지 못한다. 인간의 뇌에는 우리가 관찰하는 얼굴의 좌우 대칭에 변이가 있음을 (무의식적으로) 탐지하고 얼굴이 더 대칭적인 사람을 (모두 똑같이) 짝으로 선호하게 만드는 종-전형적 장치가 있는가? 하지만 심리학과 사회과학의 20세기 역사를 돌이켜보면, 진화심리학이 출현한 덕에 이러한 질문이 가능했다는 믿음을 격려하는 분위기가 아니었다.

현대의 다윈주의를 요약하면 다음과 같다. 유기체는 문제를 해결하는 장치들—즉, 적응들—의 통합체다. 이 장치들은 진화의 시간을 거쳐 자연선택이 빚어냈고, 어떤 특별한 방식으로 자신의 설계자인 유전자들의 생존을 촉진한다. 적응이 설계에 따라 유전자의 생존을 촉진하는 그 특별한 방식이 바로 적응의 **기능**(혹은 목표나 목적)이다. 가령 심장은 혈액을 내보내고 췌장의 베타세포는 인슐린을 분비하는 기능을 한다. 무기체와는 달리 유기체는 복잡하게 조직되어 있을 뿐만 아니라 **기능적**으로 조직되어 있다. 적응에 적합한 상태이면서 정상적인 기능 및 발달의 기반이 되는 특수한 환경을 '진화적 적응 환경(EEA)'이라고 한다.

T. 안테니퍼의 성생활에서 알게 된 두 번째 교훈은 적응의 진화적 적응 환경을 언급하지 않고서는 (암묵적으로라도) 적응을 논리적으로 설명할 수가 없다는 것이다. 진화적 적응 환경이 없으면 적응의 과학도 없다. T. 안테니퍼를 과학적으로 유용하게 서술하려면 특정한 암컷 파리의 형태, T. 안테니퍼 자생지에서 발견된 수컷 파리의 짝짓기 심리, 에콰도르의 고지대 운무림에 대해 반드시 언급해야 한다. 또한 내가

간단히 설명한 T. 안테니퍼를 이해하려면 독자들은 꽃의 속성이라든지 곤충 같은 환경적 매개체와 맺고 있는 진화한 관계를 기본적으로 알고 있어야 한다.

인간의 다양한 적응과 관련된 진화적 적응 환경은 오늘날에도 여전히 존재하며 대게 그 장점이 분명히 드러나 있다. 예를 들어, 인간 시각계를 구성하는 특정 요소가 어떤 기능을 하는지를 서술하는 신경생리학자는 자신의 동료가 (a) 전자파에 대한 방대한 지식을 갖고 있고, (b) 인간의 망막에 떨어지는 (자연의) 빛은 시각계가 진화하던 때 우리 선조들의 망막에 떨어지는 빛과 본질적으로 동일하다는 것을 알고 있다고 쉽게 간주한다. 그러나 인간의 환경, 특히 산업화된 현대 사회는 1만 년 전 농업을 시작한 이래 단시간에 여러모로 변화를 겪었고, 이러한 변화 중 일부는 인간 짝짓기 적응의 기능에도 영향을 미쳤을 것이다. 따라서 인간 짝짓기 심리를 연구하는 다윈주의자들은 다른 연구자들에 비해 또 다른 이점을 갖고 있는 셈이다. 말하자면 다윈주의는 현재의 환경과 과거의 환경 사이에 상당한 차이가 있을 수 있음을 경계한다. 그리고 이렇게 진화적 적응 환경을 의식한 덕분에 가설을 세우는 것이 가능하게 되었다. 어떤 경우에는 다른 학자들이 병리나 우행이라고 인식한 적응을 다윈주의는 진화적 적응 환경을 근거 삼아 기정사실로 받아들였다.

나는 다음과 같이 생각해보았다. 인간의 구애—넓은 의미에서—에서 두드러지게 나타나는 특징은 거절에 대한 두려움이 행동에 강한 영향을 미친다는 것이다. 섹스/연애를 거절당하면 마음이 아프다. 거절당한 기억도 마음이 아프다. 거절당한 사실을 생각하는 것도 마음이 아프다. 그러므로 거절당할 가능성이 인간의 짝짓기 행동에 영향을 미친다 해도 그리 놀라운 일이 아니다. 겉으로 보기에, 거절에 대한 두려움은 엄청나게 역기능을 하는 것처럼 보인다. 그럼에도 매력적인 이성을 유혹해서—일시적인 불장난에서부터 평생의 짝에 이르기까지—얻을 수 있는 잠재적 이익이 잠재적 손실—말하자면 약간의 시간 낭비—을 압도하는 듯하다.

거절에 대한 두려움이 인간의 구애에 강한 영향을 미친다는 점에 착안하여, 인간의 짝짓기 연구자들은 인간이 오랜 진화를 겪는 동안 지금의 환경에서와는 달리 이 두려움이 적응적이었을 것으로 생각하게 되었다. 바꾸어 말하면 섹스/연애에 대한 거절이 지금과는 달리 인간의 진화에 상당한 비용을 초래한 것이다. 그래서 나는 다음과 같은 가설을 세워보았다. 인간의 진화사를 보면 대부분 우리 선조들은 섹스/

연애를 거절당하면 모든 사람이 그 사실을 알게 될 공산이 큰, 비교적 작은 대면 집단에서 살았다. 앤이라는 채집인이 앤디라는 수렵인의 프로포즈를 거절하면 그들이 속한 집단의 구성원 모두가 머지않아 알게 된다(선조들이 현재 우리처럼 타인의 성생활에 관심이 많고 남 얘기를 즐겨 하는 편이라고 가정한다면). 앤이 앤디를 거절했다는 소식은, 잠재적 배우자들을 포함한 다른 사람들이 지각하는 앤디의 배우자 가치를 떨어뜨릴 수 있다(앤은 배우자 가치와 관련하여 다른 사람들이 모르는 앤디의 정보를 손에 넣었기 때문에 거절했을지 모른다). 학생 수가 엄청나게 많고 익명성의 범위가 넓은 현대의 대학 캠퍼스에서 밥이 바비를 유혹하려는 생각으로 걱정하고 있다면 걱정해야 할 것은 걱정 그 자체일 뿐, 그런 생각은 걱정거리 축에도 들지 않는다. 그렇지만 기저에 깔린 동기 체계는 거절 때문에 실질적으로 상당한 비용이 발생했던 환경에서 기능하게끔 선택에 의해 형성되어 있을 것이다.

인간은 오늘날보다 더 작은 집단에서 진화하고 적응했다는 생각에 역사학과 민족지학, 고고학 연구가 모두 동의하지는 않는다. 그렇지만 거절에 대한 두려움을 포함해 여러 심리적 측면들을 보면 선조들의 세계에 진화와 적응이 존재했으리라고 추론해볼 수 있다. 이것은 다윈이 앙그라이쿰 세스퀴페달레Angraecum sesquipedale라는 난초가 30cm 길이의 관 속에 꿀샘이 있는 것을 보고 주둥이가 최소 30cm 되는 어떤 곤충이 수분했으리라고 추론한 것과 비슷하다.

결론적으로 다윈주의는 인간의 짝짓기 심리를 연구하는 사람들에게 대단한 지름길을 제시하지는 않았지만, 명쾌하고 의식적인 다윈주의 덕분에 다윈주의자들은 과학적으로 생산적인 가설을 세울 때 두 가지 이점을 누린다. 첫째, 다윈주의자들은 인간의 뇌에 복잡하고 정교하게 설계된 장치가 들어 있으며, 이 장치는 인간의 진화 역사에서 선조들이 맞닥뜨렸던 특정한 짝짓기 문제들을 해결하고자 선택에 의해 형성되었다고 생각한다. 둘째, 다윈주의자들은 이 장치가 무엇이든, 몇 가지 점에서 더는 존재하지 않는 세계에 적응되어 있다는 점을 항상 염두에 둔다. 이 두 가지는 상당한 이점이 아닐 수 없다.

11장

인간 짝짓기 전략의 기초

데이비드 P. 슈미트

영장류는 매우 다양하다…어떤 영장류는 일부일처제로, 어떤 영장류는 일부다처제로, 또 어떤 영장류는 난교를 하며 살아간다… 적어도 그중 한 영장류―인간―는 이 모든 것을 다 한다. ― 밀리, 2000, p. 262

진화심리학자들은 인간의 가장 기본적인 짝짓기 전략에 대해 줄곧 논의했다. 인간이 평생 단혼을 고수하게끔 설계되어 있다고 주장하는 사람도 있고(Hazan & Zeifman 1999; Lovejoy, 1981), 일부다처나 일처다부, 혹은 문란한 짝짓기 등 평생 한 사람 이상과 짝짓기를 하게끔 설계되어 있다고 주장하는 사람도 있다(Baker & Bellis, 1995; Ryan & Jethá, 2011). 반면에 어떤 사람들은 인간이 '다원적' 짝짓기 목록을 갖고 있으며(Barash & Lipton, 2001; Gangestad & Simpson, 2000), 남성과 여성이 조건과 맥락에 따라 번식 전략을 섬세하게 구사하는 족으로 진화했다고 주장한다(Buss & Schmitt, 1993; Kenrick, Sadalla, Growth & Trost, 1990). 인류학자, 생물학자, 행동생태학자 역시 다른 종, 다른 문화를 비교하여 인간의 짝짓기 습성을 둘러싼 상반된 의견을 제시해왔다(Dixson 2009; Mealey, 2000). 결과적으로, 인간의 기본적인 짝짓기 전략은 여전히 그 성격을 규정하기 어렵다.

이 장에서는 인간의 기본적인 번식 전략―그리고 전문화된 짝짓기 심리―과 관련된 근거를 살펴본다. 식량 수집 문화—인간의 역사에서 식량 수집 생활이 99%를 차지하는 문화—전반에 걸쳐 이종을 비교하고 인종상의 유형을 관찰하는 것은 가장 기본적인 인간의 짝짓기 적응을 분명히 밝히는 데 도움이 된다(Brown, 1991; Marlowe, 2003). 현존하는 증거들을 살펴보면 대체로 인간의 짝짓기 전략은 하나가 아니다. 인간은 다원적인 짝짓기 목록을 진화시켰으며, 이 목록은 성, 시간적 맥락, 배우자 가치와 배란 상태 같은 개인적 형질, 그리고 문화와 국소 생태의 정서-환기적 특징에 따라 조건적으로 반응한다(Buss, 1994).

인간의 짝짓기 전략에서 나타나는 성적, 시간적 차이

인간은 마음대로 구사할 수 있는 짝짓기 전략의 메뉴판, 즉 다원적 짝짓기 레퍼토리를 갖고 있는 것으로 보인다(Gangestad & Simpson, 2000). 이 종류의 이론에 따르면, 인간에게는 장기적, 단기적 짝짓기에 전문화된 적응이 설계되어 있다(Buss & Schmitt, 1993). 모든 사람이 항상 두 가지 짝짓기 전략을 모두 구사하지는 않는다. 그보다는, 현재 적극적으로 구사하고 있는 짝짓기 전략을 기반으로 장기적·단기적 짝짓기의 설계 형질이 다르게 유발된다.

예를 들어 일부다처의 짝짓기 전략은 남성의 장기적·단기적 짝짓기 습성, 양쪽 다에서 비롯한다고 설명할 수 있다. 일부다처제에서 남성은 일부일처 심리에 특유한 장기적 유대의 적응에 몰두하는 동시에(Fisher, 1998), 단기적 짝짓기 심리의 핵심인 성 다양성(다양한 이성 경험)의 욕구를 충족한다(Symons, 1979). 반면에 일처다부의 짝짓기 전략은 여성의 장기적 짝짓기 적응을 활성화하고, 경우에 따라 유전적 특질과 다양성에 대한 여성의 단기적 욕구를 채우기도 하는데(Thornhill & Gangestad를 보라, 2008), 비형제 일처다부nonadelphic polyandry가 아닐 때가 특히 그러하다. 배우자외 섹스, 즉 불륜의 패턴들은 성에 특수한(성-특이적) 단기적 짝짓기의 적응으로 양성 모두에게서 나타난다(Schmitt, 2005a). 혼전 섹스의 심리적 기능은 장기적 짝짓기에 대비하는 것(예를 들어, 장기간 일부일처의 파트너가 될 만한 잠재적 자질이 있는지 평가하는 것)이거나, 단기적 난교의 생활사 전략이라는 맥락에서 조숙한 번식을 하려는 것일 수 있다(Lancaster, 1994).

인간 짝짓기 진화에 관한 다원주의 이론은 대부분 유연하고 조건적인—장기적 일부일처제와 단기적 난교로 구성된—짝짓기 설계가 과거 우리 선조들에게 번식과 관련된 이점을 제공했기 때문에 다양한 유형의 가족, 문화, 환경에 기능적으로 반응할 수 있었다고 주장한다(Del Giudice, 2009; Pedersen, 1991, Schmitt, 2005b). 다원주의 이론은 더 나아가 인간이 평생에 걸쳐 각각 다른 연애 단계를 경험할 때 장기적, 단기적 짝짓기 전략을 번갈아가며 구사함으로써 혜택을 누렸으리라는 점을 인정한다(Schmitt et al., 2002; Schwarz & Hasserbrauck, 2012). 또한 인간은 호르몬 상태, 배란 상태, 상대적 짝 가치에 따라 짝짓기 전략을 조건적으로 바꿀 수 있다(Bale & Archer 2013; Camargo, Geher Fisher, & Arrabaca, 2013; Frederick & Haselton, 2007). 간단히 말해, 인간은 지역의 번식 조건에 적응적으로 대응하도록 상이한 전략을 섞어서 구사하는 쪽으로 진화했다.

또한 다원주의 이론은 남성과 여성이 성-특이적 설계 형질을 갖고 있기 때문에 짝짓기에서 성별 차이가 뚜렷이 발생한다고 가정한다(Buss & Schmitt, 1993; Gangestad & Simpson, 2000). 가령 남성은 성 다양성을 위해 진화한 욕구—남성이 기능적으로 많은 짝짓기 파트너를 추구하고, 비용-이익 측면에서 비교적 신속하게 섹스에 응하는 욕구—로부터 동기를 부여받는 듯하다(Buss & Schmitt, 2011; R. D. Clark & Hatfield, 1989; Schmitt, Alcalay, Allik, et at., 2003). 반대로 여성의 경우, 단기적 짝짓기의 동기는 많은 섹스 파트너를 원하는 욕구 자체에 있다기보다 다른 요인들, 이를테면 지위가 높은 사람, 즉각 자원을 나눠주는 사람, 사회적 장악력과 지적 능력을 보여주는 사람, 혹은 유전적 특질이 드러나는 사람에 중점을 두는 것으로 보인다(Greengross & Miller, 2011; Jonason, Tost, & Koenig, 2012; Schmitt, 2014). 결과적으로 다원주의 이론은 남성과 여성의 성 간 짝 선택과 성 내 경쟁 기술에 상당히 차이가 있을 것으로 예측한다. 인간 짝짓기 전략의 진화이론은 대체로 이 가정에 기초하고 있는데, 이 가정의 뿌리는 부모 투자이론의 논리와도 일부 맞닿아 있다.

부모 투자 이론

부모 투자 이론(Trivers, 1972)에 따르면, 부모 투자의 상대적 비율—(다른 자식을 낳지 않고) 자식 한 명을 돌보는 데 투자하는 시간과 에너지—은 성별에 따라 다르다. 어떤 종은 수컷이 부모 투자를 더 많이 하는(예를 들어, 모르몬귀뚜라미) 반면, 어떤 종은 암컷이 부모 투자의 부담을 더 짊어진다(예를 들어, 대부분의 포유류). 중요한 사실은, 부모 투자의 성별 차이가 성선택의 성 내 과정 및 성 간 과정과 체계적으로 연결되어 있다는 점이다(Darwin, 1871). 자식에게 투자를 적게 하는 성은 성 간 경쟁이 더 심하며, 특히 번식을 위해 이성에게 접근할 때가 그러하다. 자식에게 투자를 적게 하는 성은 투자를 많이 하는 성에 비해 적은 비용으로 더 빨리 많은 파트너와 짝을 이루려고 한다. 또한 자식에게 적게 투자하는 성은 대체로 더 공격적이고, 일찍 죽고, 늦게 성숙하고, 짝을 얻기 위해 더 힘차게 경쟁한다(Alcock을 보라, 2001).

투자를 더 적게 하는 성이 수컷인 종을 보면 부모 투자 이론을 뒷받침하는 증거가 많다. 이 종에 속하는 수컷들은 투자를 더 많이 하는 암컷에게 성적으로 접근할 권리를 놓고 다른 수컷들과 훨씬 더 심하게 경쟁을 하고, 공격성을 더 많이 드러내면서 성 내 경쟁을 더 치열하게 하고, 더 위험한 생활사 전략을 구사하고, 더 일찍 죽음에 이른다(Archer & Lloyd, 2002; Trivers, 1985). 투자를 더 적게 하는 수컷은 또한 짝을 선택할 때 가리는 경우가 더 적어서, 흔히 여러 파트너를 구하고 더 짧은 시간 안에 섹스에 응한다(Alcock을 보라, 2001).

부모 투자 이론을 가장 설득력 있게 지지하는 사례는 '성 역할이 뒤바뀐' 종에서 찾을 수 있다. 수컷이 투자를 많이 하는 종일 경우(예를 들어, 지느러미발도요), 암컷은 투자를 많이 하는 수컷에게 성적으로 접근하기 위해 더 맹렬하게 경쟁하고, 섹스에 응하기 전까지 수컷에게 요구하는 것이 거의 없어 보인다. 이러한 형태의 성적 전문화는 지느러미발도요, 모르몬귀뚜라미, 여치, 춤파리, 수생곤충, 해마, 다양한 어종 등 성 역할이 뒤바뀐 많은 종에게서 나타난다(Alcock, 2001). 따라서 부모 투자 이론은 수컷이 암컷에 비해 비용이 적게 들고 난잡한 섹스에 항상 관심이 더 많다고 주장하는 이론이 아니다. 그보다는 부모 투자의 경향에서 보이는 성별 차이가 짝짓기 전략에서 나타나는 성별 차이와 체계적으로 연관되어 있음을 밝히는 이론이다.

인간의 경우 많은 남성이 부모로서 투자를 많이 한다(Lovejoy, 1981). 그럼에도 남성은 여성보다 의무를 이행하는 정도가 낮거나 부모로서 자식에게 최소한으로 투자한다(Symons, 1979). 여성은 번식을 위한 체내수정, 태반형성, 임신 등 희생을 감수해야 한다. 반면 남성이 짊어지는 최소한의 생리적 의무는 훨씬 적다. 정자만 주면된다. 게다가 조상의 시대에는 여성을 포함하여 모든 암컷 포유류가 수유를 해야 했다. 수유는 인간의 식량 수집 환경에서 여러 해 동안 지속될 수 있으며, 그동안에 여성은 추가로 자식을 낳아서 투자하기가 남성에 비해 더 힘들다(Blurton Johns, 1986). 마지막으로, 모든 문화권에서 주지하는 바와 같이 남성은 **보통** 적극적인 육아에도 여성보다 더 적게 투자한다(Low, 2000).

이 부모 투자의 불균형 때문에, 투자를 더 적게 하는 성(예를 들어, 남성)은 성 내 경쟁이 훨씬 치열하고 짝 선호에 있어 성 간 **까다로움**은 덜하다. 남성은 여성보다 체구가 더 크고, 경쟁할 때 공격성이 더 강하며(Puts, Chapter 13, this volume), 더 위험한 생활사 전략을 구사하고(Daly & Wilson, 1988), 상대적으로 성숙이 지연되며(Geary, 1998), 대부분의 문화에서 더 일찍 죽음에 이른다(Kruger, 2009). 게다가 예상대로 남성은 기본적으로 단기적 짝짓기를 할 때 짝 선호 측면에서 거의 항상 여성보다 덜 까다롭거나 더 무분별한 모습을 보인다(Buss & Schmitt, 1993).

남성은 인간 종 내에서 투자를 더 적게 하는 성이기 때문에, 또한 비용이 적게 드는 단기적 짝짓기를 여성보다 선호하는 경향을 보인다. 단기적 짝짓기에 대한 욕구가 인간의 성별에 따라 차이가 나는 것을 확인한 분야는 다음과 같다. 성사회적 태도와 행동(Lippa, 2009), 혼외 짝짓기를 하는 동기와 출현율(Wiederman, 1997), 성적환상의 질과 양(B. J. Ellis & Symons, 1990), 음란물 소비의 질과 양(Ogas & Gaddam, 2011), 매춘을 하는 동기와 그 실태(Mcguire & Gruter, 2003), 모르는 사람과 섹스를 하려는 의지(R. D. Clark & Hatfield, 1989), 단기적 짝짓기에 대한 정서적 반응(Galperin et al., 2013), 게이 남성과 레즈비언이 경험하는 짝짓기의 근본적 차이(Lippa, 2007)에 관한 연구. 성별에 따라 부모 투자의 의무에 발생하는 차이는 남성과여성의 기본적인 짝짓기 전략에 깊이 영향을 미치는 것으로 보인다.

성 전략 이론

버스와 슈미트(1993)는 성 전략 이론을 통해 트리버스(1972)의 이론을 확장한다. 성 전략 이론에 따르면 남성과 여성은 복잡한 목록을 가진 짝짓기 전략을 구사하는 쪽으로 진화했다. 이 목록에 속한 한 가지 전략이 '장기적' 짝짓기다. 일반적으로 장기적 짝짓기는 긴 구애, 막대한 투자, 한 쌍 결합, 사랑의 감정, 짝짓기 관계와 거기서 태어나는 자식에게 들어가는 장기적 투자가 특징으로 나타난다. 이 레퍼토리에 속한 또 하나의 전략은 '단기적' 짝짓기로, 매춘이나 하룻밤 섹스같이 상대를 짧게 만나는 것이다. 이런 일시적인 만남을 맺고 끝내는 사이에 단기간의 불륜, 장기간의 연애, 그 외 중간 기간에 해당하는 관계들이 이어진다. 개인이 어느 성 전략을 구사하는지 혹은 어떤 전략들을 섞어서 구사하는지는 기회, 개별 배우자 가치, 짝짓기풀mating pool의 성비, 부모의 영향, 지배적인 문화 규범, 사회적·개인적 배경 같은 요인에 달려 있다고 예측할 수 있다(Buss를 보라, 1994).

장기적 짝짓기의 성 차이　성 전략 이론은 남녀 모두에게 장기적 짝짓기와 단기적 짝짓기 전략이 있다고 보지만, 남녀가 원하는 것과 전략을 구사하는 방법은 심리적으로 다르다고 추정한다. 가령, 장기적 짝짓기에서 남녀는 짝을 선택하는 심리적 적응이 다를 수 있다. 남성은 여성의 젊음과 외모처럼 생식력과 번식 가치를 보여주는 신호를 높이 평가하는 것으로 보인다(Buss, 1989; Cloud & Perilloux, 2014; Grillot, Simmons, Lukaszewski & Roney, 2014). 반면 여성은 남성의 지위, 자원, 야망, 성숙함—장기적으로 식량을 공급할 능력이 있는지를 알려주는 단서—과 함께 착한 마음씨, 관대함, 솔직한 감정—여성과 제 자식에게 식량을 조달할 마음이 있는지를 알려주는 단서—을 높이 평가하는 것으로 보인다(B. J. Ellis, 1992; Feingold, 1992).

성 전략 이론과 관련된 연구결과는 국가를 대표하는 표본, 문화 간 표본 또는 다문화 표본을 통해 수많은 연구에서 반복되거나 확인되어왔다(Schmitt, 2014를 보라). 예를 들어, 리파Lippa(2007)는 53개국을 대상으로 인터넷 표본을 조사해서, 모든 국가에서 여성은 상당한 재력을 가질 가능성, 사회적 지위, 야망, 더 많은 나이를 기준으로 장기적 짝을 많이 선호하는 반면, 남성은 장기적 짝을 선호하는 기준으로 외모를 중요하게 본다는 것을 확증했다. 이스트윅Eastwick, 루치스Luchies, 핑켈Finkel, 훈트Hunt는 장기적 짝짓기 선호의 성 차이를 조사한 최근 연구(2014)에서, "복잡한 현대 사회에서 남녀가 진술한 짝짓기 선호를 보면 일반적으로 이와 같은 성 차이가 나타나는데, 이는 오늘날 논란의 여지가 없는 사실이다"(p.4)라고 결론지었다. 다른 연구자들은 비조사nonsurvey 기법들—실험, 행동학, 자연학의 방법론 포함—을 이용해서 구애 효과, 배우자 선택, 부부갈등, 이혼을 연구한 끝에, 장기적 짝 선호의 성 차이와 관련된 성 전략 이론의 주요 가설들을 입증했다(Cantú et al., 2014; Li et al., 2013; Maestripieri, Klimczuk, Traficonte, & Wilson, 2014a; Yong & Li, 2012). 장기적인 부양 능력의 단서를 드러내는 남성과 젊음과 생식력의 단서를 드러나는 여성이 장기적 짝짓기(일부일처) 파트너를 가장 잘 유혹한다(Guéguen & Lamy, 2012; Schmitt, 2002). 무엇보다, 성 전략 이론이 예측하는 짝 선호의 최종 목적은 많은 연구에서 보고해왔듯이, 지위가 더 높고 나이가 더 많은 남성의 결혼과 나이가 더 어리고 육체적으로 더 매력적인 여성의 결혼에서 자식의 수와 생존율이 대체로 높다는 사실과 관련이 깊다(Bereczkei & Csanaky, 1996; Fieder & Huber, 2007; Nettle & Pollet, 2008; von Rueden, Gurven, & Kaplan, 2011).

단기적 짝짓기의 성 차이　성 전략 이론에 따르면 남녀 모두 몇몇 상황에서 단기적 짝짓기를 하지만, 단기적 짝짓기의 성-특이적 적응적 문제를 감안할 때 남녀는 번식상의 이유가 다른 것으로 보인다(Buss & Schmitt, 1993). 여성의 경우, 여러 파트너와 무분별하게 단기간 섹스를 하는 과정에서 의무적인 부모 투자를 소홀히 하면 번식에 전혀 도움이 되지 않는다. 반면에 남성은 문란한 짝짓기가 번식에 상당한 이득으로 작용할 수 있다(Symons, 1979). 남성이 일 년 동안 가임기 여성 백 명과 짝짓기를 한다면 자식이 무려 백 명이 태어나겠지만, 일부일처제에서는 그 기간 동안 파트너와의 사이에서 자식이 대개 한 명만 태어난다. 이 경향은 진화를 거치면서 남성으로 하여금 성 다양성을 위해 단기적 짝짓기 전략을 구사하게 하는 강한 선택압—그리고 중요한 적응적 문제—으로 나타난다. 물론, 남성 한 명과 여성 백 명이 한 번씩 짝짓기를 하는 백 번의 사례에서 정확히 자식 백 명이 태어나는 경우는 드물 것이다. 하지만 그럼에도 이 선택압은 강하게 영향을 미친다. 일 년 동안 남성 한 명이 여성 백 명과 짝짓기를 하면—특히 상대 여성들이 배란기에 가까워져서 단기적 짝짓기에 관심이 높아질 때 되풀이해서 짝짓기를 하면(Thornhill & Gangestad, 2008)—일 년 동안 여성 한 명과 짝짓기를 하는 남성에 비해 **상당히 많은** 자식을 가질 것이다.

여성은 남성 백 명과 짝짓기를 하든 한 명과 일부일처로 관계를 맺든 일 년 동안 자식을 한 명만 낳는 경향이 있다. 따라서 남성은 여러 파트너와 무분별한 짝짓기를 해서 얻게 되는 번식상의 이득이 여성보다 훨씬 크다(Symons, 1979). 하지만 여성 역시 단기적 짝짓기로부터 진화적 이득을 얻는다는 점은 주목해야 한다(Greiling & Buss, 2000). 다만 한 가지 주의해야 할 사실은, 단기적 짝짓기를 하는 여성은 많은 남성을 얻는 것보다 자질이 뛰어난 남성을 얻는 데 더 마음을 기울인다는 점이다(Thronhill & Gangestad, 2008).

그러므로 성 전략 이론은 남녀가 어떤 상황에서 단기적 짝짓기를 하면 그로부터 번식상의 이득을 얻는다고 전제한다. 그러나 남성과 여성이 적응적으로 단기적 짝짓기를 한다고 해도, 단기적 짝짓기 전략이라는 진화한 심리 설계는 서로 다르다고 성 전략 이론은 추정한다. 성 전략 이론에 따르면 단기적 짝짓기를 하는 남성의 심리에는 다음과 같은 설계 특징 세 가지가 두드러진다. (1) 남성은 여성보다 다양한 성적 파트너와 관계하기를 바라는 욕구가 크다. (2) 남성은 여성보다 성교에 동의하는 시간이 짧다. (3) 남성은 여성보다 더 적극적으로 단기적 짝짓기를 추구하는 경향을 보인다(Buss & Schmitt, 1993, p. 210). 이렇게 추정된 남성의 욕구는 저마다 단기적 파트너를 여러 명 만나야 하는 남성의 적응적 문제를 해결하는 데 도움이 되는 기능을 한다.

이렇게 가설화된 성 차이들은 대학생 및 지역 사회 표본을 대상으로 한 연구를 통해 충분히 입증되었다(Fenigstein & Preston, 2007; Kennair, Schimitt, Fjeldavli, & Harlem, 2009; Mcburney, Zapp, & Streeter, 2005). 슈미트와 동료들은(Schmitt, Alcalay, Allik, et at., 2003) 세계 주요 지역 10곳을 대상으로 기본적인 성 차이를 반복 검증했다. 북아메리카 출신의 사람에게 "다음 달 섹스 파트너로서 몇 명이 이상적인가?"라고 질문했을 땐, 남성은 23% 이상, 여성은 고작 3%만 한 명 이상이라고 답했다. 이 연구는 많은 남성이 단기간 동안 여러 섹스 파트너와 관계를 맺고 성적 다양성을 누리기를 바라는 반면, 여성은 그런 욕망을 거의 표출하지 않는다는 사실을 확인했다. 이러한 성 차이는 전 세계적으로 유사한 양상이었다. 그리고 단기적 짝짓기에 적극적으로 임하는 남성과 여성에게 다음 달 섹스 파트너로 한 명 이상을 바라는지 물었을 때 남성은 50% 이상, 여성은 20% 이하가 여러 명의 섹스 파트너를 바란다고 답했다. 이는 남성의 단기적 짝짓기 전략이 여성의 짝짓기 전략과 매우 다르며, 어느 정도는 섹스 파트너를 여러 명 얻는 것에 기반을 두고 있다고 말한 성 전략 이론의 주요 가설을 뒷받침한다.

또한 슈미트와 동료들은(Schmitt, Alcalay, Allik, et al., 2003) 일반적으로 남성이 여성보다 섹스에 동의하기까지 시간이 적게 걸리며, 전 세계적으로 남성이 여성에 비해 단기적 성관계에 더 많은 노력을 들인다는 점을 입증했다. 예를 들어, 모든 문화권에서 단기적 혼외관계를 적극적으로 찾아 나선다고 응답한 비율이 기혼 남성은 약 25%에 달했지만, 기혼 여성은 10%에 불과했다. 문화적 보편성을 보여준 이 연구결과는 남성이 단기적 짝짓기 전략을 구사할 때 섹스 파트너를 여러 명 얻는 쪽으로 진화했다는 견해를 뒷받침한다. 장기적 짝짓기만 고집하는 남성과 여성도 많고(Stewart-Williams & Thomas, 2013), 단기적 성관계를 주된 짝짓기 전략으로 구사하는 여성도 있다(Lancaster, 1994)는 것은 분명 중요한 사실이다. 하지만 여성이 단기적으로 짝을 찾을 때에는 상대를 더 까다롭게 선별하며 신체적인 매력, 대칭성, 남성성, 그리고/또는 기타 좋은 유전자의 증거를 찾는 경향이 있다(Thornhill & Gangestad, 2008).

앞서 말한 바와 같이, 남성의 단기적 짝짓기 심리에 내재한 특수 설계—다양한 파트너를 만나려는 욕구, 서둘러 섹스에 동의하는 성향, 단기적 파트너를 적극적으로 찾는 성향—는 성사회성sociosexuality의 성 차이에 관한 연구에서 확증되었다(Lippa, 2009; Simpson & Gangestad, 1991). 슈미트(2005b)는 48개국의 남성과 여성을 대상으로 성사회성을 평가하여 모든 문화권에서 남성이 여성에 비해 자유롭다는 사실을 확인했다(average d = .74). 리파(2009)는 표본의 수를 53개국으로 늘려 반복 시험을 했는데, 여기서도 전체 성 차이는 d = .74로 동일하게 나타났다. 그리고 혼외정사, 성적 환상, 음란물 소비, 매춘 소비, 단기적 짝짓기에 대한 정서적 반응, 게이 남성과 레즈비언이 보이는 짝짓기 심리의 근본적 차이 등의 연구에서 남성에게 단기적 짝짓기에 전문화된 설계가 있음이 밝혀져 왔다(Buss & Schmitt, 2011를 보라).

아마 가장 설득력 있는 연구는 단기적 짝짓기의 성 차이 가설을 현실의 행동으로 검증한 검증일 것이다. 1970년대에 R. D. 클라크Clark와 해트필드Hatfield(1989)는 미국의 대학 캠퍼스 안에서 실험 도우미로 하여금 대학생들에게 접근해서 섹스를 할 의사가 있는지 묻게 했다. 남성의 약 75% 이상이 전혀 모르는 사람과 섹스를 하겠다고 답한 반면에 여성은 낯선 사람과 섹스를 하겠다고 답한 사람이 한 명도 없었다 (0%). R. D. 클라크(1990)는 1980년대에 시행한 반복 검증 연구에서도 거의 동일한 결과를 도출했다. 20여 년이 흘러 할드Hald와 회-올레센Høgh-Olesen(2010)은 덴마크에서 이 연구결과를 대규모로 검증을 했는데, "나랑 잘래요?"라는 질문에 독신 남성은 59%가 동의한 반면에 독신 여성은 아무도 동의하지 않았다(0%).

슈츠볼, 푹스, 맥키빈, 세클퍼드(2009)는 실험 참가자들에게 남성과 여성이 앞에서와 비슷한 상황에 처한다면 어떤 반응을 보일지 추측해보라고 요청했고, 이때 연구자들은 실험 도우미의 신체적 매력에도 변화를 주었다. 낯선 상대가 아주 매력적인 여성일 때 남성은 54%가 섹스를 하리라고 추정된 반면, 낯선 상대가 아주 매력적 남성일 때 여성은 8%만 섹스를 하리라고 추정되었다. 게겡Guéguen(2011)은 신체적 매력을 달리하는 여러 실험공모자를 사람들에게 **실제로** 접근시켜 섹스를 할 의향이 있는지 묻는 실험을 했을 때 남성의 83%는 아주 매력적인 여성과 섹스를 하겠다고 응했고, 남성의 60%는 평범한 매력을 가진 여성과 섹스를 하겠다고 응했다. 여성의 3%는 아주 매력적인 남성과 섹스를 하겠다고 했는데, 평범한 매력을 가진 남성과 섹스를 하겠다고 응한 여성은 아무도 없었다(0%). 여성에게 특수하게 설계된 단기적 짝짓기 심리가 있다는 가정하에서, 단기적 섹스 전략은 신체적 매력이 뛰어난 남성에게 가장 효과적일 것이다. 평범하게 생긴 남성에게는 단기적 짝짓기가 번식의 선택지로 적합하지 않을 것이다(Greitemeyer, 2005를 보라).

짝짓기 전략의 개인차

앞 절에서 우리는 남성과 여성이 단기적/장기적 짝짓기 전략을 **어떻게** 구사하는지에 대한 진화심리학의 설명을 살펴보았다. 그렇다면 남성과 여성 개개인이 **왜** 장기적 일부일처제 혹은 단기적 난교 전략을 구사하는가 하는 또 하나의 중요한 질문이 떠오른다. 몇몇 연구에 따르면 사람들의 전략적 짝짓기 선택을 주도하거나 자극하는 요인으로 개인의 상황—생애 단계, 개인의 형질, 신체적 특질 등—이 적응적 역할을 한다고 한다(Buss & Schmitt, 1993; Gangestad & Simpson, 2000). 짝짓기 전략에 영향을 미치는 성–특이적 특징으로는 배우자 가치와 나이가 특히 중요하고 여성에게는 배란 상태도 중요하다.

성 전략 다원주의

성 전략 이론(Buss & Schmitt, 2993)에 따르면 남성이 구사하는 짝짓기 전략이 단기적인지 장기적인지는 어느 정도 당사자의 지위와 명성에 달려 있다. 식량 수집 문화에서는 지위와 명성이 높은 남성이 다수의 여성과 결혼하는 경향이 있었고, 그렇게 해서 적합도 이익을 수확했다(Betzig, 2012; Gurven & Hill, 2009). 현대의 문화에서는 보통 지위가 높은 남성이라도 한 명 이상의 여성과 법적으로 결혼할 수가 없다. 증거에 따르면 현대에도 지위가 높은 남성—사냥 능력이나 체력 또는 지역에서 높이 인정하는 속성을 가진 남성—은 성교를 더 자주 함으로써 여전히 높은 번식 가능성을 보여준다(Kanazawa, 2003). 가령 지위가 높은 남성은 섹스를 하는 파트너 수가 더 많고(Gallup, White, & Gallup, 2007), 짝외 정사나 불륜을 더 많이 저지르며(Schmitt et al., 2004), 오랜 시간에 걸쳐 가임기 여성들과 이혼과 재혼을 반복하면서 사실상 합법화된 일부다처제(혹은 '사실상의 일부다처제')를 누린다(즉, 연속적 단혼제. Nettle & Pollet, 2008). 물론 어떤 문화에서 남녀의 성비가 같다면, 나머지 남성들—지위와 명성이 낮은 사람들—은 일부일처제에 국한되고 만다. 게다가 지위가 낮은 일부 남성들은 아내를 전혀 얻을 수가 없어서 어쩔 수 없이 문란한 짝짓기 전략을 구사할 수밖에 없을 것이다(McKibbin, Shackelford, Goetz, & Starratt, 2008; Thornhill & Palmer, 2000). 따라서 짝짓기 전략의 개인차를 결정짓는 핵심 요소 중 하나는 남성의 지위다.

남성 짝짓기의 차이　남성의 짝 선호와 성 전략은 짝짓기 시장에서 남성이 지닌 전반적 가치는 물론, 다른 요인에 의해서도 달라진다(Bailey, Durante, & Geary, 2011; Lukaszewski, Larson, Gildersleeve, Roney, & Haselton, 2014 Saad & Gill, 2014). 남성의 '배우자 가치'는 부분적으로 지위와 명성에 따라 결정되지만, 또 한편으로는 보유 자산, 장기적 포부, 지성, 대인관계에서의 우월성, 사회적 인기, 유머 감각, 친절하다는 평판, 성숙함, 키, 체력, 운동에 대한 열정 등에서 영향을 받기도 한다 (B. J. Ellis,

1992).

　현대 문화에서 남성을 살펴본 대부분의 연구에 따르면 배우자 가치가 높은 남성들은 할 수만 있다면 단기적 짝짓기 전략을 선택한다(Penke & Denissen, 2008; Surbey & Brice, 2007). 예를 들어 라루미에르와 그의 동료들은(Lalumière, Seto, & Quinsey, 1995) 짝짓기 기회 전반을 측정하는 척도를 고안했다. 전반적인 배우자 가치와 유사한 이 척도에는 "나는 또래에 비해 데이트를 쉽게 할 수 있다"와 같은 항목이 포함되어 있다. 연구자들은 북미에서 배우자 가치가 높은 남성이 더 이른 나이에 섹스를 하고, 더 많은 섹스 파트너와 관계를 갖고, 대체로 더 문란한 짝짓기 전략을 구사하는 경향이 있음을 밝혀냈다(von Rueden et al., 2011도 보라).

　전반적인 배우자 가치를 보여주는 또 다른 지표는 자존감이라는 사회적 지표다(Kirkpatrick, Waugh, Valencia, & Webster, 2002). 짝짓기 기회에 관한 연구결과와 유사하게, 북미에서 자존감 수치가 더 높은 북미 남성은 단기적 짝짓기 전략을 더 많이 구사한다(Camargo et al., 2013). 또한 슈미트(2005b)는 50여 개국을 대상으로 한 비교문화 조사에서 이러한 추세가 전 세계적으로 나타난다고 밝혔다. 반면에 현대 여성의 경우에는 대개 이와 같은 관계가 분명히 드러나지 않으며 종종 반대의 결과가 나타나기도 한다(Mikach & Bailey, 1999도 보라). 자존감이 높은 여성은 한 번에 한 상대에게 장기적 짝짓기 전략을 구사할 가능성이 많다. 이러한 연구결과는 부모 투자 이론(Trivers, 1972)을 뒷받침한다. 즉, 배우자 가치가 높고 더 많은 선택지가 주어질 때 남성은 단기적 짝짓기를 빈번히 하는 것을 선호하는 반면, 여성은 한 번에 한 상대하고만 짝짓기하는 전략을 선택한다.

　전략 다원주의 이론(Gangestad & Simpson, 2000)에 따르면 남성은 여성이 가장 선호하는 신체적 형질, 특히 유전적으로 돌연변이 하중(mutation load)이 낮다는 형질을 드러낼 때 단기적 짝짓기 전략을 구사할 가능성이 높다(Lukaszewski et al., 2014; Thornhill & Gangestad, 2008). 신체적 매력이 있는 남성이 여성의 욕망에 잘 적응하고 더 문란하다는 주장이 있는데, 이를 뒷받침하는 근거는 여러 분야에서 나왔다. 예를 들어 로즈Rhodes, 시먼스, 피터스(2005)는 매력적인 남성은 장기적 파트너가 아닌 단기적 파트너와 더 많이 관계를 맺지만, 매력적인 여성은 단기적 파트너가 아닌 장기적 파트너와 더 많이 관계를 맺는다고 밝혔다. 단기적 짝짓기에 중점을 두는 여성은 남성의 신체적 속성으로 넓고 건장한 어깨를 선호하는데(Frederick & Haselton, 2007), 이 속성을 지닌 남성은 처음 섹스를 하는 초창기 때처럼 단기적 짝짓기를 하고, 더 섹시한 파트너를 만나며 짝외 섹스를 더 많이 하는 경향이 있다(Hughes & Gallup, 2003). 갱지스태드와 그의 동료들은 북미 대학생을 대상으로 한 연구에서 단기적 파트너를 찾는 여성은 파트너의 신체적 매력에 특히 주안점을 두고 신체적 매력이 있는 남성은 단기적 짝짓기 전략을 구사할 확률이 높다고 주장했다(Gangestad & Cousins, 2001; Simpson, Gangestad, Christensen, & Leck, 1999). 슈미트와 동료 연구자들(2004)은 수십여 개 국가를 조사한 비교문화 연구에서 이 연구결과를 반복 검증했고, 거의 모든 문화권에서 스스로 매력적이라고 여기는 남성은 다른 남성에 비해 단기적 짝짓기 전략을 구사할 가능성이 높다는 사실을 확인했다. 여성의 경우에는 신체적 매력이 대개 일부일처 관계로 짝짓기를 하려는 욕구와 더 관련이 있었지만(Buss & Shackelford, 2008), 동유럽과 남유럽에서는 이러한 추세가 두드러지지 않았다(Schmitt, 2005a). 요컨대, 여러 연구에 따르면 남성은 단기적 짝짓기 전략을 구사할 기회가 생길 때 어느 정도는 신체적 매력 때문에 그런 전략을 택하는 경향이 있다.

어떤 연구는 유전적 소인과 호르몬의 성질이 남성의 짝짓기 전략에 영향을 미칠수 있다고 주장한다(Garcia et al., 2010; Hönekopp, Voracek, & Manning, 2006). 이러한 연구의 대부분은 테스토스테론의 조절 효과에 중점을 둔다(Dabb & Dabbs, 2000; Welling et al., 2008). 예를 들면, 같은 연령대의 독신 남성에 비해 결혼한 남성의 테스토스테론 수치가 더 낮은 편이다. 그리고 곧 아버지가 될 예정이면서 현재 파트너하고만 아이를 양육하기를 바라는 남성 또한 테스토스테론 수치가 더 낮다(Gray, Kahlenberg, Barrett, Lipson, & Ellison, 2002; Hirschenhauser, Frigerio, Grammer, & Magnusson, 2002; van Anders & Watson, 2006). 그러나 혼외정사에 계속해서 흥미를 보이는 유부남과 양육에 힘을 쏟지 않는 유부남은 테스토스테론 수치가 감소하지 않았다(Edelstein, Chopik, & Kean, 2011; McIntyre et al., 2006). 높은 테스토스테론 수치와 관련된 형질(예를 들면, 우람한 근육질, 튀어나온 눈 위의 뼈, 넓은 턱, 낮은 목소리)을 지닌 남성은 더 많은 섹스 파트너를 만나고(Hill et al., 2013; Maestripieri, Klimczuk, Traficonte, & Wilson, 2014b), 섹스를 더 이른 나이에 시작하고(Udry & Campbell,

1994), 짝짓기를 위해 더 많이 노력하고(Gray et al., 2004), 성인기에 외도할 확률이 높고(Booth & Dabbs, 1993), 더 자주 이혼하고(Mazur & Booth, 1998), 정자수가 더 많고(Manning, 2002), 자식을 더 많이 낳는다(Apicella, Feinberg, & Marlowe, 2007; Jasienska, Jasienski, & Ellison, 2012).

테스토스테론과 남성의 짝짓기 전략의 변이를 보여주는 관련 연구들은 출생 전 남성이 테스토스테론에 얼마나 노출되었는지, 그리고 그렇게 노출됨으로써 뇌가 조직적으로 어떤 영향을 받았는지를 조사한다. 임신 2개월경에 자궁 내에서 높은 수치의 테스토스테론에 노출되면 남성의 뇌가 더 남성화된다(L. Ellis, 2011; Manning, 2002). 만약 남성의 뇌가 짝짓기 심리를 조성하도록 설계되어 있는데, 단기적 짝짓기를 추구할 때 바로 그 심리에 따라 상대적으로 무차별한 짝짓기를 하는 것이라면(Symons, 1979), 자궁에서 높은 수치의 테스토스테론에 노출된 남성이 성인기에 무차별한 단기적 짝짓기 전략을 펼칠 가능성이 더 높다고 가설화할 수 있다.

테스토스테론 노출을 파악하기 위한 한 가지 단서는 사람의 손가락 길이 비율에서 발견된다(Manning, 2002). 기본적으로, 약지(넷째 손가락 혹은 4D)가 검지(둘째 손가락 혹은 2D)보다 긴 사람은 자궁에서 테스토스테론에 많이 노출되었고, 성인기에 테스토스테론 수치가 높게 나타난다고 볼 수 있다. 약지가 유난히 긴 사람(즉, 둘째 손가락이 넷째 손가락보다 짧은 사람)은 인생사를 더 빨리 경험하고 단기적 짝짓기 전략에 더 초점을 둔다(Schwarz, Mustafić, Hassebrauck, & Jörg, 2011). 또한 이들은 다른 남성에 비해 전반적으로 아이를 더 많이 낳고, 정자운동이 더 활발하고, 경쟁심과 자기주장이 더 강하고, 더 매력적으로 인식될 확률이 높다(Manning, 2002; Stenstrom, Saad, Nepomuceno, & Mendenhall, 2011). 게다가 이 연구결과는 테스토스테론이 남성의 단기적 짝짓기 전략에 활성인자로 작용한다는 것을 가리킨다. 중요한 사실은, 여성에게서는 이 상관관계가 거의 드러나지 않는다는 것이다(다만 남성적인 여성은 단기적 짝짓기를 더 많이 하는 것으로 나타났다; A. P. Clark, 2004; Mikach & Bailey, 1999). 여성의 경우, 짝짓기 전략을 적응적으로 선택하게끔 하는 감정 유발에 다른 요인들이 더 크게 관여하는 것으로 보인다.

여성 내에서 발견되는 짝짓기 차이　여성의 성욕은 배란 직전인 난포기 후반에 최고조에 다다르는 편인데, 이때 섹스를 하면 임신할 가능성이 가장 높다(Regan, 1996). 성욕의 변화가 진화한 것은 우리 여성 선조들이 일부일처제에서 임신으로 이어지는 섹스를 할 가능성이 높기 때문이라고 여겼다. 그러나 어떤 연구는 여성의 짝짓기 전략에서 나타나는 여러 가지 설계 특징이 주기적으로 변하는데, 배란 직전에 생식력이 최고조에 이를 때 유전자의 질이 우수한 남성과 단기적 관계를 맺고자 하는 욕구가 있다고 주장한다(Cantú et al., 2014; Durante, Griskevicius, Simpson, Cantú, & Li, 2012; Durante, Li, & Haselton, 2008; Gildersleeve, Haselton, & Fales, 2014).

예를 들어, 단기적 짝짓기에 관심을 두는 여성은 우월성과 남성성이 높은 남자를 선호하는 편이며(Buss & Schmitt, 1993), 이는 튀어나온 이마, 넓은 턱, 그 밖에 남성성을 드러내는 얼굴, 신체, 행동상의 특징 등 테스토스테론과 관련된 특징을 살펴볼 때 언급한 바 있다(Mueller & Mazur, 1998; O'Connor et al., 2012; Perrett et al., 1998). 단기적 짝짓기를 지향하는 여성은 '섹시한 아들'[1]을 예고하는 테스토스테론의 표시이자 남성의 면역 능력을 가감 없이 보여주는 지표로서 이러한 형질을 선호한다(Thornhill & Gangestad, 2008). 여성은 난포기 후반에 남자다운 형질을 지닌 남성을 확실히 더 선호하는데(Gildersleeve et al., 2014), 이것은 마치 단기적 짝짓기에 중점을 둔 전략을 따르기 위해 여성의 짝짓기 심리가 바뀌는 것처럼 보인다(Cantú et al., 2014; Durante et al., 2012를 보라).

전반적으로, 여성은 짝짓기 전략상—여성의 욕구와 행동 모두—임신할 가능성이 가장 높을 때 장기적 짝짓기에서 좀 더 단기적 짝짓기를 지향하는 쪽으로 심리가 바뀌는데 이를 알려주는 명확한 근거가 있다(Grammer, Renninger, & Fischer, 2004). 일부 여성들의 경우 이런 심리 변화는, 파트너에게 투자를 많이 하는 장기적 관계를 유지하면서도 짝외 섹스를 통해 양질의 유전자를 획득하는 메커니즘으로 기능할 수 있다(Thornhill & Gangestad, 2008).

배란기의 변화 외에도, 여성의 짝짓기 전략이 일생 동안 변한다는 증거도 있다.

---

1 섹시한 아들 가설Sexy Son Hypothesis에 따르면 여성들이 다른 여성들에게도 매력적으로 보이는 남성과 관계 맺기를 선호하는 이유는 그 섹시한 남성과 자신 사이에서 태어난 자식도 그 매력적인 형질을 물려받아 유전자를 후대까지 전달할 확률이 높기 때문이라 한다 (옮긴이).

예를 들어, 섹스 욕구가 30대 초반에 정점에 이르는 것은 우리 여성 선조에게 실용적이었을 것이다. 임신이 가능한 배란 주기—임신을 유발하는 배란이 포함된 주기—의 비율은 일생 동안 수도 없이 바뀌며, 여성의 70%가 30대 초반에 그 비율이 가장 높다(Baker & Bellis, 1995를 보라). 슈미트와 그의 동료들은(2002) 미국과 캐나다 여성 1,400명을 조사한 연구에서 욕망에 대한 주관적 느낌, 유혹하는 행동, 증가한 성행위를 측정하여 여성은 30대 초반에 섹스 욕구가 최고조에 이른다고 밝혔다. 오르가슴 도달, 섹스에 대한 인지적/감정적 집중, 성적으로 가장 왕성한 시기에 대한 사회 인식에서 비롯한 증거에 따르면, 여성의 섹스 욕구는 30대 초반에 정점에 이르는 것으로 보이며, 이는 장기적 짝짓기를 하는 본래의 파트너와 더 많이 번식하게 하거나 30대 초반의 여성으로 하여금 혼외정사 또는 문란한 섹스에 빠지도록 부추기는 진화적 기능의 작용으로 보이며, 그 목적은 아마 자식의 유전적 질이나 다양성을 높이기 위함일 것이다.

여성의 짝짓기 전략에 적응적 변화가 나타나는 것은 여러 개인차와 사적인 상황들과도 관련이 있다. 예를 들어, 단기적 짝짓기 전략은 싹슬이년기, 파트너의 배우자 가치가 낮을 때, 배우자에게서 벗어나고 싶을 때, 이혼한 후에 실행될 가능성이 높다—이 모든 상황은 단기적 짝짓기가 특별히 설계된 적응적 기능을 실행하는 경우에 해당한다(Greiling & Buss, 2000). 어떤 경우에는 가정 내에서 발달 경험을 쌓는 초기에 적응적 반응으로서 단기적 짝짓기가 출현하는 듯하다(Belsky, Steinberg, & Draper, 1991). 예를 들어, 아버지가 없는 가정에서 자란 여성(Webster, Graber, Gesselman, Crosier, & Schember, 2014), 특히 친부 대신 의붓아버지가 있는 가정에서 자란 여성에게는(B. J. Ellis, 2004) 단기적 짝짓기 전략이 생길 가능성이 더 높다. 친부 대신 의붓아버지가 있는 경우에 어린 여성은 나이든 남성과 짝짓기를 하는 것은 터무니없는 일이라고 은연중에 생각할 수 있다. 그런 환경에서는 단기적 짝짓기가 성인기에 구사할 더 적합한 전략이 될 것이다(Belsky, 1999; Lancaster, 1994; Sheppard, Garcia, & Sear, 2014; Comings, Muhleman, Johnson, & MacMurray, 2002도 보라).

마지막으로, 장기적/단기적 짝짓기의 상이한 유전적 경향이 빈도−의존적 선택이나 그 밖의 다른 선택들에서 나온 결과라고 주장하는 사람들이 있다(Gangestad & Simpson, 2000). 행동유전학의 증거에 따르면, 첫 경험을 한 나이, 일생 동안의 섹스 파트너 수, 짝 선호, 성사회성(한정된 장기적 짝짓기부터 자유로운 단기적 짝짓기에 이르기까지 다양하게 분포한 일반적 형질)은 얼마간 유전적이며(Lyons et al., 2004; Verweij, Burri, & Zietsch, 2012) 호르몬에 따라 달라진다는 것이다(Grant & France, 2001; Law Smith et al., 2012).

짝짓기 전략의 문화적 차이

진화심리학자들은 인간의 짝짓기 전략이 성과 개인에 따라 다르기도 하지만 문화에 따라 적응 방법이 다르다고 예상한다(Gangestad, Haselton, & Buss, 2006; Gaulin, 1997). 실제로, 진화심리학자, 인류학자, 행동생태학자들은 문화의 여러 가지 측면—특히 생태계의 가혹함, 전쟁, 혈연관계, 거주, 상속 패턴—이 짝짓기 전략뿐만 아니라 혼전 섹스(Barber, 2000), 질투심과 간통(Korotayev & Kazankov, 2003), 사랑(Schmitt et al., 2009), 부부간의 역학관계(Weisfeld & Weisfeld, 2002), 짝 선호(Marcinkowska et al., 2014; Moore et al., 2013), 산후 섹스 금지와 근친상간회피 같은 성 문제(Hartung, 1985; Pasternak, Ember, & Ember, 1997)를 좌우하는 규칙과 체계적으로 관련되어 있다고 오랫동안 입증해왔다. 진화심리학자들은 인간의 짝짓기 적응을 활성화하고 유발하는 데 문화가 분명 중요한 역할을 한다고 생각한다(Pirlott & Schmitt, 2014를 보라). 그럼에도 이러한 진화심리학적 특징을 무시하면서 "진화심리학자들은 문화를 배제한 생물학을 강조하는 낡은 이론에 의존하여 가장 중요하다고 할 수 있는 특징적인 인간의 진화 과정을 놓친 것 같다"라고 비난하는 사람들이 있다(Wood, Kressel, Joshi, & Louie, 2014, p. 17). 그런 주장은 진화심리학의 기초와 진화심리학이 문화를 중요시한다는 것을 몰라도 너무 모른다(Tooby & Cosmides, 1992).

문화와 인간 짝짓기의 관련성은 가장 초기에 가장 충분히 입증되었는데, 바로 일부다처와 일부일처의 혼인제도에서 나타나는 적응적 차이를 다룬 연구에서였다(Ember, Ember, & Low, 2007; Henrich, Boyd, & Richerson, 2012; Marlowe, 2003). 예를 들어, 로(1990)는 병원체 스트레스가 높은 부족 문화는 일부다처제일 가능성이 높다고 입증했다. 반면에 그런 문화 환경에서 일부일처제는 상대적으로 드물게 나타난다(Dow & Eff, 2013). 이 짝짓기 다원주의 패턴을 부분적으로 설명하는 것이 있다. 병원체가 많은 생태 환경에서 남성은 자식의 유전적 다양성(병원체를 막아내고, 일부다처제를 통해 성취할 수 있는 다양성)을 선호하게 되고, 동시에 여성은 병원체가 많은 환경에서 여러 아내를 부양할 수 있는 소수의 건강한 남성을 선호한다는 사실인데, 이는 일부다처제 문턱 모델polygyny threshold model(Low, 2000)과도 관련이 있는 패턴이다. 병원체 수치에 반응하도록 설계된 짝짓기 적응은 여러 유형의 일부다처제를 만들어내기도 했다. 예를 들어, 병원체 수치가 높은 환경에서는 일부다처제의 남성이 이족 결혼, 즉 지역 부족이 아닌 사람과 결혼을 함으로써 자식의 다양성을 더 높이는 편이다. 자매형 일부다처제는 남성이 친자매들과 결혼하는 것으로, 유전적 다양성이 더 적게 나타나고 병원체 수치가 높은 환경에서는 거의 찾아볼 수 없다(Low, 2000).

유효성비와 짝짓기 동역학

짝짓기 적응의 차이를 유발하는 것으로 보이는 문화적 양상 중 충분히 연구된 또 다른 양상으로 유효성비operational sex ratio가 있다(Guttentag & Secord, 1983; Pedersen, 1991). 유효성비는 여러 가지 방식으로 표현되어왔지만(Hardy, 2002), 지역 내 짝짓기풀에 포함된 결혼 적령기 남녀의 상대적 균형이라고 정의할 수 있다(Hardy, 2002). 유효성비를 산출할 때 결혼 적령기는 대개 15세에서 49세 사이에 해당한다(Guttentag & Secord, 1983). 지역 문화에서 남성의 수가 여성의 수보다 월등히 많으면 성비가 '높다'고 한다. 반대로 짝짓기 시장에 여성의 수가 남성의 수보다 상대적으로 많으면 성비가 '낮다'고 말한다. 대부분의 문화권을 보면 여성의 수가 남성보다 조금 더 많은데, 주된 이유는 일부다처 성향을 보이는 남성의 사망률이 더 높기 때문이다(Daly & Wilson, 1988). 그럼에도 역사적으로 볼 때 성비는 문화와 나이 전반에 걸쳐 상당한 차이를 보이며 문화 내에서도 다르게 나타난다((Kruger, 2009; Marlowe & Berbesque, 2012; Pollet & Nettle, 2008)

피더슨Pedersen(1991)은 성선택 이론(Darwin, 1871)과 부모 투자 이론(Trivers, 1972)을 조합하면 성비가 인간의 짝짓기 전략에 미치는 영향을 예측할 수 있다고 주장했다. 성선택 이론에 따르면, 수컷이 잠재적 짝짓기 파트너의 특정한 속성을 원할 때 그 종에 속한 암컷은 수컷이 원하는 속성을 표현하고 제공하기 위해 경쟁을 벌이는 경향이 있다. 인간의 경우, 성비가 유달리 낮아서 남성보다 여성의 수가 많을 때는 남성이 그야말로 희소 자원이 되므로 여성은 평소보다 더 치열하게 경쟁할 것이다 (Griskevicius et al., 2012; Stone, Shackelford, & Buss, 2007도 보라).

남성은 무분별한 단기적 짝짓기를 바라는 경향이 있다고 보는 앞서 언급한 부모 투자 개념(Buss & Schmitt, 1993)과 조합해보면, 성비가 낮은 문화(예를 들어, 여성이 남성보다 많고, 통상적으로 비율이 100 이하인 문화)에 속한 사람들은 단기적 짝짓기에 중점을 둔 전략을 구사한다는 가설이 나온다. 피더슨(1991) 이론의 논리에 따르면 남성보다 여성이 많은 문화에서 남성은 희소하므로 여성이 관심을 보일 때 남성은 단기적 섹스 욕구를 더 많이 충족할 수 있는 방향으로 요구할 여유를 갖는다고 한다. 짝짓기 시장에 이런 힘들이 존재한다면 그 문화는 전체적으로 단기적 짝짓기에 더 중점을 두게 된다.

반면에 성비가 높고 남성이 여성보다 많을 경우, 수가 한정돼 있는 잠재적 여성 파트너를 차지하기 위해 남성은 더욱 치열한 성 내 경쟁에 돌입해야 한다(Hudson & Den Boer, 2004; cf. Schacht, Rauch, & Borgerhoff Mulder, 2014도 보라). 이때는 장기적 일부일처제에 대한 여성의 선호가 중요한 욕구로 작용하게 되는데, 남성이 구애 시장에서 경쟁력을 갖추려면 반드시 이 욕구에 대응해야 한다. 피더슨(1991)의 논리에 따르면, 성비가 높은 문화(예를 들어, 여성보다 남성이 많고, 비율이 100 이상인)에 속한 사람은 일부일처의 성향이 더 강하다.

피더슨은 시간에 따른 미국 내 성비 변동을 조사해서 성비, 성선택 과정, 인간의 짝짓기 전략 간의 인과 관계를 증명하는 설득력 있는 사례들을 모았다. 예를 들어, 성비 변동이 크면 이혼율이 더 낮고 남성이 자식에게 투자할 의지가 더 높은 것에서 알 수 있듯이 역사적으로 일부일처가 증가한다. 반면에 성비 변동이 적으면 이혼율이 증가하고 남성이 여성더러 "성적으로 부끄러움을 탄다"고 말하는 횟수가 줄어드는 등 역사적으로 단기적 짝짓기 지표가 증가한다. 슈미트(2005a)는 40여 개국을 대상으로 한 비교문화 연구에서 피더슨(1991) 이론을 검증하기 위해 국가별 성비가 인간의 기본적인 짝짓기 전략 지표와 직접적인 관련이 있는지 조사했다. 예상대로, 남성이 여성보다 많은 문화는 장기적 짝짓기를 하는 반면, 여성이 남성보다 많은 문화는 단기적 짝짓기를 하는 편이었다(Barber, 2000; Schmitt & Rohde, 2013도 보라). 그림 11.1에서 알 수 있듯이, 유효성비가 감소하여(예를 들어, 짝짓기풀에 여성이 남성보다 많고, 지수가 100 이하로 떨어져서) $r(46) = -0.50$, $p < .001$이 되면 여성의 성사회성은 증가(예를 들어, 제한이 더 없어지거나 단기적 짝짓기에 중점을 두는)하는 경향을 보인다. 전체적으로 인간의 짝짓기 전략은 지역 내 짝짓기풀의 남녀 균형에 조건적으로 반응하며, 인간 짝짓기에서 발견되는 전략적 다원주의의 기본 전제를 뒷받침한다(Barber, 2008; Chipman & Morrison, 2013).

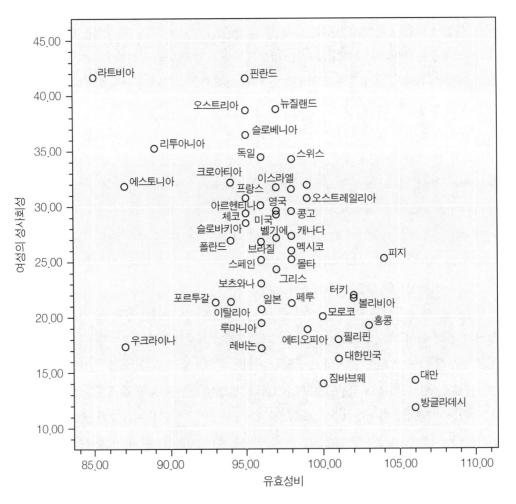

그림 11.1 국제성묘사프로젝트에서는 48개국을 대상으로 유효성비와 국가별 여성의 성사회성 수준의 관계를 위와 같이 나타냈다. 출처: 슈미트, 2005b.

심리사회 가속 이론

여러 연구자들은 생활사 이론(Low, 1998)과 애착 이론(Bowlby, 1982) 그리고 반응 규범, 표현적응성, 유전자 환경 간 상호작용, 준비된 학습 같은 개념(Figueredo et al., 2008; West-Eberhard, 2003)을 조합해서, 인간의 짝짓기 전략이 조건적으로 발달하는 데 있어 유년기의 경험이 중요한 역할을 한다고 주장했다. 그중에서도 가장 유명한 연구는 벨스키와 동료 연구자들(1991)이 개발한 수명모델일 것이다. 이 모델에 따르면, 아이들은 초기의 사회적 경험을 통해 두 가지 번식 경로 중 하나를 택하게 된다고 한다. 먼저 사회적 스트레스—특히 무신경한/일관성 없는 양육, 물리적으로 가혹한 환경, 경제적 어려움—에 많이 노출된 아이들은 불안정한 애착 유형이 발달하는 경향이 있다. 또한 스트레스에 적게 노출된 아이들보다 몸이 더 빨리 성숙한다. 벨스키와 그의 동료들에 따르면, 어릴 때 불안정한 애착을 보이고 신체가 빨리 성숙하면 성인기에 기회주의적 번식 전략(예를 들어, 단기적 짝짓기)이라 불릴 진화적 적응 발달이 이루어진다. 따라서 사회적 환경을 예측할 수 없는 문화에서 아이들은 좀더 실행 가능한 단기적 짝짓기 전략을 발달시키고 그렇게 해서 표현형 가소성을 매개로 스트레스 단서에 적응적으로 반응한다고 주장할 수 있다(또한 Del Giudice, 2009를 보라).

반대로 스트레스와 가혹한 환경에 적게 노출된 아이들은 정서가 더 안정되고 몸이 늦게 성숙하는 경향이 있다. 이러한 아이들의 경우에는 성인기에 더 많이 '투자하는' 번식 전략(예를 들어, 장기적 짝짓기 전략)이 발달하는데, 이 전략은 스트레스가 적은 환경에서 진화의 배당금을 지급한다. 짝짓기 전략에 영향을 미치는 인과적 메커니즘은 대체로 가족 내에서 발견되지만, 이 모델은 문화적 측면 역시 짝짓기 전략의 차이를 유발한다고 시사한다.

치좀Chisholm(1996)도 이와 밀접하게 연관된 이론을 제시했다. 그는 지역의 사망률—스트레스를 많이 받고 자원이 불충분한 것과 관련 있다고 추정된다—이 인간의 짝짓기 전략을 조건에 따라 진화적 적응의 방식으로 변화시키는 단서 역할을 한다고 주장한다(Griskevicius, Delton, Robertson, & Tybur, 2011를 보라). 사망률이 높고 자원을 예측할 수 없는 문화에서 최적의 짝짓기 전략은 번식을 일찍, 자주 하는 것으로, 불안정 애착, 단기적 지향성, 문란한 짝짓기 전략들과 관계가 있다. 신체적으로 안전하고 자원이 풍부하고 사망률이 더 낮은 문화에서 최적의 전략은 더 적은 수의 자식에게 많이 투자하는 것이다. 따라서 더 안전한 환경에서는 일부일처 짝짓기와 밀접한 관련이 있는 장기적 전략을 구사한다. 종합하자면, 벨스키와 동료 연구자(1991)들 그리고 치좀(1996)이 주장하는 이론은 인간의 짝짓기 전략에 관한 '심리사회 가속 이론'이라고 말할 수 있다.

수많은 연구가 심리사회 가속 이론을 지지한다(Cohen & Belsky, 2008; Figueredo et al., 2008). 슈미트와 그의 동료들(Schmitt, Alcalay, Allensworth, et al., 2003)은 심리사회 가속 이론을 검증하기 위해 56개국 1만 7,000명을 대상으로 낭만적 애착 유형을 측정했다. 연구자들은 불안정 애착 유형을 가족의 스트레스, 경제적 자원, 사망률, 출생률 등 다양한 지표와 관련지어 설명했고, 심리사회 가속 이론을 뒷받침할 수 있는 압도적인 증거를 발견했다. 예를 들어, 출생률과 사망률이 높고 스트레스가 많으며(가령 건강이 나쁘고 교육이 형편없는) 자원의 수준이 낮은 나라에서는 불안정 애착이 더 높게 나타났다. 슈미트(2005b)는 문화 전반적으로 단기적 짝짓기가 불안정 애착과 관련이 있다는 사실도 알아냈다. 예상한 대로, 무시형 불안정 애착은 남성의 단기적 짝짓기와 관련이 있고, 공포형/집착형 불안정 애착은 여성의 단기적 짝짓기와 관련이 있었다. 이 연구결과는 스트레스가 많은 환경이 불안정 애착을 —어쩌면 그와 관련된 단기적 짝짓기 전략까지도—증가시킨다는 견해를 뒷받침한다(Figueredo et al., 2006).

결론: 진화와 인간의 짝짓기 전략

인간은 다원적인 짝짓기 목록을 갖고 있으며 이 목록은 기본적으로 장기적/고투자 짝짓기 심리와 단기적/저투자 짝짓기 심리로 구성되어 있다. 이러한 짝짓기 심리를 활성화하고 추구할 때 성, 개인적 환경, 문화적 맥락에 따라 적응적 방법이 달라진다. 예를 들어, 남성의 단기적 짝짓기 전략은 기회주의적 짝짓기에 기반을 두는데, 여기에는 상대적으로 무분별하게 여러 파트너를 만나는 것이 포함된다. 반면 여성의 단기적 짝짓기 전략은 유전적 품질이 뛰어나고(남자다운 특징을 보이고 얼굴 모양이 대칭을 이루는 남성 등), 자원을 추가로 확보하고, 단기적 짝짓기를 통해 장기적 배우자를 얻는, 즉 다양한 파트너와 '짝 바꾸기'를 잘 하는 남성을 획득하는 데 더 중점을 둔다. 배우자 가치가 높은 남성은 다른 남성들에 비해 단기적 짝짓기 전략을 더 많이 구사하는 경향이 있으며, 가능한 한 일부다처 혹은 연속결혼을 추구한다. 배란기에 가까운 여성은 단기적 짝짓기 심리에 해당하는 욕구를 표현하는데, 이때 남자답고 대칭을 이룬 남성에게 더욱 민감하게 반응한다. 남성이 이러한 여성의 욕구를 충족시킨다면 그것은 단기적 성 전략을 구사하기 때문에 가능한 일이다. 스트레스를 많이 받고 출생률이 높은 문화에서는 적응의 방식으로서 불안정 애착과 단기적 짝짓기가 나타나며, 여성 편향적인 성비에 의해서도 단기적 짝짓기 전략이 나타나는 것으로 보인다.

앞으로는 인간의 목록에 속한 하나 또는 그 이상의 전략이 문화에 따라 제한/허용되는지 더 정밀하게 측정해서 사회문제 해결과 공공 정책 정보에 연구결과를 적용시킬 방법을 찾는 것이 중요한 연구 분야가 될 것이다. 예를 들어, 성비와 여성의 성사회성 간의 관계를 문화별로 비교 분석한 연구에 따르면(그림 11.1을 보라), 성비가 약 95로 여성이 남성보다 많을 때 여성의 성사회성은 현저히 증가한다. 미국의 많은 도시 환경에서는 여성이 남성보다 훨씬 수가 많은데, 이는 범죄 조직과 관련된 살인이 발생하고 남성의 투옥률이 높기 때문이다. 게다가 여성 과잉을 부추기는 공공 정책(예를 들어, 지역 남성 다수를 교도소에 보내는 마약단속법)이 지역 사람들에게 단기적 짝짓기를 많이 하게 하는 요인으로 작용했을 것이다. 그런 변화는 의도치 않게 한부모 양육(Lancaster, 1994)과 성폭행(Thornhill & Palmer, 2000)에 부차적 영향을 미쳤을 수도 있다. 짝짓기 전략은 조건에 따라 발현되고(조건발현적이고) 지역 환경에 맞게 조절되기도 하는데, 진화론에 관심을 두고서 이 성격을 새롭게 파악하고 활용한다면 정책 입안자들은 분명 큰 성과를 거둘 것이다(Crawford & Salmon, 2004; Roberts, 2011).

인간의 짝짓기 전략에 관한 진화적 관점은 앞으로 다른 관점들, 가령 종교, 역사, 페미니즘 연구와 더 효과적으로 통합될 필요가 있다(Buss & Schmitt, 2011; Vandermassen, 2005를 보라). 종교적 가르침은 종종 섹스와 번식 행동을 진화적으로 다룰 때가 있다(Kirkpatrick, 2005; Weeden, Cohen, & Kenrick, 2008). 얼핏 보기에 인간의 진화와 관련이 없는 듯한 생활의 여러 측면도 마찬가지일 것이다. 정치이념, 성적 지향, 성 정체성, 양성평등, 교육, 기후, 지리, 민족성, 언어적 유산은 모두 인간의 짝짓기 전략에 영향을 미치지만(Barber, 2002; Pirlott & Schmitt, 2014), 이 장에서는 이 모든 주제가 충분히 언급되지 않았다. 여기에서 강조한 적응주의적 관점은 장차 인간 짝짓기 전략의 본질에 관한 이론을 세우고 연구하는 데 기점이 될 것이다. 진화심리학에 확고한 기반을 두고 있다면, 인간의 성과학을 발전시키기 위한 노력은 더 빨리 시작되고 더 효과적으로 펼쳐질 것이다.

참고문헌

Alcock, J. (2001). *Animal behavior* (7th ed.). Sunderland, MA: Sinauer.

Alvergne, A., Jokela, M., Faurie, C., & Lummaa, V. (2010). Personality and testosterone in men from a highfertility population. *Personality and Individual Differences, 49,* 840-844.

Apicella, C. L., Feinberg, D. R., & Marlowe, F. W. (2007). Voice pitch predicts reproductive success in male hunter-gatherers. *Biology Letters, 3,* 682-684.

Archer, J., & Lloyd, B. B. (2002). *Sex and gender* (2nd ed.). New York, NY: Cambridge University Press.

Bailey, D. H., Durante, K. M.,& Geary, D. C. (2011). Men's perception of women's attractiveness is calibrated to relative mate value and dominance of the women's partner. *Evolution and Human Behavior, 32,* 138-146.

Baker, R. R., & Bellis, M. A. (1995). *Human sperm competition.* London, England: Chapman & Hall.

Bale, C., & Archer, J. (2013). Self-perceived attractiveness, romantic desirability and self-esteem: A mating sociometer perspective. *Evolutionary Psychology, 11,* 68-84.

Barash, D. P., & Lipton, J. E. (2001). *The myth of monogamy.* New York, NY: W.H. Freeman.

Barber, N. (2000). On the relationship between country sex ratios and teen pregnancy rates: A replication. *Cross-Cultural Research, 34,* 26-37.

Barber, N. (2002). On the relationship between fertility and geographic latitude: A cross-national study. *Cross-Cultural Research, 36,* 3-15.

Barber, N. (2008). Explaining cross-national differences in polygyny intensity resource-defense, sex ratio, and infectious diseases. *Cross-Cultural Research, 42,* 103-117.

Barr, A., Bryan, A., & Kenrick, D. T. (2002). Sexual peak: Socially shared cognitions about desire, frequency, and satisfaction in men and women. *Personal Relationships, 9*, 287−299.

Belsky, J. (1999). Modern evolutionary theory and patterns of attachment. In J. Cassidy & P.R. Shaver (Eds.), *Handbook of attachment* (pp. 141−161). New York, NY: Guilford Press.

Belsky, J., Steinberg, L., & Draper, P. (1991). Childhood experience, interpersonal development, and reproductive strategy: An evolutionary theory of socialization. *Child Development, 62*, 647−670.

Bereczkei, T., & Csanaky, A. (1996). Mate choice, marital success, and reproduction in a modern society. *Ethology and Sociobiology, 17*, 17−35.

Betzig, L. (2012). Means, variances and ranges in reproductive success: Comparative evidence. *Evolution and Human Behavior, 33*, 309−317.

Blurton Jones, N. (1986). Bushman birth spacing: A test for optimal interbirth intervals. *Ethology and Sociobiology, 7*, 91−105.

Booth, A., & Dabbs, J. M. (1993). Testosterone and men's marriages. *Social Forces, 72*, 463−477.

Bowlby, J. (1982). *Attachment and loss: Vol I. Attachment.* New York, NY: Basic Books. (Original work published 1969).

Brown, D. E. (1991). *Human universals.* New York, NY: McGraw-Hill.

Burnham, T. C., Chapman, J. F., Gray, P. B., McIntyre, M. H., Lipson, S. F., & Ellison, P. T. (2003). Men in committed, romantic relationships have lower testosterone. *Hormones and Behavior, 44*, 119−122.

Buss, D. M. (1989). Sex differences in human mate preferences: Evolutionary hypotheses tested in 37 cultures. *Behavioral and Brain Sciences, 12*, 1−49.

Buss, D. M. (1994). *The evolution of desire.* New York, NY: Basic Books.

Buss, D. M.,&Schmitt, D. P. (1993). Sexual strategies theory: An evolutionary perspective on human mating. *Psychological Review, 100*, 204−232.

Buss, D. M., & Schmitt, D. P. (2011). Evolutionary psychology and feminism. *Sex Roles, 64*, 768−787.

Buss, D. M., & Shackelford, T. K. (2008). Attractive women want it all: Good genes, economic investment, parenting proclivities, and emotional commitment. *Evolutionary Psychology, 6*, 134−146.

Camargo, M. A., Geher, G., Fisher, M. L., & Arrabaca, A. (2013). The relationship between hypothesized psychological genetic fitness indicators and indices of mating success. *Journal of Social, Evolutionary, and Cultural Psychology, 7*, 138−162.

Cantú, S. M., Simpson, J. A., Griskevicius, V., Weisberg, Y. J., Durante, K. M., & Beal, D. (2014). Fertile and selectively flirty: Women's behavior toward men changes across the ovulatory cycle. *Psychological Science, 25*, 431–438.

Chipman, A., & Morrison, E. (2013). The impact of sex ratio and economic status on local birth rates. *Biology Letters, 9*, 20130027.

Chisholm, J.S. (1996). The evolutionary ecology of attachment organization. *Human Nature, 7*, 1–38.

Clark, A. P. (2004). Self-perceived attractiveness and masculinization predict women's sociosexuality. *Evolution and Human Behavior, 25*, 113–124.

Clark, R. D. (1990). The impact of AIDS on gender differences in willingness to engage in casual sex. *Journal of Applied Social Psychology, 20*, 771–782.

Clark, R. D., & Hatfield, E. (1989). Gender differences in receptivity to sexual offers. *Journal of Psychology and Human Sexuality, 2*, 39–55.

Cloud, J. M., & Perilloux, C. (2014). Bodily attractiveness as a window to women's fertility and reproductive value. In V. A. Weekes-Shackelford & T. K. Shackelford (Eds.), *Evolutionary perspectives on human sexual psychology and behavior* (pp. 135–152). New York, NY: Springer.

Cohen, D. L., & Belsky, J. (2008). Individual differences in female mate preferences as a function of attachment and hypothetical ecological conditions. *Journal of Evolutionary Psychology, 6*, 25–42.

Comings, D. E., Muhleman, D., Johnson, J. P., & MacMurray, J. P. (2002). Parent-daughter transmission of the androgen receptor gene as an explanation of the effect of father absence on age of menarche. *Child Development, 73*, 1046–1051.

Crawford, C., & Salmon, C. (Eds.). (2004). *Evolutionary psychology, public policy, and personal decisions.* Mahwah, NJ: Erlbaum.

Dabbs, J. M., & Dabbs, M. G. (2000). *Heroes, rogues, and lovers: Testosterone and behavior.* New York, NY: McGraw-Hill.

Daly, M., & Wilson, M. (1988). *Homicide.* New York, NY: Aldine de Gruyter.

Darwin, C. R. (1871). *The descent of man and selection in relation to sex.* London, England: Murray.

Del Giudice, M. (2009). Sex, attachment, and the development of reproductive strategies. *Behavioral and Brain Sciences, 32*, 1–21.

Dixson, A. F. (2009). *Sexual selection and the origins of human mating systems.* New York, NY: Oxford University Press.

Dow, M. M., & Eff, E. A. (2013). When one wife is enough: A cross-cultural study of the determinants of monogamy. *Journal of Social, Evolutionary, and Cultural*

Psychology, 7, 211-238.

Durante, K. M., Griskevicius, V., Simpson, J. A., Cantú, S. M., & Li, N. P. (2012). Ovulation leads women to perceive sexy cads as good dads. *Journal of Personality and Social Psychology, 103*, 292-305.

Durante, K. M., Li, N. P., & Haselton,M. G. (2008). Changes in women's choice of dress across the ovulatory cycle: Naturalistic and laboratory task-based evidence. *Personality and Social Psychology Bulletin, 34*, 1451-1460.

Eastwick, P. W., Luchies, L. B., Finkel, E. J., & Hunt, L. L. (2014). The predictive validity of ideal partner preferences: A review and meta-analysis. *Psychological Bulletin.* Advance online publication. doi:10.1037/a0032432

Edelstein, R. S., Chopik, W. J., & Kean, E. L. (2011). Sociosexuality moderates the association between testosterone and relationship status in men and women. *Hormones and Behavior, 60*, 248-255.

Ellis, B. J. (1992). The evolution of sexual attraction: Evaluative mechanisms in women. In J. H. Barkow, L. Cosmides, & J. Tooby (Eds.), *The adapted mind* (pp. 267-288). New York, NY: Oxford University Press.

Ellis, B. J. (2004). Timing of pubertal maturation in girls: An integrated life history approach. *Psychological Bulletin, 130*, 920-958.

Ellis, B. J., & Symons, D. (1990). Sex differences in sexual fantasy: An evolutionary psychological approach. *Journal of Sex Research, 27*, 527-556.

Ellis, L. (2011). Evolutionary neuroandrogenic theory and universal gender differences in cognition and behavior. *Sex Roles, 64*, 707-722.

Ember, M., Ember, C. R., & Low, B. S. (2007). Comparing explanations of polygyny. *Cross-Cultural Research, 41*, 428-440.

Feingold, A. (1992). Gender differences in mate selection preferences: A test of the parental investment model. *Psychological Bulletin, 112*, 125-139.

Fenigstein, A., & Preston, M. (2007). The desired number of sexual partners as a function of gender, sexual risks, and the meaning of "ideal." *Journal of Sex Research, 44*, 89-95.

Fieder, M., & Huber, S. (2007). The effects of sex and childlessness on the association between status and reproductive output in modern society. *Evolution and Human Behavior, 28*, 392-398.

Figueredo, A. J., Vasquez, G., Brumbach, B. H., Schneider, S. M. R., Sefcek, J. A., Tal, I. R., . . . Jacobs, W. J. (2006). Consilience and life history theory: From genes to brain to reproductive strategy. *Developmental Review, 26*, 243-275.

Figueredo, A. J., Brumbach, B. H., Jones, D. N., Sefcek, J. A., Vásquez, G., & Jacobs,

W. J. (2008). Ecological constraints on mating tactics. In G. Geher & G. Miller (Eds.), *Mating intelligence: Sex, relationships and the mind's reproductive system* (pp. 335–361). New York, NY: Taylor & Francis.

Fisher, H. E. (1998). Lust, attraction, and attachment in mammalian reproduction. *Human Nature, 9*, 23–52.

Frederick, D. A.,& Haselton,M. G. (2007). Why is muscularity sexy? Tests of the fitness indicator hypothesis. *Personality and Social Psychology Bulletin, 33*, 1167–1183.

Gallup, A. C., White, D. D., Gallup, G. G., Jr. (2007). Handgrip strength predicts sexual behavior, body morphology, and aggression in male college students. *Evolution and Human Behavior, 28*, 423–429.

Galperin, A., Haselton, M. G., Frederick, D. A., Poore, J., von Hippel, W., Buss, D. M., & Gonzaga, G. C. (2013). Sexual regret: Evidence for evolved sex differences. *Archives of Sexual Behavior, 42*, 1145–1161.

Gangestad, S. W., & Cousins, A. J. (2001). Adaptive design, female mate preferences, and shifts across the menstrual cycle. *Annual Review of Sex Research, 12*, 145–185.

Gangestad, S. W., Haselton, M. G., & Buss, D. M. (2006). Evolutionary foundations of cultural variation: Evoked culture and mate preferences. *Psychological Inquiry, 17*, 75–95.

Gangestad, S. W., & Simpson, J. A. (2000). The evolution of human mating: Trade-offs and strategic pluralism. *Behavioral and Brain Sciences, 23*, 573–644.

Garcia, J. R., MacKillop, J., Aller, E. L., Merriwether, A. M., Wilson, D. S., & Lum, J. K. (2010). Associations between dopamine D4 receptor gene variation with both infidelity and sexual promiscuity. *PLoS ONE, 5*, e14162.

Gaulin, S. J. C. (1997). Cross-cultural patterns and the search for evolved psychological mechanisms. In G. R. Bock&G. Cardew (Eds.), *Characterizing human psychological adaptations* (pp. 195–207). Chichester, England: Wiley.

Geary, D. C. (1998). *Male, female: The evolution of human sex differences*. Washington, DC: American Psychological Association.

Gildersleeve, K., Haselton, M. G., & Fales, M. R. (2014, February 24). Do women's mate preferences change across the ovulatory cycle? A meta-analytic review. *Psychological Bulletin, 140* (5), 1205–1259.

Grammer, K., Renninger, L., & Fischer, B. (2004). Disco clothing, female sexual motivation, and relationship status: Is she dressed to impress? *Journal of Sex Research, 41*, 66–74.

Grant, V. J., & France, J. T. (2001). Dominance and testosterone in women. *Biological Psychology, 58*, 41–47.

Gray, P. B., Chapman, J. F., Burnham, T. C., McIntyre, M. H., Lipson, S. F., & Ellison, P. T. (2004). Human male pair bonding and testosterone. *Human Nature, 15,* 119–131.

Gray, P. B., Kahlenberg, S. M., Barrett, E. S., Lipson, S. F., & Ellison, P. T. (2002). Marriage and fatherhood are associated with lower testosterone in males. *Evolution and Human Behavior, 23,* 193–201.

Greengross, G., & Miller, G. (2011). Humor ability reveals intelligence, predicts mating success, and is higher in males. *Intelligence, 39,* 188–192.

Greiling, H. & Buss, D. M. (2000). Women's sexual strategies: The hidden dimension of short-term mating. *Personality and Individual Differences, 28,* 929–963.

Greitemeyer, T. (2005). Receptivity to sexual offers as a function of sex, socioeconomic status, physical attractiveness, and intimacy of the offer. *Personal Relationships, 12,* 373–386.

Grillot, R. L., Simmons, Z. L., Lukaszewski, A. W., & Roney, J. R. (2014). Hormonal and morphological predictors of women's body attractiveness. *Evolution and Human Behavior, 35,* 176–183.

Griskevicius, V., Delton, A. W., Robertson, T. E., & Tybur, J. M. (2011). The environmental contingency of life history strategies: Influences of mortality and socioeconomic status on reproductive timing. *Journal of Personality and Social Psychology, 100,* 241–254.

Griskevicius, V., Tybur, J. M., Ackerman, J. M., Delton, A. W., Robertson, T. E., & White, A. E. (2012). The financial consequences of too many men: Sex ratio effects on saving, borrowing, and spending. *Journal of Personality and Social Psychology, 102,* 69–80.

Guéguen, N. (2011). Gender differences in receptivity to sexual offers: A field study testing the impact of the attractiveness of the solicitor. *Archives of Sexual Behavior, 40,* 915–919.

Guéguen, N., & Lamy, L. (2012). Men's social status and attractiveness: Women's receptivity to men's date requests. *Swiss Journal of Psychology/Schweizerische Zeitschrift für Psychologie/Revue Suisse de Psychologie, 71,* 157–160.

Gurven, M., & Hill, K. (2009). Why do men hunt? *Current Anthropology, 50,* 51–74.

Guttentag, M., & Secord, P. F. (1983). *Too many women? The sex ratio question.* Beverly Hills, CA: Sage.

Hald, G. M., & Høgh-Olesen, H. (2010). Receptivity to sexual invitations from strangers of the opposite gender. *Evolution and Human Behavior, 31,* 453–458.

Hardy, I. C. (Ed.). (2002). *Sex ratios: Concepts and research methods.* Cambridge,

England: Cambridge University Press.

Hartung, J. (1985). Matrilineal inheritance: New theory and analysis. *Behavioral and Brain Sciences, 8,* 661–668.

Hazan, C., & Zeifman, D. (1999). Pair bonds as attachments: Evaluating the evidence. In J. Cassidy & P. R. Shaver (Eds.), *Handbook of attachment* (pp. 336–354). New York, NY: Guilford Press.

Henrich, J., Boyd, R., & Richerson, P. J. (2012). The puzzle of monogamous marriage. *Philosophical Transactions of the Royal Society B: Biological Sciences, 367* (1589), 657–669.

Hill, A. K., Hunt, J., Welling, L. L., Cárdenas, R. A., Rotella, M. A., Wheatley, J. R., ... Puts, D. A. (2013). Quantifying the strength and form of sexual selection on men's traits. *Evolution and Human Behavior, 34,* 334–341.

Hirschenhauser, K., Frigerio, D., Grammer, K., & Magnusson, M. S. (2002). Monthly patterns of testosterone and behavior in expectant fathers. *Hormones and Behavior, 42,* 172–181.

Hönekopp, J., Voracek, M., & Manning, J. T. (2006). 2nd to 4th digit ratio (2D:4D) and number of sex partners: Evidence for effects of prenatal testosterone in men. *Psychoneuroendocrinology, 31,* 30–37.

Hudson, V. M., & Den Boer, A. M. (2004). *Bare branches: The security implications of Asia's surplus male population.* Cambridge, MA: MIT Press.

Hughes, S. M., & Gallup, G. G. (2003). Sex differences in morphological predictors of sexual behavior: Shoulder to hip and waist to hip ratios. *Evolution and Human Behavior, 24,* 173–178.

Jasienska, G., Jasienski, M., & Ellison, P. T. (2012). Testosterone levels correlate with the number of children in human males, but the direction of the relationship depends on paternal education. *Evolution and Human Behavior, 33,* 665–671.

Jonason, P. K., Tost, J., & Koenig, B. L. (2012). Sex differences and personality correlates of spontaneously generated reasons to give gifts. *Journal of Social, Evolutionary, and Cultural Psychology, 6,* 181–192.

Kanazawa, S. (2003). Can evolutionary psychology explain reproductive behavior in the contemporary United States? *Sociological Quarterly, 44,* 291–302.

Kennair, L. E. O., Schmitt, D. P., Fjeldavli, Y. L., & Harlem, S. K. (2009). Sex differences in sexual desires and attitudes in Norwegian samples. *Interpersona, 3,* 1–32.

Kenrick, D. T., Sadalla, E. K., Groth, G., & Trost, M. R. (1990). Evolution, traits, and the stages of human courtship: Qualifying the parental investment model. Special issue: Biological foundations of personality: Evolution, behavioral genetics, and psychophysiology. *Journal of Personality, 58*, 97−116.

Kirkpatrick, L. A. (2005). *Attachment, evolution, and the psychology of religion.* New York, NY: Guilford Press.

Kirkpatrick, L. A., Waugh, C. E., Valencia, A., & Webster, G. D. (2002). The functional domain specificity of self-esteem and the differential prediction of aggression. *Journal of Personality and Social Psychology, 82*, 756−767.

Korotayev, A. V., & Kazankov, A. A. (2003). Factors of sexual freedom among foragers in cross-cultural perspective. *Cross-Cultural Research, 37*, 29−61.

Kruger, D. J. (2009). When men are scarce, good men are even harder to find: Life history, the sex ratio, and the proportion of men married. *Journal of Social, Evolutionary, and Cultural Psychology, 3*, 93−104.

Lalumière, M. L., Seto, M. C., & Quinsey, V. L. (1995). *Self-perceived mating success and the mating choices of males and females.* Unpublished manuscript.

Lancaster, J. B. (1994). Human sexuality, life histories, and evolutionary ecology. In A. S. Rossi (Ed.), *Sexuality across the life course* (pp. 39−62). Chicago, IL: University of Chicago Press.

Law Smith, M. J., Deady, D. K., Moore, F. R., Jones, B. C., Cornwell, R. E., Stirrat, M., . . . Perrett, D. I. (2012).

Maternal tendencies in women are associated with estrogen levels and facial femininity. *Hormones and Behavior, 61*, 12−16.

Li, N. P., Yong, J. C., Tov, W., Sng, O., Fletcher, G. O., Valentine, K. A., & Balliet, D. (2013). Mate preferences do predict attraction and choices in the early stages of mate selection. *Journal of Personality and Social Psychology, 105*, 757−776.

Lippa, R. A. (2007). The preferred traits of mates in a cross-national study of heterosexual and homosexual men and women: An examination of biological and cultural influences. *Archives of Sexual Behavior, 36*, 193−208.

Lippa, R. A. (2009). Sex differences in sex drive, sociosexuality, and height across 53 nations: Testing evolutionary and social structural theories. *Archives of Sexual Behavior, 38*, 631−651.

Lovejoy, O. (1981). The origin of Man. *Science, 211*, 341−350.

Low, B. S. (1998). The evolution of human life histories. In C. Crawford& D. L. Krebs (Eds.), *Handbook of evolutionary psychology* (pp. 131−161). Mahwah, NJ: Erlbaum.

Low, B. S. (1990). Marriage systems and pathogen stress in human societies. *American Zoologist, 30*, 325−340.

Low, B. S. (2000). *Why sex matters.* Princeton, NJ: Princeton University Press.

Lukaszewski, A. W., Larson, C. M., Gildersleeve, K. A., Roney, J. R., & Haselton, M. G. (2014). Conditiondependent calibration of men's uncommitted mating orientation: Evidence from multiple samples. *Evolution and Human Behavior, 35*, 319–326.

Lyons, M. J., Koenen, K. C., Buchting, F., Meyer, J. M., Eaves, L., Toomey, R., . . . Tsuang, M. T. (2004). A twin study of sexual behavior in men. *Archives of Sexual Behavior, 33*, 129–136.

Maestripieri, D., Klimczuk, A. C., Traficonte, D. M., & Wilson, M. C. (2014a). A greater decline in female facial attractiveness during middle age reflects women's loss of reproductive value. *Frontiers in Psychology, 5*, 1–6. doi:10.3389/fpsyg.2014.00179

Maestripieri, D., Klimczuk, A. C., Traficonte, D. M., & Wilson, M. C. (2014b). Ethnicity-related variation in sexual promiscuity, relationship status, and testosterone levels in men. *Evolutionary Behavioral Sciences, 8*, 96–110.

Manning, J. T. (2002). *Digit ratio: A pointer to fertility, behavior, and health.* New Brunswick, NJ: Rutgers University Press.

Marcinkowska, U., Kozlov, M. V., Cai,H., Contreras-Garduno, J., Dixson, B. J., Oana, G. A., . . . Rantala, M. J. (2014). Cross-cultural variation in men's preference for sexual dimorphism in women's faces. *Biology Letters, 10* (4), 20130850. doi:10.1098/rsbl.2013.0850

Marlowe, F. W. (2003). The mating system of foragers in the standard cross-cultural sample. *Cross-Cultural Research, 37*, 282–306.

Marlowe, F. W., & Berbesque, J. C. (2012). The human operational sex ratio: Effects of marriage, concealed ovulation, and menopause on mate competition. *Journal of Human Evolution, 63*, 834–842.

Mazur, A.,& Booth, A. (1998). Testosterone and dominance in men. *Behavioral and Brain Sciences, 21*, 353–397.

McBurney, D. H., Zapp, D. J., & Streeter, S. A. (2005). Preferred number of sexual partners: Tails of distributions and tales of mating systems. *Evolution & Human Behavior, 26*, 271–278.

McGuire,M., & Gruter, M. (2003). Prostitution: An evolutionary perspective. In A. Somit & S. Peterson (Eds.), *Human nature and public policy: An evolutionary approach* (pp. 29–40). New York, NY: Palgrave Macmillan.

McIntyre, M., Gangestad, S., Gray, P. B., Chapman, J. F., Burnham, T. C., O'Rourke, M.T., & Thornhill, R. (2006). Romantic involvement often reduces men's testosterone levels—but not always: The moderating role of extrapair sexual interest. *Journal of Personality and Social Psychology, 91*, 642–651.

McKibbin, W. F., Shackelford, T. K., Goetz, A. T., & Starratt, V. G. (2008). Why do men rape? An evolutionary psychological perspective. *Review of General Psychology*, *12*, 86–97.

Mealey, L. (2000). *Sex differences: Developmental and evolutionary strategies*. San Diego, CA: Academic Press.

Mikach, S. M., & Bailey, J. M. (1999). What distinguishes women with unusually high numbers of sex partners? *Evolution and Human Behavior*, *20*, 141–150.

Moore, F. R., Coetzee, V., Contreras-Garduño, J., Debruine, L. M., Kleisner, K., Krams, I., . . . Suzuki, T. N. (2013). Cross-cultural variation in women's preferences for cues to sex-and stress-hormones in the male face. *Biology Letters*, *9*, 1–4.

Mueller, U., & Mazur, A. (1998). Facial dominance in *Homo sapiens* as honest signaling of male quality. *Behavioral Ecology*, *8*, 569–579.

Nettle, D., & Pollet, T. V. (2008). Natural selection on male wealth in humans. *American Naturalist*, *172*, 658–666.

O'Connor, J. J. M., Feinberg, D. R., Fraccaro, P. J., Borak, D. J., Tigue, C. C., Re, D. E., . . . Tiddeman, B. (2012). Female preferences for male vocal and facial masculinity in videos. *Ethology*, *118*, 321–330.

Ogas, O., & Gaddam, S. (2011). *A billion wicked thoughts*. New York, NY: Dutton. Pasternak, B., Ember, C., & Ember, M. (1997). *Sex, gender, and kinship: A cross-cultural perspective*. Upper Saddle River, NJ: Prentice Hall.

Pedersen, F. A. (1991). Secular trends in human sex ratios: Their influence on individual and family behavior. *Human Nature*, *2*, 271–291.

Penke, L., & Denissen, J. J. (2008). Sex differences and lifestyle-dependent shifts in the attunement of selfesteem to self-perceived mate value: Hints to an adaptive mechanism? *Journal of Research in Personality*, *42*, 1123–1129.

Perrett, D. I., Lee, K. J., Penton-Voak, I. S., Rowland, D. R., Yoshikawa, S., Burt, D. M., . . . Akamatsu, S. (1998). Effects of sexual dimorphism on facial attractiveness. *Nature*, *394*, 884–887.

Pirlott, A., & Schmitt, D. P. (2014). Gendered sexual culture. In A. Cohen (Ed.), *New directions in the psychology of culture* (pp. 191–216). Washington, DC: American Psychological Association.

Pollet, T. V., & Nettle, D. (2008). Driving a hard bargain: Sex ratio and male marriage success in a historical US population. *Biology Letters*, *4*, 31–33.

Regan, P. C. (1996). Rhythms of desire: The association between menstrual cycle phases and female sexual desire. *The Canadian Journal of Human Sexuality*, *5*, 145–156.

Rhodes, G., Simmons, L. W., & Peters, M. (2005). Attractiveness and sexual behavior: Does attractiveness enhance mating success? *Evolution and Human Behavior*, *26*,

186–201.

Roberts, S. C. (Ed.). (2011). *Applied evolutionary psychology*. New York, NY: Oxford University Press.

Ryan, C., & Jethá, C. (2011). *Sex at dawn: How we mate, why we stray, and what it means for modern relationships*. New York, NY: Harper Collins.

Saad, G., & Gill, T. (2014). The framing effect when evaluating prospective mates: An adaptationist perspective. *Evolution and Human Behavior*, *35*, 184–192.

Schacht, R., Rauch, K. L., & Borgerhoff Mulder, M. (2014). Too many men: The violence problem? *Trends in Ecology & Evolution*, *29*, 214–222.

Schmitt, D. P. (2002). Ameta-analysis of sex differences in romantic attraction: Do rating contexts affect tactic effectiveness judgments? *British Journal of Social Psychology*, *41*, 387–402.

Schmitt, D. P. (2005a). Is short-term mating the maladaptive result of insecure attachment? A test of competing evolutionary perspectives. *Personality and Social Psychology Bulletin*, *31*, 747–768.

Schmitt, D. P. (2005b). Sociosexuality from Argentina to Zimbabwe: A 48-nation study of sex, culture, and strategies of human mating. *The Behavioral and Brain Sciences*, *28*, 247–275.

Schmitt, D. P. (2014). Evaluating evidence of mate preference adaptations: How do we really know what *Homo sapiens sapiens* really want? In V. A. Weekes-Shackelford & T. K. Shackelford (Eds.), *Evolutionary perspectives on human sexual psychology and behavior* (pp. 3–39). New York, NY: Springer.

Schmitt, D. P., Alcalay, L., Allik, J., Ault, L., Austers, I., Bennett, K. L., . . . International Sexuality Description Project. (2003). Universal sex differences in the desire for sexual variety: Tests from 52 nations, 6 continents, and 13 islands. *Journal of Personality and Social Psychology*, *85*, 85–104.

Schmitt, D. P., Alcalay, L., Allensworth, M., Allik, J., Ault, L., Austers, I., . . . Zupanèiè, A. (2003). Are men universally more dismissing than women? Gender differences in romantic attachment across 62 cultural regions. *Personal Relationships*, *10*, 307–331.

Schmitt, D. P., Alcalay, L., Allik, J., Angleiter, A., Ault, L., Austers, I., . . . International Sexuality Description Project. (2004). Patterns and universals of mate poaching across 53 nations: The effects of sex, culture, and personality on romantically attracting another person's partner. *Journal of Personality and Social Psychology*, *86*, 560–584.

Schmitt, D. P., & Rohde, P. A. (2013). The Human Polygyny Index and its ecological correlates: Testing sexual selection and life history theory at the cross-national level. *Social Science Quarterly, 94*, 1159−1184.

Schmitt, D. P., Shackelford, T. K., Duntely, J., Tooke, W., Buss, D. M., Fisher, M. L., . . . Vasey, P. (2002). Is there an early−30's peak in female sexual desire? Cross-sectional evidence from the United States and Canada. *The Canadian Journal of Human Sexuality, 11*, 1−18.

Schmitt, D.P., Youn, G., Bond, B., Brooks, S., Frye, H., Johnson, S., . . . Stoka, C. (2009). When will I feel love? The effects of personality, culture, and gender on the psychological tendency to love. *Journal of Research in Personality, 43*, 830−846.

Schützwohl, A., Fuchs, A., McKibbin, W. F., & Shackelford, T. K. (2009). Howwilling are you to accept sexual requests from slightly unattractive to exceptionally attractive imagined requestors? *Human Nature, 20*, 282−293.

Schwarz, S., & Hassebrauck, M. (2012). Sex and age differences in mate-selection preferences. *Human Nature, 23*, 447−466.

Schwarz, S., Mustafić, M., Hassebrauck, M., & Jörg, J. (2011). Short-and long-term relationship orientation and 2D:4D finger-length ratio. *Archives of Sexual Behavior, 40*, 565−574.

Sheppard, P., Garcia, J. R., & Sear, R. (2014). A not-so-grim tale: How childhood family structure influences reproductive and risk-taking outcomes in a historical U.S. population. *PLoS ONE, 9*, e89539.

Simpson, J. A., & Gangestad, S.W. (1991). Individual differences in sociosexuality: Evidence for convergent and discriminant validity. *Journal of Personality and Social Psychology, 60*, 870−883.

Simpson, J. A., Gangestad, S. W., Christensen, P. N., & Leck, K. (1999). Fluctuating asymmetry, sociosexuality, and intrasexual competitive tactics. *Journal of Personality and Social Psychology, 76*, 159−172.

Stenstrom, E., Saad, G., Nepomuceno, M. V., & Mendenhall, Z. (2011). Testosterone and domain-specific risk: Digit ratios (2D:4D and *rel*2) as predictors of recreational, financial, and social risk-taking behaviors. *Personality and Individual Differences, 51*, 412−416.

Stewart-Williams, S., & Thomas, A. G. (2013). The ape that thought it was a peacock: Does evolutionary psychology exaggerate human sex differences? *Psychological Inquiry, 24*, 137−168.

Stone, E. A., Shackelford, T. K., & Buss, D. M. (2007). Sex ratio and mate preferences: A cross-cultural investigation. *European Journal of Social Psychology, 37*, 288−296.

Surbey, M. K., & Brice, G. R. (2007). Enhancement of self-perceived mate value precedes a shift in men's preferred mating strategy. *Acta Psychologica Sinica, 39,* 513–522.

Symons, D. (1979). *The evolution of human sexuality.* New York, NY: Oxford University Press.

Thornhill, R., & Gangestad, S. W. (2008). *The evolutionary biology of human female sexuality.* New York, NY: Oxford University Press.

Thornhill, R., & Palmer, C. T. (2000). *A natural history of rape.* Cambridge, MA: MIT Press.

Tooby, J., & Cosmides, L. (1992). The psychological foundations of culture. In J. Barkow, L. Cosmides, & J. Tooby (Eds.), *The adapted mind: Evolutionary psychology and the generation of culture* (pp. 19–136). New York, NY: Oxford University Press.

Trivers, R. (1972). Parental investment and sexual selection. In B. Campbell (Ed.), *Sexual selection and the descent of man: 1871–1971* (pp. 136–179). Chicago, IL: Aldine.

Trivers, R. (1985). *Social evolution.* Menlo Park, CA: Benjamin/Cummings.

Udry, J. R., & Campbell, B. C. (1994). Getting started on sexual behavior. In A. S. Rossi (Ed.), *Sexuality over the life course* (pp. 187–207). Chicago, IL: University of Chicago Press.

van Anders, S. M., & Watson, N. V. (2006). Relationship status and testosterone in North American heterosexual and non-heterosexual men and women: Cross-sectional and longitudinal data. *Psychoneuroendocrinology, 31,* 715–723.

Vandermassen, G. (2005). *Who's afraid of Charles Darwin? Debating feminism and evolutionary theory.* New York, NY: Rowman & Littlefield.

Verweij, K. J. H., Burri, A. V., & Zietsch, B. P. (2012). Evidence for genetic variation in human mate preferences for sexually dimorphic physical traits. *PLoS ONE, 7,* e49294.

von Rueden, C., Gurven, M., & Kaplan, H. (2011). Why do men seek status? Fitness payoffs to dominance and prestige. *Proceedings of the Royal Society B: Biological Sciences, 278,* 2223–2232.

Webster, G. D., Graber, J. A., Gesselman, A. N., Crosier, B. S., & Schember, T. O. (2014). A life history theory of father absence and menarch: A meta-analysis. *Evolutionary Psychology, 12,* 273–294.

Weeden, J., Cohen, A. B., & Kenrick, D. T. (2008). Religious participation and reproductive strategies. *Evolution and Human Behavior, 29,* 327–334.

Weisfeld, G. E., & Weisfeld, C. C. (2002). Marriage: An evolutionary perspective.

Neuroendocrinology Letters, *23*, 47−54.

Welling, L. L. M., Jones, B. C., DeBruine, L. M., Smith, F. G., Feinberg, D. R., Little, A. C., . . . Al-Dujaili, E. A. (2008). Men report stronger attraction to femininity in women's faces when their testosterone levels are high. *Hormones and Behavior*, *54*, 703−708.

West-Eberhard, M. J. (2003). *Developmental plasticity and evolution*. New York, NY: Oxford University Press.

Wiederman, M. W. (1997). Extramarital sex: Prevalence and correlates in a national survey. *Journal of Sex Research*, *34* 167−174.

Wood, W., Kressel, L., Joshi, P. D., & Louie, B. (2014). Meta-analysis of menstrual cycle effects on women's mate preferences. *Emotion Review*, 1754073914523073.

Yong, J. C., & Li, N. P. (2012). Cash in hand, want better looking mate: Significant resource cues raise men's mating standards. *Personality and Individual Differences*, *53*, 55−58.

12장

신체적 매력: 적응주의적 관점

로렌스 S. 스기야마

똑같은 발달 단계를 거치고 똑같은 성을 가진 사람이 전부 똑같은 심리로 매력을 평가하는데, 왜 사람들은 제각기 다른 인물에게서 매력을 느낄까? 우리의 마음은 어떻게 그리고 왜 이런 효과가 나도록 작동할까? 이 장에서는 신체적 매력을 이해하는 기본 원리들, 즉 매력의 진화 법칙에 입각해서 이 질문들을 살펴보려고 한다. 사실 인간의 매력을 이해하기 위해 진화론을 활용한 연구는 그 양이 방대할 뿐 아니라 점점 늘어나는 추세이므로 여기서 모두 다루기는 불가능하다. 따라서 이 장은 (a) 기존의 심리학과는 달리 매력을 진화적으로 설명한 연구들을 검토하고, (b) 매력 체계를 구성하는 일반 요소들을 밝혀내고, (c) 매력 평가의 차이를 유발하는 원인들을 알아보고, (d) 매력 평가와 관련된 사회적 가치의 영역들을 확인하고, (e) 그 영역들에서 매력을 평가하는 적응들의 증거를 살펴보고, (f) 더 관심을 기울여야 할 연구 분야들을 강조할 것이다. 이와 동시에 이전에 했던 주장(Sugiyama, 2005), 즉 인간의 신체적 매력 평가는 인간이 상호작용을 하는 다수의 영역에서 진화상 유의미한 사회적 가치의 단서를 평가하는 적응에서 나온다는 주장을 새롭게 제기할 것이다. 또한 이 장에서 나는 소규모 수렵채집 사회를 연구한 진화적 생활사 이론 및 데이터가 이 사회적 가치의 영역들, 그 영역들과 관련된 단서나 신호, 그 단서에 끌리는 것을 조절하도록 선택된 적응들, 그 적응들 사이에서 벌어지는 것으로 예측되는 맞거래 등을 예측하는 데 도움이 된다는 나의 주장을 더욱 확장할 것이다.

끌림/매력의 진화적 근거

본래 매력적이거나 혐오스러운 대상은 없다. 이 감정은 인지적 적응의 산물에 불과하다. 인간은 어떤 자극에는 강하게 끌리고 어떤 자극에는 역겨워하지만, 대부분의 자극에는 중립적인 감정을 유지한다. 끌림과 혐오는 우리 조상들이 직면했던 많은 적응적 문제, 이를테면 무엇을 먹을지, 어디에 머물지, 누구와 연합할지, 누구와 짝을 맺을지, 어느 아이에게 식량을 공급할지와 같은 문제와 관련이 있다. 끌림/혐오와 관련된 단서 그리고 조상의 환경에서 적합도를 높이는 단서와 그런 양상을 만들어내는 행동은 과제에 따라 다르기 때문에, 선호 역시 과제에 따라 다르게 진화했다. 모든 자극에 적용되는 보편적인 매력 적응은 존재하지 않는다. 그 이유를 간단한 사고실험으로 설명해보면 다음과 같다. 만약 음식을 평가할 때와 똑같은 끌림 기제로 잠재적 배우자를 평가한다면, 우리는 고기와 과일을 보고서 건강하고 성적으로 성숙한 사람을 볼 때처럼 성적으로 흥분할 것이다.

매력은 끄고 켜는 스위치처럼 작동하지 않는다. 그보다는 진화와 관련된 매개변수들에 따라 조절된다. 매력의 생리학적 기초에는 복잡한 생화학적·세포학적 정보 처리 체계들이 놓여 있는데, 이 체계들은 감각 정보를 받아서 매력과 관련된 단서를 확인하도록 설계되어 있다. 이뿐 아니라 평가 과정을 활성화하고, 환경적 단서에 주의를 돌려서 입력 정보로 삼게 한다. 각 단서가 역치보다 높을 때는 입력 정보가 부호화되고 그 가치가 계산된다. 그러면 해당 정보는 여러 기제로 전달된다. 이 기제들은 그 평가와 관련된 다른 단서들의 가치에 이 가치를 통합하고, 이 단서 통합의 가치에 비례하는 감정 반응을 산출하고, 그런 뒤 주어진 강도로 특정 행동을 유발한다. 이 체계는 수용기, 신경 조직화 및 점화, 신경전달물질, 호르몬 경로 및 처리과정을 포함한다. 수용기, 신호전달, 평가 과정, 감정 출력은 모두 매력 체계의 구성요소이며, 신호가 같아도 환경이 다르면 다른 강도의 끌림을 산출하면서 적응적으로 기능한다.

현재 발전을 거듭하고 있지만(예를 들어, Roney, Simmons, & Lukaszewski, 2010), 개 인간 매력과 관련된 적응의 유전적·신경생리학적 기반은 대부분 미지의 영역으로 남아 있다. 하지만 미각 기제를 통해 우리는 매력의 기초가 생화학적·세포학적 과정들에 미치는 협응성 유전자 활동임을 알 수 있다. 인간은 '우마미' 혹은 **감칠맛**이라는 맛의 단서에 끌린다. 감칠맛에 끌리는 것은 밀접한 관련이 있는 두 가지 단백질, 즉 TAS1R1(1+1형 미각 수용체)과 TAS1R3(1+3형 미각 수용체)에서 시작된다. 두 단백질은 L-아미노산과 화학적으로 결합할 때 이 아미노산의 존재를 탐지하는데, 그중에서도 특히 육류라든지 그 외 버섯 같은 식품에 들어 있는 L-글루타민을 탐지한다. TAS1R1은 TAS1R1 유전자가 부호화하고 TAS1R3은 TAS1R3 유전자가 부호화된다. TAS1R1+3 수용체는 복잡한 생물학적 구조의 끝부분—미뢰(미뢰의 생성과 기능에는 또 다른 유전자가 필요하다)—에 위치한다. 입안의 L-아미노산 농도가 역치인 약 0.0007M에 도달하면 신호 분자가 멜라스타틴 5(TrpM5)를 활성화해서 칼슘 방출을 유발하고, 그러면 세포막이 탈분극 상태로 바뀌어 신경전달물질인 ATP가 방출된다. 감칠맛 수용체에는 시냅스가 없다. ATP는 시냅스를 가진 주변의 미각 수용체를 자극해서 세로토닌을 방출하게 하고, 이 자극신호가 미각 고실신경(그리고 안면신경, 설인신경, 미주신경)을 통해 뇌의 여러 처리 중추로 전달되는데, 이때 구조상·기능상 특수하고 생리학적으로 복잡한 생화학/신경생물학적 과정이 추가로 일어난다. 감칠맛을 분석하고 나면 그 결과는 다른 맛 체계의 분석(예를 들어, 단맛, 쓴맛)과 통합되어 맛의 다른 측면들, 이를테면 맛의 질, 강도, 쾌감(혹은 불쾌감), 위치, 지속성 등을 산출한다. 이것이 다시 시각, 후각, 배고픔 조절 메커니즘과 통합되고, 마지막으로 나온 결과가 끌림을 조절하고 행동을 유발한다.

기능 분석은 왜 이러한 적응이 발생하는지 근본적으로 설명해준다. 아미노산은 여러 가지 생명 기능(예를 들어, 근육 조직, 항체, 효소 키우기, 헤모글로빈 같은 분자의 이동)에 매우 중요하다. 감칠맛은 L-글루타민이라는 아미노산의 존재를 알려주며, 감칠맛 나는 음식에 끌릴 때 우리는 만족스러운 맛으로 보상받으므로 그런 음식을 계속 추구하고 소비하게 된다. 이러한 끌림이 진화한 것은, 끌림의 영향으로 우리 조상들이 L-글루타민이 풍부한 음식을 소비할 확률이 높아졌고, 선호를 드러내는 구조(예를 들어, 턱이 있는 척추동물은 TASIR1+3 수용체가 나타난다)가 생기도록 대립유전자 빈도가 증가했으며, 시간이 흐르면서 선택에 의해 유지, 강화, 조절(Roper, 2007; Zhang et al., 2003)되었기 때문이다. 반대로 역겨움은 적합도에 유해한 매개체 및 물질과 상호작용하는 것을 방지한다. 예를 들어 곰팡이가 핀 과일을 소화하면 곰팡이 독 때문에 장에 탈이 생긴다. 그리고 많은 식물의 경우 포식자의 먹이가 되는 것을 피하고자 생화학적 방어물질이 진화했다(Jensen et al., 2013). 이러한 독소를 소화하는 것은 적합도상의 비용이 많이 들 수밖에 없으며, 심할 경우 사망에 이르기도 한다. 쓴맛 수용체는 위협−탐지 체계에 대해 예측한 대로 일부 화학주성물질에 반응하기도 하는데, 단맛 수용체나 감칠맛 수용체보다 활성화 역치가 훨씬 낮다. 궁극적으로는 인지적 용어(풍미, 맛, 끌림, 역겨움)로 인과 관계를 설명하는 것이 이 메커니즘들을 이해하는 데 필요하며, 그러한 설명은 그 자체로도 유용할 뿐만 아니라 근접한 유전적, 생화학적, 생리학적 차원과도 맥을 같이한다. 결국 기능적 설명이 생화학적 과정을 이해하게 해준다.

그렇다면 끌림을 설명할 수 있는 첫 번째 가능성은, 끌림은 적응적 기능이라는 것이다. 이 설명을 뒷받침하는 가장 설득력 있는 근거는 다음과 같다. (a) 인간 종의 조상은 특정한 적응적 문제를 반복해서 겪었다. (b) 끌림의 구조에 내재한 복잡한 기능설계는 적응적 문제를 해결하는 데 있을 법하지 않을 만큼 적합하기 때문에, 순수한 우연은 대안적 가설에서 확실히 제외된다. (c) 유기체는 정상적으로 발달하는 모든 동종과 그 설계(혹은 설계를 선택적으로 구축하는 발달 프로그램)를 공유한다.

하지만 우리를 끄는 대상의 단서는 조상의 환경에서 적합도를 높여주는 존재물과 관련이 있지, (어디에서나) 본래 적합도를 높여주는 속성을 가리키지는 않는다(Symons, 1987; Tooby & Cosmides, 1990, 1992). 탄산음료를 생각해보라. 원래 단맛 수용체가 진화한 이유는 용해된 탄수화물과 함유 당분이 통계학적으로 믿을 만한 단서로서 영양분이 풍부하고 열량이 높은 음식을 알려주었기 때문이다. 그리고 인간의 몸에서 단맛 수용체가 유지될 수 있었던 것은 그 수용체가 과일과 꿀 같은 음식에 끌림을 유발했기 때문이다. 현대의 환경에서 탄산음료는 그와 비슷한 단서를 드러내긴 해도, 예전처럼 적합도상의 혜택을 제공하지는 않는다(Eaton, Shostak, & Konner, 1988; Nesse & Williams, 1994). 단맛 수용체와 끌림은 (어떤 사람들의 경우) 아스파탐과 사카린에 반응하지만, 이 물질에 끌리는 것은 선택을 거치지 않았다. 비슷한 사례로, 포르노는 할 마음이 있고, 언제든 볼 수 있고, 생식력이 있는 짝의 단서를 보여주지만, 컴퓨터 화면으로 오랫동안 음란물을 본다 해도 이 단서가 진화한 목적인 적합도 향상으로는 이어지지 않는다.

두 번째 가능성은, 진화한 선호 때문에 다른 영역에 속한 유사한 단서에 편향된 반응이 나올 수 있다는 것이다. 벌리Burley와 동료 연구진은, 여러 연구자들이 핀치의 다리에 달아 둔 끈과 관련하여 핀치가 종-전형적 짝 선호를 갖고 있다는 사실을 우연히 발견했다. 암컷 금화조는 파란 끈보다 빨간 끈을 단 수컷을 선호하지만, 녹자작은 빨간 끈보다는 연한 파란색 끈을 선호한다(Burley, 1986; Burley, Krantzberg, & Radman, 1982). 각각의 종은 동종의 깃털 색과 유사한 색깔을 선호하는데, 이는 선호가 종-인식 메커니즘의 부산물임을 시사한다. 마찬가지로, 주황색 먹이에 대한 선호를 드러내는 구피 종이 있다. 이러한 사례는 암컷 구피가 주황색 점이 있는 수컷 구피를 선호하는 변이의 90% 이상을 설명할 수 있다(Rodd, Hughes, Grether, & Bari, C. T., 2002). 인간도 비기능적 선호를 드러낼 때가 있는데 인간의 끌림을 완벽하게 이해하기 위해서는 각 선호를 구별해야 한다.

일단 어떤 영역에서 감각편향이 진화하면 다른 영역에서 추가 선택이 이루어질 수 있다. 다른 기능을 위해 선택된 것도 결국은 적응이다. 짝짓기 세계에서 감각 충동이 존재할 때 그 충동은 이성에게 선택압을 행사할 가능성이 높으며, 그 결과 선호와 표적 형질이 연결되고 선택은 표적과 선호를 함께 편애한다(예를 들어, Kokko, Brooks, Jennions, & Morley, 2003; Payne & Pagel, 2001). 감각편향으로 인한 끌림과 추가로 선택된 감각편향을 구분하려면 주도면밀하게 분석해야 한다. 예를 들어, 얼굴이 대칭적인 사람을 배우자로서 선호하는 것이 우수한 유전자형 질이나 표현형 질에 끌리게끔 적응한 것이라기보다는 감각편향의 결과라고 주장하는 대안가설이 있다(Enquist & Johnston, 1997). 그러나 덜 대칭적인 얼굴보다는 더 대칭적인 얼굴이 훨씬 매력적일 때는 얼굴을 거꾸로 뒤집지 않고 똑바로 했을 때다(Little & Jones, 2003, 2006). 더 대칭적인 얼굴을 선호하는 것은 이성의 얼굴에서 성적 이형을 선호하는 것과 관련이 있기 때문에 감각편향만으로 얼굴 대칭에 대한 선호를 설명할 수는 없다(Little et al., 2008). 비기능적 선호선향을 원칙에 따라 예측할 수는 없기 때문에, 매력이 진화한 목표일 것으로 예상되는 적응적 문제에 초점을 두고서, 부산물이나 감각 편향, 병리, 진화적 부조화를 대안적인 설명으로 놓고 검증해보는 것이 유용하다.

마지막 가능성으로, 우리가 진화 때문에 평가하는 단서와 그 밖의 관련 단서 사이에는 일정치 않은 지역적 우연성이 있다면, 이 우연성이 자칫 일관성이 없거나 특이해보일 수도 있는 매력을 설명해줄 것이다. 이는 관련 단서가 지역적 단서의 질을 높이거나, 아니면 지역적 단서에 정서적으로 들러붙어 있기 때문이다. 예를 들어, 다마지오(1994)는 매력을 진화시킨 자극과 반복적으로 연합되는 자극이 있을 때, 그 자극이 정서적 반응을 통해서 적응의 기능 작용과 어떻게 결부되는지를 보여준다. 만약 그렇다면, 지역적으로 일정치 않은 매력은 매력 적응, 연합 적응 그리고 두 적응의 반복적인 연합 작용이 함께 만들어낸 결과라고 볼 수 있다. 사실 매력 자체는 선택의 직접적 산물이 아니지만, 특정 지역의 여러 문화적 산물이 매력 반응을 일으키는 자극과 어떻게 관련이 있는지 밝히는 데 근간이 될 수 있다. 물론 인간은 가공품을 이용해서 평가 적응의 목표인 그 단서들을 강화하기도 한다(예를 들어, 하이힐, 화장, 얼굴 윤곽을 대칭적으로 그리기).

순진한 문화결정론에 입각해서는 매력을 설명하는 과학적인 대안을 얻을 수 없다. '학습'이나 '문화적 능력'이 매력의 요인이라는 생각은, 선호와 그 밖의 문화 현상을 만들어내는 데 필요한 심리적 설계구조를 간과하거나 지나치게 단순화한다(Tooby & Cosmides, 1992). 문화결정론자의 관점에서 보면, 매력을 느끼게 되는 대상은 문화에 따라 각양각색이다. 각각의 사람은 지역 문화에 영향을 받아 남녀의 신체적 매력을 평가하고, 사회가 요구하는 이성을 선호한다. 만약 이 주장이 옳다면 매력의 기준은 인간이 경험하는 문화적, 지리적 상황에 따라 **마구잡이로** 달라지겠지만 실제로는 그렇지 않다(예를 들어, 스기야마, 2005). 게다가 병리학을 제외하고는, 문화가 허용하는 기준에서 벗어난 행동과 매력을 보지 못할 것이다. 예를 들어, 1950년대 미국 사회에서 우리는 이성애자 부모 사이에서 태어난 게이 자녀를 찾아볼 수 없어야 한다. 이성애 문화의 이성애적 규범이 결정인자로 작용해서 이성애자만 양산할 테기 때문이다. 그러나 사실은 그렇지 않았다.

종합해보면, 매력에 대한 가설을 세울 때는 기본적으로 다섯 가지 선택지를 만난다. 매력은 (1) 적응이다. (2) 적응의 불가피한 부산물일 수도 있고, (3) 적응의 비기능적 산물일 수도 있다. 다만 비기능적 산물 자체는 선택하에서 생겨난 것이 아니다. (4) 그리고 우연한 사건이나 병리, 특이한 확률적 사건의 결과일 수도 있다. 혹은 (5) 적응과 통계적인 단서 연합의 공동 산물로, 지역적 자극과 진화한 선호 단서의 반복된 연합을 통해 국지적 단서와 매력이 한데 묶인 경우다.

매력평가에 변이가 발생하는 원인

매력과 역겨움의 적응은 반응 규격reaction norm 내에서 기능한다고 예측할 수 있다. 이 적응들은 보유자의 현 상황과 표현형 조건의 비용—이익 구조에 민감하고, 적응이 발달하는 지역의 조건에도 민감하다. 사회적 관계 측면에서 볼 때 이 기제들은 개인을 평가 대상으로 하는 관계(예를 들어, 짝짓기, 거래, 대행부모alloparent)에 민감하게 반응한다. 진화론에 기초한 생활사 이론(생활사 이론)은 매력 평가 메커니즘이 진화할 때 필시 작용했을 나이 및 상황 관련 맞거래들을 지적한다. 이같이 생활사 이론은 소규모 사회 연구에서 나온 통찰에 기초해서, 매력 평가 메커니즘이 환경에 따라 왜 다르게 작동하고 어떻게 작동하는지를 예측할 수 있는 틀을 제공한다.

인간은 생태 지위상 여러 사회적 관계에 따라 성공이 결정되기 때문에 생활사 이론은 우선 사회적 가치 평가에 따라 매력 평가가 달라질 수 있다고 주장한다. 매력도 평가에 변이를 만들어내는 두 번째 요인은 평가자 본인의 표현형 상태로, 개인의 성별, 발달 단계, 번식 상태가 여기에 포함된다. 예를 들어, 여성은 배란 주기에 따라 남성의 성적 매력을 다르게 평가하며, 단기적/장기적 짝으로서 평가자 본인의 상대적인 성적 매력이 상대의 성적 매력 평가에 영향을 미친다. 게다가 성사회적 방향성, 즉 개인이 책임 있는 이성 관계 대 무책임한 이성 관계를 얼마나 바라고, 승인하고, 실행하는지도 개인마다 다르며, 이 차이도 다양한 형질에 대한 상대적인 매력도에 영향을 미칠 수 있다(Penke & Asendorpf, 2008; Simpson & Gangestad, 1992). 여기에서는 유전적 변이가 표현형 상태에 끼치는 영향을 분리하는 것이 결정적으로 중요하다. 어떤 차이는 왜 평가자마다 매력을 느끼는 사람이 다른지를 설명하는 데 특히 적합하기 때문이다. 가령, 주조직적합성복합체(MHC)는 면역 기능과 관련된 유전자 복합체로, 사람들 사이에 발생하는 성적 '화학 반응'에 영향을 미칠 수 있다.

성적 매력의 평가에 변이를 만들어내는 세 번째 기초는 번식 전략과 성 전략의 차이로, 이 원리는 다른 전략과 사회적 가치에 똑같이 적용된다. 협동을 생각해보자. 협동 전략의 차이와 관련된 신체적 단서가 있을 때, 상이한 단서를 보여주는 사람들 중에서 누가 더 끌리고 덜 끌리는지는 평가자 본인의 협동 전략에 달려 있다. 가령 매파 전략을 구사하는 사람은 매파 전략과 관련된 단서를 보여주는 사람보다 비둘기파 전략과 관련된 단서를 드러내는 사람이 잠재적 먹잇감으로서 더 매력적이라고 느낀다.

매력평가의 변이를 유발하는 또 다른 원인은 평가되는 단서들의 가용 범위에 스며 있는 지역적 차이다(Sugiyama, 2005). 이 원칙은 평가되는 사회적 가치와 상관없이 적용되어야 하는데, 사회적 가치의 매력은 구체적인 환경에서 이용할 수 있는 대안에 따라 달라지기 때문이다. 연구에 따르면, 이용 가능한 편차 범위의 일부는 평가되는 단서들의 지역적 차이뿐만 아니라 평가자 본인의 표현형 상태에도 기초한다.

짝짓기에서 매력 평가가 달라지는 또 다른 요인은 경쟁자의 범위와 평가자 본인의 상대적 경쟁력이다. 각 전략의 비용과 이익은 경쟁자들과 비교되는 평가자 본인의 표현형 조건 그리고 경쟁자들과 비교되는 평가자 본인의 자원 접근권에 따라 달라진다. 따라서 어떤 개인의 배우자 가치는 평가자 본인의 배우자 가치에 따라 어느 정도 달라진다.

생활사 맞거래와 매력 연구에 갖는 그 함의

인간의 생존과 번식은 적응적 문제를 여하히 해결하는지에 달려 있고, 이 적응적 문제들은 배우자, 자식, 친족, 동맹자처럼 부분적으로 겹치는 다수 영역의 사회적 상호관계와 관련이 있다. 높은 사회적 가치의 단서를 드러낸 동종에게 끌린 사람이 안목이 낮은 사람보다 (생존과 번식에) 더 성공했을 것이다. 그러므로 우리의 진화한 매력 평가 심리는 이 모든 영역들에서 사회적 가치를 지수로 나타낸다고 예상할 수 있다. 인간의 진화적 생활사는 인간의 사회적 가치들 그리고 그 영역들과 관련된 신체적 단서를 이해할 수 있는 열쇠를 제공한다.

생활사 이론은 종간과 종내 모두에서 다른 생명 기능에 자원을 분배할 때 자연 선택이 왜 그리고 어떻게 나이와 관련지어 분배하는지를 살펴본다. 자원은 한정되어 있으므로 에너지를 할당할 때는 서로 다른 생명 기능들 간에 맞거래가 발생한다(예를 들어, Charnov, 1993; Del Giudice, Gangestad, & Kaplan, 1부 2장; Stearns, 1992; Williams, 1966). 그래서 한 종의 일반적인 생활사 패턴 안에서, 선택이 편애한 적응은 진화와 관련된 변수들에 대응하여 에너지를 적응적으로 분배하는 '전략적인' 맞거래를 낳은 것들이라고 예측할 수 있다(예를 들어, Hill & Hurtado, 1996; Stearns, 1992; Trivers, 1972). 이 변수에는 외적 요인과 내적 요인이 있다. 외적 요인으로는 사망위험률, 질병위험율, 가용자원들의 상대적 가치, 자원의 공간 분포, 획득 비용 등이 있다. 내적 요인으로는 자신의 성性, 발달 및 생활사 단계, 표현형 상태, 생식력, 건강, 제약, 선택권 등이 있다. 어떤 종의 일반적인 생활사 매개변수들 안에서 왜 변이가 발생하는지를 이해하는 주된 목적은 개체들이 생활 자원의 분배를 조절하기 위해 지역 환경의 단서를 어떻게 이용하는지를 결정하기 위해서다(예를 들어, Hill & Hurtado, 1996).

인간의 생활사를 보면 독특한 특징들이 있다. 이를테면 무기력한 출생 상태, 이유 후에 장기간 이어지는 의존, 번식 지연, 짧은 출산 휴지기로 인한 다자녀 동시 부양, 폐경기, 번식기 이후의 긴 수명, 대행모의 투자, 세대 내/세대 간 자원 이동, 환자와 부상자에 대한 선택적 보살핌, 높은 수준의 기술 및 지식 습득, 사회적 지식의 전달 등이 여기에 해당한다(예를 들어, Flinn, Geary, & Ward, 2005; Hill, Barton, & Hurtado, 2009; Kaplan, Hill, Lancaster, & Hurtado, 2000; Leigh, 2001). 인간은 같은 크기의 영장류에 비해 뇌 기능에 더 많은 에너지를 쏟고, 뇌 기능을 유지하기 위해 식단의 질이 더 높다(현존하는 수렵채집인에 대한 자료를 바탕으로). 반대로 인간은 근육 조직에는 상대적으로 에너지를 적게 쓰고, 유아기와 발달초기에 그리고 태아의 인지 발달을 지원하기 위한 지방 저장에 에너지를 많이 쓴다(Lassek & Gaulin, 2008; Leonard, Robertson, Snodgrass & Kuzawa, 2003). 이 비용은 음식 이전, 건강관리, 대행모의 보살핌으로 상쇄될 수 있다.

일반적인 수준에서 우리는 신체적(성장과 유지) 투자와 번식(짝짓기와 양육) 투자 사이에 나이와 관련된 맞거래가 있다고 예상할 수 있다. 그러나 이 투자를 조절하는 적응은 대단히 섬세하다. 예를 들어, 수렵채집인이자 원예인인 슈아르족을 조사한 보고서에는 다음과 같은 맞거래가 들어 있다. 자식의 양과 질(Blackwell, 2009), 성장, 체지방, 면역 기능(예를 들어, Blackwell, Pryor, Pozo, Tiwia, & Sugiyama, 2009; Blackwell, Snodgrass, Madimenos, & Sugiyama, 2010; Urlacher et al., 2014), 면역 기능의 종류(Blackwell et al., 2010), 임신, 수유, 뼈 유지, 재구성(Madimenos, Snodgrass, Liebert, Cepon, & Sugiyama, 2012), 임신 및 수유, 배우자의 활동 수준(Madimenos, Snodgrass, Blackwell, Liebert, & Sugiyama, 2011), 기생체(장내 기생체) 감염과 역겨움 민감성(분변오염을 피하는 데 드는 지역적 비용으로 조정된다)(Cepon-Robins et al., 2013; Cepon-Robins et al., 2014), 성장과 유년기 스트레스(Liebert et al., 2014) 등. 슈아르 부족 어린이의 성장과 면역 기능 간의 맞거래는 병이 난 그 주와 그 후 한 달 동안 눈에 띄게 두드러지고, 아동의 체지방량에 따라 맞거래가 조정된다(Urlacher et al., 2014). 자식의 양과 질 사이의 맞거래는 자식의 성과 지역에 따라 다른데, 이는 분명 슈아르 영토에서 성장에 드는 비용 그리고 나이와 관련된 싹슬이년 남녀의 노동 가치가 (다른 곳들과) 다르기 때문이다(Blackwell, 2009; Blackwell, Tiwia, et al., 2010). 게다가 우선시되는 성장의 차원도 다르다. 이를테면 슈아르 부족 사이에서는 발육부진이 만연하지만(나이에 비해 키가 작다) 비용의 낭비가 거의 없다(키에 비해 체중이 적다). 슈아르족 연구와 그 밖의 다양한 개체군 연구들을 보면 복잡한 시간적, 사회생태학적 조건이 생활사 맞거래를 조정하고, 표현형의 질, 번식, 그리고 적합도와 관련된 장기적 건강에 이 맞거래가 역동적이고 누적적으로 작용한다는 것을 알 수 있다(예를 들어, Bribiescas, Ellison, & Gray, 2012; Ellison, 2003; Hill & Hurtado, 1996; Jasienska, 2009; Kramer, Greaves, & Ellison, 2009).

간단히 말해, 적응은 우리의 외모, 청각, 시각에 최종적으로 영향을 미치는 수많은 맞거래를 조절하며, 이 맞거래는 지역별, 개인별 상황에 따라 달라진다. 맞거래로 발생하는 표현형 및 행동적 결과는 사회생태적 환경 안팎에서 복잡하고 다양한 모습을 띤다. 맞거래 조사 기록은 표본의 크기가 커야 하고, 측정을 반복해야 하고, 복수의 변수에 관한 데이터를 포함해야 하며, 그 밖에도 방법론과 이론상 수많은 난제에 부딪힌다. 표현형 상관phenotypic correlation—사람마다 신체 조건이나 자원 접근성이 다르기 때문에, 맞거래되는 형질들 간에 음의 상관이 아닌 양의 상관이나 무상관이 나타나는 경우(Stearns 1989)—도 연구결과를 해석하는 과정에서 쟁점이 된다. 매력의 여러 가지 측면이 개체 내에서 공변화한다는 사실은 적어도 부분적으로는 표현형 상관 때문이다.

지난 십 년간 비서양권, 비산업화 지역, 비학생 개체군의 매력에 관한 비교문화 연구가 규모는 작지만 꾸준히 증가해왔다. 그러나 비교문화 연구를 위해서는 가설과 방법을 재고하고, 적응들이 펼쳐지는 사회생태적 환경에 차이가 있다는 점에 비추어 결론을 조절할 필요가 있었다(e.g., Schmitt, 2014; Scott, Clark, Boothroyd, & Penton-Voak, 2012; Scott et al., 2014). 생활사 중심의 접근법은 매력 적응의 기능적 설계를 바탕으로 하되 지역적 조건 때문에 어떤 형질에 끌리는 정도 그리고 평가에 적용되는 형질의 우선순위가 달라진다고 예측한다. 이렇게 예측하는 것은 문화 내에서 그리고 문화마다 맞거래의 양상과 구사하는 짝짓기 전략이 다르기 때문이다. 따라서 행동 출력(예를 들어, 상대적 매력에 대한 평가)의 차이는 진화한 매력 평가 메커니즘의 기능적 산물이라고 우리는 예측한다.

생활사 관점에서 본 인간의 사회적 가치 영역

적합도에 영향을 미치는 폭넓은 사회적 환경에서 동종은 우리에게 가치가 있다. 사실 각 영역에서 우리에게 이익을 제공하는 능력과 의지—그리고 우리에게 비용을 끼치는 능력—는 사람마다 차이가 있다. 그렇다면 사회적 가치 영역에서 어떤 사람들은 다른 이들보다 평가자 본인에게 더 중요할 것이다. 따라서 선택은 상대방이 우리에게 지닌 사회적 가치의 크기 및 종류에 의거해서 동종을 평가하는 메커니즘을 만들었을 것이다(예를 들어, Sugiyama, 2005).

예를 들어, 여성은 잠재적인 장기적 파트너가 자신과 자식에게 투자할 능력과 의지가 있는지 평가해야 하는 문제에 직면하고, 게다가 그 후보가 다른 여성에게 투자할 능력과 의지가 있는지도 저울질해야 한다. 남성도 마찬가지로 장기적 파트너를 평가해야 한다. 그에 따라 루카쳅스키Lukaszewski와 로니Roney(2010)는 파트너의 표적 행동에 따라 성격 형질에 대한 배우자 선호가 달라진다고 예측했다. 두 연구자의 실험에서 피험자들은 파트너가 타인들보다 피험자 자신 혹은 자신의 가족에게 친절과 신뢰감을 보일 때 더 높은 점수를 매겼다. 반면, 자신에게 지배력을 행사하는 파트너보다는 파트너와 동성인 사람들에게 지배력을 행사하는 이들을 선호했다.

방법론상 매력 연구는 평가하고 있는 사회적 가치 그리고 다양한 사회적 가치 간의 맞거래를 정확히 규정해야 한다. 사회적 가치의 어떤 단서들은 영역을 건너뛰며 재차 나타나는 반면, 어떤 단서들은 해당 영역에서만 출현한다. 예를 들어, 건강의 단서는 사회적 가치의 모든 영역에서 매력에 영향을 끼친다고 보이는데, 건강은 긍정적인 상호작용을 하는 모든 파트너의 가치 있는 자산이기 때문이다(Sugiyama, 2005). 또한, 평가 과정의 시간적 범위와 정보 통합도 고려해야 한다. 즉, 주어진 영역에서 어떤 사람의 상대적 매력을 지각하는 것은 그 대상을 관찰하는 기간이나 행동적 상호작용에 따라 달라질 수 있다. 가령, 육체적으로 아름답더라도 평가자 본인에 비해 스스로를 지나치게 과대평가하는 사람은 협동의 파트너로서 덜 매력적이다(Sell, Tooby, & Cosmides, 2009; Tooby, Cosmides, Sell, Lieberman, & Sznycer, 2008). 그리고 피험자의 선호와 평가를 이끌어낼 때 사용하는 용어도 방법론적으로 고려해야 할 사항이다. 매력적이다, 귀엽다, 섹시하다, 잘 생겼다라는 단어가 같은 것을 의미한다기보다는, 각각의 단어가 사회적 가치 형질들의 다른 모둠을 반영한다고 볼 수 있다(Sugiyama, 2005). 매력 적응들이 서로 어떻게 연관되어 있는지 그리고 사회적 가치의 다른 양상들과 어떤 관계가 있는지 파악하기 위해서는 더 많은 연구가 필요하지만, 현재 꾸준히 진전하고 있다.

배우자 가치

누군가를 발견하고, 유혹하고, 자식을 낳을 정도로 오래 관계를 유지하는 일은 복잡할 뿐만 아니라 여러 가지 실수와 이해충돌을 부른다. 자식을 기르는 일은 또 다른 문제를 불러들인다. 매우 제한된 범위의 매력과 행동만이 주어진 환경에서 성공적인 번식으로 이어진다. 배우자 선택과 짝짓기 전략은 강도 높은 선택을 거쳐 온 셈이다.

인간의 짝짓기는 장기적/단기적 짝짓기 전략을 모두 보여주고, 연속적 단혼제를 비롯해서 약간의 일부다처제, 그보다 드문 일처다부제를 보여줄 정도로 유연하다(예를 들어, Buss & Schmitt 1993; Daly & Wilson, 1983). 남성과 여성은 모두 짝외 섹스를 한다(예를 들어, Griling & Buss, 2000; Thornhill & Gangestad, 2008). 짝짓기를 위한 노력에는 잠재적 배우자를 확인하고 평가하는 일, 시간과 에너지를 할애해서 구애하는 일이 포함된다. 사람마다 배우자 가치가 다른데, 배우자 가치란 A라는 개인이 B라는 개인과 짝을 이룰 때 A의 번식 성공도에 B가 기여하는 정도를 말한다. 배우자 가치에는 잔여 번식 가치—어떤 연령의 남녀가 미래에 낳을 수 있는 자식의 수—도 포함된다(Symons, 1979). 인간의 번식 가치는 대개 종—전형적 관점에서 논의되지만, 번식 가치는 지역과 개인의 조건에 따라 다를 수 있으므로 거기에 맞춰 예측의 틀을 짜야 한다. 긴 시간에 걸쳐 선택이 선호하는 대립유전자는 높은 배우자 가치의 단서를 확인하고, 평가하고, 통합하는 발달 속성을 조직화하는 것들이다. 그런 선호가 다른 설계보다 더 성공적인 번식을 보장하기 때문이다. 이런 평가들이 합쳐진 덕분에 우리는 잠재적 배우자의 '신체적 매력'을 지각한다.

인간의 배우자 가치를 구성하는 요소에는 종, 성, 나이, 혈연도, 건강, 지위, 마음씨, 지능, 자신과 짝짓기를 하고 자신의 자식에게 투자하려는 의지와 능력 등이 있다. 우리의 배우자 선택 심리는 잠재적 배우자에게 이러한 구성요소의 단서가 얼마나 있는지를 평가하고, 현재 조건과 미래에 있을 법한 조건을 기반으로 배우자의 상대적 중요도를 저울질하고, 그렇게 해서 얻은 정보를 통합하여 배우자 가치의 포괄적 추정치를 도출하고, 등급별로 감정 반응과 행동 반응을 조절한다. 남성의 배우자 가치가 높을 때의 특징들은 여성의 배우자 가치가 높을 때의 특징들과 다르다. 남성과 여성의 매력 기준이 다르기 때문이다(예를 들어, Buss, 1989; Symons, 1979).

어떤 개체는 다른 개체보다 배우자 가치가 높다. 그 결과 배우자, 특히 양질의 배우자에게 접근할 수 있는 기회와 권리를 두고 경쟁이 발생한다. 다윈은 이 경쟁 때문에 발생하는 선택압을 **성선택**이라고 표현했다. 성 내 선택은 어떤 형질(예를 들어, 송곳니, 신체 크기, 근육 조직)에 대한 선택을 말하는데, 동성 경쟁자들에 비해 이성에게 성적으로 접근할 확률을 높여주는 형질이 선택의 대상이 된다. 성 간 선택은 주어진 형질을 지닌 개체가 짝짓기 파트너로서 이성에게 선호되고, 그 결과 그 형질이 비록 생존 가치가 없다 해도 개체군 내에서 확산되거나 정교해지거나 유지되는 과정을 말한다(Darwin, 1871). 암수 중 선택을 하는 쪽이 선택받는 쪽의 어떤 형질에 성적으로 끌렸다면(예를 들어, 평균보다 긴 꼬리) 그리고 그러한 형질과 선호가 자식에게 유전되었다면, 다음에 그 형질이 심하게 과장되어 나타나는데 이 현상을 **고삐 풀린 성선택**이라고 한다. 반면에 좋은-유전자 성선택설은 짝짓기 접근율이 높은 매력적인 개체가 자식에게 물려줄 수 있는(즉, 유전이 되는) 변이와 관련된 다른 고-적합도 속성, 이를테면 더 낮은 사망률이나 높은 기생체저항력 등을 더불어 갖고 있다고 가정한다(Hamilton & Zuk, 1982). 이러한 형질(혹은 상관성)을 가진 배우자를 선택함으로써 자식의 유전적 질을 높이는 것이다. 좋은 유전자를 선택하는 것 외에도 많은 종이 물자를 제공하고 자식과 배우자를 선택한다.

생물학자는 단서cue와 신호signal를 구분한다. 신호는 수신자에게 이익이 되는 방향으로 그의 행동을 변화시킨 구체적 의미를 지녔기 때문에 선택된 형질이다. 반면에 단서는 의미를 지니게끔 선택에 의해 조정되지 않은 것들이다(예를 들어, Bradbury & Vehrencamp, 1998; Smith & David, 2003). 실제로는 단서와 신호를 구분하기 어려울 때가 있다. 원래는 단서지만, 지각하는 개체의 행동을 변화시키는 특정한 의미를 지니도록 성선택에 의해 조정될 수도 있기 때문이다. 값비싼 신호 이론에 따르면 좋은 유전자나 물질적 이익의 제공과 관련된 형질들은 화려하게 표현되도록 진화하는데, 그 이유는 그런 형질을 지닌 개체의 기본적인 표현형 및 유전자형 형질을 '정직하게' 나타내기 위해서다(Grafen, 1990; Zahavi & Zahavi, 1997). 어떤 형질이 보유자의 정보를 나타내는데 그 정보가 발신자와 수신자 모두에게 유용할 때, 가끔은 잘못된 신호가 선택될 수 있고 그러면 발신자와 수신자 모두에게 그 형질의 신호 가치가 하락한다. 하지만 신호를 만들어내는 비용이 꽤 높아서 일부 개체에서만 완전하게 발달하고, 신호로 알리는 기본적인 표현형 형질이나 유전자형 형질이 그 비용과 관련이 있다면, 수신자는 그 신호가 '정직하다'고 확신할 수 있다. 공작새의 꼬리처럼 해부학적으로 화려한 형질은 다음과 같은 방식으로 진화한다. 양질의 수컷만이 최상의 과시행동을 보여줄 수 있기 때문에 암컷은 짝을 고를 때 수컷의 과시행동을 믿을 만한 근거로 삼는다. 그리고 수컷이 과시행동을 할 때 발생하는 적합도 비용은 수컷에게 짝짓기 기회가 증가함으로써 상쇄된다. 값비싼 신호는 짝짓기에만 국한되지 않으며, 방금 설명한 조건이 충족되면 어디에서나 진화한다(Grafen, 1990; Zahavi & Zahavi, 1997; c.f. Donaldson-Matasci, Bergstrom, & Lachmann, 2013). 매력 평가에 사용된 형질이 신호로 진화했다는 명백한 증거가 없다면, 그 형질이 단서로 쓰이고 있다는 가설을 가장 먼저 고려해야 한다.

짝짓기 경쟁은 비용이 많이 들기 때문에 선택은 잠재적 경쟁자들과 비교하면서 자신의 배우자 가치를 평가하는 적응을 만들어낸다. 그렇게 하면 경쟁에서 이기기 어려운 상대를 피함으로써 시간과 에너지, 물리적 비용을 아끼게 된다. 또한 정반대로 우리 조상들은 성공 가능성이 적당히 있으면 경쟁자를 쫓아내거나 지배하거나 압도하거나 기반을 약화시켜서(예를 들어, 그의 짝을 가로채서) 짝짓기 접근성을 높이기도 했다. 이 평가에는 동성 매력 평가가 수반되는데, 이는 짝짓기를 위해서가 아니라 자신의 상대적 배우자 가치와 성 내 경쟁력을 가늠하기 위해서다(예를 들어, Pawlowski & Dunbar, 1999; Puts, 2010).

예를 들어, 남성에게는 성 내 경쟁 때문에 강한 선택이 있었음을 보여주는 형질들이 있다. 남성은 신체, 목소리, 얼굴의 특징을 바탕으로 다른 남성의 상대적 힘을 정확하게 평가할 수 있는데, 바로 이 요소들이 싸움 능력과 성 내 경쟁력을 평가할 때 적용된다(Puts, 2010; Sell et al., 2009). 이 신체적 형질들은 남성호르몬이 증가할 때, 특히 사춘기에 두드러지게 발달한다(예를 들어, Bribiescas, 2006). 한편 여성은 힘과 관련된 신체 크기와 근육을 고려하여 배우자를 선택한다(Sugiyama, 2005). 데익스트라Dijkstra와 빙크Buunk(2001)에 따르면, 남성은 잠재적 경쟁자가 어깨 대 엉덩이의 비율이 낮을수록(즉 몸통이 V자 형태) 질투심을 더 많이 느낀다고 한다. 키가 크고 지배적인 남성은 키가 작고 덜 지배적인 남성보다 이 단서에 덜 민감하고 질투심을 적게 느낀다. 남성의 인식이 이렇게 조절되는 것은 자신과 타인 간의 상대적 경쟁력과 관련이 있다고 볼 수 있다(예를 들어, Buunk, Park, Zurriaga, Klavina, & Massar, 2008; Watkins, Fraccaro, et al., 2010; Watkins, Jones, & DeBruine, 2010). 남성은 이런 형질이 짝짓기 경쟁자의 것일 때는 흥미롭다고 느끼지 않고 동맹이나 협력자의 것일 때는 흥미롭다고 느끼는 반면에, 여성은 힘과 성 내 지배력의 단서가 배우자에게 있을 때 그 단서를 좋아한다. 따라서 누군가가 이성의 호감을 살 때 그의 매력에 대해 남성과 여성의 평가가 일치할 수도 있다. 그렇지만 부분적으로 상황(평가자와 피평가자 사이의 성 간 경쟁을 포함하여)의 영향, 그리고 다른 영역에서 그 단서가 갖는 사회적 가치의 영향 때문에 그 평가에 체계적인 변동이 나타날 수 있다는 것도 예상해야 한다.

　여성은 남성 배우자의 가치로 유전자의 질, 건강, 신체적 위압성과 관련된 형질 그리고 자신과 자식에게 투자할 능력과 의지를 보여주는 형질을 고려한다(Symons, 1979). 이 두 가지 기준에 기초한 평가는 두 방향으로 갈라진다. 장기적 관계에서 여성은 유전자형 및 표현형 형질과 투자를 맞바꿔야 할 때가 있기 때문에 신체적 매력과 투자 의지를 맞거래하는 경우가 종종 있다(Gangestad, Thornhill, & Garver-Apgar, 1부, 14장). 그러나 이 맞거래는 상황−의존적이다. 여성은 단기적인 짝외 섹스 파트너일 경우와 임신 확률이 높은 배란기일 경우에 신체적 특질에 중점을 둔다. 여성 본인의 매력, 짝짓기 상태, 단기적 관계를 선호하는 성향은 이 배란 주기 효과의 강도에 영향을 미치는데, 이는 그런 요소들이 짝의 유전자형 질 대 표현형 질 사이에서 여성이 상대적인 맞거래를 해야 할 때 영향을 미치기 때문이다. 예를 들어, 서양권과 일부 비서양권에서 여성은 장기적인 짝보다는 단기적인 짝의 형질로 '남자다운' 얼굴, 목소리, 신체를 더 선호한다. 또한 최근 연구에서는 남자다운 얼굴에 대한 여성의 선호가 문화에 따라 다르다는 것이 밝혀졌다(Scott et al., 2014). 경쟁자를 평가할 때 여성은 여성의 배우자 가치와 관련된 신체적 단서 및 행동(예를 들어, 성적 매력, 젊음, 생식력, 다산성, 건강)에 초점을 둔다. 성 내 경쟁을 할 때 여성은 이런 형질이 자신에게 있을 때는 과대평가하고 경쟁자에게 있을 때는 과소평가하는데, 이 평가는 여성 자신의 신체적 매력에 따라 조정된다. 반면에 자신의 문란한 성생활은 대단치 않게 여기면서도 타인의 성생활은 쉽게 폄하하는데, 이 경향은 특히 장기적인 짝을 놓고 경쟁을 할 때 두드러진다(예를 들어, Bleske & Shackelford, 2001; Buss & Dedden, 1990).

　결과적으로, 감칠맛 끌림에서 수용체, 단서−평가 통합, 쾌감 반응을 따로 분리해 낼 수 있는 것처럼, 단서/신호 탐지, 평가, 통합, 동기적 적응도 통합해 있는 동시에 분리할 수 있는 매력 심리의 요소들이다. 예를 들어, 남성의 성적 매력을 평가할 때 여성은 욕구를 느끼거나(그 남성이 매력적이라고 판단될 때), 혐오감이 들거나(그 남성이 매력적이지 않다고 판단되거나 가까운 혈연으로 확인될 때), 무관심할 수 있다. 반대로 남성은 복종심과 비슷한 느낌이 들거나(그 남성이 매력적이거나 지배적이라고 판단될 때), 자신감과 지배성을 느낄 수 있다(그 남성이 매력적이지 않거나 덜 지배적이라고 판단될 때), 남성과 여성은 특정한 남성이나 여성의 성적 매력을 평가할 때 적응적 목표가 다르다. 남성은 다른 남성과 대립해야 할지, 대립을 피해야 할지 아니면 협력해야 할지 결정해야 하며, 따라서 자신의 기량에 견주어 다른 남성의 기량을 평가하도록 선택되었다. 여성은 특정 남성과 섹스를 해야 할지, 협력해야 할지, 피해야 할지를 결정해야 하며, 그래서 특정한 남성이 배우자와 아버지로서 지닌 적합도 비용과 이익에 근거해서 평가하도록 선택되었다. 여성의 매력을 평가하는 경우에 남성은 특정 여성과 섹스를 할지, 협력할지, 피할지를 결정해야 하며, 여성의 생식력과 성적 접근성에 근거해서 여성을 평가하도록 선택되었다. 여성은 다른 여성과 대립할지, 대립을 피할지, 친구가 될지를 결정해야 하며, 자신의 매력과 지배성에 견주어 다른 여성을 평가하도록 선택되었다.

이 결과와 관련된 비용과 이익은 성별, 개인별, 상황별로 달라질 수 있다. 이 때문에 다른 단서/신호에 대한 주의, 단서/신호 평가 및 통합, 매력 지각, 행동에 개인별 차이가 발생한다. 장기적인 상황에서 어떤 요소들은 양성 모두에게 중요하지만(예를 들어, 마음씨, 사회적 지위, 신체적 매력), 성별로 상대적인 중요도가 다르게 나타난다. 예를 들어, 셰클퍼드Shackleford, 슈미트, 버스(2005)는 요인 분석을 통해 배우자 선호의 네 가지 차원에서 이루어지는 맞거래—(1) 믿음직스러움/안정성 vs 잘 생긴 외모/건강, (2) 사랑 vs 지위/자원, (3) 교육/지능 vs 가정/자식에 대한 욕구, (4) 사교성 vs 비슷한 종교—를 조사했다. 신체적 단서는, 비슷한 종교에 대한 선호를 제외하고 배우자 가치의 전 영역에서 평가되는 것으로 추정된다. 더 나아가 남녀 차이를 면밀히 분석한 연구에 따르면, 전반적으로 남성은 여성에 비해 장기적 배우자의 훌륭한 외모를 높이 평가하는 반면, 여성은 배우자의 지위와 자원을 높이 평가한다(예를 들어, 버스, 1989).

배우자의 가치를 결정하는 과정에는 여러 가지 적응적 문제가 수반되는데, 각 문제를 해결하는지 못하는지가 평가자 쪽의 매력 지각에 영향을 미친다. 결정 과정의 첫 번째 단계는 적당한 배우자를 식별하는 것이다. 물론 무생물, 다른 종, 성적으로 미성숙한 인간과 섹스를 하는 것은 번식에 효과가 없다. 동성과의 성교 역시, 대행모를 채용하는 수단으로 간접적 이익이 있을 순 있어도 번식 그 자체에는 효과가 없다. 전염병 보균자와 섹스를 하면 적합도상의 비용이 발생하고, 유전질환을 가진 사람과 섹스를 하면 생존할 수 없거나 생존 가능성이 낮은 자식을 임신하게 된다. 생식력이 있는 이성과 강제로 섹스를 하면 기회비용, 평판 비용 그리고 어쩌면 보복까지 당하는 비용이 발생할 수 있다. 따라서 경쟁자를 평가할 때 남성은 잠재적 경쟁자의 위압성 및 지배성과 관련된 신체적 단서에 더 초점을 두고서 경쟁자와 견주어 자신을 평가할 것이다. 그런 형질 때문에 경쟁자나 경쟁자 연합의 손에 짝이 죽거나 짝을 잃을 수 있기 때문이다. 심리학 연구, 살인 패턴, 부족 내 갈등에 관한 데이터는 짝짓기 경쟁의 여러 가지 측면이 폭력을 유발할 때가 많으며, 이는 이 경쟁에서 신체 크기와 힘이 강점으로 작용한다는 견해를 뒷받침한다(예를 들어, Buss, 2006; Chagnon, 1988; Daly & Wilson, 1988; Macfarlan, Walker, Flinn, & Chagnon, 2014; Puts, 2010; Scalise Sugiyama, 2014).

남성의 배우자 가치 여성의 매력 평가 심리에는 남성의 유전자형 질과 관련된 단서를 평가하는 기제가 포함되어 있을 것이다. 유전자형 질을 보여주는 한 단서는 표현형의 상태인데, 그 일부는 유전된다. 남성의 배우자 가치에는 배우자, 자식, 다른 성인들에게 물자를 제공하는 능력도 포함된다. 수렵채집인의 경우 남성은 단백질의 85%, 식단 열량의 65%를 제공하며(Cordain et al., 2000; Kaplan et al., 2000; Marlowe, 2001), 이는 여성의 생식력과 자식의 면역 기능, 건강, 생존에 긍정적인 영향을 미친다(Gurven & Hill, 2009). 사회집단 전반적으로 여성은 장기적 배우자가 될 사람을 평가할 때 마음씨, 지능, 근면성, 자원을 획득하는 능력 등 자신과 자식에게 투자할 의지와 능력을 보여주는 단서를 활용하는 것으로 보인다(예를 들어, Buss, 1989). 남성의 투자 의지와 능력은 여성에게 중요한데, 여성은 임신, 수유, 장시간 지속되는 아이의 의존, 짧은 출산 휴지기로 인한 다자녀 부양 등에 비용이 많이 들기 때문이다(예를 들어, Kaplan et al., 2000). 아체족의 아동 중 아버지가 있는 아이들은 아버지가 없는 아이들보다 사망률이 3분의 1가량 낮고(Hill & Hurtado, 1996), 남성 수렵채집은 생계에 크게 기여한다(예를 들어, Gurven & Hill, 2009). 물론 아버지가 자식의 적합도 상관성에 미치는 영향은 사회적, 환경적 상황에 따라 다르다(Bribiescas et al., 2012; Hewlett & Macfarlan, 2010; Marlowe, 1999a, 1999b, 2001, 2005; Sear & Mace, 2008).

남성은 여성에 비해 성장하는 기간이 길고, 느리게 성숙하며, 번식하는 시기가 늦다(예를 들어, Bogin, 1999). 게다가 여성보다 번식 성공도의 개인차가 크다(예를 들어, Betzig, 2012). 부성은 모권보다 확실하게 드러나지 않기 때문에 남성이 처음 번식하는 나이를 정확히 추적하기는 쉽지 않다. 수렵채집 사회에서 남성은 20대 초반에 번식을 시작하는 것으로 보인다. 여성에 비하면 몇 년 뒤처진 시기이다. 아체족, !쿵족, 야노마뫼족의 남성 사이에서 나이에 따른 생식력의 변화를 보면, 10대 후반부터 생식력이 높아지기 시작해서 30대 중반에서 40대 초반에 정점에 이른다. 최소한 60세까지 생존했던 아체족 남성 23명의 경우 마지막으로 자식을 낳은 평균 나이는 48세였다. 이 중 절반은 여성과 같은 시기에 번식을 멈추었지만, 나머지 절반은 더 늦게까지 번식했으며 여섯 명은 50대 중반이 지나서도 계속 번식했다. 그리고 남성이 수렵채집에 가장 큰 성과를 거두는 시기는 비교적 늦은 시기로, 30대부터 50대 가까이에 이른다(Kaplan et al. 2000; Walker, Hill, Kaplan, & McMillan, 2002). 애피셀라 Apicella(2014)는 탄자니아의 하드자족의 남성이 가진 힘을 보면 번식 성공도와 수렵 능력에 대한 평판을 예측할 수 있다고 주장했다. 그러나 남성의 힘이 최고조에 달하는 시기는 수렵 수익률이 최고조에 달하는 시기보다 더 이르다. 이는 사냥 지식이 중요한 역할을 한다는 것을 시사한다(예를 들어, Gurven, Kaplan, & Gutierrez, 2006). 남성의 배우자 가치는 젊음과 밀접한 연관이 없기 때문에 여성의 선호 기제는 젊음 그 자체보다는 유전자형과 표현형의 질 그리고 생산능력을 보여주는 단서들에 초점을 둔다고 볼 수 있다(Buss, 1989). 선택에 이끌려 여성은 남성의 생식력을 보여주는 표현형 단서를 평가한다. 그러나 생식력이 좋은 남성은 한 사람이 다수의 여성을 수정시킬 수 있기 때문에 여성은 남성보다 생식력의 단서를 열렬히 선호하지 않는다(Symons, 1979).

여성은 장기적/단기적 짝짓기 전략 특유의 맞거래를 줄이는 혼합전략을 취해서 이익을 얻을 수 있다(예를 들어, Buss & Schmitt, 1993; Gangestad & Simpson, 2000). 따라서 연구를 할 때 이 측면을 분리하는 방법을 포함해야 한다는 것이 이제 분명해졌다. 여성의 관점에서 배우자의 몸이 허약하고 유전적 질이 떨어지면 장래의 어느 짝짓기 파트너로서도 불리한 조항이 된다. 하지만 여성에게 기본적인 유전적 질과 관련된 신체적 특질은 단기적 파트너보다 장기적 파트너일 경우에 상대적으로 덜 중요할 것이다. 장기적 배우자와의 관계에서는 자식 돌보기이 불가피하다. 따라서 장기적 파트너를 평가할 때에는 신체적 특질뿐 아니라 양육 능력, 좋은 파트너로서의 자질을 살펴보아야 한다. 이처럼 신체 크기, 힘, 공격성, 신체적 지배성은 여성과 자식에게 투자할 능력 및 의지와 맞거래될 수 있다. 다만 매력적인 여성은 이런 맞거래에 직면하지 않기 때문에 상대가 두 영역에서 모두 우수한 수준이기를 바란다(Buss & Shckelford, 2008). 여성이 단기적 배우자의 양육 능력을 덜 중요하게 여기는 이유는 명백하다. 남성은 단기적 배우자를 고를 때 기준을 낮추기 때문에 일부 여성은 장기적 파트너가 아닌 단기적 파트너로부터 자식 번식을 위한 우수한 유전자 품질을 획득할 수 있다. 게다가 공격적 위압성과 관련된 여러 형질들―가령 신체 크기, 힘, 남자다운 얼굴―이 유전자의 질을 보여주는 단서와 거의 일치하다(예를 들어, Buss & Schmitt, 1993; Gangestad, Merriman, & Thompson, 2010; Thornhill & Gangestad, 2003).

남성은 배우자의 양과 질을 놓고 투자 맞거래를 해야 한다. 아버지가 지역에서 자식의 적합도에 영향을 미친다면, 각각의 짝과 관련된 비용-이익 그리고 복수의 짝을 얻는 데 드는 상대적 비용과 기회가 그로부터 영향을 받는다. 복수의 배우자를 얻는 데 드는 비용과 기회는 남성의 배우자 가치, 사실상의 일부다처제나 유효성비의 지역적 상황, 장기적/단기적 짝짓기의 상대적 가치에 따라 좌우된다. 어떤 신체 특징들은 (남성의 배우자 가치 중) 남성이 성향상 장기적 전략을 추구하는지, 단기적 전략을 추구하는지에 영향을 미치는 배우자 가치와 관련이 있다. 여성은 이런 특징들을 단서로 간주하여 남성의 짝짓기 행동을 예측한다. 여성은 아버지, 형제 그리고 그 밖의 남성 친족들의 상대적 사회적 가치를 평가할 때에도 같은 기준을 적용하지만, 그 기준이 갖는 중요도에는 차이가 있다.

여성의 배우자 가치　번식 능력이 있는 여성에게 접근할 수 있는지는 남성의 상대적인 번식 성공도를 일차적으로 제약하는 문제다. 그 정도로 여성의 배우자 가치는 나이와 관련된 번식 수명의 단계, 건강, 생식력, 출산경력과 밀접하게 관련되어 있다(Sugiyama, 2005를 보라). 여성은 인간과 같은 크기의 영장류와 비교할 때 성인기가 늦게 시작되고 사망하기 약 20년 전에 번식을 멈추기 때문에, 번식 수명이 압축되어 있다. 암컷 침팬지가 초산을 하는 시기는 12세 무렵이지만, 생식력이 정상인 여성 수렵채집인은 17세 무렵에 초산을 한다(Hill & Hurtado, 1996; Kaplan et al., 2000; Thompson et al., 2007). 여성의 번식 가치는 임신이 가능한 배란 주기 직전에 최고조에 달하는데, 앞으로 번식 햇수가 많이 남아 있고 번식 전에 죽음에 이를 가능성이 낮기 때문이다. 생식력은 번식 수명에 따라 다르다. 산업화된 국가에서 여성의 생식력은 약 22세에 정점에 이르렀다가 27세까지 급격히 감소한다. 수렵채집인 개체군을 조사한 자료를 보면 여성의 생식력이 정점에 이르는 시기는 집단에 따라 다른데, 보츠와나의 !쿵족과 베네수엘라의 야노마뫼족은 22세부터 25세까지, 파라과이의 아체족은 28세부터 35세까지이다. 식단, 노동, 병원체, 사회적 스트레스와 그 밖의 사회적 변수들은 여성의 생식력 및 다산성과 관련된 호르몬 지수에 영향을 미친다. 이는 에너지 가용도에 영향을 주는 사회환경적 변수에 따라 여성의 번식이 달라진다는 점을 시사한다(Ellison, 2001, 2003; Jasienska, 2009; Valeggia & Ellison, 2009).

여성은 어머니로서 감당해야 하는 최소 투자액이 꽤 높다. 여기에는 체지방을 축적하고 에너지 과잉 상태를 유지하는 것, 태반형성, 임신 그리고 상대적으로 좁은 골반 입구로 아이의 큰 머리가 통과할 때 발생하는 사망위험 등이 포함된다(예를 들어, Ellison 2001, 2008; Rosenberg & Trevathan, 2002). 생식능력(가임력)은 호르몬이 조절하는 난소의 기능에 따라 좌우되며, 이 기능은 이용 가능한 에너지의 정도 및 수요처에 따른다. 체질량지수(BMI)가 정상인 여성이 임신을 하면 하루에 필요한 에너지양이 임신 초기, 중기, 후기에 각각 90, 300, 466 칼로리씩 증가한다. 그리고 모유 수유를 하면 특별히 활동적이지 않은 건강한 서양 여성의 경우 하루에 필요한 에너지양이 450에서 500칼로리가량 증가한다(Butte, Wong, Treuth, Ellis & Smith 2004). 수유는 여성의 에너지 수지(예산)를 고려하여 번식기능을 억제한다(예를 들어, Ellison, 2003). 수유에 드는 비용을 고려할 때 인간은 출산과 출산 사이의 간격이 짧은 편이다. R. L. 켈리Kelly(1995)가 수렵채집인 집단 30곳을 대상으로 조사한 바에 따르면, 유아가 젖 떼는 시기는 평균 30.9개월이다(Sugiyama, 2005). 식량 수집 사회 11곳으로 구성된 그룹에서 여성의 평균 출산 간격은 3.47년이며, 평균 총 출산율은 다섯 명에서 여섯 명 사이다. 임신과 수유, 다음 출산까지의 짧은 간격, 다자녀 부양에 드는 비용은 아이의 느린 성장, 대행모의 기여와 식량 수급으로 상쇄되는 듯하다(예를 들어 Gurven & Walker, 2006; Hrdy, 1999).

여성은 다른 신체 기능이 노화하는 것에 비해 생식력이 더 일찍 쇠퇴한다(예를 들어, Hill & Hurtado, 1996; Thompson et al., 2007). 여성 수렵채집인들은 번식기가 지난 후에도 잘 살아갈 수 있지만, 어머니와 할머니로서 자식이 성인이 될 때까지 계속해서 자원을 투자하고 사회적 지원을 한다. 아체족 여성의 경우, 마지막으로 출산하는 평균 나이는 42세이다. 46세에 이르면 연간 출산 확률은 0이 된다(Hill & Hurtado, 1996). R. L. 켈리(1995)가 조사한 자료에 따르면, 수렵채집인 사회 10곳의 여성들이 마지막으로 출산하는 평균 연령은 34.9세다(Sugiyama, 2005).

여성 번식의 진화적 적응환경(EEA)에서 여성은 초경과 폐경 사이에도 대부분의 시간에는 임신을 할 수 없다. 시먼스(1995)의 계산에 따르면, 야노마뫼족 여성은 평균 번식 수명 8,030일 중 단 78일만 임신을 할 수 있다고 한다. R. L. 켈리(1995)가 수렵채집인을 대상으로 조사한 자료를 바탕으로 내가 산출한 수치(Sugiyama, 2005)도 거의 비슷했다. 평균 17세에 초산을 하고 42세에 마지막으로 출산을 하는 여성 수렵채집인(아체족)은 번식 수명이 약 25년으로, 그동안 다섯 명의 아이를 낳을 수 있다. 그리고 평균 5,985일 동안 임신을 하거나 수유를 하는데, 이는 번식 수명의 약 3분의 2를 차지하는 기간이다. 가령 여성의 건강이 허약하지 않고 식량부족을 겪지 않으며 생식능력을 제한하는 스트레스 요인에 노출되지 않는다고 가정할 때, 한 달에 번식이 가능한 날이 3일이라면 번식 수명 9,125일 중 314일만 임신이 가능하다.

여성의 번식 가치는 초경 이후부터 감소하기 때문에 노화와 관련된 단서는 여성의 성적 매력과 음의 상관성을 갖는다고 예측할 수 있다(Symons, 1979). 여성 수렵채집인은 출산을 할 때마다 평균적으로 번식 가치의 6분의 1을 잃는다. 따라서 출산경력과 관련된 단서들은 여성의 성적 매력과 음의 상관성을 띠게 된다. 다산성을 보여주는 단서 중에는 관찰 가능한 것도 있기 때문에 여성의 매력을 평가할 때 통계학적으로 믿을 만한 단서를 통해 다산성과 관련된 호르몬 상태를 파악하는 적응이 생겼을 것이다. 시먼스(1979, 1995)는 남성이 바로 이런 이유 때문에 혼기, 즉 최고의 번식 가치를 보여주는 단서(예를 들어, 배란은 주기적으로 시작했지만 아직 출산 경험이 없는 여성)에 끌린다고 예측했다. 여성은 발정기를 광고하지 않으므로(혹은 공공연하게 드러내지 않으므로) 남성으로서는 성적 매력의 단서에 매력을 느끼면 번식 기회가 대폭 증가한다. 여성의 번식 수명 동안 짝짓기 접근성을 내내 독점하는 남성은 평균적으로 대여섯 명의 자식을 갖게 된다. 정점에 도달한 생식력의 단서를 선호하면 임신 가능성, 특히 단기적 배우자의 임신 가능성이 증가한다(예를 들어, Symons, 1979).

에너지 과잉 상태와 좋은 건강을 유지하는 여성은 에너지가 부족하고 건강이 나쁜 여성보다 생식력이 높다. 따라서 남성은 건강과 영양 상태를 보여주는 단서에 매력을 느끼게끔 선호 메커니즘이 진화했을 테고, 여성도 그런 단서를 이용해서 자신의 번식 경쟁자들을 평가할 것이다. 선택은 혼기의 단서들에 끌리는 성향을 만들어냈어도, 이 단서에만 끌린다면 장기적 관계가 위태로워질 수 있고, 남성은 여성이 평균적으로 낳는 여섯 명의 아이 중 첫째에게만 치중해서 아비노릇을 할 것이다. 산후 배란 주기가 다시 시작된 것을 보여주는 단서들이 있다. 예를 들어 피부색이 밝아지거나(Symons, 1995) 키우고 있는 아이가 이유기에 가까워지는 등의 단서들은 여성의 성적 매력도가 현실에서 보여주는 분산을 어느 정도 예상하게 해준다. 자기 보고식 측정과 그 밖의 연구에서 남성은 잔여 번식 가치가 가장 높을 때를 선호하지 않았지만, 관련 자극들로 진행한 실험에서는 그때를 선호했다(Blackwell & Sugiyama, 2008). 많은 문화에서 남성이 배우자를 고를 때의 기준을 살펴보면 신체적 매력이 상위를 차지한다(예를 들어, Buss, 1989). 심지어 자기보고 조사에서 매력이 그리 높이 평가되지 않는 곳에서도, 더 정교한 방법을 사용하면 신체적 매력에 대한 선호가 강하게 나타난다(Pillsworth, 2008). 여성은 이 선호에 민감하게 반응하는데, 이는 화장품 산업과 미용업계의 수익성이 대단히 높은 것을 보면 알 수 있다.

혈연 가치

국가 이전의 사회에서도 혈연관계 및 그와 유사한 제도에 의해 사회적 관계가 조직된다는 사실을 인류학자들은 오래전에 인식했다. 우리가 알고 있는 모든 인간 문화에는 근연도relatedness에 기초한 기본적인 세 종류의 사회적 관계—결혼, 혈통, 혈연 분류체계—가 존재한다. 분류적classificatory 혈연체계는 성, 혈통, 세대라는 세 가지 기본 개념을 토대로 한다. 분류적 혈연체계는 이 기본 차원들에서 혈연을 어떻게 해석하는지에 따라 몇 가지 기본형으로 나뉜다. 결혼 상대자로서 누가 적합하고 적합하지 않은지 결정할 때에는 대개 분류적 혈연관계와 혈통을 함께 따진다(예를 들어, Chagnon, 1997). 사회 조직에서 공통적으로 발견되는 이 특징들에는 많은 문화에서 혈연에 부여하는 높은 가치가 반영되어 있다(예를 들어, Brown, 1991; D. Jones, 2003).

분류적 혈연관계와 생물학적 혈연관계가 완전히 일치하지 않는다 해도, 혈연선택과 부모 투자 이론은 혈연에 부여되는 가치를 어느 정도 설명해준다. 인간은 직접 번식을 해서 자신이 보유한 대립유전자를 늘리기도 하지만, 근래까지 이어져 온 혈통 덕에 대립유전자를 공유하는 이들을 도움으로써 대립유전자를 늘리기도 한다. 이에 기초해서 해밀턴(1964)은 이타주의가 출현할 수 있는 진화의 경로 하나를 입증했다. 즉, 이타주의자의 비용 c가, 수혜자에게 돌아가는 이익 b에 두 사람의 혈연계수 r을 곱한 값(rb)보다 작은 경우다.[1] 이때 본인의 관점에서 타인들은 잠재적 투자자이자 투자 대상으로서 혈연 가치가 제각기 다르다.

트리버스(1972)는 부모 투자 메커니즘이 풀어야 할 적응적 문제와 자신의 주장에 담긴 논리가 더욱 보편적인 혈연관계와 사회적 가치 영역까지 확장될 수 있다고 보았다. 사람들마다 (a) 자신에 대한 추정 혈연도가 다르고, (b) 자신이 투자받은 것을 적합도나 포괄적합도로 전환하는 능력이 다르며, (c) 투자로 인해 발생한 기회비용과 (d) 자신과 자식, 다른 친족에게 자원을 투자할 의지와 능력이 다르다. 친족이 투자받은 것을 번식 성공으로 전환할 확률은 그 친족의 표현형과 유전자형 질에 달려 있다. 여기에는 건강, 나이, 생식력, 다산성, 성과 같은 관련 변수들이 포함되며, 이 모든 변수들은 관찰 가능한 신체적 단서와 관련이 있다. 그 친족이 이런 가치들의 단서를 믿을 만하게 드러낼수록 투자자이자 투자의 대상으로서 그들은 남들보다 더 매력적일 것이다. 하지만 유전적으로 가까운 친척과 근친번식을 하게 되면 유해한 대립유전자에 대한 동형접합성이 자식에게 생길 가능성이 높아지기 때문에 가까운 혈연관계는 성적 파트너로서의 매력에 부정적인 영향을 미친다(혹은 성적 가치; Tooby et al., 2008).

비서양권에 속한 생식력이 정상인 개체군의 자료를 보면, 혈연이 적합도와 관련

---

[1] c⟨rb : c=이타주의자의 비용, r=이타주의자와 수혜자 간의 혈연계수(근연계수), b=수혜자의 이익. 부모와의 혈연계수(근연계수)는 0.5, 형제자매와는 0.5, 조부모와는 0.25, 삼촌과는 0.25, 사촌과는 0.125이다(옮긴이)

된 형질에 미치는 영향은 상당하며, 상황별, 지역별로 차이가 난다는 것을 알 수 있다. 예를 들어, 헤이건, 배럿, 프라이스(2006)는 슈아르족의 경우 손위형제는 동생에게 긍정적 효과를 미치지만, 손위누이는 부정적 효과를 미친다(Hagen & Barrett, 2009도 보라). 블랙웰(2009)은 좀 더 넓은 지역 표본인 슈아르 마을을 대상으로 조사했고, 가정의 형제자매 수와 성장 사이에 양적/질적 맞거래가 이루어진다는 사실을 발견했다. 한편 연구자들은 남자 형제들이 형제자매의 성장에 미치는 영향과 도로까지의 거리 간에는 U자형 관계가 나타나지만, 자매들이 동생의 성장에 미치는 영향과 도로까지의 거리 간에는 U자를 뒤집은 모양의 관계가 나타난다는 점도 발견했다. 이러한 결과는 지역에 따라 노동의 성적 분업이 이루어지고, 마을이 어디에 위치하는지에 따라 남녀 간 생산능력에 차이가 난다는 점을 반영한다.

혈연관계에 기초한 행동을 조절하려면 상대적 근연도와 통계적으로 관련된 단서 그리고 이 단서들을 평가하여 혈연을 추정하는 적응이 필요하다. 혈연관계를 추정하고 나면 쟁점이 되는 사회적 가치와 관련지어 감정 출력과 차별적 행동을 조절한다(예를 들어, Lieberman, Tooby, & Cosmides, 2007). 투비와 그 밖의 연구자들(2008)은 이러한 혈연관계에 따른 조절 변수를 **혈연지수**라고 일컬었다. 혈연지수는 상황적 단서, 발달기 동안의 사전 관련성 인식, 표현형 매칭에 기초한다(Axelrod, Hammond, & Grafen, 2004; Mateo, 2015). 인간에게는 이 세 가지 증거가 모두 있고, 매력에 영향도 미친다.

어머니와 자식은 후각, 시각, 촉각, 청각, 행동 관련 상호 작용을 토대로 신속하게 서로를 인식한다. 혈연관계를 알려주는 한 가지 단서는 어머니가 아기를 보살핀다는 것이다(출생 이후 모계 관련성 인식maternal perinatal association). 어머니가 아기를 돌본다는 것은 손위 형제자매들에게 혈연관계 혹은 반¼혈연관계임을 알려주는 통계학적으로 믿을 만한 단서다. 어린 동생은 이러한 단서가 도움이 안 되기 때문에 그 대신 아동기 동안 함께 거주하는 기간을 단서로 사용한다(예를 들어, Lieberman et al., 2007). 혈연지수는 매력의 최소 두 가지 측면에 영향을 미치는데, 그 방식은 정반대다. 형제자매 지수가 매겨진 사람들은 이타심을 발휘할 대상이라는 점에서 매력이 증가하지만, 성적 파트너로서는 매력이 감소한다(Lieberman et al., 2007). 부모와 자식 간의 이타주의와 성적 회피도 마찬가지의 논리가 적용된다. 또한 혈연지수는 이타적 가치, 상호적 가치, 동맹과 관련된 가치 평가를 조절한다. 이 밖에도 진화적 관련이 있는 개인의 혈연도 단서로는, 가까운 여성 친척이 특정 개인을 출산을 하거나 그에게 젖을 먹이는 모습을 보는 것, 친척이 특정 개인에게 이타적인 행동을 하거나 성적 회피 행동을 하는 것, 혈연이 특정 개인을 가리켜 혈연 명칭을 사용하는 것 등이 있다(예를 들어, Lieberman et al., 2007).

시각과 후각 단서를 토대로 한 표현형 매칭 역시 혈연을 추정하고 매력을 느끼는 데 활용된다는 근거가 있다. 얼굴이 닮으면 신뢰와 협력이 증가하는 반면, 성적 매력은 감소한다(예를 들어, DeBruine et al., 2011, Lieberman et al., 2007). 게다가 후각 단서에 기초한 표현형 매칭은 명백하며, 그 기초에 놓인 유전자의 영향에 부분적으로 기초한다(예를 들어, Porter, Balogh, Cernoch, & Franchi, 1986; Roberts et al., 2005). 그리고 아버지와 딸, 남매 쌍은 서로 냄새에 기초해서 성적 회피 행동을 한다(Weisfeld, Czilli, Phillips, Gall, & Lichtman, 2003). 친족이 타인들의 짝짓기에 보이는 관심은 신체적 유사성을 지각하는 정도에 따라 조절된다(Faulkner & Schaller, 2007). 강력한 증거로서, 개별 평가자들은 사진을 보고 타인들의 근연도를 구별한다(예를 들어, Alvergne, Faurie, & Raymond, 2010; DeBruine et al., 2009; Kaminski, Dridi, Graff, & Gentaz, 2009).

사람들은 사회적 가치—번식에 성공할 후손이자 다른 친족에게 기여할 사람으로서의 가치—의 관점에서 윗세대 친족에게 줄 수 있는 가치가 제각기 다르다. 부모 투자 이론은 기존의 자식, 현재와 미래의 자식, 자식의 양과 질 사이에 이루어지는 자원 분배 맞거래에 초점을 맞춘다(예를 들어, Trivers, 1972). 트리버스는 세 가지 평가에 따라 부모 투자의 할당량이 정해진다고 예측했다. 즉 아이가 (1) 나의 자손일 확률, (2) 투자를 번식 성공으로 전환할 확률, (3) 자원의 투자처로서 다른 대상보다 더 나을 확률이다. (1)과 (2)의 단서 중 어떤 것은 관찰 가능하므로, 선택은 그런 단서를 이용해서 아이가 투자 대상으로서 얼마나 매력적인지를 평가하는 적응들을 만들어냈다.

남녀 모두 자식을 인식할 때에는 아기와 관련된 후각, 시각, 청각, 촉각 단서를 빨리 학습시켜주는 적응들의 도움을 받는다(예를 들어, Porter, 1991). 이러한 단서들은 유대감 형성과 양육 행동을 촉진하는 호르몬 메커니즘과 신경 메커니즘을 통해 주의력과 끌림을 조절한다(예를 들어, Swain et al., 2014; Winberg, 2005). 예를 들어, 신생아의 체취는 아이를 낳지 않은 여성보다 이제 막 엄마가 된 여성의 도파민 시스템을 더욱 활성화한다(Lundström, Boyle, Zatorre, & Jones-Gotman, 2009; Lundström et al., 2013). 임신, 출산, 수유의 영향을 받는 옥시토신 수치는 자식에 대한 어머니의 끌림, 이를테면 아기가 이끄는 대로 시선 돌리기, 아기 주시하기, '엄마말motherese' 사용, 정동(감동), 접촉과 양의 상관관계를 보인다. 또한 여성은 주의편향을 통해 육아를 조절하는 것으로 보인다. 어머니는 아이를 낳지 않은 여성보다 아기의 얼굴에 더 주의를 기울인다. 그러나 이런 식의 주의 집중이 모든 얼굴에 보편적으로 적용되는 것은 아니다. 어머니는 어린이, 싹슬이년, 성인의 얼굴보다 아기의 얼굴에 더 집중하고, 아기와 어린이가 불편함을 드러낼 때 그들의 얼굴에 더 집중한다. 아빠의 옥시토신 수치는 어머니의 옥시토신 수치와 유사하지만, 행동은 약간 다르게 나타난다. 아빠는 아기와 더 자극적인 접촉을 하고, 탐구성을 띤 격려를 하며, 아기의 주의를 사물로 이끈다(Feldman, Weller, Zagoory-Sharon, & Levine, 2007; Gordon, Zagoory-Sharon, Leckman, & Feldman, 2010). 어머니의 옥시토신 수치가 개인마다 다른 것은 후성 유전의 제어 때문인데, 이는 유아기의 환경과도 관련이 있고, 더 직접적인 상황 변수를 통해 이용 가능한 자원과 대행모의 확률적/실질적 도움을 계산하는 메커니즘과도 관련이 있다(Hrdy, 2009; Swain et al., 2014).

반대로 의붓부모는 자신들의 생물학적 자식보다 의붓자식에게 투자를 더 적게 하고, 의붓부모에게 의붓자식은 매력이 떨어지고 투자 대상으로서 혐오감을 일으키기까지 한다는 연구결과가 있다. 의붓아버지가 생물학적 아버지보다 투자를 적게 한다는 것은 다방면의 연구를 통해 밝혀졌다(Anderson, Kaplan, Lam, & Lancaster, 1999; Anderson, Kaplan, & Lancaster, 1999; Flinn, 1988). 예를 들어, 의붓자식과 함께 사는 하드자족 남성은 생물학적 자식하고만 사는 남성보다 먹을거리를 적게 가져온다(Marlowe, 1999a). 의붓아버지는 아이들을 지도하는 데 시간과 에너지를 적게 투자하기 때문에 의붓자식들은 치명적인 사고를 당할 위험이 더 높다(Tooley, Karakis, Stokes, & Ozanne-Smith, 2006). 또한 의붓부모와 사는 아이들은 학대와 살인을 당할 위험도 높다(Daly & Wilson, 1985, 1988). 의붓아버지가 아이에게 투자하는 경우가 있기는 하지만, 이러한 투자는 남성이 아이 엄마와 배우자 관계를 형성하기 위한 수단이라는 연구결과가 있다(Anderson, 2000). 여성들의 보고에 따르면 생물학적 아버지보다 의붓아버지가 성범죄 가해자인 경우가 더 많은데(Russell, 1984), 이는 혈연지수가 성적 매력을 하향 조정한다는 예측과 일치한다.

데이터를 수집하는 방법과 이유에 따라 다르기는 하지만, 아동의 약 1.7%~30%가 추정상의 아버지가 아닌 남성의 자식인 것으로 보인다(Anderson, 2006). 표현형 매칭을 통해 자신의 자식과 다른 사람의 자식을 알아보는 능력은 혈연지수를 매기는 데 유용한 정보가 되며, 자식으로 추정되는 아이에게 투입할 투자를 조절하는 데 활용되기도 한다.

자신과 닮았다는 것은 가상의 상황과 실생활의 상황에서 투자를 유도하는 매력에 영향을 미친다. 각각의 피험자와 그들 자식의 이미지를 사용해서 합성해낸 얼굴 사진들을 제시했을 때, 남성은 가상의 투자 시나리오에서 도움을 받을 수혜자로서 다른 피험자들보다 자기 자신의 아이/얼굴이 합성된 사진을 더 많이 골랐다(Platek, Burch, Panyavin, Wasserman, & Gallup, 2002; Platek et al., 2003; Platek et al., 2004). 볼크Volk와 퀸지Quinsey(2007)는 가상의 입양 시나리오에서 여성보다는 남성에게 얼굴의 유사성이 더 중요하게 작용한다는 사실을 발견했지만, 다른 연구에서는 남성과 여성 모두 투자를 결정할 때 자신과 닮은 얼굴을 선호한다는 것이 밝혀졌다(Bressan & Zucchi, 2009; Debruine, 2004). 또한 기능적 자기공명 영상법으로 남성과 여성의 신경 활성화 패턴을 조사한 결과, 타인의 합성 사진을 보여줄 때는 남녀의 패턴이 동일했지만 자신의 합성 사진을 보여줄 때는 남녀의 패턴이 다르게 나타났는데, 이는 자신과 닮은 얼굴 단서를 처리하는 신경 과정이 성별로 다르다는 것을 시사한다. 또한 알베르뉴Alvergne와 페로Perreau, 머주어Mazur, 뮐러Mueller, 레이먼드Raymond(2014)는 특이한 얼굴 특징들이 남성에게 자식의 단서로 쓰인다는 사실과 이러한 특징들은 발달 과정에서 그다지 변하지 않는 것들임을 발견했다. 아피셀라와 말로(2004)에 따르면, 아이들에게 투자를 많이 한다고 밝힌 남성은 아이들이 심리적, 신체적으로 자신과 많이 닮았다고 여긴다. 버치Burch와 갤럽Gallup(2000)은 가정폭력을 일삼는 남성들을 대상으로 한 연구에서 닮음은 남성 스스로 평가한 부자父子 관계의 질과 양의positive 상관성을 띠고, 배우자를 학대하는 심각성과는 음의 상관성을 띤다고 밝혔다. 알베르뉴와 그의 연구진(2010)은 얼굴이 아이와 닮았다는 어머니의 평가가 아빠의 인식과 같더라도, 어머니가 아이에게 실제로 느낀다고 보고한 정서적 친밀감은 아버지와는 달리 자신과의 얼굴 유사성으로는 예측할 수 없었다. 어머니 역시 아버지로 추정되는 사람과 자식 간의 유사성에 관심을 보이는데, 이 유사성은 아버지의 양육 행동을 예측하는 단서가 되기 때문이다(Daly & Wilson, 1982; Regalski & Gaulin, 1993).

포터Porter와 세르노Cernoch, 벨러흐Balogh(1985)는 제3자가 어머니와 자식의 냄새는 정확히 매치시키지만 남편과 아내의 냄새는 매치시키지 못한다는 것을 발견했는데, 이는 기본적으로 유전자가 후각적 혈연인식에 관여한다는 것을 시사한다. 알베르뉴와 포리Faurie, 레이먼드(2009)는 세네갈 연안의 개체군들을 대상으로 피험자들에게 아이의 얼굴이나 냄새를 제시한 뒤 세 개의 선택지(얼굴)나 두 개의 선택지(냄새) 중에서 아이의 유전적 아버지를 고르라고 요구했다. 피험자들은 시각 단서와 후각 단서 모두에서 우연보다 높은 확률로 아버지를 알아맞혔다. 얼굴 및 냄새 유사성은 또한 아이의 어머니가 독자적으로 평가한 아버지의 투자와 양의positive 상관성이 있었으며, 아버지의 투자는 아이의 체질량지수와 상박 둘레와도 양의 상관성이 있었다. 후각적 표현형 매칭은 적어도 일부는 자신과의 유사성에 기초할 수 있는데, 우리 조상들은 분명 타인의 냄새뿐 아니라 자기 자신의 화학적 감각 단서도 코로 경험할 수 있었기 때문이다. 이 점은 가까운 혈연도를 추정할 때 특히 유용하다. 혈연관계 추정은 또한 가까운 친족의 다른 단서를 드러내는 사람들을 화학 감각적으로 경험한 것에도 기초할 수 있는데, 이는 혈연도상 약간 거리가 있는 친족을 대상으로 '가족' 유사성을 결정할 때 유용하다.

표현형 매칭 체계가 진화한 사회환경적 맥락을 이해하는 것은 가설을 세우고 검증하는 데 결정적으로 중요하다. 예를 들어, 얼굴 합성 연구는 주로 자기 준거적 유사성을 사용하지만, 얼굴 형태 매칭이 자기 준거적 평가에 따라 진화했다는 주장을 뒷받침하기에는 인간의 진화적 적응 환경이 자기 관찰의 기회를 충분히 제공하진 않았을 것이다. 그보다는 가까운 친족을 관찰하면서 친족의 원형을 만든 다음, 그것을 토대로 시각적인 형태 매칭을 했을 가능성이 더 높다(DeBruine, Jones, Little, & Perrett, 2008). 이 가설을 검증하기 위해 브레산Bressan과 주치Zucchi(2009)는 이탈리아의 일란성 쌍둥이 17쌍과 이란성 쌍둥이 18쌍의 얼굴 사진을 찍은 다음, 각각의 사진을 모델의 얼굴과 합성시켰는데, 65%는 모델의 얼굴로, 나머지 35%는 피험자(쌍둥이)의 얼굴로 구성되게 했다. 두 달 뒤, 실험자들은 피험자들에게 자신의 얼굴이 변형된 사진과 쌍둥이 형제의 얼굴이 변형된 사진을 나란히 보여주면서 (a) 사진 속 인물이 위험에 처했을 때 누구에게 도움을 줄지, (b) 성이 다른 형제자매에게 결혼을 권하고 싶은 사람이 누구인지 고르도록 요청했다. 피험자들은 자신과 쌍둥이의 얼굴이 변형된 것을 인식하지 못했다. 그리고 두 가지 질문에 답할 때 쌍둥이 형제의 얼굴이 변형된 사진보다는 자신의 얼굴이 변형된 사진을 훨씬 많이 선택했는데, 쌍둥이의 유형이나 성별에 따른 차이는 나타나지 않았다.

브레산과 주치는 이러한 결과가 쌍둥이를 기준으로 했다기보다는 자기 자신을 준거로 삼은 표현형 매칭의 증거라고 결론지었다. 그리고 그 근거로, 피험자들은 자신의 얼굴보다는 쌍둥이 형제의 얼굴을 더 자주 봤기 때문에, 만일 친족에 기초해서 표현형 매칭의 원형이 만들어진다면 자기에 준거한 편향이 아니라 형제자매에 준거한 편향이 나왔을 것이라고 주장했다. 그러나 이 실험에 참가한 모든 피험자는 이미 거울을 사용할 수 있었고, 그래서 자신의 얼굴 특징이 혈연 표현형 원형에 드문드문 입력되었을 것이다(예를 들어, DeBruine et al., 2008). 우리 조상의 환경은 친족들이 밀집해서 사는 환경이었다는 이유만으로도, 기능적으로 작동하는 얼굴표현형 매칭 원형 체계는 원형 제작에 사용된 개개인의 혈연지수를 대수롭지 않게 봐 넘겼을 리가 없다. 이 과정들을 밝히기 위해서는 분명 더 많은 연구가 필요하다. 이를 확실하게 검증하는 한 방법으로는, 거울처럼 매끄러운 표면에 거의 접근하지 못한 사람들도 친족에 근거한 원형이 아니라 자기 자신에 근거한 유사성을 사용하는지를 결정하는 것이다. 아니면 차선책으로, 거울을 이용하는 데 차이가 있을 경우에 거울을 더 많이 이용할 수 있으면 그에 비례해서 자기 준거적 단서를 더 많이 사용하는지를 확인해볼 수 있다. 이런 연구를 해볼 수 있는 개체군의 수가 급속히 0에 가까워지고 있으므로 서둘러 연구를 진행해야 한다.

아이가 자신이 받은 투자를 번식 성공으로 전환할 가능성은 개인의 성, 나이, 유전자형과 표현형의 상태, 사회환경적 맥락과 관련이 있다(예를 들어, Trivers, 1972; Trivers & Willard, 1973). 건강 및 양질의 유전자와 진화적 관련이 있는 신체적 단서들은 투자를 번식으로 전환하리라고 예상되는 아이의 능력과 뚜렷한 상관성이 있으며,

자식을 매력적으로 느끼게 해준다고 예측할 수 있다. 유전자형 질이나 표현형 질이 낮다는 것을 나타내는 신체적 단서들은 부모의 보살핌이 줄어드는 것과 연관성이 있는데, 이는 그런 신체적 특질이 부모에게 매력적으로 느껴지지 않는다는 것을 의미한다. 예를 들어, 신체 기형은 모든 문화에서 영아 살해의 직접적 원인으로 반복 등장하며(Daly & Wilson, 1988), 조산과 관련된 음성의 질은 부모에게 혐오감을 유발한다(Furlow, Armijo-Pruett, Gangestad, & Thornhill, 1997; Mann, 1992). 영유아의 경우 몸 상태가 나쁘거나, 무기력하거나, 유형幼形이 부재하면 자원이 부족할 때 학대를 당하고 어머니의 관심을 받지 못할 위험이 높아진다(예를 들어, Daly & Wilson, 1981; Hrdy, 1999; McCabe, 1984). 반대로 유아와 관련된 신체적 단서, 이를테면 커다란 눈, 작은 코, 둥근 머리는 부모와 다른 사람들에게 매력적이다(Alley, 1983; Zebrowitz, 1997). 매력적인 아이를 둔 부모는 아이에게 더 집중하고 애정을 쏟는데(Langlois, Ritter, Casey, & Sawin, 1995), 대행모 역할을 하는 사람(예를 들어, 교사)이나 혈연관계가 아닌 타인들도 마찬가지로 행동한다(Glocker et al., 2009). 메타분석에 따르면, 덜 매력적인 아이들은 보살핌을 적게 받는다(Langlois et al., 2000). 그리고 부모는 덜 매력적인 아기를 보면 나이가 많고 발달상으로도 더 성숙하다고 평가한다. 객관적으로 그렇지 않아도 말이다.

자원은 한정되어 있으므로 부모는 현존하는 자식, 미래의 자식, 부모 자신의 신체적 자원, 짝짓기 노력 등에 투자를 해야 할지, 한다면 얼마나 해야 할지를 결정해야 한다. 자식에게 투자할 때 양과 질을 놓고 맞거래가 이루어진다는 사실은 여러 연구에서 입증되었다(Blackwell, 2009; Gillespie, Russell, & Lummaa, 2008; Hagen, Hames, Craig, Lauer, & Price, 2001; Hagen et al., 2006; Sellen, 1999; Strassman & Gillespie, 2002). 이러한 판단을 내리는 기제의 출력은 혈연지수 및 표현형 질에 대한 평가 결과와 함께 자식의 매력을 상향 또는 하향 조절할 것이다. 물론 타인들이 보살핌을 넉넉하게 제공하면 감사한 일이겠지만 자식은 수동적인 수혜자로 머무르지 않는다. 아이에게는 자신의 상태, 잠재적 부양자, 자원을 획득하기 위한 대안 등을 평가하는 적응이 있기 때문에, 생존과 번식력을 향상하는 행동을 하게 된다(예를 들어, Hewlett & Lamb, 2005; Konnor, 2010; Sugiyama & Chacon, 2005). 따라서 타인으로부터 투자를 받기 위해 노력하고, 투자받은 것을 잃을 위험을 줄이고, 스스로 자원을 더 많이 획득하려는 반응을 보일 수 있다. 울기는 아기가 관심과 투자를 받기 위해 쓰는 방법으로, 환경 조건에 따라 다르지만 수렵채집인의 아이들은 스스로 자원을 획득해서 스스로의 음식 섭취에 기여한다.(예를 들어, Bliege Bird & Bird, 2002; Blurton Jones, Hawkes, & Draper, 1994; Sugiyama & Chacon, 2005). 그래서 부모와 대행부모는 아이가 자신의 이익에 기여하는 능력에 민감하고, 그에 따라 번식 및 투자 전략을 적절히 조절한다(예를 들어, Blurton Jones, Hawkes, & O'Connell, 1997; Daly & Wilson, 1988; Trivers, 1972).

협력 가치

인간의 생태 지위는 협력이 많이 이루어지는 것이 특징이다. 현대와 선사의 수렵채집 사회를 조사한 연구에 따르면, 조상들의 협력 활동에는 배우자 얻기(Apostolou, 2007), 자식 돌보기(Hill & Hurtado, 2009; Hrdy, 2007), 식량 수집(예를 들어, Alvard, 2003, 2005; Hill, 2002), 정보 전달(예를 들어, Scalise Sugiyama 2011), 전쟁(예를 들어, Chagnon, 1997; Ember & Ember, 1997; Keeley, 1996), 건강상 위기를 겪을 때 도와주기 등이 있다. 지금의 미국에 비하면 조상들은 상대적으로 더 많은 친족과 생활했겠지만, 동맹은 가까운 친족으로만 이루어지지 않았다(Apicella, Marlowe, Fowler, & Christakis, 2012; Chagnon, 1979; Hill et al., 2011). 자신과 직접 협력하지 않는 사람이더라도 긍정적인 외부 효과를 산출하면 사회적 가치가 있을 수 있다. 가령 자신의 음식 공급량을 늘려주거나, 잠재적 배우자를 내 쪽으로 끌어들이거나, 공격을 막거나, 정보를 제공하거나, 자신의 동맹자를 돕는 경우가 여기에 해당한다(예를 들어, Tooby & Cosmides, 1996). 반대로 사람은 의도치 않게 부정적인 영향을 끼칠 수 있다. 예를 들어, 건강하지 않은 사람은 질병 노출의 가능성을 높이고, 충동적으로 공격성을 드러내는 사람은 갈등을 유발할 수 있다. 건강, 신체 능력, 아량, 협조적 성향, 지능은 인간의 삶에서 되풀이되는 이런 문제들과 관련해서 개인의 가치가 어느 정도인지를 말해주는 단서를 어떻게든 드러낸다.

레비스트로스Levi-Strauss가 과장해서 말하기는 했지만, 그는 '원시' 사회의 결혼을 남자들(즉 신랑 신부와 같은 혈족에 속하는 남자 친척) 간의 교환으로 여겼다. 분명 누가 누구와 짝을 맺는가 하는 문제는 당사자들의 관심사만은 아니다. 결혼이라는 보편적인 제도는 사회, 경제, 번식 자원의 권리와 의무가 수반되며, 자식, 형제자매, 가까운 친척의 혼인은 각 사람의 근본적인 이해를 반영한다. 혼인은 동맹을 형성해주고, 후손 집단의 번식 수단이 되기도 하며, 사위와 며느리에게 사회·경제적으로 필수적인 역할을 부여한다. 따라서 가족 구성원은 동맹, 생산, 번식의 자산과 관련하여 잠재적 사위들과 며느리들을 정기적으로 평가한다. 민족학 문헌에서도 상당수 결혼이 중매결혼이다(Apostolou, 2007). 장기적 배우자에 대한 부모와 자식의 평가는(개인의 표현형 상태에 따른 평가를 제외하고) 일치하기도 하고 엇갈릴 수도 있다. 예를 들어, 자식에 비해 부모는 배우자감의 협력 능력과 동맹 관계에 주안점을 둘 수도 있다.

협력이 이루어지는 또 하나의 중요한 영역은 자식 돌보기이다. 인간의 생활사를 보면 생물학적 어머니 외에 다른 사람들, 이를테면 생물학적·사회적 아버지, 고모, 삼촌, 조부모가 아이에게 투자를 많이 하는 것이 특징이다. 인간은 협력하는 양육자로, 많은 여성과 남성이 자식을 양육할 때 협력한다는 증거가 있다(예를 들어, Hill & Hurtado, 2009; Hrdy, 2007; Kramer, 2010; Mace & Sear, 2005). 따라서 사람들은 대행부모로서의 적합성을 근거로 타인과 관계를 형성한다. 관계 형성을 위한 타인을 선택할 때 사용되는 관련 단서는 장기적 배우자 가치를 나타내는 단서와 일치할 수도 있지만, 어떤 영역에서는 엇갈리기도 한다. 대행부모의 성별은 배우자의 성별만큼 중요하진 않다. 생식력과 다산성이 배우자와 대행부모에게 미치는 영향은 상반될 수 있다. 가령 폐경을 맞은 여성은 번식 가치가 낮지만, 대행부모로서 귀한 혜택을 제공할 수 있으며, 대행자녀에게 투자하는 것과 자신의 현재 생식력 사이에 맞거래를 할 필요도 없다. 마찬가지로, 번식 연령에 도달하지 않은 여성도 어린 동생들에게 종종 대행부모 노릇을 하지만, 그 여성들이 자신의 아이를 낳음에 따라 동생 보살피기에 드는 기회비용이 증가하므로 부모에게 대행부모로서의 가치가 떨어진다.

협력은 동맹 간 폭력 상황에서도 대단히 중요하다. 부족 사회에서 폭력으로 사망하는 남성은 약 10%에서 30%에 이른다(예를 들어, Beckerman et al., 2009; Chagnon, 1997; Patton, 2000; Pinker, 2011; Walker & Bailey, 2013). 또한 협력은 연합 행동과 관련된 신경내분비 조절의 진화에도 대단히 중요하다(Flinn, Ponzi, & Muehlenbein, 2012). 경찰이나 상비군, 세습되는 지도자가 없는 세계에서 폭력을 전략적으로 사용할 의지와 능력이 있다는 평판은 공격을 막는 힘이자 '추장'이 되는 필수 요소다(예를 들어, Chagnon, 1997; Patton, 2000). 그리고 근거리로 이루어진 세계에서는 기계화되지 않은 무기, 개인의 힘, 신체 크기, 속도, 민첩성이 매우 유리하게 작용한다. 추장 headman은 '큰 사람' 또는 '거물'을 뜻하는데, 부족의 지도자들이 평균치보다 큰 경우가 많기 때문이다. 그리고 리더십, 조직 능력, 전략적 수완은 연합 정치에서 중요하게 작용하는데, 동맹 파트너의 가치를 매길 때 그 파트너가 보여주는 신뢰성, 충성심, 지능, 동맹의 이익을 위해 무력을 사용할 의지와 능력에 어느 정도 근거한다(예를 들어, Chagnon, 1997).

이런 능력 중 어떤 것들은 신체적 단서와 행동 단서를 통해 평가된다. 예를 들어, 신뢰성과 동맹의 이익을 수호할 능력과 신뢰성은 건강의 영향을 받는다. 허약한 사람은 방어자로서 신뢰성이 떨어지고 능력이 부족하며, 면역력이 약한 사람은 동맹의 구성원들에게 질병을 퍼뜨릴 수 있다. 인간은 계속해서 식량을 수집하고, 싸우고, 폭력을 막아내야 하기 때문에 신체적 역량과 공격적 위압성은 남성의 생존, 사회적 지위와 관련이 있고, 결과적으로 다른 남성들에게 갖는 사회적 가치와 관련이 있다. 따라서 신체적 역량과 강한 공격성을 나타내는 단서들은 남성이 다른 남성의 매력을 평가할 때 중요한 역할을 한다고 볼 수 있다. 남성은 이런 자질들을 다른 남성에게 과시하고, 이런 자질과 관련된 형질(예를 들어, 우월성, 근기, 호전성, 고통을 견디는 능력, 민첩성, 힘, 인내력)을 평가해서 이를 토대로 물리적 갈등의 결과를 예측하는 데 능하다. 다른 조건이 모두 같다면 남자들은 이런 자질을 드러내는 남성을 동맹 파트너로서 매력적으로 느낄 것이다. 연합을 성공적으로 형성, 유지, 활용하려면 특정한 사회적, 지적 기술이 필요하기 때문에, 잠재적인 동맹 파트너가 이런 자질과 관련된 형질을 갖고 있다면 매력적으로 느껴질 것이다. 따라서 남성의 동맹 평가 심리는 특정한 사람이 이런 능력들을 얼마나 갖고 있는지, 그리고 그 능력들이 당면한 동맹에 상대적으로 얼마나 중요한지를 가늠할 줄 알아야 한다. 억세고 강인하지만 작전 능력이 부족한 전사들로 이루어진 연합에 신체적으로 부족하더라도 전략을 잘 짜는 남성을 구성원으로 영입한다면 이익이 될 것이다.

사회적 가치에 대한 평가: 건강, 표현형 질, 유전자형 질

표현형 상태란 자원을 능률적으로 획득하고 그 자원을 적합도로 바꾸는 개인의 능력을 가리킨다. 여기에는 신진대사율, 강인함, 수렵채집 능력, 해독解毒 능력 등이 포함된다. 표현형 상태를 알려주는 한 가지 특징은 건강이다. 건강은 부상, 전염병, 만성질환, 유전병의 상대적 유무를 말한다(예를 들어, Tybur & Gangestad, 2011). 좋은 건강이 사회적 가치에 주는 직접적 이득은 전염병 확산의 위험을 낮추고, 사회적 가치가 있는 적합도 이득을 더 잘 제공할 수 있다는 것이다(예를 들어, Sugiyama, 2005). 또한 건강한 동료는 치료나 생산 기여도 감소와 관련된 제반 비용을 줄여준다(예를 들어, Sugiyama 2004a; Sugiyama & Chacon, 2000). 건강한 동료의 간접적 이득으로는 대체 비용과 완충 비용(예를 들어, 배우자나 자식, 협력자를 대체하는 데 발생하는 조사비, 실행비, 기회비용; Sugiyama & Chacon, 2000)의 감소가 있다. 표현형 상태와 건강함이 유전되는 한에서 건강한 사람과 짝을 맺으면 앞서 말한 이점들이 자식에게도 부여된다(Tybur & Gangestad, 2011). 건강에 영향을 미치는 요소들은 복잡하다. 현재의 조건(예를 들어, 에너지 저장량, 식습관, 병원체 노출 정도)이 건강에 영향을 미치기도 하지만, 태아 및 아동 발달기 때 경험한 환경적 변수가 생활사 맞거래를 통해 성인의 건강에 영향을 미치기도 한다. 예를 들어, 어머니의 영양 상태와 내분비 상태는 스트레스 민감도나 회복력, 자식의 신진대사, 지방 축적, 근육 발달을 좌우하는 글루코코르티코이드 수용체에 후성적 영향을 미치는데(예를 들어, Gluckman, Hanson, & Mitchell, 2010; Kuzawa, 2012; Nepomnaschy & Flinn, 2009). 이 요소들은 모두 매력 평가에 사용된다는 가설이 있다. 하지만 유년기의 요소가 건강에 남기는 결과는 종종 어른이 되어서야 뚜렷하게 나타나고, 그 영향은 단 하나의 단서를 통해 즉시 명백하게 드러나지는 않는다. 예를 들어, 요즘 스트레스가 건강에 미치는 영향을 측정할 때는 알로스타틱 부하라는 개념—스트레스에 장기적으로 영향을 받아 생물학적 기능이 저하되는 것—을 사용한다. 하나의 측정법으로는 스트레스가 주는 영향을 제대로 포착하거나 측정할 수 없기 때문이다(예를 들어, McEwen, Nasveld, Palmer, & Anderson, 2012). 이와 마찬가지로, 건강을 평가하는 적응이 있다고 할 때, 단 하나의 표현형 단서는 실제 건강과의 관계를 거의 보여주지 못하고, 여러 단서가 통합되어야 더 큰 결과를 보여줄 것이다.

전염병이 발발한 뒤 과도기를 넘긴 사회[2]를 대상으로 건강과 매력의 관계를 조사할 때에는 우리의 사망 및 질병이환의 원인이 우리의 식량 수집 조상과 매우 다르다는 점을 염두에 두어야 한다(Harper & Armelagos, 2010; Nesse & Williams, 1994). 수렵채집인 및 식량 수집-원예농 개체군은 사망률 분포가 현대 산업 사회의 개체군과 다르게 나타난다. 현재 유효한 자료에 따르면, 수렵채집인과 식량 수집-원예농의 13개 집단 중 12개 집단의 주요 사망 원인은 질병이며, 그 비율은 전체 사망자 중 71%에 이르렀다(n > 3,000; Gurven & Kaplan, 2007). 몸 밖에서 감염된 질병으로 사망한 경우도 있지만, 대부분은 그렇지 않았다. 사망 원인을 살펴보면, 호흡기 질환이 23.7%, 위장병이 13.8%, 열병이 7.3%, 그 밖의 질병이 16.6%를 차지했다. 사고에 의한 사망은 전체의 약 8%였다. 이 집단들의 사망률은 수명 전반에 걸쳐 미국인보다 높았는데, 영유아는 30배, 아동은 100배, 싹슬이년은 10배 높은 것으로 나타났다. 남성과 여성의 사망률은 다소 차이가 있었지만, 일반적인 연령별 사망률을 살펴보면 영유아기에 사망률이 높았다가 10대 중반까지 급격히 감소하고, 이후 상당히 평탄하게 지속되다가 약 72세에 최빈사망연령[3]을 찍는다. 반면에 만성질환으로 인한 사망은 확인하기가 더 어렵지만, 거의 없는 편이다.

질병과 부상은 죽음 외에도 적합도 비용을 초래한다. 질병과 부상 모두 생산성을 크게 저하시키고, 그렇게 해서 본인과 자식, 동맹에게 물자를 제공하는 능력도 떨어뜨린다. 식량 수집-원예농인 슈아르족의 경우에 부상을 입고 한 달 이상 불구가 지속되는 일이 수명 전반에 흔히 발생한다(Sugiyama, 2004a). 식량 수집-원예농인 요라족은 종종 국소적인 박테리아 감염 때문에 여러 날 동안 몸이 불편해서 식량 수집이나 원예를 하지 못하는데, 그동안 생산성이 크게 하락한다(Sugiyama & Chacon, 2000). 감염으로 인한 상처가 생기면 팔다리를 잃기도 하므로, 이 역시 생산성에 부정적인 영향을 미친다.

---

2 postepidemiological transition society. 전염병이 돈 뒤 사망률이 줄어들고 출산율이 높아지는 과도기를 지나 인구 곡선이 수평으로 접어든 사회(옮긴이).
3 사람이 가장 많이 사망하는 나이(옮긴이).

면역계는 발달, 유지, 작동에 에너지 비용이 많이 든다. 예를 들어, 몸에 열이 발생하면 체온이 섭씨 1도 증가할 때마다 성인의 안정시 에너지 소비량이 7%~13%가량 높아진다(Hotamisligil & Erbay, 2008). 열이 안 나더라도 경미한 호흡기 감염에 면역계가 반응하게 되면 호흡기 외에 달리 아픈 곳이 없는 건강한 남성이라도 휴식대사량이 8%~14% 증가하고, 혈청 테스토스테론은 10%~30% 감소한다(Muehlenbein, Hirschtick, Bonner, & Swartz, 2010). 이 비용 때문에 다산성이 감소하고, 에너지가 많이 필요한 임신과 수유가 어려워진다(Ellison, 2003; McDade et al., 2012). 비교하자면, 인간이 뇌 기능에 할당하는 안정 시 대사율은 약 20%~25%이다(Leonard & Robertson, 1994).

C-반응성 단백질(CRP)은 급성 염증 반응과 관련된 선천적 면역 기능의 필수 성분이다. 4주간 되풀이해서 수치를 측정한 연구에서, 슈아르족 성인의 34%(n=54)가 C-반응성 단백질이 증가했는데, 이는 수치를 측정한 4주 동안 한 번은 새로 감염되었음을 의미한다(McDade et al., 2012). 슈아르족 300명을 표본으로 삼은 또 다른 연구에서는 50% 이상의 사람들이 최소한 한 가지 종류의 기생체에 감염되어 있었고, 여러 기생체에 동시에 감염된 경우도 많았다. 감염의 유병률과 강도는 슈아르족이 사는 지역에 따라 다르게 나타났다(Cepon-Robins et al., 2014). 외부기생체(예를 들어, 모기, 진드기, 털진드기)에 물리거나 감염되는 것도 흔히 있는 일이다. 기생체에 감염되면 양은 적더라도 거듭 출혈이 발생하고 면역계가 활성화된다. 그 밖에 2차 감염을 초래하기도 하는데, 이것은 긁힌 다음에 발생하는 감염으로, 아이들에게서 특히 많이 나타난다(Sugiyama, 2004a; Chagnon, 1997). 외부기생체는 유병률과 사망률을 높이는 주요 병원체이며, 사람마다 물리고 감염되는 민감도가 다르다(예를 들어, D. W. Kelly, 2001; Lindsay, Adiamah, Miller, Pleass, & Armstrong, 1993). 세계의 일부 지역에서는 **열대열말라리아**의 선택압이 너무 높아서 겸상 적혈구 체질이 그대로 남아 있지만, 동형접합일 때에는 겸상 적혈구 빈혈이 치명적이다(예를 들어, Nesse & Williams, 1994). 기생체 저항력은 배우자 고르기가 진화한 과정에서 결정적으로 중요한 자질이며, 유성생식 자체도 빠르게 공진화하는 병원체와의 군비경쟁에서 진화했을 것이다(Hamilton & Zuk, 1982; Tooby, 1982).

질병과 부상은 성장에도 부정적인 영향을 미친다. 슈아르족 아이들의 경우 C-반응성 단백질이 증가하면 성장률이 전체적으로 1주에서 3주 정도 감소한다. 성장과 관련된 맞거래는 앓는 동안 에너지로 충당되는 체지방량으로 나타난다(Urlacher et al., 2014). 면역글로불린 E(IgE)는 과거에 기생체에 감염된 정도와 현재 감염 정도를 보여주는 생체지표로, IgE가 높은 아이는 키가 작다. 슈아르족 사례를 보면, 성장에서 면역 기능으로 에너지 전환이 있을 때, 성장 급진기에 두드러지게 나타나는 따라잡기 성장으로도 그 에너지 전환이 충분히 상쇄되지 못하는 것으로 보인다. 하지만 또 다른 집단에서는 가장 많이 감염되는 연령이 언제인지에 따라 어느 정도까지 상쇄된다(Blackwell et al., 2011).

질병과 사고의 감수성susceptability은 개인마다 다르다. 그 이유는 (a) 발달에 쓰이는 에너지와 현재의 에너지 가용량, (b) 면역 기능의 발달과 기능, (c) 병원체인 기생체 노출에 영향을 미치는 화학적 요인과 행동적 요인, (d) 역겨움 민감성, 위험 감수, 조정과 관련된 개인적 요인이 달라서다(예를 들어, Cepon-Robins et al., 2013; Mukabana, Takken, Coe, & Knols, 2002). 이 분산 중 최소한 일부는 유전된다. 건강, 표현형 질, 유전자형 질과 관련된 단서는 사회적 가치의 모든 영역에서 매력적이다. 하지만 어떤 영역에서는 건강과 표현형 질의 최적 수준이 다를 수 있다. 따라서 이 단서들에 대한 상대적 선호는 영역 전반에 걸쳐 체계적으로 달라지고, 건강이 유발하는 사회적 가치의 비용−이익이 나이, 성, 개인적/사회생태적 조건에 따라 어떻게 구성되는지에 따라서도 달라진다. 예를 들어, 다량의 비교문화 표본을 봤을 때, 건강, 신체적 매력, (여성의) 젊음에 대한 배우자 선호가 상대적으로 강한 곳에서는 진화와 관련된 건강상의 위험/유병률이 증가했다(예를 들어, Gangestad &Buss, 1993; Gangestad, Haselton, & Buss, 2006).

이 생각은 건강과 연관성이 있다고 가정되는 개별 형질들에까지 확대된다. 예를 들어, 면역 기능에 대한 투자와 테스토스테론에 대한 투자 사이에는 맞거래가 이루어지는데, 테스토스테론은 면역 기능을 억제하는 것으로 보인다. 이 면역력 핸디캡 가설은 테스토스테론의 영향하에 발달하는 형질들, 가령 남자다운 얼굴이나 근육 조직이 기본적인 유전자형 질과 면역력을 드러내는 값비싼 신호라고 설명한다. 면역 능력의 상대적 가치는 병원체가 많은 환경에서 더 커지기 때문에 남자다운 얼굴에 대한 여성의 선호는 유병률과 양의 상관성이 있다. 다양한 연구의 조사 결과, 여성이 남자다운 얼굴, 목소리, 신체를 선호하는 것과 유병률 간, 그리고 남성성 선호와 병원체의 정도 간에 양의 상관성이 있는 반면, 다른 종류의 역겨움과는 양의 상관성을 보이지 않았다(예를 들어, DeBruine, Jones, Crawford, Welling, & Little, 2010; DeBruine, Jones, Tybur, Lieberman, & Griskevicius, 2010; B. C. Jones et al., 2013). 그러나 최근의 데이터와 연구에 따르면, 테스토스테론-면역력 가설은 상대적인 맞거래들을 재평가하거나(Boothroyd, Scott, Gray, Coombes, & Pound, 2013; Puts, 2010; Scott et al., 2012; Scott et al., 2014) 더 세심하게 평가해야 할 듯하다(예를 들어, Schmitt 2014). 남자다운 특징—예를 들어, 근육 조직, 지배성, 권위—을 지닌 남성은 성 내 경쟁과 동맹 간 경쟁에서 더욱 직접적인 이득을 누리며, 더 나아가 그들과 짝을 짓는 여성들도 다양한 상황하에서(예를 들어, 생계유지에 남성이 기여하는 정도, 해당 남성이나 다른 남성들이 폭력을 행사할 위험, 의무 불이행, 여성의 번식 상태 등으로 구성된 상대적 비용-이익의 구조하에서) 상대적인 비용-이익에 종속된다. 다른 단서들, 이를테면 피부, 머리카락, 입, 동작 패턴, 후각의 질 등도 건강 상태를 더 직접적으로 나타내는 지표가 될 수 있다(예를 들어, Grammer, Keki, Striebel, Atzmüller, & Fink, 2003; Sugiyama, 2005).

피부의 형질

피부에는 보호기능, 조절기능, 감각기능이 있다. 부드럽고 깨끗한 피부는 기생체나 질병에 적게 노출되거나 손상되었음을 가리킨다. 또한 피부 상태는 면역력을 보여주는 창으로서, 염증 없이 치유되는 능력은 활발한 면역력을 가리킨다(Singh & Bronstad, 1997; Sugiyama, 2004a). 피부 손상은 나이가 들면서 축적되기 때문에 부드러운 피부와 고른 피부톤은 젊음과 관련이 있다(예를 들어, Jablonski, 2013). 피부 형질은 현재의 영양 상태와 만성적인 영양 상태를 반영하기도 한다(예를 들어, Piccardi & Manissier, 2009). 비듬은 비타민 부족이나 두피 미생물군의 불균형을 나타내고, 건선은 T-세포가 조절하는 염증성 질환으로, 면역조절장애, 산화스트레스, 주조직 적합성복합의 유전자와 관련이 있다(예를 들어, Feng et al., 2009; Nestle, De Meglio, Qin, & Nickoloff, 2009; Tsoi et al., 2012).

개체군 내에서 피부색이 사람마다 다른 이유는 영양, 질병, 생식력과 관련이 있다. 예를 들어, 간염과 빈혈에 걸리면 피부색이 창백해진다. 반면에 베타카로틴 섭취가 증가하면 피부색이 노란빛을 띠고, 심혈관 효율, 성적 흥분, 화, 그 밖의 다른 감정 상태는 붉은 피부색과 관련이 있다. 여성이 남성보다 피부색이 밝은 이유는 임신기과 수유기에 필요한 칼슘을 확보하고자 비타민 D를 더 많이 흡수하기 위해서일 것이다(Jablonski & Chaplin, 2000).[4] 피부색은 나이가 들면서 어두워지기 때문에 상대적으로 밝은 피부색은 젊음을 나타내는 신호로서 여성을 매력적으로 보이게 한다(Symons, 1979). 여성의 피부에는 에스트로겐과 프로게스테론 수용체가 많고 그래서 배란 주기에 걸쳐(가령 임신 가능한 시기에 피부색이 밝아진다), 그리고 나이에 따라 피부의 형질이 변한다. 뿐만 아니라 배란 주기에는 지질 분비, 피부 두께, 체지방량, 탄력성, 수화水和, 피부 미생물군에 변화가 생긴다(Farage, Miller, Berardesca, & Maibach, 2009). 잔주름과 주름살은 나이가 들수록 증가하며, 피부톤도 나이가 들수록 고르지 않게 된다.

부드러운 피부와 상대적으로 밝은 피부색이 여성의 성적 매력과 관련이 있다는 오랜 가설이 갈수록 늘어나는 연구를 통해 검증되고 있다(예를 들어, Darwin, 1871; Symons, 1979; van den Berghe & Frost, 1986). 핑크Fink, 그래머Grammer, 손힐(2001)은 얼굴형은 똑같지만 피부결을 다르게 설정한 얼굴을 피험자들에게 보여주었고, 그 결과 피부결이 매력 평가에 상당히 중요하다는 것을 알아냈다. 피부의 작은 부분에 대한 매력도 평가는 얼굴 전체에 대한 매력도 평가와 양의 상관성이 있고, 주관적인 건강 인식 그리고 얼굴 매력에 대한 남성들의 평가와도 양의 상관성이 있다(B. C. Jones, Little, Burt, & Perrett, 2004). 피부색의 균일함과 피부결은 독립적으로 매력에 영향을 미친다. 핑크와 그래머, 매츠Matts(2006)는 컴퓨터를 이용해서 여성의 얼굴을 3차원으로 나타냈는데 얼굴형과 피부결은 통일하고 피부색의 균일함만 다르게 설정한 뒤 남성 피험자들에게 얼굴을 평가하게 했다. 남성들은 피부색이 균일한 여성이 더 매력적이고 건강하고 젊어 보인다고 평가했다.

멜라닌, 카로티노이드, 헤모글로빈 농도와 산화된 혈액, 태닝 등 여러 요인이 피부색에 영향을 미치고(Coetzee et al., 2012; Stephen, Coetzee, Smith, & Perrett, 2009;

---

4 피부색이 밝으면 비타민 합성에 필요한 자외광선이 더 많이 투과한다(옮긴이).

Whitehead, Coetzee, Ozakinci, & Perrett, 2012), 여성뿐 아니라 남성의 매력에도 영향을 미친다(예를 들어, Fink, Bunse, Matts, & D'Emiliano, 2012). 매츠와 핑크, 그래머, 버퀴스트Burquest(2007)는 11세부터 76세까지 소녀와 여성 170명의 볼 피부를 사진으로 찍은 뒤, 피험자 353명에게 매력, 건강, 젊음을 평가하도록 요청했다. 피부의 균일함은 평가자가 지각하는 매력 및 젊음과 양의 상관성이 있었고, 평가자가 지각하는 나이와는 음의 상관성이 있었다. 헤모글로빈과 멜라닌 분포의 이미지 맵에서도 각각 같은 결과가 나왔으며, 이는 피부의 균일함을 구성하는 다양한 요소들이 이 효과에 기여한다는 것을 의미한다. 핑크와 매츠(2008)는 40세 이상의 여성 사진으로 부표본을 만들어 피부결과 피부색이 매력에 미치는 상대적 효과를 조사했다. 이 실험에서 두 연구자는 네 가지 세트의 이미지—원본 이미지, 피부결을 제거한 이미지, 피부색을 고르게(균일하게) 한 이미지, 피부결을 제거하고 피부색을 고르게 한 이미지—를 가지고 피험자들에게 여성의 나이와 건강을 평가하게 했다. 피험자들은 피부색을 고르게 한 이미지가 가장 건강하다고 평가했는데, 이는 피부색의 균일함이 건강의 단서임을 가리킨다. 모든 이미지 세트 사이에서 나이 평가가 상당한 차이를 보였다. 가장 큰 평가 차이는 원본 이미지 세트와 피부결을 제거하고 피부색을 고르게 만든 이미지 세트 사이에서 나타났다. 피험자들은 후자를 가장 젊게 평가했는데, 이는 피부결의 단서가 가장 큰 효과를 발휘한 것이다.

카로티노이드는 산화스트레스로부터 세포와 DNA를 보호하는데, 면역 기능을 활성화해서 주조직적합성복합 분자가 세포면에서 발현하는 양을 증가시킨다. 카로티노이드는 피부에 축적되기 때문에 노란 피부는 건강하다는 단서고 그래서 더 매력적으로 느껴진다. 마찬가지로, 붉은 피부는 혈관 형성, 혈액 산화, 여성의 에스트로겐 수치와 관련이 있다. 인간이 아닌 영장류의 경우 붉은 피부는 번식 상태, 식습관, 기생체가 없는 상태, 면역력과 관련이 있으며, 성적 신호로 쓰이기도 한다. 스티븐 외 여러 연구자(2009)는 이러한 사례를 기반으로 인간의 붉은 피부가 왜 건강과 관련이 있고 매력적으로 보이는지 설명할 수 있다고 주장한다. 연구자들은 CIELab 색상 체계를 사용해서 남녀 피험자들이 밝기와 관련이 있거나 멜라닌 및 카로티노이드와 관련이 있는 세 개의 차원(밝음-어두움, 빨간색-녹색, 노란색-파란색) 중 한두 가지에서 디지털로 얼굴색을 변화시키도록 요구했다. 예상한 바와 같이, 피험자들은 얼굴 이미지가 최대한 건강하게 보이도록 노란색과 빨간색을 증가시켰다. 다만 색상이 무한정 증가하지는 않았는데, 이는 얼굴색의 구성요소에 최적 수준이 있음을 시사한다. 그리고 피험자들은 여성의 얼굴은 남성의 얼굴보다 밝게, 남성의 얼굴은 여성의 얼굴보다 빨간색과 노란색을 더 증가시켜서 피부색의 성적 이형을 강화했다. 피험자가 남아프리카인과 아시아인인 경우에도 비슷한 결과가 나타났는데(Whitehead, Coetzee, et al., 2012), 모든 인구 집단에서 이러한 피부색이 매력적으로 느껴진다는 것을 시사한다. 과일과 채소 섭취의 빈도수에 약간의 변화가 생겨도 카르티노이드와 관련된 피부색에 눈에 띄는 효과가 나타난다. 이러한 변화는 탐지할 수 있고, 평가자가 지각하는 건강과 매력에 충분히 영향을 미친다(Whitehead, Re, Xiao, Ozakinci, & Perrett, 2012). 또한 카로티노이드와 관련된 색상이 멜라닌과 관련된 색상보다 건강과 매력을 지각하는 데 상대적으로 더 중요한 역할을 한다고 주장하는 연구도 많이 있다(예를 들어 Stephen, Coetzee, & Perrett, 2011).

인간의 진화적 적응 환경의 특징인 식단 조건, 병원체/기생체 조건, 생식력 조건 아래서는 이 피부 형질들의 단서 가치가 더 커질 것이다. 미래의 이상적인 연구는 조상의 환경을 더 잘 대표하는 조건들을 전반적으로 고려하여 피부 특징의 단서들이 건강, 나이, 성, 번식 상태를 얼마나 강하게 보여주는지, 그 상대적 강도를 체계적으로 기록하는 데 초점을 둘 것이다. 이러한 조건들에서 건강과 면역 기능을 드러내는 생체지표들과 피부톤의 관계를 연구한다면 특히 유익할 것이다. 가령 식단과 면역 기능에 부담을 주는 조건에서는 건강한 피부톤의 매력이 증가할 것이다. 하지만 그런 연구는 쉽지 않을 텐데, 현장들의 조명이 균일하지가 않고, 유병률과 통제 변수 같은 가설화된 상관관계를 측정하는 비용이 비싸다는 이유에서다.

머리카락의 형질

머리카락은 한 달에 약 4센티미터씩 자라고, 길이가 60~90센티미터쯤 되면 빠진다. 에너지 제약이나 질병은 성장 속도나 탈모에 영향을 미친다. 또한 머리카락은 나이가 들수록 피지(두피 기름) 생산이 감소함에 따라 굵기가 가늘어지고 건조해진다. 흰머리 역시 멜라닌 세포의 감소 그리고 노화와 관련된 산화스트레스와 관련이 있으며, 기본적인 유전자와 밀접한 관계가 있다(Commo, Gaillard, & Bernard, 2004).

그 결과 흰머리가 생기는 시기는 인구별로 다르다(Trüeb, 2009). 노화가 머리카락 상태에 미치는 시각적 효과를 고려할 때, 남성이 번식 가치 그리고/또는 최고의 생식력을 선택하는 것은 여성의 흰머리와 음의 상관성이 있다고 예측할 수 있다. 반대로, 여성이 남성의 지위와 생산능력을 평가하고, 지위와 능력을 모두 갖춘 연상의 상대를 선택하는 것은 남성의 흰머리를 선호하는 성향과 어느 정도 관련이 있다. 물론 실제 나이와의 연관성은 인구별로 다를 것이다.

머리카락은 영양 상태와 건강 상태를 반영하기도 한다. 굶주림, 영양 결핍, 스트레스는 탈모, 모발 손상, 허약성을 증가시키고, 영양실조에 걸리면 머리색이 눈에 띄게 변한다(Rushton, 2002). 건조하고 잘 부서지는 그리고/또는 윤기 없는 머리카락은 섭취하는 음식에 케라틴, 지방산, 단백질, 비타민 A, B, 엽산 그리고 철, 아연, 칼슘, 마그네슘, 구리 같은 미네랄이 부족한 것과 관련이 있다(Haneke & Baran, 2011). 예를 들어, 철분이 부족하면 몇 달 후에 머리카락이 자라는 속도가 느려지고 탈모가 생긴다(Karadağ, Ertuğrul, Tutal, & Akin, 2011). 철은 세포 기능에 필수적이며, 사전에 비축된 철분은 선천적인 면역계의 일부로 쓰인다. 전 세계에서 빈혈 증상을 겪는 사람은 약 20억 명이다. 빈혈은 피로, 두통, 저혈압, 숨가쁨, 낮은 감염 저항력과 관련이 있으며, 장기적으로는 성장, 발달, 인지 기능, 생식력을 저해한다(WHO/UNICEF/UNU, 1998). 특히 개발도상국의 여성과 아이들에게 빈혈은 심각한 문제인데 임신과 성장기에는 필수 철분량이 증가하기 때문이다. 미량영양소 결핍 또한 효소 기능과 신진대사 조절에 지장을 준다(Park, Choi, & Nam, 2009). 가령 아연이 부족하면 신경 기능 장애(예를 들어, 자폐증, 우울증, 그 밖의 정신질환)가 생기고 면역 반응과 회복력이 약화된다(Grønli, Kvamme, Friborg, & Wynn, 2013; Prasad, 2013; Priya & Geetha, 2011; Stechmiller, 2010). 머리카락에 있는 아연은 나이 그리고 평균 이하의 테스토스테론 수치와 음의 상관성이 있다. 비타민 D는 구루병과 관련이 있으며, 비타민 D가 최적 수준에 못 미칠 경우에는 여러 가지 건강 문제와 기분 장애가 발생하고 모발 건강이 악화된다(예를 들어, Amor, Rashid, & Mirmirani, 2010; Holick, 2007).

따라서 머리카락은 개개인의 건강, 스트레스, 영양 상태와 관련된 기록을 2~3년에 걸쳐 지속적으로 보여준다. 게다가 머리카락은 유전되는 유전자형 질(Etcoff, 1999)과 나이를 반영한다. 윤기가 나고 건강한 모발은 근래의 건강, 발달 상태, 표현형 형질과 유전자형 질을 보여주는 단서다. 머리카락이 길수록 건강 기록도 늘어난다. 확실히 긴 머리카락은 모든 문화에서 선호될 때가 많으며, 길고 윤기 나는 머리카락은 흔히 아름다움과 연결된다(Etcoff, 1999). 그래머와 핑크, 손힐, 주에트Juette, 룬잘Ronzal(2002)은 머리카락의 길이가 여성의 매력과 상당한 연관이 있음을 발견했다. 힌츠와 매츠Matz, 페이션스Patience(2001)는 13세부터 73세에 이르는 여성 200명을 표본으로 한 연구에서 어리고 번식 가치가 높은 여성일수록 나이가 든 여성보다 머리를 길게 기르는 경향이 있음을 밝혀냈다. 이는 번식 가치가 더 높은 여성이 자신의 번식 가치를 선전하는 수단으로써 긴 머리카락을 이용한다는 예측과 일맥상통한다. 흥미롭게도, 여성의 머리카락은 생식력이 최고치에 오른 연령대에서 더 빨리 자란다(Etcoff, 1999). 그 결과, 머리카락이 새로 자라기 전에 환경적 손상의 증거가 축적될 시간이 부족하고, 건강이나 식단 문제의 증거 역시 더 짧은 시간을 반영한다.

남성의 2차 성징인 체모와 수염은 나이 및 안드로겐 프로파일(전체적 윤곽)과 관련이 있지만, 유전적 요인도 있으며 인구에 따라 다르게 나타난다(Dixson & Vasey, 2012; Puts, 2010). 체모는 만드는 데 비용이 들고 그래서 테스토스테론의 공급 능력을 나타내는 단서인데 그 이유는 체모가 면역 기능과 맞거래를 하기 때문이라는 가설이 있다. 지금까지의 연구를 보면 체모에 대한 여성의 성적 선호는 개체군마다 다르게 나타난다. 딕슨Dixson, 할리웰Halliwell, 이스트East, 위그나라야Wignarajah, 앤더슨Anderson(2003)의 연구에서, 영국과 스리랑카의 여성들에게 남성의 신체 윤곽이 그려진 그림을 제시하자 몸에 털이 있는 사람이 털이 없는 사람보다 나이가 더 많고 매력적이라고 평가했다. 카메룬 여성들은 남성의 모습이 흑백으로 나온 사진을 보고 몸에 털이 있는 남성이 성적으로 매력적이라고 평가했는데, 영국 여성들보다는 그 선호가 낮은 편이었다. 반면 미국, 중국, 뉴질랜드의 여성들은 몸에 털이 없는 남성의 모습을 더 매력적이라고 평가했다(Dixson, Dixon, Bishop & Parish, 2010; Dixson, Dixson, Morgan, & Anderson, 2007). 핀란드에서는 전前폐경기 여성들과 달리 폐경기의 여성들이 가슴에 털이 있는 남성의 이미지를 매력적으로 평가했다(Rantala, Pölkki, & Rantala, 2010). 비교문화 데이터는 특별히 환영할 만하고 꼭 필요하지만, 이 연구는 문화 간 차이를 이해할 때 불거지는 본질적인 문제를 다시 한번 가리킨다. 지역적 맞거래와 문화 간 차이가 높은 안드로겐 프로파일과 관련된 형질들의 상대적 가치에 영향을 미치는데 이에 대한 평가를 고려하지 않는다는 것이다. 이 분산을 설명하려면 다음과 같은 지역적 정보들이 필요하다. 남성의 투자가 여성에게 주는 상대적 가치, 배우자 의무 불이행이나 짝외 섹스의 비용, 배우자의 공격 행위의 비용과 이득, 유병률, 지역에서 볼 수 있는 상체 체모의 분포 범위, 평가자의 배란주기, 자식의 수, 성사회적 지향.

남성의 수염도 사춘기에 급격히 증가하는 안드로겐과 관련이 있으며, 나이가 들어 성인기에 들어선 후에도 계속 면적이 넓어지고 숱이 많아진다. 수염과 눈썹이 자라면 하관과 이마가 더 넓어 보이고, 테스토스테론과 관련된 형질들이 강조되며 (Guthrie, 1970), 그에 따라 테스토스테론 수치와 관련된 번식의 성숙도, 지배성, 지위 또는 위압성이 드러난다. 긴 수염(그리고 긴 머리카락)은 싸움의 상대를 제어하고 해칠 수 있다는 표식이 되는데, 자하비Zahavi와 자하비(1997)는 여기에 착안하여 긴 수염이 성 내 경쟁력을 보여주는 값비싼 신호라는 가설을 세웠다. 여러 연구에서 확실히 입증한 바에 따르면, 수염이 있는 얼굴은 나이가 더 많고, 더 지배적이고, 더 공격적으로 인지되는데(예를 들어, Dixson & Brooks, 2013; Dixson & Vasey, 2012; Neave & Shields, 2008), 이는 수염이 성 내 선택의 산물이라는 주장을 뒷받침한다. 남성의 매력에 대한 여성의 평가에 수염이 미치는 영향을 조사한 연구들이 하나로 일치되지 않는 데에는 아마 제시된 자극 범위가 다르다는 이유도 작용할 것이다. 이 불일치는 또한 짝짓기 상대로서 좋은 유전자와 투자 능력/의지 사이에 맞거래가 이루어진다는 사실을 반영하기도 하며, 다시 이 맞거래는 여성이 단기적 짝짓기 전략 혹은 장기적 짝짓기 전략을 구사하느냐에 의존한다. 그에 따라 니브Neave와 쉴즈 Shields(2008)는 컴퓨터를 이용해서 젊은 성인 남성 다섯 명(18~25세)의 얼굴을 깨끗하게 면도한 모습부터 수염이 덥수룩하게 난 모습까지 3단계로 설정했다. 여대생 60명이 평가한 결과에서는 예상대로 얼굴에 난 수염의 양과 남성성, 지배성, 공격성, 사회적 성숙도, 나이가 양의 선형 관계로 나타났다. 매력 평가에서는 얼굴에 난 수염의 양과의 관계가 곡선형으로 나타났는데, 짧은 수염을 한 얼굴이 가장 매력적이고 덥수룩한 수염을 한 얼굴이 가장 매력적이지 않다고 피험자들은 평가했다. 장기적인 상황에서도 수염이 짧은 얼굴이 가장 선호되었고, 깨끗이 면도한 얼굴은 그보다 덜 선호되었다. 실험 참가자들의 연령대로 말하자면, 미래의 지배성을 암시하는 징표(짧은 수염)가 그 신호의 실제 소유보다 높이 평가되었는데, 이는 피험자들이 상대적으로 어린 나이에 속하기 때문일 것이다. 명백히 다음번 연구에서는 평가자의 연령대를 더 넓혀서 반복 실험을 해야 한다.

변동비대칭

발달불안정성DI: Developmental instability은 환경적 스트레스 요인에 맞서 발달을 조절하지 못하기 때문에 나타나며, 적합도와 음의 상관성이 있는 것으로 보인다. 동물의 몸에 있는 많은 부위는 좌우 대칭으로 설계되어 있는데, 발달장애는 몸 양쪽에 똑같이 영향을 미치지만 돌연변이 하중이나 동형접합성은 발달기에 무작위로 작은 비대칭을 증가시킨다. 이를 변동비대칭fluctuating asymmetry 혹은 변동비대칭라고 한다(Watson & Thornhill, 1994). 따라서 변동비대칭은 발달불안정성을 재는 척도이자 적합도의 대용물이라는 가설이 성립한다(Dongen, 2006; Polak, 2003). 그렇다면 변동비대칭은 표현형 질과 유전자형 질을 평가할 수 있는 단서(발달 스트레스를 완충하는 능력을 발휘했고/발휘했거나, 발달장애 요인에 적게 노출되었다는 단서)이며, 왜 대칭적인 사람이 덜 대칭적인 사람보다 더 매력적으로 느껴지는지를 설명해준다. 생애 초기의 스트레스가 시상하부–뇌하수체–부신 축(시상하부–뇌하수체–부신축A) 조절에 미친 후성적 영향도 변동비대칭의 개인차와 관련이 있지만, 그 결과는 복합적이므로 더 많은 연구가 필요하다(예를 들어, Flinn, Duncan, et al., 2012). 발달장애를 겪을 때 대칭적인 발달을 유지하려면 비용이 들기 때문에, 변동비대칭은 또한 적합도와 관련된 많은 결과와 관련된 표현형 질과 유전자형 질의 '정직한'(값비싼) 신호라는 가설이 있다. 예를 들어, 테스토스테론은 면역 기능과의 맞거래를 보이기 때문에 높은 테스토스테론 수치와 관련된 신체적 특질을 과시하면 변동비대칭의 신호 품질이 증폭되고(예를 들어, Thornhill & Gangestad, 1993). 에스트로겐의 경우에도 마찬가지라고 생각되었다(Little et al., 2008). 낮은 변동비대칭은 발달장애에 저항하는 능력을 보여주지만, 그에 대한 선호는 값비싼 신호에 기초할 필요가 없다. 변동비대칭은 어느 정도 유전되는 형질인데(Dongen, 2000), 동형접합성과 돌연변이 하중이 있으면 환경적 발달 스트레스 요인에 대한 취약성이 높아지기 때문이기도 하고, 조건–의존적 형질에는 유전되는 변이가 반드시 포함되어 있기 때문이기도 하다(Gangestad & Thornhill, 1999; Rowe & Houle, 1996).

동물 연구에서 변동비대칭은 적합도와 관련된 다양한 지표들, 이를테면 성장, 생존, 다산성, 성 내 경쟁, 번식 성공도와 음의 상관성이 있지만, 결과는 복합적이다(Dongen, 2006). 인간 연구에서 변동비대칭은 건강 지표, 태아의 검사결과, 심리검사 결과, 호르몬, 성호르몬과의 형태학적 상관관계(남자다운/여성스러운 특징), 섹스 파트너의 수, 매력 등과 관련이 있지만, 여기에서도 결과는 연구방법, 개체군, 측정된 적합도와의 가설화된 상관관계에 따라 복합적으로 나타난다(Møller, 2006; Thornhill & Gangestad, 2006).

예를 들어, 손힐과 갱지스태드(2006)의 발견에 따르면, 얼굴과 몸의 변동비대칭은 피험자들이 지난 3년을 소급해서 자기 보고를 한 호흡기 감염과는 양의 상관성을 보이지만, 남녀 406명이 자기 보고한 장 질환과는 양의 상관성을 보이지 않았다고 밝혔다(Shackelford & Larsen 1997, 1999를 보라). 밀른Milne 등(2003)은 26세 남녀 900명 이상의 표본을 조사한 결과, 여성이 자신에게 둘 이상의 질병이 있다고 보고할 가능성과 변동비대칭 사이에는 상당한 연관성이 있는 반면에 남성의 경우에는 그렇지 않음을 발견했다. 웨인포스Waynforth(1995)는 벨리즈의 마야족에게서 나타나는 높은 유병률과 변동비대칭이 관련이 있음을 발견했고, 갱지스태드, 메리먼Merriman, 톰슨Thompson(2010)은 산화스트레스와 변동비대칭이 관련이 있음을 발견했다. 하지만 로즈 등(2001)은 1920년과 1929년 사이에 태어난 17세 미국인 294명의 병력에 기록된 병을 얼굴의 대칭으로는 예측할 수 없다는 것을 발견했다. 파운드Pound 등(2014)은 표본을 더 늘려서 영국 어린이 4,732명을 조사한 결과, 변동비대칭과 장기적 건강 지표는 서로 관련이 없지만, 변동비대칭과 IQ 사이에는 미미한 수준의 음의 상관성이 있음을 알아냈다(Banks, Batchelor, & McDaniel, 2010를 보라). 다른 연구들은 변동비대칭과 정신 질환 사이에서 양의 상관성을 발견했다(예를 들어, Arboleda-Florez, Ramcharan, Hreczko, & Fick, 1998, Markow & Wandler, 1986; Mellor, 1992).

FA와 표현형 질의 단서는 안드로겐과 에스트로겐에 의해 발달이 조절되는 성적 동종이형의 형질들과도 관련이 있다고 알려져 있다. 예를 들어, 더 대칭적인 남성은 덜 대칭적인 남성보다 근육 조직(Gangestad & Thornill, 1997), 신체 크기(Manning,

1995), 악력(Fink, Weege, Manning, & Trivers, 2014), 우월성과 번식의 건강을 나타내는 테스토스테론-관련 얼굴 단서(Gangestad & Thornhill, 2003)가 더 뛰어나고, 안정 시 대사량은 더 낮은 것으로 보고되었다(Manning, Koukourakis, & Brodie, 1997). 그리고 더 이른 나이에 첫 성관계를 맺고, 섹스 파트너 및 짝외 섹스 파트너 수가 더 많으며, 새로운 파트너와 섹스를 하기까지 걸리는 시간이 더 짧다(Gangestad & Thornhill, 1997; Thornhill & Gangestad, 1994). 게다가 1회 사정 시 정자 수가 더 많고 정자의 운동성이 더 높게 나타난다(Manning, Scutt, & Lewis-Jones, 1998; Soler et al., 2003). 마야족 남성의 경우 변동비대칭은 낮은 다산성과는 관련이 있었지만, 처음으로 번식을 하는 연령이 높은 것과 평생 경험하는 섹스 파트너의 수와는 거의 관련이 없었다(Waynforth 1995). 갱지스태드와 손힐, 가버-압가르(2010)는 변동비대칭과 산화스트레스는 양의 상관성이 있고, 매력 그리고 건강 및 남성성에 대한 평가와는 음의 상관성이 있음을 알아냈다. 이 형질들은 조건-의존적으로 발달한다고 우리는 예측한다. 즉, 양질의 남성은 큰 체구, 근육 조직, 높은 테스토스테론을 가장 잘 발달-유지하고, 산화스트레스를 가장 잘 완화할 것이다(Gangestad et al., 2010; Gangestad & Thornhill, 1997, 2003). 이 남성적인 형질들은 성 내 경쟁을 위해 진화했으며, 여성이 짝을 선택할 때에도 표적이 될 것이다. 여러 연구에 따르면, 여성은 단기적 배우자와 짝외 섹스 파트너의 이 남자다운 형질들에 특히 호감을 느끼며(Schmitt, 11장, 1부), 배란 주기 중 임신이 가능한 시기에 '남성적인' 형질을 보이는 남자들에게 더 끌리고 그들과 섹스를 할 가능성이 더 높다.

이 패턴은 호르몬에 의해 조절되고 변동비대칭과 공변화하는 성사회적 전략과 남성의 상대적인 매력에 좌우되는 조건발현적 짝짓기 전략의 산물인 듯하다(Gangestad & Simpson, 2000). 이 때문에 여성이 좋은 유전자와 투자 사이에서 직면하는 맞거래가 흔들릴 수 있다. 여성은 남성의 신체적 매력과 그 상관 요소에 끌리는 것처럼, 현재의 다산성에 따라 그리고 단기적 (또는 짝외) 짝짓기 상황에서는 변동비대칭이 낮은 남성에게 더 큰 호감도를 느낀다는 증거가 있다(예를 들어, Gangestad, Thornhill, & Garver-Apgar, 14장, 1부). 남성의 대칭 정도를 보면 섹스 파트너가 얼마나 많이 오르가슴에 도달하는지 예측할 수 있는데(Thornhill, Gangestad, & Comer, 1995), 이는 친부가 대칭적인 남성일 확률을 끌어올린다. 실제로 여성은 짝외 파트너와 섹스를 할 때 오르가슴을 더 자주 느낀다(Thornhill & Gangestad, 2003). 여성은 배란 주기 중 가임 단계에 기초한 임신의 확률적 기능으로서 대칭적인 남성의 얼굴을 더 선호했다(Little, Jones, Burt, & Perrett, 2007; cf. Peters, Simmons, & Rhodes, 2009). 마찬가지로, 여성에게 각각 다른 남성이 입었던 티셔츠를 제시했을 때 호르몬 조절로 피임을 하지 않은 여성은 더 대칭적인 남성의 체취를 선호했으나, 그런 반응은 배란 주기 중 가임기에만 나타났다. 반면에 호르몬 조절로 피임을 한 여성은 선호에 변화가 없었다(Gangestad & Thornhill, 1998; Rikowski & Grammer, 1999). 성사회적 지향 검사SOI: sociosexual orientation inventory에서 나온 점수도 여성의 선호를 설명해준다. 남성 10명과 여성 10명의 얼굴 이미지를 준비해서 한쪽은 원본 그대로 두고, 다른 한쪽은 대칭을 이루도록 변형시킨 후 여성 99명에게 선호하는 이미지 쌍을 고르게 하자, SOI 점수가 높은 사람일수록 대칭적인 얼굴을 선호했다(Quist et al., 2012).

또한 여성의 건강과 적합도−관련 변수도 변동비대칭과 음의 상관성이 있다는 연구가 있다. 매닝Manning(1995)은 여성의 몸무게와 변동비대칭 사이의 상관성을 보여준다. 밀른 등(2003)은 여성의 변동비대칭이 체질량지수(BMI) 및 통상적인 질병들과는 관련이 있지만, 혈압, 콜레스테롤, 심폐기능 적합도와는 관련이 없음을 밝혔다. 이는 서양 사회의 환경 스트레스 요인이 상대적으로 적어서 변동비대칭의 변이가 작기 때문에 나온 결과일 수 있다. 예를 들어, 식량 수집을 하는 하드자족은 미국 대학생들보다 변동비대칭이 높은데(Gray & Marlowe, 2002), 이는 하드자족이 발달상의 스트레스를 더 많이 받는다는 것을 의미한다. 또한 하드자족은 임신을 했거나 수유하는 동안에는 영국 표본집단보다 더 강하게 대칭성을 선호한다(Little, Apicella, & Marlowe, 2007). 더 대칭적인 여성은 더 어릴 때 초산을 하고 자식을 더 많이 낳는다(Manning, Scutt, Whitehouse, & Leinster, 1997; Møller, Soler, & Thornhill, 1995). 그 이유는 아마도 매력적인 여성은 짝짓기 기회가 많이 생겨서 더 일찍 결혼을 하고, 사회경제적 지위가 높은 배우자를 만나 평생에 아이를 더 많이 낳기 때문일 것이다. 야시엔스카Jasienska, 립슨Lipson, 엘리슨Ellison, 순Thune, 지옴키에비츠Ziomkiewicz(2006)에 따르면 더 대칭적인 폴란드 여성은 월경주기 중반에 에스트라디올 수치가 덜 대칭적인 여성보다 훨씬 높게 나타났고(임신 가능성이 훨씬 더 높다는 것을 의미한다), 키와 BMI를 통제했을 때도 동일한 결과가 나왔다. 번식 연령대에 있는 여성의 에스트라디올 수치는 출산 시 여성의 신체 크기와 관련이 있고, 변동비대칭은 발달 스트레스와 관련이 있다고 추정되기 때문에 야시엔스카 등(2006)은 이 사실로부터 변동비대칭과 월경주기 중반의 에스트라디올 수치를 연관 지을 수 있다고 말한다. 그렇다면 남성이 대칭적인 여성을 배우자로 선호하면 직접적인 이득을 얻을 것이다. 연구자들은 에스트로겐 수치가 여성 건강의 여러 측면과 관련이 있으며, 폐경 전의 여성에게는 실제로 에스트로겐이 면역계를 자극하는 효과가 있어서 낮은 변동비대칭과 여성의 건강 사이에 잠재적 연결이 존재한다고 지적한다.

FA는 얼굴 매력에 대한 남녀 모두의 평가와 음의 상관성이 있다(예를 들어, Rhodes, 2006; Rhodes, Louw, & Evangelista, 2009). 얼굴 대칭의 자연적 변이를 조사한 연구의 대부분은 대칭성과 매력 간에 양의 상관성이 있음을 보여준다. 로즈와 그 밖의 연구자들(2007)은 평가자의 주관적 건강인식도 때문에 이러한 상관성이 생긴다고 밝혔다. 피험자들에게 서양인과 일본인의 얼굴을 평가하게 한 결과, 연구자들은 대칭성과 평가자의 주관적 건강인식도 사이에 상관성이 있으며 평가자의 주관적 건강인식도를 통계상 통제했을 때 대칭성의 효과는 대부분 사라진다는 것을 확인했다. 또한 B. C. 존스Jones 등(2001)은 얼굴의 대칭성이 매력에 직접 미치는 영향은 미미하지만, 매력과 얼굴 대칭성 간의 관계는 외견상의 건강상태와 대칭성 간의 상관성에 따라 조정된다는 사실을 발견했다(예를 들어, Fink, Neave, Manning, & Grammer, 2006를 보라). 이 효과는 유전적으로 동일한 일란성 쌍둥이에게서도 발견된다(Mealey, Bridgestock, & Townsend, 1999).

만약 낮은 변동비대칭과 발달장애를 이겨내는 능력이 서로 관련되어 있어서 대칭성이 표현형 상태를 보여주는 다른 단서들과 상관성이 있는 것이라면, 변동비대칭이 낮은 사람은 대칭성 그 자체뿐만 아니라 다른 단서 때문에 매력적으로 보일 수 있다. 그러한 경우에는 대칭성과 매력의 관계가 직접적이지 않다. 슈아이브Scheib와 갱지스태드, 손힐(1999)은 여성들에게 남성 얼굴을 반만(중심선을 수직으로 나누었다) 보여주었다. 그러자 여성들이 반쪽 얼굴을 보고 평가한 매력과 얼굴 전체의 대칭성 간의 관계는 얼굴 전체를 보고 평가한 매력과의 관계만큼 상관성이 높았다. 더 대칭적인 남성은 하관이 길고, 광대뼈가 돌출되어 있는데, 이러한 특징은 테스토스테론이 미치는 발달상의 영향을 반영하는 것으로 보인다. 그리고 B. C. 존스 등(2001)은 얼굴 대칭성이 매력에 직접 미치는 영향은 미미하며, 단 매력과 얼굴 대칭성 간의 관계는 외견상의 건강상태와 대칭성 간의 상관성에 따라 조정된다고 밝혔다.

신체의 대칭성 역시 얼굴 대칭성, 매력 평가, 건강, 적합도와 관련이 있다. 이는 변동비대칭이 표현형 상태의 기본적인 특징들과 관련이 있다는 주장을 뒷받침한다. 손힐과 갱지스태드(1994)는 대학생 122명을 대상으로 신체의 특징 일곱 가지를 측정해서는, 처음 섹스를 하는 나이와 대칭성의 정도 사이에 양의 상관성이 있음을 알아냈다. 이와 더불어 나이, 키, 인종, 혼인 여부, 신체적 매력, 신체 기형을 통제했을 때 참가자가 자기보고로 밝힌 지금까지의 섹스 파트너 수와 변동비대칭 사이에는 음의 상관성이 있음을 밝혔다. 변동비대칭은 남성의 매력과 여성의 매력에 대한 평가에 모두 중요했다. 갱지스태드와 새내기 연구원들은 도미니카에 있는 작은 마을 출신의 남성들을 대상으로 신체의 특징 아홉 가지를 토대로 변동비대칭을 측정했다. 대학생들은 남녀 모두 얼굴 이미지가 더 대칭적인 남성이 매력적이라고 평가했다(손힐 & 갱지스태드, 2003). 흄Hume과 몽고메리Montgomerie(2001)는 먼저 남성과 여성으로 구성된 피험자들을 대상으로 얼굴 매력 평가, 변동비대칭(22가지 특징을 기반으로 한), BMI, 건강, 나이의 관계를 조사한 뒤, 다른 많은 남녀에게 그들의 매력을 평가하게 했다. 매력과 변동비대칭 사이에 음의 상관성이 남녀 모두에게서 나타났다. 여성의 매력은 BMI와 과거의 병력이 가장 좋은 예측변수였고, 남성의 매력은 남성이 자란 환경의 사회경제적 지위가 최고의 예측변수였다. 하지만 휀코프Hönekopp와 바르톨로메Nartholomée, 얀센Jansen(2004)은 여성의 얼굴 매력은 신체의 적합도와 상관성이 있지만 대칭성이 이 상관관계를 조절하진 않는다고 밝혔고, 토베Tovée와 태스커Tasker, 벤슨Beonson(2000)은 변동비대칭과 신체적 매력 사이에서 어떤 상관성도 없다고 발표했다. 브라운 등(2008)은 3D 전신 스캔을 사용해서 남성 40명과 여성 37명의 몸 형태를 360도로 볼 수 있는 비디오를 찍었고, 피험자 87명에게 이들의 신체적 매력을 평가해 달라고 요청했다. 남성 신체에서 변동비대칭은 키, 어깨너비, 몸통의 크기와는 음의 상관성이, 허리−엉덩이 비율 및 몸통−다리 비율과는 양의 상관성이 있었다. 여성 신체에서 변동비대칭은 키, 몸통의 크기와 양의 상관성이, 허리−엉덩이 비율, 다리 길이와 음의 상관성이 있었다. 주성분분석PCA: Principle Component Analysis을 통해 드러난 바에 따르면, 사람마다 매력이 다른 이유의 60%는 남성다운 체형과 관련된 단일 요소 때문으로, 어깨너비, 몸통의 크기, 허리-엉덩이 비율, 키 등의 변수가 그 요소와 양의 상관성이 있고, 가슴 크기, 길고 가느다란 다리와는 음의 상관성이 있다. 하체의 변동비대칭은 상체의 변동비대칭보다 낮았는데, 저자들은 그 이유 중 하나가 대칭성이 이동 효율에 중요하기 때문이라고 본다.

최근에 한 메타분석에서 동겐Dongen과 갱지스태드(2011)는 변동비대칭과 건강과 질병, 번식과 태아의 결과, 정신장애, 성적 이형 호르몬이나 그 호르몬들의 상관관계, 매력의 가설화된 관계를 검증한 연구 94건을 찾아냈다. 두 연구자는 출판편향과 표본의 크기를 감안할 때 변동비대칭과 결과 사이에 작지만 통계적으로 확실한 상관성이 있다고 추정한다. 더 나아가 그들은 결과 변수 전반에 걸쳐 관련성의 강도에 차이가 있음을 보여준다. 매력과 배우자 선택과 관련하여 얼굴 매력은 신체의 변동비대칭이 아닌 얼굴의 변동비대칭으로 예측할 수 있었는데, 이는 얼굴 대칭성이 발달불안정성 자체의 결과이든 아니든 매력에 직접 영향을 미치기 때문일 것이다(예를 들어, Dongen, Cornille, & Lens, 2009; Haufe, 2008). 건강과 뚜렷이 관련된 것처럼 변동비대칭은 체취, 몸, 동작, 음성 매력에도 확실한 영향을 미쳤다. 또한 어머니를 위험에 빠뜨리는 요인과 태아의 기형에 영향을 미치는 것처럼, 번식 성공(특히 남성의 섹스 파트너 수)과의 상관성도 뚜렷했다. 건강과 관련된 결과에는 그보다 작지만 확실한 영향을 미쳤다. 중요한 사실은, 표본의 크기가 작은 탓에 연구에 따라 결과에 차이가 날 수 있다는 것이다. 다시 말해서, 변동비대칭의 효과를 탐지할 수 있는 검정력 80%를 얻으려면 표본의 크기가 350명이어야 하는데, 대부분의 연구가 그에 못 미쳤다. 독립된 메타분석에서는 성호르몬 관련 형질(남자다운/여자다운 얼굴, 손가락 비율)에 대한 투자의 형태학적 상관성과 변동비대칭 사이에 관계가 없음을 발견했다. 그러나 신뢰 구간이 넓었고 그래서 어느 쪽으로도 확실한 결론을 내릴 수가 없었다. 특기할 만한 점은 호르몬 프로파일을 직접 측정한 연구들에서 효과 크기가 가장 컸다는 것이다(Dongen, 2012).

이러한 연구에서는 많은 매력 연구들과 관련된 여러 가지 문제들이 두드러진다. 예를 들어 피험자는 대학생 그리고/또는 서양 인구로 이루어져 있지만, 변동비대칭과 건강 결과의 상관성은 진화적으로 적절한 동시에 질병, 병원체, 음식 스트레스가 높은 인구에서 더 높게 나타날지 모른다. 건강을 측정할 때는 대부분 자기 보고법을 따르고, 측정 범위도 제한적이다. 몇몇 연구에서는 발달불안정성이 변동비대칭에 미치는 영향이 가장 현저할 것이라 예측될 때에도, 호르몬 프로파일, 스트레스 또는 면역 활성화를 직접적 또는 장기적으로 측정하지 않는다. 이 방법론적 사항들이 중요한 것은, 변동비대칭이 여러 가지 이유로 발달불안정성의 개인차를 미약하게 대변하기 때문이다(Dongen & Gangestad, 2011). 개인들이 경험하는 발달 스트레스의 수치는 저마다 다를뿐더러 발달 스트레스를 경험하는 시기도 다르다(예를 들어, Blackwell et al., 2011; Urlacher et al., 2014). 형질들은 발달 안정성으로부터 얼마나 잘 보호받는지가 제각기 다르다. 즉, 근래에 방향성 선택이나 성선택을 받은 형질은 기능적으로 중요한 형질들, 이를테면 골반의 대칭이나 다리 길이의 대칭보다 더 적게 (발달 안정성의) 보호를 받을 것이다(Clarke, 2003). 변동비대칭과 적합도–관련 형질의 관계는 스트레스가 상대적으로 높은—질이 떨어지는 사람들이 상당한 타격을 받는—조건에서만 두드러진다. 진화와 관련이 있는 환경에 존재한다고 예상되는 조건이다. 하지만 번식과 건강 사이에 맞거래되는 자원 분배와 최적의 자원 분배는 개인의 조건에 달려 있다. 어느 시점에서 번식과 관련된 성적 이형 형질에 투자하는 것이 건강에 더 투자하는 것보다 상대적으로 적합도에 영향을 더 많이 미치기 시작한다면, 건강한 사람은 건강하지 않은 사람보다 번식 노력에 투자를 많이 해서 더 큰 이득을 얻을 수 있다. 그래서 성적 이형 형질과 적합도 사이에는 양의 상관성이 나타나지만, 성적 이형 형질과 일반적인 건강상태와는 상관성이 나타나지 않는다. 강한 성선택을 받는 상황에서 질적으로 우수한 사람은 건강이나 생존의 위험을 무릅쓰고 번식에 많이 투자할 수 있으므로 이득을 취할 수 있다(Getty, 2002; Kokko et al., 2003; Puts, 2010). 게다가 여러 가지 유형의 스트레스가 예측할 수 없는 방식 그리고 선형적이거나 부가적이지 않은 방식으로 발달불안정성에 영향을 미친다.

증거에 따르면, 번식 수명과 배란 주기 전반에 걸친 여성의 번식 상태는 배우자 선택 과정에서 이루어지는 맞거래에 영향을 미치기 때문에 변수를 제대로 통제하지 않으면 변동비대칭과 짝짓기 선호 간의 관계가 불분명하게 나타난다(예를 들어, Gangestad, Thornhill, & Garver-Apgar, 2005; Sugiyama, 2005). 여성의 배우자 선호를 연구할 때는 단기적/장기적 짝짓기 정황, 피험자의 SOI, 배란 주기 중 임신 가능 단계와 임신 불가능 단계에서의 선호, 번식의 생애 단계와 피험자의 고유한 매력을 반드시 구분해야 한다. 난소의 기능을 조절하는 호르몬은 상황에 매우 민감하게 반응하기 때문에 인간 생물학 연구에서 개인의 기준선과 변화를 알아내려면 배란 주기 전반에 나타나는 호르몬의 변화를 측정하는 것이 바람직하며, 미래의 연구는 이 점을 고려해야 한다. 마지막으로, 남성의 번식 성공도에 분산이 더 크다는 사실은 남성의 경우 건강에 대한 투자와 성 내 선택을 받은 형질 사이에 최적 맞거래가 상대적으로 적은 반면에 여성은 건강과 성 간 선택을 받은 형질 사이에 최적 맞거래가 활발하다는 것을 의미한다. 끝으로, 테스토스테론을 값비싼 신호로 보는 가설과 마찬가지로, 우리는 변동비대칭을 본래 값비싼 신호로 보는 주장을 재고해야 한다. 변동비대칭은 표현형 질과 그 기초에 놓인 유전자형 질의 단서로 양자의 상관관계는 성간 선택을 받았을 것이다.

주조직적합성복합체

병원체 유행과 감염의 강도는 발달기에 면역의 여러 기능으로 갈라지는 에너지 분배에 영향을 미치고, 성인기에 드러나는 결과는 건강이 나빠지는 시기에 달려 있다(예를 들어, Blackwell et al., 2011). 병원체 항원 분자는 엄청나게 많고, 이 수는 병원체와 면역체계의 공진화를 거치면서 변화한다. 면역계에는 인식 가능한 항원의 수를 증가시키는 기제가 포함되어 있다. 주조직적합성복합체MHC: Major Histocompatibility complex(인간 조직적합성 항원HLA: Human Lymphocyte Antigen)는 특이한 외부단백질과 결합하는 세포표면 분자를 만들어서, 병원체를 직접 공격하는 킬러 T세포에 제공하거나, 공격을 위해 다른 체계들에 신호를 보내는 헬퍼 T세포에 제공한다. 주조직적합성복합은 세포표면 결합의 다양성을 위해 강한 선택이 이루어진다는 것을 보여주는 증거다. 주조직적합성복합은 다원발생, 다형성, 공동우성이 강하다. 마지막으로, 유전자에는 체세포 돌연변이가 있고, 이 돌연변이에서 추가로 항원 수용체가 만들어진다(Janeway, Travers, Walport, & Schlomchik, 2004).

선택은 기제들을 만들어 주조직적합성복합 다양성을 증가시켰지만, 한 사람이 갖고 있는 주조직적합성복합 대립유전자는 전체 주조직적합성복합 중 아주 작은 부분집합에 불과하다. 우리가 주조직적합성복합 다양성의 단서를 평가할 수 있다면, 그 단서로 배우자를 선택하고 혈연과 자식을 인식할 것이다. 가설로 제기된 기제들은 주조직적합성복합의 생화학적 단서를 후각으로 탐지하는데, 직접 탐지하거나 개인의 미생물군 변이에 존재하는 주조직적합성복합의 효과를 통해서 탐지한다. 주조직적합성복합에 이끌려 배우자를 선택하면 근친상간을 회피하고, 자식의 이형접합성을 높이고, 공진화하는 병원체들에 반격을 가하는 희귀한 대립유전자를 확보하고, 불확실하고 가변적인 병원체 압력하에서 자식의 변이성을 높이는 이점을 누릴 수 있다(Brown, 1997; Havlíček & Roberts, 2009; Oliver, Telfer, & Piertney, 2009; Penn & Potts, 1999; Tybur & Gangestad, 2011). 그러나 지역적 선택은 그 지역에 퍼져 있는 병원체의 항원과 결합하는 주조직적합성복합 대립유전자를 선호하고, 그래서 지역 개체군 내에서 특정한 주조직적합성복합 대립유전자가 선택될 수 있다(Neff & Pitcher, 2005). 이렇게 지역적 선택이 강하면 적어도 관련 좌위에 자신과 유사한 주조직적합성복합이 있는 배우자에게 끌릴 수 있다. 예를 들어, 쿠체 등(2007)은 HLA 이형접합성과 여성 피험자가 직접 보고한 질병 사이에서 어떤 관계도 발견하지 못했지만, 흔한 대립유전자를 많이 가진 여성들은 희귀한 대립유전자를 가진 여성들보다 질병이 적고 건강이 좋다고 보고했다. 임부와 태아 사이에 주조직적합성복합이 다를 경우에도 임신에 문제가 생길 수 있다. 반면에 리Lie, 시먼스Simmons, 로즈(2009)는 주조직적합성복합 및 비MHC 대립유전자의 다양성과 4개월간의 자기 보고식 건강 사이에서 작지만 유의미한 관계를 발견했다. 하지만 일부 대립유전자는 다른 대립유전자보다 다양성을 위한 선택을 더 강하게 받는다(Huchard, Baniel, Schliehe-Diecks, & Kappeler, 2013).

인간이 아닌 유기체의 경우에 결과는 복합적이며, 배우자 선택이 때로는 주조직적합성복합 유사성, 때로는 불일치성, 때로는 좋은 유전자와 이형접합성의 균형 쪽으로 치우친다(예를 들어, Bernatchez & Landry, 2003; Piertney & Oliver, 2006). 연구자들은 인간의 주조직적합성복합에 기초한 배우자 고르기 역시 복합적이지만, 대개는 주조직적합성복합이 매력을 유발한다는 것을 보여준다(Havlíček & Roberts, 2009). 변이를 가려내려면 진화적으로 유효한 개체군에서 얻은 좋은 비교문화 데이터가 필요하다. 베데킨트Wedekind, 제베크Seebeck, 베튼스Bettens, 패케Paepke(1995)는 남성 피험자가 이틀 밤 동안 입은 티셔츠를 여성 피험자에게 준 다음, 그 티셔츠를 토대로 체취의 강도, 섹시함, 쾌감을 평가해 달라고 요구했다. 경구피임약으로 피임 중인 여성은 주조직적합성복합이 유사한 남성을 선호한 반면, 피임을 하지 않는 여성은 주조직적합성복합이 다른 남성의 체취를 선호했다. 또한 여성 피험자들은 주조직적합성복합이 다른 남성의 체취를 맡고 현재 짝이나 과거의 짝을 떠올렸다. 후속 연구에서는 남성 피험자들이 티셔츠 착용자의 성별에 상관없이 주조직적합성복합이 다른 사람의 체취를 선호한다는 것이 밝혀졌다(Wedekind & Füri, 1997). 설계가 비슷한 실험에서, 손힐 등(2003)도 남성이 상이한 주조직적합성복합과 흔한 대립유전자 둘다를 선호한다는 사실을 발견했다. 여성의 얼굴 매력은 그들의 체취 매력과 양의 상관관계가 있었다. 남성들은 또한 여러 가지 냄새 신호 중에서 배란 주기 중 가임 단계에 있는 여성의 체취를 선호했다. 배란 주기 중 무배란 단계에 있을 때 여성은 주조직적합성복합이 이형인 남성 체취를 선호했지만, 배란 단계에서는 주조직적합성복합에 대한 선호를 나타내지 않았다. 여성의 얼굴 매력과 주조직적합성복합 이형접합성과는 관련이 없었다. 로버츠Roberts, 고슬링Gosling, 카터Carter, 피트리Petrie(2008)도 여성이 배란 주기 중 가임 단계에 있을 때 체취에 근거해서 주조직적합성복합을 선호한다는 증거를 발견하지 못했다. 하지만 독신여성은 주조직적합성복합이 유사한 남성의 체취를 선호했고, 배우자와 장기적 관계를 맺고 있는 여성은 주조직적합성복합이 다른 남성의 체취를 선호했다. 세 건의 연구에서, 경구피임약으로 피임 중인 여성은 주조직적합성복합이 유사한 유전자형을 가진 사람의 체취를 선호했다(Roberts et al., 2008; Wedekind et al., 1995; Wedekind & Füri, 1997). 포즈Pause 등(2006)은 뇌파검사를 이용해서, 주조직적합성복합이 다른 사람보다 주조직적합성복합이 비슷한 사람의 체취에 전前주의적 뇌 활성이 더 빠르고 강하게 일어난다는 것을 발견했다. 피험자들은 또한 주조직적합성복합이 비슷한 사람이 잠재적 파트너로서 매력이 떨어진다고 평가했는데, 아마 주조직적합성복합을 토대로 근친상간을 회피하기 때문일 것이다. 주조직적합성복합이 유사하고 성별이 같은 사람들을 피험자들에게 보여주었을 때, 남성의 뇌 활성화 패턴(전두엽)과 여성의 뇌 활성화 패턴(두정엽)이 다르게 나타났다. 이는 주조직적합성복합에 기초한 체취 처리과정이 남녀 간에 차이가 있음을 시사한다. 제이콥Jacob, 매클린톡McClintock, 젤라노Zelano, 오베르Ober(2002)는 아이를 낳지 않은 독신여성 49명에게 '자주 냄새를 맡고 싶은' 티셔츠 6장을 고르게 했다. 피험자들은 주조직적합성복합이 매우 유사한 남성의 체취를 선호했다. 피험자들은 주조직적합성복합 대립유전자 중 하나가 달라서 체취를 구분할 수 있었는데 아버지로부터 물려받은 대립유전자에 국한되어서, 연구자들은 아버지 쪽의 주조직적합성복합—관련 체취가 부자 인식에 사용된다고 추측했다. 이 연구는 종종 주조직적합성복합 유사성에 따라 배우자를 선호한다는 주장의 증거로 받아들여지지만, 피험자들은 배우자 선호에 기초해서 티셔츠를 선택하라고 요구받은 것이 아니었다. 퍼스틀Ferstle, 에거트Eggert, 베스트팔Westphal, 자바자바Zavazava, 밀러—루흐홀츠Müller-Ruchholtz(1992)는 친구 사이에도 주조직적합성복합 유사성 편향이 있다는 증거를 발견했다. 이는 아마도 혈연인식이 진화상 새로운 상황에서 발현된 결과일 것이다.

많은 연구자들이 주조직적합성복합에 편향된 얼굴 매력을 조사했다. 로버츠, 리틀Little 등(2005)은 여성이 주조직적합성복합이 다른 남성의 얼굴을 선호하는데, 아마도 피부의 질을 통해 평가하는 듯하다고 주장했다. 주조직적합성복합 불일치 편향 가설과는 반대로, 여성들은 주조직적합성복합이 다른 남성의 얼굴보다는 주조직적합성복합이 유사한 남성의 얼굴을 더 매력적으로 평가했다. 쿳시Coetzee 등(2007)은 츠와나족 여성의 얼굴 매력이나 건강에 대한 츠와나족 남성의 평가와 여성의 이형접합성 또는 대립유전자의 빈도 사이에서 어떤 관계도 발견하지 못했다(하지만 더 흔한 대립유전자를 가진 여성이 자신의 건강을 더 좋게 보고했다). 쿳시 등(2012)은 츠와나족이 사촌과 근친결혼을 하는 탓에 유해한 대립유전자가 늘어나고 이형접합체의 이점이 줄어들 수 있다고 지적한다.

라이, 시먼스, 로즈(2010a)는 남녀 피험자들에게 여성 80명, 남성 79명 중 이성의 얼굴을 보여주고 매력을 평가하게 했다. 남성은 단기적/장기적 배우자로서 주조직적합성복합이 다른 여성을 더 매력적으로 평가했다. 반면에 여성의 경우, 주조직적합성복합 또는 비MHC 유전자의 불일치가 남성의 얼굴 매력을 평가할 때 영향을 미치지 않았다. 남성은 여성의 얼굴에서 비MHC의 유전적 다양성이 드러나면 매력적이라고 여겼지만, 여성은 장기적/단기적 짝짓기일 때 남성의 얼굴에서 주조직적합성복합의 유전적 다양성이 드러나면 매력적이라고 여겼다. 이 결과는 상이 유전자 짝짓기genetic dissimilar mating 가설과 좋은 유전자 이형접합 가설을 동시에 뒷받침한다.

혼인한 커플에 대한 연구 결과는 복합적이다. 오베르 등(1997)은 후터파 교도 411 쌍을 조사한 결과, 유전자형 빈도를 볼 때 예상한 것보다 배우자 간에 주조직적합성 복합 대립유전자가 개체군의 유전자형 빈도로 예측한 것보다 덜 일치한다는 것을 알 아냈다. 오베르, 히슬롭Hyslop, 엘리아스Elias, 웨이캠프Weitkamp, 호크Hauck(1998)는 주조직적합성복합의 개별 좌위들에서 주조직적합성복합이 유사한 커플은 유산을 많 이 했고, 연구한 유전자위 16곳이 모두 일치할 때는 유산이 훨씬 많았다고 지적했다 (Ober, 1999). 마코우Markow 등(1993) 역시 하바수파이족이 주조직적합성복합-편향 적 짝짓기로 평형 선택balancing selection을 한다는 증거를 보여주었다. 하지만 헤드릭 Hedrick과 블랙Black(1997)이 남아메리카 토착 집단 11곳의 커플 194쌍을 대상으로 10 개의 주조직적합성복합 대립유전자를 조사했을 때는 주조직적합성복합-불일치 짝 짓기의 편향이 나타나지 않았다. 이하라Ihara, 아오키Aoki, 토쿠나가Tokunaga, 타카하 시Takahashi, 주지Juji(2000) 역시 일본의 기혼 커플들에서 주조직적합성복합-불일치 배우자 선호의 증거를 발견하지 못했다. 셰Chaix, 카오Cao, 도넬리Donnelly(2008)가 조 사한 유타의 유럽계 미국인 커플 30쌍의 유전체 중 비MHC보다 주조직적합성복합 에서 배우자 불일치를 더 많이 발견했지만, 나이지리아의 요루바족 커플 30쌍에서 는 주조직적합성복합-불일치 배우자 선택을 입증할 수 없었다. 라이, 로즈, 시먼스 (2010)는 호주 대학생 145명을 연구한 끝에, 전체적으로나 주조직적합성복합 좌위에 유전적 다양성이 높은 여성은 섹스 파트너가 더 많지만 남성에게는 그런 상관성이 없음을 발견했다.

이런 패턴의 복합적인 결과는 연구 설계에 몇 가지 문제가 있음을 가리킨다. 작지 만 유의미한 결과가 나오려면 후터파 교도처럼 표본이 커야 한다. 하지만 마코우 등 (1993)은 하바수파이족을 표본으로 해서도 주조직적합성복합-편향적 짝짓기를 입증 했는데, 이는 크고 진화와 관련이 없는 개체군보다는 그런 개체군에서 주조직적합 성복합 짝짓기 편향의 증거가 더 잘 나올 수 있음을 가리킨다. 대부분의 연구에서는 대립유전자 몇 개만 검증하고, 다양성이나 '좋은 유전자'를 위한 지역적 선택을 사전 에 예측하지 않았다(예를 들어, Huchard & Pechouskova, 2014). 남아메리카 토착민 연 구에서는 몇몇 개체군을 대상으로 몇 개의 대립유전자만 조사했고 각 개체군의 표본 크기도 작았으며 근친상간의 정도를 통제하지도 않았는데, 그러지 않았다면 아주 큰 효과 크기를 탐지할 수 있었을 것이다(Beauchamp & Yamazaki, 1997; Penn & Potts, 1999). 요루바족은 식민지 시대 전에 오랫동안 군주제와 장로제하에 있었으며, 조사한 표본의 수도 30개뿐이었다. 마지막으로, 대부분의 연구는 결혼을 사실상의 짝짓기 행동이라기보다는 성 선호의 대용물로 취급했다.

가버−압가르, 갱지스태드, 손힐, 밀러, 올프Olp(2006)는 연인 48쌍을 대상으로 주조직적합성복합−편향적 짝짓기 선호를 더 섬세하게 연구했다. 연구자들은 연인이 공유하는 주조직적합성복합 대립유전자의 수와, 여성의 성적반응 및 파트너가 성적인 자극을 많이 할 때의 만족도 사이에 음의 상관관계가 있음을 발견했다. 게다가 주조직적합성복합 유사성은 현재의 파트너와 사귀는 중에 여성이 만나는 짝외 파트너 수와 양의 상관관계를 보인 반면, 예전 파트너와 사귀었을 때는 그런 상관성을 보이지 않았다. 반대로 주조직적합성복합 유사성은 관계에 만족감을 주는 요소 중 성적인 측면과 무관한 요소와는 관련이 없었다. 남성의 경우에는 파트너와의 주조직적합성복합 유사성과, 성적 반응 또는 파트너나 짝외 파트너에게 느끼는 성적 흥분 사이에 아무 관련이 없었다.

MHC와 관련이 있는 냄새와 얼굴이 선호에 영향을 미친다는 증거가 있긴 하지만, 연구 방법이 가지각색이고 선호를 묻는 표현이 모호할 때가 많다(Havlíček & Roberts, 2009). 그에 따라 결과도 들쭉날쭉이다. 일반적으로 주조직적합성복합 유사성은 성적 매력을 하향 조정하고 성적 매력이 아닌 매력은 상향 조정하는 듯 보이지만, 주조직적합성복합 불일치는 성적 매력과 관련성이 있다. 미래의 연구에서는 표본의 크기와 표적의 수를 늘려야 한다. 성적 매력 그리고/또는 성행동에 대한 질문이 더 명확해야 하고, 주조직적합성복합 유사성이 혈연선택과 관련이 있는지도 결정해야 한다. 주조직적합성복합 대립유전자와 비MHC 대립유전자를 양쪽 모두 검증하고 분석해서 다양성이나 공통성과 관련된 선택이 있었는지도 살펴보아야 한다. 검증에는 불일치와 다양성에 대한 개인의 선택을 조사하는 것도 포함되어야 한다. 성사회적 지향, 피험자가 여성일 경우 배란 주기, 경구 피임 여부도 변수에 포함시켜야 한다. 이러한 변수를 체계적으로 반영한다면 주조직적합성복합이 배우자 선택, 혈연인식, 혈연선택에 어떠한 영향을 미치는지를 밝히는 데 많은 도움이 될 것이다.

건강, 표현형 질과 유전자형 질을 나타내는 성적 이형의 단서

성과 관련된 단서는 누구라도 예측할 수 있을 정도로 남녀가 유별하지만, 성적 이형성의 형질들은 남녀 모두의 상대적인 사회적 가치를 보여주는 단서가 된다. 형태적 형질의 차이는 특정한 영역에서 사회적 가치의 높고 낮음과 관련이 있으며, 그 중요도는 대개 지역의 맥락에 달려 있다. 그에 따라 우리의 매력 평가 심리는 지역 환경의 특징에 기초해서 이러한 형질들을 다르게 평가한다. 추가적인 성장과 번식 간의 맞거래는 남녀의 적합도에 일생 동안 중대한 영향을 미친다. 우리는 최적의 맞거래 지점을 형식적으로 모델화해서 검증할 수 있으며, 이 모델에는 이를테면 식습관, 노동량, 스트레스, 출산 간격, 특정 연령대의 외인성 사망위험 같은 변수가 포함될 것이다(Hill & Hurtado, 1996). 개인과 개인의 조건은 모두 달라서 어떤 사람은 번식할 때까지 성장에 더 많게 투자하거나 적게 투자할 수 있고, 어떤 사람은 최적량을 투자할 수가 있다. 그로 인해 환경 및 사회적 단서를 사용하는 매력 평가 기제가 진화해서, 키, 신체 크기, 근육 발달, 지방 분포 같은 다양한 성적 이형 형질을 지역적으로 선호할 수 있게 된다.

힘(근력)　　포유류 수컷은 암컷보다 번식 성공도의 분산이 크기 때문에 일반적으로 성 내 경쟁이 치열하고, 이에 걸맞게 몸집이 크거나 무기를 갖고 있다. 암컷이 강한 수컷과 차별적인 짝짓기를 할수록 이런 형질이 더 강하게 선택된다. 근육과 지방량으로 드러나는 인간의 성적 이형성은 신체 크기에서 드러나는 전반적인 이형성보다 훨씬 크게 표출된다. 남성은 여성보다 팔 근육량은 75% 이상, 다리 근육량은 50% 이상, 전체 근육량은 61% 이상 더 많고, 상체의 힘은 90%, 하체의 힘은 60%나 더 센데(Lassek & Gaulin, 2009). 이는 성 내 선택이 근육 조직을 강하게 선호한다는 것을 가리킨다(Puts, 2010; Sell, Hone, & Pound, 2012). 반대로 여성은 남성보다 지방 저장량이 더 많으며, 주로 엉덩이와 허벅지 부분 그리고 젖가슴에 지방이 축적된다. 이 때문에 전체 체질량(몸무게)의 이형성이 많이 상쇄되는데, 말로(2012)는 인간의 유효성비가 전체적인 체질량으로 추산한 수치보다 높다는 사실을 알아냈다.

이 형질들의 중요성은 남성의 상대적인 힘과 싸움 능력을 평가하는 적응에 반영되어 있다. 미국 대학생과 치마네족 식량 수집−원예농의 경우 양쪽 모두 신체, 얼굴, 음성의 특징에 기초해서 지각한 힘은 키와 몸무게를 통제하고 조사한 실제의 힘과 높은 상관성을 나타냈다(Sell, Cosmides, et al., 2009; Sell et al., 2010). 남성이 가지고 있는 힘의 단서에는 상체 근육조직, V형 몸통, 광대뼈 구조의 너비와 관련된 얼굴 가로세로 비율(fWHR)(예를 들어, Windhager, Schaefer, & Fink, 2011; Zilioli et al., 2014), 목소리의 기본적인 주파수와 그 밖의 특징이 포함된다(예를 들어, Hodges-Simeon, Gaulin, & Puts, 2011; Hodges-Simeon, Gurven, Puts, & Gaulin, 2014; Puts, Apicella, & Cárdenas, 2011). 나이, 결혼 여부, 체질량지수(BMI)를 통제했을 때 체지방량(FFM)과 팔다리근육량(LMV)을 보면 남성이 자기 보고하는 섹스 파트너의 수와, 미국보건영양조사(NHANES)의 표본에 포함된 남성의 첫 경험 연령을 알 수 있다(Lassek & Gaulin 2009; see also Gallup, White, & Gallup, 2007). 힘은 싸움 능력과 관련이 있으며, 싸움을 잘하는 사람은 쉽게 화를 내고, 공격성을 드러내며, 타인으로부터 더 나은 대우를 받을 자격이 있다고 느낀다(Archer & Thanzami, 2007; Hess, Helfrecht, Hagen, Sell, & Hewlett, 2010; Petersen, Sznycer, Sell, Cosmides, & Tooby, 2013; Sell et al., 2010; Sell et al., 2012; Sell, Tooby, et al., 2009).

남성 수렵채집인은 수명주기 중 힘이 정점에 달하는 시기가 사냥수익률이 정점에 달하는 시기보다 이르지만, 신체 크기와 힘은 번식능력에 영향을 미치는 것으로 보인다. 예를 들어, 아체족, 하드자족, 치마네족은 신체의 크기가 궁술의 정확도와 관련이 있었다(Blurton Jones & Marlowe, 2002; Gurven et al., 2006; Walker et al., 2002). 하드자족의 경우 사냥 능력을 알 수 있는 가장 일관된 예측변수는 상체의 힘이었고, 신체가 더 강한 남성의 번식에 성공할 가능성이 가장 높았다(Apicella, 2014; see also Gurven & von Rueden, 2006).

근육량이 늘어날수록 필요 에너지량이 크게 증가하므로, 근육 조직이 너무 많으면 고대한 비용이 든다. 예측한 바와 같이, 미국 여성을 표본으로 한 집단에서 근육 조직과 성적 매력 사이에 역U자형 관계가 나타났다(Fredrick & Haselton, 2007). 인간은 테스토스테론 수치가 높을수록 근육량이 증가하고 유지되는데, 이는 면역력과 맞거래를 하는 것으로 보인다. 하지만 표현형 상태가 좋은 남성은 테스토스테론과 면역력을 동시에 더 잘 감당하고, 이 표현형 상관관계로 맞거래를 은폐할 수 있다. 예를 들어, 렌탈라Rentala 등(2012)은 높은 테스토스테론 수치가 얼굴 매력과 관련이 있고, (코르티솔 수치로 나타나는) B형 간염 백신에 잘 반응하는 것과도 관련이 있음을 알아냈다. 3차 미국보건영양조사에서는 근육이 많이 발달한 남성이 CRP(C-반응성 단백질)와 백혈구 수치가 낮게 나타났는데, 이는 더 많은 양의 테스토스테론이 맞거래되었음을 의미한다(Lassek & Gaulin, 2009). 이 사실은 테스토스테론이 면역상 핸디캡이라는 가설의 근거로 해석될 수도 있다(Hamilton & Zuk, 1982). 하지만 CRP는 급성기 반응물질이어서 감염되지 않은 경우에는 혈액 내에서 0에 가까운 수치가 나타나야 하고, 따라서 진화와 관련이 있고 병원체가 많은 환경에서 CRP 수치는 만성적으로 높지가 않기 때문에(Blackwell et al., 2010; MaDAde et al., 2012) 결국, 미국보건영양조사의 표본에서 체지방량과 내장지방량이 높게 나타난 남성은 CRP를 측정한 시기에 감염됐을 가능성이 낮거나 만성적인 염증을 갖고 있을 가능성이 낮고, 이것이 건강한 상태를 반영할 수 있다. 이와 유사하게 백혈구 수치도 감염에 반응해서 증가한다. 병원체에 대한 면역 기능의 발달과 활성화, 에너지 가용성의 패턴은 수렵채집인 개체군마다 다르기 때문에, 근육량 투자와 면역력 투자의 관계를 파악하기 위해서는 더 직접적인 연구가 필요하다.

다수의 수컷과 다수의 암컷으로 구성된 영장류의 경우에 수컷은 단독생활을 하는 수컷이나 다른 연합체가 암컷 무리에게 성적으로 접근하는 것을 막기 위해 연합을 형성한다. 인간은 크고 강력하고 공격성이 뛰어난 이들과 동맹을 맺음으로써 연합 공격과 협력 사업에서 이득을 누리는 경향이 있다. 그러나 동맹과 협력 파트너라 해도 여성들과의 짝짓기 경쟁에서는 잠재적 경쟁자다. 강한 사람과 동맹을 맺을수록 잠재적인 성 내 경쟁자가 그만큼 강해진다. 근육이 많은 남성은 짝외 파트너를 확보할 확률과 더 많은 짝외 파트너를 가질 확률이 높을 뿐 아니라, 성적으로 매력이 있다고 여겨진다(예를 들어, Fredrick & Haselton, 2007). 또한 힘이 센 남성은 자신의 이익을 위해 물리력을 행사하고 그런 행위를 승인할 가능성이 높다(Sell et al., 2009). 이러한 문제에 대응해서 남성은 가까운 동맹끼리는 경쟁을 규제하는 적응을 진화시킨 것으로 보인다. 남성의 테스토스테론은 외부 연합체와의 경쟁에서 승리할 때는 상승하지만, 친구와의 경쟁에서 승리할 때는 상승하지 않는다. 게다가 가임기의 여성을 만날 때 남성의 테스토스테론은 대체로 증가하지만, 그 여성이 친구의 배우자일 때는 수치가 감소한다(Flinn et al., 2012).

572

여성은 남성이 우월한 신체 크기와 힘을 강압적으로 행사할 위험에 노출되어 있다. 남성이 단기적 짝짓기의 비용을 줄일 수 있는 한 방법은 착취당할 만하다는 단서를 드러내는 짝을 고르는 것이다(Buss & Duntly, 2008; Goetz, Easton, Lewis, & Buss, 2012). 이는 남성이 여성의 무력함 또는 연약함과 관련된 단서에 끌리는 이유를 설명해준다. 여성은 이 문제를 해결하는 한 방편으로, 다른 남성의 보호를 받는다(예를 들어, Buss & Schmitt, 1993; Scalise Sugiyama, 2014). 크고, 강하고, 지배적인 남성을 자식의 아버지로 선호하는 여성은 그런 남성과 동맹을 맺음으로써 직간접으로 이득을 얻는데, 아들과 딸이 아버지의 형질을 물려받는 것도 여기에 포함된다(Cashdan, 2008). 반면에 자식 투자의 능력과 의지를 드러내는 남성을 선호하는 여성은 더 많은 자식을 끝까지 양육할 수 있다. 각 선호에 수반되는 비용은 지역 자원의 제약, 집단 내/집단 간 갈등의 강도, 유효성비에 따라 결정되고, 가정 폭력과 처자 유기의 위험으로 나타난다. 인간의 경우, 남성 연합체 안에서 짝짓기 갈등을 줄이는 적응이 있어서, 특히 집단 간 갈등이 심할 때에는 집단 내 짝짓기 갈등의 강도를 조절할 수가 있다(Flinn et al., 2012). 특수한 제약 안에서 진화적으로 안정된 전략의 혼합을 예측하기 위해서는 이런 맞거래의 형식적 모델화가 필요한데, 성 내 경쟁대 여성의 배우자 선택에서 테스토스테론이 중재하는 형질들의 상대적 중요성도 고려해야 한다(예를 들어, Puts et al., 2011). 갈수록 증가하는 증거에 따르면, 남성의 안드로겐과 관련된 형질들과 성적으로 매력이 있다고 느껴지는 형질들의 조합과 정도는 문화에 따라 약간씩 다를 수 있고(Blackwell & Sugiyama, 2008; Hodges-Simeon et al., 2011; Windhager et al., 2011), 선호되는 정도도 다를 수 있다(Scott et al., 2014).

키 인간은 싹슬이년기가 끝날 때까지 기초대사량, 활동량, 면역 기능, 성장 간의 맞거래에 여러 번 직면한다. 성인의 키는 유전되기도 하지만, 영양 상태, 병원체 노출, 면역 기능이 성장에 할당되는 에너지양에 영향을 미친다. 생계형 사회에서 몸집이 큰 남성은 몸집이 작은 남성보다 어렸을 때 영양 상태가 좋았고, 기생체와 질병이 적었으며, 심리적 스트레스가 적었고/적었거나 신진대사가 좋았다. 하지만 이미 언급듯이, 키보다는 몸무게(주로 남성의 근육과 여성의 지방)가 우선시된다(예를 들어, Blackwell et al., 2009; Urlacher et al., 2014).

게다가 여성의 성장은 제한적이다. 여성은 번식이 시작될 때 키 성장이 끝난다. 번식과 키에 동시에 소요되는 에너지 비용이 너무 과도하기 때문이다(예를 들어, Walker et al., 2006). 여성의 경우 번식 전에 키가 더 자랄 때 누릴 수 있는 적합도 이익으로는, 추후 번식의 노력을 위해 신체 자원을 비축하는 것(Jousilahti, Tuomilehto, Vartiainen, Eriksson, & Puska, 2000), 자식의 사망률이 낮아지는 것(Allal, Sear, Prentice, & Mace, 2004), 어머니와 유아의 사망률이 낮아지는 것이 있다. 여성이 엉덩이와 허벅지에 지방이 많으면 생식력이 높으며, 키가 큰 여성은 골반이 넓고, 출산이 수월하고, 신생아의 체중이 더 높다(Kirchengast, Hartmann, Schweppe, & Husslein, 1998; Martorell, Delgado, Valverde, & Klein, 1981; Rosenberg, 1992; Rosenberg & Trevathan, 2002). 이른 번식을 하면 번식 전 사망 위험이 낮아지고, 번식할 수 있는 수명이 늘어날 수 있는 이점이 있기 때문에, 사망률이 높고 자원이 제한된 인구 집단의 여성들은 성인의 몸 크기를 향해 빠르게 성장한다(Hill & Hurtado, 1996; Walker et al., 2006).

성인의 키는 유전적 요인의 영향과 함께, 발달 자원에 접근하는 정도와 시기, 신진대사 효율, 사망 위험, 병원체 노출과 관련된 생활사 맞거래의 영향을 받는다(예를 들어, Blackwell et al., 2010; Urlacher et al., 2014, Walker et al., 2006). 키가 크면 생체역학상 이점이 많아진다(Samaras, 2007). 예를 들어, 스포츠 경기에서는 장신의 엘리트 운동선수가 중거리 달리기, 수영, 높이뛰기에 유리하다. 반면, 키가 큰 사람이 소요하는 총 에너지양, 그리고 30초 남짓 최고의 수행 능력을 발휘하는 유산소 운동과 힘든 노동을 할 때 체온 조절과 탈수 증세를 보면 키가 큰 것이 분명 불리하게 작용한다. 그리고 지역 환경에 따라 이동이 더 어려울 수도 있다. 예를 들어 열대우림에서 수렵채집을 할 때 키가 큰 사람은 키가 작은 사람보다 장애물(예를 들어, 낮게 깔린 덩굴식물, 나뭇가지)을 많이 만난다(Hill & Hurtado, 1996).

남성의 힘이 갖고 있는 영향력도 크지만, 키 또한 싸움 능력—목적을 달성하기 위한 기본적인 능력—을 지각하는 데 상당한 영향을 미친다(Sell et al., 2009). 키는 힘, 지위와 양의 상관관계가 있으며 실제로 싸움 능력과도 관련이 있지만, 결과는 복합적이다(예를 들어, Carrier, 2011; von Rueden et al., 2008; Sell et al., 2012). 키가 큰 남성은 공격적인 행동을 더 자주 한다(Archer & Thanzami, 2007). 자기보고식 측정 결과에 따르면, 키가 큰 남성은 자존감이 높고, 지배적인 행동을 더 많이 한다고 지각되고, 실제로도 그런 행동을 보이며, 다른 남성의 지배성과 관련된 단서에 덜 민감하고, 더 지적이라고 지각되고, 협상 실험에서 영향력을 더 크게 발휘한다(예를 들어, Gawley, Perks, & Curtis, 2009; Judge & Cable, 2004; Watkins et al., 2010). 또한 키가 큰 남성은 키가 작은 남성에 비해 지배적인 경쟁자에게 질투심을 적게 느낀다(Buunk et al., 2008). 하지만 싸움 능력, 지위, 무력에 대한 긍정적 태도와 실제 무력행사, 분노 표출(2008 Sell et al., 2012) 등을 지각할 때, 힘이 더 강력한 예측변수이므로 궁극적으로는 힘의 영향력을 통제한 상태에서 이러한 결과와 키 사이의 상관관계를 재고해야 한다.

짝으로서 남녀 모두 일반적으로 여성보다 남성이 키가 큰 것을 선호한다. 그리고 남성은 자신보다 키가 작은 사람을 파트너로 삼는 경향이 있다(예를 들어, Courtiol, Raymond, Godelle, & Ferdy, 2010; Salska et al., 2008). 키는 남성에 대한 매력 평가와 관련이 있으며, 여성은 배란 주기 중 가임(난포) 단계에 키가 큰 남성을 상대적으로 더 선호한다(예를 들어, Pawlowski & Jasienska, 2005). 설문조사에 따르면 평균보다 키가 큰 남성은 키가 작거나 평균에 속하는 사람보다 데이트 상대와 배우자로 선호됐고(예를 들어, Buss & Schmitt, 1993; Fink, Neave, Brewer, & Pawlowski, 2007), 배우자가 더 매력적이고(Feingold, 1982), 결혼했을 확률이 더 높다(Pawlowski et al., 2000). 또한 개인 광고를 분석한 결과, 키 선호를 밝힌 여성의 80%가 남성이 183센티미터 이상이기를 바랐다(Salska et al., 2008). 키가 큰 남성이 낸 광고에 응답이 더 많고(Pawlowski & Koziel, 2002), 키가 큰 남성은 스피드 데이트 자리에서 더 호감 가는 상대로 평가받는다(Kurzban & Weeden, 2005). 여성은 심지어 정자기증자를 고를 때도 키를 고려하는 것으로 보인다(Scheib, 1997; Scheib, Kristiansen, & Wara, 1997). 하지만 시어Sear와 말로Marlowe(2009)에 따르면 식량을 수집하는 하드자족은 남편감을 고를 때 남성의 큰 키를 선호하지 않는다고 한다. 그러나 너무 단신/장신일 경우에는 남녀 모두 건강 문제와 관련 있다(Mueller & Mazur, 2001; Nettle, 2002a).

남성의 키와 번식 성공도의 관계는 복합적이다. 스털프Stulp, 폴레Pollet, 베르훌스트Verhulst, 빙크(2012)는 키가 번식 성공도에 영향을 미치지 않는다고 주장하는 연구, 긍정적인 영향을 미친다고 주장하는 연구, 부정적인 영향을 미친다고 주장하는 연구가 있음을 발견했다. 하지만 저자들은 이 연구들이 남성의 전체적인 번식 경력을 반영하지 않았고, 키가 번식 성공도에 미치는 곡선 효과를 시험하지 않았다고 지적한다. 곡선형 효과는 남성의 키와 번식 성공도를 분석한 몇몇 연구에서 밝혀졌다. 스털프 등(2012)은 평균키에 속하는 남성이 더 일찍 결혼을 하며, 이것이 그들의 번식 성공도가 더 높은 이유일 수 있음을 발견했다. 하지만 연구자들은 여러 연구(자신들의 연구를 포함해서)에서 짝외관계나 혼외관계의 번식은 논외였다고 지적한다. 키가 큰 남성의 번식 성공도가 특별히 높은 이유가 여기에 있을 수도 있다. 또한 상대적으로 키가 큰 남성은 짝짓기 시장에서 획득할 수 있는 배우자 수에서도 여러모로 유리하다(Pawlowski et al., 2000; Pawlowski & Koziel, 2002).

키 선호는 배우자 선택에 국한되지 않는다. 소규모 사회(Brown, 1991)와 국가 사회(Stulp, Buunk, Verhulst, & Pollet, 2013)에서 연합의 리더십과 키는 연관성이 있는 듯하다. 그 연관성이 힘의 산물일 수도 있지만 말이다. 예를 들어, 폰 뤼덴von Rueden 등(2014)은 치마네 부족사회 두 곳에서 관대함 같은 다른 요인들 외에 힘은 리더십과 관련이 있지만 키는 그렇지 않음을 밝혀냈다. 미국 대선에서는 키가 큰 후보자가 당선될 확률이 높아서 득표차와 키는 양의 상관관계를 보인다(McCann, 2001; Stulp et al., 2013). 상원의원과 최고경영자는 일반적인 미국인보다 키가 더 크다(Etcoff, 1999; Keyes, 1980). 뿐만 아니라 현대 사회에서는 키와 사회경제적 성공 사이에 양의 상관관계가 있는 듯하다(예를 들어, Bielicki & Szklarska, 1999; Deaton & Arora, 2009). 흥미롭게도, 뮐러와 머주어(2001)는 1950년도의 육군사관학교 졸업생들을 표본으로 연구해서, 키가 평생의 번식 성공도에 유의미한 간접적 영향을 미친다는 사실을 알아내긴 했지만, 키와 지위(최종 군사 계급) 또는 키와 사회경제적 성공 사이에는 관련성이 없음을 발견했다. 하지만 육군사관학교 졸업생 집단은 키뿐만 아니라 키와 공변화하는 성공의 결정 요인이 일반적인 개체군에 비해 더 동질적이다.

산업화된 사회의 개체군을 사용해서 키 선호를 연구하는 것은 몇 가지 면에서 문제가 있다. 예를 들어, 육군사관학교 졸업생 표본에서 키가 큰 남성의 번식 성공도가 더 높은 것은 배우자 선택(여성의 선택) 때문이기도 한데, 이들은 더 젊고 생식력이 있는 아내와 재혼 가정을 꾸릴 확률이 높았다. 저자들은 이 표본에서 배우자의 방향성 키 선택이 비제약으로 되어 있는 듯하다고 결론짓는다. 하지만 식량 수집 조상들이 분명 경험했을 음식 및 건강상의 강한 제약과 키의 맞거래를 육군 장교가 경험했을 리 만무하다. 또 다른 연구에서는 평균보다 큰 영국 남성이 동거하는 파트너 수가 많고, 아이가 없거나 무의미한 짝짓기 관계를 맺었을 가능성이 낮게 나타났으나(Nettle, 2002a), 총 자녀수와 키의 연관성은 나타나지 않았다. 하지만 그 남성들은 생식 기능이 아직 끝나지 않았고, 피임 수단을 쉽게 사용할 수 있었다. 언제라도 피임이 가능한 현대 사회에서 조상들과 동일한 조건일 때 선호와 번식 성공 사이의 상관관계를 잘 알려주는 지표는 번식 성공도 그 자체라기보다 섹스 파트너 수라고 볼 수 있다.

남성의 신체 크기가 공격적 위압성과 양의 상관관계가 있지만 비용이 많이 들 경우에, 선택은 상황에 민감한 평가 기제를 선호하는 쪽으로 작동해서, 성 내 경쟁이 심해질수록 남성의 키와 힘에 대한 선호가 더욱 강해질 것이다. 키가 큰 남성에 대한 선호는 자원 스트레스에 따라 달라진다. 키가 큰 남성은 크게 자라는 비용을 감당할 수 있었고, 상대적 키는 발달상의 표현형 형질을 나타내는 신호를 보여주는 신호인 것은 사실이다. 하지만 어느 정도 자원 제약이 있는 상황에서는 큰 몸집을 유지하는 에너지 비용과 사망 비용이 커져서 표현형 질을 알리는 이익을 초과할 수 있다. 이는 키와 매력 사이에 역U자형 상관관계가 있다는 연구결과와 일치한다. 호미니드의 진화에는 분명 자원이 극도로 부족한 시기가 포함되므로 키를 평가하는 적응에는 이 맞거래가 충분히 반영되어 있을 것이다.

연구결과에 따르면, 남성이 선호하는 파트너의 키는 평균 이하부터 평균 이상까지 전 구간에 퍼져 있다(예를 들어, Grammer et al., 2002; Hensley, 1994; Swami et al., 2008). 이 또한, 남성의 선호와 여성의 키가 역U자형 상관관계를 보이는 동시에 남성이 평균보다 약간 크지만 자기보다는 작은 여성을 선호하기 때문일 것이다 (Courtiol, Picq, Godelle, Raymond, & Ferdy, 2010; Courtiol, Raymond, et al., 2010). 남성이 선호하는 파트너의 키는 평가자 본인의 키에 따라 달라진다(예를 들어, Fink et al., 2007; Salska et al., 2008; Swami et al., 2008). 예를 들어, 폴란드의 대규모 표본에서, 본인이 선호하는 본인과 파트너의 키 차이는 평가자 본인의 키에서 부분적으로 영향을 받았는데, 키가 큰 남성과 키가 작은 여성은 파트너와 키 차이가 많이 나는 것을 선호했고 그 결과 유효한 짝짓기풀의 크기가 늘어났다(Pawlowski, 2003). 그러나 여성이 배란 주기 중 가임 단계에 이르렀을 때와 단기적 연인관계에서는 본인의 키와 관계없이 키가 큰 남성을 더 선호했다(Pawlowski & Jasienska, 2005). 일반적으로 키가 평균보다 작거나 평균인 여성이 키가 큰 여성보다 번식 성공도가 높다는 보고가 있지만(예를 들어, Mueller, 1979; Nettle, 2002b), 개체군들 사이에 변이가 존재한다(예를 들어, Stulp et al., 2012).

시어(2010)는 피임을 하지 않고 자연출산을 하는 감비아의 여성들을 조사해서, 성적으로 성숙하는 나이와 성장 사이에 예상대로 맞거래가 이루어진다는 것을 확인했다. 즉, 키가 큰 여성은 (성장하느라) 늦은 나이에 초산을 하지만, (건강해서) 자식의 사망률이 더 낮았다. 이 연구는 여성의 키가 결혼 패턴, 이혼, 또는 배우자 키와 무관하다고 밝혔다. 성인 여성이 극도로 단신인 구간과 극도로 장신인 구간에서 사망률이 높았지만, 키와 번식 성공도 사이에 양의 상관관계가 있음을 부정할 정도는 아니었다. 또한 키와 짝짓기 사이에 양의 상관관계가 있다는 증거도 나타나지 않았는데, 이는 이 인구 집단에서 남성이 중매결혼을 할 때 여성의 키는 중요한 조건이 아니라는 것을 가리킨다. 그렇지만 저자들은 남성의 선호 자체를 시험하지 않았으며, 일부다처제의 이 사회에서는 키 큰 여성을 아내로 고를 때의 상대적 이점이 다수의 배우자를 얻으려는 욕구로 상쇄될 수 있다고 지적한다.

네틀Nettle(2002b)은 영국 어린이발달연구NCDS: National Child Development Study의 데이터를 이용해서, 여성 본인이나 남편의 사회경제적 지위를 통제했을 때 23세 때의 상대적 키와 42세 때의 번식 성공도 사이에 약하지만 대단히 유의미한 역U자형 상관관계가 있음을 알아냈다. 여성의 번식 성공도가 가장 높은 구간은 평균값 아래 표준 편차 0.7에서 1.7 사이였다. 키가 평균에 속하는 여성은 결혼 횟수나 장기적 배우자의 수가 가장 많았고, 장기적 배우자 관계를 한 번도 갖지 않았을 가능성이 가장 적었다. 네틀은 또한 성적으로 성숙하는 나이와 성장 사이에 예상대로 맞거래가 이루어지며, 키가 큰 여성은 번식하는 시기가 늦다는 것을 확인했다. 그러나 표본으로 삼은 개체군은 언제든지 호르몬 피임법을 이용할 수 있었고, 관찰된 모든 키에 비해 평균 생식력이 낮았기 때문에, 키가 큰 여성의 늦은 초산으로 그들의 낮은 번식 성공도를 설명할 순 없었다. 예상한 것처럼 선호되는 여성의 키는 (경미한) 사회생태적 위험에 따라 달라지는 것으로 보인다. 페티존Pettijohn과 융베르그Jungeberg(2004)는 경

제적 스트레스(평가자가 지각한 생태적 위험과 공변화하는 것으로 예측되는)의 연간 지표
와 올해의 플레이보이 플레이메이트들의 키 사이에 양의 상관관계가 유의미하게 나
타난다는 사실을 발견했다.

체형: 허리 대 엉덩이 비율   싱Singh(1993a, 1993b)은 허리 대 엉덩이 둘레WHR:
Waist-to-Hip Ratio[5]가 여성의 배우자 가치를 가리키는 잠재적 단서라고 말했다. 사춘기
에 에스트로겐은 허벅지, 둔부, 엉덩이에 지방 침착을 자극하고, 여성의 골반이 넓
어지는 과정에도 관여한다. 안드로겐 프로필은 남성의 복부에 지방을 침착시킨다.
그 결과, 사춘기가 지나면 허리-엉덩이 비율에 성 차이가 생기는데, 서양 여성의 정
상적인 허리-엉덩이 비율은 최대 0.7, 남성의 허리-엉덩이 비율은 최대 0.9로 나타
난다(Singh, 1993a). 허리-엉덩이 비율이 평균에 속하는 여성(0.67~0.80)은 전체 체
지방량에 관계없이 1차성 불임과 몇몇 건강 문제(예를 들어, 심혈관 질환, 뇌졸중, 당
뇨, 여성암)를 겪을 위험이 적다. 하지만 1차성 불임을 제외하고 허리-엉덩이 비율
이 높은 여성과 관련된 건강상의 위험은 대부분 새로 진화한 것들로 보인다(Lassek
& Gaulin, 2008; Sugiyama, 1996, 2005). 임상 연구에서 허리-엉덩이 비율이 낮은 여
성은 생식력이 유의미하게 높게 나타났지만, 라섹Lassek과 골린Gaulin(2008)이 지적한
바와 같이, 임상 연구는 대개 임신을 시도하는 나이 많은 여성을 대상으로 한다. 그
럼에도 야시엔스카, 지옴키에비츠, 엘리슨, 립슨, 순(2004)이 영양 상태가 좋은 폴란
드 농부들을 조사하자, 허리-엉덩이 비율이 낮고 가슴이 큰 여성이 표본 중에서 다
산성이 가장 높은 4분위수quartile를 차지했고, 에스트라디올 수치상 나머지 여성보다
임신 확률이 세 배 높았다.
　　싱(1993a, 1993b)은 전체 체지방량에 대한 선호와 상관없이 남성은 허리-엉덩이
비율이 최대 0.7인 여성을, 여성은 허리-엉덩이 비율이 0.9인 남성을 선호하도록 짝
짓기 기제가 선택되었다고 발표했다. 여성의 경우 허리-엉덩이 비율은 성별, 생애
단계, 출산 경력, 임신의 단서가 될 수 있다. 또한 시대와 문화 전반에 걸쳐 허리-엉

5　정확히 따지면 '엉덩이 대 허리 비율'이지만, 관련 분야에서 통용되는 용어를 따랐다. 이하
　에서는 허리-엉덩이 비율로 약기함(옮긴이).

덩이 비율과 관련된 평가 및 선호 심리를 뒷받침하는 확실한 증거가 드로잉, 표준화된 신체 사진, 눈 방향 탐지, 고문서 자료를 이용한 여러 연구에서 발견된다.

허리—엉덩이 비율이 매력과 무관하다고 보고한 연구는 세 건에 불과하다. 유Yu와 셰퍼드Shepard(1998), 웨츠먼Wetsman과 말로(1999)는 몸무게를 세 단계(상, 중, 하), 허리—엉덩이 비율을 네 단계(0.7, 0.8, 0.9, 1.0)로 설정한 싱의 여성 그림 12장 중 일부만 사용했다. 허리—엉덩이 비율을 0.7, 0.9 두 가지로만 나타낸 드로잉이었다. 이후에 하드자족을 대상으로 한 연구(Marlowe & Wetsman, 2001)에서는 허리—엉덩이 비율의 범위를 넓혀 0.4부터 1.0까지 사용했다. 모든 경우에 남자들은 몸무게가 많이 나가는 사람을 선호했고, 허리—엉덩이 비율의 효과는 나타나지 않았다. 하드자족 남성이 몸무게가 많이 나가는 사람을 선호하는 성향은 확실했고, 허리—엉덩이 비율과 몸무게 간의 자극 교란이 잠재했더라도 몸무게가 많이 나가는 사람에 대한 선호의 효과가 허리—엉덩이 비율을 압도했을 것이다. 게다가 마치구엔가 지역의 경우에는 제시된 허리—엉덩이 비율 중 가장 높은 것이 그 인구의 평균치였다. 나중에 말로, 애피셀라Apicella, 리드Read(2005)는 피험자에게 엉덩이 신전근이 보이는 인물의 측면을 보여주었을 때, 남자들은 허리—엉덩이 비율이 낮은 사람을 선호했다. 스기야마(1996, 2004b)는 쉬위아르 수렵채집—원예농이 몸무게가 많이 나가는 사람을 선호하지만, 몸무게를 철저히 통제했을 때는 허리—엉덩이 비율이 낮은 사람을 뚜렷이 선호했으며, 허리—엉덩이 비율의 높고 낮음은 인구 집단의 여성 평균에 따라 분류되었다고 밝혔다(논의를 위해 스기야마, 2005를 보라).

어떤 연구자들은 허리—엉덩이 비율이 신체적 매력 차이를 유발하지 않으며, 주로 체질량지수(BMI: 몸무게[kg]를 키[m]의 제곱으로 나눈 값; 예를 들어, Cornelissen, Tovée, & Bateson, 2009; Tovée, Maisey, Emery, & Cornelissen, 1999)의 부산물이라고 주장한다. 그러나 부산물이라고 보는 주장은 표면타당도가 부족하고 면밀히 살펴볼 때 유효성이 떨어진다. 키 192센티미터, 몸무게 83킬로그램인 윌리엄 왕자는 키 170센티미터, 몸무게 60킬로그램(경기당일 측정 몸무게)인 론다 로우지Ronda Rousey—UFC 밴텀급 여성 챔피언이자 《스포츠일러스트레이티드Sports Illustrated》의 수영복 모델—의 체질량지수와 기본적으로 동일하다. 두 사람의 몸을 보면서 성적 매력이 동일한지를 확인해보라. 장담하건대, 대부분 그렇게 느끼지 않을 것이다. 실제 사람의 사진을 이용한 연구들은 배우자 가치와 관련된 허리-엉덩이 비율의 진화적으로 유효한 범위를 작은 부분만 제시했다. 기본적으로 사진들은 한쪽 성의 인물을, 일차성징이나 이차성징과 함께 보여줬다. 예를 들어, 사진 속의 여성들은 생식력이 가장 높은 연령대의 평균 나이에 속하고, 출산 경험이 없거나 적었다. 이렇게 하면 피험자에게 제시된 허리-엉덩이 비율의 분산이 크게 제한될 수밖에 없다(Sugiyama, 2005). 허리-엉덩이 비율은 인구별로 다르기 때문에 특정한 허리-엉덩이 비율에 대한 균일한 비교문화적 선호가 드러나는 대신에 남성은 그들이 접하는 보통 여성들보다 더 낮은 허리-엉덩이 비율을 선호하리라는 것이 나의 예측이었다(Sugiyama, 1996, 2004b). 게다가 남성에게 건강하고 섹시한 여성의 허리-엉덩이 비율 중 높은 범위에 노출되어 있는 남성은 여성의 허리-엉덩이 비율 중 낮은 범위에 노출되어 있는 남성보다 더 높은 허리-엉덩이 비율을 흡족한 기준으로 삼을 테고, 남성이 접하는 허리-엉덩이 비율의 자연적인 범위를 낮추면 그들이 표현하는 허리-엉덩이 비율 역시 적어도 이 적응의 반응 규격을 벗어나지 않는 한도에서 그만큼 낮아질 거라고 예측할 수 있다(Sugiyama, 1996, 2004b, 2005).

시먼스(1979)가 처음 제안한 이 일반적인 예측을 요즘 새로운 연구가 뒷받침하고 있다. 매력 평가는 그 단서의 지역적 분산 범위에 따라, 즉 여러 생태, 집단 또는 하위집단을 돌아다닐 때 만나게 되는 지역최적들에 따라 조정된다는 것이다(예를 들어, Kościński, 2008, 2012; Tovée, Swami, Furnham, & Mangalparsad, 2006). 과거의 연구에서는 《플레이보이》 모델과 여배우들의 허리-엉덩이 비율이 보통 최대 0.68임을 입증했지만, 사람들이 선호하는 절대적인 허리-엉덩이 비율에는 변이가 있다. 예를 들어, 보라첵Voracek과 피셔Fisher(2002)는 시간이 흐를수록 《플레이보이》 모델의 허리-엉덩이 비율이 줄어든다는 것을 보여주었으며, 루벤스의 그림에 등장하는 여성들의 허리-엉덩이 비율은 평균 0.78이다(Swami, Gray, & Furnham, 2007). 그 밖에도 페티존과 융베르그(2004)는 체형의 변화와 사회경제적으로 어려운 시기가 서로 관련되어 있으며, 그런 시기에는 올해의 플레이메이트들이 더 무겁고 허리와 허리-엉덩이 비율 수치가 높다는 것을 보여주었다.

선호는 선택지에 따라 조절되기도 한다. 이 원칙은 '마감 시간 효과(closing time effect. 술집이 문 닫는 시간에 가까워질수록 술 섭취량에 관계없이 매력에 대한 기준이 낮아져서 평가자가 지각하는 매력이 높아지는 현상'로 드러나는데, 대단히 매력적인 여성을 보면 남성의 관계 만족도와 여성의 신체상[6]에 각각 부정적인 효과가 발생한다(예를 들어, Kenrick, 2011). 하지만 시각적으로 노출된 적이 없더라도 남성은 허리-엉덩이 비율이 상대적으로 낮은 여성을 선호하는 것이 분명하다. 예를 들어 시각 장애를 안고 태어났거나 나중에 시각 장애가 생긴 남성 모두 허리-엉덩이 비율이 낮은 마네킹의 체형을 선호했다(Karremans et al., 2010).

나(2005)는 여러 해부학적 특징이 허리 및 엉덩이 둘레와 관련이 있기 때문에 정밀한 형태 수용기, 평가, 선호 기제들은 허리 대 엉덩이 둘레의 평가자만으로 이루어져 있지 않다고 주장했다. 그보다는 굴곡 탐지기, 각도 탐지기, 비율 그 자체 등 더 복잡한 형태-평가 기제들에 기초할 가능성이 높다. 허리-엉덩이 비율은 여러 차원의 형태로 이루어져 있으며, 여기에는 골격의 기능적 형태 및 체지방량과 관련된 요소도 포함된다. 따라서 허리-엉덩이 비율과 관련된 매력 평가는 관측 가능한 범위에 있는 여성의 허리-엉덩이 비율과 체지방량을 입력 정보로 사용하며, 이때 적응적 기제가 바탕이 되어 허리-엉덩이 비율의 주요 하부 구성요소에 대한 평가를 통합한다. 허리-엉덩이 비율의 하부 구성요소는 성별에 따라 기능해부학상으로 다음과 같은 데서 차이를 보인다. (a) 골반의 너비, 형태, 각도, (b) 둔부의 너비와 둘레, (c) 둔부 형태, (d) 엉덩이 신전, (e) 엉덩이 형태, (f) 허리 너비와 둘레, (g) 허리 형태, (h) 배 형태, (f) 골격 구조에 따른 복부 신전근, (g) 전반적인 성장과 발달상의 건강, 생체역학의 효율성과 관련된 골격 구조의 여러 측면—예를 들어, 어깨나 흉곽 너비, 골반부터 어깨까지의 거리, 장골(골반너비와 지방 축적을 평가하는 기준이 되는)의 길이(Sugiyama, 1996, 2004, 2005). 다음 절에서는 이 정보를 최신화하고, 내가 앞서 제기했던 예측이나 쟁점과 관련된 새로운 연구결과를 논의할 것이다.

중요한 성과 하나가 라섹과 골린(2008)에게서 나왔다. 여성은 엉덩이허벅지지방 GFF: gluteofemoral fat이 가장 먼저, 가장 많이 축적되며, 이 패턴은 다른 영장류에서는 발견되지 않는다고 그들은 지적한다. 엉덩이허벅지지방은 복부지방과 내장지방보다 장쇄다중불포화지방산LCPUFAs: long-chain polyunsaturated fatty acids이 더 풍부하다.

---

6 자기 자신의 신체에 관한 심상(옮긴이).

이 지방산은 태아와 유아의 뇌 발달에 필수적인데, 엉덩이허벅지지방이 그 주요 원천이다. 임신 후기와 수유기에 유아의 뇌 성장이 정점에 도달할 때까지 엉덩이허벅지지방은 쓰이지 않도록 보호를 받는데, 심지어 여성의 음식이 제한된 조건에서도 마찬가지다. 반대로 단기간에 에너지를 사용해야 할 때마다 복부지방이 먼저 동원되어 장쇄다중불포화지방산의 이용도를 떨어뜨린다. 뇌에 있는 장쇄다중불포화지방산은 주로 아라키돈산(ARA)과 오메가-3 도코사헥사에노산(DHA)이며, 뇌 무게의 약 20%가 DHA로 구성되어 있다. 모유 그리고 DHA 보충제와 식사섭취에 관한 연구들은 DHA가 인간과 동물의 인지 수행을 향상시켜준다는 사실을 보여준다(Cohen, Bellinger, Connor, & Shaywitz, 2005; Koletzko et al., 2008; Lassek & Gaulin, 2014; McCann & Ames 2005). 게다가 어릴 때 쌓인 엉덩이허벅지지방은 보충되지 않고, 혈류를 따라 순환하는 DHA처럼 출산을 할 때마다 그 양이 감소한다. 일부 연구에서는 자식의 인지능력이 출생 순서와 함께 떨어진다고 말한다. 반면에 허리-엉덩이 비율은 출산을 할 때마다 증가한다. 그래서 라섹과 골린(2008)은 여성 자신과 자식의 인지능력은 허리-엉덩이 비율과 음의 상관관계를 가진다고 예측했다. 뿐만 아니라 아직 발달 중인 여성이 번식을 하게 되면 자신의 뇌 발달, 엉덩이허벅지지방 침착, 태아의 뇌 발달에 필요한 요소들이 서로 경쟁 관계에 놓이므로 십대 어머니와 그들의 자식은 인지 발달이 손상되어 있을 수 있으며, 다만 허리-엉덩이 비율이 낮을 경우(즉, 장쇄다중불포화지방산 저장량이 많은 경우)에는 이런 현상이 완화되어 나타날 수 있다고 예측했다. 미국질병예방센터와 보건영양조사의 데이터 분석도 이러한 예측을 뒷받침하고 있다. 그들의 작업가설(연구가설)에 따르면, 인간의 뇌 크기는 선택에 의해 증가했기 때문에, 신경 발달에 필요한 자원을 공급할 때 늘어나는 비용을 감당하기 위해 여성의 적응에는 장쇄다중불포화지방산의 획득, 저장, 자식에게 배분하기가 포함되어 있다. 신경 발달에 필요한 자원들은 엉덩이와 허벅지 부위에 저장되므로 남성은 배우자를 고를 때 이 부분을 타깃으로 삼게 되었다. 허리-엉덩이 비율은 여성이 태아와 유아의 뇌 발달에 쓸 수 있는 장쇄다중불포화지방산 자원의 단서일 수 있기 때문이다. 흥미롭게도, DHA는 전전두피질에 특히 집중되어 있다고 알려져 있다. 전전두피질은 후기 호미니드의 뇌가 팽창할 때 가장 많이 커진 부위라는 가설이 있으며(예를 들어, Crawford et al., 1999; Van Essen & Dierker, 2007), 단기작업기억과 연상 기능에 중요하다.

또 한 번의 발전이 다음과 같은 사실을 밝혀주었다. 식사 에너지가 제한된 조건—인간이 진화했던 과거에 더 두드러졌던 조건—에서 여성은 번식을 위한 엉덩이허벅지지방 침착과, 식량 부족 및 기타 환경 스트레스요인을 완충하기 위한 복부 지방 침착의 요란한 맞거래에 직면한다. 이 맞거래는 코르티솔, 에스트로겐, 안드로겐 같은 스테로이드 호르몬이 얼마간 조절한다. 스트레스가 생기면 시상하부—뇌하수체—부신 축과 코르티솔 분비가 활성화되고, 축적된 에너지가 동원되어 스트레스원을 처리한다. 또한 스트레스는 앞으로 생길 스트레스원에 대비해서 복부에 축적되는 지방량을 변화시키고 그 결과로 허리—엉덩이 비율이 높아진다(Cashdan, 2008; Flinn & Ward, 24장, 1부).

다음과 같은 진화 시나리오가 가능하다. 이형 지방의 침착은 후기 호미니드의 뇌 크기와 함께 증가했기 때문에 여성의 배우자 가치를 구성하는 여러 요소의 단서가 되었고, 그 결과 허리—엉덩이 비율을 평가하고 선호하는 기제들이 진화해서 남성이 짝 고르기를 할 때 지방 침착을 표적으로 삼는 경향이 발생하거나 강화되었다. 엉덩이와 허벅지 부위에서 일어나는 지방 침착은 원래, 발정난 암컷 유인원의 성적 과시에 반응해서 수컷 영장류가 그 부위에 느낀 성적 관심과 평가, 그리고/또는 그 부위에 지방을 저장할 때 나오는 에너지 효율 및 구조적 효율성—특히 임신 기간에—에서 동력을 얻었을 것이다. 게다가 엉덩이—허벅지 부위의 지방 침착이 더 많이 선택되어 뇌 발달을 지원하고, 신체투자와 번식투자 간의 맞거래 때문에 지방 침착의 시기가 사춘기까지 연장되면서 허리—엉덩이 비율은 성, 여성의 번식 수명의 시작, 출산 경험을 가리키는 중요한 단서가 되었고, 이것이 허리—엉덩이 비율—평가 기제에 대한 선택압을 강화했다.

엉덩이허벅지지방 침착이 진화함에 따라 점차 허리—엉덩이 비율은 번식 가치의 발달 지표를 가리키는 단서가 되었다. 슈아르족과 쉬위아르족 329명을 표본으로 한 연구에서 여성의 허리—엉덩이 비율은 두 살 때 약 1.05를 기록하며 최고치에 올랐다가 열두 살 무렵에 평균 8.5로 떨어지는 선형 감소 패턴을 보였다(Sugiyama & Blackwell, 2008). 이 변화는 어릴 때 전개되는 체지방 침착의 우선순위를 반영한다. 즉, 아동기에 에너지 변동을 완충하고 기초대사량, 성장, 면역 기능, 활동 간의 에너지 변동을 맞거래하다가, 여자아이가 사춘기 근처나 사춘기에 이를 때 번식투자의 이름으로 엉덩이허벅지지방의 분배량을 크게 늘리는 것이다(예를 들어, Ellison, 2001; Lassek & Gaulin, 2008). 초기 연구에서는 체지방량이 초경 발생을 활성화한다고 주장했지만(예를 들어, Frisch&McArthur, 1974), 현재 대부분의 인간생물학자들은 초경이 총 체지방량이 아닌 골성숙과 관련이 있다고 인정한다(Ellison, 2001). 반면에 라섹과 골린(2007, 2008)은 미국영양보건조사의 데이터를 이용해서, 키나 장골보다는 엉덩이허벅지지방이 증가할 때 초경을 할 가능성이 높고, 허리둘레가 증가할수록 그 가능성이 낮아진다고 밝혔다. 슈아르족의 경우에는 여성의 허리-엉덩이 비율이 낮으면서 체지방량이 높은 시기에 번식 가치가 가장 높게 나타났다(Sugiyama & Blackwell, 2008). 또한 영양 상태가 좋은 폴란드 농부의 경우, 허리-엉덩이 비율이 낮고 가슴이 큰 여성의 에스트라디올 수치―임신 가능성과 관련된―가 그렇지 않은 여성보다 세 배 높게 나타났다(Jasienska et al., 2004).

허리-엉덩이 비율은 사춘기 이후의 성 차이를 보여주는 믿을 만한 지표이기도 하다. 슈아르족 여성의 허리-엉덩이 비율 범위는 산업화된 서양 인구의 허리-엉덩이 비율 범위보다 훨씬 더 넓음에도 불구하고, 남녀의 허리-엉덩이 비율은 큰 차이가 났다(Sugiyama & Blackwell, 2008). 산업화된 서양의 인구를 조사한 실험연구에서는 18세부터 42세에 해당하는 서양 여성을 사진으로 규격화해서 체질량지수와 허리-엉덩이 비율의 공변화(그리고 체질량지수는 매력 평가 분산의 80% 이상을 차지한 반면, 허리-엉덩이 비율은 2% 미만을 차지한다는 것)를 입증했다. 토베 등(1999)은 허리-엉덩이 비율 선호가 체질량지수 선호의 부산물이라고 결론 내렸다(예를 들어, Tovée & Cornelissen, 2001; Tovée, Hancock, Mahmoodi, Singleton, & Cornelissen, 2002를 보라). 그러나 슈아르족의 체질량지수는 성별에 따른 차이가 없으며, 남녀 모두 나이와 관련된 변화가 유사하게 나타난다. 일반적으로 싹슬이년기 여성과 싹슬이년기 이후의 여성은 키가 작고 체지방이 많은 반면, 남성은 키가 크고 근육이 많다. 이 때문에 나이와 관련된 체질량지수에 차이가 없더라도 몸의 형태에는 확연한 차이가 난다. 남성과 여성의 선호가 체질량지수에만 근거를 둔다면, 남녀 체형을 보고 똑같은 성적 매력을 느낄 것이다. 그렇지만 실제로는 그렇지 않다. 그리고 슈아르족의 허리-엉덩이 비율과 체질량지수는 성별과 상관관계가 없다. 따라서 허리-엉덩이 비율 선호는 (서양인이 아닌) 슈아르족—생식력이 정상이고 자급자족하는 개체군—이 진화적으로 이형이 아닌 한, 체질량지수 선호의 부산물일 리가 없다. 캐시던Cashdan(2008)은 33개의 비서양권 개체군을 조사하여(슈아르족 포함), 전체적으로 변산도가 높은 가운데 거의 모든 집단의 허리-엉덩이 비율이 0.8 이상임을 발견했다. 그는 세계보건기구의 심장질환연구(WHO MONICA)에서 분석한 국가별(19개국) 대표본(n=32,000)을 검토한 뒤, 체질량지수로는 여성의 허리-엉덩이 비율을 18%밖에 설명할 수 없으며, 키, 나이, 체질량지수, 개체군을 모두 고려해야만 여성의 허리-엉덩이 비율의 변이를 최대 30%까지 설명할 수 있다고 지적한다. 체질량지수와 허리-엉덩이 비율의 연관성이 나타난 것은 대부분 진화적으로 무의미한 비만인 집단(대략 표본의 절반을 차지한다) 때문이었다. 체지방량에 대한 선호는 끌림의 중요한 요소이고 문화별로 차이가 나며 자원 부족의 확률에 의해 기능적으로 조절되기는 하지만, 허리-엉덩이 비율 선호의 원인이 될 수는 없다. 심지어 매력 평가에서 한 단서가 다른 단서보다 더 중요한 요소라면, 위의 사실은 우리가 후자를 평가하는 적응을 갖고 있다는 주장과 더욱 무관해진다.

윤곽 그림을 이용한 초기의 실험 연구에서는 허리 사이즈를 줄여서 허리-엉덩이 비율을 낮게 조작했기 때문에 허리-엉덩이 비율이 체질량과 뒤엉켜 있었다. 대부분의 연구결과를 해석할 때에는 이것이 영향을 미치지 않았지만, 몸무게가 많이 나가는 사람을 선호한 마치겡가족과 하드자족의 경우에는 낮은 허리-엉덩이 비율에 대한 선호가 아예 없는 것인지 아니면 무거운 체중에 대한 선호가 허리-엉덩이 비율이 낮은 여성에 대한 선호를 압도하는 것인지를 구분할 수가 없었다(Sugiyama, 2004a, 2005). 쉬위아르족에게 그 지역의 개체군 중 허리-엉덩이 비율이 높은 사람과 낮은 사람을 보여주되 몸무게 범주는 하나로 통일했을 때, 남자들은 허리-엉덩이 비율이 낮은 여성을 선호했다(Sugiyama, 2004b; see also Marlowe et al., 2005). 싱, 딕슨Dixson, 제숍Jessop, 모건Morgan, 딕슨Dixson(2010)은 복부지방을 제거해서 엉덩이에 붙인 환자의 성형수술 전 사진과 수술 후 사진을 피험자에게 보여준 다음 평가를 요청했다. 수술 전 사진과 수술 후 사진의 인물은 체지방량과 체질량지수가 동일했지만, 수술 후 사진의 인물은 허리-엉덩이 비율이 낮았다. 문화 비교를 하자(카메룬, 인도네시아, 사모아 피험자), 수술 후 사진이 더 매력적이라는 평가가 나왔다. 나아가 기능적 자기공명영상(fMRI)을 촬영하면서 남성 피험자에게 수술 후 사진을 보여주자 신경계의 보상센터가 눈에 띄게 활성화되었다(Platek & Singh, 2010).

자연 조건하에서 허리-엉덩이 비율과 관련된 선호 기제들은 모든 연령대의 사람, 양성, 다양한 출산 경력이 포함된 사회적 맥락 안에서 작동한다. 허리-엉덩이 비율 및 배우자 가치와의 관계를 재는 형태측정법은 대개 이렇게 진화와 관련된 범위를 전부 아우르지만, 실험연구는 그런 경우가 드물다. 여성 자극은 대체로 생식력이 정점에 달한 시기에 출산 경험이 없거나 적은 여성으로 제시된다. 만일 여성의 낮은 허리-엉덩이 비율이 성과 번식 가치를 부분적으로 알려주기 때문에 매력적인 것이라면, 대부분의 실험에서 제시된 제한된 범위 때문에 매력에 대한 허리-엉덩이 비율의 상대적인 효과크기가 인위적으로 축소된다(Sugiyama, 2005). 여성의 최고 번식 가치와 관련된 변이의 임계 범위를 결정한 연구가 없다는 문제를 해결하기 위해, 블랙웰Blackwell과 나는 아동기에서 번식 성숙기로 넘어가는 구간, 즉 허리-엉덩이 비율의 변이 범위 중 아직 연구되지 않은 범위를 살펴보면서 성별과 번식 가치의 영향력을 조사했다. 우리는 남녀 이성애 피험자에게 태너Tanner와 화이트하우스 Whitehouse(1982)의 『어린이의 성장 지도*Atlas of Children's Growth*』에 실린 이미지들을 평가하게 했다. 이 지도에는 똑같은 포즈를 취하고 있는 나체의 전면과 후면 이미지, 인체측정 치수, 발달상의 지표를 4~6세부터 20세까지 1~2년 간격으로 측정해서 보여주고 있었다. 남성의 단기적/장기적 매력 평가는 차이가 없었다. 예상한 대로 이 임계 범위 전체에서 허리-엉덩이 비율이 체질량지수나 체지방량보다 매력 변이에 훨씬 더 크게 작용하고, 체지방량이 체질량지수보다 더 크게 작용했다. 이 모델들에 비선형 이차항이나 삼차항을 사용하자 체질량지수와 체지방량의 영향력은 소거됐지만 허리-엉덩이 비율의 영향은 그대로 남아 있었다. 예전 연구들에서는 번식 연령의 여성 이미지만 사용했기 때문에, 이제 우리는 번식 연령의 여성들에 대해서만 분석했다. 예상한 대로 허리-엉덩이 비율 관련 변이가 상당히 제거되었다. 다시 말해서, 허리-엉덩이 비율이 매력에 미치는 영향이 꽤 남아 있긴 했지만, 남성의 신체 이미지와 번식기 전 여성의 신체 이미지가 포함되었을 때보다 체지방량이나 체질량지수가 매력에 상대적으로 더 큰 영향을 미치고 있었다(다른 연구들만큼 큰 차이가 나진 않았어도)(Blackwell & Sugiyama, 2008).

낮은 허리—엉덩이 비율은 또한 인물을 여성으로 지각하는 것과 강한 연관성이 있었고, 평가자가 지각하는 나이와도 그보다는 약하지만 양의 상관관계가 있었다. 반대로 체지방량은 평가자가 지각하는 나이와 강한 연관성이 있었지만, 여성으로 지각하는 것과는 연관성이 높지 않았다. 허리—엉덩이 비율은 지각된 성별의 강한 예측인자였고, 반면에 체지방량은 지각된 나이의 강한 예측 인자였으며, 지각된 성별과 지각된 나이는 둘다 허리—엉덩이 비율이나 체지방량(비록 두 요소는 모형에서 직접적인 영향이 크긴 했지만)보다 매력에 미치는 직접적 영향이 더 강했다. 태너와 화이트하우스(1982) 연구를 포함해 여성 피험자로부터 얻은 데이터를 분석해보면, 여성의 허리—엉덩이 비율이 최저치에 도달할 때는 체지방량이 성인 수준에 이르기 전, 즉 태너의 발달 단계 5(가슴과 음모의 발달)에 이르기 직전이었다. 이 상태는 15세 무렵에 나타나는데, 15세는 우리의 자극 세트 중 번식 가치가 정점에 이르는 때에 가장 근접한 나이로, 이 연령대의 사람(싹슬이년기 초반)은 남성 평가자가 매긴 성적 매력 평가에서 상위를 차지했다. 남성 평가자들은 싹슬이년기 초반에 해당하는 여성의 사진—허리—엉덩이 비율과 관련된 사진—을 보고 놀라울 정도로 큰 매력을 느꼈다.

요컨대 진화와 관련된 자극의 범위가 넓으면 예상한 대로 허리—엉덩이 비율이 이전의 보고들보다 매력에 훨씬 더 큰 영향을 미친다. 그리고 잔여 번식 가치가 가장 높은 상태를 선호하는 경향도 뚜렷이 나타났다. 예전 연구에서는 선호하는 배우자 나이를 묻는 설문지가 사용되었는데, 문화에 따라 어떤 피험자들은 부적절하다고 여겨지는 여성을 배우자로 고려하고 싶지 않았을 것이다. 우리 연구에서는 피험자가 자극으로 제시된 몸매를 보고 예측한 나이가 실제 나이와 일치하지 않더라도 실제 나이가 큰 영향을 미쳤다. 물론 선택이 실제 나이를 연대순으로 평가하는 적응을 만들어냈다고 믿을 근거는 거의 없다(Symons, 1979). 그리고 피험자들은 모든 몸매가 법적 연령을 지난 사람의 것이라고 추측했다. 나이 선호에 대한 자기보고 결과는 행동과 반드시 일치하지는 않는다. 오케이큐피드[7]의 광고에서 남성 회원들이 선호하는 연령대를 생각해보라. 평균 31세 남성은 최소 22세, 최대 35세인 사람을 배우자로 선호한다고 광고한다. 그렇지만 평균 30세인 남성은 또래 여성에게 메시지를 보내

---

7 모바일 데이트 플랫폼(옮긴이).

는 만큼 18세 여성에게도 자주 메시지를 보낸다(http://blog.okcupid.com/index.php/the-case-for-an-older-woman/). 따라서 공개적으로 밝힌 나이 선호는 젊음에 대한 남성의 선호가 실제로 어느 정도인지 상대적으로 제대로 짚어내기 힘든, 빈약한 지표다. 이런 이유로 지금까지 설문조사 데이터에서는 번식 가치가 가장 높은 여성의 연령대를 선호한다는 결과가 거의 나타나지 않았다.

지각된 성별과 나이를 제외한 지각이 지각된 매력에 어떻게 관여하는지를 조사하고, 형태에 추가로 관련된 변이가 더 있는지를 알아보는 실험에서, 새로운 피험자 그룹은 태너와 화이트하우스의 사진 세트를 보면서 성적 매력과 지각된 나이뿐 아니라 남성성/여성성, 신체적 지배성, 건강상태, 사회적 지위도 평가했다. 주성분 분석을 시행하자, 매력 평가와 관련된 복잡한 형태치수들이 나왔는데, 허리─엉덩이 비율, 체질량지수, 어깨─키 비율 같은 간단한 인체치수가 가끔 관련되어 있기는 해도 그런 것들로는 쉽게 설명할 수 없는 것들이었다. 예를 들어, 형태 선호에서 변이의 34%를 차지하는 한 요소는 허리─엉덩이 비율이 높은 사람이 발을 넓게 벌리고 선 자세로, 앉은 키, 어깨─키 비율과는 양의 상관관계였지만, 체질량지수와는 음의 상관관계였다. 지각된 남성성, 지배성, 나이와는 양의 상관관계가 강하게 나타났지만, 여성 평가자는 이 요소가 약간 매력적이라고 여겼다. 그리고 지각된 건강, 사회적 지위와는 음의 상관관계가 나타났으며, 남성 평가자는 이 요소가 성적으로 매력적이라고 여기지 않았다. 또 다른 요소는 허리─엉덩이 비율이 높은 사람의 각진 어깨 형태였는데, 매력에 영향을 미친다고 추측했던 다른 치수들, 가령 체질량지수나 어깨─키 비율과는 관련이 없었다. 여성 평가자는 이 요소가 성적으로 약간 매력적이라고 여겼지만, 남성 평가자는 매력적이라고 여기지 않았다. 그리고 지각된 남성성 및 지배성과는 약간 연관성이 있었다(Blackwell & Sugiyama, 2008). 이 밖에 더 정교한 자극으로 조사한 연구에서 체형의 복잡한 측면에 대한 선호가 나타났다(예를 들어, Brooks, Shelly, Fan, Zhai, & Chau, 2010).

여성의 허리─엉덩이 비율은 임신의 단서가 되기도 한다. 즉, 임신한 여성은 허리─엉덩이 비율이 높고, 임신 후반에는 체형이 확연히 달라진다. 여성의 허리─엉덩이 비율은 출산 경력 및 수유하고도 관련이 있다. 예를 들어, 슈아르족 여성의 경우 잔여 번식 가치가 최고인 시기에 허리─엉덩이 비율이 가장 낮은데, 나이가 들수록 그리고 출산 경력이 쌓일수록 허리−엉덩이 비율이 증가한다. 미국보건영양조사 NHANES의 데이터에 따르자면, 엉덩이와 허벅지에 축적된 지방은 임신과 수유로 인해 감소하며, 가용에너지가 크게 부족할 일이 없는 미국 여성의 경우에도 마찬가지의 결과가 나타난다(Lassek & Gaulin, 2006). 아직 조사되지 않은 한 연구 갈래는 장기적/단기적 짝짓기 상황에서 임신이 매력에 미치는 영향에 관한 것이다. 단기적 짝짓기에서는 임신이 신체적 매력을 떨어뜨린다고 예측할 수 있다. 장기적 짝짓기에서는 임신 상태의 체형이 성적 매력 자체를 증가시키지는 않지만, 유대감 그리고 여성에 대한 장기적 배우자의 투자와 관련된 매력을 증가시킬 수 있다.

모성 유지, 임신, 면역 기능, 기초대사량과 활동량, 어머니의 에너지, 양분균형 간의 맞거래는 세대 간 적합도 효과를 낼 수 있다. 즉, 어머니의 영양상태와 스트레스는 자식의 생활사 경로와 건강에 후성적 영향을 크게 미친다(Worthman & Kuzara, 2005). 이러한 맞거래는 비서양권 여성들의 허리−엉덩이 비율이 평균적으로 더 높은 이유를 부분적으로 설명해준다(Cashdan, 2008). 여성의 번식 수명에서 엉덩이와 허벅지에 지방을 축적하기 위한 에너지 분배가 비교적 이른 시기에 이루어진다는 것은 번식에 쓰일 수 있는 그 에너지의 미래 가치를 생활사가 보증한다는 뜻이며, 그 가치가 현재의 번식, 성장, 유지, 활동, 면역에 들어갈 에너지 사용들 간의 맞거래를 통해 조절된다는 뜻이다. 이 맞거래는 적합도에 영향을 미친다. 예를 들어, 슈아르족에 관한 횡단연구 데이터를 보면, 허리−엉덩이 비율이 높은 여성은 그 비율이 낮은 여성에 비해 생애 초반에 번식을 조금 더 많이 하는 반면에, 허리−엉덩이 비율이 낮은 여성은 일생에 걸쳐 더 여러번 번식을 한다. 이러한 관찰이 유효한지 살펴보려면 종단연구 데이터가 필요하다. 만일 남성이 단기적 짝짓기 전략을 구사하고 있다면, 번식의 생활사가 더 빠른 여성을 선호하게 되어서 결국 허리−엉덩이 비율의 선호가 (약간) 더 높게 나오는 것일 수 있다. 이 맥락에서 장기적 짝짓기 전략은 더 낮은 허리−엉덩이 비율을 선호한다.

슈아르족에 관한 횡단연구 데이터에서는 맞거래와 모성 소모의 증거도 확인된다. 체지방량은 허리둘레 및 엉덩이둘레와 모두 양의 상관관계에 있지만, 낮은 허리−엉덩이 비율은 정상 출산과 양의 상관관계에 있는 반면에 체지방량은 전체적인 정상 출산과 음의 상관관계를 보인다(Sugiyama & Blackwell, 2008). 하지만 넨코Nenko와 야시엔스카(2009)가 영양 상태가 좋은 폴란드 여성 296명을 표본으로 조사했을 때 모성 소모의 증거가 나타나지 않았는데, 아마도 이들은 장쇄다중불포화지방산의 식사 섭취가 많기 때문일 것이다. 또한 야시엔스카 등(2004)은 낮은 허리-엉덩이 비율과 관련된 최적의 성 호르몬 프로필을 보여주지만, 이는 가슴이 큰 여성에 국한되었다. 캐슈던(2008)은 체형과 남성의 매력 변이에 영향을 미치는 또 다른 맞거래가 있음을 지적한다. 여성이 타인에게 영향을 미치고, 지위를 획득하고, 자신의 이익을 위해 타인의 지지를 구하는 능력은 호르몬에 의해 적극성과 상관관계가 있는 행동들을 조절하는 것과 관련이 있다. 그렇기 때문에 여성은 안드로겐과 에스트로겐 프로필 간에 균형을 맞추기 위해 절충할 때가 있다. 배우자 가치로서 여성의 지위가 상대적으로 더 중요한 상황일 경우에 남성은 허리-엉덩이 비율이 약간 높은 쪽을 선호할 수도 있다.

앞으로의 연구 방향

배우자와 혈연은 대개 협력하고 연합하는 동맹자다. 그래서 배우자 가치, 자식 가치, 혈연 가치, 연합 가치의 단서는 부분적으로 겹칠 수 있다. 하지만 타인의 경우에는 다르다―예를 들어, 배우자에게는 친절하기를 바라지만 전쟁의 동맹자에게는 무자비하기를 바랄 수 있다. 따라서 우리는 매력 지각을 만들어내는 적응들이 어떻게 조직되어 있는지, 매력 평가에 비교문화적/개인적 변이성이 왜 존재하는지를 이해할 필요가 있다.

복잡한 정보처리 적응은 상황-민감성 규칙의 구현이라고 연구자들은 주로 예상한다. 이 규칙들은 적응이 설계에 따라 반응하는 조건의 범위(일명 **반응 규격**) 안에서 각기 다른 조건에 반응하여 각기 다른 심리적/행동적 출력을 만들어낸다. 그런 적응에 관한 가설은 마음이 지역 환경의 단서를 어떻게 처리해서 주어진 효과를 만들어 내는지 물어야 한다(예를 들어, Buss, 2000; Tooby & Cosmides, 1992). 이는 인간의 매력 평가 기제의 설계/기능에 관한 가설이라면 반드시, 매력 기준에 존재하는 문화 내/문화 간 유사성과 차이점이 생기게끔 지역 환경의 단서를 처리하는 특수한 심리적 형질(또는 그 부산물)을 설명해야 한다는 뜻이다(Sugiyama, 2005). 변이를 기록하는 것만으로는 충분하지 않다.

여러 가지 적응을 전개할 때 결정적으로 중요한 변수는 평가자의 표현형 상태다. 짝짓기, 육아, 동맹 형성의 경우에 그런 표현형 상태에는 발달 단계와 성별뿐 아니라 건강, 영양 상태, 번식력, 짝짓기 상태가 포함된다. 적응이 평가해야 하는 또 다른 변수로는 (a) 평가자와 공동 거주하는 친족의 수, (b) 평가자의 가치를 평가하는 사람들의 수, 그들이 평가자를 무엇 때문에 그리고 얼마나 높이 평가하는지, (c) 평가자 아버지 그리고/또는 어머니의 생존 여부(예를 들어, Hill & Hurtado, 1996; Sugiyama, in press), (d) 다른 사람들과 비교해서 평가자가 얼마나 강한 공격력을 갖고 있는지, (f) 평가자가 친구나 동맹자로서 얼마나 매력적인지 등이 있다. 매력 평가 적응의 기본적인 기능 설계는 보편적이지만, 개체군, 집단, 개인마다 심리적 출력과 행동 표현에 전략상의 변이가 나타날 수 있음을 예측해야 한다.

신체적 매력 전반에 대한 평가를 얻었을 때 어떤 단서들은 가중치가 다를 것이다. 이 가중치의 차이는 다음과 같은 요인에 기초한다. (a) 어떤 특징들이 그 사회적 가치의 개별 측면과 통계적으로 더 많이 연관되어 있는가, (b) 매력 단서의 상대적 가치를 믿을 만하게 변화시키는 지역 환경적 특징(예를 들어, 기근, 건강 위험), (c) 지역 환경에서 서로 가장 밀접하게 상호 관련된 생태학적 변수들, (d) 평가자의 표현형 상태. 전체적인 판단에는 이 요소들의 출력 간의 맞거래가 반영되어 있을 것이다. 그밖에도 다양한 평가 요소들의 출력이 매력의 최종 지각이 나올 때 다른 평가 요소들과 충돌하거나 상승효과를 일으킬 수 있다.

각각의 평가 기제가 그 환경에서 이용할 수 있는 정보 중 소량만 처리한다면 그과제의 계산적 복잡성을 대폭 줄일 수 있다. 그럼에도 각 기제는 진화와 관련된 조건하에서 전개되어야 하는데, 그러기 위해서는 정보 취득과 분석이 필요하다. 이 말은 고도로 조직화되어 있지만 병렬 처리를 하는 피드백 시스템이, 들어와서 예시화(인스턴스화)된 단서에 기초해서 정보를 생산한다는 뜻이다. 예를 들어, 어떤 단서는 성별 혹은 상대적 나이(혹은 생애 단계)와 관련이 있을 수 있다. 그리고 이러한 단서에 대한 분석 결과는 매력에 직접적인 영향을 주기보다는 매력에 영향을 미치는 감정 적응에 반영된다. 매력 평가 인지에 대한 이러한 견해는, 매력 평가 기제가 모든 문화에 동일한 기준을 만들어내며, 어떤 기준은 다른 기준보다 항상 가중치가 붙는다는 견해와 확연히 다르다. 매력 평가에서 나타나는 변칙적인 결과와 개인별/문화별 차이는 이러한 접근법으로 충분히 해결될 것이다.

지난 10년 동안에 시행된 연구들은 심리학적 가설과 검증이 반드시 고려해야 하는 이론, 즉 심리적 적응은 상황에 민감하며 사회경제적 상황과 개인의 표현형 상태에 따른 맞거래를 수반한다는 이론을 따라잡고 있다. 이 글에서 나는 사회적 가치를 가리키는 몇 가지 가설화된 단서에 초점을 맞춰서 매력 평가 심리의 복잡성을 일부 설명했다. 비슷한 연구에서도 매력 평가에 사용되는 얼굴, 후각, 동작, 목소리 단서에 대한 상황 민감성 조절과 맞거래를 조사하고는 있지만, 문헌이 워낙 방대한 탓에 다루어야 할 내용의 깊이와 폭을 맞거래해야만 했다. 2005년에 나는 심리학자, 인류학자와 긴밀하게 협력해야 한다고 주장하면서, 특히 비서양권, 산업화되지 않은 환경에서 행동생태학자들과 현장 연구를 해야 한다고 촉구했는데, 현재 이러한 협력이 증가하고 있다. 하지만 이상하게도, 자연인류학의 다른 분야들과의 통합, 특히 마음과 관련된 기능생물학 연구에 함께 힘을 쏟아야 하는 인간생물학자들과의 협력은 눈에 띄는 몇몇 사례를 제외하고는 제한적이었다. 반갑게도 매력 평가와 심리 일반에 대한 비교문화 연구가 증가함에 따라 관련된 상황 변수들을 측정, 검증, 통제해야 한다는 점과, 대학생들로부터 일반화를 이끌어내는 것이 더 이상 결론의 근거로 충분하지 않다는 점이 분명해졌다. 하지만 비교문화 연구의 현장에서 관련된 비교 자료를 수집하고 처리하는 것은 대학 실험실에 기초한 연구보다 시간, 에너지, 금전적 비용이 더 많이 들고, 그래서 앞으로 10년간은 심리학, 사회생태학, 인간생물학의 데이터를 통합하는 비교문화 연구에 자금을 우선 조달하는 방향으로 전환해야 한다.

참고문헌

Alley, T. (1983). Growth-produced changes in body shape and size as determinants of perceived age and adult caregiving. *Child Development*, 54, 241–248.

Allal, N., Sear, R., Prentice, A. M., & Mace, R. (2004). An evolutionary model of stature, age at first birth and reproductive success in Gambian women. *Proceedings of the Royal Society B: Biological Sciences, 271* (1538), 465−470.

Alvard, M. S. (2005). Carcass ownership and meat distribution by big-game cooperative hunters. In D. Wood (Ed.), *Research in economic anthropology* (Vol. 21, pp. 99−131). Bingley, England: Emerald Group.

Alvard, M. S. (2003). Kinship, lineage, and an evolutionary perspective on cooperative hunting groups in Indonesia. *Human Nature, 14*(2), 129−163.

Alvergne, A., Faurie, C., & Raymond, M. (2009). Father-offspring resemblance predicts paternal investment in humans. *Animal Behaviour, 78*(1), 61−69.

Alvergne, A., Faurie, C., & Raymond, M. (2010). Are parents' perceptions of offspring facial resemblance consistent with actual resemblance? Effects on parental investment. *Evolution and Human Behavior, 31*(1), 7−15.

Alvergne, A., Perreau, F., Mazur, A., Mueller, U., & Raymond, M. (2014). Identification of visual paternity cues in humans. *Biology Letters, 10*(4), 20140063.

Amor, K. T., Rashid, R. M., & Mirmirani, P. (2010). Does D matter? The role of vitamin D in hair disorders and hair follicle cycling. *Dermatology Online Journal, 16*(2).

Anderson, K.G. (2000). The life histories of American stepfathers in evolutionary perspective. *Human Nature, 11*(4), 307−333.

Anderson, K. G. (2006). How well does paternity confidence match actual paternity? *Current Anthropology, 47*(3), 513−520.

Anderson, K. G., Kaplan, H., Lam, D., & Lancaster, J. (1999). Paternal care by genetic fathers and stepfathers II: Reports by Xhosa high school students. *Evolution and Human Behavior, 20*(6), 433−451.

Anderson, K. G., Kaplan, H., & Lancaster, J. (1999). Paternal care by genetic fathers and stepfathers I: Reports from Albuquerque men. *Evolution and Human Behavior, 20*(6), 405−431.

Apicella, C. L. (2014). Upper-body strength predicts hunting reputation and reproductive success in Hadza hunter-gatherers. *Evolution and Human Behavior, 35*(6), 508−518.

Apicella, C. L. & Marlowe, F. W. (2004). Perceived mate fidelity and paternal resemblance predict men's investment in children. *Evolution and Human Behavior, 25*, 371−378.

Apicella, C. L., Marlowe, F. W., Fowler, J. H., & Christakis, N. A. (2012). Social networks and cooperation in hunter-gatherers. *Nature, 481*(7382), 497−501.

Apostolou, M. (2007). Sexual selection under parental choice: The role of parents in the evolution of human mating. *Evolution and Human Behavior, 28*(6), 403−409.

Arboleda-Florez, J., Ramcharan, S., Hreczko, T. A., & Fick, G. H. (1998).

Dermatoglyphic fluctuating asymmetry as an indicator of genetic predisposition in schizophrenia: Preliminary results from a pilot study. *New Trends in Experimental and Clinical Psychiatry, 14*(3), 125−138.

Archer, J., & Thanzami, V. (2007). The relation between physical aggression, size and strength, among a sample of young Indian men. *Personality and Individual Differences, 43*(3), 627−633.

Axelrod, R., Hammond, R. A., & Grafen, A. (2004). Altruism via kin-selection strategies that rely on arbitrary tags with which they coevolve. *Evolution, 58*(8), 1833−1838.

Banks, G. C., Batchelor, J. H., & McDaniel, M. A. (2010). Smarter people are (a bit) more symmetrical: A meta-analysis of the relationship between intelligence and fluctuating asymmetry. *Intelligence, 38*(4), 393−401.

Beauchamp, G. K., & Yamazaki, K. (1997). HLA and mate selection in humans: Commentary. *American Journal of Human Genetics, 61*(3), 494.

Beckerman, S., Erickson, P. I., Yost, J., Regalado, J., Jaramillo, L., Sparks, C., . . . Long, K. (2009). Life histories, blood revenge, and reproductive success among the Waorani of Ecuador. *Proceedings of the National Academy of Sciences, USA, 106*(20), 8134−8139.

Bernatchez, L., & Landry, C. (2003). MHC studies in nonmodel vertebrates: What have we learned about natural selection in 15 years? *Journal of Evolutionary Biology, 16*(3), 363−377.

Betzig, L. (2012). Means, variances, and ranges in reproductive success: Comparative evidence. *Evolution and Human Behavior, 33*(4), 309−317.

Bielicki, T. & Szklarska, A. (1999). Secular trends in stature in Poland: National and social class-specific. *Annals of Human Biology, 26,* 251−258.

Blackwell, A. D. (2009). *Life history trade-offs in growth and immune function: The behavioral and immunological ecology of the Shuar of Amazonian Ecuador, an indigenous population in the midst of rapid economic and ecological change* (Doctoral dissertation, University of Oregon).

Blackwell, A. D., Gurven, M. D., Sugiyama, L. S., Madimenos, F. C., Liebert, M. A., Martin, M. A., . . . Snodgrass, J. J. (2011). Evidence for a peak shift in a humoral response to helminths: Age profiles of IgE in the Shuar of Ecuador, the Tsimane of Bolivia, and the U.S. NHANES. *PLoS NeglectedTtropical Diseases, 5*(6), e1218.

Blackwell, A. D., Pryor, G., Pozo, J., Tiwia, W., & Sugiyama, L. S. (2009). Growth and market integration in Amazonia: A comparison of growth indicators between Shuar, Shiwiar, and nonindigenous school children. *American Journal of Human Biology, 21*(2), 161−171.

Blackwell, A. D., Snodgrass, J. J., Madimenos, F. C., & Sugiyama, L. S. (2010). Life history, immune function, and intestinal helminths: Trade-offs among immunoglobulin E, C-reactive protein, and growth in an Amazonian population. *American Journal of Human Biology, 22*(6), 836−848.

Blackwell A. D.,& Sugiyama, L. S. (2008, June). *The influence of body shape on perceptions of age, sex, social status, health, and attractiveness.* Human Behavior and Evolution Society Meetings, Kyoto, Japan.

Blackwell, A. D., Tiwia, W., & Sugiyama, L. S. (2010). Use of a pooled resource model to assess the effects of Shuar family members on juvenile growth across ecological contexts. *American Journal of Human Biology, 22*(2), 247−248.

Bleske, A. L., & Shackelford, T. K. (2001). Poaching, promiscuity, and deceit: Combatting mating rivalry in same-sex friendships. *Personal Relationships, 8*(4), 407−424.

Bliege Bird, R., & Bird, D. W. (2002). Constraints of knowing or constraints of growing? *Human Nature, 13*(2), 239−267.

Blurton Jones, N. G., Hawkes, K. & Draper, P. (1994). Foraging returns of !Kung adults and children: Why didn't !Kung children forage? *Journal of Anthropological Research 50*, 217−248.

Blurton Jones, N. G., Hawkes, K., & O'Connell, J. F. (1997). Why do Hadza children forage? In N. L. Segal, G. E. Weisfeld, & C. C. Weisfeld (Eds.), *Uniting psychology and biology: Integrative perspectives on human development* (pp. 279−313). Washington, DC: American Psychological Association.

Blurton Jones, N. G., & Marlowe, F. (2002). Selection for delayed maturity: Does it take 20 years to learn to hunt and gather? *Human Nature, 13*, 199−238.

Bogin, B. (1999). *Patterns of human growth.* Cambridge, England: Cambridge University Press.

Boothroyd, L. G., Scott, I., Gray, A. W., Coombes, C., & Pound, N. (2013). Male facial masculinity as a cue to health outcomes. *Evolutionary Psychology: An International Journal of Evolutionary Approaches to Psychology and Behavior, 11*(5), 1044−1058.

Bradbury, J. W., & Vehrencamp, S. L. (1998). *Principles of animal communication.* Sunderland, MA: Sinauer.

Bressan, P., & Zucchi, G. (2009). Human kin recognition is self-rather than family-referential. *Biology Letters, 5*(3), 336−338.

Bribiescas, R. G. (2006). *Men: Evolutionary and life history.* Cambridge, MA: Harvard University Press.

Bribiescas, R. G., Ellison, P. T., & Gray, P. B. (2012). Male life history, reproductive effort, and the evolution of the genus Homo. *Current Anthropology*, *53*(S6), S424–S435.

Brooks, R., Shelly, J. P., Fan, J., Zhai, L., & Chau, D. K. P. (2010). Much more than a ratio: Multivariate selection on female bodies. *Journal of Evolutionary Biology*, *23*(10), 2238–2248.

Brown J. L. (1997). A theory of mate choice based on heterozygosity. *Behavioral Ecology*, *8*, 60–65.

Brown, D. E. (1991). *Human universals*. New York, NY: McGraw-Hill.

Brown, W. M., Price, M. E., Kang, J., Pound, N., Zhao, Y., & Yu, H. (2008). Fluctuating asymmetry and preferences for sex-typical bodily characteristics. *Proceedings of the National Academy of Sciences, USA*, *105*(35), 12938–12943.

Burch, R. L., & Gallup, G. G. (2000). Perceptions of paternal resemblance predict family violence. *Evolution and Human Behavior*, *21*(6), 429–435.

Buunk, A. P., Park, J. H., Zurriaga, R., Klavina, L., & Massar, K. (2008). Height predicts jealousy differently for men and women. *Evolution and Human Behavior*, *29*(2), 133–139.

Burch, R. L., & Gallup, G. G. (2000). Perceptions of paternal resemblance predict family violence. *Evolution and Human Behavior*, *21*(6), 429–435.

Burley, N. (1986). Comparison of the band colour preferences of two estrildid finches. *Animal Behavior*, *34*, 1732–1741.

Burley, N., Krantzberg, G. & Radman, P. (1982). Influences of colour-banding on the conspecific preferences of zebra finches. *Animal Behavior*, *30*, 444–455.

Buss, D. M. (1989). Sex differences in human mate preferences: Evolutionary hypotheses tested in 37 cultures. *Behavioral & Brain Sciences*, *12*, 1–49.

Buss, D. M. (2000). *The dangerous passion: Why jealousy is as necessary as love and sex*. New York, NY: Free Press.

Buss, D. M. (2006). *The murderer next door: Why the mind is designed to kill*. New York, NY: Penguin Press.

Buss, D. M., & Dedden, L. A. (1990). Derogation of competitors. *Journal of Social and Personal Relationships*, *7*(3), 395–422.

Buss, D. M., & Duntley, J. D. (2008). Adaptations for exploitation. *Group dynamics: Theory, Research, and Practice*, *12*(1), 53.

Buss, D. M., & Schmitt, D. (1993). Sexual strategies theory: An evolutionary perspective on human mating. *Psychological Review*, *100*, 204–232.

Buss, D. M., & Shackelford, T. K. (2008). Attractive women want it all: Good genes, economic investment, parenting proclivities, and emotional commitment.

Evolutionary Psychology, 6, 134–146.

Butte, N. F., Wong, W. W., Treuth, M. S., Ellis, K. J., & Smith, E. O. B. (2004). Energy requirements during pregnancy based on total energy expenditure and energy deposition. *The American Journal of Clinical Nutrition, 79*(6), 1078–1087.

Carrier, D. R. (2011). The advantage of standing up to fight and the evolution of habitual bipedalism in hominins. *PLoS ONE, 6*(5), e19630.

Cashdan, E. (2008). Waist-to-hip ratio across cultures: Trade-offs between androgen-and estrogendependent traits. *Current Anthropology, 49*(6), 1099–1107.

Cepon-Robins, T. J., Gildner, T. E., Liebert, M. A., Colehour, A. M., Urlacher, S. S., Snodgrass, J. J., . . .Sugiyama, L. S. (2013). The Shuar Health and Life History Project: Market integration, avoidance behavior, and intestinal helminths among an indigenous lowland Ecuadorian population. 38th Annual Meeting: Human Biology Association. *American Journal of Human Biology, 25*(2), 253.

Cepon-Robins, T. J., Liebert, M. A., Gildner, T. E., Urlacher, S. S., Colehour, A. M., Snodgrass, J. J., & Sugiyama, L. S. (2014). Soil-transmitted helminth prevalence and infection intensity among geographically and economically distinct Shuar communities in the Ecuadorian Amazon. *The Journal of Parasitology, 100*(5), 598–607.

Chagnon, N. A. (1979). Mate competition, favoring close kin, and village fissioning among the Yanomamö Indians. In N.A. Chagnon & W. Irons (Eds.), *Evolutionary biology and human social behavior* (pp. 86–1131). North Scituate, MA: Duxbury Press.

Chagnon, N. A. (1988). Life histories, blood revenge, and warfare in a tribal population. *Science, 239*, 985–992.

Chagnon, N. A. (1997). *Yanomamö* (5th ed.). New York, NY: Harcourt Brace.

Chaix, R., Cao, C., & Donnelly, P. (2008). Is mate choice in humans MHC-dependent? *PLoS Genetics, 4*(9), e1000184.

Charnov, E. L. (1993). *Life history invariants: some explanations of symmetry in evolutionary ecology.* Oxford, England: Oxford University Press.

Clarke, G. M. (2003.) Developmental stability—fitness relationships in animals: Some theoretical considerations. In M. Polak (Ed.), *Developmental instability: Causes and consequences* (pp. 187–195). New York, NY: Oxford University Press.

Coetzee, V., Barrett, L., Greeff, J. M., Henzi, S. P., Perrett, D. I., & Wadee, A. A. (2007). Common HLA alleles associated with health, but not with facial attractiveness. *PLoS ONE, 2*(7), e640.

Coetzee, V., Faerber, S. J., Greeff, J. M., Lefevre, C. E., Re, D. E., & Perrett, D. I. (2012).

African perceptions of female attractiveness. *PloS ONE, 7*(10), e48116.

Cohen, J. T., Bellinger, D. C., Connor, W. E., & Shaywitz, B. A. (2005). A quantitative analysis of prenatal intake of n−3 polyunsaturated fatty acids and cognitive development. *American Journal of Preventive Medicine, 29*(4), 366−366.

Commo, S., O. Gaillard, and B. A. Bernard. (2004). Human hair greying is linked to a specific depletion of hair follicle melanocytes affecting both the bulb and the outer root sheath. *British Journal of Dermatology, 150*(3), 435−443.

Cordain, L., Miller, J. B., Eaton, S. B., Mann, N., Holt, S. H., & Speth, J. D. (2000). Plant-animal subsistence ratios and macronutrient energy estimations in worldwide hunter-gatherer diets. *The American Journal of Clinical Nutrition, 71*(3), 682−692.

Cornelissen, P. L., Tovée, M. J., & Bateson, M. (2009). Patterns of subcutaneous fat deposition and the relationship between body mass index and waist-to-hip ratio: Implications for models of physical attractiveness. *Journal of Theoretical Biology, 256*(3), 343−350.

Courtiol, A., Picq, S., Godelle, B., Raymond, M., & Ferdy, J. B. (2010). From preferred to actual mate characteristics: The case of human body shape. *PloS ONE, 5*(9), e13010.

Courtiol, A., Raymond, M., Godelle, B., & Ferdy, J. B. (2010). Mate choice and human stature: Homogamy as a unified framework for understanding mating preferences. *Evolution, 64*(8), 2189−2203.

Crawford, M. A., Bloom, M., Broadhurst, C. L., Schmidt, W. F., Cunnane, S. C., Galli, C., . . . Parkington, J. (1999). Evidence for the unique function of docosahexaenoic acid during the evolution of the modern hominid brain. *Lipids, 34*(1), S39−S47.

Daly, M., & Wilson, M. I. (1981). Abuse and neglect of children in evolutionary perspective. In R. D. Alexander & D. W. Tinkle (Eds.), *Natural selection and social behavior* (pp. 405−416). New York, NY: Chiron Press.

Daly, M., & Wilson, M. I. (1982). Whom are newborn babies said to resemble? *Ethology and Sociobiology, 3*(2), 69−78.

Daly, M., & Wilson, M. I. (1983). *Sex, evolution and behavior* (2nd ed.). Boston, MA: Willard Grant Press.

Daly M., & Wilson, M. I. (1985) Child abuse and other risks of not living with both parents. *Ethology and Sociobiology, 6*(4), 59−73.

Daly M., & Wilson, M. I. (1988). *Homicide*. New York, NY: Aldine.

Damasio, A. R. (1994). Descartes' error and the future of human life. *Scientific American, 271*(4), 144.

Darwin, C. (1871). *Sexual selection and the descent of man*. London, England: Murray.

Deaton, A., & Arora, R. (2009). Life at the top: The benefits of height. *Economics& Human Biology*, *7*(2), 133–136.

DeBruine, L. M. (2004). Resemblance to self increases the appeal of child faces to both men and women. *Evolution and Human Behavior*, *25*, 142–154.

DeBruine, L. M., Jones, B. C., Crawford, J. R., Welling, L. L., & Little, A. C. (2010). The health of a nation predicts their mate preferences: cross-cultural variation in women's preferences for masculinized male faces. *Proceedings of the Royal Society B: Biological Sciences*, *277*(1692), 2405–2410.

DeBruine, L. M., Jones, B. C., Little, A. C., & Perrett, D. I. (2008). Social perception of facial resemblance in humans. *Archives of Sexual Behavior*, *37*(1) 64–77.

DeBruine, L. M., Jones, B. C., Watkins, C. D., Roberts, S. C., Little, A. C., Smith, F. G., & Quist, M. C. (2011). Opposite-sex siblings decrease attraction, but not prosocial attributions, to self-resembling opposite-sex faces. *Proceedings of the National Academy of Sciences, USA*, *108*(28), 11710–11714.

DeBruine, L. M., Jones, B. C., Tybur, J. M., Lieberman, D., & Griskevicius, V. (2010). Women's preferences for masculinity in male faces are predicted by pathogen disgust, but not by moral or sexual disgust. *Evolution and Human Behavior*, *31*(1), 69–74.

DeBruine, L. M., Smith, F. G., Jones, B. C., Roberts, S. C., Petrie, M., & Spector, T. D. (2009). Kin recognition signals in adult faces. *Vision Research*, *49*(1), 38–43.

Dijkstra, P., & Buunk, B. P. (2001). Sex differences in the jealousy-evoking nature of a rival's body build. *Evolution and Human Behavior*, *22*, 335–341.

Dixson, B. J., & Brooks, R. C. (2013). The role of facial hair in women's perceptions of men's attractiveness, health, masculinity and parenting abilities. *Evolution and Human Behavior*, *34*(3), 236–241.

Dixson, B. J., Dixson, A. F., Bishop, P. J., & Parish, A. (2010). Human physique and sexual attractiveness in men and women: A New Zealand-US comparative study. *Archives of Sexual Behavior*, *39*(3), 798–806.

Dixson, B. J., Dixson, A. F., Morgan, B., & Anderson, M. J. (2007). Human physique and sexual attractiveness: Sexual preferences ofmen andwomen in Bakossiland, Cameroon.*Archives of Sexual Behavior*, *36*(3), 369–375.

Dixson, A. F., Halliwell, G., East, R., Wignarajah, P., & Anderson, M. J. (2003). Masculine somatotype and hirsuteness as determinants of sexual attractiveness to women. *Archives of Sexual Behavior*, *32*(1), 29–39.

Dixson, B. J., & Vasey, P. L. 2012. Beards augment perceptions of men's aggressiveness, dominance and age, but not attractiveness. *Behavioral Ecology*, *23*, 481–490.

600

Donaldson-Matasci, M. C., Bergstrom, C. T.,&Lachmann, M. (2013). When unreliable cues are good enough. *The American Naturalist, 182*(3), 313−327.

Dongen, S. V. (2000). The heritability of fluctuating asymmetry: A Bayesian hierarchical model. *Annales Zoologici Fennici, 37,* 15−23.

Dongen, S. V. (2006). Fluctuating asymmetry and developmental instability in evolutionary biology: Past, present and future. *Journal of Evolutionary Biology, 19*(6), 1727−1743.

Dongen, S. V. (2012). Fluctuating asymmetry and masculinity/femininity in humans: A meta-analysis. *Archives of Sexual Behavior, 41*(6), 1453−1460.

Dongen, S. V., Cornille, R., & Lens, L. (2009). Sex and asymmetry in humans: What is the role of developmental instability? *Journal of Evolutionary Biology, 22*(3), 612−622.

Dongen, S. V, & Gangestad, S. W. (2011). Human fluctuating asymmetry in relation to health and quality: A meta-analysis. *Evolution and Human Behavior, 32*(6), 380−398.

Eaton, S. B., Shostak, M., & Konner, M. (1988). *The Paleolithic prescription: A program of diet and exercise and a design for living.* New York, NY: Harper & Row.

Ellison, P. T. (2001). *On fertile ground.* Cambridge, MA: Harvard University Press.

Ellison, P. T. (2003). Energetics and reproductive effort. *American Journal of Human Biology, 15,* 342−351.

Ellison, P. (2008). *Energetics, reproductive ecology, and human evolution.* New Brunswick, NJ: Transaction.

Ember, C. R., & Ember, M. (1997). Violence in the ethnographic record: Results of cross-cultural research on war and aggression. In D. L. Martin & D.W. Frayer (Eds.), *Troubled times: Violence and warfare in the past* (pp. 1−20). New York, NY: Gordon and Breach.

Enquist, M., & Johnstone, R. A. (1997). Generalization and the evolution of symmetry preferences. *Proceedings of the Royal Society B: Biological Sciences, 264,* 1345−1348.

Etcoff, N. (1999). *Survival of the prettiest.* New York, NY: Doubleday.

Faulkner, J., & Schaller, M. (2007). Nepotistic nosiness: Inclusive fitness and vigilance of kin members' romantic relationships. *Evolution and Human Behavior, 28*(6), 430−438.

Farage, M. A., Miller, K. W., Berardesca, E., & Maibach, H. I. (2009). Clinical implications of aging skin. *American Journal of Clinical Dermatology, 10*(2), 73−86.

Feingold, A. (1982). Do taller men have prettier girlfriends? *Psychology Reports, 50,* 810.

Feldman, R., Weller, A., Zagoory-Sharon, O., & Levine, A. (2007). Evidence for a neuroendocrinological foundation of human affiliation plasma oxytocin levels across pregnancy and the postpartum period predict mother-infant bonding. *Psychological Science, 18*(11), 965–970.

Feng, B. J., Sun, L.-D., Soltani-Arabshahi , R., Bowcock, A. M., Nair, R. P., Stuart, P., . . . Goldgar, D. E. (2009). Multiple loci within the major histocompatibility complex confer risk of psoriasis. *PLoS Genetics, 5,* e1000606.

Ferstl, R., Eggert, F., Westphal, E., Zavazava, N., & Müller-Ruchholtz, W. (1992). MHC-related odors in humans. In R. L. Doty & D. Müller-Schwarze (Eds.), *Chemical signals in vertebrates* (Vol. 6, pp. 205–211). New York, NY: Plenum Press.

Fink, B., Bunse, L., Matts, P. J., & D'Emiliano, D. (2012). Visible skin colouration predicts perception of male facial age, health and attractiveness. *International Journal of Sosmetic Science, 34*(4), 307–310.

Fink, B., Grammer, K., & Matts, P. J. (2006). Visible skin color distribution plays a role in the perception of age, attractiveness, and health in female faces. *Evolution and Human Behavior, 27*(6), 433–442.

Fink, B., Grammer, K., & Thornhill, R. (2001). Human (*Homo sapiens*) facial attractiveness in relation to skin texture and color. *Journal of Comparative Psychology, 115,* 92–99.

Fink, B., & Matts, P. J. (2008). The effects of skin colour distribution and topography cues on the perception of female facial age and health. *Journal of the European Academy of Dermatology and Venereology, 22*(4), 493–498.

Fink, B., Neave, N., Brewer, G., & Pawlowski, B. (2007). Variable preferences for sexual dimorphism in stature (SDS): Further evidence for an adjustment in relation to own height. *Personality and Individual Differences, 43*(8), 2249–2257.

Fink, B., Neave, N., Manning, J. T., & Grammer, K. (2006). Facial symmetry and judgements of attractiveness, health and personality. *Personality and Individual Differences, 41*(3), 491–499.

Fink, B., Weege, B., Manning, J. T., & Trivers, R. (2014). Body symmetry and physical strength in human males. *American Journal of Human Biology, 26*(5), 697–700.

Feng, B. J., Sun, L.-D., Soltani-Arabshahi, R., Bowcock, A. M., Nair, R. P., Stuart, P., . . . Goldgar, D. E. (2009). Multiple loci within the major histocompatibility complex confer risk of psoriasis. *PLoS Genetics, 5,* e1000606.

Flinn, M. V. (1988). Step-and genetic parent/offspring relationships in a Caribbean village. *Ethology and Sociobiology, 9*(6), 335–369.

Flinn, M. V., Duncan, C. M., Ponzi, D., Quinlan, R. J., Decker, S. A., & Leone, D. V.

(2012). Hormones in the wild: Monitoring the endocrinology of family relationships. *Parenting, 12* (2−3), 124−133.

Flinn, M., Geary, D. C., & Ward, C. V. (2005). Ecological dominance, social competition, and coalitionary arms races: Why humans evolved extraordinary intelligence. *Evolution and Human Behavior, 26,* 10−46.

Flinn, M. V., Ponzi, D., & Muehlenbein, M. P. (2012). Hormonal mechanisms for regulation of aggression in human coalitions. *Human Nature, 23*(1), 68−88.

Frederick, D. A., & Haselton, M. G. (2007). Why is muscularity sexy? Tests of the fitness indicator hypothesis. *Personality and Social Psychology Bulletin, 33*(8), 1167−1183.

Frisch, R. E., & McArthur, J. W. (1974). Menstrual cycles: Fatness as a determinant of minimum weight necessary for their maintenance and onset. *Science, 185,* 554−556.

Furlow, F. B., Armijo-Pruett, T., Gangestad, S. W., Thornhill, R. (1997). Fluctuating asymmetry and psychometric intelligence. *Proceedings of the Royal Society B: Biological Sciences, 264,* 1−8.

Gallup, A. C., White, D. D., & Gallup, G. G. (2007). Handgrip strength predicts sexual behavior, body morphology, and aggression in male college students. *Evolution and Human Behavior, 28*(6), 423−429.

Gangestad, S. W. & Buss, D. M. (1993). Pathogen prevalence and human mate preferences. *Ethology and Sociobiology, 14,* 89−96.

Gangestad, S. W., Haselton, M. G., & Buss, D. M. (2006). Evolutionary foundations of cultural variation: Evoked culture and mate preferences. *Psychological Inquiry, 17*(2), 75−95.

Gangestad, S. W., Merriman, L. A., & Thompson, M. E. (2010). Men's oxidative stress, fluctuating asymmetry and physical attractiveness. *Animal Behaviour, 80*(6), 1005−1013.

Gangestad, S. W., & Simpson, J. A. (2000). The evolution of human mating: The role of trade-offs and strategic pluralism. *Behavior and Brain Sciences, 23,* 573−644.

Gangestad, S. W., & Thornhill, R. (1997). The evolutionary psychology of extra-pair sex: The role of fluctuating asymmetry. *Evolution and Human Behavior, 18,* 69−88.

Gangestad, S., & Thornhill R. (1998). Menstrual cycle variation in women's preferences for the scent of symmetrical men. *Proceedings of the Royal Society B: Biological Sciences, 265,* 927−933.

Gangestad, S. W., & Thornhill, R. (1999). Individual differences in developmental precision and fluctuating asymmetry: A model and its implications. *Journal of Evolutionary Biology, 12,* 402−416.

Gangestad, S. W., & Thornhill, R. (2003). Fluctuating asymmetry, developmental instability, and fitness: Toward model-based interpretation. In M. Polak (Ed.), *Developmental instability: Causes and consequences* (pp. 62–80). New York, NY: Oxford University Press.

Gangestad, S. W., Thornhill, R., & Garver-Apgar, C. E. (2005). Adaptations to ovulation. In D. M. Buss (Ed.), *The handbook of evolutionary psychology* (pp. 344–371). Hoboken, NJ: Wiley.

Gangestad, S. W., Thornhill, R., & Garver-Apgar, C. E. (2010). Men's facial masculinity predicts changes in their female partners' sexual interests across the ovulatory cycle, whereas men's intelligence does not. *Evolution and Human Behavior, 31*(6), 412–424.

Garver-Apgar, C. E., Gangestad, S. W., Thornhill, R., Miller, R. D., & Olp, J. J. (2006). Major histocompatibility complex alleles, sexual responsivity, and unfaithfulness in romantic couples. *Psychological Science, 17*(10), 830–835.

Gawley, T., Perks, T., & Curtis, J. (2009). Height, gender, and authority status at work: Analyses for a national sample of Canadian workers. *Sex Roles, 60* (3–4), 208–222.

Getty, T. (2002). Signaling health versus parasites. *The American Naturalist, 159*(4), 363–371.

Gillespie, D. O., Russell, A. F., & Lummaa, V. (2008). When fecundity does not equal fitness: Evidence of an offspring quantity versus quality trade-off in pre-industrial humans. *Proceedings of the Royal Society B: Biological Sciences, 275*(1635), 713–722.

Glocker, M. L., Langleben, D. D., Ruparel, K., Loughead, J. W., Valdez, J. N., Griffin, M. D., . . . Gur, R. C. (2009). Baby schema modulates the brain reward system in nulliparous women. *Proceedings of the National Academy of Sciences, USA, 106*(22), 9115–9119.

Gluckman, P. D., Hanson, M. A., & Mitchell, M. D. (2010). Developmental origins of health and disease: Reducing the burden of chronic disease in the next generation. *Genome Medicine, 2*(2), 14.

Goetz, C. D., Easton, J. A., Lewis, D. M., & Buss, D. M. (2012). Sexual exploitability: Observable cues and their link to sexual attraction. *Evolution and Human Behavior, 33*(4), 417–426.

Gordon, I., Zagoory-Sharon, O., Leckman, J. F., & Feldman, R. (2010). Oxytocin and the development of parenting in humans. *Biological Psychiatry, 68*(4), 377–382.

Grafen, A. (1990). Biological signals as handicaps. *Journal of Theoretical Biology, 144*(4), 517–546.

Grammer, K., Fink, B., Thornhill, R., Juette, A., & Runzal, G. (2002). Female faces and bodies: N-dimensional feature space and attractiveness. In G. Rhodes & L. A. Zebrowitz (Eds.), *Facial attractiveness: Evolutionary, cognitive and social perspectives* (pp. 97–125). Westport, CT: Greenwood.

Grammer, K., Keki, V., Striebel, B., Atzmüller, M., & Fink, B. (2003). Bodies in motion: A window to the soul. In E. Voland & K. Grammer (Eds.), *Evolutionary aesthetics* (pp. 295–323). Heidelberg, Germany: Springer-Verlag.

Gray, P. B., & Marlowe, F. (2002). Fluctuating asymmetry of a foraging population: The Hadza of Tanzania. *Annals of Human Biology, 29*(5), 495–501.

Greiling, H., & Buss, D. M. (2000). Women's sexual strategies: The hidden dimension of extra-pair mating. *Personality and Individual Differences, 28*(5), 929–963.

Grønli, O., Kvamme, J. M., Friborg, O., & Wynn, R. (2013). Zinc deficiency is common in several psychiatric disorders. *PloS ONE, 8*(12), e82793.

Gurven, M., & Hill, K. (2009). Why do men hunt? *Current Anthropology, 50*(1), 51–74.

Gurven, M., & Kaplan, H. (2007). Longevity among hunter-gatherers: A cross-cultural examination. *Population and Development Review, 33*(2), 321–365.

Gurven, M., Kaplan, H., & Gutierrez, M. (2006). How long does it take to become a proficient hunter? Implications for the evolution of extended development and long life span. *Journal of Human Evolution, 51* (5), 454–470.

Gurven, M., & von Rueden, C. (2006). Hunting, social status and biological fitness. *Biodemography and Social Biology, 53* (1–2), 81–99.

Gurven, M., & Walker, R. (2006). Energetic demand of multiple dependents and the evolution of slow human growth. *Proceedings of the Royal Society B: Biological Sciences, 273*(1588), 835–841.

Guthrie, R. D. (1970). Evolution of human threat display organs. *Evolutionary Biology, 4,* 257–302.

Hagen, E., Hames, R., Craig, N. M., Lauer, M. T., & Price, M. E. (2001). Parental investment and child health in a Yanomamö village suffering short-term food stress. *Journal of Biosocial Science, 33,* 503–528.

Hagen, E. H., Barrett, H. C., & Price, M. E. (2006). Do human parents face a quantity-quality tradeoff? Evidence from a Shuar community. *American Journal of Physical Anthropology, 130*(3), 405–418.

Hagen, E. H., & Barrett, H. C. (2009). Cooperative breeding and adolescent siblings. *Current Anthropology, 50* (5), 727–737.

Hamilton, W. D. (1964). The genetical evolution of social behaviour (I and II). *Journal of Theoretical Biology, 7* (1–16), 17–52.

Hamilton, W. D. & Zuk, M. (1982). Heritable true fitness and bright birds: A role for parasites? *Science, 218,* 384–387.

Haneke, E., & Baran, R.. (2011). Micronutrients for hair and nails. In *Nutrition for healthy skin* (pp. 149–163). Heidelberg, Germany: Springer.

Harper, K., & Armelagos, G. (2010). The changing disease-scape in the third epidemiological transition. *International Journal of Environmental Research and Public Health, 7*(2), 675–697.

Haufe, C. (2008). Sexual selection and mate choice in evolutionary psychology. *Biology & Philosophy, 23*(1), 115–128.

Havlíček, J., & Roberts, S. C. (2009). MHC-correlated mate choice in humans: A review. *Psychoneuroendocrinology, 34*(4), 497–512.

Hedrick, P. W., & Black, F. L. (1997). HLA and mate selection: No evidence in South Amerindians. *The American Journal of Human Genetics, 61*(3), 505–511.

Hensley, W. E. (1994). Height as a basis for interpersonal attraction. *Adolescence, 29,* 469–474.

Hess, N., Helfrecht, C., Hagen, E., Sell, A.,& Hewlett, B. (2010). Interpersonal aggression among Aka huntergatherers of the Central African Republic. *Human Nature, 21*(3), 330–354.

Hewlett, B. S., & Lamb, M. E. (Eds.). (2005). *Hunter-gatherer childhoods: evolutionary, developmental, and cultural perspectives.* New Brunswick, NJ: Transaction.

Hewlett, B. S., & Macfarlan, S. J. (2010). Fathers' roles in hunter-gatherer and other small-scale cultures. In M. E. Lamb (Ed.), *The role of the father in child development* (pp. 413–434). Hoboken, NJ: Wiley.

Hill, K. 2002. Altruistic cooperation during foraging by the Ache, and the evolved human predisposition to cooperate. *Human Nature, 13,* 105–128.

Hill, K., Barton, M., & Hurtado, A. M. (2009). The emergence of human uniqueness: Characters underlying behavioral modernity. *Evolutionary Anthropology: Issues, News, and Reviews, 18*(5), 187–200.

Hill, K., & Hurtado A. M. (1996). *Ache life history: The ecology and demography of a foraging people.* New York, NY: Aldine de Gruyter.

Hill, K., & Hurtado, A. M. (2009). Cooperative breeding in South American hunter-gatherers. *Proceedings of the Royal Society B: Biological Sciences, 276*(1674), 3863–3870.

Hill, K. R., Walker, R. S., Božičević, M., Eder, J., Headland, T., Hewlett, B., . . . Wood, B. (2011). Co-residence patterns in hunter-gatherer societies show unique human social structure. *Science, 331*(6022), 1286–1289.

Hinsz, V. B., Matz, D. C., Patience, R. A. (2001). Does women's hair signal reproductive potential? *Journal of Experimental Social Psychology, 37,* 166−172.

Hodges-Simeon, C. R., Gaulin, S. J., & Puts, D. A. (2011). Voice correlates of mating success in men: examining "contests" versus "mate choice" modes of sexual selection. *Archives of Sexual Behavior, 40*(3), 551−557.

Hodges-Simeon, C. R., Gurven, M., Puts, D. A., & Gaulin, S. J. (2014). Vocal fundamental and formant frequencies are honest signals of threat potential in peripubertal males. *Behavioral Ecology, 25*(4), 984−988.

Holick, M. F. (2007). Vitamin D deficiency. *New England Journal of Medicine, 357*(3), 266−281.

Hönekopp, J., Bartholomé, T., & Jansen, G. (2004). Facial attractiveness, symmetry, and physical fitness in young women. *Human Nature, 15*(2), 147−167.

Hotamisligil, G. S., & Erbay, E. (2008). Nutrient sensing and inflammation in metabolic diseases. *Nature Reviews Immunology, 8*(12), 923−934.

Hrdy, S. B. (1999). *Mother Nature: A history of mothers, infants and natural selection.* New York, NY: Pantheon.

Hrdy, S. B. (2007). Evolutionary context of human development: The cooperative breeding model. In C. A. Salmon & T. K. Shackelford (Eds.), *Family relationships: An evolutionary perspective* (pp. 39−68). New York, NY: Oxford University Press.

Hrdy, S. B. (2009). *Mothers and others: The evolutionary origins of mutual understanding.* Cambridge, MA: Harvard University Press.

Huchard, E., Baniel, A., Schliehe-Diecks, S., & Kappeler, P. M. (2013). MHC-disassortative mate choice and inbreeding avoidance in a solitary primate. *Molecular Ecology, 22*(15), 4071−4086.

Huchard, E., & Pechouskova, E. (2014). The major histocompatibility complex and primate behavioral ecology: New tools and future questions. *International Journal of Primatology, 35*(1), 11−31.

Hume, D. K, Montgomerie, R. (2001). Facial attractiveness signals different aspects of "quality" in women and men. *Evolution & Human Behavior, 22*(2), 93−112.

Ihara, Y., Aoki, K., Tokunaga, K., Takahashi, K., & Juji, T. (2000). HLA and human mate choice: Tests on Japanese couples. *Anthropological Science, 108*(2), 199−214.

Jablonski, N. G. (2013). *Skin: A natural history.* Berkeley: University of California Press.

Jablonski, N. G., & Chaplin, G. (2000). The evolution of human skin coloration. *Journal of Human Evolution, 39* (1), 57−106.

Jacob, S., McClintock, M. K., Zelano, B., & Ober, C. (2002). Paternally inherited HLA alleles are associated with women's choice of male odor. *Nature Genetics, 30*(2), 175−179.

Janeway, C., Travers, P., Walport, M., &Shlomchik, M. (2004). *Immunobiology*. NewYork, NY: Garland Science.

Jasienska, G. (2009). Reproduction and lifespan: Trade-offs, overall energy budgets, intergenerational costs, and costs neglected by research. *American Journal of Human Biology, 21*(4), 524–532.

Jasienska, G., Lipson, S. F., Ellison, P. T., Thune, I., & Ziomkiewicz, A. (2006). Symmetrical women have higher potential fertility. *Evolution and Human Behavior, 27*(5), 390–400.

Jasienska, G., Ziomkiewicz, A., Ellison, P. T., Lipson, S. F., & Thune, I. (2004). Large breasts and narrow waists indicate reproductive potential in women. *Proceedings of the Royal Society B: Biological Sciences, 271,* 1213–1217.

Jensen, B., Knudsen, I. M., Andersen, B., Nielsen, K. F., Thrane, U., Jensen, D. F., & Larsen, J. (2013). Characterization of microbial communities and fungal metabolites on field grown strawberries from rganic and conventional production. *International Journal of Food Microbiology, 160*(3), 313–322.

Jones, B. C., Feinberg, D. R., Watkins, C. D., Fincher, C. L., Little, A. C., & DeBruine, L. M. (2013). Pathogen disgust predicts women's preferences for masculinity in men's voices, faces, and bodies. *Behavioral Ecology, 24*(2), 373–379.

Jones, B. C., Little, A. C., Burt, D. M., & Perrett, D. I. (2004). When facial attractiveness is only skin deep. *Perception–London, 33,* 569–576.

Jones, B. C., Little, A. C., Penton-Voak, I. S., Tiddeman, B. P., Burt, D. M., & Perrett, D. I. (2001). Facial symmetry and judgements of apparent health: Support for a "good genes" explanation of the attractiveness-symmetry relationship. *Evolution and Human Behavior, 22*(6), 417–429.

Jones, D. (2003). The generative psychology of kinship: Part 1. Cognitive universals and evolutionary psychology. *Evolution and Human Behavior, 24*(5), 303–319.

Jousilahti, P., Tuomilehto, J., Vartiainen, E., Eriksson, J., & Puska, P. (2000). Relation of adult height to causespecific and total mortality: A prospective follow-up study of 31,199 middle-aged men and women in Finland. *American Journal of Epidemiology, 151,* 1112–1120.

Judge, T. A., & Cable, D. M. (2004). The effect of physical height on workplace success and income: Preliminary test of a theoretical model. *Journal of Applied Psychology, 89*(3), 428.

Kaminski, G., Dridi, S., Graff, C., & Gentaz, E. (2009). Human ability to detect kinship in strangers' faces: Effects of the degree of relatedness. *Proceedings of the Royal Society B: Biological Sciences, 276*(1670), 3193–3200.

Kaplan, H., Hill, K., Lancaster, J., & Hurtado, A. M. (2000). A theory of human life history evolution: Diet, intelligence, and longevity. *Evolutionary Anthropology, 9,* 156–185.

Karadağ, A. S., Ertuğrul, D. T., Tutal, E., & Akin, K. O. (2011). The role of anemia and vitamin D levels in acute and chronic telogen effluvium. *Turkish Journal of Medical Sciences, 41*(5), 827–833.

Karremans, J. C., Frankenhuis, W. E., & Arons, S. (2010). Blind men prefer a low waist-to-hip ratio. *Evolution and Human Behavior, 31*(3), 182–186.

Keeley, L. H. (1996). *War before civilization: The myth of the peaceful savage.* New York, NY: Oxford University Press.

Kelly, R. L. (1995). *The foraging spectrum: Diversity in hunter-gatherer lifeways.* Washington, DC: Smithsonian Institution Press.

Kelly, D. W. (2001). Why are some people bitten more than others? *Trends in Parasitology, 17,* 578–581.

Kenrick, D. T. (2011). Why *Playboy* is bad for your mental mechanisms. In *Sex, murder, and the meaning of life: A psychologist investigates how evolution, cognition, and complexity are revolutionizing our view of human nature* (pp. 9–22). New York, NY: Basic Books.

Keyes, Ralph. (1980). *The height of your life.* New York, NY: Little, Brown.

Kirchengast, S., Hartmann, B., Schweppe, K., Husslein, P. (1998). Impact of maternal body build characteristics on newborn size in two different European populations. *Human Biology, 70,* 761–774.

Kokko, H., Brooks, R., Jennions, M. D., & Morley, J. (2003). The evolution of mate choice and mating biases. *Proceedings of the Royal Society B: Biological Sciences, 270*(1515), 653–664.

Koletzko, B., Lien, E., Agostoni, C., Böhles, H., Campoy, C., Cetin, I., . . . World Association of Perinatal Medicine Dietary Guidelines Working Group. (2008). The roles of long-chain polyunsaturated fatty acids in pregnancy, lactation and infancy: Review of current knowledge and consensus recommendations. *Journal of Perinatal Medicine, 36*(1), 5–14.

Konner, M. (2010). *The evolution of childhood: Relationships, emotion, mind.* Cambridge, MA: Harvard University Press.

Kościński, K. (2008). Facial attractiveness: Variation, adaptiveness and consequences of facial preferences. *Anthropological Review, 71*(1), 77–105.

Kościński, K. (2012). Mere visual experience impacts preference for body shape: Evidence from male competitive swimmers. *Evolution and Human Behavior, 33*(2),

137–146.

Kramer, K. L. (2010). Cooperative breeding and its significance to the demographic success of humans. *Annual Review of Anthropology, 39,* 417–436.

Kramer, K. L., Greaves, R. D., & Ellison, P. T. (2009). Early reproductive maturity among Pumé foragers: Implications of a pooled energy model to fast life histories. *American Journal of Human Biology, 21*(4), 430–437.

Kurzban, R., & Weeden, J. (2005). HurryDate: Mate preferences in action. *Evolution and Human Behavior, 26,* 227–244.

Kuzawa, C. W. (2012). Early environments, developmental plasticity, and chronic degenerative disease. In N. Cameron & B. Bogin (Eds.), *Human growth and development* (2nd ed., pp. 325–341). Waltham, MA: Academic Press.

Langlois, J. H., Ritter, J. M., Casey, R. J., & Sawin, D. B. (1995). Infant attractiveness predicts maternal behaviors and attitudes. *Developmental Psychology, 31,* 464–472.

Langlois, J. H., Kalakanis, L., Rubenstein, A. J., Larson, A., Hallam, M., & Smoot, M. (2000). Maxims or myths of beauty? A meta-analytic and theoretical review. *Psychological Bulletin, 126*(3), 390.

Lassek, W. D., & Gaulin, S. J. (2006). Changes in body fat distribution in relation to parity in American women: A covert form of maternal depletion. *American Journal of Physical Anthropology, 131*(2), 295–302.

Lassek, W. D., & Gaulin, S. J. (2007). Menarche is related to fat distribution. *American Journal of Physical Anthropology, 133*(4), 1147–1151.

Lassek, W. D., & Gaulin, S. J. (2008). Waist-hip ratio and cognitive ability: Is gluteofemoral fat a privileged store of neurodevelopmental resources? *Evolution and Human Behavior, 29*(1), 26–34.

Lassek, W. D., & Gaulin, S. J. (2009). Costs and benefits of fat-free muscle mass in men: Relationship to mating success, dietary requirements, and native immunity. *Evolution and Human Behavior, 30*(5), 322–328.

Lassek, W. D., & Gaulin, S. J. C. (2014). Linoleic and docosahexaenoic acids in human milk have opposite relationships with cognitive test performance in a sample of 28 countries. *Prostaglandins, Leukotrienes and Essential Fatty Acids* (*PLEFA*), *91*(5), 195–201.

Leigh, S. R. (2001). The evolution of human growth. *Evolutionary Anthropology, 10,* 223–236.

Leonard, W. R., & Robertson, M. L. (1994). Evolutionary perspectives on human nutrition: the influence of brain and body size on diet and metabolism. *American Journal of Human Biology, 6*(1), 77–88.

Leonard, W. R., Robertson, M. L., Snodgrass, J. J., & Kuzawa, C. W. (2003). Metabolic correlates of hominid brain evolution. *Comparative Biochemistry and Physiology Part A: Molecular & Integrative Physiology*, *136*(1), 5–15.

Lie, H. C., Rhodes, G., & Simmons, L. W. (2010b). Is genetic diversity associated with mating success in humans? *Animal Behaviour*, *79*(4), 903–909.

Lie, H. C., Simmons, L. W., & Rhodes, G. (2009). Does genetic diversity predict health in humans? *PloS ONE*, *4*(7), e6391.

Lie, H. C., Simmons, L. W., & Rhodes, G. (2010a). Genetic dissimilarity, genetic diversity, and mate preferences in humans. *Evolution and Human Behavior*, *31*(1), 48–58.

Lieberman, D., Tooby, J., & Cosmides, L. (2007). The architecture of human kin detection. *Nature*, *445*(7129), 727–731.

Liebert, M. A., Snodgrass, J. J., Urlacher, S. S., Cepon-Robins, T. J., Gildner, T. E., Madimenos, F. C., . . .Sugiyama, L. S. (2014). The Shuar Health and Life History Project: The role of market integration and life history trade-offs on diurnal cortisol among Indigenous Shuar children of Amazonian Ecuador. *American Journal Human Biology*, *26*(2), 270–271.

Lindsay, S. W., Adiamah, J. H., Miller, J. E., Pleass, R. J., & Armstrong, J. R. M. (1993). Variation in attractiveness of human subjects to malaria mosquitoes (*Diptera: Culicidae*) in The Gambia. *Journal of Medical Entomology*, *30*, 368–373.

Little, A. C., Apicella, C. L., & Marlowe, F. W. (2007). Preferences for symmetry in human faces in two cultures: Data from the UK and the Hadza, an isolated group of hunter-gatherers. *Proceedings of the Royal Society B: Biological Sciences*, *274*(1629), 3113–3117.

Little, A. C., & Jones, B. C. (2003). Evidence against perceptual bias views for symmetry preferences in human faces. *Proceedings of the Royal Society B: Biological Sciences*, *270*(1526), 1759–1763.

Little, A. C., & Jones, B. C. (2006). Attraction independent of detection suggests special mechanisms for symmetry preferences in human face perception. *Proceedings of the Royal Society B: Biological Sciences*, *273*(1605), 3093–3099.

Little, A. C., Jones, B. C., Burt, D. M., & Perrett, D. I. (2007). Preferences for symmetry in faces change across the menstrual cycle. *Biological Psychology*, *76*(3), 209–216.

Little, A. C., Jones, B. C., Waitt, C., Tiddeman, B. P., Feinberg, D. R., Perrett, D. I., ... Marlowe, F. W. (2008). Symmetry is related to sexual dimorphism in faces: Data across culture and species. *PLoS ONE*, *3*(5), e2106.

Lukaszewski, A. W., & Roney, J. R. (2010). Kind toward whom? Mate preferences for personality traits are target specific. *Evolution and Human Behavior, 31*(1), 29−38.

Lundström, J. N., Boyle, J. A., Zatorre, R. J., & Jones-Gotman, M. (2009). The neuronal substrates of human olfactory based kin recognition. *Human Brain Mapping, 30*(8), 2571−2580.

Lundström, J. N., Mathe, A., Schaal, B., Frasnelli, J., Nitzsche, K., Gerber, J., & Hummel, T. (2013). Maternal status regulates cortical responses to the body odor of newborns. *Frontiers in Psychology, 4*, 597.

Mace, R., & Sear, R. (2005). Are humans cooperative breeders? In E. Voland, A. Chasiotis, & W. Schiefenhövel (Eds.), *Grandmotherhood: The evolutionary significance of the second half of female life* (pp. 143−159). New Brunswick, NJ: Rutgers University Press.

Macfarlan, S. J., Walker, R. S., Flinn, M. V., & Chagnon, N.A. (2014). Lethal coalitionary aggression and longterm alliance formation among Yanomamö men. *Proceedings of the National Academy of Sciences, USA, 111*(47), 16662−16669.

Madimenos, F. C., Snodgrass, J. J., Blackwell, A. D., Liebert, M. A., & Sugiyama, L. S. (2011). Physical activity in an indigenous Ecuadorian forager-horticulturalist population as measured using accelerometry. *American Journal of Human Biology, 23*(4), 488−497.

Madimenos, F. C., Snodgrass, J. J., Liebert, M. A., Cepon, T. J., & Sugiyama, L. S. (2012). Reproductive effects on skeletal health in Shuar women of Amazonian Ecuador: A life history perspective. *American Journal of Human Biology, 24*(6), 841−852.

Mann, J. (1992). Nurturance or negligence: Maternal psychology and behavioral preference among preterm twins. In J. Barkow, L. Cosmides, & J. Tooby (Eds.), *The adapted mind* (pp. 367−390). New York, NY: Oxford University Press.

Manning, J. T. (1995). Fluctuating asymmetry and body weight in men and women: Implications for sexual selection. *Ethology and Sociobiology, 16*, 145−153.

Manning, J. T., Koukourakis, K., & Brodie, D. A. (1997). Fluctuating asymmetry, metabolic rate and sexual selection in human males. *Evolution and Human Behavior, 18*(1), 15−21.

Manning, J. T., Scutt, D., & Lewis-Jones, D. I. (1998). Developmental stability, ejaculate size and sperm quality in men. *Evolution and Human Behavior, 19*, 273−282.

Manning, J. T., Scutt, D., Whitehouse, G. H., & Leinster, S. J. (1997). Breast asymmetry and phenotypic quality in women. *Evolution and Human Behavior, 18*(4), 223−236.

Markow, T. A. & Wandler, K. (1986). Fluctuating dermatoglyphic asymmetry and the genetics of liability to schizophrenia. *Psychiatry Research*, *19*(4), 323–328.

Markow, T., Hedrick, P. W., Zuerlein, K., Danilovs, J., Martin, J., Vyvial, T., & Armstrong, C. (1993). HLA polymorphism in the Havasupai: Evidence for balancing selection. *American Journal of Human Genetics*, *53*(4), 943.

Martorell, R., Delgado, H. L., Valverde, V., Klein, R. E. (1981). Maternal stature, fertility and infant mortality. *Human Biology*, *53*, 303–312.

Marlowe, F. (1999a). Male care and mating effort among Hadza foragers. *Behavioral Ecology and Sociobiology*, *45*, 57–64.

Marlowe F. (1999b). Showoffs or providers? The parenting effort of Hadza men. *Evolution and Human Behavior*, *20*(6), 391–404.

Marlowe F. (2001). Male contribution to diet and female reproductive success among foragers. *Current Anthropology*, *42*(5), 755–763.

Marlowe, F.W. (2005). Hunter-gatherers and human evolution. *Evolutionary Anthropology: Issues, News, and Reviews*, *14*(2), 54–67.

Marlowe, F.W. (2012). The socioecology of human reproduction. In J. C. Mitani, J. Call, P. M. Kappeler, R. A. Palombit, & J. B. Silk (Eds.), *The evolution of primate societies* (pp. 467–486). Chicago, IL: University of Chicago Press.

Marlowe, F., Apicella, C., & Reed, D. (2005). Men's preferences for women's profile waist-to-hip ratio in two societies. *Evolution and Human Behavior*, *26*(6), 458–468.

Marlowe, F. & Wetsman, A. (2001). Preferred waist-to-hip ratio and ecology. *Personality and Individual Differences*, *30*, 481–489.

Mateo, J. M. (2015). Perspectives: Hamilton's legacy: Mechanisms of kin recognition in humans. *Ethology*, *121*(5), 419–427.

Matts, P. J., Fink, B., Grammer, K., Burquest, M. (2007). Visual skin color distribution plays a role in the perception of age, attractiveness, and health in female faces. *Journal of the American Academy of Dermatology*, *56* (2, Suppl.), AB 26.

McCann, J. C., & Ames, B. N. (2005). Is docosahexaenoic acid, an n−3 long-chain polyunsaturated fatty acid, required for development of normal brain function? An overview of evidence from cognitive and behavioral tests in humans and animals. *The American Journal of Clinical Nutrition*, *82*(2), 281–295.

McCabe, V. (1984). Abstract perceptual information for age level: A risk factor for maltreatment?. *Child Development*, 267–276.

McCann, S. J. (2001). Height, societal threat, and the victory margin in presidential elections (1824–1992). *Psychology Reports*, *88*, 741–742.

McDade, T. W., Tallman, P. S., Madimenos, F. C., Liebert, M. A., Cepon, T. J., Sugiyama, L. S., & Snodgrass, J. J. (2012). Analysis of variability of high sensitivity

C-reactive protein in lowland Ecuador reveals no evidence of chronic low-grade inflammation. *American Journal of Human Biology, 24*(5), 675–681.

McEwen, B., Nasveld, P., Palmer, M., & Anderson, R. (2012). *Allostatic load: A review of the literature.* Canberra, Australia: Department of Veterans' Affairs.

Mealey L, Bridgestock R, Townsend G. (1999) Symmetry and perceived facial attractiveness. *Journal of Personality and Social Psychology, 76,* 151–58.

Mellor, Clive S. (1992). Dermatoglyphic evidence of fluctuating asymmetry in schizophrenia. *British Journal of Psychiatry, 160,* 467–472.

Milne, B. J., Belsky, J., Poulton, R., Thomson, W. M., Caspi, A., Kieser, J. (2003). Fluctuating asymmetry and physical health among young adults. *Evolution & Human Behavior, 24*(1), 53–63.

Møller, A. P. (2006). A review of developmental instability, parasitism and disease: Infection, genetics and evolution. *Infection, Genetics and Evolution, 6*(2), 133–140.

Møller, A. P., Soler, M., & Thornhill, R. (1995). Breast asymmetry, sexual selection, and human reproductive success. *Ethology and Sociobiology, 16*(3), 207–219.

Mueller, U., & Mazur, A. (2001). Evidence of unconstrained directional selection for male tallness. *Behavioral Ecology and Sociobiology, 50*(4), 302–311.

Mueller, W. H. (1979). Fertility and physique in a malnourished population. *Human Biology, 51,* 153–166.

Mukabana, W. R., Takken, W., Coe, R., Knols, B. G. J. (2002). Host-specific cues cause differential attractiveness of Kenyan men to the African malaria vector *Anopheles gambiae. Malaria Journal, 1,* 17.

Muehlenbein, M. P., Hirschtick, J. L., Bonner, J. Z., & Swartz, A. M. 2010. Toward quantifying the usage costs of human immunity: Altered metabolic rates and hormone levels during acute immune activation in men. *American Journal of Human Biology, 22,* 546–556.

Nenko, I., & Jasienska, G. (2009). Fertility, body size, and shape: An empirical test of the covert maternal depletion hypothesis. *American Journal of Human Biology, 21*(4), 520–523.

Neave, N., & Shields, K. (2008). The effects of facial hair manipulation on female perceptions of attractiveness, masculinity, and dominance in male faces. *Personality and Individual Differences, 45*(5), 373–377.

Neff, B. D., & Pitcher, T. E. (2005). Genetic quality and sexual selection: An integrated framework for good genes and compatible genes. *Molecular Ecology, 14*(1), 19–38.

Nepomnaschy, P. A., Flinn, M. V. (2009). Early life influences on the ontogeny of neuroendocrine stress response in the human child. In P. Ellison & P. Gray (Eds.),

The endocrinology of social relationships (p. 19). Cambridge, MA: Harvard University Press.

Nesse, R. M. & Williams, G. C. (1994). *Why we get sick: The new science of Darwinian medicine.* New York, NY: Vintage Books.

Nettle, D. (2002a). Height and reproductive success in a cohort of British men. *Human Nature, 13*(4), 473–491.

Nettle, D. (2002b). Women's height, reproductive success and the evolution of sexual dimorphism in modern humans. *Proceedings of the Royal Society B: Biological Sciences, 269*(1503), 1919–1923.

Nestle, F. O., Di Meglio, P., Qin, J. Z., & Nickoloff, B. J. (2009). Skin immune sentinels in health and disease. *Nature Reviews Immunology, 9*(10), 679–691.

Ober, C. (1999). Studies of HLA, fertility and mate choice in a human isolate. *Human Reproduction Update, 5*(2), 103–107.

Ober, C., Hyslop, T., Elias, S., Weitkamp, L. R., & Hauck, W. W. (1998). Human leukocyte antigen matching and fetal loss: Results of a 10 year prospective study. *Human Reproduction, 13*(1), 33–38.

Ober, C., Weitkamp, L. R., Cox, N., Dytch, H., Kostyu, D., & Elias, S. (1997). HLA and mate choice in humans. *The American Journal of Human Genetics, 61*(3), 497–504.

Oliver, M. K., Telfer, S., & Piertney, S. B. (2009). Major histocompatibility complex (MHC) heterozygote superiority to natural multi-parasite infections in the water vole (Arvicola terrestris). *Proceedings of the Royal Society B: Biological Sciences, 276*(1659), 1119–1128.

Park, S. B., Choi, S. W., & Nam, A. Y. (2009). Hair tissue mineral analysis and metabolic syndrome. *Biological Trace Element Research, 130*(3), 218–228.

Patton, J. Q. (2000). Reciprocal altruism and warfare: a case from the Ecuadorian Amazon. In L. Cronk, N. Chagnon, & W. Irons (Eds.), *Adaptation and human behavior: An anthropological perspective* (pp. 417–436). Hawthorne, NY: Aldine de Gruyter.

Pawlowski, B. (2003). Variable preferences for sexual dimorphism in height as a strategy for increasing the pool of potential partners in humans. *Proceedings of the Royal Society B: Biological Sciences, 270*(1516), 709–712.

Pawlowski, B., & Dunbar, R. I. M. (1999). Impact of market value on human mate choice. *Proceedings of the Royal Society B: Biological Sciences, 266*, 281–285.

Pawlowski, B., Dunbar, R., & Lipowicz, A. (2000). Tall men have more reproductive success. *Nature, 403*, 156.

Pawlowski, B., & Jasienska, G. (2005). Women's preferences for sexual dimorphism in height depend on menstrual cycle phase and expected duration of relationship. *Biological Psychology*, *70*(1), 38–43.

Pawlowski, B., & Koziel, S. (2002). The impact of traits offered in personal advertisements on response rates. *Evolution and Human Behavior*, *23*(2), 139–149.

Payne, R. J., & Pagel, M. (2001). Inferring the origins of state-dependent courtship traits. *The American Naturalist*, *157*(1), 42–50.

Penke, L., & Asendorpf, J. B. (2008). Beyond global sociosexual orientations: A more differentiated look at sociosexuality and its effects on courtship and romantic relationships. *Journal of Personality and Social Psychology*, *95*(5), 1113.

Penn, D. J., & Potts, W. K. (1999). The evolution of mating preferences and major histocompatibility complex genes. *The American Naturalist*, *153*(2), 145–164.

Peters, M., Simmons, L. W., & Rhodes, G. (2009). Preferences across the menstrual cycle for masculinity and symmetry in photographs of male faces and bodies. *PloS ONE*, *4*(1), e4138.

Petersen, M. B., Sznycer, D., Sell, A., Cosmides, L., & Tooby, J. (2013). The ancestral logic of politics upperbody strength regulates men's assertion of self-interest over economic redistribution. *Psychological Science*, *24*(7), 1098–1103.

Pettijohn, T. F., & Jungeberg, B. J. (2004). Playboy Playmate Curves: Changes in facial and body feature preferences across social and economic conditions. *Personality and Social Psychology Bulletin*, *30*(9), 1186–1197.

Piccardi, N., & Manissier, P. (2009). Nutrition and nutritional supplementation: Impact on skin health and beauty. *Dermato-endocrinology*, *1*(5), 271–274.

Piertney, S. B., & Oliver, M. K. (2006). The evolutionary ecology of the major histocompatibility complex. *Heredity*, *96*(1), 7–21.

Pillsworth, E. G. (2008). Mate preferences among the Shuar of Ecuador: Trait rankings and peer evaluations. *Evolution and Human Behavior*, *29*(4), 256–267.

Pinker, S. (2011). *The better angels of our nature: The decline of violence in history and its causes*. London, England: Penguin Books.

Platek, S. M., Burch, R. L., Panyavin, I. S., Wasserman, B. H., & Gallup, G. G., Jr. (2002). Reactions to children's faces: Resemblance affects males more than females. *Evolution and Human Behavior*, *23*, 159–166.

Platek, S. M., Critton, S. R., Burch, R. L., Frederick, D. A., Meyers, T. E., & Gallup, G. G., Jr. (2003). How much paternal resemblance is enough? Sex differences in hypothetical investment decisions but not in the detection of resemblance. *Evolution and Human Behavior*, *24*, 81–87.

Platek, S. M., Raines, D. M., Gallup, G. G., Mohamed, F. B., Thomson, J. W., Myers, T.

E., . . . Arigo, D. R. (2004). Reactions to children's faces: Males are more affected by resemblance than females are, and so are their brains. *Evolution and Human Behavior, 25*(6), 394–405.

Platek, S. M., & Singh, D. (2010). Optimal waist-to-hip ratios in women activate neural reward centers in men. *PLoS ONE, 5*(2), e9042.

Polak, M. (Ed.). (2003). *Developmental instability: Causes and consequences.* NewYork, NY: Oxford University Press.

Porter, R. H. (1991). Mutual mother-infant recognition in humans. In P. G. Hepper (Ed.), *Kin recognition* (pp. 413–432). Cambridge, England: Cambridge University Press.

Porter, R. H., Balogh, R. D., Cernoch, J. M., & Franchi, C. (1986). Recognition of kin through characteristic body odors. *Chemical Senses, 11*(3), 389–395.

Porter, R. H., Cernoch, J. M., & Balogh, R. D. (1985). Odor signatures and kin recognition. *Physiology & Behavior, 34*(3), 445–448.

Pound, N., Lawson, D. W., Toma, A. M., Richmond, S., Zhurov, A. I., & Penton-Voak, I. S. (2014). Facial fluctuating asymmetry is not associated with childhood ill-health in a large British cohort study. *Proceedings of the Royal Society B: Biological Sciences, 281*(1792), 20141639.

Prasad, A. S. (2013). Discovery of human zinc deficiency: Its impact on human health and disease. *Advances in Nutrition: An International Review Journal, 4*(2), 176–190.

Priya, M. D. L., & Geetha, A. (2011). Level of trace elements (copper, zinc, magnesium and selenium) and toxic elements (lead and mercury) in the hair and nail of children with autism. *Biological Trace Element Research, 142*(2), 148–158.

Puts, D. A. (2010). Beauty and the beast: Mechanisms of sexual selection in humans. *Evolution and Human Behavior, 31*(3), 157–175.

Puts, D. A., Apicella, C. L., & Cárdenas, R. A. (2011). Masculine voices signal men's threat potential in forager and industrial societies. *Proceedings of the Royal Society B: Biological Sciences, 279*(1728), 601–609.

Quist, M. C., Watkins, C. D., Smith, F. G., Little, A. C., DeBruine, L. M., & Jones, B. C. (2012). Sociosexuality predicts women's preferences for symmetry in men's faces. *Archives of Sexual Behavior, 41*(6), 1415–1421.

Rantala, M. J., Moore, F. R., Skrinda, I., Krama, T., Kivleniece, I., Kecko, S., & Krams, I. (2012). Evidence for the stress-linked immunocompetence handicap hypothesis in humans. *Nature Communications, 3*, 694.

Rantala, M. J., Pölkki, M., & Rantala, L. M. (2010). Preference for human male body hair changes across the menstrual cycle and menopause. *Behavioral Ecology, 21*, 419–423.

Regalski, J. M., & Gaulin, S. J. (1993). Whom are Mexican infants said to resemble? Monitoring and fostering paternal confidence in the Yucatan. *Ethology and Sociobiology, 14*(2), 97–113.

Rhodes, G., Zebrowitz, L. A., Clark, A., Kalick, S. M., Hightower, A., & McKay, R. (2001). Do facial averageness and symmetry signal health? *Evolution and Human Behavior, 22*(1), 31–46.

Rhodes G. 2006. The evolutionary psychology of facial beauty. *Annual Review of Psychology, 57,* 199–226.

Rhodes, G., Louw, K., & Evangelista, E. (2009). Perceptual adaptation to facial asymmetries. *Psychonomic Bulletin & Review, 16*(3), 503–508.

Rhodes, G., Yoshikawa, S., Palermo, R., Simmons, L. W., Peters, M., Lee, K., . . . Crawford, J. R. (2007). Perceived health contributes to the attractiveness of facial symmetry, averageness, and sexual dimorphism. *Perception, 36,* 1244–1252.

Rikowski, A. & Grammer, K. (1999). Human body odour, symmetry and attractiveness. *Proceedings of the Royal Society B: Biological Sciences, 266,* 869–874.

Ritter, J. M., Casey, R. J., & Langlois, J. H. (1991). Adults' responses to infants varying in appearance of age and attractiveness. *Child Development, 62*(1), 68–82.

Roberts, S. C., Gosling, L. M., Spector, T. D., Miller, P., Penn, D. J., & Petrie, M. (2005). Body odor similarity in noncohabiting twins. *Chemical Senses, 30*(8), 651–656.

Roberts, S. C.,Gosling, L. M., Carter, V., & Petrie, M. (2008).MHC-correlated odour preferences in humans and the use of oral contraceptives. *Proceedings of the Royal Society B: Biological Sciences, 275* (1652), 2715–2722.

Roberts, S. C., Little, A. C., Gosling, L. M., Jones, B. C., Perrett, D. I., Carter, V., & Petrie, M. (2005). MHCassortative facial preferences in humans. *Biology Letters, 1*(4), 400–403.

Rodd, F. H., Hughes, K. A., Grether, G. F., & Bari, C. T. (2002). A possible non-sexual origin of mate preference: Are male guppies mimicking fruit? *Proceedings of the Royal Society B: Biological Sciences, 269* (1490), 475–481.

Roney, J. R., Simmons, Z. L., & Lukaszewski, A. W. (2010). Androgen receptor gene sequence and basal cortisol concentrations predict men's hormonal responses to potential mates. *Proceedings of the Royal Society B: Biological Sciences, 277*(1678), 57–63.

Roper, S. D. (2007). Signal transduction and information processing in mammalian taste buds. *Pflügers Archiv 454*(5), 759–776.

Rosenberg, K. R. (1992). Evolution of modern human childbirth. *Yearbook of Physical Anthropology, 35,* 89–124.

Rosenberg, K. & Trevathan,W. (2002). Birth, obstetrics and human evolution. *BJOG: An International Journal of Obstetrics & Gynaecology, 109*(11), 1199–1206.

Rowe, N., & Houle, D. (1996) The lek paradox and the capture of genetic variance by condition-dependent traits. *Proceedings of the Royal Society B: Biological Sciences, 263,* 1415–1421.

Rushton, D. H. (2002). Nutritional factors and hair loss. *Clinical and Experimental Dermatology, 27*(5), 396–404.

Russell, D. E. (1984). The prevalence and seriousness of incestuous abuse: Stepfathers vs. biological fathers. *Child Abuse & Neglect, 8*(1), 15–22.

Salska, I., Frederick, D. A., Pawlowski, B., Reilly, A. H., Laird, K. T., & Rudd, N. A. (2008). Conditional mate preferences: Factors influencing preferences for height. *Personality and Individual Differences, 44*(1), 203–215.

Samaras, T. T. (2007). Advantages of taller human height. In T. T. Samaras (Ed.), *Human body size and the laws of scaling: Physiological, performance, growth, longevity and ecological Ramifications* (pp. 33–45). New York, NY: Nova Science.

Scalise Sugiyama, M. (2011). The forager oral tradition and the evolution of prolonged juvenility. *Frontiers in Psychology, 2,* 133.

Scalise Sugiyama, M. (2014). Fitness costs of warfare for women. *Human Nature, 25*(4), 476–495.

Scheib, J. E. (1997). Female choice in the context of donor insemination. In P. A. Gowaty (Ed.), *Feminism and evolutionary biology: Boundaries, intersections and frontiers* (pp. 489–504). New York, NY: Chapman & Hall.

Scheib, J. E., Gangestad, S. W., & Thornhill, R. (1999). Facial attractiveness, symmetry and cues of good genes. *Proceedings of the Royal Society B: Biological Sciences, 266,* 1913–1917.

Scheib, J. E., Kristiansen, A., & Wara, A. (1997). A Norwegian note on "sperm donor selection and the psychology of female mate choice." *Evolution and Human Behavior, 18,* 143–149.

Schmitt D. P. (2014). Do women prefer men with masculine faces? Not always. Psychology when (and where) women like macho men for one-night stands. Retrieved from *Psychology Today* blog, Sexual Personalities, https://www.psychologytoday.com/blog/sexual-personalities/201409/do-women-prefer-men-masculine-faces-not-always

Scott, I. M., Clark, A. P., Boothroyd, L. G., & Penton-Voak, I. S. (2012). Do men's faces really signal heritable immunocompetence? *Behavioral Ecology, 24*(3), 596–597.

Scott, I. M., Clark, A. P., Josephson, S. C., Boyette, A. H., Cuthill, I. C., Fried, R. L., . . . Penton-Voak, I. S. (2014). Human preferences for sexually dimorphic faces may be evolutionarily novel. *Proceedings of the National Academy of Sciences, USA*, *111*(40), 14388–14393.

Sear, R. (2010). Height and reproductive success: Is bigger always better? In U. J. Frey, C. Störmer, & K. P. Willführ (Eds.), *Homo novus—A human without illusions* (pp. 127–143). New York, NY: Springer.

Sear, R., & Mace, R. (2008). Who keeps children alive? A review of the effects of kin on child survival. *Evolution and Human Behavior*, *29*(1), 1–18.

Sear, R., & Marlowe, F.W. (2009). How universal are human mate choices? Size does not matter when Hadza foragers are choosing a mate. *Biology Letters*, rsbl20090342.

Sell, A., Bryant, G. A., Cosmides, L., Tooby, J., Sznycer, D., von Rueden, C., . . . Gurven, M. (2010). Adaptations in humans for assessing physical strength from the voice. *Proceedings of the Royal Society B: Biological Sciences*, *277*(1699), 3509–3518.

Sell, A., Cosmides, L., Tooby, J., Sznycer, D., von Rueden, C., & Gurven, M. (2009). Human adaptations for the visual assessment of strength and fighting ability from the body and face. *Proceedings of the Royal Society B: Biological Sciences*, *276*(1656), 575–584.

Sell, A., Hone, L. S., & Pound, N. (2012). The importance of physical strength to human males. *Human Nature*, *23*(1), 30–44.

Sell, A., Tooby, J., & Cosmides, L. (2009). Formidability and the logic of human anger. *Proceedings of the National Academy of Sciences, USA*, *106*(35), 15073–15078.

Sellen, D. W. (1999). Polygyny and child growth in a traditional pastoral society. *Human Nature*, *10*(4), 329–371.

Shackelford, T. K., & Larsen, R. J. (1997). Facial asymmetry as an indicator of psychological, emotional, and physiological distress. *Journal of Personality and Social Psychology*, *72*(2), 456.

Shackelford, T. K., & Larsen, R. J. (1999). Facial attractiveness and physical health. *Evolution and Human Behavior*, *20*(1), 71–76.

Shackelford, T. K., Schmitt, D. P., & Buss, D. M. (2005). Universal dimensions of human mate preferences. *Personality and Individual Differences*, *39*(2), 447–458.

Simpson, J. A., & Gangestad, S. W. (1992). Sociosexuality and romantic partner choice. *Journal of Personality*, *60*(1), 31–51.

Singh, D. (1993a). Body shape and women's attractiveness: The critical role of waist-to-hip ratio. *Human Nature*, *4*, 297–321.

Singh, D. (1993b). Adaptive significance of female physical attractiveness: Role of waist-to-hip ratio. *Journal of Personality and Social Psychology, 65*, 293–307.

Singh, D., & Bronstad, P. M. (1997). Sex differences in the anatomical locations of human body scarification and tattooing as a function of pathogen prevalence. *Evolution and Human Behavior, 18*(6), 403–416.

Singh, D., Dixson, B. J., Jessop, T. S., Morgan, B., & Dixson, A. F. (2010). Cross-cultural consensus for waist-hip ratio and women's attractiveness. *Evolution and Human Behavior, 31*(3), 176–181.

Smith, J. M., & David, H. (2003). *Animal signals*. Oxford, England: Oxford University Press.

Soler, C., Nunez, M., Gutierrez, R., Nunez, J., Medina, P., Sancho, M., . . . Nunez, A. (2003). Facial attractiveness in men provides clues to semen quality. *Evolution and Human Behavior, 24*(3), 199–207.

Stearns, S. C. (1989). Trade-offs in life-history evolution. *Functional Ecology, 3*(3), 259–268.

Stearns, S. (1992). *The evolution of life histories*. Oxford, England: Oxford University Press.

Stechmiller, J. K. (2010). Understanding the role of nutrition and wound healing. *Nutrition in Clinical Practice, 25*(1), 61–68.

Stephen, I. D., Coetzee, V., & Perrett, D. I. (2011). Carotenoid and melanin pigment coloration affect perceived human health. *Evolution and Human Behavior, 32*(3), 216–227.

Stephen, I. D., Coetzee, V., Smith, M. L., & Perrett, D. I. (2009). Skin blood perfusion and oxygenation colour affect perceived human health. *PLoS ONE, 4*(4), e5083.

Strassmann, B. I., & Gillespie, B. (2002). Life-history theory, fertility and reproductive success in humans. *Proceedings of the Royal Society B: Biological Sciences, 269*(1491), 553–562.

Stulp, G., Pollet, T. V., Verhulst, S., & Buunk, A. P. (2012). A curvilinear effect of height on reproductive success in human males. *Behavioral Ecology and Sociobiology, 66*(3), 375–384.

Stulp, G., Verhulst, S., Pollet, T. V., & Buunk, A. P. (2012). The effect of female height on reproductive success is negative in western populations, but more variable in non-western populations. *American Journal of Human Biology, 24*(4), 486–494.

Stulp, G., Buunk, A. P., Verhulst, S., & Pollet, T. V. (2013). Tall claims? Sense and nonsense about the importance of height of US presidents. *The Leadership Quarterly, 24*(1), 159–171.

Sugiyama, L. S. (1996). *In search of the adapted mind: A study of human cognitive adaptations among the Shiwiar of Ecuador and the Yora of Peru* (Doctoral dissertation, University of California, Santa Barbara).

Sugiyama, L. S. (2004a). Illness, injury, and disability among Shiwiar forager-horticulturalists: Implications of health-risk buffering for the evolution of human life history. *American Journal of Physical Anthropology 123*, 371–389.

Sugiyama, L. S. (2004b). Is beauty in the context-sensitive adaptations of the beholder? Shiwiar use of waist-to-hip ratio in assessments of female mate value. *Evolution and Human Behavior, 25*(1), 51–62.

Sugiyama, L. S. (2005). Physical attractiveness in adaptationist perspective. In D. M. Buss (Ed.), *The handbook of evolutionary psychology*, (pp. 292–343). Hoboken, NJ: Wiley.

Sugiyama, L. S., & Blackwell, A. D. (2008, June). *Life history, body morphology and health in a natural fertility population: Implications for attractiveness assessment psychology.* Human Behavior and Evolution Society Meetings, Kyoto, Japan.

Sugiyama, L. S., & R. Chacon. (2000). Effects of illness and injury on foraging among the Yora and Shiwiar: Pathology risk as adaptive problem. In L. Cronk, N. A. Chagnon, &W. Irons, W. (Eds.), *Human behavior and adaptation: An anthropological perspective.* pp. 371–395. New York, NY: Aldine.

Sugiyama, L. S., & Chacon, R. (2005). Juvenile responses to household ecology among the Yora of Peruvian Amazonia. In B. Hewlett & M. Lamb (Eds.), *Hunter-gatherer childhoods: Evolutionary, developmental, and cultural perspectives.* New York, NY: Aldine.

Swain, J. E., Kim, P., Spicer, J., Ho, S. S., Dayton, C. J., Elmadih, A., & Abel, K. M. (2014). Approaching the biology of human parental attachment: Brain imaging, oxytocin and coordinated assessments of mothers and fathers. *Brain Research, 1580*, 78–101.

Swami, V., Furnham, A., Balakumar, N., Williams, C., Canaway, K., & Stanistreet, D. (2008). Factors influencing preferences for height: A replication and extension. *Personality and Individual Differences, 45*(5), 395–400.

Swami, V., Gray, M., & Furnham, A. (2007). The female nude in Rubens: Disconfirmatory evidence of the waist-to-hip ratio hypothesis of female physical attractivenes. *Imagination, Cognition and Personality, 26*(1), 139–147.

Symons, D. (1979). *The evolution of human sexuality.* New York, NY: Oxford University Press.

Symons, D. (1987). If we're all Darwinians, what's the fuss about? In C. Crawford, M. Smith, & D. L. Krebs (Eds.), *Sociobiology and psychology: Ideas, issues, and applications* (pp. 121−146). Hillsdale, NJ: Erlbaum.

Symons, D. (1995). Beauty is in the adaptations of the beholder. In P. R. Abramson & S. D. Pinkerson (Eds.), *Sexual nature, sexual culture* (pp. 80−118). Chicago, IL: University of Chicago Press.

Tanner, J. M. & Whitehouse, R. H. (1982). *Atlas of children's growth: Normal variation and growth disorders.* London, England: Academic Press.

Thompson, M. E., Jones, J. H., Pusey, A. E., Brewer-Marsden, S., Goodall, J., Marsden, D., . . . Wrangham, R. W. (2007). Aging and fertility patterns in wild chimpanzees provide insights into the evolution of menopause. *Current Biology, 17*(24), 2150−2156.

Thornhill, R., & Gangestad, S. W. (1993). Human facial beauty: Averageness, symmetry and parasite resistance. *Human Nature 4,* 237−269.

Thornhill, R., & Gangestad, S. W. (1994). Human fluctuating asymmetry and human sexual behavior. *Psychoogical Science, 5,* 297−302.

Thornhill R., Gangestad, S. W. (2003). Do women have evolved adaptation for extra-pair copulation? In E. Voland & K. Grammer (Eds.), *Evolutionary aesthetics* (pp. 341−368). Heidelberg, Germany: Springer-Verlag.

Thornhill, R., & Gangestad, S. W. (2006). Facial sexual dimorphism, developmental stability, and susceptibility to disease in men and women. *Evolution and Human Behavior, 27*(2), 131−144.

Thornhill, R., & Gangestad, S. W. (2008). *The evolutionary biology of human female sexuality.* New York, NY: Oxford University Press.

Thornhill, R., Gangestad, S. W., & Comer, R. (1995). Human female orgasm and mate fluctuating asymmetry. *Animal Behavior, 50,* 1601−1615.

Thornhill, R., Gangestad, S. W., Miller, R., Scheyd, G., McCollough, J. K., & Franklin, M. (2003). Major histocompatibility complex genes, symmetry, and body scent attractiveness in men and women. *Behavioral Ecology, 14,* 668−678.

Tooby, J. (1982). Pathogens, polymorphism, and the evolution of sex. *Journal of Theoretical Biology, 97,* 557−576.

Tooby, J., & Cosmides, L. (1990). The past explains the present: Emotional adaptations and the structure of ancestral environments. *Ethology and Sociobiology, 11,* 375−424.

Tooby, J., & Cosmides, L. (1992). The Psychological Foundations of Culture. In J. Barkow, L. Cosmides, & J. Tooby (Eds.), *The adapted mind* (pp. 19−136). New York, NY: Oxford University Press.

Tooby, J., & Cosmides, L. (1996). Friendship and the banker's paradox: Other pathways to the evolution of adaptations for altruism. *Proceedings of the British Academy, 88,* 119–143.

Tooby, J., Cosmides, L., Sell, A., Lieberman, D., & Sznycer, D. (2008). 15 internal regulatory variables and the design of human motivation: A computational and evolutionary approach. In A. Elliot (Ed.), *Handbook of approach and avoidance motivation* (Vol. 251). Mahwah, NJ: Erlbaum.

Tooley, G. A., Karakis, M., Stokes, M., & Ozanne-Smith, J. (2006). Generalising the Cinderella Effect to unintentional childhood fatalities. *Evolution and Human Behavior, 27*(3), 224–230.

Tovée, M. J., & Cornelissen, P. L. (2001). Female and male perceptions of female physical attractiveness in front-view and profile. *British Journal of Psychology, 92*(2), 391–402.

Tovée, M. J., Hancock, P. J., Mahmoodi, S., Singleton, B. R., & Cornelissen, P. L. (2002). Human female attractiveness: Waveform analysis of body shape. *Proceedings of the Royal Society B: Biological Sciences, 269*(1506), 2205–2213.

Tovée, M. J., Maisey, D. S., Emery, J. L., & Cornelissen, P. L. (1999). Visual cues to female physical attractiveness. *Proceedings of the Royal Society B: Biological Sciences, 266*(1415), 211–218.

Tovée, M. J., Swami, V., Furnham, A., & Mangalparsad, R. (2006). Changing perceptions of attractiveness as observers are exposed to a different culture. *Evolution and Human Behavior, 27*(6), 443–456.

Tovée, M. J., Tasker, K.,& Benson, P. J. (2000). Is symmetry a visual cue to attractiveness in the human female body? *Evolution & Human Behavior, 21*(3), 191–200.

Trivers, R. (1972). Parental investment and sexual selection. *Nature, 112,* 164–190.

Trivers, R. L. & Willard, D. E. (1973). Natural selection of parental ability to vary the sex ratio of offspring. *Science, 179,* 90–92.

Trüeb, R. M. (2009). Oxidative stress in ageing of hair. *International Journal of Trichology, 1*(1), 6.

Tsoi, L. C., Spain, S. L., Knight, J., Ellinghaus, E., Stuart, P. E., Capon, F., . . . Voorhees, J. J. (2012). Identification of 15 new psoriasis susceptibility loci highlights the role of innate immunity. *Nature Genetics, 44*(12), 1341–1348.

Tybur, J. M., & Gangestad, S. W. (2011). Mate preferences and infectious disease: Theoretical considerations and evidence in humans. *Philosophical Transactions of the Royal Society B: Biological Sciences, 366*(1583), 3375–3388.

Urlacher, S. S., Liebert, M. A., Cepon, T. J., Snodgrass, J. J., Gildner, T. E., Colehour, A.

M., . . . Sugiyama, L. S. (2014). Childhood immune function and growth: Insight from repeat measures among the Amazonian Shuar. *American Journal of Human Biology, 26*(2), 283-284.

Valeggia, C., & Ellison, P. T. (2009). Interactions between metabolic and reproductive functions in the resumption of postpartum fecundity. *American Journal of Human Biology, 21*(4), 559-566.

van den Berghe, P. L., & Frost, P. (1986). Skin color preference, sexual dimorphism and sexual selection: A case of gene culture co-evolution? *Ethnic and Racial Studies, 9*(1), 87-113.

Van Essen, D. C., & Dierker, D. L. (2007). Surface-based and probabilistic atlases of primate cerebral cortex. *Neuron, 56*(2), 209-225.

Volk, A. A., & Quinsey, V. L. (2007). Parental investment and resemblance: Replications, refinements, and revisions. *Evolutionary Psychology, 5*(1), 1-14.

von Rueden, C., Gurven, M., & Kaplan, H. (2008). Multiple dimensions of male social statuses in an Amazonian society. *Evolution and Human Behavior, 29*(6), 402-415.

von Rueden, C., Gurven, M., Kaplan, H., & Stieglitz, J. (2014). Leadership in an egalitarian society. *Human Nature, 25*(4), 538-566.

Voracek, M., & Fisher, M. L. (2002). Shapely centrefolds? Temporal change in body measures: Trend analysis. *British Medical Journal, 325*(7378), 1447-1448.

Walker, R., Gurven, M., Hill, K., Migliano, A., Chagnon, N., De Souza, R., . . . Yamauchi, T. (2006). Growth rates and life histories in twenty-two small-scale societies. *American Journal of Human Biology, 18*(3), 295-311.

Walker, R., K. Hill, H. Kaplan, & G. McMillan. (2002). Age-dependency in hunting ability among the Ache of Eastern Paraguay. *Journal of Human Evolution, 42,* 639-657.

Walker, R. S., & Bailey, D. H. (2013). Body counts in lowland South American violence. *Evolution and Human Behavior, 34*(1), 29-34.

Watkins, C. D., DeBruine, L. M., Little, A. C., & Jones, B. C. (2012). Social support influences preferences for feminine facial cues in potential social partners. *Experimental Psychology, 59*(6), 340-347.

Watkins, C. D., Fraccaro, P. J., Smith, F. G., Vukovic, J., Feinberg, D. R., DeBruine, L. M.,& Jones, B. C. (2010). Taller men are less sensitive to cues of dominance in other men. *Behavioral Ecology,* arq091.

Watkins, C. D., Jones, B. C., & DeBruine, L. M. (2010). Individual differences in dominance perception: Dominant men are less sensitive to facial cues of male dominance. *Personality and Individual Differences, 49*(8), 967-971.

Watson, P. J. & Thornhill, R. (1994). Fluctuating asymmetry and sexual selection. *Trends in Ecology and Evolution, 9,* 21–25.

Waynforth, D. (1995). Fluctuating asymmetry and human male life-history traits in rural Belize. *Proceedings of the Royal Society B: Biological Sciences, 22, 261*(1360), 111–116.

Weisfeld, G. E., Czilli, T., Phillips, K. A., Gall, J. A., & Lichtman, C. M. (2003). Possible olfaction-based mechanisms in human kin recognition and inbreeding avoidance. *Journal of Experimental Child Psychology, 85*(3), 279–295.

Wedekind, C., & Füri, S. (1997). Body odor preference in men and women: Do they aim for specific MHC combinations or simply heterozygosity? *Proceedings of the Royal Society B: Biological Sciences, 264,* 1471–1479.

Wedekind, C., Seebeck, T., Bettens, F., & Paepke, A. J. (1995). MHC-dependent mate preferences in humans. *Proceedings of the Royal Society B: Biological Sciences, 260,* 245–249.

Wetsman, A., & F. Marlowe. (1999). How universal are preferences for female waist-to-hip ratios? Evidence from the Hadza of Tanzania, *Evolution and Human Behavior, 20,* 219–228.

WHO/UNICEF/UNU. (1998). *Iron deficiency anaemia: Assessment, prevention, and control: A guide for programme managers.* Report of a joint WHO/UNICEF/UNU consultation. Geneva, Switzerland: World Health Organization.

Whitehead, R. D., Coetzee, V., Ozakinci, G., & Perrett, D. I. (2012). Cross-cultural effects of fruit and vegetable consumption on skin color. *American Journal of Public Health, 102*(2), 212.

Whitehead, R. D., Re, D., Xiao, D., Ozakinci, G., & Perrett, D. I. (2012). You are what you eat: Within-subject increases in fruit and vegetable consumption confer beneficial skin-color changes. *PloSONE, 7*(3), e32988.

Williams, G. C. (1966). *Adaptation and natural selection.* Princeton, NJ: Princeton University Press.

Winberg, J. A. N. (2005). Mother and newborn baby: Mutual regulation of physiology and behavior—A selective review. *Developmental Psychobiology, 47*(3), 217–229.

Windhager, S., Schaefer, K., & Fink, B. (2011). Geometric morphometrics of male facial shape in relation to physical strength and perceived attractiveness, dominance, and masculinity. *American Journal of Human Biology, 23*(6), 805–814.

Worthman, C. M., & Kuzara, J. (2005). Life history and the early origins of health differentials. *American Journal of Human Biology, 17*(1), 95–112.

Yu, D., & Shepard, G. H. (1998). Is beauty in the eyes of the beholder? *Nature, 396,*

321−322.

Zahavi, A., & Zahavi, A., (1997). *The handicap principle: A missing piece of Darwin's puzzle*. Oxford, UK: Oxford University Press.

Zebrowitz, L. A. (1997). *Reading faces: Window to the soul?* Boulder, CO: Westview Press.

Zhang, Y., Hoon, M. A., Chandrashekar, J., Mueller, K. L., Cook, B., Wu, D., . . . Ryba, N. J. (2003). Coding sweet, bitter, and umami tastes: Different receptor cells sharing signaling pathways. *Cell, 112*(3), 293−301.

Zilioli, S., Sell, A. N., Stirrat, M., Jagore, J., Vickerman, W., & Watson, N. V. (2014). Face of a fighter: Bizygomatic width as a cue of formidability. *Aggressive Behavior*. Advance online publication. doi:10.1002/ab.21544

13장

남성의 겨루기 경쟁

데이비드 A. 퍼츠 · 드류 H. 베일리 · 필립 L. 레노

서문

이 장에서는 남성의 심리를 포함하여 그들의 표현형이 겨루기 경쟁의 진화사를 통해 어떻게 형성되었는지를 탐구하고자 한다. 때론 성 내 선택이라고도 불리는 겨루기 경쟁은 성선택의 몇 가지 기제 중 하나로, 동성의 경쟁자를 짝짓기 기회에서 배제하기 위해 힘이나 위협을 사용하는 것을 말한다(Anderson, 1994). 그 밖의 성선택 메커니즘으로는 배우자 고르기(짝을 유혹하기 위한 장식이나 과시를 선호함), 정자 경쟁(가임기에 여러 수컷의 정자가 생식기에 있을 때 일어남), 그리고 성적 강제가 있다. 성선택 메커니즘은 한 종 안에서 두 개 이상이 동시에 가동할 수 있다.

먼저 우리는 남성들 사이에서 펼쳐지는 성선택의 강도를 평가할 것이다. 성선택이 하나의 형질을 빚기 위해서는 그 형질이 어느 정도 유전되어야 하고, 짝짓기 성공도에 영향을 미쳐야 하고, 짝짓기 성공이 번식 성공에 영향을 미쳐야 한다(Jones, 2009). 따라서 우리는 유효성비, 부모 투자, 번식률, 번식의 분산 같은 기존의 상관관계를 이용해서 짝짓기 성공도와 번식 성공도의 관련성을 평가할 것이다. 그런 뒤 남성의 표현형과 짝짓기 및 번식 성공의 상관관계를 조사하고, 다음으로는 겨루기 경쟁이 남성의 어떤 표현형을, 어떤 방식으로 빚었는지를 조사할 것이다. 마지막으

로 우리는 인간이 진화하는 동안에 겨루기가 남성의 짝짓기 및 번식 성공에 어떻게 기여해왔는지를 탐구할 것이다.

성선택의 강도

성선택의 강도를 산정할 때는 주로 수정 가능한 여성 대 성적으로 활발한 남성의 평균 비율인 유효성비OSR: operational sex ratio를 사용한다. 유효성비는 경쟁하는 자원(짝) 대 경쟁자의 비율을 수량화하고, 짝짓기 기회를 실현하는 데 따르는 잠재적 어려움을 설명한다(Kokko, Klug, & Jennions, 2012). 어느 시점에든 여성 중에서 꽤 큰 비율이 짝짓기 풀에서 제외된다. 임신했거나 수유 중이거나 폐경 이후에 접어든 여성들 때문이다. 그래서 남성이 유효성비에서 다수를 차지한다. 말로와 버비스크Berbesque(2012)는 수렵채집인의 유효성비가 생리적으로 가능한 유효성비 11.7과 행동상 가능한 유효성비 8.6(실현된 성행동을 반영한다) 사이라고 추정한다. 이 수치는 침팬지(유효성비 = 4.5)보다 높고, 미타니Mitani, 그로스-로이스Gros-Louis, 리처즈Richards(1996)가 평가한 사람과 비슷한 영장류 17종보다도 대부분 높지만, 우랑우탄과 고릴라보다는 한참 낮다. 두 종은 유효성비가 단연 남성 편향적이다.

코코 등(Kokko & Jennions, 2008; Kokko et al., 2012)은 수학적 모델을 통해, 성선택의 강도와 유효성비의 관계가 복잡하다는 것을 입증하고, 유효성비 자체라기보다는 유효성비에 강한 영향을 미치는 변수들─짝짓기 풀 안팎에서 개인이 보내는 시간─이 주어진 성의 개체들이 늘어난 짝짓기 기회로부터 얼마만큼 이득을 얻을 것인지에 직접 영향을 끼친다고 결론짓는다. 자식에게 적게 투자하면 짝짓기 풀에서 보내는 시간뿐 아니라 잠재 번식률(단위시간당 자식의 수)의 상한선이 높아지는 경향이 있으며(Clutton-Brock & Vincent, 1991; Trivers, 1972), 이는 짝짓기 성공도를 끌어올리는 형질에 대한 투자의 이득을 높인다(Kokko et al., 2012). 대부분의 포유동물과 모든 비인간 원숭이와는 달리 인간은 아버지 투자가 상당하며, 그로 인해 남성이 짝짓기 풀에서 제거되고 남성의 번식률이 떨어진다. 하지만 양성의 부모 투자는 결정적으로 불균등하다. 식량 수집 사회에서 임신과 수유를 통해 몇 년 동안 자식에게 투자하는 쪽은 남성이 아니라 여성이고(Eibl-Eibesfeldt, 1989), 알려진 모든 사회에서 평균적으로 남성보다 여성이 육아를 더 많이 한다(Geary, 2000). 부모 투자의 성 차이에 폐경을 더하면 잠재적 번식률의 성 차이가 나온다. 인간 사회에서 성취된 최대 번식률의 여성 대 남성의 비율은 문화마다 다르지만 항상 1을 넘고, 종종 큰 차이를 보인다. 인간 사회에서 남성의 생애 번식 결과로서 최고 기록은 1000이 넘는 반면, 여성의 최고 기록은 69다(Glenday, 2013). 전통 사회에서 번식률의 성 차이는 그보다 작지만 그래도 상당하다. 베네수엘라 야노마뫼족의 경우에 남성의 생애 최대치는 43명이고 여성의 최대치는 14명이라고 샤농(1992)은 보고한다. 브라질의 샤반테 원주민족 사이에서 남성이 최대 번식수는 23, 여성의 최대 번식수는 여덟 명이었다(Salzano, Neel, & Maybury-Lewis, 1967).

번식 분산의 성 차이는 성선택의 강도를 평가할 때도 자주 사용된다(Bateman, 1948; Jones, 2009). 번식 분산은 여성의 약 2~4배이다(Brown, Laland, & Borgerhoff Mulder, 2009). 번식 불균형이 꽤 크지만, 코끼리바다표범과 고릴라보다는 훨씬 작다. 이 두 동물은 번식에 실패하는 수컷이 더 많으며 성공한 수컷이 여러 짝을 독점한다. 평균적인 식량 수집 사회에서, 기혼 여성 중 21%만이 일부다처제로 결혼한 상태에 있다(Marlowe & Berbesque, 2012). 그럼에도 미혼은 남성이 여성보다 많고, 이혼이 흔하며(Blurton Jones, Marlowe, Hawkes, & O'Connell, 2000), 여성보다 남성이 새로운 짝과 번식할 가능성이 더 많은데, 이 모든 요인이 짝짓기와 번식의 일부다처제 성격을 효과적으로 끌어올린다(Daly & Wilson, 2988). 파라과이의 아체족은 단속적 단혼제로 결혼을 하는데, 남성의 번식 분산이 여성의 4.2배이다(Hill & Hurtado, 1996). 게다가 전 세계가 계층화된 국가 수준의 사회로 이동하면서, 하렘의 크기와 번식 불균형이 고릴라를 넘어서고 어떤 경우에는 코끼리바다표범까지도 추월해서 극단으로 치달았다(Betzig, 1986).

성선택의 강도는 짝을 독점할 수 있는 정도에도 달려 있다(Klug, Heuschele, Jennions, & Kokko, 2010). 번식의 동시성 때문에 짝들이 시간적 응집을 보이면, 수정 능력이 있는 다수의 암컷을 보호하기가 어려워진다(Emlen & Oring, 1977). 인간은 계절에 따라 번식하지 않는다는 사실과 초기의 연구와는 달리 여성은 배란 주기의 동시성을 보이지 않는다는 사실은 일부다처의 잠재성을 끌어올린다. 하지만 여성의 몇몇 형질들은 발정기의 여성들이 독점당하는 정도를 감소시킨다. 관찰자들은 실험실 연구에서 여성의 배란 상태와 관련된 표현형 변화를 탐지할 수 있지만(Havlíček, Dvoráková, Bartos, & Flegr, 2006; Puts et al., 2013), 그런 변화는 침팬지와 기타 영장류의 극적인 외음부 팽창이나 발정난 유인원의 교태성에 비하면 극히 미미하다(Graham, 1981). 실제로 여성의 배란을 감춰주는 선택이 있었던 듯하다(Graham & Thornhill, 2008). 항상 부풀어 있는 젖가슴도 이유가 끝난 뒤 수유 무월경이 멈췄고 배란이 재개되었음을 모호하게 한다. 그런 은밀한 생식력의 결과로 남성은 발정을 광고하는 침팬지와 기타 영장류처럼 단발성 교미를 하기보다는 장기적 짝을 독점하려고 더 치열하게 경쟁하는 듯하다(Wrangham & Peterson, 1996). 암컷의 독점화는 또한 환경에 암컷이 얼마나 넓게 분산되어 있는지에도 달려 있다(Emlen & Oring, 1977). 암컷이 사회적이고 그래서 공간상 응집을 한다면, 고릴라(Harcourt, Stewart, & Fossey, 1981)의 경우처럼 한 마리의 수컷이 보호할 수도 있고, 침팬지(Morin, 1993)와 인간(아래를 보라)의 경우처럼 수컷 집단이 보호할 수 있다.

전술한 데이터는 남성의 짝짓기 성공과 번식 성공에 적당히 강한 양의 상관관계가 있음을 암시한다. 수렵채집인에게서 나온 데이터를 포함해서 이 관계를 평가하는 몇몇 자료는 실제로 양의 관계를 드러내보인다(Brown et al., 2009). 하지만 성선택의 요구에 따라 짝짓기 성공과 번식 성공은 표현형 변이와도 관계가 있다(Jones, 2009; Klug et al., 2010). 성선택 되었다고 추정되는 몇몇 형질이 남성의 높은 짝짓기 성공도와 관련된 것으로 여겨져 왔는데 근육(Frederick & Haselton, 2007; Lassek & Gaulin, 2009), 신체적 역량(Faurie, Pontier, & Raymond, 2004; Smith, Bliege Bird, & Dird, 2003), 남성적인 체형(Hill, et al., 2013; Hughes & Gallup, 2003; Rhodes, Simmons, & Peters, 2005), 키(Mueller & Mazur, 2001). 얼굴 형태(Johnston, Hagel, Franklin, Fink, & Grammer, 2011), 남성적이고 매력적인 목소리(Hughes, Dispenza, & Gallup, 2004; Puts, 2005)가 그런 형질이다. 섹스 파트너의 수를 평가하는 것 외에도 이 연구들은 아내의 수, 남성과 번식을 한 배우자의 수, 짝외 섹스의 횟수, 기혼녀와의 섹스 횟수, 첫경험의 나이, 첫 번식의 나이, 배우자의 질 등을 다양하게 평가했다. 성선택 되었다고 추정되는 형질, 이를테면 신체적 위압성(Chagnon, 1988; Smith et al., 2003), 키(Pawlowski, Dunbar, & Lipowicz, 2000), 얼굴의 지배성(Mueller & Mazur, 1997), 얼굴 매력(Jokela, 2009), 굵은 목소리(Apicella, Feinberg, & Marlowe, 2007) 등도 남성의 번식 성공도와 관련지어져 왔다.

겨루기를 위한 설계의 증거

경쟁을 벌이는 성이 힘으로 짝을 얻을 수 있다면, 짝 고르기와 정자 경쟁 같은 성 선택의 다른 기제들은 제한이 된다(Puts, 2010). 겨루기 경쟁은 짝이나 짝을 얻는 데 필요한 자원이 시공간상 국지화되어 있고, 그래서 경제적으로 보호할 수 있을 때 진화하는 경향이 있다(Emlen & Oring, 1977). 일반적으로 짝과 영토 방어는 '삼차원의' 짝짓기 환경(공중, 공해, 나무)보다는 '일차원'(땅굴이나 터널)이나 '이차원의' 찍짓기 환경(땅이나 수면)에서 더 가능하다(Emlen, 2008; Puts, 2010; Stirling, 1975). 예를 들어 물속에서 번식하는 종에 비해 육상에서 번식하는 바다표범(Stirling, 1975)과 바다거북(Berry & Shine, 1980) 수컷들이 짝을 놓고 더 많이 싸운다. 인간은 나무 위에서 사는 영장류가 아니라 땅위에서 사는 영장류이기 때문에 수컷의 겨루기가 쉽게 진화했을 것이다.

그래펜Grafen(1987)은 진행 중인 선택과 적응의 차이를 강조하면서, 과거의 성선택을 입증할 때는 형질과 관련해서 접근하는 것이 가장 유용하다고 시사했다. 성선택이 항상 성 차이를 낳는 것은 아니지만(Hooper & Miller, 2008), 이차 성 차이가 크다는 것은 진화사에 강한 성선택이 있었음을 가리킨다. 성선택의 가장 두드러진 산물로, 생활사 변수, 신체 크기, 근육, 공격성, 성적 과시와 위협 행동, 무기와 장식 등의 성 차이가 있는데(Anderson, 1994), 이 모든 차이가 인간에게 존재한다. 예를 들어, 남성은 더 늦게 성숙하고 늦게 노화하며 일찍 죽으며, 이런 생활사는 사실상 일부다처제를 시사한다(Daly & Wilson, 1983). 이차 성 차이의 존재는 과거의 성선택을 가리키지만, 그 형질들의 기능을 분석할 때는 짝짓기 경쟁에서 그 형질이 할법한 역할 그리고 그 형질을 빚은 성선택 메커니즘을 결정해야 한다.

남성의 표현형을 철저히 기능 분석을 해보면 중간 정도에서부터 강한 정도에 이르는 겨루기 경쟁이 진화사에 있었음을 알 수 있다. 남성은 겨루기의 특징을 모두 보여준다. 동성 간의 공격성, 여성보다 더 큰 크기와 힘, 무기, 위협적 과시행동 (Anderson, 1994)으로, 다음 절에서 살펴볼 것이다.

싸움과 물리적 공격

식량 수집 사회의 치명적인 폭력 발생률은 침팬지의 발생률과 비슷하고(Wrangham, Wilson, & Muller, 2006), 어릴 적부터 남성은 여성보다 신체적으로 더 공격적이다. 많은 문화와 시간대를 아우른 연구들에서 남성은 여성에 비해 거친 신체놀이와 그 밖의 신체적 공격을 즐겨 하고, 폭력에 관한 공상을 더 많이 하고, 폭력 범죄를 더 자주 저지른다(Ellis et al., 2008). 인간 사회에서 범죄자와 살인 피해자의 대다수는 남성이고, 그중에서도 특히 젊은 남성이다(Archer, 2004, 2009; Daly & Winson, 1990; Walker & Bailey, 2013). 살인행위의 성 차이는 동성 간 살인에서 가장 극단적이다. 다시 말해, 데이터를 구할 수 있는 모든 사회와 시간대에서 여성이 다른 여성을 살 해한 경우보다 남성이 다른 남성을 살해한 경우가 훨씬 많았다(Daly & Wilson, 1988). 전쟁 살인을 제외하고 동성 간 살인의 95%는 남성에 해당한다(Daly & Wilson, 1988). 전쟁 살인을 포함시키면 남성이 범한 동성 간 살인의 비율은 분명 100%에 근접할 것이다. 화이트Whyte(1978)가 조사한 문맹 사회 70곳 모두에서 여성보다 남성이 전 쟁에 참가했다.

자연 출산을 하는 많은 사회에서 남성의 성 내 폭력은 사망, 그중에서도 특히 남 성의 사망 원인으로서 큰 비중을 차지한다(Keeley, 1996). 에콰도르의 와오라니 족 사이에서 살인이나 전쟁으로 인한 폭력적 사망은 전체 사망의 절반에 가깝고 (Beckerman, et al., 2009), 뉴기니의 두굼다니족, 베네수엘라와 브라질의 야노마뫼 족은 3분의 1(Chagnon, 1988), 뉴기니의 마에엔가족과 훌리족은 각각 4분의 1과 5분 의 1이다(Chagnon, 1988). 아마존의 소규모 사회 10곳을 대상으로 한 연구에서 폭력 적 사망율은 6~56%에 걸쳐 있었고 평균으로는 30%였다(Walker & Bailey, 2013). 보 츠와나의 쿵산족 사이에서 일어나는 1인당 살인율은 미국의 평범한 연도의 약 네 배 에 달했다(Lee, 1984). 고고학적 증거도 인간이 진화할 때 남성 간 공격이 광범위했 음을 가리킨다. 학살로 인해 생긴 것이 분명한 묘지터에 여성의 해골이 없다는 사 실(Bamforth, 1994), 전리품 약탈과 일치하는 사라진 뼈(Andrushko, Latham, Grady,

Pastron, & Walker, 2005), 남성의 해골에 나 있는 외상의 흔적(Milner, Anderson, & Smith, 1991; Walker, 2001)이 그런 증거다.

겨루기 경쟁은 물리적 공격에 끌리는 성향에 영향을 미치기도 했지만, 남성의 심리 및 행동을 여러 측면에서 빚은 것으로 보인다. 예를 들어 남성의 통증 내성이 조정되는 방식은 남자들이 벌인 싸움의 역사를 보고 예측할 수 있다. 많은 연구에서 남성은 여성보다 통증 내성이 강하다(Ellis et al., 2008). 중요한 것은 남성과 여성의 통증 체계가 각기 다른 자극에 영향을 받는다는 점이다. 운동선수는 남녀 모두 경쟁적인 시합을 한 뒤 진통 효과를 경험하지만, 운동을 하지 않고 경쟁만 했을 때에는 남성만 진통을 경험하고, 경쟁을 하지 않고 운동만 했을 때는 여성만 진통을 경험한다(Sternberg, Bokat, Kass, Alboyadjian, & Gracely, 2001). 경쟁을 했을 때 남성만 통증이 줄어든다는 사실은 남성의 심리가 부상 위험이 있는 경쟁에 대비하게끔 설계되어 있다는 가설과 양립한다. 비디오 모의게임으로 된 남남 전투에서 승리(대 패배)하면 여성의 얼굴 여성성을 선호하는 경향이 증가했는데, 이는 조상 시대에 남성이 고품질의 배우자를 획득하고 지키려 한다면 남남 경쟁에서 승리해야 했음을 반영한다(Welling, Persola, Wheatley, Cárdenas, & Puts, 2013). 또한 남성은 특히 또래가 있을 때(Ginsburg & Miller, 1982; Morrongiello & Dawber, 2004) 그리고 또래가 비슷한 지위, 같은 성일 때(Ermer, Cosmides, & Tooby, 2008) 여성보다 부상을 당할 위험이 높다.

뿐만 아니라 남자아이들에게 발달한 집단 수준의 경쟁 활동은 성인기에 남성의 성 내 연합 경쟁에 일조한다(Geary, Byrd-Craven, Hoard, Vigil, & Numtee, 2003). 3세 무렵에 남자아이는 여자아이보다 집단 활동에 더 많은 시간을 보내며, 이 차이는 6세까지 증가한다(Benenson, Apostoleris, & Parnass, 1997). 남자아이들은 더 촘촘한 사회망을 형성하고(Beneson, 1990), 경쟁성과 조직성이 더 높은 놀이에 참여한다(Rose & Rudolph, 2006). 남성의 지배성 행동은 남들에게 처음 소개될 때 가장 빈번하고(Savin-Williams, 1987), 그런 뒤 집단 간 경쟁 행동이 증가함에 따라 감소한다. 게다가 동성 또래에 대한 관용을 측정한 실험에서 남성은 여성보다 높은 수치를 보인다(Beneson et al., 2009). 역설적이게도, 남성이 서로 친절하게 행동하는 상황은 어느 정도는 집단 차원의 공격성이 선택된 결과로 이해할 수 있다. 공공재 게임에서 남성은 집단 간 경쟁에 준비된 뒤에는 협동이 증가했지만 여성은 그러지 않았다(van

Vugt, De Cremer, & Janssen, 2007). 경제 게임에서 이탈자가 처벌을 받을 때, 남성은 감정이입—관련 뇌 반응이 감소하고 보상—관련 뇌 활동이 증가했지만, 여성은 그러지 않았다(Singer et al., 2006). 남성은 또한 집단 내 경쟁에서 승리했을 때보다 집단 간 경쟁에서 승리한 뒤에 테스토스테론이 더 많이 증가한다(Oxford, Ponzi, & Geary, 2010; Wagner, Flinn, & England, 2002).

크기와 힘

남성의 겨루기는 또한 더 큰 크기와 힘을 선호하는 경향이 있다. 다수의 연구가 가리키는 바에 따르면, 오스트랄로피테쿠스 아파렌시스(3.,600~2,900만 년 전 [3,60~2,900만] 같은 초기 호미니드들의 크기 이형성은 오랑우탄이나 고릴라에 근접하거나 심지어 능가했다고 한다(Gordon, Green, & Richmond, 2008; Lockwood, Richmond, Jungers, & Kimbel, 1996; McHenry, 1991). 하지만 과거의 연구들에 잠재해 있는 방법론적 문제—예를 들어 작은 표본, 크기에 기초한 성별 지정—를 회피한 최근 연구에서는 현생인류에 비해 해골의 성적 이형이 그리 크지 않다고 추산한다 (Reno, McCollum, Meindl, & Lovejoy, 2010; Reno, Meindl, McCollum, & Lovejoy, 2003; Suwa et al., 2009).

현생인류의 해골 크기 이형성은 침팬지와 고릴라의 중간으로, 남녀 성숙도의 적당한 차이를 반영한다(Leigh & Shea, 1995). 총 체질량에서 남성은 여성보다 약 20% 더 무겁다(Archer, 2009; Marlowe & Berbesque, 2012). 이 체질량 이형성은 일부다처 영장류(평균적으로 수컷이 60% 이상 무겁다)보다 낮고 일부일처 영장류(무게 차이가 10% 이하)보다 높으며 다々수컷 집단을 이루는 종에 해당한다(Clutton-Brock & Harvey, 1984). 하지만 인간은 체질량 하나가 가리키는 것보다 성적 이형성의 정도가 더 높다. 다른 영장류와는 달리 여성은 남성보다 더 많은 체지방을 저장하기 때문인데 (Wells, 2012), 아마 고도로 대뇌화된 자식을 낳기 위해서일 것이다(Lassek & Gaulin, 2008). 인간 사이에서 남성 겨루기의 역할을 평가할 때에는 지방을 뺀 질량의 성적 이형성을 고려하는 것이 더 적절하다. 그럴 때 남성이 여성보다 31~43% 더 무겁다 (Lassek & Gaulin, 2009; Wells, 2012).

남성은 또한 여성보다 순근육이 61% 더 많고, 하체 근육량은 51%, 팔 근육량은

75% 더 많다(Lassek & Gaulin, 2009).

남성은 상체 힘이 약 90% 더 강하고, 그래서 평균적인 남성이라도 여성의 99.9%보다 힘이 더 세다(Abe, Kearns, & Fukunaga, 2003; Lassek & Gaulin, 2009). 또한 하체 힘도 65% 더 센데, 이 힘은 속도와 가속도로 전환된다(Mayhew & Salm, 1990). 체질량과 순근육 비율을 통제할 때에도 남성은 더 힘이 세며, 이는 부분적으로 남성의 근육에 있는 섬유가 더 짧고 우상각이 더 크기 때문이다(Chow et al., 2000). 근육의 이 성 차이는 고릴라와 맞먹는다(Zihlman & MacFarland, 2000).

무기

성선택은 더 경쟁적인 성에게 뿔(소, 양, 코뿔소 등), 가지진 뿔(사슴 등), 송곳니 같은 무기를 주는 경우가 많다. 인간은 송곳니 크기에 성적 이형이 거의 없으며, 양성 모두 가장 가까운 친척들보다 어금니가 상대적으로 작다(Wood, Li, & Willoughby, 1991). 우리의 계통에서 송곳니가 감소한 추세는 2,400만 년 이후의 호모 속, 오스트랄로피테쿠스(4,200~2,500만), 아르데피테쿠스(5,800~4,400만) 같은 대표적인 속들의 화석 기록을 거쳐 600여만 년 전 중앙아프리카의 사헬란트로푸스 차덴시스로 거슬러 올라간다(Suwa et al., 2009). 송곳니 형태의 이런 변화를 설명하고자 많은 이론이 제시되어왔는데, 그 예로 식사 적응, 위협적인 과시행동의 도태, 손에 쥐는 무기로의 대체가 있다(Greefield, 1992). 사헬란트로푸스와 이르디피테쿠스에게 극적인 식사 변화가 있었다는 것을 뒷받침하는 다른 증거가 없기 때문에 식사 설명은 설득력이 없어 보인다(Brunet et al., 2002; Suwa et al., 2009). 다른 가설에 따르면, 송곳니 감소는 남성 간 겨루기 경쟁의 감소를 가리키며, 이는 아마도 선택을 통해 협동 사냥이 늘고/늘거나 여성이 덜 경쟁적이면서 자녀양육에 더 힘을 쓸 배우자를 고른 결과일 것이라 한다(Halloway, 1967; Lovejoy, 2009). 만일 그렇다면, 초기 호미니드에게서 발견된 적당한 수준의 크기 이형성은 겨루기 경쟁이 아니라 생태환경의 선택 그리고/또는 여성의 배우자 고르기를 반영할 것이다(Gordon, 2013; Lovejoy, 1981).

상호 배타적이지 않은 다른 이론에 따르면, 직립보행으로 자유로워진 두 팔과 손에 쥐는 무기가 무기로서의 송곳니를 대체했다고 한다(Carrier, 2011; Darwin, 1874; McHenry, 1991). 인간 문화에서 동성의 경쟁자를 목표로 무기를 제작하고 사용하는 것은 남성에겐 흔하고 여성에겐 드문 일이다(Archer, 2004; Darwin, 1874; Smith & Smith, 1995; Warner, Graham, & Adlaf, 2005). 능숙한 무기 사용도 큰 성 차이를 보인 다. 예를 들어, 남성은 투사물을 겨냥하고 격추하는 데 표준편차 1.5 이상이나 정확 하고, 경험을 통제해도 이 차이가 크게 유지된다(Watson & Kimura, 1991). 곤봉, 창, 돌팔매로 멀리 있는 적을 맞힐 수 있었으므로 물어뜯기가 불필요해졌을 것이다. 이 와 마찬가지로, 몇몇 종에서는 가지진 뿔이 진화하면서 상악의 큰 송곳니를 대체한 것으로 보인다. 그 뿔로 멀리 있는 적의 주둥이에 닿을 수 있기 때문이다(Barrette, 1977). 침팬지 수컷은 지배성 과시를 할 때 나뭇가지를 사용하는데(공격용 무기로 사 용하진 않는다), 이는 판Pan 속과 호모 속이 공통조상에서 갈라진 뒤에 도구가 사용되 었음을 가리킨다. 하지만 인간의 뼈를 석기로 자른 최초의 증거는(사후 도살의 결과 로 추정된다) 80만 년 전경에 생긴 것이며, 무기로 공격을 한 최초의 증거는(창이 하지 와 골반을 관통했다) 불과 10만여 년 전에야 모습을 드러내므로(Walker, Hill, Flinn, & Ellsworth, 2011), 송곳니 감소와 손에 드는 무기 사용의 시간적 관계는 여전히 불확 실하다.

시각적 신호와 청각적 신호

전체적인 체질량의 차이가 크지 않음에도 남녀는 외모에서 큰 차이가 난다. 주된 이유는 앞에서 언급한 지방과 근육 분포의 성 차이 때문이고 그와 함께 체모, 특히 수염의 성 차이가 눈에 잘 띄기 때문이다. 124종에 이르는 영장류의 종이나 아종을 대상으로 몸통, 팔다리, 머리의 모양을 주관적으로 평가한 결과, 인간은 '시각상으로 성적 이형'이 심한 영장류로 8위이고(고릴라, 흰얼굴굵은꼬리원숭이와 동률), 백분위수 로는 92퍼센타일이다(Dixson, Dixson, & Anderson, 2005). 인간은 가장 가까운 친척 인 침팬지, 보노보보다 시각상 성적 이형성이 훨씬 더 강하다.

수염과 굵은 목소리는 성선택을 거친 남성의 형질로서 가장 유력한 후보이며, 둘다 지배성을 효과적으로 나타낸다. 수염이 난 남성의 얼굴은 깨끗이 면도한 얼 굴보다 더 지배적으로 인지되지만, 여성들은 수염이 매력을 떨어뜨린다고 느낀다

(Dixson & Vasey, 2012; Neave & Shields, 2008). 남성적인 얼굴도 지배적인 외양을 강하게 끌어올리지만, 조작하지 않거나 여성화한 남성의 얼굴에 비해서 실제로 매력을 더 많이 떨어뜨린다(Burriss, Marcinkowska, & Lyons, 2013; Puts, Jones, & DeBruine, 2012). 남성 얼굴의 몇몇 구조적인 특징은 싸움의 성공도를 더 직접적으로 향상시킨다. 현대인은 공격을 할 때 주로 얼굴을 겨냥하는데(Carrier & Morgan, 2015; Guthrie, 1970; Shepherd, Gayford, Leslie, & Scully, 1988), 남성 간 폭력의 비율이 더 높기 때문에 여성보다 남성이 얼굴 골절(Shepherd et al., 1988), 특히 하악 골절(Puts, 2010)을 더 많이 당한다. 인간이 진화할 때 그런 조건이 우세했다면, 호미니드의 진화사에서 강건함이 계속 감소하는 중에도 남성의 얼굴에는 그런 조건이 더 크게 기여했을 것이다(Carrier & Morgan, 2015; Puts, 2010). 폭력의 여성 피해자들이 남성 피해자보다 얼굴 골절을 당하는 비율이 높은 것은(Shepherd et al., 1988), 남성의 두개골이 폭력적인 공격에 더 탄력 있게 대응한다는 것을 말해준다.

성선택은 종종 청각 신호에도 성 차이를 낳는다(Anderson, 1994). 인간의 발성법에 내재한 청각적 특징과 그 토대가 되는 해부 구조는 둘다 성적으로 대단히 차별화되어 있다. 남성의 목소리는 여성에 비해 기본적인 주파수가 대략 표준편차 5만큼 낮은데, 이 성 차이는 수컷이 암컷보다 두 배나 더 큰 망토개코원숭이 (Papio hamadryas ursinus)의 성적 이형과 맞먹는다(Puts, Apicella, & Cárdenas, 2012; Rendall, Kollias, Ney, & Lloyd, 2005). 이렇게 청각에 성 차이가 나는 한 이유는 남성의 성대에 있는 막질부분이 60%나 더 길기 때문이다(Titze, 2000). 남성은 또한 성도가 15% 더 길기 때문에(Fant, 1960) 포르만트 주파수대(음형 주파수대)가 더 낮고 더 밀집해 있다(더 풍부한 음색과 일치한다)(Fitch & Giedd, 1999; Puts, Apicella, et al., 2012). 이 해부학적 성 차이가 키의 성 차이를 두 배 내지 일곱 배 이상 초과한다는 사실에 주목하라. 녹음된 남성의 음성을 실험실에서 남성화하면 여성에게 느껴지는 매력보다 남성 사이에서 지각되는 지배성이 훨씬 더 많이 올라간다(Feinberg, Jones, Little, Burt, & Perrett, 2005; Puts, Gaulin, & Verdolini, 2006). 한 연구에서, 자신이 경쟁자보다 싸움을 더 잘한다고 평가한 남자들은 그 경쟁자를 상대할 때 목소리를 더 낮췄고, 반면에 자신이 경쟁자보다 덜 지배적이라고 생각한 남자들은 음조를 높였다(Puts et al., 2006).

따라서 우리의 송곳니 크기나 키의 적당한 이형성만으로 추론한 것과는 반대로, 인간은 남성의 겨루기 경쟁이 오랫동안 진화해온 종에게 기대되는 여러 차원에 걸쳐 성적으로 차별화되어 있다. 남성은 늦게 성숙하고, 일찍 노화하고 죽으며, 더 크고, 더 근육질이고, 더 공격적이고, 서로를 공격하고자 무기를 제작하고 사용하며, 위협적 과시를 위해 설계된 것으로 보이는 수염과 굵은 목소리 같은 눈에 띄는 성-특이적 형질을 갖고 있다.

하지만 남성의 겨루기와 여성의 고르기는 다른 종에도 널리 퍼져 있으며, 그런 종의 암컷은 지배적인 수컷을 더 좋아한다(Berglund, Bisazza, & Pilastro, 1996). 또한 성적 이형의 원인으로는 드물어 보이지만 적소 분할도 한몫할 수 있으며(Andersson, 1994), 어떤 성적 이형들은 성에 따른 노동 분업과 남성의 사냥에 기여했다(Kaplan, Hill, Lancaster, & Hurtado, 2000). 따라서 남성의 어떤 이차 성 형질들은 다수의 선택압을 통해 형성되었을 가능성이 높다. 예를 들어 남성의 큰 근육은 여성에게 매력적이며(Frederick & Haselton, 2007), 사냥과 남성들의 전투 양쪽에서 성공률을 높여준다. 이와 마찬가지로 빠르고 멀리 던지거나(Thomas & French, 1985), 정확하게 겨냥하는(Ellis et al., 2008) 능력의 큰 이점은 남성들의 전투(동성의 경쟁자를 겨냥)와 사냥(먹잇감을 겨냥)에 모두 들어맞는다.

근육이나 겨냥 능력 같은 어떤 형질은 겨루기, 사냥, 짝 유인에 모두 도움이 되지만, 어떤 형질들은 사냥에 확실한 용도가 없고, 짝을 유인하는 것과의 관계도 비교적 약하거나 심지어 부정적이다. 이런 형질로는 수염, 굵은 목소리, 얼굴의 강건함, 집단 내/집단 간 동성에 대한 높은 공격성, 또래 앞에서 물리적 위해를 무릅쓰는 경향, 통증 내성과 경쟁에 기초한 무통각증, 집단 간 경쟁에서 동맹을 증진하는 다양한 심리적, 행동적 형질이 있다. 남성은 짝짓기 접근성을 위한 공격적인 경쟁에 특별히 적응하며 진화한 듯하다.

하지만 말로와 버비스크(2012)는 우리의 행동적 유효성비와 비인간 영장류의 추이에 기초해서 남성의 체질량이 여성보다 57% 많이 나간다고 추산했다. 총 체질량보다는 제지방량(fat-free mass)을 비교하는 것이 더 적절하지만, 심지어 31~43% 더 높은 남성의 제지방량도 예상했던 57%의 차이보다 확연히 낮아 보인다. 이 차이를 설명하는 한 가지 방법은 다음과 같다. 인간이 진화할 때 여성의 짝 고르기가 비교적 큰 역할을 했으며, 현재 옳다고 받아들여지듯이 여성은 겨루기하에서 선호되었을 건 장함보다 더 낮은 건장함을 선호했다(Frederick & Haselton, 2007). 남성의 겨루기 경쟁은 유효성비가 비슷한 영장류에 비해 인간의 경우에는 부수적인 중요성이 낮았던 것으로 보인다. 한편으로, 이 설명은 신체 크기 이형성의 패턴 그리고 인간의 진화에 걸친 송곳니의 감소와 일치한다. 다른 한편으로, 남성의 싸움이 광범위하다는 증거 그리고 굵은 목소리와 수염 같은 겨루기와 관련된 여러 형질의 존재는 이 해석의 타당성을 의심하게 만든다. 또한 겨루기 경쟁은 빈번하고 명백하게 표출되는 공격성보다는 위협과 간헐적인 싸움의 형태로 이루어질 수 있음을 기억해야 한다. 또 다른 가능성은, 신체 크기, 힘, 송곳니 크기로는 남성의 겨루기의 정도를 과소평가한다는 점인데, 바로 무기의 사용 때문이다(Marlowe & Berbesque, 2012; Puts, 2010). 우리는 큰 송곳니가 없는 유일한 유인원이지만, 기술적으로 투박한 인간 사회들도 지구상에서 가장 크고 가장 강력한 동물을 순식간에 해치울 수 있는 무기를 갖고 있다. 마지막으로, 집단 간 공격은 남성의 신체와 근육량의 감소를 선호했다. 연합이 승리해서 얻은 이익은 다같이 나누는 반면에 근육량을 늘리고 유지하는 비용은 개인 부담이기 때문이다.

지배성을 적합도로 전환하는 일

고릴라 수컷이 하렘을 빼앗거나 코끼리바다표범 수컷이 해안의 왕이 되면 짝짓기 권리를 획득한다. 만일 남성이 겨루기 경쟁의 진화를 거쳤다면, 진화사에 걸쳐 겨루기의 승리—집단 내에서든 사이에서든—는 어떻게 짝짓기 기회로 전환되었을까?

집단 내 공격

두 명의 남성이 짝이 없는 여성을 놓고 경쟁을 벌일 때 한 명이 다른 한 명을 죽이는 간단한 방법이 있다(Daly & Wilson, 1988; Marlowe & Berbesque, 2012). 남자들은 또한 현재의 짝을 눈을 부릅뜨고 지키고, 이를 위해 물리적 공격을 사용한다(Chagnon, 1992; Daly & Wilson, 1988; Peters, 1987). 짝을 얻고 지키기 위해 남성이 물리력을 사용하는 것은 어느 문화에나 퍼져 있지만, 그 행동은 어느 사회에서도 경계가 정해져 있다. 인간은 생활사가 느리고 포식이나 질병으로 인한 사망률이 낮기 때문에(Muller & Wrangham, 2014), 짝짓기 기회에 눈이 멀어 부상을 무릅쓰기보다는 진짜 같은 위협에 굴복하고 더 순조로운 상황을 기다리는 경향이 선호되었을 것이다. 하지만 현재의 기회를 두고 경쟁을 할 때 안아야 하는 부상의 위험과 약하게 보일 위험 사이에서 균형을 맞춰야 한다. 약하게 보이면 미래의 짝짓기에 불리할 수 있기 때문이다. 실제로 남-남 폭력은 종종 당장의 짝짓기 기회를 얻기 위해서만큼이나 '체면' 때문에 자주 발생한다(Daly & Wilson, 1988).

남자들이 값비싼 싸움을 회피할 수 있는 방법 중 하나는 대안적인 무대를 만들어 자신의 위압성을 광고하는 것이다. 멜라네시아의 메르 섬에서 남자들은 100-150킬로그램이나 되는 바다거북을 사냥하는데 이는 최적의 식량 수집은 아니지만 부상을 무릅쓰겠다는 의지와 힘을 보여주고 남자들에게 존경을 받는 방법이다(Bliege Bird, Smith, & Bird, 2001; Smith et al., 2003). 거북 사냥꾼은 더 많은 수의 질이 높은 배우자를 갖고 있고, 더 일찍 번식을 하며, 기본적으로 배우자의 수가 더 많기 때문에 더 빠른 속도로 번식을 한다(Smith, et al., 2003). 일반적으로 남자들은 사냥(Hawkes & Bliege Bird, 2002)과 스포츠(Deaner et al., 2012; Deaner & Smith, 2013) 같은 신체적 경쟁과 신체적 역량의 과시에 관심을 기울이는 경향이 있는데, 이는 모든 문화에 보편적인 듯하다. 이런 활동에 참여하고 성적을 내는 것은 당연히 더 높은 짝짓기 성공도와 관련이 있다(Faurie et al., 2004; Smith et al., 2003).

남성들 간의 지배성이 짝짓기 성공에 이바지하는 이유 중 하나는 여성에게 더 매력적으로 보이기 때문이다(Buss, 1988; Gangestad, Simpson, Cousins, Garver-Apgar, & Christensen, 2004; Lukaszewski & Roney, 2010). 예를 들어, 미국 대학생을 대상으로 한 연구들에서, 여성은 지배적인 남성을 선호하며(Lukaszewski & Roney, 2010), 더 지배적이고 남성적인 남자와 성교를 할 때 더 자주 그리고 더 일찍 오르가슴을 느낀다고(Puts, Welling, Burriss, & Dawood, 2012) 보고했다. 남자들 역시 여성을 유혹하고자 할 때 힘과 신체적 역량을 과시한다고 자주 보고한다(Buss, 1988). 하지만 미국 대학생을 대상으로 한 다른 연구들에서, 전년도에 남성이 만난 섹스파트너의 수는 그들의 지배성에 대한 다른 남자들의 평가 그리고 근육질과 굵은 목소리처럼 지배성과 관련된 형질과 양의 관계가 있었고, 여성에게 느껴지는 매력은 지배성이 설명하는 한도 이상으로는 짝짓기 성공도의 유의미한 분산을 설명해주지 않았다(Hill et al., 2013; Puts, Hodges, Cárdenas, & Gaulin, 2007). 게다가 메르 섬 남성의 위험한 거북 사냥은 남자들 사이에서 존경을 받지만, 여성에게 느껴지는 매력과는 무관하다(Smith et al., 2003). 전통 사회에서 배우자를 고르는 여성의 능력은 남성이 물리력으로 경쟁자를 배제하기 때문에 제한될 뿐 아니라 여성의 선택을 불균등하게 가로막는 중매결혼 때문에도 제한되고(Apostolou, 2007; Walter et al., 2011), 다른 마을 남성들의 납치 때문에도 제한된다(Peter, 1987; 또한 다음을 보라).

공격 위협이 짝짓기 기회로 전환되는 방식은 다양할 수 있다. 지배적인 남성은 덜 지배적인 남성이 짝짓기를 시도하면 주저하지 않고 방해할 수 있지만, 그 역은 훨씬 더 불가능하다. 다시 말해서, 지위가 낮은 사람은 지배적인 사람이 방해를 할 때 짝짓기 시도를 포기하고, 강력한 남성이 쫓아다니고 있는 짝을 더 이상 쫓아다니지 않을 것이다. 남성은 또한 강력한 남성의 짝에게는 부정한 짓을 잘 하지 않을 것이다. 야노마뫼족 사이에서는 자신의 아내가 다른 남자와 밀회한다는 의심이 들면 살벌하고 때론 치명적인 곤봉 싸움이 벌어지고(Chagnon, 1992), 남편이 신체적으로 위압적이면 혹시나 있을 타인의 간섭을 강력하게 제지한다(Peters, 1987).

지배성(강요된 복종)은 위신(자유로운 복종; Henrich & Gil-White, 2001)과 구분되지만, 지배성이 위신을 높이기도 한다. 강력한 남성이 집단 내/집단 간 갈등의 동맹자이자 지배성을 열망하는 남자들의 모범으로 평가받을 때 그런 일이 발생한다. 전통 사회와 산업사회를 대상으로 한 비교연구에서 지배성과 위신은 남성의 짝짓기 성공도(Chagnon, 1988; Hill et al., 2013; Pérusse, 1993; Smith et al., 2003; von Rueden, Gurven, & Kaplan, 2011)와 번식 성공도(Borgerhoff Mulder, 1987; Borgerhoff Mulder, 1989; Chagnon, 1988; Flinn, 1986; Irons, 1979; Smith et al., 2003; Turke & Betzig, 1985; 그러나 Betzig, 1988; von Rueden et al., 2011을 보라)를 예측할 수 있는 요인임이 밝혀졌다.

연합 공격
남성이 동맹을 맺고 연합 공격을 하는 경향은 판 속과의 공통조상에서 갈라지기 전에, 힘을 합쳐 여성을 포획하고 지키는 수단으로서 진화했을 것이다(Wrangham, 1999). 다른 마을을 습격할 때 아내를 포획하는 것은 인간이 거주하는 모든 대륙의 전통 사회에서 기록되었고(Ayres, 1974; Barnes, 1999; Chagnon, 1988; Peters, 1987), 독립성과 대표성으로 선정된 비교문화 표본의 30개 사회 중 16곳에서 나타났다 (Ayres, 1974). 아마존의 전통 사회 10곳에 관한 연구에서, 여성을 납치하는 비율이 어족이 같은 부락을 습격할 때는 26%, 어족이 다른 부락을 습격할 때에는 54%였다 (Walker & Bailey, 2013). 북아메리카 원주민에 관한 민족지학에서 여성 납치는 전쟁의 동기로 자주 열거된다(Keeley, 1996). 고고학에서도 학살당한 부락민 중 어린 여성의 비율이 낮게 나타나는데, 사우스다코타주의 크로크릭(서기 1325년경; Keeley, 1996)과 독일의 탈하임(기원전 4900~4800년경; Bentley, Wahl, Price, & Atkinson, 2008) 같은 표본에서 이 같은 기록은 납치를 의미한다. 야노마뫼족의 경우, 부락 간 축제가 벌어질 때 더 크고 군사적으로 강력한 부락이 작고 힘없는 부락에서 여성을 납치하기도 한다. 주인이 방문자의 아내와 딸을 돌려보내지 않기도 하고, 강한 부락이 약한 부락을 방문해서 주인의 아내를 데리고 집으로 가기도 한다. 군사적으로 강한 저지대 부락에서 기혼여성 중 평균 17%가 납치된 여성인 반면, 힘이 약한 고지대 부락에서는 그런 여성이 11%에 머문다(Chagnon, 2012).

습격은 배우자를 얻거나 배우자의 번식 결과를 끌어올리는 데 필요한 자원 획득의 수단이기도 하다. 침팬지 수컷들의 집단 간 공격은 다른 집단의 수컷 성체와 자식의 죽음으로 이어질 뿐 아니라, 영토 확장으로도 이어진다(Mitani, Watts, & Amsler, 2010). 동아프리카에서 유목형 목축을 하는 투르카나족의 경우, 남자들은 수백 명에 달하는 습격대를 이루고서 대규모 약탈을 하는데, 그중 약 1%가 사망한다(Mathew & Boyd, 2014). 이런 습격으로 남자들은 가축, 목초지, 급수지를 손에 넣은 뒤 가축을 신부의 값으로 지불하고 아내 수를 늘린다(Bollig, 1990).

공격과 복종의 최적 균형은 개인과 사회에 따라 다를 것이다. 실제로 베커먼 Beckerman 등(2009)은 베네수엘라의 와오라니족 사이에서 습격을 가장 많이 나간 전사들이 '시큰둥한' 전사들보다 살아 있는 자식 수가 적다고 보고했다. 연합 공격을 할 때에는 또한 동료의 안녕이 개인의 적합도에 중요해지기 때문에 집단 내 공격이 감소하는 경향이 있다. 그에 따른 결과로, 동료들의 장기적 짝짓기 관계를 존경하게 되고, 결혼이 '[집단 내] 겨루기 경쟁의 관습적인 해결책'으로 부상한다(Blurton Jones et al., 2000).

결론

남성의 형질은 겨루기 경쟁을 통해 성선택이 이루어진 진화의 역사를 가리킨다. 그중 많은 형질이 여성에게 매력적이지 않고, 그래서 성적 매력이나 과시로 보이지 않는다. 그리고 남성적인 형질이 매력적인 경우에도 그 형질은 대개 지배성을 얻는 데 더 효과적이다. 수염, 굵은 목소리, 동성 간의 높은 공격성 같은 남성의 형질은 사냥을 위한 적응으로밖에 설명할 수 없다. 많은 현대 사회에서 여성은 유례가 없을 만큼 경제적/정치적 자율성을 갖고 있지만, 조상의 시대에는 배우자를 선택할 수 있는 능력이 제한되었을 것이다. 현생인류가 진화의 시간을 주로 보낸 소규모 식량 수집 사회에서, 배우자를 얻고 유지하는 남성의 능력은 분명 물리적 공격을 가하겠다는 그럴듯한 위협에 더 많이 의존했을 것이다.

인간의 성적 이형성을 치아 발생이나 신체 크기에 한정해서 분석하면 오해가 발생할 수 있다. 인간은 외양, 청각 신호, 근육, 체지방, 물리적 공격성, 그 밖의 수많은 해부학적·행동적 형질이 고도의 성적 이형을 보인다. 가장 인색하게 설명하자면, 남성의 많은 형질이 남성 간 겨루기의 맥락에서 진화했다는 것이다. 남성의 힘, 크기, 동성에 대한 물리적 공격, 무기 사용은 수컷들이 짝을 두고 서로 싸우는 종들을 대표한다. 기능에 초점을 맞춰 분석하자면, 남성의 수염, 굵은 목소리, 상대적으로 강건한 얼굴은 짝을 유혹하거나 사냥할 때가 아니라 지배권을 확립하는 데 더 효과적이다. 동성을 향한 공격성 외에도 남성은 통증 내성, 위험 감수, 신체적 경쟁과 연합 형성에 대한 관심처럼 겨루기 경쟁에 의해 형성된 것으로 보이는 심리 형질을 갖고 있다. 이 증거는 인간에겐 실질적으로 성적 이형이 없다는 견해 그리고 남성의 형질에 대한 성선택은 여성의 배우자 선택이라는 형태로 이루어졌다는 일반적인 견해(Puts, 2010을 보라)를 동시에 부정한다.

그럼에도 남성의 형질들을 빚을 때 다양한 성선택 기제들이 나름대로 힘을 미쳤기 때문에 그 과정을 풀어헤치는 연구가 새롭게 필요하며, 여성의 선택이 중요하다는 사실을 우리가 무시하는 것은 아니다. 여성 선택은 어떤 경우에는 겨루기 경쟁의 영향을 완화하고, 어떤 경우에는 그 경쟁을 강화했을 것이다. 여성이 유전적 질, 보호, 물자 공급에 기초해서 배우자를 선택했다면, 지배성 및 그와 관련된 형질들을 평가해서 그런 자질에 관한 정보를 얻었을 것이다(Berglund et al., 1996; Buss, 1988, Trivers, 1972). 인간 사회에서 여성은 지위가 높은 배우자 후보를 더 좋아하고(Buss, 1989), 지위가 낮은 후보를 기피한다(Li, Bailey, Kenrick, & Linsenmeier, 2002). 소규모 사회에서 남성의 전투력, 지위, 사냥 능력에 대한 여성의 평가는 남성의 매력에 대한 평가와 공변화하는 것을 연구자들은 관찰했다. 여성은 또한 배란 주기 중 가임 단계에 있을 때와 순전히 섹스를 위한(투자의 반대) 관계를 맺을 때 근육질, 키, 굵은 목소리, 남성적인 얼굴 같은 지배성–관련 형질을 더 좋아한다. 이는 그런 남성적인 형질들이 유전적인 적합도 이득을 가리킨다는 사실을 말해준다(Gangestad & Thornhill, 2008).

우리는 또한 인간 사회의 일부일처제와 양친 육아의 중요성을 무시하지 않으며, 일부일처제와 양친 육아가 인류의 계통에서 오랜 역사를 가진 파생 행동일 수 있다고 생각한다(Lovejoy, 1981). 일반적으로 남성은 자신의 배우자와 자식에게 투자를 하고(Kaplan et al., 2000), 대부분의 인간 사회가 일부다처를 허용하지만 결혼은 대부분 일부일처다(Murdock, 1967). 또한 일부다처 혼인이 존재한다고 해서 모든 남성이 일부다처를 시도하진 않는다. 전형적인 고대 남성은 일부일처제로 짝을 맺고, 배우자를 지키고, 둘 사이에서 태어난 자식에게 투자를 하는 방식으로 번식을 극대화했을 것이다. 일부일처로 짝을 맺거나 일부다처를 시도하겠다는 '결정'은 다른 무엇보다도, 짝을 얻기 위한 남성의 경쟁력에 달려 있을 것이다(Gangestad & Simpson, 2000; Lukaszewski, Larson, Gildersleeve, Roney, & Haselton, 2014).

우리는 또한 인간이 진화할 때 우리의 남자 조상들이 서로 지칠 줄 모르고 싸웠다고 상상하지도 않는다. 수컷들이 가장 극단적인 겨루기를 할 때에도 그런 사태는 볼 수가 없다. 고릴라 수컷은 대개 수동적이고, 코끼리바다표범 수컷도 심각한 싸움은 번식기에만 한다. 그런 싸움은 번식상 중요한 결과를 얻고자 물리적으로 대치했을 때에만 필요하다. 하지만 위에서 검토한 증거에 따르면, 우리는 짝을 얻기 위해 다른 남성에게 물리력을 사용한 남성들의 유전자를 물려받았다. 만일 그렇다면, 진화사에 걸쳐 남성들이 겨루기를 했던 형식과 정도를 이해하는 것이 남-남 폭력, 살인, 전쟁 같은 사회 문제를 명료하게 밝히는 지름길일 것이다.

참고문헌

Abe, T., Kearns, C. F., & Fukunaga, T. (2003). Sex differences in whole body skeletal muscle mass measured by magnetic resonance imaging and its distribution in young Japanese adults. *British Journal of Sports Medicine, 37,* 436–440.

Andersson, M. (1994). *Sexual selection.* Princeton, NJ: Princeton University Press.

Andrushko, V. A., Latham, K. A., Grady, D. L., Pastron, A. G., & Walker, P. L. (2005). Bioarchaeological evidence for trophy-taking in prehistoric central California. *American Journal of Physical Anthropology, 127,* 375–384.

Apicella, C. L., Feinberg, D. R., & Marlowe, F. W. (2007). Voice pitch predicts reproductive success in male hunter-gatherers. *Biology Letters, 3,* 682–684.

Apostolou, M. (2007). Sexual selection under parental choice: The role of parents in the evolution of human mating. *Evolution and Human Behavior, 28,* 403–409.

Archer, J. (2004). Sex differences in aggression in real-world settings: A meta-analytic review. *Review of General Psycholology, 4,* 291–322.

Archer, J. (2009). Does sexual selection explain human sex differences in aggression? *Behavioral and Brain Sciences, 32,* 249–266.

Ayres, B. (1974). Bride theft and raiding for wives in cross-cultural perspective. *Anthropological Quarterly, 47,* 238–252.

Bamforth, D. B. (1994). Indigenous people, Indigenous violence: Precontact warfare on the North American Great Plains. *Man, New Series, 29,* 95–115.

Barnes, R. H. (1999). Marriage by capture. *Journal of the Royal Anthropological Institute, 5,* 57–73.

Barrette, C. (1977). Fighting behavior of muntjac and the evolution of antlers. *Evolution, 31,* 169–176.

Bateman, A. J. (1948). Intra-sexual selection in Drosophila. *Heredity, 2,* 349–368.

Beckerman, S., Erickson, P. I., Yost, J., Regalado, J., Jaramillo, L., Sparks, C., . . . Long, K. (2009). Life histories, blood revenge, and reproductive success among the Waorani of Ecuador. *Proceedings of the National Academy of Sciences, USA, 106,*

8134–8139.

Benenson, J. F. (1990). Gender differences in social networks. *The Journal of Early Adolescence, 10,* 472–495.

Benenson, J. F., Apostoleris, N. H., & Parnass, J. (1997). Age and sex differences in dyadic and group interaction. *Developmental Psychology, 33,* 538–543.

Benenson, J. F., Markovits, H., Fitzgerald, C., Geoffroy, D., Flemming, J., Kahlenberg, S. M., & Wrangham, R. W. (2009). Males' greater tolerance of same-sex peers. *Psychological Science, 20,* 184–190.

Bentley, R. A., Wahl, J., Price, T. D., & Atkinson, T. C. (2008). Isotopic signatures and hereditary traits: snapshot of a Neolithic community in Germany. *Antiquity, 82,* 290–304.

Berglund, A., Bisazza, A., & Pilastro, A. (1996). Armaments and ornaments: An evolutionary explanation of traits of dual utility. *Biological Journal of the Linnean Society, 58,* 385–399.

Berry, J. F., & Shine, R. (1980). Sexual size dimorphism and sexual selection in turtles (Order Testudines). *Oecologia (Berlin), 44,* 185–191.

Betzig, L. (1988). Mating and parenting in Darwinian perspective. In L. L. Betzig, M. Borgerhoff Mulder, & P. W. Turke (Eds.), *Human reproductive behaviour: A Darwinian perspective* (pp. 3–20). Cambridge, England: Cambridge University Press.

Betzig, L. L. (1986). *Darwinism and differential reproduction: A Darwinian view of history.* Hawthorne, NY: Aldine de Gruyter.

Bliege Bird, R., Smith, E., & Bird, D. (2001). The hunting handicap: Costly signaling in human foraging strategies. *Behavioral Ecology and Sociobiology, 50,* 96–96.

Blurton Jones, N. G., Marlowe, F. W., Hawkes, K., & O'Connell, J. F. (2000). Paternal investment and huntergatherer divorce rates. In: L. Cronk, N. Chagnon, & W. Irons (Eds.), *Adaptation and human behavior: An anthopological perspective* (pp. 69–90). New York, NY: Aldine de Gruyter.

Bollig, M. (1990). Ethnic conflicts in North-West Kenya: Pokot-Turkana raiding 1969–1984. *Zeitschrift Für Ethnologie, 115,* 73–90.

Borgerhoff Mulder, M. (1987). On cultural and reproductive success: Kipsigis evidence. *American Anthropologist, 89,* 617–634.

Borgerhoff Mulder, M. (1989). Menarche, menopause and reproduction in the Kipsigis of Kenya. *Journal of Biosocial Science, 21,* 179–192.

Brown, G. R., Laland, K. N., & Borgerhoff Mulder, M. (2009). Bateman's principles and human sex roles. *Trends in Ecology and Evolution, 24,* 297–304.

Brunet, M., Guy, F., Pilbeam, D., Mackaye, H. T., Likius, A., Ahounta, D., . . . Zollikofer, C. (2002). A new hominid from the Upper Miocene of Chad, Central Africa. *Nature, 418*, 145−151.

Burriss, R. P., Marcinkowska, U. M., & Lyons, M. T. (2013). Gaze properties of women judging the attractiveness of masculine and feminine male faces. *Evolutionary Psychology, 12*, 19−35.

Buss, D. M. (1988). The evolution of human intrasexual competition: Tactics of mate attraction. *Journal of Personality and Social Psychology, 54*, 616−628.

Buss, D. M. (1989). Sex differences in human mate preferences: Evolutionary hypotheses tested in 37 cultures. *Behavioral and Brain Sciences, 12*, 1−49.

Carrier, D. R. (2011). The advantage of standing up to fight and the evolution of habitual bipedalism in hominins. *PLoS ONE, 6*, e19630.

Carrier, D. R., & Morgan, M. H. (2015). Protective buttressing of the hominin face. *Biological Reviews, 90* (1), 330−346.

Chagnon, N.A. (1988). Life histories, blood revenge, and warfare in a tribal population. *Science, 239*, 985−992.

Chagnon, N. A. (1992). *Yanomamö* (4th ed.). Fort Worth, TX: Harcourt Brace.

Chagnon, N. A. (2012). *The Yanomamö*. Belmont, CA: Wadsworth.

Chow, R. S., Medri, M. K., Martin, D. C., Leekam, R. N., Agur, A. M., & McKee, N. H. (2000). Sonographic studies of human soleus and gastrocnemius muscle architecture: Gender variability. *European Journal of Applied Physiology, 82*, 236−244.

Clutton-Brock, T. H., & Harvey, P. H. (1984). Comparative approaches to investigating adaptation. In J. R. Krebs & N. B. Davies (Eds.), *Behavioral ecology: An evolutionary approach* (2nd ed., pp. 7−29). Oxford, England: Blackwell.

Clutton-Brock, T. H., & Vincent, A. C. (1991). Sexual selection and the potential reproductive rates of males and females. *Nature, 351*, 58−60.

Daly, M., & Wilson, M. (1983). *Sex, evolution, and behavior* (2nd ed.). Belmont, CA: Wadsworth.

Daly, M., & Wilson, M. (1988). *Homicide*. New York, NY: Aldine de Gruyter.

Daly, M., & Wilson, M. (1990). Killing the competition. *Human Nature, 1*, 81−107.

Darwin, C. (1874). *The descent of man, and selection in relation to sex*. New York, NY: Merrill and Baker.

Deaner, R. O., Geary, D. C., Puts, D. A., Ham, S. A., Kruger, J., Fles, E., . . . Grandis, T. (2012). A sex difference in the predisposition for physical competition: Males play sports much more than females even in the contemporary. *PLoS ONE, 7*, e49168.

Deaner, R. O., & Smith, B. A. (2013). Sex differences in sports across 50 societies. *Cross-Cultural Research*, *47*, 268−309.

Dixson, A., Dixson, B., & Anderson, M. (2005). Sexual selection and the evolution of visually conspicuous sexually dimorphic traits in male monkeys, apes, and human beings. [Review]. *Annual Review of Sex Research*, *16*, 1−19.

Dixson, B. J., & Vasey, P. L. (2012). Beards augment perceptions of men's age, social status, and aggressiveness, but not attractiveness. *Behavioral Ecology*, *23*, 481−490.

Eibl-Eibesfeldt, I. (1989). *Human ethology*. New York, NY: Aldine de Gruyter.

Ellis, L., Hershberger, S., Field, E., Wersinger, S., Pellis, S., Geary, D., . . . Karadi, K. (2008). *Sex differences: Summarizing more than a century of scientific research*. New York, NY: Taylor & Francis.

Emlen, D. J. (2008). The evolution of animal weapons. *Annual Review of Ecology, Evolution, and Systematics*, *39*, 387−413.

Emlen, S. T., & Oring, L. W. (1977). Ecology, sexual selection, and the evolution of mating systems. *Science*, *197*, 215−223.

Ermer, E., Cosmides, L., & Tooby, J. (2008). Relative status regulates risky decision-making about resources in men: Evidence for the co-evolution of motivation and cognition. *Evolution and Human Behavior*, *29*, 106−118.

Escasa, M., Gray, P. B., & Patton, J. Q. (2010). Male traits associated with attractiveness in Conambo, Ecuador. *Evolution and Human Behavior*, *31*, 193−200.

Fant, G. (1960). *Acoustic theory of speech production*. The Hague, The Netherlands: Mouton.

Faurie, C., Pontier, D.,&Raymond, M. (2004). Student athletes claim to have more sexual partners than other students. *Evolution and Human Behavior*, *25*, 1−8.

Feinberg, D. R., Jones, B. C., Little, A. C., Burt, D. M., & Perrett, D. I. (2005). Manipulations of fundamental and formant frequencies affect the attractiveness of human male voices. *Animal Behaviour*, *69*, 561−568.

Fitch, W. T., & Giedd, J. (1999). Morphology and development of the human vocal tract: A study using magnetic resonance imaging. *Journal of the Acoustical Society of America*, *106*, 1511−1522.

Flinn, M. V. (1986). Correlates of reproductive success in a Caribbean village. *Human Ecology*, *14*, 225−243.

Frederick, D. A.,& Haselton, M. G. (2007). Why is muscularity sexy? Tests of the fitness indicator hypothesis. *Personality and Social Psychology Bulletin*, *33*, 1167−1183.

Gangestad, S. W., & Simpson, J. A. (2000). On the evolutionary psychology of human mating: Trade-offs and strategic pluralism. *Behavioral and Brain Sciences*, *23*, 573–587.

Gangestad, S. W., Simpson, J. A., Cousins, A. J., Garver-Apgar, C. E., & Christensen, P. N. (2004). Women's preferences for male behavioral displays change across the menstrual cycle. *Psychological Science*, *15*, 203–207.

Gangestad, S. W., & Thornhill, R. (2008). Human oestrus. *Proceedings of the Royal Society B: Biological Sciences*, *275*, 991–1000.

Geary, D. C. (2000). Evolution and proximate expression of human paternal investment. *Psychological Bulletin*, *126*, 55–77.

Geary, D. C., Byrd-Craven, J., Hoard, M. K., Vigil, J., & Numtee, C. (2003). Evolution and development of boys' social behavior. *Developmental Review*, *23*, 444–470.

Ginsburg, H. J., & Miller, S. M. (1982). Sex differences in children's risk-taking behavior. *Child Development*, *53*, 426–428.

Glenday, C. (Ed.). (2013). *Guinness World Records*. London, England: Jim Pattison Group.

Gordon, A. D. (2013). Sexual size dimorphism in Australopithecus: current understanding and new directions. In K. E. Reed, J. G. Fleagle, & R. E. Leakey (Eds.), *The paleobiology of Australopithecus* (pp. 195–212). Dordrecht, Germany: Springer.

Gordon, A. D., Green, D. J., & Richmond, B. G. (2008). Strong postcranial size dimorphism in Australopithecus afarensis: Results from two new resampling methods for multivariate data sets with missing data. *American Journal of Physical Anthropology*, *135*, 311–328.

Grafen, A. (1987). Measuring sexual selection: Why bother? In J. W. Bradbury & M. B. Andersson (Eds.), *Sexual selection: Testing the alternatives* (pp. 221–233). Chichester, England: Wiley.

Graham, C. E. (1981). Menstrual cycle of the great apes. In C. E. Graham (Ed.), *Reproductive biology of the great apes: Comparative and biomedical perspectives* (pp. 1–41). New York, NY: Academic Press.

Greenfield, L. O. (1992). Origin of the human canine: A new solution to an old enigma. *Yearbook of Physical Anthropology*, *35*, 153–185.

Guthrie, R. D. (1970). Evolution of human threat display organs. In T. Dobzansky, M. K. Hecht, & W. C. Steers (Eds.), *Evolutionary biology* (pp. 257–302). New York, NY: Appleton-Century-Crofts.

Halloway, R. L. (1967). Tools and teeth: Some speculations regarding canine reduction. *American Anthropologist*, *69*, 63–67.

Harcourt, A. H., Stewart, K. J., & Fossey, D. (1981). Gorilla reproduction in the wild. In C. E. Graham (Ed.), *Reproductive biology in the great apes* (pp. 265−279). New York, NY: Academic Press.

Havlíček, J., Dvoráková, R., Bartos, L., & Flegr, J. (2006). Non-advertized does not mean concealed: Body odour changes across the human menstrual cycle. *Ethology*, *112*, 81−90.

Hawkes, K., & Bliege Bird, R. (2002). Showing off, handicap signaling, and the evolution of men's work. *Evolutionary Anthropology: Issues, News, and Reviews*, *11*, 58−67.

Henrich, J., &Gil-White, F. J. (2001). The evolution of prestige: Freely conferred deference as a mechanism for enhancing the benefits of cultural transmission. *Evolution and Human Behavior*, *21*, 165−196.

Hill, A. K., Hunt, J., Welling, L. L. M., Cárdenas, R. A., Rotella, M. A., Wheatley, J.R., . . . Puts, D. A. (2013). Quantifying the strength and form of sexual selection on men's traits. *Evolution and Human Behavior*, *34*, 334−341.

Hill, K., & Hurtado, A. M. (1996). *Ache life history: The ecology and demography of a foraging people*. New York, NY: Aldine de Gruyter.

Hodges-Simeon, C. R., Gaulin, S. J., & Puts, D. A. (2011). Voice correlates of mating success in men: examining "contests" versus "mate choice" modes of sexual selection. *Archives of Sexual Behavior*, *40*, 551−557.

Hooper, P. L., & Miller, G. F. (2008). Mutual mate choice can drive costly signaling even under perfect monogamy. *Adaptive Behavior*, *16*, 53−70.

Hughes, S., & Gallup, G. (2003). Sex differences in morphological predictors of sexual behavior: Shoulder-tohip and waist-to-hip ratios. *Evolution and Human Behavior*, *24*, 173−178.

Hughes, S. M., Dispenza, F., & Gallup, G. G. (2004). Ratings of voice attractiveness predict sexual behavior and body configuration. *Evolution and Human Behavior*, *25*, 295−304.

Irons, W. (1979). Cultural and biological success. In N. A. Chagnon & W. Irons (Eds.), *Natural selection and social behavior* (pp. 257−272). North Scituate, MA: Duxbury Press.

Johnston, V. S., Hagel, R., Franklin, M., Fink, B., & Grammer, K. (2001). Male facial attractiveness: Evidence of hormone-mediated adaptive design. *Evolution and Human Behavior*, *22*, 251−267.

Jokela, M. (2009). Physical attractiveness and reproductive success in humans: Evidence from the late 20th century United States. *Evolution and Human Behavior*, *30*, 342−

350.

Jones, A. G. (2009). On the opportunity for sexual selection, the Bateman gradient and the maximum intensity of sexual selection. *Evolution, 63,* 1673−1684. doi: 10.1111/j.1558−5646.2009.00664.x

Kaplan, H., Hill, K., Lancaster, J., & Hurtado, A. M. (2000). A theory of human life history evolution: Diet, intelligence, and longevity. *Evolutionary Anthropology, 9,* 156−185.

Keeley, L. H. (1996). *War before civilization: The myth of the peaceful savage.* New York, NY: Oxford University Press.

Klug, H., Heuschele, J., Jennions, M. D., & Kokko, H. (2010). The mismeasurement of sexual selection. *Journal of Evolutionary Biology, 23,* 447−462.

Kokko, H., & Jennions, M. D. (2008). Parental investment, sexual selection and sex ratios. *Journal of Evolutionary Biology, 21,* 919−948.

Kokko, H., Klug, H., & Jennions, M. D. (2012). Unifying cornerstones of sexual selection: Operational sex ratio, Bateman gradient and the scope for competitive investment. *Ecology Letters, 15,* 1340−1351.

Lassek, W. D., & Gaulin, S. (2008). Waist-hip ratio and cognitive ability: Is gluteofemoral fat a privileged store of neurodevelopmental resources? *Evolution and Human Behavior, 29,* 26−34.

Lassek, W. D., & Gaulin, S. J. C. (2009). Costs and benefits of fat-free muscle mass in men: relationship to mating success, dietary requirements, and natural immunity. *Evolution and Human Behavior, 30,* 322−328.

Lee, R. B. (1984). *The Dobe !Kung.* New York, NY: Holt, Rinehart & Winston.

Leigh, S. R., & Shea, B. T. (1995). Ontogeny and the evolution of adult body size dimorphism in apes. *American Journal of Primatology, 36,* 37−60.

Li, N. P., Bailey, J. M., Kenrick, D. T., & Linsenmeier, J. A. (2002). The necessities and luxuries of mate preferences: Testing the tradeoffs. *Journal of Personality and Social Psychology, 82,* 947−955.

Lockwood, C. A., Richmond, B. G., Jungers, W. L., & Kimbel, W. H. (1996). Randomization procedures and sexual dimorphism in Australopithecus afarensis. *Journal of Human Evolution, 31,* 537−548.

Lovejoy, C. O. (1981). The origin of man. *Science, 211,* 341−350.

Lovejoy, C. O. (2009). Reexamining human origins in light of Ardipithecus ramidus. *Science, 326,* 74e1−74e8.

Lukaszewski, A. W., Larson, C. M., Gildersleeve, K. A., Roney, J. R., & Haselton, M. G. (2014). Conditiondependent calibration of men's uncommitted mating orientation:

Evidence from multiple samples. *Evolution and Human Behavior, 35,* 319−326.

Lukaszewski, A. W., & Roney, J. R. (2010). Kind toward whom? Mate preferences for personality traits are target specific. *Evolution and Human Behavior, 31,* 29−38.

Marlowe, F. W., & Berbesque, J. C. (2012). The human operational sex ratio: Effects of marriage, concealed ovulation, and menopause on mate competition. *Journal of Human Evolution, 63,* 834−842.

Mathew, S., & Boyd, R. (2014). The cost of cowardice: Punitive sentiments towards free riders in Turkana raids. *Evolution and Human Behavior, 35,* 58−64.

Mayhew, J. L., & Salm, P. C. (1990). Gender differences in anaerobic power tests. *European Journal of Applied Physiology andOccupational Physiology, 60,* 133−138.

McHenry, H. M. (1991). Sexual dimorphism in Australopithecus afarensis. *Journal of Human Evolution, 20,* 21−32.

Milner, G. R., Anderson, E., & Smith, V. G. (1991). Warfare in late prehistoric West-Central Illinois. *American Antiquity, 56,* 581−603.

Mitani, J. C., Gros-Louis, J., & Richards, A. F. (1996). Sexual dimorphism, the operational sex ratio, and the intensity of male competition in polygynous primates. *American Naturalist, 147,* 966−980.

Mitani, J. C., Watts, D. P., & Amsler, S. J. (2010). Lethal intergroup aggression leads to territorial expansion in wild chimpanzees. *Current Biology, 20,* R507−508.

Morin, P. A. (1993). Reproductive strategies in chimpanzees. *Yearbook of Physical Anthropology, 36,* 179−212.

Morrongiello, B. A., & Dawber, T. (2004). Identifying factors that relate to children's risk-taking decisions. *Canadian Journal of Behavioral Science, 36,* 255−266.

Mueller, U., & Mazur, A. (1997). Facial dominance in Homo sapiens as honest signaling of male quality. *Behavioral Ecology, 8,* 569−579.

Mueller, U., & Mazur, A. (2001). Evidence of unconstrained directional selection for male tallness. *Behavioral Ecology and Sociobiology, 50,* 302−311.

Muller, M. N., & Wrangham, R. W. (2014). Mortality rates among Kanyawara chimpanzees. *Journal of Human Evolution, 66,* 107−114.

Murdock, G. P. (1967). *Ethnographic Atlas.* Pittsburgh, PA: University of Pittsburgh Press.

Neave, N., & Shields, K. (2008). The effects of facial hair manipulation on female perceptions of attractiveness, masculinity, and dominance in male faces. *Personality and Individual Differences, 45,* 373−377.

Oxford, J., Ponzi, D., & Geary, D. C. (2010). Hormonal responses differ when playing violent video games against and ingroup and an outgroup. *Evolution and Human*

Behavior, 31, 201–209.

Pawlowski, B., Dunbar, R. I., & Lipowicz, A. (2000). Tall men have more reproductive success. *Nature, 403*, 156

Pérusse, D. (1993). Cultural and reproductive success in industrial societies: Testing the relationship at proximate and ultimate levels. *Behavioral and Brain Sciences, 16*, 267–283.

Peters, J. F. (1987). Yanomama mate selection and marriage. *Journal of Comparative Family Studies, 18*, 79–98.

Puts, D. A. (2005). Mating context and menstrual phase affect women's preferences for male voice pitch. *Evolution and Human Behavior, 26*, 388–397.

Puts, D. A. (2010). Beauty and the beast: Mechanisms of sexual selection in humans. *Evolution and Human Behavior, 31*, 157–175.

Puts, D. A., Apicella, C. L., & Cárdenas, R. A. (2012). Masculine voices signal men's threat potential in forager and industrial societies. *Proceedings of the Royal Society B: Biological Sciences, 279*, 601–609.

Puts, D. A., Bailey, D. H., Cárdenas, R. A., Burriss, R. P., Welling, L. L., Wheatley, J. R., & Dawood, K. (2013). Women's attractiveness changes with estradiol and progesterone across the ovulatory cycle. *Hormones and Behavior, 63*, 13–19.

Puts, D. A., Gaulin, S. J. C., & Verdolini, K. (2006). Dominance and the evolution of sexual dimorphism in human voice pitch. *Evolution and Human Behavior, 27*, 283–296.

Puts, D. A., Hodges, C., Cárdenas, R. A., & Gaulin, S. J. C. (2007). Men's voices as dominance signals: Vocal fundamental and formant frequencies influence dominance attributions among men. *Evolution and Human Behavior, 28*, 340–344.

Puts, D. A., Jones, B. C., & DeBruine, L. M. (2012). Sexual selection on human faces and voices. *Journal of Sex Research, 49*, 227–243.

Puts, D. A., Welling, L. L. M., Burriss, R. P., & Dawood, K. (2012). Men's masculinity and attractiveness predict their female partners' reported orgasm frequency and timing. *Evolution and Human Behavior, 33*, 1–9.

Rendall, D., Kollias, S., Ney, C., & Lloyd, P. (2005). Pitch (F0) and formant profiles of human vowels and vowel-like baboon grunts: The role of vocalizer body size and voice-acoustic allometry. *Journal of the Acoustical Society of America, 117*, 944–955.

Reno, P. L., McCollum, M. A., Meindl, R. S., & Lovejoy, C. O. (2010). An enlarged postcranial sample confirms Australopithecus afarensis dimorphism was similar to modern humans. *Philosophical Transactions of the Royal Society B: Biological Sciences, 365*, 3355–3363.

Reno, P. L., Meindl, R. S., McCollum, M. A., & Lovejoy, C. O. (2003). Sexual dimorphism in Australopithecus afarensis was similar to that of modern humans. *Proceedings of the National Academy of Sciences, USA, 100*, 9404–9409.

Rhodes, G., Simmons, L. W., & Peters, M. (2005). Attractiveness and sexual behavior: Does attractiveness enhance mating success? *Evolution and Human Behavior, 26*, 186–201.

Rose, A. J., & Rudolph, K. D. (2006). A review of sex differences in peer relationship processes: Potential trade-offs for the emotional and behavioral development of girls and boys. *Psychological Bulletin, 132*, 98–131.

Salzano, F. M., Neel, J. V., & Maybury-Lewis, D. (1967). I. Demographic data on two additional villages: Genetic structure of the tribe. *American Journal of Human Genetics, 19*, 463–489.

Savin-Williams, R. C. (1987). *Adolescence: An ethological perspective.* New York, NY: Springer.

Shepherd, J. P., Gayford, J. J., Leslie, I. J., & Scully, C. (1988). Female victims of assault. A study of hospital attenders. *Journal of Cranio-Maxillo-Facial Surgery, 16*, 233–237.

Singer, T., Seymour, B., O'Doherty, J. P., Stephan, K. E., Dolan, R. J., & Frith, C. D. (2006). Empathic neural responses are modulated by the perceived fairness of others. *Nature, 439*, 466–469.

Smith, E. A., Bliege Bird, R., & Bird, D. W. (2003). The benefits of costly signaling: Meriam turtle hunters. *Behavioral Ecology, 14*, 116–126.

Smith, T. W., & Smith, R. J. (1995). Changes in firearms ownership among women, 1980–1994. *Journal of Criminal Law and Criminology, 86*, 133–149.

Sternberg, W. F., Bokat, C., Kass, L., Alboyadjian, A., & Gracely, R. H. (2001). Sex-dependent components of the analgesia produced by athletic competition. *Journal of Pain, 2*, 65–74.

Stirling, I. (1975). Factors affecting the evolution of social behavior in the Pinnipedia. *Rapports et Proces- Verbaux des Reunions du Conseil Permanent International pour l'Exploration de la Mer, 169*, 205–212.

Suwa, G., Kono, R. T., Simpson, S. W., Asfaw, B., Lovejoy, C. O., & White, T. D. (2009). Paleobiological implications of the Ardipithecus ramidus dentition. *Science, 326*, 94–99.

Thomas, J. R., & French, K. E. (1985). Gender differences across age in motor performance: A meta-analysis. *Psychological Bulletin, 98*, 260–282.

Titze, I. R. (2000). *Principles of Voice Production. Iowa City,* IA: National Center for

Voice and Speech.

Trivers, R. L. (1972). Parental investment and sexual selection. In B. Cambell (Ed.), *Sexual selection and the descent of man, 1871–1971* (pp. 136–179). London, England: Heinemann.

Turke, P. W., & Betzig, L. L. (1985). Those who can do: Wealth, status, and reproductive success on Ifaluk. *Ethology and Sociobiology, 6,* 79–87.

van Vugt, M., De Cremer, D., & Janssen, D. P. (2007). Gender differences in cooperation and competition: the male-warrior hypothesis. *Psychological Science, 18,* 19–23.

von Rueden, C., Gurven, M., & Kaplan, H. (2011). Why do men seek status? Fitness payoffs to dominance and prestige. *Proceedings of the Royal Society B: Biological Sciences, 278,* 2223–2232.

Wagner, J. D., Flinn, M. V., & England, B. G. (2002). Hormonal response to competition among male coalitions. *Evolution and Human Behavior, 23,* 437–442.

Walker, P. L. (2001). Abioarcheological perspective on the history of violence. *Annual Review of Anthropology, 30,* 573–596.

Walker, R. S., & Bailey, D. H. (2013). Body counts in lowland South American violence. *Evolution and Human Behavior, 34,* 29–34.

Walker, R. S., Hill, K. R., Flinn, M. V., & Ellsworth, R. M. (2011). Evolutionary history of hunter-gatherer marriage practices. *PLoS ONE, 6,* e19066.

Warner, J., Graham, K., & Adlaf, E. (2005). Women behaving badly: Gender and aggression in a military town, 1653–1781. *Sex Roles, 52,* 289–298.

Watson, N. V., & Kimura, D. (1991). Nontrivial sex differences in throwing and intercepting: Relation to psychometrically-defined spatial functions. *Personality and Individual Differences, 12,* 375–385.

Welling, L. L. M., Persola, L., Wheatley, J. R., Cárdenas, R. A., & Puts, D. A. (2013). Competition and men's face preferences. *Personality and Individual Differences, 54,* 414–419.

Wells, J. C. (2012). Sexual dimorphism in body composition across human populations: associations with climate and proxies for short-and long-term energy supply. *American Journal of Human Biology, 24,* 411–419.

Whyte, M. K. (1978). *The status of women in preindustrial societies.* Princeton, NJ: Princeton University Press.

Wood, B. A., Li, Y., & Willoughby, C. (1991). Intraspecific variation and sexual dimorphism in cranial and dental variables among higher primates and their bearing on the hominid fossil record. *Journal of Anatomy, 174,* 185–205.

Wrangham, R. W. (1999). Evolution of coalitionary killing. *American Journal of Physical Anthropology, Suppl. 29*, 1–30.

Wrangham, R. W., & Peterson, D. (1996). *Demonic males*. Boston, MA: Mariner Press. Wrangham, R. W., Wilson, M. L., & Muller, M. N. (2006). Comparative rates of violence in chimpanzees and humans. *Primates, 47*, 14–26.

Yang, Z., & Schank, J. (2006). Women do not synchronize their menstrual cycles. *Human Nature, 17*, 433–447.

Zihlman, A. L., & MacFarland, R. K. (2000). Body mass in lowland gorillas: A quantitative analysis. *American Journal of Physical Anthropology, 113*, 61–78.

14장

배란 주기에 따른 여성의 성적 관심

스티븐 W. 갱지스태드 · 랜디 손힐 · 크리스틴 E. 가버-압가르

정상적으로 배란하는 여성은 배란하는 달 중 약 6일간 임신할 수 있는데(Wilcox, Weinberg, & Baird, 1995), 성교는 배란 주기 내내 이어진다. 왜 그럴까? 또한, 그러는 중에 여성의 성적 관심은 생식력의 상태와 그 상태를 조절하는 호르몬에 민감할까? 이 장은 인간의 진화행동과학에서 가장 오래된 문제들을 다룰 것이다. 첫째, 여성은 '발정기,' 즉 일반적으로 배란기(가임기)에 성적 교태성과 수용성이 함께 나타나는 뚜렷이 구분된 기간이 사라지게끔 진화했다는 개념이 있는데, 우리는 이 생각을 역사적으로 개관해볼 것이다. 둘째, 여성의 성적 관심은 배란 주기 전반에 걸쳐 유발되는 강도와 용이성에 변동이 있다는 증거를 논하고, 성적 관심을 유발하는 남성의 특징들을 살펴볼 것이다. 셋째, 이 변화를 기능적으로 설명할 수 있는 방법들을 평가할 것이다. 넷째, 비가임 여성이 갖는 성적 관심의 기능을 탐구할 것이다. 다섯째, 여성의 가임기 성이 부부 유대라는 맥락에서 크게 바뀌었는지를 물을 것이다. 마지막으로, 관찰 가능한 단서를 통해 여성의 생식력 상태를 추론할 수 있는지, 가능하다면 왜 그런지를 살펴볼 것이다.

여성의 이른바 발정기 소실에 대한 역사적 배경

발정기의 개념

발정기는 "단기간의 가임기에 암컷 포유류의 교태성, 수용성, 매력이 항상은 아니지만 대체로 함께 나타나는 비교적 짧은 시기"를 말한다(Symons, 1979, p. 97). 이렇게 정의한 표준적인 발정기를 보이는 종이라면, 암컷은 배란 주기 중 가임기(아니면 적어도 가임기를 약간 벗어난 시기)에만 성교할 마음이 있고, 성교에 응할 수 있다. 원형적 사례로 개와 고양이를 들 수 있는데, 이들의 교미기는 발정기와 같은 뜻이다.

약 100년 전에 생물학자들은 에스트로겐이라는 생식호르몬들을 처음으로 발견했다(Allen & Doisy, 1923). 에스트러스estrus의 이름을 딴 이 호르몬들은 발정 상태를 일으킨다고 생각되었다. 지금은 거의 모든 암컷 척추동물의 발정기는 물론, 번식생리와 생식력의 여러 측면을 조직하는 데 에스트로겐이 중요한 역할을 한다는 사실이 잘 알려져 있다(물론 다른 생식호르몬들도 중요한 역할을 한다)(예를 들어, Nelson, 2000).

여성의 '발정기 소실'

여성은 표준적인 정의에 따라 발정기가 따로 구분되지는 않지만, 배란 주기 전반에 걸쳐 성적 교태성과 수용성을 띤다. 한 연구에서는 개발도상국 13개국에서 약 2만 명의 여성에게 마지막 성교에 대해 물었는데, 월경 시에 수치가 떨어지기는 했지만 배란 주기에 걸쳐 1차 파트너와 성교하는 빈도에는 변화가 없었다(Brewis & Meyer, 2005).

1960년경에 진화에 관심을 둔 인류학자와 인간생물학자들이 여성의 발정기 소실이 진화상으로 유의미한 사건이자, 인간의 중요하고도 독특한 특징들을 이해할 수 있는 열쇠일 수 있다고 지적했다. 시먼스Symons(1979)는 인간의 성을 다룬 그의 고전적인 논문에서 여성의 발정기 소실과 그 의미를 명확히 하는 데 한 장 전체를 할애했다.

비치는 이렇게 말한다. "여성은 계속 '성적 수용성'이 있는 것은 아니지만, 계속해서 '성교가 가능'하다. 또한 여성의 성적 흥분은 난소 호르몬에 의존하지 않는다. 이렇게

내분비 조절이 완화되면 월경주기의 어느 단계에서나 성교를 할 수 있다"(pp. 357–
358). 나는 '발정기 소실'의 가장 명확한 의미가 이것이라고 생각한다. (p. 106)

이 견해에 따르면, 성적 관심과 관련된 내분비 조절이 완화되면서 가임기 특유의
불연속적 성적 관심이 사라지고, 대신 지속적인 성적 관심이 여성에게 진화했다는
것이다.

발정기 소실과 숨겨진 배란

여성의 발정기가 사라진 것을 보면 왜 사라졌을까 하는 의문이 생긴다. 이에 대해
서는 배란을 숨기기(더 정확히는 여성의 가임기) 위함이라는 답이 압도적이다. 만약 여
성의 성적 관심이 가임기에 최고조에 이른다면, 여성의 성적 관심은 생식력 상태의
단서가 될 것이다. 따라서 끊임없이 지속되는 성적 관심—월경할 때를 제외하고 성
적 관심에 변화가 없는—은 이러한 행동 단서를 제거해버린다(예를 들어, Alexander
& Noonan, 1979).

그렇다면 숨겨진 배란은 여성에게 어떤 이득이 될까? 이에 대해 여러 의견이 나
왔는데 그중 가장 영향력 있는 것은 아버지 양육 가설로(Alexander & Noonan, 1979;
Alexander, 1990), 숨겨진 생식력 상태로 인해 남성의 비용–이익 계산이 달라져서 남
성이 자식의 양육에 더 힘을 쏟는다는 주장이다. 남성으로서는 여성의 생식력 상태
를 지각할 수 있다면, 가임기 여성을 선별적으로 보살피는 것이 가장 좋을 것이다.
그렇지 않다면, 여성 한두 명을 보살피고 자식을 양육하는 것이 이익이 될 것이다.
이 가설은 숨겨진 배란 자체가 아버지 투자를 야기한다고 보지 않는다. 그보다는 부
모가 함께 양육할 경우에 이점이 발생한다는 점에서 숨겨진 배란이 남성들로 하여금
자식을 더 돌보도록 이끌었다고 말한다.

스트라스만Strassmann(1981)은 이 시나리오에 중요한 요소를 덧붙였다. 일단 남성
은 짝짓기를 하고 번식에 성공하면, 짝짓기 시장에 재진입해서 새로운 짝과 번식하
려고 경쟁할 수 있다. 아니면 자식 양육에 에너지와 시간을 투자해서 자식의 질을
높일 수 있다(Kokko & Jennions, 2008; 결과는 복합적으로 나타날 수도 있다). 자식 양육
의 상대적 가치에 영향을 미치는 한 가지 중요한 요소는 짝짓기 시장에 재진입했을

때 얻게 되는 수익률인데, 이것은 남성에 따라 다르다. 대단히 지배적인 남성은 비지배적인 남성보다 수익률이 높을 것이다. 그러므로 비지배적 남성은 자식을 양육할 가능성이 높다. 문제는, 그런 남성은 경쟁력이 떨어지기 때문에 짝짓기에 성공하는 경우도 드물다는 것이다. 사실 수컷 포유류의 자식 양육이 극히 드문 주된 이유는, 경쟁을 벌여야 할 운명에 처해 있어서 양육에 비용을 댈 수 없어서라기보다는, 자식을 양육하면 이익을 얻게 될 수컷들이 아예 아버지가 되지 못하기 때문이다(Kokko & Jennions, 2008).

중간 규모에서부터 대규모에 이르는 혼성mixed-sex 사회집단에서, 지배적인 남성이 여성의 생식력 상태를 탐지한다면 짝짓기를 독점하는 데 유리할 것이다. 그렇게 되면 지배적인 남성은 비지배적인 남성이 가임기 여성을 제외한 모든 여성에게 접근하는 것을 애써 막지 않아도 된다. 그리고 여성들의 배란 주기가 동시에 시작되지 않는다면, 지배적인 남성이 가임기 짝짓기에서 격리해야 할 여성은 전체 성인 여성 중 배란 주기에 있는 일부 여성에 한정될 것이다. 반대로 여성의 생식력 상태가 남성에게 드러나지 않으면 지배적인 남성은 여성 한두 명을 살피는 것으로는 가임기에 일어나는 모든 짝짓기를 독점할 수가 없다. 따라서 생식력 상태가 은폐된다면 비지배적인 남성도 여성과 짝짓기를 할 수 있고, 배란 주기 내내 성교를 할 수 있으며, 그로 인해 아버지가 되는 동시에 자식 양육을 가치 있게 느낄 정도로 부성 확신을 충분히 확보할 수 있다. 물론 생식력 상태가 숨겨져 있으면 비지배적 남성은 어느 성교가 임신으로 이어질지 알 수 없지만, 배란 주기 내내 여성 파트너와 성교를 한다면 배란기 중에 성교가 이루어졌다는 것은 '알' 수 있다. 따라서 아이러니하게도, 숨겨진 생식력 상태는 태어날 자식에게 투자할 용의가 있는 남성의 부성을 강화해주고, 그 때문에 아버지가 평균적으로 제공하는 투자량이 증가한다(여성의 발정기 소실에 대한 다른 관점들을 보려면 다음을 참고하라. Benshoof & Thornhill, 1979; Burley, 1979; Hrdy, 1979; Pawlowski, 1999; Symons, 1979).

배란 주기에 일어나는 여성의 성적 관심의 변화

성욕의 빈도 내지 강도의 변화

사실상 끊이지 않고 계속되는 성욕이 표준적인 발정기를 대체했다는 개념에는 경험적인 문제가 있다. 광범위하고 다양한 문헌이 여성의 성적 관심이 배란 주기 동안에 변한다고 지적하기 때문이다. 힐(1988)은 여성의 성적 관심이 변하는 정도를 살펴본 연구를 검토한 뒤, 각각의 연구가 배란 주기 중에 체계적인 변이를 탐지하지는 못했지만, 연구들을 종합하면 확실한 변이, 즉 배란 전에 성욕이 가장 높아지는 현상을 확인할 수 있다고 결론지었다(Regan, 1996을 보라). 최근 들어서는 여러 방면의 연구들이 이러한 변화를 기록하고 있다. 특히 슬롭 등(Slob, Bax, Hop, Rowland, & tenBosch, 1996; Slob, Ernste, & tenBosch, 1991)은 황체기보다 난포기에 여성이 성애물에 더 강한 성기 흥분을 보이고, 자극에 더 쉽게 성적으로 반응한다고 밝혔다. 유사한 변화를 기록한 연구는 다음과 같다. 수스친스키Suschinsky, 보시오Bossio, 치버스Chivers(2014), 크루그Krug, 피에트롭스키Pietrowsky, 펌Fehm, 보른Born(1994), 크루그, 플리얼Plihal, 펌, 보른(2000), 반 구젠Van Goozen, 위건트Weigant, 엔더트Endert, 헬몬드Helmond, 반드폴VandePoll(1997), 도슨Dawson, 서친스키, 라루미에르Lalumière(2012).

여성이 자기보고한 성욕에 대한 일기 연구 지금까지 배란 주기에 따른 성욕의 변화를 조사한 연구 중에서 가장 인상적인 것은 로니Roney와 시먼스(2013)의 연구일 것이다. 정상적으로 배란하는 여성 43명이 배란 주기가 두 번 완전히 순환할 때까지 매일 성욕의 수치를 보고했다. 그리고 거의 매일 타액의 에스트라디올, 테스토스테론, 프로게스테론을 측정했다. 여성의 성욕 수치는 가임기에 증가했고, 두 가지 호르몬으로 나타났다. 에스트라디올의 수치(배란 직전에 최고치에 오른)는 성욕과 양의 상관관계가 나타났고, 프로게스테론 수치(황체기에 눈에 띄게 증가하는)는 음의 상관관계가 나타났다. 여성의 성적 관심에 호르몬이 미치는 영향은 작지만 부재하진 않았다.

성적 관심을 일으키는 남성의 질의 변이

연구자들은 1990년대 후반부터 성욕 수치 외에도 성적 관심이 배란 주기에 따라 변화—정확하게는 배란 주기에 따라 성적 관심을 일으키는 남성의 특징에 체계적인 변동이 발생—하는 것을 연구하기 시작했다. 당시 약 50개의 연구가 이 문제를 조사했다.

대칭성의 체취 초기의 몇몇 연구는 대칭적인 신체 특징(예를 들어, 귀 길이, 손목 너비, 손가락 길이)이 있고, 그래서 '발달 안정성'—돌연변이, 독소, 그 밖에 세포계에 해를 입힌다고 알려진 요인들에 의해 교란되지 않는 강한 형태상의 발달—을 입증하는 남성의 체취를 가임기 여성이 특별히 선호하는지를 살펴보았다. 여성의 배란 주기 날짜와 기간이 반영된 보험 통계 데이터를 통해 생식력을 산출한 연구에서, 여성의 임신 위험도가 클수록 대칭적인 남성의 체취를 선호한다는 사실이 밝혀졌다(Gangestad & Thornhill, 1998; Rikowski & Grammer, 1999; Thornhill et al., 2003; Thornhill & Gangestad, 1999). 또 다른 연구에서는 가임기 여성이 사회적 지배성이 높은 남성의 체취를 특히 선호한다고 주장했다(Havlíček, Roberts, & Flegr, 2005).

남성의 체취가 남성의 대칭성과 관련이 있고 그래서 가임기 여성들에게 특별히 선호된다는 화학적 단서는 아직 밝혀지지 않았다. 다만 안드로겐 대사물질이 땀에서 발견되기 때문에 가임기 여성이 여기에 반응을 보인다는 가설이 유력하다(Grammer, 1993; Hummel, Gollisch, Wildt, & Kobal, 19910. 손힐, 채프먼Chapman, 갱지스태드(2013)는 가임기 여성이 테스토스테론 수치가 높은 남성의 체취를 특별히 선호한다고 주장했지만, 란탈라Rantala, 에릭손Eriksson, 비니카Vainikka, 코르텟Kortet(2006)은 그렇지 않다고 주장했다.

얼굴의 남성성 갱지스태드와 손힐(1998)의 초기 연구에 이어 많은 연구자들이 남성의 다른 특징에 대해서도 여성의 선호가 변화한다는 사실을 조사하기 시작했다. 그중 가장 많이 연구된 특징은 얼굴의 남성성이다. 대체로 남성과 여성의 얼굴에는 차이가 있으며, 남성의 얼굴은 하관이 훨씬 크고 이마가 더 돌출되어 있는 것이 특징이다. 디지털화된 사진에서는 얼굴을 좀 더 남성적으로 또는 반대로 여성적으로 변형시킴으로써 남성성을 조작할 수 있다. 펜턴−보크Penton-Voak 등은 여성이 배란 주기 중 비가임기보다는 가임기에 남성성의 강도가 높은 얼굴을 더 선호하며(예를 들어, Penton-Voak et al., 1999), 여성이 단기적 섹스 파트너(즉 남성의 섹시함)로서 남성의 매력을 평가할 때 이러한 변화가 두드러질 뿐, 안정적이고 장기적인 파트너로서 남성의 매력을 평가할 때는 그렇지 않다고 밝혔다. 그 후에 반복/확장된 연구에서는 복합적인 결과가 나타났다(Gildersleeve, Haselton, & Fales, 2014a를 보라). 이와 관련해 로니와 시먼스(2008; Roney, Simmons, & Gray, 2011)는 여성의 에스트라디올 수치를 통해 테스토스테론 수치가 상대적으로 높은 남성의 얼굴 선호를 예측할 수 있다고 보고한다.

그 밖의 남성적 특징   여성은 배란 주기 중 가임기에 남성적 목소리(Puts, 2005)와 남성적 신체(Gangestad, Garver-Apgar, Simpson, & Cousins, 2007; Little, Jones, & Burriss, 2007)를 특히 선호한다고 밝혀졌다. 다른 연구들도 여성이 장기적 배우자로서의 매력을 평가할 때보다 남성의 섹시함을 평가할 때 선호가 특별히 변동한다는 것을 발견했다.

행동의 지배성   특정한 행동 표현의 선호 역시 여성의 가임기에 두드러지는 것으로 보인다. 가임기 여성은 좀더 지배적이고 자신만만하게 행동하는 남성이 특별히 성적으로 매력이 있다고 느끼는데(장기적 배우자로서의 매력과 비교할 때), 배란 주기 전반에 걸쳐 계산한 에스트라디올 수치로 남성의 지배성에 대한 여성의 선호를 예측할 수 있다(Lukaszewski & Roney, 2009).

메타분석   최근에 길더슬리브Gildersleeve 등(2014a)은 메타분석을 통해서 선호 변화에 대한 문헌들을 검토했다. 연구자들은 배란 주기에 따른 선호의 변화를 대칭성 및 남성성과 관련된 일곱 개 영역에서 조사하는 연구에 초점을 두었다. 일곱 개 영역은 얼굴의 대칭성, 대칭성의 체취 단서, 얼굴의 남성성, 신체의 남성성, 음성의 남성성, 행동의 지배성, 테스토스테론의 얼굴 단서였다. 측정 방법을 폭넓게 설정했을 때(50개 연구에서 96개 결과를 도출) 연구자들은 일곱 개 영역을 조사한 연구뿐만 아니라 남성성과 관련된 다른 선호의 변화를 조사한 연구들까지 포함시켰다. 또한 측정 방법을 좁게 설정했을 때(42개 연구에서 68개 결과를 도출) 그들은 조금 전에 언급한 일곱 개 영역에 대한 연구만 종합해서 분석하고, 간단한 자기보고에서 평가한 '진술식' 선호보다는 '드러난' 선호―품질의 차이가 있다고 조사된 다수의 남성이 있을 때 여성이 그들의 매력을 평가하는 방식으로 측정된 선호―를 살펴보는 연구에만 한정해서 분석했다. 과거에 매력을 느꼈던 남성을 기억해내는 여성이 있어서 자기보고 결과에 영향을 미친다면, 진술된 선호는 현재 배란 주기 단계에 민감하게 반응한 결과가 아닐 수 있기 때문이다. 마지막으로 연구자들은 세 종류의 매력, 즉 단기적 짝짓기 상황에서의 매력(이를테면 섹스 파트너로서의 매력), 장기적 짝짓기 상황에서의 매력(예를 들어 결혼 상대로서의 매력), 불특정한 짝짓기 상황에서의 매력(일반적으로는 성적 매력을 의미하는 '신체적 매력' 또는 '섹시함')의 효과도 조사했다.

몇 가지 중요한 결과가 도출되었다. 첫째, 넓은 측정법과 좁은 측정법으로 살펴봤을 때 두 경우 모두 여성은 비가임기보다는 가임기에, 단기적 조건과 불특정한 조건에 한해서 남성성과 대칭적 특징을 선호했다. 둘째, 장기적 짝짓기 상황에서는 생식력 상태가 미치는 영향이 발견되지 않았다. 실제로, 장기적 배우자의 매력 변화보다 성적 매력의 변화가 유의미하게 더 두드러졌다. 마지막으로, 전체적으로 강한 패턴이 나타나기는 했지만 구체적인 범주들(일곱 개 범주) 안에서 선호 변화는 거의 탐지되지 않았다. 보통 특정한 선호의 변화를 조사하는 연구는 거의 없고, 그래서 메타분석으로는 실제적인 효과를 탐지하기가 어렵다. 그럼에도 단기적 짝짓기 상황과 불특정한 짝짓기 상황에서 평균 효과크기가 균일하다는 것은 가임기에 여성의 선호가 더 강해진다는 생각과 일치했다. 표 14.1를 보라.

평균 효과크기는 크지 않았다. 즉, 좁은 측정법으로는 불특정한 상황과 단기적인 상황에서 각각 하지Hodge의 g가 평균 0.20과 0.26으로 나타났다(여기서 g는 코헨Cohen의 d에 필적한다). 선호 변동의 크기는 범주에 따라 다를 수 있고, 범주 내에서도 선호 측정치와 임신 위험의 유효성은 연구마다 다를 수 있다. 그렇다 해도 몇몇 실제적인 효과크기는 중간 내지 큰 정도였다.

우드Wood, 크레셀Kressel, 조시Joshi, 루이Louie(2014)도 선호 연구에 대해 메타분석을 시행했는데, 이들은 체계적인 변화가 거의 없다고 주장했다. 하지만 그들의 데이

표 14.1 배란 주기에 따른 배우자 선호의 변화: 좁은 단서 범주에서의 평균 효과크기(호지의 g)

범주(# 효과)	관계 상황			
	단기	불특정	장기	단기 대 장기
모든 단서 (68)	.26	.20	.02	* * *
얼굴의 대칭성 (8)	.30	−.02	−.16	+
대칭성의 체취 단서 (3)	–	.83	–	n.a.
얼굴의 남성성 (23)	−.02	.18	−.01	
신체의 남성성 (12)	.35	–	.09	*
음성의 남성성 (4)	.40		.19	
행동의 지배성 (12)	*.19*	–	*−.11*	* *
테스토스테론의 얼굴 단서 (3)	–	.20	–	n.a.

출처: Gildersleeve, Haselton, and Fales (2014a) 비고: 진하게 표시된 값: $p < 0.05$ 이탤릭체로 표시된 값: $p < 0.10$ 모든 값은 양방 검증되었다. 단기 대 장기: 단기적 효과크기와 장기적 효과크기 간의 통계적 비교 ***$p < 0.001$; **$p < 0.01$; *$p < 0.05$; +$p <$. 0.10 모든 값은 양방검증이 되었다.

터를 다시 분석한 결과, 단기적 상황과 불특정 상황에서 선호 변화가 강하게 드러났다(Gildersleeve, Haselton, & Fales, 2014b). 그리고 효과크기를 평가하는 별도의 방법인 p-곡선에서도 선호 변화에 대한 효과크기가 길더슬리브 등이 연구한 메타분석과 일치했다(Gildersleeve et al., 2014b).

정상적으로 배란하는 여성은 가임기에 이르렀을 때 기본적인 특징을 토대로 남성의 섹시함을 판별한다. 이 기본적인 특징은 비가임기에 남성의 섹시함을 식별하는 특징과 다른데, 다만 그 특징이 무엇인지 아직 완전히 밝혀지지 않았다.

왜 여성의 성적 관심은 배란 주기와 함께 변화할까 - 기능적 설명

가임기에 여성의 성욕 수치가 높아지는 이유는 무엇일까? 그리고 이때 왜 특정한 특징을 가진 남성이 여성의 성적 관심을 끄는 것일까?

가임기의 성욕은 정자를 얻기 위해서라는 주장

가임기의 성적 관심이 하는 기능을 추정해보면 간단한 답이 하나 나온다. 바로 정자를 얻기 위해서다(Nelson, 2000을 보라). 암컷 포유류는 가임기에만 임신이 되므로 암컷은 그 기간에 정자를 이용해서 직접적인 번식 이득을 얻을 수 있다. 암컷이 한 주기 중에 임신을 못하면, 최소한 한 주기 동안 번식을 연기하는 비용을 지불하게 된다. 따라서 가임기의 성적 관심은 암컷이 임신이 가능할 때 확실히 수정되게 해서 그런 불행의 가능성을 최소화한다. 로니와 시먼스(2013)가 주장했듯이, 가임기에 성적 동기가 높아지는 한 기능은 "임신을 촉진하는 것임이 분명하다."

논리는 명백하지만, 가임기의 성적 관심이 정자를 얻기 위해 기능한다는 주장은 큰 이론적 문제에 부딪힌다. 보통 암컷은 자신을 수태시킬 의향과 능력이 있는 남성의 수에 제약을 받지 않는다. 남성이 가임기 여성과 성교할 의욕을 갖게끔 성적으로 선택되어 있기 때문이다. 여성이 남성에게 섹스를 적극적으로 조르는 경우는 거의 없다. 오히려 여성의 입장에서는 자신을 임신시킬 의향과 준비가 되어 있는 남성이 여성의 최적 조건에 비해 너무 많다는 문제에 직면한다(예를 들어, Arnqvist & Rowe, 2005; Holland & Rice, 1999; Thornhill & Gangestad, 2008를 보라).

가임기의 성적 관심은 좋은 유전자를 얻기 위해서라는 주장

또 다른 설명으로는 가임기 여성의 성적 관심이 (부분적으로나마) 자식의 아버지로 남성을 고를 때 조상의 유전적 이점과 관련된 특징을 가진 남성을 선호하게 한다는 생각이 있다. 여성은 종종 여러 구혼자 가운데서 짝을 고를 수 있다는 점을 고려할 때, 정자 획득 그 자체에 관심을 둘 필요가 없다. 그보다는 자신의 적합도 이익을 높여주는 짝을 원할 것이다. 보통 아버지가 자식을 돌보지 않거나 자식에게 직접적인 혜택을 제공하지 않는 종의 경우, 수컷이 암컷의 적합도에 기여하는 정도는 유전자가 기여하는 정도에 달려 있다. 유전체에는 변칙적인 돌연변이가 축적되어 있고 유해한 변이(예를 들어, 숙주 병원체가 공진화하면서 발생하는)가 발생할 수 있기 때문에 다른 수컷에 비해 자식에게 유전적 혜택을 훨씬 많이 제공하는 수컷이 있는가 하면, 다른 수컷보다 여성의 유전자를 잘 보완하는 유전자를 가진 수컷이 있기 마련이다.

다양한 종을 분석한 실험 데이터에서는 가임기의 성적 관심이 종마다 다르게 나타났다. 예를 들어 가지뿔영양(Byers, Moodie, & Hall, 1994), 아메리카들소(Wolff, 1998), 피그미늘보로리스(Fisher, Swaisgood, & Fitch-Snyder, 2003)의 가임기 암컷은 지배성이 있거나 공격적인 수컷에게 특히 매력을 느꼈다. 또한 붉은사슴(Charlton, Reby, & McComb, 2007)과 기니피그(Hohoff, Franzin, & Sachser, 2003)는 몸집이 크고 강한 수컷을 선호하고, 히말라야원숭이(Waitt, Gerald, Little, & Kraiselburd, 2006)는 테스토스테론의 특징을 선호한다(더 많은 논의를 위해서는 Thornhill & Gangestad, 2008 를 보라).

그렇다면 남성적 특징 및 발달상의 건장함과 관련된 특징이 가임기 여성의 성적 관심을 불러일으킬 가능성이 높은 이유는 조상 대대로 그런 특징이 자식에게 유전 적 혜택을 부여했기 때문일까? 어쩌면 행동의 지배성, 건장함, 그 밖의 관련 특징에 대한 선호는 오랜 진화사에서 수많은 종의 암컷에게 나타나는 특징으로, 짝 유대(예 를 들어, Thornhill & Gangestad, 2008)의 진화와 함께 호모닌 혈통 안에서 유지되어온 것일 수 있다. 이 주장은 가임기 암컷의 성적 식별을 설명할 수 있고 인간을 더 넓은 계통발생의 맥락에 둔다는 점에서 설득력이 있다.

그렇긴 해도, 여성이 배란기에 성적 매력을 느끼는 남성적 특징과 대칭적 특징이 자식에게 물려주는 유전적 이익과 관련이 있다는 직접적 증거는 없다. 사실, 확실한 유전적 근거가 있는 특징 선호—즉 양립 가능한 주조직적합성복합 대립유전자 선호 —의 변화를 말해주는 데이터는 복합적이다. 다시 말해, 가버-압가르, 갱지스태드, 손힐, 밀러, 올프(2006)는 양립 불가능한 주조직적합성복합 대립유전자를 가진 사람 을 파트너로 둔 여성은 가임기에 이르면 본래 파트너보다는 다른 남성에게 더 매력 을 느낀다고 밝혔다. 반대로 손힐 등(2003)은 양립 가능한 주조직적합성복합 대립유 전자와 관련된 체취를 맡더라도 배란 주기 전반에 걸쳐 여성의 선호에는 변화가 탐 지되지 않았다고 밝혔다. 그렇다면 이제 논점은 '가장 좋은 설명에 이르는 추론'이 다. 즉, 이 패턴을 더 잘 설명하는 추론이 없는 상황에서, 좋은 유전자를 얻기 위해 서라는 주장은 관찰된 선호 변화 패턴을 설명하고, 그 밖에도 설득력 있는 예측들을 제시한다.

가임기의 성적 관심이 남성으로부터 비유전적 물질 혜택을 얻기 위해 기능한다는 주장

지배적 남성이 제공하는 물질적 혜택　인간 남성과 일부 영장류의 수컷은 자식을 직접 돌보지 않더라도 자식에게 비유전적인 혜택을 제공한다. 예를 들어 침팬지처럼 집단생활을 하는 종의 경우, 지배적인 수컷의 자식을 해치면 돌아올 수 있는 비용을 고려해서 집단의 다른 구성원들이 소극적으로 위해를 가하는 경우에도 지배적 수컷은 자식이 구성원들에게 해를 입지 않도록 적극 보호한다. 잠재적 수렵인의 경우 지위가 높은 남성은 다른 비유전적 혜택을 제공하기도 한다(예를 들어, Hawkes, 2004). 예를 들어, 타 집단 구성원들은 지위가 높은 사람과 더 기꺼이 고기를 나눌 것이다. 그렇다면 여성이 가임기에 남성적이고 지배적인 남성의 특징을 선호하는 성향은 적어도 부분적으로는 그런 남성이 제공하는 혜택을 염두에 둔 짝 선택의 효과 때문에 지속되었을 것이다.

이 설명은 선호가 어느 정도는 자식에게 유전적 혜택을 제공하는 남성을 편애하게끔 한다는 주장과 상호배타적이지 않다. 조상 대대로 지배적 남성은 유전적 혜택과 비유전적 혜택을 모두 제공했을 것이다.

장기적 파트너가 제공하는 비유전적 혜택　딕슨(2009)은 여성의 가임기에 대해, "남성적 특징에 대한 여성의 선호는 1차(즉 장기적) 배우자를 고르는 선택 기제의 일부분이다"라는 그럴듯한 주장을 펼쳤다(p. 129). 이 관점에서 볼 때, 가임기 여성의 선호는 적응적인 짝 선택을 촉진할 뿐만 아니라, 적응적인 장기적 짝 선택을 보강하는 기능을 한다.

이 견해는 원칙적으로는 타당하다. 짝끼리 유대감이 있는 종의 경우, 암컷의 자식에게 가장 좋은 아버지는 십중팔구 장기적으로 교류하는 짝이다. 장기적 짝은 자식을 직접 돌보고 물자를 제공한다. 장기적 짝이 부성 확신과 타협하는 과정에서 아버지 투자가 줄어든다면 그 투자의 감소량은 여성이 1차 파트너가 아닌 남성에게서 얻는 혜택으로 상쇄할 수 있다(예를 들어, Arnqvist & Kirkpatrick, 2005; Eastwick, 2009). 그렇다면 가임기의 선호는 여성이 일반적으로 장기적 배우자에게 원하는 것만을 반영할 수가 있다.

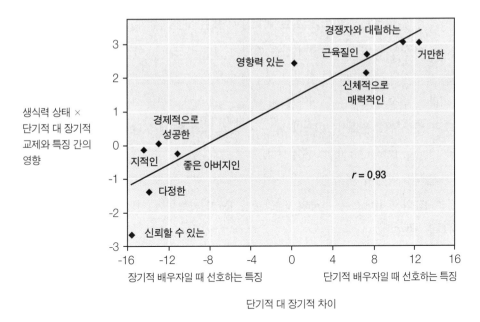

생식력 상태 ×
단기적 대 장기적
교제와 특징 간의
영향

그림 14.1 X축: 장기적 짝짓기 상황에 비해 단기적 짝짓기 상황에서 각 특징을 선호하는 정도. Y축: 여성이 가임기일 때 장기적 배우자에 비해 단기적 배우자에게서 각 특징을 선호하는 정도. 섹스 파트너로서 매력적인 남성의 행동 특징은 가임기의 여성에게도 특별히 매력적으로 느껴진다. Gangestad, Garver-Apgar, Simpson, and Cousins (2007)를 각색함.

이 개념이 안고 있는 주된 문제는 경험적이다. 갱지스태드 등(2007)은 여성이 가임기에 특히 매력을 느끼는 특징이 단지 장기적 배우자로서 선호되는 것들이라는 주장을 검증했다. 정상적으로 배란을 하는 여성 참가자들은 점심을 함께할 남성 후보자들이 인터뷰한 내용을 비디오로 본 뒤 단기적/장기적 배우자로서의 매력을 평가했다. 독립표본의 여성들은 그 인터뷰에 기초해서 남성의 특징들에 평점을 매겼다. 얼마나 거만한가, 남성 경쟁자와 얼마나 대립하는가, 사회적으로 얼마나 존경받는가, 신체적으로 얼마나 매력적인가, 얼마나 근육질인가, 얼마나 친절한가, 얼마나 지적인가, 얼마나 좋은 아버지인가, 얼마나 신뢰할 수 있는가, 경제적으로 성공할 능력이 있어 보이는가 하는 내용들이다. 가임기 여성들은 거만하고, 경쟁자와 대립하고, 사회적으로 존경받고, 신체적으로 매력적이고, 근육질로 보이는 남성에게 특히 성적 매력을 느꼈다. 반면에 친절하거나 지적이고, 좋은 아버지이고, 경제적으로 성공할 능력이 있어 보이는 남성에 대해서는 선호 변화가 감지되지 않았다. 그림 14.1에 나타나 있듯이 여성이 장기적 짝과 비교해서 섹스 파트너에게 매력적이라고 느끼는 특징은 여성이 가임기에 **특별히** 성적 매력이 있다고 느끼는 특징과 일치했다. 이 결과는 가임기의 선호 변화가 장기적 배우자의 특징을 선호하는 성향의 과장된 형태일 뿐이라는 주장과 모순된다(이와 달리, 여성이 비가임기에 몇몇 가치 있는 특징을 특별히 선호한다는 증거를 위해서는, DeBruine, Jones, & Perrett, 2005, and Jones, Little, et al., 2005; Jones, Perrett, et al., 2005를 보라).

가임기에 여성이 성적 매력을 느끼는 형질에 변화를 보인다는 연구에도 불구하고, 이 장의 후반에서는 여성의 짝 고르기가 1차 파트너에 어떻게 편향되어 있는지를 다룰 것이다.

왜 여성은 비가임기에 성적으로 활발한가

지난 20년 동안 한 주요 분야에서는 배란 주기와 함께 여성의 성적 관심이 어떻게 변하는지를 설명하고, 가임기의 성적 관심을 이해하는 일에 초점을 맞춰왔다. 또 다른 근본적인 문제는 애초에 왜 여성이 비가임기 중에 성적으로 활발한가 하는 것이다. 물론 이 질문은 표준적인 발정기의 소실을 겨냥한 주제들에 기본이 되는 문제였다. 이미 언급했듯이, 여성은 배란을 감추기 위해 비가임기에도 섹스를 한다는 견해가 지배적이다. 그렇지만 은폐된 배란에 대한 전통적인 견해(예를 들어, Alexander & Noonan, 1979)에서는 실증적 데이터와는 달리 비가임기의 성적 관심이 가임기의 성적 관심과 구분되지 않는다. 그렇다면 **비가임기** 성적 관심의 독특한 성격을 우리는 어떻게 이해해야 할까?

차등화된 성욕 모델

가임기의 축소형　한 견해에 따르면 여성의 성적 관심은 배란 주기에 따라 종류가 아니라 수준에 차이가 있다고 한다. 우리는 이 관점을 가리켜 **차등화된 성욕 모델** graded sexuality model이라고 한다. 이 모델에 따르면 비가임기에는 여성의 성적 관심이 쉽게 또는 강하게 유발되지 않는다. 비가임기의 성적 관심은 사실 가임기에 느끼는 성적 관심의 축소형이다.

그렇다면 여성은 왜 가임기의 성적 관심이 비가임기에 축소된 형태로 나타날까? 우리는 다른 영장류에서 그 힌트를 찾아볼 수 있다(예를 들어, Dixson, 2012). 마틴 Martin(2007)은 다음과 같이 강조했다.

> 배란전기 외에도 가끔 성교가 이루어지는 것은 인간에게 국한된 일이 아니며, 임신 중 성교도 포유동물 사이에서 흔히 있는 일이다. 인간의 경우가 극단적이기는 해도 난소주기 전체에 퍼진 성교는 진원류(고등영장류) 사이에서 일반적이다. 반면에 원원류(하등영장류)는 극명하게 대조적이어서 짝짓기가 주로 암컷의 발정기에 해당하는 며칠 동안만 이루어진다[p. 59].

따라서 원숭이와 유인원은 비가임기에 금욕 생활을 하지 않는다.

관대한 수용성   암컷은 임신이 되지 않는 성교로부터 적합도 이익을 얻어서까지 비가임기 성욕을 선택받을 필요가 없다. 그렇지만 수컷이 암컷을 공격하고, 수컷의 성행위에 저항하는 비용이 수용하는 비용을 넘어선다면 암컷은 비가임기의 성행위를 수용함으로써 이득을 볼 수 있다(예를 들어, Dixson, 2012).

비가임기의 성행위가 보통 관대한 수용성 때문에 발생하는 것이라면 배란 주기 전반에 걸쳐 암컷의 교태성 수준(암컷이 주도하는 섹스)이 수용성 수준보다 더 많이 변화할 것이다. 딕슨Dixson(2012)은 이 패턴이 많은 진원류의 특징이라고 주장한다. 표본으로는 신세계원숭이와 구세계원숭이, 비단원숭이와 히말라야원숭이가 가장 집중적으로 연구되었다. 물론 예외도 있다. 예를 들어, 아삼마카크 암컷은 번식하는 몇 달에 걸쳐 가임기와 비가임기에 거의 같은 비율로 성교를 주도한다(Fürtbauer, Heistermann, Schülke, & Ostner, 2011).

여성의 발정기 소실은 잘못된 개념인가   앞서 언급했듯이, 여성의 표준 발정기가 소실되었다고 보는 그 유명한 견해는 발정기의 소실이 호미니드 역사에서 근래—약 700만 년 전—에 발생했다고 주장했다. 발정기 소실은 인간의 진화를 분명히 이해하는 데 매우 중요하다고 알려진 사건이다. 사실 표준 발정기의 소실은 아주 오래전—약 5,000만 년 전—에 발생해서 표준 발정기는 진원류에게서도 발견되지 않는다(Chatterjee, Ho, Barnes, & Groves, 2009). 발정기 소실이 영장류 사회 조직의 흥미로운 특징(예를 들어, 일반적으로 집단으로 생활하는 방식이며 그로 인해 암컷은 수컷의 공격을 종종 받는다)에서 기인했다 하더라도, 인간만의 특징으로 보기는 어렵다. 그래서 딕슨(2009)는 "다른 유인원과는 별개로 호모사피엔스의 진화에만 적용되는 발정기 소실은 잘못된 개념이므로 이 개념을 사용해서는 안 된다"라고 주장한다(p.479).

차등화된 성욕으로 설명하는 선호 변화　여성의 성적 선호는 주기와 함께 변화한다. 그렇다면 선호 변화가 기본적으로 성적 동기의 수준 차이로 이루어져 있다고 보는 견해는 여성의 성적 관심을 유발하는 남성적 특징이 변하는 것을 설명할 수 있을까? 성적 관심을 구분할 수 있다고 가정한다면 가능한 일이다. 표준 발정기를 겪는 여성을 생각해보자. 그 여성은 가임기에만 성적 관심을 가진다. 그 결과, 가임기에는 선호하는 남성에게 차별화된 성적 반응을 경험한다. 하지만 비가임기에는 그런 차이를 보이지 않는다. 성적 관심이 생식력에 따라 절대적이 아니라 상대적으로 달라진다 해도 마찬가지다. 따라서 여성은 어떤 남성의 표현형을 다른 남성의 표현형보다 선호한다. 배란 주기에 따라 성적 관심을 쉽게 느끼거나 강하게 느끼는 정도가 변화하는 것처럼 남성에 대한 선호 역시 변화할 수 있다.

이 견해는 주기에 따른 여성의 선호 변화가 앞에서 본 것처럼 일반적인 선호를 반영한다고 말한 딕슨(2009)의 주장을 바탕으로 한다. 딕슨의 구체적인 주장—남성적 특징에 대한 강한 선호는 **장기적** 짝 고르기를 위한 선택 기제를 반영한다—은 증거와 양립하지 않지만, 차등화된 성욕 모델은 이론상 더 보편적인 차원에서 선호 변화를 설명해준다. 다시 한번 우리는, 가임기의 성적 관심이 배란 주기 전반으로 확장되었지만 그 강도는 약해진 것이라고 추정하게 된다.

차등화된 성적 관심 모델의 변형　일반적으로 발정기의 성적 관심은 적응적 행동과 짝 고르기를 촉진한다고 추정되는데, 그 이유는 발정 단계에 임신이 가능하기 때문이다. 이에 대해 로니와 시먼스(2008)는 다른 의견을 제시한다. 즉, 에스트라디올

이 선택된 것은 개별 단계보다는 생식주기 동안에 여성의 성적 관심과 선호를 높이기 위해서였고, 생식주기 안에서 단계별로 나타나는 변화는 그 효과의 부산물이라는 것이다. 이 견해는 주기 중간에는 에스트라디올의 수치가 급격히 상승하고 비가임기 중에는 약해진다는 사실에 기초하고 있다. 로니와 시먼스(2013)는 이 생각을 검증하고자 한 실험에서 그에 반하는 증거를 발견했다. 프로게스테론은 성적 관심을 떨어뜨리지만, 생식주기 중에는 프로게스테론 수치도 상대적으로 높아진다고 두 사람은 지적한다. 더 일반적인 차원에서, 우리는 계통발생적 데이터가 그 생각에 반한다고 본다. 표준 발정기를 겪는 종(인간에게 조상이 되는 종 포함)은 생식주기 안에서 가임기에만 성적으로 활발하고, 에스트라디올은 주기 안에서 발정을 촉진하는 기능을 한다. 그렇다면 주기 안에서의 기능성이 우리 혈통에서 사라지고 대신에 주기 안에서의 변화를 부산물로 만드는 어떤 과정이 왜 그 자리를 대체해야 할까?

그와 동시에 에스트라디올로 가임기 성적 관심을 촉진하고 프로게스테론으로 성적 관심을 억제하는 설계라면, 비가임기 동안에는 가임기의 성적 관심이 약해지도록 우연치 않게 작용할 것이라는 점에도 우리는 주목한다. 가임기의 성적 관심이 제기능을 하는 것은 주기 내에서든 주기 전반에 걸쳐서든 성교를 통해 임신이 가능할 때다.

이중 성욕 모델

비가임기의 성적 관심에서 얻는 이득 비가임기의 성활동이 진화하기 위해 여성이 비가임기의 성적 관심에서 이득을 볼 필요가 없다고 주장해도, 몇몇 종의 암컷이 실제로 그런 이득을 얻는다는 사실을 부정할 필요는 없다. 예를 들어, 갈색꼬리감기원숭이의 암컷은 생식주기당 약 5~6일간 임신이 가능하며, 황체기는 12일 정도 지속된다. 그리고 가임기에는 지배적인 수컷 하나와 성교를 하는 것이 특징이다. 가임기가 끝나면 비지배적인 여러 수컷과 임신이 되지 않는 성교를 한다. 암컷은 그런 행동으로 이득을 얻을 가능성이 크다(Dixson, 2012를 보라).

이 사례는 지금의 주제와 관련된 두 가지 요점을 보여준다. 첫째, 비가임기의 성욕은 가임기의 성욕과 다른 기능을 할 수 있다. 둘째, 그 때문에 비가임기의 성욕은 가임기의 성욕과 다르게 만들어졌을지 모른다. 즉, 다른 상황, 잠재적으로 다른 남성, 다른 반응에 의해 다른 관심이 유발되는 것이다. 당연히, 비가임기의 성욕과 가임기의 성욕이 다른 기능을 수행한다면 비가임기의 성욕은 단순히 가임기 성욕의 축소형이 아닐 것이다. 비가임기의 성적 관심은 다른 기능을 수행하도록 만들어졌을 것이다.

이중 성욕　이 두 요점이 이중 성욕 모델의 축이 된다. 이 모델에 따르면 배란 주기에 따른 변화는 단지 성적 동기를 쉽게 또는 강하게 유발하는 변화가 아니다. 그보다는, 가임기와 비가임기에 여성의 성심리가 다르다고 본다. 따라서 가임기에는 성적 관심을 유발하는 환경이 비가임기에는 성적 관심을 유발하지 못할 수 있고, 그 반대의 경우가 발생할 수도 있다.

일반적인 침팬지의 이중 성욕　인간의 가장 가까운 친척인 침팬지가 이중 성욕을 잘 보여준다. 암컷 침팬지는 30일의 생식주기 중 약 10일간 성적 수용성과 교태성을 보이지만, 임신이 가능한 시기는 2~3일에 불과하다. 그리고 생식주기마다 집단의 모든 성체 수컷과 짝짓기를 하는 등 매우 문란하게 지내는데, 이는 수컷들이 자신의 부성을 배제하지 못하게 하기 위해서라고 알려져 있다. 부성이 없으면 자식을 해치거나 죽일 수 있기 때문이다(예를 들어, Hrdy, 1979). 하지만 암컷의 교태성과 수용성의 패턴은 생식 단계에 따라 달라진다. 암컷은 가임기에 성적으로 가장 덜 문란하다(Stumpf & Boesch, 2005). 또한 집단 내 수컷의 비율이 계속해서 증가하는 것을 거부하면서 더욱 선택적으로 성적 구애를 한다. 그래서 가임기의 암컷들은 주로 모두가 선호하는 수컷—이 연구에서는 전도유망하고 지배적인 수컷—을 집중적으로 공략한다. 가임기의 성욕이 짝 고르기를 편향시키는 것이다. 암컷은 비가임기에 가장 문란한데, 이 시기에는 부성 혼동을 위해서라고 한다(Matsumoto-Oda, 1999; Pieta, 2008; cf. Muller, Thompson, Kahlenberg, & Wrangham, 2011를 보라).

　다른 영장류 종들의 연장된 성욕은 부성 혼동과 유사한 기능을 하는 듯하다. 예를 들어, 하누만랑구르원숭이(Heistermann 등, 2001), 페이어잎원숭이(Lu, Beehner, Czekala, & Borries, 2012), 흰손긴팔원숭이(Barelli, Heistermann, Boesch, & Reichard, 2008)가 그런 경우다. 오랑우탄 암컷은 성욕이 연장되는 동안에 비지배적 수컷의 강제에 덜 저항한다(Knott, Emery Thompson, Stumpf, & McIntyre, 2010). 싱글 수컷의 하렘에서 생활하는 것이 특징인 마운틴고릴라는 성교를 드물게 하고, 하더라도 거의 가임기에만 한다(예를 들어, Czekala & Sicotte, 2000). 마운틴고릴라는 임신 중에도 성교를 하지만 황체기에 성욕이 연장되지는 않는데, 아마도 주목을 끌거나 짝짓기를 하는 다른 암컷에게서 정자를 빼앗아오기 위해서일 것이다(Doran-Sheehy, Fernández, & Borries, 2009).

발정과 연장된 성욕 손힐과 갱지스태드(2008)는 가임기의 성적 관심과 비가임기의 성적 관심을 각각 발정과 연장된 성적 관심이라고 명명한다. 연장된 성적 관심은 로드리게즈-지로네스Rodriguez-Girones와 앵퀴스트Enquist(2001)의 연구에서 차용한 개념이다. 앞서 언급했듯이, 표준적으로 발정은 가임기 중에 발생하는 뚜렷한 가임기 성욕으로, 비가임기에 유의미한 수준의 성욕이 발생하지 않는 종들의 생식주기 안에서 나타난다. 이 약정된 정의에 따르면, 암컷이 비가임기에 성욕을 가질 때 발정은 '사라진다'(그래서 딕슨은 초기 영장류에서 발정기가 사라졌다고 주장한다). 반면에 손힐과 갱지스태드의 용법에 따르면, 발정은 가임기의 독특한 성욕이지만, 기능상 구분되는 연장된 성욕을 보이는 종에게도 해당된다. 손힐과 갱지스태드는 연장된 성욕을 가진 암컷들이 가임기 성욕을 '잃지' 않았으며, 형태는 바뀌었어도 그대로 갖고 있다고 주장했다. 사실 연장된 성욕은 성적 관심이 비가임기에 기능상 독특한 형태를 띠는 것으로, 진화적 시간에 걸쳐 추가되고 형성되었다고 볼 수 있다. 발정이라는 용어를 이렇게 사용한다면 이중 성욕 모델의 이 골자를 정확히 포착하는 셈이다.

여성의 연장된 성욕 여성도 기능상 구분되는 연장된 성적 관심을 갖고 있을까? 만일 그렇다면, 그것은 무엇일까? 우선 우리는 여성의 연장된 성적 관심이 부성을 혼동시키는 성욕과 유사한지를 물을 수 있다. 여성은 비가임기에 무분별하고 문란한 성욕을 경험하는가? 당연히 그렇게 보이지 않는다. 우리는 연애 중인 여성에게 얼마나 자주 자신의 파트너에게 성적으로 끌리는지, 그리고 개별적으로 가임기(황체호르몬의 증가로 확인한 바와 같이)와 황체기 중에 파트너가 아닌 남성에게 끌리는지를 물어보았다. 가임기의 여성과 비교할 때 비가임기의 여성은 파트너 외에 다른 남성에게 성적 관심을 덜 느낀다고 보고했지만, 관심의 정도는 1차 파트너에게 느끼는 것과 유사했다(Gangestad, Thornhill, & Garver, 2002; Gangestad, Thornhill, & Garver-Apgar, 2005; cf. Pillsworth, Haselton, & Buss, 2004). 다른 연구에서는 여성의 1차 파트너가 별로 섹시하지 않은 사람일 경우 가임기에는 자신의 파트너 외에 다른 남성에게 상당히 끌리지만 비가임기에는 그렇지 않다고 보고했다(Haselton & Gangestad, 2006; Larson, Pillsworth, & Haselton, 2012). 연애 중인 여성은 황체기에 1차 파트너에게 더 집중하는 것으로 보인다.

그렇다면 짝 유대의 맥락에서 1차 파트너가 제공하는 혜택을 강화하기 위해서 연장된 성욕이 형성되었을 것이다. 스트라스만(1981)이 설명한 은폐된 배란을 상기해 보자. 지배적인 수컷이 가임기의 성교를 독점하지 못하게 하자, 비지배적 수컷들이 특정한 암컷들에게 주의를 기울이고, 부성 확신 행동을 하고, 그런 뒤 부성 확신의 여하에 따라 태어난 자식에게 투자를 했다. 하지만 부성 확신을 주려면 배란 주기 내내 파트너와 정기적으로 성교를 할 필요가 있다. 암컷의 관점에서 만일 자식에 대한 수컷의 투자가 부성 확신에 달려 있고 부성 확신이 배란 주기 내내 정기적으로 이루어지는 성적 접근의 기능이라면, 암컷의 연장된 성욕은 파트너에게 정기적인 성적 접근을 제공해서 수컷의 부성 확신을 높이는 기능을 할 것이다. 이렇게 볼 때 연장된 성적 관심은 1차 파트너 쪽으로 향해야 한다.

이 생각에 기초해서 그리베Grebe, 갱지스태드, 가버−압가르, 손힐(2013)은 연애 중인 여성이 황체기에 1차 파트너에게 성적 교태성—섹스를 주도함—을 드러낼 때는 여성 자신은 그 관계에 투자를 많이 했지만 상대적으로 파트너의 투자는 부족할 때라고 주장했다. 그런 상황에서 여성의 교태성은 남성의 관심 그리고 조상 시대에는 부성 확신을 촉진할 수 있(었)다. 예상대로 관계 투자에 대한 남녀의 차이를 보면 여성이 가임기가 아닌 황체기에 파트너와 얼마나 성교를 하는지 예측할 수 있다(연장된 성욕의 기간에 여성이 친밀감을 쌓기 위해 섹스를 하려는 욕구를 더 많이 느낀다는 증거에 대해서는, Sheldon, Cooper, Geary, Hoard, & DeSoto, 2006을 보라. 연장된 성적 관심이 남성의 관심을 이끌어내고, 일부다처 관계에 있는 다른 여성들에게서 정자를 빼앗아온다는 견해에 대해서는, Geary, Bailey, & Oxford, 2011를 보라).

인간의 연장된 성욕이 어떻게 설계되어 있는지를 밝히는 연구가 훨씬 더 많이 이루어질 필요가 있다.

여성의 발정기 성욕은 호미니드에 대한 선택의 결과물일까?

수정된 발정에 대한 계통발생적 관점

발정은 진화의 뿌리가 매우 깊다. 인간의 계통을 거슬러 올라가면 여성의 뚜렷한 가임기 성욕은 침팬지와의 공통조상을 넘어, 크게는 유인원, 더 크게는 영장류, 심지어 모든 포유류의 공통조상을 훌쩍 지나친다. 손힐과 갱지스태드(2008)는 4억 년 전 모든 척추동물의 공통조상에게도 발정이 있었을 거라고 주장했다.

그와 동시에 개별 특징은 각 계통 안에서 2차 적응을 거치면서 변경된다. 예를 들어 모든 진원류는 다섯 손가락이 달린 손을 갖고 있지만, 손의 정확한 형태, 근육조직, 신경 조절은 구체적인 계통 안에서 수정되었다.

인간의 연장된 성욕은 현존하는 모든 원숭이 종의 연장된 성욕과 다른 듯하다. 모든 원숭이의 공통조상은 연장된 성욕을 갖고 있었지만, 인간의 연장된 성욕은 짝 유대와 두 부모 양육의 맥락에서 변경되었기 때문에 다른 모든 원숭이 종의 연장된 성욕과 아마 다른 기능을 할 것이다. 하지만 발정은 어떠한가? 발정도 짝 유대와 두 부모 양육이 끌어들인 선택에 의해 변경되었을까?

인간의 발정이 변경되었을 가능성 · 세 가지 시나리오

중요한 변경은 없었다　첫째는, 없을 가능성이다. 인간의 발정은 짝 유대의 맥락에서 크게 변경된 적이 없다. 물론, 선호된 특징은 조금 변경되었다. 예를 들어, 가임기 여성이 선호해서 인간에게 영향을 미친 행동은, 가령 수컷 침팬지의 지배 행동과는 다르다. 하지만 그런 행동은 짝 유대의 반응으로 선택된 것이 아니다.

두 가지 하위 개념이 가능하다. 첫째, 인간의 발정 동기는 인간 조상의 환경 안에서 적응적이었기 때문에 계속 유지되었을 것이다. 둘째, 발정 동기는 최근의 인류 역사에서 적응적이지 않았지만(예를 들어, 쌍으로 결합한 파트너 사이에 이해 갈등을 일으켜 협조적인 육아를 방해했기 때문이다. Gangestad, Garver-Apgar, Cousins, & Thornhill, 2014를 보라), 선택이 완전히 제거하지 않았기 때문에 존속하고 있다. 즉, 발정 동기는 약하게 흔적만 남아 있다.

발정기 성욕은 좋은 관계의 안정성을 촉진하기 위해 선택되었다 앞서 언급했듯이 아마 거의 모든 경우에, 여성이 유전적으로 적응력이 더 좋은 남자를 발견할 수 있더라도 자식에게 최적의 아버지는 1차 파트너일 것이다. 비부성이 간파되면 짝외 관계에서 얻은 소득을 까먹는 것 이상으로 큰 투자를 잃을 수 있다. 인간 발정의 성적 동기는 가임기 동안에 여성 자신과 강한 유대를 맺고 있는 남성—'좋은', 대단히 친화적이고 투자를 잘 하는 파트너—에게 성적 매력을 높이도록 선택되었다고 이스트윅(2009)은 주장했다. "생식력 및 월경주기와 관련된 적응들이 짝 유대를 지키고 강화하는 새로운 적응적 목적을 향해 방향을 돌렸다"(p. 812). 이 주장과 같은 맥락에서, 이스트윅과 핑켈(2012)은 여성에게 파트너와의 유대는 친밀함을 위한 신체 접촉에 생식력 상태가 미치는 영향을 조절한다는 것을 발견했다. 파트너와 유대감이 높은 여성은 비가임기보다 가임기에 성적 접촉을 하는 동안 정서적 연결이 더 강해진다고 느꼈다.

흥미롭긴 해도 이 생각은 검증이 더 필요하다. 지금까지의 검증은 성적 접촉을 전체적으로 조사하지 않고, 친밀감을 높이려는 동기에서 비롯된 접촉만 조사했다. 미발표 연구에서는 유대감이 가임기 동안 파트너나 짝외 파트너에게 전달되는 매력을 조절하지 않았다(Gangestad, Eaton, Garver-Apgar, & Thornhill, 미발표 데이터; Grebe, Emery, Thompson, & Gangestad, 미발표 데이터).

랭커스터Lancaster와 앨버래도(2010)는 조상 시대에 여성의 임신은 일반적으로 여성이 전에 낳은 자식에게 젖을 먹이는 중에 일어났을 것(첫 번째 자식은 분명 예외다)이라고 지적한다. 수유를 할 때에는 프롤락틴과 옥시토신의 수치가 높기 때문에, 생식력 상태를 발생시킨 호르몬 환경은 주기 중 여성의 관심 변화를 측정한 대부분의 조사 결과와는 달랐을 것이다. 수유 호르몬들은 가임기에 짝외 남성에 대한 관심을 억제하는 듯하다. 그렇다 해도, 옥시토신과 선호를 결부시킨 한 연구는 옥시토신이 실제로 남성 얼굴의 남성성에 대한 여성의 관심을 끌어올린다는 것을 발견했다(Theodoridou, Rowe, Rogers, & Penton-Voak, 2011). 이 호르몬들의 영향에 대해서 더 많은 연구를 할 필요가 있다.

발정 동기는 적응적인 짝외 짝짓기를 촉진하도록 조성되었다 마지막으로, 발정

동기는 짝외 짝짓기를 자극하도록 변경되었을지 모른다. 특히 파트너에게 지배성, 유전적 적합도의 지표, 유전적 호환성이 부족할 때, 조상 시대의 여성은 다른 남성을 선택하는 것으로 이익을 볼 수 있었다. 물론 그런 행동이 적응적이기 위해서는 짝외 남성에게서 나온 이익이 (짝내 파트너가 비부성을 간파했을 경우에) 짝내 파트너에게서 나오는 부모 투자의 잠재적 손실 비용을 평균적으로 상쇄해야 할 것이다. 따라서 적응적인 짝외 짝짓기는 대단히 조건적이어서, 1차 배우자의 유전적 적합도와 호환성을 평가한 결과뿐 아니라 짝의 실제적/잠재적 투자 가치에도 기초한다.

인간 사회에서 짝외 부성은 전체적으로 낮지만 가변적인 비율로 발생한다. 예를 들어, 쿵족은 2%. 신뢰성이 높은 서양 표본은 1~4%, 베네수엘라의 야노마뫼족은 9%, 인도, 아프리카, 남아메리카의 몇몇 표본은 >10%를 보인다(Anderson, 2006을 보라). 짝외 부성의 존재 자체는 짝외 짝짓기를 적응으로 입증하지 못한다. 다른 이유로 발생할 수도 있기 때문이다(예를 들어, 남성의 강제, 짝 전환 시도의 실패, 짝짓기 결정 시의 비적응적 '실수'). 실제로 짝외 짝짓기를 조장하는 변이가 없다 해도 발정기의 성적 동기로 짝외 짝짓기가 발생할 수 있다.

어떤 연구에 따르면, 여성의 발정기 선호는 1차 배우자가 있는 여성에게 특히 현저하게 나타나고 짝이 없는 여성에게는 약하게 나타나며, 따라서 발정은 짝외 짝짓기를 위한 적응이라고 한다(예를 들어, Penton-Voak 외, 1999; Halvliček 외, 2005). 그러나 다른 연구에서는 짝이 있는 여성들에게서 발견한 것과 똑같이 짝이 없는 여성들에게서도 주기에 따른 변화를 발견했다(예를 들어, Gangestad, et al., 2002; Haselton & Gangestad, 2006).

발정이 짝외 짝짓기를 위한 적응인지에 대해 더 유익하게 생각하는 방식이 있다. 첫째, 발정기 성욕이 짝 유대의 진화보다 먼저 발생해서 짝외 짝짓기로 이어질 수 있음을 인정하는 것이고, 둘째, 선택이 부적응적 짝외 짝짓기를 억제해서 잠재적으로 적응적인 짝외 짝짓기의 가능성을 유지시킬 수 있는 방법이 과연 무엇인지를 생각하는 것이다. 이 접근법은 이스트윅(2009)의 주장과 일부 비슷한 점들이 있다. 이스트윅은 발정 동기는 짝 유대를 촉진하도록 변경되었을지는 모르지만, 선택이 '적응적 차선책adaptive workaround'을 그 자체로 선호했다는 그 자신의 구체적인 생각과 일치할 필요는 없다고 주장했다. 손힐과 갱지스태드(2008)는 다음과 같이 지적했다.

발정기 성욕은 일반적으로 여성의 적응적 짝 선택을 촉진하는 기능을 한다. 적응적 짝 선택의 구성요소 중 하나는 자식에게 유전적 이익을 줄 수 있는 파트너를 선택하는 것이다. 그러나 짝 유대를 맺는 종에서 많은 경우에, 암컷의 자식에게 가장 좋은 짝은 사실 유대를 맺고 있는 짝인데, 그 짝이 좋은 유전자를 갖고 있는 경우뿐 아니라, 1차 파트너가 유전자와 관계없는 물질적 이익을 다양한 통화로 제공하는 경우도 [마찬가지다.]… 그 이득을 잃으면 암컷의 적합도에 엄청나게 큰 부정적 영향이 발생할 수 있다… 따라서 짝외 성교를 하려는 암컷의 의향은 투자 손실에 영향을 줄 수 있는 요인들에 아주 민감할 것이다.

예상대로 관계 만족은 여성의 정절을 가늠케 하는 최고의 예측 인자 중 하나이며(Thompson, 1983), 가임기와 황체기를 합쳐서 여성이 짝외 남성에게 느끼는 성적 관심과 반비례한다(Gangestad et al., 2005). 한 연구에서는 짝이 부정을 탐지하면 잃을 게 많은 여성들이 짝외 남성에게 느끼는 발정기 성적 관심을 어떻게 억제하거나 조절하는지를 연구했다(예를 들어, Durante, Rae, & Griskevicius, 2013).

배란 주기에 따른 여성의 매력도

평균적으로 여성은 분명히 가임기에 성욕을 다르게 경험할까? 혹, 생식력 상태의 어떤 외적 단서를 보이지는 않을까? 만일 그렇다면, 여성의 감춰진 생식력에 대한 우리의 이해에 어떤 의미가 있을까?

단서 대 신호

암컷의 성기가 팽창하지 않아도 많은 종의 수컷들이 암컷의 가임기 단서를 알아본다. 게다가 성기가 팽창하지 않는 영장류들에서 수컷은 암컷이 가임기일 때는 물론이고 성기 팽창의 강도가 배란으로 절정에 달하지 않았을 때에도 암컷에게 더 주의를 기울인다(Deschner, Heistermann, Hodges, & Boesch, 2004; Engelhardt, Pfiefer, Heistermann, & Niemitz, 2004). 수컷은 냄새 단서를 통해 암컷의 생식력 상태를 판별하는 듯하다(예를 들어, 꼭지꼬리원숭이; Cerda-Molina, Hernandez-Lopez, Rojas-Maya, & Mondragon-Ceballos 2006. 목화머리타마린; Ziegler et al., 1993).

냄새 단서는 생식력의 신호가 아닐 것이다. 냄새 단서는 주기에 따른 호르몬 변화의 부산물(예를 들어, 에스트로겐의 대사 산물)일 가능성이 가장 높다. 암컷은 대개 수컷을 유혹할 **목적**으로 화학물질을 생성하지는 않는다. 대신에 수컷들은 암컷이 생식력을 조절할 때 가동하는 적응들의 부수적 효과에 끌린다.

성기 팽창

팽창은 영장류 세 그룹에서 독립적으로 진화했다. 협비원류(개코원숭이, 짧은꼬리원숭이, 맨드릴개코원숭이 등), 붉은콜로부스, 침팬지/보노보다(Pagel & Meade, 2006. 긴팔원숭이도 약간의 성기 팽창을 보인다. 예를 들어, Barelli et al., 2008). 팽창의 기능에 대해 가장 널리 인정되고 있는 설명은 넌Nunn(1999)의 차등화된 신호 가설이다. 지위가 낮은 수컷이 암컷에게 접근하는 것을 지배적인 수컷이 막을 수 있는 종들에서, 암컷이 자신을 지키는 수컷의 비용과 이익을 조작하는 것이 팽창의 기능이라는 것이다. 팽창의 강도는 생식력 상태와 확률적으로 관련이 있으므로 그 강도가 증가할수록 보호의 이익도 증거한다. 하지만 보호에는 비용이 발생한다. 따라서 지배적인 수컷은 팽창이 가라앉을 때 덜 보호하고, 그렇게 해서 다른 수컷들에게 성적 접근을 허용한다. 팽창은 부성을 지배적인 수컷 쪽으로 편향시키지만, 동시에 부성 혼란을 허용하기도 한다. 수컷은 생식력 상태의 다른 단서도 이용할 수 있기 때문에, 암컷이 **값비싼** 차등 신호로 생식력을 알려야 하는지 의문이 들 수 있다(예를 들어, Pagel, 1994; Thornhill & Gangestad, 2008). 그렇다면 팽창은 또한 암컷의 번식능력이나 유전적 질에 관한 정보—보호에 따르는 수컷의 이익에 영향을 미치는 정보—를 전달하는 기능을 할 수도 있다. 이렇게 품질 신호가 팽창의 비용을 일부 설명해줄 수 있다(예를 들어, Emery & Whitten, 2003).

타인이 이용할 수 있는 여성의 생식력 상태의 단서

여성에게는 팽창이 없지만, 여성의 생식력 상태를 비춰주는 단서는 존재한다.

여성의 생식력 냄새 남성은 냄새 단서에 기초해서 여성의 가임기와 황체기를 구분할 줄 알고, 가임기의 냄새를 더 좋아한다(Doty, Ford, Preti, & Huggins, 1975; Gildersleeve, Haselton, Larson, & Pillsworth, 2012; Havlíček, Dvoráková, Bartos, & Flegr, 2006; Kuukasjärvi et al., 2004; Miller & Maner, 2010; Singh & Bronstad, 2001; Thornhill et al., 2003; cf. Thornhill & Gangestad, 1999). 게다가 남성이 배란전후 겨드랑이와 질의 냄새를 맡으면 테스토스테론 수치가 올라갈 수 있다(Cerda-Molina, Hernández-López, de la O, Chavira-Ramirez, & Mondragón-Cebaloos; Miller & Maner, 2010; cf. Roney & Simmons, 2012). 남성의 선호를 자극하는 정확한 화학물질은 아직 밝혀지지 않았다. 침팬지 수컷이 암컷의 생식력 상태를 탐지할 때와 마찬가지로, 호르몬 변화의 부수적 결과가 후보로 유력하다.

음성의 고저 가임기일 때 여성의 목소리 톤은 올라가고 그래서 더 여성적으로 변하는데(Bryant & Haselton, 2009; Raj, Gupta, Chowdhury, & Chadha, 2010), 아마 에스트라디올 수치 때문일 것이다(Firat et al., 2009).

매력 여성이 가임기에 시각적으로 더 매력적으로 변하는지를 다룬 증거는 복합적이다. 즉, 로버츠 등(2004)은 긍정적인 증거를 발견했다고 주장한 반면에, 블레스크-레첵Bleske-Rechek 등(2011)은 그들의 결과를 복제하지 못하고 그들의 방법론을 비판했다. 같은 표본에서 코비Cobey, 빙크, 폴레, 클리핑Klipping, 로버츠(2013)는 여성이 가임기일 때 남성이 파트너를 더 매력 있게 평가한다는 것을 발견했고, 더 큰 표본에서 우리는 이 효과를 반복 확인하지 못했다(미발표 데이터). 그럼에도 여성은 가임기에 더 매력적으로 느껴지는 듯하다(Durante & Li, 2009; Haselton & Gangestad, 2006; Roeder, Brewer, & Fink, 2009).

장식 여성은 가임기에 옷을 더 섹시하고 도발적으로 입는 경향이 있다(Durante,

Li, & Haselton, 2007; Haselton, Mortezaie, Pillsworth, Bleske-Rechek, & Fredrick, 2007). 여성은 가임기에 빨간색이나 분홍색 옷을 더 많이 입지만(Beall & Tracy, 2013), 날씨에 따라 좌우된다. 즉, 추운 날에는 그렇게 입지만 더운 날에는 그렇게 입지 않는데, 아마 더운 날에는 도발적으로 보이기 위해 다른 방법으로 입기 때문일 것이다(Tracy & Beall, 2014). 이는 가임기에 여성이 더 성적으로 느끼는 것에 따른 부수 효과일 수도 있다.

다른 행동 단서들   밀러, 타이버Tybur, 조던Jordan(2007)은 비가임기보다 가임기에 누드댄서에게 남성이 팁을 약 30% 더 준다는 것을 밝혀냈다. 피임약을 복용하는 누드댄서는 정상적으로 배란하는 여성이 비가임기에 버는 액수와 비슷하게 벌었다. 누드댄서는 대개 팁을 최대한 많이 벌려고 하기 때문에, 주기 중 어느 단계에 있든 간에 수입의 차이는 남성이 가임기 댄서에게 더 매력을 느끼거나 성적으로 흥분하는 것에 달려 있다고 밀러 등은 주장한다. 게다가 옷을 입지 않고 그대로 드러난 여성의 특징들이 효과를 높일 것이다. 생식력이 있는 여성은 가임기에 더 섹시하고 도발적으로 행동할 수 있다(또한 Miller & Maner, 2011을 보라).

여성은 생식력 상태를 신호하는가

여성은 배란을 완전히 숨기지 못한다. 임신할 수 있을 때 발정기 성욕을 느끼고, 번식력이 높은 상태의 단서를 다른 사람들에게 탐지당한다. 하지만 이미 강조했듯이 단서의 존재만으로는 여성이 자신의 생식력 상태를 광고한다는 것을 뜻하지 않는다. 생식력 상태의 단서는 대부분 번식 상태의 부산물인데, 남성은 그것을 탐지하도록 진화했다.

칸투Cantú 등(2014)은 비슷하게 매력적이지만 한 명은 행동이 지배적이고 다른 한 명은 소극적인 쌍둥이와 여성들이 상호작용하는 것을 가임기에 한 번, 황체기에 한 번 관찰했다. 가임기에 여성들은 지배적인 남성에게 더 많이 끌리고 더 많이 추파를 보냈다. 이는 여성이 원하는 남자에게 추파를 보내서 자신의 생식력 상태를 선택적으로 신호한다는 뜻일 수 있었다. 반대로 주기에 따른 여성의 행동 변화는 신호로서 기능할 필요가 없고, 단지 여성의 성적 동기의 변화를 반영할지 모른다. 여성의 추파가 잠재적 신호의 속성을 갖고 있는지에 대해서는 추가로 연구가 이루어지리라는 것을 보증한다.

생식력 단서는 억제되도록 선택되었을까 여성의 생식력 상태는 완전히 감춰지지는 않지만, 이것은 여성이 생식력을 신호로 내보인다는 뜻은 아니며, 선택이 은폐를 선호하지 않았다는 뜻도 아니다. 실제로, 여성은 연장된 성욕으로 비가임기에 남성의 성적 관심을 이용해서 이익을 볼 수 있기 때문에, 선택은 생식력 상태의 단서가 될 수 있는 부산물의 생성을 억제하는 쪽을 선호할 것이다. 하지만 부수적인 부산물은 그 원천인 적응의 적합도 상승 효과로부터 쉽게 분리되지 않기 때문에, 단서는 계속 남아 있을 수 있다. 예를 들어, 에스트라디올은 생식력을 조절하도록 진화했고, 불가피하게 에스트라디올 대사산물을 만들어내서 냄새를 피운다. 남성은 대부분의 영장류 수컷에 비해 여성의 생식력 상태를 탐지하는 일에 서툴기 때문에, 선택이 단서 억제에 손을 들어주었다 해도 무리는 아닐 것이다(Thornhill & Gangestad, 2008).

여성의 발정기 상태와 여성에 대한 남성 파트너 반응의 관계

만일 남성들이 짝의 생식력 상태를 탐지할 수 있다면, 주기에 따라 낭만적 파트너에게 다르게 행동하리라고 예상할 수 있다. 실제로 남성은 파트너가 가임기일 때 '짝 보호' 행동을 더 많이 하는 것으로 나타난다(Gangestad et al., 2002; Gangestad et al., 2014; Haselton & Gangestad, 2006; Pillsworth & Haselton, 2006). 반면에 여성은 가임기에 더 자신만만해지고, 짝 보호를 거절한다(Gangestad et al., 2014. 또한 Haselton & Gangestand, 2006; Larson, Haselton, Gildersleeve, & Phiilsworth, 2013을 보라). 더 일반적인 차원에서 보자면, 남녀 관계의 동역학이 주기에 따라 평균적으로 변하는 경향이 있는데, 여성이 가임기일 때 관계는 더 대립적이 된다.

커플의 변화는 가임기에 남성이 독점적이 되고 여성이 더 자신만만해지는 범위 안에서 요동친다. 가임기에 여성이 다른 남성에게 느끼는 매력의 증가(여성이나 남성이 파트너에게 느끼는 매력의 증가분에 비해)는 이 행동 변화의 서곡이다(Gangestad et al., 2002; Gangestad et al., 2014; 또한 Haselton & Gangestad, 2006; Pillworth & Haselton,

2006을 보라). 여성의 생식력 탐지를 둘러싸고 벌어지는 여성과 1차 파트너 간의 이해 충돌—다가가는 남성 파트너, 멀어지는 여성—이 여성의 생식력 상태를 알리는 부수적 단서가 억제의 길로 들어선 한 이유일 것이다.

요약

여성은 배란 주기 내내 성적으로 활발하다. 그럼에도 여성의 성적 관심은 뚜렷하게 변한다. 이 변화의 토대인 호르몬들의 역할뿐 아니라 그 정확한 성격에 더 많이 주목할 필요가 있다. 여성의 성적 관심에 에스트라디올(긍정적)과 프로게스테론(부정적)이 영향을 미치는 듯하다. 또한 몇 가지 이론적인 문제도 답을 기다린다. 가임기 성욕은 어떤 이익 때문에 진화했을까? 인간의 연장된 성욕은 기능상 독립된 형태로 존재하는가? 만일 그렇다면 그 특징은 무엇인가? 여성의 가임기 성욕은 짝 유대의 맥락에서 크게 변경되었을까? 배란 주기에 걸쳐 일어나는 지각할 수 있는 변화를 적응주의의 틀에서 어떻게 이해해야 할까? 이 문제들에 대해 이론적으로 해박하고 실증적으로 생산력 있는 답이 여기저기서 튀어나오고 있다. 우리는 가까운 미래에 최종적인 해답을 향해 성큼성큼 전진하리라고 충분히 기대한다.

참고문헌

Alexander, R. D. (1990). How did humans evolve? Reflections on the uniquely unique species. *University of Michigan Museum of Zoology Special Publication, 1*, 1–38.

Alexander, R. D. & Noonan, K. (1979). Concealment of ovulation, parental care, and human social evolution. In N. A. Chagnon &W. Irons (Eds.), *Evolutionary biology and human behavior: An anthropological perspective*(pp. 402–435). North Scituate, MA: Duxbury Press.

Allen, E., & Doisy, E. A. (1923). An ovarian hormone. Preliminary report on its localization, extraction and partial purification, and action in test animals. *Journal of the American Medical Association, 81*, 819–821.

Anderson, K. G. (2006). How well does paternity confidence match actual paternity? Evidence from worldwide nonpaternity rates. *Current Anthropology, 47*, 513–520.

Arnqvist, G., & Kirkpatrick, M. (2005). The evolution of infidelity in socially monogamous passerines: The strength of direct and indirect selection on extrapair copulation behavior in females. *American Naturalist, 165*, S26–S37.

Arnqvist, G., & Rowe, L. (2005). *Sexual conflict*. Princeton, NJ: Princeton University Press.

Barelli, C., Heistermann, M., Boesch, C., & Reichard, U. H. (2008). Mating patterns and sexual swellings in wild white-handed gibbons. *Animal Behaviour, 75*, 991–1001.

Beall, A. T., & Tracy, J. L. (2013). Women are more likely to wear red or pink at peak fertility. *Psychological Science, 24*, 1837–1841.

Benshoof, L., & Thornhill, R. (1979). The evolution of monogamy and loss of estrus in humans. *Journal of Social and Biological Structures, 2*, 95–106.

Bleske-Rechek, A., Harris, H. D., Denkinger, K., Webb, R. M., Erickson, L., & Nelson, L. A. (2011). Physical cues of ovulatory status: A failure to replicate enhanced facial attractiveness and waist-to-hip ratio. *Evolutionary Psychology, 9*, 336–353.

Brewis, A., & Meyer, M. (2005). Demographic evidence that human ovulation is undetectable (at least in pair bonds). *Current Anthropology, 46*, 465–471.

Bryant, G. A., & Haselton, M. G. (2009). Vocal cues of ovulation in human females. *Biology Letters, 5*, 12–15.

Burley, N. (1979). The evolution of concealed ovulation. *American Naturalist, 114*, 835–858.

Byers, J. A., Moodie, J. D., & Hall, N. (1994). Pronghorn females choose vigorous mates. *Animal Behaviour, 47*, 33–43.

Cantú, S. M., Simpson, J. A., Griskevicius, V. Weisberg, J. Y., Durante, K. M., & Beal, D. J. (2014). Fertile and selectively flirty: Women's behavior toward men changes across the ovulatory cycle. *Psychological Science, 25*, 431–438.

Cerda-Molina, A. L., Hernández-López, L., de la O, C. E., Chavira-Ramirez, R., & Mondragón-Ceballos, R. (2013). Changes in men's salivary testosterone and cortisol levels, and in sexual desire after smelling women's axillary and vulvar scents. *Frontiers in Endocrinology, 4*, 159. doi:10.3389/fendo.2013.00159

Cerda-Molina, A. L., Hernández-López, L., Rojas-Maya, S. Murcia-Mejía, C., & Mondragón-Ceballos, R. (2006b). Male-induced sociosexual behavior by vaginal secretions in *Macaca arctoides*. *International Journal of Primatology, 27*, 791–807.

Chatterjee, H. J.,Ho, S. Y. W., Barnes, I., & Groves, C. (2009). Estimating the phylogeny and divergence times of primates using a supermatrix approach. *BMC*

Evolutionary Biology, 9, 259. doi:10.1186/1471-2148-9-259

Charlton, B. D., Reby, D. & McComb, K. (2007). Female red deer prefer the roars of larger males. *Biology Letters, 3,* 382-385.

Cobey, K. D., Buunk, A. P., Pollet, T. V., Klipping, C., & Roberts, S. C. (2013). Men perceive their female partners, and themselves, as more attractive around ovulation. *Biological Psychology, 94,* 513-516.

Czekala, N., & Sicotte, P. (2000). Reproductive monitoring of freeranging female mountain gorillas by urinary hormone analysis. *American Journal of Primatology, 51,* 209-215.

Dawson, S. J., Suschinsky, K. D., & Lalumière, M. L. (2012). Sexual fantasies and viewing times across the menstrual cycle: A diary study. *Archives of Sexual Behavior, 41,* 173-183.

DeBruine, L. M., Jones, B. C., & Perrett, D. I. (2005). Women's attractiveness judgments of self-resembling faces change across the menstrual cycle. *Hormones and Behavior, 47,* 379-383.

Deschner, T., Heistermann, M., Hodges, K., & Boesch, C. (2004). Female sexual swelling size, timing of ovulation, and male behavior in wild West African chimpanzees. *Hormones and Behavior, 46,* 204-215.

Dixson, A. F. (2009). *Sexual selection and the origins of human mating systems.* Oxford, England: Oxford University Press.

Dixson, A. F. (2012). *Primate sexuality: Comparative studies of the prosimians, monkeys, apes, and humans* (2nd ed). Oxford, England: Oxford University Press.

Doran-Sheehy, D. M., Fernández, D., & Borries, C. (2009). The strategic use of sex in wild female western gorillas. *American Journal of Primatology, 71,* 1011-1020.

Doty, R. L., Ford, M., Preti, G. & Huggins, G. R. (1975). Changes in the intensity and pleasantness of human vaginal odors during the menstrual cycle. *Science, 190,* 1316-1317.

Durante, K. M., & Li, N. P. (2009). Oestradiol level and opportunistic mating in women. *Biology Letters, 5,* 179-182.

Durante, K. M., Li, N. P. & Haselton, M. G. (2007). Ovulatory shifts in women's choice of dress: Naturalistic and laboratory task-based evidence. *Personality and Social Psychology Bulletin, 34,* 1451-1460.

Durante, K. M., Rae, A., & Griskevicius, V. (2013). The fluctuating female vote: Politics, religion, and the ovulatory cycle. *Psychological Science, 24,* 1007-1016.

Eastwick, P. W. (2009). Beyond the Pleistocene: Using phylogeny and constraint to inform the evolutionary psychology of human mating. *Psychological Bulletin, 135,*

794—821.

Eastwick, P. W., & Finkel, E. J. (2012). The evolutionary armistice: Attachment bonds moderate the function of ovulatory cycle adaptations. *Personality and Social Psychology Bulletin, 38,* 174—184.

Emery, M. A., & Whitten, P. L. (2003). Size of sexual swellings reflects ovarian function in chimpanzees (*Pan troglodytes*). *Behavioral Ecology and Sociobiology, 54,* 340—351.

Engelhardt, A., Pfiefer, J. -B., Heistermann, M., & Niemitz, C. (2004). Assessment of female reproductive status by male longtailed macaques, *Macaca fascicularis,* under natural conditions. *Animal Behaviour, 67,* 915—924.

Firat, Y., Engin-Estun, Y., Kizilay, A., Estun, Y., Akarcay, M., Selimoglu, E., & Kafkasil, A. (2009). Effect of intranasal estrogen on vocal quality. *Journal of Voice, 23,* 716—720.

Fisher, H. S., Swaisgood, R. R., & Fitch-Snyder, H. (2003). Countermarking by male pygmy lorises (*Nycticebus pygmaeus*): Do females use odor cues to select mates with high competitive ability? *Behavioral Ecology and Sociobiology, 53,* 123—130.

Fürtbauer, I., Heistermann, M., Schülke, O. & Ostner, J. (2011). Concealed fertility and extended female sexuality in a non-human primate (*Macaca assamensis*). *PLoS ONE, 8,* e23105.

Gangestad, S. W., Garver-Apgar, C. E., Cousins, A. J., & Thornhill, R. (2014). Intersexual conflict across the ovulatory cycle. *Evolution and Human Behavior, 35,* 302—308.

Gangestad, S. W., Garver-Apgar, C. E., Simpson, J. A., & Cousins, A. J. (2007). Changes in women's mate preferences across the ovulatory cycle. *Journal of Personality and Social Psychology, 92,* 151—163.

Gangestad, S. W., Simpson, J. A., Cousins, A. J., Garver-Apgar, C. E., & Christensen, P. N. (2004). Women's preferences for male behavioral displays shift across the menstrual cycle. *Psychological Science, 15,* 203—207.

Gangestad, S. W., & Thornhill, R. (1998). Menstrual cycle variation in women's preference for the scent of symmetrical men. *Proceedings of the Royal Society B: Biological Sciences, 262,* 727—733.

Gangestad, S. W., Thornhill, R., & Garver, C. E. (2002). Changes in women's sexual interests and their partners' mate retention tactics across the menstrual cycle: Evidence for shifting conflicts of interest. *Proceedings of the Royal Society B: Biological Sciences, 269,* 97—982.

Gangestad, S. W., Thornhill, R., & Garver-Apgar, C. E. (2005). Women's sexual interests across the ovulatory cycle depend on primary partner fluctuating asymmetry. *Proceedings of the Royal Society B: Biological Sciences*, *272*, 2023−2027.

Garver-Apgar, C. E., Gangestad, S. W., Thornhill, R., Miller, R. D., & Olp, J. (2006). MHC alleles, sexually responsivity, and unfaithfulness in romantic couples. *Psychological Science*, *17*, 830−835.

Geary, D. C., Bailey, D. H., & Oxford, J. (2011). Reflections on the human family. In C. Salmon & T. Shackelford (Eds.), *The Oxford handbook of evolutionary family psychology* (pp. 365−385). New York, NY: Oxford University Press.

Gildersleeve, K., Haselton, M. G., & Fales, M. (2014a). Do women's mate preferences change across the ovulatory cycle? A meta-analytic review. *Psychological Bulletin*, *140* (5), 1205−1259.

Gildersleeve, K., Haselton, M. G., & Fales, M. (2014b). Meta-analyses and p-curves support robust cycle shifts in mate preferences: Response to Wood & Carden and Harris, Pashler & Mickes (2014). *Psychological Bulletin*, *140*(5), 1272−1280.

Gildersleeve, K., Haselton M. G., Larson, C. M. & Pillsworth, E. G. (2012). Body odor attractiveness as a cue of impending ovulation in women: Evidence from a study using hormone-confirmed ovulation. *Hormones and Behavior*, *61*, 157−161.

Grammer, K. (1993). 5−α-androst−16en−3α-on: A male pheromone? A brief report. *Ethology and Sociobiology*, *14*, 201−214.

Grebe, N. M., Gangestad, S. W., Garver-Apgar, C. E., & Thornhill, R. (2013). Women's luteal-phase sexual proceptivity and the functions of extended sexuality. *Psychological Science*, *24*, 2106−2110.

Haig, B. D. (2014). Theory appraisal: Inference to the best explanation. In B. D. Haig (Ed.), *Investigating the psychological world: Scientific method in the behavioral sciences* (pp. 105−132). Cambridge MA: MIT Press.

Haselton, M. G., & Gangestad, S. W. (2006). Conditional expression of women's desires and male mate retention efforts across the ovulatory cycle. *Hormones and Behavior*, *49*, 509−518.

Haselton,M. G., Mortezaie, M., Pillsworth, E. G., Bleske-Rechek, A. M., & Frederick, D. A. (2007). Ovulation and human female ornamentation: Near ovulation, women dress to impress. *Hormones and Behavior*, *51*, 40−45.

Havlíček, J., Roberts, S. C., & Flegr, J. (2005). Women's preference for dominant male odour: Effects of menstrual cycle and relationship status. *Biology Letters*, *1*, 256−259.

Havlíček, J., Dvoráková, R., Bartos, L. & Flegr, J. (2006). Non-advertized does not mean concealed: Body odour change across the human menstrual cycle. *Ethology*, *112*,

81−90.

Hawkes, K. (2004). Mating, parenting, and the evolution of human pairbonds. In B. Chapais & C. M. Berman (Eds.), *Kinship and Behavior in Primates* (pp. 443−473). Oxford, England: Oxford University Press.

Heistermann, M., Ziegler, T., van Schaik, C. P., Launhardt, K., Winkler, P., & Hodges, J. K. (2001). Loss of oestrus, concealed ovulation and paternity confusion in free-ranging Hanuman langurs. *Proceedings of the Royal Society B: Biological Sciences, 268*, 2245−2251.

Hill, E. M. (1988). The menstrual cycle and components of human female sexual behavior. *Journal of Social and Biological Structures, 11*, 443−455.

Hohoff, C., Franzin, K., & Sachser, N. (2003). Female choice in a promiscuous wild guinea pig, the yellowtoothed cavy (*Galea musteloides*). *Behavioral Ecology and Sociobiology, 53*, 341−349.

Holland, B., & Rice, W. R. (1999). Experimental removal of sexual selection reverses intersexual antagonistic coevolution and removes a reproductive load. *Proceedings of the National Academy of Sciences, USA, 96*, 5083−5088.

Hrdy, S. B. (1979). Infanticide among animals: A review, classification, and examination of the implications for the reproductive strategies of females. *Ethology and Sociobiology, 1*, 13−40.

Hummel, T., Gollisch, R., Wildt, G., & Kobal, G. (1991). Changes in olfactory perception during the menstrual cycle. *Experientia, 47*, 712−715.

Jöchle, W. (1973). Coitus induced ovulation. *Contraception, 7*, 523−564.

Jones, B. C., Little, A. C., Boothroyd, L., DeBruine, L. M., Feinberg, D. R., Law Smith, M. J., . . . Perrett, D. I. (2005). Commitment to relationships and preferences for femininity and apparent health in faces are strongest on days of the menstrual cycle when progesterone level is high. *Hormones and Behavior, 48*, 283−290.

Jones, B. C., Perrett, D. I., Little, A. C., Boothroyd, L., Cornwell, R. E., Feinberg, D. R., . . . Moore, F. R. (2005). Menstrual cycle, pregnancy and oral contraceptive use alter attraction to apparent health in faces. *Proceedings of the Royal Society B: Biological Sciences, 272*, 347−354.

Knott, C. D., Emery Thompson, M., Stumpf, R. M.,&McIntyre, M. H. (2010). Female reproductive strateies in organutans, evidence for female choice and counterstrategies to infanticide in a species with frequent sexual coercion. *Proceedings of the Royal Society B: Biological Sciences, 277*, 105−113.

Kokko, H., & Jennions, M. (2008). Parental investment, sexual selection and sex ratios. *Journal of Evolutionary Biology, 21*, 919−948.

Krug, R., Pietrowsky, R., Fehm, H. L., & Born, J. (1994). Selective influence of menstrual cycle on perception of stimuli of reproductive significance. *Psychosomatic Medicine*, *56*, 410−417.

Krug, R., Plihal, W., Fehm, H. L., & Born, J. (2000). Selective influence of the menstrual cycle on perception of stimuli with reproductive significance: An event-related potential study. *Psychophysiology*, *37*, 111−122.

Kuukasjärvi, S., Eriksson, C.J.P., Koskela, E., Mappes, T., Nissinen, K., & Rantala, M.J. (2004). Attractiveness of women's body odors over the menstrual cycle: The role of oral contraception and received sex. *Behavioral Ecology*, *15*, 579−584.

Lancaster, J. B. & Alvarado, L. C. (2010). The hormonal platform for conception in natural fertility populations: Lactation and ovulation. *American Journal of Human Biology*, *22*, 259.

Larson, C. M., Haselton, M. G., Gildersleeve, K. A., & Pillsworth, C. G. (2013). Changes in women's feelings about their romantic relationships across the ovulatory cycle. *Hormones and Behavior*, *63*, 128−135.

Larson, C. M., Pillsworth, C. G.,&Haselton, M. G. (2012). Ovulatory shifts in women's attractions to primary partners and other men: Further evidence of the important of primary partner sexual attractiveness. *PLoS ONE*, *7*, e44456. doi:10.1371/journal.pone.0044456

Little, A. C., Jones, B. C., & Burriss, R. P. (2007). Preferences for masculinity in male bodies change across the menstrual cycle. *Hormones and Behavior*, *31*, 633−639.

Lu, A., Beehner, J. C., Czekala, N. M., & Borries, C. (2012). Juggling priorities: Female mating tactics in Phayre's leaf monkeys. *American Journal of Primatology*, *74*, 471−481.

Lukaszewski, A. W., & Roney, J. R. (2009). Estimated hormone levels predict women's mate preferences for dominant personality traits. *Personality and Individual Differences*, *47*, 191−196.

Martin, R. D. (2007). The evolution of human reproduction: A primatological perspective. *American Journal of Physical Anthropology*, *45*, S59−S84.

Matsumoto-Oda A. (1999) Female choice in the opportunistic mating of wild chimpanzees (*Pan troglodytes schweinfurthii*) at Mahale. *Behavioral Ecology and Sociobiology*, *46*, 258−266.

Miller, G. F., Tybur, J. & Jordan, B. (2007). Ovulatory cycle effects on tip earnings by lap dancers: Economic evidence for human estrus? *Evolution and Human Behavior*, *28*, 375−381.

Miller, S. L., & Maner, J. K. (2010). The scent of a woman: Men's testosterone responses to olfactory ovulation cues. *Psychological Science, 21*, 276–283.

Miller, S. L., & Maner, J. K. (2011). Ovulation as a male mating prime: Subtle signs of women's fertility influence men's mating cognition and behavior. *Journal of Personality and Social Psychology, 100*, 295–308.

Muller, M. N., Thompson, M. E., Kahlenberg, S. M., & Wrangham, R. W. (2011). Sexual coercion by male chimpanzees shows that female choice may be more apparent than real. *Behavioral Ecology and Sociobiology, 65*, 921–935.

Nelson, R. J. (2000). *An introduction to behavioral endocrinology* (2nd ed.) Sunderland, MA: Sinauer.

Nunn, C. L. (1999). The evolution of exaggerated sexual swellings in primates and the graded-signal hypothesis. *Animal Behaviour, 58*, 229–246.

Pagel, M. (1994). Evolution of conspicuous estrous advertisement in old-world monkeys. *Animal Behaviour, 47*, 1333–1341.

Pagel. M., & Meade, A. (2006). Bayesian analysis of correlated evolution of discrete characters by reversiblejump Markov chain Monte Carlo. *American Naturalist, 167*, 808–825.

Pawlowski, B. (1999). Loss of oestrus and concealed ovulation in human evolution: The case against the sexual-selection hypothesis. *Current Anthropology, 40*, 257–275.

Penton-Voak, I. S., Perrett, D. I., Castles, D., Burt, M., Koyabashi, T., & Murray, L. K. (1999). Female preference for male faces changes cyclically. *Nature, 399*, 741–742.

Pieta, K. (2008). Female mate preferences among *Pan troglodyte schweinfurthii* of Kanyawara, Kibale National Park, Uganda. *International Journal of Primatology, 29*, 845–864.

Pillsworth, E. G., & Haselton,M. G. (2006). Male sexual attractiveness predicts differential ovulatory shifts in female extra-pair attraction and male mate retention. *Evolution and Human Behavior, 27*, 247–258.

Pillsworth, E. G., Haselton, M. G.,&Buss, D. M. (2004). Ovulatory shifts in female sexual desire. *Journal of Sex Research, 41*, 55–65.

Puts, D. A. (2005). Mating context and menstrual phase affect women's preferences for male voice pitch. *Evolution and Human Behavior, 26*, 388–397.

Raj, A., Gupta, B., Chowdhury, A., & Chadha, S. (2010). A study of voice changes in various phases of menstrual cycle and in postmenopausal women. *Journal of Voice, 24*, 363–368.

Rantala, M. J., Eriksson, C. J. P., Vainikka, A., & Kortet, R. (2006). Male steroid hormones and female preference for male body odor. *Evolution and Human Behavior, 27*, 259–260.

Regan, P. C. (1996). Rhythms of desire: The association between menstrual cycle phases and female sexual desire. *Canadian Journal of Human Sexuality*, *5*, 145−156.

Rikowski, A., & Grammer, K. (1999). Human body odour, symmetry and attractiveness. *Proceedings of the Royal Society B: Biological Sciences*, *266*, 869−874.

Roberts, S. C., Havlíček, J., Flegr, J., Hruskova, M., Little, A. C., Jones, B. C., . . . Petrie, M. (2004). Female facial attractiveness increases during the fertile phase of the menstrual cycle. *Proceedings of the Royal Society B: Biological Sciences*, *271*, S270−S272.

Rodriguez-Girones, M. A., & Enquist, M. (2001). The evolution of female sexuality. *Animal Behaviour*, *61*, 695−704.

Roeder, S., Brewer, G., & Fink, B. (2009). Menstrual cycle shifts in women's self-perception and motivation: A daily report method. *Personality and Individual Differences*, *47*, 616−619.

Roney, J. R., & Simmons, Z. L. (2008). Women's estradiol predicts preference for facial cues of men's testosterone. *Hormones and Behavior*, *53*, 14−19.

Roney, J. R. & Simmons, Z. L. (2012). Men smelling women: Null effects of exposure to ovulatory sweat on men's testosterone. *Evolutionary Psychology*, *10*, 703−713.

Roney, J. R. & Simmons, Z. L. (2013). Hormonal predictors of women's sexual desire in normal menstrual cycles. *Hormones and Behavior*, *63*, 636−645.

Roney, J. R., Simmons, Z. L., & Gray, P. B. (2011). Changes in estradiol predict within-women shifts in facial cues of men's testosterone. *Psychoneuroendocrinology*, *36*, 742−749.

Singh, D.,& Bronstad, P. M. (2001). Female body odour is a potential cue to ovulation. *Proceedings of the Royal Society B: Biological Sciences*, *268*, 797−801.

Sheldon, M. S., Cooper, M. L. Geary, D. C., Hoard, M., DeSoto, M. C. (2006). Fertility cycle patterns in motives for sexual behavior. *Personality and Social Psychology Bulletin*, *32*, 1659−1673.

Slob, A. K., Bax, C. M., Hop, W. C. J., Rowland, D. L., & tenBosch, J. J. V. W. (1996). Sexual arousability and the menstrual cycle. *Psychoendocrinology*, *21*, 545−558.

Slob, A. K., Ernste, M., & tenBosch, J. J. V. W. (1991). Menstrual cycle phase and sexual arousability in women. *Archives of Sexual Behavior*, *20*, 567−577.

Strassmann, B. I. (1981). Sexual selection, paternal care, and concealed ovulation in humans. *Ethology and Sociobiology*, *2*, 31−40.

Stumpf, R. M., & Boesch, C. (2005). Does promiscuous mating preclude female choice? Female sexual strategies in chimpanzees (*Pan troglodytes verus*) of the Taï National Park, Côte d'Ivoire. *Behavioral Ecology and Sociobiology*, *57*, 511−524.

Suschinsky, K. D., Bossio, J. A., & Chivers, M. L. (2014). Women's genital sexual arousal to oral versus penetrative heterosexual sex varies with menstrual cycle phase at first exposure. *Hormones and Behavior, 65,* 319–327.

Symons, D. (1979). *The evolution of human sexuality.* New York, NY: Oxford University Press.

Theodoridou, A., Rowe, A. C., Rogers, P. J., & Penton-Voak, I. S. (2011). Oxytocin administration leads to a preference for masculinized male faces. *Psychoendocrinology, 36,* 1257–1260.

Thompson, A. P. (1983). Extramarital sex: A review of the research literature. *Journal of Sex Research, 19,* 1–22.

Thornhill, R., Chapman, J. F., & Gangestad, S. W. (2013). Women's preferences for men's scents associated with testosterone and cortisol levels: Patterns across the ovulatory cycle. *Evolution and Human Behavior, 34,* 216–221.

Thornhill, R., & Gangestad, S. W. (1999). The scent of symmetry: A human pheromone that signals fitness? *Evolution and Human Behavior, 20,* 175–201.

Thornhill, R., & Gangestad, S. W. (2008). *The evolutionary biology of human female sexuality.* New York, NY: Oxford University Press.

Thornhill, R., Gangestad, S. W., Miller, R., Scheyd, G., Knight, J.,&Franklin, M. (2003). MHC, symmetry, and body scent attractiveness in men and women. *Behavioral Ecology, 14,* 668–678.

Tracy, J. L., & Beall, A. T. (2014). The impact of weather on women's tendency to wear red or pink when at high risk or conception. *PLoS ONE, 9,* e88852.

Van Goozen, S. H. M., Weigant, V. M., Endert, E., Helmond, F. A., & VandePoll, N. E. (1997). Psychoendocrinological assessment of the menstrual cycle: The relationship between hormones, sexuality, and mood. *Archives of Sexual Behavior, 26,* 359–382.

Waitt, C., Gerald, M. S., Little, A. C. & Kraiselburd, E. (2006). Selective attention toward female secondary sexual color in male rhesus monkeys. *American Journal of Primatology, 68,* 738–744.

Wilcox, A. J., Duncan, D. B., Weinberg, C. R., Trussell, J., & Baird, D. D. (2001). Likelihood of conception with a single act of intercourse: Providing benchmark rates for assessment of post-coital contraceptives. *Contraception, 63,* 211–215.

Wilcox, A. J., Weinberg, C. R., & Baird, B. D. (1995). Timing of sexual intercourse in relation to ovulation. *New England Journal of Medicine, 333,* 1517–1521.

Wolff, J. O. (1998). Breeding strategies, mate choice, and reproductive success in American bison. *Oikos, 83,* 529–544.

Wood, W., Kressel, L., Joshi, P. D. & Louie, B. (2014). Meta-analysis of menstrual cycle effects on mate preferences. *Emotion Review, 6*(3), 229−249.

Ziegler, T. E., Epple, G., Snowdon, C. T., Porter, T. A., Belcher, A. M., & Küderling, I. (1993). Detection of the chemical signals of ovulation in the cotton-top tamarin, Saguinus oedipus. *Animal Behaviour, 45,* 313−322.

15장

인간의 정자 경쟁

토드 K. 셰클퍼드 · 애런 T. 괴츠 ·

크레이그 W. 라무뇽 · 마이클 N. 팸 · 니콜라스 파운드

정자 경쟁을 처음 정의했을 때에는 "단일한 암컷의 내부에서 난자를 수정시키기 위해 둘 이상의 수컷의 정자들이 벌이는 경쟁"이었다(Parker, 1970, p.527). 교미의 개시 이후 발생하는 성선택의 형태로(교미 후 성선택이라 불린다) 정자 경쟁은 다양한 분류군들 사이에서 적응의 진화를 유발해왔다(Birkhead, Hosken, & Pitnick, 2009; Birkhead & Møller, 1998). 이 적응들은 수컷에게는 정자 경쟁이 발발할 때 수정 확률을 높여주고, 암컷에게는 더 선호하는 수컷을 자식의 아버지로 삼을 수 있게 해준다(Eberhard, 1996).

비인간 종들의 정자 경쟁

정자 경쟁은 연체동물(Baur, 1998)에서부터 곤충(Simmons, 2001), 조류(Birkhead & Møller, 1992), 포유류(Gomendio, Harcourt, Roldán, 1998)에 이르기까지 다양한 종에서 보고된다. 체내수정을 하는 종일 경우, 암컷이 충분히 짧은 기간에 복수의 수컷과 짝짓기를 해서 다수 수컷의 정자가 암컷의 생식관을 동시에 점유할 때 정자 경쟁이 발생할 수 있다. 경쟁의 결과는 수많은 요인에 좌우되지만(예를 들어, 짝짓기 순서,

수컷의 부수적인 분비물들, 암컷의 정자를 비축하는 기관의 형태, 수, 크기 등) 가장 중요한 요인으로 꼽히는 것은 대체로 정자의 수이며, 따라서 수컷은 더 많은 정자를 사출함으로써 난자를 수정시킬 확률을 높인다(Parker, 1970, 1990a). 하지만 사정의 생산 비용도 적지 않기 때문에(예를 들어 Dewsbury 1982, Pitnick, Markow, & Spicer, 1995), 수컷은 사정의 생산 비용과 1회의 사정으로 더 많은 정자를 내보내는 이익을 맞거래해야 한다. 그에 따라 정자 경쟁 이론을 통해 가장 먼저 만들어진 가설은, 수컷은 정자 경쟁의 위험성이 높을 때 더 많은 정자를 사출한다는 것이었다(Parker, 1982, 1990a). 그러므로 모든 종에 걸쳐 정자 경쟁의 위험성은 정자 생산에 투자할 필요가 있다고 예측하게 하는 반면에, 종 내부에서는 수컷이 신중하게 정자를 배분해서, 정자 경쟁의 위험성이 높을 때 더 많은 정자를 사출하리라고 예측할 수 있다(Parker, Ball, Stockley, & Gage, 1997). 첫 번째 예측대로 정자 경쟁의 위험성이 높은 종은 정자 생산에 더 많은 투자를 했다(예를 들어 Gage, 1994; Harcourt, Harvey, Larson, & Short, 1981; Møller, 1988). 정자의 크기와 정자의 경쟁력에 상관관계가 존재하는 선충류의 경우(LaMunyon & Ward, 1998), 정자 경쟁의 위험성이 높을수록 더 크고 더 비싼 정자를 생산했다(LaMunyon & Ward, 1999). 나아가 실험에서 똥파리Scathophaga stercoraria를 더 격렬한 정자 경쟁에 노출시켰더니 열 세대가 지나지 않아 고환 크기가 증가하는 진화가 일어났고(Hosken & Ward, 2001), 실험에서 초파리의 정자 경쟁을 제거했을 때는 정자 생산에 더 적게 투자하는 진화가 일어났다(Pitnick, Miller, Reagan, & Holland, 2001).

종 내부적으로 보면, 많은 종의 수컷들이 정자를 신중하게 배분하고(검토를 위해서는, delBarco-Trillo, 2011; Kelly & Jennions, 2011을 보라), 사출할 때마다 정자 경쟁의 청각·화학·촉각·시각적 단서에 반응해 정자 수를 조절한다. 신중한 정자 배분은 여러 분류군에서 증명되었는데, 그중에서도 아마 시궁쥐Rattus norvegicus의 경우가 인간과 가장 비슷할 것이다. 수컷 시궁쥐는 교미에 앞서 상대 암컷을 '방어'하는 데 들인 시간에 따라 사출하는 정자 수를 조절하며(Bellis, Baker, & Gage, 1990), 또 교미 중 근처에 라이벌 수컷이 존재한 경우에도 정자 수를 조절한다(Pound & Gage, 2004). 다른 포유류 중에는 수컷 들쥐(초원들쥐Microtus pennsylvanicus)가 다른 수컷의 냄새에 노출되었을 때 더 많은 정자를 내보낸다(delBarco-Trillo & Ferkin, 2004).

수컷에게 정자 경쟁에서 성공하지 못한다는 것은 수정 기회의 손실을 의미한다. 하지만 상당 수준의 아버지 투자를 하는 종들의 경우, 수컷에겐 간통—자신과 유전적 연관성이 없는 자식인 줄 모르고 자원을 투자하는 행위—과 그에 따라 파트너를 유혹하는 데 사용한 시간, 노력, 자원을 손해볼 위험이 존재한다(Trivers, 1972). 사회적으로 일부일처 관계를 맺는 종들은 암수 모두 짝외 교미를 배제하지 않으며, 암컷의 성적 부정은 정자 경쟁의 주된 맥락을 구성한다(Birkhead & Møller, 1992; Smith, 1984). 결과적으로, 정자 경쟁과 관련된 선택압들은 정자 경쟁의 성공을 극대화하고, 그렇게 함으로써 간통 위험을 최소화하는 적응을 만들어낸다.

인간에게 정자 경쟁은 적응적 문제였을까

스미스Smith(1984)는 여성의 부정이 조상 시대에 일어난 인간 정자 경쟁의 가장 일반적인 맥락이라 주장한다. 여성의 부정에 비하면 다른 맥락들(예를 들어, 합의된 공동 섹스, 구애, 강간, 성매매 등)은 정자 경쟁에 적응하게끔 선택압을 가할 정도로 인간의 진화 과정에서 자주 일어나지 않았을 것이다.

수컷의 해부구조와 생리작용에서 정자 경쟁의 진화사를 입증하는 증거를 볼 수 있다. 영장류 종들의 경우, 정자 경쟁의 위험성을 결정하는 요인인 일처다부 관계의 정도와 고환 상대적 크기 및 사정당 정자 수 사이에 양의 상관관계가 존재한다(Harcourt et al., 1981; Harcourt, Purvis, & Liles, 1995; Short, 1979). 체중에 대비해서 인간의 고환은 고릴라와 오랑우탄 등 일부일처 관계를 맺는 종보다는 크고, 일처다부 관계가 상당히 잦은 침팬지보다는 작다(Harcourt et al., 1995). 이와 비슷하게 인간의 사정 시 정자 수도 양쪽 중간에 해당한다. 스미스(1984)의 주장에 따르면 이런 형질들은 일처다부를 가리키고, 따라서 정자 경쟁은 인간이 진화하는 동안 중요한 선택압이었다고 한다.

여성은 정자 경쟁을 부과하는 적응을 가지고 있을까

인간의 성 심리를 진화적으로 분석한 연구들은 단기적 짝짓기와 성적 문란함이 인간 남성에게 가져다준 이익을 강조해왔다(Buss & Schmitt, 1993; Symons, 1979). 하지만 남성이 단기적 성 전략을 성공적으로 지속해나가기 위해서는 일부일처 방식을 따르지 않고 짝짓기를 하는 여성들이 반드시 있어야 한다(Greiling & Buss, 2000). 조상 여성들은 조건발현적 일처다부 관계를 통해 여러 측면에서 이익을 얻었을 것이다(Greiling & Buss, 2000에서 검토). 우선, 성관계와 직접 교환하거나(Symons, 1979), 부성 혼란을 일으켜 투자를 끌어내는 식으로(Hrdy, 1981) 자원을 취득할 수 있다. 두 번째로, 한 쌍 결합 외부에서 기회주의적으로 유전자의 질이 뛰어난 남성과 성교함으로써 유전적 이익을 확보할 수 있다(Smith, 1984; Symons, 1979; 검토는 Jennions & Petrie, 2000).

여성이 복수의 상대와 하는 짝짓기는 정자 경쟁의 필요—충분하진 않은—조건이다. 이때 여성은 반드시 둘 이상의 남성과 시간적으로 충분히 짧은 기간 안에, 즉 라이벌들의 정자가 모두 경쟁력을 갖고 있는 기간 안에 성교를 해야 한다. 여러 연구들은 이 경쟁의 창은 5일간 열려 있다고 말한다(Wilcox, Dunson, Weinberg, Trussell, & Baird, 2001; Wilcox, Weinberg, & Baird, 1998). 베이커Baker와 벨리스Bellis(1995)는 5일이라는 추정치를 기준으로 조사한 결과, 영국인 여성의 17.5%가 첫 성교부터 50번째 성교를 하는 사이에 (장벽 피임법을 사용하지 않고) 정자 경쟁을 유발하는 '이중-짝짓기'를 한 적이 있다고 자기 보고했다.

성행동을 다룬 대규모 연구들이 특별히 여성이 이중-짝짓기를 하는 빈도에 관해 데이터를 수집한 것은 아니지만, 많은 연구들이 보다 일반적인 차원에서 여성이 얼마나 자주 동시다발적인 성적 관계를 맺는지를 기록해왔다. 예를 들어 라우만Laumann, 가뇽Gagnon, 마이클Michael, 마이클스Michaels(1994)의 연구에서는 응답자의 83%가 전년도에 다섯 명 이상과 성관계를 맺었고, 적어도 2회는 동시다발적이었다고 보고했다. 게다가 영국의 성행동을 다룬 한 연구—1999년부터 2001년까지 진행된 성적 태도 및 생활방식에 관한 국가 설문조사National Survey of Sexual Attitudes and Lifestyles(Johnson et al., 2001)—에서 전체 여성의 9%, 그리고 16~24세 여성의 15%가 전년도에 남성과 동시다발적인 성관계를 했다고 답했다. 동시다발적인 성관계가 모두 이중 짝짓기를 포함하는 것은 아니지만, 가능성이 높은 것은 사실이다.

임신률이 높을 때 여성은 이중 짝짓기를 더 자주 한다는 자기보고에 근거해서 벨리스와 베이커(1990)는 여성이 정자 경쟁을 **적극적으로** 유발하고, 그에 따라 더 경쟁력 있는 정자를 수정할 수 있는 방향으로 '일정 조정'을 한다고 주장했다. 이 결과는 짝외 성교의 빈도 증가에서 나왔으므로, 벨리스와 베이커는 생식력(수정 능력)이 정점에 이른 여성과의 성교를 남성이 선호하기 때문에 그런 결과가 나왔을리는 없다고 주장했다. 여성의 생식력이 높을 때 성교하는 것을 남성이 일반적으로 선호하는 것이 원인이라면 같은 기간 동안 짝내 성교의 빈도도 증가하리라 예측할 수 있다. 하지만 벨리스와 베이커는 임신 위험이 가장 높을 때의 여성과 성교하기를 원하는 남성의 선호 가능성을 너무 서둘러 배제했는지도 모른다. 만일 여성이 짝외 파트너를 통해 유전적 이익을 확보하려고 짝외 관계를 찾아나선다면(예를 들어, Gangestad & Simpson, 2000), 짝외 파트너를 좇는 동안에는 짝내 남성과의 성교를 피할 것이다 (Gallup, Burch, & Mitchell, 2006). 결과적으로, 임신 위험이 높은 시기에 짝내 성교의 급증이 없는 것은 짝내 남성의 동기가 반영되지 않은 결과일 것이다.

여성의 일처다부 판타지

성적 판타지는 성 행동을 유발하는 심리 기제를 통찰하게 해준다(Ellis & Symons, 1990; Symons, 1979). 성적 판타지의 성 차이를 다룬 경험적 연구들(Leitenberg & Henning, 1995에서 검토) 가운데 많은 것들이 진화적 관점에 근거했다(예를 들어 Ellis & Symons, 1990; Wilson, 1987). 번식 비용의 성별 간 비대칭을 생각해보면, 암컷의 번식은 자식을 낳고 기르는 능력에 제약을 받고, 수컷의 번식은 암컷에 대한 성적 접근성에 제약을 받는다(Trivers, 1972). 그 결과, 성적 접근을 허락받기까지 시간, 에너지, 자원을 투자할 필요가 없는 익명의 다수 파트너를 포함하여 다양한 성적 판타지를 꿈꾸는 쪽은 여성보다는 남성이라는 가설이 세워졌고(Ellis & Symons, 1990), 경험적 조사들이 이 가설을 확증해주었다. 실제로 둘 이상의 이성과 동시에 하는 성관계의 판타지는 가장 두드러지는 성 차이 중 하나다. 여성보다 훨씬 많은 수의 남성이 그와 같은 판타지가 있다고 응답했다(Leitenberg & Henning, 1995).

그럼에도 둘 이상의 파트너와 동시에 성관계를 맺는 판타지가 여성보다 남성에게 더 많다는 가설을 검증했을 때, 여성의 **일처다부** 성관계 판타지를 가리키는 데이터도 얻을 수 있었다. 대규모 설문조사들에서 일부 여성은 둘 이상의 남성과 동시에 성관계를 맺는 장면을 상상하는 **일처다부 성관계** 판타지가 있다고 응답했다. 미국 여성은 18%(Hunt, 1974), 영국 여성은 15%(Wilson, 1987)였다. 그와 유사하게, 보다 작은 규모의 연구들에서도 여성 중 15%에서 41%가 둘 이상의 남성과 동시에 성관계를 맺는 판타지가 있다고 응답했다(Arndt, Foehl, & Good, 1985; Davidson, 1985; Pelletier & Herold, 1988; Person, Terestman, Myers, Goldberg, & Salvadori, 1989; Sue, 1979). 로카치Rokach(1990)는 44명의 남성 표본이 응답한 성적 판타지 가운데 복수의 파트너와의 성관계는 전체의 14%였고, 54명의 여성 표본에서는 10%였다고 전했다. 프라이스Price와 밀러Miller(1984)는 **일처다부 성관계**는 대학생 여성 표본이 가장 많이 응답한 판타지 가운데 10위 안에 포함되어 있다고 전한다.

만일 여성의 성적 판타지가 이따금 실현되기도 하는 성적 욕망과 선호를 반영한다면, 남성보다는 여성이 언제, 어디서, 어떤 조건에서 성관계를 맺을지를 비롯한 성적 접근의 결정권을 지닌 '문지기'에 가깝다는 점을 고려할 때 **일처다부 성관계**도 불가능하지는 않을 것이다(Symons, 1979). 만일 시먼스Symons(1979)가 주장하듯이, 성적 판타지가 인간 심리의 진화를 들여다볼 수 있는 창이라면, 인간 여성의 성적 심리에는 **일처다부 성관계**를 유발해서 결과적으로 정자 경쟁을 촉진시키는 기제가 포함되어 있을지 모른다.

정자 경쟁에 대한 남성의 적응

포유류의 정자 경쟁은 일종의 **무서열 경쟁**이라서 정자는 난자의 수정을 당첨금으로 받는 '복권'과 같다고 믿을 만한 이론적 근거들이 있는데, 모델 연구와 실험 결과들이 이 견해를 뒷받침해준다(Gomendio et al., 1998). 무서열 경쟁에 적응하기 위해 수컷은 경쟁이 심한 환경에서 생리, 해부, 행동적 특징을 통해 난자의 수정 확률을 높이는 경향이 있으며, 이 목적을 위해 많은 수의 정자를 내보내는 것이 성공의 결정적 요인일 것이다.

남성의 신중한 정자 배분을 보여주는 증거가 있을까

정자 경쟁 이론이 예측하는 바에 따르면, 정자 생산에 대한 투자는 종마다 다른 정자 경쟁의 위험도에 달려 있으며(Parker, 1982, 1990a, 1990b), 정자 경쟁이 극심할 때 그에 대한 해부, 생리, 행동적 적응은 경쟁력 있는 정자를 대량으로 배출하게끔 작동할 것이다. 또한 정자 경쟁 이론은, 짝짓기할 때마다 정자 경쟁의 위험도가 달라진다면 수컷은 신중하게 자원을 배분해서 각 교미마다 사출하는 정자의 수를 조절할 거라고 예측한다. 전체적인 정자 경쟁 수준이 그리 높지 않은 종에서도 그와 같은 조건발현적 기제가 진화할 정도로 편차가 충분하다면, 신중한 정자 배분이 일어날 수 있다.

인간 남성에게 사정은 비용이 많이 드는 일이다. 잦은 사정, 특히 이틀에 한 번 이상의 사정은 사정 시 정자 수를 감소시키는데(Tyler, Crockett, & Driscoll, 1982), 이는 정자 생산에 제한이 있음을 시사한다. 하지만 쉽게 확인되는 정자의 낭비를 고려하면, 남성은 정자 생산에 거의 제약을 받지 않는 것으로도 보인다. 정자는 소변을 통해 꾸준히 손실되고, 몽정이나 자위를 할 때면 사정량 전체가 손실된다. 물론 자위로 사정할 때는 성교를 할 때보다 정자가 적게 배출되기는 한다(Zavos & Goodpasture, 1989). 하지만 베이커와 벨리스(1993a)는 이렇게 손실되는 정자들은 오래되고 경쟁력이 떨어지는 정자이며, 비성교 사정을 하면 다음 성교 시에 어리고 경쟁력 있는 정자가 나온다고 말한다. 사정의 비용을 고려하면 인간 남성은 성교할 때마다 정자 경쟁의 위험도에 따라 사정하는 정자 수를 조절하도록 진화했을 것이다. 남성이 사정하는 정자의 수는 사정 시마다 큰 차이가 있다(예를 들어, Mallidis, Howard, & Baker, 1991). 임상의들은 정액 관련 매개변수의 '실제' 값을 측정할 때 이같은 개인−내적의 가변성을 '잡음'으로 치부하지만, 이 가변성에는 정자 경쟁의 순간 위험도에 대한 반응으로 나타나는 신중한 정자 배분이 어느 정도 반영되어 있다고 정자 경쟁 이론은 예측한다.

남성이 정자 경쟁의 위험도에 반응해서 사정의 구성성분을 조절한다는 첫 번째 증거는 베이커와 벨리스의 논문 몇 편을 통해 보고되었다. 열 쌍의 부부를 대상으로 성교 시 사정 표본을 분석한 첫 번째 보고서(Baker & Bellis, 1989)에 따르면 '객관적인' 정자 경쟁 위험도—부부가 마지막 성교 이후로 함께 보낸 시간의 퍼센트—와 사정 시의 정자량 사이에 역순위 상관관계(rs = −0.95)가 나타났고, 자위를 통한 사정에는 그런 관계가 확인되지 않았다. 베이커와 벨리스(1989)는 객관적 정자 경쟁 위험도가 여성의 이중 짝짓기 위험을 나타내므로, 이 결과는 사출 정자량과 정자 경쟁 위험도 사이에 양의 관련성이 있다는 가설에 부합한다고 주장했다. 이들의 연구는 부부당 1회의 사정을 분석해서, 마지막 성교 이후 가장 오랫동안 부인과 떨어져 있었던 남성이 성교 시 사정에 가장 많은 정자를 배출했다는 결과를 얻었다. 또한 대체로 사정량이 많은 경향을 보이는 남성들이 성교와 성교 사이에 비율상 더 많은 시간을 파트너와 떨어져 지내는 경향이 있다고 볼 수도 있었다.

베이커와 벨리스(1993a)는 상술한 문제들을 다루기 위해 각 부부로부터 복수의 사정 결과를 얻어 분석했다. 다섯 명의 남성으로부터 얻은 40가지 종류의 표본을 비모수 분석한 결과, 사출 정자량과 객관적 정자 경쟁 위험 사이에 음의 관련성이 나타났다. 베이커와 벨리스는 이 결과가 정자 경쟁 위험도가 증가했다는 단서에 반응해서 정자 배분을 신중하게 한 것이라고 주장했지만, 대안적인 해석도 가능하다. 예를 들어 파트너의 부재를 계기로 여성의 성행동이 변화되면 사정 전, 혹은 사정 시 남성이 받는 자극에 차이가 발생하는데, 이 자극의 차이에 따라 사정의 구성성분이 달라질 수 있다. 이는 상당히 중요한 문제일 수 있는데, 질내 사정을 통해 나온 사정과 질외 사정을 통해 나온 사정의 질적 차이(Zavos, Kofinas, Sofikitis, Zarmakoupis, & Miyagawa, 1994)는, 사정 시의 성적 자극이 정자량을 결정하는 중요한 요인일 수 있다는 것을 암시하기 때문이다.

신중한 정자 배분과 연관된 생리 기제

베이커와 벨리스(1993a, 1995)의 연구 결과가 남성은 신중하게 정자를 배분하는 능력이 있음을 보여주긴 하지만, 사정의 구성성분을 조절하는 적응과 관련된 생리적 기제에 대해서는 알려진 것이 거의 없다. 하지만 정액 매개변수에 영향을 미친다고 알려진 요인들에서 단서가 나올 수 있다. 여러 종단 연구에서 개별 남성들은 용량과 정자 농도 등 사정 매개변수에서 상당한 변이성을 보였는데(예를 들어, Mallidis et al., 1991), 이는 어느 정도 두 매개변수가 사정 억제 기간에 영향을 받기 때문일 수 있다 (예를 들어, Blackwell & Zaneveld, 1992). 또한 사정이 이뤄지는 상황이 중요하다는 증거도 있다. 예를 들어 성교를 통해 이뤄지는 사정은 자위를 통해 이뤄지는 사정보다 우수해서(Zavos, 1985), 용량, 정자 수, 정자 운동성 면에서 모두 뛰어났다(Sofikitis & Miyagawa, 1993; Zavos & Goodpasture, 1989).

성교 시 사정이 자위 시 사정보다 더 많은 정자를 함유하게 하는 기제는 현재 충분히 이해되지 않았지만, 일반적 형태의 성교 사정에서 삽입 이전에 더 오래, 더 높은 강도로 자극이 이뤄지면 활동적인 정자 수가 증가한다(Zavos, 1988). 성적 자극을 주는 시각 자료가 자위 시 사정의 정액 매개변수를 높이는지에 대해서는 증거가 엇갈린다(Handelsman et al., 2013; van Roijen et al., 1996; Yamamoto, Sofikitis, Mio, & Miyagawa, 2000). 하지만 개별 남성들로부터 복수의 견본을 수집했을 때 사정 전 성적 흥분이 지속된 시간과 자위를 통한 사정의 정자 농도 사이에는 양의 관계가 있었다(Pound, Javed, Ruberto, Shaikh, & Del Valle, 2002). 하지만 남성 간 연구에서는 분명하게 드러나지 않았다(Elzanaty, 2008; Handelsman et al., 2013).

인공 수정 과정에서 수집한 견본을 확인한 결과, 성적 흥분 시간과 정액의 질 사이의 관계는 길들인 가축에게서도 발견되었다(검토를 위해서는 Pound, 2002를 보라). 다양한 종에 걸쳐 삽입 이전의 성적 흥분 시간과 사정 정자 수 차이에 연관성이 있다는 점에 비추어볼 때, 수컷은 사정 전에 흥분을 연장하는 행동적 변화를 통해서 사정의 구성성분에 적응적 변화를 성취하는 것일 수도 있다(Phan, Shackelford, Welling et al., 2013; Pound, 2002).

신중한 정자 배분과 관련된 심리 기제

여러 비인간 종의 수컷들은 정자 경쟁 위험에 반응하여 사출하는 정자 수를 조절할 수 있다. 베이커와 벨리스(1993a)는 인간 남성에게도 같은 능력이 있다고 말한다. 셰클퍼드 등(2002)은 정자 경쟁 위험에 대응한 남성의 심리 반응을 조사한 뒤, 남성에게는 정자 경쟁의 성공 확률을 높이는 행동을 하게끔 진화된 심리 기제가 있다고 가설화했다. 남성의 경우, 정기적 파트너가 없으면(즉, 객관적 정자 경쟁 위험이 발생하면) 심리 기제들이 중요한 정보를 처리해서 제공하고, 이 정보에 자극을 받아 남성은 파트너에게 최대한 빨리 정액을 주입해서 높아진 경쟁 위험과 다투게 된다(Shackelford et al., 2002). 하지만 마지막 성교 후에 흐른 총 시간이 남성의 성행동에 중요한 효과를 미칠 수 있는데, 아마도 그 시간에 파트너와 떨어져 있었는지 함께 있었는지에 따라 성적 좌절감이 증감할 것이다.

셰클퍼드 등(2002)은 남성의 성 심리와, 객관적 정자 경쟁 위험과 관련이 있다고 예측되는 성행동의 관련성을 평가했다. 이때 연구자들은 부부가 마지막으로 성교한 이후 흘러간 시간을 통제했다. 셰클퍼드 등은 남성은 특정 여성과의 관계의 성격에 따라 정자 경쟁 위험의 단서에 다르게 반응할 수 있다고 주장했다. 관계의 만족감과 관계에 대한 투자량은 서로 연결되어 있기 쉽고, 그에 따라 관계에 더 만족하는 남성은 간통이 발생했을 때 더 큰 손실을 입는다. 그런 이유로, 셰클퍼드 등(2002)은 마지막 성교 이후 파트너와 떨어져 지낸 시간의 비율이 증가할 때의 남성 반응을 조사한 연구에서 이번에는 관계에 대한 참가자의 만족도를 통제했다.

셰클퍼드 등(2002)과 셰클퍼드, 괴츠Goetz, 맥키빈McKibbin, 스타라트Starratt(2007)는 마지막 성교 이후 파트너와 더 많은 비율의 시간을 떨어져 지낸 남성(따라서, 더 큰 정자 경쟁 위험에 직면한)일수록 파트너를 더 매력적으로 평가하고, 다른 남성들이 그녀를 매력적으로 여긴다고 생각하며, 그녀와의 성교에 더 큰 관심을 보이고, 그녀도 자신과의 성교에 큰 관심이 있는 것으로 생각한다고 보고했지만, 이는 상대가 그 사이에 다른 남성과 많은 시간을 보냈으리라 생각한 이들의 경우에만 그랬다(Pham & Shackelford, 2013a). 스타라트, 맥키빈, 셰클퍼드(2013)에 따르면, 실험 과정에서 파트너의 부정을 상상한 남성들은 파트너와의 성교에 더 큰 관심을 보였다. 종합해보면, 이 결과들은 남성이 정자 경쟁 위험의 단서에 민감하며, 그에 따라 파트너와의 성교에 대한 관심이 조절된다는 것을 나타낸다.

간통 위험 가설은 더 큰 정자 경쟁 위험에 처한 남성이 파트너에게 성적으로 더 강압적일 거라 예측한다(Goetz & Shackelford, 2006; Lalumiere, Harris, Quincy, & Rice, 2005; Thornhill & Thornhill, 1992; Wilson & Daly, 1992). 사회적으로 일부일처 관계를 맺는 새들의 경우, 암컷의 짝외 교미가 있었다면 대부분 즉시 짝-수컷과의 강제적인 교미가 이어진다(Bailey, Seymour, & Stewart, 1978; McKinney & Stolen, 1982). 인간을 대상으로 한 연구들도 남성의 파트너 대상 성적 강제와 여성 파트너의 부정 위험 간에 양의 관계가 있음을 기록하고 있다. 자신의 여성 파트너를 강간하는 남성들은 파트너가 먼저 부정을 저질렀다고 비난하는 경우가 많다(셰클퍼드 & Yllo,

1985; Russell, 1982). 친밀한 파트너로부터 강간을 포함한 폭력을 당한 여성 피해자들은 자신을 학대한 남성이 성적 질투가 심하다고 평가한다(Frieze, 1983; Gage & Hutchinson, 2006). 파트너를 성적으로 강제한 경험이 있다고 응답한 남성들은 파트너가 부정을 저지른다는 느낌을 받았다고 응답한 경우가 많았고, 성적 강제를 겪은 여성들은 성적 부정을 저질렀다고 응답하는 경우가 많았다(Goetz & Shackelford, 2006). 상대를 지배하고자 하는 성격 및 행동을 통제한 이후에도, 남성의 성적 강제 사용 전략은 파트너가 부정을 저지른 것 같다는 지각 및 부정 사실의 확실한 지식과 양의 상관관계가 있었다(Goetz & Shackelford, 2009). 또한 남성의 성적 강제는 파트너의 부정에 대한 비난이 포함된 파트너 대상 모욕의 발생과 양의 상관성이 있었다(Starratt, Goetz, Shackelford, & Steward-Williams, 2008). 마지막 성교 이후 파트너와 떨어져 지낸 시간 비율은 파트너에 대한 남성의 성적 강제를 예측케 하지만, 이는 오직 파트너의 부정 위험성을 높다고 지각한 남성의 경우에만 해당된다(McKibbin, Starratt, Shackelford, & Goetz, 2011).

정자 경쟁 위험에 반응한 남성의 파트너 대상 성교 관심은 잦은 성교의 형태로 드러날 수 있다. 사회적 일부일처 관계를 맺는 많은 새들의 경우, 수컷은 암컷의 생식관에 도착하는 정자의 비율을 높이고, 그에 따라 정자 경쟁에서 성공할 확률을 높이기 위해 잦은 교미를 활용한다(Birkhead, Atkin & Moller, 1987; McKinney, Cheng, & Bruggers, 1984). 마찬가지로 인간의 경우에도 정자 경쟁 위험이 큰 남성(Kaighobadi & Shackelford, 2008; Pham et al., 2014)과, 정자 경쟁 위험을 최소화하기 위한 행동을 자주 하는 남성(Shackelford, Goetz, Guta, & Schmitt, 2006)은 파트너와 더 자주 성교를 한다.

정자 경쟁이 남성의 생식기 해부구조와 성교 행동에 미치는 영향

인간의 고환 크기는 정자 경쟁이 중간 수준으로 진화한 역사를 보여주고(Smith, 1984), 남성 생식기 해부학의 다른 측면들도 정자 경쟁을 드러내준다. 인간 남성의 성기는 다른 유인원보다 길지만(Short, 1979), 체중에 비하면 침팬지의 성기보다 긴 편은 아니다(Gomendio et al., 1998). 그간 인간 성기의 길이와 모양이 정자 경쟁에 대한 적응을 어떻게 반영하는지를 설명하려는 주장들이 있었다. 긴 성기는 경주와 복권의 요소를 조합한 무서열 경쟁에서 유리할 수 있는데, 자궁 경부와 더 가까운 곳에 사정한다면 그만큼 수정 확률이 높아지기 때문이다(Baker & Bellis, 1995; Short, 1979; Smith, 1984).

갤럽Gallup 등(2003)은 인간 남성의 성기는 여성의 생식관에 다른 남성이 침전시킨 정액을 흐트러뜨릴 수 있도록 설계되었다는 베이커와 벨리스(1995)의 가설을 경험적으로 검증했다. 갤럽 외는 귀두와 귀두관이 비슷한 인공 남근이, 그런 특징이 없는 인공 남근보다 미리 주입한 실험용 모의 정액을 더 많이 제거한다는 결과를 얻었다. 이들은 성기가 질에 삽입될 때 소대frenulum(주름띠) 주위의 공간 덕분에 (다른 남성의) 정액이 성기 뒤로 흘러 귀두관 뒤에 모이고 결국 쉽게 추출될 수 있다고 말한다. 하지만 모의 정액은 남근이 전체 길이의 75%까지 인공 질에 삽입된 경우에만 제거되었는데, 이는 라이벌 정액을 성공적으로 제거하기 위해서는 특별한 성교 행동이 필요하다는 점을 시사한다. 여성의 부정을 의심한 이후, 또는 파트너와 분리(라이벌 정액이 현재 생식관에 위치할 가능성이 상대적으로 큰 상황)되어 있다가 성교를 하는 경우, 남성이 더 깊이, 더 빠른 속도로 삽입 운동을 했다고 양성 모두 보고했다(Gallup et al., 2003). 이 같은 성교 행동은 기존 정액의 제거량을 증가시킬 수 있다.

괴츠 등(2005)은 라이벌 정액을 제거하기 위해 특별한 성교 행동이 필요하다는 가설을 독립적으로 검증하면서, 정자 경쟁 위험이 큰 상황에서 남성이 여성의 부정으로 인한 결과를 '교정'하려고 하는지, 한다면 어떻게 하는지를 조사했다. 현재 헌신적인 성적 관계를 맺고 있는 남성들은 라이벌 남성의 정액을 제거하기 위해 설계된 것으로 보이는 특별한 성교 행동을 한다고 보고했다. 가설대로, 상대 여성이 자신을 정자 경쟁 위험에 자신을 반복적으로 빠뜨리는 경우에 남성은 성교 시 삽입 횟수, 삽입의 최고 깊이, 삽입의 평균 깊이, 그리고 성관계 지속시간의 증가가 포함된 정액-제거 행동을 할 확률이 더 높았다.

정자 경쟁 이론은 구강성교 등 남성의 다른 성행동을 다룬 연구에 많은 정보를 제공했다. 관련 증거는 구강성교가 인간의 진화 과정에 반복되는 특징이며, 대부분의 문화에서 그리고 다른 많은 종에서도 나타난다고 말한다(Pham & Shackelford, 2013a, 2013b를 보라). 구강성교는 현대의 포르노그래피에서 자주 묘사되고(Mehta & Plaza, 1997), 구석기 동굴 벽화에도 등장한다(Angulo & Garcia, 2005). 하지만 구강성교가 적응인지는 불분명하다. 과거의 연구자들은 남성이 구강성교를 하는 것은 (a) 파트너의 생식 건강을 가늠하기 위해(Baker, 1996), (b) 질 안에 라이벌 남성의 정액이 있는지 알아내기 위해(Baker, 1996; Kohl & Francoeur, 1995; Thornhill, 2006), (c) 여성의 기제를 조작해서 정자 경쟁의 결과에 편향을 일으키기 위해(Pham, Shackelford, Sela, & Welling, 2013), (d) 여성을 성적으로 만족시켜 그녀가 다른 남성과 성교할 가능성을 감소시키기 위해, 혹은 (e) 남성이 자신의 성적 흥분을 증가시켜, 결과적으로 정액의 질을 향상시키기 위해서(Pham, Shackelford, Weliing et al., 2013)라고 말한다. 게다가 구강성교로 '생식력 판별'도 가능하다. 남성은 후각적 단서를 활용해 여성의 생식력 상태를 판별하는데(Haselton & Gildersleeve, 2011에서 검토), 생식력이 높은 시기에 맡은 질액의 냄새가 생식력이 낮은 시기보다 좋게 느껴진다고 응답한다(Cerda-Molina, Hernández-López, de la O, Chavira-Ramírez, & Mondragón-Ceballos, 2013).

정자 경쟁이 남성의 짝 선택에 미치는 영향

정자 경쟁의 위험을 최소화하기 위해 남성은 단기적 성 파트너를 찾을 때 정자 경쟁 위험이 낮아 보이는 여성을 선택하게 하는 짝 선호를 진화시켰을 것이다 (Shackelford, GOetz, LaMunyon, Quintus, & Weekes-Shackelford, 2004). 남성이 한 명이나 그 이상의 여성과 단기적 관계를 맺으려 할 때 정자 경쟁의 위험은 증가한다. 예를 들어, 장기적 관계를 맺고 있지 않고 가볍게 만나는 성적 파트너도 없는 여성이라면 정자 경쟁의 위험이 낮다. 그 결과, 그런 여성은 훌륭한 단기적 성 파트너로 지각될 것이다. 장기적 관계를 맺고 있진 않지만 단기적 짝짓기를 하는 여성은 정자 경쟁 위험이 중간 정도다. 그런 여성은 아마 어렵지 않게 자발적인 성 파트너를 구할 테니 말이다. 정자 경쟁 위험이 가장 높은 것은 장기적인 관계를 맺고 있는 여성이다. 우선적인 파트너가 자주 정자를 주입할 수 있기 때문에 장기적인 관계에 있는 여성은 단기적인 성 파트너로서 매력이 가장 약하다.

셰클퍼드 등(2004)은 남성들에게 성적 흥분도와 단기적 성관계 추구 가능성을 질문한 연구에서, 예측대로 기혼자를 단기적 파트너로 상상한 경우 그 강도가 가장 낮다는 결과를 얻었다. 강도가 다음으로 낮은 경우는 미혼이긴 하지만 가벼운 성적 관계를 맺는 여성이었고, 가장 높은 경우는 미혼이면서 가벼운 성적 관계도 맺지 않는 여성을 떠올릴 때였다. 이 결과는 남성 앞에 여러 짝짓기 선택지가 놓여 있을 때, 높은 정자 경쟁 위험을 반영하는 선택지에 성적으로 덜 흥분한다는 점을 시사한다. 하지만 일단 높은 정자 경쟁 위험에 노출되면(예를 들어, 정기적 파트너가 부정을 저질렀을 때) 남성은 높은 정자 경쟁 위험도에 성적으로 더 많이 흥분한다(Shackelford et al., 2002, 2007).

남성의 성적 흥분과 판타지에 정자 경쟁이 미치는 영향

남성의 성적 판타지에는 복수의, 익명의 파트너가 자주 등장한다(Ellis & Symons, 1990; Syomns, 1979). 이런 판타지는 작은 투자만으로 생식력이 높은 여러 여성들과 성교하는 장면을 보여주는 남성용 포르노그래피를 통해 구체화되는 경향이 있다(Malamuth, 1996). 하지만 많은 포르노그래피들이 정자 경쟁 위험의 시각적 단서를 포함하고 있다. 파운드Pound(2002)는 인터넷 사이트의 포르노그래피 이미지를 분석해서, 여성 한 명과 남성 여럿이 등장하는 성 행위 묘사가 남성 한 명과 여성 여럿이 등장하는 경우보다 더 많다는 것을 발견했다. 선호도를 자기보고한 온라인 설문조사 그리고 익명으로 이미지 선택 행동을 조사한 선호도 연구에서도 비슷한 결과가 나타났다. 맥키빈, 팸Pham, 셰클퍼드(2013)는 성인용 DVD 표지들 가운데, 여성 한 명과 남성 여럿이 상호작용하는 모습을 묘사한 이미지 수가 그 반대의 이미지 수보다 DVD 판매에서 더 높은 순위를 점한다고 보고했다. 마지막으로, '스윙' 혹은 '스와핑' 커뮤니티의 일화 보고에 따르면, 남성들은 자신의 파트너가 다른 남성과 성적으로 상호작용하는 모습을 볼 때 더 강한 성적 흥분을 자주 경험한다(Gould, 1999; Talese, 1981).

파운드(2002)는 남성이 경쟁자의 사정으로 인한 잠재적인 부성 손실 때문에 짝 공유를 혐오스럽게 느낄 거라고 주장한다. 하지만 부성 확신 기제가 정자 경쟁 위험의 단서에 반응해서 성적 흥분을 끌어올릴 수도 있다. 정자 경쟁의 위험이 더 빠르거나 더 잦은 성교를 자극하기 때문이다. 게다가 정자 경쟁 위험의 단서에 반응해서 상승한 흥분도는 사정 조절 기제에 근접하는 역할을 할 수 있다(Pound, 2002). 킬갤런Kilgallon과 시먼스Simmons(2005)는 남성 두 명과 여성 한 명이 상호작용하는(정자 경쟁의 단서가 있는) 포르노그래피를 보는 남성이, 세 명의 여성이 등장하는(정자 경쟁이 없다는 단서를 가진) 포르노그래피를 본 남성보다 사정 시 활동적인 정자 비율이 더 높다는, 가설에 부합하는 결과를 보고했다. 이처럼 남성은 정자 경쟁의 위험이 존재하는 성적 사례를 피해야 함에도, 실제로는 포르노그래피를 보면서 판타지를 경험할 때 오히려 그런 사례와 관련된 흥분을 선호하는 듯하다.

정자 경쟁에 대한 여성의 적응

정자 경쟁이 인간의 진화사에서 계속 되풀이된 특징이라면, 여성에게도 정자 경쟁의 결과에 영향을 미치는 적응이 있을 것이다. 구체적으로 말하면, 여성에게 누가 자식의 아버지가 될지를 결정하는 기제가 진화했을 것이다. 바로, 성교 전과 성교 후 선택을 하는 적응이다. 지금 맥락에서 '성교 후 여성 선택'이란 성교가 시작된 이후에 여성이 행사하는 영향을 말한다(Eberhard, 1996).

성교 전 여성 선택: 정자 경쟁의 촉진과 회피

벨리스와 베이커(1990)는 헌신적인 관계를 맺고 있는 여성들은 수정 확률이 높을 때 이중 짝짓기를 할 확률이 높다고 기록했다. 이들의 관찰에 따르면 여성의 심리적 적응이 정자 경쟁을 촉진시켜 난자가 가장 경쟁적인 정자를 수정하는 결과를 얻는다. 예를 들어 여성은 생식 주기 동안 자신의 정기적인 파트너에게 여전히 성적 매력을 느끼지만, 임신 위험이 높은 시기에는 다른 남성에게 성적으로 더 끌리고, 판타지를 품는다(Gagestad, Thronhill, & Garver, 2002; Pillsworth & Haselton, 2006). 이는 여성들이 이 시기에 정자 경쟁을 조장한다는 의미일 수 있다. 하지만 어떤 조건에서는 정자 경쟁을 **피하는** 것이 여성에게 이로울 수 있다. 갤럽 외(2006)는 여성이 짝외 성교를 한 후에 정기적인 파트너와의 성교를 뒤로 미룬다고 기록했다. 기존의 파트너를 배제하고 짝외 성교를 선호한다면, 임신 가능성이 높은 시기에는 짝외 정자의 경쟁 위험이 감소한다. 그렇다면 정기적 파트너가 아닌 남성에게 느끼는 여성의 성적 매혹과 판타지는 여성의 성교 전 적응이라고 볼 수 있다. 하지만 남성도 배란기가 다가오는 여성이 짝외 성교에 관심이 커지는 것에 예민하게 반응하도록 선택되었기 때문에(Gangestad et al., 2002), 여성에겐 자신이 더 선호하는 남성의 정자를 수정시키기 위한 성교 후 적응이 존재할 수 있다.

여성의 성교 후 선택: 여성의 삽입 오르가슴을 위한 기능?

오르가슴은 정자 경쟁에 대한 여성의 성교 후 적응일 수 있다. 인간의 음핵과 음경은 동일한 배아 조직에서 발달했다. 그런 이유로 시먼스(1979)와 굴드Gould(1987)가 여성 오르가슴은 남성 오르가슴의 부산물이라 주장한다. 다른 사람들은 여성 오르가슴이 적응일 수 있다는 가설을 제기했다(예를 들어, Alexander 1979; Baker & Bellis, 1993b; Hrdy, 1981; Smith, 1984). 여성이 오르가슴을 느끼는 동안에는 옥시토신이 급증하는 데, 이는 한 쌍 결합 및 남성과의 반복적인 성교를 촉진한다(Puts, Dawood, & Welling, 2012에서 검토). 여성의 삽입 오르가슴은 또한 선택적으로 정자를 잔류하게 한다(Baker & Bellis, 1993b; Smith, 1984). 여성 오르가슴은 남성이 질의 상단에 배출한 정액 속에 자궁경부가 푹 담기게 해서 결과적으로 더 많은 양의 정자를 잔류시킨다(Baker & Bellis, 1993b, 1995). 베이커와 벨리스(1993b) 그리고 스미스(1984)는 여성이 오르가슴의 전략적 시기을 통해, 짝내 파트너보다 유전적 질이 뛰어날 것 같은 짝외 파트너의 정자를 우선적으로 선택할 수 있다고 주장한다.

베이커와 벨리스(1993b)는 성교 시에 사용한 콘돔을 통해 수집한 정액과 콘돔을 사용하지 않았을 때 질의 '환류'(즉, 배출된 정액과 질액)를 통해 수집한 정액에서 정자 수를 측정하고, 여성은 삽입 오르가슴의 존재와 그 시기를 통해 생식관에 잔류하는 정자 수에 영향을 미친다고 기록했다. 파트너의 사정 1분 전부터 사정 후 45분 사이에 일어난 삽입 오르가슴은, 사정 1분 이전까지의 오르가슴보다 훨씬 많은 양의 정자 잔류와 관련되어 있었다. 또한 베이커와 벨리스는 정기적 파트너 외에 한 명 이상의 짝외 파트너가 있는 여성은 정액의 잔류를 유발하는 오르가슴이 정기적 파트너보다 짝외 파트너와 관계할 때 더 많이 발생한다는 증거를 제시했다.

하지만 베이커와 벨리스(1993b)의 연구에는 유전적 질이 뛰어난 파트너와 관련하여 정자 잔류량이 어떻게 증가하는지의 문제가 빠져 있었다. 이 관계를 입증한 손힐, 갱지스태드, 코머(1995)는 변동 비대칭성이 낮은(상대적으로 높은 유전적 질을 나타내는) 남성과 결혼한 여성이 변동 비대칭성이 높은 남성과 결혼한 여성보다 더 많은 성교 오르가슴을 보고한다고 기록했다. 변동 비대칭성이 낮은 남성과 결혼한 여성은 그저 더 많은 오르가슴을 느낀 것이 아니라, 구체적으로 더 많은 정자를 잔류시킬 수 있는 성교 오르가슴을 느낀 것으로 보고되었다. 유전적 질의 또 다른 지표이자 변동 비대칭성과도 연관된 것이 신체적 매력이다. 셰클퍼드 외(2000)는 신체적 매력이 더 큰 남성과 결혼한 여성이 신체적 매력이 덜한 남성과 결혼한 여성보다, 가장 최근에 성교할 때 더 많은 오르가슴을 보고할 가능성이 높다는 결과를 얻었다.

오르가슴이 성교 후 라이벌들의 정자 가운데 어느 한 쪽을 택하기 위한 여성의 적응이라는 설명은 합당하지만, 여성 오르가슴의 기능적 의의는 여전히 가설에 머물러 있다(Pound & Daly, 2000). 파트너가 사정하기 1분 전부터 이후 45분까지 여성 오르가슴이 발생했을 때 다른 시점에 발생한 것보다 (혹은 전혀 발생하지 않은 경우보다) 더 많은 정자가 잔류한다는 것을 보여준 베이커와 벨리스(1995)의 증거는 여성의 오르가슴 시점과 무관하게 사정한 정자의 수는 동일하다고 가정하고 있다. 하지만 이러한 가정은 부정확할 수 있는데, 사정 이전의 성적 흥분 시간이 사정한 정자 수와 양의 관계가 있기 때문이다(Pound, 2002l Zavos, 1988).

파트너가 오르가슴에 도달하는지에 남성이 관심을 갖는 것은 여성 오르가슴이 하나의 적응일 수 있다는 점을 시사한다(Thornhill et al., 1995를 보라). 이와 일관되게 맥키빈, 베이츠Bates, 셰클퍼드, 하펜Hafen, 라무농(2010)은 남성이 관계에 투자하는 것과 남성이 성교 시 오르가슴에 관심을 갖는 것 사이의 연관성을 경자경쟁 위험도가 조절한다는 결과를 얻었다. 일부 문화에서 남성은 파트너가 오르가슴을 경험하는지에 관심을 보이지 않는데(Symons, 1979), 이는 해당 문화에선 다른 기제가 정자 경쟁 위험을 저하시키기 때문일 수 있다. 예를 들어, 많은 문화가 문란한 여성을 처벌함으로써 여성의 성(과 여성 오르가슴)을 억압한다.

여성은 파트너를 달래기 위해 오르가슴을 연기하기도 하는데, 이는 남성이 여성의 오르가슴에 품는 관심에 여성이 역적응했음을 시사한다(Thornhill et al., 1995). 여성은 오르가슴을 연기해서 파트너에게 관계에 만족하고 있다는 신호를 보내고, 이를 통해 파트너의 부정 가능성을 최소화한다(Muehlenhard & Shippee, 2010). 파트너의 부정 위험을 감지한 여성이 오르가슴을 연기할 확률이 더 크다(Kaighobadi, Shackelford, & Weekes-Shackelford, 2012). 자신이 원하는 파트너에게 오르가슴을 연기하는 경향은 진짜 오르가슴이 정자를 잔류시키는 기능을 한다는 가설과 어긋나는 것처럼 보인다. 만약 여성 오르가슴이 유전적 질이 뛰어난 남성의 정자를 우선적으로 잔류시키는 기능을 한다면, 우리는 여성이 유전적 질이 낮은 남성과 성교할 때 실제 오르가슴 때문에 그의 정자가 잔류하는 상황을 '회피'하고, 동시에 그를 만족시켜 비유전적 이익을 꾸준히 확보하려고 더 자주 오르가슴을 연기할 거라고 예측할 수 있다. 이 차이를 조화시키기 위해 앞으로의 연구는 여성이 오르가슴을 연기하는 빈도와 상대방의 유전적 질을 측정한 값(예를 들어 남성성, 건강함, 변동 비대칭성 등; Frederick & Haselton, 2007)과 상관관계가 있는지 조사해야 할 것이다.

여성이 정자를 선별 사용한다는 직접적인 증거는 없다. 이는 특히 여성 생식관 내부의 정자 행동에 여성이 미치는 영향을 연구하기가 어렵기 때문이다. 비인간 동물에서도 암컷이 정자를 조작하는 경우를 보여주는 증거는 드물다. 암컷이 새로운 상대와 짝짓기할 때 저장하고 있던 정자를 폐기하는 경우가 관찰되긴 했지만(Davies, 1985; Etman & Hooper, 1979), 대부분의 연구는 암컷의 정자 조작이 정자 저장 패턴이나 자식의 부성과 관련되어 있다고 추론한다(Eberhard, 1996을 보라). 성교 후 경쟁은 대부분 생식관에서 발생한다는 점에서 인간 여성이 정자 경쟁에 반응해서 진화시킨 적응일 가능성이 있다.

이 장은 남성의 적응에 초점을 맞추고, 연구와 이론의 역사 및 현재 상태를 반영했다. 하지만 조상 남성과 조상 여성의 성 간 갈등은 공진화 성격을 띤 성 간 군비경쟁을 불러일으켰고, 그 결과 어느 한 성이 얻는 이익은 다른 성의 역적응 선택을 낳았다(Rice, 1996, Shackelford & Goetz, 2012). 이처럼 정자 경쟁에 대한 남성의 수많은 적응에, 여성은 여성 오르가슴(Puts et al., 2012에서 검토), 정기적 파트너 및 잠재적 짝외 파트너와 성교하는 시기의 조작(Gallup et al., 2006) 등의 수많은 적응으로 맞불을 놓는다.

맺음말

우리는 여성의 부정과 그로 인해 벌어지는 정자 경쟁의 광범위한 결과들을 설명했다. 정자 경쟁은 1970년대에 비인간 종에게서 처음 확인되었지만, 인간을 대상으로 해서는 1980년대까지 별다른 고려가 없었고, 그 이후에야 진화론적으로 사고하는 연구자들이 연구에 착수해서 인간의 해부구조, 생리작용, 심리의 형성에 정자 경쟁이 미치는 잠재적 역할을 밝혀내기 시작했다. 정자 경쟁은 남녀 생식기의 해부구조와 생리 작용, 남성이 여성 파트너에게 느끼는 매력과 성적 관심, 남성의 성교 행동, 남성의 단기적 짝 선택, 남성의 성적 흥분과 성적 환상 등에 영향을 미친 것으로 보이며, 따라서 정자 경쟁의 역할을 이해하는 것은 인간의 성을 포괄적으로 이해하고자 하는 목표에 어렵지만 반드시 거쳐야 할 관문일 것이다.

참고문헌

Alexander, R. D. (1979). Sexuality and sociality in humans and other primates. In A. Katchadourian (Ed.), *Human sexuality* (pp. 81−97). Berkeley: University of California Press.

Angulo, J., & García, M. (2005). *Sexo en Piedra: Sexualidad, reproducción y erotismo en época paleolítica*. Madrid, Spain: Madrid Luzán.

Arndt, W. B., Jr. Foehl, J. C., & Good, F. E. (1985). Specific sexual fantasy themes: A multidimensional study. *Journal of Personality and Social Psychology, 48*, 472−480.

Bailey, R. O., Seymour, N. R., & Stewart, G. R. (1978). Rape behavior in blue-winged teal. *Auk, 95*, 188−190.

Baker, R. (1996). *Sperm wars*. London, England: Fourth Estate.

Baker, R. R., & Bellis, M. A. (1989). Number of sperm in human ejaculates varies in accordance with sperm competition theory. *Animal Behaviour, 37*, 867−869.

Baker, R. R., & Bellis, M. A. (1993a). Human sperm competition: Ejaculate adjustment by males and the function of masturbation. *Animal Behaviour, 46, 861–885*

Baker, R. R., & Bellis, M. A. (1993b). Human sperm competition: Ejaculate manipulation by females and a function for the female orgasm. *Animal Behaviour, 46*, 887−909.

Baker, R. R., & Bellis, M. A. (1995). *Human sperm competition*. London, England:

Chapman & Hall.

Baumeister, R. F., & Twenge, J. M. (2002). Cultural suppression of female sexuality. *Review of General Psychology, 6*, 166−203.

Baur, B. (1998). Sperm competition in molluscs. In T. R. Birkhead & A. P. Møller (Eds.), *Sperm competition and sexual selection* (pp. 255−305). San Diego, CA: Academic Press.

Bellis, M. A.,&Baker, R. R. (1990). Do females promote sperm competition? *Data for humans. Animal Behavior, 40*, 197−199.

Bellis, M. A., Baker, R. R., & Gage, M. J. G. (1990). Variation in rat ejaculates consistent with the Kamikaze Sperm Hypothesis. *Journal of Mammalogy, 71*, 479−480.

Birkhead, T. R., Atkin, L., & Møller, A. P. (1987). Copulation behavior of birds. *Behaviour, 101*, 101−138.

Birkhead, T. R., Hosken, D.J., & Pitnick, S. (2009). *Sperm biology.* Burlington, MA: Academic Press.

Birkhead, T. R., & Møller, A. P. (1992). *Sperm competition in birds.* London, England: Academic Press.

Birkhead, T. R., & Møller, A. P. (1998). *Sperm competition and sexual selection.* San Diego, CA: Academic Press.

Blackwell, J. M., & Zaneveld, L. J. (1992). Effect of abstinence on sperm acrosin, hypoosmotic swelling, and other semen variables. *Fertility and Sterility, 58*, 798−802.

Buss, D. M.,&Schmitt, D. P. (1993). Sexual strategies theory: An evolutionary perspective on human mating. *Psychological Review, 100*, 204−232.

Cerda-Molina, A. L., Hernández-López, L., de la O, C. E., Chavira-Ramírez, R., & Mondragón-Ceballos, R. (2013). Changes in men's salivary testosterone and cortisol levels, and in sexual desire after smelling female axillary and vulvar scents. *Frontiers in Endocrinology, 4*, 1−9.

Davidson, J. K. (1985). The utilization of sexual fantasies by sexually experienced university students. *Journal of American Health, 34*, 24−32.

Davies, N. B. (1985). Cooperation and conflict among dunnocks, *Prunella modularis,* in a variable mating system. *Animal Behaviour, 33*, 628−648.

delBarco-Trillo, J. (2011). Adjustment of sperm allocation under high risk of sperm competition across taxa: A meta-analysis. *Journal of Evolutionary Biology, 24*, 1706−1714.

delBarco-Trillo, J., & Ferkin, M. H. (2004). Male mammals respond to a risk of sperm competition conveyed by odours of conspecific males. *Nature, 431*, 446−449.

Dewsbury, D. A. (1982). Ejaculate cost and male choice. *American Naturalist, 119,* 601−610.

Eberhard, W. G. (1996). *Female control.* Princeton, NJ: Princeton University Press.

Elzanaty S. (2008) Time-to-ejaculation and the quality of semen produced by masturbation at a clinic. *Urology, 71,* 883−888.

Ellis, B. J., & D. Symons (1990). Sex differences in sexual fantasy: An evolutionary psychological approach. *Journal of Sex Research, 27,* 527−555.

Etman, A. A. M., & Hooper, G. H. S. (1979). Sperm precedence of the last mating in *Spodoptera litura. Annals of the Entomological Society of America, 72,* 119−120.

Finkelhor, D., & Yllo, K. (1985). *License to rape.* New York, NY: Holt, Rinehart, & Winston.

Frederick, D. A., & Haselton, M. G. (2007). Why is muscularity sexy? Tests of the fitness indicator hypothesis. *Personality and Social Psychology Bulletin, 33,* 1167−1183.

Frieze, I. H. (1983). Investigating the causes and consequences of marital rape. *Signs, 8,* 532−553.

Gage, A. J., & Hutchinson, P. L. (2006). Power, control, and intimate partner sexual violence in Haiti. *Archives of Sexual Behavior, 35,* 11−24.

Gage, M. J. G. (1994). Associations between body-Size, mating pattern, testis size and sperm lengths across butterflies. *Proceedings of the Royal Society B: Biological Sciences, 258,* 247−254.

Gangestad, S. W., & Simpson, J. A. (2000). The evolution of human mating: Trade-offs and strategic pluralism. *Behavioral and Brain Sciences, 23,* 573−587.

Gangestad, S. W., Thornhill, R. & Garver, C. E., (2002). Changes in women's sexual interests and their partner's mate-retention tactics across the menstrual cycle: Evidence for shifting conflicts of interest. *Proceedings of the Royal Society B: Biological Sciences, 269,* 975−982.

Gallup, G. G., Burch, R. L., Zappieri, M. L., Parvez, R. A., Stockwell, M. L., & Davis, J. A. (2003). The human penis as a semen displacement device. *Evolution and Human Behavior, 24,* 277−289.

Gallup, G. G., Burch, R. L., & Mitchell, T. J. B. (2006). Semen displacement as a sperm competition strategy. *Human Nature, 17,* 253−264.

Goetz, A. T., & Shackelford, T. K. (2006). Sexual coercion and forced in-pair copulation as sperm competition tactics in humans. *Human Nature, 17,* 265−282.

Goetz, A. T., & Shackelford, T. K. (2009). Sexual coercion in intimate relationships: A comparative analysis of the effects of women's infidelity and men's dominance and control. *Archives of Sexual Behavior, 38,* 26−234.

Goetz, A. T., Shackelford, T. K., Weekes-Shackelford, V. A., Euler, H. A., Hoier, S., Schmitt, D. P., & LaMunyon, C. W. (2005). Mate retention, semen displacement, and human sperm competition: A preliminary investigation of tactics to prevent and correct female infidelity. *Personality and Individual Differences, 38*, 749−763.

Gomendio, M., Harcourt, A. H., & Roldán, E. R. S. (1998). Sperm competition in mammals. In T. R. Birkhead &A. P. Møller (Eds.), *Sperm competition and sexual selection* (pp. 667−756). New York, NY: Academic Press.

Gould, S. J. (1987). Freudian slip. *Natural History, 96*, 14−21.

Gould, T. (1999). *The lifestyle*. New York, NY: Firefly.

Greiling, H., & Buss, D. M. (2000). Women's sexual strategies: The hidden dimension of extra-pair mating. *Personality and Individual Differences, 28*, 929−963.

Handelsman, D., Sivananathan, T., Andres, L., Bathur, F., Jayadev, V., & Conway, A. (2013). Randomised controlled trial of whether erotic material is required for semen collection: Impact of informed consent on outcome. *Andrology, 1*, 943−947.

Harcourt, A. H., Harvey, P. H., Larson, S. G., & Short, R. V. (1981). Testis weight, body weight, and breeding system in primates. *Nature, 293*, 55−57.

Harcourt, A. H., Purvis, A., & Liles, L. (1995). Sperm competition: Mating system, not breeding season, affects testes size of primates. *Functional Ecology, 9*, 468−476.

Haselton, M. G., & Gildersleeve, K. (2011). Can men detect ovulation? *Current Directions in Psychological Science, 20*, 87−92.

Hosken, D. J., & Ward, P. I. (2001). Experimental evidence for testis size evolution via sperm competition. *Ecology Letters, 4*, 10−13.

Hrdy, S. B. (1981). *The woman that never evolved*. Cambridge, MA: Harvard University Press.

Hunt, M. (1974). *Sexual behavior in the 70's*. Chicago, IL: Playboy Press.

Jennions, M. D., & Petrie, M. (2000). Why do females mate multiply? A review of the genetic benefits. *Biological Reviews of the Cambridge Philosophical Society, 75*, 21−64.

Johnson, A. M., Mercer, C. H., Erens, B., Copas, A. J., McManus, S., Wellings, K., ... Field, J. (2001). Sexual behavior in Britain: Partnerships, practices, and HIV risk behaviours. *Lancet, 358* (9296), 1835−1842.

Kaighobadi, F., & Shackelford, T. K. (2008). Female attractiveness mediates the relationship between in-pair copulation frequency and men's mate retention behaviors. *Personality and Individual Differences, 45*, 293−295.

Kaighobadi, F., Shackelford, T. K., & Weekes-Shackelford, V. A. (2012). Do women pretend orgasm to retain a mate? *Archives of Sexual Behavior, 41*, 1121−1125.

Kelly, C. D., & Jennions, M. D. (2011). Sexual selection and sperm quantity: Meta-analyses of strategic ejaculation. *Biological Reviews*, *86*, 863−884.

Kilgallon, S. J., & Simmons, L. W. (2005). Image content influences men's semen quality. *Biology Letters*, *1*, 253−255.

Kohl, J. V., & Francoeur, R. T. (1995). *The scent of eros: Mysteries of odor in human sexuality.* New York, NY: Continuum.

Lalumière, M. L., Harris, G. T., Quinsey, V. L., & Rice, M. E. (2005). The causes of rape: Understanding individual differences in male propensity for sexual aggression. *The Journal of Psychiatry and Law*, *33*, 419−426.

LaMunyon, C. W., & Ward, S. (1998). Larger sperm outcompete smaller sperm in the nematode *C. elegans. Proceedings of the Royal Society B: Biological Sciences*, *265*, 1997−2002.

LaMunyon, C. W., & Ward, S. (1999). Evolution of sperm size in nematodes: Sperm competition favours larger sperm. *Proceedings of the Royal Society B: Biological Sciences*, *266*, 263−267.

Laumann, E. O., Gagnon, J. H., Michael, R. T., & Michaels, S. (1994). *The social organization of sexuality.* Chicago, IL: University of Chicago Press.

Leitenberg, H., & Henning, K. (1995). Sexual fantasy. *Psychological Bulletin*, *117*, 469−496.

Malamuth, N. (1996). Sexually explicit media, gender differences and evolutionary theory. *Journal of Communication*, *46*, 8−31.

Mallidis, C., Howard, E. J., & Baker, H. W. G. (1991). Variation of semen quality in normal men. *International ournal of Andrology*, *14*, 99−107.

McKibbin, W. F., Bates, V. M., Shackelford, T. K., Hafen, C. A., & LaMunyon, C. W. (2010). Risk of sperm competition moderates the relationship between men's satisfaction with their partner and men's interest in their partner's copulatory orgasm. *Personality and Individual Differences*, *49*, 961−966.

McKibbin, W. F., Pham, M. N., & Shackelford, T. K. (2013). Human sperm competition in postindustrial ecologies: Sperm competition cues predict adult DVD sales. *Behavioral Ecology*, *24*, 819−823.

McKibbin, W. F., Starratt, V. G., Shackelford, T. K., & Goetz, A. T. (2011). Perceived risk of female infidelity moderates the relationship between objective risk of female infidelity and sexual coercion in humans (*Homo sapiens*). *Journal of Comparative Psychology*, *125*, 370−373.

McKinney, F., Cheng, K. M., & Bruggers, D. J. (1984). Sperm competition in apparently monogamous birds. In R. L. Smith (Ed.), *Sperm competition and evolution of animal mating systems* (pp. 523–545). New York, NY: Academic Press.

McKinney, F., & Stolen, P. (1982). Extra-pair-bond courtship and forced copulation among captive greenwingedteal (*Anascrecca carolinensis*). *Animal Behaviour, 30,* 461–474.

Mehta, M. D., & Plaza, M. D. (1997). Content analysis of pornographic images available on the Internet. *The Information Society, 13,* 153–161.

Møller, A. P. (1988). Testes size, ejaculate quality and sperm competition in birds. *Biological Journal of the Linnean Society, 33,* 273–283.

Muehlenhard, C. L., & Shippee, S. K. (2010). Men's and women's reports of pretending orgasm. *Journal of Sex Research, 47,* 552–567.

Parker, G. A. (1970). Sperm competition and its evolutionary consequences in the insects. *Biological Reviews, 45,* 525–567.

Parker, G. A. (1982). Why are there so many tiny sperm? Sperm competition and the maintenance of two sexes. *Journal of Theoretical Biology, 96,* 281–294.

Parker, G. A. (1990a). Sperm competition games: Raffles and roles. *Proceedings of the Royal Society B: Biological Sciences, 242,* 120–126.

Parker, G. A. (1990b). Sperm competition games: Sneaks and extra-pair copulations. *Proceedings of the Royal Society B: Biological Sciences, 242,* 127–133.

Parker, G. A., Ball, M. A., Stockley, P., & Gage, M. J. G. (1997). Sperm competition games: A prospective analysis of risk assessment. *Proceedings of the Royal Society B: Biological Sciences, 264,* 1793–1802.

Pelletier, L. A., & Herold, E. S. (1988). The relationship of age, sex guilt, and sexual experience with female sexual fantasies. *Journal of Sex Research, 24,* 250–256.

Person, E. S., Terestman, N., Myers, W. A., Goldberg, E. L., & Salvadori, C. (1989). Gender differences in sexual behaviors and fantasies in a college population. *Journal of Sex and Marital Therapy, 15,* 187–198.

Pham, M. N., & Shackelford, T. K. (2013a). The relationship between objective sperm competition risk and men's copulatory interest ismoderated by partner's time spent with othermen. *Human Nature, 24,* 476–485.

Pham, M. N., & Shackelford, T. K. (2013b). Oral sex as infidelity-detection. *Personality and Individual Differences, 54,* 792–795.

Pham, M. N., & Shackelford, T. K. (2013c). Oral sex as mate retention behavior. *Personality and Individual Differences, 55,* 185–188.

Pham, M. N., Shackelford, T. K., Holden, C. J., Zeigler-Hill, V., Hummel, A., & Memering, S. (2014). Partner attractiveness moderates the relationship between number of sexual rivals and in-pair copulation frequency in humans (*Homo sapiens*). *Journal of Comparative Psychology*, *128*, 328−331.

Pham, M. N., Shackelford, T. K., Sela, Y., & Welling, L. L. (2013). Is cunnilingus-assisted orgasm a male sperm-retention strategy? *Evolutionary Psychology*, *11*, 405−414.

Pham, M. N., Shackelford, T. K., Welling, L. L. M., Ehrkel, A. D., Sela, Y., & Goetz, A. T. (2013). Oral sex, semen displacement, and sexual arousal: Testing the ejaculate adjustment hypothesis. *Evolutionary Psychology*, *11*, 1130−1139.

Pillsworth, E. G.,& Haselton, M. G. (2006). Male sexual attractiveness predicts differential ovulatory shifts in female extra-pair attraction and male mate retention. *Evolution and Human Behavior*, *27*, 247−258.

Pitnick, S., Markow, T. A., & Spicer, G. S. (1995). Delayed male maturity is a cost of producing large sperm in Drosophila. *Proceedings of the National Academy of Sciences, USA*, *92*, 10614−10618.

Pitnick S., Miller G. T., Reagan J., & Holland B. (2001). Males' evolutionary responses to experimental removal of sexual selection. *Proceedings of the Royal Society B: Biological Sciences*, *268*, 1071−1080.

Pound, N. (2002). Male interest in visual cues of sperm competition risk. *Evolution and Human Behavior*, *23*, 443−466.

Pound, N., & Daly, M. (2000). Functional significance of human female orgasm still hypothetical. *Behavioral and Brain Sciences*, *23*, 620−621.

Pound, N., Javed, M. H., Ruberto, C., Shaikh, M. A., & Del Valle, A. P. (2002). Duration of sexual arousal predicts semen parameters for masturbatory ejaculates. *Physiology and Behavior*, *76*, 685−689.

Pound, N. and Gage, M. J. G. (2004). Prudent sperm allocation in *Rattus Norvegicus*: A mammalian model of adaptive ejaculate adjustment. *Animal Behaviour*, *68*, 819−823.

Price, J. H., & Miller, P. A. (1984). Sexual fantasies of Black and of White college students. *Psychological Reports*, *54*, 1007−1014.

Puts, D. A., Dawood, K., & Welling, L. L. (2012). Why women have orgasms: An evolutionary analysis. *Archives of Sexual Behavior*, *41*, 1127−1143.

Rice, W. R. (1996). Sexually antagonistic male adaptation triggered by experimental arrest of female evolution. *Nature*, *381*, 232−234.

Rokach,A. (1990). Content analysis of sexual fantasies ofmales and females. *Journal of Psychology*, *124*, 427−436.

Russell, D. E. H. (1982). *Rape in marriage*. New York, NY: Macmillan Press.

Shackelford, T. K., & Goetz, A. T. (Eds.). (2012). *The Oxford handbook of sexual conflict in humans*. New York, NY: Oxford University Press.

Shackelford, T. K., Goetz, A. T., Guta, F. E., & Schmitt, D. P. (2006). Mate guarding and frequent in-pair copulation in humans. *Human Nature, 17*, 239–252.

Shackelford, T. K., Goetz, A. T., LaMunyon, C. W., Quintus, B. J., & Weekes-Shackelford, V. A. (2004). Sex differences in sexual psychology produce sex similar preferences for a short-term mate. *Archives of Sexual Behavior, 33*, 405–412.

Shackelford, T. K., Goetz, A. T., McKibbin, W. F., & Starratt, V. G. (2007). Absence makes the adaptations grow fonder: Proportion of time apart from partner, male sexual psychology, and sperm competition in humans (*Homo sapiens*). *Journal of Comparative Psychology, 121*, 214–220.

Shackelford, T. K., LeBlanc, G. J., Weekes-Shackelford, V. A., Bleske-Rechek, A. L., Euler, H. A., & Hoier, S. (2002). Psychological adaptation to human sperm competition. *Evolution and Human Behavior, 23*, 123–138.

Shackelford, T. K., Weekes-Shackelford, V. A., LeBlanc, G. J., Bleske, A. L., Euler, H. A., & Hoier, S. (2000). Female coital orgasm and male attractiveness. *Human Nature, 11*, 299–306.

Short, R. V. (1979). Sexual selection and its component parts, somatic and genital selection as illustrated by man and the great apes. *Advances in the Study of Behavior, 9*, 131–158.

Simmons, L. W. (2001). *Sperm competition and its evolutionary consequences in the insects*. Princeton, NJ: Princeton University Press.

Smith, R. L. (1984). Human sperm competition. In R. L. Smith (Ed.), *Sperm competition and the evolution of animal mating systems* (pp. 601–660). New York, NY: Academic Press.

Sofikitis, N. V., & Miyagawa, I. (1993). Endocrinological, biophysical, and biochemical parameters of semen collected via masturbation versus sexual intercourse. *Journal of Andrology, 14*, 366–373.

Starratt, V. G., Goetz, A. T., Shackelford, T. K., & Stewart-Williams, S. (2008). Men's partner-directed insults and sexual coercion in intimate relationships. *Journal of Family Violence, 23*, 315–323.

Starratt, V. G., McKibbin, W. F., & Shackelford, T. K. (2013). Experimental manipulation of psychological mechanisms responsive to female infidelity. *Personality and Individual Differences, 55*, 59–62.

Sue, D. (1979). Erotic fantasies of college students during coitus. *Journal of Sex Research, 15*, 299–305.

Symons, D. (1979). *The evolution of human sexuality*. New York, NY: Oxford University

Press.

Talese, G. (1981). *Thy neighbor's wife*. New York, NY: Ballantine.

Thornhill, R. (2006). Foreword: Human sperm competition and women's dual sexuality. In T. K. Shackelford & N. Pound (Eds.), *Sperm competition in humans: Classic and contemporary readings* (pp. v–xvii). New York, NY: Springer.

Thornhill, R., Gangestad, S. W., & Comer, R. (1995). Human female orgasm and mate fluctuating asymmetry. *Animal Behaviour, 50,* 1601–1615.

Thornhill, R., & Thornhill, N. W. (1992). The evolutionary psychology of men's coercive sexuality. *Behavioral and Brain Sciences, 15,* 363–421.

Trivers, R. L. (1972). Parental investment and sexual selection. In B. Campbell (Ed.), *Sexual selection and the descent of man* (pp. 139–179). London, England: Aldine.

Tyler, J. P., Crockett, N. G., & Driscoll, G. L. (1982). Studies of human seminal parameters with frequent ejaculation. I. Clinical characteristics. *Clinical Reproduction and Fertility 1,* 273–285.

van Roijen, J. H., Slob, A. K., Gianotten, W. L., Dohle, G. R., vander Zon, A. T. M., Vreeburg, J. T. M., & Weber, R. F. A. (1996). Sexual arousal and the quality of semen produced by masturbation. *Human Reproduction, 11,* 147–151.

Wilcox, A. J., Dunson, D. B., Weinberg, C. R., Trussell, J., & Baird, D. D. (2001). Likelihood of conception with a single act of intercourse: Providing benchmark rates for assessment of post-coital contraceptives. *Contraception, 63,* 211–215.

Wilcox, A. J., Weinberg, C. R., & Baird, D. D. (1998). Post-ovulatory ageing of the human oocyte and embryo failure. *Human Reproduction, 13,* 394–397.

Wilson, G. D. (1987). Male-female differences in sexual activity, enjoyment and fantasies. *Personality and Individual Differences, 8,* 125–127.

Wilson, M., & Daly, M. (1992). The man who mistook his wife for a chattel. In J. H. Barkow, L. Cosmides, & J. Tooby (Eds.), *The adapted mind* (pp. 289–322). New York, NY: Oxford University Press.

Yamamoto, Y., Sofikitis, N., Mio, Y., & Miyagawa, I. (2000). Influence of sexual stimulation on sperm parameters in semen samples collected via masturbation from normozoospermic men or cryptozoospermic men participating in an assisted reproduction programme. *Andrologia, 32,* 131–138.

Zavos, P. M. (1985). Seminal parameters of ejaculates collected from oligospermic and normospermic patients via masturbation and at intercourse with the use of a Silastic seminal fluid collection device. *Fertility and Sterility, 44,* 517–520.

Zavos, P. M. (1988). Seminal parameters of ejaculates collected at intercourse with the use of a seminal collection device with different levels of precoital stimulation.

Journal of Andrology, 9, 36.

Zavos, P. M., & Goodpasture, J. C. (1989). Clinical improvements of specific seminal deficiencies via intercourse with a seminal collection device versus masturbation. *Fertility and Sterility, 51,* 190–193.

Zavos, P. M. Kofinas, G. D., Sofikitis, N. V., Zarmakoupis, P. N., & Miyagawa, I. (1994). Differences in seminal parameters in specimens collected via intercourse and incomplete intercourse (coitus interruptus). *Fertility and Sterility, 61,* 1174–1176.

16장

인간의 성과 근친상간 회피

데브라 리버만 · 잰 앤트포크

요컨대, (…) 그러기 위해서는 정신이 타락할 필요가 있다. 본능에 따른 인간의 행동을 보고 '왜' 그런 것이냐고 묻게 만들 정도로, 자연스러운 것들이 낯설어 보이게 하는 과정을 배울 필요가 있는 것이다. 다음과 같은 질문은 형이상학자들이나 떠올릴 것이다. 왜 우리는 기쁠 때 얼굴을 찡그리는 대신 미소를 지을까? 왜 우리는 군중 앞에서는 친구에게 말하는 것처럼 말할 수 없을까? 왜 저 아가씨는 우리의 분별력을 흔들어 놓을까? 보통 사람들은 그저 이렇게 말한다. "**당연히** 우리는 미소를 짓고, **당연히** 군중을 보면 가슴이 쿵쾅대고, **당연히** 저 아가씨를 사랑하게 되지요! 완벽한 형태를 걸친 저 아름다운 영혼을, 판연하고도 극악하게 영원부터 사랑받게끔 만들어진 저 존재를!"

—윌리엄 제임스William James, 『심리학의 원리Principles of Psychology』, 1891

현상에 대한 완전한 인과적 설명은 부재하는 것, 따라서 관찰되지 않은 것을 설명해야 한다.

—존 투비, 1989, p.14

성적 매력과 짝 선택에 관심이 있는 심리학자들은 주로 우리가 짝에게서 매력적이라고 느끼는 특징 그리고 욕망, 애착, 깊은 몰입 등을 조장하는 상황에 주목해왔다. 하지만 동전의 뒷면은 어떨까? 우리는 짝을 선택할 때 어떤 형질들을 회피할까? 이 영역에 대해서는 그리 많은 연구가 이루어지지 않았다. 한 가지 이유는 우리가 본능적인 맹목성에 시달리고 있기 때문이다(James, 1981을 보라). 우리로 하여금 특정한 개인들을 성적으로 고려하지 않게 만드는 기제들은 그 기능이 너무나 뛰어나서, 짝 선택과 관련한 논의에 우리의 가까운 친척들, 아주 어리거나 아주 나이든 사람은 아예 끼지도 않는다는 사실을 우리는 거의 알아채지 못한다. 짝짓기 관련 문헌에서 가족 구성원이 얼마나 자주 간과되는지 쉽게 이해하기 위해서는, 사회 심리학자들이 성적 파트너의 결정을 좌우하는 세 가지 요인으로 제시한 것들을 살펴보면 된다. 바로 친숙성, 유사성, 근접성이다(예를 들어, Berscheid & Walster, 1978). 누가 이 조건에 가장 잘 들어맞는가? 가족 구성원이다! 그들은 친숙하고(당신은 평생 그들을 알아왔다), 유사하고(당신은 그들과 종교도 같고, 문화도 같고, 그들이 당신의 혈연이라면, 신체적으로도 상당히 닮았다), 마지막으로, 가까운 곳에 살고 쉽게 만날 수 있다(심지어 같은 지붕 아래, 같은 복도 끝에 살 수도 있다). 그럼에도 핵가족의 구성원들은 웬만해서는 적절한 성적 파트너로 여겨지지 않는다.

왜일까? 직관적으로, 가까운 친족과 성관계를 맺는다는 생각 자체가 불쾌하고 역겹기 때문일 것이다. 제임스(1891)라면 이렇게 말할 것이다. 당연히 우리는 가까운 유전적 친족에게 매혹되지 않는다! 하지만 왜 다양한 문화에서 대다수의 사람이 가까운 가족 구성원과의 성행동을 짜릿하고 에로틱하게 느끼지 않고 하나같이 불쾌하게 느끼는 것일까? 한 가지 답은, 인간을 비롯한 수많은 종들이 강력한 근친상간 회피 체계를 진화시켜서, 가까운 유전적 친족을 식별하고 그들을 상황에 따라 잠재적인 짝 목록에서 탈락시킨다는 것이다. 친척은 보통 성적 대상을 찾는 레이더에 포착되지 않기 때문에, 연구자들이 성적 매력 고려할 때 친족은 대체로 언급조차 되지 않는다.

이 장에서는 왜 그처럼 강력한 근친상간 회피 기제가 인간을 비롯한 수많은 종에서 진화했는지를 알아보고자 한다. 우리는 정보처리 구조에 의거해서 근친상간 회피 체계가 어떤 모습일 수 있는지를 설명하고, 이 기능을 수행하는 체계를 밝히고자 한 최근의 연구에 대해 논의할 것이다. 먼저, 근친상간 회피를 선호한 선택압의 결정적인 배경조건, 유성생식을 살펴보자.

근친상간 회피의 토대, 유성생식

진화생물학자들이 씨름해온 근본적인 이론적 질문들이 있다. 생명은 어떻게 진화했을까? 진핵생물은 원핵생물에서 어떻게 진화했을까? 다세포성은 왜 진화했을까? 이타주의는 어떻게 진화할 수 있을까?

연구자들이 최근까지 답할 수 없었던 한 가지 질문은, 유성생식이 왜 진화했을까하는 것이다. 복제 체계로서 섹스는 기이하게 느껴진다. 구체적으로 말해서, 유성생식에는 몇 가지 생물학적 비용이 드는데, 이는 유기체가 무성생식을 한다면 피할 수 있는 비용이다(Maynard Smith, 1978). 첫째, 섹스를 통해 전달되는 유기체의 유전자는 총 유전자의 절반 정도에 지나지 않는다. 그와 달리 무성생식은 각 세대마다 유전적 복제가 완전하게 이뤄진다. 둘째, 유성생식이 일어나기 위해서는 전문화된 내적 기제와 기관들이 필요한데, 이들은 에너지 비용이 높은 조직을 사용한다. 셋째, 잠재적 짝을 찾기 위해서는 다른 개체를 번식 행위에 참여하도록 설득하기 위한 전략 체계(예를 들어, 심리적, 화학적, 또는 구조적인)가 필요한 것은 말할 것도 없고, 시간과 에너지를 비용으로 치러야 한다. 섹스의 진화를 이론적으로 설명하려는 초기의 시도들에서 분명하게 밝혀졌듯이(예를 들어 Ridley, 1993을 보라), 유성생식을 설명하기 위해서는, 어떤 방식으로 설명하든 간에 섹스에서 나오는 이익이 감수분열·재조합·짝짓기 때문에 발생하는 비용보다 크다는 것을, 세 가지 비용에 대해 따로따로 설명할 수 있어야 한다.

리들리Ridley(1993)가 『붉은 여왕The Red Queen』에서 논의했듯이, 섹스가 왜 진화했는지를 설명하는 후보가 많이 있었다. 그중에는 종의 진화를 돕기 위해서라는(예를 들어, Crow & Kumura, 1965) 설명도 있었고, 유전체를 보수하거나 수정하기 위해서라는 설명도 있었고(예를 들어, Bernstein, Byerly, Hopf, & Michod, 1985; Muller, 1964), 자식들에게 변이성을 심어줘서 새로운 환경으로 분산(이주)하거나 기존의 환경이 포화 상태가 되었을 때를 대비해서 적합도를 향상시키기 위함이라는 설명도 있었다(예를 들어, Bell, 1982; Williams, 1975). 하지만 이렇게 섹스가 진화한 이유를 설명하고자 했던 초기의 후보들은, 유성생식 대 무성생식 종들의 생태분포를 설명할 수 있는 이론적 기반 그리고/또는 능력을 갖추지 못했다.

1980년대에 몇몇 연구자들이 왜 하필 섹스가 진화했는지, 한 가지 답을 제시했다(Bremermann, 1980; Hamilton, 1980; Tooby, 1982; 그리고 보다 최근에는, Morran, Schmidt, Gelarden, Parrish, & Lively, 2011). 섹스는 병원체가 부모에게서 자식으로 전달되는 것을 막고, 나아가 병원체의 적응을 저지하고, 그렇게 해서 병원체의 복제를 저지한다(Tooby, 1982). 장수하는 다세포 유기체는 피부 위에, 체내에, 음식에, 공기 중에 존재하는 병원체에 잠겨 산다. 잠재적인 병원체가 얼마나 많은가 하면, 바닷물 1mL에 대략 10^6(1백만)마리의 박테리아가 있는 것으로 추산된다(Whitman, Coleman, & Wiebe, 1998).

병원체는 상대적으로 번식 기간이 긴 숙주에게 강도 높은 선택압을 가한다. 숙주와 병원체의 복제 기간의 차이가 클수록 병원체의 효과는 더욱 유해할 수 있다. 인간처럼 장수하는 다세포종의 경우, 그 차이가 아주 커서 병원체가 숙주에게 충분히 적응할 수 있다. "일주일이면, 미생물은 인류가 신석기 혁명 이후 지나온 만큼에 해당하는 수많은 세대를 지나올 수 있다"(Tooby, 1989, pp. 108-109).

병원체가 만약 아무런 변화도 없는 배경을 무대삼아 진화한다면, 숙주를 완전히 파괴할 정도가 된다 해도 놀랍지 않다. 무성으로 번식하는 인간을 상상해보자. 몸에서 한 덩어리의 세포들이 핵분열을 해서 클론으로 발달한다. 복제된 자식에게 전파된 병원체는 다시 한 세대 동안 자식의 체내 생화학적 환경에 보다 확실하게 적응할 수 있다. 숙주로부터 자원을 빼앗고 면역 체계의 공격을 피하기 위한 보다 효과적인 전략을 진화시키는 것이다. 그렇게 세대가 지날수록 복제된 자손들에게 병원체는 점점 더 해로워진다. 만약 유전체가 복제되는 대신 다른 유기체와 재조합해서 다른 대립 형질을 갖게 될 확률이 높아진다면, 체내에 새로운 생화학적 체계가 만들어지고, 병원체는 다시 출발점으로 돌아가 자원을 취득하고 면역의 공격을 피하는 새로운 방법을 찾아야 한다. 부모의 자물쇠를 열었던 병원체의 낡은 열쇠로는 자식이 가진 자물쇠를 (혹시 열 수 있다면) 열기가 쉽지 않다. 따라서 일반적으로 유성생식은 병원체

적응 과정을 방해한다.

근친상간 회피 체계를 진화시킨 선택압

유성생식과 함께, 적합한 짝을 고르게 하는 선택압이 발생했다. 자신과 동일한 유전적 '부품'을 갖지 않은 개체(가령, 다른 종의 개체)와 유전체를 재조합하면 생존이 불가능한 자식이 태어날 것이다. 다른 한편으로, 유전적으로 동일한 개체와 유전체를 재조합하면 섹스의 목적을 저버리게 된다. 인간의 유전적 유사성이라는 연속체에서, 유사한 대립형질을 가진 개체를 피하는 것은 아주 중요했을 테고, 병원체와 숙주의 전투를 최전선에서 지휘하는 면역 방어 체계의 대립형질은 더욱 그랬을 것이다. 유사한 유전자를 공유하고 있을 확률이 높은 부류는, 같은 혈통에 속해 있어서 유전자를 공유하고 있는 개인들, 즉 친족이다. 유전적 근연도가 가까울 경우에는 유사한 대립형질을 공유할 확률도 높다. 따라서 인간은 진화를 통해 가까운 유전적 친척을 성적 파트너로 선택할 가능성을 끌어내리는 체계를 갖췄으리라 예측할 수 있다.

병원체와 더불어 근친상간 회피 기제의 진화를 이끈 두 번째 선택압은 유해한 열성 돌연변이의 존재다. 근친상간 회피 기제의 진화에 열성 돌연변이가 왜 중요한 역할을 했는지 이해하기 위해서는 먼저 인간의 유전체가 어떻게 구성되는지 이해할 필요가 있다(검토는 Lewin, 1999를 보라).

인간은 한 쌍의 상동염색체를 가진 이배체종이다. 한 줄은 어머니에게서, 다른 한 줄은 아버지에게서 유전된다. 주어진 염색체상의 좌위(유전자자리)에 있는 유전자는 다른 부나 모로부터 물려받은 염색체상의 상동 유전자와 짝을 이룬다. 그 결과, 개인은 각 유전자를 두 개씩 보유하게 된다(성 염색체에 위치한 유전자와 핵외유전자는 예외다).

한 좌위에 있는 기능적인 유전자는 대개 유기체의 구조, 발달, 건강, 활동에 필요한 서로 다른 수만 가지 단백질들 가운데 한 단백질을 만드는 데 필요한 서열 정보를 제공한다. 동일한 좌위에 위치한 한 쌍의 유전자는 DNA 서열이 동일할 수도 있고 다를 수도 있다. 이같이 동일한 유전자의 두 대안적 형태를 대립유전자라 부른다. 모계와 부계 혈통에서 유전된 대립유전자들이 동일한 경우 이를 동형접합이라 부르고, 서로 다른 경우 이형접합이라 부른다. 서로 다른 두 대립유전자가 존재하면, 그중 한 대립유전자의 결과물이 다른 하나의 표현형 발현을 덮는 결과가 나온다. 표현형이 발현된 대립유전자를 우성이라 부르고, 표현형 발현이 덮인 대립유전자를 열성이라 부른다.

다양한 생물학적 과정과 엔트로피의 힘이 지속적으로 유전체에 무작위적인 돌연변이를 끼워넣는데, 보통 손상됐거나 유해한 대립유전자를 기능적인 대립유전자로 변환한다. DNA 복제 과정에서 오류가 발생할 수 있으며, 배경방사, 열, 화학 작용제, 기타 환경적 요인으로 변화가 일어나기도 한다. 돌연변이는 다양한 유형을 띤다 (점 돌연변이, 프레임 시프트, 결실 등, 인간 유전체에서 발생하는 돌연변이의 분류군에 대해서는 Lewin, 1999를 보라). 이런 돌연변이가 유전자-결과물이 적절하게 기능하는 능력을 저해할 수 있다. 예를 들어, DNA 복제에 오류가 발생하면, 효소를 부호화하는 대립유전자에 돌연변이가 생겨서 평소에 마주치는 음식 독을 중화하지 못할 수가 있다. 돌연변이가 만들어낸 염기 변화에 따라, 효소는 이를테면 (a) 아무런 영향을 받지 않고, 따라서 적절하게 기능하거나, (b) 결합 부위의 형태나 전하에 작은 변화가 생겨서 기능이 저하되거나, (c) 아예 기능하지 않을 수 있다. 효소가 만들어지지 않거나 제대로 기능하지 않는다면, 보유자에게 해롭거나 치명적인 결과가 나타날 수 있다. 이런 부정적인 돌연변이는 그것이 진입하는 속도가, 발현된 뒤 도태되는 속도와 일치할 때까지 인구 집단 속에 축적된다. 이때 진입이 퇴장과 일치하는 지점을 평형이라 부른다. 치사 우성유전자는 항상 발현되고 일단 인구 집단에 진입한 이후에는 급격한 속도로 도태되므로 평형에 머무르는 경우는 아주 드물다. 그렇기 때문에 이 돌연변이는 동종교배를 막는 선택에서 특별한 역할을 하지 않는다.

반면에 유해한 돌연변이가 열성인 경우 손상되지 않은 우성 유전자와 짝을 이루면 유해한 효과가 훨씬 적게 나타난다. 그런 이형접합을 가진 개인에게는 정상적인 표현형이 발현되며, 해당 개인의 적합도는 발현되지 않은 해로운 돌연변이의 존재로부터 영향을 받지 않는다. 이런 이유로 해로운 열성 유전자는 상대적으로 높은 빈도에 이르기까지 인구 집단 안에 축적될 수 있다. 부정적인 형질이 우성인 경우에는 빈도가 대략 100만분의 1에서 안정화되고, 열성인 경우에는 1000분의 1 수준에 근접한다. 즉, 빈도가 1,000배 높은 것이다. 사실상, 해로운 형질이 발현되어 개인의 생존과 번식을 저해하는 것은 동일한 열성 대립유전자가 어머니와 아버지 양쪽으로부터 유전되어 동형접합을 가진 개인이 태어나는 경우뿐이다.

선택은 해로운 열성 유전자가 발현될 때에만 그에 반하여 작동한다. 비틀스Bittles와 닐Neel(1994)에 따르면 "우리는 모두 이형접합 상태에서 '몇몇' 희귀한 열성 유전자를 지니고 있다고 생각할 수 있다. 만일 그 유전자들이 동형접합 상태가 된다면, 시각과 청각의 심각한 결함에서부터 유년기 이후의 생존을 위협하는 장애에 이르기까지 의학적으로 중대한 장애가 발생할 것이다"(p.17). 유전체 내부에 있는 희귀한 치사 유전자의 숫자를 추산해서, **치사 상당량**lethal equivalents이라 부른다(Cavalli-Sforza & Bodmer, 1971; Crow & Kimura, 1970). 수많은 연구들이 제시하는 데이터에 따르면 우리는 평균적으로 두 개(Bittles & Neel, 1994; Carter, 1967; May, 1979)에서 여섯 개(Kumar, Pai & Swaminathan, 1967)의 치사 상당량을 보유하고 있다. 어떤 개인의 대립유전자가 동형접합이라면, 그는 번식 연령에 이르기 전에 사망할 수 있다(Burnham, 1975; Morton, Crow, & Muller, 1956). 하지만 유전자자리의 대다수는 이형접합이고, 온전한 유전자가 손상된 유전자를 덮고 있기 때문에 우리는 죽지 않고 살아 있는 것이다.

동일한 열성 유해 유전자가 어머니와 아버지 양쪽에서 유전될 확률에 영향을 주는 것으로는 어떤 것들이 있을까? 만약 두 부모에게 유전적 근친성이 없다면 동일한 열성 유전자의 유전은 운에 달려 있다. 예를 들어, 만약 당신의 어느 유전자자리(Aa)에 치사 (혹은 유해) 열성 대립유전자가 있고, 열성 대립유전자(a)가 인구 내에 1000분의 1의 빈도로 존재한다고 하면, 당신이 유전적 근친성이 없는 임의의 상대와 결혼해서 자녀를 낳았을 때 유해한 형질이 자녀에게서 동형접합(aa)될 확률은 4000분의 1이다. 이는 자녀가 열성 대립유전자 두 개를 가질 확률이 $1/1000 \times 0.25$이기 때문이다(자녀에게 적어도 하나의 우성 대립유전자가 유전될 확률은 0.75다). 반면에 가까운 친족과 아이를 낳을 경우, 희귀한 열성 대립유전자 두 개가 어느 좌위에서든 만날 가능성이 증가한다(Cavalli-Sforza & Bodmer, 1971; Charlesworth & Charlesworth, 1987; Tooby, 1977). 유전적인 근친성이 있다는 것은 두 개인이 공통의 조상을 공유하고,

그래서 공통 조상이 물려준 똑같은 유해 열성유전자가 양쪽 모두에게 있을 가능성이 높다는 것을 의미한다. 유전적 연관성이 없는 상대와 자녀를 낳을 때 그 위험성은 4000분의 1이지만, 형제나 자매와 자녀를 낳을 경우에는 위험성이 8분의 1이 된다. 만일 어느 좌위에 부모 가운데 한 명에게만 물려받아 숨겨져 있던 열성 대립유전자가 있다고 할 때(앞서 설명한 것처럼, 그전에 가족 내부에서 근친상간이 없었다면 부모 양쪽이 해당 대립유전자를 모두 갖고 있을 확률은 1000분의 1에 불과하다), 형제자매가 발현되지 않은 해당 대립유전자의 사본을 보유할 확률은 0.50이다. 이때 두 사람의 자녀에게서 이 해로운 열성 대립유전자가 동형접합체로 발현될 확률은 8분의 1이다(0.50 × 0.25). 이 예시에서, 이는 형제자매의 결합을 비친족 개인 간의 결합과 비교할 때 치사 열성 대립유전자가 발현될 위험성은 500배나 증가한다는 것을 의미한다.

따라서 유전적으로 가까운 두 친척이 짝짓기를 하면 자식에게서 많은 유해 열성 유전자가 동형접합할 확률이 크게 증가하고, 결과적으로 생존율과 번식률이 저하된다. 부모가 유전적으로 가까울수록 자식의 건강과 생존 능력이 떨어지므로, 동기간이거나 부모자식이 짝짓기를 하면 자식에게 가해지는 선택압은 매우 강해질 것이다. 이런 이유로 유해한 열성 돌연변이가 가까운 친족 간의 짝짓기를 막는 강한 선택압을 가했다고 말하는 것이다.

요약하자면, 우리의 호미니드 조상에게는 근친상간 회피를 선택하게 하는 반복적인 선택압이 최소한 두 개 존재했다. (1) 질병을 일으키는 유기체에 취약한 성질의 증가, (2) 유해 열성 유전자의 동형접합으로 인한 결함의 발생이 그것이다. 가까운 유전적 친척들이 짝짓기를 한 결과로 그 자식이 손상을 입어 발생하는 비용을 근교약세라 부른다(Wright, 1921). 이 두 가지 선택압은, 생식력이 있는 가까운 친척과 짝짓기를 하고 아이를 임신할 확률을 확실하고 비용—효율적으로 감소시키는 설계 특징을 선택했을 것이다. 그런 설계 특징이 있는 개인은 그렇지 않은 개인보다 생존 능력과 번식력이 뛰어난 자식을 낳아 그 설계 특징을 후세에 전달했을 것이다.

근교약세의 증거

인간과 비인간 종에게서 발견되는 증거는 똑같이 근친교배가 감염과 사망 위험을 증가시킨다고 말한다(비인간에게서 발견되는 증거: Acevedo-Whitehouse, Gulland, Greig, & Amos, 2003; Coltman, Pilkington, & Pemberton, 1999; 인간에게서 발견되는 증거: Adams & Neel, 1967; Bittles & Neel, 1994; Carter, 1967; Schull & Neel, 1965; Seemanova, 1971). 근친교배는 열성 유해 유전자의 발현 확률을 증가시켜 주요한 선천성 기형의 발생률을 높이고 출생 후 사망 확률을 크게 증가시킨다(Bittles, Mason, Green, & Rao, 1991). 인간을 대상으로 한 많은 연구들이 사촌 간의 자식에 초점을 맞추고 있는데, 이는 사촌 간의 혼인이 전 세계의 여러 문화에서 상당히 일반적이기 때문이다(Bittles, 2005). 사촌 간($r=0.125$)의 자식에게 미치는 근교약세의 효과는 $r=5$로, 다른 친족들(부모, 자식, 형제자매)보다 훨씬 덜 심각하지만, 그럼에도 다양한 기형과 결함의 사례가 보고되어왔다. 다양한 인구 집단에서 비혈연 부모의 자식과 비교했을 때 사촌 간 부모가 낳은 자식이 선천적 기형 그리고/또는 유전적 질병이 발생할 확률은 인구 집단 평균 기준으로 **두 배**에 이른다(노르웨이: Stoltenberg, Magnus, Lie, Daltveit, & Irgens, 1997; 터키: Demirel, Katlanoglu, Acar, Bodur, & Paydak, 1997; 이스라엘: Jaber, Merlob, Bu, Rotter, & Shohat, 1992; 파키스탄: Hussain, 1998). 사망률 그리고 선천적 기형과 질병의 발생률이 증가하는 것 외에도, 사촌 간 부모가 낳은 자녀는 인지장애를 보일 확률도 높은 것으로 나타난다(Bashi, 1977, Cohen, Block, Flum, Kadar, & Goldschmist, 1963; Schull & Neel, 1965).

형제자매 간 근친상간의 효과에 초점을 맞춘 연구들은 형제자매가 근친상간하는 경우 사촌들의 짝짓기보다 위험성이 대폭 증가한다는 결과를 얻었다. 사촌들의 자식은 근교약세율이 2~6%지만(인구 기준 대비), 형제자매의 결합을 통한 근교약세는 45%로 추정된다(Aoki & Feldman 1997; Ralls, Ballou, & Templeton, 1988; Seemanova, 1971). 게다가 자연유산—해로운 대립유전자의 발현이나 배아/태아의 면역 기능 저하로 일어날 수 있는 결과—은 발견되지 않을 수 있어서, 친족 결혼의 효과는 상당히 낮게 추산될 가능성이 있다(Bittles et al., 1991). 몇몇 연구가 형제자매 사이에 태어난 자식의 적합도 결과를 기록했다. 그 모든 연구에서 사망률, 정신적 결함, 선천적 기형, 질병의 위험성이 높게 나타났다(Adams & Neel, 1967; Carter, 1967; Schull & Neel, 1965; Seemanova, 1971).

근교약세의 효과에 관한 가장 훌륭한 연구는 아마 체코 인구를 대상으로 가까운 유전적 친척(즉, 아버지나 오빠)과 비혈연 남성, 양쪽 모두와 자녀를 낳은 여성들을 다룬 시마노바Seemanova(1971)의 연구일 것이다. 근친상간과 무관하게 태어난 아이들은 가까운 유전적 친척 간의 근친상간에 따른 유해한 효과를 조사하는 데 완벽한 대조군이 되어주었다. 정상 지능을 가진(N=44) 여성들만을 고려했을 때, 비혈연 남성과 낳은 자식들은 92명이었고, 여성의 아버지나 형제와 낳은 자식은 50명이었다. 근친상간을 통해 낳은 아이가 아닌 경우, 첫 5개월 동안 5.2%가 사망했고, 생존한 아이 가운데 3.4%에게 장애나 기형이 있었다. 반면에 근친상간을 통해 낳은 아이들의 경우 12%가 심각한 기형 때문에 사망했고, 생존한 자식 가운데 45.4%가 극심한 정신지체나 심각한 선천적 기형/결함을 갖고 있거나 둘 모두를 갖고 있었다. 즉, 근친상간을 통해 낳지 않은 자식들과 비교했을 때 근친상간을 통해 낳은 자식들은 대략 13배 높은 확률로 사망하거나 극심한 선천적 결함을 갖고 있었는데, 이는 애덤스Adams와 닐Neel(1967)이 형제/자매 및 아버지/딸의 결합에 따른 결과를 연구해서 얻은 결과와 유사한 증가폭이다. 이후의 연구들에서는 유전적으로 가까운 부모들이 낳은 자식들은 더 작고 약하며(Fareed & Afzal, 2014), 생식력이 더 낮고(Beer, Quebbeman, Ayers, & Haines, 1981; Schmiady & Neitzel, 2002; Thomas, Harger, Wagener, Rabin & Gill, 1985), 인지 장애가 있고(Roberts, 1967; Rudan et al., 2002), 청각 장애를 유발하는 상염색체 열성 질환을 앓기 쉽다(Zakzouk, 2002)는 결과를 얻었다.

요약하자면, 인간을 대상으로 한 연구들과 비인간 종을 대상으로 한 비교 연구들은 가까운 유전적 친척들 간의 짝짓기와 관련된 유해한 결과들을 보여주고 있다. 이처럼 반복적으로 발생하는 적합도 저하 때문에 유기체는 유전적 친척과의 짝짓기를 피하게 하는 체계를 갖도록 선택되었을 것이다. 하지만 근친상간의 비용은 누구에게나 동일하지 않으며, 똑같은 사람이라도 시간에 따라 그 비용이 달라질 수 있다. 정보 처리의 측면에서 근친상간 회피 체계가 어떤 모습을 하고 있는지 설명하기 전에, 기회비용과 관련된 또 다른 설계 기준에 대해 논의하도록 하자.

기회비용: 근친상간은 손해만 나는 전략일까

인간처럼 장수하는 종에게는 성적으로 성숙한 시기에 가까운 유전적 친척과 상호 작용을 하면 앞서 개괄한 것처럼 근친상간으로 인한 유해한 결과가 반복적으로 나타나기 때문에 비친족을 성적 파트너로 선호하는 심리 기제가 진화했을 것이다. 그런데 이 선호는 어느 개체를 고르는지와 관련해서 발생하는 다양한 비용/이익에 좌우된다. 어느 한 개인이 근친상간을 위해 비친족과의 짝짓기 기회를 포기한다면 근친상간은 그만큼의 기회비용을 발생시킨다(예를 들어, Dawkins, 1983; Haig, 1999). 다른 혈통의 건강한 자식을 낳는 대신 근친상간을 통해 근교약세의 확률 δ가 훨씬 높은 자식을 낳는 것이다. 근친상간으로 태어난 자식의 감소된 적합도를 $x(x=1-δ)$로 정의할 수 있다. 하지만 δ는 0보다는 크고 1보다는 작기 마련인데, 이는 근친상간 자식들 중 일부는 생존을 하거나 유전자 물질을 전파할 수 있다는 뜻이다. 따라서 상황(예를 들어, 환경의 병원체 부하, 짝짓기 기회의 가능성)에 따라, 근친상간은 전혀 번식을 하지 않는 것보다는 나은 선택지가 될 수 있다. 물론 근친교배가 이계교배만큼 결과가 좋을 수는 없다(Antfolk, 2014a).

근교약세와 더불어 기회비용도 계산에 넣어야 한다. 한 개인이 성공적으로 낳고 기를 수 있는 자식의 수는 제한되어 있기 때문에, 근친상간을 통해 자식을 낳고 영양 면에서 독립이 가능할 때까지 기르는 일은 이계교배를 통해 낳은 자식을 낳고 기를 수 있는 가능성에 영향을 미친다. 이 기회비용(c)을 방정식에 더하면, 근친상간 자녀를 통해 거둘 수 있는 비교적 낮은 번식 이익을 기회비용이 초과할 때(즉, $x-c < 0$일 때), 근친상간은 값이 비싸진다.

기회비용은 집단, 상황, 개인마다 불균등하게 분배된다. 기회비용은 대체로 수컷보다 암컷이 더 크다. 이는 생식세포를 생산할 때 수컷이 암컷보다 훨씬 적은 신진대사 에너지를 투자하기 때문인데, 수컷의 번식 성공은 생식세포를 생산하는 능력보다는 난자를 수정시키는 능력에 따라 좌우된다. 반대로, 암컷의 번식 성공은 자신의 난자를 수정시키는 능력보다는 난자를 생산하는 능력에 달려 있다(Bateman, 1948). 이 개념을 통해 로버트 트리버스(1972)는 번식에 투자하는 시간과 에너지의 성 차이가 어떻게 서로 다른 번식 전략으로 이어지는지를 이론으로 설명했다. 트리버스는 어느 한 개체가 특정 자식에게 투자함으로써 다른 자식에게 투자할 수 없게 되는 모든 투자를 부모 투자(PI)로 정의했다. 따라서 투자는 성 세포의 전달부터, 교미 시에 소모하는 신진대사 에너지나 자식을 지키느라 자신의 목숨을 거는 경우까지 모두 포함한다. 이때 결정적인 요인은 생존할 능력이 있는 자식을 성공적으로 낳고 기르기 위해 필요한 부모 투자의 최저 수준으로, 인간의 남성과 여성은 그 최저치에 아주 큰 차이가 있다. 인간의 경우, 남성의 최저 PI는 성교 시에 필요한 시간과 에너지인 반면, 여성의 최저 PI는 임신 기간(9~10개월)뿐 아니라, 조상의 조건에서는 거의 확실하게 수유 기간(2~3년)까지 포함되었을 것이다. 이처럼 각자에게 요구되는 기간 동안 남성과 여성은 대안적 또는 추가적인 성 활동을 통해 자신의 번식 성공을 향상시킬 수 없다. 남성은 한 번에 한 여성만을 수정시킬 수 있고, 여성은 임신 기간 동안뿐 아니라 필요하면 언제든 수유해야 하는 기나긴 기간 동안에도 배란을 하지 못한다. 남성에 비해 여성의 최저 투자가 훨씬 크다는 점을 고려할 때, 여성은 자신의 성적 파트너를 더 까다롭게 고를 거라고 예상할 수 있고, 증거 역시 그것이 사실이라고 분명하게 말한다(Clark & Hatfield, 1989).

근친상간으로 돌아가서, 자녀 한 명에게 투자할 때 다른 자녀에게 투자할 가능성이 낮아지고, 이는 남성보다 여성의 경우가 더 심하기 때문에, 근친상간의 기회 비용은 남성보다 여성에게 더 높다($c_F > c_M$). 남성이 근친상간으로 치르는 직접 비용은 여성보다 작지만, 남성의 근친상간 결과를 추산할 때에는 여성 친척이 치르는 비용도 계산할 필요가 있다. 개인의 번식 성공은 그/그녀의 직접적인 자식의 수나 생물학적 적합도에만 한정되지 않기 때문이다. 그보다, 번식 적합도는 개인이 직접적인 후손이든 혹은 친척의 자식처럼 간접적인 후손이든, 다음 세대에 전달한 대립유전자 사본의 총수를 통해 측정된다. 따라서 근친상간에 따른 남성의 적합도 결과는 $(x-c_M)+r_{MF}(x-c_F)$로 표현할 수 있으며, 이때 r_{MF}는 남성과 여성의 근연도 계수다. 여성 입장에서 적합도 결과는 $(x-c_F)+r_{MF}(x-c_M)$으로 정식화할 수 있다. 남매 간 근친상간의 경우 r은 0.5이며, 첫 번째 예시(공식)에서 이는 여성이 치르는 비용의 절반이 남성에게 직접 비용으로 더해진다는 뜻이다. 두 번째 예시에서는 남성이 치르는 비용의 절반만큼이 여성의 직접 비용으로 더해진다(Antfolk, 2014a; Dawkins, 1983; Haig, 1999). 남성과 여성이 근친상간과 관련해서 부담하는 서로 다른 비용은 근친상간을 불쾌하게 여기는 정도에 드러나게 마련이다. 실제로 여러 연구들은 인간 여성이 가까운 친족과의 성관계를 생각할 때 남성에 비해 더 강한 반응을 보인다고 보고한다(Antfolk, Karlsson, Bäckström, & Santtila, 2012; Antfolk, Lieberman, & Santtila, 2012; Antfolk, Lindqvist, Albrecht, & Santtila, 2014; Lieberman, Tooby, & Cosmides, 2003).

더 나아가 근친상간을 용인하거나 거부하는 선호에 성별이 미치는 효과는 임신 확률에 따라 조정된다. 예를 들어 월경주기상 임신 확률이 낮은 기간에 비해, 월경 주기상 임신 확률이 높은 시기에 여성은 친척과의 성관계로 더 많은 것을 잃게 된다. 실제로 임신 가능성이 높은 여성은 근친상간에 더 강한 혐오감을 느끼고(Antfolk, Lieberman, Albrecht, & Santtila, 2014) 쉽게 아버지와 어울리지 않는데, 근친상간 가능성을 줄이려는 행동일 것이다(Lieberman, Pillsworth, & Haselton, 2011).

근친상간의 기회비용이 영향을 미치는 또 다른 변수는 다른 짝에 대한 접근성이다. 암컷에게 성적으로 접근할 수 있는 능력은 수컷들에게 공평하게 분배되어 있지 않고, 그래서 어떤 수컷은 다른 수컷보다 훨씬 더 큰 번식 성공을 보인다. 실제로 초파리의 성선택을 다룬 베이트먼Bateman의 초기 연구들은 거의 모든 암컷이 자식을 성공적으로 낳은 데 반해, 수컷은 20%만 다음 세대의 자식을 낳는다는 결과를 보여준다. 번식 성공의 편차가 수컷에게 더 크게 나타난다는 사실은, 개체가 가치가 높은(혹은 가치와 무관한) 짝을 얻을 수 있는 잠재적 성공률을 감지하고 그에 따라 적절한 짝짓기 전략을 수립하는 적응으로 이어진다. 짝 가치가 높고 잠재적 짝이 많은 수컷들 입장에서는 근친상간이 가장 먼저 시도할 법한 전략은 아닐 것이다. 하지만 지위가 낮아 짝짓기 시장에서의 실패를 감지한 수컷들은 잠재적인 짝의 범위에 누이들을 포함시키는 전략을 고려할 것이다. 다른 선택지가 없는 수컷이 근친상간을 한다면 짝짓기를 한 암컷 친척이 초래하는 포괄적 비용을 부담하는 반면에, 잠재적인 이익이 작더라도 근친상간 자식을 통해 이익을 볼 수 있다. 그러므로, 짝짓기 기회가 거의 없는 수컷과 짝짓기 상대가 아예 없는 수컷은 다른 수컷들보다 근친 상간을 하는 성향이 클 것(혹은 저항을 덜 할 것)이라 예상할 수 있다. 실제로 최근의 연구는 미혼이거나(기혼자에 비해), 섹스를 해보지 않았거나(섹스를 해본 이들에 비해), 짝 가치가 낮은(높은 이들에 비해) 개인들이 근친상간 성향이 더 크다는 결과를 얻었다(Antfolk, Lieberman, et al., 2014). 뿐만 아니라, 이 효과는 여성보다 남성에게서 더 크게 나타났다.

종합하면, 인간의 근친상간 성향은 친척과 성관계를 맺을 때 발생하리라고 지각되는 기회비용에 따라 조절된다. 이런 일이 가능하기 위해서는 생식력 상태, 짝 가치, 기회비용과 함께 근친상간 회피 체계가 반드시 입력 변수에 포함되어야 한다.

근친상간 회피의 정보처리 구조

성적 파트너로서 가까운 친족을 피하는 문제를 풀기 위해서는 먼저 다른 개인이 가까운 유전적 친척일 확률을 계산해야 하고, 다음으로 그 확률에 따라 해당 개인과의 성 접촉을 억제할 필요가 있다. 하지만 어떻게 친족을 탐지할까? 선택이 친족탐지체계를 설계할 때 선호했을 법한 단서에 제약을 부과하는 조건이 몇 가지 있다. 예를 들어, 최신 의료 기술을 논외로 할 때, 우리는 유전체를 직접 비교해서 혈연관계를 평가할 수 없다. 하지만 다른 혈연관계 단서들이 있을 수 있다. 한 가지 가능성은 친족 용어와 같이 진화적으로 보다 새로운 문화적 정보를 활용하는 것이다. 하지만 친족 용어는 친족을 탐지하는 1차 단서가 되기는 어렵다. 친족 용어 때문에 오히려 유전적 경계가 흐려질 수 있기 때문이다(예를 들어, 우리 문화에서 aunt[고모, 이모, 숙모, 백모]라는 말은 부모의 누이들, 즉 혈육과, 부모의 형제의 부인들, 즉 비혈육을 모두 지칭한다). 게다가 언어 정보가 부재한 상황(즉, 계통발생적으로 앞선 상황)에서 기능했던 친족탐지기제가 더 가변적이고 잠재적으로 신뢰성이 낮은 문화적 정보로 대체되었을 가능성은 희박하다.

그보다는 조상의 환경에서 유전적 근연도와 상관관계가 있으면서 생태적으로도 유효한 단서에 의지했을 것이다. 유성생식이라는 사건을 통해 발생한 안정된 유전적 유사성 패턴은 어머니, 아버지, 자식, 형제자매, 숙모, 삼촌, 질녀, 조카 같은 개별 '범주'를 만들어낸다. '유전적으로 유사한 타인들'이라는 범주에 고유하게 존재하는 반복적 형질을 탐지하고, 짝짓기 비용을 반영하는 방식으로 거기 속한 개인들을 성적 파트너로 선택할 확률을 감소시키는 체계는 강력한 선택적 이점을 부여했을 것이다. 중요한 것은, 친족 탐지를 매개하는 단서가 문제의 친족이 속한 범주에 따라 달랐으리라는 점이다. 따라서 한 개인이 가까운 유전적 친척 가운데 어떤 유형(예를 들면, 어머니, 아버지, 자식, 혹은 형제자매)에 속하는지를 신호해주는 다양한 단서의 차이에 따라 각기 다른 탐지 기제가 존재했을 것이다. 그에 더해서, 남성과 여성은 똑같은 유형의 친족을 식별할 때에도 서로 다른 단서를 사용했을 것이다. 예를 들어 남성은 잠재적인 자식과의 근연도를 완전히 확신할 수 없기 때문에, 어떤 아기가 자신의 자식이라는 걸 알려주는 단서는 남성과 여성이 다르게 마련이다. 조상 대대로 여성은 직접 낳은 자녀가 자신의 자녀라고 (현대 의학의 기적이 일어나기 전부터) 항상 확신할 수 있었다. '출산'이라는 단서로 자식을 정확히 식별했을 것이다. 하지만 남성은 출산을 하지 않는다. 대신 남성은 해당 여성의 자녀가 실제로 자신과의 사이에서 낳은 자녀일 확률을 말해주는 정보에 의지해야 한다. 만일 남성이 여성과 성관계를 맺은 적이 없다면, 확률은 0이다. 만일 여성과 성관계를 맺었다면, 출산 시점을 기준으로 한 성교의 시기이나 여성의 정절 같은 문제가 부상한다. 오늘에 이르기까지 우리는 남성들이 어떻게 부성을 계산하는지 알지 못하기 때문에, 이 문제는 연구하기에 충분히 무르익은 상태라 할 수 있다.

진화생물학자들은 비인간 종들을 대상으로 근친상간 회피와 이타주의를 조사해서 일련의 혈연관계 단서를 확인했다(검토는 Hepper, 1991을 보라). 예를 들어, 들쥐, 생쥐, 짧은꼬리원숭이, 침팬지 등 어머니가 오랫동안 자식을 보살피는 종들은 초기 연관성이 형제자매를 식별하는 공간적 단서가 되므로, 이것을 근거로 사회적 선호도 패턴과 짝 선택 패턴을 예측할 수 있다. 또 어떤 종들은 화학적 단서에 끌려 친족을 탐지하고, 관련된 친족−대상 행동을 한다. 한 연구에서 보여준 결과에 따르면, 집쥐는 주요 조직적합유전자 복합체MHC: major histocompatibility complex를 제어하는 좌위에서 유사성을 평가하고, 그 결과가 짝 선호를 유도한다고 한다. 즉, 수컷과 암컷은 자신과 주조직적합성복합이 다른 개체와 짝짓기 하는 편을 선호하며, 이 선호를 통해 병원체의 부정적 효과를 예방한다고 생각할 수 있다. 하지만 주조직적합성복합 이형교배가 일어날 때, 개체는 자기 자신이든 가까운 친척이든 어떤 기준을 참조해서 주조직적합성복합의 차이를 결정해야 한다. 주조직적합성복합이 자신과 다른 부모 밑에서 자란 개인들을 대상으로 일련의 비교−양육 실험을 한 결과, 그 개인들은 양육

해준 부모와 주조직적합성복합 구성이 다른 짝을 선호한다는 결과가 나왔다. 이처럼 주조직적합성복합—유도 짝 선호는 부모의 표현형을 참조해서 자신의 유전적 구성을 판단하는 것으로 보인다(예를 들어, Penn & Potts, 1999). 물론 비인간 동물 연구에서 나타난 주조직적합성복합/HLA 관찰 결과를 인간의 사례에 대입할 때에는 신중할 필요가 있다. 인간을 대상으로 유전형질 분석을 활용한 연구는 거의 없으니, 주조직적합성복합이 혈연관계의 단서로 활용되는지, 혹은 더 넓은 범위에서 친족과 비친족 양측에 걸쳐 유전적 다양성을 촉진하는지는 아직 불분명하다.

인간의 진화를 다룬 문헌 가운데 대다수의 연구는 형제자매의 탐지 그리고 그와 관련된 성적 역겨움 및 형제자매를 향한 이타주의가 어떻게 발달했는지에 초점을 맞춰왔다. 이제 우리는 그 문헌들이 다룬 최근의 연구결과에 대해 간략하게 논의하고자 한다.

형제자매 탐지: 모아 결합 노출과 공동거주 기간

인간 조상의 사회 환경에서는 자신의 어머니가 신생아를 보살피는(예를 들어, 모유 수유) 모습이 형제자매 관계의 믿을 만한 단서가 되었을 것이다. 출산 전후에 시작해서 생애 첫 몇 년 동안 강도 높게 지속되는 모아 연관성은 분명 타인과의 근연도를 확인할 수 있는 안정적인 기준점이 되었을 것이다. 따라서 개인이 자신의 어머니(적어도 어머니로 분류된 여성)가 영아를 보살피는 모습을 관찰했다면, 그 영아는 자신의 형제자매일 확률이 높았다. 더 나아가 이 단서에 노출되는 것만으로도 공동거주(또는 연관성) 기간과 무관하게 유전적 근연도를 알 수 있었을 것이다. 달리 말해, 다섯 살이든 열 살이든 열다섯 살이든 상관없이 개인에게 어머니의 영아 육아는 유전적 근연도를 알려주는 개연성 있는 단서가 되었을 것이다.

모아 연관성이 강력한 단서이긴 해도, 이 단서는 사회 환경에 이미 속해 있는 손위 형제자매에게만 허락될 것이다. 시간의 화살은 일직선으로 날아가는 탓에, 손아래 형제자매는 손위 형제자매가 출생하는 모습이나 영아기에 보살핌받는 모습을 보지 못한다. 그렇다면 손아래 형제자매들의 경우에 진화는 손위 형제자매를 식별하기 위해 어떤 단서 또는 단서들을 사용했을까?

한 가지 해결책은 부모의 노력이 어떻게 흐르는지를 추적하는 것이다. 자신의 어머니와 아버지가 정기적으로 보살피는 아이라면 다른 개인들에게 보살핌을 받는 아이들보다 친족일 확률이 높다. 게다가 부모가 보살피는 기간이 길수록 그 아이가 형제자매일 가능성이 크다. 유년기의 동거 기간에 따라 작동하는 이 단서를 처음 제시한 사람은 핀란드의 사회과학자 에드워드 웨스터마크Edward Westermarck로, 유년기에 물리적으로 가까운 거리에서 큰 아이들은 이후 성년기에 서로에게 성적 혐오감이 발달하는 경향이 있다고 지적했다(Westermarck, 1889/1891; 또한 Antfolk, 2014b를 보라). 웨스터마크 가설로 알려진 이 생각은 다양한 인류학적, 심리학적 연구를 통해 뒷받침되어왔다(Lieberman et al., 2003의 검토를 보라). 가장 눈에 띄는 사례는 이스라엘의 키부츠와 대만의 유아결혼으로, 문화적 제도 덕분에 이뤄진 두 자연 실험을 통해 혈연관계가 없는 아이들이 유년기 동안 가까운 거리에서 함께 양육되는 경우를 살펴볼 수 있다. 웨스터마크 가설이 예측한 대로 유년기에 함께 자란 아이들은 함께 결혼하는 경우가 드물고(이스라엘 키부츠: Shepher, 1983), 강요에 따라 결혼한 경우엔 출산율이 감소하고 이혼율과 혼외관계율이 증가했다(대만의 유아결혼: Wolf, 1995). 이 연구들은 모두 우리의 마음이 근연도를 파악하고 성적인 욕망을 꺾기 위한 단서로 생애 초기의 공동거주를 사용한다고 지적한다.

그런데 많은 질문이 떠오른다. 예를 들어, 공동거주 기간은 손위 형제자매와 손아래 형제자매에게 성적 결합에 대한 혐오감을 다르게 불러일으킬까? 앞서 말했듯이, 손위 형제자매는 동거기간과 무관하게 작동하는, 동생일 수 있는 사람을 또 다른 단서에 의지해서 식별할 수 있으니 말이다. 또한 근친상간 회피를 조절하는 혈연관계 단서들이, 근연도의 평가에 의존하는 다른 행동들, 즉 친족지향 이타주의도 조절하는 것은 아닐까?

혈연관계 단서에 대한 심리학 연구

진화생물학자들이 비인간 동물의 혈연인식을 연구하기 위해 인간의 삶을 뒤바꿔놓는 실험을 한다면 윤리에 어긋날 것이다. 그런 이유로 과학자들은 앞서 언급했듯이 자연의 실험을 찾거나, 혹은 실제로 유전적 친척들로 구성된 가족들에게 존재하는 자연적 차이를 활용해야 한다. 어떤 제시된 단서가 근연도의 신호로 사용되는지를 조사하고자 한다면, 가족 구성원과의 성 행동에 해당하는 행동 및 반응을 가리키는 구체적인 단서(예를 들어 공동거주 기간, 모아 연관성)에 노출시켜서 개인들의 편차를 비교하는 방법도 가능하다. 우리가 특정한 단서를 통해 개인들을 유전적 근연도에 따라 분류한다는 증거는 이타주의에 관한 조사를 통해서도 나올 수 있다. 만일 성적 회피와 이타주의를 제어하는 데에 동일한 친족탐지기제가 사용된다면, 혈연관계의 단서는 이 두 가지 동기적 체계에서 비슷한 효과를 이끌어낼 것이다.

리버만, 투비, 코스미디스(2007)는 설문조사로 정보를 수집해서, 형제자매와의 성 관계를 상상할 때 느끼는 역겨움과 제3자의 동기간 근친상간을 상상할 때 드는 도덕 감정을 통해 측정했을 때, (형제자매 관계에서 동생들이 흔히 그렇듯이) 어머니가 신생아를 보살피는 모습에 노출되지 않은 개인은 이성 형제와 공동거주한 기간이 동기간 근친상간에 대한 혐오를 예고한다는 결과를 얻었다. 반대로 (형제자매 관계에서 손위들이 그렇듯이) 자신의 어머니가 출생한 지 얼마 되지 않은 형제자매를 보살피는 모습에 노출된 개인의 경우에, 이성 형제자매와의 공동거주 기간으로는 근친상간에 대한 혐오를 예측할 수 없었다. 이타주의적 태도와 행동에 관한 측정값을 분석했을 때에도 동일한 패턴이 나타났다. 즉, 어머니가 갓 태어난 형제자매를 보살피는 모습으로 보다 강력한 단서를 얻지 못한 개인의 경우에 형제자매의 공동거주 기간은 이타주의를 더 강하게 예고했다. 이 데이터들은 마음이 손위 형제자매와 손아래 형제자매를 식별하고 성적 혐오감 및 이타적 동기를 조절하는 데 서로 다른 두 가지 단서를 활용한다는 믿을 만한 증거를 제공해준다.

혐오감과 이타주의 성향의 수준을 조사한 내용에 따라 리버만 외(2007)는 어머니가 갓 태어난 동생을 보살피는 모습을 본 손위 형제자매는 그 동생과의 성행동에 더 강한 역겨움을 느끼고, 마찬가지로 공동거주 기간 동안의 이타주의 수준도 높다는 결과를 얻었다. 즉, 실험대상이 동생과 15년을 함께 살든 3년을 함께 살든, 형제자매 간의 근친상간에 대한 성적 혐오감과 이타주의 성향의 수준은 거의 최대치에 가까웠다. 반면에 그런 단서를 접하지 못하고 공동거주 기간에만 의존해서 형제자매 관계를 탐지한 이들(데이터 집합에서, 동생들)은 손위 형제자매와의 성적인 행동에 대한 혐오감과 형제자매를 지향한 이타주의 수준이 공동거주 기간에 비례해서 증감했다. 실제로 데이터에 따르면 손아래 형제자매의 성적 혐오감 및 이타주의적 노력이 어머니가 갓 태어난 동생들을 보살피는 모습을 단서로 접한 손위 형제자매 수준에 도달하려면 대략 14~15년의 공동거주 기간이 필요한 것으로 나타난다.

종합하자면, 이 데이터들은 인간의 친족탐지 및 친족−지향 행동을 지배하는 인지 절차를 최초로 일별하게 해준다. 그 연구결과들을 통해 우리는 마음이 최소 두 가지 단서를 사용해서 형제자매를 탐지하고 근친상간 회피와 친족지향 이타주의를 중재한다는 것을 알 수 있다. 신생아에 대한 어머니 투자에 노출되는 것(손위 형제자매가 동생들을 탐지하는 데 활용), 그리고 부모 투자가 공통으로 이루어지는 기간에 함께 거주하는 것(대체로 손아래 형제자매들이 손위 형제자매를 탐지하는 데 활용)이 그 두 가지다. 이처럼 동일한 단서들이 혐오감과 이타주의를 같은 방식으로 제어한다는 결과는, 혈연관계를 추정하는 단 하나의 절차 집합이 짝 결정과 이타주의 노력을 각각 개별적으로 유도하는 동기적 체계에 정보를 제공한다고 말하는 것이다. 이때 중요한 점은 추가적인 단서들 역시 형제자매 탐지에 역할을 할 수 있다는 것이다. 예를 들어 얼굴 유사성 및 주요 조직적합성 복합체(MHC)에서 비롯할 수 있는 후각 단서는 짝 결정에 대한 선호를 예측케 한다(예를 들어, DeBruine, 2005; Wedekind & Füri, 1997). 앞서 개괄한 친족탐지 및 친족지향 행동의 모델이 정확하다면, 어떤 단서가 됐든 혈연관계에 대한 단서는 성적 혐오감과 이타주의 양쪽을 모두 조절할 것이다.

아직 답을 얻지 못한 질문이 많이 남아 있다. 예를 들어, 공동거주 기간이 형제자매 탐지를 중재한다고 할 때, 어떤 이들이 주장하는 것처럼 공동거주가 특정한 시기(예를 들어 5세 미만)에 이루어져야 할까(Shepher, 1983; Wolf, 1995)? 아니면 리버만 외(2007)의 연구가 암시하는 것처럼 공동거주한 한 해 한 해가 별 차이 없이 혈연관계 추산치를 동등하게 증가시킬까? 더 나아가, 어떤 단서가 완전한 생물학적 형제자매와 이복형제 및 이부형제를 구분해줄 수 있을까? 형제자매를 식별하는 데 사용되는 단서는 부모와 자식을 식별하는 데 사용되는 단서와 동일할까? 진화심리학 연구는 앞으로 수십 년 동안 이를 비롯한 여러 질문에 조금씩 답을 얻어낼 것이다.

제3자의 근친상간: 적응과 부산물

흥미롭게도 인간은 타인의 근친상간에도 혐오감을 보인다(Antfolk, Karlsson, et al., 2012; Antfolk, Lieberman, et al., 2012; Antfolk, Lindgvist, et al., 2014; Fessler & Navarrete, 2004; Lieberman et al., 2003; Lieberman et al., 2007; Royzman, Leeman, & Sabini, 2008). 제3자의 행동에 대한 이 같은 반응은 적응이자 부산물로 설명할 수 있다. 제3자의 근친상간에 대한 반응은 단지 자기 자신의 근친상간에 대한 혐오감이 활성화되어 나타나는 것일 수 있다. 즉, 자신이 알지 못하는 남매의 성관계를 떠올렸을 때 나타나는 거부감은, 그 자신이 형제자매와의 성관계에 느끼는 거부감과 함수관계에 있을 것이다. 이 거부감은 제3자에 대한 태도를 생성하는 한 원천이며, 자신의 형제자매와의 성관계에 대한 역겨움을 예측케 하는 단서는 제3자의 형제자매 근친상간에 대한 거부감도 예측하게 한다는 증거가 있다(Lieberman et al., 2007; Lieberman & Lobel, 2012). 이렇게 제3자의 근친상간에 대한 반응은 자신의 근친상간 회피 기제가 활성화되는 데 따른 부산물일지 모른다.

하지만 제3자의 근친상간에 대한 반응은 적응일 수도 있다. 가까운 유전적 친척의 행동과 결정은 자신의 포괄적합도에 큰 영향을 미칠 수 있다. 가까운 유전적 친척이 짝을 고르는 결정을 할 때에도 마찬가지다. 근친상간은 직접적인 당사자에게만 잠재적으로 큰 비용을 안길 수 있는 것이 아니라(앞선 논의를 보라), 당사자의 가까운 유전적 친척들에게도 큰 적합도 비용을 안겨준다. 확실히 가족 내부에서 근친상간 결합이 이루어질 경우에, 다른 개인들에게도 그와 관련하여 포괄적합도상의 기대 이익 및 비용이 발생한다. 남매간의 근친상간이 성관계를 맺은 당사자들뿐 아니라 다른 누이에게도 적합도 이익을 부과하는 사례를 생각해보자. 남매 관계에 속해 있는 해당 누이는 직접 근친상간에 관여하진 않았지만, 그녀의 형제자매로부터 이계교배를 통해 조카를 얻을 기회를 잃었기 때문에 포괄적합도 비용을 치르게 된다. 앞서 논의한 수학적 모델을 확장하면 혈연관계의 주변인(공통의 누이 S)이 치러야 할 적합도 결과를 설명할 수 있다. S의 입장에서, 양쪽 모두 혈연관계에 있는 남녀의 근친상간에 따른 적합도 비용은 $r_{SM}(x-c_M)+r_{SF}(x-c_F)$로 정식화할 수 있는데, 이때 여자형제에게 돌아가는 비용과 남자형제에게 돌아가는 비용은 우선 남자형제에 대한 근연도와 여자형제에 대한 근연도에 따라 각각 계산된 다음, 더해진다.

조상 환경에서 가까운 유전적 친척들이 서로를 성적 파트너로 삼을 수 있었다면(인간이 작은 집단을 이루고 살았던 것을 고려하면 가능성이 거의 확실하다), 가까운 유전적 친척들이 성적 결합을 이룬 경우 그 근친상간의 쌍과 관련된 비용과 이익에 부합해서 그들에 대한 개입을 유발하는 설계 특징이, 가족 구성원들이 서로 짝짓기를 하더라도 상관하지 않는 설계 특징보다 인구 내 빈도가 더 높았을 것이다. 즉, 짝짓기 결정을 이끌려는 목적으로 가까운 유전적 친척을 전문적으로 탐지하는 체계 외에도, 전문화된 체계가 가족 내부의 근친상간 쌍으로 인한 비용과 이익을 평가하고 그 결과에 따라 자신에게 포괄적합도 비용을 많이 부담시키는 근친상간 결합을 적극적으로 저지시킨다는 가설이 있다(Lieberman, Tooby, & Cosmides, 2001). 이때 저지의 강도는 돌연변이 부하, 병원체 부하, 그리고 비혈연 짝을 확보할 주변의 기회 같은 몇몇 요인에 달려 있을 것이다(Tooby, 1977).

혈연관계에 있는 제3자 간의 근친상간에 대한 혐오감이 그 행동으로 인해 자신에게 부과될 수 있는 잠재적 포괄적합도 비용을 반영한다는 점을 입증하는 경험적 증거가 있다. 얀 안트폴크, 리버만, 산틸라Santtila(2012)는 실험 참가자들이 근친상간과 연관되어 있는지 여부와 무관하게, 참가자와 혈연관계에 있는 개인들의 근친상간은 참가자들에게 각각의 근친상간 상황에 대한 강한 혐오감을 유발한다고 예측케 한다는 것을 보여줬다. 리버만 외(2001; 미발표 데이터)는 가장 큰 거부감을 일으킨 것이 짝-자녀 간의 성행동이었고, 그 다음은 아버지-자매 성관계, 아들-딸 성관계, 어머니-형제 성관계, 형제-자매 성관계의 순이라는 결과에 도달했다. 분명 이 영역은 더 많은 연구가 필요하다. 하지만 지금까지의 데이터만으로도 인간에게는 가족 구성원들의 성행동을 제어하는 인지적 적응이 있음을 알 수 있다. 계산된 혈연관계 추산치를 사용해서 자기 자신의 성적 동기를 조절하고, 동시에 가족 내 성적 결합에 따른 비용 및 이익을 평가하는 체계는 지금도 모든 곳에서 이 적응적 문제를 해결하고 있을 것이다.

근친상간 회피와 근친상간 금기

그동안 특히 사회학자와 인류학자들에게 주목받아온 질문이 하나 있다(Wolf & Durham, 2005를 보라). 가까운 친족들 사이에 선천적인 성적 혐오감이 존재한다면, 왜 근친상간을 금지하는 규칙들이 필요한 것일까? 근친상간에 관한 규범들이 존재하는 데에는 많은 이유가 있을 것이다. 우선 두 가지를 들어보자. 첫째, 혈연관계 단서가 항상 존재하는 것은 아니다. 형제자매가 유년기 동안 떨어져 지낸다면 공통의 부모가 상대방을 보살피는 모습을 보지 못할 것이다. 마찬가지로 남성에게 부성 확실성이 부족할 수 있고(예를 들어, 짝의 부정을 의심하거나, 짝이 아이들을 보살피는 모습을 거의 보지 못한 경우), 그에 따라 딸에게 성적 매력을 느낄 수도 있다. 드물겠지만 가끔은 이런 일이 일어나서 근친상간으로 이어진다. 앞서 논의했듯이 가족 내부의 근친상간은 다른 친척들에게 포괄적합도 비용을 부과한다. 따라서 제3자가 그런 성적 결합을 금지하고자 할 수 있고, 이 금지가 문화적 규범으로 나타날 수 있다.

근친상간을 배척하는 규범이 존재하는 두 번째 원인은 도덕규범 및 사회규범의 진화와 연관될 수 있다. 드치올리DeScioli와 커즈번(2009, 2013)은 인간에게 도덕규범을 창안하고 전파하는 적응이 진화된 이유로서 도발적인 설명을 제시했다. 간단히 말하면, 인간이 맞닥뜨린 적응적 문제 중 하나가 갈등이 발생했을 때 자신의 편을 결정하는 문제였다는 것이다. 갈등 상황에서 모두가 같은 편을 지지하는 경우 비용은 최소화된다. 하지만 어떻게 편을 결정할까? 이때 규범이 한 가지 해결책이 된다. 규범이 조정 문제를 선험적으로 해결해주는 것이다. 만일 절도는 잘못된 행동이며 벌을 받아야 한다는 합의가 사전에 이루어져 있다면, 각 개인들은 비용-효율적으로 자신이 어느 쪽을 지지할지를 판별할 수 있다(Tooby & Cosmides, 2010은 도덕의 진화에 대해 약간 다른 관점을 제시한다. 여기서는 보다 약한 이들을 착취하거나 절멸하는 등의 목표를 위해 연합이 형성된 경우 발생하는 적응적 문제에 초점을 맞춘다.)

하지만 어떤 규범이 선택되는 것일까? 사회규범의 진화를 이끄는 선택압이 특정한 사회적 갈등이나 집단 착취 상황에서 개인의 동맹 선택에 신호를 줄 수 있지만 그 여부와 무관하게, 내용도 문제가 된다. 드치올리와 커즈번(2009, 2013)에 따르면, 전략적으로 각 개인은 자신의 개인적 선호를 침범하지 않는 규범을 지지한다고 보는 것이 합리적이라 한다. 즉, 어떤 규범이 딱히 자신이 저지를 생각이 없는 행동을 금지한다면, 그 규범을 지지하더라도 별다른 비용이 발생하지 않는다. 역겨움은 병원체 전파 및 짝 결정과 연관된 어떤 행동을 수행했을 때 수반되는 적합도 가치를 드러내는 감정이며, 따라서 도덕적 규범의 후보로서 우월한 위치에 있을 것이다. 어떤 음식을 섭취할 때, 동물이나 특별한 인간 집단과 몸을 접촉할 때, 또는 특정한 사람과 성관계를 맺을 때 역겨움을 느낀다면, 이 행동들을 금지하더라도 자신이 선호하는 행동이 침해된다고는 느끼지 않을 것이다. 따라서 근친상간을 배척하는 규범이 존재하는 한 가지 이유는, 근친상간이 아주 적은 수의 사람들만(예를 들어, 혈연관계 단서가 제대로 작동하지 않은 경우나, 혐오 체계에 손상을 일으키는 약물 남용의 경우) 관여하는 행동이기 때문일 것이다. 대다수의 사람들이 (혹은 규범을 집행할 힘이 있는 사람들이) 근친상간에 역겨움을 느낀다면, 근친상간 금지로 인해 짝 결정과 관련된 개인적 선호가 제한된다고 여기지 않을 테고, 따라서 드치올리와 커즈번(2009, 2013)이 주장했듯이 갈등 상황에서 자신의 입장을 결정할 때는 물론이고, 투비와 코스미디스(2010)가 주장했듯이 착취에 취약한 집단을 표적으로 삼을 때에도 근친상간 금지는 조정 문제를 해결할 것이다. 물론 이같이 서로 다른 기능적 설명에 대해서는 더 많은 연구가 필요할 것이다.

미래를 생각하며

아직 답을 얻지 못한 질문이 많이 있다. 우리는 이 장에서 인간이 친족을 탐지하는 방법과 근친상간 회피 기능을 수행하는 인지 체계에 관하여 몇 가지 질문을 제기했다. 우리는 심리적 적응을 설명할 때 그 설명의 정보처리 수준을 진지하게 고려해야 한다는 점을 강조하는 것으로 결론을 맺고자 한다. 진화심리학은 인간에 대한 연구를 설명의 최종 수준으로 끌어올렸다. 즉, 어떤 형질이 왜 존재하는지 묻는 것이다. 뿐만 아니라 진화심리학 안에서 연구자들은 **어떤** 표현형들(예를 들어, 행동, 선호 등)이 존재하는지를 기록하고, 그 표현형들을 궁극적인 인과적 과정과 연결시키는 일에서 큰 진전을 이루었다. 그러나 일반적으로 이 분야의 연구자들은 '왜'와 '어떤 것' 사이를 중재하는 차원, 즉 '어떻게'에 대해서는 간과하는 경향이 있다. 인지적 모델을 개발한다면 그것이 얼마나 기초적인 것이든 간에 문제가 되는 기능을 분명하게 밝히고 해당 기능의 잠재적인 중재자를 확인하는 데 유용할 수 있고, 따라서 연구 프로그램에도 직접적으로 도움이 될 것이다. 위에서 논의한 친족 탐지의 정보—처리 모델은 외부의 현실세계에서 혈연관계를 알려주는 단서들이 어떻게 내적인 성적 선호에 영향을 미치는지를 고찰할 때 사용할 수 있는 긴요하고 필수적인 도구다. 또한 이 모델을 통해 혈연관계가 어떻게 짝 결정을 유도하는 다른 속성들과 통합되는지를 고찰할 때 도움을 얻을 수 있고, 또 혈연관계가 다른 속성들과 맞거래되는 경위에 대해 새로운 가설을 만들 수도 있다. 내적 계산에 투입되는 정보에서부터 행동까지를 다루는 인지적 모델을 개발한다면 연구의 시야를 확인할 수 있을 뿐 아니라, 진화한 인간 심리의 존재와 복잡성을 덮고 있는 본능적인 맹목성을 극복하는 데에도 도움이 될 것이다.

참고문헌

Acevedo-Whitehouse, K., Gulland, F., Greig, D., & Amos, W. (2003). Disease susceptibility in California sea lions. *Nature*, *422*, 35.

Adams, M. S. & Neel, J. V. (1967). Children of incest. *Pediatrics*, *40*, 55.

Antfolk, J. (2014a). *Incest aversion: The evolutionary roots of individual regulation*. Doctoral dissertation, Åbo Akademi University, Finland.

Antfolk, J. (Ed. & Trans.). (2014b). Implications of the theory of selection (1889). In D. Shankland (Ed.), *Westermarck: Occasional Paper 44 of the Royal Anthropological Institute* (pp. 147–161). Published in association with the Anglo-Finnish Society. Canon Pyon, UK: Sean Kingston.

Antfolk, J., Karlsson, M., Bäckström, A., & Santtila, P. (2012). Disgust elicited by third-party incest: The roles of biological relatedness, co-residence, and family relationship. *Evolution and Human Behavior*, *33*(3), 217–223.

Antfolk, J., Lieberman, D., Albrecht, A., & Santtila, P. (2014). The self-regulation effect of fertility status on inbreeding aversion: When fertile, disgust increases more in response to descriptions of one's own than of others' inbreeding. *Evolutionary*

Psychology, 12, 621−631.

Antfolk, J., Lieberman, D., & Santtila, P. (2012). Fitness costs predict inbreeding aversion irrespective of selfinvolvement: Support for hypotheses derived from evolutionary theory. *PLoS ONE, 7*, 1−8.

Antfolk, J., Lindqvist, H., Albrecht, A., & Santtila, P. (2014). Self-reported availability of kinship cues during childhood is associated with kin-directed behavior to parents in adulthood. *Evolutionary Psychology, 12*(1), 148−166.

Aoki, K. and Feldman, M. W. (1997). A gene-culture coevolutionary model for brother-sister mating. *Proceedings of the National Academy of Sciences, USA, 94*, 13046−13050.

Bashi, J. (1977). Effects of inbreeding on cognitive performance. *Nature, 266*, 440−442.

Bateman, A. J. (1948). Intrasexual selection in Drosophilia. *Heredity, 2*, 349−368.

Beer, A. E., Quebbeman, J. F., Ayers, J. W. T., & Haines, R. F. (1981). Major histocompatibility complex antigens, maternal and paternal immune responses, and chronic habitual abortions in humans. *American Journal of Obstetrics and Gynecology, 141*, 987−999.

Bell, G. (1982). *The masterpiece of nature: The evolution and genetics of sexuality*. London, England: Croom Helm; Berkeley: University of California Press.

Bernstein, H., Byerly, H.C., Hopf, F. A., & Michod, R. E. (1985). Genetic damage, mutation and the evolution of sex. *Science, 229*, 1277−1281.

Berscheid, E., & Walster, E. (1978). *Interpersonal attraction* (2nd ed). Reading, MA: Addison-Wesley.

Bittles, A. H. (2005). Genetic aspects of inbreeding and incest. In A. P. Wolf & W. H. Durham (Eds.), *Inbreeding, incest, and the incest taboo* (pp. 38−60). Stanford, CA: Stanford University Press.

Bittles, A. H., Mason, W. M., Greene, J., & Rao, A. (1991). Reproductive behavior and health in consanguineous marriages. *Science, 252*, 789−794.

Bittles, A. H., & Neel, J. V. (1994). The costs of inbreeding and their implications for variations at the DNA level. *Nature Genetics, 8*, 117−121.

Bremermann, H. J. (1980). Sex and polymorphism as strategies in host-pathogen interactions. *Journal of Theoretical Biology, 87*, 671−702.

Burnham, J. T. (1975). Incest avoidance and social evolution. *Mankind, 10*, 93−98.

Carter, C. O. (1967). Risk of offspring of incest. *Lancet, 1*, 436

Cavalli-Sforza, L. L., & Bodmer, W. F. (1971). *The genetics of human populations*. San Francisco, CA: W. H. Freeman.

Charlesworth, D., & Charlesworth, B. (1987). Inbreeding depression and its evolutionary consequences. *Annual Review of Ecology and Systematics*, *18*, 237−268.

Clark, R. D., & Hatfield, E. (1989). Gender differences in receptivity to sexual offers. *Journal of Psychology & Human Sexuality*, *2*, 39−55.

Cohen, T., Block, N., Flum, Y., Kadar, M., and Goldschmist, E. (1963). School attainments in an immigrant village. In E. Goldschmist (Ed.), *The genetics of migrant and isolate populations*. New York, NY: Williams & Wilkins.

Coltman, D. W., Pilkington, J. A. S., & Pemberton, J. M. (1999). Parasite-mediated selection against inbred Soay sheep in a free-living, island population. *Evolution*, *53*(4), 1259−1267.

Crow, J. F., & Kimura, M. (1965). Evolution in sexual and asexual populations. *American Naturalist*, *99*, 439−450.

Crow, J. F., & Kimura, M. (1970). *An introduction to population genetics theory*. New York, NY: Harper & Row.

Dawkins, R. (1983). Opportunity costs of inbreeding. *Behavioral and Brain Sciences*, *6*, 105−106.

DeBruine, L. M. (2005). Trustworthy but not lust-worthy: Context-specific effects of facial resemblance. *Proceedings of the Royal Society B: Biological Sciences*, *272*, 919−922.

Demirel, S., Katlanoglu, N., Acar, A., Bodur, S., and Paydak, F. (1997). The frequency of consanguinity in Konya, Turkey and its medical effects. *Genetic Counseling*, *8*, 295−301.

DeScioli, P., & Kurzban, R. (2009). Mysteries of morality. *Cognition 112*, 281−299.

DeScioli, P., & Kurzban, R. (2013). A solution to the mysteries of morality. *Psychological Bulletin*, *139*(2), 477−496.

Fareed, M., & Afzal, M. (2014). Evidence of inbreeding depression on height, weight, and body mass index: A population-based child cohort study. *American Journal of Human Biology*, *26*, 784−795.

Fessler, D. M. T., & Navarrete, C. D. (2004). Third-party attitudes toward sibling incest: Evidence for Westermarck's hypotheses. *Evolution and Human Behavior*, *25*, 277−294.

Haig, D. (1999). Asymmetric relations: Internal conflicts and the horror of incest. *Evolution and Human Behavior*, *20*, 83−98.

Hamilton, W. D. (1980). Sex versus non-sex versus parasite. *Oikos*, *35*, 282

Hepper, P. G. (1991). *Kin recognition*. Cambridge, England: Cambridge University Press.

Hussain, R. (1998). The impact of consanguinity and inbreeding on perinatal mortality in

Karachi, Pakistan. *Paedatric and Perinatal Epidemiology, 12,* 370−382.

Jaber, L., Merlob, P., Bu, X., Rotter, J. I., & Shohat, M. (1992). Marked parental consanguinity as a cause for increased major malformations in an Israeli Arab community. *American Journal of Medical Genetics, 44,* 1−6.

James, W. (1891). *The principles of psychology.* London, England: Macmillan.

Kumar, S., Pai, R. A., & Swaminathan, M. S. (1967). Consanguineous marriages and the genetic load due to lethal genes in Kerala. *Annals of Human Genetics, 31,* 141−145.

Lewin, B. (1999). *Genes VII.* New York, NY: Oxford University Press.

Lieberman, D., & Lobel, T. (2012). Kinship on the Kibbutz: Coresidence duration predicts altruism, personal sexual aversions and moral attitudes among communally reared peers. *Evolution and Human Behavior, 33,* 26−34.

Lieberman, D., Pillsworth, E. G., & Haselton, M. G. (2011). Kin affiliation across the ovulatory cycle: Females avoid fathers when fertile. *Psychological Science, 22,* 13−18.

Lieberman, D., Tooby, J., & Cosmides, L. (2001, June 6−10). *Does it pay to interfere? An investigation of whether individuals are sensitive to the different costs associated with inbreeding within the family.* Paper presented at the 2001 annual meeting of the Human Behavior and Evolution Society, London, England.

Lieberman, D., Tooby, J., & Cosmides, L. (2003). Does morality have a biological basis? An empirical test of the factors governing moral sentiments relating to incest. *Proceedings of the Royal Society B: Biological Sciences, 270*(1517), 819−826.

Lieberman, D., Tooby, J., & Cosmides, L. (2007). The architecture of human kin detection. *Nature, 445*(7129), 727−731.

May, R. M. (1979). When to be incestuous. *Nature, 279,* 192−194.

Maynard Smith, J. (1978). *The evolution of sex.* Cambridge, England: Cambridge University Press.

Morran, L. T., Schmidt, O. G., Gelarden, I. A., Parrish, R. C., II, & Lively, C. M. (2011). Running with the Red Queen: Host-parasite coevolution selects for biparental sex. *Science, 333,* 216−218.

Morton, N. E., Crow, J. F., & Muller, H. J. (1956). An estimate of mutational damage in man from data on consanguineous marriages. *Proceedings of the National Academy of Sciences, USA, 42,* 855−863.

Muller, H. J. (1964). The relation of recombination to mutational advance. *Mutation Research 1,* 2−9.

Penn, D. J., & Potts, W. K. (1999). The evolution of mating preferences and major histocompatibility complex genes. *The American Naturalist, 153,* 145−164.

Ralls, K., Ballou, J. D., & Templeton, A. (1988). Estimates of lethal equivalents and the cost of inbreeding in mammals. *Conservation Biology, 2,* 185−193.

Ridley, M. (1993). *The Red Queen: Sex and the evolution of human nature.* New York, NY: Harper Collins.

Roberts, D. F. (1967). Incest, inbreeding and mental abilities. *British Medical Journal, 4*(575), 336−337.

Royzman, E. B., Leeman, R. F., & Sabini, J. (2008). "You make me sick": Moral dyspepsia as a reaction to third-party sibling incest. *Motivation and Emotion, 32,* 100−108.

Rudan, I., Rudan, D., Campbell, H., Biloglav, Z., Urek, R., Padovan, M., Rudan, P. (2002). Inbreeding and learning disability in Croatian island isolates. *Collegium Antropologicum, 26*(2), 421−428.

Schmiady, H., & Neitzel, H. (2002). Arrest of human oocytes during meiosis I in two sisters of consanguineous parents: First evidence for an autosomal recessive trait in human infertility. *Human Reproduction, 17*(10), 2556−2559.

Schull, W. J., & Neel, J. V. (1965). *The effects of inbreeding on Japanese children.* New York, NY: Harper & Row.

Seemanova, E. (1971). A study of children of incestuous matings. *Human Heredity, 21,* 108−128.

Shepher, J. (1983). *Incest: A biosocial view.* New York, NY: Academic Press.

Stoltenberg, C., Magnus, P., Lie, R. T., Daltveit, A. K., & Irgens, L. M. (1997). Birth defects and parental consanguinity in Norway. *American Journal of Epidemiology, 145,* 439−448.

Thomas, M. L., Harger, J. H., Wagener, D. K., Rabin, B. S., & Gill, T. J., III. (1985). HLA sharing and spontaneous abortion in humans. *American Journal of Obstetrics and Gynecology, 151,* 1053−1058.

Tooby, J. (1977). Factors governing optimal inbreeding. *Proceedings of the Institute for Evolutionary Studies, 77*(1), 1−54.

Tooby, J. (1982). Pathogens, polymorphism, and the evolution of sex. *Journal of Theoretical Biology, 97,* 557−576.

Tooby, J. (1989). *The evolution of sex and its sequalae* (Doctoral dissertation, Harvard University). Available from ProQuest Dissertations and Theses database. (UMI No. 8914713).

Tooby, J., & Cosmides, L. (1990). On the universality of human nature and the uniqueness of the individual: The role of genetics and adaptation. *Journal of Personality, 58,* 17−67.

Tooby, J., & Cosmides, L. (2010). Groups in mind: The coalitional roots of war and morality. In Henrik Høgh-Olesen (Ed.), *Human morality & sociality: Evolutionary & comparative perspectives* (pp. 91–234). New York, NY: Palgrave MacMillan.

Trivers, R. (1972). Parental investment and sexual selection. In J. Krebs & N. Davies (Eds.), *Sexual selection and the descent of man* (pp. 1871–971). Boston, MA: Blackwell.

Wedekind, C., & Füri, S. (1997). Body odour preferences in men and women: Do they aim for specific MHC combinations or simply heterozygosity? *Proceedings of the Royal Society B: Biological Sciences, 264,* 1471–1479.

Westermarck, E. (1889/1891). Selektionsteorin och dess betydelse för vetenskaperna om det fysiska, psykiska och sociala lifvet. *Nyländningar, 10,* 218–240.

Whitman, W. B., Coleman, D. C. & Wiebe, W. J. (1998) Prokaryotes: The unseen majority. *Proceedings of the National Academy of Sciences, USA, 95,* 6578–6583.

Williams, G. C. (1975). *Sex and evolution.* Princeton, NJ: Princeton University Press.

Wolf, A. P. (1995). *Sexual attraction and childhood association: A Chinese brief for Edward Westermarck.* Stanford, CA: Stanford University Press.

Wolf, A. P., & Durham, W. H. (2005). *Inbreeding, incest, and the incest taboo.* Stanford, CA: Stanford University Press.

Wright, S. (1921). Systems of mating. II. The effects of inbreeding on the genetic composition of a population. *Genetics, 6,* 124–143.

Zakzouk, S. (2002). Consanguinity and hearing impairment in developing countries: A custom to be discouraged. *Journal of Laryngology and Otology, 116,* 811–816.

17장

성적 강제

마크 허핀 · 닐 M. 맬러머스

성적 강제는 인간의 역사에서 보고되지 않은 적이 없지만, 특히 근래에 대중의 주목을 크게 받고 있다. 예를 들어, 오바마Obama 미대통령은 대학 교정과 군대에서 벌어지고 있는 상황에 큰 우려를 표하고 그런 행동을 줄이기 위해 중요한 조처를 단행했다(Calmes, 2014). 또한 최근에는 공공보건 영역에 기술기반 성적 강제라는 새로운 관심사가 등장하기도 했다(Thompson & Morrison, 2013).

이번 장에서는 진화심리학의 관점에서 성적 강제에 대해 논하고자 한다. 성적 강제는 상대방의 충분한 동의 없이 이뤄지는 성 행동이 수반된 행위들이라고 정의할 수 있다. 일반적으로 물리력, 협박, 기만, 또는 다른 형태의 강제들이 사용되며, 극단적인 형태는 강간이다.

진화심리학의 관점들은 행동의 궁극인을 확인하고, 근인에 초점을 맞추는 다른 심리학적 이론화 작업들을 보완한다. 진화심리학자들은 궁극인을 다룰 때, 성적 강압을 가하거나 회피하는 능력이 인간의 조상 환경에서 번식 성공에 기여했는지, 그리고 그로부터 강제적인 성관계에 해당하는 전문화된 심리 기제가 발생했지를 묻는다. 그런 질문은 진화심리학의 이론화에 일반적인 과정이지만, 일부 비평가들은 성적 강제가 피할 수 없는 일이라거나 도덕적으로 중립적이라는 의미에서 '자연적'인 것으로 받아들여질 수 있다며 우려를 표하기도 하는데, 이는 분명 우리가 피하고자 하는 결과다(예를 들어, 자연주의적 오류).

진화심리학의 패러다임을 적용할 때 우리는 성적 강제의 발생 배경으로 작용할 수 있는 남녀 동기 차이의 단서를 고찰하는 것으로 시작한다. 최저 부모 투자의 차이(Trivers, 1972) 때문에 여성보다는 남성이 이성과 성관계를 하고자 하는 동기를 더 쉽게 품을 수 있고, 장기적인 짝짓기와 관련된 감정들을 성관계와 쉽게 분리할 수 있다(Buss & Schmitt, 1993). 이런 차이가 갈등으로 이어지면 일부 남성은 강압을 사용해서 여성의 거부와 저항을 이겨내려 할 수 있다(Gorelik, Shackelford, & Weekes-Shackelford, 2012). 성적 강제가 발생하는 거의 모든 종에서뿐 아니라 인간의 수많은 사회와 역사 기록에서 나타나듯이, 성적 강제의 사용과 관련된 커다란 성차는 부모 투자 이론에서 도출된 예측에 부합한다. 대체로 가해를 하는 쪽은 남성이며, 피해를 입는 쪽은 여성이다. 범죄 통계를 살펴보면 그 성차는 엄청나다. 1990년대 말에 미 법무부가 발표한 통계에 따르면, 강간을 저질러 수감된 범죄자의 99%가 남성이다(Greenfeld, 1997). 게다가 강제에 동원되는 방법에도 성차가 존재한다. 예를 들어, 하인스Hines와 사우디노Saudino(2003)는 "성적으로 강압적인 남성과 달리, 성적으로 강압적인 여성은 상대와 성관계를 맺기 위해 협박이나 물리력을 사용하지 않는다. 대신 그들은 [상대가 성관계를 원하지 않을 때] 성관계를 맺자고 고집을 부린다"(p.214)는 결과를 얻었다.

성적 강제의 빈도는 문화마다 다르지만, 큰 성 차이는 가장 평등주의적이고, 폭력 수준이 전반적으로 낮은 국가에서도 나타난다. 예를 들어 로테스Lottes와 웨인버그Weinberg(1996)에 따르면, 스웨덴 대학생 가운데 성관계 때문에 이성으로부터 비신체적인 강제를 받은 적이 있다고 응답한 사람은 여성이 41%, 남성이 22%였다. 같은 연구에서 미국 대학생을 대상으로 했을 때에는 그 수치가 훨씬 높았는데, 여성의 69%, 남성의 50%가 그런 경험이 있다고 응답했다.

성적 강제를 이론화하는 많은 진화심리학자들이 개인의 강제 성향에 조건-의존적인 심리 기제가 영향을 미친다고 말하는 모델에 주목해왔다. 환경적 경험, 특히 결정적인 초기 단계의 경험은 비교적 고정된 값으로 기제들을 미세조정하고, 그 결과 성적 강제가 시작되는 역치를 영구적으로 변화시킬 수 있다고 한다. 진화심리학의 이론 작업은 일반적으로 성적 강제와 유전적 차이의 직접적인 연관성을 크게 강조하지 않지만, 성적 강제 성향에 영향을 미치는 몇몇 성격 형질과 여타 형질(예를 들어 전반적인 공격 성향, 사회화 및 또래 집단이 주는 영향에 대한 반응성)의 유전적 차이가 근본적인 영향을 미칠 수 있다는 점을 고려하기도 한다(예를 들어, Lalumière, Harris, Quinsey, & Rice, 2005; Waldman & Rhee, 2006; Westerlund, Santtila, Johansson, Jern, & Sandnabba, 2012). 또한 유전적 교배를 통해 쥐들의 성적인 공격성을 조절할 수 있다는 증거(Canastar & Maxson, 2003)는 유전적 요인을 고려하는 것이 도움이 될 수 있다는 생각을 뒷받침해준다. 인간 쌍둥이를 다룬 연구들 역시 유전적 효과가 성적 강제에 미치는 영향을 뒷받침해주지만, 연구자들은 그것이 성적 강제에만 영향을 미치는 유전자가 있다는 뜻은 아니라고 경고한다(Johansson et al., 2008).

이 장에서 우리는 남성의 가해 심리에 초점을 맞추지만, 동시에 남성의 성적 강제에 노출되어 있는 여성의 역적응 양상에 대해서도 고찰할 것이다. 이 분야는 지난 몇 년간 진화심리학의 강간 연구가 중점을 두고 있는 영역이다. 연구자들이 이 문제에 관심을 갖는 것은, 성적 강제를 피하기 위해 전문화된 기제가 여성에게 진화했을 가능성이 성적 강제를 위해 전문화된 기제가 남성에게서 진화했을 가능성보다 높을 거라는 생각에서다. 조상 여성이 성적 강제로 인해 짝짓기 상대를 결정할 능력을 손실함으로써 발생하는 번식 비용이 남성이 때때로 강압적인 성관계를 맺음으로써 발생하는 번식 이익보다 훨씬 컸으리라 추정하는 것이다.

다른 종들의 성적 강제

많은 종들이 섹스를 획득하기 위해 물리력, 괴롭힘 그 밖의 위협을 사용한다고 보고되어왔다. 랄뤼미에르Lalumière 등(2005)은 비인간 종들의 강제 교미를 다룬 문헌을 검토해서, 성적 강제를 드러내는 종들에게 특이적 형질이 있음을 확인했다. 어느 비인간 종이나 항상 수컷이 암컷을 대상으로 교미를 강요한다. 짝짓기 과정에서 암컷이 공격적인 경향을 보이는 종들이 더러 있긴 하지만, 암컷이 강제적으로 수컷과 교미하는 경우를 저자들은 단 한 사례도 발견하지 못했다. 게다가 수컷들은 생식력이 없는 암컷보다는 생식력이 높은 암컷을 강제 교미의 대상으로 삼았다. 따라서 강제 교미는 간혹 사정, 수정, 자식으로 이어진다. 또한 대다수의 종에서, 강압적인 성행동을 하는 수컷들은 오직 강압적인 방법만 사용하지는 않았다. 사실 강제 교미를 저지르는 수컷의 대다수가 다른 상황에서는 암컷에게 구애를 한다. 마지막으로, 랄뤼미에르 등(2005)은 개체 차이가 성적 강제에 미치는 영향을 확인했다. 어떤 수컷은 다른 수컷보다 강제 교미를 더 쉽게 시도한다. 어떤 수컷은 다른 수컷보다 성적 강제에 더 많이 성공한다. 랄뤼미에르 외는 성적 강제가 (특히 강제 교미의 형태에서) "일부 수컷들이 어떤 조건하에서 번식률을 높이기 위해 사용하는 전략"(p.59)이라 결론 짓는다.

특히 흥미로운 종은 오랑우탄으로, 오랑우탄은 성적 강제가 흔하게 발생하는 몇 안 되는 비인간 영장류에 속한다. 증거에 따르면 오랑우탄 수컷은 큰 수컷과 작은 수컷, 두 가지 계층으로 나뉜다. 두 유형 모두 성적으로 성숙하지만, 성적 성숙이 이뤄지는 시점은 상당히 가변적이다. 야생에서 큰 수컷은 대체로 80kg이 넘고, 작은 수컷보다 체격이 두 배가량 크다(Knott, 2009; Knott & Kahlenberg, 2007). 두 유형 모두 강제 교미를 하지만, 이를 더 자주 실행하는 쪽은 작은 수컷으로, 일부 오랑우탄 서식지의 작은 수컷들은 총 교미의 80% 이상을 강제로 한다. 그러나 다른 지역에서는 그 절반 혹은 절반에 못 미치는 비율을 나타내기도 해서, 개체군 밀도와 성비 등의 환경 조건이 강제 교미에 미치는 영향을 보여준다(Knott, 2009; Knott & Kahlenberg, 2007).

오랑우탄에서 발견되는 증거는 보노보와 일반적인 침팬지 등 강제 교미가 보고되지 않은 종들과 대조된다(Stumpf, Emery Thompson, & Knott, 2008). 이는 여러 유인원 가운데 오랑우탄에게만 나타나는 고립된 사회 체계 같은 독특한 요인들이 중요하다는 점을 시사한다(수컷들의 성적 공격을 견제하기 위한 암컷 연합의 중요성을 강조한 분석으로는 Smut, 1995와 Smuts & Smuts, 1993을 보라. 암컷 연합은 다양한 종에게서 발견되며 인간과도 잠재적으로 관련되어 있다). 하지만 침팬지 수컷도 암컷을 괴롭히거나 위협하는 등, 비교적 직접성이 덜한 성적 강제 전략을 사용한다. 이런 전략은 암컷의 지금 행동이 아니라 미래의 행동을 조작하기 위한 것이다. 예를 들어 야생 침팬지 연구에서 나온 장기적인 데이터에서는, 첫 교미 상대를 결정하는 암컷의 의향과 수컷이 그 암컷에게 공격적인 태도를 취한 빈도 사이에 양의 상관관계가 나타났는데, 이는 성적 강제가 암컷의 짝 선호를 제약할 수 있음을 가리킨다(Muller, Emery Thompson, Kahlenberg, & Wrangham, 2011). 또한 관련 연구(Muller, Kahlenberg, Emery Thompson, & Wrangham, 2011)는 수컷 침팬지가 자신이 공격적으로 대했던 암컷을 대상으로 할 때 짝짓기에 더 많이 성공하고, 또 생식력이 높은 암컷에게 성적 공격성을 집중시킨다는 결과를 얻었다.

인간의 성적 강제

진화에 기초한 성적 강제 모델이 다루는 주제 중에는 인류 역사상 성적 강제가 얼마나 빈발했는지의 주제가 들어 있다. 수시로 발생하는 사건에는 '번식 성공을 위한 자연선택의 동역학에 뿌리내린 논리'가 존재할 가능성이 높기 때문이다(Wrangham & Paterson, 1996, p. 138). 성적 강제는 인류 역사를 통틀어 꾸준히 발생한 듯하고(예를 들어, Chagnon, 1994), 비교문화 조사의 결과도 오늘날 대부분의 사회에서 성적 강제가 발생한다고 말한다(Basile, 2002; Broude & Greene, 1978; Fulu, Jewkes, Roselli, & Garcia-Moreno, 2013; Levinson, 1989; Monson & Langhinrichsen-Rohling, 2002). 게다가 그 조사에 따르면 비교적 강간으로부터 안전하다고 하는 사회(예를 들어, Sanday, 1981)에서도 남성의 성적 공격을 억제하는 사회적 규칙을 마련해두고 있다. 이는 성적 강제의 위험이 보편적이라는 것을 말해준다.

성적 강제의 비용이 낮거나 가해자가 익명으로 남을 수 있는 조건이 형성되어 처벌에 대한 두려움이 감소할 때, 많은 남성이 강간을 한다. 이는 전시에 명백하게 드러난다(Allen, 1996; Stiglmayer, 1994를 보라). 남성들 가운데 최소 1/3이 만약 부정적인 결과를 겪지 않는다고 확신할 수 있다면 성적 강제를 저지를 수 있다고 인정한다(예를 들어, Malamuth, 1989). 또한 성적 강제와 관련된 판타지가 남성들 사이에서 흔하게 나타나며(Greendlinger & Byrne, 1987, 대학생 남성의 54%는 '여성과 강제로 섹스하는 판타지가 있다'; Crèpault & Couture, 1980, 남성 집단 표본 가운데 33%가 가끔 혹은 자주 '여성을 강간하는' 장면을 떠올린다), 성적 공격에 대한 상상은 실제의 성적 공격을 가리키는 중요한 예측 인자다(예를 들어, Dean & Malamuth, 1997; Malamuth, 1981,

1988; Knight & Sims-Knight, 2003; Seto & Kuban, 1996). 또한 공격적인 성적 판타지는 높은 성적 집착, 높은 성적 충동, 성욕과도와 공변화한다(Knight, 2010a). 공격에 대한 상상은 진화한 심리 기제에 대한 중요한 정보를 드러내준다(B. Ellis & Symons, 1989; Kenrick & Sheets, 1993).

적응, 부산물, 잡음

R. 손힐과 팔머Palmer(2000)는 강간에 관한 가장 논쟁적인 진화적 분석을 제시했다. 그들은 성적 강제가 적응의 결과인지, 혹은 다른 문제를 해결하기 위해 설계된 적응의 부산물인지를 밝혀내고자 했다. 적응은 자연선택된다(즉, 조상의 번식 성공을 증진시키는 결과를 낳았다). 진화 과학에서 적응 여부를 판단하기 위해 사용하는 기준에는 경제성, 효율성, 복잡성, 정확성, 발달의 신뢰성, 구체적 문제의 해결을 위한 기능성 등이 있다(Buss, Haselton, Shackelford, Bleske, & Wakefield, 1998; 또한 Tooby & Cosmides, 1992를 보라). 부산물은 적응적 문제를 해결하기 위해 진화한 것이 아닌 부수적 형질이다. 예를 들어 설계상의 기능이 없는 남성 유두는 여성 유두의 적응적 가치에 따른 부산물이다(Symons, 1979).

강간이 적응의 산물인지 부산물인지를 맨 처음 폭넓게 검토하고 논의한 사람은 시먼스(1979)였다. 그는 당시에 이용할 수 있는 데이터로는 강간이 인간의 조건발현적 적응이라고 결론짓기에 불충분하다고 생각했다. 강간은 적응이라기보다는, 성적 흥분을 일으키는 적응과 탐나는 물건을 갖기 위해 강압을 동원하는 적응의 부산물일 수 있다. 이후에 강간에 대한 진화적 모델들은 시먼스의 주장을 확장시켜서, 강간을 성적 욕망 그리고 일반적인 소유욕이나 타인을 통제하려는 욕망의 부산물에 포함시켜왔다(L. Ellis, 1989). 또 다른 진화적 모델들은 강간을, 예를 들어 정신질환질 같은 대체전략의 한 양상이라고 보는데, 이 경우 강간은 다른 영역에서 강제를 사용하는 현상의 부산물이다(Mealey, 1995).

적응 가설

적응 가설은 조상의 시대에 어떤 상황에서는 성적으로 강제하는 행동(그리고 특히 여성의 경우에는 성적 강제를 피하는 능력)이 충분히 높은 빈도로 번식 성공에 기여해서 진화한 심리 구조에 어떤 변화(성적 강제가 반복적으로 적합도 결과를 만들어내지 않았다면 일어나지 않았을 변화)를 야기했다고 생각한다. 따라서 이 가설은 성적 강제에 적용되는 특수한 심리 기제가 있다고 추정한다. 그런 전문화된 기제에는 근접 환경에서 관련된 환경적 단서와 행동을 중재하는 감정이나 흥분 패턴 같은 반응이 포함될 것이다.

진화심리학의 관점에서 문제는 성적 강제가 남성의 입장에서 합의된 성관계보다 나은 전략인지를 따지는 것이 아니라, 조상 남성들에게 특정 상황에서 성적 강제가 번식에 효과적이었는지를 밝히는 것이다. 다시 말해, '어떤 때에 어떤 남성들에게 성적 강제가 전체적인 적합도를 향상시킨 반복적인 조상 조건이 실제로 존재했는가?' 하는 것이다. 강간이 수정으로 이어지는 경우는 드물다는 점에서 성적 강제가 번식 성공에 기여했다는 가설은 비판을 받기도 하지만, 고트쉘Gottschall과 고트쉘Gottschall(2003)은 가임기 여성이 음경−질 강간으로 임신한 비율이 합의된 성관계의 건별 임신율에 비해 두 배 높다고(6.4% 대 3.1%) 추정했다. 연령을 통제한 이후에도 건별 강간 임신율은 여전히 합의된 성관계의 임신율보다 2% 높았다(또한 Holmes, Resnick, Kilpatrick, & Best, 1996을 보라. 연구자들에 따르면 미국 가임기 여성의 표본에서 강간과 관련된 임신율은 강간 사건 기준 5.0%, 또는 피해자 기준 6.0%다. 간접적인 증거로는 Beirne, Hall, Grills, & Moore, 2011을 보라. 이들은 정상적으로 배란하는 성폭행 피해자 105명의 표본을 통해, 생식력이 가장 높은 시점, 즉 "피해자가 배란기 중에 있을 때 공격당하는 경향과 빈도가 급증하는 것"[p.315]을 확인했다).

또한 절반 이하지만 상당수의 여성이 자신을 성폭행한 남성과 계속해서 성관계를 맺는다는 사실도 성적 강제의 잠재적인 적합도 결과와 관련이 있다(Koss, 1988). 계속되는 성관계는 성폭행이 완료된 경우에 특히 사실로 나타나는데, 성적 강제가 차후의 성교 기회를 확보하기 위한 전략으로 사용될 수 있다는 점을 시사한다. 비교 연구의 관점에서 이 사실은 암컷의 지금 행동보다는 미래의 행동을 조작하기 위해 성적 강제를 이용하는 야생 침팬지의 행태와 일치한다. 일례로, 엘리스Ellis, 위드메이어Widmayer, 팔머(2009)는 성폭행을 당했다고 밝힌 북미 여대생 2천여 명을, 공격이 도중에 중단된 집단(59.4%)과 공격이 완료된 집단(40.6%, 즉 성관계가 발생한)으로 분류했다. 두 집단에 속한 상당수의 여성이 사건 이후에 공격자와 최소 한 번 이상 성관계를 맺었으며, 그런 결과를 보고한 비율은 공격 완료 집단(27.2%)이 공격 중단 집단(19.4%)보다 높았다. 전반적으로, 이 결과는 "남성들 가운데 적어도 소수는 '자발적인' 전술만 사용하는 남성들보다 더 많은 짝짓기 기회를 확보하기 위해 폭행 전술을 사용하는 성향을 진화시켰을 가능성"이 있음을 가리킨다(p.461)(또한 Wilson & Durrenberger, 1982를 보라. 강간 피해자의 39%가 공격자와 다시 데이트를 했고, 강간 미수 피해자가 공격자와 데이트를 한 비율은 12%였다). 엘리스, 위드메이어, 팔머는 완료된 폭행이 더욱 쉽게 추후의 성교로 이어지는 것은 그 여성들이 더 큰 외상을 겪었거나, 임신을 한 경우 지원이 필요하다고 느끼기 때문이라는 가설을 세웠다.

이와 관련해서 홈즈Holmes 등(1996)의 연구에 따르면 강간과 관련된 임신 사례 가운데 41.2%에서 폭행이 반복되었고, 그중 한 번의 폭행이 임신으로 이어졌다고 한다. 여성들 가운데 몇 퍼센트가 한 명의 가해자로부터 폭행을 당한 것인지는 분명하지 않지만(데이터는 피해자들의 강간 관련 임신이 학대가 진행 중인 맥락에서 일어났다는 것만을 가리킨다), 데이터는 성적 강제 이후 미래의 성교 가능성이 증가할 수 있다는 점을 보여준다.

R. 손힐과 팔머(2000)는 그들의 모델을 위해 개연성이 있는 다양한 적응기제를 제시했다. 다음과 같이 설계된 것들이다. (a) 성적 강제에 대한 여성의 취약성을 평가하고, 예비 강간범에게 가장 유리한 비용−이익 시나리오가 펼쳐지는 방향으로 강간이 이뤄지게끔 이론적으로 계산을 하는 기제, (b) 생식력(예를 들어, 연령, 배란 상태)과 관련된 단서를 식별해서 남성이 생식력이 가장 높은 여성을 우선적인 표적으로 삼게 하는 기제, (c) 강간할 때 생산되는 정자 수를 최적화하는 기제, (d) 가치가 높은 사정 기회를 두고 다른 남성들과 치열한 경쟁이 예상될 때, 정자 경쟁 조건 하에서 강간 확률을 끌어올리는 기제, (e) 여성에게 성적으로 접근할 기회가 거의 없는 남성이 강간을 실행하도록 유도하는 기제('짝 박탈' 가설), (f) 강간 기회에 특수한 흥분을 불러일으키는 기제. 성적 강제를 적응으로 설명하는 이 이론들은 다른 연구들을 통

해 더 넓어지고 정교해졌다(Camilleri, 2012; Camilleri & Stiver, 2014를 보라). 다음 절에서 우리는 특히 강압적인 성관계 특유의 성적 흥분에 초점을 맞춘 이론과 데이터를 평가하고, 그런 적응적 결정 규칙이 어떻게 선택적으로 구축될 수 있는지를 밝히고자 한다.

폭력반응성 성적 흥분

성적 강제를 부추기는 전문화된 심리 기제의 가설적 후보들 가운데 집중적인 주목을 받아온 한 가지는 강제적인 성관계와 관련이 있는 특수한 성적 흥분으로, 여기서는 폭력반응성 성적 흥분SAF: sexual arousal to force으로 지칭할 것이다. 이런 흥분은 여성을 통제하거나 지배함으로써 발생하는 보다 넓은 성적 흥분의 한 양상일 수 있지만, 물리력을 사용함으로써 흥분에 도달할 수 있다는 점이 다르다.

R. 손힐과 손힐(1992)은 적응 모델을 통해 폭력반응성 성적 흥분을 논의하면서, 남성들 사이에서 강압적인 성교 시에 더 큰 성적 흥분이 나타나는 것은 강압적인 성적 전략을 통한 더 큰 성공이 특정 상황에서 조상의 번식 적합도에 기여했기 때문이라고 주장했다. 그들은 조상 환경에서 강제적인 짝짓기로 발생하는 비용, 즉 지위나 목숨을 잃을 가능성을 고려하면 남성에게 강제적인 성관계에 대한 선호가 진화하기 어려웠을 테고, 따라서 SAF를 입증하기도 어려웠을 것이라고 지적한다. 하지만 만일 어떤 반복적인 조상 환경에서 강제적인 짝짓기에 따른 번식 이익이 그에 따른 비용을 상회했다면, 여성의 동의가 없을 때 오히려 성적 흥분을 일으키는 심리 기제가 진화했을 수 있다. 정신질환질을 선택주의적으로 설명하는 해리스, 라이스, 힐튼, 랄뤼미에르, 퀸제이Quinsey(2007)의 가설은 폭력반응성 성적 흥분에 강간 적응의 설계 특징이 반영되어 있을 수 있다고 시사하는 모델에 속한다. 이 선택주의 가설은 이렇게 질문한다. "사이코패스가 폭력, 강제, 강간을 묘사하는 성적 자극에 더 강하게 반응하는 것은 그저 타인의 고통에 무관심하기 때문일까? 아니면 정신질환질에 강압적인 성관계를 부추기는 기제가 수반되어 있는 것일까?"(p.20). 해리스 등(2007)은 성적 강제가 정신질환질의 근본적인 특징일 수 있다고 말한다.

버스(1994/2003)는 폭력반응성 성적 흥분을 다룬 이 모델과 손힐과 팔머(2000)가 제시한 데이터가 대안적 가설들의 차이를 분별하지 못한다고 말한다. 그런 비판을 고려해서 우리는 대안적인 설명들을 더 잘 검증할 수 있는 방식으로, 폭력반응성 성적 흥분이 성적 강제에 조건적으로 특화된 기제일 수 있다는 가능성을 이론적/경험적으로 정교하게 탐구하고 있다. 헤이건Hagen(2004)은 조상 환경에서 강간을 '성공적으로' 실행하는 데 딸린 문제들이 다른 맥락에서 공격성을 사용할 때 수반되는 문제들과 다르지 않다면, 강간에 특화된 기제는 예상할 수 없다고 주장한다. 강압적인 맥락에서 발생하는 성적 흥분이 중요한 차별점일 수 있다. 대개 성적 흥분은 공격적 행동과 무관하거나 오히려 방해가 된다. 거의 모든 환경에서 남성의 대다수가 선호하는 성적 전략은 합의를 통한 성관계를 추구하는 것이기 때문에, 성적 흥분 기제는 일반적으로 여성의 성적 수용성이 없다는 징후에 남성의 성적 욕망이 억제되도록 미세조정되어 있다. 하지만 조상 환경에서 어떤 개인이 효과적으로 강간을 할 수 있으려면, 이 기본적인 흥분 패턴이 역전되어야 그에 걸맞은 공격성이 나올 것이다. 그렇다면 이는 성과 무관한 강제와 대조되는 동시에 성적 강제에 한정되는 적응적 문제라고 가설화할 수 있다.

실증적 데이터를 평가할 때 우리는 폭력반응성 성적 흥분을 측정(종종 생식기를 직접 측정)하는 연구들에 의존하고 있으며, 피험자가 보고한 지배성 같은 관련된 측정치들을 섹스(Nelson, 1979)와 강간 판타지(Greendlinger & Byrne, 1987)의 동기로 활용하는 연구들이 현재의 분석과도 매우 밀접하게 관련된 구성개념들을 평가하고 있다고 확신한다.

폭력반응성 성적 흥분의 진화된 기능으로 제시된 것들

어떤 조상 환경에서는 물리력 사용과 관련된 단서에 반응하여 발생하는 성적 흥분의 억제 또는 활성화가 성관계 의사가 없는 여성을 성공적으로 지배하고 성적으로 통제할 가능성에 영향을 미쳤을지 모른다. 어떤 감정들은 특정한 자극을 회피하도록 부추기고, 어떤 감정들은 특정한 자극에 대한 접근 또는 추구를 부추긴다(이에 관한 개괄은 Elliot, 2008을 보라). 거미에 대한 두려움이 특정한 위협들을 회피하게 하 듯이, 물리력 사용의 단서로 발발한 성적 흥분이 성적 강제를 부추길 수 있다. 앨런, 달레시오D'Alessio, 에머스-소머Emmers-Sommer(2000)의 메타분석은 이 가설을 뒷받침 하는데, 연구자들은 성적 흥분은 긍정적인 감정과 관련되어 있으며, 접근 또는 추구 의 전조라고 기록했다.

물리력 사용의 단서로 발생한 성적 흥분이 성적으로 강압적인 행동을 벌일 가능 성을 증가시키도록 설계된 접근 감정의 역할을 한다는 이 가설은, 폭력반응성 성 적 흥분을 다룬 비진화적 가설들과 충돌할 수 있다. 예를 들어, 마샬과 페르난데스 Fernandez(2000)는 폭력반응성 성적 흥분이 성적 강제를 가동하도록 설계되지 않았을 뿐더러, 인과관계가 반대 방향으로 흐른다는 가설을 세웠다. 마샬과 페르난데스는 폭력반응성 성적 흥분과 그 밖의 '변태적인' 성적 흥분은 반복된 성폭력의 결과라고 주장한다. 이 모델은 가해자가 합의된 성관계에 필요한 사회적 기술과 자신감이 부 족하기 때문에 강압적인 전략을 반복적으로 사용하고, 그 결과 폭력반응성 성적 흥 분이 습관화된다고 말한다(하지만, 예를 들어 Ellis et al., 2009를 보라. 대체로 성폭행을 하는 남성들은 보통의 남성들보다 더 많은 여성과 성관계를 맺는다). 다른 가설들 역시 그 런 성적 흥분을 남성들 가운데 소수에게만 나타나는 비정상으로 개념화한다(예를 들 어, Abel, Barlow, Blanchard, & Guild, 1977). 비정상 가설을 대표하는 『정신장애 진단 미 통계 편람Diagnostic and Statistical Manual of Mental Disorders』(5판; DSM-5)의 이상성욕 항목에는 최근에 도착적 강제장애라는 정신의학적 진단이 새롭게 포함되었는데, 그 진단 기준은 상대의 비동의, 몸부림, 저항에서 비롯된 성적 흥분이다.

한 진화적 모델은 조상 환경에서 발생한 미세조정 기제로 인해 '정상적인' 남성 들 가운데 상당한 비율에서 성적 강제를 조장하는 성적 흥분 패턴이 보인다는 독특 한 주장을 제시한다. 그 미세조정은 어떤 식으로 일어날까? 우리가 이제 간단히 살 펴볼 모델(이를 진화적 기능EF: evolutionary functional모델이라 부른다)은 인간에게는 공통 으로 진화한 심리가 있으며 이 공통의 심리가 발달 과정에서 관련된 경험에 따라 기 제를 다른 수준으로 '설정'한다는 주장(Belsky, Steinberg, & Draper, 1991; Draper & Harpending, 1982; Trivers, 1972)에 부합하는 것으로, 여성과의 사이에서 겪은 부정 적인 경험이 폭력반응성 성적 흥분 기제와 성욕 억제 기제 가운데 어느 한 쪽을 강화할 수 있다고 강조한다. 그런 과정을 완벽하게 시험하기 위해서는 현실적으로 실행하기 어려운 종단 연구가 필요하지만, 그래도 그와 비슷한 과정을 점화(촉발)해서 **형질 조건**과 관련된 **상태 조건**을 만들어낼 수는 있을 것이다. 예이츠, 마샬, 바버리Barbaree(1984)는 여성에게 모욕을 당한 남자 대학생들이 합의된 성관계의 묘사보다 강간의 묘사에 성적으로 더 많이 흥분한다는 결과를 얻었다. 여성의 모욕을 가하지 않고 생리적 자극을 통해 정상적으로 흥분시켰을 때에는 그런 증가가 나타나지 않았다.

이와 관련된 다른 연구는 여성에 대한 분노와 적대감의 상태가 아니라 형질을 겨냥한다. 이 연구들에 따르면 여성에게 거부당했다는 지각을 나타내는 항목들을 측정했을 때(예를 들어, Check, Malamuth, Elias, & Barton, 1985) 여성에게 적대감을 품은 것으로 나타난 남성들은 그렇지 않은 남성들보다 폭력반응성 성적 흥분이 상대적으로 높게 나타난다. 예를 들어, **성적 공격성 합류 모델**confluence model of sexual aggression에 초점을 맞춘 여러 연구들(Malamuth & Hald, 인쇄 중)은 여성에 대한 적대감, 남성의 폭력반응성 성적 흥분, 또는 섹스와 강간 판타지의 동기인 지배성 같은 유사한 구성요소들의 개인차를 측정하고, 이 측정값 사이에 강한 연관성이 있음을 발견했다. 성적으로 공격적인 행동을 하지 않는 남성과 성적으로 공격적인(그와 관련하여 미세조정을 통해 폭력반응성 성적 흥분이 증가했을 확률이 높은) 남성의 차이를 조사한 연구들도 비슷한 결과를 얻었다(예를 들어, Murnen, Wright, & Kaluzny, 2002). 몇몇 점화식 연구는 성적으로 공격적인 남성들은 자동적으로 여성을 적대감, 성관계, 권력과 쉽게 연관시킨다는 것을 밝혀냈다(Bargh, Raymond, Pryor, & Strack, 1995; Leibold & McConnell, 2004). 바버리(1990)는 강간범들에게, 그들이 각기 다른 감정을 품은 여성을 대상으로 강간하는 장면을 떠올려달라고 요청했다. 강간범들은 적대감을 많이 느끼는 여성일수록 강간 단서에 성적으로 더 많이 흥분했다. 포브스Forbes, 애덤스-커티스Adams-Curtis, 화이트White(2004)는 여성에 대한 적대감이 남성 우월주의를 나타내는 여러 측정값(가령, 성적 공격이나 성차별주의를 지지하는 태도)과 여성을 향한 공격성을 연결하는 핵심 요소임을 발견했다. 바우마이스터baumeister, 캐터니즈Catanese, 월리스Wallace(2002)는 여성에게 거부당한 경험이 특히 상대적으로 자기애 성향이 강한 남성들에게 성적으로 강압적인 행동을 유발한다고 말하는 여러 연구들을 요약했다.

요컨대 그 연구결과들은 좋아하는 여성에게 접근을 차단당했다는 지각 및 그와 관련된 적대감이 남성의 성적 흥분 패턴에 이뤄지는 미세조정 과정에 영향을 미쳐서 결과적으로 강제적인 성 행동을 저지를 가능성을 높일 수 있다는 가설을 일부 뒷받침해준다.

폭력반응성 성적 흥분 기제는 성적으로 강제적인 행동을 저지를 가능성에 어떤 식으로 영향을 미치는 걸까? 단순하게 두 가지 유형의 남성을 구분해보자. 한쪽은 성관계 가능성이 높아 늘 동의를 얻어 성관계를 하고, 다른 한쪽은 성적 강제를 활용해야만 성관계 가능성이 높아진다. (우리는 단순한 이분법보다는 보다 입체적인 개념화를 선호하지만, 설명하기 쉽게 잠시 이분법을 사용하기로 하자.) 만일 우리가 각 유형의 남성에게 (조상의 적합도에 전반적으로 이로운) 최적의 판단 규칙을 제공하는 심리 기제를 설계해준다면, 거기에 어떤 속성들을 포함시켜야 할까? 우선 첫 번째 유형의 남성에게는 그가 성적으로 원하는 여성이 무관심, 경멸, 혹은 다른 부정적인 반응을 보일 때 그런 단서들을 기민하게 수용하는 민감성이 필요할 것이다. 의사가 없는 여성과 성관계를 맺겠다고 버틸 때의 비용이 다른 후보와 합의된 성관계를 맺는 비용보다 더 크다면, 접근 성향을 억제해주는 기제가 효과적일 것이다. 하지만 남성이 두 번째 유형이라면, 조상 환경에서 이와 같은 억제 기제를 폐기하는 편이 적응에 더욱 유리했을 것이다. 두 번째 유형에게는 어쩌면 폭력반응성 성적 흥분의 증가가 합의된 성관계보다 적합도에 더 큰 이익이 될 수 있다. 강제로 상대의 저항을 무력화하려면 상대적으로 더 강한 인내력과 더 많은 에너지가 필요하기 때문이다. 버냇Bernat, 칼훈Calhoun, 애덤스Adams(1999)는 자신을 성적으로 공격적이라 여기는 남성들 중에 성적으로 잔혹한 믿음(예를 들어, "여자 한 명 잡아서 술이나 약을 먹이거나 흥분시키면, 원하는 건 뭐든지 해준다고", "간만 보는 여자들은 강간을 해버려야 돼")을 가진 이들은, 성적인 시나리오에 물리력을 도입했을 때 생식기의 발기 정도가 증가한다는 결과를 얻었다(또한 Lawing, Frick, & Cruise, 2010을 보라. 이들은 싹슬이년 성범죄자들 가운데 잔혹성/무감각성이 높은 이들이 성적인 공격성을 더 크게 드러냈으며, 다른 싹슬이년 성범죄자들보다 피해자의 수가 더 많다는 결과를 얻었다).

우리의 분석에 따르면 1번 유형의 남성들은 폭력반응성 성적 흥분이 억제되어 있을 테고, 2번 유형의 남성들은 합의된 성관계와 강제적인 성관계에서 느끼는 성적 흥분이 적어도 균등하거나(즉, 억제 기제를 차단한), 아니면 (더 큰 성적 흥분을 일으키는 기제가 활성화되어) 일부라도 강제적인 성관계에서는 더 많이 흥분할 것이다. 두 남성 유형의 차이는 큰 오랑우탄 수컷과 작은 오랑우탄 수컷들 사이에 존재하는 차이와 유사한 면이 있다. 각 개인이 특수한 발달 환경과 현재의 환경에 근거해서 각자가 처한 상황에 대응하는 것을 설명해준다는 점에서다. 요약하자면, 만일 어떤 조상 환경에서 성적 강제의 사용이 특정 시기, 특정 남성들에게 적합도를 전반적으로 향상시켜주었다면, 그들에게는 여성이 성관계를 원하지 않는다는 단서가 나타나더라도 성적으로 억제되지 않는 능력과, 잠재적으로 피해자를 지배하고 통제할 때 성적으로 흥분하는 능력이 상당히 중요했을 것이다.

유죄판결을 받은 제너럴리스트 강간범과 집단 비교의 어려움

앞서 설명한 가설상의 두 유형을 확인하려면 어떤 비교집단을 선택해야 할까? 앞서 언급한 연구자들은 유죄판결을 받은 강간범과 일반 남성을 비교했다(예를 들어, N. Thornhill & Thornhill, 1992; R. Thornhill & Palmer, 2000). 하지만 이상적인 비교는 아니다(예를 들어, Laumière, Quinsey, Harris, Rice, & Trautrimas, 2003; Marshall & Kennedy, 2003). 유죄판결을 받은 강간범 가운데는 다방면으로 반사회적 행동을 하는 '제너럴리스트'가 있고, '강간 스페셜리스트'가 있기 때문이다. 후자의 집단에겐 성적 강제의 가능성을 높이도록 미세조정을 거친 기제들이 존재할 것이다. 전자의 집단에 속한 개인들 가운데는 성적 강제와 관련된 미세조정을 거친 기제들은 없지만, 다른 기제들의 작동을 통해 성적 강제를 사용한 경우가 포함되어 있을 것이다. 이 남성들이 다양한 반사회적 행동을 저지르는 것은, 전반적으로 반사회적 행동을 유발하는 기제들(예를 들어, 자제력 부족, 높은 충동성, 낮은 공감 능력, 그리고/또는 잔혹성)이 다른 남성들과 다르기 때문이며, 반드시 폭력반응성 성적 흥분에 집중된 특이적 기제(혹은 다른 성적 강제에 전문화된 기제들) 때문이라고 할 수는 없다. 그보다 이들은 쉽게 절도를 저지르거나, 무엇이든 원하는 목표를 이루기 위해 쉽게 강제를 사용하는 사람들일 것이다. 그런 면에서 반사회적 형질 및 행동을 측정하는 대부분의 기준을 통해 유죄판결을 받은 강간범과 다른 유형의 강력범을 비교해볼 수 있는데 (Lalumière et al., 2005), 이때 대다수의 강간범에게 성범죄와 무관한 범죄 전력이 나타나서(Kingston, Seto, Firestone, & Bradford, 2010), 강간범의 범죄기록은 다른 범죄자들의 범죄기록과 대체로 유사하다(Serin & Mailloux, 2003).

미테Miethe, 올슨Olson, 미첼Mitchell(2006)은 1994년에 발표된 대규모 수감자 표본에서 얻은 데이터를 이용해서, 강간범들은 다른 유형의 범죄자들에 비해 전문성(즉, 동일한 범죄의 반복)이 낮다는 결과를 얻었다. 연속으로 성범죄를 저지른 이들로 이루어진 하위 분류에서도 "아주 소수에게만 전문성이 있었고, 나머지는 다양한 범죄 경력을 보였다"(p. 221). 치료감호 처분을 받은 170명의 강간범을 대상으로 한 최근의 연구도 일부 사회적 통념과 달리 유죄판결을 받은 강간범들은 대체로 전방위적인 범죄자라는 점을 확실히 보여준다(Harris, Mazerolle, & Knight, 2009; 또한 Harris, Smallbone, Dennison, & Knight, 2009를 보라). 일반적으로 통용되는 전문성의 정의를 활용해서, 저지른 범죄의 과반이 전적으로 성범죄인 경우를 따진다면, 이들 가운데 오직 18명(11.8%)만이 강간 스페셜리스트에 해당했다.

유죄판결을 받은 강간범의 대부분이 범죄 제너럴리스트인 반면에 어떤 강간범들은 강간 스페셜리스트인 것으로 나타난다. 매사추세츠 치료센터MTC: Massachusetts Treatment Center의 강간범 유형 분류 체계는 세 종류(그전에는 네 종류였다)의 동기적 주제 및 각 주제와 관련된 하위 유형으로 이루어진 구조를 통해 강간범을 분류하는데(Knight, 2010b; Knight & Prentky, 1990; Knight & Sims-Knight, 인쇄 중), 그 가운데 성적인 동기가 있는 두 가지 유형—가학 성향이 있는 유형과 가학 성향이 없는 유형—은 성과 무관한 다른 하위 유형들보다 강간에 대한 도착적 관심과 성적 만족에서 더 강한 자극을 받는다. 다만 이와 같은 유형 분류를 입증하는 증거는 그리 확고하지 않다(예를 들어, Looman, Dickie, & Maillet, 2008을 보라. 이들은 강간 묘사에 대한 반응을 조사했을 때 성적 동기의 하위 유형에 속한 강간범과 비-성적인 유형으로 간주된 강간범의 집단 간 차이를 발견하지 못했다. Kingston et al., 2010은 가학 성향 성범죄자들의 표본에서 전문성의 증거를 발견하지 못했다. Healey, Lussier, & Beauregard, 2012는 성적 가학 성향이 무엇인지 또는 어떤 방법으로 그 성향을 규명할 수 있는지에 대해 과학계의 합의가 이루어지지 않았음을 지적한다). 나이트Knight(2010b, p. 17-7)도 인정했듯이, "성적 유형에 관한 타당성 데이터는 이 유형 분류 체계에서 꽤 문제적인 영역이다." 성적으로 강압적인 남성의 유형을 안정적으로 분류하는 것도 골치 아프지만, 데이터 해석과 관련된 난점들도 문제를 보탠다(Harris, Lalumière, Seto, Rice, & Chaplin, 2012와 Seto, Lalumière, Harris, & Chivers, 2012를 보라. 이들은 강간 시나리오에 대한 생식기 반응 단서를 통해, 강간범과 자신을 가학성애자로 밝힌 사람들을 구분하는 유의미한 방법을 제시한다. 그러나 동일한 연구를 평가한 뒤 두 집단 사이에 차이점보다 유사성이 더 크다는 사실을 발견한 Knight, Sims-Knight, & Guay, 2013과 비교해볼 필요가 있다).

메사추세츠 치료센터 유형분류 체계를 처음 고안한 나이트와 동료들은 최신 데이터를 활용해서 유형 분류 체계를 개정하고 기존 구조의 개념을 수정한 종합적인 접근법을 새로 제시했다. 이 접근법은 강압적인 성행동의 강도에 따라 개인들을 하나의 연속체상에 정렬시킨다(예를 들어, Knight, 2010b). 예를 들어 극심한 가학적 흥분은 이 연속체의 최상단에 위치한다(Knight et al., 2013). 서로 연관되어 있다고는 하지만 개별성이 더 강한 형질들에 따라 강간범을 분류하고자 했던 이전의 유형학적 시도와 달리, 새로운 구조 모델은 "개선된, 입체적인, 원형모델이라 할 수 있으며, 이전 모델의 선형 구조를 대체하고 재구축한다"(Knight & Sims-Knight, 인쇄 중). 새로운 모델은 일변량 차원에서 각자가 보유한 형질의 정도 차이(유형 차이가 아니라)에 따라 남성들을 구분할 수 있다고 설명하는데, 이는 근인(예를 들어, 원하는 여성에게 당한 반복적인 거절, 착취적 관계의 역사)이 보편적인 심리 기제들과 상호작용해서 성적 강제 행동의 발현에 영향을 미친다고 보는 진화심리학적 접근법과 일치한다.

전문화, 강제의 가능성

메사추세츠 치료센터의 강간범 유형분류 체계에 따라 강간범을 분류하는 것은 전문화된 심리 기제의 활성화가 어느 정도 원인이 되어 성적 강제를 저지를 수 있는 남성들을 식별하는 잠재적으로 가치 있는 수단이 될 수 있지만, 대다수의 남성이 제외된다. 데이터, 그중에서도 대학생 인구 집단으로부터 얻은 데이터는 비범죄자들 사이에서도 전문화가 분명하게 나타날 수 있다고 말한다. 일반적인 커뮤니티 표본에서, 자신이 성적 강제를 저지른 적이 있다고 밝힌 남성들은 유죄판결을 받은 강간범들보다 '전문성'의 증거를 더 많이 드러낸다. 로니스Ronis, 나이트, 프렌키Prentky, 카프카Kafka(2010)는 자기가 성적으로 강압적이라 밝힌 커뮤니티의 남성들은 가학 성애, 성적 집착, 속박 행위 등 성적/도착적 판타지와 관련된 다양한 측정값이 수감 중인 강간범들보다 높다는 결과를 얻었다. 범죄자들 가운데 성범죄로 유죄판결을 받지는 않았지만 자신을 성적 강제 행위자라 밝힌 이들 역시 유죄판결을 받은 강간범들보다 성적/도착적 판타지에서 높은 점수를 기록했는데, 이는 범죄자들 사이에서도 성적 강제의 스페셜리스트를 식별할 때 자기규정으로 하는 방식이 당사자의 죄목만을 고려하는 방식보다 나을 수 있다는 점을 시사한다. 자신이 성적으로 강압적이라고 밝힌 이들을 대상으로 성적/도착적 판타지를 측정했을 때에는 커뮤니티 표본과 범죄자 표본 사이에 유의미한 차이가 나타나지는 않았지만, 그래도 가장 높은 점수를 기록한 쪽은 공동체 표본이었다. 전체적으로 이 데이터들은 현재 사법 체계를 통해 성적 강제 행위로 유죄판결을 받은 사람들이 스스로를 성적으로 강압적이라 밝힌 남성들보다 전문화된 심리 기제가 덜 명백하다는 결론을 뒷받침한다. 하지만 유죄판결을 받은 강간범들에게서 얻은 이 데이터를 해석할 때는 주의할 필요가 있다. 가석방될 가능성이 높아질 수 있다는 믿음 때문에 긍정적인 모습을 내보이려 할 수 있기 때문이다.

비범죄자 표본에 집중하는 연구자들은 대체로 성적으로 공격적인 남성이 다른 형태의 반사회적 행동을 벌이는지의 여부에는 주의를 기울이지 않았다(Lalumière et al., 2005). 우리는 이 사안에 초점을 맞춰서 150명에 가까운 남성을 대상으로 종단 데이터베이스를 분석했다(Malamuth, Huppin, & Bryant, 2005). 우리는 20세(시간대 1) 가량의 남성들을 대상으로 여러 항목을 측정한 뒤, 10년 후에(시간대 2) 동일한 남성들에게서 동일한 항목들을 다시 측정했다. 우리는 폭력반응성 성적 흥분을 평가하는 항목들이 전문화의 패턴을 드러내는지를 조사해서, 그런 전문화된 기제의 존재를 뒷받침하는 결과를 얻었다. 또 다른 결과들이 그런 전문화 기제를 재차 입증한다(논의를 위해서는 Malamuth et al., 2005를 보라). 맬러머스와 임페트Impett(1999)는 높은 폭력반응성 성적 흥분이 강제적인 성관계에 특수한 매개라는 가설을 직접 검증하기 위해 일련의 매개 분석을 진행했다. 그들이 얻은 증거는 폭력반응성 성적 흥분이 강압적인 성행동에 특이적 매개라는 가설을 뒷받침한다.

강간 위험에 대한 여성의 역적응

강간은 여성에게 외상적 사건으로 남고 진화적 시간에 걸쳐 반복해서 나타났을 확률이 높기 때문에, 여성이 남성의 성적 공격을 최소화하도록 설계된 역적응을 진화시켰으리라는 생각은 남성이 강간-특이적 적응을 진화시켰으리라는 생각보다 더 그럴듯하게 다가온다. 성폭행이 여성에게 가하는 부정적인 적합도 결과로는 심각한 부상이나 사망, 파트너와의 결별, 자식 돌보기 중단, 짝 선택의 어려움 등이 있다 (Symons, 1979; R. Thornhill & Palmer, 2000). 남성의 성적 강제가 다른 적응의 부산물이라 해도 이 비용의 트라우마가 가벼워지지는 않으며, 이는 여성에게 역적응이 있다는 주장이 남성의 행동에 대한 인과적 설명과 무관하다는 것을 의미한다.

그 기제의 특수성을 주장하는 대부분의 주장들이 아직은 잠정적 가설에 머물러 있지만, 연구자들은 강간-회피 행동으로 알려진 행동들이 진화한 기제의 존재를 암시한다고 보고해왔다. 일례로 '보디가드 가설'에서 윌슨Wilson과 메스닉Mesnick(1997)은 반-강간 적응의 결과로 여성이 짝을 고를 때 신체적으로나 사회적으로 우월한 남성을 선호할 수 있다고 말한다. 증거에 따르면 여성은 특히 다른 남성의 성적 공격 위험성이 높을 때 그런 남성에게 매혹된다(또한 Mesnick, 1997을 보라). 스머츠 Smuts(1992)는 특정한 남성과 장기적인 관계를 형성하는 전략, 강력한 여성-여성 결속을 형성하는 전략, 친척의 지원을 동원하는 전략을 포함하는 여성의 사회적 관계 패턴에는 잠재적 강간을 막고자 하는 이유가 숨어 있다고 설명한다. 물론 그런 행동이 성적인 의미가 없는 공격이나 약탈로부터 자신을 보호하는 등의 더 포괄적인 이익을 위해 진화한 것이라고 생각할 수도 있다.

마찬가지로, 배란 주기 상태의 효과에 관한 연구도 여성의 반-강간 적응 가설과 일치한다. 이 계통의 연구는 임신 가능성이 높을 때, 구체적으로 월경주기 중 배란기에 강간의 비용이 가장 크다고 가정한다. 예를 들어 브뢰더Bröder와 호만 Hohmann(2003)은 인공적으로 월경주기를 조절하지 않은 여성들이 배란기에 위험한 행동을 줄이고 대신 위험하지 않은 행동을 더 많이 한다는 것을 발견했다. 이 연구는 월경주기에서 임신 가능성이 가장 높은 기간에 여성은 위험을 감수해야 하는 일을 적게 한다는 선행 연구결과(Chavanne & Gallup, 1998)를 반복 확인하고 있다. 하지만, 두 연구는 배란 주기 상태를 확인할 때 잠재적으로 신뢰도가 낮은 자기보고 방법을 사용했다. 또한 두 연구의 결과는 배란기 확인 방법으로 황체 형성 호르몬 검사를 사용한 연구의 결과와 배치된다. 이 연구들은 여성이 임신 가능성이 높은 기간에도 위험을 마다하지 않는다고 주장한다. 예를 들어 대학생 여성을 대상으로 사교 행사에 참석한다고 할 때 어떤 옷을 입을 생각인지 설명해달라고 했을 때, 이들은 임신 가능성이 낮은 기간보다 높은 기간에, 더 섹시하고 노출이 많은 복장을 선호했다. 동일한 실험 과정에서 성관계 경험이 있는 여성들은(경험이 없는 여성들과는 달리) 실험실을 방문할 때 임신 가능성이 낮은 기간보다 높은 기간에 신체가 더 많이 드러나고, 더 섹시한 복장을 입었다(Durante, Li, & Haselton, 2008; 또한 Haselton, Motezaie, Pillsworth, Bleske, & Frederick, 2007을 보라). 그와 관련해 갱지스태드, 손힐, 가버-압가르Garver-Apgar(2010)는 결혼한 여성들을 조사했을 때 낯선 남성과의 성관계도 마다하지 않는 등 성적 기회를 기꺼이 받아들이겠다고 응답할 확률이 가임기에 더 높아진다는 결과를 얻었다.

배란 주기에 대한 연구 가운데 근력과 관련된 흥미로운 연구들이 있다. 페트랠리아Petralia와 갤럽(2002)은 인공적으로 주기를 조절하지 않은 여성들에게 성폭행 상황을 떠올리게 했을 때, 가임기에 한해 악력이 기준치보다 강해진다는 점을 드러냈다. 그에 반해 인공적으로 주기를 조절하지 않았지만 임신 가능성이 낮은 기간에 있는 여성들, 그리고 호르몬 조절 피임법을 사용한 여성들은 성폭행을 당하는 상상이 악력에 아무런 효과를 미치지 못했다. 중립적인 상황에 노출된 통제집단 역시 기준치와 구분되는 효과를 보이지 않았다. 프로코프Prokop(2013)도 그와 비슷하게 자신의 신체적 조건에 대한 지각(예를 들어, "나는 같은 나이, 같은 성별의 다른 사람보다 신체적으로 강해")을 측정한 결과, 수정 위험성이 높은 여성들이 임신 위험성이 낮은 여성들보다 더 높은 점수를 기록한다는 결과를 얻었다. 이런 결과들은 임신 위험이 높은 시기에 발생할 수 있는 강간에 저항하도록 특별히 설계된 기제가 존재할 가능성을 뒷받침해준다.

남성의 짧은 인터뷰를 녹음해서 여성에게 들려준 연구의 결과 역시, 남성의 성적 강제를 억제하도록 특수하게 설계된 전담 지각기제가 활성화될 수 있다는 생각과 일치한다. 이때 가임 주기의 여성들은 가임 주기가 아닌 여성들에 비해 인터뷰를 녹음한 남성들이 성적으로 더 강압적이라고 평가한 반면, 성적 강제와 연관성이 희박한 친절함, 헌신, 충실성 등을 평가할 때에는 생식력 상태의 영향을 받지 않았다(Garver-Apgar, Gangestad, & Simpson, 2007). 나바렛Navarrete, 페슬러Fessler, 플라이시먼Fleischman, 게이어Geyer(2009)는 백인 여성은 가임기일 때 흑인 남성에게 외집단 편향을 더 강하게 보인다는 결과를 얻었는데, 저자들은 이 결과가 '강제 회피 관점'(p.664)에 부합한다고 해석했다. 이 해석은 개인의 소속 집단이 성적 강제의 위험도에 대한 평가와 관련이 있는 한 특징이라고 가정하고 있다.

맥키빈, 셰클퍼드, 마이너Miner, 베이츠Bates, 리들Liddle(2011)은 여성의 관계 상태, 신체적 매력에 대한 자기지각, 친족과의 근접성이 반-강간 적응에 어떤 영향을 미치는지를 시험했다. 강간을 저지르려고 하는 남성은 더 매력적인 여성을 범죄 대상으로 선호하기 마련이므로(예를 들어, McKibbin, Shackelford, Goetz, Starratt, 2008; R. Thornhill & Palmer, 2000), 저자들은 여성의 매력과 강간 회피 행동의 빈도에 양의 상관관계가 있을 거라고 예측했다. 기혼 여성은 미혼 여성에 비해 이혼 등 강간으로 인한 손실이 더 크기 때문에, 저자들은 또한 기혼 여성이 강간 회피 행동을 더 많이 할 거라고 예측했다. 마지막으로, 여성의 친척들은 해당 여성을 강간 관련 피해로부터 보호하려는 동기가 강할 테니, 강간 회피 행동의 빈도는 근거리에 살고 있는 가족 구성원의 수에 비례할 거라고 저자들은 예측했다.

각각의 예측 변수가 강간 회피 목록의 총점과 양의 상관관계를 보였다. 저자들은 또한 해당 목록의 네 가지 하위 척도에 따라 평가한 결과도 보고했는데, 네 하위 척도는 다음과 같다. (1) 낯선 남성을 피한다. (2) 성적 수용성이 높은 사람으로 보이기를 피한다. (3) 혼자 있는 것을 피한다. (4) 주변 상황을 의식한다/방어적인 태도를 취한다. 매력에 대한 자기지각은 세 번째, 네 번째 하위 척도와 상관관계가 있었고, 관계 상태는 두 번째, 세 번째, 그리고 가까운 거리에 거주하는 가족 구성원 수는 두 번째, 네 번째와 상관관계가 있었다. 하지만 예측 변수를 각 구성요소에 따라, 그리고 그 총합을 통해 각각 다중 회귀 분석한 결과 여성의 관계 상태만이 강간 회피를 일관되게 예고했다(이 중 여러 결과를 반복하는 데 실패한 것으로 알려진 연구들에 대해서는 Snyder & Fessler, 2012를 보라. Snyder & Fessler에 대한 비판에 대해서는 McKibbin & Shackelford, 2013을 보라).

마지막으로, R. 손힐과 팔머(2000)는 피해자가 겪는 심리적 고통의 강도 및 유형과 관련하여 반–강간 적응의 증거를 논의했다. 엘스워스와 팔머(2011, p.359)가 최근에 언급한 내용은 안타까움을 자아낸다.

> 이 중대한 주제에 대해 새롭고 더 좋은 연구가 필요하다는 손힐과 팔머의 요청에 귀를 닫은 채, [반강간 적응에 대한] 관심은 주로 원 데이터와… 그 해석에서 결함을 찾아내는 일에 집중되어 있다… 연령, 혼인 상태, 행동 유형 등의 변수와 연관지어 강간 피해자의 심리적 고통을 알려주는 최신 증거는 찾아볼 수 없다. 우리는 앞으로 이 영역에 대한 연구가 활발해지기를 강력하게 촉구한다.

또한 추가 연구를 할 때, 생식력이 높은 기간에 짝 찾기가 증가한다는 것을 보여주는 연구(성선택의 '좋은 유전자' 가설을 뒷받침하는 결과와 함께)와, 반강간 적응에 부합하는 증거를 제공하는 연구를 화해시킨다면 유익할 것이다. 요컨대, 여성의 반강간 적응을 탐구할 수 있는 탄탄한 길이 눈앞에 있지만, 아직은 더 많은 연구가 필요하다.

결론

진화심리학의 이론과 연구는 표현된 행동의 바탕에 놓여 있는 궁극인과 진화한 심리 기제의 설계를 더 깊이 이해하고자 한다. 성적 강제를 다룰 때 연구자들은 반복적인 조상 환경에서 성적 강제를 성공적으로 회피 그리고/또는 수행할 때 평균적으로 적합도 결과가 달라질 수 있었는지에 집중해왔다. 지난 몇 년 사이에 부쩍 증가하고 있는 연구들은 성적 강제의 피해를 회피하도록 설계된 전문화된 기제가 여성에게 진화했을 거라고 말한다.

이 장에서 가해자에게 초점을 맞춘 논의는 경쟁하고 있는 세 가지 모델을 제시한다.

1. 성적 강제의 사용으로 발생하는 반복적인 적합도 결과는 없었다. 따라서 마음에는 성적 강제와 관련된 기제가 존재하지 않는다.

2. 적합도 결과는 다양한 영역에서 선택적으로 강제를 사용하는 능력과 함수관계에 있고 성적 갈등은 많은 갈등 중 하나지만, 성적인 영역에서 강제를 사용하는 일에 한정된 특수한 적응적 문제는 존재하지 않았다. 따라서 마음에는, 성적 강제도 포함되지만 그에 국한되지 않은 다양한 영역에서 강제를 부추기도록 특수하게 설계된 기제들이 있다.

3. 성적인 맥락에서 강제의 사용과 관련된 특수한 적응적 문제가 존재하기 때문에 (예를 들어, 저항하는 피해자를 제압하면서 어떻게 발기를 유지할 것인가), 성적인 맥락에서 강제를 효과적으로 사용할 수 있도록 하는 전문화된 기제가 진화했다. 그런 전문화된 모듈은 조상 환경에서 성과 무관한 맥락에서 강제를 사용하는 것과는 다르며, 그런 모듈이 진화한 것은 성적 강제의 선택적 사용에 따른 특수한 적합도 결과가 존재했기 때문이다.

그런 특화된 기제의 잠재적 후보를 확인할 때에는 성적 강제가 다른 동기들과 선행 사건들의 산물일 수 있다는 점을 되새기는 것이 유용하다. 사법 체계가 규정한 강간범들은 대체로 다양한 반사회적 행동을 하는 제너럴리스트이며, 성적 강제를 부추기도록 전문화된 기제를 드러내는 경우는 드물다. 반면에 일반 인구 집단 안에서 성적으로 공격성을 보이는 남성들의 경우, 높은 비율이 해당 기제를 연구하는 데 특히 유용한 스페셜리스트에 해당한다. 우리는 폭력반응성 성적 흥분이 성적 강제를 실행하도록 전문적으로 진화한 기제일 수 있다는 가능성을 탐구했다. 이 성적 흥분을 설명하는 진화적 기능(EF) 모델은 검증 가능한 예측을 만들어내는 능력으로 그 생명력이 결정되어야 한다. 따라서 다른 모델과 비교했을 때 이 모델이 얼마나 정확한 예측을 하는지를 조사하는 것이 중요하다. 이어지는 내용은 EF 모델과, 근인에만 초점을 맞추는 다른 모델들 그리고 성적강제가 부산물이라고 말하는 진화적 모델의 비교 결과를 요약한 것이다.

빈도

일반적인 인구 집단 가운데 상대적으로 높은 폭력반응성 성적 흥분을 보일 것 같은 남성은 얼마나 될까? 성적 강제를 성적 병증의 결과나 일반적인 반사회적 형질의 결과로 개념화하는 근접 모델은 대체로 아주 소수의 '병든', 혹은 '반사회적인' 남성들만이 폭력반응성 성적 흥분을 억제하지 못하고/못하거나 폭력 사용에 더 흥분할 거라고 예측한다. 한편 부산물 모델의 경우, 성적 흥분 패턴의 상이한 빈도와 관련하여 어떤 예측이라도 제시할 수 있는지가 불분명하다.

진화적 모델은 일부 심리 기제들은 적당한 환경 조건(예를 들어, 원하는 여성들에게서 반복적으로 거절을 받는다든지, 이른 시기에 착취적인 관계를 경험했다든지, 성폭력에 대한 긍정적인 이미지를 전파하는 대중 매체를 통해 환경적으로 메시지를 받는 경우 등)을 통해 활성화되는 경우, 강압적인 성적 행위의 효과적인 실행 가능성을 상승시키도록 진화했을 수 있다고 말한다. 비록 흥분 기제의 미세조정이 그런 경험을 통해서만 이뤄지는 것은 아니고 그와 관련된 환경 조건도 더 정확하게 설명할 필요가 있지만, 일반 인구 내에서 상당한 소수의 남성들이 폭력반응성 성적 흥분을 억제하지 못하고/못하거나 높은 폭력반응성 성적 흥분을 드러내는 것은 사실이다. 앞서 설명한 다양한 출처의 데이터들은 절반 이하지만 상당수(예를 들어, 인구의 최대 1/3)의 남성들이 그런 억제 기제가 없고/없거나 폭력에 더 많이 흥분하는 유형의 흥분 패턴을 갖고 있다고 암시하며, 따라서 데이터는 진화적 기능 모델에 가장 잘 부합한다 할 수 있을 것이다.

남성의 다른 형질들과의 상관관계

성적 흥분 패턴의 빈도에 관한 예측 외에도, 다양한 모델들은 남성에게 존재하는 형질들 중 어떤 것들이 다양한 흥분 패턴과 관련이 있는지를 두고 서로 다른 예상을 내놓는다. 근접 모델은 일반적으로 폭력반응성 성적 흥분이 높게 나타나는 남성들이 전반적인 성적 일탈, 전반적으로 낮은 성적 흥분의 역치, 그리고/또는 전반적인 반사회적 형질을 보일 거라고 예측한다. 그러나 데이터는 이 예측을 뒷받침해주지 않는다. 즉, 폭력반응성 성적 흥분은 높은 반사회적 또는 일탈적 형질 및 행동과 무관하며, 또한 성적 흥분의 역치가 낮은 것으로도 충분히 설명되지 않는다. 한편 부산물 모델로는 폭력반응성 성적 흥분과 그 밖의 형질 및 행동 사이에 존재할 수 있는 어떤 체계적인 연관성도 예측하지 못할 것이다.

진화적 기능 모델은 원하는 여성에 대한 성적 접근이 차단되었다는 지각과 그로 인한 감정적 반응(예를 들어, 분노와 적대감)의 강도가 폭력반응성 성적 흥분의 발달과 관련이 있을 거라고 예측한다. 폭력반응성 성적 흥분의 상관관계와 관련하여 앞에서 설명한 데이터와 그 밖의 모든 데이터가 여성을 향한 적대감과 거부당했다는 지각 사이에 강한 연관성을 보여주면서 진화적 기능 모델에 부합한다.

행동과의 상관관계

폭력반응성 성적 흥분의 기능을 다루고, 그래서 그 흥분과 성적 강제 행동의 관련성을 다루는 다양한 모델들은 제각기 다른 예측을 내놓는다. 몇몇 비진화적 근접 모델은 강간 판타지와 폭력반응성 성적 흥분 같은 반응은 행동 성향과 관련성이 없다고 주장한다. 부산물 모델도 그와 비슷하게 폭력반응성 성적 흥분과 실제적인 강제 사이에 어떤 방향으로든 관련성이 존재한다는 예측을 명확히 제시하지 않는다. 진화적 기능 모델은 행동 경향을 부추기는 데에 폭력반응성 성적 흥분이 직접적인 역할을 한다고 주장한다. 흥분을 억제하는 기제는 여성이 성적으로 반응하지 않을 때, 그에 대한 반응으로 성적 흥분의 지속을 차단할 것이다. 반면에 그런 억제 기제가 없어 오히려 흥분이 강해지는 경우라면 성적 공격 성향이 작동할 테고, 어떤 조건에서는 성적 공격을 강화할 것이다. 폭력반응성 성적 흥분이 적대적인 남성성 형질들과 성적 공격성의 결정적인 매개자라는 연구결과뿐 아니라, 폭력반응성 성적 흥분이 강간 가능성 및 실제적인 성적 강제의 중요한 예측 변수임을 입증하는 데이터도 진화적 기능 모델에 부합한다.

지금까지 우리가 설명한 진화적 기능 모델의 타당성을 평가하려면 새로운 이론을 더 정립하고, 실증적으로 더 검증할 필요가 있다. 그 모델이 제기하는 질문의 차별점은 근접 모델이 제기하는 질문과 비교할 때 더욱 명백해진다. 일례로, 바버리와 마샬(1991)은 폭력반응성 성적 흥분에 초점을 맞춘 다양한 모델들을 철저하게 비교해서 그 결과를 발표했다. 그 모델들은 "강간 묘사에 남성이 성적으로 흥분하는 것을 해명하기 위해"(p.621) 설계되었다고 자신을 소개하지만, 여섯 가지 모든 모델이 막상 제시한 기술적 분석은 성적 공격성을 가진 사람과 그렇지 않은 사람을 구분하는 결정적 특징(예를 들어, 성적 흥분을 억제하는 능력이나, 증오 같은 다른 감정 상태들에 의해 성적 흥분이 증가하는 형질)을 확인하기 위해 설계된 것들이다. 어떤 모델도 폭력 반응성 성적 흥분의 개인차에 반복적 패턴이 나타나는 것이 어떤 설계 특징 때문일 수 있는지를 묻지 않는다(예를 들면, 원하는 여성에게 거부당했다는 지각을 통해 폭력반응성 성적 흥분의 패턴이 왜 일부 남성에게만 발달할까? 여성은 남성에게 거부당하더라도 그런 패턴을 보이지 않는데?). 그런 질문에 답할 때에는 특정한 정치적 맥락에서 답을 오해하고 오용하는 경우가 있을 수 있으므로 신중에 신중을 기해야 한다는 점을 잘 알고 있지만, 우리는 그와 같은 질문을 통해 대다수의 사람들이 도덕적으로 불쾌하게 여기는 행위들을 유용하게 통찰할 수 있으며, 결과적으로 더 나은 예방책을 이끌어내리라 믿는다.

참고문헌

Abel, G. G., Barlow, D. H., Blanchard, E., & Guild, D. (1977). The components of rapists' sexual arousal. *Archives of General Psychiatry*, *34*, 895−903.

Allen, B. (1996). *Rape warfare: The hidden genocide in Bosnia-Herzegovina and Croatia*. Minneapolis: University of Minnesota Press.

Allen, M., D'Alessio, D., & Emmers-Sommer, T. M. (2000). Reactions of criminal sexual offenders to pornography: A meta-analytic summary. In M. Roloff (Ed.), *Communication yearbook 22* (pp. 139−169). Thousand Oaks, CA: Sage.

Barbaree, H. E. (1990). Stimulus control of sexual arousal: Its role in sexual assault. In W. L. Marshall, D. Laws, & H. E. Barbaree (Eds.), *Handbook of sexual assault: Issues, theories, and treatment of the offender* (pp. 115−142). New York, NY: Plenum Press.

Barbaree, H. E., & Marshall, W. L. (1991). The role of male sexual arousal in rape: Six models. *Journal of Consulting and Clinical Psychology*, *59*, 621−630.

Bargh, J. A., Raymond, P., Pryor, J. B., & Strack, F. (1995). Attractiveness of the underling: An automatic power→sex association and its consequences for sexual harassment and aggression. *Journal of Personality and Social Psychology*, *68*, 768–781.

Basile, K. C. (2002). Prevalence of wife rape and other intimate partner sexual coercion in a nationally representative sample of women. *Violence and Victims*, *17*, 511–524.

Baumeister, R. F., Catanese, K. R., & Wallace, H. M. (2002). Conquest by force: Anarcissistic reactance theory of rape and sexual coercion. *Review of General Psychology*, *6*, 92–135.

Beirne, P., Hall, J., Grills, C., & Moore, T. (2011). Female hormone influences on sexual assaults in Northern Ireland from 2002 to 2009. *Journal of Forensic and Legal Medicine*, *18*, 313–316.

Belsky, J., Steinberg, L., & Draper, P. (1991). Childhood experience, interpersonal development, and reproductive strategy: An evolutionary theory of socialization. *Child Development*, *62*, 647–670.

Bernat, J. A., Calhoun, K. S., & Adams, H. E. (1999). Sexually aggressive and nonaggressive men: Sexual arousal and judgments in response to acquaintance rape and consensual analogues. *Journal of Abnormal Psychology*, *108*, 662–673.

Bröder, A., & Hohmann, N. (2003). Variations in risk taking behavior over the menstrual cycle: An improved replication. *Evolution and Human Behavior*, *24*, 391–398.

Broude, G. J., & Greene, S. J. (1978). Cross-cultural codes on 20 sexual attitudes and practices. *Ethnology*, *15*, 409–430.

Buss, D. M. (2003). *The evolution of desire: Strategies of human mating*. New York, NY: Basic Books. (Original work published 1994).

Buss, D. M., Haselton, M. G., Shackelford, T. K., Bleske, A. L., & Wakefield, J. C. (1998). Adaptations, exaptations, and spandrels. *American Psychologist*, *53*, 533–548.

Buss, D. M., & Schmitt, D. P. (1993). Sexual strategy theory: An evolutionary perspective on human mating. *Psychological Review*, *100*, 204–232.

Calmes, J. (2014, January 23). Obama Seeks to Raise Awareness of Rape on Campus. *New York Times*, p. A18. Retrieved from http://www.nytimes.com/2014/01/23/us/politics/obama-to-create-task-force-oncampus-sexual-assaults.html.

Camilleri, J. A. (2012). Evolutionary psychological perspectives on sexual offending: From etiology to intervention. In T. K. Shackelford & V. A. Weekes-Shackelford (Eds.), *The Oxford handbook of evolutionary perspectives on violence, homicide, and war* (pp. 173–196). New York, NY: Oxford University Press.

Camilleri, J. A., & Stiver, K. A. (2014). Adaptation and sexual offending. In V. A.

Weekes-Shackelford & T. K. Shackelford (Eds.), *Evolutionary perspectives on human sexual psychology and behavior* (pp. 43−67). New York, NY: Springer.

Canastar, A., & Maxson, S. (2003). Sexual aggression in mice: Effects of male strain and of female estrous state. *Behavior Genetics, 33,* 521−528.

Chagnon, N. A. (1994, August). How important was "marriage by capture" as a mating strategy in the EEA? *Human Behavior and Evolution Society Newsletter, 3,* 1−2.

Chavanne, T. J., & Gallup, G. G. (1998). Variation in risk taking behavior among female college students as a function of the menstrual cycle. *Evolution and Human Behavior, 19,* 27−32.

Check, M. V. P., Malamuth, N., Elias, B., & Barton, S. (1985). On hostile ground. *Psychology Today, 19,* 56−61.

Crèpault, C., & Couture, M. (1980). Men's erotic fantasies. *Archives of Sexual Behavior, 9*(6), 565−581.

Dean, K., & Malamuth, N. (1997). Characteristics of men who aggress sexually and of men who imagine aggressing: Risk and moderating variables. *Journal of Personality and Social Psychology, 72,* 449−455.

Draper, P., & Harpending, H. (1982). Father absence and reproductive strategy: An evolutionary perspective. *Journal of Anthropological Research, 38,* 255−273.

Durante, K. M., Li, N. P., & Haselton, M. G. (2008). Changes in women's choice of dress across the ovulatory cycle: Naturalistic and laboratory task-based evidence. *Society for Personality and Social Psychology, 34*(11), 451−1460.

Elliot, A. J. (2008). Approach and avoidance motivation. In A. Elliot (Ed.), *Handbook of approach and avoidance motivation,* (pp. 3−14). New York, NY: Psychology Press.

Ellis, B., & Symons, D. (1989). Sex differences in sexual fantasy. *Journal of Sex Research, 27,* 527−555.

Ellis, L. (1989). *Theories of rape: Inquiries into the causes of sexual aggression.* New York, NY: Hemisphere.

Ellis, L., Widmayer, A., & Palmer, C. T. (2009). Perpetrators of sexual assault continuing to have sex with their victims following the initial assault: Evidence for evolved reproductive strategies. *International Journal of Offender Therapy and Comparative Criminology, 53*(4), 454−463.

Ellsworth, R. M., & Palmer, C. T. (2011). The search for human rape and anti-rape adaptations: Ten years after *A Natural History of Rape.* In K. Beaver & A. Walsh (Eds.), *The Ashgate research companion to biosocial theories of crime* (pp. 349−368). Burlington, VT: Ashgate Press.

Forbes, G. B., Adams-Curtis, L. E., & White, K. B. (2004). First-and second-generation measures of sexism, rape myths and related beliefs, and hostility toward women. *Violence Against Women, 10,* 236–261.

Fulu, E., Jewkes, R., Roselli, T., & Garcia-Moreno, C. (2013). Prevalence of and factors associated with nonpartner rape perpetration: Findings from the UN multi-country cross-sectional study on men and violence in Asia and the Pacific. *Lancet Global Health, 1,* e208–e218.

Gangestad, S. W., Thornhill, R., & Garver-Apgar, C. E. (2010). Fertility in the cycle predicts women's interest in sexual opportunism. *Evolution and Human Behavior, 31,* 400–411.

Garver-Apgar, C. E., Gangestad, S. W., and Simpson, J. A. (2007). Women's perceptions of men's sexual coerciveness change across the menstrual cycle. *Acta Psychologica Sinica, 39,* 536–540.

Gorelik, G., Shackelford, T. K., & Weekes-Shackelford, V. A. (2012). Human violence and evolutionary consciousness. *Review of General Psychology, 16,* 343–356.

Gottschall, J., & Gottschall, T. (2003). Are per-incident rape-pregnancy rates higher than per-incident consensual pregnancy rates? *Human Nature, 14,* 1–20.

Greendlinger, V., & Byrne, D. (1987). Coercive sexual fantasies of college men as predictors of self-reported likelihood to rape and overt sexual aggression. *Journal of Sex Research, 23,* 1–11.

Greenfeld, L. A. (1997). *Sex offenses and sex offenders: An analysis of data on rape and sexual assault (NCJ-163392)* Washington, DC: U.S. Department of Justice, Bureau of Justice Statistics.

Hagen, E. H. (2004). Is rape an adaptation? *The Evolutionary Psychology FAQ.* Retrieved January 25, 2004 from www.anth.ucsb.edu/projects/human/evpsychfaq.html

Harris, G. T., Lalumière, M. L., Seto, M. C., Rice, M. E., & Chaplin, T. C. (2012). Explaining the erectile responses of rapists to rape stories: The contributions of sexual activity, non-consent, and violence with injury. *Archives of Sexual Behavior, 41,* 221–229.

Harris, D. A., Mazerolle, P., & Knight, R. A. (2009). Understanding male sexual offending: A comparison of general and specialist theories. *Criminal Justice and Behavior, 36*(10), 1051–1069.

Harris, D. A., Smallbone, S., Dennison, S., & Knight, R. A. (2009). Specialization and versatility of sexual offenders referred for civil commitment. *Journal of Criminal Justice, 37,* 37–44.

Harris, G. T., Rice, M. E., Hilton, N. Z., Lalumière, M. L., & Quinsey, V. L. (2007). Coercive and precocious sexuality as a fundamental aspect of psychopathy. *Journal of Personality Disorders, 21*(1), 1−27.

Haselton, M. G., Mortezaie, M., Pillsworth, E. G., Bleske, A. E., & Frederick, D. A. (2007). Ovulatory shifts in human female ornamentation: Near ovulation, women dress to impress. *Hormones and Behavior, 51,* 40−45.

Hines, D. A., & Saudino, K. J. (2003). Gender differences in psychological, physical, and sexual aggression among college students using the Revised Conflict Tactics Scales. *Violence and Victims, 18,* 197−217.

Healey, J., Lussier, P., & Beauregard, E. (2012). Sexual sadism in the context of rape and sexual homicide: An examination of crime scene indicators. *International Journal of Offender Therapy and Comparative Criminology, 57*(4), 402−424.

Holmes, M. M., Resnick, H. S., Kilpatrick, D. G., & Best, C. L. (1996). Rape-related pregnancy: Estimates and descriptive characteristics from a national sample of women. *American Journal of Obstetrics and Gynecology, 175*(2), 320−324.

Johansson, A., Santtila, P., Harlaar, N., von der Pahlen, B., Witting, K., Algars, M., . . . Sandnabba, N. K. (2008). Genetic effects on male sexual coercion. *Aggressive Behavior, 34,* 190−202.

Kenrick, D. T., & Sheets, V. (1993). Homicidal fantasies. *Ethology and Sociobiology, 14,* 231−246.

Kingston, D. A., Seto, M. C., Firestone, P., & Bradford, J. M. (2010). Comparing indicators of sexual sadism as predictors of recidivism among adult male sexual offenders. *Journal of Consulting and Clinical Psychology, 78*(4), 574−584.

Knight, R. A. (2010a). Is a diagnostic category for paraphilic coercive disorder defensible? *Archives of Sexual Behavior, 39*(2), 419−426.

Knight, R. A. (2010b). Typologies for rapists: The generation of a new structural model. In A. Schlank (Ed.), *The sexual predator* (Vol. 4, pp. 17−1−17−28). New York, NY: Civic Research Institute.

Knight, R. A., & Prentky, R. A. (1990). Classifying sexual offenders: The development and corroboration of taxonomic models. In W. L. Marshall, D. R. Laws, & H. E. Barbaree (Eds.), *Handbook of sexual assault: Issues, theories, and treatment of the offender* (pp. 23−52). New York: Plenum Press.

Knight, R. A., & Sims-Knight, J. E. (2003). The developmental antecedents of sexual coercion against women: Testing alternative hypotheses with structural equation modeling. *Annals of the New York Academy of Sciences, 989,* 72−85.

Knight, R. A.,&Sims-Knight, J. E. (in press).Atheoretical integration of etiological and typological models of rape. In T. Ward & A. Beech (Eds.), *Theories of sexual offending* (2nd ed.). Hoboken, NJ: Wiley.

Knight, R. A., Sims-Knight, J. E., & Guay, J.-P. (2013). Is a separate diagnostic category defensible for paraphilic coercion? *Journal of Criminal Justice, 41*, 90−99.

Knott, C. D. (2009). Orangutans: Sexual coercion without sexual violence. In M. N. Muller & R. W. Wrangham (Eds.), *Sexual coercion in primates: An evolutionary perspective on male aggression against females* (pp. 81−111). Cambridge, MA: Harvard University Press.

Knott, C. D., & Kahlenberg, S. (2007). Orangutans in perspective: Forced copulations and female mating resistance. In S. Bearder, C. J. Campbell, A. Fuentes, K. C. MacKinnon, & M. Panger (Eds.), *Primates in perspective* (pp. 290−305). Oxford, England: Oxford University Press.

Koss, M. (1988). Hidden rape: Sexual aggression and victimization in a national sample of students in higher education. In A. W. Burgess (Ed.), *Rape and sexual assault* (pp. 3−25). New York, NY: Garland Press.

Lalumière, M. L., Harris, G. T., Quinsey, V. L., & Rice, M. E. (2005). *The nature of rape: Understanding male propensity for sexual aggression.* Washington, DC: American Psychological Association.

Lalumière, M.L., Quinsey, V. L., Harris, G. T., Rice, M., & Trautrimas, C. (2003). Are rapists differentially aroused by coercive sex in phallometric assessments? *Annals of the New York Academy of Sciences, 989*, 211−224.

Lawing, K., Frick, P. J., & Cruise, K. R. (2010). Differences in offending patterns between adolescent sex offenders high or low in callous-unemotional traits. *Psychological Assessment, 2*, 298−305.

Leibold, J. M., & McConnell, A. R. (2004). Women, sex, hostility, power, and suspicion: Sexually aggressive men's cognitive associations. *Journal of Experimental Social Psychology, 40*, 256−263.

Levinson, D. (1989). *Family violence in cross-cultural perspective.* Thousand Oaks, CA: Sage.

Looman, J., Dickie, I., & Maillet, G. (2008). Sexual arousal among rapist subtypes. *Journal of Sexual Aggression, 14*(3), 267−279.

Lottes, I. L., & Weinberg, M. S. (1996). Sexual coercion among university students: A comparison of the United States and Sweden. *Journal of Sex Research, 34*, 67−76.

Malamuth, N. (1981). Rape proclivity among males. *Journal of Social Issues, 37*, 138−157.

Malamuth, N. (1988). Predicting laboratory aggression against female vs. male targets: Implications for research on sexual aggression. *Journal of Research in Personality, 22*, 474−495.

Malamuth, N. (1989). The attraction to sexual aggression scale: Part one. *Journal of Sex Research*, *26*, 26−49.

Malamuth, N., & Hald, G. M. (in press). The confluence mediational model of sexual aggression. In T. Ward & A. Beech (Eds.), *Theories of sexual aggression* (2nd ed.). Hoboken, NJ: Wiley.

Malamuth, N., Huppin, M., & Bryant, P. (2005). Sexual coercion. In D. Buss (Ed.), *The handbook of evolutionary psychology* (pp. 394−418). Hoboken, NJ: Wiley.

Malamuth, N., & Impett, E. (1999, June). Mechanisms mediating the relation between hostile masculinity and sexual aggression. Paper presented at *the Annual Meetings of the Human Behavior and Evolution Society, Salt Lake City, UT*

Marshall, W. L., & Fernandez, Y. M. (2000). Phallometric testing with sexual offenders: Limits to its value. *Clinical Psychology Review*, *20*, 807−822.

Marshall, W. L., & Kennedy, P. (2003). Sexual sadism in sexual offenders: An elusive diagnosis. *Aggression and Violent Behavior*, *8*, 1−22.

McKibbin, W. F., & Shackelford, T. K. (2013). Comment on "Reexamining individual differences in rape avoidance" by Snyder and Fessler (2012). *Archives of Sexual Behavior*, *42*, 1−4.

McKibbin, W. F., Shackelford, T. K., Goetz, A. T.,&Starratt, V. G. (2008). Why do men rape? An evolutionary psychological perspective. *Review of General Psychology*, *12*(1), 86−97.

McKibbin, W. F., Shackelford, T. K., Miner, E. J., Bates, V. M., & Liddle, J. R. (2011). Individual differences in women's rape avoidance behaviors. *Archives of Sexual Behavior*, *40*, 343−349.

Mealey, L. (1995). The sociobiology of sociopathy: An integrated evolutionary model. *Behavioral and Brain Sciences*, *995*(18), 523−541.

Mesnick, S. L. (1997). Sexual alliances: Evidence and evolutionary implications. In P. A. Gowaty (Ed.), *Feminism and evolutionary biology: Boundaries, intersections and frontiers* (pp. 207−260). New York, NY: Chapman and Hall.

Miethe, T. D., Olson, J., & Mitchell, O. (2006). Specialization and persistence in the arrest histories of sex offenders: A comparative analysis of alternative measures and offense types. *Journal of Research in Crime and Delinquency*, *43*(3), 204−229.

Monson, C. M., & Langhinrichsen-Rohling, J. (2002). Sexual and nonsexual dating violence perpetration: Testing an integrated perpetrator typology. *Violence and Victims*, *17*, 403−428.

Muller, M. N., Emery Thompson, M., Kahlenberg, S. M., & Wrangham, R. W. (2011). Sexual coercion by male chimpanzees shows that female choice may be more apparent than real. *Behavioral Ecology and ociobiology*, *65*, 921−933.

Muller, M. N., Kahlenberg, S. M., Emery Thompson, M., & Wrangham, R. W. (2007). Male coercion and the costs of promiscuous mating for female chimpanzees. *Proceedings of the Royal Society B: Biological Sciences*, *274*, 1009−1014.

Murnen, S., Wright, C., & Kaluzny, G. (2002). If "boys will be boys," then girls will be victims? A metaanalytic review of the research that relates masculine ideology to sexual aggression. *Sex Roles*, *46*, 359−375.

Navarrete, C. D., Fessler, D. M. T., Fleischman, D. S., & Geyer, J. (2009). Race bias tracks conception risk across the menstrual cycle. *Psychological Science*, *20*(6), 661−665.

Nelson, D. A. (1979). Personality, sexual functions, and sexual behavior: An experiment in methodology. *Dissertation Abstracts International*, *995*(39), 6134. (UMI No. AAT 7913307).

Petralia, S. M., & Gallup, G. G. (2002). Effects of a sexual assault scenario on handgrip strength across the menstrual cycle. *Evolution and Human Behavior*, *23*, 3−10.

Prokop, P. (2013). Rape avoidance behavior among Slovak women. *Evolutionary Psychology*, *11*(2), 365−382.

Ronis, S. T., Knight, R. A., Prentky, R. A., & Kafka, M. P. (2010, June). The role of sexual motivation in sexually assaultive behavior. *Poster session presented at the meeting of the Canadian Psychological Association, Winnipeg, Manitoba*

Sanday, P. R. (1981). The sociocultural context of rape: Across-cultural study. *Journal of Social Issues*, *37*, 5−27.

Serin, R.,&Mailloux,D. (2003). Assessment of sex offenders: Lessons learned from the assessment of non-sex offenders. *Annals of the New York Academy of Sciences*, *989*, 185−197.

Seto, M. C., & Kuban, M. (1996). Criterion-related validity of a phallometric test for paraphilic rape and sadism. *Behaviour Research and Therapy*, *34*(2), 175−183.

Seto, M. C., Lalumière, M. L., Harris, G. T., & Chivers, M. L. (2012). The sexual responses of sexual sadists. *Journal of Abnormal Psychology*, *121*(3), 739−753.

Smuts, B. (1992). Male aggression against women: An evolutionary perspective. *Human Nature*, *3*(1), 1−44.

Smuts, B. (1995). The evolutionary origins of patriarchy. *Human Nature*, *6*(1), 1−32.

Smuts, B., & Smuts, R. (1993). Male aggression and sexual coercion of females in nonhuman primates and other mammals: Evidence and theoretical implications. *Advances in the Study of Behavior*, *22*, 1−63.

Snyder, J. K., & Fessler, D. M. T. (2012). Reexamining individual differences in women's rape avoidance behaviors. *Archives of Sexual Behavior, 42*(4), 543−551.

Stiglmayer, A. (Ed.). (1994). *Mass rape.* Lincoln: University of Nebraska Press.

Stumpf, R. M., Emery Thompson, M., & Knott, C. D. (2008). A comparison of female mating strategies in Pan troglodytes and Pongo spp. *International Journal of Primatology, 29*, 865−884.

Symons, D. (1979). *The evolution of human sexuality.* New York, NY: Oxford University Press.

Thompson, M. T., & Morrison, D. J. (2013). Prospective predictors of technology-based sexual coercion by college males. *Psychology of Violence, 3*, 233−246.

Thornhill, N. W., & Thornhill, R. (1992). An evolutionary analysis of psychological pain following human (Homo sapiens) rape: IV. The effect of the nature of the sexual assault. *Journal of Comparative Psychology, 105*, 243−252.

Thornhill, R., & Palmer, C. T. (2000). *A natural history of rape: Biological bases of sexual coercion.* Cambridge, MA: MIT Press.

Thornhill, R., & Thornhill, N. W. (1992). The evolutionary psychology of men's coercive sexuality. *Behavioral and Brain Sciences, 15*, 363−421.

Tooby, J., & Cosmides, L. (1992). Psychological foundations of culture. In J. Barkow, L. Cosmides, & J. Tooby (Eds.), *The adapted mind* (pp. 19−136). Chicago, IL: Aldine.

Trivers, R. (1972). Parental investment and sexual selection. In B. Campbell (Ed.), *Sexual selection and the descent of man, 1871–1971* (pp. 136−179). Chicago, IL: Aldine.

Waldman, I. D., & Rhee, S. H. (2006). Genetic and environmental influences on psychopathy and antisocial behavior. In C. J. Patrick (Ed.), *Handbook of psychopathy* (pp. 205−228). New York, NY: Guilford Press.

Westerlund, M., Santtila, P., Johansson, A., Jern, P., & Sandnabba, N. K. (2012). What steers them to the "wrong" crowd? Genetic influence on adolescents' peer-group sexual attitudes. *European Journal of Developmental Psychology, 9*(6), 645−664.

Wilson, A. P., & Durrenberger, R. (1982). Comparison of rape and attempted rape victims. *Psychological Reports, 50*, 198−199.

Wilson, M., & Mesnick, S. L. (1997). An empirical test of the bodyguard hypothesis. In P. A. Gowaty (Ed.), *Feminism and evolutionary biology: Boundaries, intersections and frontiers* (pp. 505−511). New York, NY: Chapman and Hall.

Wrangham, R. W., & Peterson, D. (1996). *Demonic males: Apes and the origins of human violence.* Boston, MA: Houghton Mifflon.

Yates, E., Marshall, W. L., & Barbaree, H. E. (1984). Anger and deviant sexual arousal. *Behavior Therapy, 15*(3), 287−294.

18장

연애 관계의 사랑과 헌신

론 캠벨 · 티모시 J. 러빙

남성과 여성의 형식화된 결혼은 우리가 아는 모든 문화에 존재한다(Brown, 1991; Buss, 1985; Daly & Wilson, 1983). 얀코비악Jankowiak과 피셔Fischer(1992)는 166개 사회를 분석해서 연애 관계는 세계 어디에서나 발견되고, 전 세계에서 90%가 넘는 사람이 적어도 한 번은 결혼을 한다고 결론지었다(Buss, 1985). 일부다처제를 허용하는 문화의 비율은 상당히 높지만(즉, 한 명 이상의 부인과 결혼하는 문화; van den Berghe, 1979), 해당 문화에 속한 남성들은 대부분 한 번에 한 명의 반려자와 결합하는 경향이 있다(Lancaster & Kaplan, 1994). 여성이 한 번에 한 명 이상의 남편을 두도록 허용하는(즉, 일처다부제) 문화는 1% 미만이며, 이런 관행은 극히 드물다(van den Berghe, 1979). 따라서 연애 관계의 친밀한 정서적 결합은, 항상 그런 것은 아니지만 대체로 두 사람으로 이루어지는 것이 인간 존재의 보편적 특징으로 보인다.

특히 섹스와 번식의 영역에서, 진화심리학은 진화론의 힘을 빌려 여러 문화와 종의 행동을 설명함으로써 친밀한 관계를 연구하는 중요한 관점으로 부상했다(Fletcher, Simpson, Campbell, & Overall, 2013, 2015). 한편 전통적으로 진화 이론을 따르지 않는 분과들(즉, 사회 심리학, 커뮤니케이션학, 사회학)은 그동안 친밀한 관계를 깊이 연구해왔다. 다양한 문헌에서 공통적으로 나타나는 주제는, 친밀한 개인들을 장기적인 쌍 결합으로 결속시키고 헌신의 장치로 기능하는 사랑의 감정이다. 따라서, 연관성도 있지만 서로 구별되는 해당 분과들이 이에 대해 제시하는 견해에는 겹치는 부분이 상당히 많다. 그런 중첩을 염두에 두고, 우리는 우선 사랑을 연구하는 사회심리학적 접근법을 논의한 뒤, 이 연구를 토대로 사랑의 존재 및 경험의 기능을 강조한 진화 심리학적 접근법으로 옮겨가고자 한다. 끝으로 우리는 관계의 기능과 관련해서 전통적인 심리학적 접근을 통해서는 많이 조사되었으나, 진화적 관점이란 렌즈를 통해 체계적으로 탐구된 적은 없는 주제들을 제시하고자 한다. 우리는 주류 진화심리학자들에게 관계-과학 영역의 관련 연구들을 보다 전반적으로 소개하는 것이, 그 반대의 경우와 마찬가지로 상당히 가치 있는 일이라 믿는다. 이렇게 교차하는 대화가 서로에게 유익한 협력을 촉진하는 데 가장 유용할 수 있기 때문이다(Loving & Huston, 2011).

사랑과 관계의 성장을 바라보는 사회심리학의 관점

1970년대 이전까지 개인 간의 관계를 다루는 연구는 대부분 개인 간의 매력을 증진하는 요인을 확인하는 데 초점을 맞췄다(Berscheid & Walster, 1969). 연구에 내포된 가정은, 타인을 향한 강한 감정이 발달하고 결국 진지한 연애 관계가 성립되는 일은 먼저 호감에서 시작하고, 성장해 나간다는 것이다. 따라서, 사랑을 이해하기 위해서는 우선 우리가 무엇 때문에 다른 사람을 좋아하게 되는지를 이해해야 한다는 것이 일반적인 믿음이었다. 이 가정에 도전하여, 루빈Rubin(1970)은 낭만적 사랑이란, 결혼의 단초이자 이성 또래를 향한 긍정적인 사고와 감정의 집합이라고 개념화했다. 낭만적 사랑과 대조적으로, 호감은 타인에게 품는 건강한 존중심이자, 그와 친구로 지낼 때 큰 보상을 얻으리라는 점을 느끼는 감정이라고 루빈은 개념화했다. 사실, 루빈이 두 가지 감정을 이용하기 위해 새롭게 개발한 척도에 따라 호감과 사랑을 자기보고한 결과에 따르면, 둘 사이에는 보통 정도 상관관계만 존재하는 것으로 나타났다. 따라서 호감은 사랑의 일부인 셈이지만, 루빈은 낭만적 사랑에 고유한 독특한 경험을 연구할 필요성을 보여주었다.

루빈의 개념화 이후 40년이 넘도록 연구가 이어지면서 사랑에 관한 지식을 살찌

웠다. 하지만 연구의 대부분은 사랑하는 관계의 가능한 (적응적) 기능을 확인하는 것이 목표가 아니었다. 오히려 그 연구들은 거의 전적으로 친밀한 개인들 사이에 존재할 수 있는 서로 다른 사랑의 유형만을 기술했다. 연구자들은 그 정점에서 인간의 쌍 결합 행동을 이해하기 위해 빼놓을 수 없는 사랑의 두 가지 유형을 발견했다. 바로 열정적 사랑과 온정적 사랑이다. 열정적 사랑은 특히 관계 초기에 친밀한 개인들이 경험하는 성적 욕망과 관심에 주된 초점이 맞춰져 있다. 반면에 온정적 사랑은 친밀한 개인들 간의 강력한 감정적 결합이 발달하고 표출될 때까지 어느 정도 시간이 지나야 하는 것으로 보인다.

열정적 사랑

타인과의 결합을 강하게 열망하는 상태로 가장 잘 설명할 수 있는 열정적 사랑은, 특히 연애 관계의 초기에 일어나는 감정이다. 사랑에 빠지면—정념의 증가를 통해 규정되는, 혹은 그럴 수 없다면 최소한 그것을 통해 설명할 수 있는 관계의 전환이 일어나면—일반적으로 파트너와 함께 새로운 활동을 할 때 흥분도가 상승한다. 또 미래에 무슨 일이 벌어질지 알지 못하는 탓에 새로운 관계에는 불확실한 분위기가 흐른다. 파트너에 대한 생각, 언제 다시 만날 수 있을까 하는 생각에 사로잡히고, 관계가 영원히 지속되길 바라는 것도 모든 열정적 사랑의 전형적 특징이다.

또한 열정적 사랑에 빠져서 날마다 오랫동안 사랑하는 사람을 생각하는 사람은 호르몬과 그 밖의 생물학적 구성물의 순환도가 상당히 높다(Emanuele et al., 2005; Marazziti & Canale, 2004). 예를 들어, 실험실 실험에서 열정적 사랑을 하는 여성에게 파트너와의 관계를 자세한 부분까지 떠올려달라고(예를 들어, 맨 처음 상대를 만났을 때와 사랑에 빠진 계기를 떠올려보라고) 했을 때에는 코르티솔 수치가 급증했지만, 이성 친구에 대해 생각해보라고 했을 때는 그렇지 않았다(Loving, Crockett, & Paxson, 2009). 포도당신생합성이라는 과정을 통해서 혈당이 상승하고, 이것이 도발적인 스트레스요인에 맞서도록(예를 들어, '싸움' 혹은 '도주') 우리 몸에 에너지를 제공한다. 그렇다면 사랑에 빠지는 일이 스트레스가 심한 경험이라 우리의 건강에 해로울 수 있다는 뜻일까? 꼭 그렇지는 않다. 스트레스와 건강을 연구하는 분야에서, '사랑하는 관계가 시작'되고 '데이트를 시작'하는 일은 긍정적인 형태의 스트레스를 대표하는 것으로 본다(Reich & Zautra, 1981). 사실, 삶에서 벌어지는 긍정적인 사건과 부정적인 사건 모두, 흔히 '스트레스' 반응(예를 들어, 코르티솔 수치의 급증; Rietveld & van Beest, 2007)으로 알려져 있는 유사한 생리적 반응을 일으킬 수 있다. 하지만 해당 사건이 개인의 건강 결과에 미치는 효과는 상당 부분이 사건에 대한 주관적 해석에 달려 있다. 사랑에 빠지는 일은 생리학적으로는 스트레스가 심한 경험으로 보일 수 있지만, 주관적으로는 삶의 긍정적인 사건으로 해석되어 이로운 건강 결과와 관련되는 경향이 있다(Brand, Luethi, von Planta, Hatzinger, & Holsboer-Trachsler, 2007). 이 연구를 뒷받침하는 최근의 연구에 따르면 남성과 여성 모두 자신의 파트너를 생각한 뒤에 혈중 포도당 수치가 급격하게 상승했다. 파트너를 생각할 때 상승하는 혈중 포도당 수치는 그에 동반되는 긍정적인 정서의 증가와 관련이 있다(Stanton, Campbell, & Loving, 2014). 이는 낭만적 애착이 개인에게 미치는 영향 때문일 수 있는데, 이때 낭만적 사랑을 거부당한(즉, 짝사랑) 사람들도, 애착 경험에 성공한 사람들에게서 나타나는 것과 유사한 뇌 내 신경 보상 중추의 활성화를 경험한다(Fisher, Brown, Aron, Strong, & Mashek, 2010).

온정적 사랑

열정적 사랑과 대조적으로, 온정적 사랑은 그리 격렬한 경험은 아니다. 온정적 사랑은 친밀감, 헌신, 상대를 향한 깊은 애착의 감정이 조합된 것인데, 이 감정들은 낭만적이든 아니든 우리 삶의 중요한 부분을 차지한다(Walster & Walster, 1978). 사람들에게 사랑의 유형을 떠올려보라고 하면, 목록의 대부분에는 열정적 사랑이 들어갈 것이다(Fehr & Russell, 1991). 온정적이거나 우정을 기반으로 하는 사랑은 우리 삶의 중요한 관계들로 이루어진 넓은 스펙트럼 전반에서 발달하며, 신뢰, 배려, 상호 애착, 지원, 우정 등의 많은 요소에 기인한다(Fehr, 1988).

레이스Reis와 셰이버Shaver(1988)가 개인 간에 친밀감이 발생하는 과정을 설명하기 위해 고안한 모델은 친밀감이 발생하고 유지되는 과정에서 자기노출, 즉 사적인 정보를 타인과 공유하는 과정이 어떻게 진행되는지, 그리고 상대가 반응하는 양상이 그런 자기노출에 어떤 역할을 하는지에 초점을 맞춘다. 이 관점에 따르면 관계 초기에 자신을 노출시키는 것만으로는 친밀감이 싹트기에 충분치 않다. 친밀감이 구축되기 위해서는 결정적으로 관계를 맺고 있는 상대(예를 들어, 친구, 형제자매, 낭만적 상대)가 자신의 자기노출에 대해 따뜻하고 호의적인 반응, 따라서 자기노출의 내용에 대해 긍정적 평가를 암시하는 반응을 보인다고 지각하는 과정이 필요하다. 그런 뒤 자신을 드러낸 사람이 이 반응을 통해 상대가 나를 승인하고, 이해하고, 배려한다고 느낌으로써 연결성과 친밀감의 수준이 증가해야 하는데, 이 과정을 통해서 무대가 마련되어야 관계가 성장할 수 있다. 따라서 누군가와 가깝고 친밀하다고 느끼는 감정은, 적어도 부분적으로는, 상대가 자신에게 느끼는 가까움과 친밀함에 대한 자기 자신의 지각에 근거한다(또한 Reis, 2007를 보라). 로랑소Laurenceau, 펠드먼 배릿Feldman Barrett, 피에트로모나코Pietromonaco(1998)는 단기간에 친밀감이 어떻게 발달하는지 살펴보기 위해 사람들에게 1주일이나 2주일간 타인과 매일 10분 이상 상호작용한 내용을 보고해달라고 요청했다. 레이스와 셰이버의 모델과 일관되게, 참가자들은 자신과 상대의 자기노출이 상호작용에 더 많이 포함될 때, 그리고 상호작용의 상대가 자신의 자기노출에 긍정적으로 반응한다고 느낄 때, 상대를 더 가깝고 친밀하게 느꼈다.

열정적 사랑과 온정적 사랑의 연관성

낭만적 관계에는 열정적 사랑과 온정적 사랑이 혼재되어 있는 경우가 많지만, 온정적 사랑이 부족하다면 특히 관계의 안정성에 문제가 발생할 수 있다. 존 고트먼John Gottman은 혼인의 성공과 실패의 예측 인자를 오랫동안 연구하고 관찰한 뒤에 배우자 간의 견고한 우정이 성공적인 혼인의 가장 강력한 토대라고 결론지었다(1999). 예를 들어, 그로트Grote와 프리즈Frieze(1994)는 대학 인구 중 연령대가 조금 더 높은 기혼 부부와 연애 중인 연인 양쪽에서 모집한 표본을 통해, 양 표본 모두에서 전체적인 관계의 만족도가 열정적 사랑보다는 온정적 사랑의 지각과 더 강하게 연관되어 있음을 관찰했다. 따라서, 성적 관심은 대부분의 연애 관계에서 필수적인 부분이고, 사회적 규범 역시 결혼이 성관계가 이뤄지는 주요한 양자 관계dyatic relationship임을 강조하지만(Sprecher, Christopher, & Cate, 2006), 궁극적으로 관계의 장기적 성공에는 낭만적인 파트너와 강한 우정을 쌓는 일이 뜨거운 섹스보다 중요할 수 있다. 장기적인 관계를 맺으면서 상대적으로 격렬한 수준의 열정적 사랑(혼인 관계를 오랫동안 지속하는 부부의 40% 이상에 해당한다; O'Leary, Acevedo, Aron, Huddy, & Mashek, 2012)을 유지한다고 밝힌 부부들을 대상으로 fMRI 연구를 시행하자 이 주장을 뒷받침하는 증거가 나왔다. 아체베도Acevedo, 애런Aron, 피셔, 브라운Brown(2012)은 결혼 기간이 평균 21년인 개인 17명을 대상으로 fMRI를 통해 새로운 관계의 낭만적 사랑을 연구할 때 활용한 것과 전체적으로 동일한 절차를 시행했다. 사랑에 빠질 때 그에 동반하여 흥분을 경험하는 사람들과 마찬가지로, 장기적인 혼인 관계에 있는 이들 역시 배우자의 사진을 볼 때 뇌의 보상 중추에서 도파민 영역이 크게 활성화되었다. 하지만 흥미롭게도 장기적인 혼인 관계를 유지한 표본은 옥시토신 영역과 바소프레신 영역도 함께 활성화되는 모습을 보였는데, 이곳은 다른 종에서도 장기적인 쌍 결합과 관련된 것으로 확인된 영역이다. 이들의 창백핵 역시 활성화되었는데, 저자들은 해당 뇌 영역이 자신에게 보상을 주는 대상을 향해 전반적인 호감을 느끼게 해주는 곳이라 지적한다.

요약 낭만적 사랑에는 열정적 유형과 온정적 유형의 사랑이 모두 포함된다. 열정적 사랑은 특히 관계 형성 초기에 특정한 상대에게 주의를 집중하게 하는 힘이고, 온정적 사랑은 상대적으로 긴 시간 동안 두 사람을 결합시키는 데 결정적인 역할을 한다. 앞서 검토한 연구들은 진화적 관점에 따른 것이 아니고 사랑이 관계에 구체적으로 어떤 기능을 한다고 추정하지도 않았지만, 사랑이 애초에 두 사람을 처음 가까워지게 하고 시간이 지나도 그 결합을 유지하게 하는 데 큰 역할을 한다는 점을 시사해준다(Le, Dove, Agnew, Korn, & Mutso, 2010).

사랑의 원인과 기능을 바라보는 진화심리학의 관점

사랑을 연구하는 사회심리학의 접근법과 마찬가지로, 일부 진화적 관점은 명쾌하게 사랑이 두 사람을 맺어주고 시간이 지나도 그 결합을 유지시키는(즉, 쌍 결합) 역할을 한다고 파악한다. 예를 들어 많은 이론가들이 낭만적 사랑을 통해 어머니와 아버지의 관계 결합이 유지되고, 자식에 대한 상호 투자를 하게 하는 헌신의 장치가 진화했다고 추정한다(예를 들어, Frank, 1988; Kirkpatrick, 1998; Mellen, 1981). 진화적 시간에 걸쳐 꾸준히 증가한 유아의 의존성은 인간 어머니에게 점점 더 큰 부담을 안겼고, 어린 아기를 먹이고 보호하는 측면에서 아버지 지원의 가치도 함께 높아졌다. 남성이 자식의 생존에 유전적 이해관계가 걸려 있다는 점을 고려할 때, 아버지는 자식의 생존률을 안정적으로 향상시키기 위해 헌신과 투자를 아끼지 않는 관계를 형성해서 번식 이익을 얻었을 것이다(예를 들어, Barash, 1977; Fisher, 1998; Kenrick & Trost, 1997).

따라서 쌍 결합의 형성은 적합도로 전환되어야 하는데, 부모 투자의 문헌들을 검토한 기어리(2000)의 탁월한 연구가 이 주장을 뒷받침하는 증거를 넉넉히 제공한다(반면에, Sear & Mace, 2008를 보라). 예를 들어, 산업화되기 전에 쌍 결합을 통한 아버지 투자는 유아의 건강 향상 및 유아사망률 감소와 관련이 있다(예를 들어, Hed, 1987), 비단 아버지가 일을 한 덕분에 어머니가 수유에 더 많은 시간을 할애할 수 있을 뿐더러(Reid, 1997), 아버지가 일을 하는 부부는 상대적으로 높은 사회경제적 지위(SES)를 누리고 그 자식도 더 나은 음식과 거처를 제공받을 수 있었기 때문이다(Schulz, 1991). 또한 아버지 투자는 자녀의 성년기에 사회경제적 지위를 높이고(예를 들어, Kaplan, Lancaster, & Anderson, 1998) 싹슬이년기에 교육을 향상시키는(예를 들어, Amato & Keith, 1991) 등 자녀의 사회적 경쟁력과도 관련되어 있다. 따라서, 쌍 결합 내에서 태어나고 자란 아이들은 번식 연령에 이르도록 생존할 가능성이 높고, 커서 짝을 구할 때 더 높은 사회적 경쟁력을 갖추게 된다(Geary, 2000).

쌍 형성 및 아버지 투자와 관련된 여러 생물학적 기질 가운데 테스토스테론이 두 과정의 핵심적인 조절 기능을 하는 것으로 알려져 있다. 경쟁적인 상황에서 남성의 테스토스테론 수치가 증가하는 것처럼(예를 들어, Van der Meji, Buunk, Almela, & Salvador, 2010), 여성에 대한 남성의 성적 관심은 테스토스테론 수치와 양의 관련성이 있다(그러나 성적 자극에 익숙해진 이후에만; Rupp & Wallen, 2007). 이 연구결과의 개념들은 더 자연적인 상황에서도 반복된다. 예를 들어, 반 데어 메이van der Meij, 뷩크Buunk, 반 데 산데van de Sande, 살바도르Salvador(2008)의 연구에서 이성애자 남성의 테스토스테론 수치는 여성과 상호작용하기 시작한 지 5분 내에 유의미하게 상승했다(남성과 상호작용할 때에는 그렇지 않았다). 다른 연구도 비슷한 효과를 입증하고

(Roney, Lukaszewski, & Simmons, 2007), 더 나아가 남성의 테스토스테론 수치가 증가하는 만큼 여성이 그 남성을 외향적이라고 평가한다는 것을 보여주었다. 로니와 동료들은 이와 같이 남성-여성 상호작용의 전형적인 예에서 나타나는 테스토스테론 상승을 통해 남성은 특히 더 여성적 특징을 갖춘 짝을 향해 호감 사는 행동을 할 수 있다고 말한다(예를 들어, Welling et al., 2008).

높은 테스토스테론 수치는 남성이 짝을 찾고 유혹하도록(또한 그 짝을 두고 다른 남성들과 경쟁하도록) 동기를 부추기기도 하지만, 그런 노력과 경쟁 성향은 관계의 안정성을 위태롭게 하고(예를 들어, 짝외 성교를 시도함으로써), 아버지가 되었을 때 필요한 궁극적인 행동에 방해가 될 수 있다(즉, 양육 대 지배성 다툼). 실제로, 여러 연구에 따르면 쌍 결합(즉, 헌신적이고 낭만적인 관계)을 맺은 남성은 그렇지 않은 남성에 비해 테스토스테론 수치가 낮다(예를 들어, Burnham et al., 2003; van Anders & Watson, 2007). 또한 높은 테스토스테론 수치는 연애와 결혼의 가능성이 낮은 것과 관련이 있고(Booth & Dabbs, 1993; van Anders & Watson, 2006), 관계의 질이 낮고 이혼율이 높은 것(Booth & Dabbs, 1993)과도 관련이 있다.

최근의 연구는 성사회성과 성생활 빈도에 따라 남성의 테스토스테론 수치와 관계 상태(연애 상태)의 연결성이 변한다고 말한다(Edelstein, Chopik & Kean, 2011; Maestripieri, Klimczuk, Traficonte, & Wilson, 2014; 또한 van Anders & Goldey, 2010을 보라). 중요한 점은, 그런 효과가 부모자식 관계에까지 이어진다는 것이다. 자식이 있는 남성은 대체로 자식이 없는 남성에 비해 테스토스테론 수치가 낮은데, 이 패턴은 전반적으로 반려자나 육아에 깊이 헌신하는 남성에게 특히 강하게 나타난다(예를 들어, Gray, Kahlenberg, Barrett, Lipson, & Ellison, 2002; Jasienska, Jasienski, & Ellison, 2012; Kuzawa, Gettler, Muller, McDade, & Feranil, 2009; 하지만 Mazur, 2014를 보라). 종합하자면 이 분야의 연구들은, 테스토스테론이 높으면 (피험자들 사이에서) 쌍 형성을 더 많이 시도하며, 대체로 장기적인 쌍 결합 관계에서 관찰되는 낮은 테스토스테론 수치는 관계의 안정성을 촉진하고 최소한 자식이 번식 연령에 이를 때까지 부모 투자를 촉진한다고 말한다(하지만 연관성의 정확한 인과적 방향은 불투명하다).

성으로 전염되는 질병STDs: sexually transmitted diseases의 유행은 장기적인 쌍 결합의 형성에 또 다른 선택압을 만들어냈을 것이다. 현재까지 바이러스, 박테리아, 균류, 원생동물, 체외기생체 등을 아우르는 STD가 최소 50종류나 기록되었고, 미국에선 특히 15세에서 24세 집단을 중심으로, 매년 거의 2천만 명에 이르는 사람에게 성적으로 전염되는 감염이 새로 발생하는 것으로 추산된다(Centers for Disease Control and Prevention, 2002를 보라). 이 STD 가운데 많은 것들이 인간에게 최근에 발병한(예를 들어, 에이즈) 것이지만, 맥키Mackey와 임머만Immerman(2000)은 인간이 진화의 역사에 걸쳐 이런 종류의 질병에 줄곧 취약했다고 말한다. 특히 여성의 생식능력은 STD에 걸리면 극심한 타격을 입으며, 태아나 산도를 통과한 신생아에게 병이 전파되는 경우도 드물지 않다. 예를 들어, 매독에 걸린 여성은 유산, 조산, 사산, 영아 사망 위험이 높고, 치료를 받지 않으면 태아 역시 매독에 걸릴 확률이 거의 100%에 이른다(예를 들어, Schulz, Murphy, Patamasucon, & Meheus, 1990). STD 발병의 가장 강력한 예측 인자는 성적 상대의 수다(예를 들어, Moore & Cates, 1990). 따라서, 번식 성공에 치명적인 효과를 일으킬 수 있는 감염의 위험을 제한하는 가장 좋은 방법은 생애 동안 성적 상대의 수를 제한하는 것이다. 여성은 남성보다 STD 발병에 훨씬 더 취약하기 때문에(예를 들어, Glynn et al., 2001; Moore & Cates, 1990), 조상 여성은 헌신이 없는 섹스에 더 엄격한 태도를 취함으로써 확연히 구분되는 이익을 얻었을 것이다. 만일 더 조심스러운 여성이 더 적게 STD에 걸리고 더 큰 번식 성공을 거두었다면, 그런 여성은 장기적인 짝으로서 더 큰 매력을 갖게 됐을 테고, 그렇게 해서 더 소수의 성적 상대를 욕망하는 성향이 선택되었을 것이다. 간단히 말해, STD는 진화의 역사에 걸쳐 성적 배타성과 관련된 이익을 향상시켰고, 남성과 여성 모두의 번식 성공을 증진시켜서 쌍 결합 발달에 중요한 요소로 작용해왔을 것이다(Mackey & Immerman, 2000).

헌신의 장치, 사랑

장기적인 쌍 결합이 분명한 진화적 이익을 낳는다고 할 때, 인간은 쌍 결합의 발달과 유지를 촉진시키는 특수한 심리적, 생물학적 형질을 발달시켜왔으리라고 쉽게 예상할 수 있다. 피셔는 짝짓기 행동이 뚜렷하게 구분되는 세 가지 감정 체계—성욕, 매혹, 애착—를 따르고, 해당 행동과 관련된 감정들은 일련의 고유한 신경 활동을 통해 지배된다고 가정한다(Fisher, 1998, 2000). 이들에 따르면 성욕 체계는 개인에게 성적 기회를 찾아내도록 촉구하는 감정이며, 주로 뇌 안의 에스트로겐 및 안드로 겐과 관련이 있다. 매혹 체계는 개인이 특정한 짝에게 주의력을 집중하게 하고, 목 표 대상과의 감정적 결합을 갈망하게 만들며, 뇌 안의 높은 도파민, 노르에피네프린 수치 그리고 낮은 세로토닌 수치와 관련이 있다(즉, 열정적 사랑). 애착 체계는 가까 운 거리 유지, 편안함과 안도감, 정서적 의존의 감정(즉, 온정적 사랑)을 통해 구분할 수 있으며, 옥시토신, 바소프레신과 관련이 있다(Carter, 1998; Insel, Winslow, Wang, & Young, 1998). 여기에 더해 사랑에 깊이 빠진 사람들에게 파트너를 떠올리게 한 뒤 뇌를 스캔하면 남성과 여성 모두 보상과 관련된 뇌 영역이 활성화되는 반면에 지인 을 생각할 때는 이 영역이 활성화되지 않는다(Bartels & Zeki, 2000).

흥미롭게도 피셔의 매혹 체계와 애착 체계는 볼비의 애착 이론(1969)과 개념상 유 사하다. 볼비는 영아는 자연선택에 따른 진화 과정을 통해 일련의 행동 목록을 갖추 는데, 그 행동 덕에 특히 지원이 필요한 상황에서 자신을 돌봐주는 사람과 가까운 거리를 유지할 수 있으며, 이와 같은 행동은 생존에 필수적이라고 주장했다. 볼비는 유년기 동안 자녀와 어머니 사이에 구축된 유대가 이후의 애착을 위해 인지적, 정서 적 토대를 마련해주며, 자녀가 성인이 되었을 때 이 애착 체계가 유아기에 볼 수 있 는 것과 유사한 감정조절 기능을 한다고 믿었다. 제이프먼Zeifman과 하잔Hazan(1997; 또한 Shaver, Hazan, & Bradshaw, 1988을 보라)은 자식을 기를 수 있도록 부모의 결합 을 유지하는 적응적 문제를 해결하기 위해 애착이란 심리 기제가 진화했다고 주장했 다. 반려자와 함께 있을 때 느끼는 안전함과 서로 떨어져 있을 때 느끼는 외로움, 그 리고 분리되었을 때 함께 있고 싶은 욕망은 모두 애착 체계의 감정적 인장으로, 사 람들이 헌신적인 관계 안에 남을 수 있게 해준다. 옥시토신 호르몬은 어머니와 유아 (검토는 Hrdy, 1999를 보라) 그리고 연애 관계(Carter, 1992; Behnia et al., 2014)의 애착 형성에 중심적인 역할을 하는데, 이는 생애의 모든 단계에서 애착을 촉진시키는 기 능을 하는 기제가 존재한다는 것을 시사한다.

곤자가Gonzaga, 켈트너Keltner, 론달Londahl, 스미스Smith(2001) 역시 사랑의 감정이 상대에 대한 헌신을 촉진한다고 주장했다. 이들은 구체적으로 사랑과 헌신을 연결하 는 두 가지 심리 기제를 제시했다. 첫째, 사랑의 경험은 개인이 자신의 친밀한 반려 자에게 접근하도록 부추기고, 그 결과 다른 매력적인 파트너에게서 떨어뜨려 놓는다

(예를 들어, 뇌의 보상 센터의 활성화에 반응하여). 둘째로, 다양한 형태의 사랑 표현(예를 들어, 상대에게 사랑한다고 말하거나, 도움과 지원을 제공하거나, 상대의 눈을 바라보며 미소 짓는 표현)은 당신이 현재의 관계와 현재의 파트너에게 헌신하고 있다는 의미를 전달해서, 개인 간의 결합을 더욱 강화한다. 이를 검증하기 위해, 연구진은 여러 부부의 양측 개인에게 관계에 대해 몇 가지 질문을 하고, 실험실에서 부부의 상호작용을 녹화했다. 상대를 많이 사랑한다고 응답한 개인들은 또한 상대를 더 많이 욕망한다고 보고했으며, 그들의 관계에서 상대적으로 더 큰 행복을 느꼈고, 상대와 더 오랜 시간을 물리적으로 함께 보내고, 상대와 상호작용하는 동안 여러 독특한 행동을 했다. 또한 흥미롭게도, 이들은 파트너와 대화하는 동안 고개를 끄덕이며 동의를 표하고, 뒤셴느Duchenne 미소(즉, 입과 눈 주변의 윤근輪筋과 광대뼈 주변의 대관골근을 사용한 종류의 미소로, 긍정적인 감정 상태와 관련되며 거짓으로 짓는 것은 거의 불가능하다)를 보이는 일이 상당히 많은 것으로 관찰되었다. 이 두 가지 비언어적 표현은 개인 간의 긍정적인 상호작용과 연관된 비의지적 행동으로, 파트너와 타인에게 중요한 정보를 전달한다. 실제로 연구자들이 낯선 평가자 집단에게 소리가 녹음되지 않은 부부 간의 상호작용 영상을 보여주었을 때, 평가자들은 사랑을 드러내는 비언어적 표현이 나타나는(즉, 고개를 끄덕이고 뒤셴느 미소를 짓는) 것만으로 어떤 이들이 파트너를 더 사랑하는지 정확히 알아봤다. 따라서, 친밀한 개인들은 상호작용을 하는 동안 상대가 드러내는 비언어적 행동을 관찰함으로써 서로에게 느끼는 사랑의 양을 판독할 수 있는 듯하다. 더 나아가 연구결과는 설사 관계의 상태와 결과에 이해관계가 전혀 없을 때에도 인간에겐 그런 표현을 읽어낼 수 있음을 시사할 뿐 아니라, 사랑하는 관계를 식별하는 능력은 말하자면 사회적 본성의 자연적인(이고 아마도 이로운) 양상이라고 보는 견해의 예비적 증거를 제공한다.

사랑은 높은 수준의 헌신과 연관된 개인 간의 행동 및 자기보고와 상관관계가 있지만, 이미 논의한 것처럼 사랑과 헌신을 드러내는 생물학적 표지가 존재할 확률도 높다. 곤자가, 터너Turner, 켈트너, 캄포스Campos, 알테머스Altemus(2006)는 이 가능성을 더 깊이 다루기 위해, 다수의 여성을 대상으로 사랑 또는 열정적으로 긍정적인 감정 경험을 이야기하게 한 뒤 그들의 혈중 옥시토신 수치를 측정했다(연구 2). 옥시토신은 헌신, 그리고 장기적인 쌍 결합과 연관이 있다. 옥시토신이 분비되면 만족감을 느끼고, 불안감이 감소하고, 짝 주변에서 평온함과 안전함을 느끼게 된다. 또한 연구진은 실험 참가 여성들이 긍정적인 감정적 경험을 회상하는 동안 그 모습을 녹화해서, 이를 통해 여성들이 파트너를 생각하는 동안 자연스럽게 표현하는 사랑과 친화의 비언어적 징후(즉, 고개를 끄덕이고 뒤셴느 미소를 짓는)의 정도를 측정할 수 있었다. 이전 연구와 마찬가지로, 파트너에 대한 더 큰 사랑을 보고한 여성에게서 더 많은 끄덕임과 뒤셴느 미소를 관찰할 수 있었다. 이와 같은 행동의 표현은 더 높은 혈중 옥시토신 수치와 상당히 깊이 관련되어 있었다. 말초에서 작용하는 옥시토신은 성적 신호의 표현(예를 들어 입술을 핥는 표현)이나 사랑의 자기보고와 관련되지 않았다. 전자의 연구결과가 특히 흥미로운 것은 성욕 체계와 애착 체계를 구분한 피셔의 주장과 일치하기 때문이다. 이 연구를 통해 사랑과 헌신을 나타내는 인간의 행동 신호와 생물학적 신호의 연관성이 최초로 밝혀졌다.

대안을 마주하고도 사랑을 유지하기

아마 현재의 파트너에게 느끼는 사랑과 헌신을 가장 강하게 위협하는 것은 매력적인 대안적 파트너의 존재일 것이다. 현대 사회에서 개인은 매일같이 텔레비전, 잡지, 인터넷, 그리고 물론 실제로도, 마음을 끄는 잠재적 파트너를 수도 없이 접한다. 현재 관계를 맺고 있는 상대를 대체할 수 있는 매력적인 대상과 접촉하면 기존의 상대를 향한 사랑의 감정이 약화될까? 아니면, 파트너를 향한 사랑의 감정이 어떻게든 매력적인 대안의 유혹으로부터 개인을 보호해줄까?

서로 경합하는 두 가능성을 검증하기 위해 켄릭Kenrick, 구티에레스Gutierres, 골드버그Goldberg(1989)는 남성 표본에게 《플레이보이》의 화보(신체적으로 매력적인 여성 누드)를 여러 장 보여주고, 여성 표본에게 《플레이걸》의 화보(신체적으로 매력적인 남성 누드)를 여러 장 보여줬다. 아름다운 여성의 누드 사진을 본 이후 남성들은 현재의 파트너에게 덜 끌린다고 응답했다. 하지만 《플레이걸》 화보를 본 여성들에게는 그런 효과가 일어나지 않았다. 켄릭, 노이버그Neuberg, 지어크Zierk, 크론스Krones(1994)는 추가 연구를 통해 연애 관계에 있는 남녀가 다양한 신체적 매력과 사회적 권위를 나타내는 여러 이성의 프로필을 보았을 때, 신체적으로 매력적인 이성의 프로필을 접한 남성은 현재의 관계를 더 낮게 평가했지만, 사회적 권위를 나타내는 프로필을 접한 뒤에는 그렇지 않았다. 반면에 여성은 사회적 권위가 높은 것으로 묘사된 남성의 프로필을 여러 장 본 뒤에 현재 파트너에 대해 보다 덜 긍정적인 감정을 보고했다. 전체적으로, 사람들은 매력적인 대안적 파트너를 접한 뒤에는 사랑하는 마음을 포함하여 현재 파트너에 대한 긍정적인 감정이 약해지는 경향이 있다.

그렇다면 이제 논리적으로 이어질 질문은 명백하다. 매력적인 대안으로 가득한 세계에서 만족하고 헌신하는 관계를 맺고 있는 개인들은 상대를 향한 애착을 어떻게 유지할까? 사랑은 우리의 주의를 감정의 대상이 되는 이들에게 집중시킨다. 하지만 곤자가와 동료들(2001)이 주장하듯이, 사랑은 잠재적으로 끌릴 만한 타인에게서 우리의 주의를 떼어놓기도 할까?

연구자들은 적어도 두 가지 심리적 과정이 매력적인 대안의 유혹으로부터 기존의 관계를 보호하는 것을 확인했다. 첫째, 확립된 관계를 맺고 있는 개인은 그리 헌신적이지 않은 사람이나 독신인 사람과 비교했을 때 매혹적인 이성의 매력을 더 낮게 지각하는 경향이 있다. 예를 들어, 일련의 연구들을 통해 존슨Johnson과 러스벌트Rusbult(1989)는 현재의 관계와 파트너에게 더 헌신하는 사람들은 잠재적인 대안적 파트너의 다양한 형질(예를 들어, 지적 능력, 유머 감각, 충실성, 의존가능성)을 쉽게 폄하(즉, 깎아내리거나 평가절하)한다고 보고했다. 하지만 현재의 관계와 파트너에게 덜 헌신적인 사람들은 잠재적인 대안을 폄하하지 않았을 뿐 아니라, 현재의 관계에 오래 남아 있을 가능성도 낮았다. 심슨, 갱지스태드, 러마Lerma(1990)는 연인이 있는 사람과 없는 사람을 표본으로 구성한 뒤, 명목상으로는 마케팅에 활용할 예정이라며 다수의 잡지 광고를 평가하게 했다. 참가자들이 살펴본 16개 광고 중 6개에는 매력적인 이성 모델의 사진이 실려 있었다. 연구자들은 참가자들에게 광고를 살펴보면서 각 모델의 신체적, 성적 매력을 평가하게 했다. 연인이 있는 남성과 여성은 광고에 등장한 이성 모델의 신체적 매력을 연인이 없는 참가자들보다 훨씬 낮게 평가했다. 다른 연구에서는 잠재적인 대안적 파트너의 매력을 폄하하는 동기를 시험했다. 연구자들은 참가자들로 하여금 매력적인 이성이 그들에게 끌린다고 믿게끔 만들어서 참가자들에게 현재의 파트너를 대체할 수 있는 현실적인 대안을 제공했다(Lydon, Meana, Sepinwall, Richards, & Mayman, 1999). 하지만 이때 헌신적인 관계에 있는 참가자들은 잠재적인 대안적 파트너를 덜 매력적이라 평가했는데, 이는 아마 현실적인 대안이 접근함으로써 발생하는 위협을 완화시키기 위해서였을 것이다. 이런 방식으로 개인은 잠재적인 대안적 이성 파트너가 그리 매력적이지 않다고 지각함으로써 현재의 파트너에게 느끼는 사랑과 헌신을 유지한다.

둘째, 확립된 관계에 있는 사람들은 대안적 이성의 매력을 평가절하하는 과정을 항상 거칠 필요조차 없다. 대신에 애초부터 매력적인 이성에게 주의를 기울이지 않으면 된다. 예를 들어, 밀러Miller(1997)는 연인이 있는 참가자들에게 슬라이드 영사기로 사진을 보게 했다. 그중에는 신체적으로 매력적인 이성이 등장하는 사진이 다수 포함되어 있었다. 참가자들은 직접 영사기 리모컨을 조작해 사진 보는 시간을 조절했고, 실험자는 참가자가 각 사진을 보는 시간을 따로 기록해두었다. 밀러는 현재의 파트너에게 만족하고 헌신하는 것으로 보고된 참가자들은 매력적인 이성의 사진을 본 시간이 더 적다는 결과를 얻었고, 실제로 이들은 매력적인 이성의 사진을 다른 사진보다 더 재빨리 넘기는 것으로 관찰되었다. 흥미롭게도, 매력적인 이성의 사진을 본 시간이 짧은 참가자들은 2개월 뒤 그들을 추적했을 때 관계가 끝났을 확률이 낮았다. 이와 유사하게, 곤자가, 해즐턴Haselton, 스머다Smurda, 데이비스Davies, 푸어Poore(2008)는 파트너를 향한 사랑의 감정이 상대적으로 강하면 매력적인 대안적 파트너에 대해 떠오를 수 있는 감정과 사고가 억제된다는 사실을 밝혀냈다. 참가자들은 수많은 사진 가운데 그들이 가장 매력적이라 느낀 이성의 사진을 고른 뒤, (a) 왜 사진 속의 인물이 매력적인지, 그리고 (b) 그 인물에게 자신을 소개하는 가장 이상적인 방법은 무엇인지에 관해 짧은 에세이를 썼다. 그런 뒤 참가자들은 현재의 파트너를 향한 사랑, 현재의 파트너에 대한 성적 욕망, 또는 현재의 의식의 흐름 중 하나를 무작위로 제시받고, 에세이를 썼다. 여기서 파트너를 향한 사랑을 느끼도록 유도된 참가자들만이 이후에 진행된 과제에서 매력적인 대안적 파트너가 거의 떠오르지 않는다고 보고했다(다시 한번, 피셔의 세 가지 감정체계 모델을 뒷받침한다). 결론적으로 파트너를 향한 사랑의 감정은 매력적인 대안적 파트너의 유혹을 약화시키고, 또한 대안적인 짝의 매력에 대한 반추나 몽상을 감소시킨다.

잠재적인 대안 파트너에 무관심한 것은 반드시 사랑하고 헌신하는 관계에 있는 사람들의 의식적인 의사결정을 통해 이루어질까? 아니면, 자동적으로, 거의 아무런 의도 없이 그런 '결정'을 내릴 수 있는 것일까? 이 질문에 답하기 위해 매너, 게일리엇,

밀러(2009)는 대체자에게 향하는 주의를 암시적으로 측정한다고 알려진 방법을 활용했다. 매너와 동료들은 연인이 있거나 없는 참가자들을 연구했다. 참가자들이 컴퓨터 화면을 보는 동안, 연구진은 참가자가 알지 못하도록 짝짓기의 목표와 직접 연관되었거나(예를 들어, '키스'), 혹은 비교적 중립적인(예를 들어, '바다') 단어(즉, 준비시키는 과정)를 화면에 띄워 그들의 무의식에 제시했다. 그런 뒤 본 실험에서는 컴퓨터 화면의 사분면에 매력적인 이성의 사진을 짧은 시간 동안 보여주었다. 사진이 화면에서 사라진 뒤, 분류용 사물(원형 혹은 사각형)이 화면의 반대편에 등장했다(이를 '주의 전환 실험'이라 부른다). 참가자들은 최대한 빠르게 버튼을 눌러 해당 사물을 원형, 혹은 사각형으로 분류해야 했다. 예측한 대로, 헌신적인 관계에 있는 참가자들은 연인이 없는 참가자들보다 훨씬 빠른 속도로 주의 전환 실험을 완료할 수 있었는데, 다만 짝짓기 관련 단어를 통해 준비된 이들만 그렇게 완료했다. 저자들은 연인이 있는 참가자들이 짝짓기 관련 단어를 접하고 관계의 중요성을 떠올리게끔 준비되어서, 매력적인 인물이 등장한 사진에 적게 주의를 기울이고 그 결과 분류 과제를 하는 동안 사진에서 도형으로 빠르게 주의력을 돌릴 수 있다고 주장했다. 매너, 루비Rouby, 곤자가(2008)가 다른 방법을 활용해서 낭만적 사랑을 생각하게끔 준비시킨 실험을 했을 때에도 동일한 패턴의 결과가 나왔다.

이 연구들의 중요성은 개인이 시각적 과정의 초기 단계에서부터 매력적인 대안에 쏠리는 주의를 감소시킬 수 있음을 확증한다는 점에 있다. 즉, 확립된 관계에 있는 개인은 자동적인 과정을 통해 매력적인 대안에 무관심해짐으로써, 파트너에 대한 사랑과 헌신의 감정을 유지할 수 있다. 사실, 이 과정은 상당히 자동적이라, 피험자가 알지 못하게 그 과정을 방해하면 대안에 대한 관심이 더 커질 수도 있다. 드월DeWall, 매너, 덱먼Deckman, 루비(2011)는 대안을 향한 관심을 마음대로 제한하는 참가자의 능력에 간섭하는 세 가지 실험을 통해서 이 역설적인 효과를 입증했다. 일련의 시험에서 참가자들은 의식하지 못한 상태에서 더 매력적인 얼굴과 덜 매력적인 얼굴을 동시에 접했다. 그런 뒤 두 얼굴 중 하나가 나타났던 화면에 뜨는 철자를 컴퓨터에 입력했다. 첫 번째 조건에서, 참가자는 보다 덜 매력적인 얼굴이 나타났던 화면에 계속해서 뜨는 철자들을 입력해야 했고, 다른 조건의 참가자는 두 얼굴 가운데 어느 한쪽 위에 무작위로 나타나는 글자를 입력해야 했다. 다음으로 참가자들은 현재의 관계에 만족하고 헌신하는 정도와, 성적 부정에 대한 전반적인 태도를 밝혔다. 연구진이 '주의력 제한 집단'이라 지칭한 첫 번째 조건의 참가자들은 현재의 관계에 대해서는 보다 낮은 만족감과 헌신을, 부정에 대해서는 보다 긍정적인 태도를 보고했고(연구1), 매력적인 얼굴을 더 잘 기억했다(연구2). 다시 말해서, 대안에 기울일 수 있는 주의력을 암암리에 제어하면, 개인은 다름 아닌 바로 그 매력적인 대안에 더 큰 주의를 기울이는 동시에 그 대안을 더 잘 기억하며, 또한 자신의 관계에 대한 평가도 나빠진다. 흥미롭게도, 주의력에 아무런 방해를 받지 않고, 매력적인 타인을 면밀하게 살펴볼 시간이 주어질 때, 애착 관계에 있는 여성들은 자신이 접한 매력적인 얼굴을 기억하면서도 그 얼굴을 실제보다 덜 매력적으로 기억한다(Karremans, Dotsch, & Corneille, 2011). 이상의 연구를 통해서 우리 마음에는 가능성 있는 대안 앞에서 기존의 연애 관계를 유지하고 고취하도록 설계된 복잡한 인지 과정이 진화했음을 알 수 있다.

짝-유지 전략

하지만 성공적으로 짝을 유지하기 위해서 개인은 다른 대체자를 유혹하지 않아야 하는 **동시에** 자신의 파트너에게 매력적인 대체자가 나타난 상황에서는 짝-유지 전략을 사용해야 한다. 예를 들어, 버스와 셰클퍼드(1997)는 남녀 관계의 목표에 보다 밀접하게 결부된 상황은 짝-유지 전략과 관계가 있을 거라고 주장했다. 가령 남성과 여성은 자신의 번식 성공에 도움을 얻기 위해 상대로부터 각자 다른 자질을 찾는다. 남성은 사춘기부터 노년에 이르기까지 정자 생산이 가능하지만, 여성의 난자 수는 제한적이라 수정이 가능한 기간은 국한되어 있고, 생식력은 20대 중반에 정점에 이르러 이후 40대 후반에 결국 사라질 때까지 시간이 지나면서 크게 하락한다. 따라서 더 나이든 여성보다는 더 젊은 여성이 번식 면에서 더 높은 가치가 있다. 또한 높은 생식력과 연관된 신체적 특질(예를 들어, 낮은 허리-엉덩이 비율, Singh, 1993)은 보편적으로 남성에게 매력적이라고 평가받기 때문에(Buss, 1989; Symons, 1979), 신체적 매력—나이에 더해—은 여성이 가진 짝 가치의 또 다른 요소가 된다. 더 어리고, 신체적으로 더 매력적인 여성은 높은 생식력 때문에 더욱 탐낼 만한 짝이지만, 그만큼 짝외 성교, 또는 현재 파트너와의 이별을 부추기는 '짝 밀렵꾼'이 되기도 한다. 짝 가치가 높은(즉, 어리고, 신체적으로 더 매력적인) 여성과 결혼한 남성은 따라서 짝-유지 행동에 더 많은 시간을 쏟을 것이다.

다른 한편으로, 장기적 파트너로서 남성의 짝 가치는 대개 현재의 관계와 짝에게 외부 자원을 제공하는 그들의 능력과 의지에 달려 있다(Buss, 1989). 많은 자원을 보유하거나 자원 습득 능력을 갖고 있고, 그 자원을 기꺼이 나누고자 하는 남성(Graziano, Jensen-Campbell, Todd, & Finch, 1997)은 짝으로서 더 탐날 만하고, 다른 여성의 '짝 밀렵'의 목표물이 될 수 있다. 따라서 자원이 많은 남성과 결혼한 여성은 짝-유지 행동에 더 많은 시간을 쏟을 것이다.

버스와 셰클퍼드(1997)는 부부 107쌍의 표본을 통해 이 가설을 검증했다. 연구자들은 서로 다른 짝-보호 행동 19개를 포함해서, 파트너의 짝 가치 지각과 혼인 관계에 대한 만족도와 관련된 다양한 항목들을 측정하는 버스(1988)의 짝 보호 척도를 사용해서 참가자들을 평가했다. 전반적으로, 남성은 여성에 비해 자원 과시를 짝-유지 전술로 더 많이 활용하는 반면에 여성은 남편에 비해 외모 향상을 짝-유지 전술로 더 많이 활용한다고 보고되었다. 중요한 것은, 남성의 짝-유지 전술의 활용이 파트너의 신체적 매력과 어린 나이에 대한 남성의 지각과 강하게 연관되어 있는 반면에, 여성의 짝-유지 행동은 남편의 연령 및 지각된 신체적 매력과 연관성이 약했다는 점이다. 하지만 여성의 짝-유지 행동은 남편의 수입 그리고 남편이 보고한 그의 지위 추구 행동과 양의 상관관계가 있었고, 반면에 남성의 짝-유지 행동은 아내의 수입이나 지위 추구 행동과는 관련이 없었다. 연구자들이 예측한 대로, 실험에 참가한 남녀는 자신이 가진 관계 목표의 달성과 밀접하게 결부된 자질이 파트너에게 있을 때, 현재의 관계를 유지하기 위해 더 노력하고, 따라서 관계의 목표가 순조롭게 이루어지게끔 더 노력하는 것으로 나타났다.

질투의 경험은 가치 있는 관계를 가상의 또는 실제의 경쟁자에게 잠재적으로 빼앗겨서 발생하는 부정적인 감정적 경험으로(Salovey, 1991), 짝-유지 행동의 실제적 시행과 밀접한 관련이 있다. 버스(2000)는 진화의 역사에 걸쳐 침입자를 경계하는 개인들은 침입자를 그다지 염려하지 않는 이들에 비해 번식에 더 큰 성공을 거두었을 거라고 주장한다. 만일 질투가 인간 관계의 진화에 중요한 역할을 해왔다면, 인간의 보편적인 감정으로 자리 잡았을 것이다. 이 추측은 사실로 드러났다(Buss et al.,

1999). 게다가 남성과 여성이 느끼는 질투의 빈도와 강도는 그리 다르지 않아서(예를 들어, Buss, 2000; Buunk, 1995; Shackelford, LeBlanc, & Drass, 2000), 질투는 양성 모두에게 관계와 파트너를 보호하는 역할을 톡톡히 해왔다고(그리고 여전히 그렇다고) 추론할 수 있다.

하지만 남성과 여성의 질투 경험에는 차이가 있는데, 이 차이는 남녀가 가진 관계 목표의 차이와 깔끔하게 맞아 떨어진다. 여성은 자녀의 어머니가 실제로 자신이라는 것을 확신할 수 있지만 남성은 자신이 아버지라는 것을 확신할 수 없다. 부성 불확실성 때문에 남성은 반려자의 성적 부정을 드러내는 단서에 더욱 민감해지고, 반려자에게 친근하게 대하거나 추파를 던지는 경쟁자를 더 많이 경계하게 된다(Symons, 1979). 경계심을 통해 얻는 이익은 경계심을 충분히 갖지 않아 발생하는 비용을 상회하기 때문에, 자연선택은 또한 성적 부정의 단서를 감지하는 역치가 낮은 남성을 선호해왔을 것이다(예를 들어, Haselton & Buss, 2000). 여성에게 모성 불확실성은 문제가 되지 않지만, 의존성이 높은 자식을 기르는 데 필요한 자원을 확보하는 것은 조상 여성에게 쉽지 않은 일이었다. 만일 아버지 투자가 엉뚱한 곳에 들어간다면 자식을 번식 연령까지 길러내는 능력은 심각한 타격을 입게 되므로, 여성은 파트너의 감정적 부정을 암시하는 단서에 민감할 것이다. 남성이 다른 여성과 '사랑에 빠지고' 그래서 다른 관계를 이루기 위해 떠나버린다면, 그의 자원은 남겨진 여성과 무관한 곳에 들어갈 것이다. 따라서 자연선택은, 관계에 대한 남성의 헌신을 보수적으로 평가하는 여성, 그리고 파트너가 다른 여성과 감정적 유대를 형성하고 있다는 신호에 특히 민감한 여성을 선호해왔을 것이다(Haselton & Buss, 2000).

현재까지 상당히 많은 연구들이 남성의 질투는 성적 부정의 단서에 특히 민감하게 반응하는 반면에 여성의 질투는 주로 감정적 부정의 단서와 연관된다는 개념을 뒷받침한다(검토를 위해서는, Buss, 2000을 보라; 하지만 해당 데이터에 대한 반박을 대해서는, DeSteno, Bartlett, Braverman, & Salovey, 2002, and Harris, 2003를 보라). 예를 들어, 버스, 라르센Larsen, 웨스튼Westen, 제멜로스Semmelroth(1992)는 남녀에게 친밀한 연애 관계를 떠올려보라고 한 뒤, 자신의 파트너가 다른 상대와 엮이게 되는 경우를 상상해보라고 요구했다. 어떤 종류의 관계가 그들을 가장 괴롭히는지를 묻자, 남성은 파트너가 다른 사람과 열정적으로 성교를 즐기는 경우를 선택했고, 반면에 여성은 파트너가 다른 사람에게 깊은 감정적 애착을 갖게 되는 경우를 선택했다. 이 효과의 기본적인 패턴은 심리학 데이터를 통해서도 반복되어서, 남성은 감정적 부정보다는 성적 부정을 상상했을 때 피부전기 활동(EDA)과 맥박이 상승하고, EMG 활동을 통해 측정한 추미근(이마의 '찡그림'과 관련된 근육으로, 부정적인 감정을 표현한다)의 근육 긴장이 크게 증가했으며, 여성의 패턴은 그와 반대로 나타났다. 또한 남성은 여성보다 성적 부정을 용서하는 데 더 큰 어려움을 겪는다고 보고했으며, 남성은 파트너의 감정적 부정보다는 성적 부정이 벌어진 이후에 관계를 끝낼 가능성이 높고, 여성은 파트너의 감정적 부정 이후에 관계를 끝낼 가능성이 더 높다고 보고했다(Shackelford, Buss, & Bennett, 2002). 나아가, 비교문화 연구를 통해 얻은 증거에 따르면, 남편은 아내가 성적 부정을 저질렀을 때 아내와 이혼할 가능성이 높지만, 남편이 비슷한 행동을 했을 때 아내가 남편과 이혼할 확률은 그보다 낮았다(Betzig, 1989). 남성의 관계 목표는 타인의 자녀가 아니라 자신의 자녀에게 자원을 돌리는 것에 초점이 맞춰져 있고, 반면에 여성의 관계 목표는 자식에게 돌릴 수 있는 자원을 확보하는 데 초점이 맞춰져 있다는 점을 고려하면, 이 결과들이 보여주는 일반적 패턴은 그리 놀랍지 않다.

결론과 앞으로의 방향

전체적으로, 엄청난 양의 경험적 증거—인지, 행동, 심리를 아우르는 증거—를 통해 우리는 사랑이 친밀한 개인들을 결속시키고, 상대적으로 오랫동안 그 결속을 유지하게 돕는 헌신 장치라는 것을 알 수 있다(Fletcher et al, 20130, 2015을 보라). 흥미롭게도, 이 증거들은 연구의 이론적 관점(예를 들어, 행동의 근접 원인에 초점을 맞춘 사회심리학이든, 행동의 궁극적 원인에 초점을 맞춘 진화적 관점이든)과 무관하게 일관성을 보인다. 우리가 검토한 사회심리학 연구가 사랑의 서로 다른 유형을 설명하고 연애 관계의 발달에 사랑의 중요성을 밝혀내는 면에서 탁월한 힘을 발휘한 한편, 우리가 검토한 진화심리학 연구는 사랑과 쌍 결합의 원인론과 기능을 이해하는 방면에서 결정적인 힘을 발휘해왔다. 양쪽을 종합하면 인간의 연애 관계에 존재하는 사랑에 대해서 보다 전체론적인 관점을 얻게 된다.

　이제 여기서 어디로 나아가야 할까? 관계 과학 분야에는 수많은 연구 주제(예를 들어, 관계의 유지, 갈등 해결, 성관계, 결혼의 파경, 귀책, 상호의존성)가 있지만, 진화론을 따르는 연구 중 그런 문제에 초점을 맞추고 있는 연구는 상대적으로 적은 형편이다 (하지만 시간의 흐름에 따른 혼인 관계 만족도와 아내의 신체적 매력에 관한 최근 연구로는, Meltzer, McNulty, Jackson, & Karney, 2014를 보라). 한 예로, 열정적 사랑과 온정적 사랑의 연관성을 다룬 연구들이 있다 해도, 열정을 강화하는 '함께 하는 새로운 활동'의 구체적인 유형에 대해서는 아무런 예측도 제시하지 않는다. 중요한 적응적 기능을 해온 새로운 활동이 열정을 유발하는 상당히 강력한 요소라는 것은 충분히 가능한 얘기인데도 말이다. 게다가 연애 관계의 갈등을 다룬 연구는 대체로 갈등을 해결하는 방법과 '공정하게 싸우는' 방법에 초점을 맞추지만, 정작 힘겨운 갈등의 목적일 수 있는 사안에 대해서는 구체적인 예측을 내놓지 않을 때가 종종 있다. 또한 우리는 여전히 관계의 형성과 유지에 동반되는 특이적인 호르몬 변화에 정확히 어떤 의미가 있는지, 그리고 그런 변화에 수반하는 신경내분비계가 더 오래된 신경 구조 대 더 새로운 신경 구조 중 어느 쪽과 관계가 있는지를 확인할 필요가 있다. 이 문제들은 모두 진화적 관점을 채택한다면 더 세밀하게 정제된 가설을 세우고 경험적인 발견을 더 섬세하게 해석할 수 있는 연구 영역들이다. 이 주제들을 다룬 기존 연구들이 상당히 많다는 점을 고려할 때, 관계 연구 역시 진화의 렌즈를 통해 이 주제들을 들여다볼 수 있는 기회가 많다는 것을 알 수 있다. 사랑과 헌신에 관한 주제들이 그랬던 것처럼 말이다.

참고문헌

Acevedo, B. P., Aron, A., Fisher, H. E., & Brown, L. L. (2012). Neural correlates of long-term intense romantic love. *Social Cognitive and Affective Neuroscience*, *7*(2), 145–159.

Amato, P. R., & Keith, B. (1991). Parental divorce and the well-being of children: A meta-analysis. *Psychological Bulletin*, *110*, 26–46.

Barash, D. (1977). *Sociobiology and behavior*. New York, NY: Elsevier.

Bartels, A., & Zeki, S. (2000). The neural basis of romantic love. *Motivation, Emotion, Feeding, Drinking, 11*(17), 3829—3834.

Behnia, B., Heinrichs, M., Bergmann, W., Jung, S., Germann, J., Schedlowski, M., . . . Kruger, T. H. (2014). Differential effects of intranasal oxytocin on sexual experiences and partner interactions in couples. *Hormones and Behavior, 65*, 308—318.

Berscheid, E., & Walster, E. H. (1969). *Interpersonal attraction*. Reading, MA: Addison-Wesley.

Betzig, L. (1989). Causes of conjugal dissolution: A cross-cultural study. *Current Anthropology, 30*, 654—676.

Booth, A., & Dabbs, J. M. (1993). Testosterone and men's marriages. *Social Forces, 72*(2), 463—477.

Bowlby, J. (1969). *Attachment and loss: Vol 1. Attachment*. New York, NY: Basic Books.

Brand, S., Luethi, M., von Planta, A., Hatzinger, M., & Holsboer-Trachsler, E. (2007). Romantic love, hypomania, and sleep pattern in adolescents. *Journal of Adolescent Health, 41*(1), 69—76.

Brown, D. E. (1991). *Human universals*. New York, NY: McGraw-Hill.

Burnham, T. C., Chapman, J. F., Gray, P. B., McIntyre, M. H., Lipson, S. F., & Ellison, P. T. (2003). Men in committed, romantic relationships have lower testosterone. *Hormones and Behavior, 44*, 119—122.

Buss, D. M. (1985). Human mate selection. *American Scientist, 73*, 47—51.

Buss, D. M. (1988). From vigilance to violence: Mate-guarding tactics. *Ethology and Sociobiology, 9*, 291—317.

Buss, D. M. (1989). Sex differences in human mate preferences: Evolutionary hypotheses tested in 37 cultures. *Behavioral and Brain Sciences, 12*, 1—49.

Buss, D. M. (2000). *The dangerous passion: Why jealousy is as necessary as love and sex*. New York, NY: Free Press.

Buss, D. M., Larsen, R. J., Westen, D., & Semmelroth, J. (1992). Sex differences in jealousy: Evolution, physiology, and psychology. *Psychological Science, 3*, 251—255.

Buss, D. M., & Shackelford, T. K. (1997). From vigilance to violence: Mate retention tactics in married couples. *Journal of Personality and Social Psychology, 72*, 346—361.

Buss, D. M., Shackelford, T. K., Kirkpatrick, L. A., Choe, J. C., Lim, H. K., Hasegawa, M., . . . Bennett, K. (1999). Jealousy and the nature of beliefs about infidelity: Tests of competing hypotheses about sex differences in the United States, Korea, and Japan. *Personal Relationships, 6,* 125–150.

Buunk, B. P. (1995). Sex, self-esteem, dependency and extradyadic sexual experiences as related to jealousy responses. *Journal of Social and Personal Relationships, 12,* 147–153.

Carter, C. S. (1992). Oxytocin and sexual behavior. *Neuroscience and Biobehavioral Reviews, 16,* 131–144.

Carter, C. S. (1998). Neuroendocrine perspectives on social attachment and love. *Psychoneuroendocrinology, 23*(8), 779–818.

Centers for Disease Control and Prevention (2002). *Sexually transmitted disease surveillance, 2001.* Atlanta, GA: U.S. Department of Health and Human Services.

Daly, M., & Wilson, M. (1983). *Sex, evolution, and behavior* (2nd ed.) Belmont, CA: Wadsworth.

DeSteno, D., Bartlett, M. Y., Braverman, J., & Salovey, P. (2002). Sex differences in jealousy: Evolutionary mechanism or artifact of measurement? *Journal of Personality and Social Psychology, 83,* 1103–1116.

DeWall, C. N., Maner, J. K., Deckman, T., & Rouby, D. A. (2011). Forbidden fruit: Inattention to attractive alternatives provokes implicit relationship reactance. *Journal ofPersonality and SocialPsychology, 100*(4), 621–629.

Edelstein, R. S., Chopik, W. J., & Kean, E. L. (2011). Sociosexuality moderates the association between testosterone and relationship status in men and women. *Hormones and Behavior, 60*(3), 248–255.

Emanuele, E., Politi, P., Bianchi, M., Minoretti, P., Bertona, M., & Geroldi, D. (2005). Raised plasma nerve growth factor levels associated with early-stage romantic love. *Psychoneuroendocrinology, 20,* 1–7.

Fehr, B. (1988). Prototype analysis of the concepts of love and commitment. *Journal of Personality and Social Psychology, 55*(4), 557–579.

Fehr, B., & Russell, J. A. (1991). The concept of love viewed from a prototype perspective. *Journal of Personality and Social Psychology, 60,* 425–438.

Fisher, H. E. (1998). Lust, attraction, and attachment in mammalian reproduction. *Human Nature, 9*(1), 23–52.

Fisher, H. E. (2000). Lust, attraction, attachment: Biology and evolution of the three primary emotion systems for mating, reproduction, and parenting. *Journal of Sex Education & Therapy, 25*(1), 96–104.

Fisher, H. E., Brown, L. L., Aron, A., Strong, G., & Mashek, D. (2010). Reward, addiction, and emotion regulation systems associated with rejection in love. *Journal of Neurophysiology, 104*(1), 51−60.

Fletcher, G. J. O., Simpson, J. A., Campbell, L., & Overall, N. C. (2013). *The science of intimate relationships.* Malden, MA: Wiley-Blackwell.

Fletcher, G. J. O., Simpson, J. A., Campbell, L., & Overall, N. C. (2015). Pair-bonding, romantic love, and evolution: The curious case of *Homo sapiens. Perspectives on Psychological Science, 10,* 20−36.

Frank, R. H. (1988). *Passions within reason: The strategic role of the emotions.* New York, NY: Norton.

Geary, D. C. (2000). Evolution and proximate expression of human paternal investment. *Psychological Bulletin, 126,* 55−77.

Glynn, J. R., Caraël, M., Auvert, B., Kahindo, M., Chege, J., Musonda, R., . . . Study Group on the Heterogeneity of HIV Epidemics in African Cities. (2001). Why do young women have a much higher prevalence of HIV than young men? A study of Kisumu, Kenya and Ndola Zambia. *AIDS, 15,* S51−S60.

Gonzaga, G. C., Haselton, M. G., Smurda, J., Davies, M. S., & Poore, J. C. (2008). Love, desire, and the suppression of thoughts of romantic alternatives. *Evolution and Human Behavior, 29*(2), 119−126.

Gonzaga, G. C., Keltner, D., Londahl, E. A., & Smith, M. D. (2001). Love and the commitment problem in romantic relations and friendship. *Journal of Personality and Social Psychology, 81*(2), 247−262.

Gonzaga, G. C., Turner, R. A., Keltner, D., Campos, B., & Altemus, M. (2006). Romantic love and sexual desire in close relationships. *Emotion, 6*(2), 163−179.

Gottman, J. M. (1999). *The marriage clinic: A scientifically based marital therapy.* New York, NY: W. W. Norton.

Gray, P. B., Kahlenberg, S. M., Barrett, E. S., Lipson, S. F., & Ellison, P. T. (2002). Marriage and fatherhood are associated with lower testosterone in males. *Evolution and Human Behavior, 23*(3), 193−201.

Graziano, W. G., Jensen-Campbell, L. A., Todd, M., & Finch, J. F. (1997). Interpersonal attraction from an evolutionary perspective: Women's reactions to dominant and prosocial men. In J. A. Simpson & D. T. Kenrick (Eds.), *Evolutionary social psychology* (pp. 141−168). Mahwah, NJ: Erlbaum.

Grote, N. K., & Frieze, I. H. (1994). The measurement of friendship-based love in intimate relationships. *Personal Relationships, 1,* 275−300.

Harris, C. R. (2003). A review of sex differences in sexual jealousy, including self-report data, psychophysiological responses, interpersonal violence, and morbid jealousy. *Personality and Social Psychology Review, 7,* 102−128.

Haselton, M. G., & Buss, D. M. (2000). Error management theory: A new perspective on biases in cross-sex mind reading. *Journal of Personality and Social Psychology*, *78*, 81–91.

Hed, H. M. E. (1987). Trends in opportunity for natural selection in the Swedish population during the period 1650–1980. *Human Biology*, *59*, 785–797.

Hrdy, S. B. (1999). *Mother nature: A history of mothers, infants, and natural selection*. New York, NY: Pantheon Books.

Insel, T. R., Winslow, J. T., Wang, Z., & Young, L. J. (1998). Oxytocin, vasopressin, and the neuroendocrine basis of pair bond formation. *Advances in Experimental Medicine and Biology*, *449*, 215–224.

Jankowiak, W. R., & Fischer, E. F. (1992). A cross-cultural perspective on romantic love. *Ethnology*, *21*, 149–155.

Jasienska, G., Jasienski, M., & Ellison, P. T. (2012). Testosterone levels correlate with the number of children in human males, but the direction of the relationship depends on paternal education. *Evolution and Human Behavior*, *33*(6), 665–671.

Johnson, D. J., & Rusbult, C. E. (1989). Resisting temptation: Devaluation of alternative partners as a means of maintaining commitment in close relationships. *Journal of Personality and Social Psychology*, *57*(6), 967–980.

Kaplan, H., Lancaster, J. B., & Anderson, K. G. (1998). Human parental investment and fertility: The life histories of men in Albuquerque. In A. Booth & N. Crouter (Eds.), *Men in families: When do they get involved? What difference does it make?* (pp. 55–111). Mahwah, NJ: Erlbaum.

Karremans, J. C., Dotsch, R., & Corneille, O. (2011). Romantic relationship status biases memory of faces of attractive opposite-sex others: Evidence from a reverse-correlation paradigm. *Cognition*, *121*(3), 422–426.

Kenrick, D. T., Gutierres, S. E., & Goldberg, L. L. (1989). Influence of popular erotica on judgments of strangers and mates. *Journal of Experimental Social Psychology*, *25*(2), 159–167.

Kenrick, D. T., Neuberg, S. L., Zierk, K. L., & Krones, J. M. (1994). Evolution and social cognition: Contrast effects as a function of sex, dominance, and physical attractiveness. *Personality and Social Psychology Bulletin*, *20*(2), 210–217.

Kenrick, D. T., & Trost, M. R. (1997). Evolutionary approaches to relationships. In S. Duck (Ed.), *Handbook of personal relationships: Theory, research and interventions* (2nd ed.). (pp. 151–177). New York, NY: Wiley.

Kirkpatrick, L. A. (1998). Evolution, pair bonding, and reproductive strategies: A reconceptualization of adult attachment. In J. A. Simpson & W. S. Rholes (Eds.),

Attachment theory and close relationships (pp. 353-393). New York, NY: Guilford Press.

Kuzawa, C. W., Gettler, L. T., Muller, M. N., McDade, T. W.,&Feranil, A. B. (2009). Fatherhood, pairbonding and testosterone in the Philippines. *Hormones and Behavior*, *56*(4), 429-435.

Lancaster, J. B., & Kaplan, H. (1994). Human mating and family formation strategies: The effects of variability among males in quality and the allocation of mating effort and parental investment. In T. Nishida, W. C. McGrew, P. Marler, M. Pickford, & F. B.M. De Waal (Eds.), *Topics in primatology: Vol. 1. Human origins* (pp. 21-33). Tokyo, Japan: University of Tokyo Press.

Laurenceau, J. P., Feldman Barrett, L., & Pietromonaco, P. R. (1998). Intimacy as an interpersonal process: The importance of self-disclosure, partner disclosure, and perceived partner responsiveness in interpersonal exchanges. *Journal of Personality and Social Psychology*, *74*, 1238-1251.

Le, B., Dove, N. L., Agnew, C. R., Korn, M. S., & Mutso, A. A. (2010). Predicting non-marital romantic relationship dissolution: A meta-analytic synthesis. *Personal Relationships*, *17*, 377-390.

Loving, T. J., Crockett, E. E., & Paxson, A. A. (2009). Passionate love and relationship thinkers: Experimental evidence for acute cortisol elevations in women. *Psychoneuroendocrinology*, *34*(6), 939-946.

Loving, T. J., & Huston, T. L. (2011). Back to the future: Resurrecting and vitalizing the unrealized call for interdisciplinary research on close relationships. In L. Campbell & T. Loving (Eds.), *Interdisciplinary research on close relationships: The case for integration* (pp. 273-282). Washington, DC: American Psychological Association.

Lydon, J. E., Meana, M., Sepinwall, D., Richards, N., & Mayman, S. (1999). The commitment calibration hypothesis: When do people devalue attractive alternatives? *Personality and Social Psychology Bulletin*, *25*(2), 152-161.

Mackey, W. C., & Immerman, R. S. (2000). Sexually transmitted diseases, pair bonding, fathering, and alliance formation: Disease avoidance behaviors as a proposed element in human evolution. *Psychology of Men & Masculinity*, *1*(1), 49-61.

Maestripieri, D., Klimczuk, A., Traficonte, D., & Wilson, M. C. (2014). Ethnicity-related variation in sexual promiscuity, relationship status, and testosterone levels in men. *Evolutionary Behavioral Sciences*, *8*(2), 96-108.

Maner, J. K., Gailliot, M. T., & Miller, S. L. (2009). The implicit cognition of relationship maintenance: Inattention to attractive alternatives. *Journal of Experimental Social Psychology*, *45*(1), 174-179.

Maner, J. K., Rouby, D. A., & Gonzaga, G. C. (2008). Automatic inattention to attractive alternatives: The evolved psychology of relationship maintenance. *Evolution and Human Behavior, 29*(5), 343–349.

Marazziti, D., & Canale, D. (2004). Hormonal changes when falling in love. *Psychoneuroendocrinology, 29*, 931–936.

Mazur, A. (2014). Testosterone of young husbands rises with children in the home. *Andrology, 2*(1), 107–116.

Mellen, S. L. W. (1981). *The evolution of love.* Oxford, England: Freeman.

Meltzer, A. L., McNulty, J. K., Jackson, G., & Karney, B. R. (2014). Sex differences in the implications of partner physical attractiveness for the trajectory of marital satisfaction. *Journal of Personality and Social Psychology, 106*, 418–428.

Miller, R. S. (1997). Inattentive and contented: Relationship commitment and attention to alternatives. *Journal of Personality and Social Psychology, 73*(4), 758–766.

Moore, D. E., & Cates, W. (1990). Sexually transmitted diseases and infertility. In K. K. Holmes, P. A. Mardh, P. F. Sparling, & P. J. Wiesner (Eds.), *Sexually transmitted diseases* (2nd ed., pp. 19–29). New York, NY: McGraw-Hill.

O'Leary, K. D., Acevedo, B. P., Aron, A., Huddy, L., & Mashek, D. (2012). Is long-term love more than a rare phenomenon? If so, what are its correlates? *Social Psychological and Personality Science, 3*(2), 241–249.

Reich, J. W.,&Zautra, A. (1981). Life events and personal causation: Some relationships with satisfaction and distress. *Journal of Personality and Social Psychology, 41*(5), 1002–1012.

Reid, A. (1997). Locality or class? Spatial and social differentials in infant and child mortality in England and Wales, 1895–1911. In C. A. Corsini & P. P Viazzo (Eds.), *The decline of infant and child mortality* (pp. 129–154). The Hague, The Netherlands: Martinus Nijhoff.

Reis, H. T. (2007). Steps toward the ripening of relationship science. *Personal Relationships, 14*, 1–23.

Reis, H. T., & Shaver, P. (1988). Intimacy as an interpersonal process. In S. Duck (Ed.), *Handbook of personal relationships* (pp. 367–389). Chichester, England: Wiley.

Rietveld, S., & van Beest, I. (2007). Rollercoaster asthma: When positive emotional stress interferes with dyspnea perception. *Behaviour Research and Therapy, 45*(5), 977–987.

Roney, J. R., Lukaszewski, A. W., & Simmons, Z. L. (2007). Rapid endocrine responses of young men to social interactions with young women. *Hormones and Behavior, 52*(3), 326–333.

816

Rubin, Z. (1970). Measurement of romantic love. *Journal of Personality and Social Psychology, 16*, 265–273.

Rupp, H. A., & Wallen, K. (2007). Relationship between testosterone and interest in sexual stimuli: The effect of experience. *Hormones and Behavior, 52*, 581–589.

Salovey, P. (Ed.) (1991). *The psychology of jealousy and envy*. New York, NY: Guilford Press.

Schulz, H. (1991). Social differences in mortality in the eighteenth century: An analysis of Berlin church registers. *International Review of Social History, 36*, 232–248.

Schulz, K. F., Murphy, F. K., Patamasucon, P., & Meheus, A. Z. (1990). Congenital syphilis. In K. K. Holmes, P. A. Mardh, P. F. Sparling, & P. J. Wiesner (Eds.), *Sexually transmitted diseases* (2nd ed., pp. 821–842). New York, NY: McGraw-Hill.

Sear, R., & Mace, R. (2008). Who keeps children alive? A review of the effects of kin on child survival. *Evolution and Human Behavior, 29*, 1–18.

Shackelford, T. K., Buss, D. M., & Bennett, K. (2002). Forgiveness or breakup: Sex differences in response to a partner's infidelity. *Cognition and Emotion, 16*, 299–307.

Shackelford, T. K., LeBlanc, G. J., & Drass, E. (2000). Emotional reactions to infidelity. *Cognition and Emotion, 14*, 643–659.

Shaver, P., Hazan, C., & Bradshaw, D. (1988). Love as attachment. In R. J. Sternberg & M. L. Barnes (Eds.), *The psychology of love* (pp. 68–99). New Haven, CT: Yale University Press.

Simpson, J. A., Gangestad, S. W., & Lerma, M. (1990). Perception of physical attractiveness: Mechanisms involved in the maintenance of romantic relationships. *Journal of Personality and Social Psychology, 59*(6), 1192–1201.

Singh, D. (1993). Adaptive significance of female physical attractiveness: Role of waist-to-hip ratio. *Journal of Personality and Social Psychology, 65*, 293–307.

Sprecher, S., Christopher, F. S., & Cate, R. (2006). Sexuality in close relationships. In A. L. Vangelisti & D. Perlman (Eds.), *The Cambridge handbook of personal relationships* (pp. 463–482). New York, NY: Cambridge University Press.

Stanton, S., Campbell, L., & Loving, T. J. (2014). Energized by love: Thinking about romantic relationships increases positive affect and blood glucose levels. *Psychophysiology, 51*(10), 990–995.

Symons, D. (1979). *The evolution of human sexuality*. New York, NY: Oxford University Press.

van Anders, S. M., & Goldey, K. L. (2010). Testosterone and partnering are linked via relationship status for women and "relationship orientation" for men. *Hormones and*

Behavior, 58(5), 820–826.

van Anders, S. M., & Watson, N. V. (2006). Relationship status and testosterone in North American heterosexual and non-heterosexual men and women: Cross-sectional and longitudinal data. *Psychoneuroendocrinology, 31*(6), 715–723.

van Anders, S. M., & Watson, N. V. (2007). Testosterone levels in women and men who are single, in longdistance relationships, or same-city relationships. *Hormones and Behavior, 51*(2), 286–291.

van den Berghe, P. L. (1979). *Human family systems: An evolutionary view.* Westport, CT: Greenwood Press.

van der Meij, L., Buunk, A. P., Almela, M., & Salvador, A. (2010). Testosterone responses to competition: The opponent's psychological state makes it challenging. *Biological Psychology, 84,* 330–335.

van der Meij, L., Buunk, A. P., van de Sande, J. P., & Salvador, A. (2008). The presence of a woman increases testosterone in aggressive dominant men. *Hormones and Behavior, 54*(5), 640–644.

Walster, E., & Walster, G. W. (1978). *A new look at love.* Reading, MA: Addison-Wesley.

Welling, L. L. M., Jones, B. C., DeBruine, L. M., Smith, F. G., Feinberg, D. R., Little, A. C., & Al-Dujaili, E. A. S. (2008). Men report stronger attraction to femininity in women's faces when their testosterone levels are high. *Hormones and Behavior, 54*(5), 703–708.

Zeifman, D., & Hazan, C. (1997). A process model of adult attachment formation. In S. Duck (Ed.), *Handbook of personal relationships: Theory, research and interventions* (2nd ed., pp. 179–195). New York, NY: Wiley.

4부

양육과 혈연관계

마틴 데일리

다시, 다윈이 필요한 심리학

양육과 혈연관계만큼 심리과학 분야에 진화론이 절실하게 필요하다는 점을 확실히 보여주는 주제도 드물다. 다윈주의적 관점을 결여한 주류 심리학자들은 인간 존재의 이 중심 영역에 어떻게 접근해야 하는지 알지 못한 채, 그저 외면하기만 한다. 만약 인간의 사회적 상호작용을 적절하게, 대표적으로 드러낼 수 있는 표본을 수집한다면, 나는 그 데이터에 가까운 유전적 혈연관계가 중요하게 작동하고 있으리라 장담할 수 있지만, 어떤 사회과학 분야도 사회심리학만큼 '혈연' 문제에 무관심하지 않다. 또한 인간은 자식 돌보기을 위해 엄청난 비율의 시간, 에너지, 주의력을 쏟고 있지만 심리학자들은 양육의 심리학에 관해 말해줄 것이 많지 않다.

구글에서 '육아'와 '심리학'을 함께 검색하면 좀 더 자녀중심적으로 생각하라고 격려하는 말들과 아이들이 성공하려면 어떻게 준비시켜야 하는지를 조언하는 말들을 볼 수 있다. (여러분들이 지금보다 더 '타이거 맘'이 돼야 할까?) 부모가 실제로 어떻게 느끼고 행동하는지는 대체로 양육 방식의 분류학에 해당하는 문제로, 그저 자녀의 발달에 이러저러한 영향을 미친다고 알려진 일들에 대해서만 논의할 뿐이다. 하지만 그건 대중심리학일 뿐이고, 그래서 학계의 문헌은 어떤가 보면, 명백하게 진화론적인 논의들을 제외하면 대중심리학보다 아주 약간 나을 뿐이다. 가령 일반적 동기를 다룬 교재나 논문을 찾아보면, 아마 기껏해야 처녀 쥐에게 어떻게 '모성 상태'를 유발할 수 있는지, 혹은 모성 '충동'이 과연 유선에 가해진 압력의 결과인지 하는 내용을 한두 쪽 발견할 뿐이다. 하지만 여성과 남성의 육아 노력과 성향에 존재하는 변이성의 원천에 대해 근거가 확실하고 충분히 뒷받침된 가설들을 만들어내는 데 필요한 이론은 오래전부터 나와 있었다. 이 책의 4부를 구성하는 여섯 개의 장들은 모두 심리학자에게 절실하게 필요한 이론이 과거나 지금이나 바로 다윈의 이론임을 보여준다. 육아 노력을 조절하는 기제를 포함해서 모든 동기적 기제는 자연선택의 산물이며, 따라서 유전적 후손을 남기기 위한 전략적 수단으로 이해할 수 있다.

4부의 모든 챕터에 영향을 미치고 19장에서 헤임스가 소개할, 아주 중요한 이론인 포괄적합도 이론을 해밀턴(1964)이 내놓은 이후로, 혈연관계에 관해서라면, 진화생물학이 사회 현상을 분석할 때마다 계통적 근연도가 중심적인 역할을 해왔다. 해밀턴의 이론은 어떤 생물종에게 사회적 심리가 있다면 그런 심리가 진화한 것은 무엇을 성취하기 위해서인지를 밝혔기 때문에, 일반적으로 생물학자들은 그 방법이 사회진화를 분석하는 필수적인 틀이라고 인정한다(West & Gardner 2013). 하지만 인간사에 혈연관계가 차지하는 중요성을 깨닫는 데 수학이 필요하지는 않다. 인류학자들은 그저 사람을 관찰하고 그들의 말을 경청했다. 영국의 저명한 사회인류학자 에드먼드 리치Edmund Leach는 이렇게 말했다. "인간은 우리가 어디에서 만나든, 섹스와 혈연관계 문제에 거의 강박적인 관심을 드러낸다"(Leach 1966, p.41).

사람들 가운데 누구든 표본으로 삼아 누구를 가장 가깝게 느끼는지, 누구를 가장 아끼는지, 누구라면 그를 돕기 위해 기꺼이 희생할 수 있는지 물어본다면, 응답자들이 거론하는 사람은 대부분 그들의 가까운 유전적 친척이거나 연애 관계에 있는 사람일 것이다. 그러니 실험적인 사회심리학이 여전히 낯선 사람과의 상호작용만을 다루는 것은 추문과 다름없으며, 무엇보다 내가 비난하고 싶은 것은 붙잡혀 있다시피 한 학부생들을 연구대상 '풀'로 편리하게 활용하는 습관적 행태다. 앞서 말했듯이, 많은 사람들이 이 분야 최고의 학술지로 여기는《성격과 사회 심리학 저널Journal of Personality & Social Psychology》의 최신호(106호, 2014년 1월–6월)에 게재된 주요 연구보고 58편 가운데서 낯선 타인이 아닌 사람과의 사회적 상호작용을 다룬 것은 겨우 여섯 편뿐이다. 그리고 그 가운데 단 한 편만이 계통적 혈연을 중요한 사회적 · 정신적 범주로 받아들이고 있다.

인류학에 합류하는 흐름들

다행스럽게도 이처럼 외면당한 주제들과 씨름하는 진화심리학자들은 진화생물학자와 인류학자들로부터 큰 도움을 받고 있으며, 그중 다수가 이 핸드북의 저자들이다. 인류학자들의 말을 경청하고 그들과 협력할 때, 심리학자로서는 자신의 친숙한 문화적 관행이 인간 본성을 직접 보여주는 창이라고 상상하는 그릇된 자민족중심주의를 가장 잘 차단할 수 있다. 그래서 이 핸드북 1부(진화심리학의 기초)에서 다섯 개의 장 중 네 개의 장을 인류학자들이 단독으로 또는 공동으로 집필했다는 사실은, '진화와 인간 행동'을 연구하는 과학자 공동체에서 종합이 이뤄지고 있음을 가리키는 고무적인 신호일 것이다. 그리고 여기 4부의 경우, 핸드북의 초판에 수록된 내용을 보완한 세 개의 장 중 하나를 인류학자가 썼을 뿐 아니라, 새롭게 수록한 세 개의 장 모두 인류학자가 쓴 글이다.

19장의 저자 레이먼드 헤임스Raymond Hames는 아마존 강 유역의 원예농 부족 사이에서 폭넓게 현장 경험을 쌓은 진화인류학자다. 그는 해밀턴의 포괄적합도 이론을 간략히 검토하고 그런 뒤 이 이론이 인간사를 해명해낸 수많은 방법 중 몇 가지를 살펴본다.

다른 호미니드의 행동과 비교했을 때 인간 가족생활에서 가장 놀랍고 특이한 점은 남성이 부모로서 육아에 참여한다는 것이다. 20장에서 데이비드 기어리David Geary는 이 개념과 함께 우리 계통에 부모 투자가 진화한 이유를 가리키는 증거를 철저하고 깊이 있게 살펴보고, 그럼에도 왜 그 개념이 아직도 모호하게 남아 있는지를 짚어본다. 그의 글은 핸드북 초판에 동일한 주제로 실린 자신의 논의를 보완하고자, 부모 행동의 내분비학적 증거, 자녀 결과에 아버지가 미치는 영향에 관한 증거, 그리고 남자아이들의 유년기 경험이 아버지가 된 이후 그들의 행동에 미치는 영향 등의 증거를 통합한다. 수정된 장에 인용된 참고문헌 120편 가운데 거의 절반은 새로운 문헌들이다.

기어리처럼 캐서린 새먼Catherine Salmon 역시 21장에서 부모 투자와 부모-자식 갈등에 관한 기존의 논의를 최신화했다. 트리버스(1974)의 중요한 논문이 나온 이후에 부모-자식 갈등의 형식적 모델들이 급증했지만, 새먼은 수학을 피해가면서도 감탄스러우리만치 뛰어난 능력을 발휘해서 핵심 개념들을 명료하게 전달한다. 새로운 주제가 하나 등장한다. 젊은 성인과 그들의 부모가 자식(즉, 젊은 성인)의 배우자를 선택할 때 그 기준이 체계적으로 불일치하는 얼핏 보면 당혹스러운 현상으로, 새먼은 이에 관한 새로운 사고와 발견들을 간략히 소개한다.

22장은 인류학자 루스 메이스Ruth Mace가 이번 핸드북에 새롭게 추가한 것이다. 메이스는 인간의 사회적 진화 및 문화적 다양성과 깊이 연관된 수많은 큰 주제들을 통합하고자 노력한다. 여기에는 인간 종에게 진화한 생활사의 특이한 특징들도 포함되어 있다. 그런 특징의 예로, 긴 전생식기와 그보다 훨씬 더 이상한 긴 후생식기, 자급자족, 재산 소유, 부의 상속이 가족 구조 및 가족 관계에 어떻게 영향을 주고 그로부터 어떤 영향을 받는지, 그리고 비교적 풍족한 환경이라서 외견상으로는 번식이 극대화되어야 함에도 다윈주의적 요구에 저항이라도 하듯 생식력이 감소하는 현상(인구 변천)을 들 수 있다.

23장 역시 인류학자 코렌 애피셀라Coren Apicella와 알리사 크리텐든Alyssa Cristenden이 이 핸드북에 새롭게 추가한 글로, 수렵채집인들의 육아와 혈연관계에 대해 지금까지 알려진 것들에 초점을 맞춘다. 진화심리학자들은 수렵채집인의 생활방식이 중요하다고 오랫동안 강조해왔다. 그 방식은 우리 종의 많은 속성들이 진화해온 중대한 사회적·물질적 진화적 적응 환경(EEA)이기 때문이다. 그러나 수렵채집인의 사회는 다양하고, 현대의 수렵채집인들은 주변의 농경민족으로부터 영향을 받았으며, 인간의 성공을 뒷받침한 두드러지는 특징이 사회적 관습의 가소성이었다는 사실에 근거하여 사람들은 이 견해가 지나치게 본질주의적이라고 비판하기도 했다. 애피셀라와 크리텐든은 이 복잡한 문제를 충분히 인지하면서도, 수렵채집인 연구가 실제로 사회성이 왜 인간의 본성이며, 그 본성이 왜, 어떻게 진화했는지를 설명하는 가설에 중요한 증거를 제공한다고 설득력 있게 주장한다.

24장은 인류학자 마크 플린Mark Flinn과 캐롤 워드Carol Ward가 맡았다. 이 장도 기존의 논의를 보완해서, 인간 가족, 인간 발달, 사회적 내분비학의 기이한 특징들을 중심에 놓는다. 두 저자는 이 주제들에 관한 최신 정보와 개념들을 검토할 때 비교 연구에 강하게 초점을 맞추고, 그렇게 해서 인간의 가족생활 그리고 더 일반적으로는 사회성의 많은 측면들이 진화적으로 새롭고 신기한 양상임을 명백하게 드러낸다.

우리가 이 학제적 종합을 경축하면서도 절대 잊지 말아야 할 것은, 해밀턴의 큰 관점이 필요하다고 인간중심적 사회과학자들을 설득하는 과정은 길고 힘겹고 요원한 싸움이라는 것이다. 여러 학술지의 최신호에 실린 논문의 제목에 가족이란 단어가 포함된 것들을 꼼꼼히 읽어본 사람이라면 누구나 분명하게 알 수 있다. 인류학은 심리학보다 먼저 혈연관계에 주목했으면서도, 마샬 살린스Marshall Sahlins와 데이비드 슈나이더David Schneider 같은 영향력 있는 인류학자들은 안일하게도 비교문화적 다양성이란 인간의 혈연관계에 생물학적 기초가 없다는 점을 증명한다고 주장하고 있으며, 이미 생물학–문화의 이분법은 이미 파산했으면서도 여전히 문화인류학이라는 거대하고 침체한 배수지를 오염시키고 있다. 우리는 모두 그 안에 발을 담그고 있다.

포괄적합도가 (완전히) 전부는 아니다

내 생각에, 해밀턴의 포괄적합도 이론이 우리에게 사회적 진화론에 필수적인 메타이론, 따라서 진화사회심리학에 필수적인 메타이론을 안겨주었다는 주장에는 큰 난점이 하나 존재한다. 4부의 여섯 개의 장 중 어느 글도 언급하지 않으므로, 내가 말을 해야 할 듯하다. 아니, 집단 간 선택을 설명적 원리로 부활시키고자 하는 다층적 선택 모델들을 말하려는 것이 아니다. 그 모델의 지지자들조차도 그것은 그저 포괄적합도의 설명과 상호교환이 가능한 대안적인 설명법에 지나지 않는다고 인정하며, 내가 알기로도 다층적 모델을 통해 보다 유익한 통찰을 끌어낸 사례는 없다. 내가 말하고자 하는 포괄적합도 이론의 큰 난점은 '위에서부터'라기보다는 '아래에서부터' 온다. 바로 유전자 간의 갈등 문제다.

두 개의 X염색체 중 하나에 새로운 돌연변이가 나타난 여성을 생각해보자. 그녀의 X염색체가 (그녀의 모든 상염색체와 마찬가지로) 자녀에게 유전될 확률은 자녀의 성별과 무관하게 50%다. 하지만 손주는 어떨까? 딸의 자녀들에게 그 돌연변이가 유전될 확률은 어느 성이든 25%다. 하지만 그녀의 아들이 딸을 낳는다면 그 손녀는 분명 아버지의 모계 X(그에겐 하나밖에 없다)를 물려받을 테고, 그래서 그 유전자를 갖고 태어날 확률은 50%인 반면에, 아들의 아들은 0%다. 이제 그 돌연변이의 표현형 효과가 손자를 희생시키고 손녀에게 투자를 집중하게 한다고 상상해보자. 그로 인해 손녀의 적합도에 돌아가는 이득이 아무리 작고, 손자의 적합도에 돌아가는 손실이 아무리 크다 해도, 그 돌연변이 X가 선택의 이점을 거머쥐기에 충분할 것이다! 라이스Rice, 개브릴리츠Gavrilets, 프라이버그Friberg(2010)가 이런 상황을 "성 적대적 접합자 충동SAZD: sexually antagonistic zygotic drive"이라 명명했는데, 이는 절대 가설이 아니다(Friberg, Stewart, & Rice, 2011).

혹자는 성 적대적 접합자 충동이 우리 같은 생명체에게는 그리 중요하지 않다고 생각할 수도 있다. 친할머니 외에도, 유전체의 나머지 부분이 경쟁하는 이해관계 그리고 다른 관련자들의 적합도 이해관계가 작동한다는 이유에서다. 하지만 남아에게 돌아가는 비용이 여아의 이익으로 상쇄된다면, 억제유전자가 약하게 선택되어서 결국에는 성비에 심각한 불균형이 발생할 것이다. 흥미롭게도, 인간의 성 적대적 접합자 충동을 보여준다고 해석되는 데이터가 실제로 존재하며(Fox et al., 2010), 따라서 논의는 아직 종결되지 않은 셈이다.

성 적대적 접합자 충동은 흥미로운 개념이지만 인간의 사회적 진화와의 연관성은, 혹 있다 해도 아직은 명확하지 않다. 하지만 이미 어떤 유전자들은 유기체의 포괄적합도 이익과 별개로 자신만의 적합도 이익을 만들어낼 정도로 독립된 전달 동역학을 갖고 있으며, 그로 인해 가족 내 상호작용에 중요한 표현형 효과를 일으킬 수 있는데, 특히 각인 유전자가 그렇다는 증거가 많이 존재한다(Crespi, 2011; Haig, 2002, 2009). 1960년대에 시작된 사회생물학 혁명기에, 사회적 진화를 이해하기 위해서는 유전자의 '적합도 이익'을 이해해야만 한다는 점이 점차 분명해짐에 따라, 우리는 해밀턴의 포괄적합도 개념에 힘입어 유기체를 하나의 통합된 의제를 가진 행위자로서 주목할 수 있었다. 하지만 유전자 간 갈등이 여러 가지 형태로 드러나는 상황에서, 개인의 통합성이란 얼마간 환상이라는 점을 인정하지 않을 수 없다(Burt &

Trivers, 2008).

참고문헌

Burt, A., & Trivers, R. L. (2008). *Genes in conflict: The biology of selfish genetic elements*. CambridgeMA: Harvard University Press.

Crespi, B. J. (2011). The strategies of the genes: Genomic conflicts, attachment theory, and development of the social brain. In A. Petronis & J. Mill (Eds.), *Brain, behavior, and epigenetics* (pp. 143–167). Berlin, Germany: Springer-Verlag.

Fox, M., Sear, R., Beise, J., Ragsdale, G., Voland, E. & Knapp, L. A. (2010). Grandma plays favourites: X-chromosome relatedness and sex-specific childhood mortality. *Proceedings of the Royal Society B: Biological Sciences, 277*, 567–573.

Friberg, U., Stewart, A. D., & Rice, W. R. (2011). Empirical evidence for son-killing X chromosomes and the operation of SA-zygotic drive. *PLoS ONE, 6*, e23508.

Haig, D. (2002). *Genomic imprinting and kinship*. New Brunswick, NJ: Rutgers University Press.

Haig, D. (2009). Transfers and transitions: Parent–offspring conflict, genomic imprinting, and the evolution of human life history. *Proceedings of the National Academy of Sciences, USA, 107*, 1731–1735.

Hamilton, W. D. (1964). The genetical evolution of social behaviour. I and II. *Journal of Theoretical Biology, 7*, 1–52.

Leach, E. (1966). Virgin birth. *Proceedings of the Royal Anthropological Institute of Great Britain & Ireland, 1966*, 39–49.

Rice, W. R., Gavrilets, S., & Friberg, U. (2010). The evolution of sex-specific grandparental harm. *Proceedings of the Royal Society B: Biological Sciences, 277*, 2727–2735.

Trivers, R. L. (1974). Parent-offspring conflict. *American Zoologist, 14*, 249–264.

West, S. A., & Gardner, A. (2013). Adaptation and inclusive fitness. *Current Biology, 23*, R577–R584.

19장

혈연선택

레이먼드 헤임스

서론

    해밀턴(1964)의 포괄적합도 이론은 발표 당시 사회과학 및 행동과학 분야에 즉각 영향을 미치지는 못했다. 당시에도 민족지학자들은 혈연관계가 인간 사회의 조직화, 특히 인간 진화사의 대부분을 차지하는 평등주의 사회의 보편적인 근본 요인임을 알고 있었지만 말이다. 포괄적합도 이론은 여러 측면에서 인류학자들이 고안했어야 하는 이론이었다. 즉, 인류학자들은 전통 사회의 협력, 정체성, 연합 형성, 자원 교환, 결혼, 집단 구성원 등이 기본적으로 혈연관계를 통해 구축된다는 점을 알고 있었다. 1974년이 되어서야 윌슨Wilson의 『사회생물학Sociobiology』(1975)과, 무엇보다 리처드 알렉산더Richard Alexander의 『사회적 행동의 진화The Evolution of Social behavior』(1974)의 출판을 계기로 진화론에 입각한 사회과학자들은 혈연관계가 인간의 사회적 행동 연구에 혁명을 일으킬 수 있는 강력한 이론이라는 점에 주목하기 시작했다. 민족지학과 심리학의 증거들이 강하게 지원하는 가운데 혈연선택에 기초한 가설들이 생산적인 연구 분야를 형성할 것이라고 가장 먼저 폭넓게 증명한 사람은 알렉산더였다. 『다윈주의와 인간사Darwinism an Human Affairs』(1979)에서 알렉산더는 혈연관계를 다룬 인류학 문헌, 특히 인간관계 지역 자료HRAF: Human Relations Area Files를 더욱 충실하게 다듬었다. 예를 들어 알렉산더는 부성 불확실성 때문에 족벌주의가 모계 쪽으로 치우칠 거라 예측했는데(1974, pp. 373-374; 1979, p.169), 현재 많은 기록이 이 예측을 뒷받침한다. 게다가 그는 혈연관계가 식량 이동과 협력적인 경제 활동을 이해하는 데 유익하고(Alexander, 1979, pp. 144-161), 혈연선택이 상호 이타주의와 밀접하게 관련되어 있음을 시사하는 중요한 예비적 증거를 제공했다.

혈연선택의 의미와 측정

혈연선택 이론의 핵심에는 이른바 해밀턴의 법칙이 있다. 이 법칙에 따르면, 두 개체가 상대를 돕거나 함께 협력하는 행동은 수혜자의 적합도가 제공자의 비용보다 큰 이상 계속해서 진화하며, 제공자와 수혜자의 근연도 계수에 따라 평가절하된다(즉, $Br-C > 0$).[1] 이론의 전반적인 의미는 비교적 이해하기 쉽지만, 기술적 요소에 관해서는 그간 많은 오해가 있었다. 근연도가 유전자의 공유 정도를 가리킨다는 믿음이 대표적인데, 사실 근연도는 두 개체가 직계 혈통이라서 유전자가 같을 확률을 가리킨다. 도킨스(1979)와 퀠러Queller(1996)는 이 오류를 비롯한 몇몇 오류에 대해 논의한 반면에, 박Park(2007)은 사회심리학 교재들에서 혈연선택에 관해 틀리거나 문제가 있는 묘사들을 폭넓게 검토했다. 갈수록 많은 문헌이, 혈연에 기초한 족벌주의의 사례처럼 보이지만 사실은 상호 이타주의, 상리공생, 강압, 또는 조작의 사례일 수 있는 공동 행동 또는 협력 행동을 다루고 있다(Clutton-Brock, 2009).

비인간 동물의 혈연선택

친족 간의 협력과 도움 행동은 다양한 동물종 사이에서 자주 보고되고, 근연도가 높고 안정적인 소규모 번식 집단에서 특히 많이 나타난다. 비인간 동물의 혈연선택을 전반적으로 검토한 글에서 그리핀Griffin과 웨스트West(2002, p.1)는 이렇게 주장한다.

---

1 B=benefit to recipient(수혜자에게 돌아가는 이익), r=coefficient of relatedness(근연도 계수), C=cost to actor(행위자에게 돌아가는 비용). B와 C는 둘다 자식에게서 측정한다(옮긴이).

해밀턴의 포괄적합도 이론은 진화생물학의 중대한 발전을 대표하는 이론이다. 특히 각 개체들이 친족의 번식으로부터 이익을 얻는다는 개념(혈연선택)은 광범위한 현상, 그중에서도 특히 이타주의의 사례들을 대단히 성공적으로 설명해왔다.

주로 모계를 통해 이루어지는 영장류의 혈연선택(Silk, 2009에서 검토)은 개코원숭이, 짧은꼬리원숭이, 긴꼬리원숭이, 고릴라, 붉은고함원숭이에서 입증되었다. 혈연 관계는 사회 연결망, 털 손질, 연합, 그리고 지배 관계에 결정적이다.

침팬지는 털 손질, 연합 지원, 고기 및 섹스 교환 등 다양한 행동을 통해 상호 이타주의의 흔적을 드러낸다(Gomes & Boesch, 2009). 하지만 혈연선택이 침팬지들의 협력 기제라고 충분히 입증된 것은 아주 최근이었다. 랭어그래버Langergraber, 미타니Mitani, 비질런트Vigilant(2007)는 모계 형제들이 서로 제휴하고, 털을 손질해주고, 가까운 거리를 유지하고, 갈등 상황에서 서로를 돕고, 고기를 나누고, 함께 순찰할 가능성이 더 높다는 것을 보여주었다. 침팬지들의 문란한 짝짓기 때문에 부계 형제들 사이에서는 이런 패턴이 발견되지 않았다. 하지만 레만Lehmann, 피켄셔Fickenscher, 보쉬Boesch(2006, p.931)는 14년간의 관찰을 통해서, 아버지 침팬지들이 자신의 자식들과 더 많은 시간을 놀면서 보내는 것을 발견했으며, "우리의 데이터는 야생 수컷 침팬지들이 자신의 자식을 알아볼 줄 안다는 것을 최초로 증명한다"라고 결론짓는다. 하지만 랭어그래버 등(2007)과 마찬가지로 이들도 모계 혈연의 친화력이 훨씬 강하다는 것을 발견했다.

상호 이타주의와 혈연선택

많은 사례에서 상호 이타주의(Trivers, 1971)는 협력을 설명하는 대안 모델이거나, 심지어는 보완적인 모델에 지나지 않는다. 그럴 때 혈연관계와의 일반적인 차이는 근연도가 0이고, 도와준 자에게 보상이 미래에 돌아간다는 점이다. 비인간 종의 상호 이타주의를 검토한 클러튼-브록Clutton-Brock(2009)은 영장류의 핥아주기가 그나마 상호 이타주의에 근접해 있긴 하지만, 비인간의 경우 종내-특이적인 관련 사례가 거의 없음을 입증했다. 클러튼-브록은 몇 가지 중요한 결론을 이끌어낸다. (a) 상호 이타주의라고 하는 사례들은 대부분 상리공생(상호 관계의 양측이 동시에 이득을 얻는)이나 조작의 예라고 볼 수 있다. (b) 설득력이 있어 보이는 상호 이타주의의 사례들은 사실 혈연선택과 관련이 있을 것이다. 클러튼−브록은 인간에게 상호 이타주의가 존재하는 것은 상호작용의 주체들이 서로 장기적인 의도를 소통할 수 있는 언어가 있고, 부정행위를 막거나 억제하는 '사회적 규범'이 있기 때문이라고 결론짓는다.

인간의 진화사 그리고 혈연선택이 중요한 이유

인간은 아주 최근까지도 역사의 대부분 동안 50명 안팎의 수렵채집 집단을 이루고 살았다(Binford, 2002). 얼마 전에 힐Hill 등(2011)은 수렵채집 사회 32개를 비교 분석해서 혈연 근연도가 무리의 구성에 얼마나 영향을 미치는지를 조사했다. 평균적으로 성인(15세 이상)이 자신의 1차 친족(부모, 형제, 또는 자식)과 함께 거주하는 비율은 약 10%에 불과하고, 공동거주자의 약 25%가 가깝고 먼 친척들이었다. 아체족과 쿵족 집단에 속한 전체 성인들의 평균 근연도는 0.054(반半사촌보다 조금 낮은 정도)였다. 이는 다소 낮게 측정된 값으로 봐야 한다. 수렵채집인 집단은 미성년 구성원 비율이 50%에 이르는데 성인만을 대상으로 측정한다면 근연도가 0.25인 미성년 손자, 조카, 질녀가 계산에 포함되지 않기 때문이다. 뒤에서 설명하겠지만, 근연도가 4분의 1인 친족의 유대가 중요한 것은 번식 가치에 차이로 인해 혈연 이타주의가 연장자(이모와 고모, 삼촌, 조부모)에게서 나이 어린 친족(조카, 질녀, 손자)에게로 흐르는 경향이 있기 때문이다. 힐과 동료들은 혈연관계 데이터가 기록된 당시의 사회적 평온 상태, 식민 세력의 영향, 무역 관계 같은 역사적 변수들 때문에 이들 집단의 혈연 구조가 변형되었을 가능성이 있다고 지적한다. 그럼에도 저자들은 그렇게 낮게 제시된 근연도를 가리켜 다음과 같이 주장한다. "이러한 패턴은 비혈연 성인들로 이루어진 커다란 상호작용 네트워크를 만들어내고, 그래서 포괄적합도로는 수렵채집 집단의 광범위한 협력을 설명할 수 없다고 암시한다"(Hill et al., 2011, p. 1286). 그런 패턴으로는 광범위한 협력이 무엇을 뜻하는지, 또 결정적인 협력이 필요할 때 누구에게 의지할 수 있는지를 분명하게 밝힐 수가 없다. 그와 유사하지만 더 자세한 분석이 탄자니아의 하드자족을 대상으로 했을 때에는 다음과 같은 결론이 나왔다. "하드자족은 캠프메이트이자 선물의 수혜자로 친족을 선호하긴 하지만… 비친족들과도 적극적으로 유대를 맺는다"(Apicella et al., 2012, p. 500).

혈연관계 연구의 접근법

서로 겹치는 부분이 많지만, 진화심리학과 행동생태학은 인간의 혈연선택 연구에 널리 적용되는 두 가지 접근법이다. 두 분야의 차이는 어떤 종류의 질문을 던지는지에 달려 있으며, 질문의 차이는 종종 다른 방법론적 접근으로 이어진다. 진화심리학은 대개 심리 모듈이 어떻게 친족을 향한 태도, 기대, 지향, 감정을 만들어내는지 그리고 친족을 어떻게 알아보는지를 해명하는 데 초점을 맞춘다. 대부분의 연구는 조사와 실험을 통해 이뤄진다. 반면에 인류학자가 대부분인 행동생태학자들은 자연주의의 환경에서 행동과 적합도 결과들 또는 그와 관련된 대리물들을 관찰한다. 이때 학자들은 대상이 실제로 어떻게 행동하는지 그리고 그 행동이 번식에 어떤 영향을 미치는지에 강조점을 둔다. 두 진영의 연구자들은 방법론적으로 겹치는 경우가 많은데 특히 표본조사를 통해 생식력과 생존의 번식사, 유언장에 담긴 상속, 친족 간 상호작용 패턴의 묘사 등 정보제공자들이 생산하는 비관찰적 데이터를 수집할 때에는 더욱 뚜렷이 겹친다.

또 하나의 일반적인 대조점은, 행동생태학자들이 연구하는 대상은 진화적 적응 환경에 가까운 사회적 조건에서 살아가는 전통 사회의 비서양 인구라는 점이다. 반대로 진화심리학자들은 서구의, 교육받은, 산업화된, 부유한, 민주주의 사회, 즉 WEIRDWestern, educated, industrial, rich, democratic에 속한 사람들을 연구하는 경우가 많다(Henrich et al., 2010). 가끔은 정신적 모듈의 설계 특징을 입증해서 진화적 예측을 검증할 때, 그 모듈이 어떻게 적응적 행동을 낳는지에 의거할지, 아니면 그 적응적 행동이 실제로 측정 가능한 적합도 대리물(성장, 생존, 번식)에 미치는 영향에 의거할지를 놓고 긴장이 발생하기도 한다(Daly & Wilson, 1999를 보고, 그에 대한 대응은 Smith, Borgerhoff Mulder, & Hill, 2001을 보라). 그럼에도 두 접근법은 상호보완적이다. 각기 다른 차원에서 분석하지만, 두 접근법 모두 혈연선택의 동역학, 또는 어떤 진화한 인간 행동에 대해서도 완전한 그림을 얻어야만 하기 때문이다.

이 장은 연구자들이 혈연선택 연구에서 다룬 주제들 사이에서 균형을 잡고 있다. 나는 진화심리학자들이 주도한 주제들에서 시작한 뒤, 행동생태학자들이 점차 주도권을 높이고 있는 주제들로 옮겨갈 것이다.

혈연관계의 진화심리학

1997년에 이르러 데일리, 새먼, 윌슨(1997)은 심리학자들의 연구 주제가 개인 간 관계를 포괄하고는 있지만, 혈연관계 연구에는 딱히 기여한 바가 없다고 주장했다. 이제 데일리와 윌슨(2005)이 지적하고 있듯이, 이 상황은 다음에 검토할 혈연인지, 정서적 근접감, 공감, 혈연 지원 등을 다룬 많은 연구 덕분에 크게 나아졌다.

혈연인식

혈연인식은 동물을 대상으로 널리 연구되었고, 후각, 공동 사회화, 습관화, 표현형 일치 등 여러 기제가 사용된다는 결과를 얻었다(Park, Schaller, & van Vugt, 2008). 족벌주의가 효과적으로 기능하기 위해서는 유기체가 가까운 친족, 먼 친족, 비친족을 안정적으로 구별할 수 있어야 한다. 모든 문화가 문화적 방식에 기초해서 가까운 친족과 먼 친족을 (계통적 근접도에 따라) 구별하는 친족 분류법을 갖추고 있으며, 이를 통해 도움 행동, 연합 구성원, 결혼, 상호 간의 권리와 의무, 감정적 유대에 관한 상호 기대를 구체화한다. 존스(2004, p.214)는 혈연관계 용어 체계에 보편적으로 계통적 거리, 사회적 순위, 집단 소속 표현들이 포함되어 있다고 지적한다. 리버만, 투비, 코스미디스(2007)는 진화심리학의 관점에서 인간은 특수한 정신적 회로가 있어 이를 근거로 혈연관계의 단서들을 탐지하고, 혈연관계 평가 기능을 통해 그 단서들을 처리하고 상대와의 계통적 거리를 계산한다고 주장한다. 이 평가 기능은 근연도에 기초해서, 가까운 친족과의 성관계를 떠올릴 때 드는 역겨움이라든지 친족을 도우려는 의지와 같은 적합한 감정을 만들어낸다. 리버만, 움Oum, 커즈번(2008)은 성, 연령과 더불어 혈연관계 역시 인간이 사회적 상호작용에 활용하는 보편적인 사회적 범주일 수 있다고 주장한다.

표현형 매칭 개체들의 표현형이 유사한 정도는 유전적 혈연관계의 신호가 될 수 있다. 지금까지의 연구는 얼굴 유사성, 태도 유사성, 동일한 성_姓에 집중하고 있다. 다른 연구들이 모두 얼굴 유사성 등 단일한 표현형 속성에 근거하는 데 반해, 한 연구는 12개의 신체적 형질에 기초해서 자기평가한 전반적인 유사성을 사용한다(Bressan & Zucchi, 2009). 이 문헌을 아주 유용하게 검토한 사례로, 박 등(2008)과 아란테스Arantes(2012)가 있다.

얼굴 유사성　　대개 짝 선택과 친부 확인에 중점을 두고 있긴 해도(DeBruine, Jones, Little, & Perrett, 2008), 얼굴 유사성은 많은 연구가 이루어졌다. 행동 경제학과 진화심리학의 흥미로운 결합을 통해, 얼굴 유사성이 공공재 게임의 협력(DeBruine, 2002; Krupp, DeBruine, & Barclay, 2008), 신뢰성 지각(DeBruine, 2005), 그리고 성인이 자신과 닮은 아이에게 느끼는 이타주의(DeBruine, 2004)를 끌어올린다는 사실이 밝혀졌다.

관련성 패턴　　웨스터마크Westermarck 가설(검토를 위해서는 Wolf & Durham, 2004를 보라)이라는 유명한 이론은 유년기에 친밀한 관련성 패턴(혹은 공동사회화)이 형성되면 남매 또는 남매처럼 자란 개인들 사이에 성적 매력이 사라지고, 더 나아가 성관계를 떠올리기만 해도 역겨움이 발생한다고 말한다. 리버만, 투비, 코스미디스(2003, 2007)는 남매의 유년기 관련성(또는 공동사회화)과 출생 이후 모계 관련성 인식이 근친상간 회피뿐 아니라 남매간 이타주의를 이끄는 혈연인식의 핵심 요소라고 주장한다. (어머니가 다른 유아를 돌보는 모습을 관찰하는)출생 이후 모계 관련성 인식을 추가한 것이 중요한 진전인 이유는, 그 기제가 성장할 때 동생과 시간을 거의 또는 전혀 보내지 못한 소위 남매가 동생에게 품을 수 있는 성적 관심을 차단하기 때문이다. 출생 이후 모계 관련성 인식이 조부모 이타주의까지도 설명할 수 있을지, 그리고 친족을 확인할 수 있는 다른 관련성 단서가 있는지는 아직 분명하지 않다.

혈연 이타주의의 기초가 되는 감정들

많은 연구자가 정서적 근접감, 공감적 염려, 공감 등 혈연관계의 토대가 되는 감정적 기제들에 주의를 기울여왔다. 이 분야는 도움 의지, 상호작용 패턴, 도움의 실질적 패턴에 관한 조사에 비해 비교적 적게 연구되었다. 박과 샬러Schaller(2005)에 따르면 친구와 친족을 돕게 하는 이타주의 기제는 서로 상당히 유사할 수 있으며, 그 기제가 활성화되는 방식에는 성 차이가 있을 수 있다(Ackerman, Kendrick, & Schaller, 2007).

코르크마로스Korchmaros와 케니Kenny(2001, p.262)는 정서적 근접감, 즉 "다른 개체를 염려하고, 신뢰하고, 보살피고자 하는 감각, 그 개체와의 관계에서 나오는 기쁨"의 감정을 기준으로 사용한다. 연구자들은 대학생들에게 가족 구성원들의 목숨이 걸린 상황이 닥친다면 누구를 가장 돕고 싶은지를 물었다. 그 결과, 정서적 근접감과 혈연관계로 각각 이타주의를 예측할 수 있으며, 혈연관계는 정서적 근접감과 강하게 관련되어 있음이 밝혀졌다. 후에 네이어Neyer와 랭Lang(2003)은 물리적 근접성과 연령을 통제했을 때도 (그 사람 없이는 살 수 없을 것 같은) 주관적 근접감과 정기적으로 받는 지원(일상적인 도움, 격려, 사회적 지원 등)의 크기가 혈연관계와 상당히 밀접하게 연관되어 있다는 결과를 얻었다. 매너Maner와 게일리엇Gailliot(2007)은 공감적 염려(타인의 이익에 대한 염려)는 낯선 사람보다는 친족을 향한 이타주의를 보다 강하게 불러일으킨다고 주장한다. 마지막으로, 전과 버스(2007)는 공감적 염려와 감정적 염려는 서로 연관되어 있으며, 사촌을 향한 혈연 이타주의에 각기 독립적으로 영향을 미친다는 것을 보여준다.

크루거Kruger(2003)는 정서적 근접감의 개념과 비슷한 면이 있는 일체감oneness(자신과 타인을 하나로 느끼는 감각)과 공감의 심리적 구성을 조사했다. 그의 연구는 피험자들이 친구보다 친족에게 이 감정들을 더 강하게 느낀다는 것을 보여주진 못했지만, 피험자들이 친족의 지원을 더 강하게 기대한다는 사실을 발견했다. 박 등(2008, p.220)에 따르면, 공감은 이타주의의 매개자라고 입증되었기 때문에 이타주의와 관련된 적절한 감정으로 봐야 한다는 중요한 지적을 했다. 그들은 "가깝다는 주관적 감각은 그 자체로는 감정이 아니"라고 지적한다(Park et al., 2008, p.219). 현재로서는 어떤 감정들이 친족을 향한 이타주의에 영향을 미치는지 거의 밝혀지지 않았다.

커리Curry, 로버츠Roberts, 던바Dunbar(2013)와 폴렛Pollet, 로버츠, 던바(2013)는 "혈연관계 프리미엄"이라는 개념을 제시하고, 이타주의에서 혈연관계가 어떻게 독립적 요인이 되는지를 더 깊이 논한다. 두 연구는 정서적 근접감이 상호 보상을 통해 친구 및 친족과 (신장을 기증한다거나, 만남을 이어가기 위해 먼 거리를 여행하는 등) 유익한 관계를 유지하는 데 중요한 역할을 한다는 선행 연구의 결과를 재차 확인한다. 하지만 두 연구 모두 가까운 혈연관계(먼 경우는 해당하지 않는다)가 이타주의에 독립적으로 기여한다는 것을 보여주었고, 그렇게 해서 '혈연관계 프리미엄'을 보여주었다.

자발적 도움

많은 연구들이 친족과 친구에 대한 자발적 도움에 초점을 맞추고 있다. 최초로 혈연관계와 자발적 도움을 다룬 연구는 아마 로스앤젤레스 지역의 여성 300명을 대상으로 한 에소크-비탈Essock-Vitale과 맥과이어McGuire(1980, p.1985)의 설문조사일 것이다. 이들은 먼 친족보다는 가까운 친족이 더 쉽게 도움을 받을 수 있고, 지원에 드는 비용이 높아질수록 가까운 친족에 대한 편향이 더 강해진다는 결과를 얻었다. 게다가 친구에게 받은 도움은 보상으로 상쇄되는 반면에 친족의 경우는 그렇지 않았다. 이런 패턴은 후속 연구들을 통해 반복되고 정교해졌다. 다음과 같은 패턴도 밝혀지고 있다. 가까운 곳에 사는 친구들이 더 자주 도움을 주기는 하지만, 도움의 비용과 이익이 증가하면 친족의 역할이 더 중요해진다는 것이다.

몇몇 연구들을 통해 우리는 일상에서 비친족의 도움을 많이 받지만 수혜자의 이익이나 증여자의 비용이 증가하면 친족에게 더 많이 의존한다는 사실을 알게 되었다. 번스타인Burnstein, 크랜달Crandall, 키타야마Kitayama(1994)는 최초로 그런 연구를 진행해서, 친족에게 돌아갈 비용과 이익이 아주 크다면(위험을 무릅쓰고 불에 타고 있는 집에서 누군가를 구해주는 상황, 회의에 늦었는데 다른 사람의 분실물을 함께 찾아주는 상황 같은 가상 시나리오에 근거했다) 가까운 친족일수록 도움을 받기 쉽다는 결과를 얻어냈다. 피츠제럴드(2009)가 일상적인 이타주의(장을 보러 가는 사람을 차에 태워주는 경우)

와 비일상적 이타주의(큰돈을 빌려주는 경우), 그리고 목숨을 건 이타주의(자신의 목숨이 위험에 처하는 경우)를 구분했을 때에도 동일한 결과가 나왔다.

스튜어드-윌리엄스Steward-Williams(2007, 2008)는 대학생을 대상으로, 친구, 친족(형제자매와 사촌들), 짝과 서로 돕고 교환하는 행동을 조사했다. 형제자매, 사촌, 지인들의 경우에는 근연도가 높을수록 도움의 빈도가 올라갔다. 친구는 예외였다. 친족 못지않게 혹은 친족보다 친구에게서 더 많은 도움을 받았기 때문이다. 하지만 다른 연구들이 보여주듯, 피험자들이 친구와 짝을 친족보다 더 가깝게 느낀다 하더라도, 도움의 비용이 증가하면 친구보다는 친족을 강하게 선호했다. 스튜어드-윌리엄스의 두 번째 연구(2008)는, 표본으로 선발된 개인들이 친구보다 친족을 가깝게 느끼고 친족으로부터 더 많은 도움을 받는다는 네이어와 랭(2003)의 결과와 배치된다. 그는 이런 차이가 피험자의 연령 차이에서 비롯한 결과라고 추측했다. 네이어와 랭(2003)의 실험에 참가한 사람들은 나이가 많은 기혼자들이었고, 스튜어드-윌리엄스의 피험자는 대학생들이었다. 이 차이는 조력 관계의 발전과 유지와 관련된 여러 생활사의 변화들을 반영하는 것일 수 있다. 또한 이동성과 부의 차이를 반영할 수도 있고, 원숙한 성인들이 장기적인 교우관계와 가족관계에 중점을 둘 가능성이 높은데 반해, 대학생들은 이제 막 집을 떠나왔으며 빠른 속도로 새로운 관계들을 맺고 있다는 차이를 반영하는 것일 수도 있다.

족벌주의의 성 차이

남성과 여성이 족벌주의 노력에 서로 다른 전략을 사용할 거라는 예측은 합리적이다. 이런 차이가 지역의 번식 기회에 따라 결정된다는 가설을 세워볼 수 있다. 예를 들어 가축을 불려서 신붓값을 치를 수 있는 곳이라면 남성은 아들이나 조카를 지원하기보다는 자신을 위해 재산을 사용할 것이다(Borgerhoff Mulder, 1987; Mace, 1996). 반대로 여성 입장에서는 짝짓기 노력을 더 해도 자신에게 별다른 보상이 돌아오지 않으니 자녀나 친족에게 더 많은 에너지를 분배할 것이다. 폐경 이후의 여성은 특히 더 그러한데, 이는 혹스 등(Hawkes, O'Connell, Blurton Jones, 1989)의 할머니 가설이 되었다. 이와 똑같은 종류의 생활사적 변화가 남성에게도 일어나기도 하며, 특히 일부다처혼이 드물거나 금지된 사회에서는 더 그렇다(Winking, Kaplan, Gurven, & Rucas, 2007).

새먼과 데일리(1996)는 서양 여성을 '친족 보호자'라 칭한다. 남성에 비해 친족의 이익과 활동에 더 큰 관심을 쏟고, 혈연관계와 관련된 표현으로 자신을 지칭하는 경우가 많으며, 친족과 연락을 더 긴밀히 유지하고, 친족을 더 가깝게 느끼고, 더 많은 친척을 기억하는 경향이 있기 때문이다(비서양 사회의 예외들로는, Chagnon, 1988을 보라). 하지만 남성과 여성 모두 자신의 삶에서 가장 중요한 사람으로 친족을 꼽았다. 이 차이와 그 밖의 차이들은 비진화적 접근법을 사용한 연구를 통해서도 입증되었다(검토를 위해서는 Dubas, 2001, p.480를 보라). 비교문화 문헌들에 따르면 유년기부터 성년기에 이르기까지 남성은 여성보다 더 광범위하고 포괄적이고 상호 연결된 비혈연관계망을 구성하는 데 반해, 여성은 가족 간의 유대를 유지하는 데 더 강하게 집중한다고 베넨슨Benenson 등(2009)은 지적한다. 네이어와 랭(2003)의 연구는 이 차이를 연령 범주별로 측정했다. 그 결과 다른 연구들을 통해 드러난 것처럼(Essock-Vitale & McGuire, 1985; Euler & Weitzel, 1996) 여성이 남성보다 친족을 더 가깝게 느끼고, 친족을 도울 확률도 높았다. 이런 차이는 중년이나 노년이 되면 더욱 확연해지는데, 이는 폐경이 하나의 가능한 적응이라는 이해로 이어진다. 조부모의 배려에 관한 문헌을 보면 늘 할아버지보다 할머니가 손주에게 이타적 행동을 더 많이 한다(Euler & Weitzel, 1996). 남성보다 여성이 어린아이를 안고, 먹이고, 돌보는 등의 직접적인 육아 활동을 통해서나(Huber & Breedlove, 2007), 혹은 식량 생산을 통한 경제적인 방식으로 어리고 의존적인 친족들의 양육에 참여하는 경향이 훨씬 높다. 족벌주의의 가장 극적인 성 차이는 아마 남매의 대행 육아(Hames & Draper, 2004)와 할머니에 관한 광범위한 문헌에 있을 것이다.

혈연선택에 대한 행동학적 접근과 민족지학적 접근

이 절에서는 인류학자와 심리학자를 비롯한 여러 분야의 연구자들이 자연주의적 또는 반半자연주의적 조건에서 혈연 이타주의를 어떻게 평가했는지, 또는 적합도 차이나 그 대리물을 통해 혈연 이타주의의 결과나 실제 사례를 어떻게 측정했는지를 살펴볼 것이다. 이 문헌의 인상적인 특징은 동성애의 진화에서부터 노동 및 식량의 교환, 정치적 연합에 이르는 광범위한 인간 행동을 다룬다는 점이다.

동성애

수십 년 전에 윌슨Wilson(1975, p.279)은 동성애가 혈연선택을 통해 유지된다고 추측했다. 서양의 남성 동성애자의 번식력이 남성 이성애자의 1/10에 불과하다는 점 (Vasey & VanderLaan, 2009; King et al., 2005)에 비춰보면 친족에게 투자하는 것만이 그들의 적합도를 지탱하는 유일한 길인 듯하다. 서양의 경우에 게이가 친족에게 많이 투자한다는 증거는 없다시피 하다(Rahman & Hull, 2005). 하지만 사모아족의 성 전환 남성애자들을 정밀하게 조사한 베이시Vasey와 반더란VanderLann은 진화적 적응 환경과 문화가 유사하다면 남성 동성애자가 친족에게 보이는 이타주의에 그런 차이가 발생할 수 있음을 분명하게 입증했다. 사모아족의 파파핀fa'afafine이란 말은 '여성적 방식으로'라는 뜻으로, 제3의 젠더를 가리킨다. 베이시와 반더란(2009)은 사모아의 파파핀이 아이가 없는 이성애자 친족에 비해서 유전적으로 가까운 손아래 친족 (형제자매, 조카, 질녀)에게 투자를 훨씬 더 많이 한다는 것을 입증했다. 여기서 중요한 것은 베이시와 반더란이 말하는 파파핀은 여러 민족지학적 부족과 전통적 개체군에 존재하는 성전환 남성애 남성을 뜻하며, 서구에서 볼 수 있는 성별-젠더 일치 남성애자(혹은 평등주의 사회의 동성애자)와는 다르다는 점이다. 파파핀은 육아, 보육, 아이의 부양 등 여성적인 일에 뛰어나고 또 가정 일과 가사에 헌신한다. 반더란, 렌 Ren, 베이시(2013)는 성전환 형태의 남성 동성애는 평등주의 개체군의 규범이며 그런 사회적 맥락에 놓을 때 이 행동은 적응적이라고 주장한다.

경제적 협력: 식량 및 노동 교환

진화경제인류학 분야는 식량과 지원의 가구 간 이동에 혈연선택이 미치는 영향을 상당히 많이 연구해왔다. 그중 많은 연구가 혈연선택 외에도 상호 이타주의, 값비싼 신호, 용인된 구걸 같은 복수의 이동 가설을 제시하지만(정의들에 대해서는, Gurven, 2004, pp. 545-546을 보라), 나는 주로 혈연관계와 관련된 보다 혼합적인 연구 결과에 초점을 맞추고자 한다. 거벤Gurven(2004, p.558)의 비교조사부터 시작한다면, 식량 수집 부족과 여타 자급자족 부족들 사이에서 식량 이동은 혈연선택보다는 상호 이타주의를 통해 조율되는 경우가 더 많아 보인다. 나중에 살펴보겠지만, 구체적인 민족지학의 사례로 들어가면 혈연선택이 중요한 역할을 한다는 증거가 상당히 많음에도, 식량 이동은 다양한 기제에 의해 조절된다는 사실이 점차 명백해지고 있다.

다양한 연구들이 이팔루크족(Betzig & Turke, 1986), 히위족(Gurven, Hill, Kaplan, Hurtado, & Lyles, 2000), 돌간족(Ziker & Schnegg, 2005), 페루의 다민족 공동체(Patton, 2005), 그리고 한 곳에 정주하는 아체족(Gurven, Hill, & Kaplan, 2002)을 대상으로 근연도가 식량 교환의 가장 주된 기제일 가능성이 크다는 결과를 얻었다. 이 연구들은 혈연관계를 통해 가구 사이의 교환 빈도를 예측할 수 있다고 말한다. 또한 혈연관계는 교환의 불균형과 음의 상관성을 보인다. 즉, 가까운 친족은 보상이 작거나 없어서 자원의 흐름이 한쪽으로 기울어도 개의치 않는 반면에, 유전적으로 먼 가구들은 서로 균형을 맞추면서 가는 게 있으면 오는 게 있다는 식의 상호 이타주의를 보인다. 이와 대조적으로 야노마뫼족(Hames, 2000)과 예콰나족(Hames & McCabe, 2007)에 대한 연구와 터커Tucker의 미케아족 연구(Tucker, 2004), 숲속에 사는 아체족(Kaplan & Hill, 1985)에 관한 연구는, 근연도로는 식량 이동을 예측하지 못하지만, 상호 이타주의로는 예측한다는 점을 보여준다. 앨런-어레이브Allen-Arave, 거벤, 힐(2008)은 이 복잡한 결과를 언급하면서, 아체족이 주로 가까운 친족과 호혜 관계를 맺는 것은 서로를 더 잘 알고, 대개 이웃한 곳에 거주하고, 주고받기에 믿을 만하다고 여기기 때문이라는 설득력 있는 주장을 내놓았다.

식량 이동과 반대로 협력 노동은 경제 인류학자들이 혈연선택 예측을 검증하기 위해 가장 처음 살펴본 주제 가운데 하나였음에도 최근까지 비교적 적게 연구되어왔다. 협력 노동에 관한 연구는 가까운 친족일수록 서로의 텃밭을 일구거나, 함께 배를 타고 어획에 나서는 등의 협력 노동에 참여할 확률이 높은지를 조사한다. 헤임즈 (1987)는 예콰나족 가구들의 노동 교환을 관찰한 연구에서 다양한 방식의 혈연 지원을 발견했다. 그는 가구들 사이의 근연도 평균을 통해 개인이 타인의 텃밭에서 일하는 빈도를 예측할 수 있음을 밝혀냈다. 가까운 친족은 노동을 상당히 비대칭적으로 교환할 확률이 높은 반면에 먼 친족은 주는 만큼 받는 전략의 강한 조절을 통해 균형을 유지했으며, 마을에 친족이 많은 가구일수록 협력 노동에 나설 확률이 높았다.

식량 교환이나 협력 노동을 통해 어떤 문제를 극복하려 했는지는(Hames & McCabe, 2007), 교환이 이루어지는 방식(예를 들어 혈연선택이든 상호 이타주의든)을 예측하지 않고서는 설명할 수 없다는 것이 경제적 연구의 주요 문제 가운데 하나다. 예를 들어 누군가는 중요한 식량 자원의 일일 수확량의 분산을 줄이기 위해 식량 교환이 설계되었다고 예측할 수 있다(Gurven, 2004, p.544). 그렇다면 연구자는 소규모 집단에서 모든 사냥꾼이 근연도와 무관하게 서로 협력하고, 이때 상호 이타주의가 기제로 작동한다고 예측할 것이다. 반대로 만일 자원의 공유가 흉작이나(Hames, 1987), 신체적 무능력(Sugiyama & Chacon, 2000) 등 힘든 시기를 겪는 이들을 돕기 위해 설계되었다면, 이때는 강한 혈연 편향을 예측할 것이다.

상속

현대의 상황에서 세속의 전 재산을 유언과 유언장을 통해 배분하는 일은 친족에게 이익을 베풀 수 있는 마지막 기회다. 상속은 많은 경우 개인이 친족과 자식에게 하는 가장 큰 투자다. 간단하게 생각해보면 가까운 친족이 먼 친족보다 더 많은 재산을 받기 쉽고, 번식 가치 역시 중요한 요인으로 작동해서 손아래 친족(조카, 질녀, 손주)이 조부모, 고모와 이모, 삼촌처럼 근연도는 같지만 나이가 많은 친족보다 더 많은 재산을 받을 것이며, 유언자의 자녀는 유언자의 형제자매보다 더 많은 재산을 받을 거라 예측할 수 있다. 이 예측은 브리티시 컬럼비아주(Smith, Kish, & Crawford, 1987)와 캘리포니아주(Judge & Hrdy, 1992)의 유언장 분석을 통해 대체로 사실임이 입증되었다. 일련의 실험실 연구를 통해서 웹스터Webster(2004)와 웹스터Webster, 안젤라Angela, 크로포드Crawford, 맥카시McCarthy, 코헨Cohen(2008)은 학생들에게 가상의 복권 당첨금을 친족에게 분배하게 하고, 4,819명의 수혜자가 적힌 1,240통의 공증 받은 유언장을 검토했다. 근연도와 분배된 재산의 비율 사이에는 여전히 강한 연관성이 있었지만, 새로운 결과도 몇 가지 나타났다. 우선, 직계 친척이 방계 친척보다 선호되었다. 직계 친척이 근연도가 같은 방계 친척보다 나이가 어린 경향이 있고, 따라서 번식 가치도 더 크기 마련이지만, 이 편향은 연령대를 조절한 뒤에도 그대로 나타났다. 둘째, 부유한 증여자는 빈곤한 증여자보다 근연도를 더 중요시했다. 셋째, 부유한 집단은 나이 많은 친척보다 어린 친척을 선호했고, 반면에 덜 부유한 집단은 어린 친척보다 나이 많은 친척을 선호했다. 직계 친족 편향의 원인은 밝혀지지 않았는데, 웹스터 등Webster et al.(2008)은 부성 확실성 그리고 직계 친족과 방계 친족의 인원 차이 등 다양한 가설을 제시한다. 마지막으로 여성 유언자는 근연도를 남성보다 더 중요하게 여겼는데, 이는 저지Judge(1995)의 연구 결과와 유사하다.

정치와 연합

샤농Chagnon은 행동생태학의 관점에서 포괄적합도 이론을 거의 최초로 활용해서, 마을의 분화가 생물학적 혈연관계와 연관되어 있다는 결과를 얻었다(1975). 다른 마을과 지속적으로 전쟁을 치르는 환경에서 한 마을이 어떻게 규모를 유지하고, 구성원들에게 어떻게 이점을 제공하는지가 주된 문제였다. 마을 내부의 분쟁은 어느 사회에서나 일반적인 현상이지만, 평등주의 사회의 분쟁-해결 기제는 연장자 친족의 권위와 혈연관계의 강력한 유대를 통해 분쟁을 원만하게 해결한다. 야노마뫼 족은 마을은 규모가 커지면서 분쟁이 증가하고 평균 근연도가 감소했고, 그에 따라 분쟁 해결에 혈연관계가 미치는 영향도 하락했다. 마을이 분화된 이후 새 마을들은 평균 근연도가 기존의 마을보다 크게 증가하고 분쟁도 드물게 발생했으며, 분쟁이 일어나더라도 더 쉽게 해결되었다.

미시미시마뫼웨이-테리Mishimishimaböwei-teri 마을에서 야노마뫼족 30명이 벌인 도끼 전투의 영상 분석을 활용한 샤농과 버고스Bugos(1979)는 전투 참가자들의 파벌 선택이 각 파벌의 핵심 전투원들과의 근연도에 부합하고, 각 파벌 구성원들 간의 유전적 연관성이 상대편의 구성원들에 비해 더 가깝다는 결과를 얻었다. 나중에 더 정교한 통계 방법을 사용해서 영상을 재분석한 알버드Alvard(2009)는 최초의 결과를 확인하고, 더 나아가 근연도를 통제했을 때 혈통에 따른 소속이 사라진다는 것과 인척

관계 역시 연합 선택에 기여한다는 것을 보여주었다.

입양, 위탁양육, 의붓관계

실크Silk는 오세아니아(1980), 북극(1987), 그리고 아프리카를 비롯한 다른 지역들 (1980)의 인류학적 개체군을 다룬 일련의 논문들에서 문화인류학의 표준적인 가설들 (노동의 필요성, 성비 균형)을 검증한 뒤, 가까운 친족을 입양하는 경우가 가장 많다는 결과를 얻었다. 또한 실크는 생물학적 부모가 아이를 입양시킨 후에 아이가 잘 지내는지 예의주시하고, 자신보다 더 부유하거나, 더 유리한 사회적 관계를 마련해줄 수 있는 가정에 아이를 보내며, 자신이 아이를 적절히 양육할 수 없다고 느낄 때 아이를 입양시킨다는 것을 발견했다. 해당 패턴들은 추론 가능한 포괄적합도 예측에 부합하는 것 같지만, 입양된 자녀들이 생물학적 자녀만큼 대우받지 못하는 경우도 적지 않다. 생물학적 부모들도 이를 잘 알기 때문에 아이들을 생물학적으로 가장 가까운 친족에게 보내 이런 문제를 경감시키고, 아이들이 어떤 대우를 받는지 적극적으로 주시한다.

입양은 사회 정책에 직접 영향을 줄 수 있는 연구 영역이다. 오늘날 미국, 캐나다, 영국 등지의 위탁양육 및 입양 기관들은 아이들을 주로 친족에게 입양시킨다(Daly & Perry, 2011). 미국은 연방법으로 친족의 위탁양육을 권장한다(Herring, 2005). 친족 배정을 권장하는 법안과 정책들이 포괄적합도 이론을 참고해서 발달한 것은 아니다. 헤링Herring, 슈크Shook, 굿카인드Goodkind, 김Kim(2009)은 친족의 위탁양육이 비친족 입양에 비해 대체로 더 좋은 결과를 낳는지를 알아내기 위해 수많은 연구를 검토했다. 그 결과 헤링 등(2009)이 검토한 대로, 비록 예외가 없지는 않지만 전체적으로 봤을 때 많은 연구들이 일관되게 친족 입양이 비친족 입양보다 더 안정적이라는(즉, 오래 지속된다는) 결과를 얻었다. 물론 안정성이 반드시 좋은 대우나 결과를 뜻하는 것은 아니다(Perry, Daly, & Kotler, 2012).

일부 연구자들은 친족의 위탁양육과 비친족 위탁양육의 심리적 결과를 조사했다. 롤러Lawler(2008)는 파괴적 행동장애disruptive behavior 진단을 받은 경력이 있는 아이들을 대상으로 감정적 가용성을 측정해서 위탁양육 결과를 조사했고, 친족과 비친족 위탁아동들 사이에 차이가 없다는 결과를 얻었다. 테스타Testa(2004, Herring et al.,

2009, p.10에서 인용)는 영속성의 구성을 사용해서 위탁아동들의 안녕을 연구했다. 영속성은 세 가지 요소로 구성된다. "(1) 가족관계를 무한정 지속하겠다는 의도, (2) 지리적 이동, 시간적 변화와 무관한 관계의 지속, (3) 소속감…" 영속성 개념은 혈연관계와 강한 상관성이 있었고, 혈연관계가 근접함에 따라 증가했다. 긍정적인 결과들을 얻긴 했지만, 많은 연구들이 수입, 교육, 학교 및 거주지역 등 입양아의 결과에 독립적 영향을 미치는 중요한 교란 요인들을 통제하지 않고 있다(Perry et al., 2012).

폴렛Pollet과 던바(2007)는 13,935 가족을 대상으로 한 방대한 공공 데이터베이스(2010년 집계)를 조사했다. 이들은 무자녀 부부가 유자녀 부부보다 더 높은 확률로 조카나 질녀와 함께 거주할 거라고 예측했다. 조카와 질녀의 번식 가치는 (형제자매 등) 다른 가까운 친족보다 훨씬 높기 때문에, 그런 가정은 손아래 범주에 속하는 친족들에게 더 많은 친족 노력을 투입하리라는 근거에서였다. 그들은 여러 변수들을 통제한 뒤 무자녀 부부가 유자녀 부부보다 3.5배 높은 확률로 조카나 질녀와 함께 거주한다는 결과를 얻었다. 데이터베이스의 한계로 조카나 질녀가 법적으로 입양됐는지는 알 수 없지만, 이모/고모나 삼촌과 한 가정에서 살고 있으니 입양 행동으로 봐도 무방할 것이다.

대행부모 육아: 둥지 내 조력자 가설과 할머니 가설

현재는 대행부모 육아 및 협력 육아를 다룬 수많은 문헌들이 (형제자매가 아이를 보살피는) 둥지 내 조력자 가설과 할머니 가설을 망라하고 있다. 할머니 가설에 관해서는 시어와 메이스(2008), 콜Coall 헤르트비히Hertwig(2010), 시어와 콜(2011)이 중요한 검토를 한 데 반해, 헤임스와 드레이퍼Draper(2004), 허디Hrdy(2005), 크레이머Kramer(2012)는 협력 번식이라는 제목으로 더 일반적인 주제를 다룬다. 검토들은 대부분 부성 불확실성, 근연도, 번식 가치, 성 편향 투자 등의 요인을 조사한다. 대행부모의 잠재적 유용성은 짧은 출산 간격, '누적 출산,' 즉 복수의 의존적인 자녀들 양육, 그리고 일반적으로 최소 16세가 되기 전까지는 소비가 생산을 초과하는 긴 의존기간 같은 생활사 형질들의 조합에 기인한다.

인간의 대행부모 행동에 진화를 도입한 최초의 연구(Turke, 1988)는 조류의 '둥지 내 조력자' 문헌에서 영감을 받았으며, 혈연선택 이론에 확고히 기초했다. 터크는 손위 형제자매, 특히 여자 형제가 어머니의 생식력이나 자녀들의 생존력, 자식 돌보기의 행동적 측정 결과, 그리고 손위 형제자매의 노동 노력에 긍정적인 효과를 미친다고 보고했다. 헤임스(1987)는 예콰나족을 대상으로 대행부모의 근연도와 육아 참여 시간에 어느 정도 상관관계가 있음을 보여줬다. 가까운 친족이 대행부모 육아에 많은 투자를 하는 이 패턴은 에페족(Fouts and Brookshire, 2009), 하드자족(Crittenden and Marlowe, 2008), 마르투족(Scelza, 2009) 같은 수렵채집 집단에서도 확인된다. 에페족에 관한 아이비Ivey(2000)의 연구는 근연도가 대행부모 육아의 일관되고 강력한 예측 인자임을 보여주었으며, 토바족(Valeggia, 2008), 아카족(Meehan, 2005), 헝가리의 집시족(Bereczkei, 1998) 사이에서도 비슷한 결과가 나왔다. 직접 육아를 하는 주요한 대행부모를 대략 순서대로 나열하면, 여자 형제, 할머니, 이모/고모, 사촌, 먼 친족이나 비친족 순서다.

조부모의 대행육아에 관심이 집중된 것은 윌리엄스의 폐경 연구(1957)가 영감을 불러일으킨 결과였다. 혹스가 하드자족을 대상으로 수명 연장과 폐경의 진화가 합쳐져서 할머니들이 안정적 투자자로 자리 잡게 되었다는 혁신적인 연구(Hawkes et al., 1989)를 발표한 이후로 조부모 투자는 안정된 연구 영역이 되었다. 이 주제에서 대단히 일관되게 나타나는 패턴은 모계 할머니들이 가장 많은 투자를 한다는 것이다. 이는 모계 할머니와 손주들 사이에 불확실한 연결고리가 없기 때문이다. 모계 할아버지와 부계 할머니가 그 뒤를 잇는데, 이들과 손주들 사이에는 불확실한 연결고리가 하나 있고, 마지막으로 부계 할아버지와 손주들 사이는 불확실한 연결고리가 두 개 있다. 그러나 사회생태의 차이도 중요하다. 예를 들어 농경지가 부계로 상속되고, 부계를 중심으로 거주하며, 부계 조부모가 아들 부부와 함께 사는 그리스 시골 지역의 농경 공동체는 부계 조부모들이 모계 조부모보다 육아에 더 많이 참여한다.

현재 방대한 양을 갖추고 있는 조부모 연구는 세 가지 유형으로 구분할 수 있다. (1) 생물학적 결과와 번식 결과를 다룬 연구, (2) 투자, 즉 대행부모가 친족에게 들이는 노력을 다룬 연구, (3) 조부모가 손주에게 관심, 공감, 혹은 친밀감을 강하게 느끼게 만드는, 배려와 그 밖의 심리 요인을 다룬 연구. 여기에 더해, 고모/이모와 삼촌이 조카와 질녀에게 투자하는 경우를 조사한 연구도 있다.

결과 결과 연구는 조부모가 자녀의 생식력 그리고/또는 손주들의 생존, 성장, 발달에 야기하는 인구학적 결과에 주목한다. 시어와 메이스(2008) 그리고 보다 최근에 시어와 콜Coall(2011)은 인구학적 결과 연구를 개괄했다. 시어와 메이스는 손위 형제자매뿐 아니라 네 유형의 조부모가 아이의 생존에 어떤 영향을 미치는지 기록한 연구들을 대단히 정밀하게 분석했다. 이들은 45개 연구를 비교 분석한 끝에, 69%의 연구에서 외할머니의 존재가 아이의 생존력을 향상시켰고, 부계 할머니는 그보다 적은 53%의 연구에서 아이의 생존력을 향상시켰다는 결과에 도달했다. 드물지만 할머니가 아이의 생존력을 실제로 감소시킨 경우도 있었다. 이들은 모계 할머니가 부계 할머니보다 더 큰 도움이 되는 이유로 두 가지 설명을 제시한다. (1) 여성이 남성보다 일찍 번식을 하기 때문에 모계 할머니가 부계 할머니보다 젊은 경향이 있고, (2) 모계 할머니의 부성 확실성이 더 높은 경우가 많다. 반면에 모계 할아버지는 83%의 사례에서 손주의 생존에 영향을 미치지 않았으며, 부계 할아버지는 영향을 미치지 않은 경우가 50%, 부정적 영향을 미친 경우가 25%, 긍정적 영향을 미친 경우가 25%였다. 형제자매 등 다른 친척들은 대체로 긍정적인 영향을 미쳤다(Sear & Coall, 2011). 대체로 아이가 5세 미만일 때 형제자매가 아이의 생존에 미치는 영향이 가장 컸다. 이 시기에 아이들의 생존은 관리, 감시, 먹이기 등 직접적인 육아 행위에 상당히 민감한데, 여성들이 이러한 활동을 주도하기 때문에 할머니의 역할이 결정적일 수 있다. 하지만 할아버지들은 만년에 중요한 가치를 지니게 되는데, 사회적 영향을 통해 혼인과 경제적 성공에 중요한 역할을 할 수 있기 때문이다. 마지막으로, 시어와 콜(2011)의 메타 분석의 한계에 대해서는 스트라스만Strassmann과 개러드Garrard(2011)를 보라.

투자 혹스 등(1989)의 초기 연구는 한 해 동안 식량이 부족한 시기에 할머니의 식량 생산이 손주의 체중 유지에 긍정적인 영향을 미친다는 사실을 보여주었다. 깁슨Gibson과 메이스(2005)는 시간-비용 자료를 통해 모계 할머니가 더 높은 확률로 딸의 가구에 더 많은 시간을 쏟고, 더 고된 노동을 맡아 딸의 노동 부담을 경감시킨다는 것을 보여주었다. 미핸Meehan, 퀸란Quinlan, 말콤Malcom(2013)은 보다 직접적인 계산을 통해서 친족들, 그중에서도 주로 할머니들이 어머니의 열량 소모를 1

일 최대 216Kcal까지 크게 감소시킨다는 결과를 얻었다. 휴버Huber와 브리들러브Breedlove(2007)는 출산에 관한 흥미로운 연구를 통해 어머니를 직접적으로 보살피는 경우(출산 과정의 조력 행위)와 간접적으로 보살피는 경우(음식 준비를 비롯해 출산 이후 어머니를 지원하는 다른 활동들)를 구분했다. 이들은 예일대 비교문화연구소HRAF가 60개 사회에서 얻은 통계적 비교문화 표본Statistical Cross Cultural Sample을 활용해서 근연도, 성별, 부성 확실성이 조력 행위에 영향을 미친다는 점을 밝혀냈다. 직접적인 보살핌의 영역에서는 이모와 고모가 삼촌보다, 할머니가 할아버지보다 더 많이 어머니를 보살폈다. 간접적인 보살핌에서도 동일한 패턴이 나타났는데, 다만 할머니와 할아버지 사이에는 차이가 없었다.

조부모 연구의 대부분은 모든 조부모가 투자를 하지만 그 규모는 앞서 언급한 것처럼 성별과 부성 확실성이라는 연결고리에 따른다는 점을 보여준다. 율러Euler와 미찰스키Michalski(2007)는 접촉과 상호작용의 빈도, 육아, 선물 증여, 입양을 다룬 수많은 연구를 요약했다. 조카와 질녀를 위한 삼촌과 이모와 고모의 투자를 다룬 골린Gaulin, 맥버니McBurney와 브레이크먼-워텔Brakeman-Wartell(1997)의 연구도 거의 동일한 패턴을 발견했다.

폴렛, 네틀Nettle, 넬리슨Nelissen(2006)은 광범위하면서도 자세한 연구를 통해 부계 조부모보다 모계 조부모의 접촉 빈도, 출생 직후의 손주를 위한 투자, 선물, 필수품의 제공량이 월등하게 높다는 결과를 얻었다. 하지만 돈을 빌려주거나 양육비나 생활비를 지원하는 일에서는 양쪽에 차이가 없었다. 또한 연구자들은 접촉 빈도가 재정적 투자의 훌륭한 대리물이라고 지적했다.

배려와 접촉 율러와 바이첼Weitzel(1996), 율러와 미찰스키(2007)의 여러 연구는 조부모들의 감정적, 인지적 차이가 투자의 차이를 반영한다는 사실을 보여준다. 즉, 모계 할머니>모계 할아버지>부계 할머니>부계 할아버지 패턴은 정서적 근접감, 좋아하는 조부모, 관계 근접성, 손주의 사망에 대한 애도, 감정적으로 가장 가까운 조부모 등의 항목에서도 나타난다. 또 다양한 연구들이 모계 조카와 질녀에 편향된 이모와 삼촌의 선호도를 보여준다(Gaulin et al., 1997). 예를 들어 맥버니, 시몬Simon, 골린, 겔리브터Geliebter(2002)는 미국 동부 지역의 부성 확실성이 높은 표본들 사이에서 모계의 이모와 삼촌이 부계보다 조카와 질녀의 안녕에 더 큰 관심을 기울인다는 것을 발견했다. 뿐만 아니라, 컬랜드Kurland와 골린(2005, p.461)은 양친이 같은 형제, 한쪽 부모가 같은(편친) 형제, 사촌들이 서로 접촉하는 빈도와 호의를 베푸는 정도에서 모계 편향이 나타난다는 것을 보여주었다. 전과 버스(2007)는 형식적 모델을 활용해서 어머니의 자매들을 통해 연결된 사촌들이 서로에게 가장 이타적이고, 아버지의 형제들을 통해 연결된 사촌들이 서로 가장 덜 이타적이며, 어머니의 남자 형제들과 아버지의 여자 형제로 연결된 사촌들의 경우가 그 중간에 해당할 것이라 예측했다. 그리고 정서적 근접감, 공감적 염려, 접촉 빈도 등의 측정값이 앞서 제시한 모델의 순서를 따른다는 결과를 얻었다.

요약, 추이, 결론

생물종으로서 우리의 생활사에는 혈연선택이 강력한 힘으로 작용해왔다. 혈연선택은 미성년 양육, 값비싼 투자, 식량과 노동의 배분, 정치, 일상의 사회적 상호작용에서부터 유언과 유서를 통해 유산의 수혜자를 지정하는 최후의 이타적 행동에 이르기까지 인간의 거의 모든 사회 영역에 걸쳐 중요한 역할을 한다. 일가친척은 근연도에 따라 감정적 근접감을 느끼고, 다른 이의 안녕을 염려하며, 큰 비용을 감수해서라도 그들을 돕고자 한다. 진화인류학자들과 진화심리학자들도 행동과학자들의 뒤를 따라 혈연관계를 연구하고 있다. 다음은 우리가 현재까지 혈연선택에 관해 알게 된 것들을 요약한 것이다.

여성이 남성보다 자주 족벌주의를 전개한다

전생식기와 후생식기 여성의 친족 투자는 여성이 적합도 향상을 위해 혈연관계를 남성보다 더 많이 활용한다는 분명한 증거를 두 갈래로 제공한다. 먼저 수렵채집인들의 생활사에 대한 인구학적 분석은, 45세에 이른 여성이 남성보다 평균 20여 년을 더 오래 산다는 것을 보여준다(Gurven & Kaplan, 2007). 폐경의 결과로 직접적인 번식이 중단된 여성에게는 자식과 손주의 생존력과 번식력을 향상시키는 간접 번식의 길만 남게 되며, 혈연 효과를 입증하는 증거가 상당하다. 폐경을 겪지 않는 남성에게는 연속혼인과 일부다처혼이라는 길이 있으므로 다양한 사회문화적 환경에서 직접 번식이 혈연 투자보다 더 나은 선택일 수 있다. 하지만 일부다처혼이 제한되는 곳에서 남성의 직접 번식은 부인의 마지막 출산과 함께 끝나는 경우가 압도적으로 많다(Winking et al., 2007). 그리고 조부모를 다룬 일부 문헌들은 할아버지가 손주들의 생존력을 향상시킨다는 결과를 보여주기도 한다. 두 번째 갈래는 대행부모 육아를 다룬 문헌들에서 찾아볼 수 있는데, 이 문헌들은 남자아이들보다 여자아이들이 형제자매를 비롯한 다른 가까운 친족을 보살필 가능성이 크고, 여자아이가 있는 경우 어머니의 출산 간격이 줄어들고 손아래 동생의 생존력이 향상된다고 기록하고 있다. 폐경이 된 여성과 미성년 여성의 대행부모 육아 외에도, 이를테면 친족 보호자를 다룬 문헌들은 여성이 남성보다 높은 확률로 친족의 소식을 지속적으로 파악하고, 안녕을 염려한다는 증거를 전해준다.

혈연선택과 상호 이타주의

현대의 환경에서 우리는 일상적으로 필요한 지원을 친구들에게 의존하면서 균형을 엄격히 유지하지만, 비용이 클 때는 친족의 지원을 받을 가능성이 높으며 이때는 반드시 균형을 맞추거나 보답할 필요가 없다는 점을 많은 연구가 밝혀냈다. 사람들은 비용이 적고, 만성적이고, 쉽게 추적 가능한 이타주의에 대해서는 상호 이타주의를 활용하는 반면에, 비용/이익이 큰 이타주의의 경우에는 혈연선택을 활용한다고 결론지어도 무방할 것이다. 하지만 비국가 사회에서도 이 결론이 통하는지는 명확하지 않다. 비국가 사회에서 가까운 친족은 한 성별을 중심으로 함께 거주한다. 이런 사회에서 일상적으로 물건과 노동의 지원이 이뤄지는 흐름을 보면 상호 이타주의가 어느 정도가 됐든 친족을 매개로 한 지원보다 중요하다는 점을 알 수 있다(Gurven, 2004). 예를 들어 예콰나족의 텃밭 노동 교환은 확고하게 친족의 유대에 따라 결정되지만(Hames, 1987), 식량 공유는 혈연관계가 아니라 상호 이타주의에 근거한다(Hames and McCabe, 2007). 식량 공유(주로 음식 준비)는 정기적으로, 거의 매일 이뤄지고 추적이 쉬우며 큰 비용이 들지 않는다는 차이 때문일 것이다. 반면 텃밭 노동(개간, 파종, 제초, 수확)은 상당히 힘든 일인데다, 본인의 작황이 나쁠 때를 대비한 보험 성격도 있는 듯하다. 가족이 농사에 실패했을 경우 식량 부족분을 친족의 텃밭에서 충당할 수 있다.

혈연 이타주의는 아래로 흐른다

자신이 받은 지원을 적합도로 전환하는 수혜자의 능력은 이타주의 배분의 결정적 인자다. 현재와 미래의 필요성, 표현형의 질, 다른 친족의 투자 활용 능력, 번식 가치 등 많은 요인이 투자 결정에 영향을 미친다. 연령은 번식 가치를 드러내는 대략적인 지표로, 연구자가 연령을 고려할 때마다 지원은 연상의 개인으로부터 연하의 개인을 향해 흐르는 것으로 나타난다. 이는 할머니와 대행부모 육아를 다룬 문헌을 통해 명백하게 드러나며, 유산 상속, 입양, 선물의 수혜자를 다룬 연구들에서도 잘 드러난다.

참고문헌

Ackerman, J. M., Kenrick, D. T., & Schaller, M. (2007). Is friendship akin to kinship? *Evolution and Human Behavior, 28*(5), 365-374.

Alexander, R. (1974). The evolution of social behavior. *Annual Review of Ecology and Systematics, 5*, 325-383.

Alexander, R. (1979). *Darwinism and human affairs.* Seattle: University of Washington Press.

Allen-Arave, W., Gurven, M., & Hill, K. (2008). Reciprocal altruism, rather than kin selection, maintains nepotistic food transfer on an Ache reservation. *Evolution and Human Behavior, 29*(5), 305-318.

Alvard, M. (2009). Kinship and cooperation. *Human Nature, 20*(4), 394-416.

Apicella, C. L., Marlowe, F. W., Fowler, J. H., & Christakis, N. A. (2012). Social networks and cooperation in hunter-gatherers. *Nature, 481*(7382), 497-501.

Arantes, J. (2012). Kinship recognition by unrelated observers depends on implicit and explicit cognition. *Evolutionary Psychology, 10*(2), 210-224.

Benenson, J. F., Markovits, H., Fitzgerald, C., Geoffroy, D., Flemming, J., Kahlenberg, S. M., & Wrangham, R. W. (2009). Males' greater tolerance of same-sex peers. *Psychological Science, 20*(2), 184-190.

Bereczkei, T. (1998). Kinship networks, direct childcare, and fertility among Hungarians and Gypsies. *Evolution and Human Behavior, 19*(5), 283−299.

Betzig, L., & Turke, P. (1986). Food sharing on Ifaluk. *Current Anthropology, 27,* 397−400.

Binford, L. (2002). *Constructing frames of reference: An analytical method for archaeological theory building using ethnographic and environmental data sets.* Berkeley: University of California Press.

Borgerhoff Mulder, M. (1987). Kipsigis bridewealth payments. In L. Betzig, M. Borgerhoff Mulder, & P. Turke (Eds.), *Human reproductive behaviour: A Darwinian perspective* (pp. 65−82). Cambridge, England: Cambridge University Press.

Bressan, P., & Zucchi, G. (2009). Human kin recognition is self-rather than family-referential. *Biology Letters, 5*(3), 336−338.

Burnstein, E., Crandall, C., & Kitayama, S. (1994). Some neo-Darwinian decision rules for altruism: Weighing cues for inclusive fitness as a function of the biological importance of the decision. *Journal of Personality and Social Psychology, 67*(5), 773−789.

Chagnon, N. (1975). Genealogy, solidarity and relatedness: Limits to local group size and patterns of fissioning in an expanding population. *Yearbook of Physical Anthropology, 19,* 95−110.

Chagnon,N. (1988). Male Yanomamö manipulations of kinship classifications of female kin for reproductive advantage. In L. Betzig, M. Borgerhoff Mulder, & P. Turke (Eds.), *Human reproductive behavior: A Darwinian perspective* (pp. 83−96). Cambridge, England: Cambridge University Press.

Chagnon, N., & Bugos, P. E. (1979). Kin selection and conflict: An analysis of a Yanomamö ax fight. In N. Chagnon & W. Irons (Eds.), *Evolutionary biology and human social behavior: An anthropological perspective* (pp. 213−238). North Scituate, MA: Duxbury Press.

Clutton-Brock, T. (2009). Cooperation between kin and non-kin in animal societies. *Nature, 462,* 51−57.

Coall, D., & Hertwig, R. (2010). Grandparental investment: Past, present, and future. *Behavioral and Brain Sciences, 33,* 1−59.

Crittenden, A. N., & Marlowe, F. W. (2008). Allomaternal care among the Hadza of Tanzania. *Human Nature, 19*(3), 249−262.

Curry, O., Roberts, S. G., & Dunbar, I. M. (2013). Altruism in social networks: Evidence for a "kinship premium." *British Journal of Psychology, 104*(2), 283−295.

Daly, M., & Perry, G. (2011). Has the child welfare profession discovered nepotistic biases? *Human Nature, 22*(3), 350−369.

Daly, M., Salmon, C. A., & Wilson, M. (1997). Kinship: The conceptual hole in psychological studies of social cognition and close relationships. In J. A. Simpson & D. T. Kenrick (Eds.), *Evolutionary social psychology* (pp. 265−296). Mahwah, NJ: Erlbaum.

Daly, M., & Wilson, M. (1999). Human evolutionary psychology and animal behaviour. *Animal Behaviour, 57,* 509−519.

Daly, M., & Wilson, M. (2005). Parenting and kinship. In D. Buss (Ed.), *The handbook of evolutionary psychology* (pp. 443−446). Hoboken, NJ: Wiley.

Dawkins, R. (1979). Twelve misunderstandings of kin selection. *Zeitschrift fur Tierpsychologie, 51,* 184−200. DeBruine, L. (2002). Facial resemblance enhances trust. *Proceedings of the Royal Society B: Biological Sciences, 26,* 1307−1312.

DeBruine, L. (2004). Resemblance to self increases the appeal of child face to both men and women. *Evolution and Human Behavior, 25,* 142−152.

DeBruine, L. (2005). Trustworthy but not lust-worthy: Context-specific effect of facial resemblance. *Proceedings of the Royal Society B: Biological Sciences, 272,* 919−922.

DeBruine, L., Jones, B. C., Little, A. C., & Perrett, D. I. (2008). Social perception of facial resemblance in humans. *Archives of Sexual Behavior, 37,* 64−77.

Dubas, J. S. (2001). How gender moderates the grandparent-grandchild relationship: A comparison of kinkeeper and kin-selector theories. *Journal of Family Issues, 22,* 478−491.

Essock-Vitale, S. M., & McGuire, M. T. (1980). Predictions derived from the theories of kin selection and reciprocation assessed by anthropological data. *Ethnology and Sociobiology, 1*(3), 233−243.

Essock-Vitale, S. M., & McGuire, M. T. (1985). Women's lives viewed from an evolutionary perspective. I. Patterns of helping. *Ethology and Sociobiology, 6*(3), 155−173.

Euler, H., & Weitzel, B. (1996). Discriminative grandparental solicitude as reproductive strategy. *Human Nature, 7*(1), 39−59.

Euler, H. A., & Michalski, R. L. (2007). Grandparental and extended kin relationships. In T. Shackelford & C. Salmon (Eds.), *Family relationships* (pp. 230−255). Oxford, England: Oxford University Press.

Fitzgerald, C. (2009). Altruism and reproductive limitations. *Evolutionary Psychology, 7*(2), 234−252.

Fouts, H. N., & Brookshire, R. A. (2009). Who feeds children? A child's-eye-view of caregiver feeding patterns among the Aka foragers in Congo. *Social Science &*

Medicine, 69(2), 285−292.

Gaulin, S., McBurney, D., & Brakeman-Wartell, S. (1997). Matrilateral biases in the investment of aunts and uncles. *Human Nature*, 8(2), 139−151.

Gibson, M. A.,&Mace, R. (2005). Helpful grandmothers in rural Ethiopia: A study of the effect of kin on child survival and growth. *Evolution and Human Behavior*, 26(6), 469−482.

Gomes, C. M.,&Boesch, C. (2009). Wild chimpanzees exchange meat for sex on a long-term basis. *PLoS ONE*, 4(4), e5116.

Griffin, A. S., & West, S. A. (2002). Kin selection: Fact and fiction. *Trends in Ecology & Evolution*, 17(1), 15−21.

Gurven, M. (2004). To give and to give not: The behavioral ecology of human food transfers. *Behavioral and Brain Sciences*, 27, 543−583.

Gurven, M., Hill, K., & Kaplan, H. (2002). From forest to reservation: Transitions in food-sharing behavior among the Ache of Paraguay. *Journal of Anthropological Research*, 58(1), 93−120.

Gurven, M., Hill, K., Kaplan, H., Hurtado, A., & Lyles, R. (2000). Food transfers among Hiwi foragers of Venezuela: Tests of reciprocity. *Human Ecology*, 28(2), 171−218.

Gurven, M., & Kaplan, H. (2007). Longevity among hunter-gatherers: A cross-cultural examination. *Population and Development Review*, 33(2), 321−365.

Hames, R. (1987). Relatedness and garden labor exchange among the Ye'kwana. *Evolution and Human Behavior*, 8, 354−392.

Hames, R. (2000). Reciprocal altruism in Yanomamö food exchange. In L. Cronk, N. Chagnon, & W. Irons (Eds.), *Human behavior and adaptation: An anthropological perspective*. New York, NY: Aldine de Gruyter.

Hames, R., & Draper, P. (2004). Women's work, child care and helpers at the nest in a hunter-gatherer society. *Human Nature*, 15, 319−341.

Hames, R., & McCabe, C. (2007). Meal sharing among the Ye'kwana. *Human Nature*, 18(1), 1−21.

Hamilton, W. (1964). The genetical evolution of social behavior. *Journal of Theoretical Biology*, 7, 1−52.

Hawkes, K., O'Connell, J. F., & Blurton Jones, N. G. (1989). Hardworking Hadza grandmothers. In V. Standen & R. A. Foley (Eds.), *Comparative socioecology: The behavioural ecology of humans and other mammals*. Oxford, England: Blackwell Scientific.

Henrich, J., Heine, S., & Norenzayan, A. (2010). The weirdest people in the world. *Behavioral and Brain Sciences*, 33, 61−135.

Herring, David. (2005). *Foster care safety and the kinship cue of attitude similarity*. University of Pittsburgh School of Law Working Paper Series 28.

Herring, D. J., Shook, J. J., Goodkind, S., & Kim, K. H. (2009). *Evolutionary theory and kinship foster care: An initial test of two hypothesis*. University of Pittsburgh Legal Studies Research Paper no. 2009−25, 291−318.

Hill, K. R., Walker, R. S., Božičević, M., Eder, J., Headland, T., Hewlett, B., . . . Wood, B. (2011). Co-residence patterns in hunter-gatherer societies show unique human social structure. *Science, 331*(6022), 1286−1289.

Hrdy, S. (2005). Comes the child before man: How cooperative breeding and prolonged postweaning dependence shaped human potentials. In B. Hewlett & M. Lamb (Eds.), *Hunter-gatherer childhoods: Evolutionary, developmental and colonial perspectives*. New Brunswick, NJ: Aldine Transaction.

Huber, B., &Breedlove, W. (2007). Evolutionary theory, kinship, and childbirth in cross-cultural perspective. *Cross-Cultural Research, 41*(2), 196−219.

Ivey, P. (2000). Cooperative reproduction in Ituri forest hunter-gatherers: Who cares for Efe infants? *Current Anthropology, 41*(5), 857−866.

Jeon, J., & Buss, D. M. (2007). Altruism towards cousins. *Proceedings of the Royal Society B: Biological Sciences, 274*(1614), 1181−1187.

Jones, D. (2004). The universal psychology of kinship: Evidence from language. *Trends in Ecology & Evolution, 8*(5), 211−215.

Judge, D. (1995). American legacies and the variable life histories of women and men. *Human Nature, 6*(4), 291−323.

Judge, D. S., & Hrdy, S. B. (1992). Allocation of accumulated resources among close kin: Inheritance in Sacramento, California, 1890−1984. *Ethology and Sociobiology, 13*, 495−522.

Kaplan, H., & Hill, K. (1985). Food sharing among Ache foragers: Tests of explanatory hypotheses. *Current Anthropology, 26*(2), 223−246.

King, M., Green, J., Osborn, D. P. J., Arkell, J., Hetherton, J., & Pereira, E. (2005). Family size in white gay and heterosexual men. *Archives of Sexual Behavior, 34*(1), 117−122.

Korchmaros, J. D., & Kenny, D. A. (2001). Emotional closeness as a mediator of the effect of genetic relatedness on altruism. *Psychological Science, 12*(3), 262−265.

Kramer, K. (2008). Early sexual maturity among Pumé foragers of Venezuela: Fitness implications of teen motherhood. *American Journal of Physical Anthropology, 136*, 338−350.

Kramer, K. (2010). Cooperative breeding and its significance to the demographic success of humans. *Annual Review of Anthropology, 39,* 417–436.

Kramer, K. (2012). Does it take a family to raise a child? In R. Mace & G. Bentley (Eds.), *Substitute parents: Biological and social perspectives on alloparenting in human societies.* New York, NY: Berghahn Books.

Kruger, D. J. (2003). Evolution and altruism: Combining psychological mediators with naturally selected tendencies. *Evolution and Human Behavior, 24*(2), 118–125.

Krupp, D., DeBruine, L., & Barclay, P. (2008). A cue of kinship promotes cooperation for the public good. *Evolution and Human Behavior, 29,* 49–55.

Kurland, J., & Gaulin, S. (2005). Cooperation and conflict among kin. In D. M. Buss (Ed.), *The handbook of evolutionary psychology* (pp. 447–481). Hoboken, NJ: Wiley.

Langergraber, K. E., Mitani, J. C., & Vigilant, L. (2007). The limited impact of kinship on cooperation in wild chimpanzees. *Proceedings of the National Academy of Sciences, USA, 104*(19), 7786–7790.

Lawler, M. J. (2008). Maltreated children's emotional availability with kin and non-kin foster mothers: A sociobiological perspective. *Children and Youth Services Review, 30*(10), 1131–1143.

Lehmann, J., Fickenscher, G., & Boesch, C. (2006). Kin biased investment in wild chimpanzees. *Behaviour, 143*(8), 931–955.

Lieberman, D., Oum, R., & Kurzban, R. (2008). The family of fundamental social categories includes kinship: Evidence from the memory confusion paradigm. *European Journal of Social Psychology, 38*(6), 998–1012.

Lieberman, D., Tooby, J., & Cosmides, L. (2003). Does morality have a biological basis? An empirical test of the factors governing moral sentiments relating to incest. *Proceedings of the Royal Society B: Biological Sciences, 270,* 819–826.

Lieberman, D., Tooby, J., & Cosmides, L. (2007). The architecture of human kin recognition. *Nature, 445,* 727–731.

Lu, H. J., & Chang, L. (2009). Kinship effect on subjective temporal distance of autobiographical memory. *Personality and Individual Differences, 47*(6), 595–598.

Mace, R. (1996). Biased parental investment and reproductive success in Gabbra pastoralists. *Behavioral Ecology and Sociobiology, 38,* 75–81.

Maner, J. K., & Gailliot, M. T. (2007). Altruism and egoism: Prosocial motivations for helping depend on relationship context. *European Journal of Social Psychology, 37*(2), 347–358.

McBurney, D. H., Simon, J., Gaulin, S. J. C., & Geliebter, A. (2002). Matrilateral biases in the investment of aunts and uncles: Replication in a population presumed to have high paternity certainty. *Human Nature, 13*(3), 391-402.

Meehan, C. L. (2005). The effects of maternal residence locality on parental and alloparental caregiving among the Aka foragers of Central Africa. *Human Nature, 16*, 62-84.

Meehan, C. L., Quinlan, R., & Malcom, C. D. (2013). Cooperative breeding and maternal energy expenditure among Aka foragers. *American Journal of Human Biology, 25*(1), 42-57.

Neyer, F. J., & Lang, F. R. (2003). Blood is thicker than water: Kinship orientation across adulthood. *Journal of Personality and Social Psychology, 84*, 310-321.

Park, J. (2007). Persistent misunderstandings of inclusive fitness and kin selection: Their ubiquitous appearance in social psychology textbooks. *Evolutionary Psychology, 5*(4), 860-873.

Park, J. H., & Schaller, M. (2005). Does attitude similarity serve as a heuristic cue for kinship? Evidence of an implicit cognitive association. *Evolution and Human Behavior, 26*(2), 158-170.

Park, J., Schaller, M., & van Vugt, M. (2008). Psychology of human kin recognition: Heuristic cues, erroneous inferences, and their implications. *Review of General Psychology, 12*(3), 215-235.

Pashos, A. (2000). Does paternal uncertainty explain discriminative grandparental solicitude? A crosscultural study in Greece and Germany. *Evolution and Human Behavior, 21*, 97-109.

Patton, J. Q. (2005). Meat sharing for coalitional support. *Evolution and Human Behavior, 26*(2), 137-157.

Perry, G., Daly, M., & Kotler, J. (2012). Placement stability in kinship and non-kin foster care: A Canadian study. *Children and Youth Services Review, 34*, 460-465.

Pollet, T. V.,&Dunbar, R. I. M. (2007). Childlessness predicts helping of nieces and nephews in United States, 1910. *Journal of Biosocial Science, 40*(5), 1-10.

Pollet, T. V., Nettle, D., & Nelissen, M. (2006). Contact frequencies between grandparents and grandchildren in a modern society: Estimates of the impact of paternity uncertainty. *Journal of Cultural and Evolutionary Psychology, 4*(3), 203-213.

Pollet, T. V., Roberts, S. G. B., & Dunbar, R. I. M. (2013). Going that extra mile: Individuals travel further to maintain face-to-face contact with highly related kin than with less related kin. *PLoS ONE, 8*(1), e53929.

Queller, D. (1996). The measurement and meaning of inclusive fitness. *Animal Behaviour, 51*, 229-232.

Rahman, Q., & Hull, M. (2005). An empirical test of the kin selection hypothesis for male homosexuality. *Archives of Sexual Behavior*, *34*, 461–467.

Salmon, C. A., & Daly, M. (1996). On the importance of kin relations to Canadian women and men. *Ethology and Sociobiology*, *17*(5), 289–297.

Scelza, B. A. (2009). The grandmaternal niche: Critical caretaking among Martu Aborigines. *American Journal of Human Biology*, *21*(4), 448–454.

Sear, R., & Coall, D. (2011). How much does family matter? Cooperative breeding and the demographic transition. *Population and Development Review*, *37*, 81–112.

Sear, R., & Mace, R. (2008). Who keeps children alive? A review of the effects of kin on child survival. *Evolution and Human Behavior*, *29*(1), 1–18.

Silk, J. (1980). Adoption in Oceania. *American Anthropologist*, *82*(4), 799–820.

Silk, J. (1987). Adoption among the Inuit. *Ethos*, *15*(3), 320–330.

Silk, J. (1990). Human adoption in evolutionary perspective. *Human Nature*, *1*, 25–52.

Silk, J. B. (2009). Nepotistic cooperation in non-human primate groups. *Philosophical Transactions of the Royal Society B: Biological Sciences*, *364*(1533), 3243–3254.

Smith, E. A., Borgerhoff Mulder, M., & Hill, K. (2001). Controversies in the evolutionary social sciences: A guide for the perplexed. *Trends in Ecology & Evolution*, *16*(3), 128–135.

Smith, M., Kish, B., & Crawford, C. (1987). Inheritance of wealth as human kin investment. *Ethology and Sociobiology*, *8*, 171–182.

Stewart-Williams, S. (2007). Altruism among kin vs. nonkin: Effects of cost of help and reciprocal exchange. *Evolution and Human Behavior*, *28*(3), 193–198.

Stewart-Williams, S. (2008). Human beings as evolved nepotists: Exceptions to the rule and the costs of help. *Human Nature*, *18*(4), 414–425.

Strassmann, B. I., & Garrard, W. M. (2011). Alternatives to the grandmother hypothesis. *Human Nature*, *22*(1–2), 201–222.

Sugiyama, L., & Chacon, R. (2000). Effects of injury and illness on foraging among the Shiwar and Yora. In L. Cronk, N. Chagnon, & W. Irons (Eds.), *Adaptation and human behavior: An anthropological approach* (pp. 371–395). Chicago: Aldine de Gruyter.

Testa, M. F. (2004). Quality of permanence—lasting or binding—subsidized guardianship and kinship foster care as alternatives to adoption. *Virginia Journal of Social Policy and Law*, *12*(1), 499–519.

Trivers, R. (1971). The evolution of reciprocal altruism. *Quarterly Review of Biology*, *46*, 35–57.

Tucker, B. (2004). Giving, scrounging, and selling: Minimal food sharing among the

Mikea of Madagascar. *Research in Economic Anthropology, 23*, 43−66.

Turke, P. (1988). Helpers at the nest: Childcare networks on Ifaluk. In L. Betzig, M. Borgerhoff Mulder, & P. Turke (Eds.), *Human reproductive behavior: A Darwinian perspective* (pp. 173−188). Cambridge, England: Cambridge University Press.

Valeggia, C. R. (2008). Changing times for the Argentine Toba: Who cares for the baby now? In G. Bentley and R. Mace (Eds.), *Substitute parents biological and social perspectives on alloparenting in human societies*. London, England: Berghahn Books.

VanderLaan, D. P., Ren, Z., & Vasey, P. L. (2013). Male androphilia in the ancestral environment: An ethnological analysis. *Human Nature, 24*(4), 375−401.

Vasey, P., & VanderLaan, D. (2009). Kin selection and the evolution of male androphilia. *Archives of Sexual Behavior, 38*(2), 170−171.

Webster, D. (2004). Human kin investment as a function of genetic relatedness and lineage. *Evolutionary Psychology, 2*, 120−141.

Webster, G., Angela, B., Crawford, C., McCarthy, L., & Cohen, B. (2008). Lineage, sex, and wealth as moderators of kin investment evidence from inheritances. *Human Nature, 19*, 189−210.

Williams, G. C. (1957). Pleiotrophy, natural selection, and the evolution of senescence. *Evolution, 11*, 32−39.

Wilson, E. O. (1975). *Sociobiology: The new synthesis*. Cambridge, MA: Belknap Press.

Winking, J., Kaplan, K., Gurven, M., & Rucas, S. (2007). Why do men marry and why do they stray? *Proceedings of the Royal Society B: Biological Sciences, 274*(1618), 1643−1649.

Wolf, A., & Durham, W. (Eds.). (2004). *Inbreeding, incest, and the incest taboo: The state of knowledge at the turn of the century*. Palo Alto, CA: Stanford University Press.

Ziker, J., & Schnegg, M. (2005). Food sharing at meals. *Human Nature, 16*(2), 64−96.

20장

아버지 투자의 진화

데이비드 C. 기어리

번식 노력에는 짝짓기와 양육의 맞거래(Trivers, 1972; Williams, 1966), 그에 수반되는 수컷과 암컷, 부모와 자식의 이해 갈등(Krebs & Davies, 1993; Trivers, 1974)이 수반된다. 각각의 성과 부모는 한정된 자원을 자신에게 이익이 되도록 투자하는데, 그 이익이 항상 다른 성별이나 자식의 이익에 부합하는 것은 아니기 때문에 갈등이 발생한다. 그러나 수컷과 암컷, 부모와 자식의 이해는 서로 겹치기도 하므로, 번식 노력의 진화와 근사적 발현에는 각 성과 부모자식에게 최선이 되는 이익들의 공진화적 절충이 반영되어 있다. 그 같은 진화의 결과로 대개 수컷은 양육보다 짝짓기에 더 많이 투자하고(일반적으로 번식 가능한 암컷에게 접근하기 위해 다른 수컷들과 경쟁한다), 암컷은 짝짓기보다 양육에 더 많이 투자한다(Andersson, 1994; Darwin, 1871). 쉽게 납득할 수 있는 예외도 있긴 하지만 말이다(Reynolds & Székely, 1997). 수컷이 짝짓기 노력에 집중하고 다른 수컷과 경쟁하는 데서 암컷이 이익을 얻는 것은 그 과정을 통해 가장 적합한 수컷이 자기 자식의 아버지가 되기 때문이며, 성공한 수컷은 양육에 투자하는 대신 경쟁을 통해 여러 상대에게 접근해서 더 많은 자식을 만들 수 있다는 점에서 이익을 얻는다.

이 기본 패턴은 특히 포유류에게 선명하게 드러난다. 포유류에서 수컷 양육이 발견되는 종은 5% 미만에 불과한 반면에 암컷은 자식에게 막대한 투자를 한다(Clutton-

Brock, 1989). 이 차이가 발생하는 것은 체내 임신과 산후 수유 등 생물학적 원인과 더불어, 성별에 따라 복수의 짝을 만나는 데서 얻을 수 있는 이익과 기회의 차이 때문이다(Clutton-Brock & Vincent, 1991; Trivers, 1972). 이런 패턴을 고려하면 인간의 아버지 투자는 상당히 놀라운 현상으로, 이 장은 이 주제에 초점을 맞추고자 한다. 더 확장된 논의는 다른 곳에서 찾아볼 수 있다(Draper & Harpending, 1988; Flinn & Low, 1986; Geary, 2000; Geary, Bailey, & Oxford, 2011; Geary & Flinn, 2001).

아버지 투자의 진화 및 발현을 이해하기 위해서는 여성의 비용−이익 맞거래를 고려해야 할 뿐 아니라 자녀들이 얻는 이익과 남성이 부담하는 비용을 반드시 고려해야 한다. 나는 비인간 종에게서 나타나는 아버지 투자의 비용−이익 맞거래를 개괄한 뒤, 두 번째 절에서는 맞거래를 남성 육아의 진화 및 근사적 발현과의 연관성에 비춰 논의할 것이다. 다음으로 남성의 투자와 여성의 번식 전략의 연관성을 다룬 뒤 남성 육아의 근사적 상관관계를 검토하며 끝맺을 것이다.

아버지 투자

포유류에게는 드문 일이지만, 아버지 투자는 새, 물고기, 그리고 일부 곤충 등 여러 종에게서 발견된다(Perrone & Zaret, 1979; Thornhill, 1976; Wolf, Ketterson, & Nolan, 1988). 어떤 종은 아버지 투자가 의무적obligate이다. 이는 수컷 양육이 자식의 생존에 필수적이라는 뜻으로, 결국에는 아버지 수컷에게도 좋은 일이다. 어떤 종은 아버지 투자가 조건발현적facultative인데, 이는 수컷 육아가 자식에게 이익이 되기는 하지만 자식의 생존에 항상 필수적이지는 않다는 뜻이다(Westneat & Sherman, 1993). 이 경우에 수컷이 육아에 투자하는 양은 수컷이 속한 상황에서 이 투자가 발생시킬 수 있는 비용−이익의 맞거래를 반영한다.

맞거래

우리는 구체적으로 수컷의 조건발현적 투자에 초점을 맞출 것이다. 그것이 인간에게서 발견되는 패턴이기 때문이다(Geary, 2010). 표 20.1에 정리되어있듯이, 이런

860

종류의 투자에서 발견되는 맞거래는 자식에게 돌아가는 이익 대 짝짓기 기회의 손실 및 간통의 위험이라는 비용 사이에서 균형을 이룬다. 자식은 식량을 제공받거나 포식자로부터 보호를 받아 사망률이 감소하는 등의 이익을 얻는데, 이는 흔치 않은 사례일 수 있다. 포유류 새끼는 모유에서 초기에 필요한 영양의 대부분이나 전부를 얻기 때문이다(Clutton-Brock, 1991).

맞거래의 한 예로, 물고기 중에서 수컷이 체외 수정을 하고 포식자로부터 둥지 영역을 보호하는 경우에 수컷 육아가 가장 흔하다는 점을 생각해보라(Perrone & Zaret, 1979). 이럴 경우에는 부성 확실성이 높으며, 수컷이 몇몇 암컷의 난자를 수정시킬 수 있으므로 투자를 해도 짝짓기 기회가 감소하지 않는다. 체내 수정을 하는 물고기들의 아버지 투자는 흔치 않은데, 부성이 확실하지 않은 데다가, 수정시킨 이후에 암컷을 떠남으로써 투자비용을 회피할 수 있기 때문이다. 아버지 투자는 체내 수정을 하는 종에서도 나타날 수 있는데, 거의 모든 새들과 일부 포유류가 여기에 포함된다. 하지만 이때에도 투자의 정도는 자식에게 돌아가는 잠재적 이익, 다른 짝을 찾을 가능성, 그리고 부성 확실성에 따라 달라진다.

맞거래는 수컷의 아버지 투자량과 부성 확실성, 혹은 반대로 간통 위험과의 연관성으로 설명할 수 있다(Birkhead & Møller, 1996). 조건발현적인 수컷 육아의 경우, 간통의 위험은 수컷의 질(이를테면, 깃털의 색을 통해 나타나는)에 따라 변화한다. 제비Hirundo rustica가 그 예인데, 암컷 제비는 질이 낮은 수컷과 짝을 맺었다면 수컷 육아의 손실을 무릅쓰고 더 건강하고 매력적인 다른 수컷과 교미를 한다(Møller & Tegelström, 1997). 이완Ewen과 암스트롱Armstrong(2000)에 따르면, 일부일처 사회를 이루고 사는 스티치버드Notiomystis cincta의 수컷은 짝의 활동을 감시하고, 감시하는 만큼 투자량을 조절하면서 간통 위험에 대응한다. 스티치버드는 수컷이 새끼의 먹이 가운데 16%에서 32%가량을 공급한다. 짝외 교미는 부부의 영역에서 일어나므로 쉽게 알 수 있다. 수컷은 영역을 침범한 수컷을 쫓아내 부성 위협에 대응하지만, 짝외 교미는 그래도 발생한다. 연구에서 수컷이 알을 품는 횟수는 암컷의 짝외 교미가 잦을수록 감소했다($r = -0.72$).

표 20.1
수컷 육아의 진화 및 조건발현과 관련된 변수들

자식의 생존

1. 만일 아버지 투자가 자식의 생존 전망과 질에 실질적인 영향을 미치지 않는다면, 선택은 수컷의 자식 유기를 선호한다(Trivers, 1972; Williams, 1966).
2. 만일 아버지 투자가 자식의 생존 전망과 질에 절대적 향상이 아닌 상대적 향상을 가져온다면, 선택은 혼합형 번식 전략을 구사하는 수컷을 선호한다. 짝짓기인지, 양육인지에 대한 수컷의 집중도는 사회적 조건(예를 들어 짝을 찾을 가능성)과 생태적 조건(예를 들면 식량의 풍족함)에 달려 있다(Westneat & Sherman, 1993; Wolf et al., 1988).

짝짓기 기회

1. 만일 아버지 투자가 의무가 아니고 짝을 쉽게 찾을 수 있다면, 선택은 다음과 같은 요인을 선호한다.
   A. 만일 아버지 투자가 자식의 생존력과 질에 큰 영향을 미치지 않는다면, 선택은 수컷의 자식 유기를 선호한다(Clutton-Brock, 1991).
   B. 아버지 투자가 자식의 생존력과 질을 향상시킨다면 선택은 수컷의 혼합형 번식 전략을 선호한다.
2. 암컷이 퍼져 있거나 배란을 은폐하는 등 수컷의 짝짓기 기회를 감소시키는 사회적, 생태학적 변수들은 아버지 투자의 기회비용을 감소시킨다. 이런 조건에서 아버지 투자가 자식의 생존 전망과 질을 향상시킨다면, 선택은 아버지 투자를 선호할 확률이 높고, 그렇지 않은 경우 수컷은 막대한 비용을 치러야 한다(Clutton-Brock, 1991; Perrone & Zaret, 1979; Thornhill, 1976; Westneat & Sherman, 1993).

부성 확실성

1. 부성 확실성이 낮다면, 선택은 수컷의 자식 유기를 선호된다(Clutton-Brock, 1991; Westneat & Sherman, 1993).
2. 부성 확실성이 높다면, 다음 조건에서 아버지 투자가 선호된다.
   A. 투자가 자식의 생존력이나 질을 향상시킬 때, 그리고
   B. 투자의 기회비용(예를 들어 짝짓기 기회의 감소)이 투자 수익보다 낮을 때(Dunbar, 1995; Thornhill, 1976).
3. 부성 확실성이 높고, 짝짓기 기회의 손실이란 측면에서 기회비용이 높은 경우, 선택은 수컷의 혼합형 번식 전략을 선호한다. 즉, 사회적·생태학적 조건에 따라 아버지 투자가 조건발현이 된다(Dunbar, 1995; Westneat & Sherman, 1993).

D. C. 기어리Geary, 2000, "Evolution and Proximate Expression of Human Paternal Investment"를 각색함. Psychological Bulletin, 126, p. 60. Copyright 2000 by the American Psychological Association, 허락을 받고 게재함.

부성 확실성과 자식의 생존률 향상만으로는 아버지 투자의 진화나 조건발현에 충분하지 않다. 그 외에도 투자 수익이 복수의 암컷과 자식을 만드는 이익보다 커야한다(Dunbar, 1995). 예를 들어 대체로 한배새끼를 낳는(Asa & Valdespino, 1998) 갯과 동물(예를 들어 코요테, Canis latrens)은 사회적 일부일처 관계와 높은 수준의 아버지투자가 일반적이다. 한배새끼의 수가 많고, 자식의 의존 기간이 길고, 수컷에게 의존 기간 동안 (고기의 게움질을 통해) 먹이를 공급할 능력이 있기 때문에, 갯과 수컷은 짝이 한 마리뿐이라도 높은 수준의 아버지 투자를 통해 일부다처 전략을 사용할 때보다 더 많은 자식을 얻을 수 있다. 또한 생태적으로 암컷들이 분산되어 있는 탓에 수컷이 복수의 짝을 찾을 기회가 많지 않을 때도 아버지 투자가 진화하는데, 타마린(Callithrix; see Dunbar, 1995) 등 비단원숭이과 동물들이 그런 경우에 속한다.

인간의 부성

앞서 언급했듯이 남성의 자녀 투자는 조건적으로 발현되고, 그에 따라 다른 종에게서 발견되는 것과 동일한 맞거래들을 수반한다. 다음은 짝짓기 기회의 손실과 간통의 위험을 지불한 대가로 자녀에게 돌아가는 신체적·사회적 이익들이다.

자녀의 신체적 안녕

어머니는 자녀에게 누구보다 많이 투자한다. 모든 문화에서 어머니의 자녀 투자는 다른 친족들의 투자에 의해 보완된다(Sear & Mace, 2008). 이를 모계 또는 부계 조부모가 부담하는지, 혹은 아버지가 부담하는지는 문화와 상황에 따라 달라진다(Hrdy, 2009; Sear & Mace, 2008). 지금 우리의 초점은 아버지 투자가 언제 얼마나 아이들의 신체적 안녕을 향상시키는지에 맞춰져 있지만, 안타깝게도 아버지 투자의 심리적 상관성을 다룬 문헌에 비하면 유아기와 유년기에 아버지가 자녀의 사망률을 감소시키는지에 대한 정보는 부족한 편이다. 그러나 다행하게도, 산업사회 이전의 유럽과 미국에서 아버지 변수(예를 들면, 직업)와 유년기 사망률의 관계에 대해서 정보가 남아 있으며, 현존하는 개발도상 및 전통 사회에서 그 관계를 살펴본 연구도 몇

건 존재한다. 요지는 아버지 투자가 일부 인간 집단에서 유아 및 소아사망률을 낮출 순 있지만, 이 효과의 크기는 결정할 수 없다는 점이다.

전통 사회의 유아사망률   아체족(파라과이)을 대상으로 한 힐과 우르타도 Hurtado(1996)의 민족지학 연구는 전통 사회를 대상으로 아버지 투자와 유아사망률의 연관성을 가장 폭넓게 분석했다. 숲속에 사는 아체족은 유년기 아동의 3분의 1이 싹 슬이년기에 이르기 전에 사망하는데, 이는 아버지의 존재 여부에 따라 크게 달라진다. 사망이나 이혼 때문에 아버지가 없는 경우, 아동이 질병으로 사망할 위험은 세 배 증가했고, 다른 아체족 남성에게 살해당하거나 다른 집단에게 납치될—그런 뒤 어쩌면 살해당하거나 노예로 팔려갈—위험이 두 배 증가했다. 대체로, 아직 15세 생일을 맞지 않은 아이에게 아버지가 없는 경우에 사망률은 45%가 넘었고, 아버지가 존재하는 경우는 20%에 그쳤다.

질병으로 인한 사망은 어느 정도 아이의 적절한 식사와 연관되어 있는데, 여러 전통 사회에서 아버지의 식량 공급은 식사의 중요한 구성요소다. 아체족은 집단 전체가 수렵물을 공유하기 때문에 아버지가 직접 자녀에게 고기를 공급할 수는 없다. 그럼에도 뛰어난 사냥꾼의 자녀는 능력이 모자란 사냥꾼의 자녀보다 사망률이 낮으며(Hill & Kaplan, 1988), 이는 다른 수렵채집 사회에서도 마찬가지다(Smith, 2004; Wiessner, 2002). 뛰어난 사냥꾼의 자녀는 그렇지 못한 사냥꾼의 자녀보다 더 좋은 대우를 받는데, 집단 구성원들은 훌륭한 사냥꾼의 자녀인 경우 '음식을 구걸할 때' 이를 더 관대하게 받아들이고(Hill & Kaplan, 1988, p.283), 아플 때도 기꺼이 옆에서 간호를 하며, 대행부모 육아에도 더 많이 참여한다.

시어와 메이스(2008)는 다른 여러 문화에 걸쳐 아버지 투자와 영유아사망률 사이에 연관성이 일관되게 나타나지 않는다는 결과를 얻었다. 아버지는 중요할 때도 있고 그렇지 않을 때도 있었다. 아버지가 사망하거나 이혼해서 떠난 경우에는 다른 친족—보통 모계 할머니—이 아버지 투자의 구멍을 메우는 경우가 많았다(또한 Hrdy, 2009; O'Connell, Hawkes, & Blurton Jones, 1999). 뿐만 아니라 아버지의 식량 공급 능력이 자녀의 사망 위험과 연관되어 있을 때조차 인과 관계가 성립하지 않았다. 이는 문화적으로 성공한 남성은 아이들의 안녕을 증진시킬 수 있는 출중한 여성과 결혼하는 경향이 있고, 어머니가 제공하는 것들이 자녀의 사망률에 가장 큰 영향을 미치기 때문일 것이다(예를 들어 Blurton Jones, Hawkes, & O'Connell 1997).

다른 남성으로부터의 보호는 어쩌면 다른 친족이 아버지의 부재로 인한 손실을 벌충해주지 못하는 영역일지 모른다. 아체족의 경우와 마찬가지로 일부 인간 집단에서 계부의 존재는 유아사망률의 증가와 관련되어 있으며(Sear, Steele, McGregor, & Mace, 2002), 또한 다른 많은 맥락에서 낮은 수준으로 진행되고 있는 갈등이나 나쁜 건강과도 관련이 있다(Flinn, 1992).

개발도상 사회의 유아사망률　남아메리카, 아프리카, 아시아의 개발도상국에서는 혼인 관계와 유아 및 소아사망률 사이에 일관된 관계가 존재한다. "여성이 현재 결혼하지 않았거나, 두 번 이상 결혼한 경우, 혹은 일부다처혼을 한 경우, 자녀의 사망률은 상승한다… 전반적으로, 안정적인 가족관계와 자녀의 낮은 사망률 사이에는 강하고 직접적인 연관성이 존재한다"(United Nations, 1985, p.227). 예를 들어 인도네시아에서 이혼한 부모의 자녀들은 일부일처 부부의 자녀들보다 사망률이 12% 높다. 조사 대상인 14개국 가운데 11개국에서 그와 동일한 연관성이 나타났다.

산업화 이전의 유럽에서도 동일한 패턴이 분명하게 드러난다. 19세기와 20세기 초반 스웨덴에서 유아사망률은 혼인 관계에 있는 부모의 자녀보다 미혼모의 자녀가 1.5배에서 3배 높았다(Brändström, 1997). 1885년부터 1940년 사이의 네덜란드도 마찬가지였다(Kok, van Poppel, & Kruse, 1997). 아버지가 자녀와 어머니를 경제적으로 지원하는 '사생아' 아동의 사망률이 그렇지 않은 경우보다 낮다는 연구 결과, 그리고 아버지가 사망한 '적출' 아동의 사망률이 그렇지 않은 경우보다 높다는 연구 결과는 아버지의 직접적인 중요성을 입증한다. 산업화 이전과 산업화 시기의 유럽과 미국 전역에서도 아버지의 식량 공급과 영유아사망률의 연관성을 볼 수 있다(e.g., Klindworth & Voland, 1995; Morrison, Kirshner, & Molho, 1977; Schultz, 1991).

자녀의 신체적 건강　유아사망률이 현저하게 낮은 현대 사회에서도 사회경제적 지위(SES)와 자녀의 신체적 건강의 연관성은 여전하다(Reid, 1998). 애들러Adler와 동료들은 다음과 같이 결론지었다. "대부분의 개체군 안에서 사회적 지위가 낮은 계층이 가장 높은 수준의 유병률과 사망률을 나타낸다. 게다가 사회경제적 지위 전체를 대상으로 한 연구에서는 비교적 상위 계층에서도 사회적 위치의 차이가 질병 발생률 및 사망률과 연관되는 것으로 나타난다"(Adler et al., 1994, p.22). 사회경제적 지위와 건강의 연관성은 가구 내 주요 소득원뿐 아니라 가족 구성원 모두에게 적용되며, 건강보험 접근성과도 무관하다. 상위 계층의 가족 구성원들은 하위 계층의 가족 구성원보다 좋은 대우를 받고, 일상적인 활동에서도 더 많은 통제력을 갖고 있는데, 두 가지 요인 모두 신체적 건강에 영향을 미친다. 현대 사회에서 아버지의 수입과 직업상 지위는 중대한 의미를 지니며, 때로는 그것만으로도 가족의 사회경제적 지위가 결정된다. 결과적으로 아버지 투자는 자녀의 신체적 건강과 상관관계가 있으며, 유아 및 소아사망률이 낮은 환경에서도 동일한 결과가 나온다.

플린과 동료들이 제시하는 단서들은 아버지 투자와 자녀의 신체적 건강의 잠재적 연관성을 가리킨다(Flinn & England, 1997; Flinn, Quinlan, Decker, Turner, & England, 1996). 이들은 서인도 지역의 시골 마을에서 유아와 성인을 대상으로 가정환경과 코르티솔(스트레스 대항 호르몬) 및 테스토스테론의 수치를 분석했다. 그 결과 아버지의 부재 여부는 남자아이들의 코르티솔 및 테스토스테론 수치와 관련이 있었고, 여자아이는 그렇지 않았다. 생물학적 아버지와 함께 거주하는 남자아이들과 비교했을 때, 아버지가 부재하거나 계부와 함께 사는 남자아이들은 모두 코르티솔 수치가 특이하게 낮거나 변동 폭이 컸고, 체중이 낮았다. 아버지가 없는 가정에서 자란 성인 남성들은 아버지가 있는 가정에서 자란 또래들보다 코르티솔 수치가 더 높고 테스토스테론 수치가 더 낮았다. 아버지가 부재하는 남성의 내분비계 윤곽은 만성적으로 높은 스트레스 수치를 가리키는데, 이는 건강상의 위험을 증가시킬 수 있다(예를 들어 Sapolsky, 2005). 관련 연구들은 아버지와 장기적인 갈등을 겪으면 여자아이와 남자아이 모두 유년기와 성년기에 다양한 건강 문제를 겪을 위험이 증가한다고 말한다 (Troxel & Matthews, 2004).

아이들의 사회적 안녕

인간의 아버지 투자가 유아 및 소아사망률이 낮은 환경에서 일어날 때 문제는 복잡해진다. 이런 조건에서 선택은 아버지 노력을 축소하거나 배제하고 짝짓기 노력에 집중하는 남성을 선호하겠지만, 여전히 많은 남성이 자녀에게 투자한다. 문제는 그이유다. 기어리와 플린(2001; 또한 Geary, 2010; Geary et al., 2011)은 우리의 오스트랄로피테쿠스 조상들이 고릴라와 유사한 가족 구조에서 진화하는 동안 남성이 여러 여성들과 장기적인 일부다처 관계를 유지하며 자식들을 보호하고, 자식과의 관계에 행동적으로 참여했기 때문이라는 설명을 제시한다. 그것이 사실이라면 인간의 아버지 투자는 아주 오랜 진화사를 가진 셈이다. 하지만 아버지 투자 편향이 진화해왔다고 하더라도, 특히 대부분의 여성이 비교적 적은 수의 자녀를 낳는 환경에서는 투자량이 많은 남성이 투자한 만큼 수익을 얻지 못할 수가 있다. 다른 조건이 모두 동일하다면, 문화적으로 성공하고 투자를 많이 하는 남성은 짝짓기 기회의 손실이라는 측면에서 손해를 보는 것이다. 또 한 가지 가능성은 위험성이 낮은 환경의 아버지 투자가 자녀의 사회적 경쟁에 이점을 제공함으로써 자식의 '질'을 향상하도록 설계되었고(Davis /7 Daly, 1997), 그 결과 남성의 장기적인 번식에 이익(예를 들어 손주의 수)을 가져온다는 것이다.

현대 사회에서 소득, 놀이 시간, 어머니 돕기 같은 남성 투자는 자녀의 보다 나은 사회적, 학문적 능력 그리고 성인이 된 자녀의 더 높은 사회경제적 지위와 상관관계가 있다(Kaplan, Lancaster, & Anderson, 1998; Pleck, 1997).

또한 남성의 투자와 자녀의 몇몇 결과는 독특한 연관성을 보인다. 카플란과 동료들은 어머니의 형질(예를 들어, 교육 기간)을 통제했을 때 아버지의 시간 투자(예를 들면 숙제를 돕는 등)와 소득 투자(예를 들어, 대학교 학비 지원)가 자녀의 사회적 계층 향상과 관련되어 있다는 결과를 얻었다(Kaplan, Lancaster, Bock, & Johnson, 1995; Kaplan et al., 1998). 아마토Amato(1998) 역시 유사한 패턴을 발견했다. 아버지 투자의 철회가 자녀가 성장한 이후 사회적, 문화적 성공의 저하와 관련되어 있다는 결과는 이들의 연구에서 일관되게 나타난다.

이혼은 아버지 투자의 감소와 철회의 가장 흔한 원인이다. 온전한 가정에서 자란 자녀들이 이혼 가정의 자녀들에 비해 사회적, 교육적 이점을 누린다는 결과는 일관되게 나타난다. 그런데 이혼을 앞둔 가정의 자녀에게서도 이혼 가정과 온전한 가정의 자녀들 사이에서 나타나는 여러 차이들을 발견할 수 있다(Cherlin et al., 1991). 게다가, 가족 기능을 이혼 이전 수준으로 통제하더라도 여전히 일부 차이들이 나타난다. 실제 이혼 여부는 남자아이의 공격적이고 반항적인 행동, 양성 자녀의 이른 성적 활동 개시, 저조한 교육 성취도에 단지 작거나 경미한 수준의 증가를 수반한다(Amato & Keith, 1991; Belsky, Steinberg, & Draper, 1991). 유전적 변수를 통제했을 때 일부 효과가 약해지긴 했지만, 유전학적으로 정통한 연구들은 이러한 결과에 이혼이 미치는 인과적 영향을 확실히 입증한다(D'Onofrio et al., 2006을 보라). 지연된 성적 활동 및 교육적 결과와 사회에 진출했을 때의 사회경제적 지위 사이에 강한 연관성이 있다는 점을 고려할 때, 이 결과는 아버지 투자가 성년이 된 자녀의 사회적 경쟁력을 향상시켜준다는 관점과 일치한다.

아버지는 자녀의 사회적 · 심리적 안녕에도 직접 영향을 미칠 수 있다. 아버지와 자주 신체적인 놀이를 하는 아이들은 그렇지 않은 아이들보다 사회적으로 인기—친구들 사이에서 놀이 상대로 선호되는 정도—를 얻을 가능성이 높다(Carson, Burks, & Parke, 1993; Parke, 1995). 린제이Lindsay, 콜웰Colwell, 프래버트Frabutt, 맥키넌—루이스MacKinnon-Lewis(2006)는 종단 연구를 통해 부자 관계가 좋은 아이들은 다른 아이들보다 더 많은 친구를 사귀고, 더 좋은 관계를 맺는다는 결과를 얻었다. 또한 애정 같은 부자 관계의 질적 형질은 아이들이 더 높은 사회적 · 학문적 능력(Parke & Buriel, 1998)을 갖추고 행동적(예를 들어 공격성), 심리적(예를 들어 우울증) 어려움을 더 적게 겪는 것도 관련이 있다(예를 들어 Sheeber, Davis, Leve, Hops, & Tildesley, 2007).

하지만 그중 많은 연관성이 어머니의 영향뿐 아니라 유전자 효과 및 자녀 자신의 효과와 혼동될 수 있다(Park & Buriel, 1998; Scarr & McCartney, 1983). 의욕적이고 똑똑한 아이는 교육과 관련해서 아버지 투자를 받을 확률이 높은데(Kaplan et al., 1998), 이 결과마저도 단순히 부자가 공유하는 유전자(예를 들어 지능 유전자)와 연관된 것일 수 있다. 유전적 영향을 고려하면서 어머니와 아버지의 영향을 평가하고자 하는 연구들은 아버지 투자와 자녀의 결과 사이에 존재하는 인과 관계를 보다 명확하게 입증할 필요가 있다(Parke & Bureil, 1998; Rowe, 1994). 도노프리오 등(2006)이 이혼과 아동 및 싹슬이년 결과의 연관성을 연구했던 것처럼 말이다.

종합하면, 유아 및 소아사망률이 낮은 환경에서 아버지 투자는 자녀의 사회적 능력과 이후의 문화적 성공을 끌어올릴 가능성이 높다(Nettle, 2008).

사실 아버지 투자는 비단 현대의 환경이 아니더라도 많은 환경에서, 지참금과 신붓값의 지불, 부와 사회적 직위 상속을 통해 자녀의 문화적 성공을 끌어올릴 수 있다(Hartung, 1982; Irons, 1979; Morrison et al., 1977). 호주의 마르투 애보리진족의 경우, 아버지는 아들이 성인 남성의 사회 구조에 입문하는 데 막중한 역할을 하는데, 이는 이른 결혼에 기초한 아들의 더 높은 번식 성공도로 이어진다(Scelza, 2010). 하지만 윙킹Winking, 거벤, 카플란(2011)은 치마네족(볼리비아) 사이에서 그런 효과를 발견하지 못했다. 남성이 언제, 어디서, 어떻게 자녀의 사회적 발달과 경쟁력에 영향을 미칠 수 있는지에 대해서는 밝혀내야 할 것들이 많이 남아있는 것이다.

아버지에게 돌아가는 비용

소아사망률의 감소와 사회적 경쟁력 향상만으로는 남성의 아버지 투자가 유지되고 진화해온 이유를 충분히 설명할 수 없다. 표 20.1을 통해 알 수 있듯이, 그런 이익은 아버지들이 지불하는 비용, 구체적으로는 잠재적 짝짓기의 기회 손실과 간통의 위험이라는 두 비용과 균형을 맞출 필요가 있다.

여성의 전략과 남성의 짝짓기 기회

여성의 성적·사회적 행동 가운데 몇몇 양상은 남성의 짝짓기 기회를 줄이고 그 결과 아버지 투자의 기회비용을 감소시키는 잠재적 적응으로 존재한다. 첫 번째는 가벼운 성관계에 대한 여성의 반감이다(Symons, 1979). 평균적으로 남성이 여성보다 더 많은 성적 파트너를 원하는데(Buss & Schmitt, 1993; Clark & Hatfield, 1989; Ellis & Symons, 1990), 이는 남성들 대다수는 원하는 것보다 더 적은 수의 파트너를 만나게 된다는 의미다. 가벼운 성관계에 대한 여성의 반감이 만들어내는 결정적인 결과는 남성들 대다수의 짝짓기 기회—그리고 그와 함께 아버지 투자의 기회비용—가 현저하게 감소한다는 점이다. 두 번째 요인은 관계적 공격성relational aggression으로, 잠재적 경쟁자에 대한 사회적·심리적 괴롭힘이 포함된 여—여 경쟁을 말한다(Campbell, 1955, Geary, Winegard, & Winegard, 2014). 이런 공격은 잠재적 경쟁자를 사회집단에서 배제하는 기능을 하고, 그에 따라 남성의 짝짓기 기회가 줄어들고 아버지 투자의 기회비용이 감소한다.

비교적 은폐된 배란 과정과 배란 주기 내내 유지되는 성적 수용성은 아버지 투자를 촉진하는 여성의 성적 특징이다. 배란 과정이 은폐되어 있기 때문에, 남성은 확실한 수정을 위해 다른 대부분의 수컷 영장류보다 장기적인 관계를 맺을 필요가 있다(Dunbar, 1995). 하지만 이것만으로는 아버지 투자를 보장하기에 부족하다. 일단 임신의 신체적 징후가 명백해지면, 남성은 쉽게 여성을 떠나 양육에 따른 비용 부담을 회피할 수 있기 때문이다. 이때 비교적 은폐된 배란 과정과 지속적인 성적 수용성(즉, 빈번한 성관계)이 결합해서 이른바 쌍 결합(MacDonald, 1992)이라는 또 다른 근사 기제가 발달하고, 이를 통해 파트너와 자녀에 대한 남성 투자가 유지된다. 쌍 결합 및 두 사람의 관계에서 여성이 느끼는 만족감은 간통의 위험도 감소시켜서 결과적으로 부성 확실성을 높인다.

간통

정확한 수치는 아니고 사회 환경에 따라 약간의 편차는 있지만, 남성 가운데 3%는 상대가 간통을 하고 있을지 모른다(Anderson, 2006; Bellis & Baker, 1990; Bellis, Hughes, Hughes, & Ashton, 2005). 다른 종들처럼 여성의 간통률은 속해 있는 환경과 사회적 지위에 따라 현저한 차이가 날 수 있다. 사세Sasse, 물러Muller, 차크라볼티Chakraborty, 오트Ott(1994)는 스위스의 비非친부 자녀율이 1%라 전했지만, 다른 연구자들은 사회경제적 지위가 낮은 조건에서 비친부 자녀율이 20% 이상이라고 보고했다(Cerda-Flores, Barton, Marty-Gonzalez, Rivas, & Chakraborty, 1999; Potthoff & Whittinghill, 1965). 물론 이들 가운데 기르고 있는 자녀가 자신의 친자가 아니라는 사실을 알고 있어, 엄밀히 말하면 간통에 해당하지 않는 경우도 존재할 것이다.

게다가 여성의 짝외 관계가 명백하게 파트너를 속이기 위한 것인지, 혹은 짝을 바꾸려다 실패한 결과인지 확인할 필요가 있다. 112명의 여성을 조사하고, 그 가운데 44명을 종적으로 추적한 밴필드Banfield와 맥케이브McCabe(2001)는 후자의 경우를 지지해준다. 이들이 조사한 여성들 가운데 2% 이하가 순전히 성관계만을 위해 짝외 남성을 만난 데 반해, 12%는 낭만적 애착이 전제되어야 성관계를 맺는 것으로 보고됐다. 낭만적 애착을 느꼈다는 것은 장기적 관계를 뒷받침하는 쌍 결합 및 양친 육아

기제가 그 여성들에게서 작동하고 있었다는 뜻이다. 남성 사망률이 높은 상황이라면 문제는 더욱 복잡해진다. 그런 문화에 속한 여성들은 드물지 않게 여러 남성과 성적인 관계를 유지하는데, 상대 남성들 가운데 한 명이 일차 아버지로, 다른 이들은 이차 아버지로 간주된다(Beckerman et al., 1998; Hill & Hurtado, 1996).

남성 육아의 근사 발현

자녀 투자의 양은 남성마다 큰 차이가 있지만, 이는 진화의 산물인 조건발현 편향의 자연스러운 결과다. 흥미로운 질문은 왜 어떤 남성은 자녀에게 막대한 투자를 하고, 어떤 이들은 아주 적게 투자하거나 아예 투자하지 않는가 하는 것이다.

생물학적 상관관계

남성 양육의 생물학적 요인을 다룬 대부분의 연구는 유아에 대한 관심도, 혹은 반응도와 관련된 내분비계 윤곽에 초점을 맞춘다. 남성의 자식 돌보기이 유전되는지를 다룬 연구도 있지만, 아직은 호르몬 연구와 잘 연결되지 않고 있다.

호르몬　수컷 육아가 조건발현적인 종들에서, 높은 테스토스테론 수치는 짝짓기 노력에 집중하는 것과 관련되고, 낮은 테스토스테론 수치와 높은 프로락틴 수치는 육아에 집중하는 것과 관련이 된다(예를 들어 Reed et al., 2006). 인간의 경우도 남성의 맞거래, 즉 짝짓기에 집중하는지 육아에 집중하는지는 테스토스테론 및 프로락틴과 상호 관련된 것으로 나타난다(Delahunty, McKay, Noseworthy, & Storey, 2007; Fleming, Corter, Stallings, & Steiner, 2002; Gray, Parkin, & Samms-Vaughan, 2007). 북아메리카 표본에서, 상대와 장기적이고 헌신적인 관계를 맺고 있는 남성들은 그렇지 않은 남성들보다 테스토스테론 수치가 낮고(Mazur & Michalek, 1998), 짝 찾기 경쟁에 노력을 적게 분배한다는 예측에 부합했다(Gray, Kahlenberg, Barrett, Lipson, & Ellison, 2002). 이 연관성에서 한 가지 중요한 요소를 변경한 연구가 증거를 하나 더 제공한다. 현재의 관계에 헌신하면서 짝외 관계에도 개방적인 남성은 일부일처 관계를 유지하는 남성보다 테스토스테론 수치가 높다는 것이다(McIntyre et al., 2006).

　헌신적인 일부일처 관계를 유지하면서 아버지가 되기를 바라는 남성들은 아버지가 되기를 바라지 않는 기혼 남성을 포함한 다른 남성들과 내분비계 윤곽이 다를지 모른다(Berg & Wynne-Edwards, 2001; Hirschenhauser, Frigerio, Grammer, & Magnusson, 2002). 유아의 고통 신호(예를 들어 울음)에 염려를 드러내며 아기를 달래주고 싶어 하는 예비 아버지들은 다른 남성들보다 프로락틴 수치가 높고 테스토스테론 수치가 낮다(Storey, Walsh, Quinton, & Wynne-Edwards, 2000). "임신 증상(의만)을 많이 겪는 남성과 유아 반응성 검사에 가장 감동한 남성들은 프로락틴 수치가 높았고, 사후검사에서 테스토스테론이 가장 큰 폭으로 감소했다"(Storey et al., 2000, p. 79). 또한 아버지(그리고 어머니)의 높은 코르티솔 수치는 더 세심하고 조심스러운 신생아 육아와 상관관계가 있다(Corter & Fleming, 1995).

　하지만 원인과 결과는 분명하지 않다. 자녀가 없는 남성들도 테스토스테론 수치가 낮으면 유아의 울음에 더 민감한데, 이는 호르몬 수치가 아버지 투자 성향에 영향을 미칠 수 있다는 점을 시사한다(Fleming et al., 2002). 또한 헌신적인 관계와 관련된 낮은 테스토스테론 수치가 남성을 양육에 집중하게 만든다는 해석, 그리고 아버지 투자의 성향이 있는 남성들이 장기적인 파트너로 선호된다는 해석도 가능하며, 두 해석의 조합도 가능하다. 남성 육아와 프로락틴의 연관성도 복잡하다. 첫 번째 자녀를 품에 안은 경우에는 유아와의 밀접한 접촉으로 아버지의 프로락틴 수치가 감소했지만, 둘째의 경우는 그렇지 않았다(Delahunty et al., 2007). 몇 시간 동안 자신의 유아 자녀와 접촉을 하지 않은 남성에게 자녀를 걱정하는 마음을 진술하게 하면 프로락틴 수치와 아기 울음에 대한 반응성이 함께 증가했다. 평균적으로 남성의 프로락틴 수치는 여성에 비해 성장 경험(예를 들어 동생이 있다거나)이나 사회적 상황에 민감하게 좌우되는 것으로 나타나는데(Delahunty, et al., 2007), 이는 남성 육아의 조건 발현적 성격을 반영할 수 있다.

　유전자　켄들러Kendler(1996)는 자녀에게 온정을 보이는 아버지들의 변이 가운데 절반가량은 유전적 영향에 기인한다고 추산했다(또한 Pérusse, Neale, Heath, & Eaves, 1994를 보라). 부모의 보호/통제와 권위적인 양육(예를 들어 자녀의 일을 부모가 대신 결정하는)의 경우에는 보다 경미한 유전적 영향이 발견되었다. 또한 남성의(그리고 여성의) 육아가 유아 자녀와 싹슬이년 자녀의 유전적 형질에서 영향을 받는다는 증거가 있으며(Feinberg, Neiderhiser, Howe, & Hetherington, 2001; Neiderhiser, Reiss, Lichtenstein, Spotts, & Ganiban, 2007), 이와 마찬가지로 출신 가정을 포함하여 부모 각자의 고유한 경험에서도 영향을 받는다.

아직 확실하게 결론지을 순 없지만 아버지 행동은 어머니 행동보다 상황, 이전의 경험, 그리고 자녀가 일으키는 효과에 더 강한 영향을 받는 듯한데, 이는 일련의 다른 조건발현들과 일치한다. 남성의 기본적·반응적(예를 들어 자녀의 유무에 따른) 테스토스테론 수치와 프로락틴 수치와 관련하여 유전적·환경적 영향을 연구하고자 한다면, 유전과 환경이 아버지 행동의 발현에 미치는 영향과 잠재적으로 연결되어 있을지 모를 생물학적 근사 기제들을 더 확실하게 이해할 필요가 있다. 개인의 성격과 양육의 연관성을 다룬 연구들도 필요하다. 개인의 성격은 자식 돌보기의 진화와 직접 관련되어 있지 않더라도 양육 행동에 영향을 미칠 수 있고, 위에서 언급한 연구 결과들에 성격의 유전적 영향이 반영됐을 수 있기 때문이다. 예를 들어, 성실성 같은 성격 형질의 개체 간 차이는 어느 정도 유전이 되고, 장기적 부부관계의 안정성 및 혼인의 질과 관련이 있으며, 자녀에 대한 반응성에도 영향을 미칠 수 있다(Graziano & Eisenberg, 1997).

사회적 상관관계

현대 사회에서 일부일처 관계를 맺고 있는 남성들에게, 혼인 관계의 질은 자식 돌보기에 결정적인 영향을 미친다. 이런 상황에 있는 남성들은 또한 문화적 성공에 집중하는지 자녀와의 시간에 집중하는지와 관련된 맞거래 문제에 직면한다.

혼인 관계 부부 관계의 질은 남성의 육아에 기본적으로 중요하다(Feldman, Nash, & Aschenbrenner, 1983; Lamb, Pleck, & Levine, 1986). 부부 관계의 질은 양쪽 부모와 자녀의 상호작용에 영향을 미칠 수 있지만(Amato & Keith, 1991), "어머니의 육아보다 아버지의 육아가 혼인 관계에 더 많이 좌우된다"(Parke, 1995, p.37). 예를 들어 벨스키, 길스트랩Gilstrap, 로빈Rovine(1984), 램Lamb과 엘스터Elster(1985)는 복수의 관찰 연구를 통해 아버지와 자녀의 교류는 혼인 관계의 질과 연관되어 있지만, 부부의 상호작용 수준(예를 들어 소통하는 정도)과 어머니—자녀의 관계는 거의 관련이 없다는 결과를 얻었다.

혼인 관계가 만족스러운 남성이 양육에 더 많이 투자한다는 결과는, 남성과 친밀한 관계를 유지하려는 여성의 노력이 어느 정도는 아버지 투자를 유도하기 위한 전략이라는 점을 가리킨다. 또한 아버지 투자에 치중하는 남성들은 다른 남성보다 일부일처 관계에 협조적이고 충실한 경향이 있으며—따라서 부인과 갈등을 일으킬 가능성이 낮으며—이때 혼인 관계의 만족도와 아버지 투자의 연관성은 사회적 영향이 아니라 유전적 영향을 반영한다. 가장 그럴듯한 해석은 양쪽 부모의 유전적 편향(예를 들어 성격. Spotts et al., 2005), 혼인 관계의 동역학에 대한 반응성, (앞서 언급한) 호르몬 분비 기제가 조합되어 아버지 투자에 영향을 미친다는 것이다.

사회적 지위 아버지들이 육아에 직접 참여하는 정도는 직업의 성격 및 개인적 야심과도 관련이 있다. 부담이 크고 스트레스가 많은 직업에 종사하는 아버지는, 중요성이 더 작은 직업에 종사하는 아버지들보다 유아 육아에 더 적게 참여하고, 더 적게 놀아주며, 걸음마기의 자녀와도 더 적게 교류한다(Feldman et al, 1983). 램 등(1986)은 가족관계 참여와 직업적 헌신 사이에 맞거래가 존재한다고 주장한다. 가족보다 일에 집중하는 남성들과 비교하면, "가족지향적으로 적응한 사람은 … 직업상 더 수동적이고 덜 성공적이다. 또한 이들은 명망이 높지 않은 직업에 종사하는 경향이 있다… 그러나 이것이 가족지향적 적응적 전략의 원인인지, 아니면 결과인지는 분명하지 않다"(Lamb et al., 1986, p.79).

일부 전통 문화에서도 문화적 중요성이 높은 직업에서의 성공과 자식 돌보기 사이에 비슷한 연관성을 발견할 수 있다(Hewlett, 1988; Hill & Hurtado, 1996). 예를 들어, 아카족(중앙아프리카 서부) 내에서 지위가 높은—혈연관계망의 범위가 넓고, 따라서 사냥에 상당히 성공적인—남성들이 유아 자녀를 안아주는 빈도는 친족이 적은 남성의 절반 수준이다. 남성 친족이 없는 남성은 혼자, 또는 아내와 사냥을 하며, 대체로 성공적이지 못한 사냥꾼이라 할 수 있다. 지위가 높은 남성은 직접적인 육아에 적게 참여하는 대신 가족에게 지방과 단백질 비율이 높은 식사를 제공해 균형을 맞추는 것으로 나타난다(Hewlettt, 1988). 하지만 더 많은 소득을 위해서나, 여타 문화적 성공의 지표를 획득하기 위한 남성들의 노력이 아버지 투자의 구성요소인지 혹은 짝짓기 노력의 구성요소인지는 명확하지 않다. 성공한 남성은 짝짓기 기회를 많이 얻기 때문이다.

발달과의 상관관계

드레이퍼와 하펜딩Harpending(1982), 벨스키와 동료들Belsky et al.(1991), 치좀(1993)은 부모의 사회적 경험(예를 들어, 다른 성인과의 갈등 정도), 자원의 가용성, 그리고 위험성이 부모와 자녀의 애착에 영향을 미친다고 주장했다. 위험성이 높고 자원이 부족한 환경에서는 부모가 스트레스를 많이 받고, 그 결과 혼인 관계와 부모-자식 관계에 마음을 쓰지 못하고 많은 갈등을 겪는다. 이런 관계에서는 부모-자녀 애착이 불안정해질 위험이 커지고, 그로 인해 나중에 자녀들의 관계 동역학이 한쪽으로 치우치게 되리라고 예측할 수 있다. 위험성이 낮고 자원이 풍부한 환경에서는 일반적으로 부모-자녀 관계가 더 따뜻하고, 부모-자녀의 애착도 안정적인 경우가 더 많다. 안정 애착은 자녀가 살아가는 동안 부부 관계를 비롯한 여러 관계에서 신뢰와 안정감이 있는 관계를 형성하게 한다고 예측할 수 있다. 결국, 발달기에 부모-자녀 관계가 따뜻했고 현재 배우자 관계가 안정적이면 남성은 아버지 투자를 더 많이 하리라고 예측할 수 있다(MacDonald, 1992).

델 주디체와 벨스키는 성년기의 번식 전략과 관련된 기제들에는 부모-자녀 애착의 유형과 성증발생(사춘기 이전에 부신피질에서 호르몬이 분비되는)의 개시 연령이 포함된다고 주장했다(Del Giudice, 2009; Del Giudice & Belsky, 2010; also Ellis & Essex, 2007). 갈등이 심한 가정생활과 이른 성증발생의 조합은 여자아이와 성인 여성에게는 양가적인(예를 들어 감정적으로 불안하고, 의존적인) 애착 유형이 나타날 위험과 관련이 있고, 남자아이와 성인 남성에게는 회피적인(예를 들어 감정적으로 거리를 두는) 애착 유형이 나타날 위험과 관련이 있다. 싹슬이년기와 성년기에 회피 애착 유형은 남자아이와 성인 남성들의 공격성 및 지배력 다툼, 감정적으로 멀고 빈번한 단기적 성관계, 그리고 성년 초기의 인색한 육아 투자와 관련이 있다(Del Giudice, 2009).

더 넓은 공동체의 조건들도 번식 전략에 편향을 일으킬 수 있다. 윌슨과 데일리

(1997)는 최초 번식 연령, 여성 1인이 출산한 자녀의 수, 사망 위험, 지역의 자원 가용성이 모두 상호 관련되어 있다는 결과를 시카고에서 얻었다. 자원 가용성이 낮은 지역에서 남성들은 자원을 얻기 위해 더 치열하게 경쟁한다. 여기에 상응하는 사망률 증가는 가장 부유한 지역과 가장 빈곤한 지역의 평균 수명 차이가 23년에 이른다는 결과로 이어졌다. 또한 짧은 수명은 양성 모두 더 이른 나이에 번식을 시작하는 현상과 관련이 있었는데, 가장 빈곤한 지역의 여성 1인당 자녀 수가 가장 부유한 지역의 두 배에 이르렀다. 다시 말해서, 이 사회적 환경에서 남성과 여성이 더 이른 시점부터, 더 빈번하게 번식을 하는 것은 최소한 어느 정도는 높은 사망률에 대한 조건발현적 반응이거나, 최소한 앞으로 삶이 나아질 가능성이 낮고 미래가 불확실하다는 인식에 따른 반응일 것이다(Davis & Werre, 2008).

그러나 웨인포스Waynforth와 동료들은 아체족과 마야족(중앙아메리카) 남성들의 경우 "가정에서 겪는 스트레스 및 폭력으로는 최초 번식 연령을 잘 예측할 수 없고, 어떤 심리적 스트레스 지표도 평생 동안의 배우자 수를 예측할 수 없다"는 결론에 도달했다(Waynforth, Hurtado, & Hill, 1998, p.383). 하지만 아버지의 부재는 "성적 관계를 유지하기 위해 시간과 기회비용을 지불하려는 의지"의 감소와 관련이 있었다(Waynforth et al., 1998, p. 383). 비록 여기에서 심리적 영향이 아닌 유전적 영향을 쉽게 볼 수 있지만 말이다. 이 주제에 대해 최종 결론을 내리려면 위험 요인(예를 들어, 미성년 사망률)이 다른 환경에서 유전을 고려한 연구가 진행되어야 할 것이다.

문화적·생태적 상관관계

양육이나 짝짓기에 대한 남성의 편향에 문화와 생태환경이 중요한 영향을 미치는 힘들이 있다. 일부다처에 대한 사회적 제약과 유효성비(OSR), 즉 낭만적인 관계를 원하는 여성과 남성의 비율이 그것이다.

아버지-부재 사회와 아버지-존재 사회　아버지-부재 사회의 특징은 냉담한 부부 관계, 일부다처제, 국지적 침략과 전쟁, 남성의 사회적 과시행동, 이주 빈약하거나 일관성이 없는 아버지의 직접 투자 등이다(Draper & Harpending, 1988). 이런 조건들이 "특히 만연한 곳은 이른바 중범위middle-range 사회, 다시 말해서 농경이 아주 낮은 수준으로 행해지고 있는 사회"(Draper & Harpending, 1988, p.349)와 자원이 풍부한 생태환경이다. 후자의 경우, 여성은 아버지의 직접적인 기여가 크지 않더라도 자녀에게 충분한 보살핌—예를 들어, 소규모의 농경을 통해—을 제공할 수 있다(Draper, 1989). 또한 아버지가 한 명의 아내를 유혹하는 데 필요한 것보다 더 많은 자원을 축적할 수 있을 만큼 풍족한 환경이라면, 그런 곳에서는 일부다처제가 허용되고 남성이 육아 대 짝짓기 중 어느 한쪽에 시간과 부를 투자할 수 있으며, 동시에 그런 사회적 관습이 쉽게 자리 잡을 것이다. 그럴 때 남성은 대부분 짝짓기 노력을 선택한다.

반대로 아버지–존재 사회는 혹독한 생태환경에서 그리고 현대 사회처럼 비교적 규모가 크고 계층화된 사회에서 주로 발견된다(Draper & Harepnding, 1988). 때로는 이런 사회의 특징을 생태적—혹은 사회적—으로 강요된 일부일처제라고 묘사한다(Flinn & Low, 1986). 혹독한 조건에서는 적은 수의 남성들만이 한 명 이상의 아내와 가족을 부양할 만큼 자원을 얻는다. 따라서 남성 대다수의 번식 열망은 생태환경상 일부일처로 제한될 수밖에 없다. 대부분의 현대 사회는 일부일처제가 사회적으로 부과된다. 일부다처제를 금지하는 법률이 공식적으로 존재하는 것이다. 그 결과 남성의 짝짓기 노력은 최소한 어느 정도는 억압되며, 그에 따라 아버지 투자의 기회비용은 감소한다. 이런 문화에서는 남성이 자녀의 안녕을 위해 '지나칠 정도로 많은 부'를 투자하는 것이 성공 가능성이 높은 번식 전략이며, 특히 유아사망률의 변동 폭이 크고 아버지 투자와 반비례하는 경우(예를 들어, 전염병이 유행하는 시기)에는 더욱 그렇다.

유효 성비 유효 성비(OSR)는 짝짓기 대 양육에 대한 남성의 상대적 집중에 큰 영향을 미친다(Guttentag & Secord, 1983; Pollet & Nettle, 2008). 예를 들어 현대 사회에서 개체군의 팽창은 여성의 '과잉 공급'을 초래하는데, 여성은 결혼상대로 자신보다 나이가 조금 많은 남성을 선호하고, 남성은 자신보다 조금 어린 여성을 선호하기 때문이다(Kenrick & Keefe, 1992). 개체군이 팽창하면 더 어린 세대의 여성은 규모가 더 작은 연상의 남성 집단을 놓고 결혼상대를 얻기 위해 경쟁하게 된다. 그래서 발생하는 결혼적령기 남성과 여성의 수적 불균형은 이혼율, 성 풍습, 아버지 투자 수준 등의 변동과 상관관계가 있다(Guttentag & Secord, 1983).

여성이 공급과잉일 때 남성의 짝짓기 기회는 증가하는데, 그런 역사적 시기의 특징으로는 전반적으로 자유로운 성 풍습, 높은 이혼율, 혼외 자녀의 증가, 독신여성 부양 가구의 증가, 여성의 노동 참여 증가, 전반적으로 저조한 아버지 투자 등이 있다(Guttentag & Secord, 1983). 요점은 남성들이 다양한 성적 파트너에 대한 선호와 비교적 낮은 아버지 투자에 대한 선호를 더 잘 발현할 수 있다는 것이다. 반면에 남성이 공급과잉이면 전혀 다른 패턴이 발생한다(Guttentag & Secord, 1983). 이때 여성은 일부일처 관계와 배우자의 높은 투자에 대한 선호를 더 용이하게 밀어붙일 수 있다. 그 결과, 이런 시기에는 전반적으로 이혼율이 감소하고 아버지 투자가 크게 증가하는 등 남성이 혼인 관계에 더 많이 헌신한다.

결론

포유류 번식의 생물학적 특징을 고려할 때, 전 세계에서 어머니가 아버지보다 자녀에게 훨씬 더 많은 도움을 주고, 자녀와 더 적극적으로 관계를 형성하는 것은 놀라운 일이 아니다. 오히려 인간 번식의 가장 놀라운 특징은 많은 아버지들이 직간접적으로 자녀에게 일정 수준 이상을 투자한다는 것이다. 남성의 아버지 육아 수준이 아내 입장에서 늘 만족스러운 것은 아니지만, 그럼에도 대부분의 포유류에게 발견되는 빈약한 아버지 육아에 비하면 상당히 놀라운 수준이다(Clutton-Brock, 1989).

자녀에 대한 남성의 투자 또는 투자의 결여는 다른 종의 조건발현적 아버지 투자에서 발견되는 것과 동일한 비용-이익 맞거래를 반영한다(표 20.1). 아버지 투자의 이익에는 위험성이 높은 맥락에서 유아 및 소아의 사망률을 낮출 수 있고, 향후에 자녀가 필수적인 사회적·물질적 자원을 획득할 경쟁력이 향상된다는 점이 있다(Kaplan et al., 1998). 아버지 투자가 많이 이뤄지는 다른 종들과 마찬가지로, 남성의 육아는 비교적 높은—대략 95%의—부성 확실성 및 짝짓기 기회의 제한과 관련이 있다. 두 가지 요인의 조합은 아버지 투자의 비용을 감소시킨다.

남성 육아의 조건발현은 여러 요인과 상호 관련되어 있으며, 그 요인에는 개인의 유전적 차이, 내분비계 윤곽, 부부관계의 질, 자녀의 형질이 포함된다(Neiderhiser et al., 2007; Storey et al., 2000). 유년기의 경험도 부모−자녀 애착의 성격, 부모의 갈등 수준, 성증발생의 개시 시점을 통해서 짝짓기 노력 대 양육 노력 사이에서 남성을 어느 한쪽으로 편향시킬 수 있다(Belsky et al., 1991; Del Guidice, 2009). 불안정하고 회피적인 부모−자녀 애착과 이른 성증발생은 남자아이 및 성인 남성이 사회적 관계를 착취하도록 편향을 일으킬 수 있다(Del Giudice, 2009). 그 결과 단기적인 성 관계의 빈도가 증가하고 아버지 투자가 미미해진다. 보다 큰 사회 규모와 생태적 요인들, 특히 일부다처제를 금지하는 법률과 유효 성비 역시 자녀의 안녕을 위한 남성의 투자에 영향을 미친다(Draper & Harepending, 1988; Flinn & Low, 1986; Guttentag & Secord, 1983). 앞으로의 연구 목표는 일반적인 차원에서 각 요인들이 차지하는 상대적인 기여도를 밝혀내고, 아버지 투자에 영향을 미치는 부부관계의 질과 유효성비 같은 요인들에 대한 남성의 반응성에 나타나는 개인적 차이들을 더 잘 이해하는 것이다.

참고문헌

Adler, N. E., Boyce, T., Chesney, M. A., Cohen, S., Folkman, S., Kahn, R. L., & Syme, S. L. (1994). Socioeconomic status and health: The challenge of the gradient. *American Psychologist, 49*, 15−24.

Amato, P. R. (1998). More than money? Men's contributions to their children's lives. In A. Booth & A. C. Crouter (Eds.), *Men in families: When do they get involved? What difference does it make?* (pp. 241−278). Mahwah, NJ: Erlbaum.

Amato, P. R., & Keith, B. (1991). Parental divorce and the well-being of children: A meta-analysis. *Psychological Bulletin, 110*, 26−46.

Anderson, K. G. (2006). How well does paternity confidence match actual paternity? Evidence from worldwide nonpaternity rates. *Current Anthropology, 47*, 513−520.

Andersson, M. (1994). *Sexual selection*. Princeton, NJ: Princeton University Press.

Asa, C. S., & Valdespino, C. (1998). Canid reproductive biology: An integration of proximate mechanisms and ultimate causes. *American Zoologist, 38*, 251−259.

Banfield, S., & McCabe, M. P. (2001). Extra relationship involvement among women:

Are they different from men? *Archives of Sexual Behavior, 30,* 119–142.

Beckerman, S., Lizarralde, R., Ballew, C., Schroeder, S., Fingelton, C., Garrison, A., & Smith, H. (1998). The Barí partible paternity project: Preliminary results. *Current Anthropology, 39,* 164–167.

Bellis, M. A., & Baker, R. R. (1990). Do females promote sperm competition? Data for humans. *Animal Behaviour, 40,* 997–999.

Bellis, M. A., Hughes, K., Hughes, S., & Ashton, J. R. (2005). Measuring paternal discrepancy and its public health consequences. *Journal of Epidemiology and Community Health, 59,* 749–754.

Belsky, J., Gilstrap, B., & Rovine, M. (1984). The Pennsylvania infant and family development project, I: Stability and change in mother-infant and father-infant interaction in a family setting at one, three, and nine months. *Child Development, 55,* 692–705.

Belsky, J., Steinberg, L., & Draper, P. (1991). Childhood experience, interpersonal development, and reproductive strategy: An evolutionary theory of socialization. *Child Development, 62,* 647–670.

Berg, S. J., & Wynne-Edwards, K. E. (2001). Changes in testosterone, cortisol, and estradiol in men becoming fathers. *Mayo Clinic Proceedings, 76,* 582–592.

Birkhead, T. R., & Møller, A. P. (1996). Monogamy and sperm competition in birds. In J. M. Black (Ed.), *Partnerships in birds: The study of monogamy* (pp. 323–343). New York, NY: Oxford University Press.

Blurton Jones, N. G., Hawkes, K., & O'Connell, J. F. (1997). Why do Hadza children forage? In N. L. Segal, G. E. Weisfeld, & C. C. Weisfeld (Eds.), *Uniting psychology and biology: Integrative perspectives on human development* (pp. 279–313). Washington, DC: American Psychological Association.

Brändström, A. (1997). Life histories of lone parents and illegitimate children in nineteenth-century Sweden. In C. A. Corsini & P. P. Viazzo (Eds.), *The decline of infant and child mortality* (pp. 173–191). The Hague, The Netherlands: Martinus Nijhoff.

Buss, D. M., & Schmitt, D. P. (1993). Sexual strategies theory: An evolutionary perspective on human mating. *Psychological Review, 100,* 204–232.

Campbell, A. (1995). A few good men: Evolutionary psychology and female adolescent aggression. *Ethology and Sociobiology, 16,* 99–123.

Carson, J., Burks, V., & Parke, R. D. (1993). Parent-child physical play: Determinants and consequences. In K. MacDonald (Ed.), *Parent-child play: Descriptions & implications* (pp. 197–220). Albany: State University of New York Press.

Cerda-Flores, R. M., Barton, S. A., Marty-Gonzalez, L. F., Rivas, F., & Chakraborty, R. (1999). Estimation of nonpaternity in the Mexican population of Nuevo Leon: A validation study with blood group markers. *American Journal of Physical Anthropology, 109*, 281−293.

Cherlin, A. J., Furstenberg, F. F., Jr., Chase-Lansdale, P. L., Kiernan, K. E., Robins, P. K., Morrison, D. R., & Teitler, J. O. (1991). Longitudinal studies of effects of divorce on children in Great Britain and the United States. *Science, 252*, 1386−1389.

Chisholm, J. S. (1993). Death, hope, and sex: Life-history theory and the development of reproductive strategies. *Current Anthropology, 34*, 1−24.

Clark, R. D., & Hatfield, E. (1989). Gender differences in receptivity to sexual offers. *Journal of Psychology & Human Sexuality, 2*, 39−55.

Clutton-Brock, T. H. (1989). Mammalian mating systems. *Proceedings of the Royal Society B: Biological Sciences, 236*, 339−372.

Clutton-Brock, T. H. (1991). *The evolution of parental care*. Princeton, NJ: Princeton University Press.

Clutton-Brock, T. H., & Vincent, A. C. J. (1991). Sexual selection and the potential reproductive rates of males and females. *Nature, 351*, 58−60.

Corter, C. M., & Fleming, A. S. (1995). Psychobiology of maternal behavior in human beings. In M. H. Bornstein (Ed.), *Handbook of parenting: Vol. 2. Biology and ecology of parenting* (pp. 87−116). Mahwah, NJ: Erlbaum.

Darwin, C. (1871). *The descent of man, and selection in relation to sex*. London, England: John Murray.

Davis, J. N., & Daly, M. (1997). Evolutionary theory and the human family. *Quarterly Review of Biology, 72*, 407−435.

Davis, J., & Werre, D. (2008). A longitudinal study of the effects of uncertainty on reproductive behaviors. *Human Nature, 19*, 426−452.

Delahunty, K. M., McKay, D. W., Noseworthy, D. E.,&Storey, A. E. (2007). Prolactin responses to infant cues in men and women: Effects of parental experience and recent infant contact. *Hormones and Behavior, 51*, 213−220.

Del Giudice, M. (2008). Sex-biased ratio of avoidant/ambivalent attachment in middle childhood. *British Journal of Developmental Psychology, 26*, 369−379.

Del Giudice, M. (2009). Sex, attachment, and the development of reproductive strategies. *Behavioral and Brain Sciences, 32*, 1−67.

Del Giudice, M., & Belsky, J. (2010). Sex differences in attachment emerge in middle childhood: An evolutionary hypothesis. *Child Development Perspectives, 4*, 97−105.

D'Onofrio, B. M., Turkheimer, E., Emery, R. E., Slutske, W. S., Heath, A. C., Madden,

P. A., & Martin, N. G. (2006). A genetically informed study of the processes underlying the association between parental marital instability and offspring adjustment. *Developmental Psychology, 42,* 486.

Draper, P. (1989). African marriage systems: Perspectives from evolutionary ecology. *Ethology and Sociobiology, 10,* 145−169.

Draper, P., & Harpending, H. (1982). Father absence and reproductive strategy. *Journal of Anthropological Research, 38,* 255−272.

Draper, P., & Harpending, H. (1988). A sociobiological perspective on the development of human reproductive strategies. In K. B. MacDonald (Ed.), *Sociobiological perspectives on human development* (pp. 340−372). New York, NY: Springer-Verlag.

Dunbar, R. I. M. (1995). The mating system of callitrichid primates: I. Conditions for the coevolution of pair bonding and twinning. *Animal Behaviour, 50,* 1057−1070.

Ellis, B. J., & Essex, M. J. (2007). Family environments, adrenarche, and sexual maturation: A longitudinal test of a life history model. *Child Development, 78,* 1799−1817.

Ellis, B. J., & Symons, D. (1990). Sex differences in sexual fantasy: An evolutionary psychological approach. *Journal of Sex Research, 27,* 527−555.

Ewen, J. G., & Armstrong, D. P. (2000). Male provisioning is negatively correlated with attempted extrapair copulation in the stitchbird (or hihi). *Animal Behaviour, 60,* 429−433.

Feinberg, M., Neiderhiser, J., Howe, G., & Hetherington, E. M. (2001). Adolescent, parent, and observer perceptions of parenting: Genetic and environmental influences on shared and distinct perceptions. *Child Development, 72,* 1266−1284.

Feldman, S. S., Nash, S. C., & Aschenbrenner, B. G. (1983). Antecedents of fathering. *Child Development, 54,* 1628−1636.

Fleming, A. S., Corter, C., Stallings, J., & Steiner, M. (2002). Testosterone and prolactin are associated with emotional responses to infant cries in new fathers. *Hormones and Behavior, 42,* 399−413.

Flinn, M. V. (1992). Paternal care in a Caribbean village. In B. S. Hewlett (Ed.), *Father-child relations: Cultural and biosocial contexts* (pp. 57−84). New York, NY: Aldine de Gruyter.

Flinn, M. V., & England, B. G. (1997). Social economics of childhood glucocorticoid stress response and health. *American Journal of Physical Anthropology, 102,* 33−53.

Flinn, M. V., & Low, B. S. (1986). Resource distribution, social competition, and mating patterns in human societies. In D. I. Rubenstein & R. W. Wrangham (Eds.), *Ecological aspects of social evolution: Birds and mammals* (pp. 217−243). Princeton,

NJ: Princeton University Press.

Flinn, M. V., Quinlan, R. J., Decker, S. A., Turner, M. T., & England, B. G. (1996). Male-female differences in effects of parental absence on glucocorticoid stress response. *Human Nature*, 7, 125−162.

Geary, D. C. (2000). Evolution and proximate expression of human paternal investment. *Psychological Bulletin*, *126*, 55−77.

Geary, D. C. (2010). *Male, female: The evolution of human sex differences* (2nd ed.). Washington, DC: American Psychological Association.

Geary, D. C. Bailey, D. H., & Oxford, J. (2011). Reflections on the human family. In C. Salmon & T. Shackelford (Eds.), *The Oxford handbook of evolutionary family psychology* (pp. 365−385). New York, NY: Oxford University Press.

Geary, D. C., & Flinn, M. V. (2001). Evolution of human parental behavior and the human family. *Parenting: Science and Practice*, *1*, 5−61.

Geary, D. C., Winegard, B., & Winegard, B. (2014). Reflections on the evolution of humansex differences: Social selection and the evolution of competition among women. In V. A. Weekes-Shackelford & T. K. Shackelford (Eds.), *Evolutionary perspectives on human sexual psychology and behavior* (pp. 395−414). New York, NY: Springer.

Graziano, W. G., & Eisenberg, N. (1997). Agreeableness: A dimension of personality. In R. Hogan, J. Johnson, & S. Briggs (Eds.), *Handbook of personality psychology* (pp. 795−824). San Diego, CA: Academic Press.

Gray, P. B., Parkin, J. C., & Samms-Vaughan, M. E. (2007). Hormonal correlates of human paternal interactions: A hospital-based investigation in urban Jamaica. *Hormones and Behavior*, *52*, 499−507.

Gray, P. B., Kahlenberg, S. M., Barrett, E. S., Lipson, S. F., & Ellison, P. T. (2002). Marriage and fatherhood are associated with lower testosterone in males. *Evolution and Human Behavior*, *23*, 193−201.

Guttentag, M., & Secord, P. (1983). *Too many women?* Beverly Hills, CA: Sage.

Hartung, J. (1982). Polygyny and inheritance of wealth. *Current Anthropology*, *23*, 112.

Hewlett, B. S. (1988). Sexual selection and paternal investment among Aka pygmies. In L. Betzig, M. Borgerhoff Mulder, & P. Turke (Eds.), *Human reproductive behaviour: A Darwinian perspective* (pp. 263−276). Cambridge, England: Cambridge University Press.

Hill, K., & Hurtado, A. M. (1996). *Ache life history: The ecology and demography of a foraging people*. New York, NY: Aldine de Gruyter.

Hill, K., & Kaplan, H. (1988). Tradeoffs in male and female reproductive strategies among the Ache: Part 1. In L. Betzig, M. Borgerhoff Mulder, & P. Turke (Eds.), *Human reproductive behaviour: A Darwinian perspective* (pp. 277−289). Cambridge, England: Cambridge University Press.

Hirschenhauser, K., Frigerio, D., Grammer, K., & Magnusson, M. S. (2002). Monthly patterns of testosterone and behavior in prospective fathers. *Hormones and Behavior, 42,* 172−181.

Hrdy, S. B. (2009). *Mothers and others: The evolutionary origins of mutual understanding.* Cambridge, MA: Harvard University Press.

Irons, W. (1979). Cultural and biological success. In N. A. Chagnon & W. Irons (Eds.), *Natural selection and social behavior* (pp. 257−272). North Scituate, MA: Duxbury Press.

Kaplan, H. S., Lancaster, J. B., & Anderson, K. G. (1998). Human parental investment and fertility: The life histories of men in Albuquerque. In A. Booth & A. C. Crouter (Eds.), *Men in families: When do they get involved? What difference does it make?* (pp. 55−109). Mahwah, NJ: Erlbaum.

Kaplan, H. S., Lancaster, J. B., Bock, J. A., & Johnson, S. E. (1995). Does observed fertility maximize fitness among New Mexican men? A test of an optimality model and a new theory of parental investment in the embodied capital of offspring. *Human Nature, 6,* 325−360.

Kendler,K. S. (1996). Parenting: Agenetic-epidemiologic perspective. *American Journal ofPsychiatry, 153,* 11−20.

Kenrick, D. T., & Keefe, R. C. (1992). Age preferences in mates reflect sex differences in human reproductive strategies. *Behavioral and Brain Sciences, 15,* 75−133.

Klindworth, H., & Voland, E. (1995). How did the Krummhörn elite males achieve above-average reproductive success? *Human Nature, 6,* 221−240.

Kok, J., van Poppel, F., & Kruse, E. (1997). Mortality among illegitimate children in mid-nineteenth-century the Hague. In C. A. Corsini & P. P. Viazzo (Eds.), *The decline of infant and child mortality* (pp. 193−211). The Hague, The Netherlands: Martinus Nijhoff.

Krebs, J. R., & Davies, N. B. (1993). *An introduction to behavioural ecology* (third edition). Oxford, England: Blackwell Science.

Lamb, M. E., & Elster, A. B. (1985). Adolescent mother-infant-father relationships. *Developmental Psychology, 21,* 768−773.

Lamb, M. E., Pleck, J. H., & Levine, J. A. (1986). Effects of paternal involvement on fathers and mothers. *Marriage & Family Review, 9,* 67−83.

Lindsay, E. W., Colwell, M. J., Frabutt, J. M., & MacKinnon-Lewis, C. (2006). Family conflict in divorced and non-divorced families: Potential consequences for boys' friendship status and friendship quality. *Journal of Social and Personal Relationships, 23*, 45-63.

MacDonald, K. (1992). Warmth as a developmental construct: An evolutionary analysis. *Child Development, 63*, 753-773.

Mazur, A., & Michalek, J. (1998). Marriage, divorce, and male testosterone. *Social Forces, 77*, 315-330.

McIntyre, M., Gangestad, S. W., Gray, P. B., Chapman, J. F., Burnham, T. C., O'Rourke, M. T., & Thornhill, R. (2006). Romantic involvement often reduces men's testosterone levels-But not always: The moderating role of extrapair sexual interest. *Journal of Personality and Social Psychology, 91*, 642-651.

Møller, A. P., & Tegelström, H. (1997). Extra-pair paternity and tail ornamentation in the barn swallow *Hirundo rustica*. *Behavioral Ecology and Sociobiology, 41*, 353-360.

Morrison, A. S., Kirshner, J., & Molho, A. (1977). Life cycle events in 15th century Florence: Records of the *Monte delle doti*. *American Journal of Epidemiology, 106*, 487-492.

Neiderhiser, J. M., Reiss, D., Lichtenstein, P., Spotts, E. L., & Ganiban, J. (2007). Father-adolescent relationships and the role of genotype-environment correlation. *Journal of Family Psychology, 21*, 560-571.

Nettle, D. (2008). Who do some dads get more involved that others? Evidence from a large British cohort. *Evolution and Human Behavior, 29*, 416-423.

O'Connell, J. F., Hawkes, K., & Blurton Jones, N. G. (1999). Grandmothering and the evolution of Homo erectus. *Journal of Human Evolution, 36*, 461-485.

Parke, R. D. (1995). Fathers and families. In M. H. Bornstein (Ed.), *Handbook of parenting: Vol. 3. Status and social conditions of parenting* (pp. 27-63). Mahwah, NJ: Erlbaum.

Parke, R. D., & Buriel, R. (1998). Socialization in the family: Ethnic and ecological perspectives. In W. Damon (Series Ed.) & N. Eisenberg (Vol. Ed.), *Handbook of child psychology: Vol. 3. Social, emotional, and personality development* (pp. 463-552). New York, NY: Wiley.

Perrone, M., Jr., & Zaret, T. M. (1979). Parental care patterns of fishes. *American Naturalist, 113*, 351-361.

Pérusse, D., Neale, M. C., Heath, A. C., & Eaves, L. J. (1994). Human parental behavior: Evidence for genetic influence and potential implication for gene-culture transmission. *Behavior Genetics, 24*, 327-335.

Pleck, J. H. (1997). Paternal involvement: Levels, sources, and consequences. In M. E.

Lamb (Ed.), *The role of the father in child development* (3rd ed., pp. 66–103). New York, NY: Wiley.

Pollet, T. V., & Nettle, D. (2008). Driving a hard bargain: Sex ratio and male marriage success in a historical US population. *Biology Letters*, *4*, 31–33.

Potthoff, R. F., & Whittinghill, M. (1965). Maximum-likelihood estimation of the proportion of nonpaternity. *American Journal of Human Genetics*, *17*, 480–494.

Reed, W. L., Clark, M. E., Parker, P. G., Raouf, S. A., Arguedas, N., Monk, D. S., . . . Ketterson, E. D. (2006). Physiological effects on demography: A long-term experimental study of testosterone's effects on fitness. *American Naturalist*, *167*, 667–683.

Reid, I. (1998). *Class in Britain*. Cambridge, England: Polity Press.

Reynolds, J. D., & Székely, T. (1997). The evolution of parental care in shorebirds: Life histories, ecology, and sexual selection. *Behavioral Ecology*, *8*, 126–134.

Rowe, D. C. (1994). *The limits of family influence: Genes, experience, and behavior*. New York, NY: Guilford Press.

Sapolsky, R. M. (2005). The influence of social hierarchy on primate health. *Science*, *308*, 648–652.

Sasse, G., Muller, H., Chakraborty, R., & Ott, J. (1994). Estimating the frequency of nonpaternity in Switzerland. *Human Heredity*, *44*, 337–343.

Scarr, S., & McCartney, K. (1983). How people make their own environments: A theory of genotype→environment effects. *Child Development*, *54*, 424–435.

Scelza, B. A. (2010). Fathers' presence speeds the social and reproductive careers of sons. *Current Anthropology*, *51*, 295–303.

Schultz, H. (1991). Social differences in mortality in the eighteenth century: An analysis of Berlin church registers. *International Review of Social History*, *36*, 232–248.

Sear, R., & Mace, R. (2008). Who keeps children alive? A review of the effects of kin on child survival. *Evolution and Human Behavior*, *29*, 1–18.

Sear, R., Steele, F., McGregor, I. A., & Mace, R. (2002). The effects of kin on child mortality in rural Gambia. *Demography*, *39*, 43–63.

Sheeber, L. B., Davis, B., Leve, C., Hops, H., & Tildesley, E. (2007). Adolescents' relationships with their mothers and fathers: Associations with depressive disorder and subdiagnostic symptomatology. *Journal of Abnormal Psychology*, *116*, 144–154.

Smith, E. A. (2004). Why do good hunters have higher reproductive success? *Human Nature*, *15*, 343–364.

Spotts, E. L., Lichtenstein, P., Pedersen, N., Neiderhiser, J. M., Hansson, K., Cederblad, M., & Reiss, D. (2005). Personality and marital satisfaction: A behavioural genetic analysis. *European Journal of Personality, 19,* 205−227.

Storey, A. E., Walsh, C. J., Quinton, R. L., & Wynne-Edwards, K. E. (2000). Hormonal correlates of paternal responsiveness in new and expectant fathers. *Evolution and Human Behavior, 21,* 79−95.

Symons, D. (1979). *The evolution of human sexuality.* New York, NY: Oxford University Press.

Thornhill, R. (1976). Sexual selection and paternal investment in insects. *American Naturalist, 110,* 153−163.

Trivers, R. L. (1972). Parental investment and sexual selection. In B. Campbell (Ed.), *Sexual selection and the descent of man 1871–1971* (pp. 136−179). Chicago, IL: Aldine.

Trivers, R. L. (1974). Parent-offspring conflict. *American Zoologist, 14,* 249−264.

Troxel, W. M., & Matthews, K. A. (2004). What are the costs of marital conflict and dissolution to children's physical health? *Clinical Child and Family Psychology Review, 7,* 29−57.

United Nations. (1985). *Socio-economic differentials in child mortality in developing countries.* New York, NY: Author.

Waynforth, D., Hurtado, A. M., & Hill, K. (1998). Environmentally contingent reproductive strategies in Mayan and Ache males. *Evolution and Human Behavior, 19,* 369−385.

Westneat, D. F., & Sherman, P. W. (1993). Parentage and the evolution of parental behavior. *Behavioral Ecology, 4,* 66−77.

Wiessner, P. (2002). Hunting, healing, and *hxaro* exchange: A long-term perspective on !Kung (Ju/'hoansi) large-game hunting. *Evolution and Human Behavior, 23,* 407−436.

Williams, G. C. (1966). *Adaptation and natural selection: A critique of some current evolutionary thought.* Princeton, NJ: Princeton University Press.

Wilson, M., & Daly, M. (1997). Life expectancy, economic inequality, homicide, and reproductive timing in Chicago neighbourhoods. *British Medical Journal, 314,* 1271−1274.

Winking, J., Gurven, M., & Kaplan, H. (2011). Father death and adult success among the Tsimane: Implications for marriage and divorce. *Evolution and Human Behavior, 32,* 79−89.

Wolf, L., Ketterson, E. D., & Nolan, V. Jr. (1988). Paternal influence on growth and survival of dark-eyed junco young: Do parental males benefit? *Animal Behaviour, 36,* 1601−1618.

21장

부모 투자와 부모-자식 갈등

캐서린 새먼

많은 종이 자식 돌보기을 하지 않는다(Alcock, 2001). 한 가지 이유는 자식 돌보기에 많은 비용이 들기 때문이다. 자식에게 투자할 때 부모는 넓은 영역을 지키거나, 다른 짝을 찾거나, 새로운 자식을 얻는 등으로 자신을 위해 쓸 수 있는 자원을 자식에게 퍼붓는다. 자식의 생존을 지키기 위해 목숨을 거는 부모도 있다. 그래서 자식 돌보기을 고려할 때, 부모에게 돌아오는 번식상의 이익은 아주 커서 분명 자녀의 생존에 필요한 물리적 수단의 비용뿐 아니라 전 생애에 걸쳐 성공의 기술을 발달시키는 비용마저 초과했을 것이다.

부모의 관점에서, 각 개체의 전체적인 번식 노력은 짝짓기 노력(구애 등)과, 부모노력 또는 부모 투자의 조합이다. 트리버스(1972)는 부모 투자를 다음과 같이 정의했다. 부모가 개별 자식의 생존 가능성(그리고 그 결과, 번식의 잠재력)을 높이기 위해 다른 자식(현재의 자식이나 미래의 자식)에게 투자할 능력을 희생시키는 모든 종류의 투자. 많은 생물종에서 부모 투자에는 식량 공급과 포식자로부터의 보호 같은 노력들이 포함된다. 인간의 부모 투자에는 식량과 주거지의 제공에서부터, 교육, 음악 레슨, 축구나 하키 연습장에 데려다 주기, 치아 교정에 이르기까지 훨씬 많은 노력이 포함된다. 일반적으로 자식의 적합도는 자식에게 주어지는 부모 투자의 양에 비례한다. 이렇게 가정할 수 있다. 자식 돌보기을 하는 종들은 생존을 위해 일정 수준의 투자가 필요하기 때문에 부모 투자 수준이 극히 낮다면 자식을 잃게 되겠지만, 자식들이 일정량 이상의 투자를 모두 십분 활용할 수 있는 것은 아니기 때문에 부모 투자는 그 수준이 아주 높아지면 결국 보상이 감소하는 지점에 이르게 된다.

해밀턴의 법칙(1964)이 부모와 자식이 부모 투자를 두고 어떻게 행동하는지를 비춰줄 수 있다. 해밀턴은 포괄적합도 개념을 전개하면서, 우리가 어떤 형질이나 행동의 적합도를 평가할 때에는 그것이 해당 개체의 번식에 기여하는지와, 그것이 친족의 번식 전망에 영향을 미치는지를 고려해야 한다고 지적했다. 어떤 행동이 확산되리라 예상할 수 있는 조건들을 종합하는 부등식은 $c < rb$로, c는 행위자에게 돌아가는 적합도 비용(식량 공급 등), b는 수혜자에게 돌아가는 적합도 이익(음식을 먹게 됨), r은 행위자와 수혜자의 근연도(부모-자식은 0.5, 부모가 같은 형제자매는 0.5, 반(半) 형제자매는 0.25 등)에 해당한다. 분명 부모의 투자는 자식에게 이익을 안겨주고, 그렇게 해서 부모의 포괄적합도를 높인다. 부모 투자의 비용이 자식의 이익과 근연도를 곱한 값, rb를 넘어서지 않는 한, 부모 투자는 지속된다.

그와 유사하게, 동등한 형제자매 A와 B가 있을 때 해밀턴의 법칙(1964)에 따르면 A는 자신의 한계이득이 자신이 차지하고 남은 자원을 얻는 B의 1/2 수준으로 떨어지기 전까지는 계속해서 자원을 취하게 된다(Parker, Mock, & Lamey, 1989). 반형제자매의 경우, 한계이득은 1/4 수준으로 떨어진다.

여기에서 열쇠는 근연도다. 어떤 아이가 자기 자신과 동일한 유전자를 공유할 확률은 1.0이지만, 형제자매와 동일한 유전자를 공유할 확률은 0.5에 불과하다. 따라서 그는 자신에게 돌아올 자원의 가치가 형제자매에게 자원을 줄 때의 가치를 근연도와 곱한 값 이하로 떨어지지 않는 한, 계속해서 자원을 얻기 위해 노력할 거라(혹은, 예를 들어 보살핌 같은 자원의 경우라면 이를 독점하려 할 거라) 예상할 수 있다. 반면에 부모는 모든 자식에 대해서 근연도(0.5)가 같다. 따라서 부모는 어느 한 자녀가 다른 자녀들보다 동일한 자원으로 더 큰 이익을 끌어내지 않는 한 자원을 공평하게 분배하려 할 것이다. 자식은 우리의 유전자를 다음 세대에 전달하는 통로지만, 모든 자식이 적합도가 똑같이 뛰어난 매개는 아니다. 어떤 자식은 생존에 더 적합하거나 짝짓기 가능성이 더 높을 것이다. 특정한 형태의 자식 돌보기으로부터 어떤 자식은 다른 자식보다(어쩌면 십대보다는 유아가) 더 큰 이익을 얻을 것이다. 그 결과 선택은,

부모 투자에 더 많은 번식으로 보상을 해줄 자식을 편애함으로써 부모의 적합도를 증가시키는 양육 기제를 선호한다(Daly & Wilson, 1995). 하지만 부모의 비용, 근연도, 이익에는 다양한 요인―주어진 부모 투자의 양에 영향을 미치는 요인들―이 작용한다. 그로 인해 발생하는 부모-자식 갈등은 뒤에서 논의할 것이다.

부모 투자의 양에 영향을 미치는 요인들

부모 투자의 양에 영향을 미치는 요인으로는 부모의 비용, 부모의 이익, 비용과 이익에 영향을 미치는 상황들, 자식과의 근연도수와 확률이 있다.

부모의 비용에 영향을 미치는 요인들

부모의 연령은 어머니 투자에 영향을 미치는 한 요인이다. 연령에 비례해 사망 확률이 체계적으로 증가하는 종들에서 부모는 나이가 많은 자식에게 더 많이 투자한다. 그리고 어떤 데이터에 의하면, 나이가 많은 부모가 나이가 어린 부모보다 더 많이 투자한다(Salmon & Daly, 1998; Voland & Gabler, 1994). 특히 폐경으로 번식에 큰 제약이 발생한 나이 많은 어머니들이 그렇다. 인간의 경우에 어머니의 연령은 (어머니의) 유아 살해 가능성의 주요인이다(Daly & Wilson, 1988). 미래에 번식 기회가 많은 젊은 여성들은 자녀를 성공적으로 키울 여건이 안 될 경우 현재의 자녀를 희생시키기가 더 쉬울 것이다. 반면에 나이가 많고 번식기의 끝자락에 다다라 이미 투자 기회를 놓쳐버린 여성은 다시는 그런 기회가 없을 것이다. 미래의 번식 가능성이 감소하면 출산의 연기에 따른 비용은 더욱 커진다. 선택은 젊은 여성보다는 나이 많은 여성이 투자를 연기하기보다는 즉시, 많은 투자를 하게 할 것이다. 다양한 문화에서 어머니의 유아 살해율은 어머니의 연령 증가에 따라 극적으로 감소하는데, 이는 현재의 자식과 미래의 자식 가운데 어머니의 마음이 어디로 향하는지, 그 시간적 변화를 반영한다(Daly & Wilson, 1995; Lee & George, 1999; Overpeck, Brenner, Trumble, Trifiletti, & Berendes, 1998).

자식의 수 또한 때에 상관없이 부모 투자에 영향을 미친다고 예상할 수 있다. 부모 투자는 제한된 자원(식량, 시간, 돈)을 자식들에게 분배하는 일이기 때문에, 포식자로부터의 보호처럼 가능한 예외를 제외하면 부모의 자원은 어린(꼭 같은 연령일 필요는 없지만) 자식들이 많을수록 공급이 부족할 것이다(Daly & Wilson, 1995). 자녀의 수가 많다는 것은 각 자녀에게 돌아갈 자원이 적다는 뜻이다.

부모의 자원 상황 역시 부모 투자의 양에 영향을 미친다고 예측할 수 있다. 분명 자원의 공급이 부족하거나 획득이 어려운 상황이라면, 어떤 투자가 됐든 부모 입장에서는 자원이 풍부할 때보다 더 큰 비용을 치러야 한다. 데이비스와 동료들(Davis & Todd, 1999; Davis, Todd, & Bullock, 1999)은 웨스턴블루버드(파랑지빠귀)가 보여주는 부모 투자의 다양한 결정 규칙을 바탕으로 성공 모델을 만들고, 각 규칙의 성공이 부모가 활용할 수 있는 자원의 양에 좌우된다는 결과를 얻었다. 자원이 적을수록 부모는 더 편향적으로 자원을 분배한다. 자원의 양이 극히 적다면 부모는 한 새끼에게만 집중해서 투자하고 다른 새끼들은 외면한다. 자원이 풍부할수록 부모들은 더 평등하게 자원을 분배하려 한다. 아주 일반적인 차원에서, 부모 투자의 불균등 정도는 부모가 얻을 수 있는 자원의 양과 함수관계에 있다고 주장할 수 있다.

짝짓기 기회 역시 부모 투자에 따른 비용에 영향을 미친다고 예상할 수 있다. 짝짓기 기회비용은 자식 돌보기에 노력을 투입하느라 놓쳐버린 짝짓기 기회들이다. 수컷과 암컷 모두 짝짓기 기회를 놓치는 데 따른 비용을 치르지만, 비용의 크기는 수컷이 더 크다. 수컷의 번식 성공은 대체로 얼마나 많은 암컷에게 접근하는에 달려 있지만, 암컷의 번식 성공은 다양한 수컷에게 성적으로 접근한다고 높아지는 것은 아니기 때문이다. 결과적으로, 우리는 암컷보다 수컷이 자식 돌보기를 더 적게 참여하리라 예상하며, 연구들도 짝짓기 기회가 많을수록 수컷이 더 적게 투자한다고 말해준다(Magrath & Komdeur, 2003).

부모의 이익에 영향을 미치는 요인들

자녀의 연령은 부모의 투자 이익에 상당한 영향을 미친다. 여러 측면에서 나이가 많은 미성년 자녀에게 투자하는 것이 더 큰 보상을 가져오리라 예측할 수 있다. 자식이 부모의 적합도에 기여하는 정도는 주로 그 자식의 번식 가치(예상되는 미래의 번식)에 달려 있는데, 이 가치의 양은 적어도 사춘기에 이를 때까지 연령에 비례해 증가하므로, 부모가 보기에는 나이가 많은 미성년 자녀가 어린 자녀보다 소중할 것이다. 이러한 증가가 발생하는 것은 무엇보다 비기술 사회에서는 소아 중 몇 퍼센트가 사망하기 때문이다(Volk & Atkinson, 2013). 이렇게 유아 중 일부는 십대가 될 때까지 살아남지 못하기 때문에, 평균적인 14세 아이는 평균적인 유아보다 번식 가치가 높다. 그러나 나이 많은 자식에게 부모 투자를 활용하는 능력이 생겼다면 부모 투자(특히 몇몇 유형의 투자)는 그만큼 무가치해진다. 특히, 다량의 부모 투자는 종종 어린 자식의 생존과 미래에 직결된다. 어린 자식에게 다량의 부모 투자는 대단히 중요할 수 있다.

부모들은 자녀의 곤경 및 능력의 변화에 확실하게 반응한다. 하지만 다른 자녀들을 살리기 위해 한 자녀가 희생해야 하는 경우라면, 여러 문화에서 보편적으로 가장 어린 자녀가 희생될 공산이 크다(Daly & Wilson, 1984). 또한 캐나다의 살인 사건에 대한 자료는 나이가 많은 자녀일수록 더 높은 가치가 매겨진다는 것을 시사한다. 데일리와 윌슨(1988)은 생물학적 부모가 자녀를 살해할 위험성을 아동의 연령과 연관지어 살펴봤는데, 유아의 위험성이 다른 연령대의 아이들보다 훨씬 큰 것으로 나타났다. 위험성은 생후 1년이 지나면서 극적으로 떨어지기 시작해서 17세에 이르면 0이 된다. 그리고 유아가 살해하기 쉬워서 그런 것만은 아니다. 비혈연이 아동을 살해할 위험성은 다른 패턴을 보이는데, 1세 아이들이 유아보다 크고 10대의 피살 가능성이 가장 높다.

자녀에게 기대되는 미래의 전망 역시 부모 투자의 이익에 영향을 준다고 예상할 수 있다. 즉, 미래의 생존과 번식의 성공이 부모의 이익에 영향을 미치는 것이다. 만일 부모가 투자를 통해 적합도 보상을 받을 공산이 없으면, 자연선택은 그런 자식에게 투자하는 기제를 선호하지 않는다. 연령과 마찬가지로 자식에게 기대되는 미래의 전망도 부모 투자를 적합도로 전환하는 능력과 관련이 있다. 따라서 자식 돌보기의 심리적 기제는 자식의 '질', 즉 양육 행위를 미래의 번식 성공으로 전환시키는 그 능력을 나타내는 신호에 민감하도록 진화했을 것이다. 예를 들어, 다른 요소가 모두 동일할 때 어떤 종류든 장애가 있는 자녀는 건강한 자녀보다 미래에 성공적으로 번식할 가능성이 낮다. 인간의 경우, 유아의 질적 열등함은 부모 투자에 확실히 영향을 미친다. 심각한 신체적 기형을 안고 태어난 자식은 유아 살해의 피해자가 될 가능성이 높고, 시설을 통해 장애인을 돌볼 수 없는 전통사회에서는 더욱 그럴 것이다(Daly & Wilson, 1984, 1988). 선택은 다른 형태의 투자에 비해 가장 큰 보상을 얻을 수 있는 곳에 투자하는 적응을 선호한다. 그에 따라 형제자매에 대한 차별적인 투자가 이뤄질 수도 있고, 부모가 다른 친족이나 (일부 이혼한 남성들이 그러하듯) 짝짓기 노력으로 투자를 전환할 수도 있다.

현대 사회를 다룬 인구학 연구들은 어머니의 조건/자원이 출생 성비에 미치는 영향에 관심을 기울여 왔다(Almond & Edlund, 2007; Gibson & Mace, 2003). 트리버스와 윌라드(1973)는 어느 한 성이 다른 성보다 일생 동안 번식 성공의 분산이 더 크고 부모들(특히 어머니들)의 신체적 조건이나 자원 접근성이 다를 때, 자녀 성별의 선호 차이가 진화할 수 있다고 주장했다. 또 어떤 연구들은 어머니의 조건이 유아사망률의 성별 편향을 예측할 수 있다고 증명했다(Almond & Edlund, 2007; Voland, Dunbar, Engel, & Stephan, 1997). 그러나 효과의 강도는 낮은 편이었으며, 다른 많은 연구들은 트리버스-윌라드 효과를 발견하는 데 실패했다(예를 들어 Beaulieu & Bugental, 2008; Guggenheim, Davis, & Figueredo, 2007). 크롱크Cronk(2007)는 산업화된 대규모 사회에서 트리버스-윌라드 가설을 검증할 때 이론적, 방법론적 어려움이 발생한다고 강조했다. 트리버스-윌라드 효과의 가장 강력한 증거는 소규모 사회를 다룬 연구들에서 나온다.

디커만Dickermann(1979)은 유아 살해와 관련하여 역사적 자료와 인도의 카스트 제도를 검토한 결과, 20세기 이전의 인도에서 최상위 카스트의 여아살해가 지극히 흔한 일이었음을 밝혀냈다. 딸은 결혼의 선택지가 거의 없었다(자신이 속한 서브 카스트의 남성하고만 결혼할 수 있었다). 상위 카스트의 가족들 사이에서 조부모들은 손주를 고려해서 남성(자신보다 낮은 서브 카스트의 여성과 결혼할 수 있었다)에게 더 많이 투자하고, 부모 투자 역시 남성에게 심하게 편중되어 있었다(Gupta, 1987). 반면에 남성이 낮은 계급의 상대와 결혼하는 경향이 있다는 것은 하위 카스트에겐 딸이 아들보다 더 나은 번식 결과를 가져온다는 뜻으로, 하위 카스트의 부모들은 딸에게 편향된 투자를 했다(낮은 여아살해율). 미국(Gaulin & Robbins, 1991)과 케냐(Cronk, 1989)에서 진행한 연구는 저소득 가정의 여아가 남아보다 더 많은 보살핌을 받는다는 사실을 발견했다. 헝가리의 집시 인구 역시 여성에게 편향된 성비를 보인다(Bereczkei

& Dunbar, 1997, 2002). 집시 역시 인도의 하위 카스트와 마찬가지로 헝가리에서 가장 낮은 사회 계층에 속해 있어서, 여성이 남성보다 더 높은 계급의 상대와 결혼할 가능성이 높으며 이를 통해 딸들은 부모에게 보다 생존력이 뛰어난 손주들을 제공한다. 상위 계급 남성과 결혼한 집시 여성의 아기들은 같은 계급의 남성과 결혼한 여성의 아기들보다 출생 시 체중이 높고, 사망률과 선천적 장애 비율은 더 낮다. 베레츠키Bereczkei와 던바(1997)는 집시 여성은 헝가리 토착민에 비해 아들보다 첫째 딸에게 더 오랫동안 젖을 물리고, 아들을 출산한 뒤보다 딸을 출산한 뒤에 임신중절을 할 가능성이 높으며, 딸을 더 오랫동안 학교에 보낸다는 결과를 얻었다.

아들을 선호하는 투자 사례도 존재한다. 자원의 소유가 남성의 번식 성공을 크게 좌우하는 사회에서는 부유층이 아들을 선호하는 현상을 볼 수 있다. 18세기 북부 독일의 마을들(Voland, 1998)이 그렇고, 브리티시컬럼비아주에서 수집한 캐나다인들의 공증된 유언 기록(Smith, Kish, & Crawford, 1987)에서도 이를 확인할 수 있다. 부모에게 돌아오는 보상에 관해서는, 《포브스Forbes》의 억만장자 목록을 조사한 카메론과 데일럼Cameron and Dalerum's(2009)의 트리버스-윌라드 효과 연구를 통해 경제적으로 최상위 계층에 속한 사람들은 딸보다 아들로부터 더 많은 손주를 얻으며, 최상위 사회경제 계층의 어머니들은 아들을 더 많이 출산한다는 사실을 알 수 있다.

자식의 곤경도 관련성이 있다. 자식의 전망, 즉 어머니 투자를 미래의 번식 성공도로 전환하는 자식의 능력은 늘 어머니 양육을 어림할 수 있는 강력한 예측 인자로 여겨졌지만, 고위험군 자식들도 어머니가 가진 자원의 양에 따라 저위험군 자식과 비슷한 투자를 받을 수도 있다는 주장이 있다(Beaulieu & Bugental, 2009). 볼리외Beaulieu와 동료들은 여러 연구를 통해 이를 검증했다(Beaulieu & Bugental, 2008; Bugental, Beaulieu, & Silbert-Geiger, 2010). 조산으로 태어난 유아와 소아 그리고 자원 가용성이 낮은 여성과 높은 여성을 표본으로 한 이들의 연구 결과를 통해, 우리는 자원이 적은 어머니들은 저위험군 자녀에게 더 많이 투자하는 반면, 자원이 많은 어머니들은 (다른 아이들을 돌볼 자원도 충분하기 때문에) 고위험군 아이에게 더 많이 투자한다는 것을 알 수 있다.

근연도에 영향을 미치는 요인들

부성 불확실성은 암컷이 수컷보다 자식 돌보기에 더 많이 투자하게 하는 주요인 중 하나다. 유전적 관점에서 수컷 개체는 자식이 친자임을 확신할 수 있을 때에만 투자를 해야 한다. (체내에서 수정하고 임신하는) 포유류 암컷은 새끼가 자신의 친자라는 사실을 늘 확신할 수 있다. 하지만 그렇게 확신할 수 없는 수컷은 자신이 친부임을 드러내는 신호들에 적절히 대응해야 하며 그런 신호가 존재할 때에만 투자를 하는 경향이 있다.

다양한 연구 결과는 부성 불확실성이 인간의 아버지 투자에 영향을 미친다고 말한다. 많은 신체적 형질들의 유전 가능성이 비교적 높다는 점을 감안할 때, 자녀가 추정상의 아버지와 닮을수록 아버지의 확신은 더 강해진다. 그 결과, 아버지의 애착과 투자는 비슷한 외모를 알아보는 아버지의 지각에서 영향을 받는다고 예상할 수 있다. 아버지-자녀의 유사성 지각이 일반적으로 자녀와 함께 보내는 시간이나 교육 참여 수준을 통해 측정하는 아버지의 감정적 근접감 및 더 높은 수준의 아버지 투자와 관련되어 있다는 것은 여러 연구를 통해 입증되었다(Alvergne, Faurie, & Raymond, 2010; Apicella & Marlowe, 2004, 2007; Li & Chang, 2007).

데이터 또한 사람들이 자녀-어머니의 유사성보다 자녀-아버지의 유사성에 더 많이 주목한다고 말해준다. 부모와 유아의 유사성은 실제로 아주 미미하고, 닮았다 해도 어머니-자녀의 유사성이 조금 더 큰데도 말이다(Alvergne, Faurie, & Raymond, 2007; Bressan & Grassi, 2004). 부성 혼동이 자식에게 이익이 된다면(생물학적 아버지가 아니라 사회적 아버지와 살 수도 있기 때문에) 어머니와의 유사성이 더 높은 것도 이해가 된다. 하지만 여러 증거에 따르면 어머니를 비롯한 모계 친척들은 신생아와 아버지의 유사성을 강조하는 경향이 더 강하다. 이 강조에 대한 가장 일반적인 해석은 아버지의 친부-유사성 지각을 조작하여 아버지의 애착과 투자를 증진하기 위해서라는 것이다(Bressan, 2002; Daly & Wilson, 1982; McLain, Setters, Moulton, & Pratt, 2000; Regalski & Gaulin, 1993). 아버지 투자에 관한 자세한 논의는, 기어리(이 책, 20장)를 보라.

의붓자식 돌보기 역시 근연도에 명백하게 영향을 미친다. 의붓부모는 어떤 의붓자녀와도 생물학적 관련이 없다는 점에서다. 부모가 모두 양육에 참여하는 종은 부모 중 한쪽이 사망하거나 사라지고 새로운 짝이 그 자리를 대신하면, 기존의 자식에게는 의붓부모가 생기게 된다. 부성 불확실성의 경우와 마찬가지로, 아버지 투자의 분배기제가 자식이 생물학적 자녀인지의 여부에 민감하게 반응해서 의붓자녀에게 갈 자원을 생물학적 자녀에게 돌릴 거라 예상할 수 있다.

부모의 차별적인 배려를 다룬 데일리와 윌슨(1984, 1988, 2001)의 연구는 인간에게 나타나는 의붓자식 돌보기의 동역학에 초점을 맞추고 있다. 자식 돌보기의 한 극단은 자기희생의 연장, 다른 한 극단은 아동학대 및 살해 등 자녀에게 비용을 전가하는 행위로 볼 수 있다. 데일리와 윌슨은 온타리오 주 해밀턴의 아동학대를 연구해서, 유전적 부모와 의붓부모 밑에서 자란 아이들은 양쪽 모두가 유전적 부모인 아이들보다 신체적 학대를 당할 가능성이 40배 높다고 밝혔다. 이는 (저소득 가정의 높은 아동학대 비율을 통제하기 위해) 빈곤의 수준과 사회경제적 지위를 통제한 상황에서도 마찬가지였다.

부모의 유아 살해 데이터도 같은 이야기를 전한다. 자녀살해의 비율은 의붓부모가 유전자적 부모보다 훨씬 높다. 아주 어린 아이들, 특히 2세 미만 아이들이 위험성이 가장 높다. 데일리와 윌슨(1988)은 미취학 아동이 피살될 위험성은 의붓자녀가 유전적 부모와 사는 아이들보다 40배에서 100배 높다는 결과를 얻었다.

살인만큼 극단적이지 않은 예로, 투자량이 있다. 의붓아버지는 의붓자녀에게 금전적 자원을 더 적게 투자한다. 앤더슨Anderson, 카플란, 랭커스터(1999)는 뉴멕시코주 앨버커키에 거주하는 남성들을 연구해서, 유전적 자녀가 의붓자녀보다 더 많은 대학 학비를 받을 가능성이 5.5배라고 보고했다. 유전적 자녀들은 의붓자식보다 평균 15,500달러 많은 학비를 받았고, 대학 생활 동안에 생활비를 65% 더 많이 받았다. 또한 의붓부모의 투자가 있을 때에도 부모의 노력이라기보다는 남성 측의 (새 배우자에게 더 매력적으로 보이려는) 짝짓기 노력이 반영된 결과라는 주장이 있다 (Anderson et al., 1999; Hofferth & Anderson, 2003; Rohwer et al., 1999).

입양은 근연도를 변화시키는 또 다른 요인이다. 이때 혈연 입양 대 비혈연 개체 입양을 구분할 필요가 있다. 직접 출산한 자식의 경우 근연도는 0.5다. 다른 친족(조카, 사촌의 자식 등)을 입양한다면 근연도는 낮아지겠지만, 그래도 유전적으로 공통된 이해관계가 존재한다. 이런 상황에서는 자신의 생물학적 자녀보다 낮은 수준의 부모 투자가 이뤄질 것이다. 이 관점에서 볼 때 입양된 자녀들은 유전적으로 아무런 연관이 없으므로 부모 투자가 아주 적거나 전혀 없을 거라 예상할 수 있다. 의붓자녀의 경우 부모 중 적어도 한 명은 생물학적 부모지만, 입양이라면 두 부모 모두 생물학적 부모가 아니다.

그런데 인간 진화사 중 대부분의 기간 동안 비혈연 개체의 입양이 어떤 빈도로든 이뤄졌다는 증거는 거의 없다. 인간과 마찬가지로 가까운 친족과 함께 거주하는 비인간 영장류는 어린 고아를 입양하지 않는 경향이 있다(Silk, 1990). 인간 입양의 역사적 자취들 가운데 대다수, 그리고 전통 사회에서의 입양은 유전적으로 연관이 있는 개인을 입양하는 경우였다. 직접 자녀를 낳을 수 없는 개인들은 형제자매의 여분의 자녀(r=0.25)를 입양하는 경우가 많았다(Pennington & Harpending, 1993; Silk, 1980, 1987). 시카고에서 도시 흑인 공동체를 다룬 스택Stack(1974)의 연구에 따르면, 입양된 아이들의 대다수가 손위 누이, 이모, 외할머니 등 모계 친족과 함께 거주했다. 우리에게 비혈연 개체 입양에 특화된 기제가 있다고 예측할 만한 근거는 없다. 오늘날 어떤 개인들이 비혈연 자식을 입양하고 있는 것은 현대의 인간 환경에 존재하는 강력한 생물학적 욕망과 문화적 기대들 때문일 것이다. 실제로 입양아와 부모의 관계는 대개 유전적 자녀와 부모의 관계와 동일하고, 아주 어린 아기를 입양한 경우에는 특히 더 그렇다.

부모-자식 갈등

포괄적합도 이론의 중심에는, 친족은 소중하며 모든 친족은 공통된 이해를 갖고 있다는 생각이 있다. 유전적인 면에서 친족의 적합도를 향상시켜 주는 것은 덩달아 자신의 적합도 향상시켜 준다. 두 친척의 혈연관계가 밀접할수록 유전적 목적은 더 일치한다. 하지만 사회적인 삶을 살다 보면 언젠가 상호작용하는 개체들은 갈등을 일으키게 된다. 개체들은 자신의 포괄적합도를 증가시키기 위해 행동하며, 그 때문에 다른 개체가 적합도 비용을 치러야 하는 경우에도 아랑곳하지 않는다. 부모-자식의 상호작용은 상당히 협조적일 수도 있고, 심각한 갈등을 일으킬 수도 있다.

자식의 적합도의 전반적인 목표에 대해서는 합의가 있다 해도, 어느 한 자식과 다른 자식에게 돌아가는 투자량을 두고서는 갈등이 일어날 수 있다.

유전적으로 가깝다고 해서 두 개체의 이해관계가 같은 것은 아니다. 유전적 유사성이 결속의 원천인 것처럼, 유전적 차이는 잠재적 갈등의 원천이다. 이는 개체들이 부족한 자원(짝, 식량, 혹은 영역)을 두고 경쟁할 때 명백해진다. (공동의 자식, 이전의 결합이나 짝짓기 노력으로 생긴 자식에게 분배할) 최적의 자원량에 대해 의견이 일치하지 않을 때에도 (부부 사이에) 갈등이 발생할 수 있다. 그런 갈등은 부모와 자식 사이에도 발생할 수 있다.

부모-자식 갈등이 발생하는 것은 자식의 적합도를 증가시키는 어떤 행동이 부모에게는 잠재적으로 일생의 성공을 저해할 수 있고, 그 반대의 경우도 가능하기 때문이다. 일반적으로 우리는 어떤 개체들이 부모 투자를 할 때 자신의 포괄적합도에 최대한 이로운 방향으로 투자를 분배하리라 예상한다. 다른 조건이 모두 동등할 때 부모는 모든 자녀와 동등한 혈연관계를 맺는다. 하지만 자식들은 저마다 의견이 조금씩 다르기 마련이다. 자식은 다른 형제자매보다 자기 자신과의 근연도(r=1)가 더 높다(Trivers, 1974). 결과적으로 각 자식은 실제적인 부모 투자보다 더 많은 것을 원할 것이다. 갈등은 적정 투자량을 두고 발생한다. 이 갈등 영역은 혈연선택 이론을 통해 예측할 수 있다. 부모에게 돌아가는 비용이 이익보다 적으면 부모와 자식 모두 부모 투자에서 이익을 얻고, 갈등은 발생하지 않는다. 비용이 이익보다 크되 이익의 두 배에 이르지는 않을 경우, 부모는 손해를 보지만 자식은 이익을 보고, 따라서 갈등이 발생한다. 비용이 이익의 두 배 이상이 된다면 부모와 자식 모두 손해를 보고, 따라서 갈등은 발생하지 않지만 부모 투자는 끝을 맺는다(인간과 비인간에게서 발생하는 부모-자식 갈등에 대한 검토는, Maestripieri, 2002; Salmon & Malcolm, 2011을 보라).

모체-태아 갈등

어머니 투자는 출생보다 한참 먼저 시작된다. 어머니는 자신의 자원을 활용해 9개월의 임신기 동안 성장하는 자녀에게 영양과 안전한 환경을 제공한다. 얼핏 보기에 모체와 태아는 동일한 목표를 가진 조화로운 관계처럼 보이지만, 양측의 유전적 이해는 동일하지 않다. 태아는 어머니나 미래의 형제자매보다 그 자신과의 근연도가 높기 때문에, 임신은 발달 과정에서 모체의 자원을 최대한 많이 확보하려는 경향이 있는 태아와, 자신과 미래의 자식을 위해 자원을 보존하려는 어머니의 민감한 균형 잡기 과정이 된다. 이 과정은 모체에 여러 불쾌한 증상을 일으킬 수 있고, 때로는 심각한 합병증을 유발한다. 헤이그Haig(1993, 1998)는 모체-태아 갈등의 관점에서 임신 합병증을 분석하며, 그런 갈등 때문에 임신의 여러 난해한 측면들과 합병증이 발생한다고 주장한다.

젖떼기 갈등

포유류 사이에서 젖떼기를 두고 발생하는 갈등(Maestripieri, 2002; Trivers, 1974)은 아주 명백한 부모-자식 갈등의 사례다. 그림 21.1에서 볼 수 있듯이, 부모가 자식에게 투자를 유지하는 것은 번식 성공의 저하라는 비용(부모가 현재의 자식에게 더 많이 투자할수록 미래의 자식에게 더 적게 투자해야 한다)이 현재 자식의 생존 향상에 따른 이익을 앞지르기 전까지다. 비용이 이익을 앞지르는 (B/C < 1) 순간, 부모는 현재의 자식에게 투자하기를 멈추고 다음 자식을 만들기 시작할 것이다(Trivers, 1974).

하지만 자식은 그 지점에 이르러서도 투자가 지속되기를 원하며, 미래의 형제자매보다 자신과의 근연도가 더 높기 때문에 비용-이익 비율이 0.5 아래로 하락할 때까지 계속 투자를 요구하게 되어 있다. 그 지점 아래로 내려가면 계속되는 투자 요구로 인해 간접 적합도가 감소하고, 부모는 현재의 자식과 유전자를 공유하는 미래의 자식들을 더 적게 낳게 된다. 그럼에도 자식은 그 지점에 이르기까지 최대한 많은 부모 투자를 얻으려고 하면서 자신의 번식 적합도를 향상시킨다. 결과적으로 젖떼기 갈등은 부모 투자의 점진적 변화를 수반한다.

배우자 선택을 두고 발생하는 부모-자식 갈등

자식의 배우자 선택 문제로 또 다른 갈등이 발생할 수 있다. 자식의 배우자 선택에 미치는 부모의 영향은 아주 작은 영향부터 완전한 통제에 이르기까지 여러 문화에 걸쳐 다양하게 기록되어 왔다(Apostolou, 2007a, 2007b). 최근의 연구들은 부모가 자식의 배우자를 고를 때 사회경제적 지위와 가족의 배경을 강하게 선호하는 데 반해, 자식은 매력과 유머 감각에 더 주목하기 때문에 부모와 자식의 선호가 불일치

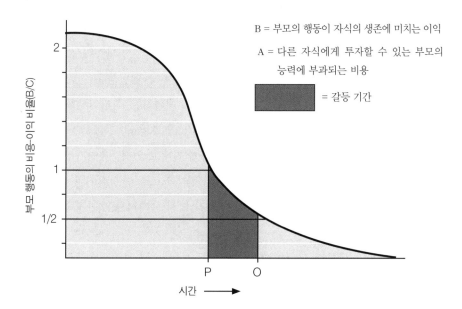

그림 21.1. 부모 투자의 비용과 이익 그리고 그로 인한 부모–자식 갈등에 대한 분석 "Parent-Offspring Conflict," by R. L. Trivers, 1974, *American Zoologist*, 14, pp. 249–264(각색).

하는 경우가 많다고 말한다(Apostolou, 2008a, 2008b, 2011; Buunk, Park, & Dubbs, 2008; Perilloux, Fleischman, & Buss, 2011). 또한 자식의 배우자 선택을 두고 발생하는 갈등은 유전적 근연도의 차이보다는 자원 분배를 둘러싼 부모–자식 갈등이 추동력이라는 주장도 있다. 사돈의 투자를 많이 받는 경우에 부모는 자신의 자원을 다른 자식들에게 재분배할 수 있어 이익이 되기 때문이다(딸에게 자원을 분배할 때 그런 갈등이 발생하는 경우의 모델로는, van den Berg, Fawcett, Buunk, & Weissing, 2013을 보라).

애착

어떤 면에서 애착 유형은 부모가 자녀에게 투자한 애착 형식의 결과라고 볼 수 있다. 볼비Bowlby(1969)는 어린 시절의 경험이 성인의 성격 및 행동에 상당히 중요하다고 강조하면서, 애착은 자녀가 자신의 자아, 타인, 관계를 '내적으로 처리하는 모델'을 반영한다고 설명했다. 애착 이론의 중심에는 다음과 같은 명제가 있다. (a) 유아–부모 애착 관계의 질에 존재하는 개인적 차이는 무엇보다 자녀가 받은 보살핌의 질에 따라 결정되고, (b) 어린 시절의 안정성이 이후의 발달을 결정한다(Belsky,

1997). 애착 안정성에 변이가 진화한 것은 번식 적합도 목표를 달성하기 위해서이며, 환경에 따른 생활사 형질의 조정은 대개 번식 전략의 일환이라는 주장이 있다(Belsky, Steinberg, & Draper, 1991). 다시 말해서, 애착 패턴들은 지배적인 생태환경에 관한 정보를 적합도-향상의 번식 전략으로 전환하는 심리적·행동적 매개체로서 진화했다는 것이다(Belsky, 2000; Bjorklund & Pellegrini, 2002; Chisholm, 1996; Wiley & Carlin, 1999). 이 주장은 두 가지 가정에 기대고 있다. 유년기부터 싹슬이년기와 성년기 초기에 이르기까지 애착 패턴은 상대적으로 안정적이며, 진화적 적응환경에서 인간의 첫 20-30년 동안의 환경 조건 역시 상대적으로 안정적일 것이라는 가정이다.

치좀의 애착의 생활사 모델(1996)에 따르면, 우리 눈에 보이는 애착 유형은 양육방식에 따라 조건적으로 발현된 적응이다. 육아하는 사람이 지속적으로 반응하면서 관심을 기울이면 안정된 애착이 형성된다. 조상의 환경에서 그런 육아는 자원 접근성의 증거이자 자식의 삶에 필요한 것을 제공하겠다는 약속이었기 때문이다. 육아하는 사람이 무반응하거나 거부하면 불안정한 애착이 형성된다. 이 또한, 조상의 환경에서 그런 부모들은 자식에게 투자할 마음이나 능력이 없었기 때문이다. 치좀의 주장에 따르면 자녀의 불안정-회피형 행동은 투자를 꺼리는 부모에 대한 조건발현적 적응이며, 자녀의 불안정-반항적 행동은 투자할 능력이 없는 부모에 대한 조건발현적 적응이다(Chisholm, 1996).

애착은 보통 안정형 애착, 불안정-회피형 애착, 불안정-반항형 애착으로 분류된다. 만일 애착 구조의 개인 차이가 진화적 적응 환경에서 되풀이해서 나타나는 위험하고 불확실한 환경에 대한 조건발현적 적응이라면(Chisholm, 1996), 우리는 애착 유형의 성격을 새로운 관점에서 검토할 수 있다. 안정형 애착은 자원이 충분히 풍부하고 앞으로도 그럴 가능성이 큰 생태환경에서 발달한다. 이런 조건은, 세상은 비교적 안전한 곳이고, 다른 사람을 믿어도 좋으며, 관계가 오래 지속되리라는 믿음을 키워준다. 그런 개인은 짝짓기보다는 양육에 집중하게 될 것이다.

안정적인 개인의 심리적, 행동적 데이터는 성인기의 관계 및 육아와 관련하여 일관된 모습을 보인다. 안정적인 남성들은 불안정한 남성보다 배우자와 긍정적이고 협조적으로 상호작용하고, 안정적인 여성들은 스트레스가 심한 상황에서 남성 파트너에게서 정서적 지원과 신체적 안정을 찾을 가능성이 크다(Simpson, Rhodes, & Nelligan, 1992). 부부가 둘다 불안정하다면 갈등과 부정적 감정이 쉽게 드러나지만 (Chohn, Cowan, Cowan, & Pearson, 1992), 두 사람 모두 안정적이라면 부정적 상호작용은 드물게 일어난다(Senchak & Leonard, 1992). 일반적으로 안정적인 개인들의 관계에서는 갈등 수준이 낮고 갈등을 더 능숙하게 해결한다. 안정성은 서로에게 이익이 되는 관계를 발달시킨다. 안정적인 개인들은 데이트(Simpson, 1990)와 결혼(Kobak & Hazan, 1991)에서 더 큰 만족을 얻으며, 연애 관계도 더 오래 지속한다 (Hazan & Shaver, 1987; Kirkpatrick & Davis, 1994; Shaver & Hazan, 1993). 안정성의 역사는 상호이익 관계 및 쌍 결합의 안정성을 발달시켜 육아에 더 많이 투자하도록 부추긴다(van Ijzendoorn, 1995; Ward & Carlson, 1995). 유년기의 안정적 애착은, 양보다 질에 집중하도록 조건적으로 발현되는 번식 전략의 발달에 중요한 역할을 한다.

벨스키 등(1991)과 치좀(1996)은 자원의 흐름이 만성적으로 저조하거나 예측이 불가능할 때, 부모 투자를 줄이거나 육아가 아닌 출산에 집중적으로 자원을 배분하는 (Borgerhoff Mulder, 1992) 생물학적 적응이 (이미 일어났거나) 일어날 수 있다고 주장했다. 제한적이고 예측이 불가능한 자원은 자식에게 세상은 무정하고 타인은 신뢰할 수 없다는 예상과 믿음을 심어주는 번식 전략으로 이어지며, 그럴 때 자식이 맺는 관계는 상호 유익하거나 오래 지속될 가능성이 낮다. 결과적으로 개인은 다른 개인과 관계를 맺을 때 자신의 이익만을 챙기고, 기회주의적이며, 일방적으로 착취하는 관계를 추구할 것이다. 그런 조건 아래서 개인은 여러 파트너를 만나고, 불안정한 쌍 결합을 통해 많은 자녀를 낳고, 자식 돌보기에 소홀하며, 질보다 양에 집중하는 전략을 세우게 된다.

불안정-회피적 개인은 더 문란하고, 덜 헌신적이며 (Kirkpatrick & Hazan, 1994; Simpson, 1990), 이별을 겪기 쉽다고(Feeney & Noller, 1992) 데이터는 말한다. 마찬가지로 회피적인 어머니들은 자녀와의 관계에서 반응성이 더 낮고(van IJzendoorn, 1995), 지원에 인색하고, 비협조적이고, 무관심하고, 쌀쌀맞고, 강압적이다(Crowell & Feldman, 1988, 1991).

불안정-반항적 사례는 조금 다르다. 이런 아이들은 반응이 일관되지 않은 보살핌에 대응해서 자신에게 보살핌과 관심이 필요하다는 점을 과장하는 경향(Cassidy

& Berlin, 1995)이 있다. 한 주장은 이를 둥지 내 조력자 현상과 관련지어 설명한다 (Borgerhoff Mulder, 1992; Emlen, Wrenge, & Demong, 1995). 반응이 일관되지 않은 육아는 자녀의 의존성을 유발하는 듯 보이는데, 이는 부모의 번식 적합도를 고취하기 위한 것이라는 주장이 있다. 쿤스Kunce와 셰이버Shaver(1994)는 불안정─반항적 여성은 충동에 따라 상대를 보살피며, 특히 손아래 형제자매에게 그런다고 말했다. 반항적인 어머니들은 걸음마기의 자녀와 좀처럼 쉽게 분리되지 못하고(Crowell & Feldman, 1988), 집 밖에서 자식들이 제 역할을 하는지 의심을 품는다(Kobak, Ferenz-Gillies, Everhart, & Seabrook, 1994). 이런 어머니들은 자녀를 가까이 두면서 아이를 심리적으로 조종할 수 있는 능력을 극대화하고, 어쩌면 둥지 내 도움 행동을 조장하기도 한다(Belsky, 1997). 이런 현상은 어머니가 (자원 및 부양 도움의 결여로 인해) 자식을 돌보는 데 지친 경우, 가족 내에서 특정한 역할을 하는 구성원(예를 들어, 장녀)에게 더 많이 발견될 것이다.

안정적이든(안정적인 부모 투자) 불안정하든(어린 시절에 받은 스트레스의 결과), 애착은 일종의 시금석으로 기능할 수 있도록 진화한 탓에, 우리는 이를 통해 미래의 사회적 관계를 예측할 수 있다. 이른 초경, 아버지의 부재, 엄격한 어머니, 성적 활동 등에 대한 데이터(Belsky, Steinberg, Houts, & Halpern-Felsher, 2010; Ellis, Schlomer, Tilley, & Butler, 2012; Graber, Brooks-Gunn, & Warren, 1995; Nettle, Coall, & Dickins, 2010; Surbey, 1998; Wierson, Long, & Forehand, 1993)가 이를 뒷받침하고 있다. 아버지가 없는 가정(해당 지역의 남성들이 한곳에 머물면서 투자를 할 가능성이 낮고, 장기적 생존의 가능성이 희박하다는 단서)에서 자란 여자아이들은 보다 빨리 성숙하고, 질보다 양에 집중하는 전략을 따르는 경향이 있다. 어떤 환경에서 적응은 설계된 바에 따라, 이르고 빈번한 출산을 용이하게 해준다. 비슷한 맥락에서, 아버지─부재 가정에서 자란 남자아이들의 경우에는 문란함과 범죄율이 높고, '마초'적 행동도 전반적으로 높다는 것을 보여주는 데이터가 있다(Bereczkei & Csanaky, 1996). 공격성을 키우는 전략은 어떤 환경에서 경쟁자에게 겁을 주거나 보호를 원하는 여성을 유혹하는 데 도움이 될 수 있다(Kim, Smith, & Palermiti, 1997).

형제자매 관계

부모-자식 갈등의 반대편에는 형제자매 사이에서 발생하는 자원 다툼의 문제가 있다. 자연선택이 형제자매 간의 경쟁 전략을 빚은 방식은 부모의 차별적 배려 기제를 빚은 방식과 같다. 각각의 형제자매들이 취하는 접근법에는 많은 요인이 작용하는데 여기서 특히 주목할 것은 두 가지, 출생 순서와 출생 간격(출산과 출산의 시간적 간격)이다.

출생 순서

부모의 성향이 어떻게 진화했는지를 설명하는 이론적 모델은 부모가 자식들을 서로 다르게 대우하는 경우가 많을 거라고 예측한다. 하지만, (아마 대부분의 서구 사회에서 그렇듯) 대개의 부모들이 모든 자녀가 성년이 될 때까지 키울 만큼 충분한 자원을 얻을 수 있다고 가정한다면, 인간 부모는 투자를 모든 자녀에게 균등하게 분배하는 판단 규칙을 사용할 것이다. 그런 규칙을 공정성 휴리스틱이라 부른다(Hertwig, Davis, & Sulloway, 2002).

하지만 공정성 휴리스틱이 부모 투자 분배의 유일한 모델은 아니다. 균등한 자원 분배가 최선의 결과를 끌어내지 못하는 경우도 많다. 이는 아마도 다른 어떤 조건이 동등하지 않고 그래서 어떤 자식이 다른 자식보다 더 가치 있는 적합도 매개체이기 때문일 것이다.

첫 번째 자식은 위급 상황에서도 (앞서 논의했듯이) 비교적 안정적으로 부모의 선호를 누리는 것 외에, 아주 어릴 때 서로 경쟁하면서 부모 투자를 공유할 형제가 없다는 데서도 이익을 얻는다(Salmon, Shackelford & Michalski, 2012). 피임법이 없는 근대 이전의 사회보다 부모의 자원이 덜 분산되는 현대 서양 사회에서도 첫째 아이는 나중에 태어난 형제들보다 부모의 보살핌과 관심을 더 많이 받고(Jacobs & Moss, 1976), 출생 시 체구는 동생들보다 작지만 이들보다 더 빠르게 성장해서, 똑같이 한 살이 된 시점에는 체구가 더 커진다(Wingerd, 1970).

하지만 역효과도 존재한다. 부모가 나이가 들수록 자식의 적합도 가치는 자식의 표현형이나 연령과 무관하게 부모의 잔여 번식 가치에 비례해 증가한다. 따라서 기대되는 미래의 번식이 부모의 연령과 감쇠 함수관계에 있는 종들은, 다른 조건이 동등한 경우 나이 어린 부모보다 나이가 많은 부모들이 자식에게 더 많이 투자하도록 선택되었다. 폐경 덕분에 이 주장은 인간 여성에게 확실하게 들어맞는다. 어머니의 연령과 함수관계로 나타나는 친모 유아 살해의 급격한 감소는, 어머니가 자신의 아기와 자신의 미래 가운데 어느 쪽에 심리적 무게를 두느냐의 문제에서 연령과 관련된 변화를 반영하는 현상이라 할 수 있다(Bugos & McCarthy, 1984; Daly & Wilson, 1995).

출생 순서가 성격과 발달에 미치는 영향 설로웨이 등(Salmon, 1999, 2007; Salmon & Daly, 1998; Sulloway, 1996, p.305)은 중간 순서로 태어난 자녀는, 첫째 선호(번식 가치가 더 크기 때문)와 막내 선호(부모의 나이가 많고, 더 어린 라이벌이 없기 때문) 탓에 부모 투자 게임에서 평균적으로 손해를 본다고 주장했다. 확실히 중간 출생자들은 첫째나 막내(부모와 가족을 지향하는 경향이 있다)보다 부모로부터 경제적, 정서적 지원을 더 적게 받는 경우가 많은 듯하다(Janicki & Salmon, 2002; Kennedy, 1989; Salmon & Daly, 1998). 그 결과 중간 출생자들은 가족 외부에서 비친족과 호혜 관계를 발달시키는 데 집중하며(Salmon, 2003), 성격도 이런 특징을 반영하는 것처럼 보인다. 중간 출생자들의 형질로 타인과 어울리는 기술과 훌륭한 협상가로서의 자질이 언급되는 경우가 많은데, 이 형질들은 가족 내에서 또는 가족 외부의 지원망 속에서 자신의 적소를 찾을 때 도움이 될 것이다(Sulloway, 1999).

설로웨이(1996)는 성격의 5요인 모델(다섯 가지 기본적인 성격 차원—성실성, 친화성, 경험 개방성, 외향성, 신경성—을 가정한다)에 의거해서, 형제 경쟁과 부모 투자로 형성되는 출생 순서 차이에 관한 많은 연구를 성격과 관련지어 요약했다. 설로웨이(1995)는 관련된 배경 변수들을 통제한 연구들을 메타분석해서, 5요인 모델 전반에 걸쳐 출생 순서에 따른 차이가 일관되게 나타난다는 것을 밝혀냈다. 성실성 항목은 출생 순서마다 일관된 차이를 보였는데, 첫째가 막내보다 점수가 더 높은 경향이 있다. 경험 개방성의 영역에서는 막내들이 위험 감수 항목에서 점수가 높은 경향이 있다(Sulloway & Zweigenhaft, 2010).

부모가 한 자녀를 적극적으로 편애하지 않더라도(Hertwig et al., 2002) 형제들은 부모의 자원을 더 많이 차지하기 위해 경쟁한다. 자식들은 경쟁을 위해 가족 내부에 자신만의 자리나 역할을 만드는데, 출생 순서가 이 행동에 영향을 미친다고 설로웨이(1995)는 주장했다. 부모의 편애(그리고 초기에 부모 투자를 두고 경쟁할 상대가 없는 데 따른 이익)를 안정적으로 기대할 수 있는 첫째들은 부모의 기대를 충족시키는 쪽으로 자신의 자리를 찾는 경향이 있어 일반적으로 부모의 가치관과 현상유지를 지지하게 된다. 나중에 출생한 아이들은 동일한 역할을 놓고 첫째와 효과적으로 경쟁할 수 없기 때문에(체격이 작고 경험이 부족한 탓에), 그와 구분되는 역할을 찾으면서 부모(혹은 타인의) 투자를 다른 경로로 받는 것을 모색한다. 이것을 용이하게 하는 성격 형질로는 경험 개방성과 비인습성이 있는데, 간혹 이 때문에 반항아라는 꼬리표를 얻기도 한다(Saroglou & Fiasse, 2003). 또한 미찰스키와 셰클퍼드Shackelford(2002)는 첫째가 나중에 출생한 자녀들보다 장기적인 짝짓기 전략을 잘 채택하고, 나중에 출생한 자녀들은 미래에 다양한 성적 파트너를 원하는 경향이 있다고 말한다.

형제자매들은 부모 투자에 접근하고 자신의 자리를 개척하는 방식이 저마다 다를 뿐 아니라, 서로 상호작용할 때 사용하는 전략도 다르다. 인간 형제들의 지배계급은 다른 포유류와 유사하다(Sulloway, 2001b). 한 배에서 난 강아지들을 살펴보면 가장 큰 강아지가 신체적 강점을 이용하고 이것을 위협 수단으로 사용하면서 활개 치는 모습을 관찰할 수 있다. 인간의 첫째도 그와 유사하게 동생들을 지배하는 경향이 있다. 체구가 작은 형제자매(또는 나중에 출생한 인간들)는 다른 전략을 통해 부모의 지원을 얻거나, 다른 형제자매와 연대해서 폭군에 맞서야 한다. 과연 동생이 부모에게 달려가 울고 떼쓰는 바람에 계획을 그르친 적이 없는 첫째가 있을까?

형제자매 경쟁이 없을 때 발생하는 현상에 관해서는 외동(형제자매가 없는) 자녀가 사례를 제공해준다. 어떤 측면에서 보면 외동 자녀는 부모의 자원을 놓고 경쟁할 형제가 없는 첫째인 셈이다. 따라서 외동 자녀는 첫째와 마찬가지로 성공을 좇고 부모의 가치를 존중하는 경향이 있다. 하지만 다른 여러 평가기준에서 이들은 첫째와 막내 중간에 위치한다(Sulloway, 2001a). 출생 간격 또한 출생 순서와 성격의 상관관계에 영향을 미치고, 부모의 투자 수준에도 영향을 미친다.

출생 간격

출생 간격이 아주 좁아 형제들이 거의 동등한 위치에 있을 때나 출생 간격이 워낙 커 부모의 하나 뿐인 자원을 놓고 경쟁할 필요가 없을 때 출생 순서에 따른 영향은 완화된다. 예를 들어 순서상 중간에 태어났지만 일곱 살 많은 손위 형제가 있고 한 살 어린 동생이 있는 경우, 중간 출생자보다는 첫째 같은 성격이 되기 쉽다 (Sulloway, 1999).

부모의 투자는 자식의 질, 번식 가치, 부모 자신의 잔여 번식 가치, 가용 자원의 양 등 여러 요인에 근거한다. 이때 비용-이익 분석이 이뤄진다. 형제자매들 사이에선 각자의 형제와 자매 역시 비용과 이익을 발생시키며, 그 정도는 출생 간격에 비례해 변화한다. 어느 정도 나이든 자식은 더 이상 부모의 보살핌에 기댈 필요가 없어 다른 형제(그들은 일반적으로 보호를 필요로 하므로)가 있더라도 아주 적은 비용만을 치른다. 나이 차이가 적다면 형제간의 라이벌 의식뿐 아니라 부모 투자에 대한 경쟁 및 부모-자식 갈등 역시 증가한다. 마찬가지로 동생 때문에 치르는 비용은 두 형제가 모두 유아라서 많은 부모 투자가 필요할 때 가장 크다. 전통 사회와 저소득 사회부터 중위 소득 사회까지는 짧은 (2~3년 이하의) 출생 간격이 유아사망률의 증가와 관련이 있다(Kozuki et al., 2013; Lindstrom & Berhanu, 2000).

형제자매의 전략에 출생 순서가 미치는 영향은 자식들의 나이 차가 다섯 살 이내일 때 가장 크다. 이런 상황에서 손위 형제자매는 자신의 가치를 강조하고 동생들의 가치를 폄하하는 경향이 있다. 여기에 동생들은 손위 형제자매와의 직접적인 비교를 최소화하고 자신들의 이해관계를 차별화하거나, 더 나이가 들었을 때 부모 이외에 투자를 받을 수 있는 다른 경로를 찾는 것으로 대응하기도 한다(Salmon & Daly, 1998). 예를 들어 경험 개방성은 자식들의 나이 차가 적당할 때 가장 큰 편차를 보이고, 나이 차가 크거나 아주 적으면 편차가 미미해진다(Koch, 1956; Sulloway, 1996). 출생 간격이 넓은 경우에는 그 이유가 명백하지만, 간격이 좁은 경우는 이유를 직관적으로 이해하기가 어려운데, 형제자매의 존재에서 발생하는 비용뿐 아니라 그 이익을 고려하면 의문이 풀린다. 자식들의 생존 가능성에 존재하는 상대적인 차이를 살펴보면, 나이가 비슷한 형제들은 생존 가능성이 균등하다. 형제자매 때문에 발생하는 비용이 커질 수 있지만, 생존 가능성이 똑같기 때문에 이익도 커질 수 있다. 출생

908

간격이 큰 경우에는 부모 투자가 많이 필요하지 않기 때문에 동생의 존재로 인한 비용은 줄어들지만, 동생이 단순히 어리다는 사실 때문에 생존 가능성이 낮을 수 있어서 이익 역시 줄어든다. 중간 정도의 간격일 때 동생의 존재에 따른 비용은 이익을 크게 초과한다. 그 결과 중간 정도의 나이 차이가 형제자매들의 극단적인 차이로 이어진다.

결론

인간의 기본적인 관계와 특징적인 갈등은 시공간과 무관하게 놀라우리만치 일정하고, 그에 따라 심리적 적응들이 여러 유형의 관계에서 발생하는 갈등에 반응하면서 진화했으리라는 예측은 합리적이다. 이제 우리는 진화심리학을 통해 다양한 사회적, 생태적 변수에 따른 부모와 자식의 행동을 예측하고 설명할 수 있으며, 이는 부모-자식 관계와 형제 관계를 더 깊이 이해하게 해준다.

많은 요인이 부모 투자의 수준에 영향을 미친다. 여성은 남성보다 더 많이 투자하고, 투자량은 자원의 가용성과 자녀의 투자 활용 능력으로부터 영향을 받으며, 남성의 투자는 유전적인 부성 확실성을 반영한다. 인간 자녀는 다른 영장류 자식보다 더 많은 투자를 필요로 하는데, 특히 아버지가 다른 종들보다 더 많이 기여한다. 어머니 투자는 자궁에서부터 시작되고 이때부터 투자 수준에 따라 갈등이 발생한다. 모체와 태아가 태아의 적절한 성장 수준을 놓고 줄다리기를 하는 탓에 전자간증 등의 증상이 발생하기도 한다. 자녀마다 투자량이 다른 것은 꽤 흔한 일이다. 여기에는 부모 투자의 비용과 이익에 영향을 미치는 여러 요인들이 반영되며, 그 요인으로는 부모의 연령, 자식의 수, 부모의 보유 자원, 자식의 연령, 자식에게 기대되는 미래의 전망, 부성 확실성, 의붓자식 여부 등이 있다. 형제자매 갈등은 부모-자식 갈등의 연장으로 볼 수 있으며, 갈등의 정도에는 출생 간격(간격이 좁을 경우 악화된다)과 출생 순서(이에 근거해 부모는 특정 자녀에게 편향된 투자를 할 수 있다)가 영향을 미친다.

Alcock, J. (2001). *Animal behavior: An evolutionary approach* (7th ed). Sunderland, MA: Sinauer.

Almond, D., & Edlund, L. (2007). Trivers-Willard at birth and one year: Evidence from US natality data 1983–2001. *Proceedings of the Royal Society B: Biological Sciences, 274,* 2491–2496.

Alvergne, A., Faurie, C., & Raymond, M. (2010). Are parents' perceptions of offspring facial resemblance consistent with actual resemblance? Effects on parental investment. *Evolution and Human Behavior, 31,* 7–15.

Alvergne, A., Faurie, C., & Raymond, M. (2007). Differential facial resemblance of young children to their parents: Who do children look like more? *Evolution and Human Behavior, 28,* 135–144.

Anderson, J. G., Kaplan, H. S., & Lancaster, J. B. (1999). Paternal care by genetic fathers and step-fathers: 1. Reports from Albuquerque men. *Evolution and Human Behaviour, 20,* 405–431.

Apicella, C. L., & Marlowe, F. W. (2004). Perceived mate fidelity and paternal resemblance predict men's investment in children. *Evolution and Human Behavior, 25,* 371–378.

Apicella, C. L., & Marlowe, F. W. (2007). Men's reproductive investment decisions. Mating, parenting and self-perceived mate value. *Human Nature, 18,* 22–34.

Apostolou, M. (2007a). Sexual selection under parental choice: The role of parents in the evolution of human mating. *Evolution and Human Behavior, 28,* 403–409.

Apostolou, M. (2007b). Elements of parental preferences in relation to in-law selection. *Evolutionary Psychology, 5,* 70–83.

Apostolou, M. (2008a). Parent-offspring conflict over mating: The case of family background. *Evolutionary Psychology, 6,* 456–468.

Apostolou, M. (2008b). Parent-offspring conflict: The case of beauty. *Evolutionary Psychology, 6,* 303–315.

Apostolou, M. (2011). Parent-offspring conflict over mating: Testing the tradeoffs hypothesis. *Evolutionary Psychology, 9,* 470–495.

Beaulieu, D. A., & Bugental, D. (2008). Contingent parental investment: An evolutionary framework for understanding early interaction between mothers and children. *Evolution and Human Behavior, 29,* 249–255.

Belsky, J. (1997). Attachment, mating, and parenting: An evolutionary interpretation.

Human Nature, 8, 361−381.

Belsky, J. (2000). Conditional and alternative reproductive strategies: Individual differences in susceptibility to rearing experience. In J. Rodgers & D. Rowe (Eds.), *Genetic influences on fertility and sexuality* (pp. 127−146). Boston, MA: Kluwer Academic.

Belsky, J., Steinberg, L., & Draper, P. (1991). Childhood experience, interpersonal development, and reproductive strategy: An evolutionary theory of socialization. *Child Development, 62*, 647−670.

Belsky, J., Steinberg, L., Houts, R. M., & Halpern-Felsher, B. L. (2010). The development of reproductive strategy in females. Early maternal harshness --> earlier menarche --> increased sexual risk taking. *Developmental Psychology, 46*, 120−128.

Bereczkei, T., & Csanaky, A. (1996). Evolutionary pathway of child development: Lifestyles of adolescents and adults from father-absent families. *Human Nature, 7*, 257−280.

Bereczkei, T., & Dunbar, R. I. M. (1997). Female-biased reproductive strategies in a Hungarian Gypsy population. *Proceedings of the Royal Society B: Biological Sciences, 264*, 17−22.

Bereczkei, T., & Dunbar, R. I. M. (2002). Helping-at-the-nest and sex-biased parental investment in a Hungarian Gypsy population. *Current Anthropology, 43*, 804−809.

Bjorklund, D. F., & Pellegrini, A. D. (2002). *The origins of human nature: Evolutionary developmental psychology.* Washington, DC: American Psychological Association.

Borgerhoff Mulder, M. (1992). Reproductive decisions. In E. A. Smith & B. Winterholder (Eds.), *Evolutionary ecology and human behavior* (pp. 147−179). New York, NY: Aldine de Gruyter.

Bowlby, J. (1969). *Attachment and loss* (Vol. 1). New York, NY: Basic Books.

Bressan, P. (2002). Why babies look like their daddies: Paternity uncertainty and the evolution of selfdeception in evaluating family resemblance. *Acta Ethologica, 4*, 113−118.

Bressan, P., & Grassi, M. (2004). Parental resemblance in 1-year-olds and the Gaussian curve. *Evolution and Human Behavior, 25*, 133−141.

Bugental, D. B., Beaulieu, D. A., & Silbert-Geiger, A. (2010). Increases in parental investment and child health as a result of an early intervention. *Journal of Experimental Child Psychology, 106*, 30−40.

Bugos, P. F., & McCarthy, L. M. (1984). Ayoreo infanticide: A case study. In G. Hausfater & S. B. Hrdy (Eds.), *Infanticide: Comparative and evolutionary perspectives* (pp. 503−520). New York, NY: Aldine.

Buunk, A. P., Park, J. H., & Dubbs, S. L. (2008). Parent-offspring conflict in mate preferences. *Review of General Psychology, 12*, 47–62.

Cameron, E. Z. & Dalerum, F. (2009). A Trivers-Willard effect in contemporary humans: Male-biased sex ratios among billionaires. *PLoS ONE, 4*, e4195.

Cassidy, J., & Berlin, L. (1995). The insecure/ambivalent pattern of attachment: Theory and research. *Child Development, 65*, 971–991.

Chisholm, J. S. (1996). The evolutionary ecology of attachment organization. *Human Nature, 7*, 1–38.

Cohn, D., Cowan, P., Cowan, C. & Pearson, J. (1992). Working models of childhood attachment and couples relationships. *Journal of Family Issues, 13*, 432–449.

Cronk, L. (1989). Low socioeconomic status and female-based parental investment: The Mokogodo example. *American Anthropologist, 91*, 414–429.

Cronk, L. (2007). Boy or girl: Gender preferences from a Darwinian point of view. *Reproductive Biomedicine Online, 15*, 23–32.

Crowell, J., & Feldman, S. (1988). Mother's internal models of relationships and children's behavioral and developmental status: A study of mother-child interaction. *Child Development, 59*, 1273–1285.

Crowell, J., & Feldman, S. (1991). Mother's working models of attachment relationships and mother and child behavior during separation and reunion. *Developmental Psychology, 27*, 597–605.

Daly, M., & Wilson, M. (1982). Whom are newborn babies said to resemble? *Ethology and Sociobiology, 3*, 69–210.

Daly, M., & Wilson, M. (1984). A sociobiological analysis of human infanticide. In G. Hausfater & S. B. Hrdy (Eds.), *Infanticide: Comparative and evolutionary perspectives* (pp. 487–502). New York, NY: Aldine.

Daly, M., & Wilson, M. (1988). *Homicide*. Hawthorne, NY: Aldine.

Daly, M., & Wilson, M. (1995). Discriminative parental solicitude and the relevance of evolutionary models to the analysis of motivational systems. In M. Gazzaniga (Ed.), *The cognitive neurosciences* (pp. 1269–1286). Cambridge, MA: MIT Press.

Daly, M., & Wilson, M. (2001). An assessment of some proposed exceptions to the phenomenon of nepotistic discrimination against stepchildren. *Annales Zoologici Fennici, 38*, 287–296.

Davis, J. N., & Todd, P. M. (1999). Simple heuristics that make us smart. In G. Gigerenzer & P.M. Todd (Eds.), *Evolution and cognition* (pp. 309–324). New York, NY: Oxford University Press.

Davis, J. N., Todd, P. M., & Bullock, S. (1999). Environment quality predicts parental provisioning decisions. *Proceedings of the Royal Society B: Biological Sciences, 266*, 1791−1797.

Dickemann, M. (1979). Female infanticide, reproductive strategies, and social stratification: A preliminary model. In N.A. Chagnon & W. Irons (Eds.), *Evolutionary biology and human social behavior* (pp. 321−367). North Scituate, MA: Duxbury Press.

Ellis, B. J., Schlomer, G. L., Tilley, E. H., & Butler, E. A. (2012). Impact of fathers on risky sexual behavior in daughters: A genetically and environmentally controlled sibling study. *Development and Psychopathology, 24*, 317−332.

Emlen, S. T., Wrenge, P. H. & Demong, N. J. (1995). Making decisions in the family: An evolutionary perspective. *American Scientist, 83*, 148−157.

Feeney, J., & Noller, P. (1992). Attachment style and romantic love: Relationship dissolution. *Australian Journal of Psychology, 44*, 69−74.

Gaulin, S. J. C., & Robbins, C. J. (1991). Trivers-Willard effect in contemporary North American society. *American Journal of Physical Anthropology, 85*, 61−69.

Gibson, M. A., & Mace, R. (2003). Strong mothers bear more sons in rural Ethiopia. *Proceedings of the Royal Society B: Biological Sciences, 270*, S108−S109.

Graber, J., Brooks-Gunn, J. & Warren, M. (1995). The antecedents of menarcheal age: Heredity, family environment, and stressful life events. *Child Development, 66*, 346−359.

Guggenheim, C. B., Davis, M. F., & Figueredo, A. J. (2007). Sons or daughters: A cross-cultural study of sex ratio biasing and differential parental investment. *Journal of the Arizona-Nevada Academy of Science, 39*, 73−90.

Gupta, D. (1987). Selective discrimination against female children in rural Punjab. *Population and Development Review, 13*, 77−100.

Haig, D. (1993). Genetic conflicts in human pregnancy. *The Quarterly Review of Biology, 68*, 495−532.

Haig, D. (1998). Genetic conflicts of pregnancy and childhood. In S. C. Stearns (Ed.), *Evolution in health and disease* (pp. 77−90). Oxford, England: Oxford University Press.

Hamilton, W. D. (1964). The genetical evolution of social behavior. I. *Journal of Theoretical Biology, 7*, 1−16.

Hazan, C. & Shaver, P. (1987). Romantic love conceptualized as an attachment process. *Journal of Personality and Social Psychology, 52*, 511−524.

Hertwig, R., Davis, J. N., & Sulloway, F. J. (2002). Parental investment: How an equity motive can produce inequity. *Psychological Bulletin, 128*, 728−745.

Hofferth, S., & Anderson, K. G. (2003). Are all dads equal? Biology versus marriage as a basis for paternal investment. *Journal of Marriage and Family, 65,* 213–232.

Jacobs, B. S., & Moss, H. A. (1976). Birth order and sex of sibling as determinants of mother-infant interaction. *Child Development, 47,* 315–322.

Janicki, M., & Salmon, C. A. (2002). Friend and family dynamics: Relationships between birth order, exchange orientation and perceptions of exchange. Paper presented at the Human Behavior and Evolution Society's annual meeting, Rutgers, NJ.

Kennedy, G. E. (1989). Middleborns' perceptions of family relationships. *Psychological Reports, 64,* 755–760.

Kim, F., Smith, P. K., & Palermiti, A. (1997). Conflict in childhood and reproductive development. *Ethology and Sociobiology, 18,* 107–142.

Kirkpatrick, L. A., & Davis, K. (1994). Attachment style, gender and relationship stability: A longitudinal analysis. *Journal of Personality and Social Psychology, 66,* 502–512.

Kirkpatrick, L. A., & Hazan, C. (1994). Attachment styles and close relationships: A four year prospective study. *Personal Relationships, 1,* 123–142.

Kobak, R., Ferenz-Gillies, R., Everhart, E., & Seabrook, L. (1994). Maternal attachment strategies and emotion regulation with adolescent offspring. *Journal of Research on Adolescence, 4,* 553–566.

Kobak, R. R., & Hazan, C. (1991). Attachment in marriage: Effects of security and accuracy of working models. *Journal of Personality and Social Psychology, 60,* 861.

Koch, H. L. (1956). Some emotional attitudes of the young child in relation to characteristics of his sibling. *Child Development, 27,* 393–426.

Kozuki, N., Lee, A. C. C., Silveira, M. F., Victoria, C. G., Adair, L., Humphrey, J., Katz, J. (2013). The associations of birth intervals with small-for-gestational-age, preterm, and neonatal and infant mortality: A meta-analysis. *BMC Public Health, 13*(Suppl. 3), 53.

Kunce, L., & Shaver, P. (1994). An attachment theoretical approach to caregiving in romantic relationships. In K. Bartholomew and D. Perlman (Eds.), *Advances in personal relationships* (Vol. 5, pp. 205–237). London, England: Jessica Kingsley.

Lee, B. J., & George, R. M. (1999). Poverty, easly childbearing and child maltreatment: A multinomial analysis. *Children and Youth Services Review, 21,* 755–780.

Li, H., & Chang, L. (2007). Paternal harsh parenting in relation to paternal versus child characteristics: The moderating effect of paternal resemblance belief. *Acta Psychologica Sinica, 39,* 495–501.

Lindstrom, D. P. & Berhanu, B. (2000). The effects of breastfeeding and birth spacing on infant and early childhood mortality in Ethiopia. *Social Biology*, *47*, 1−17.

Maestripieri, D. (2002). Parent-offspring conflict in primates. *International Journal of Primatology*, *23*, 923−951.

Magrath, M. J. L., & Komdeur, J. (2003). Is male care compromised by additional mating opportunity? *TRENDS in Ecology and Evolution*, *18*, 424−430.

McLain, D. K., Setters, D., Moulton, M. P., & Pratt, A. E. (2000). Ascription of resemblance of newborns by parents and nonrelatives. *Evolution and Human Behavior*, *21*, 11−23.

Michalski, R. L., & Shackelford, T. K. (2002). Birth order and sexual strategy. *Personality and Individual Differences*, *33*, 661−667.

Nettle, D., Coall, D. A., & Dickins, T. E. (2010). Birthweight and paternal investment predict early reproduction in British women: Evidence from the National Child Development Study. *American Journal of Human Biology*, *22*, 172−179.

Overpeck, M. D., Brenner, R. A., Trumble, A. C., Trifiletti, L. B., & Berendes, H. W. (1998). Risk factors for infant homicide in the United States. *New England Journal of Medicine*, *339*, 1211−1216.

Parker, G. A., Mock, D. W., & Lamey, T. C. (1989). How selfish should stronger sibs be? *American Naturalist*, *133*, 846−868.

Pennington, R., & Harpending, H. (1993). *The structure of an African pastoralist community: Demography, history, and ecology of the Ngamiland Herero*. Oxford, England: Oxford University Press.

Perilloux, C., Fleischman, D. S., & Buss, D. M. (2011). Meet the parents: Parent-offspring convergence and divergence in mate preferences. *Personality and Individual Differences*, *50*, 253−258.

Regalski, J. M., & Gaulin, S. J. C. (1993). Whom are Mexican infants said to resemble? Monitoring and fostering paternal confidence in the Yucatan. *Ethology and Sociobiology*, *14*, 97−113.

Rohwer, S., Herron, J. C., & Daly, M. (1999). Stepparental behavior as mating effort in birds and other animals. *Evolution and Human Behavior*, *20*, 367−390.

Salmon, C. A. (1999). On the impact of sex and birth order on contact with kin. *Human Nature*, *10*, 183−197.

Salmon, C. A. (2003). Birth order and relationships: Family, friends, and sexual partners. *Human Nature*, *14*, 73−88.

Salmon, C. A. (2007). Parent-offspring conflict. In C. A. Salmon&T. K. Shackelford (Eds.), *Evolutionary family psychology* (pp. 145−161). New York, NY: Oxford University Press.

Salmon, C. A., & Daly, M. (1998). Birth order and familial sentiment: Middleborns are different. *Evolution and Human Behavior*, *19*, 299–312.

Salmon, C. A., & Malcolm, J. (2011). Parent-offspring conflict. In C. A. Salmon & T. K. Shackelford (Eds.), *The Oxford handbook of family psychology* (pp. 83–96). New York, NY: Oxford University Press.

Salmon, C. A., Shackelford, T. K., & Michalski, R. (2012). Birth order, sex of child, and perceptions of parental favoritism. *Personality and Individual Differences*, *52*, 357–362.

Saroglou, V., & Fiasse, L. (2003). Birth order, personality, and religion: A study among young adults from a three-sibling family. *Personality and Individual Differences*, *35*, 19–29.

Senchak, M., & Leonard, K. (1992). Attachment style and marital adjustment among newlywed couples. *Journal of Social and Personality Development*, *9*, 51–64.

Shaver, P., & Hazan, C. (1993). Adult romantic attachment: Theory and evidence. In D. Perlman & W. Jones (Eds.), *Advances in personal relationships* (Vol. 4, pp. 29–70). Greenwich, CT: SAI.

Silk, J. B. (1980). Adoption and kinship in Oceania. *American Anthropologist*, *82*, 799–820.

Silk, J. B. (1987). Adoption among the Inuit. *Ethos*, *15*, 320–330.

Silk, J. B. (1990). Which humans adopt adaptively and why does it matter? *Ethology and Sociobiology*, *11*, 425–426.

Simpson, J. (1990). Influences of attachment styles on romantic relationships. *Journal of Personality and Social Psychology*, *59*, 971–980.

Simpson, J., Rhodes, W., & Nelligan, J. (1992). Support seeking and support giving within couples in an anxiety-provoking situation: The role of attachment styles. *Journal of Personality and Social Psychology*, *62*, 434–446.

Smith, M. S., Kish, B. J., & Crawford, C. B. (1987). Inheritance of wealth and human kin investment. *Ethology and Sociobiology*, *8*, 171–182.

Stack, C. (1974). *All our kin: Strategies for survival in a black community*. New York, NY: Harper & Row.

Sulloway, F. J. (1995). Birth order and evolutionary psychology: A meta-analytic overview. *Psychological Inquiry*, *6*, 75–80.

Sulloway, F. J. (1996). *Born to rebel*. New York, NY: Pantheon.

Sulloway, F. J. (1999). Birth order. In M. A. Runco & S. Pritzker (Eds.), *Encyclopedia of creativity* (Vol. 1, pp. 189–202). San Diego, CA: Academic Press.

Sulloway, F. J. (2001a). Sibling-order effects. In N. J. Smelser & P. B. Baltes (Eds.),

International encyclopedia of social and behavioral sciences (Vol. 21, pp. 14058–14063). Oxford, England: Elsevier.

Sulloway, F. J. (2001b). Birth order, sibling competition, and human behavior. In H. R. Holcomb, III (Ed.), *Conceptual challenges in evolutionary psychology: Innovative research strategies* (pp. 39–83). Boston, MA: Kluwer Academic.

Sulloway, F. J., & Zweigenhaft, R. L. (2010). Birth order and risk taking in athletics: A meta-analysis and study of major league baseball. *Personality and Social Psychology Review, 14,* 402–416.

Surbey, M. (1998). Parent and offspring: Strategies in the transition at adolescence. *Human Nature, 9,* 67–94.

Trivers, R. L. (1972). Parental investment and sexual selection. In B. Campbell (Ed.), *Sexual selection and the descent of man: 1871–1971* (pp. 136–179). Chicago, IL: Aldine.

Trivers, R. L. (1974). Parent-offspring conflict. *American Zoologist, 14,* 249–264.

Trivers, R. L., & Willard, D. (1973). Natural selection of parental ability to vary the sex-ratio of offspring. *Science, 179,* 90–92.

van den Berg, P., Fawcett, T. W., Buunk, A. P., & Weissing, F. J. (2013). The evolution of parent-offspring conflict over mate choice. *Evolution and Human Behavior, 34,* 405–411.

Van IJzendoorn, M. (1995). Adult attachment representations, parental responsiveness, and infant attachment: A meta-analysis on the predictive validity of the adult attachment interview. *Psychological Bulletin, 117,* 387–403.

Voland, E. (1998). Evolutionary ecology of human reproduction. *Annual Review of Anthropology, 27,* 347–374.

Voland, E., Dunbar, R. I. M., Engel, C., & Stephan, P. (1997). Population increase and sex-biased parental investment in humans: Evidence from 18th and 19th century Germany. *Current Anthropology, 38,* 129–135.

Voland, E., & Gabler, S. (1994). Differential twin mortality indicates a correlation between age and parental effort in humans. *Naturwissenschaften, 81,* 224–225.

Volk, A. A., & Atkinson, J. A. (2013). Infant and child death in the human environment of evolutionary adaptation. *Evolution and Human Behavior, 34,* 182–192.

Ward, M. J., & Carlson, E. (1995). Associations among adult attachment representations, maternal sensitivity, and infant-mother attachment in a sample of adolescent mothers. *Child Development, 66,* 69–79.

Wierson, M., Long, P. J., & Forehand, R. L. (1993). Toward a new understanding of early menarche: The role of environmental stress in pubertal timing. *Adolescence,*

23, 913−924.

Wiley, A. S., &Carlin, L. C. (1999). Demographic contexts and the adaptive role of mother-infant attachment: A hypothesis. *Human Nature, 10*, 135−161.

Wingerd, J. (1970). The relation of growth from birth to 2 years to sex, parental size, and other factors, using Rao's method of transformed time scale. *Human Biology, 42*, 105−131.

22장

가족의 진화생태학

루스 메이스[1]

서론

인간은 가족을 이루고 살아간다. 사실상 모든 인간 사회의 중심에는 남편과 아내로 이루어진 관계가 존재한다. 쌍으로 결합한 부부가 완전히 독립해서 사는 사회 시스템은 비교적 드물지만 말이다(Harrell, 1997). 수렵채집인은 대부분 (연속적인) 일부일처혼에, 부의 상속이 거의 없고, 비교적 평등한 사회 시스템을 이루고 산다. 수렵채집인 무리는 핵가족들의 비교적 유동적인 집합으로, 모계, 부계, 혹은 양 가계가 혼합된 혈연관계, 우정, 혹은 편의성에 기초해서 구성된다(Apicella, Marlowe, Fowler, & Christakis, 201; K. R. Hill et al., 2011; Marlowe, 2005). 자급자족 전략의 변화는 인간이 진화할 때 가족을 포함하여 여러 굵직한 진화적 전환에 결정적인 역할을 했다. 특히 중요한 것이 농경의 시작이었다. 상속 가능한 자원은 후손들의 미래 번식 성공에 큰 영향을 미쳤고, 부와 정치력의 불균등을 만들어냈다(Kaplan, Hooper, &

---

1 루스 메이스의 연구는 ERC의 기금을 받았다(AdG 249347). 여기 논의된 모든 주제는 수많은 사람의 논의와 공동작업에서 도움을 받았으며, 특히 그녀가 속한 UCL 인류학과 인간진화생태학그룹(HEEG)의 전현직 연구자들에게 감사를 전한다.

Gurven, 2009). 농경의 출현은 번식력의 증가와 인구 밀도 상승으로 이어졌다. 인종 언어학적 집단의 규모가 커짐에 따라 복잡한 정치 시스템이 출현했다(Currie & Mace, 2009; Johnson & Earle, 2000). 혼인, 주거, 혈통, 상속 패턴은 더 형식화된 동시에 아마 더 다양해졌을 테고, 집을 떠나는 분산의 성 편향은 훨씬 심해졌다. 따라서 인간의 가족을 이해한다는 것은 가족의 생물학적, 문화적 진화를 이해하는 것이기도 하다. 진화생태학의 틀은 이러한 두 양상과 그 공진화를 조사하는 데 이용되어왔다.

인간 생활사와 사회 조직의 공진화

인간은 진화사의 거의 모든 기간에 수렵채집인으로 살아왔으며, 이 점을 고려할 때 번식의 개시 및 종료 시점과 노화 같은 우리의 주요한 생활사 형질을 비롯하여 인간의 생리와 심리의 굵직한 부분들은 필시 이 자급자족 방식에 적응한 결과였을 것이다. 인간 여성의 생활사는 다른 유인원들과 상당히 다른 형질을 가지고 있다. 여성은 유년기가 길고, 사춘기 이후에 번식력이 급상승하며, 그런 뒤 폐경이 찾아와 긴 후생식기를 보낸다. 이러한 패턴에 관해서는 다양한 설명이 있지만, 대부분은 가족 내부의 협력 및 경쟁 관계와 연관되어 있다(Hawkes, O'Connell, Blurton Jones, Alvarez, & Charnov, 1998; K. Hill, 1993; Mace, 2000). 출산 간격이 비교적 짧고 유년기가 길다는 것은 가족 내부에 다수의 의존적인 자녀들이 존재할 수 있고, 그만큼 어머니가 부담하는 비용이 크다는 뜻이다. 인간의 어떤 전통 사회 시스템에서도 어머니 홀로 자녀를 기르는 경우가 규범으로 관찰된 적이 없다. 정도는 달라도 인간 어머니는 거의 언제나 남편의 도움에 의지하고, 할머니 등 대가족의 도움을 받는 경우도 적지 않다.

폐경이 선택된 것은 할머니들이 양육에 협조적이었고 딸의 출산을 도왔기 때문일 것이다(Hawkes et al., 1998). 이 가설은 친족이 인간의 번식력에 미치는 효과에 지대한 관심을 불러일으켰고, 진화 이론이 진화의 영역을 넘어 인구학 같은 분야에서 의제를 설정할 때 어떻게 유용할 수 있는지를 구체적으로 보여주었다. 폐경에 관한 추측은 윌리엄스(1957)와 해밀턴(1966)에서 시작되었다. 더 정교한 형식을 갖춘 '할머니 가설'은, 인간의 폐경이 선택된 것은 나이가 많은 어머니가 계속해서 직접 출산을 하기보다는 손주에게 투자하는 쪽을 선호하는 혈연선택의 결과일 수 있다고 말한다(Hawkes et al., 1998). 이제는, 할머니들이 자식들의 번식 성공에 기여한다는 사실을 많은 증거가 나오고 있다(Sear & Mace, 2008에서 검토). 모든 사회에서 모계 할머니들은 손주들의 생존에 이익을 제공한다. 부계 할머니들 역시 특히 수렵채집 사회에서 도움을 주는 경우가 있지만(Crittenden & Marlowe, 2008), 그들의 영향은 들쭉날쭉한 편이다.

모든 연구자가 할머니 효과만으로 자연선택이 왜 폐경을 선호했는지를 충분히 설명할 수 있다고 여기지는 않는다. 어떤 이들은 어머니가 자식에게 미치는 영향이 더 중요하다는 관점을 선호하는데(Pavard, Koons, & Heyer, 2007; Peccei, 2001), 이른바 '어머니 가설'이다. 어머니 가설과 할머니 가설 모두 번식의 노화가 신체의 노화에서 분리되었을 때 나오는 어떤 이득이 있어야 한다는 점에서 꽤 유사하다. 이와 반대로 어떤 이들은 폐경이 그저 생리적 제약 때문이며, 난자의 한시적 생존력과 유사하다고 주장한다(K. Hill & Hurtado, 1991). 그렇다면 후생식기의 삶은 생식력이 50세경에 중단됨에 따라 생겨난 파생 형질로서 진화했을지 모른다(Hawkes et al., 1998; Kim, Coxworth, & Hawkes, 2012). 풍부한 데이터를 자랑하는 수학적 모델들은 혼합된 결과를 내놓는다. 즉, 그 모델들은 사망에 이르기 한참 전에 종료되는 가임기와 관련하여 어떤 적합도 이익도 예측하지 못했고(Hill & Hurtado, 1996), 또한 어머니 효과와 할머니 효과가 결합되어 번식력과 연령 증가에 따라 상승하는 산모 사망률에 이익을 가져다주는 것만으로는 폐경 선호를 설명하기에 충분하지 않다는 결과를 얻었다(Pavard & Branger, 2012; Shanley, Sear, Mace, & Kirkwood, 2007). 그러나 그 효과는 오히려 중요하지 않을 수도 있다.

할머니 가설의 다양한 모델들이 대부분 내포하고 있는 개념은 어머니와 딸이 번식 문제에서 경쟁 관계에 있다는 것이다. 비경쟁 관계에 있는 할머니들만이 정말 딸의 번식을 도울 수 있다고 여겨지기 때문이다. 인간 여성에게 세대 간 중첩이 거의 없는 것은(그림 22.1) 놀라운 일이다. 딸이 가임연령에 도달하면 어머니는 폐경을 맞고, 딸이 폐경에 이르면 어머니는 사망한다. 번식 갈등 때문에 가임기의 중첩이 줄어든다고 예측할 수는 있지만, 이는 공동 번식을 하는 조류와 포유류 대다수가 그런 것처럼 어린 여성 대신 나이든 여성이 번식을 중단하는 이유는 설명하지 못한다 (Clutton-Brock, Hodge, Flower, Spong, & Young, 2010; Hatchwell & Komdeur, 2000). 어머니와 할머니의 경쟁은 특히 암컷이 가족을 떠나는(시집을 가는) 종에서 격렬한데, 이는 암컷이 이주한 결과로 집단 내부에서 나이든 암컷들과 번식 가능한 어린 암컷들이 유전적 연관성이 낮기 때문이다(Cant & Johnstone, 2008; Johnstone & Cant, 2010). 암컷 분산은 포유류들 사이에선 흔치 않은 일이지만 침팬지Pan troglodytes에게는 가장 흔한 조건이다. 비록 현대의 수렵채집인들이 다양한 거주 패턴을 보이기는 하지만(K. R. Hill et al., 2011), 우리는 인간의 조상이 침팬지와 마찬가지였으리라 추정한다. 부계 중심의 거주방식(여성은 가임연령이 되면 분산을 시작하고, 남성은 분산하지 않는다)에서 성년 여성과 소속 집단의 근연도는 새 집단에 도착하는 시점에는 아주 낮을 테고, 집단 내부의 다른 여성들과는 대체로 혈연관계가 없거나, 있다 해도 아주 멀 것이다. 거주 집단에 대한 여성의 근연도는 나이가 들면서 자식(특히 다른 집단으로 이주하지 않는 아들)이 태어나고, 또 성장한 자식이 출산을 하는 과정에서 점진적으로 증가한다. 우리는 이와 같은 근연도 패턴이 감비아의 시골 지역(Mace & Alvergne, 2012)에 있는 부계 복합체(아버지, 아들, 형제들과 그들의 가족들이 공동 거주한다) 사례에 적용된다는 것을 입증한 바 있다. 나이든 여성이 번식 자원을 두고 아들의 배우자와 경쟁 관계에 있을 때, 나이든 여성은 아들의 자식과 혈연관계가 있지만 (따라서 며느리의 번식에 해를 가하는 경우 적합도 비용을 치르게 된다), 아들의 아내는 시어머니의 자식과 혈연관계가 없으므로 근본적인 비대칭이 발생할 수밖에 없고, 따라서 자연선택은 아내가 시어머니의 번식을 돕는 것을 선호하지 않는다. 진화적으로 안정된 전략ESS: Evolutionarily stable strategy 모델은 젊은 여성이 경쟁에서 승리할 가능성이 높고, 나이든 여성은 불임 상태의 조력자가 될 수밖에 없다는 점을 보여준다(Cant & Johnstone 2008). 이 모델은 공동 번식하는 종에게 나타나는 번식 갈등이 대체로 어떤 의미인지를 보여주는 이전의 모델들을 통해 다음과 같은 결론을 도출한다. 비록 우월한 번식 개체가 그렇지 못한 번식 개체보다 번식에 필요한 자원을 더 많이 차지하긴 하지만 열세에 놓인 개체의 입장에서는 직접 번식하기 위해 경쟁하며 비용을 치르는 것보다 강한 친족의 번식을 돕는 것이 유전적으로 이익이 될 수 있다(Reeve, Emlen, & Keller, 1998). 존스톤Johnstone과 캔트Cant(2010)는 연령이 증가

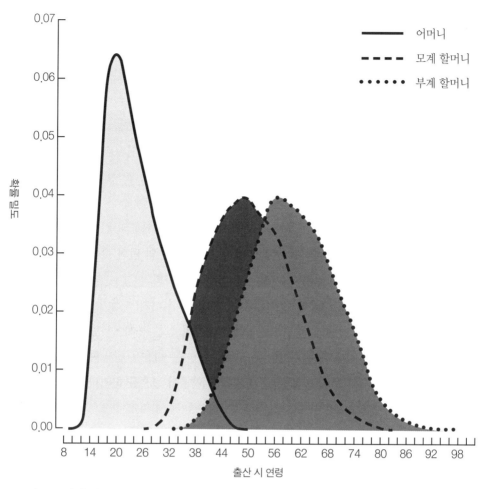

그림 22.1 출산 시 어머니, 모계 할머니, 부계 할머니의 연령(감비아 농촌), Mace and Alvergne, 2012.

할수록 소속 집단과의 근연도가 상승한다는 사실에 근거해서, 암컷이 분산하거나 집단 외부에서 짝짓기를 하는 고래와 영장류가 만년에 번식력이 낮은 것을 설명할 수 있다고 주장한다. 인간은 대체로 여성이 분산하고, 따라서 폐경은 성 편향적인 분산 패턴과 연관되어 있을 것이다. 이 가설이 흥미로운 것은, 어떤 이들은 모계 할머니가 가장 협조적이라는 이유로 앞서 언급한 할머니 가설에 모계 사회가 뒷받침되어야 한다고 가정하기 때문이다. 하지만 여성 편향 분산 가설에서 발생하는 갈등은 그 반대의 경우를 암시한다. 폐경을 설명하는 이 이론은 여성-여성 갈등이 번식 일정의 주요 결정 인자인지를 밝히는 데에만 집중한다. 부계 사회에서는 아버지와 아들이 공동 거주하는데, 부자 갈등에서 승리하는 것은 대체로 아버지이므로, 만일 남성이 번식 갈등의 결과를 결정한다면 여성의 분산은 폐경을 예측하는 인자가 아닐 것이다 (Ji, Xu, & Mace, 2014). 분산뿐 아니라 지배성과 일부다처제도 번식 패턴을 결정하는 중요한 요인이다. 모계와 부계에서 유전된 유전자들의 유전체 갈등을 설명하는 모델은 여러 갈등 상황을 시사하며 번식능력이 성 편향적 분산뿐 아니라 수많은 요인에 의해 억제될 수 있다고 예측한다(Úbeda, Ohtsuki, & Gardner, 2014). 따라서 폐경의 진화적 기초는 계속 연구해야 할 영역이다.

결혼을 하는 데 부모나 친족의 재산이 필요할 때 부모는 아들의 번식 기회를 통제할 수 있으며 아들의 결혼 시기를 지연시킴으로써 세대 간의 번식 갈등을 완화할 수 있다. 감비아 농촌 지역에 거주하는 (농경을 하는) 만딩카족의 경우, 남성이 늦게 결혼하는 문화적 규범으로 인해 시어머니와 며느리의 출산 시기 중첩이 거의 0에 가깝게 줄어든다 (그림 22.1; Mace & Alvergne, 2012). 극히 일부 사례에서만 며느리의 출산과 시어머니의 출산이 중첩되는데, 이때 치러야 하는 비용은 상당히 높아 보인다 (Lahdenpera, Gillespie, Lummaa, & Russell, 2012). 딸들이 결혼을 하거나 출산한 후에 출생 가정을 떠나면, 아마 부거제父居制(혹은 남성중심거주제)의 영향으로 가정의 자원을 차지하기 위한 여성 친족들의 세대 간 경쟁은 완화될 것이다. 따라서 인간의 번식 패턴은 친족 체계, 부계 거주와 결합된 여성의 이른 첫 출산 시기, 그리고 남성의 늦은 첫 출산 시기 등과 함께 공진화했을 것이다(Marlowe & Berbesque, 2012). 인간 사회에서 혈연관계, 거주, 결혼 규범은 그 자체로 가족 내부의 번식 갈등을 줄이기 위한 문화적 적응이라고 볼 수 있다(Mace, 2013).

혈연관계, 결혼, 자급자족 체계의 공진화

결혼, 혈연관계, 혈통의 문화적 규범들은 대체로 사회의 기반이 되는 사회경제 체제의 산물이다. 따라서 이 기본적인 인류학 분야를 이해하는 데에는 인간의 행동생태학이 필수적이다.

일부다처제, 일부일처제, 일처다부제

행동생태학자들이 잘 알고 있듯이, 수컷이 영토 안에서 번식에 필요한 자원을 독점할 능력이 있다면 그 자원을 이용해서 암컷을 유혹할 수 있으며, 암컷은 그 자원을 얻기 위해서 필요하다면 일부다처 관계를 맺기도 한다. 조류 사이에서 관찰할 수 있는 방식과 크게 다르지 않은데(Orians, 1969), 이 같은 자원-보호 일부다처 관계는 상속할 수 있는 부나 독점할 수 있는 자원을 가진 인간들 사이에서도 자주 나타난다(Borgerhoff Mulder, 1990). 다른 종들의 경우에서처럼 그런 일부다처제는 여성이 아이 아버지에게 개인적인 도움을 받지 않고 자식을 키울 수 있을 만큼 자원이 충분할 때에만 발생할 수 있다. 가축 등의 자원은 일부다처제와 남성 편향적인 부의 상속과 특별한 관련이 있다(Hartung, 1982). 남성들은 자원을 두고 경쟁하고, 그렇게 얻은 자원을 이용해서 결혼 상대를 얻고자 경쟁을 한다. 만약 자원의 주요 출처가 가족이라면 형제들과 경쟁한다. 일부다처제 사회에는 미혼 남성이 아주 많다. 일부다처제에서는 여성에 대한 수요가 높기 때문에, 딸의 부모는 이 점을 이용해서 신붓값(신랑에게서 신부의 가족에게로 가는 부의 이동)을 요구할 수가 있다. 대개 목축 사회가 이 모든 특징을 보여주는데, 가축은 걸어 다니는 돈이자, 집약적인 작물경작 시스템처럼 고된 노동을 요구하지 않기 때문이다. 케냐 북부 지역에서 낙타를 모는 가브라족 유목민은 가축을 딸 대신 아들에게 물려줌으로써(아들은 이를 통해 더 빨리, 더 많이 혼인할 수 있다) 손주의 수를 증가시킨다(Mace, 1996). 이렇게, 자원에 기초한 일부다처제에서 부계(남성-편향적) 상속 규범은 부모의 포괄적합도를 극대화시킨다.

수렵채집인들의 일부일처제(그리고 때로는 일처다부제)는 자원이 제한된 탓에 남성이 둘 이상의 여성을 부양하기 힘든 상황과 관계가 있다. 북극의 이누이트족이 그런 경우다. 이는 생태적으로 부과된 일부일처제로 알려져 있다(Alexander, Hoogland, Howard, Noonan, & Sherman, 1979). 하지만 유라시아처럼 개체군이 빈곤하지 않으면서도 일부일처제가 널리 퍼져 있는 경우는 다른 설명이 필요하다. 조류의 일부일처 관계는 수컷의 식량 공급에 따른 것으로 파악할 수 있고, 영장류 사이에서는 유아살해를 피하기 위한 경우가 많다(Opie, Atkinson, Dunbar, & Shultz, 2013). 이 두 가지 문제는 인간의 사회적 진화에도 중요하다. 어쩌면 부의 상속 같은 부모 투자가 농경 사회에서 일부일처제가 문화적으로 진화한 이유를 설명하는 열쇠일지 모른다.

일부다처제 사회의 경우, 여성이 부유한 남성과 결혼해서 얻는 이점은 미래의 다른 부인들 및 그 자식들과 남편의 부를 공유해야 한다는 점 때문에 경감될 수 있다. 하지만 일부일처제 사회에서 아내의 자식은 상속의 완전한 권리를 누리며, 따라서 여성들은 가장 부유한 남성과 결혼하기 위해 경쟁한다. 이 과정에서 지참금이 발생한다. 신부 가족이 신랑 가족에게 돈을 지불해서 딸의 매력을 높이고, 그만큼 결혼의 전망을 향상시키는 것이다(Gaulin & Boster, 1990). 인도의 일부 지역에서는 딸의 결혼에 필요한 지참금이 부모에게 상당한 부담이 되는 탓에 손위 자매가 많은 여아는 유아 살해의 위험에 처하기도 한다(Dickemann, 1979). 남성이 일부일처제로 얻는 이익은 그보다 더 설명하기가 어렵다. 관련 모델을 통해 여성이 자신의 성적 충실성을 남성에게 배타적 투자의 보상으로 제공할 때 진화적으로 안정된 전략(ESS)이 나타난다는 것은 알 수 있지만, 이는 남성 투자에 대한 보상이 상당히 높고, 자원이 나뉠 경우 보상이 감소하는 생태계에만 적용된다(Fortunato & Archetti, 2010). 하지만 일부일처제는 집약 농업으로 토지가 부족하고, 여러 상속인에게 사유지를 계속 분할하다가 그 가치가 결국 고갈되는 곳에서도 관찰된다.

그러나 인간의 일부일처혼이 진화하는 데 유아살해가 했던 역할을 간과할 수는 없다. 수렵채집인들 사이에서 유아살해가 드물지 않았던 것은, 아마 어느 정도는 어머니나 아버지가 더 이상의 자식을 부양할 수 없다고 느낄 때 출생률을 조절하는 수단이었기 때문일 것이다. 부모 투자가 짝짓기 전략과 사망률을 비롯한 다른 모든 생활사적 형질과 연결되어 있다는 생각은 인구학 데이터를 진화적으로 분석하기 전까지는 제대로 이해되지 못했다. 부모 투자는 당연히 주어지는 것이라고는 생각할 수 없으며, 어머니가 복수의 남성과 관계를 맺는 경우 부모 투자의 감소가 비용으로 발생한다. 아체족에게 아버지의 사망은 유아살해의 주요 원인으로(K. Hill & Hurtado, 1996), 다른 가족들이 고아나 아버지가 없는 자녀를 부양하는 데 선뜻 도움을 주지 않기 때문이다. 여러 포유류도 비슷한 이유로 유아를 살해한다. 랑구르(Hrdy, 1990), 고릴라, 사자 등은 수컷이 새로 유입되면 암컷이 다시 발정기를 맞도록 체계적으로 새끼를 살해한다. 물론 인간 사회에서 그런 일은 일어나지 않는다. 그럼에도 인간의 육아에 관한 가장 중요한 연구결과 가운데 하나는 아동 학대 및 아동살해를 다룬 핵심적인 연구에서 나왔다. 유전적 연관성이 없는 어머니의 파트너들이 자녀의 학대와 방치, 혹은 살해에 미치는 영향을 조명한 연구였다(Daly & Wilson, 1988). 이 연구 이후로 전 세계에서 다양한 조건 아래 동일한 결과가 반복해서 확인되었고, 다만 스웨덴에서 주목할 만한 예외가 발견되었다(Temrin, Nordlund, Rying, & Tullberg, 2011). 이 같은 결과들은 분명 공공정책에 시사점이 있지만, 정책입안자들에게 늘 적절한 관심을 받지는 못해왔다(Daly & Tullberg, 2011). 유아살해는 분명 극단적인 예지만, 아버지의 자리에 혈연관계가 없는 남성이 왔을 때, 유전적 아버지가 존재하는 경우보다 더 큰 스트레스와 갈등을 일으킬 수 있다는 통찰은 직접적인 학대와 연관되지 않은 사례에도 적용될 수 있다. 호주의 사고사(교통사고부터 수영장에 빠지는 등 살인 혐의가 없는 경우)를 연구한 결과, 두 부모가 모두 있든 한 명만 있든, 유전적 부모하고만 사는 자녀가 사고사할 확률은 유전적 부모와 비유전적 부모가 결합한 가정에서 사는 경우보다 낮은 것으로 나타났다(Tooley, Karakis, Stokes, & Ozanne-Smith, 2006). 영국의 일반적인 10세 아동 집단에서 아버지의 부재는 아버지가 존재하는 가족과 비교했을 때 경미한 신장 감소와 관련이 있었고, 아버지의 자리에 혈연관계가 없는 남성이 함께 거주하는 경우에는 보다 큰 폭의 신장 감소와 상관관계가 있었다(그림 22.2; Lawson & Mace, 2009의 결과). 어머니의 새로운 결합에서 발생하는 비용은 새 파트너의 학대 못지않게, 일정 부분 어머니가 새 파트너와 그가 키우던 다른 자식에게 관심을 분산시키는 데 기인한다. 게다가 부모가 사망한 사례들을 다룬 인도의 연구에서 볼 수 있듯이(Shenk & Scelza, 2012), 아버지의 부재는 어느 정도 성장한 자녀에게 금전적 투자 및 부의 상속이라는 측면에서 추가 비용을 발생시키고, 그에 따라 자녀의 결혼 전망에 영향을 미친다. 이 모든 효과는 일부일처혼의 진화적 근거가 될 수 있는데, 이혼한 아버지가 치르는 잠재적 적합도 비용과 관련이 있다. 이혼을 하는 경우, 가족을 떠나는 데서 발생하는 적합도 비용과 새로운 가정을 시작하는 이익을 맞거래해야 한다.

일처다부혼이 이뤄지는 경우는 세계적으로 인간 문화에서 극히 일부에 불과하다(Murdock, 1967). 보통 일처다부제는 형제를 중심으로 (둘 혹은 그 이상의 형제들이 한 명의 아내와 결혼하며) 이뤄진다. 이는 의심할 여지 없이 자녀가 아무 혈연관계가 없는 남자이자 어머니의 새로운 성적 파트너와 한 집에 거주하는 일을 방지하기 위해서다. 히말라야 셰르파족의 부계 사회는 농사를 지을 수 있는 거주지가 강 근처의 몇

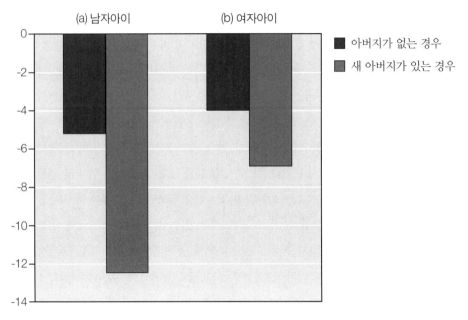

(a) 남자아이　　　　　(b) 여자아이

■ 아버지가 없는 경우
■ 새 아버지가 있는 경우

그림 22.2 두 유전적 부모와 함께 사는 10세 아동을 기준으로, 아버지가 없거나 의붓아버지가 있는 10세 아동의 신장 차(mm). (a)는 남아, (b)는 여아. 출처: Lawson and Mace, 2009의 자료.

몇 계곡에 불과해 이미 포화 상태인 탓에 이주를 통해 새로운 농가를 꾸리기가 어렵다. 따라서 형제들의 경쟁은 오직 모든 형제가 한 아내와 결혼하는 것—번식을 공유하는 최후의 수단—으로만 해결할 수 있다. 이때 동생들은 직접적합도의 관점에서 좋은 결과를 얻지 못한다(Haddix, 2001). 그래도 우위에 있는 손위 형제들과 어느 정도 부성을 (비록 작은 부분만을 차지하더라도) 공유하는 편이, 공통의 아내나 농장에 대한 권리를 놓고 그와 싸우는 것보다는 낫다(Ji et al., 2014). 농사 외에 다른 직업이 생겨 자원의 제약이 해소되면, 손아래 형제들은 서둘러 일처다부 관계를 떠나 새로운 핵가족을 만든다(Haddix, 2001).

거주 형태, 혈통, 부의 상속

인간 사회는 대부분 부계와 모계 중 어느 한쪽 계보를 주로 한다. 이는 보통 작명 체계에 그대로 나타나며, 직위와 물질적인 부를 상속할 때에도 부계와 모계 중 어느 한쪽을 우선시한다. 직계 시스템들 안에서 세계적으로 가장 일반적인 패턴은 부계 제도다. 남성이 자원을 통제할 때 발생하는 이익 때문인데, 앞서 (일부다처제, 일부일처제, 일처다부제를 다룬 절에서) 논의했듯이 농경과 부의 상속이 시작된 이후로 통제의 필요성이 특히 중요해졌다. 같은 이유로 부계 상속과 부계 중심 거주는 보통 함께 발견된다. 부계 상속과 부계 중심 거주를 시행하는 사회 시스템에 속한 여성은 남성(남편)이 소유한 자원(예를 들어, 토지와 가축)에 접근해서 얻는 이익 때문에 자신의 여성 친족과 가까이 사는 데서 얻을 수 있는 이익을 포기한다. 말리의 도곤족의 사례에서 기술했듯이 그 대가는 격렬한 여성-여성 갈등으로, 이들은 협력적인 번식자로는 잘 묘사되지 않는 듯하다(Strassmann, 2011).

『인종지도사전Ethnographic Atlas』(Murdock, 1967)에 기술된 사회 시스템 가운데 소수이긴 하나 결코 작지 않은 비율(약 17%)이 모계 혈통이다. 모계 혈통은 여성이 살아가는 동안 여러 남편을 두는 경우가 많기 때문에 혼인 관계의 유대는 약한 편이다. 부와 직위는 대체로 여성의 가계를 통해 계승되기 때문에 아버지가 여럿이어도 자원 상속에 별다른 이득이 발생하지 않는다. 모계 혈통을 예고하는 생태계는 남성이 쉽게 독점해서 여성을 유혹할 수 있는 자원이 부족하다. 아프리카에서는 가축이 부족한 환경이 모계 혈통과 강하게 연관되어 있다(Aberle, 1961; Holden & Mace, 2003). 다른 지역의 경우, 모계 혈통은 남성의 높은 사망률과 그리고/또는 남성의 부재율과 관련이 있는 것으로 나타난다. 이는 일부 아메리카 원주민 집단의 경우처럼 잦은 전쟁 때문이기도 하고(Keegan & Maclachlan, 1989), 태평양 지역에서처럼 주로 무역이나 해양 어업에 종사하기 때문이기도 하다(Hage & Marck, 2003). 기본적인 생태환경과 무관하게 모계 사회의 여성들은 어머니, 딸, 자매들에게 의지해서 가족을 부양하는데, 남편이나 다른 남성의 지원은 대개 일시적이다. 모계 체계는 부성 확실성이 낮은 경향이 있는데, 그것이 어느 정도까지 모계 혈통 체계의 원인인지, 또는 그 결과인지에 대해서는 논쟁의 여지가 있다(Hartung, 1985). 모계 체계는 진화인류학자(그리고 여타 인류학자들)에게는 하나의 수수께끼인데, 남성이 왜 자기 아내의 자식이 아니라 누이의 자식에게 투자하는지가 불확실하기 때문이다. 모계 사회의 부성 불확실성이 인간 사회 가운데 가장 높은 수준이긴 하지만(예를 들면 힘바족의 경우처럼; Scelza, 2011), 그래도 아내가 낳은 자식과의 근연도가 누이의 자식보다는 높기 마련이다. 이 순서가 역전되려면 부성 확실성이 0.268 이하로 내려가야 하는데(Greene, 1978), 이는 비현실적인 수준이다. 하지만 만일 누이들이 공동 번식을 하고 남성의 투자를 공동 가구가 공유한다면 적합도 보상은 모계 투자를 선호할 것이다(Wu et al., 2013). 그림 22.3은 공동 가구에 거주하는 누이의 수를 함수로 두었을 때, 아내의 가구와 누이의 가구 사이에 남성의 투자를 배분하는 최적의 비율을 구한 우Wu 등의 모델이다. 가족 중에 출산 가능한 여성이 한 명뿐일 때, 남성이 모계에 더 많이 투자하려면 p(부성 확실성)는 다시 한번 (그린의 예측과 동일한) 0.268 이하로 내려가야 한다. 하지만 둘이나 세 누이가 동거하면서 공동 가구를 구성한다면, 보상은 아내의 가구보다는 모든 자식이 자신과 유전적 친척인 누이의 가구(즉 자신의 본가)에 투자하는 쪽을 선호하게 된다. 더 많은 누이나 여성 친족이 공동 번식을 할수록, 모계 투자가 더 강하게 선호된다. 모계 투자에서 함께 자녀를 키우는 누이의 수(n)는 현실적인 수치의 부성 확실성(p)보다 중요한 결정인자다. 중국 남서부 지역의 모수오족은 지금까지 기술된 사회 가운데 모계 혈통이 가장 강하다. 이들은 양성 모두 새 가족을 꾸려 이주하지 않고 형제자매가 평생을 함께 살면서 공동 농장을 일구고 식량(대부분 곡물, 돼지고기, 그리고 생선)을 공유하기 때문에, 아내의 자매들이 낳은 자식으로 가득한 (혈연관계가 없는) 가족들을 먹이는 데 투자를 해봐야 남성은 별다른 적합도를 얻지 못한다(Wu et al., 2013). 모수오족에게 성적인 동반자 관계는 '주혼走婚', 혹은 '방문혼'이라 불리는데, 남성은 상대와 밤을 보낸 뒤 아침에 귀가한다. 물론 아버지는 자식에게 거의 투자하지 않는다. 이 전통적인 결합에서 배타성(부부 유대)이나 공동 거주(동거)를 볼 수 없다는 사실은, 일반적인 이해와는 달리 결혼이 모든 사회에 필수가 아니라는 것을 보여준다.

모수오족 사이에서 이제는 일부일처혼과 분가형 핵가족이 더 많아지고 있다. 어느 정도는 중국의 법과 가족 정책이 장려한 결과지만, 한편으로는 경제적 변화에 따른 것이기도 하다. 모수오족 거주 지역에 관광 산업이 발달하면서 일부 개인들이 농장과 무관하게 (관광호텔 등을 통해) 추가 수입을 얻었고, 공동 가구를 떠나 새로 핵가족을 꾸릴 수 있게 되었다(Mattison, 2010). 이는 모수오족의 공동 번식이 분산의 제약 때문일 수 있다는 점을 보여주는데, 동물계에서 공동 번식을 하는 많은 동물이 분명 비슷할 것이다(Hatchwell & Komdeur, 2000) 형제를 중심으로 공동 번식을 하는

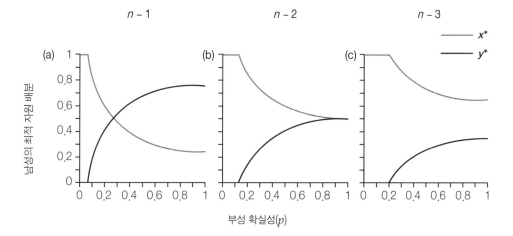

그림 22.3 출생 가구와 혼인 가구 중 남성이 자원을 배분하는 최선의 경우. 부성 확실성(p)과 가정에 함께 거주하는 누이의 수(n)가 함수관계일 때, 누이의 농장(x^*, 위에서 출발하는 선)과 아내의 농장(y^*, 아래에서 출발하는 선) 가운데 남성이 자신의 노력을 분배하는 최적의 자원 배분. 핵가족($n=1$)은 $p<0.268$ 지점까지만 누이의 농장에 투자하는 편이 아내의 농장에 투자하는 것보다 낫다는 점에 주목하라. 하지만 $n \geq 2$인 공동 가구라면 모계 투자가 더 선호된다. 출처: Wu et al., (2013).

사례는 일처다부제인 (일부다처제, 일부일처제, 일처다부제를 다룬 절에서 논의한) 히말라야 티베트의 셰르파족 가정에서 찾아볼 수 있다. 이처럼 모계 혈통의 모수오족과 일처다부제이면서 부계 혈통인 티베트인들 모두 공동 번식 가구가 이주의 제약 때문에 출현하는 경위와, 제약이 완화되었을 때 공동 번식 방식이 불안정해진다는 점을 보여주는 것이다.

사회 체계는 고고학적 기록으로 그 흔적이 남아 있는 경우가 거의 없다. 성−특이적 유전자 패턴은 과거에 인간이 시행한 짝짓기 시스템의 양상들을 반영한다는 주장이 많은데(Kayser et al., 2003; Seielstad, Minch, & Cavalli-Sforza, 1998), 추론에 활용된 유전자 패턴은 농경의 시작과 더불어 인구구성과 관련된 양상들이 출현한 이후에 발생한 것들이다(Heyer, Chaix, Pavard, & Austerlitz, 2012; Wilkins & Marlowe, 2006). 민족지학은 주로 지금 살아 있는 인물의 기억이나 문자로 기록된 역사와 구술사 같은 출처에 의존하기 때문에 시기가 현재나 비교적 최근으로 국한된다. 반면에 계통발생적 비교방법론은 진화생물학자가 다양성을 이해하는 과정에서 발전시킨 강력한 통계적 도구들을 제공하며, 이 도구들은 단순히 상관관계를 찾는 것 이상으로, 변화율, 조상의 상태, 진화의 속도 및 방식, 계통발생의 신호, 망상형 진화 등 수많은 진화 과정 및 그와 관련된 질문들을 탐구한다(Pagel, 1999). 문화적 계통발생 기법 역시 언어의 계통발생학을 활용해 비슷한 방법으로 인간 문화를 분석하고(Mace & Pagel, 1994), 선사시대를 잠재적으로 인류학에 재편입한다(Mace, Holden, & Shennan, 2005). 이 방법론은 반투족 개체군을 대상으로 부계 사회는 목축, 모계 사회는 목축의 부재와 관련이 있다는 가설을 입증했고(Holden & Mace, 2003), 데이터와 가장 잘 부합하는 변화 방향 모델은 먼저 목축으로 전환한 뒤에 부계 체계로 이행한다는 가설을 확증해서 인과관계를 시사했다.

계통발생적 기법은 현존하는 형질 분포와 계통발생학에 의존해서 현재의 분포가 어떤 진화적 과정을 이루어졌을지를 추론한다(Pagel, 1999; Pagel & Meade, 2006). 이 방법론에는 조상의 조건에 관한 추론이 내재해 있다. 우리는 이 기법을 통해 원생-말레이-폴리네시아인(~4500년 전)의 조상 조건은 모계와 모거제였고, 부거제는 나중에 오스트로네시아인 가족에서 진화했음을 밝혀냈다(Jordan, Gray, Greenhill, & Mace, 2009). 같은 방법으로 우리는 지참금과 일부일처제가 인도-유럽인들 사이에서 발생했을 가능성을 입증할 수 있었다(Fortunato, Holden, & Mace, 2006). 조상 조건을 연구한다고 해서 반드시 적응을 입증하는 것은 아니지만, 문화적 형질의 기원에 관한 서로 다른 가설들을 조정할 때에는 그런 연구가 꼭 필요하다. 예를 들어, 만일 조상 시대에 인도-유럽인들이 일부일처로 혼인했다면, 일부일처제는 (2,000년밖에 되지 않은) 기독교의 출현보다 훨씬 오래전으로 거슬러 올라가고, 결국 기독교가 유럽의 일부일처제를 이끈 원동력이었다는 일반적인 가정이 틀렸음을 폭로한다. 이는 해당 지역의 지배적인 사회 체계와 관습이 종교의 규칙을 결정하며, 그 역은 성립하지 않는다는 생각을 뒷받침한다.

저출산의 수수께끼

물론 아이를 낳으려는 욕망은 설명하기가 어렵지 않다. 진화의 관점에서는 그것이 우리의 존재 이유다. 따라서 아이를 낳지 않는 행동의 진화적 근거는 진화인류학자, 진화심리학자, 진화인구학자 모두에게 매우 흥미로운 수수께끼다. 인간의 출산을 감소시키는 가장 명백한 현상은 인구 변천이다. 자발적 비출산과 동성애도 생애번식성공(LRS)을 분명하게 감소시키는 부적응적 행동의 사례지만, 진화과학자들이 비교적 소홀히 한 주제였다.

저출산으로의 인구 변천

가족의 규모가 거의 보편적으로 급감하는 현상은 지난 두 세기 동안에 일어난 가장 광범위한 사회변화로, 지금도 전 세계에서 빠르게 진행되고 있다. 하지만 이 인구 변천을 해석하는 방식에 대해서는 분명한 합의가 이루어지지 않았다. 전통적으로 인구학자들은 출산 저하의 일차적 원인 인자로 유아사망률의 감소를 강조해왔다. 유아사망률의 감소가 저출산으로 넘어가게 된 변천의 한 요인이라는 점에는 의심의 여지가 없지만, 그것으로는 출산 저하의 모든 양상을 예측할 수는 없기 때문에 어떤 연구자들은 주된 결정요인으로서 새로운 생각의 문화적 전파를 제시한다(Coale & Watkins, 1986). 진화인구학자와 진화인류학자들은 높은 수준의 부모 투자를 열쇠로 보고 계속 초점을 맞춰왔다(Borgerhoff Mulder, 1998).

번식 성공의 극대화가 반드시 출산을 극대화하는 것만은 아니라는 사실이 오래전에 조류학자 데이비드 랙David Lack의 연구를 통해 알려졌다(Lack, 1954). 최대 속도로 번식하는 '다윈의 악마'는 현실세계에서는 성공하지 못할 것이다. 어머니(어쩌면 아버지도)가 치러야 할 번식 비용이 있고, 부모의 제한된 자원을 놓고 형제들이 벌이는 경쟁도 있기 때문이다. 이 비용과 출산의 적합도 이익 간의 절충은 '양─질 맞거래'라고 알려져 있다. 우리는 '양─질 맞거래'가 궁극적으로 인간이 내리는 번식 결정의 성격을 규정한다고 예측한다. 번식률은 부의 이동(결혼 선물이나 유산 상속 등)과 공진화하고, 이 때문에 부의 이동에 따른 비용이 큰 상황에서는 최적 출산이 제한될 수 있다(Mace, 1998). 이때, 자식의 양보다 질을 선택한 개인들의 경쟁이 무한질

주로 접어들면 발생하면 부모 투자는 눈덩이처럼 불어날 수 있다(S. E. Hill & Reeve, 2005; Mace, 2008). 현대 사회에서 이는 잠재적으로 부모 투자를 얻기 위한 형제들의 경쟁을 오히려 심화시킬 수 있다. 하지만 소가족을 선택한 우리의 재생산 결정은 사회적, 재정적, 보건 및 교육 측면의 수많은 이익이 저출산과 관련되어 있음에도 우리의 유전적 적합도를 극대화시키지 못하는 것으로 나타난다(Goodman, Koupil, & Lawson, 2012).

만일 사회의 어떤 측면이나 개인이 속한 환경의 어떤 측면이라도 인간 진화사에서 전에 없던 방식으로 최근에 변화했다면, 진화적 모델은 그로 인해 나타나는 행동을 예측하지 못할 수 있다. 자연선택은 시간이 필요한 작업이다. 이것을 '부조화'나 '진화적 지체'라고도 한다. 변화하는 신호에 개인이 얼마나 빨리 반응하는지의 문제는 아직 상대적으로 적게 탐구되었다. 우리들 대다수가 살아가는 사회는 서양Western, 교육계층educated, 산업화industrialized, 풍족함rich, 민주주의democratic의 앞글자를 따서 WEIRD(위어드)라 불리며(Henrich, Heine, & Norenzayan, 2010), WEIRD 사회가 대체로 속해 있는 도시적이고 산업화된, 또는 산업화를 넘긴 환경은 우리의 조상들이 진화한 환경과는 완전히 다르다. 최근 우리의 역사에서 발생한 사망률, 경제, 영양 상태의 급격한 변화는 진화적 시간에 비춰보면 눈 깜짝할 새 벌어진 셈이다.

문화적 진화 모델들은 저출산이 위신-편향적 모방의 결과일 수 있다고 제기했다. 사회적 성공과 번식 성공이 긍정적으로 상호 연관되지 않는 사회에서는 성공적인 사람들을 모방하는 경향이 어쩌면 현대의 피임법에 편승한 저출산의 모방으로 나타날 수 있다는 것이다(Boyd & Richerson, 1985). 더 일반적인 차원에서, 일부 문화적 진화 이론가들은 순응 그리고/또는 처벌이 집단 간의 문화적 차이를 지속시킬 수 있음을 문화적 집단 선택 모델을 통해 확인할 수 있다고 주장했다. 이들 집단 간의 경쟁 속에서 집단에 이익이 되는 문화적 행동이 선호될 수 있다는 것이다(Richerson & Boyd, 2005). 산아 제한이든 (식량의 공유처럼) 집단 안에서 번식을 평준화하는 그 어떤 형질이든 이런 식으로 진화한 행동의 사례일 수 있다. 우리는 에티오피아 시골 지역에서 피임법을 이용하겠다는 결정이 지근거리의 친구나 가족을 모방하거나 직접적인 사회 관계망의 사람들을 모방해서 확산된다는 증거를 거의 발견하지 못했는데, 종교가 어느 정도 효과를 나타내긴 했지만 수용 초기에는 사회적 전파가 큰 역할을 하지 못한다는 것을 알 수 있었고(Alvergne, Gurmu, Gibson, & Mace, 2011), 방글라데시의 시골 지역도 마찬가지였다(Munshi & Myaux, 2006). 한편 토지 상속으로는 에티오피아와 방글라데시 양쪽 모두에서 피임법의 수용을 예측할 수 있었다. 자녀에게 물려줄 사유지가 있는 이들은 피임법을 활용할 가능성이 높았던 것이다(Gibson & Gurmu, 2011; Shenk, Towner, Kress, & Alam, 2013). 이는 행동생태학 모델이 예측한 대로 저출산이 부의 상속과 공진화한다는 것을 가리킨다(Mace, 1998). 문화에 근거한 설명과 비용/이익에 근거한 설명을 칼로 자르듯 나누는 것은 비현실적이다. 지역 문화는 그 지역 고유의 비용과 이익을 부과하며, 문화 전파는 비용과 이익이 변동되었거나 미래에 변동될 수 있음을 인간이 학습하는 방식이다. 따라서 비용/이익과 문화 전파는 모두 중요한 요소이며 상호 보완적인 효과가 있다. 교육이 여성의 출산에 미치는 영향은 잘 알려져 있는데, 이는 경제적 효과 못지않게 문화적 효과 때문일 수 있다. 교육만으로도 인구 집단 안에서 저출산 규범을 문화적으로 전파할 수 있다는 주장도 제기되었다(Borenstein, Kendal, & Feldman, 2006; Ihara & Feldman, 2004). 인구 변천의 한복판에 위치한 폴란드 시골 지역에서 비슷한 사회경제적 지위에 있는 여성들이 마을의 교육 수준에 따라 다른 출산율을 보임으로써 그러한 관점을 뒷받침했다(Colleran, Jasienska, Nenko, Galbarczyk, & Mace, 2014). 이 사례에서처럼 교육을 통해 성취되는 부와 지위의 선호는 출산을 희생시키면서 확산될 수 있지만, 그런 선호가 현재의 유전적 적합도를 극대화하고 있다는 증거는 어디에도 없다. 이것이 일종의 진화적 지체라면 자연선택은 결국 그러한 선호를 뒤집을 거라 예측할 수 있지만, 그럴 것처럼 보이지는 않으므로, 인구 변천은 여전히 진화의 수수께끼로 남는다.

동성애 선호가 어떻게 자연선택에 의해 진화할 수 있을까

남성동성애선호MHP: Male homosexual preference는 저조한 생애번식성공과 연결되지만, 진화적 설명이 필요치 않다고 보기에는 너무 널리 퍼져 있다. 야생 동물 사이에서 동성애가 안정적이고 꾸준한 형질로 관찰되는 경우는 많지 않다. 수렵채집인을 대상으로 한 인류학 연구에는 가끔씩 기록된다. 아체족 수렵채집인들 사이에서 번식을 하지 않는 남성들의 여성행동을 통해 드물게 동성애 표현형을 관찰할 수 있는데, 다만 파라과이인과 접하기 전까지는 동성애 관계를 맺지 않았다고 힐과 우르타도는 기록하고 있다(Hill & Hurtado 1996). 몇몇 전통 사회는 제3의 성이 존재한다는 것을 인정했다. 동성애 표현형은 자연선택을 빗겨갔다고 하기에는 세계적으로 너무 흔하게 나타난다(서양 사회에서, 2~6%). 동성애자들이 그들의 형제를 도와서 직접적인 이익을 제공한다는 증거는 거의 없다(Bobrow & Bailey, 2001; Vasey, Pocock, & VanderLaan, 2007). 하지만 가령 부모의 자원을 놓고 다른 형제들이 벌이는 경쟁을 완화해서 간접적인 이익을 제공할 수는 있다. 남성동성애에 출생순서 효과가 있음을 보여주는 확실한 증거가 있다. 손위 형제(손위 자매는 해당하지 않는다)가 있으면 남동생에게 동성애의 가능성이 유의미하게 증가한다(Blanchard, 2001). 동성애자의 누이들은 동성애자 형제가 없는 여성보다 출산을 많이 하는 것으로 나타난다(Camperio-Ciani, Corna, & Capiluppi, 2004). 이는 여성미(이를테면 여성의 출산에는 유리하지만 남성에게는 불리한 다형질발현) 같은 유전자의 공유 효과 덕분일 수 있다. 그게 아니라면 그저 유전되고 있는 큰 가족 크기와, 손아래 형제들의 더 높은 동성애 발생율이 결합해서 나타나는 부작용일 수 있지만, 추가적인 분석은 성-관련된 성적 길항효과를 가리킨다(Camperio-Ciani & Pellizzari, 2012). 남성동성애선호의 진화를 설명하는 모델은, 계층화된 사회에서 남성동성애선호가 비교적 자주 나타나는데, 이때 높은 생식력을 나타내는 여성들이 사회적 상승(혹은 사회적 계층의 상향 이동)에 성공(상위 계층과의 혼인)한 결과로 남성동성애선호가 유지될 수 있다고 말한다(Barthes, Godelle, & Raymond, 2013). 남성동성애선호가 계층화된 사회에서 보다 일반적이라는 예측은 남성동성애선호의 존재 여부를 인류학적으로 기록한 48개 사회의 표본이 확실하게 뒷받침한다. 이들은 계층화된 사회에서는 계층의 상향 이동과 관련된다면 어떤 형질이든 선택될 가능성이 높으며, 남성동성애선호 같은 다형질발현 비용을 유발한다 해도 빈도의존을 통해 유지될 수 있다고 주장한다. 이 통찰은 출산을 감소시키지만 동시에 사회적 계층의 상향 이동을 촉진하는 모든 형질의 진화적 근거가 될 수 있다. 물론 이런 설명은 여성동성애선호를 설명하진 못하며, 그에 대한 설명은 다른 곳에 있는 것이 분명하다. 동성애에서 비롯하지 않는 다른 비출산의 진화적 근거는 자세히 연구되지 않았지만, 많은 사례가 짝짓기 실패와 관련이 된다. 결국, 저출산과 관련된 행동을 진화적으로 어떻게 설명하든 간에 저출산은 제약 때문이 아니며, 진화를 통해 제거되기를 기다리는 일시적 부적응의 결과이거나, 그게 아니라면 주어진 인구 안에 상존하는 안정적인 특징이라서, 만일 그 행동이 기존의 자녀나 다른 친족에게 돌아가는 간접적인 이익과 관련이 있다면 진화적 적응의 관점에서만 설명할 수 있을 것이다.

결론

인간행동생태학은 인간의 혈연관계와 가족 체계를 이해하는 데 필수적인 틀을 제공했다. 행동생태학자는 자연선택이 적합도를 극대화하는 행동에 주력한다는 전제에서 출발한다. 그들은 세 가지 주요 접근법을 사용해서 행동의 진화를 설명하는 적응 가설을 검증한다. 실험을 하거나, 이론적 모델의 예측을 검증하거나, 비교연구 방법을 사용하는 것이다(Krebs & Davies, 1993). 적응 모델이 관찰 대상을 설명하는 데 실패하는 경우, 일반적으로 이어지는 단계는 무언가 필수적인 비용이나 이익을 간과했다고 가정하고 더 나은 모델을 찾는 것이다. 어떤 행동의 진화적 근거에 대한 우리의 이해는 이렇게 다양한 대안적 설명을 하나씩 제외하는 과정을 통해 점점 나아진다. 인간행동생태학 연구는 대략 세 가지 주요 학파로 분류되곤 한다. 진화심리학(실험 연구를 통해 보편적인 심리적 적응을 찾는 경우가 많다), 유전자 문화학 혹은 문화적 진화학(대체로 문화적 진화의 이론 모델에 집중한다), 그리고 인간행동생태학이 그것이다(Laland & Brown, 2002). 마지막 두 학파는 인간 행동의 변이를 설명하는 데 우선적으로 관심을 갖는다. 세 분야는 각기 다른 접근법을 취하고 자주 다른 결론을 내놓기도 하지만, 점차 서로 근접해가고 있으며 간혹 구별이 안 되는 경우도 있다 (Mace, 2014).

가족 체계는 인류학이 출범한 이후로 오랫동안 인류학자들의 관심을 사로잡아왔다. 가족이 번식을 비롯한 우리의 행동에 어떤 영향을 미치는가 하는 문제는 이제 인간 과학의 전 분야가 주목하는 주제다. 인간 가족의 진화적 근거를 이해하기 위한 노력은 다양한 진화적 접근법이 가진 유용함과 생태학의 핵심적 중요성을 여실히 보여준다. 모든 인간 사회가 가족이라는 벽돌을 사회 조직의 기초로 삼지만, 가족의 성격은 역사와 지역에 따라 다양하게 나타난다. 지금까지 나는, 우리의 사회 조직,

번식의 생리, 문화적 규범, 육아 행동과 관련된 현상들을 설명할 때 사용할 수 있는 틀을 진화생태학이 어떻게 제공하는지, 그리고 그 행동들이 어떻게 공진화해서 문화의 내부와 사이에서 인간의 가족생활에 이와 같은 다양성을 만들어내는지를 개략적으로 살펴보았다.

참고문헌

Aberle, D. F. (1961). Matrilineal descent in cross-cultural perspective. In D. M. Schneider & K. Gough (Eds.), *Matrilineal kinship* (pp. 655−727). Berkeley: University of California Press.

Alexander, R. D., Hoogland, J. L., Howard, R. D., Noonan, K. M., & Sherman, P. W. (1979). Sexual dimorphisms and breeding systems in pinnipeds, ungulates, primates and humans. In N. A. Chagnon & W. Irons (Eds.), *Evolutionary biology and human social behavior* (pp. 402−435). North Scituate, MA: Duxbury Press.

Alvergne, A., Gurmu, E., Gibson, M. A., & Mace, R. (2011). Social transmission and the spread of modern contraception in rural Ethiopia. *PLoS ONE, 6*(7), e22515. doi:10.1371/journal.pone.0022515

Apicella, C. L., Marlowe, F. W., Fowler, J. H., & Christakis, N. A. (2012). Social networks and cooperation in hunter-gatherers. *Nature, 481*(7382), 497−501. doi:10.1038/nature10736

Barthes, J., Godelle, B., & Raymond, M. (2013). Human social stratification and hypergyny: Toward an understanding of male homosexual preference. *Evolution and Human Behavior, 34*(3), 155−163. doi:10.1016/j.evolhumbehav.2013.01.001

Blanchard, R. (2001). Fraternal birth order and the maternal immune hypothesis of male homosexuality. *Hormones & Behavior, 40*(2), 105−114.

Bobrow, D., & Bailey, J. M. (2001). Is male homosexuality maintained via kin selection? *Evolution and Human Behavior, 22*(5), 361−368.

Borenstein, E., Kendal, J., & Feldman, M. (2006). Cultural niche construction in a metapopulation. *Theoretical Population Biology, 70*(1), 92−104. doi:10.1016/j.tpb.2005.10.003

Borgerhoff Mulder, M. (1990). Kipsigis women's preference for wealthy men: Evidence for female choice in mammals? *Behavioural Ecology and Sociobiology, 27,* 255−264.

Borgerhoff Mulder, M. (1998). The demographic transition: Are we any closer to an evolutionary explanation? *Trends in Ecology & Evolution, 13*(7), 266−270.

Boyd, R., & Richerson, P. J. (1985). *Culture and the evolutionary process*. Chicago, IL: University of Chicago Press.

Camperio-Ciani, A., Corna, F., & Capiluppi, C. (2004). Evidence for maternally inherited factors favouring male homosexuality and promoting female fecundity. *Proceedings of the Royal Society B: Biological Sciences, 271*(1554), 2217−2221. doi:10.1098/rspb.2004.2872

Camperio-Ciani, A., & Pellizzari, E. (2012). Fecundity of paternal and maternal non-parental female relatives of homosexual and heterosexual men. *PLoS ONE, 7*(12), e51088. doi:10.1371/journal.pone.0051088

Cant, M. A., & Johnstone, R. A. (2008). Reproductive conflict and the separation of reproductive generations in humans. *Proceedings of the National Academy of Sciences, USA, 105*(14), 5332−5336. doi:10.1073/pnas.0711911105

Clutton-Brock, T. H., Hodge, S. J., Flower, T. P., Spong, G. F., & Young, A. J. (2010). Adaptive suppression of subordinate reproduction in cooperative mammals. *American Naturalist, 176*(5), 664−673. doi:10.1086/656492

Coale, A. J., & Watkins, S. C. (1986). *The decline of fertility in Europe*. Princeton, NJ: Princeton University Press.

Colleran, H., Jasienska, G., Nenko, I., Galbarczyk, A., & Mace, R. (2014). Community-level education accelerates the cultural evolution of fertility decline. *Proceedings of the Royal Society B: Biological Sciences, 281*(1779), 20132732. doi:10.1098/rspb.2013.2732

Crittenden, A. N., & Marlowe, F. W. (2008). Allomaternal care among the Hadza of Tanzania. *Human Nature, 19*(3), 249−262.

Currie, T. E., & Mace, R. (2009). Political complexity predicts the spread of ethnolinguistic groups. *Proceedings of the National Academy of Sciences, USA, 106*(18), 7339−7344. doi:10.1073/pnas.0804698106

Daly, M., & Perry, G. (2011). Has the child welfare profession discovered nepotistic biases? *Human Nature, 22*, 350−369.

Daly, M., & Wilson, M. (1988). *Homicide*. New York, NY: Aldine de Gruyter.

Dickemann, M. (1979). Female infanticide, reproductive strategies and social stratification: A preliminary model. In N. A. Chagnon & W. Irons (Eds.), *Evolutionary biology and human social behavior* (pp. 321−367). North Scituate, MA: Duxbury Press.

Fortunato, L., & Archetti, M. (2010). Evolution of monogamous marriage by maximization of inclusive fitness. *Journal of Evolutionary Biology, 23*(1), 149−156.

doi:10.1111/j.1420-9101.2009.01884.x

Fortunato, L., Holden, C., & Mace, R. (2006). From bridewealth to dowry?A Bayesian estimation of ancestral states of marriage transfers in Indo-European groups. *Human Nature—An Interdisciplinary Biosocial Perspective, 17*(4), 355–376.

Gaulin, S. J. C., & Boster, J. S. (1990). Dowry as female competition. *American Anthropologist, 92*, 994–1005.

Gibson, M. A., & Gurmu, E. (2011). Land inheritance establishes sibling competition for marriage and reproduction in rural Ethiopia. *Proceedings of the National Academy of Sciences, USA, 108*(6), 2200–2204. doi:10.1073/pnas.1010241108

Goodman, A., Koupil, I., & Lawson, D. W. (2012). Low fertility increases descendant socioeconomic position but reduces long-term fitness in a modern post-industrial society. *Proceedings of the Royal Society B: Biological Sciences, 279*(1746), 4342–4351.

Greene, P. J. (1978). Promiscuity, paternity and culture. *American Ethnologist, 5*(1), 151–159.

Haddix, K. A. (2001). Leaving your wife and your brothers: When polyandrous marriages fall apart. *Evolution and Human Behavior, 22*(1), 47–60.

Hage P., & Marck, J. (2003). Matrilineality and the Melanesian origin of Polynesian Y chromosomes. *Current Anthropology, 44*, S121–S127.

Hamilton, W. D. (1966). The moulding of senescence by natural selection. *Journal of Theoretical Biology, 12*, 12–45.

Harrell, S. (1997). *Human families.* Boulder, CO: Westview Press.

Hartung, J. (1982). Polygyny and the inheritance of wealth. *Current Anthropology, 23*, 1–12.

Hartung, J. (1985). Matrilineal inheritance: New theory and analysis. *Behavioural and Brain Sciences, 8*, 661–668.

Hatchwell, B. J., & Komdeur, J. (2000). Ecological constraints, life history traits and the evolution of cooperative breeding. *Animal Behaviour, 59*, 1079–1086.

Hawkes, K., O'Connell, J. F., Blurton Jones, N. G., Alvarez, H., & Charnov, E. L. (1998). Grandmothering, menopause and the evolution of human life histories. *Proceedings of the National Academy of Sciences, USA, 95*, 1336–1339.

Henrich, J., Heine, S. J., & Norenzayan, A. (2010). The weirdest people in the world? *Behavioral and Brain Sciences, 33* (2–3), 61–+. doi:10.1017/s0140525x0999152x

Heyer, E., Chaix, R., Pavard, S., & Austerlitz, F. (2012). Sex-specific demographic behaviours that shape human genomic variation. *Molecular Ecology, 21*(3), 597–612. doi:10.1111/j.1365-294X.2011.05406.x

Hill, K., & Hurtado, A. M. (1991). The evolution of premature reproductive senescence and menopause in human females: An evaluation of the "grandmother hypothesis." *Human Nature, 2,* 313–350.

Hill, K. (1993). Life history theory and evolutionary anthropology. *Evolutionary Anthropology, 2*(3), 78–88.

Hill, K., & Hurtado, A. M. (1996). *Ache life history: The ecology and demography of a foraging people.* New York, NY: Aldine de Gruyter.

Hill, K. R., Walker, R. S., Bozicevic, M., Eder, J., Headland, T., Hewlett, B., ... Wood, B. (2011). Co-residence patterns in hunter-gatherer societies show unique human social structure. *Science, 331*(6022), 1286–1289. doi:10.1126/science.1199071

Hill, S. E., & Reeve, H. K. (2005). Low fertility in humans as the evolutionary outcome of snowballing resource games. *Behavioral Ecology, 16*(2), 398–402. doi:10.1093/beheco/ari001

Holden, C. J., & Mace, R. (2003). Spread of cattle led to the loss of matrilineal descent in Africa: A coevolutionary analysis. *Proceedings of the Royal Society B: Biological Sciences, 270*(1532), 2425–2433.

Hrdy, S. B. (1990). *The Langurs of Abu: Female and male strategies of reproduction.* Cambridge, MA: Harvard University Press.

Ihara, Y., & Feldman, M. W. (2004). Cultural niche construction and the evolution of small family size. *Theoretical Population Biology, 65*(1), 105–111. doi:10.1016/j.tpb.2003.07.003

Ji, T., Xu, J.-J., & Mace, R. (2014). Intergenerational and sibling conflict under patrilocality: A model of reproductive skew applied to human kinship. *Human Nature, 25*(1), 66–79.

Johnson, A. W., & Earle, T. (2000). *The evolution of human societies: From foraging group to agrarian state.* Stanford, CA: Stanford University Press.

Johnstone, R. A., & Cant, M. A. (2010). The evolution of menopause in cetaceans and humans: The role of demography. *Proceedings of the Royal Society B: Biological Sciences, 277*(1701), 3765–3771. doi:10.1098/rspb.2010.0988

Jordan, F. M., Gray, R. D., Greenhill, S. J., & Mace, R. (2009). Matrilocal residence is ancestral in Austronesian societies. *Proceedings of the Royal Society B: Biological Sciences, 276*(1664), 1957–1964.

Kaplan, H. S., Hooper, P. L., & Gurven, M. (2009). The evolutionary and ecological roots of human social organization. *Philosophical Transactions of the Royal Society B: Biological Sciences, 364*(1533), 3289–3299.

Kayser, M., Brauer, S., Weiss, G., Shiefenhovel, W., Underhill, P., Shen, P., . . . Stoneking, M. (2003). Reduced Y-chromosome, but not mitochondrial DNA, diversity in human populations from West New Guinea. *American Journal of Human Genetics, 72*(2), 281–302.

Keegan, W. F., & Maclachlan, M. D. (1989). The evolution of avunculocal chiefdoms—A reconstruction of Taino kinship and politics. *American Anthropologist, 91*(3), 613–630.

Krebs, J. R., & Davies, N. B. (1993). *An introduction to behavioural ecology* (3rd ed.). Oxford, England: Blackwell Scientific.

Kim, P. S., Coxworth, J. E., & Hawkes, K. (2012). Increased longevity evolves from grandmothering. *Proceedings of the Royal Society B: Biological Sciences, 279*(1749), 4880–4884.

Lack, D. (1954). The evolution of reproductive rates. In J. S. Huxley, A. C. Hardy, & E. B. Ford (Eds.), *Evolution as a process* (pp. 143–156). London, England: Allen and Unwin.

Lahdenpera, M., Gillespie, D. O. S., Lummaa, V., & Russell, A. F. (2012). Severe intergenerational reproductive conflict and the evolution of menopause. *Ecology Letters, 15*(11), 1283–1290. doi:10.1111/j.1461–0248.2012.01851.x

Laland, K. N., & Brown, G. R. (2002). *Sense and nonsense. Evolutionary perspectives on human behaviour.* Oxford, England: Oxford University Press.

Lawson, D. W., & Mace, R. (2009). Trade-offs in modern parenting: A longitudinal study of sibling competition for parental care. *Evolution and Human Behavior, 30*(3), 170–183. doi:10.1016/j.evolhumbehav.2008.12.001

Mace, R. (1996). Biased parental investment and reproductive success in Gabbra pastoralists. *Behavioural Ecology and Sociobiology, 38*, 75–81.

Mace, R. (1998). The co-evolution of human fertility and wealth inheritance strategies. *Philosophical Transactions of the Royal Society, 353*, 389–397.

Mace, R. (2000). The evolutionary ecology of human life history. *Animal Behaviour, 59*, 1–10.

Mace, R. (2008). Reproducing in cities. *Science, 319*(5864), 764–766. doi:10.1126/science.1153960

Mace, R. (2013). Cooperation and conflict between women in the family. *Evolutionary Anthropology: Issues, News, and Reviews, 22*(5), 251–258. doi:10.1002/evan.21374

Mace, R. (2014). Human behavioral ecology and its evil twin. *Behavioral Ecology, 25*(3), 443–449.

Mace, R., & Alvergne, A. (2012). Female reproductive competition within families in rural Gambia. *Proceedings of the Royal Society B: Biological Sciences, 279*, 2219–2227.

Mace, R., Holden, C., & Shennan, S. J. (Eds.). (2005). *The evolution of cultural diversity: A phylogenetic approach*. Walnut Creek, CA: Left Coast Press.

Mace, R., & Pagel, M. (1994). The comparative method in anthropology. *Current Anthropology, 35*, 549–564.

Marlowe, F. W. (2005). Hunter-gatherers and human evolution. *Evolutionary Anthropology, 14*(2), 54–67. doi:10.1002/evan.20046

Marlowe, F. W., & Berbesque, J. C. (2012). The human operational sex ratio: Effects of marriage, concealed ovulation, and menopause on mate competition. *Journal of Human Evolution, 63*(6), 834–842. doi:10.1016/j.jhevol.2012.09.004

Mattison, S. M. (2010). Economic impacts of tourism and erosion of the visiting system among the Mosuo of Lugu Lake. *Asia Pacific Journal of Anthropology, 11*(2), 159–176. doi:10.1080/14442211003730736

Munshi, K., & Myaux, J. (2006). Social norms and the fertility transition. *Journal of Development Economics, 80*(1), 1–38. doi:10.1016/j.jdeveco.2005.01.002

Murdock, G. P. (1967). *Ethnographic atlas*. Pittsburgh: University of Pittsburgh Press.

Opie, C., Atkinson, Q. D., Dunbar, R. I. M., & Shultz, S. (2013). Male infanticide leads to social monogamy in primates. *Proceedings of the National Academy of Sciences, USA, 110*(33), 13328–13332. doi:10.1073/pnas.1307903110

Orians, G. H. (1969). On the evolution of mating systems in birds and mammals. *American Naturalist, 103*, 589–603.

Pagel, M. (1999). Inferring the historical patterns of biological evolution. *Nature, 401*(6756), 877–884.

Pagel, M., & Meade, A. (2006). Bayesian analysis of correlated evolution of discrete characters by reversible jump Markov chain Monte Carlo. *American Naturalist, 167*(6), 808–825.

Pavard, S., & Branger, F. (2012). Effect of maternal and grandmaternal care on population dynamics and human life-history evolution: A matrix projection model. *Theoretical Population Biology, 82*(4), 364–376. doi:10.1016/j.tpb.2012.01.007

Pavard, S., Koons, D. N., & Heyer, E. (2007). The influence of maternal care in shaping human survival and fertility. *Evolution, 61*(12), 2801–2810. doi:10.1111/j.1558-5646.2007.00236.x

Peccei, J. S. (2001). A critique of the grandmother hypotheses: Old and new. *American Journal of Human Biology, 13*(4), 434–452.

Reeve, H. K., Emlen, S. T., & Keller, L. (1998). Reproductive sharing in animal societies: Reproductive incentives or incomplete control by dominant breeders? *Behavioral Ecology*, *9*(3), 267–278. doi:10.1093/beheco/9.3.267

Richerson, P. J., & Boyd, R. (2005). *Not by genes alone: How culture transformed human evolution*. Chicago, IL: Chicago University Press.

Scelza, B. A. (2011). Female choice and extra-pair paternity in a traditional human population. *Biology Letters*, *7*(6), 889–891. doi:10.1098/rsbl.2011.0478

Sear, R., & Mace, R. (2008). Who keeps children alive? A review of the effects of kin on child survival. *Evolution and Human Behavior*, *29*(1), 1–18. doi:10.1016/j.evolhumbehav.2007.10.001

Seielstad, M. T., Minch, E., & Cavalli-Sforza, L. L. (1998). Genetic evidence for a higher female migration rate in humans. *Nature Genetics*, *20*(3), 278–280.

Shanley, D. P., Sear, R., Mace, R., & Kirkwood, T. B. L. (2007). Testing evolutionary theories of menopause. *Proceedings of the Royal Society B: Biological Sciences*, *274*(1628), 2943–2949. doi:10.1098/rspb.2007.1028

Shenk, M. K., & Scelza, B. A. (2012). Paternal investment and status-related child outcomes: Timing of father's death affects offspring success. *Journal of Biosocial Science*, *44*(5), 549–569. doi:10.1017/s0021932012000053

Shenk, M. K., Towner, M. C., Kress, H. C., & Alam, N. (2013). A model comparison approach shows stronger support for economic models of fertility decline. *Proceedings of the National Academy of Sciences, USA*, *110*(20), 8045–8050. doi:10.1073/pnas.1217029110

Strassmann, B. I. (2011). Cooperation and competition in a cliff-dwelling people. *Proceedings of the National Academy of Sciences, USA*, *108*(Suppl. 2), 10894–10901. doi:10.1073/pnas.1100306108

Temrin, H., Nordlund, J., Rying, M., & Tullberg, B. S. (2011). Is the higher rate of parental child homicide in stepfamilies an effect of non-genetic relatedness? *Current Zoology*, *57*(3), 253–259.

Tooley, G. A., Karakis, M., Stokes, M., & Ozanne-Smith, J. (2006). Generalising the Cinderella effect to unintentional childhood fatalities. *Evolution and Human Behavior*, *27*(3), 224–230.

Úbeda, F., Ohtsuki, H., & Gardner, A. (2014). Ecology drives intragenomic conflict over menopause. *Ecology Letters*, *17*(2), 165–174. doi:10.1111/ele.12208

Vasey, P. L., Pocock, D. S., & VanderLaan, D. P. (2007). Kin selection and male androphilia in Samoan fa'afafine. *Evolution and Human Behavior*, *28*(3), 159–167. doi:10.1016/j.evolhumbehav.2006.08.004

Wilkins, J. F., & Marlowe, F. W. (2006). Sex-biased migration in humans: What should we expect from genetic data? *Bioessays, 28*(3), 290–300. doi:10.1002/bies.20378

Williams, G. C. (1957). Pleiotropy, natural selection and the evolution of senescence. *Evolution, 11*, 398–411.

Wu, J.-J., He, Q.-Q., Deng, L., Wang, S., Mace, R., Ji, T., & Tao, Y. (2013). Communal breeding promotes a matrilineal social system where husband and wife live apart. *Proceedings of the Royal Society B: Biological Sciences, 280*(1758), 20130010. doi:10.1098/rspb.2013.0010

23장

수렵채집인 가족과 육아

코렌 L. 애피셀라 · 앨리사 N. 크리텐든

우리 인간 종은 생물학적으로 놀라운 성공을 거두었다. 농경이 시작된 이래 지난 1만 년 동안 인구가 1천 배 이상 증가했다(Coale, 1974; Westing, 2013). 우리는 지구 곳곳에 정착했고, 가장 극단적인 서식지에서도 터를 잡고 집을 지었다. 이 주목할 만한 성공은 상당 부분 타인과의 협력이라는 놀라운 능력에 기인한다. 다른 많은 종들에게서도 협력을 관찰할 수 있지만 인간 협력의 규모와 성격은 이례적인 수준이다. 인간은 유전적으로 무관한 개체들과 번식과 상관없이 장기간 유대 관계를 이어간다는 점에서 특별하다. 나아가 인간은 사회적 학습을 통해 여러 세대에 걸쳐 적응 정보를 축적하고, 이를 통해 협력 관계의 유용성을 강조한다(Boyd & Richerson, 2009). 우리는 이 같은 인지적/사회적 과정을 통해 광범위한 환경에 적응하고, 결국 독보적인 성공을 이뤘다(Tennie, Call, & Tomasello, 2009). 대략 2,500만 년 전에 존재했던 우리의 홍적세 조상들에게 가장 큰 도전은, 농경이 시작되기 전까지는 아마 변화무쌍하고 예측 불가능한 기후에서 놀랄 만큼 왕성하게 비용을 소모하는 큰 뇌를 가진 아이를 기르는 일이었을 것이다. 문제의 해법은 쌍 결합과 핵가족의 범위를 넘어서 협력 관계를 확장하는 데 있었다(Emlen, 1995; Hill & Hurtado, 2009; Hrdy, 1999). 따라서 수렵채집인의 가족과 육아를 이해하기 위해서는 조상이 마주쳤던 번식의 문제와 그들이 살았던 보다 넓은 사회 환경을 반드시 고려해야 한다.

수렵채집인 연구는 전통적으로 핵가족에 초점을 맞추고 현대의 개념과 비슷한 넓은 사회적 관계망을 함께 고려해왔지만, 식량 나누기, 물자 공급, 양육 배분, 노동 등과 관련하여 더 넓은 협력망의 중요성이 점차 강조되고 있다(Apicella, Marlowe, Fowler, & Christakis, 2012, Crittenden & Marlowe, 2013; Hrdy, 2009; Kramer, 2011). 구체적으로, 연구자들은 직계 가족 이상으로 협력이 진화한 것은 인간 자녀가 부모에게 안겨주는 커다란 번식 부담에 대응하기 위해서였다는 사실을 밝혀냈다. 인간의 번식과 양육은 독특한 패턴을 보인다. 성숙이 늦고, 아이들이 오랫동안 타인에게 의존하는 것이다. 그 결과, 인간의 가족은 높은 수준의 보살핌과 식량을 필요로 하는 복수의 자녀들로 구성된다. 따라서 많은 조력자, 즉 확장된 협력망이 없다면 수렵채집인 아이들을 양육하는 일은 여간해서는 해내기 어려웠을 것이다.

이 장에서는 확장된 집단과 사회적 관계망의 맥락에서 수렵채집인의 가족과 양육을 개괄하고자 한다. 우선 우리는 수렵채집인이라는 것이 어떤 의미인지, 그리고 우리 시대의 수렵채집인들이 마주한 문제를 이해하는 것이 왜 진화심리학 연구에 중요한지 논의할 것이다. 그런 뒤 인간의 번식과 양육의 적응적 특징에 초점을 맞추고서 인간 생활사의 윤곽을 간략히 살펴볼 것이다. 이때 우리는 인간과 가장 가까운 동류 영장류를 인간과 대조해볼 텐데, 이는 인간의 가족이 직면한 번식상의 독특한 과제들과 이러한 과제를 해결하는 데 타인의 지원이 얼마나 중요한지 강조하기 위해서다. 다음으로 우리는 번식과 양육을 지원하기 위해 설계된 수렵채집인의 사회생활을 이항 및 거시적 차원에서 살펴볼 것이다. 논의의 대부분은 우리 두 사람이 다방면으로 연구해온 수렵채집인 하드자족에 집중될 것이며, 가능한 경우에는 논의의 폭을 넓혀 다른 수렵채집인 인구도 살펴볼 것이다. 그렇게 하는 목적은 인구 변이를 다루고, 하드자족의 데이터를 비교문화적으로 보기 위해서다. 마지막으로 우리는 자녀, 할머니, 비유전적 친척을 포함하는 확장된 관계망이 인간의 가족을 지탱하는 데 어떤 역할을 하는지를 논의할 것이다.

수렵채집인과 진화심리학

심리학은 서양의 대학 인구에 과도하게 의존한다는 비판을 자주 받아왔다(그에 관한 검토는, Henrich, Heine, & Norenzayan, 2010을 보라). 심리 현상의 기원을 말하는 진화적 주장들은 대개 보편성에 관한 주장으로 간주되기 때문에(Cosmides & Tooby, 1994) 진화심리학 연구는 여러 문화를 비교할 필요가 있다. 이를 통해 우리는 인간 종의 다양성을 인식할 뿐 아니라, 우리를 하나로 만드는 보편적인 행동과 형질을 확인하게 된다. 소규모 사회를 다룬 어떤 연구들은 인간의 보편성을 확인시켜주는 반면에, 다른 연구들은 몇몇 심리 현상이 후기산업화사회의 삶이 만들어낸 인공물일 수 있다고 말한다(예를 들어, Apicella, Azevedo, Christakis, & Fowler, 2014; Henrich et al., 2010).

보편성을 발견하고자 하는 비교문화 연구는 서양인의 삶에 기초해 있다는 비판을 자주 듣는다. 많은 수렵채집인들이 지리적으로 비교적 고립되어 있기 때문에 보편성을 검증하는 데 특히 유용할 수 있다. 고립이 심한 인구 집단일수록 문화에 따라 변하지 않는 인간 심리를 더 강하게 입증한다. 수렵채집인 연구의 또 다른 호소력은 그들의 생활방식이 진화와 관련되어 있다는 사실에 있다. 지구에 거주한 대부분의 시간 동안 인간은 수렵채집 생활을 했다(Lee & Daly, 1999). 이런 이유로 진화심리학자들은 대부분 인간의 마음이 수렵채집인의 생활방식에 적응해 있다고 믿는다(Barkow, COsmides, & Tooby, 1992). 이 관점에서, 다양한 심리 기제의 기능적 타당성을 이해하고자 할 때에는 우리의 조상들이 마주했던 문제들을 고려해야 하며, 그런 문제를 더 잘 이해하고자 할 때 연구자들은 수렵채집인을 주목해야 한다. 우리의 과거를 이해하기 위한 모델로 수렵채집인을 어디까지 사용할 수 있는지에 대해서는 논쟁이 이어지고 있지만, 수렵채집인은 농경 이전의 환경에서 발생한 행동에 관해서는 더없이 훌륭한 직접 관찰의 대상이 되어준다.

진화심리학의 기초에는 오늘날 발견되는 심리적 형질이 진화한 것은 그 형질이 평균적으로 우리 조상의 적합도를 높여주었기 때문이라는 가정이 깔려 있다. 적응을 확인하는 한 가지 방법은 어떤 형질의 변이가 적합도 결과에 미친 효과를 조사하는 동시에, 그것이 적응으로서 기능했으리라 짐작되는 환경에서 그 조사를 수행하는 것이다(West-Eberhard, 1992). 수렵채집인 사회는 산아 제한 같은 의료기술과 번식 기술에 접근하지 못했기 때문에 다윈 적합도Darwinian fitness를 검증하기에 유용하다 (Apicella, 2011).

우리는 모든 진화심리학자의 연구가 서양의 인구 집단들에만 국한하지는 않는다는 점을 알 필요가 있다. 진화심리학에서 가장 큰 존경을 받고 널리 인용되는 논문 중 하나로, 37개의 문화에서 짝 선호를 조사한 연구가 있다(Buss, 1989). 오늘날 점점 더 많은 진화심리학 연구들은 수렵채집인 사회를 비롯해 여러 소규모 사회를 대상으로 한다(예를 들어, Apicella, Little, & Marlowe, 2007; Sugiyama, Tooby, & Cosmides, 2002). 서양의 인구 집단들을 다룬 연구들이 진화적 가설을 경제적이고 효율적으로 검증하는 첫 관문인 것은 사실이지만, 그 자체로 중요한 연구이기도 하다. 또한 모든 진화심리학 연구가 수렵채집인들 사이에서 동일한 결과를 확인하리라고 예상하는 것도 비합리적이다. 우리가 곧 마주할 미래가 되겠지만 수렵채집인이 더 이상 존재하지 않는다 해도 분명 학과 자체가 폐지되진 않을 것이다. 무슨 일이 생겨 염기서열분석 기술이 사라진다 해도 유전학은 계속되듯이 말이다. 수렵채집인의 데이터를 수집하지 않고도 진화심리학 연구를 생산적으로 진행할 수 있다. 호미니드의 환경과 우리 조상들이 마주했던 문제들을 확실하게 이해할 때, 적응이 문제의 해결을 위해 갖췄을 법한 속성들에 대해 검증 가능한 가설을 쉽게 세울 수 있고(관련한 논의를 위해서는 Cosmides & Tooby, 2013를 보라), 수많은 조건을 설정하고 다양한 방법론을 사용해서 그 적응을 연구할 수 있다. 그렇다 해도 수렵채집인은 우리 연구자들에게 인간이 수천 세대에 걸쳐 어떻게 살아왔는지 들여다볼 수 있는 드문 기회를 제공한다.

세계의 수렵채집인들

수렵채집인이란 무엇인가

"수렵채집인"을 정의하기란 쉬운 일이 아니다. 어떤 이들에게 수렵채집인의 삶은 물고기와 수렵육 등 야생의 식량과 "이용하는 종의 유전자 풀을 의도적으로 개량

하지 않은" 식물을 섭취하는 자급자족 방식을 뜻한다(Panter-Brick, Layton & Rowley-Conwy, 2001, p.2). 이 정의는 단순명료해 보이지만, 어떤 인구 집단은 다양한 수준의 농경과 축산이 포함된 혼합형 자급자족을 하고, 또 어떤 개체군은 정부나 구호단체로부터 식량 지원을 받는다. 따라서 순전히 식량 수집에서 얻는 칼로리양을 따져서 수렵채집인을 정의하는 방식은 논쟁의 여지가 있다. 만일 그 비율이 100%여야 한다면 우리 시대의 어떤 인구 집단도 그 정의를 충족하지 못할 것이다. 반면에 일부 인류학자들은 분류 방식이 자급자족 이상의 무엇이어야 한다고 주장한다. 구체적으로 말해, 높은 이동성, 평등주의, 사유재산의 부재 등 수렵채집인의 독특한 사회생활과 경제생활에 더 주목해야 한다는 것이다(Lee & Daly, 1999). 그러나 이 특징들역시 넓은 스펙트럼을 보일 수 있고, 그래서 강력한 구분은 문제가 될 수 있다. 이절에서는 수렵채집인의 사회적 삶에 나타나는 주요한 속성들을 개괄하고, 인간의 진화를 이해하는 일에 하드자족이 얼마나 적합한지를 깊이 있게 논의할 것이다.

수렵채집인의 사회생활

인류학자 프랭크 말로Frank Marlowe(2005)는 과거와 현재의 식량 수집 사회를 다룬 437개의 인류학 데이터를 사용해서 수렵채집인의 사회생활의 일반적 특징을 묘사했다. 그런 데이터는 우리 조상들이 어떤 식으로 행동했을지를 추정할 수 있는 매개변수를 제공해주기 때문에 진화 모델을 세우는 데 유용하다. 말로는 식량 수집 사회의 대부분이 작은 집단이나 '캠프'를 이루고 살면서 식량 수집과 식량 공유를 최우선으로 실행한다. 이는 포획한 식량을 중심지로 가져와 집단 구성원들끼리 두루 공유했다는 뜻이다. 뿐만 아니라 협력의 진화에 관한 많은 설명이 식량 공유의 중요성을 강조한다(Kaplan, Gurven, Hill, & Hurtado, 2005; Lancaster & Lancaster, 1983). 협력사냥은 파라과이 동부의 아체족(Hill, 2002)과 콩고분지 서부의 아카족(Hewlett, 1992) 등 여러 수렵채집인을 통해 관찰되지만, 인류학 데이터에서는 단독 사냥이 더 일반적이다(Marlowe, 2010).

수렵채집인 인구는 대부분 성별로 노동을 분업한다. 남성은 동물 위주의 식량에 일차적으로 집중하고, 여성은 식물 위주의 식량에 집중하는 것이다. 하지만 이는 늘 적용되는 규칙은 아니어서, 바오밥 열매를 따기도 하는 하드자족 남성처럼 남성이 식물을 채집하는 경우도 있고, 열대 및 아열대 기후의 식량 수집 인구 중에서는 여성이 일상적으로 사냥을 하기도 한다. 예를 들어 호주의 마르투 애보리진족의 여성은 정기적으로 굴에 사는 작은 동물들을 사냥하며(Bird, Bird, & Parker, 2005), 필리핀의 아그타족 여성은 중간 크기의 동물을 수시로 사냥한다(Goodman, Griffin, Estioko-Griffin, & Grove, 1985). 아카족 등 일부 인구 집단에서는 여성과 아이들이 그물을 사용하는 사냥에 참여한다(Hewlett, 1992).

또한 수렵채집인들은 분열과 융합을 통해 무리를 구성하면서 유연한 거주 패턴을 보이고, 다지역multilocal에서 거주하는데(Marlowe, 2004b), 그에 따라 부부는 아내의 가족과 살 수도 있고, 남편의 가족과 살 수도 있으며, 두 가족의 조합과 살 수도 있고, 아예 따로 살 수도 있다. 현대의 수렵채집인 32곳의 거주 패턴을 분석한 최근의 연구가 이 패턴을 확증한다(Hill et al., 2011). 결국, 개인은 형제자매와 공동거주하는 경우가 많다는 것을 알 수 있다.

하드자족

현대의 수렵채집인들은 다양성이 특징이지만, 하드자족은 여러 가지 핵심적인 형질들을 전형적으로 드러낸다는 점을 지적할 필요가 있다. 대부분의 수렵채집인들과 마찬가지로 하드자족은 양가계의 혈통을 모두 따르고 근거지를 기반으로 사냥하며, 평등주의적이다(Marlowe, 2010). 프랭크 말로(2010)는 온화한 기후에 속한 237개 비기마非騎馬 식량 수집 사회와 하드자족을 비교했다. 우리는 말로와 마찬가지로 기마 수렵채집인들을 분석에서 제외할 텐데, 이들은 비기마 집단에 비해 거주 범위가 넓고, 집단의 규모도 크기 때문이다. 게다가 이들은 여행 비용이 낮고 사냥 성공률이 높아(shimkin, 1983), 말을 활용하기 이전의 식량 수집 행동을 논하기에 적합하지 않다. 온화한 기후의 수렵채집인들은 인간의 진화를 추론하기 위해 적합한 집단으로 여겨지는데, 이들이 속한 환경이 우리의 가장 먼 조상들의 환경과 제일 유사하기 때문이다. 말로는 번식률, 출산 간격(IBI), 유아사망률 등 여러 주요 인구학적 형질들에서 하드자족이 중간값을 갖거나 그에 근접하다는 결과를 얻었다. 이러한 데이터는 하드자족이 수렵채집인으로서 특이한 집단이 아님을 시사한다.

많은 수렵채집인들이 혼합형 자급자족 전략을 활용하고 다양한 수준으로 주변의 인구 집단과 교류하기 때문에, 하드자족을 비롯한 우리 시대의 수렵채집인들을 어느 선까지 농경 이전 시기의 모델로 활용할 수 있는지를 두고 논쟁이 벌어지고 있다(Wilmsen, 1989을 보라). 하드자족은 어떤 의미에서도 완전히 고립되어 있지 않다. 유목민족, 목축민족, 소규모 원예민족 등 이웃한 여러 집단들과 상호작용을 한다. 그럼에도 하드자족의 사회생활과 가족생활은 주변 부족들에게 거의 영향을 받지 않은 채로 남아 있다는 많은 증거가 있다. 하드자족을 처음 기록한 인류학 자료와 사진들을(Obst, 1912를 보라) 현재의 기록과 비교하면 그들의 일상생활이 지난 1백 년 동안 거의 변하지 않았다는 것을 확인할 수 있다(Marlowe, 2010). 하드자족은 그들의 언어(하드자어Hadzane)를 사용하고 있으며, 이동성, 거주 패턴, 식단, 짝짓기 시스템(예를 들어 높은 일부일처혼 비율; Blurton Jones, Hawkes, & O'Connell, 2005)에도 거의 변화가 없다. 총인구 규모(1,000명 이하) 역시 지난 1백 년간 비교적 안정적으로 유지되고 있는데, 다만 그들 가운데 300여 명만이 식량 수집 생활방식을 이어가는 것으로 추산된다(Marlowe, 2010). 하드자족의 부분집합에 해당하는 이 정도 인구가 현대에 열량의 90% 이상을 수렵채집 식량을 통해 섭취하는 유일한 개체군일 것이다(Crittenden, 2014).

일반적으로 수렵채집인 집단을 통해 과거를 추론할 때에는 상식을 적용할 필요가 있다. 특히 형질들을 개별적으로 고려하는 것이 중요한데(Foley, 1995), 어떤 행동과 형질(예를 들어, 활과 화살을 이용한 사냥 기법)은 다른 것들보다 최근에 발생한 것일 수 있기 때문이다. 하지만 많은 사회적/경제적 행동과 관련하여 하드자족은 유용하게도 역사상 더 먼 과거의 인류와 비슷하다고 생각할 만한 이유가 있다.

인간의 번식과 육아 문제들

우리는 대략 700만 년 전에 유인원과 분리되었기 때문에 인간의 번식과 육아에는 독특한 특징들이 많이 축적되어 있다. 여기서는 인간과 다른 영장류를 비교해서 우리가 안고 있는 독특한 번식상의 문제와 그 문제들이 가족생활과 사회생활에 미치는 영향을 살펴볼 것이다.

다른 영장류와 비교할 때 인간은 번식을 늦게 시작한다. 영장류 가운데 번식이 늦은 편인 침팬지조차 인간보다 5~7년 먼저 첫 출산을 한다(Nishida et al., 2003). 비교 문화 연구에 따르면 인간은 18세에서 20세 사이에 첫 출산을 하는데(Bogin, 2009), 이는 대체로 수렵채집인이 초경을 하는 나이가 늦기 때문이다. 예를 들어, 하드자족 소녀는 16.5세에 초경을 시작한다(Marlowe, 2010). 이처럼 번식을 지연함으로써 인간은 큰 몸과 큰 뇌를 가진 유아를 낳을 수 있을 정도로 성장할 수 있다.

인간은 영장류 가운데 뇌가 가장 큰 종이다. 인간은 진화 과정에서 몇몇 시점에 뇌의 크기가 증가해서(Ruff, Trinkaus, & Holliday, 1997), 지난 200만 년 사이 세 배가 되었다(Lee & Wolpoff, 2003). 마찬가지로 신체 크기도 사람 속이 등장하면서 눈에 띄게 증가했다(Ruff et al., 1997). 이런 증가는 출산 과정에 지대한 영향을 미쳐 이른바 '분만의 딜레마'를 발생시켰다(Rosenberg & Trevathan, 2002). 출산은 인간 여성의 삶에서 사실상 가장 위험한 일이라 할 수 있다(Trevathan, 2011). 이는 다른 개체의 보조 없이 상대적으로 편안하게 출산하는 다른 영장류들과 확연히 대조된다. 진화는 인간 어머니들에게 그리 친절하지 않았다. 효율적으로 직립보행을 할 수 있는 골반과 머리가 크고 어깨가 넓은 유아를 순산할 수 있는 골반을 맞거래해야만 했다(Rosenberg & Trevathan, 1995, 보행 역학에 관한 다른 가설로는, Warrener, Lewton, Pontzer, & Lieberman, 2015를 보라). 이 맞거래의 결과가 대단히 힘든 출산이었다. 그 결과, 인간 어머니들은 분만과 출산을 하는 동안 다른 이들의 도움을 받아야 했다. 이 종-특이적 형질 때문에 많은 중요한 학자들(예를 들어 Rosenberg & Trevathan, 2002)이 정말로 '가장 오래된 직업'은 조산사라고 주장하게 되었다. 우리는 하드자족의 출산을 목격해왔는데, 여성 친척과 친구들이 항상 산모 곁에서 출산을 돕는다.

출산 과정에 협력하는 동일종들의 존재는 우리의 조상들에게 결정적이었을 것이다. 최고의 기술력을 갖춘 의료 환경에서도 출산 과정의 지원 여부는 출산 결과에 중대한 영향을 미친다(Sauls, 2002). 베네수엘라의 식량 수집 부족인 히위족은 산모가 55~75명당 한 명꼴로 사망한다는 보고가 있다(Hill, Hurtado, & Walker, 2007). 하드자족의 경우 12년 동안 자연사가 아닌 다른 원인으로 사망한 34명의 여성 가운데,

14.7%가 출산 도중에 사망했다(Blurton Jones, Hawkes, & O'Connell, 2002). 지구상에서 가장 빈곤한 국가들의 산모 사망률 또한 이에 못지않게 높은데, 사망률이 최고 17%에 이른다(Ronsmans & Graham, 2006). 출산은 생존과 번식이 모두 걸려 있는 사건이라서 작은 행동의 차이가 결과에 큰 영향을 미칠 수 있다. 게다가 여성은 생애 동안 여러 차례 출산을 하기 때문에 그 중요성이 배가되는데, 예를 들어 하드자족 여성은 생애 동안 대체로 6회 정도 출산한다(Marlowe, 2010). 마지막으로, 가장 진보한 기술을 갖춘 환경에서도 출산 시점을 정확하게 예측하기란 불가능한 탓에, 조력자를 지속적이고 안정적으로 구할 수 있다면 그만큼 번식 결과가 향상된다. 따라서 선택은 자신의 주변에 잠재적인 조력자가 머물러주기를 바라는 여성을 선호한 경향이 있었다.

인간이 뇌가 큰 아기를 출산하기는 하지만, 신생아의 뇌 크기는 더 커질 수도 있었다. 인간의 임신 기간과 다른 영장류의 임신 기간의 차이가 평균적인 수준을 넘지 않는다는 것은(Martin, 2007, 다만 인간의 임신 기간이 예상되는 것보다 긴 것일 수 있다는 대안적 주장에 대해서는 Dunsworth et al. 2012를 보라) 성장의 많은 부분이 자궁 밖에서 이뤄진다는 것을 의미한다. 인간 성체의 뇌 크기는 대략 침팬지 성체의 세 배에 달하는데(Rilling & Insel, 1998), 두 종 모두 출생 이후 뇌가 현저하게 성장하긴 하지만 인간 유아의 뇌 크기가 침팬지 새끼보다 세 배나 큰 것은 아니다. 그런 이유로 동물학자 아돌프 포트만Adolf Portmann(1941)은 인간이 침팬지만큼 뱃속에서 성장해서 출생한다면 임신 기간이 지금보다 12개월 더 길어야 한다고 주장했다. 그는 인간을 '이차적 만성종secondarily altricial'이라 묘사하며 인간이 출생 이후에 성장하는 것은 자궁 내에서 이뤄졌어야 할 성장의 연장이라고 주장했다. 모체의 골반이 가진 제약 때문에 조기에 출산한다는 것이 지배적 관점이지만, 대안적 가설은 모체의 신진대사에 따른 제약이 원인일 수 있다고 주장한다(Dunsworth, Warrener, Deacon, Ellison, & Pontzer, 2012). 즉, 어머니가 성장 중인 아기에게 필요한 열량을 전부 공급해줄 수 없기 때문이라는 것이다. 이유가 무엇이든 간에 인간 유아는 꽤 일찍 세계에 나오는 셈이며 따라서 출생 이후 많은 보살핌이 필요하다.

젖떼기 시기가 이른 것 역시 인간과 비인간 영장류의 중요한 차이다. 대다수의 포유류 새끼들은 첫 번째 영구 어금니가 나올 때나, 대략 어미의 1/3에 해당하는 체중에 이르렀을 때 젖을 뗀다(Charnov & Berrigan, 1993; Lee, Majluf, & Gordon, 1991). 인간이 이런 패턴을 따른다면 젖을 떼는 평균 연령은 6세나 6.5세가 되어야 한다(Smith, 1992). 하지만 여러 문화에서 젖을 떼는 연령은 평균적으로 1.5세에서 2.5세로 나타난다(Kennedy, 2005). 예를 들어 하드자족 아이들은 2.5세쯤에 젖을 떼는데(Marlowe, 2010), 젖을 뗀 모든 아이가 그렇듯 미성숙한 소화계와 치아로도 소화할 수 있는 이유식을 섭취한다(Sellen, 2007). 이른 젖떼기는 어머니의 번식에 직접적인 영향을 미친다. 이를 통해 보다 빠르게 배란을 재개해서 번식을 할 수 있는 것이다(Kaplan, Hill, Lancaster, & Hurtado, 2000). 수렵채집인의 평균 출산 간격은 대략 3.5년이다(Marlowe, 2005). 고릴라, 침팬지, 오랑우탄의 출산 간격이 각각 4년, 6년, 8년인 것에 비하면 비교적 짧은 기간이다(Alvarez, 2000; Robson & Wood, 2008에서 검토). 짧은 출산 간격 덕분에 인간 여성은 더 상대적으로 더 많은 자녀를 성년에 이르기까지 기를 수 있지만(Bogin, 1999), 이는 기존의 자녀가 아직 영양 면에서 의존적인 시기에 또 다른 아기를 낳는다는 뜻이기도 하다. 결론적으로, 이른 젖떼기와 짧은 출산 간격은 타인의 지원이 없다면 불가능했을지 모른다.

인간의 생활사 패턴은 유년기의 의존 기간이 길다는 점에서도 독특하다. 긴 의존 기간은 인간 유아가 성년이 되기 전에 학습하고 축적할 정보가 많은 탓에 학습 기간이 길기 때문일 수도 있고(Kaplan, Hill, Hurtado, & Lancaster, 2001), 긴 수명이 선택된 것에 따른 부산물일 수도 있다(Charnov & Berrigan, 1993). 이유가 무엇이든 간에 아이들은 오랜 시간에 걸쳐 식량 공급과 보살핌의 형태로 상당한 투자를 필요로 한다. 페루 남동부에 거주하면서 원예를 주로 하는 개체군, 마치겡가족과 피로족 두 집단과 아체족의 데이터는 아이들이 성년에 이르기까지 평균 1000만-1300만 칼로리를 소모한다는 것을 보여준다(Kaplan, 1994). 이는 어머니 혼자 공급하기에는 지나치게 많은 양이다. 일부 식량 수집 사회에서는 유아들이 거의 하루종일 누군가의 품에 안겨 지낸다. 예를 들어 아카족 유아들은 하루 24시간 가운데 90% 이상을 안겨 있거나, 누군가의 손길이 닿은 채로 지낸다(Hewlett, Lamb, Leyendecker, & Schölmerich, 2000).

요약하자면, 인간의 자식들은 행동과 영양 면에서 상당한 투자를 필요로 한다. 그 결과 어머니들은 번식과 관련해서 다른 종과 구분되는 특별한 문제를 마주한다. 영양 측면에서 의존적인 복수의 자녀들을 돌보고 지원해야 하는 것이다. 수렵채집인 어머니들은 다른 이들의 지원에 의존하지 않고서는 이런 도전을 이겨낼 수 없었을 것이다(Hrdy, 2009). 이 장의 나머지 분량은 수렵채집인의 가족생활과 사회적 삶이 이와 같은 부모의 부담을 어떻게 뒷받침할 수 있었는지 살펴보는 데 할애할 것이다.

인간의 번식과 가족에 대한 지원

어머니, 아버지, 쌍 결합

레프 톨스토이Leo Tolstoy는 모든 것은 양육에 달려 있다(1868)는 유명한 말을 남겼다. 유아사망률이 상당히 높은 수렵채집인의 삶만큼 이 말이 잘 들어맞는 경우도 없을 것이다. 아체족 유아들 가운데 1/3은 15세가 되기 전에 사망한다(Hill & Hurtado, 1996). 하드자족은 사망률이 그보다 더 높아서 거의 절반(46%)에 이르는 아이들이 15세가 되기 전에 사망한다(Blurton Jones et al., 2002). 온난한 기후에 거주하는 다른 비기마 수렵채집인들의 유아사망률도 비슷하게 높다(Marlowe, 2010). 결과적으로 수렵채집인 아이들은 높은 수준의 투자를 필요로 할 뿐 아니라, 그 결과도 종잡을 수가 없다. 이렇게 자녀에게 투자했을 때의 한계 보상이 다른 짝을 찾을 때의 보상보다 크기 때문에 일부일처 관계의 쌍 결합과 부모 투자가 진화했으리라는 주장이 오랫동안 제기되어왔다(Geary, C시상하부–뇌하수체–부신축ter 20, this volume; Lancaster & Lancaster, 1983; Lovejoy, 1981). 쌍 결합의 진화와 밀접하게 연관되어 있는 또 다른 관점은, 노동의 성별 분업을 통해 어느 한쪽이 자녀의 식량 공급을 전담함으로써 효율성을 극대화했으리라는 것이다. 이런 해석이 오랫동안 설득력을 얻어온 것은 사실이지만 그렇다고 부모의 식량 공급과 인간의 쌍 결합의 중요성이 아무런 반박도 받지 않았던 것은 아니다.

인간의 짝짓기 시스템을 어떻게 하면 가장 잘 설명할 수 있을지에 대해서는 많은 논쟁이 벌어지고 있다. 인간이 진화하는 동안 체격 이형성이 눈에 띄게 축소됐다는 사실(McHenry, 1992; Plavcan, 2001)은 남성–남성 경쟁의 완화가 일부다처 관계의 감소와 일치한다는 점을 시사한다. 고릴라에게서 발견되는 것처럼 동물들의 큰 체격

이형성은 대체로 일부다처 관계와 관련이 있다. 마찬가지로 인간의 고환은 상대적으로 작은 편인데, 이 형질은 보통 정자 경쟁의 완화 및 일부일처 관계와 관련이 있다(Harcout, Purvis, & Liles, 1995). 이러한 관찰만을 놓고 보면 인간은 대부분 일부일처 관계를 맺는다고 추정할 수도 있다. 하지만 인류학 기록을 살펴보면 그림이 조금 복잡해진다. 인류학 기록에 나타나는 사회들 가운데 대략 85%에서, 비록 거기 속한 개인은 대부분 일부일처혼을 하지만, 어느 정도는 일부다처혼을 허용하기 때문이다(Murdock & White, 1969). 이러한 패턴은 수렵채집인들에게도 대체로 적용된다. 식량 수집 사회의 약 10%가 엄격한 일부일처제는 유지하고, 60%는 조금이나마 일부다처제를 허용하는 사회로 분류된다(Marloew, 2003). 표본 추출된 식량 수집 개체군 중 30%에서 기혼 남성의 20%를 상회하는 정도가 두 명 이상의 아내와 결혼했다(Marlowe, 2003). 이런 데이터가 혼인 관계만을 반영하고 짝외 관계나 연속 짝짓기 등 일부다처 관계가 발생할 수 있는 다른 경로는 포함하지 않는다는 점을 지적할 필요가 있겠다(일부다처제 측정방식에 존재하는 문제에 관해서는 Low, 1988을 보라). 그럼에도 이 데이터는 인간이 짝짓기의 측면에서 다양한 행동의 선택지를 발달시켜 왔으며, 그중 하나 이상의 전략에 적응했으리라는 점을 보여준다(Buss, 1998; Buss & Schmitt, 1993).

또한 일부다처혼의 가능성은 상당 부분 자원의 소유와 엮여 있다. 예를 들어 킵시기스족 등 산업화 이전 사회에서 재산은 부인의 수를 결정하는 주요 인자였다(Borgerhoff Mulder, 1988). 남성이 수확한 식량의 대부분을 함께 나누기 때문에 부를 축적할 수 없는 식량 수집 사회의 경우, 재산은 여성이 이미 짝이 있는 남성의 아내가 되기로 결정할 만큼의 역치에는 도달하지 못한다(Marlowe, 2003). 흥미롭게도, 하드자족(Apicella, 2014; Marlowe, 1999), 아체족(Hill & Hurtado, 1996; Kaplan & Hill, 1985), 쿵족(Wiessner, 2002) 등 여러 식량 수집 사회에서 사냥 능력과 번식 성공이 관련되어 있다는 보고가 있다. 뛰어난 사냥꾼이 더 많은 짝짓기 기회를 누리는 것도 가능하지만 다른 설명도 가능하다. 예를 들어 뛰어난 사냥꾼은 아내와 자녀에게 식량을 잘 공급함으로써 번식 성공도를 끌어올린다는 것이다(이에 관한 논의는 Smith, 2004를 보라).

거의 모든 인간 사회에서 어머니가 1차 양육자이긴 하지만, 남성도 얼마간 부모 투자를 제공한다(Geary, 2000). 이 같은 '어머니 위주'(Konner, 2005)의 시스템은 하드자족(Crittenden & Marlowe, 2008), 호주의 마르투족(Scelza, 2009), 이투리 우림의 에페족(Morelli & Tronick, 1992), 아카족(Hewlett, 1993), 아체족(Kaplan & Dove, 1987), 필리핀의 아그타족(Griffin & Griffin, 1992)에서 발견할 수 있다. 식량 수집 인구에서 어머니들이 유아 양육의 대부분을 담당하지만, 아버지들도 자녀에게 상당한 투자를 한다. 그중에서도 아카족 아버지들이 가장 많은 시간을 자녀의 직접 육아에 사용한다. 이들의 경우, 캠프에 있는 시간 가운데 20% 조금 넘는 시간을 유아를 안는 데 사용하는 것으로 추정된다(Hewlett, 1992). 하드자족 아버지들도 어머니를 제외하면 가장 중요한 육아자다(Crittenden & Marlowe, 2008). 아체족 아버지 역시 실질적으로 육아에 참여하며, 아체족 유아들은 낮시간의 93% 동안 어머니 혹은 아버지와 신체 접촉을 한다(Hill & Hurtado, 1996). 이는 아버지들이 자신이 가진 시간의 4% 정도만을 육아에 사용하는 아그타족 등 다른 사회와 대비되는 점이다(Early & Headland, 1998). 쿵산족 남성은 자신이 사용하는 시간의 대략 2%만을 아기를 안는 데 할애한다(West & Konner, 1976). 그럼에도 일련의 증거에 따르면 쿵족 아버지들은 대체로 미국과 유럽의 아버지보다 육아에 많이 참여한다(Blurton Jones & Konner, 1973). 수렵채집인 아버지들은 대부분 육아에 어느 정도 참여하지만, 그들이 하는 투자의 대부분은 식량 공급의 형태를 띤다.

인간 가족의 진화에서 사냥한 식량의 중요성은 오랫동안 주목받아왔다. 고기는 질 좋은 식량인 동시에, 큰 뇌가 성장하는 데 결정적이다(Milton, 2003). 하지만 열대 수렵채집인들의 경우, 대개 남성보다는 여성이 더 많은 열량을 구해온다(Marlowe, 2005). 말로(2010)는 온난한 기후의 수렵채집인이 채집, 사냥, 낚시를 통해 얻는 식단의 중간 비율은 각각 53%, 26%, 21%라고 보고한다. 아프리카 수렵채집인들은 대부분 낚시를 하지 않는데, 이 경우 채집과 수렵의 평균값은 각각 67%와 32%다(Marlowe, 2010). 사냥한 식량은 평균적으로 수집한 식량보다 칼로리가 적고, 핵가족 바깥의 개인들에게 분배되는 경우가 많기 때문에, 가족을 위한 식량 공급에 큰 동물 사냥의 중요성에 대해서는 의문이 제기되어왔다(Hawkes, O'Connell, and Blurton Jones, 2001). 이에 대해서는 사냥이 짝짓기 상대로서의 질을 광고하는 비싼 신호 행위로 기능한다는 주장(Hawkes & Bliege Bird, 2002; Smith, 2004) 그리고/또는 관대하다는 평판을 쌓기 위한 수단이라는 주장이 있다(Gurven, Allen-Arave, Hill, & Hurtado, 2000).

남성의 식량 공급이 중요하다는 점도 강조되어왔다. 하드자족들의 경우 여성의 수유와 임신은 식량 수익의 감소로 이어졌고, 그럴 때면 남편들이 더 많은 식량을 가져와 부족분을 벌충했다(Marlowe, 2003). 다른 연구는 하드자족 남성들이 실력이 떨어지는 사냥꾼 무리보다는 뛰어난 사냥꾼 무리에 속하기를 선호한다고 보고했는데, 이는 과시보다는 가족의 식량 공급을 위한 전략에 부합한다(Wood, 2006). 보다 최근의 연구도 고기가 여기저기로 나뉘기는 하지만, 사냥꾼의 가족은 다른 구성원에 비해 더 많은 고기를 받을 수 있다고 말한다(Wood & Marlowe, 2013).

남성과 여성에게 양육과 식량 공급의 중요성은 장기적인 짝짓기 상대를 선택하는 과정에도 반영될 수 있다. 하드자족 여성들은 남편을 고르는 기준으로 성격 형질과 채집 능력을 우위에 둔다. 반면에 남성들은 성격과 신체적 외형에 이어 성격 형질을 세 번째에 위치시킨다(Marlowe, 2004a). 물론 사냥 능력을 유전자의 질에 대한 단서로 활용할 수도 있지만, 여성은 상대가 자녀에게 식량을 잘 가져다주는 것을 원하는 것이다. 만일 저자가 사실이고, 여성이 훌륭한 유전자를 무엇보다 우선으로 찾고 있다면, 상대를 고르는 기준으로 신체적 외형을 사냥 능력만큼, 혹은 그보다 높게 평가하리라 예측할 수 있을 것이다. 많은 진화심리학 연구들이 신체적 외형이 유전자의 질을 판단하는 단서로 널리 활용된다고 말한다. 그래서 우리는 하드자족을 대상으로 진행한 연구에서 112명의 남성 및 여성에게 자신의 남편(혹은 아내)으로서 매력적인 사람과 뛰어난 사냥꾼(혹은 채집인) 가운데 어느 쪽을 선호하는지 물었는데, 매력적인 상대가 좋다고 답한 쪽은 6.25%에 불과했다. 그와 유사하게, 우리가 신체적 매력과 육아 능력 가운데서 선택하라고 했을 때는 9.1%만이 매력을 선택했다(n=66). 그렇다고 신체적 매력이 하드자족에게 중요하지 않다는 말은 아니다. 실제로 많은 연구가, 하드자족이 사람들의 대칭성(Little, Apicella, & Marlowe, 2007), 평균성(Apicella, Little, et al., 2007), 목소리의 높낮이(Apicella & Feinberg, 2009), 허리 대 엉덩이 비율(Marlowe, Apicella, & Reed, 2005) 등 매력을 평가하는 여러 기준에서 차이를 구별한다고 말한다. 매력은 단기적인 짝을 선택하는 데 중요한 기준이 될 수 있다. 하지만 우리가 아는 한 수렵채집인들의 단기적인 짝 선호를 조사한 연구는 없다.

　일부일처의 쌍 결합이 하나의 짝짓기 전략으로 진화했다는 생각 역시 남성의 육아와 식량 공급이 자녀의 사망률 감소나 아내의 번식력 향상, 혹은 두 가지 모두를 통해 번식 성공을 증진할 수 있다는 가정에 기대고 있다(Gray & Anderson, 2010). 채집사회에서는 식단에 대한 남성의 높은 평균 기여도를 통해 이른 젖떼기 시기와 아내의 더 큰 번식 성공을 예측할 수 있다 (Marlowe, 2001). 아버지의 부재가 자녀의 생존에 미치는 영향도 몇몇 개체군 안에서 조사되었다. 아체족 자녀들은 아버지가 있는 경우보다 없는 경우에 질병으로 사망할 확률이 세 배, 살해당할 확률이 두 배 높다(Hill & Hurtado, 1996). 하지만 히위족의 경우, 아버지의 부재가 자녀의 생존에 영향을 미치지 않는다(Hurtado & Hill, 1992). 시어와 메이스(2008)는 아버지의 부재가 미치는 영향을 파악할 수 있는 데이터를 통해, 자급자족 인구의 과반(54%에서 68%)에서 아버지의 사망은 자녀의 사망률 증가와 관련이 없는 것으로 나타난다고 보고한다. 하지만 연구된 개체군 중 적어도 1/3에서는 아버지의 사망이 자녀의 생존에 악영향을 미친다.

　자녀의 결과에 아버지가 미치는 영향을 간접적으로 평가한 연구도 있다. 아버지의 영향이 중요하다면 일부일처제와 비교했을 때 일부다처제는 자녀에게 미치는 긍정적인 효과가 감소한다고 추정할 수 있다. 일부다처 관계를 맺고 있는 남성은 (a) 더 많은 자녀를 두는 경향이 있어서 자녀 1인당 평균 투자량이 줄어들고, (b) 양육에 활용할 수 있는 자원이 새로운 장기적 짝을 얻는 쪽으로 분산될 수 있기 때문이다(Henrich, Boyd, & Richerson, 2012). 식량 수집 사회에서 일부다처혼을 한 어머니의 자녀가 더 열악한 삶을 겪는지에 대해서는 쓸 만한 증거가 거의 없지만, 다른 유형의 개체군에서는 조사가 이루어졌다(검토를 위해서는 Henrich, Boyd, & Richerson, 2012를 보라). 일반적으로 복수의 아내와 혼인한 아버지의 자녀들은 건강 결과가 나빴고, 사망률이 치솟았다. 정반대의 짝짓기 시스템에서 복수의 아버지들이 자녀에게 투자를 한다면, 자녀의 결과가 더 좋아지리라 예상할 수도 있다(Hrdy, 2000). 몇몇 사회에서는 수정 전후의 여성과 성관계한 남성들은 그 자녀의 부성(부권)을 공유해야 한다는 믿음이 널리 퍼져 있다. 아체족의 경우 복수의 '생물학적 아버지'가 있는 아이들은 '생물학적 아버지'가 한 명뿐인 아이들보다 나은 결과를 보인다(Hill &

Hurtado, 1996).

종합하자면, 수렵채집인 남성은 대부분 어떤 형태로든 자녀와 배우자를 돌보고, 그들에게 투자한다. 인간 아버지의 중요성은 아버지 투자가 거의 없는 다른 포유류 및 우리와 가장 가까운 영장류 친척들과 대비된다. 이는 인간이 진화하던 어느 시점에 양육을 통해 얻는 이익이 새로운 짝을 찾아다니며 얻는 이익을 최소한 단기적으로라도 상회하기 시작했다는 뜻이다(검토를 위해서는 Gray & Crittenden, 2014를 보라). 우리가 단기적이라 특정한 것은, 장기적으로 보면 여전히 연속적 일부일처혼의 전략이 장기적으로 남성의 번식 성공을 가장 크게 향상시키기 때문이다(Winking & Gurven, 2011). 그럼에도 부모 투자를 선호한 선택압이 무엇인지 우리는 아직 충분히 이해하지 못하고 있다. 남성의 투자는 더 나은 자녀의 결과와 아내의 번식력 향상으로 이어질 수 있지만, 그 외에 다른 이점도 존재한다. 남성들은 아버지 투자를 통해서 더 높은 부성 확신을 가질 수 있고, 질이 높은 짝을 유혹할 수 있으며, 아내의 친족을 통해 더 넓은 연합 관계망을 구축할 수 있다.

아이들

유아와 어머니의 관계는 단순명료하다. 유아는 그저 소비하는 존재다. 유아는 행동과 영양 면에서 높은 수준의 지원을 요구하지만, 일단 생존을 하면 어머니의 번식 성공도를 끌어올린다(Kramer, 2011). 유년기의 아이들이 특별한 것은 의존적인 동시에 공급하는 존재이기 때문이다. 성인들이 아이들을 지원하기도 하지만, 아이들 역시 노동과 자원을 제공한다(Bock, 2022; Hames & Drpaer, 2004; Kramer, 2005). 인간 유년기의 이 '양면성'은 자주 간과되지만, 인간 생활사와 협력 번식의 진화에 결정적인 영향을 미치는 차원이다.

비교문화 데이터는 아이들이 잡아먹히거나 길을 잃을 위험이 낮고 식수를 쉽게 찾을 수만 있다면 매일 식량을 채집하며 상당한 시간을 보낸다는 것을 확인시켜준다 (Blurton Jones, Hawkes, & Draper, 1994). 토레스 해협 동부에서 식량 수집을 하는 메리암족의 아이들은 해변에서 줄낚시, 작살 낚시, 조개류 채집 등에 열성적으로 참여한다(Bird & Bird, 2002). 마다가스카르 미케아족의 식량 수집 아이들은 상당량의 고사리를 채집하며 그 일을 놀이의 연장으로 여긴다(Tucker & Young, 2005). 어린 수렵채집인들이 자신의 일일 소비 열량을 늘 일관되게 구해오는 것은 아니지만, 그들의 참여는 영양 면으로 독립할 때까지 아이들을 키우는 부모의 높은 비용을 상당히 감소시켜준다. 하드자족의 경우도 유년기에 크게 인정받는 특징이 바로 식량 수집의 생산성이다. 하드자족을 다룬 초기의 민족지도 하드자족 아이들의 식량 수집 활동을 풍부하게 전해준다(예를 들어 Bleek, 1931; Woodburn, 1968).

하드자족 아이들은 어머니와 함께 채집에 나서기도 하고, 어른들의 감독 없이 또래들과 식량을 채집한다. 블러턴 존스Blurton Jones, 혹스Hawkes, 오코넬O'Connell(1989)은 아이들이 채집하는 바오밥 열매, 고사리, 딸기류의 시간당 수익률을 추산했다. 이들의 자료는 5세 이상의 유아 및 싹슬이년들이 계절과 해당 자원의 가용성에 따라 자신의 일일 소비 열량의 50%까지 채집할 줄 안다고 말한다. 이처럼 높은 생산성은 유년기의 전체 식단 목록에 초점으로 맞춰 장기간 수립한 식량 수집 데이터를 통해 재확인된다(Crittenden, Conklin-Brittain, Zes, Schoeninger, & Marlowe, 2013). 이 데이터에 따르면 아이들이 채집한 식량은 과일(64%), 조류(16%), 고사리(9%), 기타 식물과 작은 사냥 동물이다. 3~5세의 아이들은 우선 과일을 목표로 삼고, 하루 평균 458킬로칼로리를 채집한다. 식량 수익률의 변동 폭이 크긴 하지만, 대다수의 아이들은 자신의 일일 소비열량의 상당 부분을 꾸준하게 채집한다(Crittenden et al., 2013). 나아가, 아이들이 채집한 식량은 다른 아이들을 포함해 다른 구성원들에게도 분배된다(Crittenden, Zex, & Marlowe, 2010).

아이들은 육아에도 많은 도움을 준다(Lancy, 2012). 아그타족의 경우, 아기들에게 제공되는 직접 육아의 10%가량을 여자 형제들이 맡는다(Goodman et al., 1985). 하드자족의 경우, 대행어머니 역할을 하는 아이들이 육아 참여자의 60% 이상을 차지하며, 하루 동안 적지 않은 시간을 적극적인 육아 활동에 사용한다(Crittenden & Marlowe, 2008). 성인들이 채집 활동을 하러 나가면, 10대 여자아이들이 동생들의 갈등을 책임지고 해결한다. 수렵채집인들의 기록에 따르면, 아이들은 그들 자신의 비용을 적극적으로 분담하고, 심지어 식량을 공급하거나 가사 일을 하거나 다른 아이들을 돌보면서 가정이나 집단의 경제에 기여한다.

할머니

'할머니 가설'을 처음 내놓은 사람은 조지 윌리엄스George Williams(1957)였지만, 이 말이 진화인류학의 주류 어휘에 본격적으로 편입된 것은 1980년대와 90년대에 유타 대학의 크리스틴 혹스Kristen Hawkes와 동료들이 이를 재발견하고 발전시키면서부터였다. 이 가설은 인간 여성의 특징으로 폐경 이후의 긴 수명이 선호된 이유는 할머니 투자가 어머니로서의 투자에 비해 더 큰 적합도 향상 이익을 가져다주기 때문이라고 말한다(Hawkes, O'Connell, & Blurton Jones, 1997). 여성이 자신의 자녀에게서 손주에게로 투자 대상을 전환하면, 딸의 출산 간격이 단축되고 결과적으로 더 많은 아이를 낳을 수 있게 해서 딸의 번식에 효과적으로 기여할 수 있다. 할머니 가설이 폭넓게 공감을 얻고 있음에도 불구하고, 어떤 이들은 어머니 투자보다 할머니 투자의 적합도 이익이 더 크다는 점이 아직 증거로 뒷받침되지 않았다고 주장한다(Kachel, Premo, & Hublin, 2011). 하지만 우리는 폐경이 존재하는 이유와 상관없이 수렵채집인 아이들의 삶에 할머니들이 맡고 있는 중요한 역할을 인정하지 않을 수가 없다.

할머니들은 여러 개체군에서 생존과 성장 같은 손주들의 결과에 긍정적 영향을 미치는 것으로 나타난다(Bereczkei, 1998; Hawkes et al., 1997; Leonetti, Nath, Hemam, & Neill, 2005). 또한 할머니의 지원은 어머니의 노동 부담을 경감해주고(Meehan, Quinlan, & Malcom, 2013) 어머니가 육아에 들이는 시간을 줄여준다(Crittenden & Marlowe, 2013). 반대로, 대안적 연구는 독일 인구에서 부계 할머니가 유아의 사망률에 부정적인 영향을 미친다는 결과를 얻었는데, 이는 고부관계의 긴장이 원인일 수 있다(Voland & Beise, 2002). 진화 이론은 부계 할머니가 모계 할머니보다 적은 투자를 한다고 예측한다. 이는 낮은 부성 확실성 때문인데(Euler & Weitzel, 1996), 그럼에도 수렵채집인들 사이에서는 부계 할머니들이 대체로 긍정적인 영향을 미쳤다(이와 다른 영향을 나타낸 감비아 시골 지역의 인구에 대해서는 Sear, Mace, & McGregor, 2000을 보라). 예를 들어 하드자족은 부계 할머니가 모계 할머니만큼 많은 투자를 하는데, 이는 하드자족의 높은 부성 확신을 반영하거나, 부계 할머니들이 부성 확신이 높은 아들과 함께 살기로 선택하는 것을 반영하는 결과일 수 있다(Crittenden & Marlowe, 2008).

혹스와 동료들은 할머니 가설의 첫 번째 결과 확인을 위해 하드자족 인구를 모델로 선택했다. 초기 연구는 할머니의 식량 수집 수익이 손주의 유년기 성장을 돕는다고 주장했다(Hawkes et al., 1997). 보다 최근에는 하드자족 할머니들의 '인구학적 효과'를 강조한다. 할머니들은 딸이 더 많은 지원을 필요로 하면 딸과 함께 살 뿐 아니라(Blurton Jones et al., 2005), 사위가 부재할 때에도 딸과 함께 거주하는 경향이 있다(Crittenden & Marlowe, 2008).

할머니들은 육아를 많이 분담한다. 할머니들은 대행어머니로서 아버지 다음으로 직접 육아에 많은 시간을 들인다(Crittenden & Marlowe, 2013). 이 결과는 다른 식량 수집 인구의 데이터와도 일치하는데, 여기서도 할머니의 역할은 특별하다. 중앙아프리카 공화국의 아카족 사이에서도 아버지와 할머니는 각각 두 번째와 세 번째 비율로 직접 육아에 참여한다(Meehan et al., 2013). 호주의 마르투족 사이에서도 할머니는 목욕과 먹이기 등을 통해 아이를 가장 많이 보살피는 대행어머니에 속한다(Scelza, 2009). 그러나 수렵채집인인 히위족과 아체족을 대상으로 식량 자원의 흐름을 조사한 최근의 연구에서는, 번식 쌍의 주요한 식량 보조공급원이 할머니가 아니라는, 대안적 결과를 시사하는 데이터가 나왔다(Hill & Hurtado, 2009).

할머니의 영향에 관한 논쟁이 있긴 해도, 할머니는 계속해서 진화인류학의 관심을 많이 받고 있다(Hawkes & Coxworth, 2013; Mace, 2013). 하지만 관심의 방향은 점점 수혜자인 어머니에게 도움을 주는 다양한 조력자들 쪽으로 전환되고 있다. 연구들은 유전적 연관성이 있는 조력자와 그렇지 않은 조력자를 모두 포함하는 육아 지원의 광범위한 관계망을 강조함으로써, 여러 문화와 여러 자급자족 체제에서 활발하게 결과를 산출하고 있다(Bell, Hinde, & Newson, 2013; Hrdy, 2014; Meehan, Helfrecht, & Quinlan, 2014). 이제 광범위한 관계망을 살펴보자.

먼 친족과 사회 관계망

인간의 사회성에서 가장 놀라운 특징은 혈연관계가 없는 개인과 집단들의 협력을 기반으로 사회적 유대를 형성한다는 점이다. 이렇게 사회적 행동의 독특한 패턴이 진화한 것은 어느 정도는 인간 번식의 과중한 비용과 부담 때문일 수 있다. 실제로 식량과 육아의 공유는 수많은 수렵채집 사회에 널리 퍼져 있다. 전 세계의 식량 수집 개체군에서 나온 데이터는 인간이 칼로리 면에서는 식량 공유로, 행동 면에서는 분산 육아로 투자하면서 협력 번식을 하는 종이라는 개념을 뒷받침한다.

아카족(Meehan, 2005), 에페족(Ivey Henry, Morelli, & Tronick, 2005), 아체족(Hill & Hurtado, 2009), 히위족(Hill & Hurtado, 2009)에서 나온 장기적인 데이터는 혈연관계가 없는 개인들이 꽤 많은 시간 동안 육아에 참여한다는 것을 보여준다. 하드자족의 경우, 아기를 안거나 돌보는 시간의 12%를 대행어머니가 제공한다(Crittenden & Marlowe, 2008). 수렵채집인의 식량 공유 역시 '캠프 단위'로 이루어진다고 할 수 있는데, 사냥 인원을 모으고 사냥 자원을 분배할 때 함께 거주하는 혈연 및 비혈연 개체들이 모두 관여하기 때문이다. 이런 패턴은 아체족(Kaplan & Hill, 1985), 히위족(Gurven, Hill, Kaplan, Hurtado, & Lyles, 2000), 하드자족(Hawkes et al., 2001) 등 다른 여러 개체군에서도 충분히 관찰된다.

우리가 알기로는 수렵채집인을 대상으로 인간의 협력 번식 이론을 검증하기 위해 사회 관계망 분석 방법을 확실하게 적용한 연구는 아직 없다. 하지만 먼 친족, 인척, 비친족의 중요성은 지속적으로 강조되고 있다(Hrdy, 2009, Sear & Coall, 2011). 인도네시아에서 마을에 거주하며 고래를 사냥하는 라말레라족을 대상으로 가구 간 식량 이동을 사회관계망 분석을 통해 살펴본 결과, 혈연관계가 식량 이동의 중요한 기준이긴 하지만 비혈연 가구들 역시 서로 식량을 공유한다는 사실이 밝혀졌다(Nolin, 2010). 아체족의 경우, 식량 이동의 수혜자로 친족이 선호되긴 하지만, 식량 공유 패턴은 혈연선택보다는 상호 이타주의 가설과 더욱 쉽게 연결된다(Allen-Arave, Gurven, & Hill, 2008). 아카족의 경우, 근연도는 고기 공유의 빈도와 양을 결정하는 요소는 아니었지만(Kitanishi, 1998), 고기를 공유하는 범위가 가까운 친족 너머로 확장되는 정도는 사냥한 동물의 크기와 상관관계가 있다(Bahuchet, 1990). 이런 패턴은 다른 수렵채집인에게서도 관찰된다(Gurven, 2004).

하드자족을 대상으로 한 최근의 사회 관계망 연구에서는 더 많은 자식을 둔 성인들이 선물–증여 관계망에서 꿀을 더 많이 받는다는 것이 밝혀졌다(Apicella et al., 2012). 자녀가 많은 만큼 필요가 크기 때문일 것이다. 동일한 연구에서 하드자족 개인들에게 미래에 함께 살고 싶은 사람들을 꼽아달라는 질문을 했다. 유전적 연관성은 공동 거주자를 선택하는 데 중요한 요소이긴 했지만, 적잖은 비율이 인척과 친구를 꼽았다(Apicella et al., 2012). 흥미롭게도, 어떤 이들은 과거의 관계를 통해 맺어진 인척과 함께 살고자 했는데, 이는 인척들이 자신의 자녀와 유전적 연관성을 갖고 있기 때문일 수 있다. 인척 관계는 인간 사회성의 중요하고 독특한 특징이다(Chapais, 2013을 보라). 인척 관계의 협력은, 협력이 직계 친족 너머로 확장되는 첫 번째 단계일 수 있고, 이를 기점으로 유전적으로 연관되지 않은 개인들과의 협력이 일반화되는 것일지 모른다.

인간은 인척뿐 아니라 인척의 모계와 부계 친족까지 인지한다. 이런 특징이 수렵채집인들에게서 발견되는 거주 패턴의 높은 가소성으로 이어진 것일 수 있다(Hill et al., 2011). 인간은 두 가계를 모두 추적할 수 있기 때문에 형제자매와 우연히 근친상간 관계를 맺을 위험이 줄어든다(Perrin & Mazalov, 2000). 양 가계를 추적하는 능력은 여러 사회적 이점을 가져다준다. 개인들은 사회적 공간에서 자유롭게 운신할 수 있고, 이를 통해 거주 상대를 최대한 자유롭게 선택할 수 있다(Apicella et al., 2012). 또한 집단끼리 가족 관계를 맺을 수 있어 도움을 받을 수 있는 친족의 수 역시 증가한다(Marlowe, 2005). 집단 간 가족 관계의 증가는 다시 복수 집단의 조직화와 협력으로 이어질 수 있다. 이런 특징이야말로 인간 사회 구조의 정의라 할 수 있다(Chapais, 2013).

번식의 부담이 크다는 점 그리고 식량과 노동의 공유가 제공하는 이익을 고려하면, 협력이 수렵채집인에게 이로운 것은 분명하다. 그보다 불분명한 것은, 부당한 이득을 얻는 무임승차자가 있을 때 어떻게 협력을 유지하는가 하는 점이다. 수렵채집인들은 거주 패턴이 역동적이며, 집단 구성원이 지속적으로 변하고, 수많은 비혈연 개인이 함께 거주하기 때문에 특히 이 문제로 애를 먹을 수 있다(Hill et al., 2011). 인간의 협력이 집단 차원과 관계망 차원 양쪽에서 발생한다는 점을 고려할 때, 협력이 어떻게 유지되는지를 보다 쉽게 이해할 수 있다. 협력의 진화를 설명하는 이론들은 모두 얼마간 동류성同類性, assortativity에 의존한다. 즉, 자연선택은 협력자들이 함께 모일 수 있고 협력을 통해 이익을 얻을 수 있는 조건에서 협력을 지지한다는 것이다. 이론가들은 집단 구조(예를 들어 Bowles, 2006)와 사회 관계망(예를 들어 Ohtsuki, Hauert, Lieberman, & Nowak, 2006)이 협력의 진화에 필수적인 것은 거기에 동류성이 포함되기 때문이라는 가설을 세웠다. 최근까지 이 가설은 수렵채집인 사이에서는 물론이고, 실생활의 관계망에서도 경험적으로 입증되지 않고 있었다. 최근에 하드자족을 대상으로 한 사회중심망 분석에서는 집단 및 관계망 차원에서 협력의 동류성을 밝혀냈다(Apicella et al., 2012). 또한 이 분석에서 실제로 경제적 효과를 불러일으키는 공공재 게임을 활용한 결과, 캠프와 캠프 사이에서는 협력 수준의 분산이 크고, 캠프 내부에서는 분산이 작다는 사실이 밝혀졌다. 간단히 말하자면, 개인들은 자신과 비슷하게 협조적인 사람들과 산다는 것이다. 관계망 차원에서 공공재 기부 수준의 유사성은 사람들 간의 유대를 예측하게 했다. 협력 수준의 유사성은 최대 두 다리 건너의 관계까지 확장된다. 중요한 것은, 유전적 유사성, 공유 환경, 물리적 근접성에 더해 사회적 유대 관계가 협력 수준의 유사성을 설명해준다는 점이다. 이 데이터는 단순히 집단이 아닌 사회 관계망이 협력을 유지하는 열쇠일 수 있다고 말한다.

결론

1,700만 년에서 1,900만 년 전, 인간속이 출현하면서 뇌의 크기가 빠르게 증가했다. 큰 뇌는 인간의 진화에 중대한 영향을 미쳤다. 높은 신진대사 비용을 요구했기 때문이다. 이 비용은 열량이 높고 영양이 풍부한 식단을 찾으면서 어느 정도 상쇄되었다. 그럼에도 성년기에 고도의 대뇌화에 도달하려면 오랜 발달기 동안에 성장 속도가 더 빨라져야 했다. 결국, 영양 면에서 자녀를 독립할 수준으로 키우는 데 필요한 총 시간과 비용이 극적으로 증가했다. 인간속의 어머니들은 이처럼 부담이 증가했는데도 이른 젖떼기와 보다 짧아진 출산 간격을 통해 이전의 오스테랄로피테쿠스보다 더 성공적으로 번식할 수 있었다(Aiello & Key, 2002). 여기서 검토한 수렵채집인 데이터는 이러한 생활사 전략이 다른 대행부모의 보조 없이는 불가능했으리라는 점을 시사한다. 차라리, 아이들의 영양/행동적 요구를 채워주는 수많은 조력자들이 사회 시스템 안에 존재한 덕분에, 의존적인 복수의 자녀들을 키우는 데 따른 어머니들의 에너지 부담이 줄었다고 하는 편이 옳겠다. 실제로 이처럼 지원에 기댈 수 있는 능력 덕에 인간속 어머니들은 여러 다양한 조건을 헤쳐나갈 수 있었고, 인간의

형질인 행동의 다양성도 나타날 수 있었다.

"아이를 키우려면 온 마을이 필요하다"라는 오래된 격언은 아주 깊은 진화적 연원을 갖고 있다. 수렵채집인 사회에서 아이들은 부모뿐 아니라 형제자매, 조부모, 확장된 친족, 그리고 혈연이 아닌 개인들의 지원을 받는다. 우리는 집단 간이나 집단 내부에서 평생 지속되는 협력 관계를 만들어내는 인간의 사회 구조가 어느 정도는 인간 가족의 곤경을 지원하기 위해 진화했다고 말하고자 한다. 모계와 부계의 친족 및 인척을 모두 인지하는 인간의 독특한 능력은 언제든 손 벌릴 수 있는 조력자의 범위를 넓혀줄 뿐 아니라, 비혈연 개체 간의 협력 번식으로 넘어갈 수 있는 첫 번째 단계에 해당한다. 수많은 연구가 특정 범주에 속해 있는 조력자들의 역할을 조사해 왔지만, 앞으로의 연구는 사회 관계망이 아이들을 부양하는 데 어떤 역할을 하는지를 조사해야 할 것이다. 그런 연구는 인간 가족의 진화에 대한 우리의 이해를 풍부하게 해줄 뿐 아니라, 다양한 형태를 보이는 우리 시대의 가족 구성을 이해하는 데에도 많은 도움이 될 것이다.

참고문헌

Aiello, L. C., & Key, C. (2002). Energetic consequences of being a *Homo erectus* female. *American Journal of Human Biology*, *14*(5), 551–565.

Allen-Arave, W., Gurven, M., & Hill, K. (2008). Reciprocal altruism, rather than kin selection, maintains nepotistic food transfers on an Ache reservation. *Evolution and Human Behavior*, *29*(5), 305–318.

Alvarez, H. P. (2000). Grandmother hypothesis and primate life histories. *American Journal of Physical Anthropology*, *113*(3), 435–450.

Apicella, C. L. (2014). Upper-body strength predicts hunting reputation and reproductive success in Hadza hunter-gatherers. *Evolution and Human Behavior*, *35*(6), 508–518.

Apicella, C. L. (2011). On the universality of attractiveness. In M. Brockman (Ed.), *Future science: Essays from the cutting edge* (pp. 88–100). New York, NY: Vintage.

Apicella, C. L., Azevedo, E. M., Christakis, N. A., & Fowler, J. H. (2014). Evolutionary origins of the endowment effect: Evidence from hunter-gatherers. *American*

Economic Review, 104(6), 1793−1805.

Apicella, C. L., & Feinberg, D. R. (2009). Voice pitch alters mate-choice-relevant perception in huntergatherers. *Proceedings of the Royal Society B: Biological Sciences, 276*(1659), 1077−1082.

Apicella, C. L., Little, A. C., & Marlowe, F. W. (2007). Facial averageness and attractiveness in an isolated population of hunter-gatherers. *Perception, 36*(12), 1813−1820.

Apicella, C. L., Marlowe, F. W., Fowler, J. H., & Christakis, N. A. (2012). Social networks and cooperation in hunter-gatherers. *Nature, 481*(7382), 497−501.

Bahuchet, S. (1990). Food sharing among the pygmies of central Africa. *African Study Monographs 11*, 27−53.

Barkow, J. H., Cosmides, L. E., & Tooby, J. E. (1992). *The adapted mind: Evolutionary psychology and the generation of culture.* New York, NY: Oxford University Press.

Bell, A. V., Hinde, K., & Newson, L. (2013). Who was helping? The scope for female cooperative breeding in early homo. *PLoS ONE, 8*(12), e83667.

Bereczkei, T. (1998). Kinship network, direct childcare, and fertility among Hungarians and Gypsies. *Evolution and Human Behavior, 19*(5), 283−298.

Bird, B. B., & Bird, D. W. (2002). Constraints of knowing or constraints of growing? *Human Nature, 13*(2), 239−267.

Bird, D. W., Bird, R. B., & Parker, C. H. (2005). Aboriginal burning regimes and hunting strategies in Australia's Western Desert. *Human Ecology, 33*(4), 443−464.

Bleek, D. F. (1931). The Hadzapi or Watindega of Tanganyika Territory. *Africa, 4*, 273−286.

Blurton Jones, N. G., Hawkes, K., & Draper, P. (1994). Differences between Hadza and !Kung children's work: Original affluence or practical reason? In *Key issues in hunter-gatherer research* (pp. 189−215). Oxford, England: Berg.

Blurton Jones, N. G., Hawkes, K., & O'Connell, J. F. (1989). Modelling and measuring costs of children in two foraging societies. In V. Standen&R.A. Foley (Eds.), *Comparative socioecology of humans and other mammals* (pp. 367−390). London, England: Basil Blackwell.

Blurton Jones, N. G., Hawkes, K., & O'Connell, J. F. (2002). Antiquity of postreproductive life: Are there modern impacts on hunter-gatherer postreproductive life spans? *American Journal of Human Biology, 14*(2), 184−205.

Blurton Jones, N. G., Hawkes, K., & O'Connell, J. F. (2005). Hadza grandmothers as helpers: Residence data. In *Grandmotherhood: The evolutionary significance of the second half of female life* (pp. 160−176). New Brunswick, NJ: Rutgers University

Press.

Blurton Jones, N. G., & Konner, M. J. (1973). Sex differences in the behavior of Bushman and London two-to five-year-olds. In J. Crook& R. Michael (Eds.), *Comparative ecology and the behavior of primates* (pp. 689−749). New York, NY: Academic Press.

Bock, J. (2002). Learning, life history, and productivity. *Human Nature, 13*(2), 161−197.

Bogin, B. (1999). *Patterns of human growth* (2nd ed., Vol. 23). Cambridge, England: Cambridge University Press.

Bogin, B. (2009). Childhood, adolescence, and longevity: A multilevel model of the evolution of reserve capacity in human life history. *American Journal of Human Biology, 21*(4), 567−577.

Borgerhoff Mulder, M. (1988). Reproductive success in three Kipsigis cohorts. In T. H. Clutton-Brock, T. H. (Ed.), *Reproductive success: Studies of individual variation in contrasting breeding systems* (pp. 419−435). Chicago, IL: University of Chicago Press.

Bowles, S. (2006). Group competition, reproductive leveling, and the evolution of human altruism. *Science, 314*(5805), 1569−1572.

Boyd, R., & Richerson, P. J. (2009). Culture and the evolution of human cooperation. *Philosophical Transactions of the Royal Society B: Biological Sciences, 364*(1533), 3281−3288.

Buss, D. M. (1989). Sex differences in human mate preferences: Evolutionary hypotheses tested in 37 cultures. *Behavioral and Brain Sciences, 12*(01), 1−14.

Buss, D. M. (1998). Sexual strategies theory: Historical origins and current status. *Journal of Sex Research, 35*(1), 19−31.

Buss, D. M.,& Schmitt, D. P. (1993). Sexual strategies theory: An evolutionary perspective on human mating. *Psychological Review, 100*(2), 204.

Chapais, B. (2013). Monogamy, strongly bonded groups, and the evolution of human social structure. *Evolutionary Anthropology: Issues, News, and Reviews, 22*(2), 52−65.

Charnov, E. L., & Berrigan, D. (1993). Why do female primates have such long lifespans and so few babies? Or life in the slow lane. *Evolutionary Anthropology: Issues, News, and Reviews, 1*(6), 191−194.

Coale, A. J. (1974). The history of the human population. *Scientific American, 231*(3), 40−51.

Cosmides, L., & Tooby, J. (1994). Better than rational: Evolutionary psychology and the invisible hand. *The American Economic Review, 50*(2), 327–332.

Cosmides, L., & Tooby, J. (2013). Evolutionary psychology: New perspectives on cognition and motivation. *Psychology, 64,* 201–229.

Crittenden, A. N. (2014). Los cazadores-recolectores Hazda de Tanzania: Etnografía, demografía y la importancia de la evolución humana. [The Hadza hunter-gatherers of Tanzania: Ethnography, demography, and importance for human evolution.] In *Cradle of humanity.* Madrid, Spain: Museo Nacional de Antropología.

Crittenden, A. N., Conklin-Brittain, N. L., Zes, D. A., Schoeninger, M. J., & Marlowe, F. W. (2013). Juvenile foraging among the Hadza: Implications for human life history. *Evolution and Human Behavior, 34*(4), 299–304.

Crittenden, A. N., & Marlowe, F.W. (2008). Allomaternal care among the Hadza of Tanzania. *Human Nature, 19*(3), 249–262.

Crittenden, A. N., & Marlowe, F. W. (2013). Cooperative child care among the Hadza: Situating multiple attachment in evolutionary context. In J. M. Mageo & N. Quinn (Eds.), *Attachment reconsidered: Cultural perspectives on a Western theory* (pp. 67–84). New York, NY: Palgrave Macmillan.

Crittenden, A. N., Zes, D., & Marlowe, F. W. (2010). Juvenile food sharing among the Hadza huntergatherers of Tanzania. *American Journal of Physical Anthropology (SS),* 87–88.

Dunsworth, H. M., Warrener, A. G., Deacon, T., Ellison, P. T., & Pontzer, H. (2012). Metabolic hypothesis for human altriciality. *Proceedings of the National Academy of Sciences, USA, 109*(38), 15212–15216.

Early, J. D., & Headland, T. N. (1998). *Population dynamics of a Philippine rain forest people: The San Ildefonso Agta.* Gainesville: University Press of Florida.

Emlen, S. T. (1995). An evolutionary theory of the family. *Proceedings of the National Academy of Sciences, USA, 92*(18), 8092–8099.

Euler, H. A., & Weitzel, B. (1996). Discriminative grandparental solicitude as reproductive strategy. *Human Nature, 7*(1), 39–59.

Foley, R. (1995). The adaptive legacy of human evolution: A search for the environment of evolutionary adaptedness. *Evolutionary Anthropology: Issues, News, and Reviews, 4*(6), 194–203.

Geary, D. C. (2000). Evolution and proximate expression of human paternal investment. *Psychological Bulletin, 126*(1), 55.

Goodman, M. J., Griffin, P. B., Estioko-Griffin, A. A., & Grove, J. S. (1985). The compatibility of hunting and mothering among the Agta hunter-gatherers of the Philippines. *Sex Roles, 12* (11–12), 1199–1209.

Gray, P. B., & Anderson, K. G. (2010). *Fatherhood: Evolution and human paternal behavior*. Cambridge, MA: Harvard University Press.

Gray, P. B., & Crittenden, A. N. (2014). Father Darwin: Effects of children on men, viewed from an evolutionary perspective. *Fathering: A Journal of Theory, Research, and Practice about Men as Fathers*, *12*(2), 121−142.

Griffin, P. B., & Griffin, M. B. (1992). Fathers and childcare among the Cagayan Agta. In B. Hewlett (Ed.), *Father-child relations: Cultural and biosocial contexts* (pp. 297−320). New York, NY: Aldine De Gruyter.

Gurven, M. (2004). To give and to give not: The behavioral ecology of human food transfers. *Behavioral and Brain Sciences*, *27*(04), 543−559.

Gurven, M., Allen-Arave, W., Hill, K., & Hurtado, M. (2000). "It's a wonderful life": signaling generosity among the Ache of Paraguay. *Evolution and Human Behavior*, *21*(4), 263−282.

Gurven, M., Hill, K., Kaplan, H., Hurtado, A., & Lyles, R. (2000). Food transfers among Hiwi foragers of Venezuela: tests of reciprocity. *Human Ecology*, *28*(2), 171−218.

Hames, R., & Draper, P. (2004). Women's work, child care, and helpers-at-the-nest in a hunter-gatherer society. *Human Nature*, *15*(4), 319−341.

Harcourt, A. H., Purvis, A., & Liles, L. (1995). Sperm competition: Mating system, not breeding season, affects testes size of primates. *Functional Ecology*, *9*(3), 468−476.

Hawkes, K., & Bliege Bird, R. (2002). Showing off, handicap signaling, and the evolution of men's work. *Evolutionary Anthropology: Issues, News, and Reviews*, *11*(2), 58−67.

Hawkes, K., & Coxworth, J. E. (2013). Grandmothers and the evolution of human longevity: A review of findings and future directions. *Evolutionary Anthropology: Issues, News, and Reviews*, *22*(6), 294−302.

Hawkes, K., O'Connell, J. F., & Blurton Jones, N. G. (1997). Hadza women's time allocation, offspring provisioning, and the evolution of long postmenopausal life spans. *Current Anthropology*, *38*(4), 551−577.

Hawkes, K., O'Connell, J. F., & Blurton Jones, N. G. (2001). Hadza meat sharing. *Evolution and Human Behavior*, *22*(2), 113−142.

Henrich, J., Boyd, R., & Richerson, P. J. (2012). The puzzle of monogamous marriage. *Philosophical Transactions of the Royal Society B: Biological Sciences*, *367*(1589), 657−669.

Henrich, J., Heine, S. J., & Norenzayan, A. (2010). The weirdest people in the world? *Behavioral and Brain Sciences*, *33* (2−3), 61−83.

Hewlett, B. S. (1992). Husband-wife reciprocity and the father-infant relationship among

Aka pygmies. In B. S. Hewlett (Ed.), *Father-child relations: Cultural and biosocial contexts* (pp. 153–176). New York, NY: Aldine de Gruyter.

Hewlett, B. S. (1993). *Intimate fathers: The nature and context of Aka Pygmy paternal infant care*. Ann Arbor: University of Michigan Press.

Hewlett, B. S., Lamb, M. E., Leyendecker, B., & Schölmerich, A. (2000). Internal working models, trust, and sharing among foragers. *Current Anthropology, 41*(2), 287–297.

Hill, K. (2002). Altruistic cooperation during foraging by the Ache, and the evolved human predisposition to cooperate. *Human Nature, 13*(1), 105–128.

Hill, K. R., & Hurtado, A. M. (1996). *Ache life history: The ecology and demography of a foraging people*. Hawthorne, NY: Aldine de Gruyter.

Hill, K., & Hurtado, A. M. (2009). Cooperative breeding in South American hunter-gatherers. *Proceedings of the Royal Society B: Biological Sciences, 276*(1674), 3863–3870.

Hill, K., Hurtado, A. M., & Walker, R. S. (2007). High adult mortality among Hiwi hunter-gatherers: Implications for human evolution. *Journal of Human Evolution, 52*(4), 443–454.

Hill, K. R., Walker, R. S., Božičević, M., Eder, J., Headland, T., Hewlett, B., . . . Wood, B. (2011). Co-residence patterns in hunter-gatherer societies show unique human social structure. *Science, 331*(6022), 1286–1289.

Hrdy, S. B. (1999). *Mother nature: A history of mothers, infants, and natural selection*. New York, NY: Pantheon Books.

Hrdy, S. B. (2000). The optimal number of fathers: Evolution, demography, and history in the shaping of female mate preferences. *Annals of the New York Academy of Sciences, 907*, 75–96.

Hrdy, S. B. (2009). *Mothers and others: The evolutionary origins of mutual understanding*. Cambridge, MA: Harvard University Press.

Hrdy, S. B. (2014). Development + social selection in the emergence of "emotionally modern" humans. In J. Decety & Y. Christen (Eds.), *New frontiers in social neuroscience* (pp. 57–91). Cham, Switzerland: Springer.

Hurtado, A. M., & Hill, K. R. (1992). Paternal effect on offspring survivorship among Ache and Hiwi huntergatherers: Implications for modeling pair-bond stability. In B. S. Hewlett (Ed.), *Father-child relations: Cultural and biosocial contexts* (pp. 31–55). New York, NY: Aldine de Gruyter.

Ivey Henry, P., Morelli, G. A., & Tronick, E. Z. (2005). Child caretakers among Efe foragers of the Ituri forest. In B. S. Hewlett& M. E. Lamb (Eds.), *Hunter-gatherer childhoods: Evolutionary, developmental, and cultural perspectives* (pp. 191–213). New Brunswick, NJ: Aldine Transaction.

Kachel, A. F., Premo, L. S., & Hublin, J. J. (2011). Grandmothering and natural selection. *Proceedings of the Royal Society B: Biological Sciences, 278*(1704), 384–391.

Kaplan, H. (1994). Evolutionary and wealth flows theories of fertility: Empirical tests and new models. *Population and Development Review, 20*(4), 753–791.

Kaplan, H., & Dove, H. (1987). Infant development among the Ache of eastern Paraguay. *Developmental Psychology, 23*(2), 190–198.

Kaplan, H., Gurven, M., Hill, K., & Hurtado, A. M. (2005). The natural history of human food sharing and cooperation: A review and a new multi-individual approach to the negotiation of norms. In S. Bowles, R. Boyd, E. Fehr, & H. Gintis (Eds.), *Moral sentiments and material interests: The foundations of cooperation in economic life* (pp. 75–113). Cambridge, MA: MIT Press.

Kaplan, H., & Hill, K. (1985). Hunting ability and reproductive success among male Ache foragers: Preliminary results. *Current Anthropology, 26*(1), 131–133.

Kaplan, H. S., Hill, K., Hurtado, A. M., & Lancaster, J. B. (2001). *The embodied capital theory of human evolution. Reproductive ecology and human evolution.* Hawthorne, NY: Aldine de Gruyter.

Kaplan, H., Hill, K., Lancaster, J., & Hurtado, A. M. (2000). A theory of human life history evolution: Diet, intelligence, and longevity. *Evolutionary Anthropology Issues News and Reviews, 9*(4), 156–185.

Kennedy, G. E. (2005). From the ape's dilemma to the weanling's dilemma: Early weaning and its evolutionary context. *Journal of Human Evolution, 48*(2), 123–145.

Kitanishi, K. (1998). Food sharing among the Aka hunter-gatherers in Northeastern Congo. *African Study Monographs, 25* (Suppl.), 3–32.

Konner, M. (2005). Hunter-gatherer infancy and childhood. In B. S. Hewlett & M. E. Lamb (Eds.), *Huntergatherer childhoods: Evolutionary, developmental and cultural perspectives* (pp. 19–64). New Brunswick, NJ: Aldine Transaction.

Kramer, K. L. (2005). Children's help and the pace of reproduction: Cooperative breeding in humans. *Evolutionary Anthropology: Issues, News, and Reviews, 14*(6), 224–237.

Kramer, K. L. (2011). The evolution of human parental care and recruitment of juvenile help. *Trends in Ecology & Evolution, 26*(10), 533–540.

Kramer, K. L. (2014). Why what juveniles do matters in the evolution of cooperative breeding. *Human Nature, 25*(1), 49–65.

Lancaster, J. B., & Lancaster, C. S. (1983). Parental investment: The hominid adaptation. In D. J. Ortner (Ed.), *How humans adapt: A biocultural odyssey. Proceedings of the Seventh International Smithsonian Symposium* (pp. 33−56). Washington, DC: Smithsonian Institution Press.

Lancy, D. F. (2012). The chore curriculum. In G. Spittler& M. Bourdillion (Eds.), *African children at work: Working and learning in growing up* (pp. 23−57). Berlin, Germany: Lit Verlag.

Lee, R. B., & Daly, R. H. (Eds.). (1999). *The Cambridge encyclopedia of hunters and gatherers*. Cambridge, England: Cambridge University Press.

Lee, P. C., Majluf, P., & Gordon, I. J. (1991). Growth, weaning and maternal investment from a comparative perspective. *Journal of Zoology, 225*(1), 99−114.

Lee, S.-H., & Wolpoff, M. H. (2003). The pattern of evolution in Pleistocene human brain size. *Paleobiology, 29*(2), 186−196.

Leonetti, D. L., Nath, D. C., Hemam, N. S., & Neill, D. B. (2005). Kinship organization and the impact of grandmothers on reproductive success among the matrilineal Khasi and patrilineal Bengali of Northeast India. In E. Voland, A. Chasiotis, & W. Schiefenhövel (Eds.), *Grandmotherhood: The evolutionary significance of the second half of female life* (pp. 194−214). New Brunswick, NJ: Rutgers University Press.

Little, A. C., Apicella, C. L., & Marlowe, F. W. (2007). Preferences for symmetry in human faces in two cultures: Data from the UK and the Hadza, an isolated group of hunter-gatherers. *Proceedings of the Royal Society B: Biological Sciences, 274*(1629), 3113−3117.

Lovejoy, C. O. (1981). The origin of man. *Science, 211*(4480), 341−350.

Low, B. S. (1988). Measures of polygyny in humans. *Current Anthropology, 29*, 189−194.

Mace, R. (2013). Social science: The cost of children. *Nature, 499*(7456), 32−33.

Marlowe, F. (1999). Showoffs or providers? The parenting effort of Hadza men. *Evolution and Human Behavior, 20*(6), 391−404.

Marlowe, F. (2001). Male contribution to diet and female reproductive success among foragers. *Current Anthropology, 42*(5), 755−759.

Marlowe, F. W. (2003). The mating system of foragers in the standard cross-cultural sample. *Cross-Cultural Research, 37*(3), 282−306.

Marlowe, F. W. (2004a). Mate preferences among Hadza hunter-gatherers. *Human Nature, 15*(4), 365−376.

Marlowe, F. (2004b). Marital residence among foragers. *Current Anthropology, 45*(2), 277−284.

Marlowe, F. W. (2005). Hunter-gatherers and human evolution. *Evolutionary Anthropology: Issues, News, and Reviews*, *14*(2), 54–67.

Marlowe, F. (2010). *The Hadza: Hunter-gatherers of Tanzania* (Vol. 3). Berkeley: University of California Press.

Marlowe, F., Apicella, C., & Reed, D. (2005). Men's preferences for women's profile waist-to-hip ratio in two societies. *Evolution and Human Behavior*, *26*(6), 458–468.

Martin, R. D. (2007). The evolution of human reproduction:Aprimatological perspective. *Yearbook of Physical Anthropology*, *50*, 59–84.

McHenry, H. M. (1992). Body size and proportions in early hominids. *American Journal of Physical Anthropology*, *87*(4), 407–431.

Meehan, C. L. (2005). The effects of residential locality on parental and alloparental investment among the Aka foragers of the Central African Republic. *Human Nature*, *16*(1), 58–80.

Meehan, C. L., Helfrecht, C., & Quinlan, R. J. (2014). Cooperative breeding and Aka children's nutritional status: Is flexibility key? *American Journal of Physical Anthropology*, *153*(4), 513–525.

Meehan, C. L., Quinlan, R., & Malcom, C. D. (2013). Cooperative breeding and maternal energy expenditure among aka foragers. *American Journal of Human Biology*, *25*(1), 42–57.

Milton, K. (2003). The critical role played by animal source foods in human (Homo) evolution. *The Journal of Nutrition*, *133*(11), 3886S–3892S.

Morelli, G. A., & Tronick, E. Z. (1992). Male care among Efe foragers and Lese farmers. In B. S. Hewlett (Ed.), *Father-child relations: Cultural and biosocial contexts* (pp. 231–261). New York, NY: de Gruyter.

Murdock, G. P., & White, D. R. (1969). Standard cross-cultural sample. *Ethnology*, *8*, 329–369.

Nishida, T., Corp, N., Hamai, M., Hasegawa, T., Hiraiwa-Hasegawa, M., Hosaka, K., . . . Zamma, K. (2003). Demography, female life history, and reproductive profiles among the chimpanzees of Mahale. *American Journal of Primatology*, *59*(3), 99–121.

Nolin, D. A. (2010). Food-sharing networks in Lamalera, Indonesia. *Nature*, *21*(3), 243–268.

Obst, E. (1912). Von Mkalama ins Land der Wakindiga. *Mitteilungen der Geographischen Gesellschaft in Hamburg*, *26*, 1–45.

Ohtsuki, H., Hauert, C., Lieberman, E., & Nowak, M. A. (2006). A simple rule for the evolution of cooperation on graphs and social networks. *Nature*, *441*(7092), 502–

505.

Orians, G. H. (1969). On the evolution of mating systems in birds and mammals. *American Naturalist, 103*, 589–603.

Panter-Brick, C., Layton, R., & Rowley-Conwy, P. (Eds.). (2001). *Hunter-gatherers: An interdisciplinary perspective* (Vol. 13). Cambridge, England: Cambridge University Press.

Perrin, N., & Mazalov, V. (2000). Local competition, inbreeding, and the evolution of sex-biased dispersal. *The American Naturalist, 155*(1), 116–127.

Plavcan, J. M. (2001). Sexual dimorphism in primate evolution. *American Journal of Physical Anthropology, 116*(S33), 25–53.

Portmann, A. (1941). Die tragzeiten der primaten und die dauer der schwangerschaft beim menschen: Ein problem der vergleichenden biologie. *Revue Suisse de Zoologie, 48*, 511–518.

Rilling, J. K., & Insel, T. R. (1998). Evolution of the cerebellum in primates: Differences in relative volume among monkeys, apes and humans. *Brain, Behavior and Evolution, 52*(6), 308–314.

Robson, S. L., & Wood, B. (2008). Hominin life history: Reconstruction and evolution. *Journal of Anatomy, 212*(4), 394–425.

Ronsmans, C., & Graham, W. J. (2006). Maternal mortality: Who, when, where, and why. *The Lancet, 368*(9542), 1189–1200.

Rosenberg, K., & Trevathan, W. (1995). Bipedalism and human birth: The obstetrical dilemma revisited. *Evolutionary Anthropology, 4*(5), 161–168.

Rosenberg, K., & Trevathan, W. (2002). Birth, obstetrics and human evolution. *BJOG: An International Journal of Obstetrics & Gynaecology, 109*(11), 1199–1206.

Ruff, C. B., Trinkaus, E., & Holliday, T. W. (1997). Body mass and encephalization in Pleistocene *Homo*. *Nature, 387*(6629), 173–176.

Sauls, D. J. (2002). Effects of labor support on mothers, babies, and birth outcomes. *Journal of Obstetric, Gynecologic, & Neonatal Nursing, 31*(6), 733–741.

Scelza, B. A. (2009). The grandmaternal niche: Critical caretaking among Martu Aborigines. *American Journal of Human Biology, 21*(4), 448–454.

Sear, R., Mace, R., & McGregor, I. A. (2000). Maternal grandmothers improve nutritional status and survival of children in rural Gambia. *Proceedings of the Royal Society B: Biological Sciences, 267*(1453), 1641–1647.

Sear, R., & Coall, D. (2011). How much does family matter? Cooperative breeding and the demographic transition. *Population and Development Review, 37*(s1), 81–112.

Sear, R., & Mace, R. (2008). Who keeps children alive? A review of the effects of kin on child survival. *Evolution and Human Behavior, 29*(1), 1–18.

Sellen, D. W. (2007). Evolution of infant and young child feeding: Implications for contemporary public health. *Annual Review of Nutrition, 27*, 123–148.

Shimkin, D. D. (1983). Introduction of the horse. *Great Basin, 11*, 517–524.

Smith, B. H. (1992). Life history and the evolution of human maturation. *Evolutionary Anthropology: Issues, News, and Reviews, 1*(4), 134–142.

Smith, E. A. (2004). Why do good hunters have higher reproductive success? *Human Nature, 15*(4), 343–364.

Sugiyama, L. S., Tooby, J., Cosmides, L. (2002). Cross-cultural evidence of cognitive adaptations for social exchange among the Shiwiar of Ecuadorian Amazonia. *Proceedings of the National Academy of Sciences, USA, 99*, 11537–11542.

Tennie, C., Call, J., & Tomasello,M. (2009). Ratcheting up the ratchet: On the evolution of cumulative culture. *Philosophical Transactions of the Royal Society B: Biological Sciences, 364*(1528), 2405–2415.

Tolstoy, L. (1868). *Voina I Mir (War and Peace)*. Moscow Mockba.

Trevathan, W. R. (2011). *Human birth: An evolutionary perspective*. New Brunswick, NJ: Transaction.

Tucker, B., & Young, A. G. (2005). Growing up Mikea. In B. Hewlett & M. E. Lamb (Eds.), *Hunter-gatherer childhoods: Evolutionary, developmental, and cultural perspectives* (pp. 147–171). New York, NY: Aldine de Gruyter.

Voland, E., & Beise, J. (2002). Opposite effects of maternal and paternal grandmothers on infant survival in historical Krummhörn. *Behavioral Ecology and Sociobiology, 52*(6), 435–443.

Warrener, A. G., Lewton, K. L., Pontzer, H., & Lieberman, D. E. (2015). A wider pelvis does not increase locomotor cost in humans, with implications for the evolution of childbirth. *PLoS ONE, 10*(3).

West, M. M., & Konner, M. J. (1976). The role of the father: An anthropological perspective. In M. E. Lamb (Ed.), *The role of the father in child development* (pp. 185–217). New York, NY: Wiley.

West-Eberhard, M. J. (1992). Adaptation: Current usages. In E. F. Keller, & E. A. Lloyd (Eds.), *Keywords in evolutionary biology* (pp. 170–179). Cambridge, MA: Harvard University Press.

Westing, A. H. (2013). Population: Perhaps the basic Issue. In *From environmental to comprehensive security* (pp. 133–145). Heidelberg, Germany: Springer International Publishing.

Wiessner, P. (2002). Hunting, healing, and hxaro exchange: A long-term perspective on!

Kung (Ju/'hoansi) large-game hunting. *Evolution and Human Behavior, 23*(6), 407–436.

Williams, G. C. (1957). Pleiotropy, natural selection, and the evolution of senescence. *Evolution, 11*, 398–411.

Wilmsen, E. N. (1989). *Land filled with flies: A political economy of the Kalahari.* Chicago, IL: University of Chicago Press.

Winking, J., & Gurven, M. (2011). The total cost of father desertion. *American Journal of Human Biology, 23*(6), 755–763.

Wood, B. M. (2006). Prestige or provisioning? A test of foraging goals among the Hadza. *Current Anthropology, 47*(2), 383–387.

Wood, B. M.,&Marlowe, F. W. (2013). Household and kin provisioning by Hadza men. *Human Nature, 24*(3), 280–317.

Woodburn, J. (1968). Stability and flexibility in Hadza residential groupings. In R. B. Lee & I. DeVore (Eds.), *Man the hunter* (pp. 49–55). Chicago, IL: Aldine.

24장

인간 사회성의 진화에 호르몬이 하는 역할

마크 V. 플린 · 캐롤 V. 워드

인간의 가족은 포유류의 전형적인 패턴을 따르는 것처럼 보인다. 만성형(무력한) 자식에게 젖을 먹이는 일부터 시작해서 어머니 양육의 비중이 상당히 높고, 형제자매, 이모와 고모, 아버지 등 여러 친족이 이를 지원한다. 하지만 포유류/영장류와의 공통점 외에도 인간에게는 상당히 유별난 형질이 있다. 인간의 자식 돌보기은 그 기간과 규모가 이례적으로 길고 크며, 언어를 통한 엄청난 양의 정보 이동 또한 독특하다. 안정적인 번식 결합, 다수-수컷(수컷이 여럿인, multiple-male) 집단에서 폭넓게 이루어지는 아버지 양육, 형제-자매 관계가 평생 지속되는 폭넓은 양 가계 혈연 인식, 손주 육아, 혈연 집단 내 짝 교환의 통제 등이 조합되어 나타나는 종도 인간이 유일하다. 이는 모두 가족 관계와 아동 발달을 이론적 · 실용적으로 이해하는 데 필요한 중요한 특징으로, 가족 관계와 아동 발달의 진화는 과학의 가장 큰 도전에 속한다. 이번 장에서는 인간 사회성의 핵심적인 측면들을 뒷받침하는 화석 기록과 생리적 기제에서 나온 단서들을 살펴보고자 한다.

호르몬과 신경전달물질은 우리 삶의 중요한 양상들을 만들어내는데, 성장, 분화, 성, 생리, 감정, 인지 같은 양상들이다. 아주 작고 사소하게만 보이는 세포와 분비선에서 생성되고 방출되는 분자들이, 낭만적 사고에서부터 분노에 찬 질투, 생식 세포의 방출에서부터 수유와 부모-자녀 결합에 이르기까지 우리의 번식 전략을 아주 놀라운 방식으로 조직화한다(Roney, 이 책 2권 46장을 보라).

인간의 내분비계와 신경내분비계는 세포와 조직들 사이의 정보교환을 위해 자연선택이 설계한 기제들의 복잡한 집합으로 볼 수 있다. 이 장은 진화심리학에서 특히 중요한 분야인 인간 사회성의 행동내분비학에 초점을 맞추고자 한다. 스테로이드와 펩티드 호르몬, 결합 신경전달물질, 화학전달물질은 여러 중요한 측면에서 포유류의 짝짓기 행동과 양육 행동을 유도한다(Bridges, 2008; Curtis & Wang, 2003; Rosenblatt, 2003; Young & Insel, 2002). 영장류의 이종비교는 신중하게 분석할 필요가 있는데(Bercovitch & Ziegler, 2002; Fernandez-Duque, Valeggia, & Mendoza, 2009), 번식 행동 패턴의 분명하고 급격한 진화적 변화들 그리고 복잡한 정신 작용과 관련된 표현형의 높은 가소성 때문이다. 이와 관련해서 호모사피엔스는 특별한 문제를 제기한다(Fisher, 2004; Maestripieri, 1999; Marler, Bester-Meredith, & Trainor, 2003; Rilling, 2013; Wynne-Edwards, 2001, 2003).

우선 우리는 인간의 짝짓기와 양육 행동 패턴의 진화를 설명하는 이론적 시나리오를 제시할 것이다. 우리는 성적 이형성 등 결합 형질의 계통발생적 궤적을 살펴보고 조상 인류의 화석 기록으로부터 생활사 단계들을 조사함으로써 이 모델을 검증할 것이다. 그런 뒤에는 인간 종의 독특한 번식 행동 형질에 영향을 미치는 내분비 기제의 기능을 분석하고 설명할 것이다.

인간 가족의 진화

인간의 유년기는 정보와 실행력을 획득해서 인간 종의 성공에 필수적인 사회적 관계의 알고리듬을 마음에 구축하고 가다듬는 생활사 단계로 볼 수 있다(Geary & Flinn, 2001; Hrdy, 2009; Konner, 2010; Muehlenbein & Flinn, 2012). 인간 유아들에게 사회 환경에 숙달하는 일은 특별한 도전이다. 사회적 역량을 습득하기가 유독 까다로운 것은 그 표적들(다른 아이들과 성인들)이 끊임없이 바뀔 뿐 아니라 그들에게도 마음 이론과 그 밖의 인지능력이 갖춰져 있기 때문이다(Flinn, 2006c; 2013b; Flinn & Alexander, 2007).

가족 환경은 사회적 능력과 집단 조정 같은 정보처리 능력의 개체발생을 가능하게 하는 일차적 원천이자 매개자다. 인간의 생물학은 우리가 유난히 사회적인 동물, 즉 가족과 친족 그리고 집단 간의 역동적인 연합망에 둘러싸인 존재로서 진화해온 역사에 의해 근본적인 영향을 받아왔다. 인간의 친족 체계는 양 가계(모계와 부계)를 보편적으로 인지하고, 다세대 구조이며, 대개 남성 친족이 함께 거주한다는 점에서 독특하지만, 다른 한편으로는 주된 변이가 수십 개 존재한다(Chapais, 2008, 2013; Davis & Daly, 1997; Flinn & Low, 1986; Walker, Flinn & Hill, 2010; Walker, Hill, Flinn & Ellsworth, 2011). 인간 혈연관계의 이러한 측면은 가족을 더 넓은 협력 체계와 연결시켜서 긴 사회적 유년기 동안 대행부모 육아의 기회를 늘린다. 이와 관련하여 다섯 가지 종-특이적 형질이 특히 중요하다. (1) 아버지 노릇, 즉 남성의 독특하고 광범위한 아버지 투자, (2) 남매 관계를 포함해서 평생 지속되는 형제자매의 결속, (3) 배우자 사이의 복잡한 쌍 결합 관계, (4) 손주 양육, 그리고 (5) 소속 집단 너머로 확장되고, 인척(혼인을 통한 유대)과 혈족(혈연을 통한 유대) 관계를 포함하는 혈연관계망. 이 다섯 가지 사회적 특징은 배란 은폐(혹은 '부호화'), 신체적으로는 만성형이지만 정신적으로는 조성형인 유아, 긴 유년기 발달, 여성의 오르가즘, 폐경 같은 다른 독특한 형질들과 연결되어 있다 (Flinn, Quinlan, Ward, & Coe, 2007).

호르몬은 번식의 이 구성요소들을 발달(개체발생)시키고 조절하는 일에 관여하는데, 여기에는 관련된 심리적 능력의 토대가 되는 신경생물학이 포함된다(예를 들어 Bartels & Zeki, 2004; Donaldson & Young, 2008). 호르몬과 신경전달물질 기제들의 근접인, 계통발생적 관계, 적응적 기능을 이해한다면 우리(인간)의 독특한 짝짓기 패턴과 양육 패턴 그리고 상이한 환경적 맥락에 비추어 그 변이성을 재구성하는 과업에 중요한 한 걸음을 내디딜 것이다.

유아기 만성형이라는(무기력하다는) 것은 혈연 집단의 맥락에서 부모와 대행부모의 강도 높은 양육을 통해 그들을 보호해주는 환경이 조성되어 있음을 시사한다 (Alexander, 1987; Chisolm, 1999; Flinn, 2004, 2006b; Flinn & Ward, 2004; Hrdy, 1999, 2004). 인간의 아기들은 신체적으로 조숙할 필요가 없다. 아기들은 개체발생적으로 일찍 기능하기 시작하는 보행, 방어, 식량 섭취 체계의 발달에 투자하는 대신, 더 효율적인 성체 표현형을 구축하는 데 주력한다. 뇌는 지속적으로 빠르게 성장하며, 그에 따라 발달하는 인지능력은 사회 환경에 더 많은 주의를 기울인다. 유연한 신경계는 언어를 비롯한 지역 공동체 고유의 미묘한 뉘앙스에 아기를 적응시킨다(Alexander, 1990a; Bjorklund & Pellegrini, 2002; Bloom, 2000; Geary & Bjorklund, 2000; Geary & Huffman, 2002; Small, 1998, 2001). 운동, 싸움, 수렵 등 생태적 기술들이 천천히 발달하는 것과 달리 인간 유아는 인간 언어의 복잡한 소통 체계와 관련된 기술(Pinker, 1994), 얼굴 인지(de Hann, Johnson, & Halit, 2003), 눈 맞춤(Farroni, Mansfield, Lai, & Johnson, 2003), 미소(Bornstein & Arterberry, 2003) 같은 사회적 능력들을 빠르게 습득한다. 언어능력에 기초한 강력한 정보전달 능력은 타인의 머릿속에 담긴 지식을 실어오는 도관이 되어준다. 고강도의 광범위한 소통을 위해 새롭게 발달한 이 능력 덕분에 인간 집단 특유의 사회적 역학이 가능해지고(Dunbar, 1997, 2004), 사회적 학습과 문화를 위한 새로운 기제가 형성된다. 언어능력의 핵심인 반복패턴 인지능력과 추상적 상징표현은 인간, 특히 어린아이들의 특징인 개방적이고, 창의적이고, 유연한 정보처리 능력을 가능하게 한다(Flinn & Ward, 2004; cf. Ranganath & Rainer, 2003).

아버지 보호와 양육을 포함하는 강도 높은 아버지 육아의 이점은 상당히 이례적인 짝짓기 패턴을 요구한다. 다수-수컷 집단에서 적당히 배타적인 쌍 결합이 이루어져야 하는 것이다. 규모가 크고 협력하는 다수-번식-수컷 집단을 이루고 살아가는 영장류(혹은 포유류) 가운데 다른 어떤 종도 인간처럼 광범위하게 아버지 양육을 하지 않는다. 수컷 개코원숭이 무리도 새끼를 어느 정도 보호하고(Buchan, Alberts, Silk, & Altmann, 2003), 인드리스, 마모멧, 타마린, 올빼미원숭이, 티티원숭이의 소규모 일부일처 가족에서도 수컷이 다방면으로 새끼를 돌보고, 그보다 덜하지만 긴팔원숭이 수컷도 새끼를 돌보긴 해도(Fernandez-Duque et al., 2009) 인간은 이 방면에 독보적이다. 조류 가운데 집단 서식을 하는 몇몇 종이 아버지 양육을 하지만, 이들은 부성 확신을 높여주는 특이한 기제를 갖고 있으며(예를 들어 짝 보호와 짧은 임신기간 등), 인간에게 특징적인 연합 협력 같은 것은 존재하지 않는다. 영장류의 경우 다수-수컷 집단에서 암컷을 두고 경쟁이 벌어지기 때문에 부성 확신이 대체로 낮은 편이다(예를 들어, 침팬지). 다수-수컷 영장류 집단에서 수컷과 암컷은 배타적인 쌍 결합을 이루는데, 이를 통해 다른 수컷들은 자신의 새끼가 아닌 개체를 쉽게 구분할 수 있고, 따라서 새끼의 유아살해 위험이 높다(Hrdy, 1999). 수컷이 자신의 새끼를 충분히 알아볼 수 있어 투자비용을 상쇄할 수 있는 경우라면 자연선택은 아버지 양육을 선호할 것이다(Alexander, 1974; 이 책 20장 Geary를 보라). 비록 잠재적인 짝들 간의 호혜 행동 역시 그와 연관되어 있을 가능성이 높지만 말이다(Buss, 1994; Smuts, 1985). 인간은 독특한 '집단 가족nested family'의 사회 구조를 구성하는데, 혈연관계망에 포함된 남녀의 복잡한 호혜 관계가 집단 구성원 간의 직접적인 짝짓기 경쟁을 제한한다. 이런 시스템이 배란 은폐, 혹은 '부호화'라는 인간의 독특한 형질 없이 유지될 수 있다고 상상하기는 어렵다(Alexander, 1990b; Alexander & Noonan, 1979). 다른 많은 영장류도 발정기의 부어오름이나 암컷의 생식 상태를 알리는 다른 분명한 시각적 신호를 드러내지 않지만(Pawlowski, 1999; Sillén-Tullberg & Møller, 1993), 인간의 배란 시기는 특히 외부에 잘 드러나지 않는다. 물론 어떤 조건에서는 배란기 중에 성관계 빈도(Wilcox et al., 2004), 짝 보호 행위(Flinn, 1988), 차별적 짝 선택(Gangestad, Simpson, Cousins, Garver-Apgar, & Christensen, 2004; 이 책 14장 Gangestad, Thornhill, & Garver-Apgar) 등이 증가하기는 한다.

인간의 사회적 관계는 다양한 연합체를 포함하기 때문에 특히 복잡하다. 우리는 다른 종들에 비하면 놀라우리만치 상호 협력하는데, 다른 집단과 경쟁할 때의 협력이 가장 예외적이고 중요하다(Alexander, 2006; Bowles, 2009; Flinn, Geary, & Ward 2005). 인간은 팀 스포츠를 포함해서 집단 대 집단 놀이를 하는(Alexander, 1990b) 유일한 종이다. 이 형질은 모든 문화에 보편적이고, 유아 발달의 초기에 나타나며, 종종 엄청난 집단적 노력이 들어간다. 인간 집단은 수컷 유소성(이주하는 경우가 없는 것은 아니지만, 남성은 자신이 태어난 집단에 그대로 거주한다)을 보이는 경향이 있는데, 이는 대규모의 남성 혈연 연합으로 이어져 다른 남성 혈연 집단들과 경쟁하는 데 유용한 효과를 발휘한다(Chagnon, 1988; Flinn, Ponzi, & Muehlenbein, 2012; LeBlanc, 2003; Macfarlan, Walker, FLinn, & Chagnon, 2014; Wrangham & Peterson, 1996). 그러나 친족의 거주 패턴은 짝짓기와 혼인 체계의 여러 형질과 관련되면서(Flinn & Low, 1986; Rohner & Veneziano, 2001; Walker et al., 2013) 상당히 넓은 스펙트럼을 보인다(Murdock, 1949). 여성들 또한 복잡한 사회 관계망을 이루지만, 집단 간 관계의 특징인 공공연한 물리적 공격과 동맹에는 보통 직접 관여하지 않는다(Campbell, 2002;

Geary & Flinn, 2002; 여성들의 간접적인 경쟁 행위를 이해하는 데 도움이 되는 사례를 위해서는 Biella, Chagnon, & Seaman, 1997, 다른 영장류와의 비교를 위해서는 Bissonnette et al., 2015를 보라).

현존하는 영장류의 긴 발달기와 집중적인 양육은 긴 수명과 관련이 있다(Allman & Hasenstaub, 1999; Leigh, 2004; van Schaik & Deaner, 2003). 인간 여성의 생활사와 긴 수명에서 나타나는 한 가지 독특한 특징은 바로 폐경이다. 폐경은 여성이 늦게 태어난 자녀들의 안녕을 위해 투자할 수 있는 추가적인 시간을 제공해주며, 어느 정도는 몇 명의 자녀와 손주를 비롯한 친족들에게 장기적인 투자를 할 수 있게 하는 잠재적 적응이라 할 수 있다. 여성은 폐경을 통해 기존의 자녀들에게 집중하고, 늦게 낳은 자녀들의 의존성이 감소할 때까지 건강과 생존 가능성을 위협하는 또 다른 임신의 비용을 피할 수 있다(Alexander, 1974; Hawkes, 2003; Williams, 1957). 어머니의 장기적인 투자가 중요한 요소일 때, 연령에 따라 어머니의 사망 가능성이 증가하면 늦게 낳은 자녀의 번식 가치에 악영향이 발생한다. 많은 사회에서 고아들의 번식 가치는 낮게 나타난다. 관련 사례를 산업화 이전 사회에서 찾을 수 있는데, 부모들은 손위 자녀들에게 돌아갈 위험성을 낮추기 위해 유아살해를 저지르곤 한다(Daly & Wilson, 1988; Hill & Hurtado, 1996). 모유 수유와 연령 증가에 따라 번식력이 저하되었을 때와 마찬가지로(Ellison, 2001), 부모는 유아살해를 통해 의존적인 자녀의 수를 줄이고 좀 더 자란 자녀들에게 더 많은 투자를 할 수 있다. 이러한 패턴이 발달 기간의 실질적 증가와 맞물릴 때 폐경은 진화적 적응의 논리에 따라 앞서 말한 기능을 한다. 즉 의존적인 자녀의 수를 줄이고, 소수의 자녀 및 다른 친족에게 여분의 부모 자원을 투자할 수 있게 하는 것이다. 하지만 경험적 실험을 통해 그와 같은 이점을 증명하기는 어렵다고 판명되었다(Hill & Hurtado, 1996; Hill & Kaplan, 1999; cf. Hawkes, 2003; Hawkes, O'Connell, Blurton Jones, Alvarez, & Charnov, 1998).

여성과는 달리 덜 위험한 부모 활동을 하는 남성은 여성의 경우처럼 번식 가능성을 폐기시키는 선택압을 받지 않았을 것이다. 물론 남성들도 연령이 증가함에 따라 짝짓기에서 양육으로 번식 행동을 수정하도록 선택되었을지 모르지만 말이다(Draper & Harpending, 1988). 이런 관점에서 볼 때, 사회적 환경을 다룰 줄 아는 축적된 지식의 중요성 때문에라도 나이든 여성은 발달 중인 자녀들의 성공에 큰 영향을 미쳤을 것이다. 사회적 기술과 인맥을 갖춘 나이든 어머니와 할머니들은 사회적/정치적 지혜를 전수해주는 아주 귀중한 스승 역할을 해서, 그와 관련된 번식상의 이익을 가져다주었을 것이다(ALexander, 1990b; Caspari & Lee, 2004; Coe, 2003; cf. O'Connell, Hawkes, & Blurton Jones, 1999). 요컨대, 인간의 최대 수명이 두 배로 증가해서 한편으로 번식 이전의 발달기가 증가하고 다른 한편으로 후생식기에 부모 투자와 혈연 투자를 할 수 있는 기간이 연장됐다는 것은, 부모-자식 관계를 통해 사회적 경쟁에 필요한 정보를 습득하고 숙달하는 것이 중요해졌음을 가리킨다(Bjorklund & Pellegrini, 2002; Flinn & Ward, 2004; Geary, 2005).

인간 가족의 이와 같은 특징들—광범위한 두 부모 양육 및 친족 양육, 신체적으로는 만성형이지만 언어능력과 인지능력은 조성형인 유아, 긴 유년기와 싹슬이년기, 배란 은폐, 다수-수컷 연합 집단에서 다양한 배타성을 보이며 이루어지는 쌍 결합, 폐경—은 형태적, 생리적, 심리적 기제와 관련된 아주 독특한 형질들의 조합이다(Flinn, Geary, & Ward, 2005). 다음 절에서는 이처럼 복잡한 적응들을 낳은 선택압의 고생물학적 증거를 검토할 것이다.

화석 기록

화석 기록에 나타난 호미니드의 해부학적 변화를 시간상으로 배열하면 인간의 진화 과정에서 일어난 형태 변화의 과정을 볼 수 있다. 하지만 안타깝게도 화석을 통해 호미니드의 사회 구조 및 그와 관련된 신경생물학적, 내분비적 기제를 직접 추론하기는 어렵다. 일부 증거들을 통해서는 인간의 성적 이형성 패턴의 변화 그리고 사회적 상호작용에 영향을 미칠 수 있는 생활사 전략의 전환을 알 수 있다. 특히 체격의 성적 이형성이 감소했고, 뇌 용적이 세 배 증가했으며, 발달 기간이 두 배 가까이 연장됐고, 호미니드와 유전적으로 관련된 종들이 사라졌다. 비록 관련된 모델들이 완전하지는 않다고 해도(Plavcan, 2000; 2012a), 그런 변이들의 공변화와 현존하는 영장류들의 사회적·생태학적 차이는 인간 진화의 사회적 동역학이 지닌 성격을 추론할 수 있는 데이터가 되어준다(ALexander, Hoogland, Howard, Noonan, & Sherman,

1979; Anton, 2003; McHenry, 1994a, 1994b; Dunbar, 1998; Foley, 1999; Plavcan, van Schaik, & Kappeler, 1995).

화석 기록에서 암수 쌍 결합이 나타나고 그와 관련하여 수컷의 연합 행동이 안정적으로 증가했음을 가장 분명하게 드러내주는 지표는 성적 이형성과 생활사 패턴이다. 현존하는 영장류에서 체격 이형성의 감소는 일부일처 관계(Plavcan, 2000, 2001) 및 수컷의 연합 행동(Pawlowski, Lowen, & Dunbar, 1998; Plavcan & van Schaik, 1997; Plavcan et al., 1995)과 관련되어 있다. 화석 유인원과 현존하는 대형 유인원들의 특징인 송곳니 크기의 큰 이형성은 오스트랄로피테쿠스에 이르러 크게 감소했지만(Manthi, Plavcan, & Ward, 2012; Ward, Leakey, & Walker, 2001; Ward, Walker, & Leakey, 1999), 현대 인간에게 전형적으로 나타나는 체격 이형성의 감소는 호모에렉투스가 진화할 때에야 발생했다(Antòn, 2003; McHenry, 1992a, 1992b, 1994a, 1994b; Plavcan, 2012a, 2012b; Rightmire, Van Arsdale, & Lordkipanidze, 2008).

오스트랄로피테쿠스와 인간의 공통 조상에게서 드러나는 행동적 형질들이 현대의 침팬지나 보노보에게서 관찰되는 것과 유사하리라는 추정은 솔깃한 면이 있다(de Waal & Lanting, 1997; Kano, 1992; Wrangham, 1999; Wrangham & Peterson, 1996; Zihlman, Cronin, Cramer, & Sarich, 1978). 이는 침팬지와 보노보의 뇌 크기와 오스트랄로피테쿠스의 뇌 크기가 상대적으로 비슷하다는 점을 고려할 때 합리적 추론으로 보인다(McHenry, 1992a, 1992b). 그에 더해 침팬지와 보노보 체중의 성적 이형성은 20% 정도로(Goodall, 1986; Kano, 1992), 인간의 제지방 체중 및 골격 크기의 이형성과 유사하다(Plavcan, 2012a). 따라서 세 종을 특징짓는 대규모 다수−수컷, 다수−암컷의 집단 구조가 이들의 마지막 공통 조상, 그리고 최초의 호미니드에게 있었을지 모른다. 침팬지와 인간은 연합 공격(Wrangham, 1999)을 하는데, 이는 비교적 많이 연구되지 않은 보노보에게서는 관찰되지 않지만, 침팬지와 인간의 공통 조상이 공유하는 상동 형질일 거라는 가설이 있다(Wrangham & Peterson, 1996).

오스트랄로피테쿠스의 체격 이형성은 고릴라와 오랑우탄보다는 작지만, 침팬지속이나 사람 속보다는 월등히 크다(Gordon, Green & Richmond, 2008; Harmon, 2006; Kimbel & Delezene, 2009; Lockwood, 1999; Lockwood, Richmond, Jungers & Kimbel 1996; Lockwood, Menter, Moggi-Cecchi & Keyser, 2007; McHenry, 1992b; Plavcan,

2012b; Richmond & Jungers, 1995; Ward et al., 1999, 2001; Wood & Constantino, 2007; 오스트랄로피테쿠스 아파렌시스에 대한 다른 해석을 위해서는 Reno, Meindl, McCollum, & Lovejoy, 2003; Reno, McCollum, Meindl & Lovejoy, 2010을 보라). 이런 차이는 오스트랄로피테쿠스의 번식 전략이 수컷 침팬지, 보노보, 인간의 전략과 결정적으로 다르리라는 점을 시사한다. 오스트랄로피테쿠스의 체격 이형성은 초기 호미니드가 일부다처 관계를 맺었으리라 짐작게 한다. 일부일처 관계를 맺는 현존하는 영장류들과 큰 체격 이형성은 아무런 관련이 없기 때문이다(Plavcan, 2001). 체격 이형성은 현존하는 영장류의 일부일처 관계 및 대규모 연합 행동과 어울리지 않는다(Plavcan, 2000; Plavcan & van Schaik, 1997). 그러므로 오스트랄로피테쿠스의 사회 구조는 일부일처 관계나 대규모의 수컷 연합과는 무관할 것이다(Plavcan, 2012b).

호모에렉투스의 진화 과정에서 체격의 성적 이형성은 어느 순간 근현대의 인간 수준으로 감소했다. 남성의 체격이 약간 커진 반면 여성의 체격은 큰 폭으로 증가해서 성적 이형성이 감소한 것이다(McHenry, 1994a; Plavcan, 2012a). 초기 호모에렉투스의 체중 이형성을 정확하게 추정하기는 어렵지만, 두개골의 크기와 강도의 차이는 오스트랄로피테쿠스 종보다 미미해서 체격의 성적 이형성 감소를 짐작할 수 있다. 초중기 홍적세(대략 기원전 80만 년 전)에 이르러 이들의 체중 이형성은 현대 인간과 유사해졌는데(McHenry, 1994a; Ruff, Trinkaus, & Holliday, 1997), 이는 쌍 결합 그리고/또는 수컷의 연합 행동의 증가와 일치한다.

짝짓기 및 양육 전략의 전환에 수반된 사회적 행동의 변화는 연합 구성원들 간의 복잡한 호혜 관계와 관련하여 새로운 인지적 과제를 부과했을 것이다. 번식 집단에 수컷이 하나뿐인 고릴라나 짝짓기 과정이 문란하고 수컷의 부모 행동이 거의 없는 침팬지와 달리, 진화 과정에 놓인 인간은 점점 확장되는 잠재적 짝짓기 경쟁자들과의 연합 속에서 어느 시점부턴가 점점 더 배타적이 되는 쌍 결합 관계를 관리하는 데 애를 먹기 시작했다. 이 같은 행동 변화는 이형성 감소의 기록과 일치한다.

긴 소아기에 비해 개체발생상 일찍 태어나는 2차 만성형 유아를 포함하여 유년기가 길어진 것, 싹슬이년기의 급격한 성장, 유인원에 비해 상대적으로 늦게 성숙하는 것(Bogin, 1991, 1999)은 성적 이형성의 변화 및 번식 행동의 변화와 폭넓게 공진화한 것으로 보인다. 호미니드 아기의 만성성에 맨 처음 찾아온 주요 변화들은 호모에렉투스 후기에, 아마 1,500만 년 전보다 나중에 성적 이형성 변화 및 두개골 용량의 변화와 함께 발생했을 것이다(Antòn & Leigh, 2003; Nelson, Thompson, & Krovitz, 2003). 여성의 골반 크기는 기계적 보행뿐 아니라 체온조절의 제약을 받았고 그래서 산도는 오스트랄로피테쿠스보다 크게 확장되지 못했지만(Begun & Walker, 1993; Ruff, 1995), 사람 속 초기에도 성체의 뇌 크기는 거의 두 배로 증가했다. 신생아는 어머니의 골반에 위치한 좁은 통로를 통과하기 위해 상대적으로 작게 태어났고, 처음에는 비교적 만성형일 수밖에 없었으며(Martin, 1990; Portman, 1941; Rosenberg & Trevathan, 1996), 뇌는 출생 이후부터 급격하게 성장했을 것이다(Antòn & Leigh, 2003; Martin, 1983). 신생아들이 성체의 뇌 크기에 도달하기 위해서는 그저 총 성장 기간이 길어지는 것만으로는 부족하다(Deacon, 1997; Dean et al., 2001; Leigh, 2004). 이전보다 더 의존적인 유아들에게는 보다 집중적인 어머니 육아가 필요했으며, 당시 성적 이형성의 감소가 쌍 결합을 암시한다는 점을 고려하면 아버지 그리고/또는 대행부모의 육아도 있었을 것이다(Flinn & Ward, 2004; Rosenberg, 1992; Rosenberg & Trevathan, 1996).

이처럼 개체발생적 전환이 출산 시점과 관련되어 있었지만, 인간 진화의 늦은 시기에 이르기까지 성숙의 지체는 일어나지 않았다(요약은 Nelson et al., 2003). 치아 발달은 성적 성숙의 연령 같은 생활사적 변이와 결합되어 나타나기 때문에 생활사 단계의 중요한 시기를 추론하는 데 활용할 수 있다. 초기 호모에렉투스는 상대적으로 빠른 발달 속도를 보이는데 이는 오스트랄로피테쿠스와 대형 유인원들과 비슷한 수준이며, 현대 인간보다는 훨씬 느린 수준이다(Dean et al., 2001). 치아 석회화 패턴 연구를 통해 측정한 치아의 발달 속도는 선신세와 홍적세에 호미니드의 성장이 아주 빨랐으며, 아주 최근까지, 어쩌면 해부학적으로 현대 인류에 가까운 호모사피엔스가 등장하기 전까지도(Smith et al., 2010) 현대 인간보다는 유인원들과 비슷했으리라는 가설을 뒷받침한다(Lacruz & Ramírez Rossi, 2010; Smith, 2008, 2012에서 검토). 하지만 치아 및 뇌 발달과 호미니드 생물학의 다른 측면들과의 연관성은 불분명하다는 점을 지적할 필요가 있다(Smith, 2012). 초기 호모에렉투스는 발달 속도가 빠르기는 했지만 인간처럼 싹슬이년기에 급격하게 성장하지는 않았을 것이다. 이는 유일하게 알려진 싹슬이년기 해골인 KNM-WT 15000을 인간과 비교했을 때 치아 발달 속도가 후두개 골격의 발달 속도보다 더 빨랐다는 사실에 근거한다(Antòn & Leigh, 2003; Smith, 1993). 1,600만 년 전부터 6만 년 전 사이에 호미니드 유아의 발달 속도를 말해주는 포괄적인 자료는 없지만, 딘Dean과 동료들(2001)이 현존하는 유일한 네안데르탈인 표본을 조사한 결과 이들의 발달 궤적은 현생인류에 가까웠는데, 이는 이 시기부터 인간과 유사하게 유년기가 연장되었으리라는 것을 가리킨다. 현대 인류의 치아 발달 패턴이 기원전 80만 년 무렵에 나타난다는 사실(Bermudez de Castro, Osas, Carbonee, Nicolás, Rodríguez, & Arsuaga, 1999; Bermudez de Castro, Ramírez Rossi, Marinón-Torres, Sarmiento Pérez, & Rosas, 2003)은 지금과 발달 속도가 비슷했다는 뜻일 수도 있고, 아닐 수도 있다(Dean et al., 2001). 일부 네안데르탈인들에게 관찰되듯이 치아 발달 단계에 비해 상대적으로 뇌가 큰 것(Dean, Stringer, & Bromage, 1986)은 성숙(치아 대 뇌)의 차이라기보다는, 몇몇 개체이긴 하지만 그들의 뇌가 전체적으로 더 컸다는 점을 반영할 수 있다. 만일 그렇다면 인간 싹슬이년기의 급격한 성장이 이 시기에 이미 이뤄지고 있었다고 가정하는 것은 합리적이다(Bermudez de Castro et al., 2003). 네안데르탈인의 치아 발달 패턴은 현대 인류보다는 초기 호미니드와 더 유사하지만(Smith, 2008, 2012; Smith et al., 2010). 두 종은 약 50만 년 전에 공통의 조상에게서 나타났는지 모를 싹슬이년기의 급격한 성장을 포함해서 비슷한 발달 단계를 공유할 가능성이 있다(Korvitz, 2003). 수명은 오스트랄로피테쿠스부터 현대 인류에 이르기까지 점차 증가해 지난 5만 년 사이에 고령까지 사는 개체의 비율도 더 높아진 것으로 나타난다(Caspari & Lee, 2004). 만약 생태학적 우성이 외부적 원인에 따른 사망률을 감소시켰다면, 이를 통해 번식 지연과 생활사의 연장이 선택될 수 있었을 것이다(Chisholm, 1999; Stearns, 1992; Williams, 1957). 모든 자료를 함께 살펴보면 만성성의 진화는 두뇌 팽창이 발생한 직후에 처음 시작된 것으로 나타나지만, 성숙의 지연 및 싹슬이년기의 급격한 성장은 인간 진화의 늦은 시점에 진화한 것으로 나타나는데, 어쩌면 홍적세에 걸쳐 뇌의 크기가 계속 증가하는 동안에 함께 진화했을 수 있다.

따라서 현대 인류의 사회 구조, 그리고 어쩌면 가족 구조까지도 홍적세 초중기에 서서히 발달한 것으로 보인다. 그와 결합된 적응으로는 유아의 만성성 심화, 성숙의 지체, 수컷과 암컷의 짝 관계의 안정화, 아버지 육아와 대행부모 육아의 증가, 그리

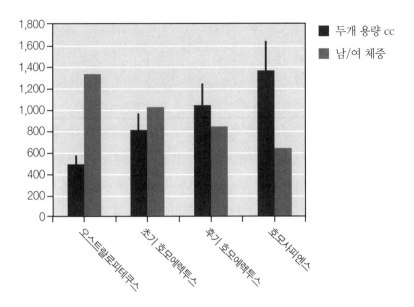

그래프 범례:
- 두개 용량 cc (검정)
- 남/여 체중 (회색)

가로축 항목: 오스트랄로피테쿠스, 초기 호모에렉투스, 후기 호모에렉투스, 호모사피엔스

그림 24.1 두개 용량(입방센티미터)과 호미니드의 남녀 체중 비율

고 더 중요하게는 비친족 연합 행동의 증가가 있다. 이 모든 변화는 대체로 초기 호미니드에서 시작하여 홍적세 중기에 뇌가 현대 인류 수준에 육박한 크기로 증가한 과정과 더불어 발생했다(Lee & Wolpoff, 2003). 이 모든 변이의 공진화를 드러내는 증거들은, 사회적 복잡성의 증가로 사회적 인지능력이 선호되면서 유년기가 길어지고 자식 돌보기이 더 많이 필요해졌다는 모델을 폭넓게 뒷받침한다(그림 24.1).

다음 절에서는 호르몬 기제를 살펴보고자 한다. 호르몬 기제들은 이렇게 독특하게 조합된 생활사의 개체발생 및 조절, 그리고 영장류의 화석 증거와 비교 증거가 가리키는 번식 및 사회적 형질과 관련이 있다.

호르몬 및 신경전달물질 기제

앞에서 설명한 인간 가족 및 역동적인 사회적 경쟁과 관련된 행동들에는 복잡한 조절 시스템이 필요하다. 이 절에서는 우선 인간의 쌍 결합, 자식에 대한 어머니와 아버지의 애착, 혈연 애착, 남성연합의 잠재적 기제들을 간략하게 검토하고자 한다. 그런 뒤, 더 자세한 분석을 통해 유년기 아동이 인간의 가족 환경이라는 맥락 속에서 사회적 능력을 습득할 때 신경내분비계의 스트레스 반응 체계가 어떤 기능을 하는지를 알아보고자 한다.

성 분화, 신진대사, 신경발생, 면역 기능, 성장, 그 밖의 복잡한 신체적 과정을 조율하는 화학전달 시스템은 영장류, 더 나아가 포유류 사이에서는 보수적으로 진화하는 경향이 있다. 따라서 설치류와 비인간 영장류 모델은 직접 경험적으로 연구한 적이 없는 인간의 신경발생 체계의 구체적인 기능에 관해 중요한 비교정보를 제공한다. 인간의 기제들과 능력들의 구체적인 균형은 독특하며, 인간의 계통을 빚어낸 복잡한 사회적 상호작용이 선택된 역사적 과정을 반영한다.

애정의 화학작용

인간의 모든 감정 가운데 가장 소중한 감정들은 가까운 사회적 관계로부터 자극을 받는다. 태어난 아기를 처음으로 안아본 어머니, 오랫동안 떨어져 있다 재회한 형제, 서로를 품에 꼭 안은 연인을 보라. 자연선택은 우리의 내분비계와 함께 진화적으로 가장 중요한 개인들과 상호작용할 때 거센 감각을 일으키도록 우리에게 신경생물학적 기제들을 설계해주었다. 이 선물 같은 감정의 기저에 흐르는 호르몬과 신경전달물질은 기본적으로 우리의 영장류 친척들이 갖고 있는 것과 동일하다. 하지만 인간은 독특한 진화사를 거치면서 영장류와는 다른 환경과 상황에 반응하게 되었다. 그래서 우리는 계통발생의 사촌들과 약간 다른 자극에 보상과 벌을 받는다. 침팬지와 인간 모두 잘 익어서 과즙이 풍부한 망고를 베어 물면 기쁨을 느낀다. 하지만 자신의 아이가 태어나는 모습을 지켜보는 인간 아버지의 내분비와 신경 반응 그리고 그와 관련된 정서적 반응(예를 들어 Storey, Walsh, Quinton, & Wynne-Edwards, 2000)은 침팬지 수컷의 반응과는 사뭇 다를 것이다. 인간의 행복

(Buss, 2000)은 낭만적 사랑(Fisher et al., 2002) 같은 독특한 설계를 수반하고, 계통 발생이 우리에게 물려준 공통의 내분비 전달물질들과 관련되어 있다.

애착은 사회적인 포유류의 삶에서 중심 역할을 한다. 생존과 번식에 기초가 되는 이 상호의존 관계는 개체들이 오랫동안 협력 관계를 유지할 수 있는 사회 관계망의 구조로 되어 있다. 애착은 안정감을 주고 스트레스를 달래주지만, 밀접한 관계는 개체들에게 압력을 가해서 지속적인 반응을 강요한다. 따라서 애착과 스트레스의 기저에 존재하는 각각의 신경내분비 기제가 서로 밀접하게 관련되어 있는 것도 놀라운 일은 아니다. 비록 친화 시스템보다는 스트레스 반응 시스템에 대해 더 많이 알려져 있지만, 작은 퍼즐 조각들이 점점 자리를 찾아가고 있다.

어미-자식 관계는 포유류의 사회적 삶에 핵심이 되는 요소다. 이 밀접한 결합과 결부된 생화학 작용은 짝, 자식 돌보기, 가족 집단, 그리고 더 큰 사회 관계망을 제어하는 주요 기제들을 위해 선택된 것이기도 하다(FIsher et al., 2002; Hrdy, 1999). 몇 가지 호르몬과 신경전달물질이 애착을 비롯한 관계 요소에 관여하지만, 그중에서도 옥시토신(OT)과 아르기닌-바소프레신(AVP), 이 두 가지 펩티드 호르몬이 주된 역할을 하고(Carter, 2002; Curtis & Wang, 2003; Lim et al., 2004; Young & Insel, 2002), 도파민, 코르티솔, 그 밖의 호르몬과 신경전달물질이 매개 작용을 한다.

시상하부는 9종류의 아미노산 사슬로 옥시토신과 아르기닌-바소프레신을 만드는 뇌의 주요 영역이다. 옥시토신과 아르기닌-바소프레신은 시상하부에서 중추신경계(CNS)로 분비되는데, 뇌하수체로 이동해서 저장되어 있다가 이후 혈류로 분비된다. 옥시토신과 아르기닌-바소프레신은 신경계 전반에 폭넓게 작용하며 그 효과는 포유류의 종과 발달 단계에 따라 다르게 나타난다. 옥시토신과 아르기닌-바소프레신의 신경학적 효과는 인간의 가족 행동의 진화에 관여하는 핵심적인 기제로 보인다(예를 들어 Bartels & Zeki, 2004; Donaldson & Young, 2008). 옥시토신과 아르기닌-바소프레신이 인간에게 미치는 효과는 가족 관계의 다양하고 복잡한 성격 때문에 특히 더 맥락 의존적인 성격을 띤다.

자식 돌보기

옥시토신, 아르기닌-바소프레신과 더불어 프로락틴, 에스트로겐, 프로게스테론이 포유류의 자식 돌보기에 관여한다(Insel & Young, 2001). 각 호르몬의 관여 여부는 종과 성별에 따라 다르고, 그 효과는 경험과 맥락의 영향을 받는다. 예를 들어 쥐의 경우에는 에스트로겐과 프로게스테론이 임신기의 부모 행동에 알맞게 뇌를 준비시킨다. 에스트로겐은 옥시토신과 프롤락틴 수용체의 밀도를 높이고 그래서 두 호르몬의 영향을 강화하는 유전자들의 발현을 활성화하는 것으로 밝혀졌다(Young, Insel, 2002).

경험도 부모 행동 및 그와 관련된 호르몬 활성에 영향을 미친다. 동물 연구에서는 많은 증거를 통해 생애 초기의 경험이 나중의 부모 행동에 영향을 미친다는 것을 입증하고 있다(Champagne & Meaney, 2001; Fairbanks, 1989). 그 밖에도 수많은 연구가 어머니 양육의 발현에 관여하는 신경호르몬의 생물학에 생애 초기의 경험이 미치는 영향을 입증하고 있다(Barrett & Fleming, 2010; Fleming, O'Day, & Kraemer, 1999). 발달 중인 새끼의 시상하부-뇌하수체-부신(시상하부-뇌하수체-부신축) 체계는 어머니 양육의 변이에 영향을 받는데, 이 경험은 이후 성체가 됐을 때의 어머니 행동에 영향을 준다. 그런 변화는 스트레스 호르몬과 옥시토신의 생성 및 그 수용체 밀도와 관련이 있다.

시상하부-뇌하수체-부신축 조절 호르몬과 어머니 행동은 산후기의 인간으로부터 관련성을 드러내준다(Fleming, Steiner, & Corter, 1997). 이 기간에 코르티솔은 각성 효과를 나타내서 유아와의 유대에 주의를 집중시킨다. 코르티솔 수치가 높은 어머니는 산후기에 더 다정하고, 아기의 냄새에 더 끌리고, 아기의 울음소리를 더 잘 인지한다고 밝혀졌다.

인간을 대상으로 어머니 애착과 관련하여 뇌 활동을 촬영한 fMRI 연구들은 활성화된 영역들이 보상 체계의 일부이며, 그곳에 옥시토신 및 아르기닌-바소프레신 수용체의 밀도가 높다는 것을 보여주었다(Bartels & Zeki, 2004; Fisher, 2004). 또한 이 연구들은 인간이 애착을 느낄 때 활성화되는 신경 영역들이 비인간에게 활성화되는 영역들과 비슷하다는 것을 입증했다. 하지만 인간의 경우, 사회적 판단 그리고 타인의 의도와 감정의 평가와 관련된 신경 영역은 애착이 활성화되는 동안 다소 비활성화되는 모습을 보였다. 이는 애착의 심리 기제와 사회적 관계를 관리하는 심리 기제가 서로 연결되어 있다는 뜻일 수 있다. 짝 혹은 자녀와 사랑에 빠지면, 호혜에 입각한 인간의 복잡한 사회 관계망 안에서 자신을 사회적으로 '방어'하려는 심리 기제가 일시적으로 비활성화될 수 있는 것이다. 도파민 수치는 두 유형의 관계에서 모두 중요하게 작용하지만, 신경 영역은 약간 다를 수 있다. 인간 남성의 애착을 다룬 fMRI 연구 결과는 상당히 흥미로운데, 다른 포유류에게서 예측할 수 있는 내용과 가장 큰 차이를 보이기 때문이다. 그와 유사하게 인간 유아들이 어머니, 아버지, 대행부모 육아자에게 느끼는 애착을 fMRI로 연구한다면 부모–자식 결합의 다른 측면을 이해할 수 있는 중요한 통찰이 나올 것이다.

자식 돌보기　일반적으로 자식 돌보기은 영장류나 포유류가 흔히 하는 일이 아니다(Fernandez-Duque et al., 2009; Geary, 이 책 20장). 하지만 일부 설치류와 인간을 비롯한 영장류 종에서는 자식 돌보기을 관찰할 수 있다. 그 정도와 유형은 종마다 다르다. 자식 돌보기을 위한 호르몬 기제는 암수가 조금 다르다. 수컷의 경우에는 바소프레신이 옥시토신의 보조인자로 기능한다(Young & Insel, 2002). 바소프레신은 프로락틴, 옥시토신과 함께 수컷이 유아를 잘 받아들이고 보살피도록 준비시킨다(Bales, Kim, Lewis-Reese, & Carter, 2004; Bridges, 2008; Rilling, 2013).

아버지 양육은 일부다처 관계를 맺는 포유류보다 일부일처 관계를 맺는 포유류에게서 더 흔하게 나타나며, 암컷이 가하는 호르몬 자극 및 행동 자극과 연결된 경우가 많다. 일부일처 관계를 맺는 캘리포니아 쥐는 쌍 결합이 깨지더라도 어머니 양육에는 영향이 없지만, 아버지 양육은 감소한다(Gubernick & Alberts 1989). 하지만 양부모가 모두 양육을 하는 다른 종들의 경우, 아버지 양육은 암컷이 현장에 있는지의 여부와 무관했다(Young & Insel, 2002). 경험도 아버지 양육과 관련 호르몬의 활성화에 영향을 미친다. 타마린은 처음 아버지가 된 개체보다 새끼를 가져본 경험이 있는 아버지가 프로락틴 수치가 높았다(Ziegler & Snowdon, 1997).

쌍 결합　수컷의 자식 돌보기처럼 쌍 결합도 포유류에서 흔히 나타나는 현상은 아니지만 두 부모 번식에 이점이 있다면 얼마든지 선택될 수 있다(Carter, 2002; Clutton-Brock, 1991; Young, Wang, & Insel, 2002). 일부일처 관계는 다양한 포유류 분류군에서 발견되지만, 이 현상의 신경내분비적 근거에 관해 우리가 알고 있는 지식은 대부분 유전적으로 가까운 설치류 두 종의 비교연구에서 나온 것들이다. 프레리들쥐Microtus ochrogaster의 짝짓기 쌍은 함께 보금자리를 만들고 오랜 기간 두 부모 양육을 하는 반면에, 가까운 친척인 초원들쥐Microtus pennsylvanicus는 그런 행동을 보이지 않는다(Young et al., 2002). 설치류의 다른 사회적 행동과 마찬가지로, 두 친척 종이 보여주는 쌍 결합 차이의 중심에는 옥시토신과 아르기닌-바소프레신이 존재한다.

다른 사회적 행동들의 기제도 몇몇 뇌 영역에 분포한 옥시토신과 아르기닌-바소프레신 수용체의 밀도에 좌우된다. 다른 신경전달물질, 호르몬, 사회적 단서도 쌍 결합과 관련되어 있을 수 있지만, 두 들쥐 종의 복측창백(중격의지핵 근처에 있으며, 뇌의 보상 체계를 구성하는 중요한 요소다)에 있는 유전자를 비롯해서, 수용체 밀도에 관여하는 유전자 발현을 살짝 변경하면 선택이 그런 기제들을 어떻게 개조하는지를 볼 수 있다(Lim et al., 2004). 중격의지핵의 도파민 D2 수용체는, 옥시토신과 아르기닌-바소프레신의 쌍-결합 기제와 보상으로 주어지는 긍정적인 정신 상태를 연결하는 일에 관여한다(Aragona, Liu, Curtis, Stephan, & Wang, 2003; Wang et al., 1999). 이 조합의 결과, 부모는 자녀에게 강하게 중독된다.

짝짓기 쌍과 대규모 가족 관계망에서 발견할 수 있는 광범위한 두 부모 양육과 장기적 애착의 적응 가치를 고려하면, 어머니-자식 유대에서 활성화되는 것과 유사한 신경호르몬 기제가 다른 많은 애착의 기초로 선택된다 해도 놀랍지 않다. 종별 그리고 성별로 편차가 있긴 하지만, 다른 종들의 쌍 결합에 작용하는 것과 동일한 일반적인 신경호르몬계가 인간에게도 작동한다(Wynne-Edwards, 2003). 진화심리학자들 앞에 놓인 과제는 일반적인 신경호르몬계가 어떻게 조정되고, 또 인간 특유의 인지 체계와 어떻게 연결되어서(예를 들어 Allman, Hakeem, Erwin, Nimchinsky, & Hof, 2001; Blakemore, Winston, & Frith, 2004; Feldman et al., 2012; Gordon, Zagoory-Sharon, Leckman, & Feldman, 2010) 인간이 보여주는 독특한 가족 행동과 사회성을 만들어내는지를 이해하는 것이다.

스트레스, 가족, 사회적 정신의 화학작용

앞 절에서 제시한 진화 시나리오는 가족이 아이의 세계에 무엇보다 중요하다고 가정한다. 인간이 진화해온 모든 순간에 부모와 주위의 친척은 생존, 성장, 건강, 사회적 성공, 그리고 궁극적으로 번식에 필요한 열량, 보호, 정보를 아이에게 제공했다. 따라서 특히 유아기와 유년초기에 인간의 정신은 자신을 돌봐주는 가족과의 상호작용에 특별히 민감하도록 진화했을 것이다(Baumeister & Leary, 1995; Belsky, 1997, 1999; Bowlby, 1969; Daly & Wilson, 1995; Flinn, 2011a; Geary & Flinn, 2001).

가족을 비롯한 친족은 사회적 환경에 대한 이해가 발달하는 데 중요한 인지적 '표지'를 자녀에게 제공한다. 자녀의 번식 이익은 다른 어떤 개체보다 부모의 번식 이익과 더 많이 중첩된다. 부모가 제공하는 정보(조언, 훈련, 우발적 관찰을 포함)는 자녀가 사회적 환경 속에서 제자리를 찾고 그 안에서 활동할 수 있는 정신적 모델을 발달시키는 데 중요한 역할을 한다. 자녀의 가족 환경은 스트레스의 특히 중요한 원천이자 중재자이며, 건강에도 영향을 미친다.

심리사회적 스트레스원은 전염병(Cohen, Doyle, Turner, Alper, & Skoner, 2003)과 기타 다양한 질병의 발병 위험성(Ader, Felten, & Cohen, 2001)과 관련이 있다. 생리적 스트레스 반응은 복잡한 신경내분비 기제들을 통해 에너지와 신체적 자원을 다양한 신체 기능에 배분하는 과정을 제어한다. 변덕스럽고 예측할 수 없는 환경에서는 우선순위를 조정할 필요가 있다. 포식자에게 쫓기고 있다면 소화, 성장, 면역, 섹스는 중대한 문제가 아닐 것이다(Sapolsky, 1994). 스트레스 호르몬은 피, 포도당, 그리고 여타 물질이 당면한 과제에 필요한 조직으로 이동할 수 있게 한다. 만성적인 외상 스트레스는 건강을 저해할 수 있는데, 물론 중요한 신체 기능으로 가야 할 자원이 엉뚱한 곳으로 흘러가기 때문이다. 이런 분산은 유년기에 특히 중요하다. 신체/정신의 성장과 발달에 추가로 부담이 발생하고, 개체발생에 장기적인 영향이 가해지기 때문이다.

스트레스 반응 기제와 이론

스트레스를 느끼는 환경 자극에 대한 생리적 반응은 변연계(편도체와 해마)와 기저

핵이 조절한다. 이들은 중추신경계의 구성요소로, 교감신경계와 부교감신경계를 비롯해 두 개의 신경내분비 축인 교감–부신수질(SAM)계 및 시상하부–뇌하수체–부신(시상하부–뇌하수체–부신축)계와 상호작용한다. SAM계와 시상하부–뇌하수체–부신축계는 다른 신경내분비 기제들과 함께 생리 기능에 폭넓은 영향을 미치고, 복잡한 피드백을 조절하는 데 관여한다. SAM계는 카테콜아민(교감신경자극전달물질)인 노르에피네프린과 에피네프린(아드레날린)을 조절한다. 시상하부–뇌하수체–부신축계는 글루코코르티코이드, 특히 코르티솔을 조절한다(검토는 McEwen, 1995; Sapolsky, Romero, & Munck, 2000을 보라).

코르티솔은 심리적·신체적 스트레스원에 반응할 때 생성되는 주요 호르몬이다. 코르티솔은 부신피질에서 합성되고 저장된다. 코르티솔의 혈장 분배를 우선 조절하는 호르몬은 뇌하수체 부신피질자극 호르몬(ACTH)이다. 순환하는 코르티솔 가운데 결합되어 있지 않거나 자유로운 부분은 세포막을 통과해서 시토졸 글루코코르티코이드 수용체와 결합한다. 이 복합체는 뇌, 간, 근육, 지방 조직의 탄수화물, 지방, 아미노산 신진대사에 관여하는 최소 26개 효소의 유전자코딩을 유도한다(Yuwiler, 1982).

코르티솔은 광범위한 신체 기능을 조절한다. (a) 에너지 방출(예를 들어, 글루카곤과 함께 간의 포도당신생합성을 자극하고 인슐린의 영향을 억제한다), (b) 면역 활동(예를 들어, 염증 반응과 시토카인 폭풍), (c) 정신 활동(예를 들어, 각성, 기억, 학습), (d) 성장(예를 들어, 성장호르몬과 소마토메딘의 억제), (e) 번식 기능(예를 들어, 테스토스테론 등 생식샘 스테로이드의 억제). 이처럼 코르티솔은 효과가 복잡하고 다양하기 때문에 그 적응적 기능을 이해하기가 쉽지 않다. 에너지 조절은 부담이기 때문에 면역 기능, 애착 유대 등과 조화를 이뤄야 한다. 국지적인 목표(예를 들어 활성 근육조직 대 비활성 근육조직의 글루코스 흡수 및 신경펩티드가 유도하는 면역 반응)를 겨냥하는 기제들은 그에 선행하는 일반적인 생리 효과들을 미세하게 조정한다. 코르티솔 조절이 구체적이고 단기적인 요구들을 준비해주는 덕분에 우리 몸은 변화하는 환경 조건에 대응할 수 있다.

시상하부–뇌하수체–부신축 스트레스 반응과 그 밖의 광범위한 신경내분비 활동(카테콜아민, 멜라토닌, 테스토스테론, 세로토닌, 베타엔돌핀, 사이토킨, 엔케팔린 등의 조절)의 상호작용으로 들어가면 문제는 더 복잡해진다(de Kloet, 1991; Saphier et al., 1994; Ponzi, Muehlenbein, Sgoifo, Geary & Flinn, 2014). 에너지를 분배하고 면역 기능을 조절하기 위해 코르티솔의 수치가 변할 때 이 변화는 심리사회적 스트레스의 효과와 혼동될 수 있다. 앞 절에서 살펴봤듯이, 옥시토신 및 바소프레신과 결합하는 뇌 영역들은 포유류의 가족 애착에 관여하는데, 양육자–아이의 관계에서 비롯하는 스트레스를 완화하는 것으로 보인다. 부신피질자극호르몬방출호르몬(CRH)과 멜라닌세포자극호르몬 같은 시상하부–뇌하수체–부신축 축의 다른 요소들은 코르티솔과 별도로 영향을 미친다.

가족 환경과 코르티솔 스트레스 반응의 관계는 외상성 사건의 빈도, 긍정적이고 '애정 어린' 상호작용의 빈도, 불합리한 처벌 같은 부정적 상호작용의 빈도, 거주지 변화의 빈도, '애착'의 안정성, 대처 능력의 발달, 보살핌의 이용도나 강도 등의 조합이 결정한다. 유년기 스트레스에 영향을 미치는 가정의 구성요소 중 가장 중요한 상관관계가 있는 것은 어머니 양육일 것이다(Flinn, 2009, 2010). 어머니가 사회적으로 '안정적인'(예를 들어, 짝 그리고/또는 다른 친족과 영구적으로 원만하게 동거하는) 가정은 자녀를 신체·사회·심리적 측면에서 더 적극적이고 더 훌륭하게 돌보는 것으로 나타난다. 짝이 없거나 친족의 지원을 받지 못하는 어머니는 잠재적인 짝을 유혹하는 데로 노력을 돌리기 쉽고, 의존적인 자녀를 걸림돌로 여길 수 있다. 따라서 함께 사는 아버지는 아버지 양육을 통해 직접적 이익을 제공할 뿐 아니라 어머니 양육에도 영향을 미치는 셈이다. 짝의 지원을 받지 못하는 나이 어린 어머니는 양육 과정에서 주로 자신의 부모나 다른 친족의 지원에 폭넓게 의지한다(Flinn & Leone, 2006, 2012/2009).

어머니가 짝이나 친족으로부터 지원을 거의 또는 전혀 받지 못하는 가정의 아이들은 비정상적인 코르티솔 윤곽을 보이고 그와 관련하여 건강 문제를 겪을 위험이 가장 크게 나타났다. 사회경제적 조건은 가정환경에 영향을 미치기 때문에 직접적인 물질의 영향 이상으로 아이들의 건강에도 영향을 미친다. 또 건강은 개인의 사회적, 경제적 기회에 영향을 미치기 때문에, 건강 악화와 빈곤이 꼬리를 물고 이어지는 악순환이 세대를 이어 영구화될 수 있다(Flinn, 2006b, 2011b; Flinn, Nepomnaschy, Muehlenbein, & Ponzi, 2011).

결론

어려운 사회적 환경에 놓인 사람들은 부유한 사람들에 비해 건강이 나쁜 경향이 있다(예를 들어 Cohen et al., 2003; Flinn, 2008; Wilkinson, 2001). 사회적 지원은 종종 번식의 결과로 이어진다. 뇌가 사회적 도구로 진화했다면, 심리사회적 문제를 해결하느라 신체적 자원을 소비하는 것은 논리적으로 타당한 일이다. 적어도 지난 50만 년 동안, 사회적 문제는 인간의 번식 성공에 영향을 미치는 핵심 요인이었으며, 선택은 그와 관련된 중대한 선택압에 반응하며 우리의 호르몬, 신경, 심리사회적 기제들을 형성했다. 아이들의 스트레스 호르몬(코르티솔) 수치는 물리적 환경과 관련된 곤란보다는 심리사회적 자극에 반응할 때 더 자주, 더 광범위하게 상승한다. 주요 스트레스 호르몬(Huether, 1996, 1998) 및 그와 연계된 신경전달물질이 신경 재조직화에 미치는 적응적 효과는 아이들이 자신을 둘러싸고 있는 사회적 세계에 특히 민감하다는 관찰과 일치한다(Flinn, 2006b, 2013a).

사회적 능력이 특히 어려운 것은 표적이 끊임없이 바뀌는 동시에 그들 또한 동일한 마음 이론과 다양한 인지능력을 갖고 있기 때문이다. 스트레스─반응과 친화 시스템이 사회적 환경에 민감한 덕분에 인간은 가장 현저하고 역동적인 이 퍼즐(사회적 환경)에 적응하면서 신경을 재조직해나간다. 유년기는 소중한 정보와 경험을 습득해서, 인간 종에게 성공의 열쇠라 할 수 있는 사회적 연합들과의 교섭에 꼭 필요한 정신적 알고리듬을 구축하고 개선한다. 이때 인간 가족의 지원은 결정적이다. 어린 시기의 외상이 잦은 환경은 글루코코르티코이드 과민증을 불러일으켜서 신경 발생, 특히 해마의 신경 발생을 방해하고 그 결과 사회적 능력의 습득을 저해할 수 있다(Mirescu, Peters, & Gould, 2004; Weaver et al., 2004). 인간 가족 그리고 더 광범위한 혈연 연합은 집중적이고 광범위한 관계를 수반한다. 우리와 가까운 영장류들과 비교하는 등의 다양한 방법을 통해 그러한 관계를 수월하게 하는(예를 들어 Carter, Grippo, Pournajafi-Nazarloo, Ruscio, & Porges, 2008; De Dreu, 2012; Flinn et al., 2012) 호르몬 기제와 신경 기제를 더 깊이 이해할 수 있다면, 우리는 인간의 심리를 형성한 선택압을 더 깊이 통찰하게 될 것이다.

Ader, R., Felten, D. L., & Cohen, N. (Eds.). (2001). *Psychoneuroimmunology* (3rd ed.). New York, NY: Academic Press.

Alexander, R. D. (1974). The evolution of social behavior. *Annual Review of Ecology and Systematics, 5,* 325−383.

Alexander, R. D. (1987). *The biology of moral systems.* Hawthorne, NY: Aldine de Gruyter.

Alexander, R. D. (1990a). Epigenetic rules and Darwinian algorithms: The adaptive study of learning and development. *Ethology and Sociobiology, 11*(3), 1−63.

Alexander, R. D. (1990b). *How did humans evolve? Reflections on the uniquely unique species.* Museum of Zoology (Special Publication No. 1). Ann Arbor: The University of Michigan.

Alexander, R. D. (2006). The challenge of social behavior. *Evolutionary Psychology, 4,* 1−32.

Alexander, R. D., Hoogland, J. L., Howard, R. D., Noonan, K. M., & Sherman, P. W. (1979). Sexual dimorphisms and breeding systems in pinnipeds, ungulates, primates, and humans. In N. A. Chagnon & W. Irons (Eds.), *Evolutionary biology and human social behavior: An anthropological perspective* (pp. 402−435). North Scituate, MA: Duxbury Press.

Alexander, R. D., & Noonan, K. M. (1979). Concealment of ovulation, parental care, and human social evolution. In N. A. Chagnon & W. Irons (Eds.), *Evolutionary biology and human social behavior: An anthropological perspective* (pp. 436−453). North Scituate, MA: Duxbury Press.

Allman, J., & Hasenstaub, A. (1999). Brains, maturation times and parenting. *Neurobiology of Aging, 20*(6), 447−454.

Allman, J., Hakeem, A., Erwin, J. M., Nimchinsky, E., & Hof, P. (2001). The anterior cingulate cortex: The evolution of an interface between emotion and cognition. *Annals of the New York Academy of Sciences, 935,* 107−117.

Antòn, S. C. (2003). Natural history of *Homo erectus. Yearbook of Physical Anthropology, 46,* 126−170.

Antòn, S. C.,&Leigh, S. R. (2003). Growth and life history in *Homo erectus.* In J. L. Thompson, G. E. Krovitz, & A. J. Nelson (Eds.), *Patterns of growth and development in the genus* Homo (pp. 219−245). Cambridge, England: Cambridge University Press.

Aragona, B. J., Liu, Y., Curtis, J. T., Stephan, F. K., & Wang, Z. (2003). A critical role for nucleus accumbens dopamine in partner-preference formation in male prairie voles. *Journal of Neuroscience, 23*(8), 3483–3490.

Bales, K. L., Kim, A. J., Lewis-Reese, A. D., & Carter, C. S. (2004). Both oxytocin and vasopressin may influence alloparental behavior in male prairie voles. *Hormones and Behavior, 45*(5), 354–361.

Barrett, J., & Fleming, A. S. (2010). Annual research review: All mothers are not created equal: Neural and psychobiological perspectives on mothering and the importance of individual differences. *Journal of Child Psychology and Psychiatry, 52*(4), 368–397.

Bartels, A., &Zeki, S. (2004). The neural correlates of maternal and romantic love. *NeuroImage, 21*, 1155–1166.

Baumeister, R. F., & Leary, M. R. (1995). The need to belong: Desire for interpersonal attachment as a fundamental human motive. *Psychological Bulletin, 117*, 497–529.

Begun, D. R., & Walker, A. (1993). The endocast. In A. Walker & R. Leakey (Eds.), *The Nariokotome* Homo erectus *skeleton* (pp. 326–358). Cambridge, MA: Harvard University Press.

Belsky, J. (1997). Attachment, mating, and parenting: An evolutionary interpretation. *Human Nature, 8*, 361–381.

Belsky, J. (1999). Modern evolutionary theory and patterns of attachment. In J. Cassidy & P. R. Shaver (Eds.), *Handbook of attachment: Theory, research, and clinical applications* (pp. 141–161). New York, NY: Guilford Press.

Bercovitch, F. B., & Ziegler, T. E. (2002). Current topics in primate socioendocrinology. *Annual Reviews in Anthropology, 31*, 45–67.

Bermudez de Castro, J. M., Ramírez Rossi, F., Marinón-Torres, M., Sarmiento Pérez, S., & Rosas, A. (2003). Patterns of dental development in Lower and Middle Pleistocene hominins from Atapuerca (Spain). In J. L. Thompson, G. E. Krovitz, & A. J. Nelson (Eds.), *Patterns of growth and development in the genus* Homo (pp. 246–270). Cambridge, England: Cambridge University Press.

Bermudez de Castro, J. M., Rosas, A., Carbonee, E., Nicolás, M. E., Rodríguez, J., & Arsuaga, J.-L. (1999). A modern human pattern of dental development in Lower Pleistocene hominids from Atapuerca-TD6 (Spain). *Proceedings of the National Academy of Sciences, USA, 96*, 4210–4213.

Biella, P., Chagnon, N. A., & Seaman, G. (1997). *Yanomamö interactive: The ax fight*. Fort Worth, TX: Harcourt Brace.

Bissonnette, A., Perry, S., Barrett, L., Mitani, J., Flinn, M. V., Gavrilets, S., & De Waal,

F. B. (2015). Coalitions in theory and reality: A review of pertinent variables and processes. *Behaviour, 152*(1), 1−56. doi:10.1163/1568539x−00003241

Bjorklund, D. F., & Pellegrini, A. D. (2002). *The origins of human nature: Evolutionary developmental psychology*. Washington, DC: American Psychological Association Press.

Bloom, P. (2000). *How children learn the meaning of words*. Cambridge, MA: MIT Press.

Blakemore, S. -J., Winston, J., & Frith, U. (2004). Social cognitive neuroscience: Where are we heading? *Trends in Cognitive Neurosciences, 8*(5), 216−222.

Bogin, B. (1991). The evolution of human childhood. *BioScience, 40*, 16−25.

Bogin, B. (1999). *Patterns of human growth* (2nd ed.). Cambridge, England: Cambridge University Press.

Bornstein, M. H., & Arterberry, M. E. (2003). Recognition, discrimination and categorization of smiling by 5-month-old infants. *Developmental Science, 6*(5), 585−599.

Bowlby, J. (1969). *Attachment and loss: Vol. 1. Attachment*. London, England: Hogarth.

Bowles, S. (2009). Did warfare among ancestral hunter-gatherers affect the evolution of human social behaviors? *Science, 324*, 1293−1298. doi:10.1126/science.1168112

Bridges, R. S. (2008). *Neurobiology of the parental brain*. Amsterdam, The Netherlands: Academic Press.

Buchan, J. C., Alberts, S. C., Silk, J. B., & Altmann, J. (2003). True paternal care in a multi-male primate society. *Nature, 425*, 179−181.

Buss, D. M. (1994). *The evolution of desire: Strategies of human mating*. New York, NY: Basic Books.

Buss, D. M. (2000). The evolution of happiness. *American Psychologist, 55*, 15−23.

Campbell, A. (2002). *A mind of her own: The evolutionary psychology of women*. London, England: Oxford University Press.

Carter, C. S. (2002). Neuroendocrine perspectives on social attachment and love. In J. T. Cacioppo, G. G.

Berntson, R. Adolphs, C. S. Carter, R. J. Davidson, M. K. McClintock, . . . S. E. Taylor (Eds.), *Foundations in social neuroscience* (pp. 853−890). Cambridge, MA: MIT Press.

Carter, C. S., Grippo, A. J., Pournajafi-Nazarloo, H., Ruscio, M. G., & Porges, S. W. (2008). Oxytocin, vasopressin and sociality. *Progress in Brain Research, 170*, 331−336.

Caspari, R., & Lee, S.-H. (2004). Older age becomes common late in human evolution. *Proceedings of the National Academy of Sciences, USA, 101*, 10895−10900.

Chagnon, N. A. (1988). Life histories, blood revenge, and warfare in a tribal population. *Science, 239*, 985-992.

Champagne, F., & Meaney, M. J. (2001). Like mother, like daughter: Evidence for non-genomic transmission of parental behavior and stress responsivity. *Progress in Brain Research, 133*, 287-302.

Chapais, B. (2008). *Primeval kinship: How pair-bonding gave birth to human society.* Cambridge, MA: Harvard University Press.

Chapais, B. (2013). Monogamy, strongly bonded groups, and the evolution of human social structure. *Evolutionary Anthropology, 22*, 52-65.

Chisholm, J. S. (1999). *Death, hope and sex.* Cambridge, England: Cambridge University Press.

Clutton-Brock, T. H. (1991). *The evolution of parental care.* Princeton, NJ: Princeton University Press.

Coe, K. (2003). *The ancestress hypothesis: Visual art as adaptation.* New Brunswick, NJ: Rutgers University Press.

Cohen, S., Doyle, W. J., Turner, R. B., Alper, C. M., & Skoner, D. P. (2003). Emotional style and susceptibility to the common cold. *Psychosomatic Medicine, 65*(4), 652-657.

Curtis, T. J. & Wang, Z. (2003). The neurochemistry of pair bonding. *Current Directions in Psychological Science, 12*(2), 49-53.

Daly, M., & Wilson, M. (1988). *Homicide.* Hawthorne, NY: Aldine de Gruyter.

Daly, M., & Wilson, M. (1995). Discriminative parental solicitude and the relevance of evolutionary models to the analysis of motivational systems. In M. S. Gazzaniga (Ed.), *The cognitive neurosciences* (pp. 1269-1286). Cambridge, MA: MIT Press.

Davis, J. N., & Daly, M. (1997). Evolutionary theory and the human family. *The Quarterly Review of Biology, 72*(4), 407-435.

Deacon, T. W. (1997). What makes the human brain different? *Annual Review of Anthropology, 26*, 337-357.

Dean, M. C., Leakey, M. G., Reid, D., Schrenk, F., Schwartz, G. T., Stringer, C., & Walker, A. (2001). Growth processes in teeth distinguish modern humans from *Homo erectus* and earlier hominins. *Nature, 414*, 628-631.

Dean, M. C., Stringer, C. B., & Bromage, T. G. (1986). Age at death of the neanderthal child from Devil's Tower, Gibraltar, and the implications for studies of general growth and development in neanderthals. *American Journal of Physical Anthropology, 70*, 301-310.

De Dreu, C. K. W. (2012). Oxytocin modulates cooperation within and competition between groups: An integrative review and research agenda. *Hormones and Behavior*, *61*(3), 419–428.

de Haan, M., Johnson, M. H., & Halit, H. (2003). Development of face-sensitive event-related potentials during infancy: A review. *International Journal of Psychophysiology*, *51*(1), 45–58.

de Kloet, E. R. (1991). Brain corticosteroid receptor balance and homeostatic control. *Frontiers in Neuroendocrinology*, *12*(2), 95–164.

de Waal, F. B. M., & Lanting, F. (1997). *Bonobo: The forgotten ape*. Berkeley: University of California Press.

Donaldson, Z. R.&Young, L. J. (2008). Oxytocin, vasopressin, and the neurogenetics of sociality. *Science*, *322*, 900–904.

Draper, P., & Harpending, H. (1988). A sociobiological perspective on the development of human reproductive strategies. In K. MacDonald (Ed.), *Sociobiological perspectives on human development* (pp. 340–372). New York, NY: Springer-Verlag.

Dunbar, R. I. M. (1997). *Gossip, grooming, and evolution of language*. Cambridge, MA: Harvard University Press.

Dunbar, R. I. M. (1998). The social brain hypothesis. *Evolutionary Anthropology*, *6*, 178–190.

Dunbar, R. I. M. (2004). *The human story*. London, England: Faber & Faber.

Ellison, P. T. (2001). *On fertile ground: A natural history of human reproduction*. Cambridge, MA: Harvard University Press.

Fairbanks, L. A. (1989). Early experience and cross-generational continuity of mother-infant contact in vervet monkeys. *Developmental Psychobiology*, *22*(7), 669–681.

Farroni, T., Mansfield, E. M., Lai, C., & Johnson, M. H. (2003). Infants perceiving and acting on the eyes: Tests of an evolutionary hypothesis. *Journal of Experimental Child Psychology*, *85*(3), 199–212.

Feldman, R., Zagoory-Sharon, O., Weisman, O., Schneiderman, I., Gordon, I., Maoz, R., . . . Ebstein, R. P. (2012). Sensitive parenting is associated with plasma oxytocin and polymorphisms in the *OXTR* and *CD38* Genes. *Biological Psychiatry*, *72*, 175–181.

Fernandez-Duque, E., Valeggia, C. R., & Mendoza, S. P. (2009). The biology of paternal care in human and nonhuman primates. *Annual Review of Anthropology*, *38*, 115–130.

Fisher, H. (2004). *Why we love: The nature and chemistry of romantic love*. New York, NY: Henry Holt.

Fisher, H., Aron, A., Mashek, D., Strong, G., Li, H., & Brown, L. L. (2002). Defining the brain systems of lust, romantic attraction and attachment. *Archives of Sexual Behavior, 31*(5), 413–419.

Fleming, A. S., O'Day, D. H., & Kraemer, G. W. (1999). Neurobiology of mother-infant interactions: Experience and central nervous system plasticity across development and generations. *Neuroscience and Biobehavioral Reviews, 23,* 673–685.

Fleming, A. S., Steiner, M., & Corter, C. (1997). Cortisol, hedonics, and maternal responsiveness in human mothers. *Hormones and Behavior, 32,* 85–98.

Flinn, M. V. (1988). Mate guarding in a Caribbean village. *Ethology & Sociobiology, 9*(1), 1–28.

Flinn, M. V. (2004). Culture and developmental plasticity: Evolution of the social brain. In K. MacDonald & R. L. Burgess (Eds.), *Evolutionary perspectives on child development* (pp. 73–98). Thousand Oaks, CA: Sage.

Flinn, M. V. (2006a). Evolution and ontogeny of stress response to social challenge in the human child. *Developmental Review, 26,* 138–174.

Flinn, M. V. (2006b). Evolution of stress response to social-evaluative threat. In R. Dunbar & L. Barrett (Eds.), *The Oxford handbook of evolutionary psychology* (pp. 272–296). Oxford, England: Oxford University Press.

Flinn, M. V. (2006c). Cross-cultural universals and variations: The evolutionary paradox of informational novelty. *Psychological Inquiry, 17*(2), 118–123.

Flinn, M. V. (2008). Why words can hurt us: Social relationships, stress, and health. In W. Trevathan, E. O.

Smith, & J. McKenna (Eds.), *Evolutionary medicine and health* (Chapter 13, pp. 247–258 + refs.). Oxford, England: Oxford University Press.

Flinn, M. V. (2009). Are cortisol profiles a stable trait during child development? *American Journal of Human Biology, 21*(6), 769–771.

Flinn, M. V. (2010). Evolutionary biology of hormonal response to social challenge in the human child. In M. P. Muehlenbein (Ed.), *Human evolutionary biology* (pp. 405–424). Cambridge, England: Cambridge University Press.

Flinn, M. V. (2011a). Evolutionary anthropology of the human family. In C. Salmon & T. Shackelford (Eds.), *The Oxford handbook of evolutionary family psychology* (pp. 12–32). Oxford, England: Oxford University Press.

Flinn, M. V. (2011b). Social inequalities, family relationships, and child health. In A. Booth, S. McHale, & N. Landale (Eds.), *Biosocial research contributions to understanding family processes and problems* (pp. 205–220). New York, NY: Springer-Verlag.

Flinn, M. V. (2013a). The evolution of hormonal mechanisms for human sociality.

Family Systems, 9(2), 174–181.

Flinn, M. V. (2013b). The evolutionary biology of culture. In K. Summers & B. Crespi (Eds.), *Foundations of human social evolution* (pp. 94–103). Oxford, England: Oxford University Press.

Flinn, M. V. & Alexander, R. D. (2007). Runaway social selection. In S. W. Gangestad & J. A. Simpson (Eds.), *The evolution of mind* (pp. 249–255). New York, NY: Guilford Press.

Flinn, M. V., Duncan, C., Quinlan, R. L., Leone, D. V., Decker, S. A.,&Ponzi, D. (2012). Hormones in the wild: Monitoring the endocrinology of family relationships. *Parenting: Science and Practice, 12*(2), 124–133. doi:10.1080/15295192.2012.68333 8

Flinn, M. V., Geary, D. C., & Ward, C. V. (2005). Ecological dominance, social competition, and coalitionary arms races: Why humans evolved extraordinary intelligence. *Evolution and Human Behavior, 26*(1), 10–46.

Flinn, M. V. & Leone, D. V. (2006). Early trauma and the ontogeny of glucocorticoid stress response in the human child: Grandmother as a secure base. *Journal of Developmental Processes, 1*(1), 31–68.

Flinn, M. V. & Leone, D. V. (2012). Alloparental care and the ontogeny of glucocorticoid stress response among stepchildren. In G. Bentley & R. Mace (Eds.), *Substitute parents: Biological and social perspectives on alloparenting in human societies* (pp. 212–231). Biosocial Society Series, Vol. 3. Oxford, England: Berghahn. (Original work published 2009)

Flinn, M. V., & Low, B. S. (1986). Resource distribution, social competition, and mating patterns in human societies. In D. Rubenstein & R. Wrangham (Eds.), *Ecological aspects of social evolution* (pp. 217–243). Princeton, NJ: Princeton University Press.

Flinn, M. V., Nepomnaschy, P., Muehlenbein, M. P., & Ponzi, D. (2011). Evolutionary functions of early social modulation of hypothalamic-pituitary-adrenal axis development in humans. *Neuroscience and Biobehavioral Reviews, 35*(7), 1611–1629.

Flinn, M. V., Ponzi, D., & Muehlenbein, M. P. (2012). Hormonal mechanisms for regulation of aggression in human coalitions. *Human Nature, 22*(1), 68–88. doi:10.1007/s12110–012–9135

Flinn, M. V., Quinlan, R. J., Ward, C. V., & Coe, M. K. (2007). Evolution of the human family: Cooperative males, long social childhoods, smart mothers, and extended kin networks. In C. Salmon & T. Shackelford (Eds.), *Family relationships* (pp. 16–38). Oxford, England: Oxford University Press.

Flinn, M. V., & Ward, C. V. (2004). Evolution of the social child. In B. Ellis & D. Bjorklund (Eds.), *Origins of the social mind: Evolutionary psychology and child development* (pp. 19–44). London, England: Guilford Press.

Foley, R. A. (1999). Hominid behavioral evolution: Missing links in comparative primate socioecology. In P. C. Lee (Ed.), *Comparative primate socioecology* (pp. 363–386). Cambridge, England: Cambridge University Press.

Gangestad, S. W., Simpson, J. A., Cousins, A. J., Garver-Apgar, C. E., & Christensen, P. (2004). Women's preferences for male behavioral displays change across the menstrual cycle. *Psychological Science, 15*(3), 203–206.

Geary, D. C. (2005). *The origin of mind*. Washington, DC: American Psychological Association.

Geary, D. C., & Bjorklund, D. F. (2000). Evolutionary developmental psychology. *Child Development, 71*(1), 57–65.

Geary, D. C., & Flinn, M. V. (2001). Evolution of human parental behavior and the human family. *Parenting: Science and Practice, 1*, 5–61.

Geary, D. C., & Flinn, M. V. (2002). Sex differences in behavioral and hormonal response to social threat. *Psychological Review, 109*(4), 745–750.

Geary, D. C., & Huffman, K. J. (2002). Brain and cognitive evolution: Forms of modularity and functions of mind. *Psychological Bulletin, 128*, 667–698.

Goodall, J. (1986). *The chimpanzees of Gombe*. Cambridge, MA: Harvard University Press.

Gordon, A. D., Green, D. J.,&Richmond, B. G. (2008). Strong postcranial size dimorphism in *Australopithecus afarensis*: Results from two new resampling methods for multivariate data sets with missing data. *American Journal of Physical Anthropology, 135*, 311–328.

Gordon, I., Zagoory-Sharon, O., Leckman, J. F., & Feldman, R. (2010). Oxytocin and the development of parenting in humans. *Biological Psychiatry, 68*, 377–382.

Gubernick, D. J., & Alberts, J. R. (1989). Postpartum maintenance of paternal behaviour in the biparental California mouse, *Peromyscus californicus*. *Animal Behaviour, 37*(4), 656–664.

Harmon, E. H. (2006). Size and shape variation in *Australopithecus afarensis* proximal femora. *Journal of Human Evolution, 51*, 217–227.

Hawkes K. (2003). Grandmothers and the evolution of human longevity. *American Journal of Human Biology, 15*(3), 380–400.

Hawkes, K. O'Connell, J. F., Blurton Jones, N. G., Alvarez, H., & Charnov, E. I. (1998). Grandmothering, menopause, and the evolution of human life histories. *Proceedings of the National Academy of Sciences, USA, 95,* 1336−1339.

Hill, K., & Hurtado, A.M. (1996). *Ache life history: The ecology and demography of a foraging people.* Hawthorne, NY: Aldine de Gruyter.

Hill, K., & Kaplan, H. (1999). Life history traits in humans: Theory and empirical studies. *Annual Reviews of Anthropology, 28,* 397−430.

Hrdy, S. B. (1999). *Mother nature: A history of mothers, infants, and natural selection.* New York, NY: Pantheon.

Hrdy, S. B. (2004). Evolutionary context of human development: The cooperative breeding model. In C. S. Carter & L. Ahnert (Eds.), *Attachment and bonding: A new synthesis.* Dahlem Workshop, 92. Cambridge, MA: MIT Press.

Hrdy, S. B. (2009). *Mothers and others: The evolutionary origins of mutual understanding.* Cambridge, MA: Harvard University Press.

Huether, G. (1996). The central adaptation syndrome: Psychosocial stress as a trigger for adaptive modifications of brain structure and brain function. *Progress in Neurobiology, 48,* 568−612.

Huether, G. (1998). Stress and the adaptive self organization of neuronal connectivity during early childhood. *International Journal of Developmental Neuroscience, 16* (3/4), 297−306.

Insel, T. R., & Young, L. R. (2001). The neurobiology of attachment. *Nature Reviews: Neuroscience, 2,* 129−136.

Kano, T. (1992). *The last ape: Pygmy chimpanzee behavior and ecology.* Stanford, CA: Stanford University Press.

Kimbel, W. H., & Delezene, L. K. (2009). "Lucy" redux: A review of research on *Australopithecus afarensis. Yearbook of Physical Anthropology, 52,* 2−48.

Konner, M. (2010). *The evolution of childhood: Relationships, emotion, mind.* Cambridge, MA: Harvard University Press.

Krovitz, G. E. (2003). Shape and growth differences between neandertals and modern humans: Grounds for a species-level distinction. In J. L. Thompson, G. E. Krovitz, & A. J. Nelson (Eds.), *Patterns of growth and development in the Genus Homo* (pp. 320−342). Cambridge, England: Cambridge University Press.

Lacruz, R. S. & Ramírez Rossi, F. (2010). Molar crown development in *Australopithecus afarensis. Journal of Human Evolution, 58,* 201−2016.

Leblanc, S. A. (2003). *Constant battles: The myth of the peaceful, noble savage.* New York, NY: St. Martin's Press.

Lee, S.-H., & Wolpoff, M. H. (2003). The pattern of evolution in Pleistocene human brain size. *Paleobiology, 29,* 186−196.

Leigh, S. R. (2004). Brain growth, cognition, and life history in primate and human evolution. *American Journal of Primatology, 62*, 139−164.

Lim, M. M., Wang, Z., Olazabal, D. E., Ren, X., Terwilliger, E. F., & Young, L. J. (2004). Enhanced partner preference in a promiscuous species by manipulating the expression of a single gene. *Nature, 429*, 754−757.

Lockwood, C. A. (1999). Sexual dimorphism in the face of *Australopithecus africanus*. *Journal of Human Evolution, 31*, 537−548.

Lockwood, C. A., Richmond, B. G., Jungers, W. L., & Kimbel, W. H. (1996). Randomization procedures and sexual dimorphism in *Australopithecus afarensis*. *Journal of Human Evolution, 31*, 537−548.

Lockwood, C. A., Menter, C. G., Moggi-Cecchi, J., & Keyser, A. W. (2007). Extended male growth in a fossil hominin species. *Science, 318*, 1443−1446.

Macfarlan, S. J., Walker, R. S., Flinn, M. V.,&Chagnon, N. A. (2014). Lethal coalitionary aggression and longterm alliances among Yanomamö men. *Proceedings of the National Academy of Sciences, USA, 111*(52), doi:10.1073/pnas.14186391

Maestripieri, D. (1999). The biology of human parenting: Insights from non-human primates. *Neuroscience and Biobehavioral Reviews, 23*, 411−422.

Manthi, F. K., Plavcan, J. M., & Ward, C. V. (2012). New hominin fossils from Kanapoi, Kenya, and the mosaic nature of canine evolution in hominins. *South African Journal of Science, 108*, 1−9.

Marler, C. A., Bester-Meredith, J., & Trainor, B. C. (2003). Paternal behavior and aggression: Endocrine mechanisms and nongenomic transmission of behavior. In P. J. B. Slater, J. S. Rosenblatt,C. T. Snowden, & T. J. Roper (Eds.), *Advances in the study of behavior* (Vol. 32, pp. 263−323). San Diego, CA: Academic Press.

Martin, R. D. (1983). *Human brain evolution in an ecological context*. 52nd James Arthur lecture on the evolution of the human brain. New York, NY: American Museum of Natural History.

Martin, R. D. (1990). *Primate origins and evolution*. Princeton, NJ: Princeton University Press.

McEwen, B. S. (1995). Stressful experience, brain, and emotions: Developmental, genetic, and hormonalinfluences. In M. S. Gazzaniga (Ed.), *The cognitive neurosciences* (pp. 1117−1135). Cambridge, MA: MIT Press.

McHenry, H. M. (1992a). Body size and proportions in early hominids. *American Journal of Physical Anthropology, 87*, 407−431.

McHenry, H. M. (1992b). How big were early hominids? *Evolutionary Anthropology, 1*, 15−20.

McHenry, H. M. (1994a). Behavioral ecological implications of early hominid body size. *Journal of Human Evolution, 27*, 77–87.

McHenry, H. M. (1994b). Sexual dimorphsim in fossil hominids and its sociological implications. In S. Shennan & J. Steele (Eds.), *Poser, sex and tradition: The archeology of human ancestry* (pp. 91–109). Cambridge, MA: Cambridge University Press.

Mirescu, C., Peters, J. D., & Gould, E. (2004). Early life experience alters response of adult neurogenesis to stress. *Nature Reviews: Neuroscience, 7*(8), 841–846.

Muehlenbein, M. & Flinn, M. V. (2012). *Pattern and process of human life history evolution.* In T. Flatt & A. Heyland (Eds.), *Oxford handbook of life history* (pp. 153–168). Oxford, England: Oxford University Press.

Murdock, G. P. (1949). *Social structure.* New York, NY: Macmillan.

Nelson, A. J., Thompson, J. L., & Krovitz, G. E. (2003). Conclusions: Putting it all together. In J. L. Thompson, G. E. Krovitz, & A. J. Nelson (Eds.), *Patterns of growth and development in the Genus Homo* (pp. 436–445). Cambridge, England: Cambridge University Press.

O'Connell, J. F., Hawkes, K., & Blurton Jones, N. G. (1999). Grandmothering and the evolution of *Homo erectus. Journal of Human Evolution, 36*, 461–485.

Pawlowski, B. (1999). Loss of oestrus and concealed ovulation in human evolution: The case against the sexual-selection hypothesis. *Current Anthropology, 40*(3), 257–275.

Pawlowski, B., Lowen, C. B., & Dunbar, R. I. M. (1998). Neocortex size, social skills and mating success in primates. *Behaviour, 135*, 357–368.

Pinker, S. (1994). *The language instinct.* New York, NY: Morrow.

Plavcan, J. M. (2000). Inferring social behavior from sexual dimorphism in the fossil record. *Journal of Human Evolution, 39*, 327–344.

Plavcan, J. M. (2001). Sexual dimorphism in primate evolution. *Yearbook of Physical Anthropology, 44*, 25–53.

Plavcan, J. M. (2012a). Body size, size variation and sexual size dimorphism in early *Homo. Human Nature, 53*, S409–S423.

Plavcan, J. M. (2012b). Sexual size dimorphism, canine dimorphism, and male-male competition in primates: Where do humans fit in? *Human Nature, 23*, 45–67.

Plavcan, J. M., & van Schaik, C. P. (1997). Interpreting hominid behavior on the basis of sexual dimorphism. *Journal of Human Evolution, 32*(4), 345–374.

Plavcan, J. M., van Schaik, C. P., & Kappeler, P. M. (1995). Competition, coalitions and canine size in primates. *Journal of Human Evolution, 28*, 245–276.

Ponzi, D., Muehlenbein, M. P., Sgoifo, A., Geary, D. C., & Flinn, M. V. (2014). Dayto-day variation of salivary cortisol and dehydroepiandrosterone (DHEA) in children from a rural Dominican community. *Adaptive Human Behavior and Physiology, 1,* 12–24. doi:10.1007/s40750–014–0002–4

Portman, A. (1941). Die tragzeiten der primaten und die dauer der schwangerschaft beim menschen: Ein roblem der vergleichenden biologie. *Revue Suisse de Zoologie, 48,* 511–518.

Ranganath, C., & Rainer, G. (2003). Neural mechanisms for detecting and remembering novel events. *Nature Reviews: Neuroscience, 4,* 193–202.

Reno, P. L., Meindl, R. S., McCollum, M. A., & Lovejoy, C. O. (2003). Sexual dimorphism in *Austrolopithecus afarensis* was similar to that of humans. *Proceedings of the National Academy of Sciences, USA, 100*(16), 9404–9409.

Reno, P. L., McCollum, M. A., Meindl, R. S., & Lovejoy, C. O. (2010). An enlarged postcranial sample confirms *Australopithecus afarensis* dimorphism was similar to modern humans. *Philosophical Transactions of the Royal Society B, 365,* 3355–3363.

Richmond, B. G., & Jungers, W. L. (1995). Size variation and sexual dimorphism in *Australopithecus afarensis* and living hominoids. *Journal of Human Evolution, 29,* 229–245.

Rightmire, G. P., Van Arsdale, A. P., & Lordkipanidze, D. (2008). Variation in mandibles from Dmanisi, Georgia. *Journal of Human Evolution, 54,* 904–908.

Rilling, J. K. (2013). The neural and hormonal bases of human parental care. *Neuropsychologia, 51,* 731–747.

Rohner, R. P., & Veneziano, R. A. (2001). The importance of father love: History and contemporary evidence. *Review of General Psychology, 5,* 382–405.

Rosenblatt, J. S. (2003). Outline of the evolution of behavioral and nonbehavioral patterns of parental care among the vertebrates: Critical characteristics of mammalian and avian parental behavior. *Scandinavian Journal of Psychology, 44*(3), 265–271.

Rosenberg, K. (1992). The evolution of modern human childbirth. *Yearbook of Physical Anthropology, 35,* 89–134.

Rosenberg, K., & Trevathan, W. (1996). Bipedalism and human birth: The obstetrical dilemma revisited. *Evolutionary Anthropology, 4,* 161–168.

Ruff, C. B. (1995). Biomechanics of the hip and birth in early *Homo. American Journal of Physical Anthropology, 98,* 527–574.

Ruff, C. B., Trinkaus, E., & Holliday, T. W. (1997). Body mass and encephalization in Pleistocene *Homo. Nature, 387,* 173–176.

Saphier, D., Welch, J. E., Farrar, G. E., Nguyen, N. Q., Aguado, F., Thaller, T. R., & Knight, D. S. (1994). Interactions between serotonin, thyrotropin-releasing hormone and substance P in the CNS regulation of adrenocortical secretion. *Psychoneuroendocrinology, 19*, 779–797.

Sapolsky, R. M. (1994). *Why zebras don't get ulcers.* New York, NY: Freeman.

Sapolsky, R. M., Romero, L. M., & Munck, A. U. (2000). How do glucocorticoids influence stress responses? *Endocrine Reviews, 21*(1), 55–89.

Sillén-Tullberg, B., & Møller, A. P. (1993). The relationship between concealed ovulation and mating systems in anthropoid primates: A phylogenetic analysis. *American Naturalist, 141*(1), 1–25.

Small, M. F. (1998). *Our babies, ourselves.* New York, NY: Random House.

Small, M. F. (2001). *Kids.* New York, NY: Doubleday.

Smith, B. H. (1993). The physiological age of KNM-WT15000. In A. Walker & R. E. Leakey (Eds.), *The Nariokotome* Homo erectus *skeleton* (pp. 195–220). Cambridge, MA: Harvard University Press.

Smith, T. M. (2008). Incremental dental development: Methods and applications in hominoid evolutionary studies. *Journal of Human Evolution, 54*, 205–224.

Smith, T. M. (2012). Teeth and human life-history evolution. *Annual Review of Anthropology, 42*, 191–208.

Smith, T. M., Tafforeau, P., Reid, D. J., Pouech, J., Lazzari, V., Zermeno, J. P., . . . Hublin, J. -J. (2010). Dental evidence for ontogenetic differences between modern humans and Neanderthals. *Proceedings of the National Academy of Sciences, USA, 107*, 20923–20928.

Smuts, B. (1985). *Sex and friendship in baboons.* Hawthorne, NY: Aldine de Gruyter.

Stearns, S. C. (1992). *The evolution of life histories.* Oxford, England: Oxford University Press.

Storey, A. E., Walsh, C. J., Quinton, R. L., & Wynne-Edwards, K. E. (2000). Hormonal correlates of paternal responsiveness in new and expectant fathers. *Evolution and Human Behavior, 21*(2), 79–95.

van Schaik, C. & Deaner, R. (2003). Life history and cognitive evolution in primates. In F. de Waal & P. Tyack (Eds.), *Animal social complexity: Intelligence, culture and individualized societies* (pp. 5–25). Cambridge, MA: Harvard University Press.

Walker, R. S., Beckerman, S., Flinn, M. V., Gurven, M., von Reuden, C. R., Kramer, K. L., . . . Hill, K. R. (2013). Living with kin in lowland horticultural societies. *Current Anthropology, 54*(1), 96–103.

Walker, R. S., Flinn, M. V., & Hill, K. (2010). The evolutionary history of partible paternity in lowland South America. *Proceedings of the National Academy of Sciences, USA, 107*(45), 19195–19200.

Walker, R. S., Hill, K., Flinn, M. V., & Ellsworth, R. (2011). Evolutionary history of hunter-gatherer marriage practices. *PLoS ONE, 6*(4), e19066. doi:10.1371/journal. pone.0019066

Wang, Z., Yu, G., Cascio, C., Liu, Y., Gingrich, B., & Insel, T. R. (1999). Dopamine d2 receptor-mediated regulation of partner preferences in female prairie voles (*microtus ochrogaster*): A mechanism for pair bonding. *Behavioral Neuroscience, 113*(3), 602–611.

Ward, C., Leakey, M. G., & Walker, A. (2001). Morphology of *Australopithecus anamensis* from Kanapoi and Allia Bay, Kenya. *Journal of Human Evolution, 41*, 255–368.

Ward, C. V., Walker, A., & Leakey, M. G. (1999). The new hominid species *Australopithecus anamensis. Evolutionary Anthropology, 7*, 197–205.

Weaver, I. C. G., Cervoni, N., Champagne, F. S.,D'Alessio, A. C. D., Sharma, S., Seckl, J. R., . . . Meaney,M. J. (2004). Epigenetic programming by maternal behavior. *Nature Reviews: Neuroscience, 7*(8), 847–854.

Whiting, B. B., & Edwards, C. P. (1988). *Children of different worlds*. Cambridge, MA: Harvard University Press.

Wilcox, A. J., Baird, D. D., Dunson, D. B., McConnaughey, D. R., Kesner, J. S., & Weinberg, R. L. (2004). On the frequency of sexual intercourse around ovulation: Evidence for biological influences. *Human Reproduction, 19*(7), 1539–1543.

Wilkinson, R. G. (2001). *Mind the gap: Hierarchies, health, and human evolution*. New Haven, CT: Yale University Press.

Williams, G. C. (1957). Plieotropy, natural selection, and the evolution of senescence. *Evolution, 11*, 398–411.

Wood, B., & Constantino, P. (2007). *Paranthropus boisei*: Fifty years of evidence and analysis. *American Journal of Physical Anthropology, 134*(S45), 106–132.

Wrangham, R. W. (1999). Evolution of coalitionary killing. *Yearbook of Physical Anthropology, 42*, 1–30.

Wrangham, R. W., & Peterson, D. (1996). *Demonic males*. New York, NY: Houghton Mifflin Company.

Wynne-Edwards, K. E. (2001). Hormonal changes in mammalian fathers. *Hormones and Behavior, 40*, 139–145.

Wynne-Edwards, K. E. (2003). From dwarf hamster to daddy: The intersection of ecology, evolution, and physiology that produces paternal behavior. In P. J. B. Slater, J. S. Rosenblatt, C. T. Snowden, & T. J. Roper (Eds.), *Advances in the study of behavior* (Vol. 32, pp. 207–261). San Diego, CA: Academic Press.

Young, L. J., & Insel, T. R. (2002). Hormones and parental behavior. In J. B. Becker, S. M. Breedlove, D. Crews, & M. M. McCarthy (Eds.), *Behavioral endocrinology* (pp. 331–369). Cambridge, MA: MIT Press.

Young, L., Wang, Z., & Insel, T. R. (2002). Neuroendocrine bases of monogamy. In J. T. Cacioppo, G. G. Berntson, R. Adolphs, C. S. Carter, R. J. Davidson, M. K. McClintock, et al. (Eds.), *Foundations in social neuroscience* (pp. 809–816). Cambridge, MA: MIT Press.

Yuwiler, A. (1982). Biobehavioral consequences of experimental early life stress: Effects of neonatal hormones on monoaminergic systems. In L. J. West &M. Stein (Eds.), *Critical issues in behavioral medicine* (pp. 59–78). Philadelphia, PA: J. P. Lippincott.

Ziegler, T. E., & Snowdon, C. T. (1997). Role of prolactin in paternal care in a monogamous New World primate, *Saguinus oedipus.* The integrative neurobiology of affiliation. *Annals of the New York Academy of Sciences, 807,* 599–601.

Zihlman, A., Cronin, J., Cramer, D.,&Sarich, V. M. (1978). Pygmy chimpanzee as a possible prototype for the common ancestor of humans, chimpanzees and gorillas. *Nature, 275,* 744–746.

필자 소개

얀 안트폴크 Jan Antfolk
아보 아카데미 대학교 심리학과 연구원 University Researcher in Psychology Abo Akademi University | 투르쿠, 핀란드 Turku, Finland

코렌 L. 애피셀라 Coren L. Apicella
펜실베이니아 대학교 심리학과 Department of Psychology University of Pennsylvania | 필라델피아, 펜실베이니아 Philadelphia, Pennsylvania

루벤 C. 아슬란 Ruben C. Arslan
게오르그 아우구스트 대학교 게오르그 엘리아스 뮐러 심리연구소 Georg Elias Müller Institute of Psychology Georg August University Göttingen | 괴팅겐, 독일 Göttingen, Germany

드루 H. 베일리 Drew H. Bailey
캘리포니아 대학교 교육대학원 School of Education University of California | 어빈, 캘리포니아 Irvine, California

팻 바클레이 Pat Barclay
궬프 대학교 심리학과 Department of Psychology University of Guelph | 궬프, 온타리오, 캐나다 Guelph, Ontario, Canada

H. 클라크 배릿 H. Clark Barrett
캘리포니아 대학교 인류학과 Department of Anthropology University of California, Los Angeles | 로스앤젤레스, 캘리포니아 Los Angeles, California

니콜라 보마르 Nicolas Baumard
에콜노르말쉬페리외르(국립 고등사범학교) 인지심리학과 Département d'Études Cognitives École Normale Supérieure | 파리, 프랑스 Paris, France

데이비드 F. 비요클런드 David F. Bjorklund
플로리다 애틀랜틱 대학교 심리학과 Department of Psychology Florida Atlantic University | 보카 라턴, 플로리다 Boca Raton, Florida

카를로스 에르난데스 블라시 Carlos Hernández Blasi

하우메 대학교 심리학과 Departamento de Psicología Universitat Jaume I | 카스테욘, 스페인 Castellón, Spain

파스칼 보이어 Pascal Boyer

워싱턴 대학교 심리학과 Department of Psychology Washington University | 세인트 루이스, 미주리 St. Louis, Missouri

데이비드 M. 버스 David M. Buss

텍사스 대학교 심리학과 Department of Psychology University of Texas | 오스틴, 텍사스 Austin, Texas

앤 캠벨 Anne Campbell

더럼 대학교 심리학과 Psychology Department Durham University | 더럼, 영국 Durham, England

론 캠벨 Lorne Campbell

웨스턴 온타리오 대학교 심리학과 Department of Psychology University of Western | 온타리오, 캐나다 Ontario, Canada

조지프 캐럴 Joseph Carroll

미주리 대학교 영어과 Department of English University of Missouri | 세인트루이스, 미주리 St. Louis, Missouri

진 최 Jean Choi

세네카 대학교 아카데믹 퀄리티 센터 Centre for Academic Quality Seneca College | 토론토, 온타리오, 캐나다 Toronto, Ontario, Canada

마치에이 추텍 Maciej Chudek

애리조나 주립대학교 인간 진화 사회변화 대학원 School of Human Evolution and Social Change Arizona State University | 템페, 애리조나 Tempe, Arizona

제이슨 A. 클리크 Jason A. Clark

오스나브루에크 대학 인지과학 연구소 Institute of Cognitive Science University of Osnabrueck | 오스나브루에크, 독일 Osnabrueck, Germany

에드워드 K. 클린트 Edward K. Clint

캘리포니아 대학교 행동 진화 문화 연구소 및 인류학과 Center for Behavior, Evolution, and Culture and Department of Anthropology University of California | 로스앤젤레스, 캘리포니아 Los Angeles, California

대니얼 콘로이-빔 Daniel Conroy-Beam

텍사스 대학교 심리학과 Department of Psychology University of Texas | 오스틴, 텍사스 Austin, Texas

레다 코스미디스 Leda Cosmides

캘리포니아 대학교 심리학과 Department of Psychology University of California | 산타바바라, 캘리포니아 Santa Barbara, California

알리사 N. 크리텐든 Alyssa N. Crittenden

네바다 대학교 인류학과 Department of Anthropology University of Nevada | 라스베이거스, 네바다 Las Vegas, Nevada

마틴 데일리 Martin Daly

맥마스터 대학교 심리학과 Department of Psychology McMaster University | 해밀턴, 온타리오, 캐나다 Hamilton, Ontario, Canada

리처드 도킨스 Richard Dawkins

옥스퍼드 대학교 동물학과 Department of Zoology University of Oxford | 옥스퍼드, 영국 Oxford, United Kingdom

마르코 델 주디체 Marco Del Giudice

뉴멕시코 대학과 심리학과 Department of Psychology University of New Mexico | 앨버커키, 뉴멕시코 Albuquerque, New Mexico

피터 드치올리 Peter DeScioli

스토니 브룩 대학교 정치과학과 Department of Political Science Stony Brook University | 스토니 브룩, 뉴욕 Stony Brook, New York

조슈아 D. 던틀리 Joshua D. Duntley

스탁턴 대학교 형사사법 프로그램 Criminal Justice Program Stockton University | 골웨이, 뉴저지 Galloway, New Jersey

브루스 J. 엘리스 Bruce J. Ellis

캔터베리 대학교 가족 연구 인간발달학과 Division of Family Studies and Human Development University of Canterbury | 투산, 애리조나 Tucson, Arizona

대네얼, M. T. 페슬러 Daniel M. T. Fessler

캘리포니아 대학교 행동 진화 문화 연구소 및 인류학과 Center for Behavior, Evolution, and Culture and Department of Anthropology University of California | 로스앤젤레스, 캘리포니아 Los Angeles, California

아우렐리오 호세 피구에레도 Aurelio José Figueredo

애리조나 대학교 심리학과 Department of Psychology University of Arizona | 투산, 애리조나 Tucson, Arizona

마크 V. 플린 Mark V. Flinn

미주리 대학교 인류학 및 심리과학과 Departments of Anthropology and Psychological Sciences University of Missouri | 컬럼비아, 미주리 Columbia, Missouri

스티븐 W. 갱지스태드 Steven W. Gangestad

뉴멕시코 대학교 심리학과 Department of Psychology University of New Mexico | 앨버커키, 뉴멕시코 Albuquerque, New Mexico

크리스틴 E. 가버-압가르 Christine E. Garver-Apgar

콜로라도 의과대학 정신의학과 Department of Psychiatry School of Medicine University of Colorado | 덴버, 콜로라도 Denver, Colorado

데이비드 C. 기어리 David C. Geary

미주리 대학교 심리과학과 Department of Psychological Sciences University of Missouri | 컬럼비아, 미주리 Columbia, Missouri

아론 T. 괴츠 Aaron T. Goetz

캘리포니아 주립대학 심리학과 Department of Psychology California State University | 폴러턴, 캘리포니아 Fullerton, California

에드워드 H. 헤이건 Edward H. Hagen

워싱턴 주립대학 인류학과 Department of Anthropology Washington State University | 뱅쿠버,

워싱턴 Vancouver, Washington

레이먼드 헤임스 Raymond Hames

네브래스카–링컨 대학교 인류학과 Department of Anthropology University of Nebraska–Lincoln | 링컨, 네브래스카 Lincoln, Nebraska

마티 G. 해즐턴 Martie G. Haselton

캘리포니아 대학교 언론정보과 및 심리학과 Communication Studies and Department of Psychology University of California | 로스앤젤레스, 캘리포니아 Los Angeles, California

조 헨릭 Joe Henrich

하버드 대학교 인간진화생물학과 Department of Human Evolutionary Biology Harvard University | 케임브리지, 매사추세츠 Cambridge, Massachusetts

랄프 헤르트비히 Ralph Hertwig

바젤 대학교 심리학과 Department of Psychology University of Basel | 바젤, 스위스 Basel, Switzerland

울리히 호프라게 Ulrich Hoffrage

로잔 대학교 경영대학원 교수 Faculty of Management and Business Administration University of Lausanne | 로잔, 스위스 Lausanne, Switzerland

마크 허핀 Mark Huppin

캘리포니아 대학교 언론정보학과 Department of Communication Studies University of California | 로스엔젤레스, 캘리포니아 Los Angeles, California

W. 제이크 제이콥스 W. Jake Jacobs

애리조나 대학교 심리학과 Department of Psychology University of Arizona | 투산, 애리조나 Tucson, Arizona

도미닉 D. P. 존슨 Dominic D. P. Johnson

옥스퍼드 대학교 정치학 국제관계학과 Department of Politics and International Relations University of Oxford | 옥스퍼드, 영국 Oxford, United Kingdom

오웬 D. 존스 Owen D. Jones

밴더빌티 대학교 로스쿨 및 생물과학과 Law School and Department of Biological Sciences

Vanderbilt University | 내슈빌, 테네시 Nashville, Tennessee

힐라드 S. 카플란 Hillard S. Kaplan
뉴멕시코 대학교 인류학과 Department of Anthropology University of New Mexico | 앨버커키, 뉴멕시코 Albuquerque, New Mexico

더글러스 T. 켄릭 Douglas T. Kenrick
애리조나 주립대학 심리학과Department of Psychology Arizona State University | 템페, 애리조나 Tempe, Arizona

로버트 커즈번 Robert Kurzban
펜실베이니아 대학교 심리학과 Department of Psychology University of Pennsylvania | 필라델피아, 펜실베이니아 Philadelphia, Pennsylvania

크레이그 W. 라무뇽 Craig W. LaMunyon
캘리포니아 주립 과학기술 대학교 생물과학과 Department of Biological Sciences California State Polytechnic University | 포모나, 캘리포니아 Pomona, California

크리스틴 H. 레게어 Cristine H. Legare
텍사스 대학교 심리학과 Department of Psychology University of Texas | 오스틴, 텍사스 Austin, Texas

노먼 P. 리 Norman P. Li
싱가포르 경영대학교 사회과학대학원 School of Social Sciences Singapore Management University | 싱가포르 Singapore

데브라 리버만 Debra Lieberman
마이애미 대학교 심리학과 Department of Psychology University of Miami | 코럴 게이블스, 플로리다 Coral Gables, Florida

티모시 J. 러빙 Timothy J. Loving
텍사스 대학교 인간발달학과 및 가족학과 Department of Human Development and Family Sciences University of Texas, Austin | 오스틴, 텍사스 Austin, Texas

루스 메이스 Ruth Mace
유니버시티 칼리지 인류학과 Department of Anthropology University College | 런던, 영국

London, United Kingdom

닐 M. 맬러머스 Neil M. Malamuth
캘리포니아 대학교 언론정보심리학과 Departments of Communication and Psychology University of California | 로스앤젤레스, 캘리포니아 Los Angeles, California

존 K. 메이너 Jon K. Maner
노스웨스턴 대학교 켈로그 경영대학원 경영조직학과 Department of Management and Organizations Kellogg School of Management Northwestern University | 에번스턴, 일리노이 Evanston, Illinois

데미언 R. 머리 Damian R. Murray
캘리포니아 대학과 심리학과 Department of Psychology University of California | 로스엔젤레스, 캘리포니아 Los Angeles, California

마이클 무투크리슈나 Michael Muthukrishna
하버드 대학교 인간진화생물학과 Department of Human Evolutionary Biology Harvard University | 케임브리지, 매사추세츠 Cambridge, Massachusetts

랜돌프 M. 네스 Randolph M. Nesse
미시간 대학교 정신의학과, 심리학과, 사회연구 연구소 내 집단동역학 연구센터 Department of Psychiatry, Department of Psychology Research Center for Group Dynamics in the Institute for Social Research University of Michigan | 앤 하버, 미시간 Ann Arbor, Michigan

데니얼 네틀 Daniel Nettle
뉴캐슬 대학교 심리, 뇌, 행동학과 Division of Psychology, Brain, and Behaviour University of | 뉴캐슬, 영국 Newcastle, United Kingdom

스티븐 L. 노이버그 Steven L. Neuberg
애리조나 주립대학 심리학과 Department of Psychology Arizona State University | 템페, 애리조나 Tempe, Arizona

나이젤 니컬슨 Nigel Nicholson
런던 경영대학원 조직행동학과 Department of Organisational Behaviour London Business School | 런던, 영국 London, United Kingdom

아라 노렌자얀 Ara Norenzayan

브리티시 컬럼비아 대학교 Department of Psychology University of British Columbia | 밴쿠버, 브리티스 콜럼비아, 캐나다 Vancouver, British Columbia, Canada

라르스 펜케 Lars Penke

게오르그 아우구스트 대학교 게오르그 엘리아스 밀러 심리학 연구소 Georg Elias Müller Institute of Psychology Georg August University | 괴팅겐, 독일 Göttingen, Germany

마이클 방 피터슨 Michael Bang Petersen

오르후스 대학교 정치과학과 Department of Political Science Aarhus University | 오르후스, 덴마크 Aarhus, Denmark

마이클 N. 팜 Michael N. Pham

오클랜드 대학교 심리학과 Department of Psychology Oakland University | 로체스터, 미시간 Rochester, Michigan

스티븐 핑커 Steven Pinker

하버드 대학교 심리학과 Department of Psychology Harvard University | 케임브리지, 매사추세츠 Cambridge, Massachusetts

니콜라스 파운드 Nicholas Pound

브루엘 대학교 심리학과 Department of Psychology Brunel University | 억스브리지, 미들섹스, 영국 Uxbridge, Middlesex, United Kingdom

데이비드 A. 퍼츠 David A. Puts

펜실베이니아 대학교 인류학과 및 행동, 뇌, 인지 센터 Department of Anthropology Center for Behavior, Brain, and Cognition The Pennsylvania State University | 유니버시티 파크, 펜실베이니아 University Park, Pennsylvania

필립 L. 리노 Philip L. Reno

펜실베이니아 대학교 인류학과 Department of Anthropology The Pennsylvania State University | 유니버시티 파크, 펜실베이니아 University Park, Pennsylvania

제임스 R. 로니 James R. Roney

캘리포니아 대학교 심리뇌과학과 Department of Psychological and Brain Sciences University of California | 산타바바라 Santa Barbara, California

폴 로진 Paul Rozin
펜실베이니아 대학교 심리학과 Department of Psychology University of Pennsylvania | 필라델피아, 벤실베이니아 Philadelphia, Pennsylvania

개드 사드 Gad Saad
콘코디아 대학교 존 몰슨 경영대학원 마케팅학과 Department of Marketing John Molson School of Business Concordia University | 몬트리올, 퀘벡, 캐나다 Montreal, Quebec, Canada

캐서린 새먼 Catherine Salmon
레들렌즈 대학교 심리학과 Department of Psychology University of Redlands | 래들랜즈, 캘리포니아 Redlands, California

마크 샬러 Mark Schaller
브리티시 컬럼비아 대학교 심리학과 Department of Psychology University of British Columbia | 뱅쿠버, 브리티시 컬럼비아, 캐나다 Vancouver, British Columbia, Canada

데이비드 P. 슈미트 David P. Schmitt
브래들리 대학교 심리학과 Department of Psychology Bradley University | 피오리어, 일리노이 Peoria, Illinois

토드 K. 셰클퍼드 Todd K. Shackelford
오클랜드 대학교 심리학과 Department of Psychology Oakland University | 로체스터, 미시간 Rochester, Michigan

어윈 실버맨 Irwin Silverman
요크 대학교 심리학과 Department of Psychology York University | 토론토, 온타리오, 캐나다 Toronto, Ontario, Canada

제프리 A. 심슨 Jeffry A. Simpson
미네소타 대학교 심리학과 Department of Psychology University of Minnesota | 미니애폴리스, 미네소타 Minneapolis, Minnesota

로렌스 S. 스기야 마 Lawrence S. Sugiyama
오리건 대학교 인류학과 Department of Anthropology University of Oregon | 유진, 오리건 Eugene, Oregon

도널드 시먼스 Donald Symons

캘리포니아 대학교 인류학과 인류학 명예교수 Emeritus Professor of Anthropology Department of Anthropology University of California | 산타바바라, 캘리포니아 Santa Barbara, California

랜디 손힐 Randy Thornhill

뉴멕시코 대학교 생물학과 Department of Biology University of New Mexico | 앨버커키, 뉴멕시코 Albuquerque, New Mexico

피터 M. 토드 Peter M. Todd

막스 플랑크 인간발달 연구소 적응행동 인지 센터 Center for Adaptive Behavior and Cognition Max Planck Institute for Human Development | 베를린, 독일 Berlin, Germany

존 투비 John Tooby

캘리포니아 대학교 인류학과 Department of Anthropology University of California | 산타바바라, 캘리포니아 Santa Barbara, California

조슈아 M. 타이버 Joshua M. Tybur

VU 대학교 실험응용심리학과 Department of Experimental and Applied Psychology VU University | 암스테르담, 네덜란드 Amsterdam, The Netherlands

마크 반 부흐트 Mark van Vugt

VU 대학교 진화심리, 일, 조직심리학과, 실험응용심리학과 Professor of Evolutionary Psychology, Work, and Organizational Psychology Department of Experimental and Applied Psychology VU University | 암스테르담, 네덜란드 Amsterdam, The Netherlands

제롬 C. 웨이크필드 Jerome C. Wakefield

뉴욕 대학교 New York University | 뉴욕, 뉴욕 New York, New York

캐럴 V. 워드 Carol V. Ward

미주리 대학교 인류학과 및 심리과학과 Departments of Anthropology and Psychological Sciences University of Missouri | 컬럼비아, 미주리 Columbia, Missouri

레이첼 E. 왓슨–존스 Rachel E. Watson–Jones

텍사스 대학교 심리학과 Department of Psychology University of Texas | 오스틴, 텍사스 Austin, Texas

마이클 A. 우들리 오브 메니 Michael A. Woodley of Menie

켐니츠 공과대학 심리학과 Department of Psychology Technische Universität Chemnitz, 켐니츠, 독일 Chemnitz, Germany, 브뤼셀 브리예 대학교 레오 아포스텔 학제 연구 센터 Center Leo Apostel for Interdisciplinary Research Vrije Universiteit | 브뤼셀, 벨기에 Brussels, Belgium

저자 찾아보기

레너드 Leonard, W. R. 519, 547
레네버그 Lenneberg, E. 29
레노 Reno, P. L. 636, 989
레닝거 Renninger, L. 487
레드케이 Redcay, E. 270
레로, 비 Lero, Vie, M. 177
레만 Lehmann, J. 829
레브 Leve, C. 868
레비 Reby, D. 669
레빈 Levine, A. 537
레빈 Levine, J. A. 873
레빈슨 Levinson, D. 761
레셀스 Lessells, C. M. 154
레스닉 Resnick, H. S. 763
레슬리 Leslie, A. 37, 61
레슬리 Leslie, A. M. 91, 92, 94, 267, 269, 415
레슬리 Leslie, I. J. 639
레알르 Réale, D. 158, 162
레오네티 Leonetti, D. L. 964
레이 Rae, A. 682
레이 Ray, O. S. 374
레이건 Reagan, J. 700
레이너 Rainer, G. 984
레이놀즈 Reynolds, J. D. 859
레이니 Rainey, R. C. 368
레이드 Reid, A. 797
레이드 Reid, I. 865
레이드 Reid, V. M. 270
레이먼드 Raymond, M. 536, 538, 575, 577, 632, 896, 936
레이먼드 Raymond, P. 768
레이미 Lamey, T. C. 890
레이볼드 Leibold, J. M. 768
레이스 Reis, H. T. 795
레이스 Reiss, D. 873

레이엔테커 Leyendecker, B. 956
레이턴 Layton, R. 951
레이텐버그 Leitenberg, H. 703
레인스터 Leinster, S. J. 559
레즈닉 Reznick, D. 153, 402
레크먼 Leckman, J. F. 537, 997
렉 Leck, K. 485
렌 Ren, Z. 838
렌달 Rendall, D. 639
렌스 Lens, L. 562
렌지 Wrenge, P. H. 904
렙턴 Repton, H. 384
로 Low, B. S. 349, 477, 489, 490, 493, 860, 877, 879, 958, 983, 985
로 Ro, T. 88
로 Rowe, A. C. 681
로 Rowe, D. C. 868
로 Rowe, L. 668
로 Rowe, N. 557
로 스미스 Law Smith, M. J. 489
로너 Rohner, R. P. 985
로니 Roney, J. R. 478, 483, 513, 642, 646, 665, 684, 798, 982
로니스 Ronis, S. T. 773
로더 Roeder, K. 302
로더 Roeder, S. 685
로드 Rodd, F. H. 515
로드 Rode, C. 58
로드 Rohde, P. A. 492
로드리게스 Rodriguez, D. E. 178
로드리게스 Rodríguez, J. 991
로드리게스-기로네스 Rodriguez-Girones, M. A. 677
로드키파니드제 Lordkipanidze, D. 988
로랑소 Laurenceau, J. P. 795
로만 Laumann, E. O. 702

마크스 Marks, I. 89, 101, 110, 111, 440

마크스 Marks, I. M. 351

마크스 Marks, M. J. 212

마탄 Matan, A. 273

마테오 Mateo, J. M. 535

마티-곤잘레스 Marty-Gonzalez, L. F. 870

마틴 Martin, N. 311

마틴 Martin, R. D. 673, 955, 990

마하파트라 Mahapatra, M. 322

마혼 Mahon, B. Z. 273

만 Mann, J. 541

만 Mann, V. A. 373

만티 Manthi, F. K. 988

말 Malle, B. F. 283

말러 Marler, C. A. 982

말로 Marlowe, F. W. 474, 486, 489, 490,
528, 537, 542, 559, 571, 580, 586, 631,
633, 636, 641, 844, 896, 919, 921, 924,
931, 948, 950~961, 963~967

말콤 Malcom, C. D. 964

매과이어 Maguire, E. A. 371

매귀건 Maguigan, H. 450

매그너스 Magnus, P. 371, 735

매그니 Magnie, M. N. 274

매그래스 Magrath, M. J. L. 892

매너 Maner, J. K. 342, 684, 685

매닝 Manning, J. T. 485, 486, 557~560

매더 Mather, G. 408

매셰크 Mashek, D. 794, 796

매처리 Machery, E. 238, 245, 247

매츠 Matts, P. J. 551

매칫 Matchett, G. 320

매캐덤 McAdam, A. 160

매킨타이어 McIntyre, M. 167, 485, 872

매킨타이어 McIntyre, M. H. 677

매튜 Mathew, S. 644

매튜스 Matthews, D. 199

매튜스 Matthews, K. A. 866

매티슨 Mattison, S. M. 930

맥과이어 McGuire, M. 477

맥과이어 McGuire, M. T. 837

맥그래스 McGrath, J. E. 211

맥그리거 McGregor, I. A. 865, 964

맥기 McGee, H. 314

맥기 McGee, M. G. 373

맥기네스 McGuinness, D. 373, 377

맥기번 McGivern, R. F. 376

맥나마라 McNamara, J. M. 158, 181

맥넌 Magnan, R. E. 351

맥널티 McNulty, J. K. 810

맥대니얼 McDaniel, M. A. 347, 557

맥데이브 McDade, T. W. 165, 547, 798

맥도너 McDonough, L. 89

맥도널드 MacDonald, K. 870, 875

맥도널드 McDonald, D. B. 160

맥라클란 Maclachlan, M. D. 929

맥레인 McLain, D. K. 896

맥린 MacLean, M. 377

맥머리 MacMurray, J. 354

맥머리 MacMurray, J. P. 488

맥밀런 McMillan, G. 89, 529

맥버니 McBurney, D. 846

맥버니 McBurney, D. H. 376, 480

맥슨 Maxson, S. 759

맥아더 MacArthur, R. H. 162

맥아더 McArthur, J. W. 585

맥엘리고트 McElligott, A. G. 341

맥카시 McCarthy, G. 270, 403

맥카시 McCarthy, L. 840

맥카시 McCarthy, L. M. 906

맥카트니 McCartney, K. 868

맥캐니 McCanney, P. 410

메일리 Maley, C. C. 323
메일릿 Maillet, G. 771
메타 Mehta, M. D. 711
메휴스 Meheus, A. Z. 799
멕 Meck, B. 276
멕 Meck, W. H. 276, 374, 380
멕링거 Mecklinger, A. 274
멘델홀 Mendenhall, Z. 486
멘도사 Mendoza, S. P. 982
멘젤 Menzel, C. R. 369
멘터 Menter, C. G. 988
멜러, 클라이브 Mellor, Clive S. 557
멜런 Mellen, S. L. W. 797
멜롭 Merlob, P. 735
멜처 Meltzer, A. L. 810
멜초프 Meltzoff, A. N. 270
모건 Morgan, B. 554
모건 Morgan, M. H. 434, 639
모건 Morgan, R. 269, 405, 415
모겐스턴 Morgenstern, O. 31
모기-체키 Moggi-Cecchi, J. 988
모라코 Moracco, K. E. 451
모란 Moran, M. 308
모란 Morran, L. T. 730
모랄레스 Morales, A. C. 306
모랄레스 Morales, V. Z. 446
모렐리 Morelli, G. A. 959, 966
모론지엘로 Morrongiello, B. A. 635
모르테자이에 Mortezaie, M. 685
모르텐센 Mortensen, C. R. 346, 348
모리사 Morrisa, R. G. M. 371
모리스 Morris, J. P. 270
모리슨 Morrison, A. S. 865, 869
모리슨 Morrison, D. J. 757
모리슨 Morrison, E. 492
모리아티 Moriarty, L. J. 434

모린 Morin, P. A. 632
모스 Moss, H. A. 905
모스코비치 Moscovitch, M. 306
모이지스 Moyzis, R. K. 250
모크 Mauck, R. A. 169
모크 Mock, D. W. 890
모턴 Morton, N. E. 733
모팻 Moffat, S. D. 377, 379
몬드라곤-세바요스 Mondragón-Ceballos, R.
  683, 684, 711
몬슨 Monson, C. M. 761
몰로 Molho, A. 865
몰리 Morley, C. 373
몰리 Morley, J. 515
몰턴 Moulton, M. P. 896
몽고메리 Montgomerie, R. 561
묄러 Møller, A. P. 557, 559, 699~701, 861,
  985
무디 Moodie, J. D. 669
무스타피치 Mustafić, M. 486
무어 Moore, C. J. 274
무어 Moore, D. E. 799
무어 Moore, F. R. 489
무어 Moore, J. 35, 193
무어 Moore, T. 765
무초 Mutso, A. A. 796
무카바나 Mukabana, W. R. 548
문시 Munshi, K. 935
물러 Muller, H. 870
물러 Muller, H. J. 729, 733
물러 Muller, M. N. 634, 642, 798, 761
물러 Muller, R. U. 372
뮐러 Müller, S. 335
뮐러-루흐홀츠 Müller-Ruchholtz, W. 567
뮤어 Muir, D. W. 270
뮬러 Mueller, A. 342

애덤스 Adams, H. E. 769

애덤스 Adams, M. S. 736

애덤스 커티스, Adams-Curtis, L. E. 768

애들래프 Adlaf, E. 638

애들러 Adler, N. E. 865, 866

애러고나 Aragona, B. J. 997

애러배커 Arrabaca, A. 475

애런 Aran, D. 349

애런 Aron, A. 794, 796

애로라 Arora, R. 576

애먼드 Almond, D. 894

애비스 Avis, M. 271

애사 Asa, C. S. 863

애셔 Asher, Y. M. 273

애시턴 Ashton, J. R. 870

애시턴 Ashton, M. C. 126

애시폴 Ashpole, B. C. 305

애커먼 Ackerman, J. M. 346, 348, 449, 834

애트런 Atran, S. 89, 91

애트런 Atran, S. A. 267, 272, 284

애펄리 Apperly, I. A. 269

애플턴 Appleton, J. 384

애피셀라 Apicella, C. L. 486, 529, 542, 559, 571, 580, 633, 639, 822, 831, 896, 919, 948~950, 958, 960, 966~968

액슬로드 Axelrod, R. 535

앤더슨 Anderson, A. 91

앤더슨 Anderson, E. 635

앤더슨 Anderson, J. G. 897

앤더슨 Anderson, K. G. 537, 538, 545, 681, 797, 867, 870, 897

앤더슨 Anderson, M. 638

앤더슨 Anderson, M. J. 554

앤더슨 Anderson, R. 545

앤드류 Andrews, P. W. 200~202, 340

얀 안트폴크 Antfolk, J. 737~739, 743, 746

앨런-어레이브 Allen-Arave, W. 839, 960, 966

앨런 Allen, B. 761

앨런 Allen, E. 251, 660

앨런 Allen, M. 767

앨런스워드 Allensworth, M. 494

앨럼 Alam, N. 935

앨리 Alley, T. 541

앨릭 Allik, J. 475, 480, 481

앨먼 Allman, J. 986, 997

앨버래도 Alvarado, L. C. 680

앨버츠 Alberts, J. R. 996

앨버츠 Alberts, S. C. 984

앨컬리 Alcalay, L. 475, 480, 481, 494

앨콕 Alcock, J. 31, 34, 323, 476, 889

앨콕 Alcock, J. A. 370

앨포트 Allport, G. W. 378

앳킨 Atkin, L. 709

앳킨슨 Atkinson, J. A. 893

앳킨슨 Atkinson, Q. D. 925

앳킨슨 Atkinson, T. C. 644

야니키 Janicki, M. 906

야마모토 Yamamoto, Y. 707

야마자키 Yamazaki, K. 569

야베르 Jaber, L. 735

야블론스키 Jablonski, N. G. 549, 550

야블론카 Jablonka, E. 132

야시엔스카 Jasienska, G. 486, 520, 531, 575, 578, 585, 798, 935

야시엔스카 Jasienski, M. 486, 798

야즈디 Yazdi, A. A. 271

야호다 Jahoda, G. 373

얀코비악 Jankowiak, W. R. 791

어거스틴 Agustin, S. S. 165

어베이 Erbay, E. 547

어빈 Ervin, F. R. 637

워커 Walker, P. L. 635

워커 Walker, R. 89, 171, 529, 531, 571, 574

워커 Walker, R. S. 528, 543, 634, 638, 644, 954, 983, 985

워프 Waugh, C. E. 484

원들러 Wandler, K. 557

월드먼 Waldman, I. D. 759

윌러비 Willoughby, C. 637

월렌 Wallen, K. 797

윌리스 Wallace, H. M. 768

윌먼 Wellman, H. M. 272

월스터 Walster, E. 728

월스터 Walster, E. H. 792, 794

월스터 Walster, G. W. 794

월시 Walsh, C. J. 872, 993

월시 Walsh, V. 275

월포트 Walport, M. 564

윙 Wong, W. W. 531

웨스터룬드 Westerlund, M. 759

웨스터마크 Westermarck E. 743

웨스트 West, M. M. 959

웨스트 West, S. 408

웨스트 West, S. A. 151, 820

웨스트니트 Westneat, D. F. 860, 862

웨스트-에버하드 West-Eberhard, M. J. 161, 165, 493, 950

웨스팅 Westing, A. H. 947

웨슨 Westen, D. 808

웨이스펠드 Weisfeld, C. C. 489

웨이스펠드 Weisfeld, G. E. 489, 536

웨이싱 Weissing, F. J. 158, 901

웨이지너 Wagener, D. K. 736

웨이캠프 Weitkamp, L. R. 568

웨이크필드 Wakefield, J. C. 9, 10, 199, 301, 762

웨이트 Waitt, C. 669

웨인버그 Weinberg, C. R. 659, 702

웨인버그 Weinberg, M. S. 702

웨인컴 Weinkam, J. 208

웨인포스 Waynforth, D. 558, 876

웨츠먼 Wetsman, A. 580

웨커 Wecker, S. C. 382

웬트 Wendt, J. S. 386

웰더 Welder, A. N. 272

웰러 Weller, A. 537

웰링 Welling, L. L. 549, 635, 642, 707, 711, 714

웰링 Welling, L. L. M. 485, 798

웰스 Wells, J. C. 636

웹스터 Webster, G. D. 484, 488

웹스터 Webster, C. D. 439

웹스터 Webster, D. 840

웹스터 Webster, G. 840

위건트 Weigant, V. M. 663

위그나라야 Wignarajah, P. 554

위너 Winner, E. 271

위더만 Wiederman, M. W. 477

위더먼 Widaman, K. F. 174

위드메이어 Widmayer, A. 764

위든 Weeden, J. 495, 575

위버 Weaver, I. C. G. 1001

위비 Wiebe, W. J. 730

위스너 Wiessner, P. 864, 958

위어슨 Wierson, M. 904

위즈먼 Wisman, A. 167

위지 Weege, B. 558

위키스-셰클퍼드 Weekes-Shackelford, V. A. 711, 716, 758

윈 Wynn, K. 61, 276

윈 Wynn, R. 553

윈버그 Winberg, J. A. N. 537

윈스턴 Winston, J. 211, 997

자르마쿠피스 Zarmakoupis, P. N. 706

자바자바 Zavazava, N. 567

자베드 Javed, M. H. 707

자보스 Zavos, P. M. 705~707, 715

자빅 Jarvick, L. F. 374

자이 Zhai, L. 589

자이엘슈타트 Seielstad, M. T. 931

자크주크 Zakzouk, S. 736

자토르 Zatorre, R. J. 537

자하비 Zahavi, A. 524

자흐저 Sachser, N. 669

잘름 Salm, P. C. 637

잡 Job, R. 274

장 Chang, E. L. 376

장 Chang, L. 346, 896

장 Zhang, Y. 514

재릿 Zaret, T. M. 860~862

재켄도프 Jackendoff, R. 281

재프 Zapp, D. J. 480

잭슨 Jackson, G. 810

잭슨 Jackson, J. J. 347

잭슨 Jackson, L. M. 345

잰슨 Janson, C. H. 369

저먼 German, T. P. 91, 92, 95, 269, 271

저지 Judge, D. 841

저지 Judge, D. S. 840

저지 Judge, T. A. 575

전 Jeon, J. 9, 834, 847

정 Chong, D. S. 446

정거스 Jungers, W. L. 636, 988, 989

제니언스 Jennions, M. 661, 662

제니언스 Jennions, M. D. 155, 156, 515, 630, 631, 700, 702

제닝스 Jennings, K. D. 446

제라든 Gelarden, I. A. 730

제럴드 Gerald, M. S. 669

제르얄 Zerjal, T. 453

제린 Jerin, R. A. 434

제멜로스 Semmelroth, J. 808

제브로위츠 Zebrowitz, L. A. 541

제솝 Jessop, T. S. 166

제스 Zes, D. 963

제스 Zes, D. A. 963

제이코비 Jacoby, L. L. 283

제이콥 Jacob, S. 566

제이콥스 Jacobs, B. S. 905

제이콥스 Jacobs, L. F. 177

제이프먼 Zeifman, D. 473

제인벨드 Zaneveld, L. J. 707

제인웨이 Janeway, C. 564

제임스 James, J. 174

제임스 James, T. W. 376

제임스 James, W. 727, 728

제키 Zeki, S. 800, 983, 994, 995

제타 Jethá, C. 473

젠슨 Janssen, D. P. 636

젠슨 Jensen, B. 514

젠슨-캠벨 Jensen-Campbell, L. A. 807

젠타즈 Gentaz, E. 536

젤라노 Zelano, B. 566

조니데스 Jonides, J. 266

조던 Jordan, A. 347

조던 Jordan, B. 685

조던 Jordan, F. M. 932

조르주-프랑수아 Georges-Francois, P. 371

조르지 Zorzi, M. 275

조시 Joshi, M. S. 377

조시 Joshi, P. D. 489

조지 George, R. M. 891

조지프 Joseph, R. 374

조콜란 Zoccolan, D. 226

존 Sohn, M. 311

크노브 Knobe, J. 283

크놉스 Knopps, G. 446

크라이빅 Kreibig, S. D. 353

크라이셀부르드 Kraiselburd, E. 669

크란츠버그 Krantzberg, G. 515

크래스노 Krasnow, M. M. 31, 55, 121

크랜들 Crandall, C. S. 345

크럼프 Crump, T. 275

크레머 Kraemer, G. W. 995

크레셀 Kressel, L. 489

크레스 Kress, H. C. 935

크레스피 Crespi, B. J. 444, 824

크레스피 Crespi, E. J. 166

크레이그 Craig, N. M. 541

크레이머 Cramer, D. 988

크레이머 Kramer, K. 843

크레이머 Kramer, K. L. 172, 520, 543, 948, 962

크레폴트 Crèpault, C. 761

크렙스 Krebs, J. R. 304, 307, 369, 859, 937

크로닌 Cronin, H. 198

크로닌 Cronin, J. 988

크로비츠 Krovitz, G. E. 990

크로우 Crow, J. F. 729, 733

크로웰 Crowell, J. 903, 904

크로지어 Crosier, B. S. 488

크로켓 Crockett, C. M. 444

크로켓 Crockett, E. E. 793

크로켓 Crockett, N. G. 705

크로포드 Crawford, C. 495, 840

크로포드 Crawford, C. B. 895

크로포드 Crawford, J. R. 549

크로포드 Crawford, M. A. 583

크론바흐 Cronbach, L. J. 203, 206

크론스 Krones, J. M. 802

크론크 Cronk, L. 894

크루거 Kruger, D. J. 173, 174, 477, 490

크루그 Krug, R. 663

크루제 Kruse, E. 865

크루즈 Cruise, K. R. 769

크루크 Kruuk, H. 401, 402, 404

크룹 Krupp, D. 833

크리스타키스 Christakis, N. A. 542, 919, 948, 949

크리스텐슨 Christensen, P. 985

크리스텐슨 Christensen, P. N. 217, 485, 642

크리스토퍼 Christopher, F. S. 795

크리스트 Christe, P. 335

크리스티안센 Kristiansen, A. 575

크리텐든 Crittenden, A. N. 10, 844, 921, 948, 953, 959, 962~964, 965, 966

크밤바 Kvamme, J. M. 553

클라비나 Klavina, L. 525

클라우드 Cloud, J. M. 478

클라이너 Kleiner, M. 270

클라인 Klein, S. 92

클라크 Clark, A. P. 486, 521

클라크 Clark, M. A. 269

클라크 Clark, M. M. 133

클라크 Clark, R. D. 475, 477, 738, 869

클라크 Clarke, G. M. 563

클램프 Clamp, P. 384

클러튼-브록 Clutton-Brock, J. 443

클러튼-브록 Clutton-Brock, T. H. 35, 630, 636, 860~862, 878, 922, 996

클럭 Klug, H. 630, 631, 632

클로베르 Clobert, J. 160

클로어 Clore, G. L. 347

클로퍼 Klopfer, P. H. 382

클리핑 Klipping, C. 685

클린드워스 Klindworth, H. 865

클림추크 Klimczuk, A. 798

텔퍼 Telfer, S. 565

템린 Temrin, H. 927

템플턴 Templeton, A. 735

토드 Todd, M. 807

토드 Todd, P. M. 307, 310, 311, 325, 403, 405, 410, 892

토르도프 Tordoff, M. G. 323

토마셀로 Tomasello, M. 270, 947

토마카 Tomaka, J. 111

토마켄 Tomarken, A. J. 214

토머스 Thomas, A. G. 481

토머스 Thomas, J. R. 640

토머스 Thomas, M. L. 736

토베 Tovée, M. J. 580, 581, 585

토스트 Tost, J. 475

토쿠나가 Tokunaga, K. 568

톨레 Tòle, J. 308

톨스토이 Tolstoy, L. 957

톰슨 Thompson, A. P. 682

톰슨 Thompson, J. L. 990

톰슨 Thompson, M. E. 530~532, 676

톰슨 Thompson, M. T. 757

톰슨 Thompson, S. R. 403

통 Tong, E. M. W. 325

투비 Tooby, J. 21~25, 27~32, 34, 39, 41, 45~48, 55, 57, 58, 66, 67, 70, 71, 74, 76~79, 84, 87~92, 94~96, 98~100, 103, 105, 106, 108, 113, 116, 118, 121~123, 126, 127, 129~134, 137, 168, 226, 227, 231, 234, 239, 240, 242, 247~250, 280, 283, 284, 366, 375, 403, 410, 411, 433, 489, 514, 516, 522, 534, 535, 542, 547, 571, 591, 635, 730, 733, 739, 747, 748, 762, 949, 950

투오밀레토 Tuomilehto, J. 574

투탈 Tutal, E. 553

툴리 Tooley, G. A. 537, 927

툴버그 Tullberg, B. S. 927, 985

툴자푸카르 Tuljapurkar, S. 161

트라블시 Trabulsi, J. C. 317

트라우트리마스 Trautrimas, C. 770

트라피콘테 Traficonte, D. M. 479, 485, 798

트러셀 Trussell, J. 702

트럭소 Truxaw, D. 306

트럼블 Trumble, A. C. 891

트레믈러 Tremoulet, P. 407

트레바탄 Trevathan, W. 531, 574, 954, 990

트레바탄 Trevathan, W. R. 954

트레비스 Treves, A. 402

트레이너 Trainor, B. C. 982

트레이시 Tracy, J. L. 685

트로닉 Tronick, E. Z. 959, 966

트로스트 Trost, M. R. 473, 797

트로이아니 Troiani, V. 269

트로이트 Treuth, M. S. 531

트록셀 Troxel, W. M. 866

트뤼도 Trudeau, R. 349

트뤼에브 Trüeb, R. M. 553

트리버스 Travers, P. 564

트리버스 Trivers, R. 484, 490, 519, 536, 540, 542, 558, 758, 767, 829

트리버스 Trivers, R. L. 29, 121, 155, 475, 476, 540, 630, 646, 701, 703, 859, 860, 862, 899, 900, 901

트리스먼 Triesman, A. 87

트리필레티 Trifiletti, L. B. 891

트린카우스 Trinkaus, E. 437, 954, 989

트버스키 Tversky, A. 55, 87

트위그 Twigg, J. 319

티시코프 Tishkoff, S. A. 253~255

티위아 Tiwia, W. 520

티체 Titze, I. R. 639

호이셸러 Heuschele, J. 631
호이어트 Hauert, C. 967
호치버그 Hochberg, Z. 173
호크 Hauck, W. W. 568
호클리 Hawkley, L. C. 351
호타미슬리길 Hotamisligil, G. S. 547
호퍼스 Hofferth, S. 897
호프 Haufe, C. 562
호프 Hof, P. 997
호프 Hopf, F. A. 729
호프만 Hoffmann, K. P. 378
호프만 Hofmann, W. 453
호프먼 Hoffman, G. E. 374
호프먼 Hoffman, H. A. 375
호호프 Hohoff, C. 669
혹스 Hawkes, K. 304, 307, 542, 631, 642, 670, 836, 844, 864, 865, 920, 921 953, 955, 959, 962, 964~966, 986, 987
혹스 Hawks, J. 250, 257
혼 Hone, L. S. 570
홀 Hall, J. 763
홀 Hall, N. 669
홀도블러 Holldobbler, B. 370
홀든 Holden, C. 932
홀든 Holden, C. J. 929, 932
홀딩 Holding, C. S. 377
홀딩 Holding, D. H. 377
홀랜드 Holland, B. 668, 700
홀름스트롬 Holmstrom, L. L. 434
홀릭 Holick, M. F. 553
홀스보어-트랙슬러 Holsboer-Trachsler, E. 794
홈즈 Holmes, M. M. 763
홉 Hop, W. C. J. 663
홉스 Hops, H. 868
화이트 White, A. E. 175, 176, 344

화이트 White, D. D. 483, 571
화이트 White, D. R. 958
화이트 White, K. B. 768
화이트 Whyte, M. K. 634
화이트하우스 Whitehouse, G. H. 559
화이트하우스 Whitehouse, R. H. 587
화이트헤드 Whitehead, R. D. 551, 552
황 Huang, J. Y. 364
황 Huang, Y. 255
회-올레센 Høgh-Olesen, H. 482
후글랜드 Hoogland, J. L. 925, 987
후세인 Hussain, R. 735
후커 Hooker, C. I. 270
후쿠나가 Fukunaga, T. 637
후퍼 Hooper, A. E. C. 351
후퍼 Hooper, G. H. S. 716
후퍼 Hooper, P. L. 172, 633, 919
훌 Houle, D. 557
훔멜 Hummel, T. 664
휀코프 Hönekopp, J. 485
휘트먼 Whitman, W. B. 730
휘튼 Whitten, P. L. 684
휘틀리 Wheatley, G. H. 378
휘틀리 Wheatley, J. R. 635
휘틀리 Wheatley, T. 347
휘팅힐 Whittinghill, M. 870
휴더 Huether, G. 1001
휴렛 Hewlett, B. S. 528, 541, 571, 874, 951, 952, 956, 959
휴버 Huber, B. 837
휴버 Huber, S. 479
휴스턴 Houston, A. I. 158, 181, 230
휴즈 Hughes, J. F. 239
휴즈 Hughes, K. 870
휴즈 Hughes, K. A. 515
휴즈 Hughes, S. 632, 870

주제 찾아보기

▌편집

데이비드 M. 버스 (David M. Buss)

미국 버클리 대학교와 하버드 대학교, 미시간 대학교를 거쳐 현재 텍사스 대학교 심리학과 교수로 있다. 오늘날 가장 저명한 심리학자이자 진화심리학 분야의 창시자 가운데 한 명으로 손꼽히며 『욕망의 진화 *The Evolution of Desire: Strategies of Human Mating*』와 『진화심리학 *Evolutionary Psychology: The New Science of the Mind*』 등 주목할 만한 저서를 펴냈다.

미국을 비롯해 전 세계적으로 활발한 강의를 펼치고 있으며 인간의 짝짓기 전략 전문가로서 과학 다큐멘터리 등 여러 프로그램에 출현했다. 그의 가장 유명한 연구 주제는 짝 선택, 짝 매력, 간통, 짝 유지 전술, 짝 가로채기 전술, 질투, 욕구, 사랑 등의 짝짓기 감정이다. 최근에는 양성 갈등, 질투, 스토킹, 친밀한 파트너 폭력, 살인 등 인간 본성의 어두운 측면을 집중 연구하고 있다.

▌옮긴이

김한영

서울대 미학과를 졸업하고 서울예대에서 문예창작을 공부했다. 오랫동안 전업 번역을 하며 예술과 문학의 곁자리를 지키고 있다. 옮긴 책으로 『미를 욕보이다』, 『무엇이 예술인가』, 『알랭 드 보통의 영혼의 미술관』, 『빈 서판』, 『언어본능』, 『갈리아 전쟁기』, 『나라 없는 사람』, 『끌리는 박물관』 등이 있다. 제45회 한국백상출판문화상 번역 부문을 수상했다.

인사이트총서 01

진화심리학 핸드북 **1** 기초

1판 1쇄 펴냄 2019년 12월 6일
1판 3쇄 펴냄 2023년 3월 10일
편집   데이비드 M. 버스
옮긴이   김한영
펴낸이   김정호
펴낸곳   아카넷
출판등록   2000년 1월 24일(제406-2000-000012호)
주소   10881 경기도 파주시 회동길 445-3 2층
전화   031-955-9511(편집)·031-955-9514(주문)
팩스   031-955-9519
www.acanet.co.kr
한국어판 © 아카넷, 2019

Printed in Paju, Korea.

ISBN 978-89-5733-660-1 (94180)
        978-89-5733-659-5(세트)

『진화심리학 핸드북』은 대우재단의 지원을 받아 아카넷이 기획하고 제작했습니다.